本书系"四川大学中国语言文学与中华文化全球传播"
学科群项目成果

# 经学与儒道思想研究

JINGXUE YU RUDAO SIXIANG YANJIU

[上 卷]

詹石窗 ◎ 著

人民出版社

# 凡　例

一、本书凡引先秦诸子百家古籍，其出处仅注书名与篇名，如《论语·述而》《尚书·洪范》。凡引两汉以来文集，若其书名中已经出现作者名者则其前不再加注作者名。

二、本书使用的《道藏》系文物出版社、天津古籍出版社、上海书店1988年版本，个别引文根据《四库全书》参校。有些论文发表年代较早，其所使用的道教文献，既有台湾艺文印书馆1977年影印本《正统道藏》，亦有上海古籍出版社1989年影印本《道藏要籍选刊》。考虑维持原貌，校对时不更动其出处。另有《藏外道书》，系巴蜀书社1992—1994年影印本。

三、《四库全书》以台北商务印书馆1986年影印文渊阁本为主，间或对照上海古籍出版社影印本；凡使用前者注明册数，凡为后者仅注明"文渊阁《四库全书》本"；至于佛教经典，以台湾"财团法人佛陀教育基金会出版部"1990年影印版《大正新修大藏经》为主。

四、各大丛书在第一次引用时详细注明版本信息，从第二次引用开始则只注明丛书名以及册数、页码。

五、本书所引《二十五史》，均略其作者名，仅注书名、卷数及中华书局点校本的册数、页码。

六、凡引述古本影印书，先列作者、书名、卷数，再列丛书册数及页码；若其古本书名已经在行文中出现，则仅注其丛书册数、页码。

七、本书凡引当今出版社出版的书籍，同页第一次出现时注明作者、书名、出版地、出版社、出版年与册数或卷数、页码，同页第二次接续引用时则只作者、书名、卷数或册数、页码；凡出版社名称包含地名者不再另注出版地。

八、地方志依学术界惯例，直接在其前冠以刊刻年代，如"嘉庆《惠安县志》"等。家谱、族谱,凡地域可考者,乃冠其前,如庐峰《蔡氏族谱》,其刊刻年代刊刻者则列之于后,如"顺昌《谢氏宗谱·霞标公轮流收办祭簿记》",道光三十年撰"。

九、本书之行文,凡涉及年号等传统干支纪年,在其后加上公元年作为说明,如"太和丁未"(227年);若属于公元前者,则在其前加上"前"字,如汉文帝后元二年(前162年)。至于人物生卒年,一般也在其人名之后加括号说明之,括号内的阿拉伯数字即是其出生或者去世之年。

作  者

己亥年仲春十二

西元 2019 年 3 月 18 日

# 前　　言

中国古代素有"经学"传统。所谓经学就是关于经典注释、解读、应用和发挥的学说。

顾名思义，经学的发生是因为有经典的存在。"经"这个字，早见于金文，写作"𢇡"。连体上下结构。上方，三竖表示在织机上精心布置众多纵线，以便穿织，而线中三个纽结，表示丝线纵横交织所在。下方是个"壬"字，表示缠线的木制工具。后来，又在此基础上加了"𢇡"，就成为左右结构的"経"。汉代文字学家、经学家许慎《说文解字》说："经，织也。从系，从巠。"意思是讲：经，本来指纺织，字形采用"系"作偏旁，而以"巠"为声旁。清代的段玉裁解释说："经"乃是"纵线"。引而申之，"经"表示书册的穿订线。由于这个穿订线是书籍成型的外在标识，"经"便象征书籍典册，于是有经籍、经典的名称。

上古时期，其学在官。管理经典文献者为史官。例如春秋之际的柱下史老子即是这个机构的最高官员。《史记·老庄申韩列传》中记载孔子不远千里到东都拜谒老子，请教"古礼"问题。老子对孔子说："子所言者，其人与骨皆已朽矣，独其言在耳。"老子这句话虽然没有出现古代经典名称，但却透露了相关信息。因为人的躯干骨架都已腐朽，唯独其"言"尚在，意味着其言非出于当下，而是出于古时。既是如此，就需要文笔记录或口传。所以，老子讲话应该是有文献依据的。《道德经》第四十一章谓"建言有之"。什么建言呢？他接着说："明道若昧，进道若退，夷道若纇。上德若谷，大白若辱，广德若不足。"这段引述虽然没有标明出自哪部文献，但却具有"古训"的意义。

道家文化体系有一个内核，这就是"道"。由"道"而生天地，故有"天地之经"的说法。对此，《六韬》卷一《守国八》有精辟论述：

文王问太公曰：守国奈何？太公曰：斋，将语君。天地之经，四时所

1

生;仁圣之道,民机之情。王斋七日,北面再拜而问之。太公曰:天生四时,地生万物。天下有民,圣人牧之。故春道生,万物荣;夏道长,万物成;秋道敛,万物盈;冬道藏,万物静。盈则藏,藏则复起,莫知所终,莫知所始,圣人配之,以为天地经纪。故天下治,仁圣藏;天下乱,仁圣昌。至道皆然也。①

这段文字记载周文王与姜太公的对话。周文王问姜太公如何才能保住国家。姜太公回答他,这个问题非常神圣,必须斋戒清静之后才能讨论。天地有常道,所以形成了春夏秋冬的秩序;世间有仁圣,所以能够开启玄机,畅达民情。周文王在姜太公的引导下,斋戒七天,朝北礼拜了姜太公,敬请姜太公解释什么是"天地之经"。姜太公说:苍天有春夏秋冬的节律,大地有千姿百态的品物。天下四方,人民众多,所以必须有圣人出来管理。管理的原则、办法无他,就是效法天地之道。春天的运数主生,万物欣荣;夏天的运数主长,万物成熟;秋天的运数主收,万物充盈;冬天的运数主藏,万物安静。盈满了就收敛,收敛了还会再生长,如此循环往复,不知道何处是终点、何处是起点。圣人遵循这种自然法则来管理人事,井然有序。因此,天下太平无事,仁圣的智慧就可以收藏起来;唯有天下混乱的时候,"仁圣"才被大力提倡。天地之间,事物的发展都遵循这种自然法则。《六韬》关于"守国"的论述,用了"天地之经"和"天地经纪"的概念,充分体现了"尊经"的精神。这种精神在《列子》《文子》《庄子》等先秦道家文献里都有不同程度的表现。

以自然法则为"经"的思想,延伸于记录,便有经典之说。例如郭像注《庄子·天运》载:

孔子谓老聃曰:"丘治《诗》《书》《礼》《乐》《易》《春秋》六经,自以为久矣,孰知其故矣。以奸者七十二君,论先王之道而明周、召之迹,一君无所钩用,甚矣!夫人之难说也?道之难明邪?"老子曰:"幸矣!子之不遇治世之君也。夫六经,先王之陈迹也,岂其所以迹哉?所以迹者真性也。夫任物之真性者,其迹则六经也。②

---

① (周)吕望:《六韬》卷一,清嘉庆中兰陵孙氏刊本。
② (晋)郭象注:《南华真经》卷六,《四部丛刊》影印明代世德堂刊本。

　　这段话描述的是孔子与老子的对话情形。孔子见了老子,就对老子说:后学孔丘我研读《诗》《书》《礼》《乐》《易》《春秋》"六经",自以为时间很长了,对于旧时的典章制度算是相当熟悉了。但是,我的心里依然有许多疑问啊!我曾经以72位国君为例,指出他们违反先王之道的弊端,彰显周公与召公的政绩,说明采纳先王治世方略的重要性,却没有一位国君采纳我的主张。办事实在太难啊!这到底是因为人难于说服,还是大道难于彰明呢?老子回答说:幸运啊!你没有遇上真正懂得治世的国君!要不然就被你给扰乱了。事实上,你所研究的"六经",不过是先王留下的陈旧东西,哪里是先王治世的本原呢?眼下你所谈论的东西,就像脚印而已,这些脚印只是脚踩出来的痕迹,难道它们是脚?为什么能够留下痕迹呢?因为事物都有本原,它们自然而然地运作,随着时间的推移,真相早已不存在,惟有表象的东西留下来了,"六经"说到底就是表象而已。

　　《庄子·天运》的描述具有寓言特质。孔子与老子见面所说的话或许只是一种假设。不过,关于孔子研读"六经"的事则有案可稽。考司马迁《史记·孔子世家》有云:"天下君王至于贤人众矣,当时则荣,没则已焉。孔子布衣,传十余世,学者宗之。自天子王侯,中国言六艺者折中于夫子,可谓至圣矣!"这段文字中的"六艺"有两种解释:一是指礼、乐、射、御、书、数之技艺;二是指《诗》《书》《礼》《乐》《易》《春秋》"六经"。司马迁所称"六艺"当是后者。

　　《庄子·天运》的描述既透露了孔子修习、研读"六经"的信息,也反映了道家学派对"六经"的态度。在《庄子·天运》篇中,孔子是以"六经"为行事准则,力图按照"六经"的思路去劝说当时的国君如何治国,看起来有点"教条主义",但老子却把"六经"仅仅当作"过去式",意思是说时代变了,应该根据当下情形作出决策,不可生搬硬套以往的经典条规。

　　秦汉之际,随着大一统国家制度的建立,经学开始流行起来。《史记·儒林传》曰:"今上即位,赵绾、王臧之属明儒学,而上亦乡之。于是招方正贤良文学之士。自是之后,言《诗》于鲁则申培公,于齐则辕固生,于燕则韩太傅。言《尚书》,自济南伏生。言《礼》,自鲁高堂生。言《易》,自菑川田生。言《春秋》,于齐、鲁自胡毋生,于赵自董仲舒。"在朝廷倡导下,各地涌现出许多经学大师。其中,《诗》之传承,以申培公、辕固生、韩太傅为代表;《尚书》的传承,以伏生为代表;《礼》之传承,以高堂生为代表;《易》之传承,以田生为代表;《春秋》之传承,以胡毋生、董仲舒为代表。建元之际,更有"五经"博士之设,此后传承不绝,儒者地位大大提升。

两汉时期,儒家传承经学,有严格规矩。皮锡瑞《经学历史》说:"汉人最重师法。师之所传,弟之所受,一字毋敢出入;背师说即不用。师法之严如此。"①这种规矩的最大作用就是保持经典原貌,使之不至于变形或误传。不过,这同时意味着其传承是"一潭死水"。学者周知,两汉时期便有"今文经学"与"古文经学"的区别。在最初,"今文经学"与"古文经学"仅是书写上的不同,"今文"采用的是当时流行的隶书,以熹平《石经》及孔庙等处汉碑为范本;"古文"采用的是古籀文,以岐阳石鼓及《说文》所载古文为范本。到了具体的典据解释,今文经学与古文经学即朝着不同方向发展。今文学派,专明大义微言,而古文学派则专于章句训诂。由于章句训诂对于思想发挥有所限制,宋明之际以程颐、程颢、朱熹为代表的一派儒家人物便起而言说义理,而陆九渊、王阳明一派则倡导心学。于是,有了"六经注我,我注六经"的分野。一方面是读经者根据自己的理解,援引相关依据,去诠释经典文献的内涵;另一方面,则是借助经典依据来阐发自己的立场、观点、主张。经典解读不断注入新的内涵,而个人著述也有了思想发挥和学说建立的空间,由此形成了儒家经学"不变"与"变"的发展态势。所谓"不变"是说经典文本维持了原貌,所谓"变"是说内容的解释随着时代不同而损益。从这个角度看,儒家思想的建构与发展既是以经学为基础,又随着时代的变更而有许多变通。离开了经学,就抓不到儒家思想建构的根基;忽略了时代的需求与作用,就无法明了经学发展的动力。

我们回头再看看道家学派,依然可以看到尊经思想传统的历史作用。只是道家所尊之经,与儒家有所不同。除了上古之《周易》被奉为"经"之外,老庄等先秦著述也先后被冠以"经"或"真经"的名称。例如老子之书,大抵于两汉间被尊称为经。查《正统道藏》中的严君平《道德指归》,其《序》谓:

---

① (清)皮锡瑞:《经学昌明时代》,《经学历史》清光绪三十二年(1906年)思贤书局刻本,第14页。

　　昔者老子之作《道德经》也,原本形气,以至神明;性命所始,情意所萌;进退感应,呼吸屈伸;参以天地,稽以阴阳;变化终始,人物所安;穷微极妙,以睹自然;演要伸类,著经二篇;叙天之意,见地之心;将以为国,养物生民;章有表里,不得易位;章成体备,若本与根;文辞相践,不可上下;广被道德,若龙与麟。①

这段序文叙说了老子之书的缘起与功用,一开头就用了《道德经》的名称,当是汉代本有的情况。这可与同时期的《列仙传》相互佐证。《列仙传》卷上叙老子生平有言:

　　老子姓李,名耳,字伯阳,陈人也。生于殷时,为周柱下史。好养精气,贵接而不施。转为守藏史,积八十余年,《史记》云二百余年。时称为隐君子。谥曰聃。仲尼至周见老子,知其圣人,乃师之。后周德衰,乃乘青牛车去,入大秦,过西关,关令尹喜待而迎之,知真人也,乃强使著书,作《道德经》上下二卷。②

　　传文引述了司马迁《史记》之言辞,可知《列仙传》成书当在《史记》之后。其所称老子书也作《道德经》,表明《道德经》这个名称在西汉已经被认可。此外,《四部丛刊》本河上公章句,书名虽然作《老子道德真经注》,但内文上下两篇则作"道经"与"德经"。河上公章句本在两汉时期即有,说明该时期《道德经》与《道德真经》的名称当已并行。

　　唐代道教大兴。老子被尊奉为太上玄元皇帝,其书称《道德真经》。此外,尚有文子、列子、庄子、庚桑子,尊称四大真人,其书则为"四子真经"。文子,封为通玄真人,其所撰书称为《通玄真经》;列子受封冲虚真人,其所撰书称为《冲虚真经》;庄子封为南华真人,其所撰书称为《南华真经》;庚桑子封为洞灵真人,其所撰书称为《洞灵真经》。此外,自唐朝开始至明代正统、万历年间,朝廷多次发布诏书,编纂道教经书合集,先后有《三洞琼纲》《一切道经》《大宋天宫宝藏》《政和万寿道藏》《玄都宝藏》《正统道藏》《万历续道藏》大型文献工程的实施,有力推动了道教文化建设。

---

① (汉)严遵:《道德指归·序》,《道藏》,文物出版社、天津古籍出版社、上海书店1988年影印版,第12册第341页。
② (汉)刘向:《列仙传》卷上,《道藏》第5册第65页。

与儒家相比,汉代以来的道教将其文献称之为"经"者更多。儒家之重者为"十三经",而道教总集《道藏》"三洞四辅十二类",其所收录的文献冠以"经"者几乎成百上千。例如洞真部本文类即有《灵宝无量度人上品妙经》《元始说先天道德经》《无上内秘真藏经》《太上无极总真文昌大洞仙经》等 79 部;洞玄部本文类有《灵宝天尊说洪恩灵济真君妙经》《洞玄灵宝自然九天生神章经》《洞玄灵宝本相运度劫期经》《洞玄灵宝丹水飞术运度小劫妙经》《洞玄灵宝诸天世界造化经》《太上灵宝天地运度自然妙经》《太上洞玄灵宝三元无量寿经》等共计 71 部;洞神部本文类有《太上老君说常清静妙经》《太上玄灵斗姆大圣元君本命延生心经》《太上玄灵北斗本命长生妙经》《太上老君说补谢八阳经》《太上老君内观经》等共计 51 部。其他各类文献冠以"经"者依然不少。从总体上看,《道藏》既然被当作道教经书总集,则收入其中的文献都具有经典的特质。

通过回顾,可以得到一个基本认识:无论是儒家思想研究,还是道家道教思想研究,离开了"经学"传统,就成为"无源之水"或"无本之木",不能明了其根源;反过来看,要比较切实地评估"经学"的作用,就必须广泛联系儒道两家之人物、流派的文献,置于具体的文化环境中予以分析,方能把握全体,看出一般与特殊的联结。此外,在历史发展过程中,儒家与道家,也不是彼此毫不相干的,而是存在错综复杂之关联的。例如汉代道教经典《太平经》多涉忠孝伦理,论及礼制者亦多。两晋之际葛洪撰写《抱朴子》,分内外篇,内篇言道,外篇言儒,可谓儒道相兼;至于王弼、韩康伯之注《易》等书,常援引《道德经》等道家言;唐代孔颖达奉命修《五经正义》,其《周易正义》则以王弼、韩康伯之注为先。从此之后,儒道两家,讲论经学多有融通处。

几十年来,笔者试着在经学与儒道思想方面做点探索,陆续写了近 300 篇文章。今选择其中的 80 篇,按内容分为六个大部分:侧重于探讨儒道文化渊源,综合考察儒道的一些思想特点;以基本概念、信仰特点、修行要领为切入点,考察易学与道家道教思想建构的关系;就具体的道教经典、人物生平事迹、著述考察易学思想影响;论述道家与道教生命哲学的内涵、特点,考察道家道教养生文化的思想底蕴;选择儒家学派中一些人物著述,分析其中所蕴含的经学思想或受到经学影响的情况;从审美角度,审视道教人物在诗词、曲艺、小说、戏剧等方面的创作,分析其思想表征与艺术特点。

　　所选论文撰写于不同时期,各篇本来各自独立成文。最初并没有如何遵循一个系统来考虑文章的次序、结构。现在整合在一起,用《经学与儒道思想研究》作为书名,这是从侧重点考虑的,并非每篇都贯穿着经学的主线。再说,笔者所谓"经学"也不单是《四库全书》所立经、史、子、集那个意义,而是有所扩展。这个经学既指儒家系列,也包括道家与道教系列。由于论文本身的局限,考察的对象与范围也不是面面俱到,而是根据自身掌握资料情况以及不同时期的关注点而确定的。这是笔者于此书开篇所应该稍加说明的。

# 目　　录

# 上　　卷

## 儒道渊源与思想综论

## 易学与道教思想建构

## 道门人物与经典的易学内蕴

# 下　卷

## 大道哲学与养生研究

# 儒家学派与经学思想

# 道教文艺与审美境界

# 上　卷

# 儒道渊源与思想综论

# 八卦起源新探

易学与道教思想关系是一个复杂问题。要全面揭示两者关系的内涵,就必须对易学体系有一番比较全面的认识,而易学体系的建立又是以八卦之形成为基础的。故而我们的探讨就从八卦符号入手。

众所周知,《周易》有六十四卦卦画符号。它们由《乾》《坤》《离》《坎》《震》《巽》《艮》《兑》八个基本的经卦推演而成。八个经卦简称"八卦",构成八卦的原始符号是阴爻(- -)阳爻(—)。阴阳爻及八卦的出现问题的说明是探讨《周易》体系形成的关键。因之,笔者的研究便从这里开始。

《周易》的卦爻符号是怎样产生的? 千百年来,众说纷纭,莫衷一是。按照传统的说法,八卦是由伏羲氏画出来的,此一判断包含《易》卦原始符号出自伏羲之手这样一层意思。这一传统说法曾经在较长时间里占据统治地位,但后来便渐渐有人提出疑问。随着西洋学说的传入,《易》卦起源问题的讨论更加热烈地开展起来,尤其是自 20 世纪初以来,这一专题的文章纷纷问世。其特点是从不同的角度,不同的学科进行阐述,表现出大胆探索、开辟新径的精神。作为学术研究,许许多多专家学者在这方面的探讨,无疑推动了易学的发展。笔者在这一问题上的研究正是在前人的启迪下进行的。

## 一、物象的"对待"启迪

笔者以为,要说明一种与社会有关的事物的产生,弄清其文化基础是非常重要的。如果不能实事求是地把握赖以形成的文化基础,那就会对所要着重研究的事物如何形成的原因感到茫然,甚至在进行分析时偏离方向,八卦起源及其文化蕴含的探索也是如此。

　　既然，"—""－－"被人们称作阴阳爻，两者的形态又是"对待"，那么导致这种符号创造动机的观念基础当即为"对待"。尽管"对待"这个概念之出现较晚，但并不等于观念的形成也如此。构成对待形态的事物必须是相反的。只有相反，才能相对。毫无疑问，人的认识受到生活经验、社会实践的制约。如果对生活毫无意义，人们也就不会去注意它；反之，则会强烈地吸引。这是从动物那里遗传来的本能。而为了生存，就必须充分利用大自然赋予的感受器官对外界环境作出感知，从而明了哪里是安全地带，哪里是危险地带。比如说，眼前出现一块平地，走过去不致使身体损伤，那就放心地走过去；眼前出现一个大坑或深洞、水沟之类，开头不知其危险，迈步而行，结果躯体受伤甚至深陷其中不能出。我们知道较高级一点的脊椎动物譬如猫狗之类是有记忆的，它们在教训之后已经能够避免重蹈覆辙。这种避免正是以"对比"为前提的。人类由于劳动，眼界更加开阔，活动范围逐渐增大，对外界的意识便显现出自觉性来。人类要生存发展就必须在自然界中获取足够的能量，这种需要促进人类自觉地寻求能量的资源，而对空间物体的存在及其关系之感知和认识也就逐步深化。于是有了前后、左右、上下、高低的空间位置的感悟，以及大小、长短、深浅、方圆、斜正的物体形态的认知。这一切都具有相反相成的"对待"特点。作为概念，上述词汇不会很早出现；作为观念，则应该说由来已久。因为人一开始便是在空间内活动的。对自身与空间物体关系的认知，这是生存的前提之一。从这一角度看，"对待"的观念当导源于原始社会早期。开初较为模糊，随着生活体验的深化，此等观念逐渐地清晰起来。由于人们最初生活劳动乃是集体性的，要能在活动中取得协调，即需要创造一些表示空间位置、物体关系的词汇，以便传递信息。这种情况在尔后的文字表述当中还留下了踪迹。比如"上下"之词便反映了古人对具体事物关系的感受。上字，古写作"二"，下字写作"𠄞"。《说文》谓"𠄞"为底也。底字通氐，是由山尻的观察而来。两条线一长一短，由于位置的相反，所表达的意义也相反。值得注意的是，这种观念尽管出自对具体事物的观察，但在表示上却具有初步抽象符号的特点。既然山尻、山顶可以给人以高低上下的对比，从而形成"二、𠄞"的线型符号，那么从平地和坑洼的感受中得到相反的光波刺激并由之悟出两者的"对待"，画出"—""－－"的符号亦不无可能。

## 二、曲直对比与"虚实"变化

当然,可能性并不等于现实性,何况在人类文明史上那些较为重大的发明发现创造往往与多种因素相关。所以,我们在探讨《易》卦阴阳符号起源问题时不妨也把眼界放开阔一点,不妨从更多一些侧面进行考察、分析、综合。

让我们再回过头仔仔细细地看看八卦符号的形象吧。在这里,我们有了一个新的感受——八卦的立体性。《乾》《坤》《坎》《离》《震》《巽》《艮》《兑》,每卦三画,由下而上。这种立体性使我们想到了从动物到人的根本性转变形态标志——站立的问题。站立,这是一个伟大的跃进。假如没有站立,人类将很可能一直像其他许多动物那样以脸朝前下方的方式来感知外部世界。可庆幸的是,人类爬行了很久之后,终于从地上站起来,一刹那间,视野比先前扩大了成百倍,心灵为之震撼。抬头仰望云天,茫茫一片,低头俯视大地,水陆两分,太阳底下之万物尽收眼底。人们以自我为中心,以站立为恣态来观察天地万物,把自我心灵之光投射于天地万物,这种观察方式所得的形象一代一代地沿袭下来并得到补充和概括。这样,当人们以符号表示天地万物时事实上已将自我融汇于其中。从这个意义上看,八卦阴阳符号乃是"直立"的人的自我映象,是我们的祖先对直立姿态的美的自我发现和朦胧的表达。这种表达不是以赤裸裸的方式对人体进行摹写,而是以暧昧和曲折的手法把人的自我形象嵌印于其中。所以,我们从八卦中不但要看到天地自然,更要看到人自己。在这里,人与天地自然"殊途而同归"了。而我们也由此找到了八卦阴阳符号缘起的关键。

八卦阴阳符号不仅给人以立体性的感受,而且给人以流动性的感受。不管是阴爻还是阳爻都是如此。单一地看,有流动性,对比地看也有流动性。从左到右地看,由下而上地看或由上而下地看也都具有流动性。一个阳爻是连续的流动,一个阴爻是具有渐进过程中断特点的流动。

八卦阴阳符号的流动性首先是由天地万物变动演化的自然本质决定的。远古先民生活劳动的直接舞台就是自然。而且,在很大的程度上,他们的生活资源乃是直接来自于自然界。故而,自然界的变迁,物体的位移无疑会引起其敏锐的反应。他们爬上果树,采撷果实,一阵风吹过来,树枝摇晃,果子脱蒂,直直地往下掉,这就是一种流动;当果子着地时,流动就中断了。可知,果子落地一事即已体现了连续性与非连续性的统一,诸如此类现象重复多了,便会在先民们的心目中造成一种"印记",唤起他们对直线流动之美的内在感应。久而久之直线感应的审美本能便"积淀"成为一种定势,潜在于先民的脑海之中。考之上古文化遗存,我们便可以看到许多直接性符号。诸如西安半坡仰韶文化遗址中出土之陶器上便刻有"Ⅰ""Ⅱ"的符号;马厂类型文化中出土的陶器上刻有"一""二"等。此外,像姜寨文化遗址、山东城子崖龙山文化遗址中出土的陶器上都留下类似的符号。我们当然不是说,这类符号就是八卦阴阳的前身,更不是说八卦阴阳符号直接导因于果实落地;但是,如果从审美的意义上看,则出土文物中的直线性符号显然可以成为我们探研八卦阴阳符号缘起的思路引导。因为任何一种符号的诞生都经过人类的心灵闸门,不管这些符号是否表现了功利目的。所以,如果我们没有看到自然物直线流动的连续与中断在先民们内心上引起的审美反响,其结论将是片面的。

直是与曲相对而言的,没有曲也无所谓直。当先民们落落大方地画出线形符号时,这本身已意味着他们对曲线的包容。

《周易·系辞上》云:"范围天地之化而不过,曲成万物而不遗……"尽管《系辞上》的作者是从其所处特定时代的哲理眼光来解释"易道"功用的,但"曲成万物"之说却也为后人追寻八卦产生的观念基础提供了一个值得注意的线索。因为"易道"既然能够拟范赅备天地的化育而无偏失,能够曲尽细密地助成万物而不使遗漏,则其"大本"便是一种能圆能方、直曲相兼的浑沌之物。这种浑沌之物因观察的角度、距离的远近之不同而相异。如果联想一下日出的景象或许也能得到某种启发。早在远古时期,先民们对太阳的行踪已十分关注。中国新石器时代器物装饰图案中出现了为数不少的太阳符号,诸如发现于甘肃、青海马厂型陶器上的图形,发现于内蒙古翁牛特旗新石器遗址中陶器上的汶图等均属此类。出土器物上这一类图形虽然在具体形态上尚有差别,但在线条的运用上又有一致之处,那就是曲直并用,由曲而直,由直而曲。有些地方甚至干脆简化成一个"十"字型,这种"十"字型尽管用的都是直线,但其背后则仍藏着曲的意义,只是太阳外形的曲线被省略了而已。查一下字典,我们可以看到许多与日出有关的字,最典型的莫过于"旦"字,许慎《说文解字》谓:"旦,明也。从日见一上。一,地也。"据此,则"旦"字乃是日出地上的一种象形。这种字形虽然比起八卦来要晚出,但从中我们却可以"捉捕"到古人观察事物和意义表示的特点。从远处看大地可以说是直的,因而有地平线的用语;从近处看,大地可以说又有曲折之处。这一点,先民们不会不知道。可是,当他们把物象化成符号的时候,枝节便被省略了。先民们没有用波浪来表示大地,却以一横画示之,这是本能简化之审美心理的作用结果。此等简化本身就是一种概括。可知,先民们在描摹拟范直线流动时又是以曲线流动的存在为前提的。没有曲线流动,自然也谈不上直线流动。或许先民们主观上并未清晰地感受到这种相对性,但在心灵深处恐怕早已受到自然物之曲线与直线流动形象的激发。我们可以再考察一下太阳从地上升起的样子。它在某一瞬间与地平线相分离,先民们就在这一时刻记录下它的形象,所以日出为旦。但是,太阳从地平线上升起,直到高挂天边,这一动作的完成并不是突发的,而是经历了一个过程的。如果往前追溯,那就又会捕捉到不同的形象。当太阳刚刚从地平线上露出一半的脸蛋时,太阳与地阴相交而成"– –"的形状。由于光线照射,代表大地的一横线之中部与太阳浑为一体,从远处看过去,大地似乎被太阳分为两半,而显出中空来。这种感受在视觉后象中表现尤为突出。当太阳半出地面之际,先睁眼注视,继而合眼,脑中显现出来的地平线便是中空的,曲性的太阳把地平线开了一条渠道,那么地平线即在总体连续过程中形成中断,而成"– –";如果我们把被太阳开通了的一段忽略不计,那么太阳中的一线便又是连续的,而有"—"之状。从这种体验入手,画下"—"时它本身便潜藏着曲性之阴;画下"– –"时它又潜藏着直性之阳。当然,我们进行这一番假设并不是说八卦阴阳符号即是直接起源于观日体验,而只是表明倘若没有物体曲直流动对先民审美心灵之钟的撞击,原始阴阳爻恐怕是难于诞生的。反过来说,物体曲直流动的对立统一也是我们探讨八卦阴阳符号起源之不可忽略的要素之一。

直线与曲线流动的对立统一,这虽然普遍地存在于自然界,但它之所以会引起先民们的"感通",就在于这种对立统一在人自身可以找到直接的根据。人为了生存,就必须采取一定的行动。任何一种行动既非绝对的"直"亦非绝对的"曲",而是有曲有直,曲直相兼。由于有了曲直相兼的运动,人才有可能从甲地到乙地,又由乙地到丙地,如此位移以获取生存资料,并达到愉悦感官的目的。这样,人便从自身当中发现了美感。在朦胧之中,我们的先民在生活劳动中以人为中心来体验自然界;另一方面,又从自然界之中寻求生活的参照。这种情况我们仍然可以从观日的活动中找到踪迹。稽考经籍,与观日有关的字甚多,除了上举之"旦"字外,"暨"字也是重要的一个。按《说文解字》:"暨,日颇见也,从旦,既声。"所谓"颇"就是偏颇。头偏则脸未能全见,以此喻日,故称暨。可见,这是以人的动作为标准来判断太阳行踪的。从客观上看,太阳是无所谓偏正的,因为宇宙无始无终,太阳的位置便不可言说。一言说便染上了人的意念色彩。然而,正是这种意念色彩使人显出独立的品格。从这个意义上看,我们先民的自我意识,先民对自身形体曲性与直性相统一的美的发现是他们对自然界直性与曲性对立统一之认同的根源。这种认同不能不说是八卦阴阳符号以静止显示流动的重要前提。

## 三、方位与时间:八卦符号本有的内涵

在八卦学中,方位是一个十分重要的范畴。没有方位也就没有八卦学,因为八卦的排列是以方位的确定为基础的。如果我们把八卦当作一个整体,那么阴阳爻则可以相对地看作部分。正如动与静的关系一样,整体与部分也是互相依赖的。没有部分也就没有整体。这样,当阴阳爻画出来的时候,便已显现出八卦诞生的必然性。所以我们不但要在八卦排列中看到方位,而且也应当在阴阳爻里看到方位。不论是阴爻还是阳爻,画的时候,都有起点与终点。如果以起点为左,则终点即为右;如果以起点为前,则终点即为后。这就是说,一画之中已隐含着前后左右的意蕴。再仔细揣摩一下阴爻"- -",此爻不仅有前后左右,而且有中空。中是与旁相对而言的。旁,古与方通,方乃两船相并之貌。两船相并即有与圆相对的"四方"之义。故阴爻"- -"显形,则四方意蕴即寓于其中。事实上,方位的观念起源是很早的。地下发掘的新石器时代陶饰上所绘各种"十"字型图案就是明证,像屈家岭、马家窑、半山等处所发现的"⊕"一类饰纹为数不少,说明新石器时代的方位观念已经得到普遍的认

同。有了方位观念,则立体与平面的对立统一、曲与直的对立统一便作为基本的要素而被囊于其中。由此观之,方位的观念乃是八卦阴阳符号得以诞生的"屋宇"。

方位与时间是不可分割地联系在一起的。离开了时间,方位就无从谈起;同样地,离开了方位,时间观念也是难以想象的。这是因为方位的测定,是以物体的运动为依据的。任何一种运动都是一个过程。过程就是时间。从这个角度来看,方位与时间观念应该是同时产生的。因此,当方位成为八卦阴阳符号诞生的屋宇时,时间观念便是这种符号轨迹赖以显现的尺度。方位与时间的统一,在我们的先民那里,是以太阳运行的被认同为标志的。太阳有出有没,有升有降。太阳升起了,天亮而明,故称为昼。昼字,甲骨文写作畫,古籀文写作畫,《说文解字》谓其从畫省,从日,⊙之上⌒乃是直观感受中的天之象形,⊙之下省去一画(一本代表地),是表示太阳运行不停息,到了晚上即归入地下。太阳的这种不停的运动既显示了空间,又显示了时间,先民们对太阳运动的认同,即是对方位与时间相统一的认同,这种认同的结果又使明暗的变化与昼夜交替在先民们的脑中联结起来;同时,明暗与昼夜又可以互相转换。这里,隐隐约约也潜在着八卦阴阳符号的律动。

不过,如果从时间问题的背后进一步探索,我们依旧会看到先民们自我意识在观念上的表现。众所周知,东西南北中,这是我国方位学的基本概念。其产生一开始即已将先民们的活动浓缩于其间。"东"字,《汉书·律历志》谓之为动。所谓"动"系指日动而升至木中,故从木,象日在木中。木即是扶木,或称榑木、若木、若华、蟠木等等。《山海经·海外东经》称:"汤谷上有扶桑,十日所浴。在黑齿北。居水中(有)大木。九日居下枝,一日居上枝。"《淮南子·天文训》谓:"日出于旸谷,浴于咸池,拂于扶桑。"这两段话尽管表述上略有差异,但都提到了日出东方之象征的扶桑,这扶桑就是扶木。关于此,前人早已证明了。我们所要指出的只是其中的"浴"字。或以为浴乃飞"乍高乍下"之谓。其实其本意当为洗浴之浴。人们干活累得一身汗,沾了许多灰尘,跳进水中洗一洗,这就叫作浴。当先民们从自己的沐浴活动体验出发来描述日出东方、把太阳看作是洗了澡然后才升上树枝的时候,这已经把太阳拟人化了,太阳成为先民的自我化身。再看看"北"字,亦可以发现同样的情形。北,本指人背,后引申而为"南北"之北,相背奔走而乖戾。《白虎通义》以及《汉书·律历志》以北方为伏方,谓阳气在下,万物伏藏。这正是由人相乖之本义引申而出。而"南"字,古与"男"通。男为田中之力,阳性。太阳任养,于时为夏,炎炎火上,这种取义亦与盛年男子的阳刚之质相吻合,方位观念乃是由太阳的视运动得出的。其运动过程同时又显现了时间。所以,当先民们将自己的习性赋予太阳的时候,方位和时间也就"人化"了。在这里,先民们那种自我意识的影子再次被映现出来。故而,当我们从八卦阴阳符号里看到了时间与方位时,我们同时也找到了先民们将自己与天地自然认同的底蕴。

## 四、八卦符号形成的必然与偶然

辩证法的规律表明:事物的发生和发展是偶然性与必然性的对立统一。八卦阴阳符号也不例外。假如我们把上述论及的天地自然中的"流行对待"、曲直动静、时空合一以及先民们对它们的认同、感悟看作是八卦阴阳符号得以产生的潜在的必然性的话,那么,我们实际上便意味着有一种偶然的事件直接地刺激了先民们之八卦阴阳符号的创制。是的,如果没有偶然事件的催动,潜在的必然性就不会转化为现实的必然性。著名作家巴尔扎克曾经说过:"偶然性是世界上最伟大的小说家,若想文思不竭,只要研究偶然性就行。"①这话尽管说得太绝对了点,但却也道出了偶然性对于意识形态研究的重要意义。我们当然不会仅仅着眼于偶然性,但也绝不会排斥偶然性在人类文明史上的特殊作用。就拿八卦阴阳符号的产生问题而言,如果忽略了偶然的研讨,一切有关这一问题的必然性之论证也将成为空中楼阁。

导致八卦阴阳符号产生的偶然事件到底是什么呢? 我们以为是画卦者与某种动物的特殊际遇。向来,人们在叙及伏羲画八卦时大都说他是受了"河图"的启迪。在《周易·系辞上》里早有"河出图……圣人则之"的说法。汉代以来,河图之说更有发展。尽管也有许多学者对此不以为然,但大多数学者则抱肯定态度。倘若从偶然性之作用角度来思考,"河图"的有无之争便可以

---

① 《人间喜剧总序》,《文艺理论译丛》1957 年第 2 册。

休止。

"形上"意识的产生是由具体到抽象的。如果我们把八卦阴阳爻当作一种具有抽象意义的符号,那么,直接刺激了这种符号形成的偶然性事物便是具体的。故而,"河图"的原始面目也应该是一种具体有形物。直截了当地说,就是蜥蜴,这可以从"龙马"之称找到线索。汉孔安国云:

(河图者,伏羲氏)王天下,龙马出河,遂则其文,以画八卦。①

按照这一说法,"河图"系伏羲模拟"龙马"之文(纹理)而成的一种图形,也就是八卦排列的图形。但"龙马"又是什么呢? 或以为是一种瑞马。如《艺文类聚》卷十一引《尚书中候》云:"龙马衔甲,赤文绿色。"注谓:"龙形像马,甲所以藏图也。"《礼记·礼运》篇亦称:"河出马图。"唐孔颖达疏:"龙而形像马,故云马图,是龙马负图而出。"②这些记载都是把龙马当作祥瑞的标志或象征。不过,在隐隐约约之中却也露出了一点原型踪迹。因为其中所言之纹理、颜色、形状都为我们进一步之追溯提供了信息。在古代,由于龙乃是传说中的一种善变化能兴云降雨的神异动物,它的名称被广泛地借用他处,上至天文,下至地理,几乎都打下了龙的印记。有趣的是,作为四脚蛇的"蜥蜴"也有龙的雅称。晋崔豹《古今注》卷中谓:"蝘蜓。一名龙子,一曰守宫,善上树捕蝉食之。其长细五色者,名为蜥蜴。"又北周庾信《庾子山集》卷四《夜听捣衣》诗云:"花鬟醉眼缬,龙子细文红。"由此看来,蜥蜴乃是守宫之一种,既然守宫又称龙子,则蜥蜴也就可以称为龙子。而龙之所以又与马连称,这跟良马骏马被归入龙类有关。《西京杂记》卷二谓:"(汉)文帝自代(地名)还,有良马九匹,皆天下之骏马也……一名龙子。"这就说明古人所谓"龙"之含义是多层次的。马可为龙,蜥蜴也可为龙。由于语言的交流变迁,龙马混称以谓蜥蜴便约定俗成。这种情况在《说卦传》里还有迹可寻。例如《乾》卦象天、象日、配龙,而《说卦传》又称"乾为马"。如此,则龙马在意义上便被连贯起来。从这种线索来稽考,古人所谓"河图"之本始当即为"龙马",亦即是蜥蜴。距今约七千年的仰韶文化时代之陶器上绘有人首蛇身的原始伏羲神像,前人推断其原型为

---

① 转引自胡渭《易图明辨》卷一,文渊阁《四库全书》本。
② 《十三经注疏》下册,北京:中华书局 1980 年版,第 1427 页。

蜥蜴,可谓颇具慧眼。当我们知道了蜥蜴又称龙子、龙马之后,便不难明白古人为什么说伏羲氏"以龙纪","蛇身人首"的秘密了,同时也不难明了"龙马负图"的奥义所在。

伏羲"则龙马"以画卦,这并不像有些人所说的那样是以某种现成的天文图为依据,而只是从动物的自然形状中获得灵感。因为当今流传的那个 55 点的"河图"已有相当深奥的数理思维。相比之下较为简约的八卦是不可能以之为基础的。伏羲之所以能够在被学者们称作龙马的蜥蜴身上得到启迪,是因为蜥蜴的形状以及生理变化充分显示了太阳的时空统一性。清代黄宗炎在《周易寻门余论》中说:"上古朴直,如人名官名,俱取类于物象,与以鸟纪官之意,及夔龙稷契朱虎熊罴之属是也。易者取象于虫,其色一时一变,一日十二时改换十二色,即今之析易也,亦各十二时,因其倏忽变更,借为移易改易之用。"[1]此堪称中肯之言。其中所谓"析易"就是蜥蜴,"易"即"蜴"之本字。蜥蜴为什么在一天之内变换 12 种颜色呢? 这显然与太阳的运行有关。太阳经过了 12 时辰的运行而有昼夜之交替,一昼一夜合为一日,一日 24 小时,在古则为 12 时辰。蜥蜴之颜色变换恰好与此相应,这真是天作地合,无懈可击。当新的一天开始之后,它的颜色又依照原有规律变化着,如此一往一还,周而复始。这样,蜥蜴身上便不仅表露出阴阳交替、昼夜轮转的信息,而且反映出了太阳系时间与空间的对应关系。因为它每出现一种颜色,便意味着一个时间单位,而这个时间单位又同时是太阳运行轨迹的对应点。颜色就象征着时间的变化和太阳系各星辰位置的变化。甚至可以说宇宙间一切物体的变化关系都浓缩在这蜥蜴的颜色变化之上了,蜥蜴的颜色还呈现量变与质变统一的规律。如果借用阴阳的术语来说,那就是阳进阴退,阴进阳退,阳进一分,则阴退一分;阴进一分,则阳亦退一分。在每一时辰都是对称与不对称的矛盾统一。由此看来,蜥蜴实在是天然的宇宙阴阳变换表、时空晴雨表。伏羲在偶然的时刻发现了蜥蜴并为其颜色变化所吸引,其世代积淀的生活经验、感性与理性的知识,于此时此刻通通被激活,其聪明才智和悟性把特殊际遇下的表象升华了。八卦阴阳符号正是这种升华结晶品。因这是"顿悟"而成,所以从阴阳

---

[1] 文渊阁《四库全书》第 40 册第 690 页。

两爻叠为三画卦乃是在同一个时期内完成的,是在拟象基础上的自然推演,而不像有些人所说的每一个卦都是一种已有图形(如鱼形)的变迁。这就表明《易传》上所谓"太极生两仪,两仪生四象,四象生八卦"的说法是可信的。由此入手,才是研究《易》卦起源的正确路子;相反,力图单纯地从某些出土文物上的图形去寻找《易》卦,那不仅是徒劳的、不成体系的,而且也是不符合中国传统的整体思维形式的。

至此,我们可以引用《周易·系辞下》的一段话来作为八卦探讨的小结:

> 古者包牺氏之王天下也,仰则观象于天,俯则观法于地,观鸟兽之文,与地之宜,近取诸身,远取诸物,于是始作八卦,以通神明之德,以类万物之情。

是的,八卦是仰观俯察、拟范取象的结果。八卦的产生既与具体事物有关又与具体事物无关。一方面,八卦以具体事物为法象;另一方面,八卦又不是具体事物的简单摹写,它是我们祖先对自然变化关系的发现,更是我们祖先的自我发现,是华夏民族"人天相感"的辩证思维知识体系之母。

[本文原载《福建师范大学学报》(哲学社会科学版)1996 年第 1 期,收入时略作修改]

# 伏羲氏与《周易》的"平安"精神考论

"平安"是人类生活与工作的基本保障。没有平安的环境,不仅生命存在要受到威胁,而且很多工作将无法开展。鉴于"平安"的特别重要,我们的先民很早的时候就在探讨"平安"问题。尽管"平安"这个概念是在《韩非子·解老》首先提出来,但作为先民的基本生存智慧,"平安"的理念却早已有之。无论是上古的神话传说,还是诸子百家的经典文献,我们都能够感受到先民们对"平安"的渴求,尤其是作为"群经之首"的《周易》更是自始至终贯穿着古人追求"平安"的理路。

《周易》分经、传两个部分。"经"包括六十四卦符号系统与卦爻辞。"传"是对"经"的解释,共有七种十篇,所以古人将"传"称作"十翼"。《周易》从卦爻符号产生到最终成书,经历了很长时间。其源头要追溯到新石器中晚期时代的伏羲氏。所以,我们的"平安"理论基础考察也必须上溯到那个时代。

## 一、伏羲氏与"安贞吉"

伏羲,又称宓羲、庖牺、包牺、牺皇、皇羲、太昊、苍牙等。相传伏羲是华胥氏踩了天神大脚印之后怀孕而生。宋代罗泌《路史》卷十《太昊纪上》记载:太昊伏羲氏之母,"华胥,居于华胥之渚,尝暨叔嬣翔于渚之汾。巨迹出焉,华胥决履以践之,意有所动,虹且绕之,因孕十有二岁,以十月四日降神。得亥之应,故谓曰也。生于仇夷,长于起城。"照此看来,伏羲的母亲"华胥"既是人名,也是地名,因其居住于华胥水边,故以地名为其名。她踩了天神大脚印,竟然怀胎 12 岁,这当然是一种神话式的象征表现手法;不过,若稽考相关文献,或许会发现上古历法的一些奥秘。罗泌在解释"岁"的时候说:"或曰伏羲即木帝,故曰岁,十有二年而生也。木生于亥,十月在亥,复得亥时,其符皆至。《宝椟记》云:帝女游于华胥之渊,感地而孕,十二年生庖羲,长头修目、龟齿、龙唇,白髯委地。或曰岁,岁星十二年一周也。《说文》云:古之神圣人,母必感天而生子,故曰天子。"①这段解释把伏羲看作"木帝",也就是木星,中国古时候以木星为"岁星",因岁星运动所形成的历法称作"岁星纪年法"。木星围绕太阳的公转周期为 11.8622 年。以地球为观测点,以相对不动的恒星为背景来观测岁星在天空的视运动,发现岁星约 12 年绕天一周。从这个角度来看华胥氏怀胎 12 岁,其实暗示的是岁星的运动周期。作为"木帝"的伏羲氏在娘胎十二年,象征着木星运动周期的圆满,而圆满意味着周期可以预测,也象征天体运动是有序的,彰显给人的印象就是平安。由此,我们可以说,伏羲氏降生神话象征着平安,因为它以圆满的周期为人们展示了大自然的一种秩序。

从名称来看,伏羲氏也蕴藏平安理趣。"羲"为上下结构,许慎《说文解字》认为"羲"乃从兮,义声。其中,"兮"与"乎"均表示吹号的声响,"乎"是紧急吹号声,而"兮"则是气息微弱的吹号声,说明境况已经不再紧急。"义"的繁体作"義",上"羊"下"我"。在甲骨文中,"羊"通祥,系祭祀占卜所显示的吉祥之兆;"我"像一种有许多利齿的武器,是"戌"的变形,表示护卫。占卜既得祥兆,又有武器护卫,也就预示平安。

对于"羲"字,许多学者从天文学角度予以解释,认为那是古代观察天象的写照。"羲"字上面的"羊"表示天文观察台悬挂着羊头,是图腾崇拜的符号表征;下面的"禾"与"兮"组合,既表示祭坛,也表示观察台,右侧的"戈"是武器,表示用武器护卫天文观察台。根据这样的描述,则伏羲氏当是一个天文观察专家。他在哪里观察呢?种种迹象表明是在东方,因为他是"木帝",木在五行中居于东方,所以伏羲氏又表征日出东方。"羲"通"曦",表示早上的太阳从东方升起,发出光芒,谓之"晨曦"。先民们在晨曦照耀下,热情高涨,载歌载舞,表现出对太阳的无比崇拜,这种崇拜表达了先民们祈求平安的愿望,所以代表太阳崇拜的"羲"便蕴含了"平安"精神。

---

① (宋)罗泌:《路史》卷十《太昊纪上》,文渊阁《四库全书》本。

文献记载,伏羲姓风。《路史》卷十《太昊纪上》有一条注释:"孔演《明道经》云:燧皇在伏羲前,风姓,始王天下。是伏羲因燧皇之姓矣。《三坟书》言:因风之帝,木能生风,故为姓。"所云"燧皇"就是发明"钻木取火"的燧人氏,他姓风,伏羲氏也姓风,可见伏羲氏是燧人氏的后裔。作为燧人氏后裔,伏羲氏的"风"姓也与平安意识关系密切。邓氏《姓书》云:"东方之帝木,能生风,故为姓。"①由此可见,"风"姓是因"木"而起,"木"于五行方位在东方,表征太阳升起,在深层次里寄托着太阳崇拜的观念,其崇拜初衷也出于平安渴求。

作为中华民族人文初祖,伏羲氏代表着远古先民一系列的发明创造。其中,最为重要的是创造了八卦。《史记》卷一百三十《太史公自序》称:"伏羲至纯厚,作《易》八卦。"伏羲氏为什么要作《易》八卦? 他是在什么情况下作《易》八卦的? 对此,宋代经学家李杞认为是为了平安。他在《用易详解》卷十五《系辞下传》中说:"《易》之兴也,岂非有忧患而然哉! 惟其有忧患,故其辞危。危惧者,则使之平安;慢易者,则使之倾侧。"李杞的意思是:《易经》之兴起出于忧患。因为忧患,所以言辞险危,让人感到畏惧。营造危惧言辞的目的是要让读《易经》用《易经》者能够警戒小心,避免伤害,获得平安;如果没有危惧之心,对《易经》抱着轻慢态度,其结果就是自我垮台。可见,引领"平安"就是作《易》的初衷。李杞虽然是泛论作《周易》的宗旨,但也包括了创作"八卦"的目的,因为整部《周易》就是以八卦为基础,所以"作《易》是为了平安"这个判断可以合理推出"创作八卦也是为了平安"的逻辑结论。

在最初,八卦只是八个象征符号,并没有文字说明,我们难于确证其平安的意涵,但从后来的卦爻辞里,我们依然能够捕捉到远古先民追求平安的强烈渴望。《周易·坤》卦辞谓:

> 坤,元,亨……西南得朋,东北丧朋。安贞吉。

这条卦辞的结尾明确使用了"安"字,其最重要的意义就是"平安";而"贞"就是正,"吉"即吉祥。以"安"为先,"贞吉"随之,说明"平安"具有决定性意义。

"安贞吉"三个字是《周易》卦爻辞对事物运动、发展结果的评判,具体而言就是对"西南得朋,东北丧朋"这个现象的一种预示,它具有什么启示价值

① (宋)罗泌:《路史》卷十《太昊纪上》,文渊阁《四库全书》本。

呢？这牵涉到"西南得朋，东北丧朋"的理解，所以我们必须从这句话的解读说起。

历史上，《易经》专家对于"西南得朋，东北丧朋"这句神秘的卦辞相当关注，进行了种种解释。魏晋玄学大家王弼在《周易注》卷一中说：

> 西南致养之地，与坤同道者也，故曰得朋。东北反西南者也，故曰丧朋。阴之为物，必离其党，之于反类，而后获安贞吉。

王弼认为，西南方是养育万物的好地方，其功德与《坤》卦相同，所以说"得朋"；东北方与西南方相反，所以说"丧朋"。从性质上看，西南方是阴方，《坤》卦属于阴性之卦，阴与阴相遇就是"得朋"；阴与阴相离就是"丧朋"。在王弼看来，阴性的事物必须离开阴性的同党，而去寻求与之相反的阳性事物，最后才能获得平安、中正、吉祥。

唐代经学家孔颖达对王弼的注释进行发挥，他说：

> 西南得朋者，此假象以明人事。西南坤位，是阴也。今以阴诣阴，是得朋，俱是阴类，不获吉也。犹人既怀阴柔之行，又向阴柔之所，是纯阴柔弱，故非吉也。东北丧朋安贞吉者，西南既为阴，东北反西南，即为阳也。以柔顺之道往诣于阳，是丧失阴朋，故得安静贞正之吉，以阴而兼有阳故也。[1]

照孔颖达的看法，"西南得朋，东北丧朋"是假借卦象来指明人事。西南方向是《坤》卦之位，西南与《坤》卦都属阴，阴与阴相遇，这就是"得朋"；东北与西南相反，西南既然是阴，那么东北便属阳。以柔顺的"阴"去拜访刚强的"阳"，其结果虽然是丧失阴性朋友，却能够平安吉祥，因为这时的阴遇上了阳，彼此相兼而感通。

孔颖达的解释与王弼的解释虽然有所不同，但其核心精神是一致的，这就是把阴与阴相遇称作"得朋"，把阴与阴相离称作"丧朋"，基于孤阴不生，独阳不长的思路，王弼与孔颖达都主张，阴应该求阳才能平安吉祥。

王弼与孔颖达的解释影响了易学界千余年。唐宋以来，关于"西南得朋，东北丧朋"这句话基本上都是遵循这样的思路进行解释的。直到民国时期，

---

[1] （唐）孔颖达：《周易注疏》卷二，文渊阁《四库全书》本。

尚秉和先生作《周易尚氏学》①,一反以往的说法,他把阴求阳看作"得朋",把阴求阴看作"丧朋",即异性相遇为"得朋",同性相遇为"丧朋",其理论根据是《周易》的"十二辟卦",指出"坤"在"十二辟卦"里居于西北亥位,阴气逆行,沿着西南方向前进,遇阳渐盛;若由东南向东北前进,则阳气渐失。这个说法可谓独辟蹊径,在理解"得朋"与"丧朋"问题上有根本性的不同;不过,在吉凶判断上则与此前的解释一致,这就是主张阴阳相偶才能平安吉祥。

追溯易学史上关于《坤》卦"西南得朋,东北丧朋"的解释,我们可以得出初步结论:(1)在八卦学说中,"平安"的判断乃是基于阴阳相偶、和合感通。(2)事物必须相辅相成,唯有相辅相成才构筑了平安条件。(3)追求平安生活必须寻求或者创造阴阳和合感通的环境。

## 二、从卦象图式看"平安"理趣

《周易》中的平安智慧是从天上掉下来的吗? 当然不是。那么,它是怎样形成的呢? 是伏羲氏冥思苦想出来的吗? 也不是。

从上面的分析可以看出,《周易》平安智慧是建立在卦爻符号的理解基础上的。所以,认识八卦起源和符号内涵,这是我们揭开《周易》平安理论奥秘的关键一环。

八卦是如何产生的? 古人对此探讨已多。最为经典的论述要算《周易·系辞下》的一段话:

> 古者包羲氏之王天下也,仰则观象于天,俯则观法于地,观鸟兽之文与地之宜,近取诸身,远取诸物,于是始作八卦,以通神明之德,以类万物之情。

"包羲"又称作"包牺",即指"伏羲氏"。"包"通于"庖",有庖厨的意涵,从这个角度看,伏羲氏本来是一个高级厨师,善于做可口饭菜,所以被尊为"王"。这个"王"字,既有领导者的意义,又有使天下兴旺的旨趣。在成为天下王以后,伏羲氏开始进行了一系列文化建设工作,其中最重要的就是创作八卦。按

---

① 详见尚秉和:《周易尚氏学》卷二,中华书局 1980 年版。

照《系辞下》的描述,八卦是在"三观"与"两取"前提下创作的。"三观"即观天象、观地法、观鸟兽纹理与适宜于地上生长的诸种物类;"两取"就是以近处的人体及远处的事物为象征。

"观"的本字为"雚"。在甲骨文里,"𦥑"(雚)字像一只大鸟,其夸张的眉毛下睁着两只大眼睛,表示巨鸟警觉地察看。晚期金文加上"见"字,成了"𮉣",强调猛禽夸张的大眼,暗示"无所不见"的洞察力。《系辞下》连续用了三个"观"字,表明了八卦是洞察事物的结果。

伏羲氏通过观察,援取事物具体形象,升华为抽象表征符号,称作"观物取象"。这里的"物"就是宇宙间客观存在的万物,"象"就是万物的形象。伏羲氏通过仰观俯察,最终演绎出爻象与卦象。其中,根本的爻象是一阴(− −)一阳(—);基本的卦象就是八卦:《乾》☰、《坤》☷、《震》☳、《巽》☴、《坎》☵、《离》☲、《艮》☶、《兑》☱,代表天、地、雷、风、水、火、山、泽,凡八类事物。

伏羲氏"观物取象"的工作对于当时民众的平安生活来说非常重要。只有通过观察,对自身以及周边环境深入了解,形成一定的表征符号,才能便于交流,避免危险,维护平安。伏羲氏正是在充分了解事物的情况下才创作八卦的,因此八卦也就体现了先民们认知世界、洞察事物的基本思路与平安智慧。

八卦是怎样体现平安智慧的呢?《系辞下》"以通神明之德"提供了基本答案。"德"字,早期甲骨文写作"𢕉"。其外围是"行",表示十字路口;中间是个大眼睛,表示洞察事物的穿透力。后来,"德"的意义有了扩展、引申,如《韩非子》称:"德者,道之功也。"这是把"德"看作"道"的功用能量。以此类推,"神明之德"就是神明的功用、能量。"神明"就是神灵,它们具有佑助正道的功能。《孝经·感应》:"天地明察,神明彰矣。"唐玄宗注:"事天地能明察,则神感至诚而降福佑,故曰彰也。"[1]在先民心目中,以诚感神,意味着神明能够保佑平安。《系辞下》把八卦看作可以"通神明之德",实际上等于认定了八卦可以通神,保佑平安。直到今天,许多人把"太极八卦图"悬挂在门上或其他重要处所,也具有辟邪安镇的用意。

《系辞下》在讲述八卦功能的时候,还用了"以类万物之情"一句,这是平

---

① (唐)唐明皇:《孝经注疏》卷八,文渊阁《四库全书》本。

安智慧的进一步体现。所云"情",有欲望感情之"情",也有事物情状之"情",这两种"情"是不同的。根据上下文,可知《系辞下》讲的"情"指的是情状,"万物之情"就是万物的存在、发展状态。"以类万物之情"是说八卦具有表征万物情状的功能。换一句话来讲,八卦可以看作万物的映像。通过八卦,我们可以认识万物的本质特征,了解其基本状态,因此有助平安生活。

八卦是如何"类万物之情"的呢?这种"类"又是如何"运载"平安智慧的呢?《周易·说卦传》关于"先天八卦方位"与"后天八卦方位"的论述透露了一些蛛丝马迹。

《周易·说卦传》称:

> 天地定位,山泽通气,雷风相薄,水火不相射;八卦相错。数往者顺,知来者逆,是故《易》逆数也。

这里的"天地"指乾、坤,"山泽"指艮、兑,"雷风"指震、巽,"水火"指坎、离。此八卦中,乾、震、坎、艮,为阳;坤、巽、离、兑,为阴。皆两两相对,系平安秩序的基本符号表征。之所以这样说,是因为《坤》卦的"安贞吉"正是以阴遇阳为平安、吉祥。

对于《说卦传》这段话,前人概括为"先天八卦方位"。如朱熹在《周易本义》卷首即称："邵子曰:此伏羲八卦方位。乾南坤北,离东坎西,兑居东南,震居东北,巽居西南,艮居西北。于是八卦相交而成六十四卦,所谓'先天之学'也。"(其图式如上图)

"伏羲先天八卦方位"既是"万物之情"的符号演示,也是先民们维护平安的思想表征。因为"先天八卦方位"既遵循了"观物取象"的感知路向,也体现了创制者逻辑推演过程中的"安贞吉"精神。《周易·系辞上》在论及八卦形成与功能时说:"易有太极,是生两仪,两仪生四象,四象生八卦。八卦定吉凶,吉凶生大业。"所谓"太极"就是"道",这个"道",我们在前面的论述中已经指出其本义是"安",所以"太极"也就蕴含平安精神旨趣,至于由太极化生的两仪、四象、八卦当然也就继承了"太极大道"的平安基因了。

先天八卦方位的功能,最为重要的一条就是"天地定位"。在甲骨文中,定写作"𝌆",宝盖头"⌂"代表房屋,"𝌇"表示征战归邑,其造字本义是:结束征战,安居度日。《说文解字》称:"定,安也。"可见,"定"字本有"安"的意涵,而"安"同样也有"定"的意义,后来有"安定"或者"定安"的合成词,表明"安"与"定"的意义融通。既然"安"可以"定",而"定"能够"安",那么大《易》"先天八卦"的"乾坤"位置一确定,就意味着天下秩序有了符号表征的基本坐标。乾坤定南北,坎离界东西,而震巽、艮兑也两两相对有应,这就叫作"对待",因对待而阴阳感通,正如夫妻彼此和合而能生子,安居乐业。

有"对待"就有"流行"。由"先天八卦"向"后天八卦"的演化就是"流行"。关于"后天八卦",《周易·说卦传》也有一段话说明:

帝出乎震,齐乎巽,相见乎离,致役乎坤,说言乎兑,战乎乾,劳乎坎,成言乎艮。

所谓"帝"即天帝,代表天地元气。这段话阐述"帝"的行进历程,也就是元气的流行情况。它出于"震",生长于"巽",彰显于"离",致力用事于"坤",成熟欣悦于"兑",交配结合于"乾",勤勉劳倦于"坎",重萌于"艮"。由此可见,一元之气不断流行,通过八卦显示出来。

一元之气流行,所经八卦的具体位置如何呢? 根据《说卦传》的解释可知:坎离定南北,震兑界东西,巽在东南,坤在西南,乾在西北,艮在东北。按照前人的解说,这个方位据说是由周文王确立的,故而称作"文王八卦方位",因

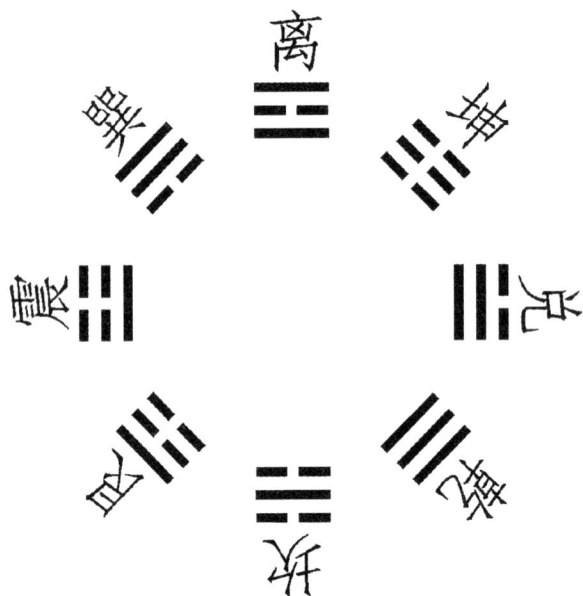

属后天行为,故而又称作"后天八卦方位"。

后天八卦方位是因为先天八卦流行交感而成。

四正卦:乾阳之气动,《坤》卦中爻交于《乾》卦,则成《离》卦;《乾》中爻交于《坤》卦,则成《坎》卦;《坎》卦内爻与《离》卦外爻相交,则成《震》卦;《离》卦外爻与《坎》卦内爻相交,则成《兑》卦。

四维卦:艮阳之气动,《艮》卦之初爻、三爻与《兑》卦之初爻、三爻相交,则成《巽》卦;《兑》卦之初爻、二爻与《艮》卦之初爻、二爻相交,则成《乾》卦;震阳之气动,《震》卦之二爻、三爻与《巽》卦之二爻、三爻相交,则成《坤》卦;《巽》卦之初爻、三爻与《震》卦之初爻、三爻相交,则成《艮》卦。至此,"伏羲先天八卦"方位变为"文王后天八卦"方位。这就是"流行"的大旨所在。

伏羲先天八卦方位向文王后天八卦方位转变过程乃是一个"交感"过程;而"交感"便意味着状态平安。因为"感"出于"咸",这个"咸"本有"安"的旨趣。《周易·咸》之《彖》称:

> 咸,感也;柔上而刚下,二气感应以相与。止而说,男下女,是以亨,利贞,取女吉也。天地感而万物化生,圣人感人心而天下和平。

这一条《彖》辞指出:咸的意思就是交感;阴柔之气往上,阳刚之气往下,二气交感有应,不分彼此,亲密无间。交感的时候,如艮山之稳重,似兑泽之灵动,就像男子以礼下求女子,所以能够得正欣悦,亨通吉祥。天地交感,形成了万物化育生长;圣人感化人心,造就了天下和平昌盛。①《彖》辞由"取女吉"进而论述天地之感,所言"吉"以及"天下和平"都包含着平安意涵。

由上述分析可知,伏羲氏先天八卦向文王后天八卦方位演变,是八卦阴阳之气在交感过程中自然发生的,伏羲先天八卦方位侧重于表征万物的对待有序,而文王后天八卦方位侧重于表征万物的流行变化。不论是"对待"还是"流行",八卦都指示了平安的合理状态。从这个意义来讲,先天八卦与后天八卦都是最好的平安吉祥物。

当八卦两两相重而成为六十四卦的时候,平安智慧便随着六十四卦的布列与周转而得到传递与能量补充,所以我们看到卦爻辞以及"十翼"里,作者通过爻象与卦象,展示事物的曲折运动、发展变化过程,告知人们什么状态下有危险、如何避免危险,如何走出困境,最终获得平安。《周易》以辩证法的思维方式和"中道"精神,分析判断各种情境,为人们提供了合理行动的方向,故而是一部切实可用的平安生活指导的大智慧宝典,身边备此一书,时时翻阅,当可化险为夷,"保和太和",提升生活之境界。

[本文原载《玉林师范学院学报》(哲学社会科学)2014年第1期,收入本书时略有修改]

---

① 参见黄寿祺、张善文:《周易译注》卷五,上海古籍出版社2004年版,第239页。

# 老子对祭祀文化的哲学升华

作为道家学派的创始人和理论代表,老子及其著作《道德经》不仅对中国社会产生巨大影响,而且流传海外,受到西方学人的关注。近年来,随着中西文化交流的频繁展开,学术界关于老子及其著作的研究有升温的趋势,取得了相当可观的成果,非常值得高兴。然而,老子哲学思想是怎样形成的? 他为什么能够具有经久不衰的魅力? 其深层次的文化底蕴是什么? 如果我们稍微展开一点省思,那就会感到,由老子所创造的恢宏博大的理论体系依然充满奥秘。

毋庸置疑,老子思想的形成具有多方面的原因和社会历史条件。长期以来,诸多学者花费了很多精力进行追溯、剖析。在西方哲学传入中国之后,人们比较习惯于从本体论、认识论、辩证法、历史观的模块上来认识和概括老子的哲学思想,笔者在以往也是这样做的。经过一番迂回曲折的"精神苦旅"之后,笔者觉得老子哲学思想并非是靠这四大模块就能够概括得了的;要认识老子哲学思想内涵、理论特色以及精神价值,必须回归于中国传统社会的广阔文化背景来探讨,尤其不能忽略祭祀文化背景。故而,本文拟就老子思想与祭祀文化的关系问题略抒管见。

## 一、老子著述的祭祀文化背景

由于种种原因,中国学术界在以往研究和介绍老子思想的时候往往不太愿意涉及祭祀问题,甚至是有意淡化或者回避这个问题。不过,如果要客观而全面地把握老子哲学思想,祭祀问题不仅无法回避,而且还是揭开老子哲学思想奥秘的一把钥匙,因为在老子所生活的时代中祭祀乃是一种普遍的社会现象,所以从这种特定的文化背景出发来解读老子哲学思想也就显得特别有必要了。

事实上,我们只要读一读《道德经》文本,那就会看到,老子是把祭祀作为客观的文化现象予以陈述的。该书第五十四章说:"善建者不拔,善抱者不脱,子孙以祭祀不辍。"老子在这里虽然不是专门介绍祭祀的过程,也没有直接论述祭祀的作用,但却以肯定的语气表达了"祭祀"的历史延续性。汉代著名的道家学者河上公对此这样解释:"善以道立身立国者,不可得引而拔之;善以道抱精神者,终不可拔引解脱;为人子孙,能修道如是,长生不死,世世以久,祭祀先祖,宗庙不绝。"①河上公笔下的"子孙"系泛称,其后接着的"长生不死"也是从子孙绵延的意义上讲的;因为子孙"绵延",所以能够世世代代祭祀先祖,宗庙的香火得以持续不断。笔者以为,河上公的解释是基本符合老子原义的。根据河上公的解释,我们可以看出,老子所讲的"祭祀"实际上是其"修道论"的重要组成部分,因为不论是"善建"还是"善抱"都是以"道"为指归的。

老子从"修道论"的立场陈述祭祀,这不是偶然的。稽考一下祭祀的内涵与起源,那就会明白其中的奥妙。什么是"祭祀"呢?汉代文字学家许慎《说文解字》称,祭者,"祀也,从示,以手持肉",表示该字的上半部形态有如手指撑开拿着肉,以飨神明。紧接着,许慎又解释"祀"字为"祭无巳也,从示,巳声"。文中的"巳"为十二地支之一。在上古物候学中,"巳"与四月相配,表示物生之盛,既盛则有终,终则反始,尽则复生,生生不息,所以谓之"无巳",也就是没有穷尽的意思。

基于字源的理解,再结合其他历史文献的资料,可以看出祭祀有三个方面的特质:

首先,祭祀是先民向神明表达敬意并且力图与神明沟通的一种宗教仪式。因为"以手持肉",高高拱起,这种动作已经具备了对象化崇拜的程序特质。根据前人的考证,凡是含有"示"元素的字都与神坛相联系,这意味着"祭祀"是以神坛的存在为前提的,不论这种神坛是简单还是复杂,都显示了上古先民

① (汉)河上公:《道德真经注》卷三,《道藏》第12册第15页。

对超自然力量的崇拜意识。既然有了神坛,又有敬献神明的"肉",作为仪式的"以手持肉"的动作就不是单一的,而是系列性的,几个动作串联起来,构成了飨神的程序,这就是崇拜仪式。上古先民敬奉神明,这并非只是单向的情感抒发和礼仪表达,而是同时希望得到神明的佑助。许慎《说文解字》称:"示,天垂象,见吉凶,所以示人也,从二。三垂,日月星也。观乎天文,以察时变,示神事也。"文中所谓"二"于上古时期即是"上"字,代表天帝,故而"示"也就是表征天帝的旨意。天帝如何告知下界的人们呢? 就是通过日月星的兆象。如果说先民们"以手持肉"以敬奉神明,寄托着人对神的景仰情感和某种祈求,那么上天显示日月星的兆象,则表征着神明对人的启迪,彼此精神往来,体现了"双向交通"的理趣。

其次,祭祀是以返本归根为主要精神的社会聚合活动。就广义而言,祭祀的对象虽然很多,但如果从根本上看,则应该承认祖灵崇拜是核心的内容,因为祭祀之"祀"本来就蕴涵着以图腾为标志的祖灵崇拜影像。作为形声字,"祀"的右边"巳"在十二地支中排行第六,这恰好与十二生肖中的"蛇"对应。在最初,"巳"当是"蛇"的象形,所以许慎《说文解字》说:"四月昜气巳出,阴气巳藏,万物见,成彣彰,故巳为它,象形。"文中的"它"本来就表征"蛇"。段玉裁指出,"巳"不可像,故以蛇象之。有趣的是,地下发掘的诸多画像砖所见伏羲、女娲交尾图像基本上都是人首蛇身,表明上古先民曾经以蛇作为祖灵。由此而衍生的祭祀活动寄托着认祖归宗的精神,这种认祖归宗同时也是对上天的皈依,因为先民们以为祖灵本是来自天上,最终又回归天界,所以对祖灵的祭祀,也就象征着"人天关系"的确认和强化。作为一种返本归根的宗教礼仪,祭祀是先民们的社会团聚的基本方式,对于当时的社会生活具有重大意义。

复次,祭祀是伴随着预测与决断的符号宣示系统。在上古时期,祭祀不仅具有宗教属性,而且具有政治属性。一方面,祭祀是以神明作为崇拜对象的礼仪活动;另一方面,祭祀又是通过神谕来号令民众的社会政治行为。在祭祀过程中,除了向神明表达景仰的情感、与神盟约之外,还通过象征法度对事态进行预测和最后决断。关于此,从甲骨文的"唯"字就能够得到佐证。就形态来看,"唯"字左边的"口"是一个器皿的形状,右边的"隹"是鸟的形状。古人早有以鸟"占卜"神意的传统,"隹"作为特别的"鸟"乃具有神的使者的表征意涵,《诗经》所谓"天命玄鸟,降而生商",即反映了上古先民把鸟作为"神使"的观念。通过"鸟占",获得神意,就把那些记录"神意"的咒辞置于器皿形态的"口"中作为人与神感通的盟誓凭证。直到今天,民间流传的"扶鸾"感通形式也依然把"鸟"作为"神使",可见这种传统是根深蒂固的。上古先民之所以通过动物象征来转达神谕,是因为重要事项之开展往往没有把握,于是就把最后的决断交给神明来处理。这说明,祭祀并非单纯地向神明表达景仰,而是包含相当丰富的内容。

祭祀是上古先民颇为关注的事项,所以屡被叙及。例如《周易·困》卦九二爻辞谓:"朱绂方来,利用享祀。"文中的"绂"是一种祭服,而"朱绂"也就是红颜色的祭祀服饰。根据五行学原理,魏晋时期的易学家王弼指出,"朱绂"乃是"南方之物",因为"朱"在五色中排列第二,象征南方,所以作为祭祀服饰的"绂"也就被当作南人归附前来献祭的象征;唐朝经学家孔颖达又根据易学象数法度认为,《困》的卦象,上为兑,下为坎,而坎乃北方之卦,九二爻居于北方坎的位置上,处困而用谦,所以能够召来异方的归向,这就是感应。既然能够相感,也就有助于大业的发展,所以应该举行祭祀的大礼。《困》卦随后又在九五爻辞说:"困于赤绂,乃徐有说,利用祭祀。"《象传》对此诠释曰:"利用祭祀,受福也。"《困》卦九五之爻,居于上卦兑的位置,从卦象来说,这象征着刚强而威猛,如果一味威猛行事,任刑罚而好征讨,则众叛亲离而困,之所以说"困于赤绂",是因为九五所处的兑乃是西方之卦,于五行中属"金",而"朱绂"则为"火"的颜色,火能克金,故而受困。《易》之作者通过《困》卦之象告诫人们处上不可以威猛勇暴行事,只有以中正之德自律,谦和待人,徐徐如微风,才能感动异方,这就叫作"乃徐有说"。说者,悦也,徐徐不躁,法谦之德,则可以得人心而旺盛宗庙的祭祀香火,所以《象传》断之为"受福"。除了《困》卦之外,他如《震》卦、《既济》卦、《大有》卦等,都有许多关于祭祀的描述。

作为一种对先民生活具有深刻影响的礼仪活动,祭祀不仅具有十分悠久的历史,而且涉及广泛领域。《礼记·祭法》称:"有虞氏禘黄帝而郊喾,祖颛顼而宗尧;夏后氏亦禘黄帝而郊鲧,祖颛顼而宗禹;殷人禘喾而郊冥,祖契而宗汤;周人禘喾而郊稷,祖文王而宗武王。燔柴于泰坛,祭天也。瘗埋于泰折,祭地也。用骍犊。埋少牢于泰昭,祭时也;相近于坎坛,祭寒暑也;王宫,祭日也;夜明,祭月也;幽宗,祭星也;雩宗,祭水旱也;四坎坛,祭四方也。山林川谷丘陵能出云、为风雨、见怪物,皆曰神,有天下者祭百神。"该篇所出现的"禘""郊""燔柴""瘗埋""少牢""王宫""夜明""幽宗""雩宗""坎坛"等都是具体的祭祀礼仪。作者在《祭法》中一方面追溯祭祀的历史,另一方面则阐述了不同对象的不同祭祀礼仪,反映了上古社会祭祀的传统性、广泛性、等级性、时节性。从这样的背景出发,我们研读《道德经》也就不难理解老子为什么把修道论与祭祀问题联系起来了。

## 二、从名称语境看老子对祭祀文化的哲学升华

老子《道德经》除了直接言说"祭祀"之外,还有许多篇章或明或暗地牵涉祭祀活动。该书有时将祭祀活动的某种仪式拿来作为自己说理的比喻或象征,有时则在阐发思想时顺理成章地论及祭祀的物件、情景等。当然,老子《道德经》并非是为了告诉人们关于祭祀的过程或者具体实施方式,而是借助祭祀来阐发思想,故而《道德经》虽然受到上古祭祀文化的影响,但又超越了上古的祭祀文化。如果从《道德经》使用的名称概念出发,体悟其语境,深入分析其前后关系,那就能够把握其升华的观念脉络。

《道德经》第二十章说:"众人熙熙,如享太牢,如春登台。"文中的"太牢"是上古祭祀的一种重要规格。帝王祭祀社稷时先将所用牺牲饲养于牢中,等到一定时日再行祭,故而有"牢"的名称;由于祭祀者和祭祀对象不同,所用牺牲的规格也有所分别,天子祭祀社稷用太牢,诸侯祭祀用少牢。"太牢"的祭品包括牛、羊、豕三牲;"少牢"只有羊、豕,而没有牛。从《尚书》《礼记》等文献的记载看,"太牢"之祭是非常隆重的,参加的人很多,《道德经》中的"熙熙"正是用以形容此等热闹景象的。不过,老子在这里并不是赞美"太牢"的盛况,而是通过对比来表征淳朴俭约的大道品质。联系《周易》关于"牢祭"的情形,我们不难明白老子的良苦用心。《周易·既济》九五爻辞称:"东邻杀牛,不如西邻之禴祭,实受其福。"《象》曰:"东邻杀牛,不如西邻之时也;实受

其福,吉大来也。"按照传统的说法,《既济》九五爻辞所说的"牛"指丰盛的祭祀,而"禴"指俭薄的祭祀;在爻辞的作者看来,东边邻国虽然举行盛大的杀牛祭祀,但还不如西边邻国举行俭薄的"禴祭"来得有意义,因为东边邻国的"牛祭"不合时宜而无德,而西边邻国的"禴祭"则合时宜而有德。卦爻辞的作者通过对比,肯定了"时德"的价值。老子《道德经》遵循《易经》的反比思维模式,并且作了进一步的推展。在陈述了"如享太牢"的情景之后,老子紧接着笔锋一转,描述了自我的心境:"我独泊兮,其未兆,如婴儿之未孩。"一个"独"字充分反映了老子不盲目从众的心态,而"婴儿"则象征着还淳返朴的境地。为了说明这种境地,老子用"未孩"两字来补充,"孩"表示幼童,"未孩"就是尚未达到幼童的状态,那是很稚嫩的,但老子欣赏的就是这种稚嫩,因为"未孩"的婴儿天真无邪,所以成为老子理想人格的象征。由"太牢"的类比到"婴儿"的形容,既反映老子观念具有深厚的祭祀文化基础,又体现出独立思考的个性,所以他在《道德经》第二十章的末尾说:"我独异于人,而贵食母"。正如许多研究者所指出的,老子所讲的"母"乃是"道"的象征,或者说是"道"的名称转换。这样一来,老子也就从祭祀文化的语境向上升华,创造出一种耐人寻味的哲学语境。因为他不像"享太牢"的一般人那样以丰盛筵席为满足,而是以"食母"为贵,这就超越了世俗的观念,让人感受到哲学家特有的精神气质。

老子的哲学家精神气质不仅可以从"太牢"的语境升华中得到见证,而且可以从"刍狗"说辞的解读中获得彰显。《道德经》第五章谓:"天地不仁,以万物为刍狗。圣人不仁,以百姓为刍狗。"本章所谓"刍狗"也是上古祭祀的用品之一。向来,许多"老学"研究专家把"刍狗"解释为用草扎成的狗,专用于祭祀之中,以为祭祀完毕,就把它扔掉或烧掉,比喻轻贱无用的东西。这种说法的经典依据最早见于《庄子·天运》:"夫刍狗之未陈也,盛以箧衍,巾以文绣,尸祝齐戒以将之;及其已陈也,行者践其首脊,苏者取而爨之而已。"该篇所谓"陈"就是陈列的意思,引申之则为献祭。作者首先描绘了人们为了祭祀而精心准备"刍狗"的情形:你看!"刍狗"被装入用竹子做的器具"箧衍"中,再覆盖上绣巾,施行献祭的"尸祝"经过一番斋戒之后就把"刍狗"送入庙堂中祭祀神明。接着,作者又陈述了献祭之后"刍狗"的境况:它的头部和脊背被过往行人所践踏,最后被樵夫拿去当成燃料炊食。有趣的是,《天运》篇这段话是鲁国太师"师金"回答孔子学生颜渊询问时说的。在师金的眼里,孔子为了恢复周礼,集聚学生,周游列国,这就好像把那早已被丢弃的"刍狗"再捡回来,重新装入竹筐,盖上绣巾,那是会遭受侮辱的。从其叙述的语境,我们可以发现作者是以平常心来看待"刍狗"命运的。因为祭祀的需要,"刍狗"被精心打扮,这是自然而然的;祭祀完毕,"刍狗"被丢弃,任人践踏,这也是自然而然的。《天运》篇反映了上古社会以"刍狗"献祭的客观情事,为老子《道德经》关于"刍狗"的意象作了注脚。不过,老子采用"刍狗"这个意象并非是针对孔子说的,而是为了表达"道法自然"的理念。河上公在注解《道德经》第五章时说:"天施地化,不以仁恩,任自然;天地生万物,人最为贵,天地视之如刍草狗畜,不贵望其报。圣人爱养万民,不以仁恩,法天地之行自然;圣人视百姓如刍草狗畜,不贵望于其礼意。"①照河上公的说法,本来,"天施地化"对于万物来讲就是一种仁恩的表现,但天地却不以仁恩自居,只是任其自然而已;人在万物中是最为高贵的,但天地照样将之看作刍草做的狗畜一样,这是因为没有接受报答的期盼;圣人爱养万民,这本来也是仁恩的表现,但圣人却不以仁恩自居,因为圣人效法天地而行自然之道,所以不需要万民报答的礼节。河上公的注解可以说是相当准确地把握了老子的思想脉络。在老子心目中,"刍狗"于献祭前受到装扮,于献祭之后受到冷落,这是一种自然运化的历史过程。老子巧妙地运用"刍狗"意象,一方面表征了天地公正不偏的法则,另一方面则展现了圣人效法天地、行事无私的品格。虽然其出发点是祭祀时的"刍狗"议题,但其落脚点则是圣人政治哲学。

老子《道德经》的圣人政治哲学与上古祭祀文化存在密切关系,这并非孤立的现象。倘若我们再分析书中那些论兵的段落,那就不仅可以进一步证明这种关系的紧要性,而且可以感受到老子圣人政治哲学思想的批判性和深邃性。《春秋左传·成公十三年》称,"国之大事,在祀与戎"。《左传》把祭祀与兵事相提并论,反映了上古社会浓厚的宗教气氛和军事活动在现实生活中的重要作用。这种情形,我们在老子《道德经》中也能够体悟到,该书第三十一章说:"偏将军居左,上将军居右。言以丧礼处之。杀人之众,以悲哀泣之,战

① (汉)河上公:《道德真经注》卷一,《道藏》第12册第2页。

胜以丧礼处之。"文中的"偏将军"与"上将军"都是上古社会军队编制的名称，而"丧礼"则是祭祀的一种仪式。从源头上看，"礼"本是出于祭祀需要而形成的。许慎《说文解字》称：礼，"所以事神致福也，从示从丰。"所谓"事神"也就是祭祀神明，祭祀的目的乃是求得神明的福佑。熟悉中国古文字的人们都知道，作为"礼"字构形元素之一的"丰"，其繁体"豐"的下面有个"豆"字，代表祭祀神明的特有物品。此等字源显示了"礼"作为祭祀仪轨的基本涵义。后来，"礼"尽管被赋予许多新的意义，但"事神"依然是作为最深沉的义项被蓄存着，所以段玉裁说："礼有五经，莫重于祭。"上古祭祀仪式，有种种不同的类型，但概括起来无非"吉凶"二门。于婚嫁寿庆之际举行的祭祀为吉门，于丧事之际举行的祭祀则为凶门。老子言及上将军居右的位置时指出"以丧礼处之"，表明了这个位置本来就象征着凶险。此等象征意涵在《诗经》中也可以得到佐证。《诗·小雅·裳裳者华》云："左之左之，君子宜之。右之右之，君子有之。"诗中的"左""右""宜""有"都是上古祭祀活动的特有名称。"左"字下方的"工"是祭祀时行巫术的工具，而"右"字下方的"口"则表征祭祀时行巫术的器皿，尸祝在祭祀时左手拿着沟通天地的"工"形用具，右手操持表征祝告词的"口"型器皿，可见"左右"最初本具有祭祀的意蕴。至于"宜"，在金文中本是表示行军时对"军社"的祭祀。《礼记·王制》有所谓"天子将出征，类乎上帝，宜乎社"的说法，可见"宜"是军事行动开始时于社坛中举行祭祀典礼的一种表征。与"宜"相对衬，"有"也是一种祭祀方式。从篆书来看，"有"的上方是人手的形状，下方是"肉"的样子，上下结合，类似于"祭"字的上部，可以看作"祭"的变形。由此可以推断，《诗·小雅·裳裳者华》乃是以对仗的方式描述了上古祭祀的两大类型，该篇之所以在陈述"右"的祭祀类型时不称"宜"而称"有"，是因为古人把"丧戎"看作悲哀而不应该提倡的事情。《毛传》释曰："左阳道，朝祀之事；右阴道，丧戎之事。"这揭示了上古时期左右定位的深沉意涵，表现了先民尚左而抑右的思想观念。《道德经》第三十一章的思路与此是一脉相承的，只是老子并不停留于祭祀的具体事项描摹，而是进一步拓展视野，从社会整体生存立场审视用兵的问题，他将批判的锋芒直指"用兵"，旗帜鲜明地指出："夫兵者，不祥之器，物或恶之，故有道者不处。"有道者之所以不以兵"强天下"，是因为用兵打仗的最终结果就是"凶年"的出现,荆棘丛生,饥荒连连,老子充分意识到老百姓在战争过程中所遭受的痛苦。因此,他告诫掌握权力的人必须对战争持谨慎的态度,即便是打了胜仗都应该"以丧礼处之"。这一方面透露了上古社会有关战争的祭祀礼仪信息,另一方面则表现了老子召唤和平、与民休息的愿望,其字里行间闪烁着"以人为本"的思想光辉。

作为一部经过历史洗礼的经典著作,《道德经》对于祭祀文化的升华,还表现于作为该书理论基石的概念内涵的独特性与深刻性。众所周知,老子《道德经》不仅直接从传统祭祀文化中采纳了"太牢""刍狗""丧礼"之类名称来为其阐发思想服务,而且提出了一系列体现智慧老人独立思考的概念范畴,例如"道""观"等等。如果追溯此类概念范畴的由来,稽考其内涵的转变,那就可以发现老子哲学体系的深厚文化根基,领略其高屋建瓴的思想境界。

"道"在老子《道德经》中是非常重要的概念。在特定的话语系统里,"道"不仅居于核心地位,而且与"德"一起构成了道家哲学的基本范畴。长期以来,学者们对老子的"道"作出许多诠释,这为后人了解《道德经》的思想内核提供了参照系。事实上,在老子《道德经》问世之前,"道"这个名称已经行世,考金文中便有"道"字。字形从"行",于"行"中有个"首"和宛如手指的形态,表征导行之义。问题在于古人造字时为什么要在"行"中置一个"首"?以往有学者认为,这是表示携带着异族人头边作"修祓"边行进的道路,此等解释基本符合上古的社会习俗。所谓"祓"也是一种祭祀礼仪,许慎《说文解字》称,祓乃"除恶祭也"。从功能与目标来看,上古先民举行祭祀无非是祈福与去恶两个方面。将人首置于路口行祭,这就是为了去恶。在古文献中,"祓"或变通为"軷"。《诗经·大雅·生民》篇云:"取羝以軷,载燔载烈。"《毛传》称:"羝羊,牡羊也;軷,道祭也。"秦蕙田《五礼通考》卷二百三十八说:古人出行,"必告道神,为坛而祭为軷。"又说:"此诗言后稷将行郊祀,故祭道神。"从这些记载来看,"修祓"作为重要的祭祀方式在上古社会生活中乃是很普遍的,老子《道德经》关于"道"的论说当立足于此,故而有关描述往往恍恍惚惚,充满神秘意味。当然,"修祓"的祭祀文化信息并没有直接显露于老子的"道体论"中。从第一章开始,老子就纵论"道"的超常与玄妙;此后,老子又在许多场合论及"道"的性状和功能。不言而喻,老子关于"道"的寓意是非常丰富的,但最重要的一点是作为宇宙万物之母。例如在第二十五章中说:"有物混成,先天地生……可以为天下母。"在第五十二章中,老子又说:"天下有始,以为天下母。"老子之所以赋予"道"以母性的特征,是因为标志携人首而"修祓"的"道"本来就具有起始的意义。一方面,"修祓"是为了除去邪灵的恶性;另一方面,"修祓"又是为了祈求"死而复生",而表征"复生"的最好方式就是母性的阴柔意象,故而老子将"修祓"的祭祀意义隐藏于"道"的底层,通过"谷神""玄牝"等具有雌性特质的转喻方式,强化了"道"的生生不息的伟大力量,确定了"道"的本根地位。这样一来,"修祓"就成为一种潜在的精神能量贯注于《道德经》的理路之中,而祭祀之道则由于老子"玄之又玄"的智慧辐射而向哲学之道转换。

在老子思想体系中,"道"不仅具有本根的意义,而且也是人的自我修养和社会治理的根据。通过祭祀文化的升华,老子既创立了"道体论",又提出了"修道论"。在《道德经》中,有关修道的思想渗透于全书的字里行间。为了阐明修道的方法、程序、意义,《道德经》采用了许多富有深意的概念,其中尤其值得注意的就是"观",该书在不同场合反复使用了"观"来表述其修道理念,例如第一章:"常无欲以观其妙。常有欲以观其徼。"第十六章:"致虚极守静笃。万物并作,吾以观复。"第五十四章:"故以身观身,以家观家,以乡观乡,以邦观邦,以天下观天下。"这几章的内容各有侧重,但都体现了"观"的思想脉络。就渊源而论,"观"本来也是祭祀的一个环节。《周易·观》卦之辞谓:"盥而不荐,有孚颙若。"按照汉代经学家马融的解释,"盥"是古代宗庙祭祀时用香酒浇灌地面以降神的礼仪;而"荐"则是向神献飨的礼仪。从语境来看,《周易》所谓"盥而不荐"的主体动作当是"观";也就是说,"盥"和"荐"既是祭祀的程序,又是被"观"的内容。因此"盥而不荐",应该是"观盥而不观荐"的略说。至于"有孚颙若"乃是形容祭祀的庄严之貌。向来,经学家们把宗庙祭祀的"盥"看作非常重要的典礼程序。《子夏易传》在诠释《观》卦辞的时候说:"古者先王之治天下,为风之首者,非他也,礼之谓欤,敬其礼之本欤。宗庙,其敬之大欤,盥,其祭之首欤,取诸洁净者也。礼也者,得其履而不谬也,措之天下无所不行,本于其敬也。敬,发乎情者也,尽则诚信,诚积中而容作于外,施于人而人顺也。敬之尽者莫大于孝,莫大于尊亲,爱之故贵之,贵之故尊之。昔者周公郊祀后稷以配天，宗祀文王于明堂以配上帝，是以四海之内，各以其职来祭，天下无不敬其亲者，此不令而民化上矣。宗庙之始者，盥也。得其始，尽其敬，诚其孝，然后能事宗庙鬼神也。"《子夏易传》虽然已经对"观"作了"神道设教"的思想发挥，但作者指出了"盥"作为宗庙祭祀礼仪的首要意义，这却是符合《易经》原旨的。由此反观《道德经》的"观"说，我们不难看出老子不仅谙熟《易经》及其祭祀的文化传统，而且予以思想创新。一方面，老子的论述保存了上古宗庙祭祀"观"其"盥"的形式和临"盥"的居敬态度；另一方面，老子更新了"观"的场景和内容。在老子的语境中，"观"的目标是合于"道"。从观者自身内在的精神状态来讲，"无欲以静"是内观合道的心理要求，"有欲躁动"则是内观合道的障碍，无欲以静则能感悟道的奥妙，有欲躁动则只能察觉其边缘。从观的空间存在来讲，老子将自身内气循环往复的"观想"法度推而广之，由身而家，由家而乡，由乡而邦，由邦而天下，体现了视域逐步扩展的弘道理想和社会教化的普世追求。

## 三、老子对祭祀文化进行哲学升华的意义

从深层次上予以解读，的确可以发现老子《道德经》蕴含着上古祭祀文化的丰富信息。史官的知识积淀，使老子能够以一种平实的态度面对上古先民的祭祀传统，而智慧的思考又使老子能够对固有文化推陈出新，从而建立了以"道德"为旨归的宏观生存哲学。尽管老子并没有如现代人那样造就长篇大论，但他为后人所留下的《道德经》的思想却是异常丰富的。就祭祀文化的哲学升华角度来看，其意义至少有如下两个方面：

其一，扬弃上古祭祀文化的繁冗仪轨，强化了天人合一的精神，从而使后来的宗教活动既保存敬神拜祖的特色，又传递着和谐精神。

地下发掘的各种资料以及现存历史文献表明，上古先民不仅面对着众多的祭祀对象，而且形成了独特的祭祀仪轨。从发展过程来看，祭祀仪轨在最初当是比较简单的，不过是从自然界直接取材，比如用树干代表受祭祀的对象，垒个土丘，就可以祭祀了。《礼记·礼运》说："夫礼，必本于天，殽于地，列于鬼神"。《礼运》篇所讲的"礼"范围很广，其中最重要的当然是祭祀了。从其

大旨而言,作为礼文化重心的祭祀一开始就蕴含着"天人合一"的朦胧意识,尽管程序相对简单,但却体现了先民敬重天地、归本祖宗的精神。随着社会活动领域的扩展,认知水平的提高,早先祭祀时所具有的那种朴素的"天人合一"意识逐步发展起来,并且形成了具有象征理趣的符号表达方式。《管子·轻重己》曾经描述天子如何依据一年四季的变化而祭祀天地、祖先,其中说到"搢玉总,带锡监,吹埙篪之风,凿动金石之音,朝诸侯卿大夫列士,循于百姓"的事。上古帝王选择冬至、夏至、春分、秋分的时间关节点盛五谷以祭祀,这体现了效法天时的原则,至于"吹埙篪"以及"凿动金石之音"乃是力图通过音乐来感动天地神明。关于这方面,《国语》卷三《周语下》有一段话颇能佐证。该篇说:"凡神人以数合之,以声昭之。数合声和,然后可同也,故以七同其数,而以律和其声,于是乎有七律。"所谓"数",具体而言就是二十八星宿之数,古人以二十八星宿分列四方,每方得其星宿七,对应于春夏秋冬,配合音律,故而有"七律"之学。祭祀的时候,根据不同季节而演奏相应的音乐,从而形成了井然有序的数声对应。与此同时,祭祀仪轨也不断发展。从《周礼》《仪礼》《礼记》等书的记载可以看出,祭祀仪轨曾经达到相当繁冗的地步。不论是天子的郊祀,还是诸侯的宗庙祭典,都极尽铺排之能事,耗费了大量的人力物力,以张扬其威权。本来,祭祀是需要一定仪轨的,但太繁冗了就淹没了"天人合一"的理念,也有悖于慎终追远的宗旨。

祭祀仪轨过于繁冗,老子是持批评态度的。他在《道德经》第二十九章中说:"是以圣人去甚、去奢、去泰。"老子一方面批评极端、奢侈与过分的行为,另一方面则汲取上古祭祀文化中的"天人合一"思想,并且予以强化,他在《道德经》第二十五章中意味深长地指出:"人法地,地法天,天法道,道法自然。"经过老子的整合,上古祭祀传统中的"天人合一"思想不仅成为一种理论自觉,而且被发扬光大了。基于"道"的价值认知和天人合一的理念,老子进一步采撷祭祀文化中的音乐资源,从而提出了"大音希声"的不朽命题。在老子心目中,"大音"之所以"希声",是因为"众音"达到了高度和谐与圆融状态,从而汇成一个音,因此也就听不到其他杂音了。众音和谐,这是对"道"的一种写照,因为"道"本来就是和谐的,所谓"道生一,一生二,二生三,三生万物。万物负阴而抱阳,冲气以为和"就是"道和"的理论概括。当然,老子"大音希声"的论断并非完全来自上古祭祀音乐的启迪,但其间存在着密切关系却是不可否认的,因为上古音乐的发展在很大程度上是由于祭祀的需要和推动,老子由此获得资源并产生理论灵感,这是不足为奇的事。

与上古祭祀文化密切相关的老子"大音希声"的和合圆融思想在后来又对我国的宗教礼仪产生深刻影响。这种影响的突出表现即存在于道教之中。作为我国土生土长的宗教,道教自产生以来便积极地进行神仙理论探讨和斋醮礼仪建设。由于民族文化精神的滋养,道教秉持了敬祖宗、礼神明的传统,并且力图通过斋醮礼仪来达到神人相感、净化心灵、涵养德行的目的。道教奉老子为道祖,以《道德经》教化百姓,故而有可能将老子"大音希声"的和合圆融精神贯注于斋醮礼仪之中。早在汉代问世的《太平经》便论及礼仪音乐的感动作用。该书卷一百一十六《某诀第二百四》称:"五音乃各有所引动,或引天,或引地,或引日月星辰,或引四时五行,或引山川,或引人民万物。音动者皆有所动摇,各有所致。是故和合,得其意者致善,不得其意者致恶。"[1]文中使用的"和合"在该书其他篇章中有时又作"合和"。不论是"和合"还是"合和",都体现了道教从创立起便奉行老子之教,力图通过斋醮礼仪音乐来沟通天地人神,营造社会与自然的和谐圆融氛围,这种思想在后来更得到发扬。宋代问世的《玉音法事》在言及斋醮礼仪音乐时有"异口同音""千和万合"之说[2],这从一个侧面反映了道教对和谐圆融状态的高度重视。可以说,由于道教的倡导,老子"大音希声"的和合圆融理念不仅成为斋醮礼仪的灵魂,而且辐射于养生、建筑等诸多领域。

其二,汲取上古祭祀文化的伦理内涵,引申出人类生存的精神准则,从而为社会治理提供了思想大旨。

作为一种物质文化与精神文化相互融合的操作系统,祭祀不仅标志着社会伦常的实在化,而且蓄存着善恶的"神判"理趣。所谓"神判"就是将人类无法自行处理的事件交给神来审判定夺,从而显示其公平合理。在上古先民的观念世界里,由于神没有形状,无法由人的外在感官直接感知,祭祀活动中的

---

[1] 王明:《太平经合校》,北京:中华书局1960年版,第633页。
[2] 《道藏》第11册第133页。

"神判"实际上是通过种种媒介来进行的,例如烧一盆汤水,由当事人对神盟誓,然后伸手"试汤",以辨真假,孔子《论语·季氏》中有"见不善如探汤"的说法,当是此等"神判"的写照。再如用只羊之类的动物作为"人神感通"的凭借,判明善恶。就构型而论,"善"这个字本来就蕴含着以"羊"作为"神判"媒介的信息,因为"善"字上面有个"羊头",分明是从属于"羊",而下面的"口"乃是器皿的形状,表示当事人与神盟誓。在先民们的心目中,有了这样的凭借,就能够排除人的纷扰而获得公平的审判,我们可以将这种形式简称为"羊神判"。从《墨子·明鬼下》篇中就可以找到属于祭祀文化内容之一的"羊神判"例证。该篇记载,从前的齐庄君有两个臣子,一个叫王里国,一个叫中里徼,他们两人闹纠纷,狱讼达三年之久。齐庄君考虑:要是把他们两人都杀掉,恐怕殃及无辜;要是把两人都释放了,又恐怕会使真正有罪的人逃脱。于是让他们两人共同选中一只羊,到神社中斋戒盟誓。二人承诺,到了神社就割了羊脖子,洒血于地,然后宣读誓词。先读王里国的誓词,顺利终了;接着读中里徼的誓词,还没有过半,羊突然跃起,冲过来抵触他,把他的脚折断了。《墨子》中的故事表明,"善"这个字的确隐含着"羊神判"的法度。从当今的立场看,上古祭祀文化中的"羊神判"看起来似乎很荒唐,但在深层次里却隐含着先民们讲究诚信、公平、正义的精神。因为先民们认为对神明是必须绝对诚信,不能有丝毫的弄虚作假,否则神一定可以明察并给予惩罚,羊跃起而触的人乃是陈述时有假并且曾经有恶行者。不论"羊神判"这种形式是否合理,但要求诚信、公平、正义在今天看来还是人类公共生存的基本准则。所以,尽管"羊神判"的外在形式被淘汰了,但其内在的思想却被作为精神遗产承袭下来,并且被引申到社会公共生活的诸多领域。后来,人们把那些合乎社会公共生活准则的观念、行为称作"善",而把那些违背社会公共生活准则的观念、行为称作"恶"。

在历史上,有许多思想家从"羊神判"这种形式获得智慧,并且进行观念引申和理论创新,老子是其中最为著名的代表,因为他的《道德经》把"善""恶"的核心议题发挥到了极致。该书第八章说:"上善若水。水善利万物而不争,处众人之所恶,故几于道。"老子把"上善"同水联系起来,这为后人追溯上古"羊神判"的结局暗示了路径。先民们借助祭祀文化环境进行"羊神判"

的时候未被羊角抵触的一方为胜称"善",被羊角抵触的一方为败称"恶"。败的一方被处死之后连同割血洒地的羊一起用一种称作鸥夷的兽皮包裹起来,然后放逐于水流中,表示祛除污秽而洁净,反映这种事件结局的字就是"法"。从渊源上来稽考,"法"的繁体字作"灋",其左边的三点水系河流的表征,而右边上面的"廌"是一种介于羊、鹿的动物象形,"廌"通"豸",相传古有神兽,谓之"解豸",《史记》卷一一七《司马相如传》引《上林赋》曰:"推蜚廉,弄解豸。"《史记集解》引《汉书音义》称:"解豸似鹿而一角。人君刑罚得中则生于朝廷,主触不直者。"这说明此等动物在古代也是用来作为"神判"媒介的。"灋"字右下方的"去"表示"神判"之后丢弃了不净之物,可见"法"不仅蕴含着"神判"的过程,而且表达了先民力图建立公共规范的努力。从一般人的眼光来看,不净之物丢弃就完结了,但老子想到的是那种连不净之物都能够承载的水的高尚品德。在他的灵魂深处,"水"之所以几乎近于"道",是因为"水"不仅利于万物生长、不与万物争夺资源,而且能够广泛包容,就连众人所厌恶的东西——比如"羊神判""解豸判"之后的罪人——都能够予以容纳,所谓"处众人之所恶"恰恰表明了宽容广纳的海样胸襟。《道德经》第二十七章说:"是以圣人常善救人,故无弃人。常善救物,故无弃物。是谓袭明。"这种"不弃"而"善救"的理念既体现了老子对上古祭祀文化中的"羊神判""解豸判"方式的理性审视,也反映了老子"反者道之动"的思维路向。与一般的世俗观念不同,老子常常是倒过来思考问题,他想到的是如何从根本上维护生灵的基本权力和社会的祥和,故而赋予"善"以新意,使之成为宏观生存哲学的理想境界,从此"善"不再只是是非曲直的判断词汇,而是大道品性的基本表征。从这个意义来讲,"善"与"道""德""观""止"等一样,乃是道家表述思想的非常重要的概念范畴,它的思想升华不仅具有独特的伦理价值,而且具有不可替代的哲学意义。

倘若我们继续探究《道德经》第八章"几于道"之下的论述,那就会感受到老子在"反观"上古祭祀文化的"神判"现象之后对于人类社会生存与治理的深邃见解。他说:"居善地,心善渊,与善仁,言善信,政善治,事善能,动善时。"老子在这里连续陈述了"七善",其内容关涉生存环境、心性修养、交往规则、社会秩序等等。"居善地"说的是居处者要善于爱护运载万物的大地;"心善渊"说的是心地要静默如江海之渊深;"与善仁"说的是"泽物无私",待人真诚纯朴;"言善信"说的是言辞应如潮水之进退,出而有征信;"政善治"说的是为政者应如大海之居下广容,以柔胜强;"事善能"说的是做事应遵循"载重浮轻"的原理,顺势而成就事功;"动善时"说的是行动应效法水消长不失时机的品性。从"七善"言辞来看,老子立论乃是紧紧围绕"水德"展开的,这虽然是针对人而言的,但其背后则隐藏着"水"的意象。老子通过反观上古"羊神判""解廌判"而形成的"水式"管理哲学思想对于中国传统社会的治理而言的确产生了重要作用。回顾历史可知,汉代的"文景之治"、唐代的"贞观之治"都与当时朝廷提倡老子的水式管理哲学思想有密切关系。元代道教思想家杜道坚在《道德玄经原旨》卷一中将社会治理的成功归之于"师水之德,处己以善"①,这可以说是对老子"上善若水"精神的精辟发挥。在今天看来,老子所提出的"七善"思想原则对于社会治理而言依然具有可操作性,冷静地省思其大旨,深入发掘其思想精华,当可裨益于当代管理哲学之建设。

（本文合作者：杨燕；原载《哲学研究》2007 年第 2 期,收入本书时调整了格式）

---

① 《道藏》第 12 册第 730 页。

# 儒道德治精神与圣功法门

　　"德治"作为中国历史上一种施政方略和社会教化的基本精神,在中国传统文化之中具有深刻影响。探讨"德治"的来龙去脉以及基本内涵,有助于完善我国社会主义时期的精神文明建设,有助于社会伦理教化与法治建设相结合,有助于提高人们的思想境界。作为传统政治理论与实践的特殊形态,"德治"不是孤立存在的,而是通过多种途径和多种形式来表征的。因此,要了解其基本精神与内容,就必须将之置于传统文化的大背景之中来加以考察。

　　近年来,学术界对儒家德治思想相当关注。但对于道家与道教有关德治的思想资源却相对发掘不够。有鉴于此,本文将通过对比方式,对德治的精神内涵略作分析。同时,还将对历史上有关德治与心性修养法门——圣功的思想旨趣稍作论述。

## 一、德治的精神指向

　　"德治"思想由来已久。早在尧舜时代对此就相当重视。在春秋战国百家争鸣时代,道家和儒家将以往中国历史上的"德治"思想作了不同的发挥。以老子为代表的道家学派从宏观立场来讲道德问题。鉴于上古礼节繁琐给社会造成麻烦的事实,老子在《道德经》中提出了以"效法自然"为道德教化的理想,倡导返璞归真的社会教化。以孔子为代表的儒家学派,标榜"为政以德",提倡正名,力图修复混乱的社会秩序。他把"德治"看作像天上的北极星,以为国家施行德治就会使民众知道羞耻而遵守规范。

　　中国古代德治的具体思想内容是丰富多彩的,在有限的篇幅里是无法将其叙说完备的。不过,对于其精神内涵却可以稍加概括。

首先，传统"德治"理念是以"治者"的个人修身为出发点的。因为"治"不仅是"治世"，而且意味着"治己"。修身，就是修养德性，提高自身的道德涵养。另外，修身也包括躯体健康方面的修持法度。最早明确提出修养自身德性的应该是老子，他在《道德经》第五十四章中指出："修之于身，其德乃真；修之于家，其德乃余；修之于乡，其德乃长；修之于国，其德乃丰；修之于天下，其德乃普。"老子所谓"修"是就广义的道德而论的。从"道体"的永恒性出发，老子认为人类如果要获得旺盛不衰的魅力就应该讲究"道"的修养，善于进行道德的建树。在他看来，"修身"是一件巩固根基的大事，它是立命、处人、治世的关键所在。后来，儒家圣人孔夫子特别重视修身问题。《论语·述而》篇中有这样的记载："子曰：'德之不修，学之不讲，闻义不能徙，不善不能改，是吾忧也'"。孔子在这里虽然没有直接使用"修身"二字，但他提出了修养自身德行的重要性，表明了儒家创始者一开始就很注重自我德操的树立与完善。

孔夫子以来，鉴于社会礼乐的流迁和个人德行在人世交往中的重要意义，儒家门人更在"修身"问题上予以强调。《礼记·大学》篇说："古之欲明明德于天下者，先治其国。欲治其国者，先齐其家。欲齐其家者，先修其身。"这段话论述了修身的意义在于齐家、治国。要治国必须先治家，要治家必须先修身，修身是治家、治国的根本，修身是治家、治国的基础。《大学》篇进而论道："身修而后家齐，家齐而后国治，国治而后天下平。"身修、家齐、国治才能达到天下太平。天下太平是古代儒门政治思想家的治国理想和最终目的，因此修身的意义非常重大，修身对每个人来说都是必不可少的，"自天子以至于庶人，壹是皆以修身为本"①。

先秦儒道思想家关于修身、齐家、治国、平天下的论述和修身意义的诸多格言，不仅成为后世士子养性修德的理论依据和重要内容，而且在中国思想史上产生了深远影响。后世思想家对修身的理论不断加以补充和深化，使之成为中国传统文化的重要组成部分。

修身既然是安身立命之本，关系到个人的千秋毁誉荣辱，更关系到治国平天下的大事，那么如何修身？换一句话来说，修身应有的原则与方法有哪些？

---

① （宋）朱熹：《四书章句集注》，北京：中华书局1983年版，第4页。

古人对此也有不少精辟的论述。

如果我们认真地阅读一下道家的著作,那就会发现,早在老子的《道德经》里已经阐述了如何修身。就方法论角度看,老子的"无为"主张在修身问题上乃具有特殊的意义。《道德经》第三十七章说:"道常无为而无不为。"第五十七章说:"我无为而民自化。"第三章说:"为无为则无不治。"可见,"无为"在《道德经》中并非一闪即逝,而是多次出现的。过去,思想界对老子的"无为"说存在许多误解。实际上,老子的"无为"并非是无所作为。魏代王弼指出,无为就是"顺自然"。王弼之说是在阐述老子《道德经》第三十七章时提出来的。① 此等解释是建立在对《道德经》思想语义把握比较全面的前提下的。为什么称"无为"是"顺自然"呢?因为"无为"是"道"的根本德性,而"道"又是以自然为法的。作为一个通晓世事且具备广阔文化知识的哲学家,老子从宏观的立场来思考宇宙与人类社会问题。因此,"无为"概念的提出便具有超越一般世俗眼界的特质。老子《道德经》一书不时地出现"圣人"的名称,可以说他讲的就是所谓"圣人之道",而圣人当具备修身的深厚道德涵养和治理国家的才能。概括地说,圣人是胸怀大道的,大道运行无为而无不为,所以圣人修身就应守无为之道。老子不仅以"无为"作为修身方法论,而且提出了具体的修身操作方法。《道德经》第十六章说:"致虚极,守静笃。万物并作,吾以观复。夫物芸芸,各复归其根。归根曰静,是曰复命,复命曰常,知常曰明。"又说:"知常容,容乃公,公乃王,王乃天,天乃道,道乃久,殁身不殆。"按照老子的看法,修身应该先净化自己的内心世界,这就叫作"虚",因为"虚"意味着去除了杂念的干扰,所以能够清明。内心清明了,决策才能够出于公心而符合常道。庄子继承并发展了老子的这种修身方法,他为人们的自我修养设计了种种方式,如《庄子·人间世》所谓"坐忘""心斋",力图使本心平静如水,不受名利、礼乐、仁义所束缚,忘记身形外物,"同于大通",从而激发内观之知,在境界的升华中自然而然达到"真知"与"大知"。庄子这种修持方法注重自我本性回归。他强调先有"真人",然后才有真知。可见,他也没有忽略对外在世界的把握,而是提醒人们要先摒除心灵蔽障,而后才可能至于完善。

---

① (魏)王弼注:《道德经》第三十七章,《诸子集成》本,北京:中华书局 1954 年版。

　　如果说道家是以化生宇宙的"道"作为修身标的,那么儒家则把社会伦常之道作为修身的基本内容。其要点有如下方面:甲、强调学习,以不断提高自身道德涵养。在儒家看来,学习是通往理想道德境界不可或缺的步骤。《荀子·劝学》篇说:"君子博学而日参省乎己,则知明而行无过矣"。意思是讲,作为一个君子必须广泛学习并且每天针对自己的情况进行反省。《礼记·学记》称:"玉不琢,不成器;人不学,不知道"。——这是说:玉不加以修琢不会成为有用的器具;人不学习,不可能了解事物之道理。这些论述表明"学"对修身而言是颇为重要的。乙、注重自省。所谓"自省"是指人的自我反省、自我省察。《论语·学而》篇中记载了曾子的一句名言:"吾日三省吾身:为人谋而不忠乎? 与朋友交而不信乎? 传不习乎?"这是很典型的自我反省方法,影响十分深远。孔子也曾说过"见贤思齐焉,见不贤而内自省也"①,孟子则提出"反身而诚"②的思想,并作了详细的论述,也是针对反省自己的言行而发的。《易传》将这种自省的修养方法称为"修省",涵义大致类似。丙、提倡克己制欲,以达公正无私境界。古代儒家有所谓"存天理,去人欲"之说,这并非要求人们去掉一切生理的本能欲望,而是克制自己,不要超越社会伦理规范。从字面来说,"克己"当然是说要克制自己了,而其具体内容则大部分表现为"节欲",或称"寡欲"。孟子说,"养心莫善于寡欲"③。之后,陆续有不少哲人提出节欲思想,如董仲舒、王通、周敦颐、二程、朱熹等,基本上一致主张以"礼"或"理"来克己制欲。据儒家看来,节欲既是一种修身活动,也是对自己意志的很好锻炼。克己还有另一个重要内容,即克除"己私",除去自己内心中的私心私欲,以维护公义。丁、培养谨慎态度。古代思想家对"谨慎"的论述,大致有"慎独""慎言""慎行"等。早期的儒家经典《大学》和《中庸》里,已出现"君子慎其独"④的思想,所谓慎独,是指人在独处时,也要谨慎地检点自己的言行意识,以免有违道德。宋明时期,以朱熹为代表,对此进行了更为详尽的论述:"独者,人所不知而己所独知之地也。言幽暗之中,细微之事,迹虽未形

---

① 《论语·里仁》,(宋)朱熹:《四书章句集注》,北京:中华书局1983年版,第73页。
② 《孟子·尽心上》,(宋)朱熹:《四书章句集注》第350页。
③ 《孟子·尽心下》,(宋)朱熹:《四书章句集注》第374页。
④ 《礼记·中庸》,(宋)朱熹:《四书章句集注》第17页。

而几则已动,人虽不知而己独知之,则是天下之事无有著见明显而过于此者。是以君子既常戒惧,而于此尤加谨焉,所以遏人欲于将萌,而不使其滋长于隐微之中,以至离道之远也。"①朱熹在这里首先解释了什么叫作"独",他所强调的是人处于幽暗细微之处应该抱有什么态度,即应如何自处的问题。在朱熹看来,关键所在是懂得"戒惧",从而处处谨慎小心,把那些坏的念头消灭在萌芽状态。除此之外,朱熹还有其他几段论述,均是关于"君子慎其独"的解释。他认为慎独乃是人对自身情感或思想在未及发作时的一种警觉,将一些背离正道的欲望抑制在萌芽状态,防患于未然。这种慎独的修养方法,可以说是"自省"法的极致。修身的方法很多,可以因人而异,不过在古代儒家哲人那里,大致可以归纳为一"养"一"克",而其指向都是一个,即符合"仁""道""礼"或"理"的教义,有了这样的修养,则良好的道德情操即可树立培养起来。

当然,从整体上看,德治并非是"治者"的个人私事。古人强调修身的目的最终还是为了社会的和谐有序。所以,在强调治者个人修身的基础上,古代思想家还相当重视全社会的道德教化。所谓"教化"的传统语义有两个方面:一是指"政教风化",如《荀子·臣道》篇说:"政令教化,刑下如影。"意思说,政治指令,雷厉风行,并且形成了民风,如影随形。关于此,《诗》学也有例证,如《周南·关雎·序》谓:"先王以是经夫妇,成孝敬,厚人伦,美教化,移风俗。"《关雎》以比兴手法描写了男女纯洁爱情。《诗·序》作者借之以发挥"风化"的意义。二是指教育感化。如《礼》之《经解》称:"故礼之教化也微,其止邪也于未形。"这是认为礼仪教育应该着眼于细微处,通过感化而抑制邪恶,防患于未然。在古代,不论是"风化"还是"感化"都离不开伦理道德。故而,教化实际上是以道德为灵魂的。

## 二、德治的圣功法门

古代中国道德教化是以圣人为最高理想人格典范的。可以说,诸子百家都言称圣人,而以儒道两家尤其明显。在《道德经》之中,"圣人"是一个非常

---

① (宋)朱熹:《四书章句集注》第18页。

重要的概念,在该书五千言之中,"圣人"出现了 23 次。老子的后学庄子等人更有所谓"内圣外王"之说。《庄子·天下》篇在批评"天下大乱,圣贤不明"的局面时使用了"内圣外王之道"的术语。道家的所谓"圣人"是一种胸怀大道、以百姓之心为心、无私谦卑而具有婴儿淳朴品性的榜样。在道家学派看来,圣人"处无为之事,行不言之教"①,他以大道的无私品格为其衡量,扶植万物生长却不居功,善于"救人""救物",故无弃人、弃物。② 由此可见,道家教化的理想人格实际上是从混沌大道的品行推衍而出的,在基本思路上具有宏观的特色。儒家也讲圣人。孔子心目中的圣人乃是尧、舜、文王、周公一类古帝,他称赞尧舜的高尚德操,说:"无为而治者,其舜也与!"③这种将圣人的品格与"无为"理念联结起来的思路与老子一派早期道家的主张基本相通。当然,儒家更多的是从社会伦常角度来谈圣人。如孟子称:"规矩,方员之至也;圣人,人伦之至也。"④这反映了儒家把"圣人"作为社会道德理想典型的旨趣。

有圣人就有"圣功"。《周易·蒙卦·彖》说:"蒙以养正,圣功也。"所谓"圣功"也就是达到圣人境界的功夫,它包括躯体与精神层面的修养以及根据道德规范而行事的一系列步骤。从圣人到圣功,表现了中国古代德治方略不仅有一套规范,而且具备了可操作性。

元代学者李道纯说:"圣人所以为圣者,用《易》而已矣。用《易》所以成功者,虚静而已矣。虚则无所不容,静则无所不察。虚则能受物,静则能应事。虚静久久则灵明。虚者,天之象也;静者,地之象也。自强不息,天之虚也;厚德载物,地之静也。空阔无涯,天之虚也;方广无际,地之静也。天地之道,惟虚惟静。虚静在己,则是天地在己也。道经云,人能常清静,天地悉皆归。其斯之谓欤? 清即虚也。虚静也者,其神德圣功乎?"⑤照此看来,圣人之所以能够建立大功,广施恩德于天下,就在于懂得运用《易》道,而《易》道的运用,其

---

① (魏)王弼注:《道德经》第二章,《诸子集成》本,北京:中华书局 1954 年版。
② 参见《道德经》第二十七章,《诸子集成》本,北京:中华书局 1954 年版。
③ 《论语·宪问》,(宋)朱熹:《四书章句集注》,北京:中华书局 1983 年版,第 162 页。
④ 《孟子·离娄上》,(宋)朱熹:《四书章句集注》第 277 页。
⑤ 《道藏》第 4 册第 486 页。

要则就在"虚静"二字,虚静是一种宏观的炼气之法。管理社会要掌握虚静的炼气之法,管理自身同样也要掌握虚静的炼气之法。这是因为人法天则地,天地虚静,人就必须虚静,心观天地,身合宇宙,圣功自成。这就是所谓天易、圣易、心易,一以贯之。

以圣功为法门的德治理念向来强调"诚而有信"。孟子说:"诚者,天之道也;思诚者,人之道也。"①这是从"天人合一"的立场来思考伦理修行的。按照这种看法,"诚"乃是天的本性,人能够思诚,就是向天道的回归。《中庸》对此有进一步的说明:"诚者,不勉而中,不思而得,从容中道,圣人也。"圣人从容中道也就是以"中"为法而合于天道。既然"中道"是"诚"的一种状态,具备这种精神状态就是圣人,那么"诚"也就是圣功德治的自然路数。对于此门,唐宋以来的学者有许多阐释。理学开山之祖周敦颐在《通书》中明确把"诚"作为"圣人之本"。周敦颐根据《周易》的基本原理,将"乾元"作为"诚"之源,把《乾卦》之中的判断辞"元亨"解释为"诚之通",而"利贞"则解释为"诚之复"。如果说,"元亨"是乾之德通化的过程,那么"利贞"则被当作回复的过程。人以"利贞"为回复就是要推源于天,落实到伦理道德层面来就是要以"孝道"为复性的功夫,知性明孝而归天。

德治圣功的另一要则是"知止"。其源盖出于《周易·艮》卦。"艮"的本象是"山",它象征着"抑止"。《彖》曰:"艮止也。时止则止,时行则行;动静不失其时,其道光明。"又说:"艮其止,止其所也。"《周易》由"山"的意象所引申出来的意义对于后来的学者有很大的影响。《道德经》第四十四章说:"知止不殆,可以长久。"《大学》说:"知止而后有定,定而后能静,静而后能安,安而后能虑,虑而后能得。"不论是《道德经》还是《大学》都从《易经》的《艮》卦那里汲取营养。理学家周敦颐对于《周易·艮》卦尤其推崇,他曾经说过:"一部《华严经》,只消一个《艮》卦可了。"②周敦颐之所以如此推崇艮卦,是因为艮卦在德治圣功修持过程中具有特殊的指导意义。首先,《艮》卦之"止"既然指的是"抑止",那就应该有抑止的根据。就前人的诸多论述来看,抑止不仅

① 《孟子·离娄上》,(宋)朱熹:《四书章句集注》第282页。
② (宋)程颐、程颢:《二程集》,北京:中华书局1981年版,第408页。

意味着人的意念行为要合乎道德规范,而且意味着必须遵循社会的法律条规。因为道德是法律的基础,而法律则是道德的强制性约束之形态。故而,圣功修行本身即包含了遵守社会法律的内容,换一句话来说,德治是离不开法治的。从社会层面上来看,圣功修行既以德为本,又倡导守法为要;就自我角度而言,《艮》卦"知止"的德治圣功意义在于引导人通过境界升华而达到身心健康。因为《艮》卦乃意味着心念之静定。《道德经》依之而有"载营魄抱一""得一"之说,而《大学》则有"止于至善"之论。

基于天人相应的立场,圣功法门强调社会功德与责任感。古代思想家以为个人的圣功修持必须与社会功德相结合。《周易·坤卦·文言》称:"君子黄中通理,正位居体,美在其中,而畅于四支,发于事业:美之至也。"按照这样的思想,则进德修业既是自我圣功修持的表现,又是自我圣功培补的需要。换一句话来说,在圣人境界中,内功与外功实际上已经融为一体,精神与肉体的健康也至于美善合一的境界,这就是所谓"与天地合其德,与日月合其明"①。这种充满浩然正气的广博胸襟必然引申出社会责任感,因为社会功德并非只是一种言论形态,而是要有践履效果的。当自己所承担的工作出现失误时就应该大胆检讨并且负起责任。《尚书·泰誓中》说:"百姓有过,在予一人。"《尚书正义》注曰:"民之有过,在我教不至。"这种发自内心的责任行为,在古代有许多典型事例。刘向《说苑·君道》记载,夏禹外出见到罪人便从车上下来问犯罪的人并且为之哭泣流泪。虽然这并没有什么惊心动魄之处,但却体现了古代圣功修行的责任意义。

## 三、德治圣功的思想扩展

传统的圣功修持不仅通过一定的理论来表示,而且通过艺术形式来延展其功能。艺术的形态多种多样,诗歌、戏曲、小说,应有尽有,它们都被用来为塑造圣人理想人格服务。《诗经》里面就有许多歌咏上古圣人的篇章。后来的文人学士多仿效之。元代揭傒斯(字曼硕)《孔林图诗》云:"峨峨尼山,蔽于

---

① 《周易·乾卦·文言》。

鲁邦。笃生圣人,维民之纲……维彼圣人,教之诱之,凡厥有民,则而效之。维彼圣人,覆之载之,凡厥有民,敬而爱之。既诵其言,亦被其服,执秣其马,于林之侧。既诵其言,亦履其武,执秣其马,于林之下。六辔既同,周侯之东,荐之侑之,圣人之宫。其音洋洋,其趋跄跄,其临皇皇,圣人允臧。商氏图之,式昭其敬。载瞻载思,罔不由圣?"①在这首诗前有小《序》,称:"集贤待制周侯能修礼于孔林,侍读学士商公图之,史官揭傒斯赋之。"揭傒斯这首诗所歌颂的圣人就是孔子。作者通过孔林图的诵咏,既塑造了万世师表孔子的圣人形象,也表达了圣人是可学的信念。既然可学,则圣功亦可成。作品从一个侧面反映了圣功修行的艺术化。故而,我们研讨圣功,也必须注意从文学艺术之中寻找史料,并且运用此等史料来解读圣功的思想蕴含,考察其效果以及发生作用的途径。

除了文学艺术之外,宗教文献也多涉及道德教化,当然也蕴含着圣功精神。例如。在道教之中,与"圣"有关的术语频频出现。道门中人把修道的内功,当作入圣的始基,谓之"圣胎"。萧廷芝《金丹大成集》谓:"无质生质,结成圣胎。辛勤保护十月,如幼女之初怀孕,似小龙之乍养珠,盖神气始凝结,极易疏失也。"②萧廷芝所讲的"圣胎"实际上就是自汉代以来就积极探索的金丹大道功夫。对此,刘一明的《悟真直指》有明确的解释:"和合四象,攒族五行,则性情精、气、神凝结,仁义礼智信同气,是云三家相见。在儒曰太极,又曰天理,又曰至善,又曰至诚;在道曰婴儿,又曰先天一气,又曰圣胎,又曰金丹。"③从表面上看来,道教的"圣胎"修炼似乎只是靠技术性的操作来完成的,但在深层次之中却蕴含着丰富的道德修养内容。《太上长文大洞灵宝幽玄上品妙经》有一段文字即说明了这一点,它说:"圣者是神圣也,胎者是气化也,真者是本性也。故人因本性而结真气方成胎。使元气化,方成为神。真神即灵,方能入圣。"④照此,则修养圣胎要从性命入手,全真道南北宗都讲性命双修,其修的过程既有内功的操作,也要有伦理道德的"温补"。北宗五祖之一张伯端

---

① (元)揭傒斯:《揭傒斯全集》,上海古籍出版社 1985 年版,第 141 页。
② 《道藏》第 4 册第 640 页。
③ 《藏外道书》第 8 册,成都:巴蜀书社 1994 年影印版,第 346 页。
④ 《道藏》第 20 册第 2 页。

在其传世名作《悟真篇·西江月第十一》中说:"德行修逾八百,阴功积满三千。均齐物我与亲冤,始合神仙本愿。"①他在《悟真篇·绝句第五十六》中又说:"若非积行施功德,动有群魔作障缘"②。这里,作者尽管无法避免宗教神秘主义的羁绊,但却强调道德修养的重要性。关于道德温补问题,南宋时期的净明忠孝道也时有论及。如《净明忠孝全书》告诫修持者应该从孝道入手,逐步达到仙圣的境界。这些说明唐宋以来道教强化伦理修养的发展趋势。实际上,早在道教建立之初,即已相当注意伦理之涵养。从某种意义上看,道教的科仪法事甚至也可以看作伦理教化的一种符号表征。道门中人通过一定的动作程序话语,引导信众尊道重德,超凡入圣。所以,我们可以将此等科仪法事视为圣功的一种特殊表现形式。道教的伦理化倾向不是偶然的,而是以祖先崇拜为特色的上古传统宗教伦理道德的自然延续与发展。经过先秦儒家与道家学者的播扬,祖先崇拜的宗教伦理被赋予了更丰富的内涵。其表现形态就是所谓的"神道设教"。《易·观卦·彖》称:"观天之神道,而四时不忒;圣人以神道设教,而天下服矣。"所谓"设教"就是通过一定的仪式法度来进行道德教化,培养人们对祖先的孝道精神,从而维护社会伦常之有序。汉代开始的道教在这方面可谓心领神会。因此,其科仪法事实际上也就贯注了圣人的教化精神,这就难怪宋元时期的全真道学者李道纯等人在他们的著述里不厌其烦地论说"圣功",其中所寄托的德治意蕴实在需要我们冷静地思考一番,而不是浮浅地以"迷信"搪塞了之!

[本文合作者:王日根;原载《厦门大学学报》(哲学与社会学报)2001年第1期,收录时略有更动]

---

① 《道藏》第4册第743页。
② 《道藏》第4册第736页。

# 儒家经学与道佛关系论

　　"经学"是儒家学说赖以存在的核心和载体,是一门对儒家经典进行阐释、研究的学问,它既包括对儒家经典文字、名物、制度的训诂,也包括对经传义理的阐释发挥。儒家经学的研究内容或者说研究对象——儒家经典,是经过一个比较长的历史时期逐渐形成的。最早能称为"经"的儒家经典只有"六经",即《诗》《书》《礼》《乐》《易》《春秋》,其中《乐经》有名无实,人们始终未能见其专书,所以"六经"实际上只有"五经"。到了汉代,汉人先是立"五经博士",后又增《论语》为"六经",又增《孝经》为"七经"。唐人分三《礼》,三《传》,合《易》《书》《诗》①,成为"九经"。到了宋代,又增《孟子》《尔雅》为"十三经"②。

　　作为华夏古典文化的一种特殊样式,儒家经学不仅在传统学术中居于重要地位,而且在整个中国古代社会生活中也一直起着主流的作用。在两千多年的发展过程中,儒家凭借自身的政治优势以及由此造就的学术强势,不可避免地要对道教、佛教发生影响,而道教、佛教作为国人生活中具有广泛社会基础的精神形态,也同样对儒家经学发生反作用,彼此交织互动,构成了中国历史上浩浩荡荡的思想文化长河。

## 一、儒家经学在道、佛中的思想渗透和变通

　　儒家经学对道教、佛教发生思想渗透有些什么表现呢? 这是难于用简单

---

① 三礼,即《周礼》《仪礼》及《礼记》。三传即《春秋左氏传》《春秋公羊传》及《春秋穀梁传》。
② 十三经即《诗》《书》《周礼》《仪礼》《小戴礼记》《易》《春秋左氏传》《春秋公羊传》《春秋穀梁传》《论语》《孝经》《孟子》《尔雅》。

描述所能说清楚的;不过,假如我们抓住其要领,还是可以发现大量证据的。就大体而论,儒家经学对道教、佛教的思想渗透主要表现在道德和哲学领域。

**(一)从道德领域看儒家经学在道佛中的思想渗透和变通**

传统经学以《论语》《孝经》《礼记》等典籍为主要载体,构建了以忠孝为基础,以仁、义、理、智、信为主体的一套完备的纲常伦理和社会行为规范,我们可以将之概称为"儒家经学伦理"。这种经学伦理适应了古代社会的基本需要,有利于维系农耕时代的社会关系,故而受到历代王朝的推崇和尊尚。在这样的氛围中,无论是道教还是佛教,不可避免地要受到影响。

道教作为一种土生土长的宗教,创立于统一的封建王朝建立后的汉代,其时传统经学已经在政治上获得了极高的地位,因而道教在初创之时就主动将忠孝等传统经学伦理思想融入自身,为其修仙实践服务。

如现存最早的一部道书《太平经》就有"故人生之时,为子当孝,为臣当忠,为弟子当顺;孝忠顺不离其身,然后死魂魄神精不见对也"[①]的说法,把子孝臣忠看作是人生之天经地义。晋末南北朝出现的天师道教戒经典《正一法文·天师教戒科经》也说:"道以冲和为德,以不和相克。是以天地合和,万物萌生,华英熟成;国家合和,天下太平,万姓安宁;室家合和,父慈子孝,天垂福庆……奉道不可不勤,事师不可不敬,事亲不可不孝,事君不可不忠……仁义不可不行,施惠不可不作。"[②]将忠孝仁义类比道教天地和合之大道,认为天地和合则万物生,国家和合则天下平,而国家和合之道则在于忠孝仁义的实施。这种把"天地之道"与忠孝仁义挂钩的论述方式,体现了此时道教不仅以大道为体,而且化用了儒家经学伦理,体现了儒家经学的深刻思想影响。

传统经学的"孝"思想,除了强调对父母恭敬遵从之外,还有一个很重要的内容就是爱护自己的身体。因为身体是父母给的,只有保护好自己的身体,才能让父母不因此而担忧。如《孝经》《礼记》等典籍,都有很多篇章来论证人身的重要性,因为父母顺天地之道生下子女,所以子女要像当初天地父母生养自己一样完整地把自身还给天地父母。把身体的保护作为孝的开始,或者说

---

① 王明:《太平经合校》,北京:中华书局 1960 年版,第 408 页。

② 《道藏》第 18 册第 232 页。

是孝敬父母的一个最基本的要求,此中爱身敬身的思想非常明显。

传统经学这种因孝爱身的思想恰好与道教的重生思想暗合,故而能为道教人士所取资。如葛洪在《抱朴子内篇》中说:"盖闻身体不伤,谓之终孝,况得仙道,长生久视,天地相毕,过于受全归完,不亦远乎? 果能登虚蹑景,云辇霓盖……先鬼有知,将蒙我荣……"①葛洪将"得道成仙"视为儒家"受全归完"孝道的一种发展,从儒家"孝"的角度,解释道教成仙的合理性,认为如果真的可以成仙,死去的祖先有灵的话,也将以此为荣。翩然凌霄之外,不仅不违孝道,而且比起一般的孝来讲更胜一筹,成仙是高过"受全归完"的一种更高级的"孝"。这种将"孝"和成仙关系勾连的做法,在道教中相当普遍,后来甚至形成了一批专门论述"孝道"和成仙关系的经书,如《文帝孝经》《文昌帝君劝孝文》《慈善孝子报恩称道经》《孝诰》等等。到了宋元时期,道教甚至还产生了一个以忠孝为修仙之本的新道派——"净明忠孝道"。该道派可以说是对儒家经学"忠孝"观与道教求仙思想融合的一个典型体现。其典籍多论"忠孝"的重要性。如《净明忠孝书》卷二曰:"忠孝,大道之本也,是以君子务本,本立而道生……有不务本而修炼者,若大匠无才,纵巧何成?"又曰:"太上设忠孝大道之门……要不在参禅问道,入山炼形,贵在乎忠孝立本,方寸净明,四明俱备,神渐通灵,不用修炼,自然道成。"②该书认为净明之道,本于忠孝。忠孝是太上所设的大道之门,是修道成仙的根本途径,其重要性甚至于超越道教一贯倡导的入山炼形等其他成仙方法。

佛教的情况和道教略有不同。佛教于两汉之际从印度传入中国,传来之初,并未引起社会重视,从东汉至三国,佛教以一种比类道教的姿态出现,到魏晋南北朝时期,佛教才开始作为一种独立的宗教形态而越来越受欢迎。不过,作为一种外来文化,佛教毕竟与作为中国文化的儒家经学思想有很大的差别,尤其是在伦理道德方面。而这其中又特别以佛教不拜父母君王和儒家经学伦理强调的"忠孝"观念相冲突。因此,佛教一入中国,就在这一方面屡屡受到儒家经师的攻击,并由此发生了一系列的论辩。如魏晋时期,围绕"沙门是否

---

① 王明:《抱朴子内篇校释》,北京:中华书局 1980 年版,第 47 页。
② 《道藏》第 24 册第 633—634 页。

敬王者"为中心的儒释道之争,就集中表现了佛教初入中国时在伦理道德方面和儒家经学的矛盾。这场论争反反复复,至南齐武帝时,下令沙门在帝王面前必须称名,儒家经学伦理取得初步胜利。唐玄宗开元二十一年(733 年),下令僧尼、道士、女冠致敬父母。至此,这场延续了三百多年的争论,最终以佛教的屈服和儒家经学伦理的胜利而告终。

唐代以后,面对儒家强大的政治优势和社会基础,佛教更加主动地采取妥协的姿态和灵活的吸纳策略,尽力调和出家和孝亲的矛盾,强调二者的一致性①。如华严宗五祖宗密说:"始乎混沌,塞于天地,通人神,贯贵贱,儒释皆宗之,其唯孝道矣。"②把"孝"看作是一种儒、释共尊,通人神,贯贵贱的最高准则,表示了对儒家经学"孝"观念的认同。北宋时的契嵩专门作《孝论》,提出:"夫孝,诸教皆尊之,而佛教殊尊也……夫孝,天之经也,地之义也,民之行也。"③将"孝"提升到了天经地义的高度,认为"孝"是各教都需遵从的规范,而佛教在诸教之中又是最尊奉孝道的。

在承认孝道的基础上,佛教开始对儒家经学所倡导的人间伦理秩序作全面的妥协和接受。"当宋室全盛及南渡,君相皆崇尚三宝,其时尊宿,多奉敕开堂,故有祝颂之祠,帝王之道,祖师之法,交相隆重……"④这里的"祝颂之祠",即禅师开堂讲法之前,先拈香为君王祝福。佛教至此不仅接受儒家伦常中的"孝"精神,而且接受了由"孝"延伸的"忠"观念,并在丛林制度中加以落实。所有这些都表示,佛教在进入中国后,为了自身的生存发展,在儒家经学伦理的强势面前,半推半就,逐步接受了其主要的伦理道德观念。

---

① 早在隋唐以前,佛教对传统经学伦理中的忠孝观就已经有了吸纳,如在后汉时期就有流传《父母恩难报经》(安世高译),表现了佛教初入中国就对经学伦理的认同感,三国时的康僧会在他编译的《六度集经》中,也着意突出孝的重要性,谓布施诸圣贤,"不如孝事其亲"(《大正藏》卷三,第 12 页),把"孝亲"置于"布施"之上,同时在对佛教经典的翻译中也有有意强调或者增加关于忠孝观念的地方,但隋唐以前两者在伦理问题上以争论占主导,隋唐以后,基本上佛教对经学伦理采取了妥协、服从、接受的态度,在这方面再无重大争议出现。本文所讲,是就大的趋势而言。

② 《景德传灯录》,《大正藏》卷五十一,台湾财团法人佛陀教育基金会出版部 1990 年影印版,第 196 页。

③ (宋)契嵩:《镡津文集》卷三,《大正藏》卷五十二,第 660 页。

④ 陈垣:《清初僧诤记》,北京:中华书局 1962 年版,第 90 页。

　　道教、佛教在接受儒家经学伦理时,一方面从各自的立场出发来论证其经学伦理和修行的紧密关系,另一方面则作出某些思想调整和补充。如针对儒家经学伦理在实际操作中缺乏有效措施和机制保证其施行的问题,释道两家不约而同从神学的角度为经学伦理建立了一个宗教心理上的保障机制,如《文昌孝经·孝感章》云:"不孝之子,百行莫赎,至孝之家,万劫可消。不孝之子,天地不容,雷霆怒殛,魔煞祸侵;孝子之门,鬼神护之,福禄界之。"①作者指出如果不孝父母,则会有可怕的灾祸,反之则会得福受禄。佛教则通过其因果报应说来论证和保障守孝,同时从理论上证明守孝的必要性,如前面所举的契嵩的《孝论》,就是将孝道上升到了"天经地义"的高度,对"忠孝"的必要性从本体论上进行论证。

　　对儒家经学片面强调纲常伦理而忽视个体生命的状况,释道二教又不约而同地提出合度原则以进行化解。如谭峭在《化书》中说道:"仁义者常行之道,行之不得其术,以至于亡国。忠信者常用之道,用之不得其术,以至于获罪。"②指出即便是仁义忠信,所行亦有其道;否则,不仅不能得福,甚至会亡国获罪。《太平经》从道教重生思想出发,提出了"事阴不得过阳,事死不得过生"的新伦理标准:"人生,象天属天也。人死,象地属地也。天,父也。地,母也。事母不得过父。生人,阳也。死人,阴也。事阴不得过阳。阳,君也。阴,臣也。事臣不得过君。事阴反过阳,则致逆气。事小过则致小逆,大过则致大逆,名为逆气,名为逆政。其害使阴气胜阳,下欺其上,鬼神邪物大兴……"③将人之生死和天地、阴阳比合,人之生如天,属阳;人之死如地,属阴。天地就如父母,按照传统天尊地卑,阳尊阴卑的观念,尊敬母亲不能超过父亲,所以事地不能超过天,事阴不能超过阳,同样,事死不能超过生。从理论上论证强调忠孝的同时也要重视个体生命,要有一个合适的范围和度,如果超出了这个范围和度,则不仅难以称为真正的忠孝,而且对修行也不会起到好的作用,反而会造成大错。

　　除此之外,释道二教还通过劝善书的大量发行,推行经过神学佐证后的

① 《藏外道书》第4册第306页。
② (五代)谭峭:《化书》卷三,北京:中华书局1996年版,第34页。
③ 王明:《太平经合校》,北京:中华书局1960年版,第49页。

54

"忠孝"观,在普通民众中影响很大。这种做法实际上不仅对封建国家有利,而且与儒家经学也不矛盾,故而统治者和儒生既默认,也鼓励。由于广泛而普及的特点,佛道二教的善书,对儒家经学伦理在民众中的传承起到了极大的推动作用。

**(二)从哲学领域看儒家经学在道佛中的思想渗透和变通**

儒家经学在道、佛中的思想渗透和变通,除了表现在伦理道德领域之外,还表现在哲学领域,特别是到了宋明以后,这种现象变得更加普遍和突出。从较直接的层次来看,这表现为道教、佛教对儒家经学典籍的大量引用,而其背后所隐藏的则为对儒家经学哲理的融合。

在佛教方面,《佛祖历代通载》《法藏碎金录》《弘明集》《广弘命集》等文献大量引述《论语》《孟子》《孝经》,采撷其言辞来阐释佛教的合理性,以使人们认识佛教与儒家经学思想并不违背。这种文献的直接引用必然进入哲理的比附之路,从而使二者的互动进入一个更高层次。如宋高僧契嵩在《镡津文集》中对《中庸》等儒家经典发表见解。他说:"中庸,道也。道也者,出万物也,入万物也。故以道为中也。"①他取儒家经学之"中庸"比附佛教的"中道"思想,这种情况在明代高僧德清的著述中也可以找到例证,他常常以儒家经学典籍和佛教思想互相发明,如他在其文集中说:"《语》曰:'君子不重则不威,学则不固。'又曰:'中无主不立,外无正不行。'此言虽小,可以喻大矣。是以世出世学圣贤之道,未有不自正心、诚意、修身而至于致知、格物、明心见性者。故孔氏为仁,以三省四勿为先。吾佛制心,必以三业七支为本,历观上下古今人物,成大器,弘大业,光照宇宙,表表为人师范者,未有不由此以至彼,由粗以及精,由近以致远也。"②德清将儒家经学修养方法与禅宗的修持了悟理论彼此结合,相互诠释,把儒家德性修养的"三省四勿""正心诚意"和佛教的"三业七支"相比附,认为二者皆是求道的途径,由此达彼,殊途同归,其极致皆能达到光表宇宙,与道同流的境界,儒释经典互相阐释发明,求同存异,弥合二教差异。

---

① (宋)契嵩:《镡津文集》卷四,《大正藏》卷五十二,第 666 页。
② (明)释德清:《憨山老人梦游集》卷五,《续修四库全书》,上海古籍出版社 1995 年版,第 1377 册,第 393 页。

　　为了更好地化用儒家经学思想,不少高僧还直接对儒家经学典籍进行佛理性注疏,引佛入儒,纳儒充佛。如上文谈到的名僧德清,他就曾作《大学直指》《中庸直指》和《大学纲目决疑》等书,用佛教禅宗理念解释儒家经学典籍。而这些以佛理阐释的儒家典籍的传播,对经学和宗教的交融无疑又起到了进一步的促进作用。

　　道教方面也是如此,早从先秦的《文始真经》开始,就有了对传统经学典籍的借用。如《文始真经·一宇》篇云:"闻道之后,有所为有所执者,所以之人;无所为无所执者,所以之天。为者必败,执者必失。故闻道于朝,可死于夕。"①用孔子的"朝闻道夕死可矣"之"道"释道教无为无执的成仙之"道"。闻道之后,无所为无所执,则可成仙,上升天庭,所谓"朝闻道",则"夕死可矣",非真死,而是得升仙班。李筌在对《阴符经》"人知其神之神,不知不神之所以神"进行阐释时这样说:"人皆有圣,人不贵圣人之愚,既睹其圣,又察其愚,复睹其圣。故《书》曰:专用聪明,则事不成;专用晦昧,则事皆悖。一明一晦,众之所载。伊尹酒保,太公屠牛,管仲作革,百里奚卖粥,当衰乱之时,人皆谓之不神。及乎逢成汤,遭文王,遇齐桓,值秦穆,道济生灵,功格宇宙,人皆谓之至神。"②借《书》言"道",用传统经学圣人修养的方法类比《阴符经》中对天地之机的觉察和体悟,认为只有修炼到如圣人那样既能察明,亦能察愚,既能处治,亦能处乱,才能无往而不自得,做到功格宇宙,人以为至神的境界,达到神仙修炼中出神入化的地步,把经学的圣人和道教的至神类比阐释。

　　至此我们大概梳理了中国宗教和传统经学在哲学思想上的互动,主要是从典籍借用,思想比附,经典互释方面进行阐释,并主要围绕《中庸》《论语》《大学》等经典。而在此之外,中国宗教和传统经学的互动又集中体现在对《易经》的共同关注上,因此我们把这一部分单独列出,以期对这一方面有一个更深入细致的了解。

　　在道教方面,打开道教经典,几乎到处都可以看到受《易经》影响的痕迹。比如对道教经典《道德经》的注疏,从题为河上公"章句"的《道德真经注》开

---

① 《道藏》第14册第610页。
② 《阴符经解》,文渊阁《四库全书》第1055册第6页。

始,就已运用《易经》的思想方法来解说《道德经》了。《体道第一》章中,作者解释"有名,万物之母"的时候说:"有名,谓天地。天地有形位,阴阳有刚柔,是其名也。万物母者,天地含气,生万物,长大成就,如母之养子也。"①既是利用《周易·系辞上》所说的"天尊地卑,乾坤定矣。卑高以陈,贵贱位矣。动静有常,刚柔断矣",将有名和天地比附,进而和阴阳刚柔比附,引《易经》来对道教典籍进行阐释。此后,邓锜在其《道德真经三解》中更是进一步融合《易经》思想,该书开篇即应用了《周易》的《咸》卦、《恒》卦、《泰》卦、《否》卦、《巽》卦的相互关系来解释《道德经》关于"可道"与"常道"的区分;接着应用《周易》的《乾》卦、《坤》卦、《坎》卦、《离》卦以解释《道德经》的美丑善恶意义②,等等。纵观该书,几乎通篇都贯穿着《易经》的思想。

素有"小道藏"之称的《云笈七籤》中也不乏对《易经》的借用,如该书卷七十二中言:"凡一斤药有十六两,每两有二十四铢,一斤有三百八十四铢。《易》有六十四卦,每卦六爻,六十四卦有三百八十四爻。一年有三百六十日,有二十四节气。每月合一两一铢半。一累阴阳之气候,从冬至建子日辰起火,此年日月大小,数至阳生……。"③便是将道教炼丹中药的重量与《周易》六十四卦三百八十四爻比附,以示循卦炼丹、调整火候之意。而《易经》和道教炼丹术的这种结合,在号称道教"万古丹经王"的《周易参同契》中可以说是发挥到了极致,该书相传为东汉魏伯阳所作,一般简称其为《参同契》,葛洪在《神仙传》中所说的:"伯阳作《参同契五行相类》凡三卷,其说似解《周易》,其实假借爻象以论作丹之意。"④明言《周易参同契》借《易经》之爻象以明道教炼丹术,阳儒阴道,不过借用而已,可以说是衣儒表而含道实。

继《周易参同契》之后,张伯端创作《悟真篇》,该书是继《周易参同契》之后的又一部金丹学要典,在思想上与《周易参同契》一脉相承,其《序》云:"仆既遇真荃,安敢隐默?罄所得成律诗九九八十一首,号曰《悟真篇》。内七言四韵一十六首,以表二八之数;绝句六十四首,按《周易》诸卦;五言一首,以象

---

① 《道藏》第 12 册第 1 页。
② 《道藏》第 12 册第 184 页。
③ (宋)张君房编:《云笈七籤》卷七十二,北京:中华书局 2003 年版,第 4 册第 1611 页。
④ 《神仙传》,文渊阁《四库全书》,第 1059 册第 265 页。

太乙;续添《西江月》一十二首,以周岁律。其如鼎器、尊卑、药物、斤两、火候、进退、主客、后先、存亡、有无、吉凶、悔吝,悉备其中矣。"①坦言文章安排从形式上是依从《易经》六十四卦来的,在内容上,该书同《周易参同契》一样,暗合易理,用易学卦象来说明炼丹火候。

道教对《易经》的不断吸收利用不仅刺激了其金丹养生论的充实,而且促进了道教易学理论的发展,其重要表现之一就是"心易派"的形成。自北宋陈抟、张伯端以来,道教比较注重研讨心性之学,贯彻到《周易》研究中,便出现了所谓的"心易"。宋末元初道教学者李道纯是其代表人物之一,他对心易尤其重视。在《道德会元·序》中,李道纯明确将自己所探究的易学称为"心易"。他说:"窃谓伏羲画易,剖露先天;老子著书,全彰道德。此二者,其诸经之祖乎?今之学者,求造其理,何哉?盖由不得其传耳。予素不通书,因广参遍访,获遇至人,点开心易,得造义经(似当作《易经》)之妙……"②将老子著书和伏羲画易相提并论,同时承认《周易》和《道德经》为诸经之祖,凌驾于其他诸经之上,把道教心性之学与《周易》粘连。而其所谓的"获遇至人,点开心易"之说,不仅具有道教神仙思想的意味,同时又颇有佛家开悟之意,可以说是借经学"易"之名论佛道"心性"之实。

道教除了在内外丹修炼中借易理以述己意外,在其神仙体系构成中也大量借鉴吸收《易经》思想,如将"八卦"符号赋予人格神的形象,纳入道教神仙之中。《太上老君中经》卷上说:"八卦天神下游人间,宿卫太一,为八方使者,主八节日。上计较,定吉凶。乾神,字仲尼,号曰伏羲;坎神,字大曾子;艮神,字照光玉;震神,字小曾子;巽神,字大夏侯;离神,字文昌;坤神,字杨翟王,号曰女娲;兑神,字一世(原注:一云字八世)。常以八节之日,存念之,其神皆在脐中,令人延年。"③在《易经》中,八卦并没有什么神秘意义,不过是代表事物的符号而已,但在《太上老君中经》里,八卦却摇身一变成了活灵活现的有了

---

① 胡道静、陈莲笙、陈耀庭选辑:《道藏要籍选刊》,上海古籍出版社 1989 年版,第 3 册第 391 页。

② (元)李道纯撰、蔡志颐辑:《道德会元》,《四库全书存目丛书》,济南:齐鲁书社 1995 年版,第 259 册第 149 页。

③ 《道藏》第 27 册第 146 页。

具体形象的神仙,和道教的其他神仙一起为修炼成仙,却老长生服务起来。

除了上面所说的以外,道教学者还不断地对《易经》本书进行道教式的解读,先有著名道士葛洪的《周易杂占》,范长生的《周易蜀才注》,陶弘景的《卜筮要略》《周易林》《易林体》《易髓》,继有王远知的《易总》、李含光的《周易义略》、李道纯的《周易尚占》等等。甚至道教中人还直接开创了"易学图书"派。自北宋道士陈抟将《易龙图》传出之后,图书之学便成为易学领域突出的分支,不仅道门中人应用图像显示《周易》秘义,而且其他学派也有数量众多的学者效法陈抟,以图书学为宗。数百年来,此类著述如雨后春笋,层出不穷,光在《中国图书综录·经部·易类》"图书之属"中所罗列的就有六十多种,对于宋代以来我国易学的发展起了直接的推动作用。

在佛教方面,对《易经》的关注和吸纳也表现得非常突出。佛教入土中原之初,佛理的解释传播一开始就依附玄学,以中国传统哲学固有的名称词汇解释佛教。在这一过程中,佛教和传统经学及道教互相交融。如佛教的般若学,在当时就吸收了王弼的易学思想。从佛教经典来看,从《肇论》到《牟子解惑论》到《涅槃经》,再到智旭的《周易禅解》。处处都可见对《易经》语句的引用,思想的吸收,易理的借鉴。

发展到明代,出现了智旭的《周易禅解》。智旭是晚明"四大高僧"之一,以推动儒佛合流而闻名于中国佛教史,其《周易禅解》一书是易学史上第一部完整系统地以佛教的知识和道理来解读《周易》的著作。该书对《周易》进行了系统精密的注解,融儒道、易理、佛法于一炉。如对《大过》卦的主旨解释,该书曰:"约世道,则贤君以道养天下,而治平日久;约佛化,则四依以道化群生,而佛法大行;约观心,则功夫胜进而将破无明也。夫治平既久,则乱阶必萌,所宜防微杜渐;化道既盛,则有漏易生,所宜陈规立矩;功夫既进,则无明将破,所宜善巧用心也。"①此处所讲,既有贤君以道养天下,又有佛法以道化群生。既讲破无明,又论进功夫,儒道易浑然而融于一体。其书大略皆类此,无怪乎人们将其书称为佛法解《易》之创造性杰作。

---

① (明)释智旭:《周易禅解》卷四,《续修四库全书》,上海古籍出版社 1995 年版,第 15 册第 688 页。

诚如《四库全书总目》所说:"易道广大,无所不包,旁及天文、地理、乐律、兵法、韵学、算术,以逮方外之炉火,皆可援《易》以为说,而好异者又援以入《易》,故《易说》愈繁。"①正是由于《易》之博大精深,包罗万象,得其一端者即自可为一说,由之佛道竞相援《易》,以为己说。而佛道两家在读易解易用易的过程中不仅丰富了自身的理论构建,同时更开创了易学的新流派,这些都对易学的发展起到了不可忽视的作用,也不可避免地对奉《易》为群经之首的传统经学起了极大的影响。

从上面的论述可见,中国宗教对传统经学思想的借用和阐释是相当普遍的一种现象。虽然由于各家自身宗教理念的不同,在对传统经学典籍的理解上,无论佛道,都是将经学改造拿来比附自己的教义,为自己的教团服务,然而,这种借用和阐释客观上既促进了中国宗教教义的丰富和发展,也推动了经学的进步。

## 二、佛道教对儒家经学的反作用

上节在论及中国宗教对传统经学的吸纳化用时,其实已不可避免地谈到了中国宗教对传统经学的反动,如对经学"忠孝"观念的本体论证实,实施措施的制度化建议,以及在哲学思想上依附经学典籍而形成的道教或佛教性质注疏书籍,甚至新的以传统经学为载体,以佛道思想为主导思想的学术派别等等,都体现了中国宗教对传统经学巨大的影响和理论回流。而纵观历史长河,这种理论回流又十分集中地体现在传统经学中宋明理学的出现。

### (一)"四书"地位的凸显彰示了中国宗教对传统经学的反动

"理学"起于北宋,至南宋及明大兴,以继承儒家道统为己任,其源远可追溯到唐朝韩愈、李翱,亦被后人称为"新儒家"。理学者又特别关注《孟子》和《中庸》两部书籍,并将之与《语》《孟》一起组成"四书",使之在宋以后成为重要的经学必读书,从而转移了此前以"五经"为首的经学典籍重心。同时理学家又把相当的关注话题集中在心性讨论上,而这也是此前的传统经学所不重

---

① (清)永瑢等撰:《四库全书总目》卷一,北京:中华书局 1965 年版,上册第 1 页。

视的。理学之后传统经学的这两个转变其实又紧密相关,话题论域的转变导致经学典籍重心的转移,而典籍重心的转移又加强和稳定了话域的转变。而理学的这两大特点,分析起来,又都是在佛道二教的刺激下发生的。

佛教自流入中原后,不断和中国本土文化相结合,由依附道教,借道经格意佛典,到逐渐为国人接受、欣赏。特别是在和上层的结合中,佛教以其精妙的义理而备受青睐。三国两晋南北朝时期就出过不少高层信徒,至唐宋,佛教开始更加入世,佛教徒频与士大夫游,士大夫也开始佛教徒化,观《宋史》,其时士大夫谈禅者比比皆是,几乎已达人人论佛的地步。如北宋翰林大学士晁迥,"迥善吐纳养生之术,通释老书,以经传傅致,为一家之说"①。他所著的《法藏碎金录》十卷,就正是这样一部以经传傅致释老之书,《四库全书》将之列入释家类。与他同朝为官,同为翰林大学士的杨亿,也是一位"留心释典禅观之学"②的儒者。佛教之盛前所未有,而且与此前非常不同的就是佛教对儒士的直接俘获,这一点可以说是尤其让那些以继道统为己任之理学家或理学先驱所痛心的。

与此同时,本土的道教在宋代也大有发展,其地位虽不能和佛教相提并论,但其势亦不可小觑。王安石在《礼乐论》中不由这样说道:"呜呼! 礼乐之意不传久矣! 天下之言养生修性者,归于浮屠、老子而已。浮屠、老子之说行,而天下为礼乐者独以顺流俗而已。"③

道释二家在政治、思想领域中地盘的不断扩大,使传统经学方面大感威胁。也正是在这种氛围之下,从韩愈、李翱、到宋初三先生、王安石、二程,直到朱熹,奋起反击,意欲重兴儒学,提出"道统"说及儒家道统的传承体系,并以"为往圣继绝学"之姿态出现在历史舞台,致力于建立儒家的"内圣外王"之道。唐韩愈等主要是从宗教形式上批判佛道二教,要求强制僧道还俗,可以说这种批驳相对来说是比较浅层次的。与前辈不同,宋代的理学家对道释的批评,绝大部分是在理论建树上,试图通过完善传统经学的内涵,破除道释之谬误,从而重新树立儒家"内圣"之学,重开儒家"外王"之道。因为能够强烈吸

---

① 《宋史》卷三百零五,北京:中华书局 1977 年版,第 29 册第 10086 页。
② 《宋史》卷三百零五,第 29 册第 10083 页。
③ (宋)王安石:《王文公文集》卷二十九,上海人民出版社 1974 年版,上册第 335—336 页。

引这些受经学系统教育长大的士大夫的,正是佛教精致的心性学和道教的养生论。用现在的话来说,或者可以理解为佛道二家对人生的终极关怀思想深深地吸引了那些穿儒服的士大夫。因此,理学家在内忧外患的刺激之下,开始不断介入心性学这一话语领域,并积极在儒家经学典籍中寻求其思想渊源。这就导致了传统经学发展到宋明理学阶段时,其话语论域出现的巨大转变,而随着传统经学话语论域的转变,经学的重心也发生了巨大的转移,即由之前的以"五经"为主转移到了此后的以"四书"为核心。

而之所以在经学话域出现重大转变后,"四书"能从众多儒家典籍中显现出来,受到前所未有的关注和凸显,则是因为"四书"为理学提供了一个比较完整的儒家"心性"学框架。特别是《孟子》和《中庸》中的内容,与心性关系最密。

《孟子》一书率先对传统经学"性善"说进行本体论诉求。而"性善"说是宋理学整个心性理论的基石。《中庸》包含着"心性"学理解后的"四句教"精髓,其文中所讲的"天命之谓性,率性之谓道,修道之谓教",既包含了理学心性学的基本命题,也体现了传统经学思想中经世致用的外王意旨,同时更从本体上证明了人本性是善的。而对人性善的这种本体论的诉求和证明,则为理学心性论提供了理论后盾,正是由于人性得之于天,所以人本性自足完满,只不过由于后天气秉不同才有了贤愚之别,所以人按照传统经学提供的途径,通过自我修养,皆可以达到完善自我的目的。而传统经学的这种心性自我回归并不像佛道二教那样出离俗世,恰恰相反,正是在承担自己尘俗的责任和义务的过程中,人们完成了自我的回归和完满,从而显得比佛道二教的心性论更胜一筹。同时这两部书又是经学中较早期的著作,《中庸》之作者子思为孔子之孙,而孟子为子思之徒,对他们的著作进行发挥探讨,无论从理论构建还是从学术威严上讲都具有与释道抗衡的实力,具有令人信服的敬畏感。所以宋理学从一开始就极其关注这两本书。

《大学》除了为理学家们提供了大量心性学的原始资料之外,同时其书所包含的正心、诚意、修身、治国、平天下以及格物、致知、止于至善等思想,更为理学家推广学术思想,修德进业提供了方便法门。而《论语》是传统经学的开山祖师孔子之言行记录,集中凸显传统经学的伦理纲常,虽然该书没有直接系统的心性学探讨,但作为经学传承中最早的一个发展阶段,具有不可动摇的权威地位,在理学抗衡道释二教的道统维系中起着承尧舜禹圣道的重要意义。正因为此,理学家均重研读这四本儒家典籍,至理学之集大成者朱熹时,终于将"四书"编辑成册,一并流行于世,完成了"四书"这样一个典籍的重新组合和重心转移。传统经学典籍重心的这一重大转移,在极大程度上反映的是理学和释道争夺心性学领域的一种客观必须,也正是在这种意义上说,宋明理学凸显"四书",对"四书"尤其是《孟子》和《中庸》的特别关注体现了中国宗教对传统经学的反动。

**(二)理学先锋的思想构建反映了中国宗教思想对传统经学的反动**

中国宗教思想对传统经学的反动除了集中体现于理学主要论域,关注话题以及经学典籍的重心转移方面,还表现在理学理论构建的主要代表人物,无论是其先驱唐时的韩愈、李翱,还是后来的周、张、二程和朱、陆、王等人,观其求学经历,几乎无一不曾出入佛老多年,其思想都不同程度地受到道释影响,处处可见道释二家的痕迹。

早在唐朝,开理学端倪的李翱就开始出入佛老了,《文献通考》载石林叶氏云:"今唯《传灯录》载其赠药山僧一篇,云:'炼得身形似鹤形,千株松下两函经。我来欲问西来意,云在青天水在瓶。'"①此诗前两句颇有道教养身成仙的意味,后两句又分明是禅宗常用的话头,诗又是写给僧人的,可见李翱对释道二教均有研究,与教界中人时有来往。李翱的代表著作《复性书》,依据《大学》《周易》《中庸》等经学典籍,论述了性情、圣人和修养成圣之方法等主要问题,高举辟佛之大旗,以恢复儒家道统为己任。然而,其行文中流露的思想旨趣及其表述方式,又难脱借佛入儒之嫌;其《复性书》中的"去情废欲"不过是佛教"离相"说的儒家式表达,而其所说的"弗思弗虑",很难说与佛教的"无念"毫无瓜葛;而其包含了大量佛教印迹的"复性说"又恰是后来为宋明理学吸收继承最多的一部分。

周敦颐一向被认为是理学的开山鼻祖,《宋史》云:"千有余载,至宋中叶,

---

① (宋)马端临:《文献通考》卷二百三十三,北京:中华书局 1986 年版,下册第 1855 页。

周敦颐出于舂陵,乃得圣贤不传之学。"①将其看作是汉以来上继孟子之第一人。《宋元学案》云:"孔孟之后,汉儒止有传经之学,性道微言之绝久矣。元公崛起,二程嗣之,又复横渠诸大儒辈出,圣学大倡。故安定、徂徕卓乎有儒者之矩范,然仅可谓有开之必先,若论阐发心性义理之精微,端数元公之破暗也。"②全面肯定了周敦颐在理学中的开山破暗之功。

然周敦颐亦是出入佛老多年,关于其代表作《太极图说》和《通书》二文,《宋史》云:"推明阴阳五行之理,命于天而性于人者,瞭若指掌。"③《宋元学案》云:"《通书》周子传道之书也……性理首《太极图说》,兹首《通书》者,以《太极图说》后儒有尊之者,亦有议之者,不若《通书》之纯粹无疵也。"④由此可见,此二书讨论的正是理学十分关注的对儒家伦理的本体论诉求问题,是理学最早的有关宇宙生成论及论证性理关系的著作,无怪乎后人要将周敦颐排在理学开山第一人的位置。然而,其二书自来却又颇多非议,所议之焦点正是因其不够纯粹无疵,吸收了佛道二家思想。不仅《太极图说》一文不够纯粹,《通书》一文也对道释思想借鉴不少。

首先就是《太极图说》中太极图的来历,宋时即传说此图得自道教的陈抟,陆九渊云:"朱子发谓濂溪得太极图于穆伯长,伯长之传,出于陈希夷。"⑤同书黄百家又附其叔父之《太极图辩》一文,云:"周子太极图,创自河上公,乃方士修炼之术也,实与老、庄之长生久视,又属旁门……周子更为太极图说,穷其本而反于老、庄,可谓拾瓦砾而得精蕴……周子之'无极而太极',则空中之造化,而欲合老、庄于儒也。"⑥认为太极图本出于方士修炼之术,虽然其图本身是瓦砾一样的外道,但周濂溪得到后,对其进行了仔细研读,却吸取了其中的精蕴,合老庄而入儒。

---

① 《宋史》卷四百二十七,北京:中华书局 1977 年版,第 36 册第 12710 页。
② (清)黄宗羲原著,全祖望补修,陈金生、梁运华点校:《宋元学案》,北京:中华书局 1986 年版,第 1 册第 482 页。
③ 《宋史》卷四百二十七,第 36 册 12710 页。
④ (清)黄宗羲原著,全祖望补修,陈金生、梁运华点校:《宋元学案》,北京:中华书局 1986 年版,第 1 册第 482—483 页。
⑤ 《宋元学案》第 1 册第 501 页。
⑥ 《宋元学案》第 1 册第 514—515 页。

此后对该周敦颐《太极图说》之图的出处历代都有争议,或云其自创,或云得于道教徒,或云得之于佛教圆相图。考其和道教修炼之图以及佛教圆相的比较,确实有不少相似之处,即使不能确定该图就一定是出自道教或佛教,但该图一定与三方皆有关系,其自身的存在本身就是儒、释、道三者交融的一个产物。而周敦颐在其《太极图说》和《通书》中也确实有大量来自儒家之外的思想。如《太极图说》中提出的重要思想"主静",文中云:"圣人定之以中正仁义而主静,立人极焉。"①言"静"为人极,认为人主静方能原始返终,与天地合德,日月合明,四时合序,鬼神合吉凶,知生知死,终成圣人。"静"的思想原是道家所本有,周敦颐对道家"静"的借鉴,并不仅仅是一个概念的简单拿来,他所讲的主静"原始返终"与老子讲静"复命""归根",在最终达到"天人合一"的途径和境界的描述上,又岂是仅仅一个相像可说尽的!再看《太极图说》一文对宇宙生成过程的描述,和老子对道生万物的描述,看起来也让人恍兮惚兮,不免有似曾相识之感。

周敦颐之后,理学有张载、二程、朱熹及陆九渊和王阳明等。他们虽均以排佛道、继道统为己任,但和理学的开山鼻祖一样,他们都曾熟览道释典籍,其学说也都是在广泛吸收了佛道思想的基础之上而有所建树的。

如张载,他是理学另一位奠基式人物,《宋史》云:"载读其书,犹以为未足,又访诸释、老,累年究极其说,知无所得,反而求之六经。"②可见他曾多年潜心于释老,史书载其"知无所得",然实际大约并非如此,他突破性地发展了儒家的气论学说,但考其"气论"说,却与道教的气论成果不无关系。五代南唐著名道士谭峭曾作《化书》,该书以"太虚"作为道化的基本形态,认为太虚之中无所不有,虚、神、气、形"命之则四,根之则一"都是道化的不同表现形式。张载在《正蒙·太和》篇中也花大量篇幅讨论"太虚",认为"太虚"无形可言,乃为"气"之本体,而万物只是气表现形式不同而已,同样也是将"太虚"看作类似于道的一种本体存在。同时,谭峭在《化书》中非常强调"化"这个概念,而张载在其《正蒙·神化》篇中,也大谈"化"之妙用。我们虽不能十分肯

① 《宋元学案》第 1 册第 498 页。
② 《宋史》卷四百二十七,北京:中华书局 1977 年版,第 36 册第 12723 页。

定说张载就是借用了谭峭的《化书》思想,然而,以其"访诸释、老,累年究极其说"的求学经历,很难说他不曾看到过《化书》,也很难排除其"气化""太虚"等观念没有受到《化书》的启示。此外,该文中还有不少地方直接引用道家著作来进行论述,如他在《正蒙·太和》篇云:"气块然太虚,升降飞扬,未尝止息,《易》所谓'氤氲',庄生所谓'生物以息相吹''野马'者欤!"①在《正蒙·神化》篇云:"'变则化',由粗入精也;'化而裁之谓之变',以著显微也。谷神不死,故能微显而不掩。"②直接拿《庄子》《老子》来解释其气化理论,丰富理学思想。

其他理学大家,如朱熹、陆九渊、王阳明等和佛道的关系也一样非常密切。朱熹作为宋明理学之集大成者,他胸怀宽阔,兴趣广泛,对各种学说持宽容谦虚态度,对当时几乎所有的知识领域都有涉猎。《宋元学案》云:"其为学也,主敬以立其本,穷理以致其知,反躬以践其实。而博极群书,自经史著述而外,凡夫诸子、佛老、天文、地理之学,无不涉猎而讲究也。"③十分精辟地论述了朱熹求学的广博,对诸子佛老无一不欲穷之而后快。

朱熹在青少年时曾拜临济宗禅师道谦为师,还曾问学于庐山道士虚谷子刘烈,不仅一起讨论《易》学,还和他学习道教金液还丹修炼之法。④ 据陈荣捷教授考证,"朱子与道士来往,《文集》所载,凡十数人。生平交游必不止此数。"⑤朱熹除了和道士来往外,还考释道书,曾署名空同道士邹䜣作《参同契考异》和《阴符经考异》,探讨道教的内丹修炼之说。由其门人根据他几十年讲课而集成的《朱子语类》中有专门的篇章论及释道两家。而其对理学的核心概念"理一分殊"的解释借用佛教"月印万川"之意更是人所共知,可以说道释两家在朱熹理学体系形成中均有深刻影响。

王阳明作为宋明理学另一位重要代表人物,他在以经学典籍思想为基础构建自己的理论体系时,自觉吸收宗教思想的成分亦相当明显。他与佛道两

---

① (宋)张载:《张载集》,北京:中华书局 1978 年版,第 8 页。
② (宋)张载:《张载集》第 16 页。
③ (清)黄宗羲原著,全祖望补修,陈金生、梁运华点校:《宋元学案》卷四十八,北京:中华书局 1986 年版,第 2 册第 1505 页。
④ 参见束景南:《朱子大全》,福州:福建教育出版社,1992 年版,第 95 页。
⑤ 陈荣捷:《朱子学新探》,台北:学生书局 1988 年版,第 605 页。

家均有很深的渊源,对佛道思想持为我所用的开放态度,他说:"二氏之用,皆我之用。即吾尽性至命中完养此身谓之仙,即吾尽性至命中不染世界谓之佛。但后世儒者不见圣学之全,故与二氏成二见耳……圣人与天地民物同体,儒、佛、庄、老皆吾之用,是之谓大道。"①认为儒佛道皆可以为我所用,不过是达到圣学的不同路途而已,究其根本则一。

王阳明常常借用佛、道概念来解释自己的学说。如在解释"立志"时,他说:"只念念要存天理,即是立志。能不忘乎此,久则自然心中凝聚,犹道家所谓结圣胎也。"②把儒家经学中讲的"立志""存天理"和道教修炼中的"结圣胎"相提而论。他还曾说:"'不思善不思恶时认本来面目',此佛氏为未识本来面目者设此方便。'本来面目'即吾圣门所谓'良知'……'随物而格',是'致知'之功,即佛氏之'常惺惺',亦是常存他本来面目耳。体段功夫,大略相似。但佛氏有个自私自利之心,所以便有不同耳。"③比较佛教与儒门圣功,认为佛教之"本来面目"就是经学中的"良知",经学中的"致知"之功,就是佛教中的"常惺惺",在功夫层面上,二者大体相似,只因佛教自私为己,在终极目标上大有不同。将经学和佛教互相比附,参照对比,析佛辩佛的同时,借佛用佛。

通过这些分析,可以看到中国宗教在向经学学习,经学同时也在向宗教讨教。然而,在具体历史中,传统经学和中国宗教之间的这种互动并不是如我们文中所描述的那样简单,以宗教和经学为两段,仿佛两条同行的河流,在行进的过程中,互相渗透。本文前面的描述纯粹是为了解释问题的方便,是一种经过分析和条理后的简单介绍。而实际上,传统经学和中国宗教的互动更像无数的湖泊、江河,在生命的流动发展中,不断成云致雨,各种水流混而为一,又分而成众,在这种分分合合中,保持各自的活力而不至于腐败死亡,传统经学和中国宗教的互动具有多向性、多层次的特点。某个问题或者某个概念,开始可能是佛教提出的,又被经学拿来发展,然后影响到了道教,最后又回到佛教。或者反之。比如"心学"的概念,最初是道教提出的,《上清紫精君皇初紫灵道

① (明)王守仁撰,吴光等编校:《王阳明全集》卷三十三,上海古籍出版社 1992 年版,第 1227 页。
② (明)王守仁撰,吴光等编校:《王阳明全集》卷三十五,第 1289 页。
③ (明)王守仁撰,吴光等编校:《王阳明全集》卷二,第 67 页。

君洞房上经》及《洞真太上隐书经》(《无上秘要》卷四二)都有谈到"心学"。《上清紫精君皇初紫灵道君洞房上经》云:"夫仙者心学,心诚则成仙。道者内求,内密则道来矣。夫真者修寂,洞静则合真。神者须感,积感则灵通也。常能守此,则去仙日近矣。若夫心竞神务,体和不专,动静丧精,耳目广明者,徒积稔索道,道愈辽也。"①把道教修仙和诚心、修心联系在一起,提出修仙首要心诚,心诚则仙成,此为"心学"。后来道教"心学"意味是被禅宗拿去,构建了禅宗的心性学,而后又影响道经,如《洞玄灵宝道要经》认为:"夫求道者,应以无得心求。亦不前心求,亦不后心求。应以不起不灭心求,应以秘密心求。应以广大心求,应以质直心求,应以忍辱精进心求,应以寂静柔弱心求,应以慈悲至孝心求。"②此处所讲的道教修仙之心学途径,显然已受到佛教影响,开始强调"不起不灭心""秘密心""广大心"等等,无论是行文方式还是文字内涵都具有了佛教心学的意味。"心学"接着又为宋明理学发展,在明代,王阳明大倡"心学"一派,"心学"大振,反过来又极大地影响了道教的内丹学。这种现象在思想的互动中不是偶然的,而是普遍的。所以在了解中国宗教和传统经学的互动时,我们必须要同时充分考虑到这种互动的多向性和复杂性。

## 三、中国宗教与传统经学思想互动的原因及意义

中国宗教和传统经学的产生发展是在同一个文化背景下进行的,同时二者又主要在同一个地理区域内,在大致相同的时间内发生影响。因此,二者之间的这种交融互动从思想自身的特点来讲,可以说是必然的。具体而言,又大致有这样几个主要的原因。

**(一)中国传统文化极强的包容性及传统经学典籍自身的宗教意味为二者的互动提供了良好的思想氛围和内在可能**

在中国历史上,无论哪家思想都包含着宽容大度、谦虚内敛的内容。《易·系辞下》云:"天下同归而殊途,一致而百虑。"这句话成为后来倡三教合

---

① 《上清紫精君皇初紫灵道君洞房上经》,《道藏》第6册第547页。
② 《道藏》第6册第305—306页。

一、思想融合者最常用的经典支持之一,其中所包含的"天下百家,其理则一"的思想也是后来经学和中国宗教互动融合时最常用的理论根据。《论语·子路》曰:"君子和而不同,小人同而不和。"讲的正是不同思想求同存异、宽容并包的态度。《庄子·徐无鬼篇》说:"故海不辞东流,大之至也。圣人并包天地,泽及天下,而不知其谁氏。"说的也是君子要谦虚善下,并包天地,不为物先。以谦虚、宽容为基础而形成的中国传统文化,思想的包容性一直是其主要指向,具有极强的包容性和同化力,不具有强烈的排他性,它表现出的是一种大国文化的自信和宽容,而这种文化的自信和宽容为不同学派、不同思想之间的交融提供了良好的氛围。

同时,传统经学本身也包含着大量的宗教性内容。无论是《礼》《诗》《书》《易》还是《春秋》,几乎所有的经学典籍都包含有大量关于宗教祭祀的内容描述。如《礼记》中有《郊特牲》篇主要记述古代天子郊祭,祭祀社稷、五岳等神灵的大型祭祀活动,追溯其源头,详述其仪式,并剖析其意义;《丧服》篇则主要讲不同等级的人们在祭祀祖先时的不同礼仪;《礼器》篇则主要针对天子诸侯祭祀器物设置而作等等,可以说几乎《礼记》中的每一篇和祭祀有关。《易》的情况与此类似,如《易·困》卦曰:"九二困于酒食,朱绂方来,利用享祀……九五,劓刖,困于朱绂;乃徐有说,利用祭祀。"[1]这里所讲的"绂"为古代祭祀服装的饰带,是古代贵人穿着进行祭祀所用,卦中所云暗含祭祀场景。《即济》卦曰:"九五,东邻杀牛,不如西邻之禴祭,实受其福。"[2]"东邻杀牛",指非常丰厚的盛祭,"禴祭"指一种非常简单的薄祭,这里用祭祀活动来说明《易》所包含的敬慎修德之道理。诸如此类的记载还有很多,如《观》卦、《随》卦、《大过》卦等等,毫不夸张地说,《周易》的每一卦都或多或少地带有宗教祭祀的意味。可见传统经学自身就具有浓厚的宗教性,而这种浓厚的宗教性又进一步增加了与中国宗教的内在一致性,为二者的互动提供了一个共同的舞台,显示了互动的内在可能性。

**(二)传统的教育体制为二者互动提供了学术平台**

我国在很早的夏商周就已有了类似现代学校的教育机关,称为"庠""序"

---

① 黄寿祺、张善文:《周易译注》,上海古籍出版社2004年版,第363页。
② 黄寿祺、张善文:《周易译注》,第484页。

"瞽宗""辟雍"等,教育的内容也是多种多样,有礼仪、音乐、舞蹈等等,但当时的学校只收贵族子弟,平民和奴隶是没有受教育的权利的。到了春秋时期,王室衰微,天子失官,学在四夷,开始出现私人讲学授徒,其中最著名的就要数孔子了,他当时在鲁国聚徒讲习"六艺",相传弟子三千。到了战国时期,聚徒讲学更成为一时之风尚。秦始皇统一天下,实行"禁私学,以吏为师"的政策,虽然禁了私学,但官学仍然得以继续。

汉朝建立后,至汉武帝建元元年(前 140 年),儒家大师董仲舒在廷试中上了著名的《天人三策》,向武帝建议设立"太学",他说:"太学者,贤士之所关也,教化之本原也……臣愿陛下兴太学,置明师,以养天下之士。"①汉武帝建元五年(前 136 年),置《诗》《书》《易》《礼》《春秋》五经博士,罢各家博士。②元朔五年(前 124 年),丞相公孙弘向汉武帝建议,奏请为博士置弟子员(太学生),提出设立太学,在长安城(今陕西西安市)南给博士弟子员筑校舍,这是中国正式创立大学的开始。起初学生很少,只有几十人而已,至汉成帝时取消员额限制,扩建校舍,博士弟子猛增至三千人。《汉书》卷九十九《王莽传》言及,汉平帝时,王莽辅政,元始四年(4 年)造明堂辟雍,为太学筑舍万区,太学规模得到进一步扩大。东汉时,光武帝刘秀非常重视教育,多次到太学亲讲,太学得到进一步的发展,至东汉末汉桓帝时,太学人数猛增至 3 万人。

除了在京都兴办太学外,汉代还于汉景帝末年始建官办地方学校,汉武帝在兴办太学的同时,下令郡国皆立学校,汉平帝元始三年(3 年),王莽上书,请求设立官学,制定中央和地方的学习系统,至此,各郡国也普遍立学校。除了官办的太学和地方学校外,汉代的私人教学也相当普遍,十分发达。班固在《两都赋》说:"四海之内,学校如林,庠序盈门。"这句话虽难免有文学作品的夸张成分在内,但某种程度上反映了汉时教育体系的完备和兴盛。

汉代从兴办学校之始,教育的主要内容就为传统经学所垄断,无论是官办

① (汉)班固撰、颜师古注:《汉书》卷五十六,北京:中华书局 1962 年版,第 8 册第 2512 页。
② "博士"一词,始见于战国,是对学者的泛称,而不是官名,秦始皇一统天下,仍立博士,为奉常的属官,掌《诗》《书》和百家言,为朝廷的文化官吏。博士也不限于儒家。汉承秦制,依旧设置博士,博士仍不限于经学,文学、刑名之学等均可立博士,汉武帝置五经博士,罢其他各家博士后,儒家经学垄断了博士职。

的太学和地方学校,还是民间林林总总的私学,均以读经为主要学习内容。汉代的这种教育模式和教育内容在后代被继承和发展了下来,其后历代,无论魏晋、隋唐,还是宋、元、明、清,教育无论是官学还是私学,学校的名称无论怎么变化,教育的主要内容一直没有发生太大的改变,总的来说都是以传统经学为主的。而继隋唐科举制度完善以后,历代又以经学为科举内容,以此取士,在功名利禄的驱使之下,这就使传统经学思想的普及性得到了进一步的加强,这种教育状况决定了中国历史上只要是读书认字的人,首先都要接受经学思想的熏陶,所以就在客观上造成一种事实,即几乎所有有所成就的道教或者佛教大师都是先受了儒家思想浸润的,同时他们本身又成长于儒家思想占统治地位的社会,然后由儒入道、入佛,这样一来,从具体的个人来讲,其思想不可避免地呈现出混和的状态。而作为一种大的社会现象,则为经学和宗教的交融提供了坚实的个人基础。这可以说为中国宗教和传统经学的互动提供了一种先天的必然性。

**(三)来自政治层面的皇权推动为二者互动提供了外在动力**

对于统治者而言,"齐家治国平天下"不能离开传统经学,长生久视离不了道教,清谈玄远不能没有佛教,同时,佛道二教都有独特的劝善教化功能,对政治统治大有好处,因此各朝统治者为了政权稳定,从政治利益的角度出发,提倡儒、释、道三教合一,积极推动中国宗教和传统经学的大融合。这种有意识的三教并用早在魏晋南北朝,佛道二教方兴之时就开始了。

南朝的梁武帝,以崇信佛教而著称于世,他曾三次舍身寺庙,再由大臣花费巨额财产为其赎身,并自讲《般若波罗蜜多心经》,著《摩诃般若波罗蜜多经注解》《三慧经义记》等佛教典籍,可以看出梁武帝对佛教是十分重视和喜爱的。在《述三教诗》中他自云:"少时学周孔,弱冠穷六经。孝义连方册,仁恕满丹青。践言贵去伐,为善在好生。中复观道书,有名与无名……晚年开释卷,犹月映众星。"①可见他自身是出入三教,由儒到道再到佛。据《南史》记载,梁武帝执政期间,一方面广修寺院,一方面下诏设五经博士,建立以教授传统经学为主的学校。在注解佛教经典的同时,也不断参与传统经学典籍著述。

---

① 《广弘明集》卷三十,《大正藏》卷五十二,第352页。

他曾作《毛诗答问》《春秋答问》《尚书大义》《中庸讲疏》《孔子正言》及《孝经讲疏》等共二百余卷,并制作《涅磐》《大品》《净名》《三慧》等诸经义记数百卷。① 不论是在直接的政治策略上还是通过其自身的榜样作用,梁武帝作出了最早的三教合流的努力,由于他特殊的政治身份,他的行为在中国宗教和传统经学的互动发展中的影响不可小窥。

隋唐及以后各代统治者都基本采取以儒为主,道释为辅,三教并用的政治方针。隋是中国历史另一个短命王朝,但在其短暂的历史中,贯穿的依然是以儒为主,三教并用的方针。文、炀二帝都崇尚儒学,非常重视儒家经典的研习,开皇三年(583 年),隋文帝接受秘书监牛弘的建议,遣使搜求天下遗存的儒学典籍。同时也积极扶持道教和佛教,《隋书》中有一则诏书云:"佛法深妙,道教虚融,咸降大慈,济度群品。凡在含识,皆蒙覆护,所以雕铸灵相,图写真形,率土瞻仰,用申诚敬……敢有毁坏偷盗佛及天尊像、岳镇海渎神形者,以不道论。沙门坏佛像,道士坏天尊者,以恶逆论。"②把佛道并提同尊,对三教的发展传播予以政治支持。

唐代统治者最初为了高显其姓氏,提高皇家权威,和道教教主老子攀亲,追认老子为其祖先,并将道教排在儒家和佛教之前。李渊于武德八年(625 年)颁布《先老后释诏》:"老教孔教,此土先宗,释教后兴,宜崇客礼,令先老、孔次、末后释宗。"③同时在唐朝的各个时期,统治者都曾做过一些有意提高道教地位,格外恩宠道士的行为,如高宗李治时尊封老子为"太上玄元皇帝",并亲自到亳州拜谒老君庙。他还将《道德经》奉为上经,令贡举人等学习:"自今已后,《道德经》并为上经,贡举人皆须兼通。其余经及《论语》,任依常式。"④不过后来李治因为皇后武则天的关系,下诏让道佛平起平坐。后武则天登基,二年四月又下诏:"令释教在道法之上,僧尼处道士女冠之前。"⑤提高佛教地位。然这些举措多为当时政治权势争斗中的手段,事实上,唐朝思想界占正统

① 参见《南史》卷七,北京:中华书局 1975 年版,第 1 册第 223 页。
② 《隋书》卷二,北京:中华书局 1973 年版,第 1 册第 45—46 页。
③ 《续高僧传》卷二十五,《高僧传合集》,上海古籍出版社 1991 年版,第 312 页。
④ 《旧唐书》卷二十四,北京:中华书局 1975 年版,第 3 册第 918 页。
⑤ 《旧唐书》卷六,第 1 册第 121 页。

地位的还是儒家,如唐太宗就说:"朕今所好者,惟在尧舜之道,周孔之教,以为如鸟有翼,如鱼依水,失之必死,不可暂无耳!"①唐朝统一考订"五经",颁布统一的《五经义疏》,这样的博大之举,在经学史上可以说是空前的。所以说,当时的情况其实还是儒、释、道并用,并没有因为提高一家而灭除或者根本性地打击其他两家。

其后中国历史上对待儒、释、道三家的政策基本确定,虽然在某些阶段三家此起彼伏,地位略有参差变化,但是以儒家传统经学为正统,同时释道并用的大概模式没有变化。虽然这种经学和宗教在政治层面上地位的反反复复,其本身和学术思想无关,不过是政治家的一种权术而已,但在客观上造成了儒、释、道三家既对抗斗争又不断在对抗斗争中吸收互动的事实,政治策略为思想的互动提供了一种外在的推力。

总之,无论是中国宗教还是传统经学,都在互动中学习借鉴,发展完善了自身。道教最终从粗俗的原始宗教中脱胎而出,形成了具有精深理论水平、复杂神仙体系和完备宗教科仪的民族宗教形式。佛教完成了中国化的过程,为中华民族所接受同化,最终和中国文化完全融为一体,成为了中国佛教。而传统经学也在这种互动中不断发展创新,延绵了历久弥新的学术生命。同时在这种互动和交融的历史过程之中,还进一步发展了中华民族文化所具有的包容大度、求同存异、和而不同的文化特质。而这种兼容并包,强调文化多元性和谐发展的文化特质在今天则更显重要。历史就是一面明镜,它告诉我们,无论是某一种学术思想的发展,还是一个民族、一个国家传统文化的发展,都要有宽阔的胸怀,要不断地吸收外来的知识,不能固守一隅,或者囿于门户之见,诚如朱熹所云:"半亩方塘一鉴开,天光云影共徘徊。问渠那得清如许?为有源头活水来。"有了源头活水,才会有充满生机的清清渠水;有了宽广的胸怀,自信包容的作风,敢于不断吸收各种不同先进文化,才会有兴旺发达的民族文化。

（本文合作者:杨燕,原载《儒道研究》创刊号,社会科学文献出版社 2009年,收入本书时略作修改）

---

① （唐）吴兢编著:《贞观政要》卷六,上海古籍出版社 1978 年版,第 195 页。

# "内圣外王"的道家精神及其现代意义

"内圣外王"是中国哲学史上的一个重要命题。早在 20 世纪 30 年代,许多研究中国哲学的专家已经对这个命题在传统文化中的地位予以较充分的认识。冯友兰先生甚至认为,中国哲学的"主题是内圣外王之道"①。20 世纪 80 年代以来,这个课题再度引起人们的注意。余敦康先生研究中国哲学数十年,他的一部有关易学研究的专著即名曰《内圣外王》,这是学界所熟悉的。另外,朱义禄《儒家理想人格与中国文化》一书第一章第一节也专门论述"内圣外王";景海峰所编《儒家思想与现代化》则收录了刘述先先生《论儒家"内圣外王"的理想》一文。20 世纪末,"内圣外王"之学更加受到学界的关注,报刊杂志相继发表了许多这方面的论文。例如 1999 年发表的几篇,路杰在《河南社会科学》第 1 期发表《论"内圣外王"之道》,任剑涛在《齐鲁学刊》第 1 期发表《内圣外王:早期儒家伦理政治构想的理想境界》,杨阳在《管子学刊》第 1 期发表《内在超越与内圣外王——孟子思想的政教一体化思维特征》,李静在《重庆师院学报》第 1 期发表《论"外王"之学在宋代向"内圣"之学的转化》等。此外,尚有许多文章,虽然不是专门以"内圣外王"为题,却也在行文中涉及"内圣外王"之学。可以说,"内圣外王"几乎成为中国文化研究者津津乐道的话题。本来,这样一个被学界研究"透了"的课题,笔者是可以不必赘言了,但是,当笔者仔细研读了学界的高论以及原始文献之后却产生了新的疑问。

长期以来,学者们往往从儒家的角度来解说"内圣外王"命题,有的学者

---

① 冯友兰:《中国哲学简史》,涂又光译,北京:北京大学出版社 1998 年版,第 10 页。

甚至干脆说"内圣外王之道"是"儒家学说的核心"①等等,似乎"内圣外王"的理论成为儒家的"专利"。毋庸置疑,在儒家思想史上,有许多人论述了"内圣外王"问题,并且提出了深邃的见解。但是,如果把"内圣外王"专属于儒家,这却是不符合历史事实的。"内圣外王"之学的原创到底属于谁? 这是首先必须搞清楚的。经过一番稽考,笔者以为"内圣外王"本是道家之学,经过学术交融,成为中国哲学史上一种具有普遍意义的学说。其中所蕴含的道家精神是深刻的,在今天依然具有很强的现实意义。

## 一、"内圣外王"的道家学派性质

一个不争的事实是,最早言及"内圣外王"命题的是《庄子·天下》篇。关于这一点,学者们一般是不会予以否认的。于是有人就说:比较可以肯定的是《天下》篇作者是一位"受老庄影响很深的儒家"②。这种观点颇有代表性,后来一些人也附和之。

从《天下》篇的内容看,我也认为其作者不是庄周本人,因为《天下》篇的行文有比较长的一段话评述了庄周。不过,我们不能因为文中出现了评述庄周的文字就将之归诸儒家门下。如果照这样的逻辑,那么我们也可以将儒家经典中那些涉及道家理念的篇章之作者说成是"受孔孟影响很深的道家",例如《中庸》《大学》之类作品都可以依此办理;不过,这并非笔者的本意。笔者以为,《天下》篇的真实作者是谁,可以暂时不用考虑,关键是该篇文章的基本立场到底属于哪个学派,这才是解决问题的思路。

在《庄子·天下》篇里,作者先是描述了"天下大乱,贤圣不明"的情形,他对于那些只会"判天地之美,析万物之理"的"一曲之士"颇有微辞。在对许多学派批评了一通之后,《天下》篇正面地点出"内圣外王之道"暗而不明的状况。在《天下》篇看来,"内圣外王之道"之所以暗而不明,是因为"一曲之士"不能对宇宙人生进行全面和整体的把握,而只是得"一察"而自用。

① 李静:《论"外王"之学在宋代向"内圣"之学的转化》,《重庆师院学报》1999 年第 1 期。
② 张恒寿:《庄子新探》,石家庄:河北人民出版社 1983 年版,第 310 页。

从整体上看,该篇依然是站在道家立场上来评述当时的学术流派的。首先,《天下》篇对于儒家所颂扬的"君子"理想人格并非给予充分肯定,而只是谓之得道之余绪;对于墨家与法家人物,《天下》篇多半赞扬他们那些与道家思想相同的方面,批评其与道家不同的方面。在言及老聃、关尹时,作者谓之为古之博大真人,至于庄子那种"独与天地精神往来"的境界就更是受到作者的高度赞赏了。从这些言辞可知,《天下》篇是属于道家作品。所以"内圣外王"的命题自然也就属于道家原创了。

"内圣外王"关键在一个"圣"字。"圣人"在中国古代已经成为理想人格的象征。如果我们仔细阅读一下《道德经》一类早期著作,那就可以发现"圣人"乃是道家学派一个很重要的概念。在《道德经》之中,"圣人"出现了23次。如《道德经》第五十七章关于"我无为而民自化"①一段前冠以"故圣人云"就是一个例子。而更多的情况是以总结性的形式引出圣人主张,如第六十三章所云"是以圣人终不为大,故能成其大"即是。老子的圣人论,其核心思想是塑造一种理想人格,其中包含着"理身理国"的基本精神。如果说,"理身"意味着"内圣",那么"理国"则表征了"外王"。虽然,老子在《道德经》里尚未使用"内圣外王"这个词组,但却已经具备了这样的理念。因为《道德经》通篇几乎都是把圣人的理身与治国统一起来。从这个角度看,我们可以说《道德经》已经奠定了"内圣外王"的思想基础。到了《庄子》的内篇所讲的"心斋"等修持法门乃是将老子的"修之于身"的"内圣"思想具体化了。《天下》篇总结了早期道家的看法,将其修身治国理念概括为"内圣外王"。魏晋时期,玄学家们以老庄思想注疏儒家经典,道家本有的"内圣外王"主张遂逐步地发扬光大。道教作为道家学说的主要继承者,于"内圣外王"之说多有发挥。在《道藏》里保存了许多《庄子》的注本,从中也可以看出道家"内圣外王"思想的影响与发展。因此,笔者以为"内圣外王"所体现的本是一种道家精神。

---

① (魏)王弼著,楼宇烈校释:《王弼集校释》,北京:中华书局1980年版,第150页。下引该书,只注章数。

## 二、"内圣外王"的道家思想旨趣

秦汉以来,随着学派交锋、融合趋势的发展,"内圣外王"之学成了"公器"。不仅道家、儒家讲"内圣外王",其他学派也往往移用其说以建构自己的理论,尤其在魏晋时期的玄学家和宋明之际的理学家都大谈"内圣外王"之道。然而,学派立场不同,对"内圣外王"的理解也不一样。

汉魏以来儒家讲"内圣外王",其重心依然放在伦理政治哲学层面,因为儒家立论的根基本来就是宗法道德。从道德哲学层面看,儒家思想核心是"仁"与"礼"。如果说"礼"是一种外在的伦理规范,那么依照"礼"行事而达到的"仁"就是儒家的人生社会理想境界。这个"仁"既是内在修行衡量之标的,又是外在王道功业的价值取向。因此可以说,儒家的"内圣"乃是按照社会道德来修养自我的理论,由"内圣"发而为"外王",其张扬社会伦理的特质是相当明显的。

道家思想体系之中是否也存在社会伦理内容呢? 回答是肯定的,只是态度不同而已。如《道德经》里就使用了"孝慈"之类伦理概念。然而,与儒家大力宣扬"仁"与"礼"的主张不同,道家对"仁"与"礼"采取了抑制性的立场。具体说来就是把"忠孝仁义"置于"道德"之后,作为宇宙与社会发展系列中的一个环节。《道德经》里有所谓"绝圣弃智"与"绝仁弃义"的说法。过去,学者们往往以为道家是主张完全抛弃"圣智仁义"。其实,道家理论奠基人老子是告诫统治者:真正的圣人是不自以为圣人的,他去除智巧之心,并且不刻意标榜自我行仁义的举动。这就叫作"上德不德",所以能够"处其厚,而不居其薄;处其实,不居其华。"(《道德经》第三十八章)

道家对"忠孝仁义"采取抑制性态度,这是由其"道"的基本信念所决定的。在道家看来,"道"是化生宇宙天地万物与人的根本。这个根本的特性是"自然无为"。道家的"自然无为"论与其"道论"是密不可分的。如果说,"道论"是道家哲学的基础,那么其"自然无为"论则是"道论"的必然延伸。过去,许多人把"无为"这个术语与"无所作为"等量齐观,这是很大的误会。其实,古人对"无为"语义早有明确解释。魏代王弼指出,"无为"就是"顺自然"。

王弼之说是在阐述老子《道德经》第三十七章时提出来的。此等解释是建立在对《道德经》思想语义把握比较全面的前提下的。为什么称"无为"是"顺自然"呢？因为"无为"是"道"的根本德性，而"道"又是以自然为法的。因此，人不违背地，乃得全安，地不违背天，乃得全载，天不违背道，乃得全覆，道不违背自然乃得其性。"法自然者，在方而法方，在圆而法圆，于自然无所违也。"①王弼从方圆的角度说"自然"，首先表明"自然"是客观存在的；与此同时，既然有方圆，也就有变化，有变化也就有规律。故而，"法自然"或"顺自然"便包含着遵循客观规律的意义。由此可见，"无为"与"自然"具有相一致的精神。这种一致，表现在一个"和"字。所谓"冲气以为和"（《道德经》第四十二章）、"含德之厚，比于赤子……和之至也"（《道德经》第五十五章）都是这种"一致"精神的不同表达②。

不过，"自然"与"无为"毕竟还有区别。"自然"是适用于宇宙、社会、人生的普遍观念，因为天道本质是自然，根据推天道而明人事的思维形式，则"自然"便成为人生与社会之行动所应遵循的原则；也就是说，"自然"是人类社会应追求的最高价值体现。而"无为"是实现"自然"价值的途径或者方法。③文献证明，"自然无为"是道家价值哲学的理论杠杆，所以在"内圣外王"的问题上，道家的价值取向也是遵循"自然无为"思想宗旨的。

道家是讲"内圣"的。所谓"内圣"就是达到内在的圣人境界。这种境界必须通过修身来实现。在中国历史上，老子是第一个提出"修身"命题的思想家。他在《道德经》第五十四章指出："修之于身，其德乃真；修之于家，其德乃余；修之于乡，其德乃长；修之于国，其德乃丰；修之于天下，其德乃普。"老子所谓"修"是就宏观道德而论的。从"道体"的永恒性出发，老子认为圣人如果要获得旺盛不衰的魅力就应该讲究"道"的修养，善于进行道德建树。在他看来，"修身"是一件巩固根基的大事，它是建立"自我"与处人治世的关键所在。

---

① （魏）王弼著，楼宇烈校释：《王弼集校释》，北京：中华书局1980年版，第65页。

② 陈鼓应先生论《道家的和谐观》曾指出了老子《道德经》"和"与"常"的关系。实际上，这也包含着"无为"的思想意蕴在其中。（参见陈鼓应主编：《道家文化研究》第十五辑，生活、读书、新知三联书店1999年版。）

③ 关于"自然"与"无为"之关系，刘笑敢先生所撰《老子哲学的中心价值及体系结构》可资参考，详见陈鼓应主编：《道家文化研究》第十辑，上海古籍出版社1996年版。

依照天道自然无为的法则来修养身心,这是成为圣人的基本课,也就是所谓"内圣"法门;后来道门中人将道家的修身法门与《易经》的思想结合起来,形成了所谓"圣功"①。元代道士李道纯说:"圣人所以为圣者,用《易》而已矣。用《易》所以成功者,虚静而已矣。虚则无所不容,静则无所不察。虚则能受物,静则能应事。虚静久久则灵明。虚者,天之象也;静者,地之象也。自强不息,天之虚也;厚德载物,地之静也。空阔无涯,天之虚也;方广无际,地之静也。天地之道,惟虚惟静。虚静在己,则是天地在己也。道经云,人能常清静,天地悉皆归。其斯之谓欤? 清即虚也。虚静也者,其神德圣功乎?"②李道纯是一个精通老庄之学的道士,他所说的"圣功"强调"虚静",这实际上就是倡导还纯返朴,归根复命,也就是《道德经》所说的"常",这个"常"说到底还是自然无为。

道家的"内圣"说是否也通向"外王"呢? 过去的一些学者往往以为道家是"遁世"而不关心社会政治。根据这样的判断,道家也就不可能倡导"外王"之道了;但有趣的是,在道家著作的原始文本里,"王"字成为其语境的关键要素之一。《道德经》在言及"常道"的时候就将之与"王"联系起来,它说:"知常容,容乃公,公乃王,王乃天,天乃道,道乃久,殁身不殆。"(第十六章)除此以外,在《道德经》的第三十二章、三十七章、三十九章、六十六章、七十八章分别使用了"侯王""天下王"的术语。从《道德经》的语境看,作者言称"王"主要包含了两个层面的意义:首先是把"王"作为圣人修养发展过程中的一个环节。"王"的前提是"公",而"王"的发展是"天",其最高境界是"道"。由此看来,"王"是"内圣"的合理发展,而合于天道却是"外王"的逻辑归宿。其次是告诫世上的侯王应该谦下、返朴、守道、抱一。这就是说,当其人兴旺而王于天下时还应该继续修身,保持"玄德",否则就会失去天下。后面这一点尤其重要,所以《道德经》反复申明。《道德经》之后的其他道家著作对此也多有论述。如《黄帝四经·经法》即说:"天下大平,正以明德,参之于天地而兼覆载而无私也,故王天下。"又说:"王天下者有玄德。"在这里,不论是"明德"还是

---

① 最早言及"圣功"的是《周易》之《蒙》卦。
② 《中和集》卷一,《道藏》第4册第486页。

"玄德"都表明内圣修养的重要。一方面,"明德"才能王天下;另一方面,王天下之后还必须保有玄德,否则胡作非为,天下就乱了。

在道家看来,王天下不是靠强制性的手段来统治。《黄帝四经·经法》说:"王天下而天下莫知其所以。"①意思是说,圣人身为天下之王,但天下人却没有感受到他的存在。照此,则圣人治理天下还是自然无为的,所以天下百姓并不感到有什么生活压力。对于这种自然无为的"外王之道",庄子是心领神会的,他在《逍遥游》以古帝王尧为例说:"尧治天下之民,平海内之政,往见四子藐姑射之山汾水之阳,窅然丧其天下焉。"晋朝人郭象注曰:"夫尧之无用天下为,亦犹越人之无所用章甫耳。然遗天下者,固天下之所宗。天下虽宗尧,而尧未尝有天下也。"②所谓"无用天下为"即以无为精神治理天下,而不是在心理上占有天下。郭象在另一处注疏里还说:"夫圣人虽在庙堂之上,然其心无异于山林之中。"③这从另一个侧面表征了道家顺自然之道而"外王"的主张。

事实说明,道家"内圣外王"之学有其基本思想宗旨。根据天道法则,道家以"自然无为"作为圣人修身的根本,同时又以"自然无为"作为治世的原则,这就是"内圣外工"之学的核心。

## 三、"内圣外王"的现实生活价值

道家的"内圣外王"之学不仅具有自身特色,而且在当今社会,也有不可忽略的现实价值。从大体上看,道家"内圣外王"之学至少在如下方面具有启迪意义:

其一,道家"内圣外王"之学是从宏观上着眼来思考个人修养与社会治理问题的。应该看到的是,在先秦时期,中国哲学的诸多学派都讨论天人关系,尤其是儒道两家更在这个问题上倾注心力。之所以如此,是因为诸子百家之学都以《易经》作为建构理论体系的文化源头,而《易经》本来就具有天人相应

---

① 陈鼓应:《黄帝四经今注今译》,北京:商务印书馆2016年版,第95页。
② (晋)郭象注,(唐)成玄英疏:《南华真经注疏》上册,北京:中华书局1998年版,第15页。
③ (晋)郭象注,(唐)成玄英疏:《南华真经注疏》上册,第12页。

的理念。诸子百家在借助《易经》的模式以建构体系时不能不受其影响;但是,在如何借助以及借助的程度上却有很大的不同。以儒道而论,儒家基本上是遵循"由人到天"这样的思路来考虑问题的,并且将这种思路贯彻到"内圣外王"之学中去。魏晋以后,尤其是在宋元以后,儒家学派由于受到道家、道教与佛学的影响而相对重视哲学本体论问题,但从总体上看,其所侧重的还是社会人伦问题的讨论。

与儒家那种"由人到天"的思路不同,道家遵循的是"由天到人"①的思维法度。这种观天道以推人事的思路既是《易经》的基本思维模式,也是早期道家一直遵循的。老子《道德经》一开始就讨论"常道",这就是从天地自然的认识角度出发来思考人类的生存及其在宇宙中的地位。由此切入,道家所建立起来的"内圣外王"之学就有比较扎实的自然哲学思想基础。既然思考问题是以自然天道为出发点的,那么强调圣人"合于天道自然",这便成为道家"内圣外王"之学的特色。由之而延伸于待人处事,道家讲究的是"袭明"精神,《道德经》第二十七章说:"圣人常善救人,故无弃人;常善救物,故无弃物。"道家这种宏观的视野在当今社会显然可以开阔人类的眼界,因为人类发展到当今,由于种种先进科学技术的发明与发现,已经高傲起来,以致凌驾于天地自然之上发号施令,在"盗取"②天地自然之财富时还互相倾轧,这是相当危险的。所以,人类应该从道家"内圣外王"之学里寻找真正的"慈爱"与关怀的生存哲学资源,以反省自身的行为。

其二,道家"内圣外王"之学包含着深刻的兴衰转换的思想。所谓"王",在古代具有多层意蕴。作为名词,它有古代国家统领者——"帝王"的意义;作为形容词,它在与"外"字组合而成"外王"时读的是"去声",其意与"旺"合,表示兴旺而有生机。因为兴旺,所以成为天下之"王"。在道家"内圣外王"之学中,"旺"是与"衰"相对而言的,由于内外环境诸多因素的作用,"旺"也不是长久的。《道德经》第二十三章说:"天地尚不能久,而况于人乎?"是的,天地在变化,社会也在变化。"旺"到了一定的时候是会向"衰"转化的。

---

① 参见卢国龙:《道教哲学·导论》,北京:华夏出版社1997年版。
② 道家《黄帝阴符经》把天地万物以及人攫取资源看作是互相"盗取"的过程,它强调应该"取之有道"。

关于这一点,秦汉以来的道家与道教①更从五行轮转的角度加以说明,该学派的一些思想家以"旺相休囚死"的环节交替表征事物发展与循环的过程。在道家看来,一个圣人应该有先见之明,在"旺"的时候就看到"衰"的发展趋势。这样保持一种平常心态,就可以"知足不辱,知止不殆"(《道德经》第四十四章),从而防止"自视其高"的偏执心理作怪。这一点是很值得现代人反省的,尤其是位居高位者也大可不必为之沾沾自喜,否则"富贵而骄,自遗其咎"(《道德经》第九章),悔之晚矣!

其三,道家"内圣外王"之学在长期的发展过程中,形成了一套修养身心与国家治理的方法,认真加以发掘整理,可以为当今社会的思想道德修养服务。从天道的认识出发,道家将"内圣外王"之学又落实到人的生存处世问题上来。如何才能成为"圣人"?或者说圣人为什么是"圣人"?老子提出了"致虚极,守静笃"的修持法门。老子所谓"虚"并非是对世界采取虚无主义的态度,而是从净化自我心灵的角度而言的。在道家看来,人降生于茫茫环宇之中,接收了各种各样的信号,混杂的诸多信号对于人的心灵平静造成干扰,人的情欲以及私我意识受到刺激而膨胀起来,以致忘乎所以。长此以往,人之所以为人的自然品性也将消失殆尽。圣人反其道而行之,还纯返朴,破除私我,以"无身"(《道德经》第十三章)为修持的境界。为此,老子以江海的博大形容圣人的胸襟,庄子进一步提出了"心斋"②之法,其目的无非是为了去除自私自利的狭隘心理。道家这种净化自我的精神操作既是为了治心,也是为了治身,进而治国。在道家人物心目中,人之所以有大患,就是因为考虑自身太过,如果能够节制自我,以身为天下,多为他人着想,为天下百姓着想,百姓自然也会爱戴之。道家这种"内业心术"在今天无论是对于个人的身心健康还是对于领导决策都是可以借鉴的。

道家"内圣外王"之学的内容是相当丰富的,其中所蕴含的自然哲学、人生哲学、政治哲学价值也是深邃的。由于其学说使用的是传统的符号象征语

---

① 从广义上看,道教也可以纳入道家阵营之中。
② "心斋"之说,见于《庄子·人间世》,文中借助孔子与其学生颜回之对话,指出了"心斋"的意义,大抵是"心止于符","虚而待物"。

言,在现代社会之中一般的人们理解起来有一定的困难,甚至走样;倘若我们能够深入开掘,相信可以发现更多的精华。

（本文原载《道教教义与现代社会：国际学术研讨会论文集》,上海古籍出版社 2003 年版,收入本书时略作修改）

# 关于儒教的几个问题

大凡中国人，在其内在的思维方式和外在的行为表现上，几乎都深深地刻有儒学思想影响的烙印；而儒学的主流地位的维护和支柱功能的实现却与儒教地位的确立具有十分密切的关系。可以这样讲，以孔孟学说为核心的儒学思想适应历史的发展、时代条件的变迁和社会状况的改变，吸取其他思想观念一步一步走向政治上层，最后依托国家政权工具而产生出了一种新的宗教形态——儒教。[①] 纵观历史，我们可以发现儒教成为国教的过程，同时也是儒学成为封建社会国家意识形态的过程。国家政权和制度、儒家以及儒教的思想核心和灵魂——儒学（此时更多地表现出宗教神学特征）构成了一种稳固的三位一体的"复合体"。当然，三者并没有变成同一事物，而是在许多方面表现出相异的特点。在这个"复合体"中，儒教和儒学被国家政权举为正统的思想意识，并被其尽力维护；反过来，儒教和儒学也巩固着国家政权。三者构成了一种互动关系，彼此互护互利，形成了中国特色的宗教现象或政权统治现象。

儒教成为国教后，在封建社会发展变化的近两千年的历史长河中，从政治、经济、文化、军事、外交乃至思想观念、风俗习惯等各方面左右着中华民族的演化和发展。所以，如欲了解中国传统文化，当须知晓作为其主流和支柱的儒学以及赖此而建立起来的儒教。由于各种各样的原因，长期以来，人们多重视对儒学的研究，而往往不认可儒教的存在乃至忽视其功能和作用。本文拟着重探讨儒教的一些问题。

---

[①] 学术界围绕儒教是否是宗教这一问题尚存很大分歧，参见任继愈主编：《儒教问题争论集》，北京：宗教文化出版社 2000 年版。

# 一、"儒教"由来与内涵辨析

儒教一词,首见于《史记·游侠列传》:"鲁人皆以儒教。"这里的"教"字乃教化之意。而"儒"字不论是指由儒生来教,还是指教授儒的知识和技能,都属于儒的职业内容,所以从一定意义上讲,此处的"教"字实际已有了郊祀知识、宗法观念之教化内涵,也就是说,已初具宗教教化的意义。儒教,是学术界现在争论比较激烈的一个话题。对儒教的存在与否和对其如何定义,目前学术界仍有几种不同的观点:

谢谦先生在《儒教:中国历代王朝的国家宗教》一文中说:"……除佛道二教之外,中国还存在另外一种宗教现象,而且其历史比佛道二教还要悠久得多。这就是历代王朝列为国家祭典的郊庙制度。郊,是祭祀天神地祇的宗教仪式,因为分别在国都的南北郊举行,所以称为'郊'。庙即宗庙,是祭祀祖宗的所在,因此也代指祭祀祖宗的宗教仪式。"①又说:儒教"是华夏民族的传统宗教即历代王朝的国家宗教"②。这一定义点明了儒教在封建社会政治中的地位及其表现出来的特征,可谓抓住了儒教的关键性内容。

牟钟鉴先生避开儒教一词,而采取了"中国宗法性传统宗教"的名称,他认为此"宗法性传统宗教"是"以天神崇拜和祖先崇拜为核心,以社稷、日月、山川等自然崇拜为羽翼,以其他多种鬼神崇拜为补充,形成相对稳定的郊社制度、宗庙制度以及其他祭祀制度,成为中国宗法等级社会礼俗的重要组成部分,是维系社会秩序和家族体系的精神力量,是慰藉中国人心灵的精神源泉"③。这一描述突出了"宗法性传统宗教"的神灵信仰特点、祭祀制度特点以及其社会功用。

在肯定确实存在这样一种传统宗教的前提下,何光沪先生明确地提出了他的儒教定义:"我所谓儒教,非指儒学或儒家之整体,而是指殷商以来绵延

---

① 谢谦:《儒教:中国历代王朝的国家宗教》,载任继愈主编:《儒教问题争论集》,北京:宗教文化出版社 2000 年版,第 367 页。

② 谢谦:《儒教:中国历代王朝的国家宗教》,载任继愈主编:《儒教问题争论集》,第 370 页。

③ 牟钟鉴:《中国宗法性传统宗教试探》,载任继愈主编:《儒教问题争论集》,第 241—242 页。

三千年的中国原生宗教,即以天帝信仰为核心,包括'上帝'观念、'天命'体验、祭祀活动和相应制度,以儒生为社会中坚,以儒学中相关内容为理论表现的那么一种宗教体系。"①应当承认,这一定义从神灵信仰、宗教活动与制度、社会依靠力量、理论依据和来源较全面地对儒教作了界定。

李申先生则以"儒教是教"为立论基础,撰写了一部长达80万字的《中国儒教史》,叙述了儒教从产生到消亡的历史,分析了儒教的神灵系统、祭祀制度、教义教理等演变发展过程。

基于以上几种观点,我们不难发现,儒教定义问题的争论实质上是围绕儒、儒家(儒生)、儒学、儒教以及国家(宗法)制度之间关系而展开的。儒家学派的创立可以说和儒学的创立是同一个过程。我们知道,早儒从事着祭祖祀神、相婚丧之礼的职业,自从儒家学派建立之后,这一部分观念、知识和技能被其承接过来,构成了儒学的基本内容。儒家以此为基本阵地,吸取其他相关思想,而后上层化,与政权相结合,便产生了儒教。所以,儒教的建立过程,便同时是儒教与政权相结合的过程。此时的国教已经具备了儒教的浓厚特征,与原先的原生宗教已有很大的差别。其实,从原生宗教分离出来的不仅有儒教,还有道教、民间宗教等等,也就是说,儒教不能再是本初的原生宗教,故以儒教命名这一国教更为恰当。当然这时候,儒家并没有消失,与其说儒家最终转成了儒教,倒不如说儒教建立之后,儒生具有了既属儒家的又属儒教的双重身份:一方面作为儒学这种学术思想的研讨者(儒家特征),另一方面作为儒教这种宗教的维护者(儒教特征)。在一个社会里,某个体或团体具有双重身份是丝毫不必大惊小怪的。不过,需要指明的是,他们表现出来的儒教特征往往明显于他们作为一个学派所表现出来的儒家特征。因为当儒教与政权结合的过程完成而成为国教后,依靠国家政权的强制力量——尤其是思想上的控制所培养出来的绝大多数的儒生便具有儒教的特征,成为儒教——当然也是政权——的维护者,此时的儒学亦是更多地朝着为儒教辩护的方向发展。当然,这两种特征不是完全隔离的,而是相通的,相通的根本阵地便是儒学。这样,

① 何光沪:《中国文化的根与花——谈儒学的"返本"与"开新"》,载任继愈主编:《儒教问题争论集》,第309—310页。

儒教创立后的儒学,就有了三重服务的目的:国家政权和制度的巩固、儒教的巩固和发展、儒学自身的发展。由于政教的结合,前二个目的可以归为一个目的。换句话说,儒学此时便成了国家政权和制度、儒教、儒家所共同依赖的理论基础,只不过三者所依赖的侧重点有所不同而已。所以,儒学才表现出政治色彩、宗教色彩、学术色彩的诸种特征,到后来以宗教和政治色彩最为突出。

基于以上分析,我们认为,儒教的定义内涵至少应包括以下四大方面:第一,以儒学相关内容(例如神灵信仰谱系、礼仪制度思想等)为理论灵魂和依据,这是命名为儒教而非其他教的关键;第二,以多种祭祀活动为外在的表现形式,以政治制度为外在依托的组织形式;第三,随着儒学与政治政权相结合的过程而逐步形成的,表现为一个动态的过程;第四,儒生虽具有儒家的和儒教的双重身份,但更主要的责任是充当儒教的维护者。①

## 二、儒教的特征

中国土生土长的儒教,具有与中国文化大环境相一致的特征。按照有些基于西方哲学立场的人的看法,中国是没有哲学的;如果从西方宗教的角度去看中国,中国也好像没有自己的宗教,这实际上是一种西方本位观的偏见。其实,单看有那么多的宗教定义便可知晓,依据不同的历史环境和不同的民族文化而形成的宗教实际各具特色。

既然是宗教,它们也就有共通的东西。正是基于这种态度,我们对作为中国特色的儒教的主要特征作如下简要概括:

### (一)神灵崇拜的多元化与一体化、有序化

儒教崇拜、祭祀的神灵是一个多元系统。中国人造神的能力与水平非常高,上至昊天上帝、日月星辰、风雨雷电,中至山川大地、圣君贤士,下至虫鱼鸟兽、牛鬼蛇神等等,都成为儒教崇拜祭祀的对象。更值得一提的是,除了这种种有形神之外,到儒教成熟后,无形相的"理"也成为一种崇拜对象,发挥着神

---

① 按,正如传递道的法脉有道家、道学与道教,佛的法脉有佛家、佛学与佛教一样,儒的系统也有儒家、儒学与儒教的不同名称。

的功用。当然,不同的神灵所受崇拜的待遇也不一样;但是不可否认的是,各种神灵都在儒教中占有一席之地,香火不断。这些神灵复杂多样,却能共处,实是出于此中的另一种机制:一体化和有序化。所以,多神的一体化和有序化也是儒教神灵崇拜所体现出来的特色。在诸神之中,"天""祖"尤为尊贵,处于神灵崇拜的核心。在"祭天祀祖"过程中,儒教对参与人员的选择、祭祀时间地点的确定、程序的先后要求都有严格的规定,以突出"天""祖"的至高权威。其下各神则归属于被不同的势力地域、不同的行业范围、不同的身份地位的人所信仰崇拜的层次。这些神一般只在自己的权力范围内行事,大家相互协作而又彼此分立,相安无事地共处。这样,多元化的神灵崇拜形成一个并不矛盾的有序大整体。这恰是中国文化环境、中国历史现实的反映与体现,反过来也为相应的现实服务。这与西方传统意义上的宗教有着鲜明的区别,是中国儒教乃至整个中国宗教的明显特征。

**(二)政教一体:中国特色的宗教与政权关系**

中国封建社会中的政教一体与西方中世纪时期的政教合一不同。西方是神权高于王权,中国却是君权高于神权。正是因为这关键点上的差别,才导致了外在特征上的巨大差异。中国封建社会中的政教一体表现为儒教处于国教的地位:儒教合于政权为其服务,但是从属于、依附于政权;政权出于自身统治的需要而维护儒教,二者的现实目的应当说是一致的。这主要表现在两个方面:一是神权与君权、族权、夫权相统一,神权为其他三权做论证,因此,神权只不过是通过"君权神授"来维护君权的工具而已。所以从表面上看,神权规定限制着君权,而实质上,神权的诸种特征是儒教为适合君权的需要而作出的解释而已。君权与神权在这种方式上达到了一致,成为一体。推论下去,封建社会中的等级制度、政治结构、伦理纲常、礼仪规范便有了相应的神学理论保障,也便有了"合法性"。所以,儒教神学观念是朝着社会功用的角度发展的。二是儒教的组织与活动方式与政权合为一体。西方宗教多有明显的教团组织形式,儒教则在表层上表现为十分的散乱,但这并不表明儒教没有组织。实际上,它的教团组织与国家政治制度合为一体。所以,儒教的活动大多依靠政治制度来进行,从另一个角度来说,许多政治活动也便是儒教的宗教活动,如皇帝的祭天等活动。又如无论是上层还是下层的祭拜孔子的活动,既是政治上层为加强统治而进行的政治行为,同时这一活动本身便是儒教活动方式。

### (三)兼容性与适应性

学术界现在普遍认为中国文化有一个非常明显的特征,即它的兼容性。其实,根植于此文化中的儒教也有此明显的特征,即它的兼容性和适应性。从上面的儒教神灵信仰谱系,我们也可知晓,儒教的神灵谱系是立足于原始宗法宗教这一自然宗教的神灵观念,在形成发展过程中,不断吸取其他教派、民间信仰的神灵观念综合杂糅而形成的,而这恰是它巨大的兼容性和适应性所促成的。另外,初步形成于汉代的儒教,在其以后的发展过程中,始终面临着如何处理同佛道关系的问题。在这方面,儒教从其理论上广泛地吸收佛道二教的思想精华,将之转化为自身的理论和实践,而在外在关系上基本上采取了一种求同存异、和平共处的路线。尽管历史上曾经出现过几次灭佛灭道的事件,但是这些事件的根本原因在于佛道的发展威胁了政权的经济基础和政治安定,儒生只不过起了推波助澜的作用。所以从总体上看,儒、释、道三家还是在争论中相互吸收、共同发展的。作为已经拥有国教地位、拥有强硬政权支持的儒教并没有主张绝对消灭佛道在中国的发展。再次,在国家疆域扩张的过程中,儒教也同边缘少数民族的宗教信仰、地区文化以及其他外来思想相容纳,构建出新的特定民族条件下的新形式,这也充分说明了儒教在处理同少数民族文化和外来文化关系上的兼容性和适应性。从总体上看,儒教的强大兼容性和适应性使得它在整个封建社会里于事实上得以处于国教的地位,这对于儒教能够得到政治上层支持从而得以长期兴盛具有非常突出的意义。

### (四)出世与入世相统一,"内圣"与"外王"相表里

一般来说,儒教重视现实问题,强调个人和群体的实践行为,而不是过于追求出世,追求一种纯粹理想化的彼岸世界,这是其入世性的特点。儒教入世的着眼点与立足点是治世,即通过推行儒教的主张,进而达到世人安乐、天下大同的理想社会状况,这就为人类构造出了一个真善美和谐统一的"大同世界"。所以,从广义上讲,"大同世界"即是一种彼岸世界,只不过这种彼岸世界是与现实世界紧密相关的。它作为儒教追求的目标推动着儒生为此而进行着不懈的努力,就如同彼岸世界对其他宗教所起的作用一样。这一理想要求

落实到个人的思想和行动上,便是对"内圣"与"外王"相表里的理想人格的追求。从实施的层面来说,"内圣外王"乃是出世的目标与入世的实践相结合在个人修养上的要求,体现了儒教与西方宗教不同的特征。

当然,除了以上四点主要特征外,儒教还有其他的特征,诸如世俗性、实用性、宗教教育与社会教育一体等等。这些特征也都体现了作为中国土生土长的儒教与其他国家宗教的不同特色。

## 三、儒教的历史作用和影响

儒教历史作用和影响是一个动态的过程,它伴随着其国教地位的逐步巩固而渐渐体现出来。总的来说,宋明以前,儒教起了积极的历史作用。宋明以后直到清末,随着封建政权的绝对专制化以及相应的儒教自身的凝固僵化,儒教则扮演了一个束缚人的自由、并且在一定层面上阻碍社会进步的角色,存在着一些消极的作用。对此,我们应当根据具体的历史史实给予客观公正的评价。

儒教在取得国教的地位以后,无论在哪个时期,从政治、经济、文化、教育、文学艺术、科技、对外关系等方面看,对中国封建社会均起了巨大的影响,这是其他宗教和哲学无法替代的。

从政治方面看,以"敬天法祖"为核心的宗法制度和宗法观念虽不是儒教的原创,但却是由儒教担负着传承与推广的责任。正因为如此,儒教立足于宗法,所提出的处理神、君、民关系的原则对封建君权制度和观念产生了相当深刻的影响。一方面是"屈君而伸天",另一方面是"民贵君轻"。这样,虽具有绝对权威的君权也往往自觉不自觉地成为天的代言人——天子顺"天意"行事;同时又顺民意为政。大多数君主力图避免成为儒生口中的无道昏君,为此必须尽可能地推行仁政,实施爱民政策。可见,这对"唯我独尊"的皇权起着某种限制的作用。所以,纵观以此为指导思想的整个封建社会,文治的力量往往强于武治的力量。在中国的统治集团里,皇权以下,武力往往是文力的下属,二者共同效力于皇权(当然,从根本上讲,皇权是武力的代表,从这点而言,文力是武力的下属),形成中国特色的统治方式,封建君主借此来维护统治,消解集团内部各势力的对抗和斗争。更深一层来讲,这种观念的背后便是一种人治的思想。贤人政治是封建政局一个明显的标志,它在一定的历史阶段发挥过相当重要的作用;但是,由于儒教过分强调人治而没有给予法制足够的重视,从而也导致了封建社会的严重缺陷。与此人治观念紧密联系的是,择官标准往往侧重于人的道德标准的好坏,例如举孝廉等,而忽视人的其他能力,这样便会导致诸多问题。所以,从总体上讲,当封建社会还处于上升时期时,它的积极作用比较明显;当封建社会处于下降时期时,它的消极作用便成了推动其走向灭亡的因素。

从经济角度讲,儒教根植于传统的自给自足的自然经济和农业生产方式,这决定了儒教对发展封建经济的根本态度。我们知道,中国的封建经济是农业经济,维护这一农业经济形态也是儒教骨子里根本的东西。所以,从外形上,儒教首先讲民本、重农,积极发展农业文明。这一主导观念对整个封建王朝,无论是上层还是下层,都产生了深刻的影响。大多数人都接受了"民以食为天"的观念,从而造就了中国农业经济的充分发展。例如土地的所有制形式和使用方式以及与农业有关的科技都在这种观念的促进下得到相应的发展。与之相对的则是工商业受到较大的抑制,造成封建经济发展的不平衡。另外,从总体上看,以道德本位为核心的儒教观念,在义利问题上采取舍利取义、耻于谈利的态度。受这种思想熏陶而产生出来的封建社会的知识分子,往往从道德角度看待经济,进而鄙视经济和财富。这无疑使经济的发展失掉了知识的支持以致于发展相对缓慢,这一消极影响尤其明显体现在儒教成熟之后的宋明时期。封建社会后期,中央政府积贫积弱的现象十分突出,儒教意识形态的消极作用不可忽视。

以儒学为核心的儒教思想也深刻地影响到中国的传统文化领域。从中国人的伦理道德观念来看,植根于宗法观念和家族观念的儒教思想,适应以家族为基本单位的封建社会的需要,建立了它的伦理观。对于个体而言,作为男子应当修身齐家、治国平天下,达到其内圣外王的理想人格;作为女子,最好是"无才",这无疑对旧社会妇女的社会地位起着消极作用,最终形成了男尊女卑的主流社会意识形态。对于家庭而言,在儒教观念的影响下,形成了传宗接代(如"不孝有三,无后为大")的观念、光宗耀祖的观念以及孝悌的观念。这些观念构成了家庭内部的基本的伦理要求。对于民族而言,则是形成了一种具有民族荣辱感的民族气节。但是这种民族气节往往刻有明显的阶级烙印,与封建的忠君爱国紧密不分。从总体上看,在建构人的人格特征和民族特征方面,儒教的思想发挥着正反的双重作用,使得中国人既有仁爱亲孝、爱国保家的一面,又有受"三纲五常"严重束缚的落后消极一面。

从教育方面看,儒教从教育的外在形式到内在的内容观念都扮演着一个创造者、管理者和评判者的角色。孔子的"有教无类"思想以及重视教育的理念被后儒继承发展,并成为尊师重教思想的重要来源,构成了中华民族的优良传统之一,代代相传,世世相因。在教育制度上,隋唐创立的科举制,成为封建社会选拔政员的主要形式和手段,被后来的王朝加以运用。其创立之初,发挥了巨大的积极作用,后来则完全成为僵化的形式。受这一指挥棒的影响,教育的内容也相应的渐渐转化为固定与死板的"四书"与"五经",结果使学生失去创造性而成为封建社会的奴仆;更重要的是,在这种体制下培养出来的知识分子由于被限定在经学的狭隘范围内,对于此范围以外的领域则不甚了解。所以,我们既要看到它在塑造道德人格、培养民族精神方面的积极作用,更要看到它的消极影响。

在文学艺术方面,我们仅举一例说明,那就是儒教的审美观念成为中国美学思想的主流之一。孔子首创的"里仁为美"思想,被孟子、荀子分别发挥,最后合成为"中和"思想,即所谓的"乐而不淫,哀而不伤"。这一思想来自于"中庸"思想的发展,与儒教的性情论有密切的关系,"中和"也成为中国传统美学的基本审美范畴之一。受这一思想的影响,文学艺术领域,诸如音乐、绘画、书法、诗词、小说等都体现出这种"中和"思想。在科学技术方面,中国的四大发明、医药学、建筑学等等,都能或多或少地见到儒教影响的影子。例如中国古代的建筑,在选择地理位置、设计建筑布局上,都能见到儒教宗法观念和中庸观念的影子闪烁于其中。

从儒教对中国封建社会影响的总体来看,其影响和作用是不可忽视的。即便是现在,儒教的诸种观念还具有很深的社会基础。因此,我们应当采取实事求是的态度和取其精华、去其糟粕的方法对其加以扬弃,为我们的现代化建设服务。

　　当然,儒教的影响也不仅仅局限在中国范围内,随着中外历史上的交流和往来,儒教也传出国门,对其他国家和地区产生了巨大的影响。儒教在过去对世界的影响,儒教对世界未来的贡献,是当今学术界讨论的热点话题。

　　(本文合作者于国庆,原载《宗教学研究》2006 年第 1 期,收入本书时略作修改)

# 青乌、道教与生殖崇拜论

近年来,随着学术研究的繁荣,原先少有人问津的"青乌"问题也渐渐引起注意。不过,它的底蕴是什么? 对此人们尚未进行深入探讨。

在我国,民俗文化与其他分支的文化是互相交融的。"青乌"作为民俗文化重要课题之一也是如此。所以,要明了青乌的深刻内涵就必须从文化交融的层面上切入研究。

笔者以为,青乌与中国传统宗教——道教存在着极为密切的关系,在这种关系之背后又潜藏着古老的生殖崇拜意识。这个问题的研究不仅对于认识道教思想体系而言具有特别意义,而且对于中国民俗文化的整体把握而言也是不可忽略的。

一

青乌本是个人名。相传青乌子精于风水,所以,风水术又称青乌术。现存文献中有不少以青乌命名的风水书籍。例如《学津讨原》中所收《青乌先生葬经》、《学海类编》所收之《青乌绪言》、《旧唐书·经籍志》所著录之《青乌子》均是。

关于青乌子的生活年代,向来众说纷纭。唐王瓘在《轩辕本纪》中说:"黄帝始划野分州……有青乌子能相地理,帝问之以制经。"①按此,则青乌子为黄帝时人。又传,青乌子系汉代人。如《青乌先生葬经·序》即称:"(青乌)先生,汉时人,精地理阴阳之术,而史失其名。晋郭氏《葬书》引'经曰'为证者,

---

① 《道藏》第 22 册第 680 页。

即此是也。先生之言简而严约,而当诚后世阴阳之祖书也。"①看来,青乌子在风水学界是有很高地位的。尽管他的生活时代问题至今是个悬案,但他受到风水术士的推崇则是显而易见的。

有趣的是,青乌子在道教中也颇受敬重。晋代著名道教学者葛洪撰《抱朴子内篇》卷十三《极言》有"相地理则书青乌之说","又彭祖之弟子,青衣乌公、黑穴公、秀眉公、白兔公子、离娄公、太足君、高丘子,不肯来七八人,皆历数百岁,在殷而各仙去……"②的言辞,在这两段引文中,前一段的"青乌"当是指书,而后一段的"青衣乌公"则明显是人名,大概此人常常穿着"青衣",所以以"青衣"为代号,称作"青衣乌公"。由于古人尊称著名人物为"子","青衣乌公"也就又有"青乌子"的名称。由此不难看出,在晋代以前道教中,青乌子不仅是个长寿之人,而且还通地理相术。

关于"青乌子"的事迹在道教文献中还有多处涉及。赵道一《历世真仙体道通鉴》卷一《轩辕黄帝》篇中说:"黄帝始画(划)野分州,令百郡大臣授德教者先列珪玉于兰蒲席上,使春杂宝为屑,以沉榆之胶和之为泥,以分土别尊卑之位与华戎之异,帝旁行天下,得百里之国者万区,所谓首出庶物,万国咸宁,有青乌子,能相地,帝问之以制经。"③在赵道一看来,早在黄帝时候,已有明确的方位观念,为了划分地理区域,黄帝"不耻下问",并且实地考察,地理名家"青乌子"正是在这种背景下与黄帝相见的。黄帝根据青乌子的口授而创作了有关地理风水经典。笔者以为,正如先秦两汉之际许多学者假借黄帝之名创作典籍一样,黄帝创作地理风水经典之说恐怕也是后人编造的神话,不足为信;不过,从其叙述的字里行间,我们却懂得了风水术为什么又称作青乌术的历史缘由,同时也看到了道教推崇风水宗师青乌子的思想踪迹。因为黄帝在道教中是仙品极高的,而青乌子被当作黄帝的"老师",自然倍受青睐。

在道教中人的心目中,青乌子(或称青乌公)也是一个升入仙班的人。《历世真仙体道通鉴》卷六载:"青乌公者,彭祖之弟子也,身受名师之教,精审

---

① 王云伍:《丛书集成新编》第 25 册,台北:新文丰出版公司 1981 年版,第 208 页。
② 王明:《抱朴子内篇校释》,北京:中华书局 1985 年版,第 241—242 页。
③ 《道藏》第 5 册第 108 页。

仙妙之理,乃入华阴山中学道,积四百七十一岁。十二试之有三不过,后服金液而升天。太极道君以为三试不过,仙人而已,不得为真人。"①又《逍遥墟经》也有类似的描述。尽管青乌子还不能算是仙班最高等者——真人,但毕竟是仙籍留名。青乌子受到太上道君测试之后服了"金液",表明其又精通炼丹术,因为金液即是金丹之液,只有经过自己烧炼才能"保险可信"。

由上述考证可知,道教中人不仅明确承认青乌子在风水地理中的宗师地位,而且将之当作一个通晓炼丹服食之道的神仙。

## 二

道教崇尚风水祖师青乌子,并由此建立一套风水理论,这不是一种偶然现象,而是有深刻的思想原因的。只要我们考索一下"青乌"的象征底蕴及其形式转换便可以明了这一点。

众所周知,汉语的最大特点就是象征,以此为基础的思维方式也就带有象征的特质。一个故事、一种活动有象征意义,一个语词往往也有象征含义。"青乌"这个常常挂在风水先生嘴边且又被道教圣化的语词也是如此。

德国著名哲学家黑格尔在论及象征型艺术时曾经说过:"象征一般是直接呈现于感性观照的一种现成的外在事物,对这种外在事物并不直接就它本身来看,而是就它所暗示的一种较广泛较普遍的意义来看。因此,我们在象征里应该分出两个因素,第一是意义,其次是这意义的表现。意义就是一种观念或对象,不管它的内容是什么,表现是一种感性存在或一种形象。"②按照这种看法,象征就是不直说本意,而以含蓄的感性存在或形象来暗示所要表达的意义。准此,我们就必须对呈现在眼前的感性存在进行一番"透视",由表及里地对"青乌"这个语词意象进行剖析。

在道教经籍及其他风水文献中,"青乌"的直接感性存在形式是由人修炼而成的神仙。但是,如果从符号学的角度来看,其背后显然又有一番深刻的含

① 《道藏》第 5 册第 140 页。
② [德]黑格尔著,朱光潜译:《美学》第二卷,北京:商务印书馆 1979 版,第 10 页。

义。这里,不妨从语义分析入手来说明这个问题。

作为一个合成词,"青乌"是由"青"与"乌"两者构成的。"青"字,许慎《说文解字》谓:"东方色也。木生火,从生、丹。丹青之信,言必然。凡青之属皆从青。"[1]许慎的这个解释包含着两层重要意义。首先,他从五方、五行、五色的配合上来说明"青"的意义。在中国古代,东、西、南、北、中称作"五方",木、火、土、金、水称作"五行",青、赤、黄、白、黑称作"五色"。"木"与"东"相配,其颜色是"青",所以说"东方色"。但是,东方之色为什么是"青"呢? 这是因为古人是从时空合一的立场来考虑问题的。在把五行与五方相配之后,古人又把春、夏、秋、冬、长夏等时间概念纳入其五方结构中。春天配东,夏天配南,秋天配西,冬天配北,长夏配中,表示一元之气在四季中流转。因为春天,云行雨施,草木滋长,满山苍翠,所以以"青"为色。青是五色之先,象征四季的开始,生机的焕发。这种"开始"的意义,我们从道教"五篇真文"里也可以得到佐证。《东方九炁青天真文赤书玉诀》言:"东方九炁,始皇青天。碧霞郁垒,中有老人。总校图箓,摄炁举仙。"[2]又道经《灵宝五符序》卷上云:"东方青牙九气之天,其气烟如春草之始萌,其光如晖日之初隆。下有朝华之渊,上有流英之宫,室有青腰玉女,堂有太上真王。玉女乘九山之兽,真王驾九光神龙。上导九天之气,下引九泉之流。"[3]这里,我们姑且不必去管它那些离奇的想象,单从"始"字的多次出现以及"初"字的使用上便可以"捕捉"到古人关于"青"这种象征色所具有的"开始"意蕴。

当然,"青"字在五方、五色、五行、四季配合中的那种象征意义还不能算是最为本初的意义,因为那种配合已经有过古代思想家的苦心经营,带有明显的理性精神。假如我们再深入一层进行发掘,那就会感到,"青"还不光意味着"开始",它凝聚着一种极为古老的文化信仰精神。许慎《说文解字》在说明"始"字的意义时说:"始,女之初也。从女,台声。"清段玉裁释云:"此与为互训。初裁,皆衣之始也。"[4]这就是说,正如衣服的裁剪一样,"始"表示的是女

---

① (汉)许慎著,汤可敬释:《说文解字今释》,长沙:岳麓书社2001年版,第684页。
② 《道藏》第6册第186页。"五篇真文"分东西南北中,此处所引系"东方真文"。
③ 《道藏》第6册第318页。
④ (汉)许慎著,(清)段玉裁注:《说文解字注》,上海古籍出版社1981年版,第617页。

子的初生。这个"初生"可以有两种理解,一是女子本身的降生;一是女子生育他者。不论从哪一方面理解,"始"都含有"生育"的意义。既然如此,象征"开始"的"青"字也就有生育之意蕴了。其实,我们从"青"字本身的组合上也可以看出生育的意义。"青",从生从丹。"生"字在甲骨文中,其原型是树。有关学者考证,作为"生"字之原型树不是一般的树,而是作为社木的桑树。在古代习俗中,植桑成林,是为"桑林"。据《吕氏春秋》等书的记载,桑林是古代男女社交场所,即所谓"野合"之处。《墨子·明鬼》云:"燕之有祖,当齐之社稷,宋之有桑林,楚之有云梦也,此男女之所属而观也。"①古人之所以要在桑林中"野合",是因为桑树是旺盛生命力之象征,在这里"野合",可以更好地繁衍后代。据说,治水英雄大禹也曾与涂山女交媾于桑林之中。"桑林"又称"桑台"或"台桑"。屈原《天问》云:"禹之力献功,降省下土方。焉得彼涂山女,而通之于台桑?"汉王逸注曰:"言禹治水,道娶涂山氏之女,而通夫妇之道于台桑之地。"②在桑林中通夫妇之道,这表现了远古时期生殖崇拜的文化精神。而以社木——桑作为原型的"生"字便寄托着这种精神;引而申之,从属于"生"的"青"字也同样包融着这种精神,因为桑社活动在远古时代也有特定的季节性。《礼记·月令》称,仲春之月,"玄鸟至。至之日,以大牢祠于高禖。天子亲往,后妃帅九嫔御。乃礼天子所御,带以弓韣,授以弓矢,于高禖之前"③。宗教神话学家丁山先生考证,"高禖"乃是春神。春风时至,草木更生,春神有促进生殖的能力,因而受人重视而为生殖大神了。④ 既然,高禖是一种生殖大神,祀祷活动又是在春季举行,地点固定于桑社,所以,作为桑社季节象征的"青"字便是生殖崇拜这种古老宗教传统的符号表现。

至于"青鸟"之"鸟"也同样与生殖崇拜有关。许慎《说文解字》谓:"鸟者,日中之禽。"⑤属于鸟科,"日中之禽"即太阳鸟。据《淮南子·精神训》所

---

① 《墨子》,北京:中华书局 2007 年版,第 118 页。
② (汉)王逸:《楚辞章句》,《丛书集成新编》第 58 册,台北:新文丰出版公司 1981 年版,第 409 页。
③ (清)朱彬:《礼记训纂》,北京:中华书局 1995 年版,第 229 页。
④ 丁山:《中国古代宗教与神话》,上海文艺出版社 1988 年版,第 10—12 页。
⑤ (汉)许慎著,(清)段玉裁注:《说文解字注》,上海古籍出版社 1981 年版,第 157 页。

载,这种鸟称作"踆乌"。高诱注:"踆,犹蹲也,即三足乌。"①这只太阳乌为什么是三足呢?人们作出了种种解释。赵国华先生认为:这是男性生殖器崇拜的一种表现。他说:"远古先民以鸟象征男根。男性两腿夹一男根,其数有三,所以,先民们在彩陶上绘制象征男根的鸟纹时,为了强调其产卵的尾部,以局部对应突出象征男根的意义,遂将鸟纹画成了'三足'。"②他还说:"在远古先民的心目中,负日飞行之鸟,自然不应是两足凡鸟,于是,他们进一步把象征男根的三足乌和负日飞行之乌合而为一,演化出了日即三足乌,日中有三足乌,日即金乌。"③赵先生这番解释可谓别出心裁。尽管太阳乌——"踆乌"三足是否由男性两足加一男根之数引发而成,尚须进一步考证,但以太阳乌象征男性生殖器一事则非向壁虚造。考古工作者发现,早在中国母系氏族社会的中晚期,已有绘上鸟纹的各种器物产生。尤其值得注意的是陕西华县柳子镇泉护村遗址 H165 上的乌鸦负日图案就可以使人产生男性生殖器之联想。大家知道,中国的语言文字、绘画富有含蓄性。一件作品的意义往往可以有多重转换。太阳乌也不例外。太阳中的三足乌,可以是太阳的象征,也可以是男性生殖器的象征。因为古人认识事物是以人为中心的。自然界的各种事物往往成为表现人的符号。从阴阳哲学角度看,我们也可以找到鸟、太阳与男性生殖器的对应关系。在古人的象征思维里。无论是鸟、太阳,还是男性生殖器都属于阳性。作为符号,彼此可以互相转换。由于"生殖"在古代是生产力的第一需要,是"种"延续的根本保证,在原始人的生活中有着十分重要的意义。这样,他们便把观察到的事物加以丰富想象,成为表达生殖愿望的材料。鸟作为太阳象征,太阳又作为男根象征便是这样形成的。至今人们把男根又称作"阳具""阳鸟""人鸟"就是明证。

由上可见,受道教高度重视的风水术——"青乌"就其本始意义而言,乃是生殖崇拜的象征。如果说"青"作为桑林的一种色彩符号,其最根本意义在于暗示女性生殖器,那么作为太阳鸟的"乌"则是男根的一种标志。故,"青

---

① (汉)高诱注:《淮南子》,上海古籍出版社 1989 年版,第 69 页。
② 赵国华:《生殖崇拜文化论》,北京:中国社会科学出版社 1990 年版,第 265 页。
③ 赵国华:《生殖崇拜文化论》第 266—267 页。

乌"二字本包含着阴阳和合化生的意识。

三

道教推崇青乌术,这与其神仙信仰中的思想倾向是合拍的。青乌作为生殖崇拜的象征符号,同时还寄托着女性崇拜的意蕴。因为在原始人的直观感受中,生殖任务的直接承担者乃是女性,所以,生殖崇拜在早先又表现为女阴崇拜或女性崇拜。考古学家们发现,女阴崇拜或女性崇拜几乎是一种世界性的文化现象,学者们指出,大约在三万年前,奥里尼阿西人几乎只会刻划和粗雕,但那时就已出现了女性的外阴——生殖象征之雕品。而在旧石器时代,女神之阴部形态大多也被强化。这说明女阴崇拜与女性崇拜几乎是难以分辨的。在中国,我们也可以找到女阴崇拜的有力证据。民族学研究者通过调查发现,中国云南省剑川白族将石宝山石窟中一块三角形石头看作女阴象征,三角形石头中间雕凿一缝,表示阴沟。妇女们对这块阴石敬若神明。① 尤其是那些多年不育的妇女,更是虔诚拜祷。这实际上是古老女阴崇拜文化现象的遗存。此外,像我国北方乌兰察布岩画以及阴山岩画,还有四川的广元、福建的武夷山上的女阴石都是中国古代女阴崇拜的表现。② 在母系氏族时代,女子的地位曾经是很高的。《吕氏春秋·恃君篇》说:"昔太古尝无君矣,其民聚生群处,知母不知父。"③女子受到了特别的尊敬。由于女子在早先被直接地同生殖联系在一起,始祖母在逝世之后,几乎都被神化,成为氏族女神。古人为了获得旺盛的生殖能力在桑中"野合"并举行宗教仪式。他们所祭祷的神明原型在开初都是女性。例如,我们前面所提及的"高禖"即是如此。按宋罗泌《路史·余论二》所载,高禖,乃是女娲。随着时代变迁,高禖之祀有了变化。闻一多先生在《高唐神女传说之分析》④里指出,夏人所祀之高禖为涂山氏(即女娲);殷人所祀之高禖为简狄;周人所祀之高禖为姜嫄。但不论情况

---

① 参见汪宁生:《云西考古》,昆明:云南人民出版社 1980 年版,第 187—188 页。
② 参见周星:《中国古代岩画中所见的原始宗教》,《世界宗教研究》1984 年第 1 期。
③ 许维通:《吕氏春秋集释》,北京:中华书局 2009 年版,第 544 页。
④ 闻一多:《高唐神女传说之分析》,《清华大学学报》1935 年第 4 期。

怎样,高禖总为女性。其祭祀活动进行于春季,与风水术中"青乌"之"青"的色彩象征吻合。而在道教之中,女神也受到了特别的优待。道教崇拜女性,这自然有其多方面因素在起作用,但最根本的一条乃在于其"好生"的心理。道教追求长生是从"天人合一"的宇宙观出发来考虑问题的,个体是否能长生?这不仅需要自身的努力,而且需要外在力量的帮助。道教以"气"的理论来解释宇宙间的现象。在道教中人看来,对女神女仙的崇拜举动也能摄取有利于躯体存在的生气。当他们把目光朝向生活环境时,自然就把这种愿望投射到地理(风水)中去。而"青乌"这个意象恰好凝聚了这种信息,所以便为其所应用,成为其理论体系中的一个重要术语。

当然,我们说"青乌"寄托着生殖崇拜的意识,在早先,生殖崇拜又表现为女阴崇拜或女性崇拜,这并不意味着中国先民只看到了阴性的力量,也不意味着道教对阳性力量的排斥。实际上,生殖本来就需要阴阳双方的配合,这一点,先民们在很早的时候就认识到了。有资料显示,在母系氏族社会的中末期,先民们已经懂得了阴阳相感生子的道理,并且有朦胧的表达方式。随着社会的发展,这种观念孕育出了阴阳哲学。故《周易·系辞下》云:"天地絪缊,万物化醇;男女构精,万物化生。"① 又云:"子曰:'乾坤,其易之门邪?'乾,阳物也;坤,阴物也。阴阳合德而刚柔有体,以体天地之撰,以通神明之德。"② 这些描述以凝炼的哲学语言表达了中国古代强烈的生殖意识。道教在继承传统的风水思想时也继承了阴阳观,并且使之融通而成为一个复杂的体系。所以,当道教中人把"青乌"变成一个神仙时,也把阴阳观念引入了生殖信仰之中。这种情况在道教徒们描述女神的灵迹时也充分地表现出来。例如,《历世真仙体道通鉴后集》卷一在叙及西王母时说:"金母元君者,九灵太妙龟山金母也……乃西华之至妙,洞阴之极尊。在昔,道气凝寂,湛体无为,将欲启迪玄功,生化万物,先以东华至真之气化而生木公焉。木公生于碧海之上,苍灵之墟,以生阳和之气,理于东方,亦号王公焉。又以西华至妙之气化而生金母焉。金母生于神洲伊川,厥姓缑氏,生而飞翔,以主阴灵之气理于西方,亦号王母。

① 黄寿祺、张善文:《周易译注》,上海古籍出版社2001年版,第582页。
② 黄寿祺、张善文:《周易译注》第589页。

皆挺质大无,毓神玄奥于西方渺莽之中,分大道醇精之气,结气成形,与东王木公共理二气而育养天地,陶钧万物矣。"①作者在这段话中构造了一个天地化生的模式。显然,作者把天地化生看成像父母构精生子的过程。这在根本上还是一种生殖崇拜的意识。由此,我们再回头琢磨一下道教所推崇的风水术——青乌术中"青乌"二字便越发感到了道教吸取传统风水思想是具有意识发展必然性的。

　　(本文原载《民间文学论坛》1994 年第 2 期,收入本书时略作修改)

_____

① 《道藏》第 5 册第 452—453 页。

# 火与灶神形象嬗变论

对火的认识和应用,在人类发展史上,具有划时代的决定性意义。

由于认识水平的极端低下,由于思维方式的幼稚,火在原始初民眼中是个令人恐惧的怪物;而火的重要特殊作用,又使原始初民们对它产生依赖感和崇拜心理,在这种畏惧和膜拜心理作用下,作为自然界中客观存在的物质——火便被神秘化了。由此产生了许许多多绚丽多彩的火神话;同时也促使了敬火、拜火习俗的形成,且绵延不绝地流传下来,并在当代社会中产生深厚的影响。我们可以统称之为"火文化"。

中国作为世界文明古国之一,有着丰富多彩的"火文化"。其生命力之强,使人在当代社会生活中仍举目可见"活态"的遗风遗俗,如满族的火祭仪式,苗族神圣的火坛,彝族、白族、纳西人的火把节以及汉族的祭灶习俗等等。

祭灶,源于对火的崇拜。最早的灶可追溯到原始人用来取暖驱兽、烤食制器而燃起的一堆堆长明火。当烧火场所从不断游动到固定,从室外到室内,真正意义上的灶便产生了。如果说最初的灶有什么象征意义的话,那不过是伴随着火神的出现而成为火神居处的象征。但是随着历史的发展,人们观念的更移,这便渗入复杂的社会内容与道德观念,祭祀对象由火神变为灶神甚至祖先神,象征本体也从氏族保护神演变为家庭保护神。灶神与火神都经历了从独立女神到男性主神相类似的形象嬗变史,两者有着密不可分的联系,就像极相似的连体同胞兄弟,可以含混其称,又是互相区别的两个。所以在研究中国的"火文化"时,不可不把这二者联系起来加以考察。

中国"火文化"如此悠久丰富,但是纵观学术界,比较全面、系统地而不是零碎地、片面地研究中国的"火文化",探讨中国火神与灶神关系及其形象嬗变规律,揭示其中复杂的内在原因和深刻含义的专文则似未见之。有鉴于此,笔者遂搜集了许多有关资料,在对之进行整理、分类的同时,有所思索,写就此文,试图说明我们的某些观点和看法,望大方之家指点批评。

一

在人类认识火、使用火之前的漫长岁月里,人类处于茹毛饮血、和动物没有什么区别的蛮荒时代。但是自从人类发现了火,并将之应用于日常生活,人类就第一次将自己与动物区别开来了。"天下不可以经时无日,不可以一旦无火。"①火在先民生活中具有重要的作用:以火"炮生为熟,令人无腹疾,有异于禽兽"②,从而结束了生食的历史,改善了消化过程,扩大了食物范围,并增强了体质,为人类的生存与繁衍提供了条件;"放火烧草猎"③,战胜禽兽,使先民获得了更为广泛充足的食物来源;以火"因焚莱,除陈草"④,开荒种植,减轻了劳动负担;先民们还用火照明取暖、驱兽防身、制造工具。总之,对于人类的发展来说,火是一种生产力。火的使用,乃是人类开发利用自然力的开始,它使人类跨入了一个新的历史阶段,即蒙昧时代的中期阶段。

人类从接触火,认识火的作用到懂得使用火、控制火,经过了漫长的岁月,经历了自然火和人工火两个阶段。

据考古报告,人类早在四万年以前就已经知道用火了,但是人类最初接触到的火却是自然界中由于雷电、干燥、易燃物质的摩擦以及火山爆发等引起的大火,这种偶然因素引发的自然火,常具有突兀性和极大的破坏力,在认识水平低下的原始初民心中引起极度的恐惧和迷惑不解,但当他们从不幸死于大火中的动物身上发现熟肉比生肉好吃时,他们初步感受到了火的好处,并在长期与自然作斗争的过程中,进一步认识到火的巨大功用。于是先民幻想着能够控制并拥有火,但这仅是幻想而已。限于当时生产力的落后,人们就又失去了火,重新跌入黑暗、寒冷、生食的深渊,于是便有了对天然火的强烈渴求和依

---

① (晋)葛洪撰,杨明照校:《抱朴子外篇校笺》,北京:中华书局1991年版,第90页。
② (清)赵在翰辑,钟肇鹏、萧文郁点校:《七纬》,北京:中华书局2012年版,第649页。
③ (晋)郭璞注,(宋)邢昺疏:《尔雅注疏》,北京:北京大学出版社1999年版,第183页。
④ (清)孙诒让:《周礼正义》第9册,北京:中华书局1987年版,第2307页。

赖。对火神秘的畏惧,特别是对火的依赖和渴求,自然而然在原始初民间产生了对火的崇拜,后来才逐渐发展为崇拜那种支配火的强有力的想象实体。早期火崇拜是原始自然崇拜的内容之一。

经历了一个漫长的使用天然火阶段之后,到了旧石器时代的中晚期,上古人民终于在长期的生产实践中,由于受到因加工木石、制造器具而迸发出火花的启示,逐步懂得了摩擦生火的事实,学会了钻燧或钻木取火的方法。这样,人类不再单纯地仰赖天然之火,而主要凭藉人工取火了。

人工取火完全改变了先民们的用火面貌,给人类带来生活的新希望。因此,人们对那些率先发明人工取火方法的氏族英雄圣贤怀着深深的敬意和感激,甚至将他们美化、视为超凡的神人。这就是"取火英雄"崇拜。当然人工取火的发明绝不是某些个别英雄圣贤的功劳,而是人类在长期的生产实践中集体智慧的结晶,是人类长期与自然界作斗争的伟大硕果。但是,人们却往往把这种凝结着人类长期斗争的血和汗的结晶归功于某一个具体人物(部落或氏族优秀成员)的发明创造,从而为自己树立了一个个崇拜、讴歌的对象。其实这些英雄圣贤往往是一种武装着某种劳动工具的完全现实的人物。从这个意义上说,英雄崇拜事实上是对人类自身智慧、力量的讴歌和颂扬。在中国,火神话英雄崇拜中最明显的例子就是燧人氏的传说:燧明国有"火树,名燧木,屈盘万丈"①。后世有圣人游日月之外,至于其国,息此树下。"有鸟若鸮,以口啄树,粲然火出。圣人感焉,因取小枝以钻火,号燧人氏"②。人工取火的艰难历程反映到神话传说中居然仅只靠圣人的偶然机遇与超凡顿悟,实在也太轻巧了点。

对火和造火者的崇拜实际上已经包含有浓厚的神话色彩。早期火神话主要表现三方面的内容:第一,发现火的价值。如拉祜族《毛猴子戳木取火》的传说是讲一只猴子发觉火比飞洛(飞鼠)暖和,被火烤过的飞洛也比没烤过的

---

① (宋)李昉等编纂:《太平御览》卷八百六十九引《王子年拾遗记》,石家庄:河北教育出版社2000年版,第7册第993页。
② (宋)李昉等编纂:《太平御览》卷八百六十九引《王子年拾遗记》,石家庄:河北教育出版社2000年版,第7册第993页。

好吃的故事。① 第二,寻觅火之来源。如回族的《阿当寻火种》。第三,保存火种。如苗族《三脚架》便是歌颂苗家三后生为防止火种熄灭,手拉着手以身抵挡风雨而献身的动人事迹。② 这些故事反映了远古时期先民们从认识火到使用自然火的一段艰辛历程。我们称之为"火种神话"。

在火种神话中我们可以发现一个有趣的现象,那便是——把动物(尤其是一些小动物)当作人类最终得到火的一大功臣来赞美。这种现象的实质是什么呢? 我们先来看一些神话传说。傣族布角人《火的神话》称,古时候人像鸟一样会飞,但却没有火,有一种鸟叫飞罗,它有火却不会飞翔,于是人类就用翅膀向鸟换来了火。拉祜族史诗《牡帕密帕》里也有类似的人用翅膀跟老鼠换火的说法。高山族布农人传说是阿里山上一种叫"嘿必土"的鸟给他们衔来了火种。傣族的神话则说是螳螂给人揭开了火藏于石头的秘密。而汉族的《燧人氏击石取火》、回族的《阿当寻火》、苗族的《三脚架》、高山族的《洪水中取火》等神话故事中则分别认为是人在大鸟、燕子和野马、女贞小鸟以及乌胡鸟的帮助下才取得火种的。上述种种神话传说传达了先民的一种观念,即动物优于人类先得到火种,人间火种的得来要依靠动物的帮助。此种观念是原始人动物崇拜的一种曲折反映。这种动物崇拜在《山海经》中,诸如狌即、鹠鸟、赤鷩、鸥、鹖鴂、窃脂、䲡疏、毕方等诸种伏火、崇火的鸟兽身上可以得到进一步印证。早期火神浓重的兽形怪相原因是否也可以推源及此?

谈到火我们总是难以回避火与日、鸟、水、木的密切关系问题。首先,我们先来考察火与日的关系,在人类思维水平仍处于简单、幼稚的原始社会中,太阳发出的光和热,以及耀眼的金红色彩,使人们极自然会联想到熊熊燃烧的野火。于是,在初民眼中,太阳便是一团烈焰。王充《论衡·说日篇》言:"夫日者,火之精也。"③许多火种神话还把火的来源之处认作是太阳,人间之火就是太阳派往地上的使者。印度民族祭祀时所用的火——阿格尼有三种来源,其中一种在天上,就是从太阳来的。另据一些民俗学家研究,对火的崇拜也源于

---

① 参见雷波:《火种神话浅析》,《山茶》1986 年第 6 期。
② 参见雷波:《火种神话浅析》,《山茶》1986 年第 6 期。
③ (汉)王充撰,黄晖校释:《论衡校释》,北京:中华书局 1990 年版,第 507 页。

对太阳的崇拜,日崇拜包含了太阳崇拜和火崇拜,而这种崇拜几乎遍布世界各地的原始民族之中。我国突厥人盛行尚东拜日之风就是一例。其次,看火与鸟的关系,鸟具有原始人所无法企及的高空飞翔本领,先民们既然认为火是从日中来的,那么,有鸟为传递者,能够帮助人类从空中取来火种的想法也就不足为怪了。在前面论述火种神话时,我们早已得知火与鸟结下了不解之缘,先民们总把人类取得火种的功劳归功于鸟及其他一些小动物,还创造了种种镇火或崇火的鸟。这些鸟都有一个共同特点,即或赤足,或朱啄,或红羽,或有赤文,有的甚至全身艳红,总之身上总少不了火样的红颜色。① 形成这个特点的原因在于原始人缺乏抽象能力,其思维具有一种直观性,遂以红颜色表示火,以相似物来代替某种属性。我国传说中的鸟中之王——凤凰,也与火有着密切关系。传说中的凤凰,是火精,有凤凰入火自焚、死而复生的神话。《鹖冠子·度万》云:"凤凰者,鹑火之禽,阳之精也。"②阳即太阳。而另有"玄鸟",就住在一团烈焰的太阳里,驮日飞行,乃太阳化身。这样,鸟、太阳、火三者就联系在一起,形成了一种对应关系,我们还可以从阴阳观念的角度去考察这三者之间的关系。在《周易·说卦》中火与日同属阳性,鸟作为与女阴相对的男性生殖器的象征,也属阳性。至今有人骂人时还用"鸟"或"鸟人"之类的粗话,便是这种思想的反映。再次,是火与水、木的关系。火是阳性,水是阴性,两者相反相成。但最初的火神却是女性,因而《左传·昭公九年》说:"火,水妃也。"③这是以水为夫,以火为妻。后来,火神才逐渐由女性转变为男性。人们很早就认识到水火不相容的道理,古史记载这样一则神话:火神祝融与儿子共工(水神)曾火战过一场,水神被烧得焦头烂额,落荒而逃。④ 这说明二者的不相容。如果说水与火是相克关系的话,那么,火则是因木而生,其第一种来源是在地上,就是从父母来的(两块木片,一块是雄的,叫菩提树,一块是雌的,叫 Cuoia Sama,这两块木片互相摩擦便生火)。⑤ 懂得火源木而生的道理,

---

① 参见袁珂:《山海经校释》,上海古籍出版社1985年版。
② 黄怀信注:《鹖冠子汇校集注》,北京:中华书局2004年版,第151页。
③ (清)洪亮吉撰,李解民点校:《春秋左传诂》,北京:中华书局1987年版,第689页。
④ 参见智量主编:《比较文学三百篇》,上海文艺出版社1988年版,第927页。
⑤ [德]W·施密特:《原始宗教与神话》,萧师毅、陈详春译,上海文艺出版社1987年版,第65页。

对于人类从使用自然火阶段进入到人工火阶段具有关键的作用。传说中的燧人氏就是因为偶然看见许多像鸮样的鸟,以喙啄树,"粲然火出"。他因此感悟,于是便用小枝钻木取火,从此取得了用火的主动权。

二

一方面,远古时代社会生产力的极端低下,人类幼年时期智能的极其苍白,使得原始初民在那些千变万化、神秘莫测的自然现象诸如风、雨、雷、电、火之类面前,普遍处于无知和畏惧的状态,更使他们的生活所系和生活所需,几乎无不仰赖于自然的恩赐和偶然的机遇。依赖和无知使他们愿意相信,也能够相信万物有灵,只要人们敬拜之,就会如愿以偿,有所收获,这就是自然崇拜产生的心理基础。当人类幻想的羽翼高翔到相信所有的这些自然力和自然物后面都有一位神灵在主宰着它们的境界时,原始的自然神便出现了。另一方面,在人类与自然界作长期斗争的生产实践中,涌现了许许多多征服自然、保护集体的英雄和圣贤,他们在人类发展史上起过重要的作用,作出了重大的贡献,人们因其丰功伟绩而崇敬厚爱之,此即英雄或圣贤崇拜。倘若同时赋予他们以神性,将他们变为半人半神,或者干脆树立为神,那么,又一类重要的英雄神或圣贤神就产生了。两种崇拜(自然崇拜和英雄圣贤崇拜)是古代神产生的两种渠道与来源。每个神在最初产生的时候都是自然属性和人性相结合的产物,后来人性上升为主要属性,有很大一部分半人半神发展、定形为人神。

火神也是遵循着上述的规律产生出来的。其来源有两大方面:其一,源于自然崇拜的火化身。原始人无法驾驭自然火,便以为火是有灵性、有生命意志以及伟大能力。这样,就把火看成一个超自然体,火升华为火神。其二,起源于英雄圣贤崇拜中取火之人的神化。为人们寻找火种、保护火种的英雄,为人类发明人工取火的圣贤,特别是氏族部落的司火者往往是火神形象的最初原型,关于英雄圣贤的神化,我们在前面已经论述过,现在我们来分析司火者的被神化。先民在利用自然火阶段,常有火种不幸熄灭的事发生,这对于一个氏族或部落无疑是一场巨大灾难。为了保护好火种,氏族设有专门的司火者,而火是氏族财富和权力的代表,因此这些司火者又往往是由部落或氏族首领担任。例如中国最著名的火神祝融,早先就是一个火官,叫火正,他同时也是南方一部落的首领。最初人们对司火者的重要性认识不足,后来随着人类驾驭火的能力的不断增强,人们对司火者的重要性愈来愈有所认识,并逐渐神化他们,于是火神便由单纯的火的化身发展为具有灵力的司火者。像其他许多神一样,火神也经历了一个从自然神到人神的过程,祝融之"融"字从虫,说明火神祝融原属虫类,是个神物。《山海经·海外南经》为其画像,称"南方祝融,兽身人面,乘两龙"[1],这仍不过是半人半兽的结合体,但已初显人神之貌。到后来祝融当上灶神(实为火神),娶妻生子时,不仅更有人形,且有人情味了。祝融神的发展轨迹反映了火神从最初的物性和人性的结合到人性最终占主导地位的演变过程。

纵观世界各族流传下来的火神神话,我们可以发现一条火神形象演变的共同规律和途径:

  独立女神  →  配偶神、两性神  →  男性主神
  (母系氏族阶段)  (交替阶段)  (父系氏族阶段)

火神形象的这一演变规律,正反映了古代社会由母系氏族社会向父系氏族社会、由女权时代向男权时代的鼎革转换。

人类历史上最早的社会形态——原始社会的第一个社会组织形式是以女性为中心的母系氏族社会。由于当时生产工具的极其简陋,生产力的极端落后,男子捕鱼猎兽较少有收获,氏族的食物来源主要是靠妇女们去采集野果,妇女在经济上占有主导地位。同时,在那个孩子"只知其母,不知其父"的群婚、乱婚制年代,妇女不仅在经济上居于主导地位,在血缘关系上更是唯一的纽带,原始人只看到妇女的生育现象,却不知道男子在人口繁衍上的决定作用,而人口数量又是氏族全部力量的决定因素,因此妇女的生育作用格外受到人们的重视,在氏族中享有崇高的地位和威望,氏族首领也由妇女担任。这样,女族长就成了氏族繁荣昌盛的维系者,成了水源、火种等集体财富的保护者,独揽了氏族大权。在母系氏族阶段出现的火神,必然要打上这一时期的烙印,反映母权制社会的突出特征。因此,可以确定早期火神都是女性神,这也

---

[1] 袁珂:《山海经校释》,上海古籍出版社1985年版,第185页。

可以从传说中的几个火神的姓氏得到证明。炎帝姓"姜",黄帝姓"姬",祝融姓"妘",每一个姓都以"女"字为偏旁,这正是那个妇女享有最高权威的母系氏族时代有可能被升格为火神的仅是那些有特殊作用的女性的真实情况的写照。至今满族那木都鲁氏神谕中还直接称火神为"突恩都里妈妈"。还有些姓氏,萨满神谕称火神为"拖洼妈妈"(火奶奶)、"妈妈图恩都里"(奶奶火神)。火神"它亚恩都里"满族语,就是"它"(火)和"额姆"(母亲)的两个词音的混称,译成汉语为"火母神"。① 在鄂伦春族的传说中火神也是一位受到伤害而能原谅人的仁慈老太太。② 印欧民族也有许多关于女火神的神话传说,希腊的希斯提亚、罗马的韦斯塔等都是女火神。女火神的大量出现,乃是母权制社会的产物,反映了妇女执掌了火的使用权和保管权。

随着生产工具的不断改进,社会生产力的不断提高,男子在社会经济生活中起着越来越突出的作用,妇女的地位和作用反而逐渐下降,社会形态逐渐由以妇女为中心的母系氏族向以男子为中心的父系氏族转化。社会形态的变迁促使火神形象也随之变革,产生了两性神和配偶神。由于妇女在社会转化时期,仍在氏族中暂时保有一定的权威,因此,妇女与男子有过一场"争夺"氏族领导权的"斗争史",所以这期间的火神性别是无法固定的,总徘徊于男女之间,有时兼任,这就是两性神。两性神的时期并不长。不久,母权制的花朵更加枯萎,女火神降格,成为男火神的配偶,即以配偶神的方式取代了两性神。于是神话中便有火神娶妻生子的故事:祝融有妇,姓王,名博颊(一名王诸),生子长琴、共工。③ 相信其他火神也免不了有此"俗事"。

两性神实质上就是男性神的一种伪装。当父权制完全取代了母权制,掌火大权落入男子之手时,男性火神终于跳出了配偶神和两性神的幌子,堂而皇之地窃取了主神的位置。而女火神则纷纷变性成男性火神,或者永远降处于男火神的配偶、附庸地位,有的甚至完全泯灭了。因此残传下来的火神几乎都为男性。

我国男性神大量出现并取代女性神,是在汉代以后。其中原因之一可追

① 参见富育光:《满族火祭习俗与神话》,《民间文学论坛》1986年第4期。
② 参见陶阳、钟秀编:《中国神话》,上海文艺出版社1990年版,第570页。
③ 参见《山海经·大荒西经》及同书之《海内经》。

究到董仲舒身上。董仲舒是汉代影响力最大的儒学代表人物。他从维护封建君主的最高利益出发,论证了"阳尊阴卑"观点,认为阳气是天之"德",阴气是天之"刑","物随阳而出入,数随阳而终始;三王之正,随阳而更起"①。他认为:"阴者,阳之合,妻者,夫之合,子者,父之合,臣者,君之合,物莫无合,而合各相阴阳……君臣、父子、夫妇之义,皆取诸阴阳之道。君为阳,臣为阴,父为阳,子为阴,夫为阳,妻为阴"②。凡属阴的只能服从阳,只能作为阳的消极的对偶而存在,只起从属的配合辅助作用。在这种"阳尊阴卑"学说的推动下,父权制时代就已经兴起的男尊女卑思想到汉代得到空前大发展。以这种"贵阳而贱阴"的思想去指导神话创作或加工,必然会抬高男神而贬低女神,让男神在与女神较量之中较轻易地获得了主神的殊荣地位。

汉族传说中的火神极多,但若是加以归类,总脱不了善和恶两大类。这是由火的两面性决定的。先民们在用火过程中认识到火有两面性,即一方面火具有重大的作用,给人类带来无穷好处;另一方面,火又是一种强大的毁灭性力量,常常给人带来物毁人亡的巨大灾难。因此,作为火的化身的火神也随之分野,即代表善的力量的善火神和代表恶的力量的恶火神。像黄帝、炎帝、伏羲、燧人、祝融、商伯等都属于前一类,是人类的保护神、善的力量的代表。他们或者实有其人,或者只是人们幻想的产物,但都有所凭依,其原身或是氏族部落的古圣英雄,或是先王首领,都因有功于民,被人神化,遂青云直上步入神殿。"燧人钻木而造火"③,"黄帝作,钻燧生火,以熟荤臊,民食之,无兹胃之病,而天下化之"④。"夫黎为高辛氏火正,以淳耀敦大,天明地德,光照四海,故命之曰'祝融',其功大矣。"⑤而炎帝,据传即神农,"炎帝,少典之子,姓姜氏,以火德王天下,是为炎帝,号曰神农,死托祀于南方,为火德之帝"⑥。流传于中原商丘地区的火神商伯则是东方的盗火英雄普罗米修斯。这类火神都以

---

① 赖炎元注译:《春秋繁露今注今译》,台北:台湾商务印书馆1984年版,第290页。
② 赖炎元注译:《春秋繁露今注今译》,第320页。
③ (宋)李昉等编纂:《太平御览》卷八百六十九引《博物志》,石家庄:河北教育出版社2000年版,第7册第996页。
④ 黎翔凤撰:《管子校注》下册,北京:中华书局2004年版,第1507页。
⑤ 鲍思陶点校:《国语》,济南:齐鲁书社2005年版,第250页。
⑥ 许维遹撰:《吕氏春秋集释》,北京:中华书局2009年版,第83页。

人类保护神的面目出现,有功于人是善神的突出特征。

如果说人们祭祀这些善火神是为了祈求他们降福呈祥,保佑自己平安幸福,那么,人们把那些携带妖火、纵火引祸的怪物如毕方鸟、狍即兽、回禄(吴回)等毁灭性力量的代表树为火神,加以祭祀的目的则在于讨取欢心,以为用祭品供养了他们就会免灾去祸、确保平安。这是原始人对火灾无知无力的一种消极自慰法。恰如鲁迅所说:"火神菩萨只管放火,不管点灯。凡是火着就有他的份。因此,大家把他供养起来,希望他少作恶。"①不过,这些恶火神后来大都有一个"弃恶从善"的转化趋势。他们在歆享了人类的祭祀之后,接受了人类要求仁慈的请求,其善的一面逐渐强化并被突出地表现出来,终于成了镇火伏火的神灵。在善火神的队列中,有不少就是由恶火神"弃暗从明""投诚"来的。当然,仍有数量众多的反面火精火怪"顽固不化",终成威胁人类的"怪力乱神",这就是回禄之流。朱熹《答包定之书》有"回禄之灾"称呼法。至今还有人称火灾为回禄。

## 三

灶的产生是人类长期用火煮食的必然。最早的灶可追溯到原始初民们为了取暖烤食、驱兽避邪而在野外燃起的一堆堆经久不熄的长明火,这是灶的最初形式。当人类社会向前发展,原始人由游徙生活走向定居生活,并有了固定的生活起居所——房屋时,这最初的灶"长明火"便也由室外转入室内,出现了更接近现代意义上的灶——火塘,并随着人类文明的进步,最终产生了真正意义上的灶。

灶对于人,关系极其重大。最初的灶主要是用来保存火种的,因此它是火神居处的象征,祭灶的对象是作为氏族保护神之一的火神,但是,随着社会的分工,家庭的出现,每家每户都有了各自的灶,在灶被神化之后就已经出现的灶神遂取代了火神,并以家庭保护神的面目出现,灶之象征也从"一族之长"转化为"一家之长"甚至成为祖先神的象征。李叔还的《道教大辞典》"灶神"

①　《鲁迅全集》第4册,北京:人民文学出版社1981年版,第600页。

条云:"道家以各姓所祀灶神,乃本姓祖先之有德者任之,以察其子孙之善恶,故俗又有称灶神曰本家司命。"①可见灶神又有祖先神的含义。

人们对于与自身有更直接利益关系的神,总是加倍敬重与奉养,我国各族普遍有祭灶之风与禁止亵渎灶神之俗。鄂伦春族禁止人们向火上倒水、吐唾沫和用刀子叉火,吃饭前要先往火塘里投放些食物,以示供奉。鄂温克人禁忌妇女从火塘上跨过,搬家时也不能扑灭火种。苗族也有上述敬灶之习,倘若有客人过年时来贺年,要先向火塘叩头,然后才能向主人拜年。汉族用灶禁忌更繁,"灶前灶上宜洁净,不可堆物与柴薪,最忌刮锅并铲灶,冒犯灶君罪不轻。灶门不可烘秽物,锅中莫把犬牛烹,歌哭咒骂俱要忌,恶言恶语鬼神惊"②。可见灶在民间的神圣地位以及灶神倍受青睐的"贵神"身份。福建至今有些地方的人还以"倒灶"(指子孙灭绝)一语骂人为最恶毒的诅咒,此乃灶至尊的心理折光。

灶的产生,使灶神的出现成为可能。灶神与火神的关系极为密切。可以说灶神的出现是直接由火神演化而来的。当灶出现时,由于灶与火的密切关系,在原始人的自然联想中,火神便自然而然地充当起灶神来了。灶也就被神化,出现了灶神。从这个意义上说,火神演化出灶神,只是在原有火神的"职称"上再加上个灶神的"职称"而已,是"兼职"罢了。但是,当先民们定居下来,灶从室外转入室内后,灶神在人们的格外恩宠下势威日增,终在一天,火神灶神分而为二。灶神独掌家庭用火之权,而火神则飘零旷野,只能执掌野外的天然火了,二者遂有了掌管人工火和天然火的分工。前面我们说过,人类用火经历了自然火和人工火两个阶段,自然火阶段的火神,掌管自然火,是火的化身,其属性是物性和人性的结合,但物性占据主流;人工火阶段的火神则是人的神化,主要执掌人工火,人性色彩浓厚并占主导地位。因此,如果不过分苛求准确性的话,我们说,火神与灶神的分裂从使用天然火阶段就已经埋下了种因。它们虽然同是使用自然火和使用人工火二者结合、发展的产物,但火神主要是沿着天然火(物性)这条线索发展的,二者先合后分,各有自己的发生、发

①　李叔还编纂:《道教大辞典》,杭州:浙江古籍出版社1987年版,第500页。
②　《中国宗教历史文献集成·民间宝卷·灶君宝卷》第12册,合肥:黄山书社2005年版,第652页。

展轨迹。

综上所述,我们可以看出,火神与灶神有着密不可分的联系,二者是由"火"一脉相承而来的,既分又合,研究灶神不能忽略了火神,同样研究火神也应述及灶神,只有把二者联系起来,才算是完整系统全面的研究。

灶神,有许多别名,民间往往尊称为"灶君""灶王爷""灶王公""灶王奶奶"等,一些道书则称之为"东厨司令""本家司命"或"种火老母元君"。最早被尊为灶神的是我们前面提到的黄帝、炎帝、燧人、祝融等。"黄帝作灶,死为灶神"①;"炎帝于火,死而为灶"②;祝融吴回"为高辛氏火正,死为火官之神"③,讬祀于灶,又"颛顼氏有子曰黎,为祝融,火正也。祀以为灶神"④。除此之外,还有数目众多的后世独立成形的新灶神,这里仅举一例:"灶神名隗,状如美女。又姓张,名单,字子郭。夫人字卿忌,有六女,皆名察洽……一曰灶神名壤子也。"⑤应该指出,原指同一人的灶神,由于种种原因,有许多不同的姓名,正是姓名的不一及其他原因,才使灶神母体中爆发出众多的子灶神。

和火神一样,灶神形象也有一个不断演进发展的过程,同样遵循着从独立女神到两性神、配偶神再到男性主神的共同演变规律。但同时,灶神形象有着更多的与火神及其他神祇不同的演变特点。

第一,夫妇化。如果说,经过一个时期的演变,火神多为男性神,而灶神绝大多数是以一对夫妇的面目出现被人祭祀。当然,灶王爷有绝对的权威,灶王奶奶仅是为了象征家庭的完整和美满而出现的一件必不可少的"附设品",这是封建家庭观念及"男主女从"思想的折射。在母权制社会,妇女执掌着火的使用权和保管权,因此最初的灶神都是女性。《庄子》谓"灶有髻"⑥,就指出灶神本是妇女,"髻"是妇女特有的发式。被人们尊为灶神的火神祝融,最初

① (宋)李昉等编纂:《太平御览》卷一百八十六引《淮南子》,石家庄:河北教育出版社 2000 年版,第 2 册第 753 页。
② (宋)李昉等编纂:《太平御览》卷八百六十九引《淮南子》,第 7 册第 995 页。
③ (汉)刘安等编著,(汉)高诱注:《淮南子》,上海古籍出版社 1989 年版,第 83 页。
④ (清)朱彬:《礼记训纂》,北京:中华书局 1995 年版,第 369 页。
⑤ (唐)段成式:《酉阳杂俎》卷十四,《四部丛刊·子部》,上海涵芬楼景印,第 3 页。
⑥ 陈鼓应注译:《庄子今注今译》,北京:中华书局 1983 年版,第 481 页。

也是女性,"灶神祝融是老妇"①。在此影响下,祭灶者也为女性,"夫灶者,老妇之所祭"②。母系氏族发展到后期,随着男子的地位和作用逐渐突出,女性灶神便逐渐男性化,或者被新出现的男性灶神所取代。比如灶神祝融,先是女性,不知什么时候起就变为男性了,并且有妇。灶神张单也有一位灶君夫人,"字卿忌,有六女皆名察洽"③。男灶神纷涌而现,女灶神则大部分暂时消隐,但是,灶神既作为一家之主或祖先神的象征,人们则必以人间家庭一夫一妻、儿孙满堂为模板,"翻制"灶神的形象。于是女性灶神从尘封的角落里被抬了出来,"逼嫁"给威严灶君,成了灶君的配偶——灶夫人。上述两例便是很好的证明。这也是今天的灶神像为何多为灶王爷、灶王奶奶并肩而坐、共享人间瓜果的原因。

第二,老龄化。这是由社会生活中老壮分工不同决定的。在生存环境极其恶劣的原始社会,先民们应该是以强壮有力为美,塑造的各种善的神灵当然也是年轻型的。但是善神之一——灶神很快就走向了老龄化。在古代,青壮年每天出外劳动,在灶前掌火做饭、料理家务的总是那些老弱的妇人。并且,灶神要成为"一族之长""一家之主",只有经验多、年纪大的老年人,才符合族长之身份、家长之稳重,也才能与人们的长幼观念相适应。这样,灶神就由青年跃入老年,未老先衰了。《庄子》谈到灶神"着赤衣,状如美女",该是位红衣女郎了。而后来的《太上灵宝补谢灶王经》则把灶神说成是昆仑山上的一个老母,叫作"种火老母元君"。就连原先英勇善战,烧得水神共工落荒而逃的祝融,也变成了一个老妇人,"灶神祝融是老妇"。仅此一事,就可知人的意志简直可以"扭转乾坤"。

第三,世俗化。随着社会的发展,神圣的灶神走向了世俗化、平民化。灶神身上渐渐失去了原先的灵光。充当灶神的人都是现实生活中的凡夫俗子,甚至无赖赌棍。在民间故事中流传着许多关于灶神由来的传说。有一个故事说,灶神原是勤劳善良的长工,因为错过喝升天"圣水"的机会,懊恼之下,一

① (宋)李昉等编纂:《太平御览》卷五百二十九引郑玄语,第5册第191页。

② 陈世珂辑:《孔子家语疏证》,上海书店1987年版,第263页。

③ (唐)段成式:《酉阳杂俎》卷十四,《四部丛刊·子部》,上海涵芬楼景印,第3页。

头撞死在火灶上,玉帝命他作灶神(傣族)。① 又一传说,从前有一个人叫张定福,又穷又懒又好吃好赌,最后弄得倾家荡产,把妻子也卖了。其妻可怜他,时常施舍他,他羞愧难当,一头撞死在厨房里,死后被当作灶神供奉(福州)。② 还有一个传说,玉帝的小闺女偷偷爱上一个给人烧火帮灶的穷小伙子,玉帝虽恼,为顾面子勉强给"穷烧火的"封个"灶王"(河南)。③ 另一个传说更说明了灶神不仅仅是凡夫俗子,而且也有凡夫俗子的品性、行为,灶王见软吃软,在玉帝面前诬赖好人,被主持正义的雷公重重劈了两个耳光,所以他成了聋子(仡佬族)。这些传说或褒或贬,然而都说明了普通百姓敢于把神灵拉下神堂的勇力和气魄,并按照自己的意愿发挥创造,反映了劳动人民的思想和感情。

第四,队伍扩大化。灶神最初产生的时候只有不多的几个,但发展到后来,灶神数目越来越多,不仅有专门管理一个地区的灶神和总灶神,而且各家各户都有一个灶神。《灶君宝卷》云:"灶君承旨,分身变化,一个化五个,色分青黄赤白黑,位列东西南北中。五个又各化千千万万个,变作各户众姓灶君。"④这里反映的是灶神母体的裂变,裂变的结果是导致了金字塔式的灶神分封统治模式。在《太上灵宝补谢灶王经》中则出现了:"……五方五帝,灶君夫人,天厨灵灶,地厨神灶,天帝娇男娇女,卤中童子,童男童女,曾灶祖灶,灶公灶母灶夫人,灶妇灶子灶孙,家灶外灶,大灶小灶,长灶短灶,新灶旧灶,五方游奕灶君,左右将军,炊涛神女,前后直符,灶君小使,进火神母,游火童子,灶家娘子,姊妹新妇,七十二灶侍从,神众弟子某夫妻眷属大小并是。"⑤数不清的灶神家族成员,真可谓子孙众多,队伍庞大。

灶自从它产生之日起,便成了一个家庭必不可少的组成部件,一个没有灶的家庭是不可想象的,灶实际上成了一个家庭兴旺发达的重要象征物。因此,人们对灶格外重视,把灶看作神圣之物,不仅规定了许多用灶禁忌,还有敬灶

① 参见屈育德:《神话·传说·民俗》,北京:中国文联出版公司1988年版,第897页。
② 参见《中国民间故事集成·福建卷》,北京:中国ISBN中心1998年出版,第473页。
③ 参见郑土有、陈晓勤编:《中国仙话》,上海文艺出版社1990年版,第411—413页。
④ 《中国宗教历史文献集成·民间宝卷·灶君宝卷》第12册,合肥:黄山书社2005年版,第653页。
⑤ 《道藏》第6册,第248页。

之风,汉民族的祭灶活动便是此风的一种反映。

每年腊月二十三或二十四,人们都要在自家的灶上摆上各种供品,烧香点烛,祭祀灶神,有的地方祭祀时还要唱《送灶歌》,念"灶王经"备"马"送灶神上天。到了正月初三、四日,灶神要从天上回来时,有些地方的人们还要举行接灶神仪式。这种祭灶活动从上古一直流传至今,久传不衰,并形成为一个固定的传统节日,民间称为"祭灶节"。

祭祀与祈祷是上古人民宗教信仰与崇拜的一种表现形式,"是信仰者与信仰对象、人与神进行交际和交通的行为方式,表现了人对神的感情和态度"[①]。许慎《说文解字》释"祭"之字义,从月(同肉),从又(同手),从示(祀神),本义是指,用手拿着肉(祭品)献给神享用。《孝经·士章疏》解释为:"祭者际也,人神相接,故曰际也。"[②]这表明先民们试用物质性的供品来换取神灵的帮助和恩赐。通过献祭活动所表现出来的心理总是很复杂的。首先,对神有所求和依赖,这是最直接、主要的心理。其次,它还往往表现出人的无知和缺乏自信,在自然界、社会生活中的无助感及无力感。许多祭祀活动还可以反映出民族心理、民族性格特点,具有独特民族文化意识。因此,对于祭神活动不能以迷信愚昧一概斥之。

源于对火崇拜的祭灶活动,同样表现了上述人们的心理状态。毋庸讳言,它带有某种迷信色彩,反映了古代人民对于火的无知,但是随着生产力的进步,历史的发展,祭灶活动便渗透进了诸多社会内容和道德观念。封建统治者利用灶神在民间的重要影响,把灶神说成是玉帝派往人间专门监视人们言行的使者,被灶神举告者,大错减寿三百天,小错也要减寿一百日。如此严厉,以便钳制人民的思想,使人民的言行统一于统治阶级规定的框框条条之内,借以消除人民的反抗情绪,巩固其统治地位,但是人民不买其账,按照自己的意愿创造出了种种灶神传说加以反驳和讽刺,或说灶神是个伸张正义、保护人民的善神。如鄂温克族的灶神是位有正义感、保护牧羊人的火神;或将灶王说成贪官、赌棍。有这样一个传说:有一贪官专到百姓家大吃大喝,闹得百姓一穷如

---

① 吕大吉著:《宗教学通论新编》,北京:中国社会科学出版社 2010 年版,第 261 页。
② (唐)李隆基注,(宋)邢昺疏:《孝经注疏》,北京大学出版社 1999 年版,第 15 页。

洗。被张大巴掌一掌打在灶旁墙上,动弹不得。从此,他只能眼睁睁地望着人们吃喝,狼狈不堪。① 这个故事,很好地传达了人民对贪官污吏的愤慨和反抗情绪及对封建神灵的蔑视与嘲弄。在以前,举行祭灶仪式时,只能由男家长主持,而妇女则必需回避,祭拜时也要分长幼尊卑。这显然是儒家思想中男尊女卑、伦常孝悌观念在祭灶活动中的反映。这种陋习现在已经基本消除,妇女不仅可以参加祭灶活动,而且祭灶活动常常以家庭主妇为主。过去,人们幻想着通过祭灶,用供品博取灶神的欢心,用糖怡糊住灶王的口,使灶王上天仅言好事,下界能保平安。而今天的人们已不再仰赖这种缥缈的祈求,祭灶节也有了新的含义,每年人们祭完灶,全家团坐在火炉旁,边吃瓜果、灶饼,边谈祭灶传说故事,老少相娱,合家欢乐,充满了温馨和睦的家庭暖意。因此祭灶节跟中秋节一样具有了全家团圆之新义。再者,祭灶节也渐渐地被赋予去旧迎新的意蕴。祭灶前,人们往往要给锅灶来个大清扫,灶灰除尽,锅底刮净,灶台锅盖擦亮,再将旧灶神像付之一炬,贴上新灶神像,这不就跟过年大扫除一样具有相同的涵义——反映了人们除旧迎新的思想观念吗?

祭灶节既已注入新的生命力,必将长远流存。

(合作者张秀芳;本文原载《世界宗教研究》1994 年第 1 期,收入本书时略作修改)

---

① 参见屈育德:《神话·传说·民俗》,北京:中国文联出版公司 1988 年版,第 97 页。

# 道教生态安全意识发微

近年来,"生态"或者"生态智慧"的概念逐步流行起来。在道教研究中,有关生态问题的探讨也有若干著作问世。"道教与生态""道教生态智慧管窥""道教生态观""道教生态伦理"等题目陆续见诸报刊。这说明,从生态学视野研究道教,已经成为学者们关注的重要领域。不过,就"生态安全"立场观察道教,这还是全新角度。如果说"道教生态观"或者"道教生态智慧"是从比较宽泛的视野审视道教而形成的概念,那么"道教生态安全意识"则是从比较具体的角度考察道教而提出来的概念。在这个概念中,关键字眼是"生态安全",它所蕴藏的信息不仅是关于"生态"的认知,而且包含着如何协调、维护人类与生存环境的关系问题。鉴于此,本文拟就此角度略作讨论。

## 一、道教关于生态安全的几种表述

在民国以前的道教文献中,找不到"生态"概念,也看不到"生态安全"的说法。不过,却屡屡发现与"安"字相联系的短语,从这些短语中,笔者发现了道教关于"生态安全"的一些独特表述,这里选择几种比较有代表性的予以分析。

### (一)安其天地

此说见于《太平经》卷四十五《起土出书诀》:

> 夫人命乃在天地,欲安者,乃当先安其天地,然后可得长安也。①

这段话的关键词有二:一是"安";二是"天地"。

---

① 王明:《太平经合校》,北京:中华书局 1960 年版,第 124 页。

"安"字,《说文解字》谓之"靖也。从女在宀中"。其中的"靖"又作"静",而"宀"代表房屋。从甲骨文、金文的字形可知,"安"字像一个女子将手置于胸前,静静地坐在一间屋子里,其意涵为安宁、安定、安全。在《太平经》这段话中,"安"的意义也是丰富多样的,但应该说"安全"是比较重要的义项。至于"天地"一词,最初指的是"天"与"地",《周易》所谓乾为天、坤为地,就是这种意思,后来引而申之,泛指整个自然界和人类社会。

联系前后文,可知《太平经》上述言辞的出发点是人命安全。由于人命存在于天地间,要达到人命安全目的,就得从其生存环境——"天地"入手考虑问题,这就是"先安其天地"的起因。文中的"其"代表人命,"其天地"可以读作"人命的天地"。如此看来,天地便不是孤立存在,而是与人命不可分割地联系在一起。换一句话来说,天地与人构成了一个系统,即生态系统。因此,当"天地"与"安"字组合起来的时候,也就有"生态安全"的思想意涵包括其中了。

其实,在《太平经》里,已经出现了"安全"这个词汇。该书卷三十七《试文书大信法》称:

> 其后世学人之师,皆多绝匿其真要道之文,以浮华传学,违失天道之要意。令后世日浮浅,不能善自养自爱,为此积久,因离道远,谓天下无自安全之术,更生忽事反斗禄,故生承负之灾。①

在这里,《太平经》就文书传承问题展开批评。其中的"后世"是与"先王之世"相对而言的。在传统中国,"先王"有不同意指,但一般是指上古的贤明君王。例如《周易·比》之《象》曰"先王以建万国"即是此义。照《太平经》的看法,先王之世文书传承的是"真要道";但"后世"文书传承却远离了大道,所以也就没有"安全之术"可言了。尽管《太平经》是在批评当时天下失道的情形,但字里行间却透露出对"安全"问题的关注。作者指出"天下无自安全之术",这恰恰说明天下需要"安全"之术。既然"天下"指称的是自然界与人类社会整体,而这个整体即构成了有机生态,那么"天下安全"也就蕴含着"生态安全"的思想旨趣。结合《试文书大信法》的论述,我们再回过头审视"安其天

① 王明:《太平经合校》,北京:中华书局1960年版,第55页。

地",就能够领悟《太平经》关于生态安全的前瞻精神了。

（二）用而安之

此说见于《太平经》卷五十《生物方诀》：

> 夫天道恶杀而好生,蠕动之属皆有知,无轻杀伤用之也;有可贼伤方化,须以成事,不得已乃后用之也。故万物芸芸,命系天,根在地,用而安之者在人;得天意者寿,失天意者亡。凡物与天地为常,人为其王,为人王长者,不可不审且详也。①

文中"用而安之"的"安"到底是不是从安全角度讲的？ 如果是,该怎样"用"呢？ 怎样才算是"安"呢？ 要弄清楚这些问题,必须从问题提出的背景入手予以考析,才能明白。

"用而安之"是《太平经》在阐述"生物方"的过程中提出来的。所谓"生物方"指的是动植物性药物与药方。在《太平经》看来,"生物方"是"天地人精鬼"的驱使物和"阴阳行方"。按照疗效,这种"行方"可以分为三类:一是天神方,即帝王上皇神方;二是地精方,即王侯神方;三是人精中和方,即大臣隐士方。《太平经》这种药物分类并非把第一类药方认定是帝王上皇使用的,也不是说第二、三类药方就是王侯、大臣、隐士使用的;而是用帝王上皇、王侯、大臣隐士分别代表药方的性质品位或可贵程度。

《生物方诀》这段话的关键在于讨论获取神方的态度及方法。在论述过程中,《太平经》既讲了"天道""天地",也讲"人"与"万物",展示了生态整体中的多样构成,其侧重点是如何对待"蠕动之属",也就是如何对待动物的问题。因为这种"神方"主要是从动物身上提取的,没有动物就没有"神方",所以要获得"神方"就会对动物有所伤害。怎样做到既获取"神方",又降低对动物的伤害程度呢？《太平经》遵循的原则是"天道恶杀而好生"。因此,对待动物入药应该采取十分慎重的态度,不能为了获取其器官作为药用而随便伤害它们;实在急需用动物器官入药时,也应该等到它们发育成熟了再说。实在等不及了,也要再三斟酌,才考虑取用。万物众多,它们的本命系之于天,根基依附于地,能够取用而保证安全的主体是人。文中的"用而安之"一方面表明应

---

① 王明:《太平经合校》,北京:中华书局 1960 年版,第 174 页。

该慎用,另一方面则要求安全。所谓"安之"不仅是对动物而言的,而且是对人而言的。这一点从"得天意者寿,失天意者亡"的说法可以得到证明。按照《太平经》的立场,顺承天意的人就长寿,丧失天意的人就死亡。"天意"是什么? 就是"物与天地为常",万物与天地共存亡,人作为主宰,负有维护整体安全的责任,所以"不可不审且详也"。所谓"审",就是审察,评估如何取用动物药的安全条件,预测其未来发展的状态;所谓"详",就是在审察和评估过程中认真负责,充分占有信息资料,做到万无一失。由此可见,《太平经》的"用而安之"是以整个生态系统能否安全的立场来考虑"神方"取用的,它反对"杀鸡取卵"的短期行为,也反对草率行事的鲁莽作风。

**（三）三才既安**

此说见于《黄帝阴符经》:

> 天地,万物之盗;万物,人之盗;人,万物之盗也。三盗既宜,三才既安。故曰:食其时,百骸理。动其机,万化安。①

这段论述的核心是天地、万物与人的关系问题。作者用了"盗""宜""安"三个关键词来阐述天地、万物与人的相互关系,以及人在处理相互关系过程中所应有的方式及其结果。

首先,《黄帝阴符经》看到,人的生存环境是多种事物构成的广袤空间,这个空间可以用"天地"二字来概括。正如《太平经》一样,《黄帝阴符经》中的"天地"也具有极大的包容性。对此,唐代道教学者李筌用"阴阳"二字来疏解天地,以为阴阳衍生出木、火、土、金、水五行,于是有了"七炁"。李筌指出:"天地万物,胎卵湿化,百谷草木,悉承此七炁而生长,从无形至于有形,潜生覆育,以成其体。"②这样说来,天地间的存在物是多彩多姿的,"胎卵湿化,百谷草木",彼此的生存方式各不相同,但它们又都禀赋阴阳、"五行"、"七炁"而生,经历了从无形到有形的过程。

其次,《黄帝阴符经》根据天地间的存在状况概括出"天地""万物""人"这三个重要概念,并且以"盗"字来陈述三者之间的关系。如何理解这个"盗"

① （唐）李筌:《黄帝阴符经疏》卷中,《道藏》第2册第740—741页。
② （唐）李筌:《黄帝阴符经疏》卷中,《道藏》第2册第740页。

字呢?《说文解字》称:"盗,私利物也。"在古文字中,"盗"的上部像一个人在流口水,下部像一个器皿,表示人看到珍品,被诱惑而产生占有的心念,进而悄悄取走,这就叫作"私利物"。《黄帝阴符经》使用"盗"字当然不是赞扬私自窃取他人器物的行为,而是用以表征天地、万物与人在自然状态下相互汲取资源以利生的关系,因为这种"汲取"是悄悄进行的,所以用"盗"来形容。

再次,《黄帝阴符经》指出天地、万物与人相互汲取资源必须合"宜"。这个"宜"字寓意深刻,很值得揣摩。弄清了"宜",就能够领悟《黄帝阴符经》所谓"三才既安"的生态安全理趣了。"宜"的字形,为上下结构,上面的宝盖头表示房屋,下面的"且"像砧板上放着肉,合起来表示以肉祭祀神明。《礼记·王制》在讲到天子将出征的时候谓"宜乎社",此之"宜",为动词,表示在社坛举行宗教祭典,带有誓师庆典的气氛,当它转化为形容词时则表示适宜。之所以适宜,是因为所为之事在理、合道、吉祥,《黄帝阴符经》正是从这种意义上使用"宜"字的。在《黄帝阴符经》看来,天地、万物与人之间相互汲取资源、能量,也应该适宜而合道。对此,李筌《黄帝阴符经疏》引述《列子》关于"盗亦有道"的故事予以诠释,并且发挥说:"向于三盗之中,皆须有道,令尽合其宜,则三才不差,尽安其任矣。"①李筌讲的"三盗"就是天地人三才互为其盗,这种"盗"不是强取,而是遵循大道原则。因为"尽合其宜",所以天地人的生态秩序不会有差错。既然如此,当然是安全的,故而各自可以放心地执行任务,完成使命,这就叫作"尽安其任"。由此可见,"三才既安"也是传统生态安全意识的一种表达方式。

像"安其天地""安而用之""三才既安"这样蕴含生态安全意识的短语在道教经书中还可以找出很多,例如《灵宝无量度人上品妙经》卷一的"国安民丰""安镇国祚",同书卷三的"八维安镇""保安天地""安镇乾坤",同书卷四的"安镇普天",同书卷五的"保安境土""镇安世土",同书卷七的"镇安地纪";《太上无极总真文昌大洞仙经》卷一的"各安方位";《元始五老赤书玉篇真文天书经》卷中的"四方安平",同书卷下的"居危获安""庆载永安";《太上九天延祥涤厄四圣妙经》的"安和身命";《上清黄气阳精三道顺行经》的"令

---

① (唐)李筌:《黄帝阴符经疏》卷中,《道藏》第2册第740—741页。

与安平";《太上说六甲直符保胎护命妙经》的"合门安泰";《太上洞渊北帝天蓬护命消灾神呪妙经》的"立地安天";《太上洞玄灵宝智意本愿大戒上品经》的"怀道安世";《太上洞玄灵宝诚业本行上品妙经》的"常得安存";《太上玄灵斗姆大圣元君本命延生心经》的"安全胎育";《太上北斗二十八章经》的"保安郡邑";《洪恩灵济真君集福宿启仪》的"安人利物";等等。不言而喻，这些语汇中的"安"并非都是表达"安全"，但有相当一些确实包含了"安全"的意旨。当"安镇""保安"之类动词与"八维""普天""境土""郡邑"等地理空间、社会空间连接起来的时候，其生态安全意识也就显露出来了。

## 二、道教注重生态安全的理论基础与社会历史原因

在道教文献中，为什么会出现这么多蕴含生态安全意识的词汇呢？其原因是复杂的。倘若要对其发生缘故进行一番追溯与概括的话，笔者以为下列两个方面尤其重要。

### （一）道教生态安全意识是大道信仰的必然结果

道教之所以称作"道教"，是因为它"以道为教"，其信仰核心就在一个"道"字，而源头则可以追溯到老子《道德经》。从空间来看，"道"是无处不在的，故而老子《道德经》以"大"形容"道"，谓之"大道"。在老子看来，"大道"本具有"安"的特性。《道德经》第三十五章说：

> 执大象，天下往。往而不害，安平泰。

其中的"大象"就是"大道"；而"执"是"守"的意思，引申之则有信守、奉行的旨趣。"执大象"就是信仰大道、奉行大道、固守大道。"天下往"是说圣者奉行大道，天下万物都归往于大道。不仅归往，而且不会受到伤害。为什么这样呢？历史上有很多学者作出解释，例如唐代的著名道士陆希声在《道德真经传》卷二说：

> 夫圣人视民如赤子，唯恐其伤，而况有事伤之乎？未尝有以伤之，则归而往之者，莫有受其伤矣。莫受其伤，则天下皆安其夷泰矣。①

---

① 《道藏》第12册第129页。

陆希声把"不害"解释为"未尝有以伤",也就是向往大道是不会受伤的。既然不会受伤,即为安全。理解了这一点,我们就能够明白《道德经》"安平泰"的"安"是在什么意义上讲的了。就整体而言,《道德经》这里的"安"当然不止一种含义,而是具有安定、安宁、安全等多种含义,但最重要的义项不能不说是"安全",因为它是接着"往而不害"往下讲的,其语境是围绕"安全"展开的,所以"安平泰"的"安"首先也是陈述安全,而"平"字,即太平,至于"泰"字则从《周易》的《泰》卦而来。《泰》卦之象,下乾(☰)上坤(☷),乾为阳,坤为阴,阳气上升,阴气下降,两者交通成和,所以《彖》辞称:"天地交而万物通也,上下交而志同也。"意思是讲,天地阴阳交合而万物生养之道畅通,君臣上下交合而人们的思想意识协同。《道德经》所谓"泰"的意涵与《周易》的《泰》卦思想旨趣是一致的,都在于表征天地万物的和通状态。

至此,人们可能会问:既然《道德经》"安平泰"的"安"字的主要意涵是"安全",那么"平"与"泰"是否也有"安全"的意涵呢? 从表面上看,"平"与"泰"似乎不关涉"安全",但如果深入一层发掘,就能够捕捉到"安全"的信息。在《道德经》中,"安平泰"三个字不是孤立存在的,而是具有密切联系的,它们构成了一种语境整体。如果说,"安"字主要描述了归往大道的安全状态,那么"平"与"泰"则是安全保障状态下的事物发展趋势和圆满结果。因为安全了,所以天下能够太平;因为天下太平了,所以阴阳、上下、男女、雌雄各方面也就呈现谐调状态;因为各方面谐调,所以反过来就更加能够保证万物生养的安全,三者呈现了良性循环。

其实,如果从文字发生本源上予以追溯,就能够发现"泰"字的潜在"安全"旨趣。"泰"是个会意字,从大、从收、从水,"大"字本是人体展开的样子,"收"是双手的样态,"水"表征水滴。在最初,"泰"字表示人用双手撩水洗浴,而洗浴无疑是从卫生、健康、舒适的角度出发而产生的举动,其前提也是安全,这说明"泰"字的本初也与安全需要相关联。山东省境内泰山脚下有"泰安"市,可以说为"泰"字的安全底蕴提供了注脚,"泰"即是"安","安"即是"泰",故而合称"泰安",如泰山镇守那样安全。

然而,如果进一步追问:《道德经》为什么要用"安平泰"三个字来表征"往而不害"的安全趋向与状态呢? 这就必须从"道"的元初意义入手来说明。在金文里,"道"字像一个十字路口安放着一个人头。对此,学者们作出不同解释。一种意见认为,"道"这个字的外边是"行",意为道路;中间为"首",表示领头,其本义是"引导"①。为什么要引导?说到底还是为了安全!另有一种意见认为,"道"字像携带着人头边作"修祓"边在道路行进的形状。② 修祓是带有巫术特质的宗教仪式,在古人心目中,由于邪灵等干扰因素的作用,道路存在诸多危险,因此必须通过禁咒法术来镇慑,此即为路口的修祓,其具体做法就是将异族的人头埋于交界处,使之成为一种恐惧符号,从而产生镇慑效果。另外,将人头埋于路口,必须选择一个穴位,"行"的中间就像穴位,将人头置于穴中,也有入土为安的用意。从这个角度看,"道"字一开始就有排除危险、维护安全的深刻含义。关于这一点,道书《元始说先天道德经》中的"元居道安"说法提供了重要线索。该书第五章说:

> 惚惚恍恍,万物之神奥。恍恍惚惚,万物之鬼宅。道行真化,杳冥之灵室。虚无至大,元居道安。③

这段经文是在描述"大道"的性状。对此,宋代道教学者李嘉谋解释说:"恍恍惚惚,谁知恍惚。杳杳冥冥,谁知杳冥。有知之者,则非恍非惚,非杳非冥,取之不禁,用之不竭,是谓神奥,亦曰鬼宅,亦曰灵室。吾始化灵室,于尤生有,元元之妙,一穴其真。所谓穴者,开物成务之谓也。虽穴其真,而元妙之本,不散不亡,以无象为象,故曰孔容。以无神为神,故曰神帝。虚无至大,虽散为道,然散不失元,故道无巨细,居之皆安。"④李嘉谋这段解释"道"的文字使用了"鬼宅""灵室""一穴"等名称,其中的"一穴"尤其重要,它透露出了上古时期收埋死者那种"穴居为安"的宗教信念。按照李嘉谋的解释,"道"的一种独特表征就是"一穴",其基本功能就是使居者得安,故而称作"道安",这个"安"字既表示宁静,也表示安全。因安全而能够宁静,因宁静而更显示安全。

种种迹象表明,"道"字从一开始就具有安全的含义,这种含义在道教信仰中不仅一直保存着,而且有了很好的发展。正因为道教之"道"是以"安全"

---

① 参见李乐毅:《汉字演变字典》,北京:东方出版中心 2007 年版,第 562 页。
② 参见[日]白川静:《汉字》第一卷,朱家骏译,厦门大学出版社 2005 年版,第 40 页。
③ (宋)李嘉谋:《元始说先天道德经注解》卷五,《道藏》第 1 册第 449 页。
④ (宋)李嘉谋:《元始说先天道德经注解》卷五,《道藏》第 1 册第 449 页。

为主要内涵之一,它作为道教信仰的核心势必对整个道教理论发生重大作用,当道教"以道观物"而考虑生存环境的时候,自然会将"安全"作为基本要求,从而影响其思想及行为,难怪道教举行仪式,召唤神明,往往祝愿"道安""平安""长安",可见道教祈求生态环境安全,这并非出于偶然,而是基本信仰使然。

**(二)道教生态安全意识是道教基于自身生命理想而对现实生态问题反思的文化结晶**

道教与其他宗教的最大区别就是对生命的特别敬重并且形成了"延年益寿、羽化登仙"的生命理想。尽管道教也在一定历史时期接受了灵魂转世的来生观念,但就总体上看则是注重今生的生命道德修养。如果说"延年益寿"是道教生命理想的初级阶段,那么"羽化登仙"则是道教生命理想的高级阶段。就修道的过程而言,不论是初级阶段还是高级阶段,都涉及生存环境的选择、维护、营造,而这一切都必须以安全为第一要求。

为了实现生命理想,道教一直致力于生存环境的选择,而这种环境选择的传统可以远溯于将近五千年前的黄帝时期。对此,葛洪《抱朴子内篇》卷十八《地真》有这样的记载:

> 昔黄帝东到青丘,过风山,见紫府先生,受《三皇内文》,以劾召万神,南到圆陇阴建木,观百灵之所登,采若乾之华,饮丹峦之水;西见中黄子,受《九加之方》,过崆峒,从广成子受《自然之经》;北到洪堤,上具茨,见大隗君黄盖童子,受《神芝图》,还陟王屋,得《神丹金诀记》。到峨眉山,见天真皇人於玉堂,请问真一之道。[①]

类似的记载也见于《云笈七籤》《太平御览》等书,只是文字略有小异。其中涉及许多地名,诸如青丘、风山、圆陇、崆峒、洪堤、具茨、王屋、峨眉等,展示黄帝游览多方的过程。从《抱朴子内篇》的描述可知,黄帝到这些地方的目的乃是为了寻仙访道;不过,其字里行间却透露出一种非常重要的信息:道教所尊奉的神仙都居处于名山胜境,体现了注重环境选择的观念。这种观念,对于道教实现生命理想产生了极大影响,所以,道教从汉末开始,就以名山胜境为

---

① 王明:《抱朴子内篇校释》,北京:中华书局 1985 年版,第 323—324 页。

传播信仰的首选,并且注入了独特的道教人文精神。经过长期努力,道教形成了三十六洞天、七十二福地的修炼场所,这些场所不仅风景秀丽,而且符合生存安全的条件。所以,杜光庭在介绍洞天福地岳渎名山的时候引述太史公的话说:"大荒之内,名山五千,其间五岳作镇,十山为佐。"①其中所谓"镇"具有镇守而使之安全的意蕴,而"佐"就是辅佐。如果说选择五岳名山体现了道门中人的安全意识,那么以十山作为辅佐当然也同样具有安全方面的考虑。这种环境选择的安全意识由来已久,出于早期道教的《洞玄灵宝五岳古本真形图》在叙说其功能的时候说:

> 子有东岳形,令人神安命延,存身长久,入山履川,百芝自聚。子有南岳形,五殟不加,辟除火光。谋恶我者,返还自伤。子有中岳形,所向惟利,致财巨亿,愿愿克合,不劳身力。子有西岳形,消辟五兵,入刃不伤,山川名神,尊奉司迎。子有北岳形,入水却灾,百毒灭伏,役使蛟龙,长享福禄。②

这段描述分别陈述了东、西、南、北、中五岳图形的作用。关于东岳真形图,作者用了"神安命延"概括其主要功能。"神安"当然是说精神安宁、安定,但为什么能够安宁、安定呢? 其关键所在还是因为有了安全保障。至于南岳、西岳、北岳真形图的功能,作者虽然没有使用"安"字予以说明,但却处处体现安全意识,而这种安全意识又是与五行的属性相对应的。例如南岳真形图,可以"五殟不伤,辟除火光",这是因为南方于五行属火,此火乃真火、旺火,所以能够避免火灾的侵害,至于"五殟"之"殟"通瘟,属于热病,因此也在南岳真形图的管制救治之内。西岳真形图,可以"消辟五兵,入刃不伤",这是因为西方于五行属金,此金乃真金、旺金,所以能够消辟那些与兵革有关的各种伤害。北岳真形图,可以"入水却灾,百毒灭伏,役使蛟龙",这是因为北方于五行属水,此水乃真水、旺水,所以能够避免水灾,制伏水中百毒,驱使蛟龙。最后,我们看中岳真形图,作者没有具体指出此图能够辟除什么伤害,而是叙说其获利、得财、如愿等,考究起来,这还是从五行属性着眼说的,因为中央于五行属土,

---

① (唐)杜光庭:《洞天福地岳渎名山记序》,《道藏》第 11 册第 55 页。
② 《道藏》第 6 册第 735 页。

得中吉祥,所以能够事事顺遂。由此可知,《洞玄灵宝五岳古本真形图》是将五岳真形图作为一个生态整体摹本来把握的,其背后蕴藏着道教对五行生态谐调关系及其安全功能的认知。既然,《洞玄灵宝五岳古本真形图》号称“真形”,这也意味着作者对实在的五岳生态安全功能的认定,因为真形图乃是五岳名山的符号表征,其功能是从实在的五岳名山衍生出来的。

值得注意的是,道教为了实现“延年益寿、羽化登仙”的生命理想,不仅在环境选择过程中将安全需要作为基本前提,而且对历史上存在的生态危机颇为关注,并且进行反思。

早在《太平经》里,我们就可以看到关于生态危机的种种描述。该书卷十八至三十四称:

> 今天地阴阳,内独尽失其所,故病害万物。帝王其治不和,水旱无常,盗贼数起,反更急其刑罚,或增之重益纷纷,连结不解,民皆上呼天,县官治乖乱,失节无常,万物失伤,上感动苍天,三光勃乱多变,列星乱行。①

这段话先讲自然异常,次讲社会异常,再讲社会异常与自然异常的关系。所谓“天地阴阳”是对整个自然界的整体表述,而“内独尽失其所”是说自然界内部各个方面都偏离了本来的轨道,所以万物受到伤害。偏偏在这个时候,帝王的政治统治也不和谐,致使水灾、旱灾随时发生,社会上盗贼乘机作乱。面对这种局面,统治者采取的办法是加重刑罚,各种律条越来越繁苛,结果是怨气郁结不通,老百姓没有办法,只好仰面呼喊苍天,但统治者却违逆天意,整个社会秩序混乱不堪,全无章法,万物或死或伤,阴气凝重,感应了苍天,于是,天上的日月星辰也都乱行无章。

揣摩一下上述言辞,不难看出,《太平经》是把自然界与人类社会当作一个整体来把握的,作者把自然界的无序与社会失和两者联系起来,从天人感应的角度解释了天体失常的原因,这虽然只是宗教性说法,但却反映了作者对生态危机的极大忧患。

像《太平经》这种对生态危机的描述在道教文献中是大量存在的。例如《太上洞渊神咒经》卷一《誓魔品》说:“大劫欲至,治王不整,人民吁嗟。风雨

---

① 王明:《太平经合校》,北京:中华书局1960年版,第23页。

不时,五谷不熟,民生恶心,叛乱悖逆。"①《洞玄灵宝本相运度劫期经》更说:"世王烦耗,民渐生恶,道炁浇浮,天运渐促。天魔下降,野道横行,国主克暴,兵残民命,疫炁流布,助行威虐,伤胎落子,无辜纵毒。天下无懔,皆遭兵患,男旷女怨,面有忧色。虽有豪家,赋税荡尽,男失其娶,女失其嫁,男女失时,上彻天灵。使阴阳失度,水旱交并,灾霜雨雹,伤害五谷,人民饥馑,各离乡侨,递相陵夺,更相吞食。"②这些文字记录了社会失理、灾害频生的悲惨景象。正如《太平经》一样,《太上洞渊神咒经》与《洞玄灵宝本相运度劫期经》也是从天人感应的立场观察与描写生态危机的。

事实证明:道教对于历史上存在的生态危机是深有感触的。这种感触,加上道家固有文化信念的熏陶,使得道教长期以来关注自然与社会的相互关系问题,通过戒律以及斋醮法事活动等方式,不时向社会发出生态危机的警告,倡导生态道德,并自觉维护生态安全。

## 三、道教维护生态安全的法理原则与措施

维护生态安全,这是一个重大理论问题。产生于中国近两千年前的道教当然不可能使用当代社会的生态学用语,也不可能形成生态安全的系统论述和逻辑证明。然而,面对上古、中古社会存在的生态安全问题,道教却能够基于自身信仰而进行思考,并且形成了一些具有深刻含义的思想主张。概括起来,主要有如下三个层次:

### (一)"三和相通"的生态安全法理

道教看到,生态危机的关键是自然界与社会失和。因此,要维护生态安全,就应该找到基本法理。《太平经》说:

> 天之命法,凡扰扰之属,悉当三合相通,并力同心,乃共治成一事,共成一家,共成一体也,乃天使相须而行,不可无一也。③

---

① 《道藏》第6册第3页。
② 《道藏》第5册第851页。
③ 王明:《太平经合校》,北京:中华书局1960年版,第150页。

对于《太平经》的"三和相通"提法,以往的学者们从不同角度进行解释,或发掘其政治意涵,或指出其伦理价值等等。笔者以为,正如上述许多概念或命题一样,"三和相通"的意义也是复杂的,可以从多个维度来解读,生态安全的解读当然也是其中的一种方式。

首先,我们必须注意,"三和相通"出现的语境与文化背景。一开头,《太平经》先提出"天之命法"。这个"天"代表整个自然界,也可以说是"天道";而"天之命法"就是上天赋命的法理。"扰扰"是对动态现象的一种形容,不论是自然界还是人类社会,都存在"扰扰"的现象,故而"扰扰"实际上象征着自然界与人类社会中事物的多样性与复杂性。在古人的话语系统中,自然界与人类社会往往以天地人来指称,道教也不例外。"三和相通"正是在这样的文化背景中说的,从这个角度看,"三和相通"便具有天地人三才和合感通的思想旨趣。

其次,"三和相通"不仅是对天地人而言,也是对社会中君臣民的关系而言。《太平经》在提出"三和相通"之前,有一个比喻,它说:"故君为父,象天;臣为母,象地;民为子,象和。"①这种比喻把人类社会与自然界的关系对应起来。按照这种思维方式,人类社会中的君臣民也应该"三和相通",所以《太平经》又说:"故君臣民三,并力同心相通,故能相治也。如使不同心为一家,即乱矣。"②根据这种描述,"三和相通"实际上也是社会和谐关系的一种表达。如果说,天地人"三和相通"是从广袤空间上揭示了生态安全的法理,那么君臣民的"三和相通"则是从社会空间上展现了生态安全的人文依据。

当然,道教讲的"三和相通"并非无源之水、无本之木,而是在继承上古生态安全智慧基础上进行的一种理论升华。众所周知,在《周易》体系中,早有天地人和合的思想,《周易·乾》卦之《彖》称:"大明终始,六位时成,时乘六龙以御天。乾道变化,各正性命,保合太和,乃利贞。"其中的"六位"指的是"卦爻",《周易》卦象有经卦、别卦之分。经卦三爻,下爻代表地,中爻代表人,上爻代表天。两卦相叠而成别卦,其爻有六,称为"六位"。居下两爻代表地,居中两爻代表人,居上两爻代表天。不论是经卦还是别卦,都有天地人。此引

① 王明:《太平经合校》,北京:中华书局1960年版,第150页。
② 王明:《太平经合校》第155页。

《象》辞虽然是为解释《乾》卦说的,但"六位"分别代表天地人的法理乃适用于六十四卦。因此,文中的"保合太和"实际上就是对天地人相互关系而言的,意味着保持天地之间的非常和谐状态。这种思想被老子所继承,故而《道德经》说:"道生一,一生二,二生三,三生万物。万物负阴而抱阳,冲气以为和。"如果说老子讲的"一"是太极,"二"是阴阳,那么"三"就是中气,中气和合,化生天地万物。

到了《庄子》,更有"天和""人和"之说。该书《天道》篇称:"夫明白于天地之德者,此之谓大本大宗,与天和者也。"又谓:"所以均调天下,与人和者也。"《庄子·天道》讲的"天地之德"就是好生不杀,明白了天地好生不杀的至理,就是领悟了作为"大本大宗"的"道",这就叫作"与天和",意即与天地运行规律保持一致、谐和不悖。延伸到人类社会,"天和"即转化为"人和",也就是所谓"均调",即实现普天之下的协调有序。

《太平经》正是整合了《周易》《道德经》《庄子》的生态和合思想,从而形成了"三和相通"的理路。《太平经》把"和"与"通"相提并论,显示了道教独特的生态关怀。如果说"三和"是以天地人的对应关系表征宇宙万物的有序化,那么"相通"则昭示生态安全秩序之所以能够维持的活力根源。

**(二)"敬畏自然"的生态安全告诫**

既然,"三和相通"是宇宙自然生态安全的一种法理,那么人就应该遵循这种法理。落实到具体活动中,就必须对宇宙自然常怀"敬畏"之心。关于这一点,《太平经》有一段精辟的论述,它说:

> 天畏道,道畏自然。夫天畏道者,天以至行也。道废不行,则天道乱毁。天道乱毁,则危亡无复法度。故自然使天地之道守,行道不懈,阴阳相传,相付相生也。道乃主生,道绝万物不生,万物不生则无世类,无可相传,万物不相生相传则败矣。何有天地乎? 天地阴阳乃当相传相生。今绝灭则灭亡,故天畏道绝而危亡。道畏自然者,天道不因自然,则不可成也。故万物皆因自然乃成,非自然悉难成。如使成,皆为诈伪,成亦不可久。夫天地虽相去远阔,其制命无脱者。[①]

---

① 王明:《太平经合校》,北京:中华书局1960年版,第701页。

在甲骨文和金文中,"畏"的字形像鬼持棍棒,其本义是害怕、恐惧,引申之则有敬佩、敬畏的意涵。本来,害怕、恐惧、敬佩都是从人的内心感受讲的,而《太平经》则把"畏"字用以表示天体事物之间的相互关系。在这段论述,出现了"天""道""自然""天道""万物"等名称。作者用一个"畏"字把它们巧妙地连接起来了。引文着重讲了两层意思:一是解释"天畏道"的问题。"天"为什么要敬畏"道"呢?因为"天"要依据大道法则来运行,如果不遵循大道法则,那么天体的运行就会混乱,甚至毁灭;唯有敬畏"道",才能维持宇宙的道统、维护阴阳化生的秩序;否则,万物都不能化生了,天也就不存在了。二是解释"道"畏"自然"的问题。这里的"自然"当然不是作为物质存在的"大自然",而是一种状态、一种趋势,表示不加虚饰雕琢、排除了"诈伪"的纯朴样子。所谓"道畏自然",实际上是对"道"本具有的纯朴至真本性的敬重。

通过以上分析,我们不难看出,《太平经》是把"天""天道""道""万物"都拟人化了,看作像人一样可以思考,具有精神情感的客体存在。这种依象连类的方式体现了道教对客体存在的整体把握,而以"畏"字来陈述"天"对"道"的态度、"道"对"自然"的态度,说到底是为了阐明人对宇宙天地的慎重态度,体现了道教从一开始就对生态安全问题极为关心。

(三)"以乐却灾"的生态安全维护

道教除了倡导对大自然深怀敬畏之心外,还针对生态危机问题,提出了"以乐却灾"的主张。《太平经》说:

> 夫乐于道何为也?乐乃可和阴阳,凡事默作也,使人得道本也。故元气乐即生大昌,自然乐则物强,天乐即三光明,地乐则成有常,五行乐则不相伤,四时乐则所生王,王者乐则天下无病,蚑行乐则不相害伤,万物乐则守其常,人乐则不愁易心肠,鬼神乐即利帝王。故乐者,天地之善气精为之,以致神明,故静以生光明,光明所以候神也。①

作者一开始就提出了一个很值得思考的问题,即"乐"对于修道、得道的功能、作用问题。这里所谓"乐"包含着两层含义:一是指快乐状态,具有愉悦的意涵;二是指音乐。在《以乐却灾法》看来,快乐状态与音乐流行状态两者

---

① 王明:《太平经合校》,北京:中华书局 1960 年版,第 13—14 页。

是可以相通的。一方面,音乐的流行状态可以引起快乐;另一方面,快乐也可以看作自然旋律的流行,这种旋律周而复始,合乎天道,所以能够引发快乐。从这个意义上看,音乐本身可以引发快乐,甚至可以说音乐就是快乐,音乐与快乐在这个层面上达到高度一致。

顾名思义,《以乐却灾法》介绍的就是如何用"乐"来排除灾害。这种艺术法门与"生态安全"有什么关系呢? 初看起来似乎没有太大关系,但若深入推究,就会发现作者的立论就是围绕生态安全问题展开的。因为"灾"实际上意味着生态环境出了问题,诸如日月星三光失度、阴阳错乱、五行乖戾、四时无常、暑旱颠倒、疾病流行等等。这些灾害出现的特点概括起来就是自然生态的节奏发生混乱。《以乐却灾法》认为可以通过音乐艺术法式来治理,这实际上就是力图通过矫正天地混乱的节奏,使之恢复常态。

道教认为,"五音乃各有所引动"①,既可以引动天、地,也可以引动日月星辰、四时五行,乃至山川。这种力图通过音乐艺术法门来感动天地万物的做法,实际上是从生态空间事物相互感应的立场考虑问题,正因为道教对于音乐作用有如此独特认识,千百年来一直重视斋醮科仪音乐的使用。其中蕴藏着关于生态治理的丰富资料,体现了道教维护生态安全的积极态度,颇值得我们深入探讨。

(本文合作者:杨燕;原载《世界宗教研究》2013 年第 2 期;收入本书时略有调整)

---

① 王明:《太平经合校》第 633 页。

# 道教生命伦理与现代社会

　　生命是宇宙间最神秘而又最神圣的现象。自古以来,先民对生命问题就相当关注,无论是上古神话,还是哲人论说,我们都可以发现生命的智慧闪光。当人类以智者的身份自居的时候,如何看待自身生命与处理宇宙间的生命关系便成为社会生活中不能回避的课题。随着社会生活视野的扩大,人们面临的生命问题日趋复杂化。尤其是 20 世纪中期以来,由于生物学、医学的诸多发明,传统的伦理道德观念受到挑战。于是,有关生命伦理的研究悄然勃兴。它与生态伦理、法律伦理一起,成为理论界探究的热点之一。鉴于全球人类生存所面临的困境,欧洲委员会(European Council)授权生命伦理指导委员会起草《欧洲生命伦理公约》,这标志着生命伦理规范的一种国际协调。尽管这个公约出自欧洲,但在客观上却对全球生命伦理研究具有极大的推动作用。此后,有关生命伦理问题的国际会议相继召开。该课题的学术专著与论文也陆续出版或发表。在这个领域研究中,学者们不仅探讨人工受精、DNA 重组、安乐死等现实生命伦理问题,而且也开始发掘传统的生命伦理资源。就中国而论,诸如儒家生命伦理、道家与道教生命伦理问题已经引起一些学者的注意,并且有相关的著述问世。笔者从事道教研究多年,自然比较留心于道教生命伦理的研究动态,也进行某些思考,现就该课题提出几点管见,就教于诸同好。

## 一、道教生命伦理的建立

　　由于种种原因,当今许多人对道教是不太了解的,至于道教思想体系中所包含的生命伦理观念就更为陌生了。因此,一些人怀疑道教生命伦理的存在,这是不足为奇的。事实上,在道教思想体系之中不仅存在着生命伦理,而且包含丰富资源。道教的基本宗旨是延年益寿、羽化登仙。所谓"延年益寿"是对人类生命而言的;所谓"羽化登仙"则是超越人类有限生命局限的一种理想奋斗目标。不论是延年益寿还是羽化登仙都蕴含着道教对生命的极大热情。从这个意义上讲,道教是对现实生命最为关注的一种宗教。在道教思想体系中,一切教理教义都是围绕生命而展开的。因此,生命问题可以说是道教思想的枢纽。《太平经》称,"人命最重","寿最为善"①。这代表了道教尊重人类生命的态度。《太平经》把"寿"直接与伦理道德的善恶判断联系起来,说明道教自创立开始就不是从孤立层面来认识生命,而是以伦理道德的眼光来对生命存在的价值加以审视。汉代以后,随着生命修养实践领域的扩大,道教生命伦理观念也逐步完善起来。在道教戒律类经书以及诸多劝善书中,涉及生命伦理的条规为数不少,它们从一个侧面反映了道门中人完善自我和升华生命伦理境界的要求。

道教生命伦理的形成与生存环境的危机认识是密切相关的。了解道教发展史的人们不会忘记,早期道教是在社会动荡与危机四伏的背景下产生的。这种危机在《太平经》中已有所反映,该书《解承负诀》谓,"天地开辟以来,凶气不绝,绝者而后复起"②。这里所谓"凶气"是对生存环境危机的一种概括性表述,既然"凶气不绝",说明生存危机一直是没有间断的。在《太平经》看来,"凶气"即使有"绝"的时候,也还会继续出现,因为人类社会中有人不肯为善而为恶,后人"承负"先人之重罪,于是"流灾"不断,生命的存在受到威胁。《太平经》所反映的这种生命环境危机到了东汉后期更加明显地表现出来。自然灾害连年不断,人们的生活陷入十分窘迫的境地。史称汉桓帝永兴元年(153),郡国出现规模盛大的蝗灾,"百姓饥穷,流冗道路"③。延熹九年(166),先后发生水灾与旱灾,因饥饿致死者不计其数,以至于有"人妇食夫"或"人夫食妇"的可怕现象出现。④ 这种违背生命伦理的现象之所以发生,除

---

① 王明:《太平经合校》,北京:中华书局 1960 年版,第 34、222 页。
② 王明:《太平经合校》,北京:中华书局 1960 年版,第 22 页。
③ 《后汉书》卷七《桓帝纪》,北京:中华书局 1965 年版,第 2 册第 298 页。
④ 参见《后汉书》卷八《灵帝纪》,第 2 册第 331 页。

了天灾的自然原因外,还有人为的社会原因。在道教看来,最为根本的社会原因是当时的统治者不能顺应天地之性,多有恶行。鉴于社会危机的存在,具有忧患敏感性的道门中人为了改变生存环境,一方面采取革命行动,发动起义,力图推翻黑暗统治;另一方面则在教派之中实行生命善道教化。因为道教从一开始就接受了天人感应的思想,以为天灾的发生与人的行为密切相关,因此认为人们应该从自身的行为去寻找原因。《太上玄灵北斗本命延生真经》以"老君"向"天师"宣讲道法的口吻说:"人生难得,中土难生。假使得生,正法难遇,多迷真道,多入邪宗,多种罪根,多肆巧诈,多恣淫杀,多好群情,多纵贪嗔,多沉地狱,多失人身。"①从这一段描述不难看出,道教不仅具有明显的人生悲剧意识,而且把人的生命遭遇同伦理道德联系起来。

基于人生悲剧的现实认识和精神体验,道教看到了生命的可贵,从而祈求生命健康与完善。就人类而言,生命的存在具有复杂的条件,一方面,生命是宇宙空间的一种现实构成;另一方面,生命又是通过社会共同体而获得实在意义。在道门中人看来,人生的基本痛苦乃是失去了健康的生命。就人类本身来说,造成此等结果的原因主要有两个方面:一是由于个体生命自身的欲望与行为;二是由于生命共同体的制度或规范违背了天道。依照这样的理论前提,道教既提倡个人对自身欲望与行为的检讨,也关注生命共同体的制度、规范同天道的关系。不论是前者还是后者,其思想指向都以一定的价值判断为标准。这种价值判断从最终的意义上来讲乃具有伦理属性。因为检讨必定有标准来衡量,而当道门中人关注生命共同体的制度、规范时,这本身便意味着对生活其中的伦理信念的评判,或者认可,或者否定。当道门中人对生命共同体的制度、规范采取认可的态度时就表明其个体生命的持续必须服从共同体的生存伦理准则,反之,则意味着对旧有伦理的审视与革新。由于存在着这样两种评判的层面,道教在长期的发展过程中便积累了丰富的生命伦理资源,这些资源既保存在各种阐述道教义理的经书内,也散见于诸多修持法门文献之中。至于民间广泛流行的道门劝善书自然也是我们发掘道教生命伦理思想的重要资料。

---

① 《道藏》第 11 册第 346 页。

# 二、道教生命伦理的现实内容

如何认识道教生命伦理的特点与价值呢？从不同立场出发，其认识将会有差异，甚至是大相径庭的。然而，一个不争的事实是：作为一种宗教，道教的生命伦理必定具备宗教伦理的特点；作为中国传统宗教，道教的生命伦理也必定具备中国宗教伦理的最一般特点；作为产生于中国文化土壤中的宗教，道教的生命伦理不可能与一般的中国世俗伦理毫无关涉。此等判断不仅是基于道教定义所进行的一种逻辑推演，而且是基于历史事实。只要真正深入道教思想殿堂，了解道教的历史与一般活动，那就会看到，道教生命伦理所具有的多层架构。

从发生论的角度看，生命伦理之目的乃是要解决人类生命存在中的一些关系，道教生命伦理也不例外。基于这样的理论前提，可知道教生命伦理的范围相当广泛。不言而喻，任何宗教都崇尚超自然的力量，故其伦理也就具有神学色彩。道教生命伦理作为一种宗教伦理，那是不可能摆脱神学意义的。然而，任何宗教神学说到底都是现实世界的反映，其思想观念都可以在现实社会中找到最终根源。所以，当我们透过种种神秘面纱之后，现实世界的伦理内涵便从色彩斑斓的道教文化体系中显露出来。这里主要从两个层面来加以探讨：一是关于世俗社会中人与人之间的生命关系；二是关于人与众物之间的"生命"关系。

在道教看来，人与人之间的关系是一种特殊的生命关系。所谓"特殊"指的是此等生命不同于其他没有思想理念的动物生命。由于人有思想，可以交流，彼此结合，通过一定的社会组织而生活，人类个体与个体之间就形成了生命的社会关系。就最终的目标而言，道门中人乃是为了延年益寿，羽化升仙，但仙是由人修炼而成的，要成为神仙，就应该先学会做人，所谓"欲修仙道，先修人道"，表明了学会做人的基础意义。从现实社会来讲，"成仙"虽然只是一种假定的理想，但对于道门中人来讲，这却是一种确定的奋斗目标。因此，学会做人就被当作生命升华的前提，如果人都做不好，那就谈不上生命升华而成仙了。如何做人？这首先涉及如何对待从父母那里遗传来的生命。按照儒家的看法,"身体发肤,受之父母,不敢毁伤,孝之始也"①。道教不仅认可这种观念,而且将之强化,成为其生命伦理的基本出发点。在道门中人看来,保持自身形体的完整与健康,这不仅是孝敬父母的基本要求,而且是天道流转人间的必然体现。当然,道教也主张孝敬父母应该有具体的服务行动,如净明忠孝道的典籍记载吴猛为了母亲夜间睡得安宁,每日先让蚊子吸自己的血,然后再请母亲入房间。在今天看来,这尽管显得有些笨拙,但却体现了一种淳朴真诚的精神。其次,道教认为,做人养生,还必须遵守那些合乎生命大道的社会公德,例如不偷盗、不取非义之财、不得苟合邪淫、不得妄语诽谤他人、不得两舌恶骂、不得心怀阴谋,等等②。在道教中涉及生命社会公德的戒律大量存在,如《要修科仪戒律钞》《正义法文天师教戒科经》《虚皇天尊初真十戒》《太上老君戒经》《上清洞真智慧观身大戒文》等数十种。这些作品可以说是近两千年来有关社会公德行为规范在道教中的特殊表现,其中所蕴含的生命伦理观念是不应该忽略的。

就道教的立场而论,修道生活不仅必须处理好人与人之间的生命关系,而且还必须处理好人与物之间的生命关系。因为大道显化,宇宙万物既生成便有存在之理,所以修道者应该广施"仁德"于天下,尤其对动物生命更应该加以保护。《太上洞真智慧上品大诚·智慧度生上品大诚》第三条规定:"含血之类,有急投人,能为开度,济其死厄,见世康强,不遭横恶。"③这里所谓"含血之类"意义很广,它不仅包括人类,而且广涉飞禽走兽等。根据《智慧度生上品大诚》前后行文的关系,可知"含血之类"主要是指人以外的动物,因为在该篇的前两条戒文已专门针对人的穷急所应该采取的措施,所以"含血之类"就有了特指意蕴。道教认为,动物也有危难的时候。当它们碰到麻烦,人类不应该投井下石,而应该帮助它们解除危难。如果能够这样,对于人类自身也是有好处的,这种好处具体说来就是能够使自己身心健康,体格雄壮,而不至于遭到横祸。道教不仅提倡救济动物于危难,而且提倡省己之食,以喂养鸟兽,如

---

① 《孝经·开宗明义章》,清乾隆道光间长塘鲍氏刊本。
② 参见《太上二十四品飞天法轮劝戒妙经》、《太极真人说二十四门戒经》,《道藏》第3册第409—414页。
③ 《道藏》第3册第393页。

第四条规定:"施慧鸟兽有生之类,割口饴之,无所爱惜,世世饱满,常在福地。"①文中所谓"割口"指的是分割自己口中的食物,所谓"饴之"就是喂养鸟兽。推而广之,道教主张应该仁及昆虫之类,如第五条规定:"度诸蠢动,一切众生,咸使成就,无有夭伤,见世兴盛,不履众横。"②文中的"蠢动"指的是昆虫爬行之类。要"度诸蠢动"也就是希望昆虫之类都能够正常生长,得其天年。此外,对于植物之类,道教有关戒律文书也有相应的规定。《要修科仪戒律钞》卷六称:"不得以火烧田野山林,不得无故摘众草之花……不得无故伐树林。"③《太极真人说二十四门戒经》第十八戒也谈到"不得耗蠹常住攀摘花果、损折园林"。从基本精神上看,道教对于宇宙之物的伦理态度是:"常行慈心,愍济一切,放生度厄。"④道教主张对众物怀仁慈之心,这虽然是基于个体修道的需要,但也体现了伦理行为的宏观性。因为道教面对众物所进行的伦理思考是从人的生活立场出发的,换一句话说,这就是把人类社会的关系推衍到自然界,于是无论昆虫草木、飞禽走兽都进入了人类社会的生命伦理辐射圈。

## 三、道教生命伦理的思想特点与表现方式

就实际情况看,道教生命伦理的内容确实与一般社会伦理存在相当密切的关系,其中有许多方面甚至就是现实社会伦理的翻版;然而,必须指出的是,体现道教生命伦理精神的各种戒律条规、科仪教义在根本点上是为"修仙"目标服务的,由此也就形成了如下主要特点:

首先是"劝善成仙"精神奠定了道教生命伦理的主调。⑤ 道教所谓"成仙"既有肉体成仙,也有精神成仙。在早期,道门中人所希望的是肉体成仙,

---

① 《道藏》第 3 册第 393 页。
② 《道藏》第 3 册第 393 页。
③ 《道藏》第 3 册第 393 页。
④ 《道藏》第 3 册第 393 页。
⑤ 李刚的《劝善成仙——道教生命伦理》一书,1994 年由四川人民出版社出版。该书的引言与第一部分至第三部分,比较系统地论述了道教劝善成仙思想的形成与发展过程。

即经过一定的修持程序使个体身躯达到与道体通合而不灭的境地；晚唐以来，道教淡化了肉体成仙的宣传，侧重于精神成仙的追求，特别是全真道基本上否定了肉身"不死"的目标，而以精神或者灵魂的超越为其追求的崇高境界。但是，不论是早期的肉体成仙追求还是晚唐以来的精神成仙希望，都与"劝善"的伦理教化相联系。《太微仙君功过格·序》称："《易》曰，积善之家必有余庆，积不善之家必有余殃。《道科》曰，积善则降之以祥，造恶则责之以祸。故儒道之教，一无异也。古者圣人、君子、高道之士，皆著盟诫，内则洗心炼行，外则训诲于人，以备功业矣。余于大定辛卯之岁仲春二月子正之时，梦游紫府，朝礼太微仙君，得受功过之格，令传信心之士。"①所谓"功过格"是道门生命伦理修行的一种记录或检验形式。而"太微"本是星宿之名。《史记·天官书》载："南宫朱鸟，权，衡。衡，太微，三光之廷。"《索隐》称："宋均曰：太微，天帝南宫也。"既然"太微"有"仙君"之称，这就说明此等天体已经人格化和仙道化，成为道门中人神仙信仰的一种表征。文中所谓"朝礼太微仙君"具有两层意义：一是表明其功过格是由"太微仙君"传授的；二是隐含修持功过格可以最终上升"太微"天廷，列入仙班，成就生命升华的目标。可见，这种劝善去恶的教化具有明显的仙道理念与生命伦理色彩。尽管"成仙"寄托着浓厚的宗教意义，但"劝善"却又是以现实社会生活为空间的具体行动。在这里，成仙的理想是否可以实现已经并不重要，关键的是"劝善"确实可以对道教信仰者起到一种引导作用。

其次，神明监督是道教生命伦理的强化手段。人们知道，伦理本来是调整社会成员之间关系的一种意识形态，它是在社会交往过程中自然形成的，其维系具有习惯的特质；就个人而言，一般的社会伦理主要是通过内心认识和观念的升华，逐步达到自律的效果，儒家基本上是在这样的意义上来进行社会教化的。道教将儒家的伦理教化观念与上古的"神道设教"思想相结合，力图通过神明监督来强化伦理规范。这种强化的特色表现就是"司命"说的逐步完善。所谓"司命"本是星宿名。《楚辞·九歌》有"大司命"之称，《史记·天官书》载，文昌宫中有六星，其第四为司命。据说司命之星主灾咎。《礼记·祭法》

———————

① 《道藏》第 3 册第 449 页。

谓,宫中所祀者有司命之神。可见,司命在先秦已经神格化。就词义而言,"司命"就是掌管人的寿命。这种思想被道教所继承并加以发挥。早期道书《太平经》在讨论人的善恶行为时称,"司命易子籍矣"①。这里的"子"是当时道门领袖"天师"对前来请教道法者的客气称呼。"易子籍"就是改变前来请教的人在天廷籍簿的寿命记录。按照《太平经》的说法,天命之寿是有定准的,"上(天)寿百二十为度,地寿百岁为度,人寿八十为度,霸寿以六十岁为度,仵寿以五十岁为度。过此已下,死生无复数者,悉被承负之灾责也"②。为什么遭受"承负之灾"呢?这是因为观念与行为招致的结果,如果不能思善、行善,那就会感应灾咎;相反,如果能够时时刻刻思善、行善,那就不仅可以免灾,而且能够增寿。但是,其善恶观念与行为由谁来监督呢?这就是"司命"之神。《太平经》这种神学化生命伦理思想对后来的道教产生很大的影响,尤其是宋元以来的善书更加以宣扬,像《文昌帝君阴骘文》将司命之神人化为"梓潼帝君",作为监督士人道德行为的神学伦理权威。随着社会需要的增长,许多神明都被赋予道德监督的功能,从道教最高层次的三清尊神到一般的世俗神,从外在世界的自然神到人体内部的脏腑器官神,从男神到女神,几乎都承担起对人的道德行为的监督责任,以至于民间有所谓"抬头三尺有神明"的说法。从现代社会看来,道教关于"神明监督"的生命伦理观念固然有不合时宜之处,但从历史的立场看却具有独特的社会效果。清代惠栋在《太上感应篇注》中谈及司命灶神的监督功用时说:"劝善之书称谓最古,自此以下无讥焉。雍正之初,先慈抱病,不肖栋日夜尝药,又祷于神,发愿注《感应篇》以祈母疾。天诱其衷,母疾有间。因念此书感应之速,欲公诸同好"③。惠栋作为一代大儒,以亲身经历告诉人们关于神明感应的速效,可见道教善书在传统中国之中确实不可小看。尽管道教关于神明监督的生命伦理手段颇具神秘色彩,但如果从语言哲学的角度加以解读,就会发现神明监督乃是通过特殊的象征符号语言来建立生命行为规范的操作系统。

再次,在道教劝善成仙与神明监督的生命伦理中还有配套的符号示范。

---

① 王明:《太平经合校》,北京:中华书局1960年版,第34页。
② 王明:《太平经合校》,北京:中华书局1960年版,第464页。
③ 《太上感应篇集传》,《藏外道书》第27册第1页。

这就是说,道教生命伦理并非只是通过"神明监督"来强化,而是具有相应的辅助表征方式。此类形式以一定的物象寄托思想,故而具有符号功能。在道教中,作为符号的物象可以是客观世界本来存在的,也可以是人工创造的。前者主要是指人们生活依赖的自然界中的土地、山河、树木、花草之类存在物,后者主要是指人所创造的意义寄托形态,诸如仪式、衣着、建筑、绘画、音乐,等等。不论前者还是后者,道教都贯注以思想观念。在这种贯注中,生命伦理成为其中重要的因素。就广义而论,道教文化的各种符号表征物象其实都具有生命伦理意义,因为它们都以有形的存在来寄托、传递无形的生命伦理道德观念。这里尤其值得注意的是道教科仪。可以说,道教科仪是一种典型的生命伦理符号系统。在古代,"科"具有"法令"的意思,而"仪"本来表示人的生命容止仪表,后来也具有法度、标准的意蕴。道教科仪是古代宗教仪式的继承和发展,它的基本功能在于沟通人神的思想情感、规范道门中人日常生活起居的行为、诱导内心的道德修持。在表现形态上,道教科仪将动作系统与语言文字的表达系统紧密结合起来,形成了独特的生命伦理信号指陈体系。就类型来看,道教科仪可谓丰富多彩,有的用以个人修身极道,有的用以度人济物,有的用以沟通"鬼神",不论是哪一种形式,道教科仪都以象征的符号来表达生命伦理的规范指向。《陆先生道门科略》在追溯道教科仪的历史时说,太上老君"授天师正一盟威之道,禁戒律科,检示万民逆顺祸福功过,令知好恶……使民内修慈孝,外行敬让,佐时理化,助国扶命"①。所谓"正一盟威之道"是早期道教的一种科仪,它的功用是多方面的,既涉及个人的内心修养,又用以家国的教化,其伦理道德属性相当明了。当然,道教科仪只是宣化伦理信条的一种具有代表性的生命符号形态而已。如果我们放开眼界,纵观道教文化体系,那就可以发现,像宫观建筑、道门书法绘画、诗词、小说、散文、戏剧等往往也通过艺术形象,寄托道德修养的内涵,发挥生命伦理教化的符号功能。西方符号主义哲学家卡西尔曾经把人当作能够创造和应用符号的动物,以为人与动物最大的不同就在于置身符号世界。英国学者特伦斯·霍克斯(Terence Hawkes)说:"在人的世界中没有什么东西纯粹是功利的:甚至连最普通的建

---

① 《道藏》第 24 册第 779 页。

筑也以各种方式组织空间,这样,它们就起指示作用,发出某种关于社会优先考虑的事项、这个社会对人的本性的各种先决条件、政治、经济等方面的信息,除了对提供蔽身之所、娱乐、医疗等问题的公开的关心以外。全部五种感官:嗅觉、味觉、触觉、听觉、视觉,都可以在符号化的过程中发挥作用:即作为符号的制造者和接受者。"①是的,我们每个人都无法离开符号世界。甚至可以说,离开符号世界,人就无法生存。道教以符号形式来传达生命伦理规范,进行社会人伦教化,其中所贯注的生命意义无疑是丰富多彩的。

## 四、道教生命伦理在现代社会健康生活中的价值

毋庸置疑,道教生命伦理是在一定的条件下形成的,具有特定的社会历史属性。但是,倘若认真加以发掘,进行一番新的解读,我们就可以发现此等伦理思想对现代人类的健康生活具有独到的裨益价值。具体说来,主要有如下两个方面:

第一,道教生命伦理把道德修养与身心健康联系起来,强调行善去恶对于延年益寿的重要作用,同时也注重药物治疗,这种内心道德治疗与药物治疗相结合的思想为现代社会的健康生活理论建设提供有益的思想资源。

人如何对待自己的生命? 按照"命定论"的说法,人生的一切都是由天定的,人对于命运是无法改变的。这种思想至今在相当一部分人之中依然具有根深蒂固的影响。道教虽然也承认人生有"运数",但又高呼"我命在我不在天"。道经认为人的寿命是可以改变的,多行善事,不仅有益健康,而且可以延年益寿。面对现实社会,道门中人思考了疾病发生的根源,一方面承认外因对于诱发疾病的作用,另一方面也看到了不良道德行为可以导致疾病之发生。基于此等认识,道教强调治病应从伦理道德的检讨入手。在早期道教中,这种通过检讨伦理道德来治病的形式即已形成。如汉末的五斗米道设立净室,让病人处其中思过,这就是一种道德心理治疗方式。五斗米道之所以重视道德心理治疗,是因为该道派认为人的许多疾病是病人的伦理过错造成的,由于伦

---

① ［英］特伦斯·霍克斯:《结构主义和符号学》,上海译文出版社1987年版,第138页。

理过错,致使内气不通畅,所以应该思过以通血脉。尽管这种认识并非完全符合现代科学理论,但看到道德观念与行为在身心健康中的作用,无疑是可贵的。因为人的内心道德意识确实可以对人的健康产生直接或者间接的影响。五斗米道这种道德心理治疗形式被后来的道教所继承和发展。只要检索一下道门经书,就可以发现,有关"忏悔"的文献相当不少,如《太一救苦天尊说拔度血湖宝忏》《太上瑶台益算宝籍延年忏》《太上灵宝朝天谢罪大忏》等 34 种,此外,还有许多科仪经典也多涉忏悔之事。这些道经的核心理念是"忏悔"罪过,消灾延年。所谓"忏悔"就是通过一定的仪式向神明交代自己的过错,放下包袱,达到精神放松的效果。如果我们把"神明"看作是抒发内心世界情感与思想的对象,这实际上也就形成了一种心理治疗的符号中介。当然,道教并非仅仅提倡道德治疗,它也注意药物治疗。对于那些由外在因素引起的疾病,道门中人不仅充分考虑药物的实际意义,而且通过实践来达到祛病延年的目的,他们既引入祖国医学的基本理论,又在实践中加以发展。在道教经书总集之中保存了大量的药物学与临床学的著作,这些著作与中国古代科技文化密切相关。这种通过道德反省与科学知识相结合的治病养生手段在今天依然具有实践价值与理论价值。

第二,道教生命伦理建立了修道的整体性原则,把个人的身心健康置于宏观环境之中来加以考察,这为当今人类的整体健康提供了有益的参照系。

所谓"修道整体性"意味着延年益寿的修养活动不仅是个人行为,而且也是社会行为。道教从先秦老庄学派那里继承了"道"的范畴,作为基本信仰的根基。在道教看来,"道"乃是宇宙万物起源与化生的根本,人的生命也是因"道"而化生。《太上老君内观经》说:人"从道受分谓之命,自一禀形谓之性,所以任物谓之心,心有所忆谓之意,意之所出谓之志,事无不知谓之智,智周万物谓之慧,动而营身谓之魂,静而镇形谓之魄,流行骨肉谓之血,保神养炁谓之精,炁清而驶谓之荣,炁浊而迟谓之卫,总括百神谓之身,万象备见谓之形,块然有阂谓之质,状貌可则谓之体,大小有分谓之躯,众思不测谓之神,邈然应化谓之灵,气来入身谓之生,神去于身谓之死"①。《太上老君内观经》对构成人

---

① 《道藏》第 11 册第 396—397 页。

的诸要素——加以说明,该书追索了性命之本原以及存在与消亡之根据,从本体论与化生论的角度阐述了生命的过程与存在特征。就生命伦理本体论的立场看,道化生天地万物与人,这是一种无私的善举,因为道化生天地万物与人并无占为己用的欲望,因此"利生"可以说就是大道所固有的自然善德。本来,人由大道化生也具备了这种先天的自然善德,但由于降生世间之后受到了种种不良信号的干扰,人的情欲膨胀,故而躁动不安,致使生命不能持久而早衰,修养自我就是要排除干扰,恢复善根,回归于永恒之大道,这种回归的基本途径就是法道之善德,清静心灵,利人利物。如果说清静心灵是道教生命伦理的内修表现,那么利人利物则是道教生命伦理的外修要求。这种生命伦理本体论与修养论的结合对于今天人们的身心健康而言是富有启迪精神的。

# 五、道教生命伦理对调节现代社会结构与生存环境的作用

生命是在一定的环境之中存在和发展的,人类生命也不例外。由于意识活动和社会关系,人类的生存环境与其他动物相比较要广阔得多,也复杂得多。如何营造良好的社会结构,保护自然生态,这关系到生命的整体生存问题。当今世界,生命的存在面临着许多危机。为了避免危机的加剧和冲突的升级,人类应该从先民那里寻求经验借鉴。在这方面,道教所建立的生命伦理也有不可忽略的意义。分别说来,有如下数端:

其一,道教生命伦理,强调阴阳协调,和合美善,这对于维持人口生态的良性发展而言具有发人深省的现实功效。

道教不仅注重人类生命机制的考察与探索,而且进行理论概括与思想升华。通过历史的追溯与实践的反省,道教认识到阴阳协调对于事物存在与发展的极端重要性。在中国思想史上,"阴阳"是一对基础性的范畴。早在西周末期,太史伯阳父论地震时即使用了阴阳概念,而素有"群经之首"雅称的《易经》尽管没有出现阴阳概念,但却充满了阴阳回复的辩证法精神。先秦道家的理论代表老子《道德经》将《易经》的阴阳观念发掘出来并且作为建构理论体系的思想基础,他说:"万物负阴而抱阳,冲气以为和。"(《道德经》第四十二

章)老子不仅明确地指出了万物皆有阴阳两个方面的存在依据,而且以"和"为事物存在与发展的美善境界。老子这种思想透过《易传》和儒家《大学》《中庸》的媒介,在后来的道教中迸发出强烈的思想辉光。无论是原始时期的道教还是发展时期的道教,我们都可以从其经典之中找到大量的关于阴阳协调与和合的论述。尤其是《太平经》应用阴阳理论说明人类生命存在不可男女偏废,更显得深邃。该书《守三宝法第四十四》说:"天统阴阳,当见传,不得中断天地之统也,传之当象天地,一阴一阳,故天使其有一男一女,色相好,然后能生也。何乃正使一阴一阳,夫阳极者能生阴,阴极者能生阳,此两者相传,比若寒尽反热,热尽反寒,自然之术也。"①按照《太平经》的看法,阴阳乃是天地之道统,这种道统表现在人类社会就是男女关系的存在,一男一女的配合,这是天经地义的。基于此等认识,《太平经》严肃地批判社会上重男轻女甚至杀害女子的行为,它说:"今天下失道以来,多贱女子,而反贼杀之,令使女子少于男,故使阴气绝,不与天地法相应。"②又说:"今天下一家杀一女,天下几亿家哉? 或有一家乃杀十数女者,或有妊之未生出,反就伤之者。"③这种描述真令人感到触目惊心。《太平经》认为随便杀害女子的行为不仅绝了"地统",而且乱了社会秩序,造成"王治不得平"④的危害,甚至会"灭人类"⑤,这是多么危险啊! 所以,它大声疾呼:"救冤女之命"!⑥《太平经》这种描述使我们看到了中国社会轻贱女子的历史由来。直到当今,在农村中扼杀女婴的现象依然存在。回顾一下《太平经》拳拳告诫之语,我们仿佛听到了深沉的警钟。

其二,道教生命伦理以"尚黄"为道德实践的符号法象,倡导身国共治与太平世界,这对于民族团结与世界和平而言具有重要的启迪作用。

由于特殊环境的熏陶,道教继承和发展了中国传统的象征思维模式,这在有关伦理教化的文献中得到鲜明体现。或许是实践操作的需要,道教很重视"法象"模式。所谓"法象"就是可以作为行动效法的符号现象。《周易·系辞

---

① 王明:《太平经合校》,北京:中华书局 1960 年版,第 44 页。
② 王明:《太平经合校》第 44 页。
③ 王明:《太平经合校》第 36 页。
④ 王明:《太平经合校》第 34 页。
⑤ 王明:《太平经合校》第 36 页。
⑥ 王明:《太平经合校》第 34 页。

上》说:"法象莫大乎天地,变通莫大乎四时。"我国先民从天地诸现象中获得启迪,形成了独特的符号描摹与解释系统,例如木、火、土、金、水的"五行"学。道教创立之后,对五行理论情有独钟,而在五行中又特别关注"土"的功效。早期道教典籍《周易参同契》说:"土王四季,罗络始终。青、赤、白、黑,各居一方,皆禀中宫,戊己之功。"①从这段文字,我们可以看出,道教不仅强调五行中"土"的作用,而且将之与青、赤、黄、白、黑这五色配合起来。按照"五行"与"五色"的配合原则,"土"与黄色是相配合的,既然"土"居于"中宫"而"王"于四季,则黄色也就具有独特的法象意义。在道教中,作为法象的五行符号还可与东西南北中的方位以及"五帝"神明相互转换或者相互指称。由于"土"的核心地位,黄色便受到特别的强调。从生命伦理的立场看,强调五行之土,在深沉意义上乃是先民们崇拜民族大祖先——黄帝的一种符号表征。事实上,倘若我们考察一下先秦至秦汉间的文献就可以发现,道家对黄帝是特别推崇的,以至于自战国以来在道家文化中"黄帝"与"老子"并列,号称"黄老之学"。这种崇拜黄帝的思想观念在道教中获得了神学性加强。稽考道教经书总集,可知有关黄帝崇拜的文献特别之多,他高居神仙榜首。道教对黄帝的崇拜,意味着一种民族血缘纽带的延续,这种血缘纽带通过符号法象展示了"中和"的生命伦理意义,因为黄帝是居于中土之位的,他象征着四方与四季和合于中。这种"和合"既体现了一种整体的生命力,也反映了个体存在发展的条件。道教把这种五行符号学应用于个人的身心健康活动中和国家的治理之中,在道教看来,一个人的身体就像国家,而国家反过来也可以当作人体看待。葛洪《抱朴子内篇·地真》说:"一人之身,一国之象也……神犹君也,血犹臣也,气犹民也。故知治身,则能治国也。夫爱其民所以安其国,养其气所以全其身。民散则国亡,气竭则身死。"②葛洪的论述代表了道教的基本观点,其中贯穿着身国共治的秩序精神。所谓秩序,说到底就是应该"和合"而不战,这种理念虽然是对治理身国而言,但也可以在维护世界正常生活与发展方面起到精神良药的功效。

---

① 《道藏》第 20 册第 120 页。
② 王明:《抱朴子内篇校释》,北京:中华书局 1985 年版,第 326 页。

其三,道教生命伦理以"自然无为"作为道德实践的基本理路,这对于维护全球的自然生态平衡而言具有深刻的道德方法论的参考价值。

"自然无为"之说本出于先秦道家,尤其是老子《道德经》更有深刻的论述。该书称"道法自然"(《道德经》第二十五章),又说"道常无为而无不为"(《道德经》第三十七章)。在道家思想中,"自然"与"无为"既有联系,又有区别。如果说"自然"是人生与社会之行动所应遵循的一种原则,那么"无为"则是实现"自然"价值的途径或者方法①。先秦道家这种思想被汉代以来的道教所继承和发挥。稽考道教文献,我们可以发现有关自然无为的大量论述。如《太平经》在谈到如何积善的时候说:"无为之事,从是兴也。"②《抱朴子内篇》说:"天道无为,任物自然,无亲无疏,无彼无此也。"③《黄帝阴符经》说:"圣人知自然之道不可违因而制之。"从这些经典论述看来,道教所谓"自然无为"主要是从遵循天道规律的角度讲的。在道门中人的心目中,宇宙有自己的运行规律,人不可以主观的意志来强行干预。道教之所以继承并且发展先秦道家的自然无为观念,是因为它把人类置于宏观的宇宙之中来定位自身的行动,充分认识到宇宙多样事物相互协调关系的特殊价值。基于万物皆有"道性"的立场,道门中人得出了一种"泛生命论"的思想。例如《太平经》把大地看作一个人的身躯,大地中的各种成分犹如人的各种器官组织,泉水是血,石头是骨头,良土是肉,认为它与人一样有精神和感受,如果随便穿凿大地,那就会造成大地的病痛。因此,人类应该善待大地,把它看作母亲一样。《太平经》说,"地者,万物之母也"④。既然大地是母亲,就应该好好孝敬,而不是随便开凿。《太平经》警告人们,如果妄凿大地,造成大地生病,人也相应地得病损寿。⑤这种将地病与人病对应起来的思考不仅体现了道教根深蒂固的生命意识,而且反映了宇宙生命相互依存的宏观伦理精神。道教所谓"自然无为"正是基

---

① 关于"自然"与"无为"之关系,刘笑敢先生所撰《老子哲学的中心价值及体系结构》可资参考。(参见陈鼓应主编:《道家文化研究》第十辑,上海:上海古籍出版社1996年版。)

② 王明:《太平经合校》,,北京:中华书局1960年版,第12页。

③ 王明:《抱朴子内篇校释》,北京:中华书局1985年版,第124页。

④ 王明:《太平经合校》第120页。

⑤ 按:《太平经》指出:"多深贼地,故多不寿,何也,此剧病也。"(见王明:《太平经合校》第120页。)

于万物皆有生命的思想而引发出来的一种伦理原则。它对于当今那些随便破坏自然环境的各种行为显然具有警示的意义。自 20 世纪中期以来,随着各种高科技成果的问世,人类的占有欲望逐渐地躁动起来,于是力图驾驭和控制自然的行动接踵而至,人类陶醉在"胜利"之中而沾沾自喜;然而,新的各种疾病也同时在侵蚀着人类的躯体,人类面临着新的全球性危机。在这样的境况下,想一想道教"自然无为"的忠告,应该是可以获得某种裨益的。

（本文原载《中国哲学史》2003 年第 2 期,收入本书时略有更动）

# 道教人格完善理论及其现代价值

经过二十多年的努力,我国学术界在道教研究领域取得了许多突出成就。对于道教文化的内容,人们也有了更多的了解。然而,如何发掘其思想资源为构建和谐社会服务,为人们的现实生活提供借鉴,这依然有许多工作要做。构建和谐社会牵涉许多因素,其中最重要的因素就是"人"本身的思想观念与行为。因此,本文拟从"人格完善"角度来讨论道教文化的相关问题。

一般而言,"人格"有两个方面的含义:一是指个人的道德品质;二是指人的气质、能力、性格等特征的总和。"人格完善"就是通过身心圆融的省思与实践使自身的品德、气质、能力、性格逐步趋于完美的境地,这是人之所以为人的基本要求。在道教中有"欲修仙道,先修人道"的说法。道教所讲的"人道"包括身心健康、社会义务、道德境界等内涵。从根本点来说,"修人道"的核心理念即"人格完善"。它的现实价值何在?这需要从伦理象征、思想原则、功能作用等方面深入剖析才能作出准确评估。

## 一、道教人格完善的伦理象征

在中国文化中,"象征"是一种意味深远的思想传述模式,存在于社会生活的诸多领域。就道德的倡导而言,象征具有特殊的感召力,它既是伦理涵养的理想导向,也是人格完善的形象寄托。作为中国传统文化的重要表现形态之一,道教人格完善也具有象征模式。通过象征,道教传播了人格完善的坚定信念,确立了道德修养的基本路径。这种象征具有伦理的典型示范意义,故而可以称之为"伦理象征"。

道教人格完善的伦理象征并非突然出现,而是悠久文化积淀的产物。毋庸置疑,道教人格完善的伦理象征具有多重来源,但作为其文化基础的则是先秦道家所树立的圣人典型。浏览一下《道德经》之类早期著作,我们可以发现"圣人"乃是道家文献中的一个重要意象。在《道德经》中,"圣人"出现了 23 次。如第五十七章关于"我无为而民自化"一段前冠以"故圣人云"就是一个例子;而更多的情况则是以总结性的笔调来陈述圣人的行为方式,如第六十三章所云"是以圣人终不为大,故能成其大"即是。老子心目中的"圣人",一方面具有"体道合真""效法自然"的象征意蕴,另一方面则包含着"理身治国"的基本精神。如果说,"理身"是"内圣"的必然要求,那么"治国"则是"外王"的功德走向。老子在《道德经》里虽然尚未使用"内圣外王"这个词组,但却已经具备了这样的思想意趣。因为《道德经》通篇几乎把圣人的理身与治国统一起来。从这个角度看,我们可以说《道德经》已昭示了道家人格完善的象征路径。

基于《道德经》的圣人论,《庄子·天下》篇将理身治国精神概括为"内圣外王"。在《天下》篇里,作者先描述了"天下大乱,贤圣不明"的情形,他对那些只会"判天地之美,析万物之理"的"一曲之士"颇有微辞。在对许多学派批评一通之后,《天下》篇正面点出"内圣外王之道"暗而不明的状况。① 从《天下》篇来看,"内圣外王之道"之所以暗而不明,是因为"一曲之士"不能对宇宙人生进行全面和整体的把握,而只是得"一察"而自用。从整体上看,该篇站在道家立场上来评述当时的学术流派,故而"内圣外王"的命题自然也就属于道家原创了。

作为道家思想的主要继承者,道教沿着伦理象征的思路,努力塑造圣人的典型品格。早期道教经典《太平经》卷四十七《服人以道不以威诀》说:"古者三皇上圣人胜人,乃以至道与德治人"②。《太平经》所使用的"上圣人"即"圣人"的最高形态,也就是人格完善的典型。从《太平经》来看,"三皇上圣人"之所以"胜人"是因为他们不仅胸怀"至道与德",而且能够以此"至道与德"来"治人"。《太平经》所谓"治人"是以自治为前提的,所以它说,"是故古者大

---

① 参见(晋)郭象注,(唐)成玄英疏:《南华真经注疏》(下册),北京:中华书局 1998 年版,第606—607 页。
② 王明:《太平经合校》,北京:中华书局 1960 年版,第 143 页。

圣三皇,常自旦夕力学真道"①。这里的"大圣"乃是"上圣"的另一种表述方式,《太平经》所标榜的"大圣"或"上圣"保持了道家圣人的基本含义,因为"大圣"或"上圣"不仅追求"真道",而且"旦夕力学"真道。由此可见,《太平经》关于人格完善的道德典型乃秉承先秦道家圣人论而有所发挥。

《太平经》之后,道教更加重视理论建设。通过诠释与发挥《老子》《庄子》一类先秦道家典籍的思想,道教逐步建立了一套教理教义。在道教学者的文化诠释中,"圣人"依然作为一种人格完善的典型,其名号大量地出现在各种著述中。例如唐朝著名道士杜光庭所撰《道德真经广圣义》即反复称颂圣人,尤其是被尊奉为教主的老子更成为讴歌的对象。该书称:"夫所言太上者,统教之尊名,证圣之极果也。太者,大也;上者,高也……大也,无大于太上者;高也,无高于上。乃修因证果,极位之称也。世人修行,自凡而得道,自道而得仙,自仙而得真,自真而得圣。圣之极位,升为太上。"②按照这个说法,"太上"既是极尊之位的名号,也是道德修养最高境界的体现。在杜光庭看来,太上老君之所以"统教"是因为他以"极果"证明了成圣的可能,并且将这种可能转变为现实。在这里,"圣"是功德累积的体现,也是修行的最后归宿。因为"圣"不是一朝而就;相反,它是必须历经道人、仙人、真人等不同阶段之后才能达到的人格完善境地。

杜光庭对于人格理想典型的塑造,反映了道教会通先秦道家圣人理念与神仙思想的趋向。关注中国古代思想史的学者不会忘记,在先秦时期,与道家一起发展起来的尚有神仙家。《汉书·艺文志》称:"神仙者,所以保性命之真而游求于其外者也,聊以荡意平心,同死生之域,而无怵惕于胸中。"③《汉书·艺文志》这一段概括性说辞蕴含着这样的信息:神仙家的特色在于研习长寿的秘术,他们的一切活动乃是围绕生命认识展开的。面对变化莫测的自然现象,神仙家提出了超越生死的大胆设想。尽管这种设想所要达到的最高目标至今为止并未被事实证明有实现的可能,但他们对于"性命之真"的追求却令

---

① 王明:《太平经合校》,北京:中华书局1960年版,第159页。
② 《道藏》第14册第324页。
③ 《汉书》第6册,北京:中华书局1962年版,第1780页。

人深思。所谓"保性命之真",从生命伦理的角度看,其实也蕴含着"人格完善"的意识,因为人格完善的物质基础就是"性命"。什么是"性命"呢?汉代文字学家许慎《说文解字》称:"人之阳气,性善者也。"①显而易见,这是基于性善论的立场而作出的解释。不过,倘若追根溯源,我们依然可以看出神仙家力图探究生命本质的精神。清朝著名文字学家段玉裁以为阳的正字即本初之字,乃是"易",象征元阳一气之发端。古以"易"为"开",具飞扬、生长之意,故"人之阳气,性善者也"也就是"易气"相聚而成性。遵循"天人合一"的思维模式,神仙家以易气初起为性命的肇始,认为它质朴而"真",故而最为宝贵。神仙家之所以要"保性命之真",是因为性命随着时间的流逝,本初的质朴受到破坏,而陷入生死循环的泥沼之中。由于死亡的威胁,人们的恐惧心理像潮水的起伏进退而难以平静。在神仙家看来,心绪波动过于激烈是有损于健康的。之所以如此,是因为俗事干扰太多。于是,神仙家追求"方外"的生活,认为这样的方式有助于扫荡不良情绪,复归性命本真,从而融通天地元阳之气。这种"复归"的人格完善思路与先秦道家的思想追求在一定层次上具有吻合之处,因此先秦道家也"欢迎"神仙前来共创理想境界。为此,道家学者塑造了神仙的超凡形象,《庄子》《列子》等书通过塑造"真人""神人""至人"一类超凡形象,表达了道家学者对逍遥自在的神仙生活的憧憬。道教诞生之际,为了给世人提供某种精神慰藉,一方面以追求神仙理想境界为目标;另一方面则采撷了先秦道家的人格修养思想,通过一番融合功夫,形成了一种贯注了生命意识的人格完善理论。南北朝之后,道教地位大大提升,唐代皇帝甚至认道教教主老子为远祖,追封"玄元皇帝"之号。出于社会教化的需要,道教学者在皇帝的支持下,重新塑造圣人形象。杜光庭《道德真经广圣义》正是在这样的文化背景下将道教教主太上老君塑造成为圣人典型。这样的圣人典型不仅寄托了道家人格完善的伦理精神,而且体现了道教延年益寿、羽化登仙的理想追求。

道教关于圣人理想典型的塑造也与儒家圣人理念的社会影响有关。在儒家文化体系中,"圣人"也是一个非常重要的术语。稽考《四库全书》儒家类文

---

① （汉)许慎:《说文解字》,北京:中华书局 1963 年版,第 217 页。

献，"圣人"概念的使用相当频繁。在儒家学者心目中，"圣人"不是孤立的歌颂对象，而是与其他人格相对照而存在的。关于这一点，我们从《孔子家语》之中就可以得到证实。该书将庸人、士人、君子、贤人、圣人称作"五仪"，这实际上就是五种人格类型。在《孔子家语》看来，明了社会中存在着人格差别，这是社会治理的认识基础。因此，它在陈述"五仪"之后紧接着说"审此五者，则治道毕矣"。[①] 该书把"圣人"置于"五仪"的最后，其用意在于引导人们由凡庸而成圣，具有道德的感召旨趣。尽管《孔子家语》并非问世于孔子在世之时，但其圣人观却反映了儒家的基本立场。实际上，先秦儒家的代表性著述《论语》《孟子》《荀子》也都言称圣人。孔子说："圣人，吾不得而见之矣"[②]。孔子心目中的圣人乃是尧、舜、周文王、周武王、周公一类道德理想典型。照孟子的说法，此类圣人乃是"人伦之至"，也就是人格修养的最高形态。他们"德合于天地，变通无方，穷万事之终始，协庶品之自然，敷其大道而遂成情性，明并日月，化行若神，下民不知其德，睹者不识其邻"[③]。对于这样的圣人，儒家是非常崇拜的。故而，自先秦以来，有关圣人的描述即不断地出现在儒家的各种文献之中。随着时间的推移，儒家圣人的典型人物有所增加，例如孔子在早先是属于称颂圣人的儒者，在后来却转变成为被儒者称颂的大圣。在儒家圣人教化宣传盛行的社会环境中，道教学者汲取其中有关内容，这是不足为奇的。因此，我们在杜光庭《道德真经广圣义》一书之中也可以看到与儒家圣人观颇为类似的描述。例如该书卷七说："夫圣人者，与天地合其德，日月合其明，四时合其序，鬼神合其吉凶。"[④]这段话是对《周易·乾卦·文言传》的引述，在思想上与《孔子家语》不谋而合，说明道教并不是以往许多人所说的那样"消极避世"，而是具有世俗情怀的。

道教在人格完善方面的世俗情怀不仅寄托于太上老君这位大圣典型上，而且表现于一系列道德神仙的塑造中。假如我们放宽视野，浏览近两千年来

---

① 参见文渊阁《四库全书》第 695 册第 14 页。孔子曰："人有五仪，有庸人、有士人、有君子、有贤人、有圣人，审此五者，则治道毕矣。"
② （宋）朱熹：《四书章句集注》，北京：中华书局 1983 年版，第 99 页。
③ 文渊阁《四库全书》第 695 册第 14 页。
④ 《道藏》第 14 册第 348 页。

道教中人所编纂的诸多文献,那就会发现神仙传记是一道引人注目的风景线。在这道风景线之中,神仙们一方面表现出各种奇功异能,另一方面却又打上了世俗社会的伦理烙印。故而,显示在世人面前的神仙往往既能穿墙过壁,赴汤蹈火,又能主持正义,惩恶扬善。例如宋元以来在社会上广为流行的"八仙"故事即表现出浓厚的世俗道德色彩。其中最具代表性的仙人是吕洞宾。诸多民间传说的资料显示,吕洞宾具有复杂的社会经历与特异的个性,他被称为"剑仙""酒仙""色仙";然而,他在道教中却又是一位超凡入圣的典型。作为凡人,吕洞宾具有喜怒哀乐的情感表现和"食色需求",因此他混迹于世俗社会之中,往来于酒肆、青楼,与青楼女子交情颇深。不过,他并不是一个误入歧途而不能回头的人。在神仙传记里,我们看到了吕洞宾的另一种形象,他在举进士不第之后,于长安遇钟离权,通过黄粱梦的启迪,吕洞宾顿悟道妙,苦志修行,脱胎换骨,最终成为仙人。在成仙之后,吕洞宾依然修行不止,这种修行并不是远离尘世,而是通过济世渡人来累积功德。根据《纯阳帝君神化妙通纪》卷一的记载,吕洞宾于黄粱梦觉之后返回乡里,时遇饥荒,他毅然舍资产粮米救济乡民,据说得以救活的达到了两三万人。这样的救济精神还体现在为人治病方面。《纯阳帝君神化妙通纪》卷四称,桐庐人沈志真,其母背部病重,百方不愈,志真日夜祈祷,这件事感动了吕洞宾,遂连夜赶到沈家,为其母救治。经过吕洞宾的精心治疗,沈志真母亲的病终于痊愈。种种迹象表明,吕洞宾实际上是通过道德实践来完成他的升仙修行过程的。作为一个几乎家喻户晓的神仙人物,吕洞宾代表了道教另一类人格完善典型。通观其生平事迹,人们不难发现,他并不是一个天生的神仙;正如一般凡人一样,他在开初也存在种种道德缺陷。正因为有缺陷,他励志修行,终究被尊奉为仙人。像吕洞宾这样的例子,在道教传记中是屡见不鲜的,比如《张天师世家》所载的张道陵故事,《西山许真君八十五化录》所载的许逊故事,《甘水仙源录》所载王重阳与"北七真"故事,都从不同侧面展露了道教神仙人物的风采。不论此类传记故事是实录、传说抑或是杜撰,我们都可以得到这样的判断:道教所谓修炼成仙,实际上具有很强的社会伦理意味。正如大圣太上老君成为道教人格完善最高形态的伦理象征一样,张天师、许逊、吕洞宾之类修炼之仙也具有伦理象征的示范意义。

德国著名哲学家黑格尔指出:"象征一般是直接呈现于感性观照的一种现成的外在事物,对这种外在事物并不直接就它本身来看,而是就它所暗示的一种较广泛、较普遍的意义来看。因此,我们在象征里应该分出两个因素,第一是意义,其次是这意义的表现。意义就是一种观念或对象,不管它的内容是什么,表现是一种感性存在或一种形象。"①在这段话中,黑格尔把象征分为"意义"与"表现"两个因素,又从"表现"上升到"形象"。他运用抽象分析法,对象征的构成作了界定。就道教来讲,仙圣的象征特质在于他们已经不是代表自身,而是通过感人故事或崇高理想境界昭示着某种伦理关怀与生命完善的精神。

## 二、道教人格完善的技术哲学旨趣

在仙圣伦理象征体系的引导下,道教信仰者不仅获得勇气,而且身体力行,朝着人格完善所昭示的方向前进。然而,必须指出的是,伦理象征体系的确立,并不意味着一定可以达到这个体系所昭示的最终目的,也不表示已经解决了人格完善的所有问题。从道教发展的立场看,伦理象征好比浩瀚大海中那遥远的航标灯。要渡过风浪汹涌的大海,达到人格完善的彼岸,还必须探索实施过程的种种问题。

首先,道教人格完善是可以通过一定的技术操作来实现的。

众所周知,不同时代不同文化背景中的人们对"技术"内涵的理解是存在差别的。古希腊的亚里士多德把技术看作是制作的智慧;17世纪,英国的培根把技术作为操作性学问;18世纪末,法国启蒙思想家狄德罗主编的《百科全书》,指出技术是为某一目的共同协作组成的各种工具和规则体系。在中国古代,先民们也有自己的技术观念。最初,"技"与"术"并没有连称,古人或者言"技",或者称"术",两者并行而用。后来,"技"与"术"合称,构成"技术"的复合词。例如《史记》卷一百二十九《货殖传》称:"医方诸食技术之人,焦神极

---

① (德)黑格尔:《美学》第二卷,北京:商务印书馆1979年版,第10页。

能,为重糈也。"《汉书·艺文志·方技》谓:"汉兴有仓公,今其技术晻昧。"①
古代所谓"技术"的涵盖范围相当广泛,诸如占星、望气、相地、农艺、手工制作
以及养生术等,都被列入技术之列。就总体而言,中国传统技术大体可以分为
两大类型:一是以人体之外物理世界为作用对象的操作系统;二是以人体身心
为作用对象的操作系统。前者主要体现为工具的发明、使用和改变外在物理
世界的能力;后者主要体现为人体形意的圆融、心灵修养与社会道德实践的统
一能力。就其特质来看,"道教人格完善"的过程不仅具备一般技术的可操作
性,而且表现了"形意和合"的精神内涵,因此我们可以将之纳入技术操作视
野来加以考察;换一句话来说,我们可以把道教人格完善过程看作技术操作过
程。此等判断的基本根据在于道教不仅继承了先秦道家与儒家的修行思想,
而且具有丰富的修行实践。

　　"修行"一词最早见于《庄子》。该书《大宗师》篇称:"修行无有,而外其
形骸。"意思是说:不用礼仪来修饰德行,而将形体置之度外。在《庄子》里,这
一句话是孔子的学生子贡对子桑户、孟子反、子琴张三位"方外游士"的评价。
据载,子桑户等三人相互为友。后来,子桑户死了,孔子听说,即派子贡去帮助
料理丧事。子贡发现:孟子反、子琴张两人对于友人之死不但不哀悼,反而编
曲弹琴,合唱着:哎呀桑户啊!哎呀桑户啊!你已经还归本真了,而我们还奇
迹人间啊!子贡赶上去说:请问二位对着尸体唱歌,这合乎礼仪吗?两人相望
而笑:他哪里懂得礼的真意!子贡回去后将所见所闻告诉孔子。正是在述
说时,子贡以"修行无有"来评价上述方外之士。从《大宗师》这个寓言故事,
可以看出儒家与道家在修行问题上的不同主张。在儒家看来,"修行"就是按
照"礼"的规定进行身心的涵养活动。与儒家不同,道家则沿着"见素抱朴"的
路向来"净化心态",升华境界。

　　值得注意的是,"修行"在道教中也是一个相当重要的术语,故而屡屡见
诸经典文献。例如,葛洪《抱朴子内篇》卷五《至理》:"按孔安国《秘记》云,
(张)良得黄石公不死之法,不但兵法而已。又云,良本师四皓甪里先生绮里
季之徒,皆仙人也。良悉从受其神方,虽为吕后所强饮食,寻复修行仙道,密自

---

① 《汉书》,北京:中华书局 1962 年版,第 6 册第 1780 页。

度世,但世人不知。"①《真诰》卷十二《稽神枢第二》:"是淳于斟,字叔显,主试有道者。斟,会稽上虞人。汉桓帝时,作徐州县令;灵帝时,大将军辟掾。少好道,明术数,服食胡麻黄精饵,后入吴乌目山中隐居,遇仙人慧车子,授以虹景丹经,修行得道。"②《墉城集仙录》卷六称:"彭女亦得养生之道,随祖修行,亦数百岁,朝拜勤志,晨夕不倦。今彭女山有礼拜石,有彭女五体肘膝拜痕及衣髻之迹。"③《上清元始变化宝真上经》谓:"修行玄母之道,当以本命之日沐浴清斋,入室东南,九拜,朝玄母毕,还北向平坐,叩齿九通,闭眼思九天玄母,随四时形影在九天之上,璇林七映之宫……"④《云笈七籤》卷二十引《太上飞行九神玉经》:"按图修行,岂当不得飞登北元,上谒华晨者哉? 但此道高妙,玉清宝秘不行,中仙鲜有得者。"⑤元代陈致虚《周易参同契分章注》卷上云:"大修行人,黜聪明,屏智惠(慧),内照形,外忘我,塞兑而筑固灵株,收视而温养子珠。如是,方得黄中通理,肌肤润泽。初正乃炼己之事,终修乃临炉之事。"⑥这些引文均来自道教学者的著作。从时代看,既有魏晋时期的,也有宋元时期的。从内容看,"修行"既有用以描述道教人物的升仙过程,也有用以说明益寿升仙的方法。事实证明,道教的确把"修行"作为要事予以倡导。

对于道教人格完善来说,"修行"的基本意义在于它以大量存在的事实彰显了"动作性",这种"动作性"也就是可操作性。在这里,笔者指出"修行"的动作性,乃是从道教文献对于"修行"一词的使用情况概括出来的。上面诸多引文所出现的"修行"虽然有作为形容词使用的,但更多的场合却是作为动词。从外在角度看,"修行"可以理解为"炼形",也就是通过一系列的身体技术操作,从而达到形体的健美;从内在角度看,"修行"可以理解为"炼心",也就是通过特殊的精神技术操作,达到心灵的美善。不论是"炼形"还是"炼心",都是通过具体的"动作系统"来完成的。这种"动作"既是"有形"的,又

① 《道藏》第 28 册第 190 页。
② 《道藏》第 20 册第 562 页。
③ 《道藏》第 18 册第 196 页。
④ 《道藏》第 34 册第 182 页。
⑤ 《道藏》第 22 册第 151 页。
⑥ (元)陈致虚撰:《周易参同契分章注》,天津古籍出版社 1988 年版,第 601 页。

是"无形"的。所谓"有形",意味着操作者是以肉眼看得见的技术方式来实现的;所谓"无形"意味着操作者是以肉眼看不见的技术方式来实现的。当然,"有形"与"无形"只是为了说明的方便而进行的划分。在实际操作过程中,"炼形"与"炼心"并不是绝然分开的,而是相互照应、相互交错的动作体系。如果说"炼形"主要体现为"外部动作",那么"炼心"则主要体现为"内部动作"。在这里,笔者之所以谨慎地使用"主要"一词来限定,是因为"炼形"技术动作的完成还必须有"意识"的指引,至于"炼心"的过程也不是仅靠意念指令的发布、实施,而是伴随着外在形体的协调。

道教修行学讲究外部动作与内部动作的协调统一,这种技术思路是在先秦道家"形意交融"理念启迪下形成与发展的。在道家看来,学习和运用"身体的技术"对于健康长寿是至为关键的。读过《庄子》的人大概不会忘记其中关于"庖丁解牛"的寓言故事。该书《养生主》先是描绘了庖丁为文惠君"解牛"的情形,称赞庖丁的操作"手之所触,肩之所倚,足之所履,膝之所踦,砉然响然,奏刀騞然,莫不中音,合于《桑林》之舞,乃中《经首》之会"①。文惠君看了这种合于上古舞蹈韵律的"解牛"技术表演,十分感叹,问庖丁是怎样达到这样高超境地的? 庖丁说,"臣之所好者道也,进乎技矣"。这个回答表明了庖丁是一个求道者。按照唐代道士成玄英的解释,庖丁所雅好的"道"乃是"养生之道"②。在庖丁看来,养生之道并不是虚无飘渺的,而是可以通过技术来获得的。换一句话来说,"道"虽然是无形的,但却在技术的操作过程中得到寄托和体现。郭象指出,这叫作"直寄道理于技耳"③。庖丁解牛之所以如此精湛,是因为他已经超越了一般的物理机械技术,这种超越的完成经历了三个不同阶段。第一是以眼睛看全牛的操作阶段;第二是眼睛不看全牛的阶段;第三是眼不看牛但神看的阶段。所谓"以神遇而不以目视,官知止而神欲行"④说的就是这种情形。在这个阶段中,庖丁已经从计量化的技术操作升华到了"游艺"的境界。庖丁的"游艺"体现了"意生形合","形意融会"的完美

---

① (晋)郭象注,(唐)成玄英疏:《南华真经注疏》上册,北京:中华书局 1998 年版,第 67 页。
② (晋)郭象注,(唐)成玄英疏:《南华真经注疏》上册,第 67 页。
③ (晋)郭象注,(唐)成玄英疏:《南华真经注疏》上册,第 67 页。
④ (晋)郭象注,(唐)成玄英疏:《南华真经注疏》上册,第 68 页。

技术境界,寄托了道家的养生理趣。正因为如此,当文惠君听了庖丁一席话之后深有感触地说:"善哉!吾闻庖丁之言,得养生焉。"①以庄子为代表的先秦道家这种寄道于"技"的理念不仅成为道教修行的思想核心,而且被贯穿于道教方技的诸多领域。因此,道教学者在积极诠释《庄子·养生主》的基础上,发展出一套"形神圆贯"的修行术,不论是静坐、存想、胎息,还是导引、太极拳,其最高境界都具备了形神融合的特质,而其"神"的内涵一方面意味着"神会",另一方面则包含着德行能量的累积与发挥。由于这一系列操作都以人自身为对象,道教人格完善的过程也就具备了明显的形意技术特质。

其次,道教人格完善的技术操作过程,还体现着深刻的哲理。

换一句话来说,道教人格完善是以一定的哲学理念为指导的,在其具体的技术操作过程中寄托着道教对本体与现象、生命与环境相互关系的深邃认识。从这个意义上说,道教人格完善过程也就是道教技术哲学理念的贯彻过程。

道教人格完善理论是以认定"道"的存在和作用为前提的。从东汉起,道教就接受了先秦道家关于"道"的思想并且加以发挥。《太平经》在劝人为善的修行论述中反复使用"道""天道""生道""大道"等概念。由于重视践履的缘故,《太平经》中的"道"更多的是从修行角度来论述的,但有时也将之作为宇宙"本根"。例如该书《守一明法》称:"夫道何等也?万物之元首,不可得名者。六极之中,无道不能变化。元气行道,以生万物。"②这段引文中的"元"意味着"开始",而"首"则是头部的象形,"元"与"首"连称,具有肇始或第一的意思。把"道"看作万物的元首,这实际上就是以"道"为化生之本。《太平经》在行文中虽然又使用了"元气"这个概念,但相比而言,"道"是更为重要的,因为"元气"必须"行道"才能生万物,所以作者最后总结说,"天地大小,无不由道而生"③。古人所谓"天地"往往泛指人与动植物存在的广阔空间。从"六极"一词的使用情况看,《太平经》的"天地"几乎与"宇宙"可以相互转换,因为"六极"本是一个指称空间的特有概念。《庄子·应帝王》称:"以出六极

---

① (晋)郭象注,(唐)成玄英疏:《南华真经注疏》上册,北京:中华书局1998年版,第69页。
② 王明:《太平经合校》,北京:中华书局1960年版,第16页。
③ 王明:《太平经合校》,北京:中华书局1960年版,第16页。

之外,而游无何有之乡。"成玄英疏:"六极,犹六合也。"①六合又是什么呢?其实就是天地四方。由于四方是无限延长的,天地也就没有限量。既然如此,"道"的地位便更加重要了,故而美善的品性也应该从"道体"的存在方面来追溯。

《太平经》关于"道生万物"的命题表明道教早已注意到"本体"与"现象"的关系问题。既然"道"被当作事物发生的"元首",那么由此肇端而起的"天地大小"事物也就可以认定为现象。初看起来,这种认识似乎没有什么超乎寻常的高明之处;但若从人格完善的立场进一步发掘,就可以发现简单命题其实是更耐人寻味的。因为它不仅看到了天地之间现象的多样存在,而且确立了道教人格完善的"技术本体"。这里的"技术本体"既是道教人格完善的技术操作系统赖以存在的发生论根源,也是该技术操作系统所要实现的仙圣目标的内在依据。正因为如此,道教在言及仙圣修行时不断地对"道"的品性、作用进行描述。晋朝著名道士葛洪说:"道者涵乾括坤,其本无名。论其无,则影响犹为有焉;论其有,则万物尚为无焉。"②又说:"道也者,所以陶冶百氏,范铸二仪,胞胎万类,醖酿彝伦者也。"③葛洪这两段论述各有用意。前者侧重于昭示"道"的性状;后者侧重于彰显"道"的功用。在葛洪的心目中,"道"不仅是宇宙存在的根源、万物化生的模本,而且是一切运动、操作系统得以发生的缘由,具有广大的包容性。葛洪对"大道"的赞美,一方面表现了坚定的信念,另一方面丰富了人格完善技术操作的本体论内涵。

《太平经》与《抱朴子》的论述给后世道教学者以很大的启迪。故而,有关"道体"的论述不仅屡见于魏晋以来诸多道教文献之中,而且体现了"穷理尽性"的合道保生思路。《钟吕传道集·论大道》有一段话很能说明这个问题:"真原一判,大朴已散。道生一,一生二,二生三。一为体,二为用,三为造化。体用不出于阴阳,造化皆因于交媾。上中下列为三才,天地人共得于一道。道生二气,二气生三才,三才生五行,五行生万物。万物之中,最灵最贵者人也。

---

① (晋)郭象注,(唐)成玄英疏:《南华真经注疏》上册,第 172 页。
② 王明:《抱朴子内篇校释》,北京:中华书局 1985 年版,第 170 页。
③ 王明:《抱朴子内篇校释》,北京:中华书局 1985 年版,第 185 页。

惟人也,穷万物之理,尽一己之性,穷理尽性,以至于命。全命保生,以合于道。"①《钟吕传道集》这段话不仅深化了隋唐以前关于"本体"与"现象"相互关系的认识,而且从修行主体的生命存在及其与环境的关系角度阐述了"全命保生"的依据与方向。第一,作者从"顺行"的角度勾勒了"道生万物"的发展链条,说明了道教人格完善主体与"大道"的密切关系。所谓"顺行"是从"道生宇宙万物"过程来理解的。《钟吕传道集》引用了老子《道德经》第四十二章关于"道生"的经典论述,并且将之与《周易》的"阴阳""三才""五行"思想结合起来,概括了宇宙时空的运化过程,由源及流,故而具有顺行的理趣。第二,作者把"人"放在宇宙万物化生链条上来考察,提出了向"大道"复归的"全命保生"之路。既然"道生宇宙万物"是一个顺行过程,那么"复归"则可以看作是"逆行"过程。所谓"穷理尽性,以至于命"②,实际上就是追溯源头。"穷"具有"推究"的意思,"尽"意味着"彻底",故而"尽性"就是彻底地明了生命的形体与精神的本来性地。不难看出,《钟吕传道集》是根据《周易》的"逆数之道"和老子"反者,道之动"③的理路,来阐述"全命保生"方案。"全命保生",可以从不同层次来理解。就道教的根本目标来看,"全命保生"就是长生不死,成为神仙;就人道的完善角度看,"全命保生"则意味着通过各种法度,以修复生命的缺损,复归本性。《钟吕传道集》强调"以合于道",要"合"当然就必须"复归",因为由"道"生化宇宙万物及人已经过了很长的历程,所以只有走"复归"之路才能逐步缩短"人"与"道"之间的距离,直至最终的彼此契合。尽管修复生命的缺损,这只是一种构想,但却说明道教人格完善的技术操作是有明确路径的。按照一般的常理,生命在时间上的复归只是一种大胆的设想,但在长期的历史过程中,这种设想作为道教追求的目标却激励信仰者创造、发明各种各样形神相兼的操作技术。从这个角度看,道教富有哲学意味的生命理想并非束之高阁的"无果花",而是其信仰者的实践动力。

---

① 《道藏》第4册第659页。
② "穷理尽性,以至于命",首见于《周易·说卦传》,《钟吕传道集》用来作为内丹修炼的根据。
③ (魏)王弼注,楼宇烈校释:《老子道德经注校释》,北京:中华书局2008年版,第110页。

# 三、道教人格完善理论的现实意义

作为中国传统人学的重要组成部分,"道教人格完善"理论具有丰富的内容。揭示道教人格完善的技术操作特征,发掘蕴涵其中的哲学理趣,这是中国传统人学研究的基本要求。但是,仅仅这样做是不够的。有鉴于此,我们必须将之置于现代社会视野中来进一步评估。道教人格完善理论到底有什么现实意义或价值呢? 经过一番审视与思索,笔者以为如下几个方面是值得关注的:

(一)道教人格完善理论主张"我命在我不在天",这种思想有助于人们在现实生活中树立积极向上的人生观,提高自我的生存能力和服务社会的能力

按照道教生成论的观点,宇宙间万事万物的化生都以"道"为最终的根据,因此必有其定数,人的生命也不例外。这种思想在早期道教经典《太平经》中就有所表现,该书通过一系列的数字来说明人生各个阶段的不同特点,它认为一般的人 3 岁能够行走;15 岁内脏(内藏)气动;20 岁男女之合的愿望迫切;30 岁气足而具有"任施"生子的强大功能;60 岁老衰,当闭精不施。在《太平经》看来,人类这样的行为都是"气数"使然,它还根据"天人相应"和"观物取象"的思路,以《易》学的"象数"技术模式,力图说明天地之间"万二千物"①的产生以及相互关系。这种理论尽管素朴,甚至还比较粗糙,但却反映了道教在创立之初便重视"气数",此等思想对后来道教的命运说产生了深刻影响,因此魏晋以来道教相当重视"运程"的推算,通过吸纳天文历法学、医学等多学科知识,建立了以阴阳五行为主轴的诸多术数推算法门。可见,在道教体系中,命运的思想占有不可忽略的地位。

道教的命运思想相当复杂,其中不免包含糟粕;但从人格完善的立场看,却也有值得重视的积极因素。与儒家秉持的"畏天命"观念不同,道教一方面主张应该认识自我,另一方面又认为个人命运最终是由自己掌握的。这种看法见于葛洪《抱朴子内篇·黄白》所引述的《龟甲文》。该文说:"我命在我不

---

① 王明:《太平经合校》,北京:中华书局 1960 年版,第 217—218 页。

在天,还丹成金亿万年。"①由于葛洪收藏的书都是从金丹派先辈那里得来的,我们有理由认为,这种看重修行主体后天努力的生命思想应该早已在魏晋以前的金丹派之中流传。基于贵生的理念,金丹派积极寻求延长生命的方法。在长期的探索过程中,金丹派虽然走了不少弯路,也有沉痛教训,但它积极探索生命奥秘的精神却非常可贵。经过葛洪的宣传,"我命在我不在天"的思想在道教中逐步发扬光大,葛洪之后的《西升经》甚至专门设置了《我命章》来阐述这种思想。该书称:"老君曰,我命在我,不属天地,祸福无不自己求之者。我不视、不听、不知,神不出身,与道同久……吾与天地分一气而治,自守根本也。"②《西升经》讲得很明确,"命"的降生虽然不由己,但自降生之后就掌握在自己手中了。所谓"不视、不听、不知"并不是时时刻刻处于与外界隔绝的发呆状态,而是说人格完善的修行主体面对外界诱惑时应该自我控制,以达到与道"抱一"③的状态。北宋时期,著名的道教内丹家张伯端的《悟真篇》谓:"药逢气类方成象,道在虚无合自然。一粒灵丹吞入腹,始知我命不由天。"④它强调修行者的努力对于延年益寿的关键作用,代表了唐宋以来道教的生命信念和重视后天涵养的立场。种种迹象表明,"我命在我不在天"的思想可以说是道教基本教义之一。这种思想在最初虽然是在金丹烧炼实践启发下形成的,但经过长期流传,其内涵不断地丰富。在当今,"我命在我不在天"已经成为道教格言并且在其人格完善的实施过程中产生激励作用。在生活节奏逐步加快的现代社会中,许多人由于工作紧张、事业不顺,产生了悲观情绪,甚至丧失生活信心,如果能够接受道教"我命在我不在天"的思想熏陶,对于振奋精神来说,应该是有裨益的。

(二)道教人格完善理论强调"以德养生",它遵循复归的思路,通过内外呼应的形神技术操作,涵养天元,升华境界,这种形式可以为当代和谐社会构建中的公民素质教育所借鉴

"以德养生"在表层上是依据一定的社会伦理规范来保养精神和形体,但

① 王明:《抱朴子内篇校释》,北京:中华书局1985年版,第287页。
② 《道藏》第11册第507页。
③ (魏)王弼注、楼宇烈校释:《老子道德经注校释》,北京:中华书局2008年版,第22页。
④ 《道藏》第2册第936页。

从深层次方面看,却蕴含着顺应天道以尽心知性的生存哲学理念。在先秦文化中,"德"是一个基本的概念,它与"得"相通。老子《道德经》第五十一章说:"道生之,德蓄之,物形之,势成之。"①在老子看来,"道"是最初的宇宙本原,它赋予万物以生命,积累成形就是"德",这个"德"规范万物的本性,万物彰显"德"的性状,"势"成就万物的功用。如果说道是德之体,那么德就是道之用,道因德而化生大千世界,德是道用以化生大千世界的基本范式及能量。对于"德"与"道"的这种关系,《管子·心术上》作了发挥,它说:"德者道之舍,物得以生,生知得以职道之精。故德者,得也。得也者,其谓所得以然也。以无为之谓道,舍之之谓德。"②《管子·心术上》赋予"德"更明确的意义,并且直接将之解释为"得",所谓"得"就是因"道"而得其精,因精而获其生。这种自然而然的宇宙运化法则就是道,以有形之品物来彰显宇宙运化法则就是"德"。汉代以来,道教继承发挥了《道德经》与《管子》关于"道德"的学说,并且将之与儒家的伦理思想沟通起来,用以指导延年益寿的人格完善活动。在道教中人看来,人类社会乃是自然界的一种延伸,追其本原,依旧应该回溯于混沌之道。混沌之道的最大功德就是生养万物而不居功、不占有,保持淳朴的本性,这样才能复归于道,与大道融通而为一体。引申到生命伦理的领域中来,以"孝"为本,修养心性,这是崇高的生命之德。因为"孝"乃是以报恩胸怀来对待生身之父母,这实际上是伦理导向上的复归,即从我身推源于父母,由父母推源于天地,由天地推源于混沌之道。推源过程就是淳朴心的恢复过程。这样一来,"孝"不仅是一种伦理的境界,而且是一种精神调节的方法,即养生的方法。在中国古代,"孝"与"忠"是联系在一起的。所谓"忠"在儒家看来就是诚恳为人,《论语·学而》有"忠信"之说,表现了儒家推己及人的基本伦理价值观念。道教在吸收儒家"忠信"伦理观念用于养生时侧重从"心正"的角度来加以阐释,因为"中"就是"正",心存"中和"即是"忠"。在历史上,"净明道"一派特别强调"忠孝"养生法。该派所谓"忠孝"尽管吸纳了儒家的思想内容,但却将之作为还本复归的人格完善的技术操持手段。这是力图通过内

---

① (魏)王弼注、楼宇烈校释:《老子道德经注校释》,北京:中华书局 2008 年版,第 136 页。
② (清)戴望:《管子校正》,《诸子集成》(第 5 册),北京:中华书局 1954 年版,第 220—221 页。

在的心灵修养,从而达到与"天心"相印,实现天人合一的境界。所谓"大忠者,一物不欺,大孝者,一体皆爱"①,显示了净明道由心灵修养而推源于天的思维逻辑。在这里,以老子为代表的道家之"德"已经与以孔子为代表的儒家之德交融起来。根据道教中人以养生主体合于养生客体的思维逻辑,不论是儒家之"德"还是道家之"德"在养生实践过程中都是不可或缺的。因为道教所倡导的是由人道修养进而仙道修养,以人道修养为基础,以仙道修养为指归。这样,儒之德与道家之德便被巧妙地编排在人格完善的实践活动过程中,成为相互连接的两大程序,本来属于人文范畴的伦理道德内容在道教文化体系中却技术化了,这可以说是一种人文思想与传统养生科技的结合,或者说是人文文化向实用操作技术的转化。

道教"以德养生"的人格完善技术对于当代公民素质教育来说具有实际应用价值。长期以来,我国对公民素质教育应该说是很重视的,并且采取了许多措施,例如在大学、中学教育中开设法律、伦理等课程,这有助于形成公民的社会公共规范意识和习惯;但平心而论,其客观效果是灌输多于自觉。相比之下,道教"以德养生"的人格完善法门在理论上是以修行主体的贵生本能为出发点的,一旦人们了解这种理论的具体内容和操作技术特点,接受者是比较容易将观念转变为自我实践活动的,这种活动把外在的肉体健康与内在的精神健康统一起来,当伦理资源转化为身心健康的能量时,人格完善的技术操作者也就可以体悟到切实的效用。笔者这样描述并非主张把道教"以德养生"的人格完善技术原封不动地搬入我国目前的公民素质教育中,而只是提醒这种教育应该体现一种生命意识与道德理念的一致。从这个角度看,道教"以德养生"的人格完善技术无疑是可以在某种层面上加以应用的。

**(三)道教人格完善理论强调"身国共治",这种修行主体与客体融通为一的法门有助于当代社会的个人与生存环境的和谐**

道教"以德养生"的人格完善技术不是孤立存在,而是同"身国共治"的修行法门环环相扣的。所谓"身国共治",实际上是一种通过类比思维逻辑而形成的精神操作模式。具体而言,就是把身体当作国家,把国家当作身体,从而

①《道藏》第 24 册第 635 页。

建立可操作的步骤。

　　"身国共治"理论是以"身国互喻"的象征思维为前奏的。顾名思义,"身国互喻"就是"以国喻身"和"以身喻国",即把身看作"国",或者反过来把国看作"身"。这种思维路数在道教文献之中常有蛛丝马迹可寻。如《周易参同契》有许多地方描述君主统御百官治理国政的行文:"辰极受正,优游任下。明堂布政,国无害道。内以养己,安静虚无,原本隐明,内照形躯。"①关于这段话,彭晓做了解释:"辰极受正,优游任下者,谓神胎居中宫,喻君处明堂,如北辰也。阴阳五行之气,臣下也。但君臣理内,如北辰正天之中,则阴阳五行之气顺和,鼎室金水之液滋生。君得以养己安静,任运虚无,自然变化也。原本隐明,内照形躯者,谓金能隐明,又能自照,得火而同益光明也。"②据此,则所谓国君于明堂中统领百官的"理内"举措也是形容,其用意在于治身。尽管如此,这种比喻却显示了作者对政道的谙熟。此等"以国喻身"的法式在陈致虚《灵宝无量度人上品妙经注》中更加明确:"人以身为国,以精为民,以气为主,以神为帅,山川林木,具在身中……心君一宁,万神听命。"③很显然,这是把身休当作国家看待,依据国家的管理法度来修炼身心。

　　同样道理,国家也可以反过来看作身体。如严遵《道德真经指归》在阐释老子《道德经》"含德之厚,比于赤子"的时候称:"是故建身为国,诚以赤子为容。则是天下尊道贵德。"④严遵所指"建身"之"建",是从"设置"的意义上说的。人们不禁要问:身既然存在,为什么要"建"呢? 其实,这个"建"在此具有假设其形象而为譬喻的意义。下文所说"以赤子为容"表述得非常清晰,这就是以"赤子"身形禀性作为形容。严遵之后,著名道教学者葛洪在《抱朴子内篇·地真》中也兴致勃勃地"以身喻国"。他说:"一人之身,一国之象也……神犹君也,血犹臣也,气犹民也。故知治身,则能治国也。夫爱其民所以安其国,养其气所以全其身。民散则国亡,气竭则身死。"⑤按照葛洪的看法,人体

---

① 《道藏》第 20 册第 137 页。
② 《道藏》第 20 册第 137 页。
③ 《道藏》第 2 册第 396 页。
④ 《道藏》第 12 册第 366 页。
⑤ 王明:《抱朴子内篇校释》,北京:中华书局 1985 年版,第 326 页。

简直就成了国家机器。他根据道家的"三分法",把人之所以为人的要素概括成三个方面,又将它们分别作了比喻。在人体的"国度"中,君臣民俱备。就"治身"来说,养气乃是培本壮根,由此推及"治国"就应该爱民。

"以身喻国"或"以国喻身",作为"比观"的两个方面,是中华民族"观物取象"的易学思维方式的体现。在易学中,"个别"是离不开整体的,每一具体的卦都从某个角度传递着《易经》卦象网络的"全息"。出于这种思维模式的"身国互喻"也是如此。不论从"治身"的角度还是从"治国"的角度看,"身国互喻"的意念指向都是整体性的。一方面,就"理身"而言,将"身"看作一个国家,就可以更好地注意到诸器官的协调。百官有序,脏腑通气。本来,处于"微小"状态的身体因被作为"国家"而得到"放大"。于是,"治身"也就有了明朗的操作性。另一方面,就"治国"而言,既然"国"已经与"身"等量齐观,那么完全可以依据《周易参同契》所描述的那种"循卦炼功"的技术法度,把国家内部关系的调理当作一个"内丹修炼"过程,"治国"即是"炼丹",治国火候的操持因有卦象"承成比应"①的"量"与"度"的显示,从而获得比较准确的把握。而更为重要的是,这种"身国互喻",搭起一座身国共治的桥梁,这座桥梁的主干就是以德为宗的调控框架。道教之所以把"德养"的治身法门与治国联系起来,从治身到治国,又从治国到治身,是因为个体生命的存在是无法离开国家整体的。只有国家整体达到和平的境界,个体生命的修炼才能趋于完善。

就当代的视野来看,"国"的内涵已经改变,社会中人与人的关系当然不同于古代那种君臣民关系。因此,道教"身国共治"的技术模式也是不能全盘照搬的,但贯通其中的和谐精神却依然值得提倡。在道教看来,治身与治国这两者是相互照应的。治身必须理顺身体组织的各种关系,治国照样应该理顺各种关系。就宏观的立场而论,"国"的扩展就是天下。"身"与天下的关系可以看作人格完善主体与环境的关系。在修行过程中,个体的生存与完善需要良好的和谐环境,而良好的和谐环境与个体的行为密切相关。因此,修行者不

---

① 所谓"承成比应",这是古易学家阐释《周易》的一种理论,其要义所在是揭示卦象爻位相互关系。

仅要以"中和"为本,而且要在事业的创造与发展中凝聚专注的"守一"功夫,从而造就修行者个体与社会环境、自然环境的"大通"①秩序。道教这种修行模式所蕴涵的整体和谐精神对于当今个体文明程度的提升以及社会良好秩序的创建而言应该是富有启迪意义的。

**(四)道教人格完善理论虽然建立了一整套技术操作模式,但最终目的是达到"无操作"的境界,这种由"有"返"无"的原则对于抑制当代社会某些部门中存在的过于繁琐的工作程序也是有参考价值的**

笔者在上面花了很大的篇幅阐述了道教人格完善的技术操作精神、操作模式、操作法门,这并不意味着道教是以技术操作为旨归的。如果从整体上加以把握,我们会发现,道教人格完善理论是包含着许多不同层次的内容的。一方面,道教学者从一般修行者入门的需要出发,介绍了导引、炼形、存想、内丹、孝功之类法度;另一方面,道教学者在许多场合语重心长地告诫修行者不可执泥于技法,而应该以"无为"的心态处之。唐代著名道士成玄英说:"夫修道之人,日损华伪,既而前损有,后损无,有无双遣,以至于非有非无之无为也。寂而不动,无为故无不为也。"②成玄英这段话是在注疏《庄子·知北游》的时候说的。在《庄子·知北游》中,作者把"知"拟人化并且作为一个探索者来刻画,通过"知"的一系列访问活动,力图说明复归于"道"的可能性与现实性。作者说"知"北游于玄水之上,登隐弅之丘,而遇上了"无为谓"。于是"知"就对"无为谓"说,我想问你一些问题:"何思何虑则知道? 何处何服则安道? 何从何道则得道?"③据说"知"问了三遍,"无为谓"都不回答。"知"得不到解答,回到白水的南边,登临狐阕的丘上,他看见狂屈,以同样问题发问。狂屈支支吾吾,正想说却说不出来。"知"依然得不到解答,就回到帝宫,看见黄帝连忙请教。黄帝回答说:"无思无虑始知道,无处无服始安道,无从无道始得道。"④意思是说:没有思索、没有考虑才懂得道,没有居处、没有行为才安于

---

① 参见(晋)郭象注,(唐)成玄英疏:《南华真经注疏》(上册),北京:中华书局1998年版,第63页。《庄子·大宗师》:"堕肢体,黜聪明,离形去知,同于大通,此谓坐忘。"成玄英疏曰:"大通犹大道也。道能通生万物,故谓之大通也。"
② (晋)郭象注,(唐)成玄英疏:《南华真经注疏》(下册),第421页。
③ 陈鼓应:《庄子今注今译》,北京:中华书局1983年版,第558页。
④ 陈鼓应:《庄子今注今译》,北京:中华书局1983年版,第558页。

道,没有途径、没有方法才获得道。① 这个寓言体现了先秦道家回归自然淳朴本性的理路。《庄子·知北游》之所以强调一个"无"字,就在于要说明"得道"应该破除执着心。表面看来,《庄子·知北游》这种观点似乎与《养生主》关于庖丁解牛的"进技"思想相左;其实,稍加推敲就可以明白,它们表现了道家关于人格完善的两个不同层次;如果说"庖丁解牛"所寄托的是形神合一之道,那么"知北游"所悟出的则是本原之道。从最终归宿来看,道家当然是要回复于本原之道。这种回复是有层次的:就入门来说,应该借助技术;就境界升华来说,应该忘记技术,进入宽松的状态。魏晋以来,道教对于升华境界尤其重视,学者通过注疏老庄玄理,形成了"重玄派",成玄英正是这个学派的主要代表人物之一。除了成玄英之外,隋唐时期的许多道教学者都在这个问题上深入探讨,提出了许多深刻的见解。例如李荣注《西升经》、作《老子集解》,王玄览作《玄珠录》,孟安排撰《道教义枢》。他们尽管立论的角度有所不同,但都一致主张应该破除执着之心,以达于虚空。成玄英关于"有无双遣"的论述实际上就是表达修行者从"有技术操作"升华到"无技术操作"的合道境界。

毋庸置疑,从有技术操作升华到无技术操作,这是一种很深刻的思想。就社会整体生存而言,全面的无技术操作当然是不可能的,但追求一种宽松的气氛却是可以实现的。在科学技术突飞猛进的当今,注意发掘古代道教思想家关于精神境界升华的资源,以建立新的人学理论,笔者相信这将有助于改变被"异化"的人的生活,也有助于激发人的创造性与灵感。

(本文发表于《哲学研究》2006 年第 4 期,收入本书时略有修订)

---

① 陈鼓应:《庄子今注今译》,北京:中华书局 1983 年版,第 561—562 页。

# 道教和谐观与人类整体生存

"生存"这两个字在当今许多人的心目中或许显得微不足道,但在人类历史上却具有十分重要的意义。从文化学的立场看,人类的所有活动可以说都是围绕生存理念而展开的,无论是物质活动还是精神活动,都受到了生存愿望的推动,寄托着生存的文化精神。就现实的层面而言,生存不仅表现为个体的存在,而且表现为整体的联结。

随着物质生活水平的提升,人们在歌舞升平的快感追求过程中也许暂时忘记了生存问题;不过,当现代化战争烟雾再度弥漫、新的全球环境危机红灯亮起的时候,人类不得不重新思考生存问题。

人类如何面对危机和化解危机? 如何才能长久而美好地生存? 在此等问题上,道教文化蕴含着丰富的资源,尤其是它的和谐观对人类的整体生存来说更具有特殊的精神裨益。

## 一、道教和谐观的生命意识

作为中华民族的传统宗教,道教与我国思想文化中的诸多流派一样,都倡导"和谐",这是毋庸置疑的事实。近年来,已经有许多学者撰文予以论述,《中国宗教》与《中国道教》等杂志陆续刊登的一些文章或多或少地论及这个问题,还有若干网站也发布文章予以讨论。可见,道教和谐观已经引起了学者与一般社会人士的关注。

从近两千年所积累的道教文献中,我们的确可以查到大量关于和谐理念的经典依据。别的不说,就道门中人对《道德经》注释的诸多文本来看,就可以感受到和谐精神的流贯。考文物出版社、上海书店、天津古籍出版社三家合作影印出版的《道藏》第 11 册到第 14 册收录了杜光庭《道德真经广圣义》等注释发挥之作 50 余种,而巴蜀书社出版的《藏外道书》也收录了《道德经》注疏之作 20 余种。翻检此类著作,不难看出,和谐理念在道教思想中所占的突出地位。唐代著名道士杜光庭在《道德真经广圣义》卷三十三论及老子关于"冲气"的时候说:"物之生也,既因阴阳和气而得成全,当须负荷阴气,怀抱阳气,爱养冲气,以为柔和。故广成子告黄帝曰:我守其一,以抱其和。故我修身千二百岁而形未尝衰,是知元气冲和,群生所赖,老君举此者,明人既禀和气以生,则气为生本,人当固柔和、守雌弱,以存本也。"①文中的"物"泛指宇宙间所有的生物。在杜光庭看来,宇宙间任何生物个体从发生到成熟都是阴阳和气的作用。阴阳和则生,阴阳不和则杀。由此引申到人的生命修养,当然也就必须遵循阴阳和气的原则。杜光庭在阐述过程中先后使用了"柔和""抱其和""冲和"等术语,体现了他的"和谐"自觉意识。此外,杜光庭还引述了《庄子·在宥》关于黄帝拜师广成子的典故,这说明生命个体阴阳冲和的思想是由来已久的;不过,杜光庭并非只是采录,而是进行新的发挥,他着重从阴阳对应的角度来阐发"和气"对于延年益寿的功用。首先,"阴阳和气"的提法表明杜光庭看到了生命个体存在是以内在对应因素的相互作用为前提的。这实际上就是一种"和谐"思想的表达,因为"和"本来就意味着不同音阶的调谐。宫、商、角、徵、羽,五音建运,各有相和,上升到哲学角度来看,五音流行感动,可以概括为"阴阳和气"。从这个角度说,杜光庭的"和气""抱和"论可以说是一种生命旋律的哲学升华,因为在道教看来,生命就像一首歌,要唱好生命之歌,就必须懂得生命的乐理,这种乐理的基本精神存在于相反相成的生命因素之彼此呼应与协调圆融。其次,在生命修养过程中,不同因素之所以能够谐之而和,是因为修行者有一种"柔"的态度。"柔"本来是对木性的一种形容。汉代文字学家许慎《说文解字》称,柔,"木曲直也"。凡木可直可曲者就称作"柔"。后来引申之,以形容"阴类"事物的特质。杜光庭在解读《道德经》时反复说"柔",这实际上是强调谦卑修身的重要性。在杜光庭看来,谦卑不仅是一种美德,而且是一种养生的法门,因为黄帝的老师——广成子修身长寿,

---

① 《道藏》第 14 册第 479 页。

就是从谦卑的人格涵养开始,并且一直保持这种品质。谦卑之所以能够使人长寿,是因为这符合"冲和"之道。什么是"冲"呢?"冲"是老子形容大道的一个术语,意为空虚,《道德经》谓"大盈若冲,其用不穷"。人如果能够以"空虚"为境界,就可以排除自我的私欲,从而像浩瀚的大海一样广纳百川,社会于是就能够保持和谐状态。由此可见,杜光庭的和谐论是有相当深刻的思想意涵的。杜光庭的解读,只是道教生命和谐理论中的一个小片断,如果我们进行一番仔细的检索,那是可以找出数以千计的资料的。

在道教中,和谐不仅是个体生命健康长寿的需要,而且是处理个体生命与环境关系的需要。了解中国文化的人知晓,道教的基本目标是延年益寿,理想目标是"羽化登仙"。前者意味着道教力图通过可能的手段尽量避免主、客观的伤害,从而达到天赋的年命;而后者则是一种象征性表述,意即超越一般人的年寿,达到生命的理想境界。在道教看来,不论是实现基本目标,还是实践理想目标,都必须注意处理个体生命与环境的关系。所谓"环境",既包括社会环境,也包括自然环境。根据道教的思想宗旨,营造良好的环境首先应该从家庭的和谐做起,然后延伸于乡镇、推广于国家。宋元时期道士杜道坚《道德玄经原旨》卷三说:"修之家,其德乃余,能克家则善有余庆也;修之乡,其德乃长,斯友一乡之善士也;修之国,其德乃丰,国人皆好之也。修之天下,其德乃普,天下慕之也。"①杜道坚所讲的"修"乃是将个体生命完善的法门推而广之,从而使上德由家而乡,由乡而国,由国而天下。由于个体生命完善的基本原则是"和谐",社会美好环境的营造当然也必须贯彻和谐精神。不仅如此,道教还特别注重自然环境的保护与完善。从早期道教典籍《太平经》,到明清时期的诸多道人著述,都反复地陈述这种思想理念。《洞真太上八素真经三五行化妙诀》说:"志道至坚,成于事也。何由自坚,坚由大慈,慈爱一切,不异己身。身不损物,物不损身,一切含炁,木草壤灰,皆如己身。念之如子,不生轻慢意,不起伤彼心,心恒念之,与己同存。"这种广泛的慈爱情感决定了道教能够自觉地保护自然环境,从而营造一种更加适合个体生命修行的氛围。

概括起来看,道教不仅注重自我生命的和谐,而且注重自我生命与环境的

---

① 《道藏》第 12 册第 749 页。

和谐。如果说前者是道教修行理论中个体健康的基本准则，那么后者则是道教希望延年益寿的基本保证。

## 二、道教和谐观的理论基础

道教的生命自我和谐与环境和谐理念不是偶然发生的，而是由其基本信仰决定的。在一般人眼里，道教宫庙中塑造了种种神仙之像，似乎只是一种偶像崇拜的宗教；其实，这只是了解道教的表面。如果深入道教文化殿堂，你就会发现，在神仙崇拜的背后还有一个更为根本的信仰内核，这就是"道"的信仰。道教之所以称作道教，就在于它是以"道"为信仰核心的。倘若我们沿着道论的思路深入追溯，是可以发现其和谐观是具有深厚理论基础的。

首先，道教和谐观是以"道本论"为根基的。在道教看来，"道"是生化宇宙万物的本初，也是原动力。"道"的伟大和崇高，就在于它不是具体的存在，而是无形、无名、无际，道是永恒而无私的，但又不停地运化着，从而有了天体时空的展开和神仙的存在和变通。老子《道德经》说："道生一，一生二，二生三，三生万物。万物负阴而抱阳，冲气以为和。"向来，人们把这段话当作道家本体论与宇宙发生说的最初表达。如果我们换一个角度看，那就会发现，老子的道本论其实已经蕴含着和谐的精神。因为先于天地而生的"道"乃是"混成"的。所谓"混成"就是万物浑沦的状态，列子将之划分为太易、太初、太始、太素四个阶段；元代道士杜道坚予以发挥，他在《道德玄经原旨》卷三中说："道生一，无极而太极也；一生二，两仪生焉。二生三，三才立而万物生也。是谓三生万物，万物负阴而抱阳，冲气以为和。"又说："一点中虚，乃成冲和。"①杜道坚将道家理论与《易经》学说结合起来，他说的"无极"就是"道"，而"太极"就是"一"。按照道教所传授的太极图，一圆内包阴阳，阴中有一点阳，而阳中也有一点阴，这就是未曾分化的"两仪"，彼此相互对应，故而是一种未彰显的和谐状态。当两仪分化，相互推动而使气机发动，万物由之而化生。万物之所以能够发生，是因为"道"之大德就是"和"，故而《道德经》说："知和曰

---

① 《道藏》第12册第742页。

常,知常曰明。"杜道坚解释说:"和乃德之常,知和则常,知常则明,明则无不容矣。"①熟悉传统文化的学者们明了,"德"在道家思想体系之中是一个非常重要的概念。从本体论的立场看,"德"乃是混沌之道化生宇宙万物的一种特质。换一句话来说,"德"就是大道的基本功用。大道为什么能够化生宇宙万物呢? 是因为它有一种常德,这就是"和"。按许慎《说文解字》的说法,"和"本作"龢",其义从"龠"。所谓"龠"本是对器乐竹管的写照,汉代经学家郑玄注释《礼记·明堂》时称,"龠"有三个孔。后来虽然也有六孔、七孔等不同说法,但有一点是一致的,这就是用以"和众声"。作为一个熟悉古代音乐的智慧老人,老子以音乐和声来揭示大道之德,道教理论家们坚持和发挥老子的思想立场。杜道坚正是在这样的背景下提出"和乃德之常"的见解的,这是历史上道教学者关于"大道"性状的最有代表性的看法之一,显示了道教和谐本体论的深邃理趣。

其次,基于道本体论的逻辑理路,道教发挥老子"广容"思想,这也为其和谐主张提供了理论支撑。翻检道家经典文献,可知"广容"乃是老子哲学本体论的一种精神延伸。《道德经》说:"知常容,容乃公,公乃王,王乃天,天乃道,道乃久。殁身不殆。"这是老子道论的思想扩展,也是道家修身治世的理论概括。"常"是"大道"的品性之一,它的意义是规则、有序,也意味着恒久;而"容"也就是宽容、包容。老子认为"大道"运化有序,大德广容,故而恒久。修道就是要以大道为指归,通过"复归"的养德法门,来与大道合真。老子的思想对道教产生了深远影响。历代道教学者往往对老子的这种思想予以解读,并且进行时代发挥。全真道理论家邓锜《道德经三解》卷二说:"知常则能容万物,是知常乃公道。公乃王道,王乃天道,天乃道道,道之道,恒久而不已也。是以殁身不殆。"②邓锜把"容"具体地诠释为"容万物",体现了道教宽厚的为人处事精神。文中所谓"王道"并非指君王之道,而是旺盛之道,古人最初写字简而不繁,故而以"王"为"旺",意味着火燃烧而旺盛。之所以旺盛,是因为"常"乃是"和"之至。所谓"天乃道道",前一个"道"字作动词,后一个"道"字

---

① 《道藏》第 12 册第 748 页。
② 《道藏》第 12 册第 195 页。

为名词,合而用之,表示"天"以其无言的运行,显化了大道的公平、广容法则。所谓"道之道"的前一个"道"字是名词,后一个"道"字是动词,合起来表示"大道"在不断运行中。得道者的精神与道恒久,故而子孙祭祀不绝,这就叫作"殁身不殆"。邓锜这段话虽然没有出现"和"的字眼,但在深层次里却蕴含着"大中至正"的和谐精神,体现了道教和谐观所具有的内在逻辑。

## 三、道教和谐观在人类整体生存中的思想意义

任何一种精神文化都表现为一定的思维方式,道教和谐观也不例外。研究道教和谐观所具有的思维方式,这对于人类整体生存而言,是有独特启示价值的。概括起来,主要体现在三个方面:

首先,道教和谐观的整体思维有助于解决人类面临的生存危机。从认识论立场看,道教和谐观是与整体思维方式密切联系在一起的。所谓整体思维指的是从事物的全部构成角度来认识其面貌特征、功能以及事物之间相互联系的一种思维方式。这种思维方式在中国具有十分悠久的历史。早在远古时代,先民们已经通过神话来表达整体把握宇宙存在的愿望。无论是"盘古开天"还是"女娲补天"传说,都体现了一种追求圆满的精神。最初的"圆满"在今天看来尽管多具幻想特色,但在思想上却体现了先民们的"全观"法度。上古神话的全观法度,经过《易经》的符号概括和道家、儒家等学派的理性整合,形成了特有的整体思维模式。这种模式的集中表现就是"天人合一"。道教不仅继承了"天人合一"的理论,而且将之用以指导人生与社会活动。透析一下道教的"天人合一"观念,我们可以发现,和谐的理趣也是贯注其中的。《黄帝阴符经》有一句名言,叫作"宇宙在乎手,万物生乎身"①。这个说法体现了道教把人体与宇宙对应起来的思考方式。元代道士李道纯对此予以发挥,他在引述了《黄帝阴符经》的名言之后说:"人之极也,中天地而立命,禀虚灵以成性。立性立命,神在其中矣。命系乎气,性系乎神。潜神于心,聚气于身,道

---

① 《道藏》第 2 册第 722 页。

在其中矣。"①又说："明达高士,全气全神,千和万合,自然成真。"②李道纯不仅把人的生命放在宇宙天地的广袤空间中来思考,而且明确表达了"和合万物"的立场,作者以"千""万"这样的数量,强调了"和合"的极端重要性,体现了道教的宏观视野与深层次的圆融和谐精神。实际上,如果我们往前追溯,那就会发现,早在诞生之初,道教就呼吁应该注意保护人类生命赖以存在的自然环境。早期道典《太平经》把天地四时运行的规律喻为"父教"③,把那种破坏自然环境的行为比喻为"逆子"对待父母的行为,认为人如果不遵循四时运行的规律,就违背了"父教",就是不孝。可见,道教是非常重视人的行为与天地运行规律相合拍的。这种思想在今天依然具有现实意义。因为当今世界,战争、饥饿、社会暴力、自然环境污染等问题正在困扰着人们的生活。从这个层面来说,人类正遭受整体危机的威胁。如何避免人类的整体灾难?笔者以为,道教有关自然和合的一系列论述在今天仍然具有警示作用,值得我们认真借鉴。

其次,道教和谐观的玄同思维有助于人类和平相处,以利于正常生存。"玄同"之说最早见于老子《道德经》第五十六章:"挫其锐,解其纷,和其光,同其尘,是谓玄同。"老子的"玄同"绝不是要人处处"苟同",而是基于承认不同存在的一种超然思维方式。在老子看来,世俗间存在着种种纷扰和矛盾斗争,要排除纷扰,化解矛盾,就应该以超越自我的立场来处事,存异求同。后来的道教学者在诠释《道德经》时对老子这种思想予以强调。唐代的崇道宰相陆希声在《道德真经传》卷三中说:"塞其嗜欲之端,闭其云为之路,挫俗情之锋锐,解世故之纷糺。上和光而不曒,下同尘而不昧。是谓微妙玄通,与物大同者也。"④著名道士杜光庭在《道德真经广圣义》卷三十九中说:"玄谓道也。"又说:"迹既玄同,利害不加矣。夫有道之士,不可以利诱,不可以害加。以其无欲无为,惟清惟静,故利害无由而入矣。"⑤综合诸家说法,可知"玄同"就是

① 《道藏》第4册第484页。
② 《道藏》第4册第484页。
③ 王明:《太平经合校》,北京:中华书局1960年版,第113页。
④ 《道藏》第12册第138页。
⑤ 《道藏》第14册第515页。

与大道融通为一,因此谓之"大同"。以"大同"为理想目标的思维路向,一方面强调社会公平,一方面要求对个体的私欲予以克制,从而升华思想境界,当一个人的思想境界与大道合其真的时候,他的内心就消除了利害的纷争,达到清静的状态。这种强调个体内心修养的方式对于人类的整体生存来说也是有裨益的,因为人类整体生存是以个人生存为前提的,或者说通过个人生存表现出来。当人类的个体都比较克制自己,彼此都与人为善,世界就可以少一些争斗,多一些宁静。

再次,道教和谐观的感通思维有助于人类的相互理解、相互尊重,共同发展。所谓"感通思维"是遵循大道周行法则的一种思维方式。元代道士李道纯在《中和集》卷一中说:"和发无不中,故谓天下之达道。诚能致中和于一身,则本然之体虚而灵、静而觉、动而正,故能应天下无穷之变也。老君曰:人能常清静,天地悉皆归。即子思所谓致中和、天地位、万物育同一意。中也,和也,感通之妙用也,应变之枢机也,《周易》生育流行、一动一静之全体也。"①从其行文不难看出,李道纯是在阐发修身法门的过程中提出"感通"说的,他以道教《清静经》为解说的要津,结合《中庸》《周易》学说,论述了天下万物"感通"的妙用所在。在李道纯心目中,"感通"是宇宙万物生育成长的基本表现。因为事物如果没有阴阳感应,就不能流通,甚至积压坏死;人体气血如果不能感应流通就会生病。社会诸群体如果不能进行思想沟通,那就不能相互理解,甚至造成种种误会,发生你死我活的争斗。从人类整体生存看,感通是一种常态,要维护生存的常态,避免病态,就应该从"致中和"入手。可以看出,李道纯不仅把"中和"作为修身养性、延年益寿的技术原则,而且作为人类繁衍、万物化生的关键。这种思想与早期道典关于天地人"三合相通"②的精神是一致的,表现了道教一贯的思维路数。就当代人类的有序生存与共同发展而言,道教这种以"感通"为妙用的"中和"思想也是颇值得认真对待的文化资源。

(本文原载《中国宗教》2006年第7期,收入本书时略有更动)

---

① 《道藏》第4册第483页。
② 王明:《太平经合校》,中华书局1960年版,第150页。

# 道教艺术的符号象征

　　道教艺术是中国传统艺术的重要门类,作为一个类概念,它统摄着许多不同的分支对道教艺术进行划分,这是我们深入研讨其性质、特征、作用的前提。从其对思想内容的呈现或表达的"显示度"来看,道教艺术可以分为再现型道教艺术、表现型道教艺术、象征型道教艺术。再现型道教艺术,一般来说是通过模拟方式对道教活动的直接显示,它在总体上是一种"写真"。表现型道教艺术则在"描摹"艺术客体时有了一定的寄托,它的起点是再现,整个内容包含着再现的成分,但是它不是对道教活动过程的纯客观记录或反映,而是把道教活动既当作"艺术描摹"的对象,又当作艺术家心灵轨迹的"反映器"。在这里,艺术对象或曰艺术客体在艺术家心目中是二重化的。一方面,作为艺术对象的道教活动内容是艺术家"描摹"的原型物;另一方面,道教艺术家又要将自己对"道"的理解和其心灵观照感应贯入其"摹本"里。于是,艺术对象不仅是一种"客体性"存在的物象,而且是"大道信息"的"运载车"。比表现型道教艺术更高一层的是象征型道教艺术。"象征"在道教艺术中占有极重要的地位,不认识象征,可以说是无法进入道教艺术殿堂的,也不能向纵深处理解道教思想体系。

## 一、象征的符号性与道教符号象征的初步观照

　　黑格尔说过:"'象征'无论就它的概念来说,还是就它在历史上出现的次第来说,都是艺术的开始"①。换一句话讲,艺术一开始便是象征性的。按照

---

① 〔德〕黑格尔:《美学》第二卷,朱光潜译,北京:商务印书馆1979年版,第9页。

黑格尔的观点,象征首先是一种符号。它与单纯的符号或记号不同,意义与表现意义的手段之关系不是一种完全任意构成的拼凑。在艺术里,意义与象征的联系是密切吻合的。

符号象征,作为美学研究的一大概念,引入道教艺术研究领域,这是我们理解其深层意义之必需。在人文思想史上,象征是一个被广泛应用的概念。在哲学、美学、文学、历史、社会学、心理学、人类学领域中,人们对"象征"作了多方面的讨论和种种规定。由于讨论的角度不同,人们对象征意义的理解也多有分歧。一般地说,所谓象征是指用具体事物表现某种特殊意义。黑格尔认为:"象征一般是直接呈现于感性观照的一种现成的外在事物,对这种外在事物并不直接就它本身来看,而是就它所暗示的一种较广泛较普遍的意义来看。因此,我们在象征里应该分出两个因素,第一是意义,其次是这意义的表现。意义就是一种观念或对象,不管它的内容是什么,表现是一种感性存在或一种形象。"①在这段话中,黑格尔把象征分为"意义"与"表现"两个因素,又从"表现"上升到"形象",他运用抽象分析法,对象征的构成作了界定。通俗一点说,象征便是不直说本意,而以含蓄的感性存在物来暗示所要表达的意义。这样,象征也就有了隐喻性,可以造成一种朦胧的诗意美。故而,艺术家们大多喜欢运用象征。

用于"象征"的代表一定意义的"外在事物",既可以是存在于自然界的天然之物,又可以是人工创造的。事实上,作为艺术品,当它成为象征物时,不管它是对自然物的肖似模拟或变形处理,本身便打上了人的精神烙印。当同一题材的某一形象与某一特定意义联系在一起时,这一形象便成了符号,它是这种意义的代表。因而,这种象征有别于一般的"外在事物"。现代"象征形式哲学"的代表人物卡西勒指出,一种象征形式应理解为一种精神能量,借它之助使一种精神的意义内容和一种具体的感性记号相连,并内在地属于此记号。在卡西勒看来,"象征不只是一种指示性记号,从一个领域指示另一个领域,而且是参与这两个不同领域的记号,即通过外部物质世界中的记号显示内部精神世界中的记号,或从可见物质世界中的记号显示内部精神世界中的记号。

---

① [德]黑格尔:《美学》第二卷,朱光潜译,北京:商务印书馆1979年版,第10页。

因而具有精神活动的人被其称作'象征动物'。因此作为一种记号观念的象征主要与它所'代表''暗示''含蕴'的精神内容有关。"①也就是说,象征不是独立性存在,它以符号的形式出现,是沟通"能指"与"所指"的中介。只有当符号暗示了有别于自身的意义时,象征才是存在的。

从符号象征的视角来审视道教艺术便会发现,即使是那些以道教历史故事为主要根据进行创作的艺术作品,也往往是夸张和变形的,具有符号象征的意义。如道教教主太上老君的原型是先秦道家学派理论大师老聃,他的生平事迹载于司马迁的《史记·老庄申韩列传》。在司马迁笔下,有关老聃的相貌着墨并不多。但到了葛洪的《抱朴子内篇·杂应》,老聃的"真形"已相当具体。"姓李名聃,字伯阳,身长九尺,黄色,鸟喙,隆鼻,秀眉长五寸,耳长七寸,额有三理上下彻,足有八卦,以神龟为床,金楼玉堂,白银为阶,五色云为衣,重叠之冠,……雷电在上,晃晃昱昱"②。葛洪不仅描述了老子的"肖像",而且作了环境的渲染。唐宋以来,有关老聃的相貌更带上神秘的光圈。《混元皇帝圣纪》说:"老君者,乃元生之至精,兆形之至灵也。昔于虚空之中,结气凝真,强为之容,体大无边,相好众备,自然之尊。上无所攀,下无所蹑,悬身而处,不颓不落。著光明之衣,照虚空之中,如含日月之光也。或在云华之上,身如金色,面放五明,自然化出,神王力士,青龙白兽,麒麟狮子,列于前后。或坐千叶莲花,光明如日,头建七曜冠,衣晨精服,披九色离罗帔,项负圆光。或乘八景玉舆,驾五色神龙,建流霄皇天丹节,荫九光鹤盖,神丁执麾,从九万飞仙,师(狮)子启涂(途),凤凰翼轩。或乘玉衡之车,金刚之轮,骖驾九龙,三素飞云,宝盖洞耀,流焕太无,烧香散华,浮空而来……"③《混元皇帝圣纪》这段描述比起葛洪《抱朴子》关于老子的身形叙述来又具体得多,环境渲染更带浓烈的宗教气氛。不过,《混元皇帝圣纪》这种充满想象力的老君画像仍是以葛洪《抱朴子》为本的。因为《抱朴子》所言老子身形已隐伏着变的因子。老子脚下的"八卦"便是变化的总根源,八卦出于太极,太极涵阴阳,阴阳相感而八卦生。八卦会于中而成九宫,九宫之数以一、三、五、七、九为框架,所谓老子"真

---

①  李幼蒸:《理论符号学导论》,北京:中国社会科学出版社1993年版,第493页。

②  王明:《抱朴子内篇校释》(增订本),北京:中华书局1980年版,第273—274页。

③  (宋)张君房:《云笈七籖》卷一百零二,《道藏》第22册第690页。

形"在整体上是"太极",在数为一。一生二,二生三,所以老子额有"三理"。"三生万物",万物各具木、火、土、金、水五行,故老子"秀眉长五寸";五行各有阴阳,阴阳运化,天生地成,故《易》数变,一变而为七,老子"耳长七寸",七变而为九,故老子身长九尺①。由此不难看出,葛洪所描绘的老子真形那些数字是别有一番用意的。作为数码代号,一、三、五、七、九也是符号象征,暗示了宇宙间天地万物的演化系列。由于代表宇宙演化的"九宫"数蕴含着化生妙理,老子身形也就有了多种变体,《混元皇帝圣纪》所描绘的正是其变体的表征。而老君之随从"九万飞仙"以及狮子、凤凰等等,若抹去迷离恍惚的宗教云雾,显露出来的也是宇宙演化的多彩多姿之气象。葛洪《抱朴子》及《混元皇帝圣纪》的老君真形在中国隋唐以来的许多绘画作品中得以具体化,像元代画家赵孟頫所绘老子像、泉州石雕老子坐像、太清殿壁画——《老子讲道德经》、《老子西出函谷关》的身形均具有这种特点,而讲经之时众弟子俨然而坐,四周云气缭绕之情形所象征的亦是宇宙的万千流韵。因此,从某种意义上说,老子身形图乃是道教关于宇宙演化观念的缩影。在这里,宗教信仰与宇宙发生论融而为一了。

　　太上老君题材方面的作品,我们更经常看到的是他骑青牛的坐像。这种坐像在许多道观中的壁画或雕塑作品里都可以见到。较早的有南宋晁补之的《老子骑牛图》、李奇茂的《老子骑牛图》,以及元代的《老子骑牛铜像》、明代《列仙全传》的《老子骑牛》插画等。在这些绘画里,牛已经成为陪伴老子的反复出现的意象。事实上,凡是在老子遗迹传说的地方,有关"牛"的艺术品即十分突出。如陕西省周至县终南山脚下,唐朝曾在此建造了一座巨大的道观——宗圣宫,而今遗址中那石刻青牛以及系牛柏、系牛碑依旧昂然而立。在洛阳古城里,也矗立着巨大的青牛像。四川灌县青城山巨型老君雕像之坐骑也是青牛。青牛与太上老君的形象已不可分离地联结在一起。从符号象征的意义上看,近千年来,青牛形象反复出现,这本身便是值得关注的艺术现象。

---

① 关于"一变而为七"的数变见于《列子·天瑞篇》。"易变而为一,一变而为七,七变而为九,九变者,究也,乃复变而为一。一者,形变之始也,清轻者上为天,浊重者下为地,冲和气者为人;故天地含精,万物化生。"(杨伯峻撰:《列子集释》,北京:中华书局 1979 年版,第7—8页。)其本即《易》"洛书九宫"数理。

《说文》谓:"牛,大牲也,牛件也。件,事理也。象角头三,封尾之形。"①作为象形文字,牛取象于牛头,两角一头,合而为三。在道家学派的典籍里,"三"是个极重要的数字,万物生于"三"。三代表着天地人,一牛涵三,则牛乃是宇宙全体的象征。老子骑在青牛上表示的是道家对宇宙的整体把握。牛在古代又是星宿之一。《说苑·辨物》:"所谓二十八星者,东方曰角、亢、氐、房、心、尾、箕,北方曰斗、牛、须女、虚、危、营室、东壁"。②牛居于北方,在五行上属水。这个"水"正是道家最为崇拜的东西。《道德经》曰:"天下莫柔弱于水,而攻坚强者莫之能胜"。③ 又曰:"上善若水。水善利万物而不争"。④ 青牛就是水牛,它象征的是道家对"水"的崇拜。牛在古人心目中,又与"紫色"相关。《晋书·张华传》记载,"初,吴之未灭也,斗牛之间常有紫气"⑤。相传老子要过函谷关时,关令尹喜观星望气,见有紫气东来。今所见各类"老子骑牛图"均有紫气缭绕。紫气起于"斗牛"之间,那是一种天象,代表着吉祥。由此可知,道教艺术中的老子骑牛图,实凝聚着道家基本主张的"全息"。通过艺术信息传递,道教也同样崇尚水性阴柔之物,而其宇宙论亦与先秦道家有很大的相似性,这是耐人寻味的。

## 二、道教艺术的象征符号及其隐意

作为道教艺术象征的符号是复杂多样的。如何对此类象征符号进行划分,可以有不同的标准。在这里,笔者拟以"艺能"作为尺度来划分。所谓"艺能",最早见于《史记·龟策传》,"至今上即位,博开艺能之路,悉延百端之学"⑥。后来,《后汉书·方术传》等也曾应用了这个概念。中国古典文献中的"艺能"概念指的主要是自身所具备的学问技能。引而申之,"艺能"可以看

---

① (汉)许慎撰,(清)段玉裁注:《说文解字注》,上海:上海古籍出版社1981年版,第50页。
② (汉)刘向撰,向宗鲁校证:《说苑校证》,北京:中华书局1987年版,第443页。
③ 王卡点校:《老子道德经河上公章句》,北京:中华书局1993年版,第297页。
④ 王卡点校:《老子道德经河上公章句》,北京:中华书局1993年版,第28页。
⑤ 《晋书》第4册,北京:中华书局1974年版,第1075页。
⑥ 《史记》卷一百二十八,北京:中华书局1963年版,第10册第3224页。

作技艺能量。如果人将某种思想贯注于天然对象物之中而没有改变其外形，那么这种对象物虽然已被赋予"艺"的观念，但作为"载体"来说依旧可以看作是"自然"；如果人由于艺能劳动改变了对象物的外观形态或将某种艺术观念化为一定的对象物，那么这就带有"人工"的特质。根据这个标准，我们考察道教艺术，也就有了自然符号与人工符号的区别。对这两类符号作一定的分析，有助于我们认识道教象征美学的底蕴。

自然符号就是赋予自然物象以特定意义的符号。这种情形在中国远古时期便已发生。道教信奉者们酷爱大自然，故山山水水、花草树木都被艺术化，具有符号象征的隐喻性，成为其修道情感的寄托。相传天师道鼻祖张陵入蜀之前曾于云锦山中炼丹，丹成而龙虎现，抬头一看，云锦山恍然有龙虎之形，故易名龙虎山。钱惟善《闻尊师为肖太定所作丹房寓隐图》云："结茅云里万尘空，辟谷相期伴赤松。昼夜常明羽人国，春秋不老药仙宫。飞腾舔药还鸡犬，蟠伏成形看虎龙。缩地壶天今有术，愿辞羁绊问参同。"①这首诗是因"丹房寓隐图"而作的。丹房之对面正是蟠伏的龙虎山。在道教炼丹中，龙虎是重要的隐语之一，用以代称丹药、气血、精气等。朱熹《周易参同契考异》称："坎离、水火、龙虎、铅汞之属，只是互换其名，其实只是精、气二者而已。"②龙虎的意象又有阴阳之别。济一子为《吕祖沁园春》做注，认为"龙虎交会"指"龙雌虎雄，不交不成造化，二物相合，宝体生金"③。炼丹中龙虎的这种隐语最初是从观察自然山形而得出的。张天师在云锦山以龙虎为法象来炼丹，这正是赋予自然山形以符号意义的见证。在观念上，这种法象虽已有"艺术"的因素，但其对象物之客观形态却仍未被改变。

在道教信奉者心目中，道观园林中的山是仙境的象征。传说中的蓬莱、方丈、瀛洲三神山，神仙往来，逍遥自在，令人神往。仙山传说对于古代的崇道皇帝有极大的诱惑力。隋炀帝时京都洛阳所造的皇家园林，便有许多模拟性仙山。《资治通鉴》卷一百八十载，大业元年五月"筑西苑，周二百里，其内为海，

① 程关森：《龙虎山三绝》，南昌：百花洲文艺出版社1991年版，第18页。
② 《道藏》第20册第122页。
③ 《藏外道书》第11册第894页。

周十余里,为方丈、蓬莱、瀛洲诸山,高出水百余尺,台观宫殿,罗络山上,向背如神"①。这个西苑里的"三神山"显然是假山,但却也反映了道教以山为仙境的象征观念对世俗生活的重要影响。

道观园林以山为仙境,而花木则为"仙人"。"树有树神,花有花仙。"道人们真诚相信,当天机界临之际,树神花仙都会被感动而显现。道观园林依山形而设,山峦叠嶂假花木而奇。它们相映成趣,仿佛神仙便往来于其间。从性命修行的教理上看,道观园林的花木还象征着超尘脱俗,比喻驱邪益寿、青春常在。

道教园林艺术由于耗费了劳动能量,它作为象征符号,也就打上"人工"的烙印。事实上,随着艺能劳动的加大,人工艺术符号便丰富起来。从广义上看,道教音乐的曲线谱(又叫声曲折)、道教的舞蹈动作、道教戏剧的人物科步、道教的书法与绘画、雕塑与建筑都是人工符号,具有深刻的象征意义。在浙江省崇德县崇福寺西塔内有一尊西王母雕塑像,头部以象牙雕成,而衣冠身躯则用墨色沉香木雕成。其头部低垂,肩部自然扭曲,动态微妙。沉香木与象牙相辅为用,使得晶莹如玉的面部与凝重的身态得到巧妙的艺术对比。类似的西王母造像在许多壁画上也常可见到。在这位女仙形象上就暗示着道教关于阴阳化和的生成妙理。按杜光庭《墉城集仙录》所载,西王母又号金母,"乃西华之至妙,洞阴之极尊。在西道气凝寂,湛体无为,将欲启迪玄功,生化万物,先以东华至真之气化而生木公焉。木公生于碧海之上,苍灵之墟,以主阳和之气,理于东方,亦号王公焉。又以西华至妙之气化而生金母焉。金母生于神洲伊川,厥姓缑氏,生而飞翔,以主阴灵之气,理于西方,亦号王母。皆挺质太无,毓神玄奥。于西方眇莽之中,分大道纯精之气,结气成形,与东王公共理二气而育养天地,陶钧万物矣。"②按照这种解释,西王母与东王公乃是阴阳真气所生,她和东王公一起共同管理生养的问题。可见,西王母又是"生"的象征。知道了这一番底蕴,那就不难明白为什么在许多场合,西王母又成为注生

---

① (宋)司马光编著,(元)胡三省音注:《资治通鉴》卷一百八十,北京:中华书局1956年版,第5620页。

② 《道藏》第18册第168页。

娘娘的秘密了。西王母在古神话传说本已存在,但早先她是具有"豹尾虎齿而善啸"的怪物。在道教中,西王母作为上等女仙以华贵夫人形象出现。艺术家也是按照华贵夫人的形象来塑造西王母的,其主生乐养的观念与其慈祥面容亦相吻合。面对这一艺术形象,同一群体的成员都能悟出其所代表的理念,引起共鸣,产生崇拜举动。这正是此等艺术形象作为符号象征的精神力量之所在,西王母像是道教人工符号的一个小例子。若以此为媒介,仔细地考察道教艺术的众多作品,那就能在更大程度上发现它们作为人工符号运载信息的奇妙功能了。

为了进一步了解道教艺术的符号象征的特质与功能,我们还可以从存在形态上把符号划分为具象符号与抽象符号。

具象符号是一种具体的形象符号,它与"肖似性符号"既有共同点又有不同点。所谓"肖似"就是对客体的反映尽可能保持其原貌,譬如张三之像或李四之像,明眼人一认即知它所代表的是谁。"肖似"不是原客体本身,但必须是对原客体的按比例的模拟。具象符号在一定层次上也是肖似的。在操作过程中,具象符号的创造有具体事物作范本或原型,但它不是简单地照搬原物。为了突出某一性质特征,具象符号往往作变形性处理。在音乐上,就是对主旋律的变奏;在绘画、雕塑、舞蹈上,就是在某些方面变动其造型。例如,同是"老子骑牛像",晁补之所画之牛两角上翘,两耳伸展,是一头壮牛;而元代"老子骑牛铜像"之牛乃牛犊,头低下,显得较温顺。具象符号中的造型变化,有作者个人爱好的因素,但也有群体意识的作用。生活于具体时代的道教艺术家因其艺术秉赋自觉或不自觉地将群体的道教精神融进了艺术作品之中。由于这种精神不是以直接的形式表达出来,而是通过艺术语言以暗示隐喻的形式出现,这就造成了具象符号与本意之间一定的距离感。然而,正是这种距离感呈现出一种美的韵律。从这个意义上说,具象符号不仅是道教传达道体信息的载体,而且蕴含着积极象征的美学功能。

与具象符号相比,抽象符号与本意之间的距离就更远了。从哲学上讲,抽象本是与"生动的直观"相对而言的,它指在比较分析的基础上,从事物的许多属性中撇开非本质属性,抽出本质属性。应该说,抽象符号的形成在最终意义上也遵循这种"扬弃"原则。但是必须看到,抽象符号不是事物外观形态因素的简单"抽取",而是经过一番"理念的玄想过程"。因此,并不是所有道教艺术品均有抽象符号功能。只有那些经过道教艺术家"玄想运作"的作品才具有抽象符号的功能。抽象符号的创制也可以有一个"内心描摹"的对象,但它与具象符号对原型的夸张变形处理不同,而要求对原型的曲折的、理念的转换。这种转换可以使本是声音的原物变成色彩,本是色彩的东西化为声音,立体的转换成平面的,斜的转换成正的。道教象征符号研究的最大难处是如何从图像上读出旋律,从色彩上听出声音。道教经典中有关抽象符号的声与形转换比比皆是。例如,道人们对"灵图"之来历功用的描述便体现了这一点。《云笈七籤》卷八十在谈到《洞玄灵宝三部八景二十四住图》时说:"大运告期,赤明开光,三景朗焕,五劫始分。元始天尊与十方大圣至尊真神无极太上大道君、飞天神人、玄和玉女,无鞅之众,同坐南浮洞阳上馆柏陵舍中,清淡空泊,素语自然,灵音十合,妙唱开真,诸天欢乐,日月停轮,星宿默度,九天回关,河海静波,山岳吞烟,龙麟踊跃,人神欢焉。是时太上无极道君稽首作礼,上白天尊:今日侍坐,太漠开昏,无极世界,一切见明。法音遐振,泽被十方。"①这段话是用以说明传授《洞玄灵宝三部八景二十四住图》的情景的,其中既描绘了南浮洞众仙会集的场面,又勾勒出了"灵音"回转的情形。文中对于音乐的描述虽然是气氛渲染的需要,但也表达了"二十四住图"这种抽象符号与曲乐进行转换的理趣。

在道教中,带有抽象符号意义的"灵图"甚多,而备受道门崇尚的当推《玄览人鸟山形图》。道人谓:"无数诸天,各有人鸟之山,有人之象,有鸟之形,峰岩峻极,不可胜言。玄台宝殿,尊神所居,林涧鸟狩,木石香花,芝草众药,不死之津,长生之液,又难具陈。"②由此看来,人鸟山系道人的存想仙境。按文中的描述,人鸟山的景观应是很具体的,有峰峦,有鸟兽,有殿堂。但是,真正画出来的却是如符一样的形状,整体上呈长方形,以粗笔曲线交叉而成,中间四小块纯属符笔法。道经释曰:"妙气之字即是山容,其表异相,其迹殊姿"。③这里的"异"和"殊"充分体现了道教艺术中的抽象符号与具体事物间的巨大

---

① (宋)张君房:《云笈七籤》卷八十,《道藏》第 22 册第 569 页。
② 《道藏》第 6 册第 696 页。
③ 《道藏》第 6 册第 696 页。

差别。它不是形态的写真,但却是妙气神水的流泻,故谓之"真形"。

抽象符号的象征意义是具有多层性的,且随着环境的变化而有新的生成。仍以《玄览人鸟山形图》为例,它既是道教诸天胜境的"符征",又是"天地人之生根,元气之所因,妙化之所用"①。照此之说,《玄览人鸟山形图》又成了天地万物之根本的抽象或象征了,因为在中国传统思维模式中,天地人三界代表着宇宙的全体。可见,在道教中《玄览人鸟山形图》的象征意义已被无限地扩大了。这种意义的生成是抽象符号所赋予的一项重要功能。

道教艺术的符号象征是中国传统象征哲学的结晶,更是道门玄想实践的产物。《易经》八卦便有符号象征的功能。道教在修炼实践活动中借鉴了《易经》的卦象思维,通过宗教的存想修持,不断丰富原有的神仙胜境,形成了多彩多姿的神仙传说,它们成为文人艺术家创作的活水源头。当文人艺术家以重复变奏的方式使神仙符号在不同场合再现时,象征意义就不断生成。

## 三、道教艺术符号象征的生命律动与人的精神

道教艺术符号象征的审美指归与人的精神之高扬是一体化的。从表层上看,道教艺术的表现对象多是神仙幻境,似乎远离了人自身,但实际上道教艺术的符号象征所蕴含的是由深沉的生命体验而支持的强烈的自我意识。

英国诗人、大英博物馆东方绘画馆馆长劳伦斯·比尼恩(Laurence Binyon,1869—1943 年)在谈到中国的绘画艺术时指出:"单单是秩序,以及对秩序的顺从,永远也不会使人的精神完全满足在那种精神里,欲望经常隐藏起来,经常受到压抑,然而却一直持续不断,超越自己;它变得面目皆非,它逃避,它扩张,它创造。在某种意义上说,这是对自身命运的对抗。而这种欲望可以通过渴望摆脱日常生活那种桎梏人的环境这样一种形式表现出来;这就是浪漫精神,在行动的天地里激发着为冒险而冒险的精神,而在想象的领域里则渴求着美:它醉心于怪异的、遥远的、奇迹般的、不能达到的东西或者它采取一种有力而又持久的形式,一心想超越自身的局限,使自己与外界存在物同化,最

---

① 《道藏》第 6 册第 696 页。

后它达到升华而与宇宙精神、与无所不在的生命精神合而为一。"①这种对欲望的曲折表达,对自我的超越,在很大的程度上符合道教艺术的精神境界。搜奇猎异,逍遥八极,充满浪漫色彩,道教艺术正是以此为主要特色。这种色彩斑斓的外观铺排映射出一种对自我局限超越的需求。可以说,道教是一种最为关心生命价值的宗教。道教看到了人生的最大局限就在于生命的短促。为了改变这种局限,道教把眼光移向了浪漫的艺术世界,在这个世界里进行精心的营构。道教运用艺术形式对天界的咏叹,实际上是对自我生命的讴歌。在尘世中得不到的自我生命的永恒在艺术世界里得到了充分的满足,因为这时的自我已经与天地化为一体,万物的存在就是"我"的存在,宇宙的精神就是"我"的精神的本体。

在道教经籍《灵宝无量度人上品妙经符图》中收有《灵宝始青变化之图》《碧落空歌之图》《大浮黎土之图》,道人们对这三图的解释都体现了神仙圣境与生命理想的结合。例如对《灵宝始青变化之图》,作者称之"天真皇人以紫笔记灵宝之气,交始青之气、变化之象也。主世间及天地鬼神之生道,能资蓄生气以抱魂,结炼以得真也。兆能有之,以青书竹帛之上,面西北服之,则生气归身,返老回婴。应运灭度,身经太阴,带服始青变化之图,始青帝君与兆同游逍遥太空也。"②按照这种解释,《灵宝始青变化之图》是宇宙精气的写照,又是宇宙运化的法象。因为"灵宝"在道门中本是精气的另一种表示。陈观吾说:"气谓之灵,精谓之宝;寂然不动,感而遂通曰灵,上无复祖,唯道为身曰宝。"又说:"灵宝者,精气也。精气者,汞铅也。汞铅者,阴阳也。阴阳者,离坎也。"③宇宙精气,有阴有阳,阴阳相感,变在其中,所以说这又是"变化之象"。将这种象征宇宙精气的"图"画在竹帛上,烧化和水服之,就能使"生气归身"。这个说法体现了宇宙精气与人体内气的对应,由此可见作者对人的生命的关注。

道教追求长生不死,为了达到这一个目标,道教中人不遗余力,进行养生

---

① [英]劳伦斯·比尼恩(Laurence Binyon):《亚洲艺术中人的精神》,孙乃修译,沈阳:辽宁人民出版社1988年版,第20页。
② 《灵宝无量度人上品妙经》卷六十九,《道藏》第3册第1042页。
③ 《道藏》第2册第392页。

的实践活动,而这种充满生命意识的活动在很大程度上又是借助于符号象征来展开的。

天地广大,无所不容,宇宙自然,号称万有。尽管从局部看,存在物有各自的运动方式,但在全局整体上所有的事物又是互相配合、互相补充的。从这个意义上说,宇宙自然是和谐的,自然和谐构成了宇宙的运动和发展,这也是道教艺术对美的最高追求。只要你迈入道教的洞天福地,几乎到处都可以看到黑白双鱼合抱的太极图,它已成为道教的基本标志。太极图看起来很简单,但却蕴含着道教宇宙观的全体,也是道教艺术审美观的浓缩。清人胡渭《易图明辨》卷三引明人赵仲全《道学正宗》云:"古太极图,阳生于东而盛于南,阴生于西而盛于北;阳中有阴,阴中有阳,而两仪,而四象,而八卦,皆自然而然者也。"①太极图中,阴阳之间存在着奥妙的关系,阳进一分则阴退一分,阴进一分则阳退一分,阴阳相推互转,两者配合,体现了自然的和谐。太极图是道教的宇宙生成发展模式,养生的总法象,也是道教艺术的审美指归。绘画上的黑白构图,音乐演唱的步虚九宫旋绕步法都离不开这个"太极"。老子《道德经》说:"万物负阴而抱阳,冲气以为和。"太极运化,阴阳两分,构成天地之大美。清人唐岱《绘事发微》曰:"自天地一阖一辟而万物之成形成象,无不由气之摩荡自然而成。画之作也亦然。古人之作画也以笔之动而为阳,以墨之静而为阴,以笔取气为阳,以墨生彩为阴,体阴阳以用笔墨,故每一画成,大而丘壑位置,小而树石沙水,无一笔不精当,无一点不生动,是其功力纯熟,以笔墨之自然合乎天地之自然,其画所以称绝也。"②唐岱是就作画而言的,但却表明了太极阴阳和谐的重要意义。

道教中人通过一系列符号进行着生命的体验。例如有关《周易参同契》解说著作中所画的"明镜图""金乌玉兔图""法象图""寅申阴阳出入图""月体纳甲图""水火匡廓图"等等,都具有指示内气修炼的意义。道人们对生命的关注在这些图里充分地体现出来。就是那些表示仙境结构的图像往往也具有人体内象的效用,例如《修真太极混元图》中的"三景之图"便是如此。作者

① (清)胡渭著,王易等整理:《易图明辨》,成都:巴蜀书社1991年版,第88页。
② (清)唐岱著:《绘事发微》,上海人民出版社1987年版,第35页。

在图下释曰："此乃大道之始,出乎自然,而居三十六天之上,本无形状,见于有象,上列三清,下分五太。玉清圣境,元始所居;玉山上京之下而有上清真境,太上道君所居;其下有太清仙境,老君居之;而下有太虚之界,太虚之界内有太无之界,太无之界内有太空之界,太空之界内有太质之界,太质之界内有天地混沌之形,而分玄黄之色……"①这里描述的"五太"居于"三清之下","三清"与"五太"层层相叠,构成了道教天上圣境的一种基本模式。这同时又是人体内景的法象,故《修真太极混元图》释曰:"三清者,人之三田也;五太者,人之五行也。炼五行秀气而为内丹,合三田真气而为阳神。内丹就则长存,阳神现则升仙矣。"②在这里,三清圣境与人体三丹田对应起来,五太结构模式也与人体的五行统一起来。这就说明道教中人所描绘的各种天地景观其实就是生命内景的写照。道教的斋醮科仪也具有描摹生命之气运行轨迹的蕴含。科仪中的种种法器供品往往都被看成传递信息的工具,譬如"符节"便被看作"信"的象征。《太平御览》卷六七五引《列仙传》称:"先道有三十七种色之节,以给仙人。"③在科仪举行过程中,"节"被悬挂于坛场上,作为同神仙交通的"符信"。它们在斋坛上的悬挂或安置,组合成一定的信息传递程序。当它们在手掌上有了相对应的位置时,行斋人之手实际上便成了浓缩的宇宙图式。在道教科仪中,主事者的手势动作具有特殊的象征暗示功能,尤其是"手印"更是如此。手印,又称印诀、掐诀、捻目等,系道人行法诵咒时以手结成的形态符号。《道法会元》第一百六十卷称:"祖师心传诀目,通幽洞微,召神御鬼,要在于握诀。"④这个"诀目"系指"掐诀"的手势。每一个诀目都有一定的代表意义。行斋人之手无论是掌或指纹都有相应的象征蕴含。所谓北斗七星、十二时辰、九宫八卦、二十八星宿罗络于一掌之中便体现了这种旨趣。就拿指纹来说,道门以二、三、四指的九个关节纹为九宫八卦阵,中指中纹代表中宫,配上《洛书》之中数五,其余八纹代表《乾》《震》《坎》《艮》《坤》《巽》《离》《兑》八卦。另一种法式是以手指之劳宫穴为中宫,八卦分纳于掌上八个方

① 《道藏》第 3 册第 94 页。
② 《道藏》第 3 册第 94 页。
③ (宋)李昉等编:《太平御览》卷六百七十五,北京:中华书局 1960 年版,第 3011 页。
④ 《道法会元》第一百六十卷,《道藏》第 30 册第 6 页。

位,这样手上每一个部位便有相应的代码意义。在古人的心目中,八卦往往代表了整个宇宙,具有无限包容性,因之便能产生丰富的符号语言效应。这样,随着手印的变换,道门中人便把符号语言转化成通讯语言,产生观念效应。由此不难看出,道教实际上是力图通过某种手势符号语言来沟通外界,甚至调动外界的"力量"以达到在现实世界所未能达到的生命完善和精神超越的理想目标,显示了道门中人强烈的自我生命意识。

劳伦斯·比尼恩在谈到道教与中国绘画的关联时说:"大自然的生命并不是被设想为与人生无关的,而被看做是创造出宇宙的整体,人的精神就流贯其中。"①事实正是如此。道教艺术之所以充满生命的气息和律动,正在于人的精神之作用。由于这种精神的"流贯",道教艺术才闪烁着独具魅力的美的灵光。

（本文原载《中国社会科学》1997 年第 5 期,收入本书时略作调整）

---

① ［英］劳伦斯·比尼恩著,孙乃修译:《亚洲艺术中人的精神》,沈阳:辽宁人民出版社 1988 年
版,第 53 页。

# 道教符号刍议

近年来,道教文化研究无论在国内还是国外,都已逐步成为学术探讨的热点,许多道教文化研究的专著相继问世,而此类论文也散见于诸多报刊杂志。这说明社会对道教文化研究已比先前重视多了。不过,就学术发展的角度来看,则道教文化研究仍然有待进一步深入。然而,要把道教文化研究的水平提高到一个新的层次,很重要的一个步骤或措施就是引进或创立新方法论。

任何一种方法论都是由于学科需要而建立起来的,并且受到学科性质的规定。从起源来看,新方法论往往肇端于某种独特的观察角度。由于观察角度不同,研究方法便有了差别。笔者涉猎道经近 20 年,颇感要真正跨入道教之门,理解道教文化要理所在,首先应弄清其符号意蕴。从广义上看,我们甚至可以把道教当作一个符号体系来研究。这样说,也许有人不同意;但作为一种学术研究,将问题摆上来讨论,或许会有一些新的发现。今就此略抒管见,以就教于方家及诸同仁。

## 一、道教符号特性及其思想根源

通常情况下,人们了解、认识道教文化主要通过三条途径:一是到道教名山宫观参观游览;二是参加道教的科仪法会;三是阅读道教的经典文献。在这三项活动中,其目标不同、眼力不同,获得的感受与理解的程度自然会有差别,其最终境界甚至是大相径庭。就拿第一个途径——参观游览来说,如果仅仅注重于外表,那么你见到的无非是一些具有古典风格的建筑物以及山水自然景色。就外在物象的观察而言,你也许能得到愉悦耳目的感受,但这种感受很难说与在其他地方得到的感受有多大区别。因为这种感受乃是直观的,是由外形的直接刺激产生的。再从第二个途径——科仪法会来看,如果你对道教的其他知识尚未具备,那么你看到的可能是某种队形的变换,类似古代戏曲的演奏等等;如果你是个行家,你就能深入到科仪法会的观念里层,对其"信息"有较准确的把握。所谓"外行看热闹,内行看门道"说的就是这个道理。至于阅读经典文献,不仅人与人之间的体会存在差异,就是同一个人在不同时期也会有不同的理解与认识。更为关键的问题是,如果仅仅从字面上阅读,甚至有可能把意义弄错,因为许多道教经典文献常常是"言在此而意在彼"。可见,无论从哪一个途径力图认识和理解道教文化都存在着困难。这种困难的发生固然有种种因素在起作用,但最根本的是由于道教文化作为一个总体,它的意义不是直接显现,而是通过独特的符号载体系统来表达的。

所谓"符号",不同文化背景的理论形态将会有不同的定义;但就其一般意义来说,符号就是一种代码,符号系统即是代码的组合系统。人类由于代码系统的创造才使意义的表达有了可能。但是,从另一方面看,由于有了作为代码系统的符号的使用,人类对观念意义的把握必须经过一定程序的转换,这就使意义的准确理解又遇到障碍。德国哲学家黑格尔在论述"象征型艺术"时说:"象征虽然不像单纯的符号那样不能恰当地表达出意义,但是既然是象征,它也就不能完全和意义相吻合。因为从一方面看,内容意义和表示它们(的)形象在某一个特点上固然彼此协调;而从另一方面看,象征的形象却还有完全与所象征的普遍意义毫不相干的一些其他性质……"[1]按照黑格尔的看法,符号可分为单纯性的和象征性的两大类。黑格尔是从符号与内容意义的密切程度方面进行划分的。显然,在黑格尔眼中,单纯性的符号与内容意义之间的距离要比象征性符号与内容意义之间的距离远;即使是象征性符号,其形象与意义之间也还是不能等同的。黑格尔这一论述是辩证的,符合客观情况的。

不过,尽管符号与内容意义之间的距离给人类的思想交流带来了困难,但我们却无法越过符号对思想观念进行直接的把握。因为迄今为止,任何一个思想体系或理论体系都是通过符号组合系统来运载和传递的。就思想交流和

---

[1] [德]黑格尔:《美学》第二卷,朱光潜译,北京:商务印书馆1979年版,第11页。

195

知识积累来说,离开了符号,我们便像搁浅的船无法"航行"。对于道教文化的认识与把握自然不能例外。

作为一种精神现象,道教符号体系是建立在中国传统文化基础上的,不论是道教的语言符号还是道教的非语言符号都是在中国固有文化传统的辐射下形成的。毋庸置疑,道教的思想观念在很大程度上是依靠语言符号来表达的。而中国的语言乃是以象形文字为代码。本来,象形文字即是对客观物象的一种模拟。从形态上看,最初的象形文字与具体事物的形象是很接近的。从某种程度上说,原初的象形文字甚至就是一种图形,它们与具体事物之间存在着密切的对应关系。因此,我们可以把原初的象形文字径直当作象征。换句话说,中国的文字一开始便布下了象征的"基因"。当然,作为先民观念的代码形式不止象形文字一类,还有其他种种符号。这里应该特别指出的就是《易经》的"卦象"。《易》之为书乃以"象"作其本根。《系辞传》说:"《易》者,象也。"的确如此,《易经》就是一座"象"的"大厦",通过八个经卦,推演出六十四卦,组成了独特的抽象符号系统。这种象征表达式对中国传统文化的各个层面都产生了深刻影响。所以,我们发现,中国文化是颇富象征意识的。与之相应,便形成了宏大的象征体系。在这种文化背景下产生的道教自然也就继承了传统文化中各式各样的象征符号,并且予以衍扩。从汉代原始道教典籍《太平经》《周易参同契》到明清时期流行的《性命圭旨》等一系列道书,从斋醮科仪法会到名山宫观诸建筑物,各种象征性符号以其神奇的魅力吸引着人们去探究、去思索。事实证明,道教的符号体系乃扎根于深厚的中国传统文化的土壤之中。要揭开道教符号体系的秘密,就必须广泛联系中国传统文化的各个层面,予以考索,任何孤立的研究都是难于真正把握其真谛的。

此外,我们必须看到,道教符号也表现了共性与个性的对立统一。所谓"共性"就是它的社会性;所谓"个性"就是它的教门独特性。道教符号的共性特征是由社会交流的需要所决定的。尽管道教的某些派别提倡"出世间法",力图超越凡尘,但从总体上看,道教又有很强的社会性。道教信仰者来源于社会,思想文化要能被人们所接受,其符号体系就应有在社会中沟通的可能性。长期以来,道教的符号语言通过规范、解说、阐释是能够在一定层次上被社会中的人们所接受的。故而,道教符号有其社会的共性,这是其传播的文化前提。当然,我们说道教符号具有社会共性,并不意味着任何人未加训练便可揭开道教符号的秘密。如果问题如此简单,研究也就没有必要了。事实上,道教符号体系是一座具有多重门坎的"文化殿堂"。如果说最初的门坎是向大众开放的,那么越往里层其门坎也就越窄,人们便越难于窥视其奥秘。譬如,"大还丹"之内景符号描述,未受真传便不能明了其奥义所在。这就体现出道教符号的个性特征来。由此,我们可以引申出一个新的命题,这就是:正如其他诸多门类的符号一样,道教符号的交流又有其范围性。有些符号适用于大范围,有些符号则只能适用于小范围。就某一个小范围来讲,道门中人彼此对其符号意义是认可的,因此可以达到沟通的目的;但超出了特定范围,圈外之人对于其中的符号便有神秘感。这种情形之所以发生,是因为道门中人以往有着"既要传道,又恐道流恶人"的思想观念。为了防止"道传非人",许多道经不得不使用"隐语",这类隐语实际上是运载特定意义的代码。例如《黄庭内景经》中的"天庭""灵台""娇女"已经不是在原有意义上使用,而是被赋予了新意。"天庭"指的是两眉之间,"灵台"指心脏,"娇女"系耳朵的代称。这样,我们解读此类符号,就不能仅仅停留于表面意义的考察,而应从多重的潜在象征意蕴上深入加以认识。总之,道教符号既有共性,又有个性。两者既对立,又统一,形成了道教文化系统的斑斓多姿的特色。

## 二、从分类角度看道教符号之象征

对研究对象进行分类,这是科学探讨的一项基础性工作,道教符号研究自然也离不开分类。由于道教符号体系的构成相当复杂,意义与符号代码之间甚至要经过多重转换,这不但造成了符号个体隐义揭秘的困难,而且也使其分类遇到麻烦。不过,这并不等于没有解决问题的办法。

人类的本初是一元化的。这种一元化奠定了人与人之间互相交流的一些基本方式和基础性思想观念。随着社会的发展,人类形成了许多不同的文化圈。于是,用于运载思想观念的符号越来越复杂了。然而,最初出现的思维逻辑,使不同文化圈的人们可凭借一定的基础对符号运载的思想观念进行解读,从而对各种符号的性质特征有了认识的可能。

既然道教产生于中国国土,无论从形式到内容都打上中国传统的"烙印",那么,我们就可以依据"转译原理",从传统上逐步地螺旋式地趋近其符号意蕴。这样,对道教符号进行分类也就有了突破口。

关于符号研究,在国际上有所谓语言符号学、一般符号学、文化符号学。由此,似乎可以引申出符号分类的三种形态。就学科建设来说,按此思路,建立道教符号类型学也是行得通的。不过,按照逻辑学的原则,为了从多层次上来认识事物的性质特征,还可以从不同角度对道教符号类型进行划分。

如果从"艺能"的立场出发,我们可以得出道教自然符号与道教人工符号的区分。

自然符号就是赋予自然物象以特定意义的符号。这种情形在中国远古时期便已发生。例如古宛渠国传说便蕴含着先民自然符号的观念。根据王嘉《拾遗记》所载,古宛渠国之国民曾经乘坐"螺舟"到了秦国,说:我们的国家离黄帝轩辕氏居住的山丘 10 万里,我们的先圣曾经看到冀州兴起一股"黑风",断定此处会出一个大圣人;果然,在庆州那地方生出"尧"来。[1] 在这个故事中,"黑风"象征着"水德",或者说是"水德"的自然符号。像这种故事在中国古代为数甚多,尽管其中染上了"兆应"迷信色彩,但也反映了先民们已经将其观念赋予自然物的思想踪迹。这可以说是自然符号的发生雏形。其后,这种观念逐步发展起来,形成了比较自觉的自然符号理念,并且对道教产生重要影响。众所周知,道门中人素以酷爱大自然而著称,故山山水水、花草树木都成为其修道炼性的符号表征。像南宋著名道士白玉蟾的《咏雪》即具备了这样的理趣:

> 青女怀中酿雪方,雪儿为麴露为浆。
>
> 一朝雪熟飞廉醉,酘得东风一夜狂。[2]

在白玉蟾眼里,皑皑白雪覆盖在山凹,看起来好像积在少女的怀中。因少女年轻,气脉方盛,雪在山凹,正像酒曲置于酒坛里。然而,至此为止,并未真正认识"庐山真面目"。作为一位熟谙内丹术的道教宗派创始人,白玉蟾诗中"青

---

[1] 参见(晋)王嘉:《拾遗记》,载《太平广记》卷一百四十五,上海古籍出版社 1990 年版,第 743 页。

[2] (宋)白玉蟾:《上清集·咏雪》,《道藏》第 4 册第 787 页。

女""雪""浆"等自然物象是另有一番寄托的。清代董德宁《悟真篇正义》：
"女子著青衣者，离①为中女，木之色青。著衣者，服衣于身也。此乃砂中汞之
象，以砂属离火，而汞属震木也。"②由此可知，白玉蟾诗歌的诸多自然物象实
际上是内丹修炼的符号借代。像这种例子在道教文献中不胜枚举，这说明道
门中人是善于以自然物为符号来传达自己的思想理念的。

　　道教不仅以山水草木为自然符号，赋予象征意义，而且创造了大量的人工
符号。顾名思义，道教人工符号就是由道门中人或奉道人士创造的运载着道
教思想情趣的一种符号。从广义上看，道教的书法、绘画、雕塑、建筑以及音乐
曲线谱（又叫声曲折），道教的舞蹈动作、道教戏剧的人物科步、道教仪式等，
都是人工符号，具有深刻的象征意义。例如道教仪式展开过程中所使用的法
器便很值得探讨。所谓法器是道教仪式所需作法器具的简称。除了仪式坛场
准备中所列之旗、幡、剑、灯一类外，最常用的法器尚有香炉、镜子、令牌、钟鼓、
木函、木简等。这些器具在仪式活动中既是道教科仪师的操作工具，又是其宗
教哲学的形象传达。就拿香炉来说，道门中人即赋予很特殊的意义。在仪式
进行过程中，香炉是少不了的，但那并非仅是一种简单的供人点香的工具，而
是另有象征意趣的。《太极真人敷灵宝斋戒威仪诸经要诀》称："斋人以次左
行，旋绕香炉三匝，毕。……所以旋绕香（炉）者，上法玄根。"③所谓"玄根"即
是"道"的别名。在道门中人的心目中，道是生化万物的根本，它本来是无形
无状的，为了使信奉者有所指归，即以香炉作为符号象征。道教科仪师在行仪
时常以香炉为中心，反复旋绕，从而形成屈伸进退的线条变化。这一方面体现
了仪式的舞蹈审美需求，另一方面又是以直观形式来宣扬其基本的信仰理念。
虽然香炉早已有之，但作为一种行持道法的人工符号无疑是从道门开始的。
这种符号与自然符号的不同，就在于它的人工艺术的特质。它在使用价值的
背后所蕴含的是思想符号的深层积淀。

---

① 　这里的"离"是指《易经》中的《离》卦。在《易经》中，"离"是火的象征，又指乾坤父母卦所生
　六子中的"中女"。
② 　（清）董德宁：《悟真篇正义》卷下《五言四韵一首》，载《道贯真源》，古越集阳楼乾隆五十三
　年刊本。
③ 　《太极真人敷灵宝斋戒威仪诸经要诀》，《道藏》第9册第868页。

人工符号与自然符号的划分是我们认识道教符号象征的美学意蕴的一个重要步骤。为了进一步了解道教符号的特质与功能，我们还可以从存在形态上进行划分，这就又有了具象符号与抽象符号的区别。

具象符号就是一种具体的形象符号。就其产生而言，具象符号的创造虽然有具体事物作范本或原型，但并非简单地照搬原物。创制者为了突出具象符号的某一性质特征，往往对事物的范本或原型物作一定的变化处理。例如在音乐上，就是对主旋律的变奏；在绘画、雕塑、舞蹈上，就是在某些方面变动其造型。就"老子骑牛像"而论，元代"老子骑牛铜像"之牛乃牛犊，头低下，显得较温顺；而晁补之所画之牛则两角上翘，两耳伸展，是一头颇有生气的壮牛；至于清代任颐所画老子骑青牛之像，那青牛又变成独角牛了。道教画家笔下的"牛"当然不是人们心目中的俗牛，而是担当某种"宣化义务"的符号化身。这种具象符号的造型变化自然有作者爱好因素的作用，但也潜藏着人类深层的群体意识。道教艺术家因其所处时代的规范及艺术秉赋的作用，自觉或不自觉地将道教群体精神融进了艺术作品之中。由于这种精神是通过艺术语言以暗示隐喻的形式出现，而不是以直接的形式表达出来的，这就造成了具象符号与本意之间一定的距离感。然而，正是这种距离感呈现出一种美的韵律。从这个意义上说，具象符号不仅是道教传达道体信息的艺能载体，而且蕴含着积极象征的美学功能。

与具象符号相比，抽象符号与本意之间的距离就更远了。从哲理意义角度看，抽象本是与"生动的直观"相对而言的。所谓"抽象"就是在比较分析基础上，从事物的许多属性中撇开非本质属性，抽出本质属性。应该说，抽象符号的形成在最终意义上也遵循这种"扬弃"原则。但是，必须看到，抽象符号不是事物外观形态因素的简单"抽取"，而是经过一番"理念的玄想过程"。因此，并不是所有道教艺术品均有抽象符号功能，而只有那些经过"玄想运作"的作品才具有抽象符号的功能。抽象符号的创制也可以有一个"表现"对象，但它对原物的"映象"相对于写实性的绘画来说则要复杂曲折得多。在其形成过程中，原型物必须经过理念的转换，才能达到抽象的境界。这种转换可以使本是色彩的东西化而为声，本是声音的原物变成色彩。形与声在这种抽象过程中由于转换的可能性而获得了多层的表现。例如道教的《五方符图》之背后乃蕴含着五方咒说。据《灵宝五符序》所载,早在汉代即已秘传《灵宝五符》,那是以东西南北中为其方位框架所造作的五种符图;后来更有所谓《五岳真形图》,以抽象的形式来描摹神州大地五座具有代表性的高山。有趣的是,与此相对应,道教中还流行着五方神咒,其结构也是以五方为根本,依五方轮转而有五种咒说。传统上以所谓"真文"记录其咒说,由于真文实为上古蝌蚪文字,具有极强的象征性,故而这种记录实际上是把咒说变成了图像,于是本是声音的东西即转换成形象,当其转换被扬弃许多中间环节后,其抽象的符号特质便获得强化。

上述关于道教符号的自然与人工、具象与抽象之分,只是初步的。这里并没有穷尽划分的阈限。我们的宗旨在于通过这种划分,逐步地达到对道教符号系统的多层次认识,发掘其深藏的秘义。

## 三、道教符号的组合转换与功能

任何符号都必须使自身成为整体或在系统中存在,才能发挥其特定功能。所谓"自身成为整体"指的是符号的自身完整性。残缺性的符号是不能产生圆满功能的,这就好像一架机器,零件不齐全,不能正常运转一样。而所谓"在系统中存在",指的是符号由孤立状态向联系状态的转换。我们对道教符号的考察不能离开这两个基点。

符号的自身完整性首先是针对符号个体而言的。同理,道教符号的自身完整性首先也是作为个体存在的必备条件。符号是整体与局部的对立统一,离开了局部也就没有整体的存在,但局部却不能代替整体。道教符号也是以局部架构形成整体的表征。只有当道教符号以整体面目出现时,其运载的意蕴才是圆满的。例如"太极图",一个圆圈,内包阴阳双鱼。我们说此图代表"易学"的"简易""不易""变易"三大原则,象征着道教的深层次哲理思考和思想主张的"全息",这正是从整体上加以把握方能悟出的义理。如果把太极图中的阴阳割裂开来,那么,它的这种全息性象征也就不复存在了。太极图如此,其他各种符号图像也不例外。

符号的自身完整性对于多项组合来说也是一条重要原则。意义的表达有时仅需一个完整的符号便能满足，但在大多情况下，则需要多项符号的协同才能发挥效用。道教符号自然也有协同作用的问题。例如，道教科仪法会中的经韵念颂乃是声形并举，只有身到、声到、意到、神到，才能把经韵的信息完整地传达出来，从而感动天地，达到预期的目标。在这里，"身"与"声"是外在的符号，而"意"与"神"则是内在的心灵信息。斋人的心灵信息通过自我之身、声而传递、感应、交流。在这样的时刻，身与声的"动作"必须是协同作用的。道教高功法师等仪式实施者在程序开始时要先穿上法服，凝心静气，然后颂经举事，这便是考虑到协同作用的问题。法服也是一种符号，穿上法服表示郑重其事。如果草率处之，那就像一个残缺的水库，无法完成蓄水的功能。

正如我们把儒家、佛教等文化形态各自当作自足的系统一样，道教文化本身也是一个完整的系统。系统思想的表达，需要一系列符号的组合才能完成其任务。在不同系统中，符号所担当的任务和产生的功能是不一样的。当我们使用"道教符号"这个概念时，便意味着此等符号是在道教文化系统中存在；离开了这个系统，任何符号便没有道教方面的实际意义。例如，《乾》《坤》《坎》《离》《震》《巽》《艮》《兑》八卦符号在《周易》古经之中，代表的只是天、地、水、火、雷、风、山、泽的原始意义。到了汉代京房创立"纳甲法"，将十天干分纳于八卦，表示月体晦朔弦望之变迁。从表现形态上看，京房的"纳甲法"与道教中《周易参同契》的"纳甲法"并没有什么区别；但是，两者所运载的"信息"却颇不一样。随着《周易参同契》将"纳甲法"的引入，该法的主体功能发生了重要变化。这时的"纳甲法"已成了"大还丹"程序的象征。可见，符号是随着系统的变迁而改变运载的意义的。离开了系统，其特定意义便要消失或发生某种变化。

系统是一种复杂结构。道教文化系统的复杂性已为众所周知。如果我们把道教当作一个系统整体，那么就意味着其中存在着各个子系统。诸如经文系统、神仙系统、科仪系统、法术系统、宫观系统，等等。各个子系统都有自身的符号系列，但彼此之间也可以互相交叉。例如科仪系统与法术系统的关联便十分密切，科仪的进行往往借助法术，而法术的实施有时也要举行一定的仪式。这样，符号的使用便有共同性的一面。像"十天干""十二地支"，无论在法术系统还是在科仪系统中都可以表示时间、方位，并且可以同其他符号进行转换。如把十天干转换成木火土金水"五行",把十二地支转换成十二消息卦。通过多重转换,可以使符号在不同子系统中发生更广泛的沟通,从而携带更为丰富的信息量。

由于系统中"转换"的确实性,道教符号便能更充分地协同作用,从而产生多种多样的功能。首先是语言通讯功能。这里且不必说那些使用汉字写成的经书可以根据需要随时化成语言来朗诵,传递信息,就是科仪系统或宫观建筑也同样具有语言通讯功能。拿斋醮科仪来说,道教中人的种种动作程序作为特定符号具有象征意义。例如手印,当它发生在普通人的手上,只能是一种自然状态的手势动作,这时它不指称什么也不代表什么;但是,当手印发生在行斋中的道士手上便生成了指称意义,成为某种观念的代表。手印,又称印诀、掐诀、捻目等,系道人行法诵咒时以手结成的形态符号。道门向来很看重这种动作符号。《道法会元》卷一百六十称:"祖师心传诀目,通幽洞微,召神御鬼,要在于握诀。"[1]这个"诀目"系指"掐诀"的手势。每一个诀目都有一定的代表意义。行斋人之手无论是掌或指纹都有相应的象征蕴含,所谓北斗七星、十二时辰、九宫八卦、二十八星宿罗络于一掌之中便体现了这种旨趣。就拿指纹来说,道门以二、三、四指的九个关节纹为九宫八卦阵,中指中纹代表中宫,配上《洛书》之中数五,其余八纹代表《乾》《震》《坎》《艮》《坤》《巽》《离》《兑》八卦。另一种法式是以手指之劳宫穴为中宫,八卦分纳于掌上八个方位。这样,手上每一个部位便有相应的代码意义。在古人的心目中,八卦往往代表了整个宇宙,具有无限包容性,因之便能产生丰富的符号语言效应。

有了符号语言,就可以进行通讯了。所谓"通讯",不同的学派有不同的理解或解释。一般地说,通讯是一种行为;在这种行为中,信息的发出者按一定的代码,通过一信息媒体,将该信息传达给信息的接受者。这个通讯定义包含着六大要素:(1)信息发出者;(2)语境;(3)信息;(4)信道;(5)代码;(6)信息接受者。在道教科仪中不仅有实施的主体,而且有交通对象,这对象就是"神明"以及广大信众;如果把实施主体——斋人当作信息发出者,那么其交通对象则可以相应地看作信息接受者。在中间的四个要素里,最重要的是信

---

① 《道法会元》卷一百零六,《道藏》第30册第6页。

息。因此,我们有必要对道教科仪的信息性作一番侧重考察。由于道教科仪是以符号的形式出现的,这必然会具备信息性。因为符号是意义的代表,它与意义不可分离地处于统一体中。符号代表的意义也就是信息。信者,人言也;息者,发言者心灵之表达也(自心为息)。斋人选择一定的符号传达心声,这就形成了独特的道教科仪信息。事实上,道教对于科仪的传信功能是有自觉认识的。科仪中的种种法器供品往往都被看成传递信息的工具。譬如说"符节"便被看作"信"的象征。符节古已有之。《说文解字》称:"节,信也。"《周礼·地官·掌节》曰:"掌节,掌守邦节而辨其用,以辅王命。"①被当作信物的"节"在中国古代不仅有专人掌管,而且有品位之分。这种以节为信物的传统在道教中得到继承。《太平御览》卷六七五引《列仙传》称:"先道有三十七种色之节,以给仙人。"②在科仪举行过程中,"节"被悬挂于坛场上,作为同神仙交通的"符信"。这有点像今日电视机的接收天线装置。像"节"之类在道教科仪中使用不少,它们在斋坛上的悬挂或安置,组合成一定的信息传递程序。当它们在手掌上有了相对应的位置时,行斋人之手实际上便成了浓缩的宇宙图式。这样,随着手印的变换,道门中人便把符号语言转化成通讯语言,产生观念效应。科仪程序只是道教符号通讯特征的一个小例子。如果作广泛的考察,将会发现更为有趣的此类现象,这里就不一一列举了。

符号成为语言通讯的手段,从目的上看,这是为了"羽化登仙"的修行活动。我们知道,道教的最终目的就是要变化气质,脱胎换骨,成为不死③之仙人。这尽管在道门外人看来只是一种理想而已,但在奉道人士心目中却是可以通过一定途径达到的。不论情况如何,道门中人确立起这样一种信念,就必定要朝着预期目标进发。在道门中人看来,修仙是有层次的。其一切活动可统称为"修行"。道门的修行活动内容很多,概括起来无非两大方面,一是伦理道德涵养,二是生命升华之功,两者相滋互补。道门之所以提倡伦理道德涵

① (清)阮元:《十三经注疏》上册,北京:中华书局1980年版,第739页。
② 《太平御览》卷六百七十五,文渊阁《四库全书》本。
③ 道教所谓"不死"并非是在任何场合都指身形长存,有时指的是精神永存。实际上,早在老子《道德经》中已有身灭而精神续存的理念,他所讲的"死而不亡者寿"就是这样。老子的这种思想在宋元以来的道教中得到了较多的发挥。

养,是因为仙乃由人做,欲修仙道,先修人道。有了完善的人格,才有修仙的资本。至于"生命升华"主要是养生健身,通过"炼形",剔除凡质。如何完成这些程序呢? 从符号学的观点来看,关键所在乃是掌握信息的变换。必须指出,"信息"这个词,在不同的语境下具有不同的意义。从广义上看,并非所有信息都是对人体有益的。就人的生存角度观之,信息有害有益。修行之人无非是吸取有益信息,阻止有害信息的传递。要能掌握信息变换,要领所在就是懂得道教符号体系,学会驾驭特定符号。这看起来好像"奇谈怪论",但事实上是有理有据的。打个比方来说,我们使用电脑,其操作程序上有各种各样的符号。"鼠标"点击某一符号,便可调出相应的信息;如果有"恶"的信息窜入,我们就用杀"病毒"软件来处理,按动该软件的有关符号,就可以将病毒驱除,恶的信息由之消失。这种通过符号来控制信息流通的思路在道门中早已有之,只是未曾使用此等名称而已。例如,道门中人在修行之初,为了控制自身"七情六欲"的过分活动,排除外界不良信号对内心的干扰,或颂经、或行斋、或坐忘,等等。这些活动实际上就是运用符号进行控制的表现。因为颂经,以声音引导修行者的注意力;行斋则通过内外之"像观"使心绪宁静专一,这个"观"的过程就是符号驾驭的过程。至于坐忘,表面看来似乎没有符号的作用,实际上正显示了符号的大用。"坐忘"由"有"而至于"无"。可以说,"有"是万象之总名,"无"以太一为符征。忘其"有",即是排遣大千世界纷扰符号;入其"无",则是合于大道至虚之本体,于是空灵美善而达观。在这里,道教符号的语言通讯功能、伦理功能、审美功能凝聚而为一体。总而言之,道教符号是需要认真探索的新领域,深入发掘之,必能至于"柳暗花明"的境界。

［本文原载《厦门大学学报》(哲学社会科学版)2000 年第 2 期,收入本书时稍作调整］

# 关于生命道教的几点思考<sup>*</sup>

中华道教,源远流长,它的文化传统渊源于将近八千年前的伏羲氏,肇端于将近五千年前的黄帝轩辕氏,其发展经过了三大形态。如果我们把黄帝时期的道教称作"原初道教",那么从老子传授《道德经》给关令尹喜的周朝到西汉严遵作《老子指归》,都属于"古典道教"历史时期。此后,道教逐步仪式化,神明信仰系统建立起来。到东汉末年,西蜀张道陵建立"正一盟威之道",东方的张角三兄弟建立太平道,标志着"制度道教"产生。从那时到当代,道教各宗派在神仙信仰、科仪法度、组织机构三大层次上都是制度化的,因此都属于制度道教①。

近百年中,道教经历了社会大变动,也有过许多磨难。直到 1978 年国家实施改革开放,道教迎来了恢复、振兴机遇。当今社会,对于道教文化研究而言,可谓处于最佳历史时期了。但是,道教文化要在人们的现实生活中发挥积极的精神滋养作用,还需要思想总结,进行一番理论现代化的创新工程,需要一个能够补益社会的行动口号。经过一番思考,我觉得"生命道教"是比较能够反映道教思想文化内涵的一个概念。故而,本文拟围绕这个命题谈谈管见。

---

* 本文系国家社会科学基金重大项目"百年道家与道教研究著作提要集成"(项目批准号:14ZDB118)的阶段性成果。

① 前中国道教协会副会长陈莲笙先生在《道教常识答问》(上海辞书出版社 2012 年版)一书中指出:有关道教产生问题一直以来存在两种不同意见。一种意见认为道教由黄帝和老子创立,称作"黄老道",以黄帝道历纪元元年作为道教创立的年份,故道教创立至今已有 4700 多年历史;另一种意见则认为道教是东汉末年由张陵创立的,至今也有 1800 多年历史。陈莲笙先生虽然没有对这两种代表性意见的由来进行追溯,也没有表示倾向性立场,但却为我们认识道教的历史与现实打开了一扇大门。关于这个问题,笔者曾经写了《重新认识道教的起源与历史发展》一文予以阐述,详见《中国道教》2013 年第 2 期。

## 一、问题的提出

关于道教文化的发展方向问题,自改革开放以来,中国道教协会就一直相当关注。早在20世纪80年代中后期到90年代初,道教界领袖就根据社会转型的大背景,提出了"爱国爱教"的行动纲领。中国道教协会的历任会长都在各种场合论述了这个问题,体现了道教与当代社会的思想契合,千真万确。不过,"爱国爱教"并非是道教的专利,在中国境内的其他宗教也都有共同的情怀,共同的思想立场。所以,提炼出一个能够充分表达道教基本精神的核心概念势在必行。

鉴于佛教界早于20世纪30年代便由太虚大师提出"人间佛教"的主张,中国道教界在本世纪初也不断探讨自身的思想着力点。2000年,《中国道教》杂志第一期发表新年祝辞《祝福你,新千年》。这篇祝辞提出了"生活道教"的概念。作者认为道教的教义思想中包含着许多生活的哲理,对当代人的生活有积极的启迪意义。提倡"生活道教",就是要将古老道教中的文化精华和当代人的生活紧密结合起来,将道教的精神、道教的智慧从各个方面贯彻到人们的生活中。一方面给人们提供一种生存的智慧,引导人们妥善处理好生活中的各种问题,从而获得圆满的人生;另一方面也使古老道教在立足于生活、利益于生活、圆融于生活的过程中,不离生活又升华生活,从而使自身得到更新和发展。为了进一步推动,中国道教协会道教文化研究所发动道教界与学术界召开了一次学术研讨会,收到了几十篇论文。当时,我也写了一篇名为《论生活道教》的文章。这次会议的论文汇集成《道教与人生》一书,于2002年由宗教文化出版社出版。

"生活道教"这个主张虽然没有得到整个道教界的普遍认同,但也产生了比较大的影响。从那时开始,我就一直在思考以什么概念来表达道教精神最为简明和贴切问题。在写《道教文化十五讲》的时候,我在第一讲里用了两个小标题来表达道教文化的内涵:一是具有强烈生命意识,这是道教文化的鲜明特色;二是自觉地运用象征符号来传递生命意识,这是道教文化的基本形式特征。为了表达这种理念,我在书稿行文中写道:"不论是'延年益寿'还是'羽化登仙',都体现了道门中人对生命的关注。"①又说:"道教生命意识并非只是反映在神仙故事之中;如果我们扩展视野,那就会看到,凡是有道教组织活动留下痕迹的地方几乎都可以感受到生命意识的强烈辐射力。这种辐射力的作用不是以直接穿透的方式表现出来,而是通过象征符号来传递的。"②这段话是我对道教文化进行了比较长时间研究之后的切实感受,写在《道教文化十五讲》的第一讲中,旨在凸显其重要性。

2008年,中国道教协会道教文化研究所在南昌召开了"道教与经济社会发展"学术研讨会。会议期间,我把《道教文化十五讲》所提出的道教生命意识认知与中央民族大学教授牟钟鉴先生交流,牟先生脱口而出:如果用"生命道教"来概括道教的核心精神应该更具特色,也符合道教的历史文化传统。牟钟鉴先生真是善于画龙点睛,他一说我霎时如打开了天窗,心里亮堂起来。回到厦门,我就吩咐我的学生谢清果以《生命道教指要》为题,写成一本专著。他很快完成了写作任务。我把这本书编入了《石竹山道院文丛》中,并为之专门写了《序言》。在《序言》的开头指出:

> 道教作为中国唯一的本土宗教,在经济全球化、政治多极化、文化多元化的世界大背景下,其所蕴藏着的文化精神日渐为世人所了解、理解以至认同。道教那"君臣民同心"的太平世和谐社会追求、"天人不相胜"的人与自然和谐旨趣、"见素抱朴"的人生修养情怀、"我命在我不在天"的生命自主意识、"道在养生"的人生价值取向等方面的思想都能为消除道德危机、生态危机、社会矛盾等问题提供宝贵的思想文化资源。也正是从这个意义上讲,道教作为一种文化既是传统的,也是现代的;既是中国的,也是世界的。正如"文化中国"的理念有助于弘扬中国博大精深的中华文化一样,"生命道教"的新观念必将也是发挥道教文化养生护生、尊道贵德、济世利人的优秀传统,进一步服务于构建社会主义和谐社会的伟大实践,从而彰显道教文化所蕴藏着的普世关照、生命关怀、民众立场的时代精神。

---

① 詹石窗:《道教文化十五讲》(第二版),北京大学出版社2012年版,第10页。本书首版出版于2003年。
② 詹石窗:《道教文化十五讲》(第二版),北京大学出版社2012年版,第10页。

这是我揣摩已久的一个表述,它是对以往"神仙道教"与"生活道教"进行统合之后的结果。根据这个认知,谢清果以九章的篇幅予以论证,形成了"生命道教"的初步理论系统。然而,由于种种原因,"生命道教"这个概念并没有推开,更没有广泛传播,其建立的内在根据是什么?核心价值观是什么?发生作用的方式和途径是什么?诸如此类问题,都还需要深入探讨。

## 二、生命道教的立论依据

如果要按照形式逻辑给"生命道教"下个定义,我们可以说:所谓"生命道教"就是以生命认知、生命护养、生命超越为思想内涵的教化理论。它既是一种文化模式,也是一种精神修养模式。在这里,"生命"是对"道教"本质特征的揭示,而非在道教之外再立一个新的宗教。"生命道教"之所以成立,是基于如下根据:

首先,立足于道教本有的"大生命观"。

"大生命"是与"小生命"相对而言的。如果说人类个体是"小生命",那么运载"小生命"的地球乃至整个星际环境的整体构成就是"大生命"。

在传统道教看来,不仅人类个体是生命,飞禽走兽是生命,树木花草是生命,而且大地山川也是生命。这种观念,在将近五千年前以黄帝为代表的原初道教时期便有了萌芽。考《史记·五帝本纪》有云:黄帝"置左右大监,监于万国。万国和,而鬼神山川封禅与为多焉。"什么是"封禅"?简单讲,就是古代帝王在太平盛世或天降祥瑞时的大型祭祀典礼。有学者认为,"封"是祭天,"禅"是祭地;但从《史记·五帝本纪》这段话来看,作者把"鬼神山川"连在一起,表明封禅对象并非仅仅是天地,而是包括比较广的范围。其中所谓"山川"主要是大山、大江、大河。为什么要祭祀山川呢?那是因为先民认为山川是人们生活的依靠。在古人心目中,山川不仅提供了生活的必要物质,而且有神明驻守,神明虽然看不见,却在冥冥之中监察人的行为,并且致人祸福,可见神明是比人更高一级的生命。许慎《说文解字》谓神明能够"引出万物",也就是生化万物。既然能够生化万物,神明也就与生命发生不解之缘了。从某种角度看,黄帝祭祀山川,实际上就是把山川看作有灵生命体。或者说,黄帝是怀着对山川这种生命体的景仰与敬畏态度来举行特定礼仪的。

黄帝之后，古典道教的杰出代表老子在《道德经》里将早先朴素的大生命认知赋予哲理内涵。该书第十六章说："万物并作，吾以观复。夫物芸芸，各复归其根。归根曰静，静曰复命，复命曰常，知常曰明。"这段话的关键词有三个，一是"万物"，二是"作"，三是"命"，它们在句子中的排序体现了老子的大生命意识。在这里，所谓"万物"就是由"大道"生化而成的宇宙万物。作为一个全称概念，"万物"既包括人与动物，也包括了树木花草之类植物；延伸开来，"万物"也涵盖了日月星辰等，是一个具有无限包容性的概念。"作"是什么意思呢？在甲骨文里，"作"写成"𠘧"，表示工匠用刀斧刻划，形成痕迹。其背后蕴含着人的作为，而这种作为的形态特征就是运动。毋庸置疑，老子是站在人的立场上来看待各种事物的。在老子心目中，人类以外诸事物也像人一样能够运作，因此是有生命的。万物的生命存在有两种形态，一是动，二是静。万物之动，以静为根，动极之后就要回归于静，这才体现了生命的本质。老子用了"复命"这个词组，明确表达了天下万物都是生命存在。它们兴起了，最终又回归了，万物就在这种动静转化过程中生生不息，这就是"命"。

老子之后，列子、庄子都大谈天地、天下、万物，例如《庄子》一书，"天地"出现了 96 次，"天下"出现了 290 次，"万物"出现了 102 次。此外，《庄子》一书还多次出现"四海""宇宙"等大地域、大空间概念。由此可以发现，庄子及其传人把老子的宏观视野又加以扩展。《庄子》一书喜欢描述广阔的场景和巨大的生命体，例如《逍遥游》篇写鲲鹏，谓："北冥有鱼，其名为鲲。鲲之大不知其几千里也，化而为鸟，其名为鹏。鹏之背不知其几千里也，怒而飞，其翼若垂天之云。是鸟也，海运则将徙于南冥。南冥者，天池也。齐谐者，志怪者也。谐之言曰：鹏之徙于南冥也，水击三千里，抟扶摇而上者九万里。"意思是讲：北海有条鱼，它的名字就叫作鲲。这种鱼的身躯巨大无比，不知道有几千里，它化成鸟，名字叫作鹏。这种鸟的背部，也不知道有几千里。它奋起而飞，翅膀就像天边的云层，海动风起的时候就迁往南冥水域，那个南冥乃是天然的大池。古代志怪书记载：当鹏鸟迁到南冥水域的时候，水花激起来达到了三千里高，翅膀拍打形成巨大的风流，它直飞到了九万里的高空。《庄子》这段描述虽然是用了夸张手法，但却展示了一个庞然大物的生命灵动。在《庄子》的想象世界里,一切事物都是活生生的,无论是河神、海神、山神,还是狂风、大雨,都有灵性、人格,甚至"混沌"这种象征无始无终、无边无际的存在,被凿开七窍之后也会流血、死亡。庄子描写了"混沌"流血死亡,恰恰证明了它的生命张力,让我们看到了茫茫寰宇万物生息的千姿百态。

东汉之际,制度道教不仅继承了先秦古典道教的"大生命观",而且注意各种生命之间的密切联系。例如流行于当时的《太平经》卷四十八《三合相通诀》说:"元气与自然太和之气相通,并力同心。时恍恍未有形也,三气凝,共生天地。天地与中和相通,并力同心,共生凡物。凡物与三光相通,并力同心,共照明天地。凡物五行刚柔与中和相通,并力同心,共成共万物。四时气阴阳与天地中和相通,并力同心,共兴生天地之物利。孟仲季相通,并力同心,各共成一面。地高下平相通,并力同心,共出养天地之物。蠕动之属雄雌合,乃共生和相通,并力同心,以传其类。男女相通,并力同心,共生子。三人相通,并力同心,共治一家。君臣民相通,并力同心,共成一国。此皆本之元气自然天地授命。凡事悉皆三相通,乃道可成也。"①《太平经》这段话有个叙说模式,这就是"三合相通"结构。按照"三合相通"理路,《太平经》构造了元气到天下家国、社会的化生系列。其间经历了诸多层级,每一个层级化生下一个层级,都是由于三合相通,因为相通而有感应,所以能够生化无穷。行文中,作者用了"并力同心"形容三物其密切关系。我们知道,"心"这个字在古代汉语中不仅具有器官的意义,而且具有思考的功能。《太平经》在每一个层级里,都出现"并力同心",这就把元气、自然、太和之气、日月星辰、大地、山河以及其他众多事物都看成如人一样有形态、有禀性、能思考的智慧生命体。正是诸多生命体的相互连结,组成了大自然和谐有序的结构,所以天地万物才迸发出无穷的力量。

其次,立足于护佑生命平安的精神。

在数千年的历史长河中,道教思想主张虽然具有不同侧重点,但把天地万物看作彼此联系的生命存在,这却是一贯的。基于这种生命认识,道教的基本目标就是保护生命平安,进而夺天地之造化,升华人类个体的自我生命境界。

---

① 王明:《太平经合校》,北京:中华书局1960年版,第148—149页。

追溯起来,我们可以看到,早在《道德经》里已经有安养天地生命的思想意识。例如第三十五章说:

> 执大象,天下往。往而不害,安平泰。

这里的"大象"即"道"或称"大道";而"执"是"秉持"或"掌握"的意思,引申开来则有信守、奉行的思想旨趣。所谓"执大象"就是信仰大道、奉行大道、固守大道。"天下往"是说圣者奉行大道,天下万物都归往于大道。不仅归往,而且不会受到伤害。显然,老子《道德经》不仅具有保护人类生命的意识,而且把保护的范围延伸到了人类以外的诸多生命存在。

老子《道德经》这种护养生命安全的意识,在其他道教经典里也可以得到佐证。例如《黄帝阴符经》说:

> 天地,万物之盗;万物,人之盗;人,万物之盗也。三盗既宜,三才既安。故曰:食其时,百骸理。动其机,万化安。①

《黄帝阴符经》用了"盗""宜""安"三个关键词来阐述天地、万物与人的相互关系,以及人在处理相互关系过程中所应有的方式、结果。《黄帝阴符经》看到,人的生存环境是多种事物构成的广袤空间。在这个空间里,天地、人、万物互相汲取物质滋养与能量,以维持其存在和发展。在《黄帝阴符经》看来,天地、人类、万物相互汲取物质滋养的时候必须遵循"宜"的原则,这就是适度,恰到好处,不可过分;唯有如此,才能保证"万化安"。所谓"万化"就是天地间各种存在物的演化,既包括演化的过程,也包括演化的结果。不论是过程还是结果,都必须达到"安"的要求。由此看来,《黄帝阴符经》也具有深邃的大生命安全的思想观念。

与《黄帝阴符经》"万化安"精神旨趣相一致的是《太平经》所倡导的"长安"法度。该书卷四十五《起土出书诀》:

> 夫人命乃在天地,欲安者,乃当先安其天地,然后可得长安也。②

《太平经》指出:人命存在于天地之间,天地是人命存在的环境。其所谓"人命"既指人的个体生命,也指人类的整体生命。不论是个体生命还是整体生

---

① (唐)李筌:《黄帝阴符经疏》卷中,《道藏》第 2 册第 740—741 页。
② 王明:《太平经合校》,北京:中华书局 1960 年版,第 124 页。

命,都是以天地环境为依托的,没有天地这个大环境,人的个体生命与整体生命便无从着落了。由此看来,天地与人构成了一个系统,即大生命系统。所以,当"天地"与"安"字组合起来的时候,也就有"大生命系统安全"的思想意涵包括其中了。

将上面两个层次归结起来,那就是:从原初道教到古典道教,再到制度道教,虽然对自然、社会与人类的认知深刻程度不同,但都具有大生命观念。在生活与修行体验过程中,道教认识到了个体生命要平安,就必须同时保护环境的平安,而环境的各种组合物也具有生命的意义,所以追求人类个体生命与环境平安,这也就是养护大生命系统的整体平安。正是基于这样的情况,我们可以把原初道教、古典道教、制度道教统称为"生命道教"。

## 三、生命道教义理体系在当代社会的作用

从延年益寿、羽化登仙的基本追求出发,生命道教把人类与生存环境都看作生命,从而形成大生命系统理论。基于修行目标,生命道教形成了具有深刻内涵的义理体系,也就是维护生命、保养生命、升华生命境界的教义教理体系。

### (一)五字真言

如果说,儒家的文化价值观可以概括为"仁、义、礼、智、信"五常,那么生命道教的文化价值观则可以概括为"道、德、善、静、安",这就是"五字真言"。

1. 道:生命道教之根基

生命从哪里来? 又到哪里去? 如果进一步追问,就必然提出生命本元的问题。遵循"观天道以推人事"的认知路向,生命道教提出了"道"作为生命本元,也就是宇宙万物发生与存在的本元。

"道"的直接意涵是"道路",后来被赋予生命哲学的理趣。按照生命道教的观点,"道"虽然无声无息,却是万物化生的本根,万古长存。正如中国道教协会前副会长陈莲笙大师所言,"道"包含着一切已经认知的世界以及一切尚未被认知的世界;包含一切我们已经理解的状态、运动、规律以及尚未被我们知晓的状态、运动和规律。"道"涵盖着人类赖以生存的自然界,人类自己组织的社会,以及尚未被人类认知的任何界别,任何领域。而所有这些被认识的

和尚未被认知的领域都生发于"道",并受"道"所支配,依凭"道"而运动、发展和变化着。"道"虽然看不见、摸不着,却可以通过特殊的修持程序而感受到,例如斋醮科仪、存想,内丹修炼等方式都可以感受"道"的恍惚状态,达到与"大道"感通的效果。

2. 德:生命道教之能量

《道德经》说:"道生之,德畜之。"有道必有德。道因德显,德为道存。从字源上看,"德"本来表示凭借眼睛的巫术灵力来进行厌服的行为。后来,生命道教将"德"提升为"道"所具有的特殊能量。照生命道教的看法,"道"因为有"德"才能够辅助万物生生不息。正如母亲生儿育女,需要养分一样,"德"就是生育万物的滋养。从人类生存的立场看,"德"是维护社会秩序的基本规范,它不仅是社会正常运转的原则,也是个人养性修真的必须。所以,"以德养生"就是返朴归真、健康长寿之大本。

3. 善:生命道教之方向

如何达到"真"的精神境界呢?生命道教进一步提出了"善"的理念。《道德经》第八章说:"上善若水。水善利万物而不争。处众人之所恶,故几于道。"按照老子《道德经》的看法,最好的品德应该像水一样。水滋润万物,使万物生长,而不去争名、争利,水总是处在最让人嫌恶的地方,这就是"善"。

老子"上善"的理念成为生命道教文化价值观的基本内容之一,后来的道教学者以老子"上善"精神为基础,阐述其思想,都是围绕"处下""利物""不争"展开的。"处下"意味着谦卑;"利物"意味着奉献;"不争"意味着不计较个人名利地位。这一切,总合起来就是"善功",即以善为心,行善为法,至善成功,功成身退,复归于朴。

4. 静:生命道教之法门

生命道教的"善功"论又与"静"的精神相联系。老子《道德经》第三十七章说:"不欲以静,天下将自定。"老子关于"静"的论述乃兼有两层意涵:一方面,"静"由"不欲"产生,"不欲"就是去除内心杂念欲望,由此而达到的"静"即纯洁;另一方面,"天下将自定"意味着天下社会安定不动,老百姓安居乐业。老子《道德经》第四十五章谓:"清静为天下正。"这把"清"与"静"联系起来,进一步佐证了古典道教讲的"静"是包含了纯洁与宁静两种意涵。

老子的"清静"论说在制度道教中得到了全面发挥。相传出于三国著名道士葛玄之手的《清静经》谓:"夫道者,有清有浊,有动有静;天清地浊,天动地静;男清女浊,男动女静。降本流末,而生万物。清者,浊之源;静者,动之基。人能常清静,天地悉皆归。"这段话从"道体"的特征入手阐述清静理念。在《清静经》看来,"道"是阴阳协调的整体,体现为现象界,便有清浊、动静、本末的对应。不过,相对而言,"清静"二字是最为根本的,所以人的生活应该保持清静状态,这样天地也就归于大定了。《清静经》的论说高度概括了制度道教修持的基本精神与思路,所以在后来被奉为早晚功课诵读的经典。

5. 安:生命道教之目标

本文此前在论述"生命道教"命题之所以成立时,已经引述了《道德经》《黄帝阴符经》与《太平经》关于维护生命及其环境平安的论说。事实上,整个道教思想体系处处都充满了"平安"的意识。由于个体生命的存在与小环境、大环境都紧密地联系在一起,道教进行生命体验和修行,必定要追求平安,包括个人平安、家庭平安、社会平安、自然平安。这种思想首先来源于《易经》的《泰卦》。

该卦之象,下为乾,三阳上升,上为坤,三阴下降;阴阳二气,流通交感而成和,故谓之"泰"。既然阴阳交合,当然也就平安吉祥。《易经》这种安泰的思想对道教产生了巨大影响。我们翻开道教的典籍,可以感受到强烈的平安意识。如《元始说先天道德经》第五章即称:"恍恍惚惚,万物之鬼宅。道行真化,杳冥之灵室。虚无至大,元居道安。"①这段话的关键是"元居道安"四个字,作者将"道"与"安"联结起来,形成"道安"的短语,其意涵可从两个途径来理解:一是说"道"是"安"的;二是说"道"可以"安"。不论是哪一种情况,都表明"安"离不开"道",因"道"而"安",用"道"以"安"。从这种情况看,生命道教也可以径直称作平安道教。

(二)十六信条

除了"五字真言"之外,生命道教体系中还有许多思想原则。经过一番揣摩,我把它们提炼出来,称为"十六信条":

---

① (宋)李嘉谋:《元始天说先天道德经注解》卷五,《道藏》第 1 册第 449 页。

> 尊道贵德,和谐大通;
>
> 善恶感应,累积阴功;
>
> 上善若水,海纳广容;
>
> 敬畏生命,大爱齐同;
>
> 护国安民,辅助黎众;
>
> 孝慈为本,修持守中;
>
> 见素抱朴,静养灵空;
>
> 知足常乐,合真美宏。

这"十六信条",有的出自道教经典的原文,有的则是根据道教经典的类似表述,经过加工、概括出来的。表面看起来,"十六信条"中也出现了"道、德、善、静、安"这五个字,但绝不是简单的重复,而是一种展开和细化。

"十六信条"作为一个义理体系,有其内在的逻辑关系。前六条,侧重于自然哲学,中四条侧重于社会哲学,后六条侧重于心灵哲学。

以上的"五字真言"与"十六信条"对于当代社会是有特殊补益作用的。这种作用概括起来,主要有三个方面:

第一,提供了身国共治的理路。

现代治理,主要是从政治学角度入手来考虑国家的体制、组织结构、法令法规等社会管理模式的建立与完善等,更多的立足于客体的思考与建制。相比之下,道教从一开始就是从生命入手来考虑问题。遵循天人相应的理念,道教把人体比作国家,反过来又把国家看作人体。君主对应于人的心脏,大臣对应于人的肝脏,辅佐之官对应于人体的肺脏,特使对应于人体的脾脏等等。当这种对应建立起来,无论是治身还是治世,都贯彻道德善静安"五字真言"和"十六信条"。这对于当代社会的个体生命维护与国家消除社会疾病、精神疾病、保持旺盛态势都具有很好的启迪意义。

第二,提供了性命双修的法度。

"性命双修"是道教独有的修养法度。所谓"性",从于"生",本象地上长出的树木,后来用以指本性、思想、秉性、性格、精神等。"命"原出于"令",象一个人跪在地上,接受上天给予的能量。后来加上"口"字,象征与天神感通,获取物质能量;引申之,则为生命能量。早在《周易》里便有"穷理尽性以至于命"的说法,将性命问题联通起来思考。道教沿着《周易》的思路,对性命问题进行扩展性探索。从疾病的疗治与生命健康角度看,贯彻"五字真言"和"十六信条"都是性命双修的基本要求。近年来,提出了健康中国的口号和目标。如何健康? 这是需要针对社会情况采取具体措施的。因此,我们从性命双修角度看"五字真言"和"十六信条",再反过来看性命双修,立足于当代社会需求,就会发现其现实价值了。

第三,提供了养护环境的工夫。

在道教看来,生命是特别神圣的。而生命赖以存在的社会环境与自然环境也同样是神圣的。以"五字真言"和"十六信条"来看待环境,就愈发感到保护社会环境与自然环境就是保护个体生命,给个体生命的延续、繁衍创造条件。过去几十年,经济发展突飞猛进,但也造成了环境破坏。在许多地方,经济发展是以环境破坏作为代价的。一些不法厂商甚至把污染严重的废水注入千米以下的地层,这是非常恶劣的。今天,我们要实现中华民族的伟大复兴,就包括了环境的治理。如何保护环境,这得从人类个体的认知与观念着手。而道教具有的"五字真言"与"十六信条"就是要让人在生活中有所遵循,形成行动的章法,这种章法从修行角度看,就是工夫。具体来说,如"大爱齐同"就是发爱心于生存环境,像爱自己那样爱护周边的生存环境,作为志愿者积极参与保护环境的工作,这就是一种具体的工夫。当一个人内心上充满对周边环境的爱,从而激发出具体行动时就是在行工夫,有结果了,"工夫"就变成了"功夫",累积了善德阴功,个人得到社会赞赏,而整个社会与自然环境就形成了和谐有序的状态。由此而产生的社会裨益是可以看得见的。

(本文合作者何欣;原载《湖南大学学报》2018 年第 6 期,收入本书时略有调整)

# 易学与道教思想建构

# 道家道教的"理身理国"思想探究

## ——简论老子思想与易学之关系

　　过去曾经有一个时期,人们谈起中国古代的修身治国理论,很容易就会想起儒家和法家;而对于道家学派,往往将之与"出世""混世"挂上钩,似乎道家学派与修身治国无缘。

　　然而,一个无可回避的事实是,封建社会朝代之兴往往伴随着道家理论的研讨,尤其是老子的《道德经》更受到推崇。中华民族历史上曾经有过"汉唐盛世"。这两个王朝代表了中国封建社会的勃兴与鼎盛时期,而正是在这两大历史阶段中,《道德经》的研习得到了朝野上下的大力提倡。汉代之初,许多大臣热心钻研《道德经》,像陈平、张良、盖公、曹参、吴公、王生、司马谈皆治黄老道德之学,尤其是接替萧何为相的曹参更倡导以黄老道术治国。一时间,形成了研习《道德经》的社会风气。汉文帝、汉景帝在这种文化背景熏陶下,雅好道德之言,实行黄老政治,注意"与民休息",安定人民生活,恢复和发展生产,遂促成了"文景之治"的社会繁荣。再说,唐代的政治、军事、经济实力在当时世界上堪称一流水平。这样一个王朝对《道德经》研习的提倡比历史上任何朝代都来得自觉。开国之初,唐高祖李渊追认老子为远祖,号召朝臣及百姓研读《道德经》,他甚至还派遣道家学者远涉高丽国教授《道德经》。其后,李世民即位为太宗,诏称:"朕之本系,起自柱史。"他选择了老子《道德经》的"清静无为"思想作为治理天下的指导方针,起用道门高士魏徵为相,崇尚"以静养民"的政治方略,造就了"贞观之治"稳定而繁荣的社会局面,颇受史家所称道。盛唐之际,玄宗帝亲自注解《道德经》,颁示天下,诏令士庶家藏《道德经》一本,置"崇玄学"博士,其生徒皆令习《道德经》等道门要典。由于唐玄宗"崇道"文化政策的贯彻,研习《道德经》的浪潮更显波澜壮阔,而社会经济之繁荣亦达到了唐朝的鼎盛阶段。虽然不能说盛唐的经济繁荣与倡导《道德经》的研习有必然联系,但恐怕也不能否认这种文化政治导向的重要作用。

唐玄宗在他所撰的《道德真经疏·释题》中曾对《道德经》的思想旨趣作了概括,以为"其要在乎理身理国"①。这可以说是对《道德经》政治思想的一种比较简明的概括。事实上,自老子《道德经》之后,"理身理国"的思想不仅一直沿袭着,而且不断获得发展,成为道家思想史上一种特殊的理论现象。

尽管"汉唐盛世"历史已经成为过眼云烟,但道家"理身理国"思想却依然渗透于世间,这是令人深思的。千余年以来,中国社会发生了翻天覆地的变化。当今,我们的国家由于改革开放取得了举世瞩目的成绩。在这样的背景下,运用邓小平理论,以实事求是的精神反观历史,对道家"理身理国"的"得失"作一番审视,相信可以为社会的安定与发展提供某种经验教训。故本人将其梳理所得撰成此文,以就教于学者方家。需要稍加说明的是,道家有广义与狭义之分。本文是从广义上来命指道家的。由于汉末以来的道教在理身理国思想方面对秦汉以前的道家有许多继承和发展,因之本文所用的"道家"概念也将道教囊括于其中;另外,有些文人或帝王将相人物,虽然不一定属于道家学派,但却对老子《道德经》一类道家著作进行研讨,且学有心得,从中可以看出道家"理身理国"思想的影响,故也将之结合起来加以探索②。

# 一、道家"理身理国"的观念脉络

"理"本指对玉器的雕琢。许慎《说文解字》称理为"治玉也"。后来,引申而有条理、治理之义。天下万事万物,条理之而有序,治理之而归正。故而,"理身理国"也就是治理身心国家。毋庸置疑,把老子《道德经》的要旨概括为"理身理国"乃具有政治意义。

---

① 《道藏》第 11 册第 749 页。

② 道家与道教在思想上的区别显而易见,许多学者已有专文论述,此不赘言。不过,从广义上来使用"道家"概念,也是有案可稽的。此可参见王明先生《道家与道教思想研究》一书"序言",北京:中国社会科学出版社 1990 年版。

作为一个命题,"理身理国"并非唐玄宗的一种文字游戏或思想的偶然闪光。如果我们稽考一下《道德经》的研讨历史,便可以发现,这至少构成道家学术史上的一个重要流派。唐末道门中人杜光庭曾经对唐前数十种《道德经》的注疏之作进行总结,他指出,《道德经》一书包含众义,指归意趣,各不相同。"河上公、严君平,皆明理国之道;松灵仙人、魏代孙登、梁朝陶隐居、南齐顾欢,皆明理身之道"①。这里所罗列的是唐玄宗注本出现以前所存在的两种流派,一种是专注于"理身",一种是专注于"理国"。由此可见,唐玄宗"理身理国"命题的提出是有学派的思想基础的。对于唐玄宗以"理身理国"立宗的注本,杜光庭颇为赞赏,以为"躬注八十一章,制疏六卷,内则修身之本,囊括无遗;外即理国之方,洪纤必举。宸藻遐布,夺五云之华;天光涣临,增两曜之色"②。这种赞赏尽管带有某种感情色彩,却体现了著名的道门人士对"理身理国"命题的肯定态度。

由此上溯至先秦道家学派那里,我们虽然看不到"理身理国"的概念,但在其思想体系中,关于治理身心国家的观念却是存在的。考老子《道德经》第十三章有云:"贵以身为天下,若可寄天下;爱以身为天下,若可托天下。"意思是说,能够以"贵身"的态度去对待天下事,才可以把天下寄托给他;能够以"爱身"的态度推及天下,才可以将天下交付给他。老子认为,一个理想的社会治理者,首先应该懂得"贵身"和"爱身",反对胡作非为。要达到这样的境地,就必须修养身心,而修养在某种程度上可以看作"治理",故而其第一层即包含着"理身"的意义在其中。再仔细斟酌行文中的"为"字,乃包含"管理"的意蕴。从另一个角度看,"以身为天下"也可理解为"把身体当作天下",即身体与天下"齐同"。既然如此,能够贵身也就能够贵天下,以贵天下的精神来管理天下,天下自然可以谐和、兴盛、繁荣了。这就说明,老子《道德经》中确有"理身理国"的双重含义。《道德经》这种包含"理身理国"意味的言辞在另一部影响深远的道家著作《庄子》中得到进一步阐述,该书的《在宥》篇曾引用《道德经》上述原文以说明"安其性命之情";而具有明显道家思想倾向的

---

① (唐)杜光庭:《道德真经广圣义》卷五《释疏题明道德义》,《道藏》第 14 册第 340 页。
② (唐)杜光庭:《道德真经广圣义·序》,《道藏》第 14 册第 310 页。

《吕氏春秋》①也在许多场合表达这种观念,如其《先己》篇谓:"昔者先圣王,成其身而天下成,治其身而天下治……乐备君道,而百官已治矣,万民已利矣。"②《吕氏春秋》此处之"治"与"理"具有相似的语义功能,它所说的"天下"实际上乃泛指国家。因此,行文中的"成身""治身"以及"天下治"也可转换为"理身理国"。这样的观念在《淮南子》书中也时有所见。在《淮南子》之后,道家学者严遵作《道德真经指归》。他在这部著作中反复论述明王圣主正身治国的重要性,以为这是国家昌盛的关键。

先秦与西汉道家的"理身理国"思想对后来的道教产生了深刻影响。所以,我们从道教文献中也可以找到大量的此类论述。如《太平经》以调理精气神为大道,称:"上士用之以平国,中士用之以延年,下士用之以治家……大道坦坦,去身不远,内爱吾身,其治自反也。"③文中所指"平国"是以治理为前提的,国家得到治理才能平稳而公正;而"延年"则是"理身"的结果,因身不得理年即难延,至于"治家"乃起于治身,又成为治国的基础。在这里,理身理国的观念依然一脉相贯。沿着《太平经》的这种思路,尔后之道门中人将理身理国当作修行的大事。魏晋南北朝间盛行的《黄帝阴符经》演述所谓"神仙抱一之道""富国安民之法""强兵战胜之术"。这三者当中的第一项强调顺天养气,其精神实质就在于"理身",而其后两者则阐述"理国"的要旨。作者将理身、治国、用兵的道理统一起来,反映了身国同理共治的观念。由此逐步发展,在唐宋时期的道门文献之中不断丰富,尤其是那些解释《道德经》等古典道家经籍的著述更是时常谈论这一主题。其流绪,远及明清。如明万历间道士王一清即称:"古之圣王,道治天下,静以修身,动必顺理"④;又说:"若以其道举之于政,内以修身,外以治国"⑤。这种思想甚至影响了清世祖顺治皇帝。他在《御注道德经序》中说:"老子之书,原非虚无寂灭之说,权谋术数之谈,是注也,于日用常行之理,治心治国之道,或亦不相径庭也。"这说明了他对老子的

---

① 按,《吕氏春秋》一书有人将之当作"杂家";但班固《汉书·艺文志》却把它归入道家行列。
② 陈奇猷:《吕氏春秋校释》上册,上海:学林出版社1984年版,第144页。
③ 王明:《太平经合校》,北京:中华书局1960年版,第728页。
④ (明)王一清:《道德经释词·叙道德经旨意总论》,载《道藏辑要》心集之九,第4页。
⑤ (明)王一清:《道德经释词·叙道德经旨意总论》,载《道藏辑要》心集之九,第4页。

"理身理国"思想是基本抱肯定态度的。

事实证明:道家关于"理身理国"的观念并非昙花一现,而是贯穿于整个思想发展的历史进程中的。一个曾经被许多人当作"出世"或"玩世不恭"的学术流派在其文献之中竟然具有如此丰富的"理身理国"的言论,这本身就值得仔细琢磨。

## 二、道家"理身理国"的思维特色

"理身理国"观念在不同的道家学者当中自然有各具特色的表达,但如果我们略作归纳,则可以发现"身国互喻"的思维方式颇为突出。所谓"身国互喻"就是"以国喻身"和"以身喻国",即把身看作"国",或者反过来把国看作"身"。可知身国关系是相当密切的。

关于"以国喻身"的言辞,散见于道家诸文献。有的文义隐晦,仅露蛛丝马迹;有的表述清晰,颇显比观之用。此处略举几条资料,稍作剖析。如《周易参同契》谓:"御政之首,管括微密。"①从字面上看,所谓"御政"是指驾驭政局,而"管括"就是管理统治,"微密"即细致入微而严密。两句合起来是说驾驭政局最为要紧的乃是做到管理细微无漏洞。看起来,这好像是在阐述治国方略;但其实不过是比喻而已。《周易参同契》的思想旨趣是炼丹,包括内丹与外丹。内丹是以身体为炉鼎来"烧炼"内在的精气神。这样一来,"御政"也就成为调理自我身心的法象了。在《周易参同契》中还有许多地方描述君主统御百官治理国政的行文,譬如:"辰极受正,优游任下。明堂布政,国无害道。内以养己,安静虚无,原本隐明,内照形躯。"②关于这段话,彭晓作了解说:"辰极受正,优游任下者,谓神胎居中宫,喻君处明堂,如北辰也。阴阳五行之气,臣下也。但君臣理内,如北辰正天之中,则阴阳五行之气顺和,鼎室金水之液滋生。君得以养己安静,任运虚无,自然变化也。原本隐明,内照形躯者,谓金能隐明,又能自照,得火而同益光明也。"③据此,则所谓国君于明堂中

---

① (五代)彭晓:《周易参同契分章通真义》卷上,《道藏》第 20 册第 136 页。
② (五代)彭晓:《周易参同契分章通真义》卷上,《道藏》第 20 册第 137 页。
③ (五代)彭晓:《周易参同契分章通真义》卷上,《道藏》第 20 册第 137 页。

统领百官"理内"的举措也是形容,其用意乃在于理身。尽管如此,这种比喻却显示了作者对政道的谙熟。此等"以国喻身"的法式在陈致虚所作《灵宝无量度人上品妙经注》中有更加明确的阐述:"人以身为国,以精为民,以气为主,以神为帅,山川林木,具在身中……心君一宁,万神听命。"①很显然,这是把身体当作国家看待,依据国家的管理法度来修炼身心。

关于"以身喻国"的例子在道门文献中也比比皆是。如严遵《道德真经指归》在阐释老子《道德经》关于"含德之厚,比于赤子"的时候称:"是故建身为国,诚以赤子为容。则是天下尊道贵德。"②严遵所指"建身"之"建",是从"设置"的意义上说的。读至此,人们不禁要问:身既然存在,为什么要"建"呢?其实,这个"建"在此具有假设其形像而为譬的意蕴。故而,"建身"就是假设身形以为"理国"之喻。下文所说"以赤子为容"表述得非常清晰,这就是以"赤子"身形禀性作为形容。关于此,严遵在阐述老子"以身观身"一段时又说:"人主者,天下之腹心也。天下者,人主之身形也。故天下者,与人主俱利、俱病、俱邪、俱正。主民俱全,天下俱然。家国相保,人主相连。苟能得已,天下自然。故可以知我者,无所不知,可以治我者,无所不治。"③这是以人体的结构形态来比拟天下国家君民关系。在严遵看来,君主居于天下的腹心地位,而天下则是君主身形的延伸。把天下看作身形,可以真正施爱心于天下。严遵所强调的是社会的凝聚有序。在封建社会中,这当然是有利于君主统治,体现他维护封建统治的思想立场。从制度变革的角度看,这自然应该给予批判;但如果从一般的社会调理的意义上看,其中的和谐有序观念又是具有合理之处的。

严遵之后,著名的道教学者,葛洪在《抱朴子内篇·地真》中也兴致勃勃地"以身喻国"。他说:"一人之身,一国之象也……神犹君也,血犹臣也,气犹民也。故知治身,则能治国也。夫爱其民所以安其国,养其气所以全其身。民散则国亡,气竭则身死。"④按照葛洪的看法,人体简直就成了国家机器。他

---

① 《道藏》第 2 册第 396 页。

② (汉)严遵:《道德真经指归》卷十,《道藏》第 12 册第 366 页。

③ (汉)严遵:《道德真经指归》卷九,《道藏》第 12 册第 365 页。

④ 王明:《抱朴子内篇校释》,北京:中华书局 1985 年版,第 326 页。

根据道家的"三分法",把人之所以为人的要素概括成三个方面,又将它们分别作了比喻。在人体的"国度"中,君臣民俱备。就"理身"来说,养气乃是培原之本,由此推及"理国"就应该爱民。这反映了"民本"的思想。葛洪这种"比观"的法式与严遵的思路一脉相承,代表了道教在身国关系上的基本立场。

"以身喻国"或"以国喻身",作为"比观"的两个方面,是中华民族"观物取象"传统思维方式的体现。《周易·系辞上》云:"古者包牺氏之王天下也,仰则观象于天,俯则观法于地,观鸟兽之文,与地之宜,近取诸身,远取诸物,于是始作八卦,以通神明之德,以类万物之情。"相传伏羲因"仰观俯察"而作八卦,由此推演成六十四卦,组合成为颇具中国特色的符号代码系统。《易》之卦象,作为抽象的符号体系,具有广阔的指代功能。先民眼界所及,几乎所有事物都可以在《易经》找到相应的代码符号。运用卦象来指代具体事物,这实际上就是一种"象征比观"思维。它在先民的生活中广泛应用着。作为"史官"出身的道家学者由于熟悉《易经》文化,继承和发展这种思维方式,这是顺理成章的。翻开《道德经》一类道家经典,那种取象作譬的气息即扑面而来。诸如"玄牝""婴儿""江海"等意象都具有"卦象"式的代码功能。因此,我们也应从"易学"象征文化的深厚土壤中寻找根源。

当然,"身国互喻"并非只是一个简单的思维现象。我们之所以从根源上来阐释这种思维现象,是因为通过这样的"寻根"可以更确切地弄清这种思维法式在数千年政治生活中的应有功能。研究易学可以发现,卦象不是孤立的存在,每一具体的卦都是在与它卦的链条联系中体现出效用来。这就是说,在易学体系中,"个别"是离不开整体的,每一具体的卦都从某个角度传递着《易经》卦象网络的"全息"。出于这种思维模式的"身国互喻"也是如此。不论从"理身"的角度还是从"理国"的角度看,"身国互喻"的意念指向都是整体性的。一方面,就"理身"而言,将"身"看作一个国家,就可以更好地注意到诸器官的协调,百官有序,脏腑通气。本来,处于"微小"状态的身体因被作为"国家"而得到"放大"。于是,"理身"也就有了明朗的操作性。另一方面,就"理国"而言,既然"国"已经与"身"等量齐观,那么完全可以依据《周易参同契》所描述的那种"循卦炼功"法度,把国家内部关系的调理当作一个"内丹修炼"

的过程,"理国"即是"炼丹",治国火候的操持因有卦象"承成比应"①的"量"与"度"的显示,从而获得比较准确的把握。而更为重要的是,这种"身国互喻",搭起一座"宏观"与"微观"之间的桥梁,理身理国的过程不仅表现为"可持续性",同时也表现为"可控制性",是持续与控制的对立统一。因为"炼丹"既是一个持续过程,也是一个自我控制过程。只注意持续的发展而失去控制,那么"金丹"也就成为泡影;同理,治国中的各种工作当然既要有可持续性,又要有可控制性,如果单纯地强调可持续性,而忽略了可控制性,其结果只能是事与愿违。当然,道家所具有的控制观念并非是一种机智浮华的人为操作,而是一个顺天道的自然历史过程。

## 三、道家"理身理国"的中心原则

从"身国互喻"的思维方式中我们看到了道家"理身理国"的整体性观念。道家思想者们既希望理身理国的火候操持稳步展开,这就是可持续性;另一方面,理身理国的火候操持又不是像脱缰野马狂奔乱闯,而是置于自然控制之中的。持续与控制的"度"该如何掌握呢? 理身理国的关键就在这里。

"度"的掌握是一个根本问题。对此,不同立场也就会有不同的原则出现。在道家学派看来,理身理国的中心原则就是"无为"。严遵说:"无为者,道之身体而天地之始也。无为微妙,周以密矣。滑淖安静,无不制矣。生息聪明,巧利察矣。通达万方,无不溉矣。故曰有为之元,万事之母也。"②在严遵看来,"无为"是大道的根本德行,天地万物之演化,乃起于无为,故理身理国应当以无为为中心原则。这种思想在道教思想史中也是贯穿始终的。《太平经》在言及身国之治时说:"端神靖身,乃治之本也,寿之征也。无为之事,从是兴也。先学其身,以知吉凶。是故圣贤明者,但学其身,不学他人,深思道意,故能太平也。"③《太平经》作者的政治理想是要达到天下太平,这是它的

---

① 所谓"承成比应"这是古易学家阐释《周易》的一种理论,其要义所在是揭示卦象爻位相互关系。
② (汉)严遵:《道德真经指归》卷九,《道藏》第12册第362页。
③ 王明:《太平经合校》,北京:中华书局1960年版,第12页。

"理国"境界。而要致"太平",它认为应该从"端神靖身"开始,"端神"即自我意念的端正,"靖身"即是使身得安定。概括起来,"端神靖身"即是"理身",其要则乃是"无为",学会以无为治身,就能逐步地明了道意,从而"理国"而致太平盛世。文献记载,唐睿宗诏高道司马承祯入宫问道,司马承祯答曰:"为道日损,损之又损,以至于无为。夫心目所知见,每损之,尚不能已,况攻异端而增智虑哉?"唐睿宗又问:"治身则尔,治国若何?"对曰:"国犹身也。故游心于淡,合气于漠,与物自然而无私焉,而天下治。"对于这番话,唐睿宗颇赞赏。这进一步说明,道门的确是把"无为"当作其理身理国的根本原则的。

对道家理身理国中心原则的"无为"应当怎样理解呢? 这在学术界至今存在许多不同的意见。"无为"之说,在老子《道德经》中早就提出来了。后来的研究者,不论是探讨其政治学说还是经济思想都必然涉及"无为"的阐释问题。由于历史的原因,过去的许多学者把"无为"简单地等同于"无所作为",从而进一步推论,认为道家的"无为"是一种消极落后的处世哲学。笔者觉得,这种认识不仅是片面的,而且是一种曲解。

其实,古人早已对"无为"的语义问题有明确的解释。魏王弼指出,无为就是"顺自然"①。王弼之说是在阐述老子《道德经》第三十七章时提出来的。此等解释是建立在对《道德经》思想语义把握比较全面的前提下的。为什么称"无为"是"顺自然"呢? 因为"无为"是"道"的根本德性,而"道"又是以自然为法的。人们不会忘记《道德经》二十五章的名言:"人法地,地法天,天法道,道法自然。"在这一章的注解中,王弼进一步阐述了人、地、天、道"四大"的关系,指出人不违地,乃得全安,地不违天,乃得全载,天不违道,乃得全覆,道不违自然,乃得其性。"法自然者,在方而法方,在圆而法圆,于自然无所违也。"②王弼从方圆的角度说"自然",首先表明"自然"是客观存在的;与此同时,既然有方圆,也就有变化,有变化也就有规律。故而,"法自然"或"顺自然"便包含着遵循客观规律的意蕴。不过,王弼对于"无为"的解释由于包容

---

① (魏)王弼注:《老子道德经》第三十七章,《诸子集成》本,北京:中华书局1954年版,第21页。

② (魏)王弼注:《老子道德经》第三十七章,《诸子集成》本,北京:中华书局1954年版,第15页。

了"贵无"的理念,很容易引起误会,似乎"顺自然"是一种虚无主义的主张。

笔者通过考察,认为应该从老子《道德经》的宗旨入手来解读"无为"。清代著名学者魏源说过,老子《道德经》是一部"救世之书"①。这虽然说得比较绝对,但却点出了其要害所在。就全体而论,《道德经》涉及的范围颇广,但不能否认老子确有一种"救世"心肠。目睹当时社会的混乱,老子产生了矫"末世"之弊的愿望。作为一个通晓世事且具备广阔文化知识的哲学家,老子从宏观的立场来思考宇宙与人类社会问题。因此,"无为"概念的提出便具有超越一般世俗眼界的特质。老子《道德经》一书不时地出现"圣人"的名称,可以说他讲的就是所谓"圣人之道",而圣人当具备修身的深厚涵养和治理国家的才能。概括地说,圣人是胸怀大道的,大道运行无为而无不为,所以圣人理身理国应守无为之道。老子之后的道家学派重要代表人物基本上继承了这种思想。

从理身理国的立场来看,作为大道之德的"无为"囊括了如下基本蕴涵:

一曰返朴。所谓"朴"本是形容木头的原始状态,它是未曾雕琢时的一种"真实"。所以王弼干脆把"朴"叫作"真"②。对于这个"朴",老子是很推崇的。他告诫人们应该"见素抱朴"③,又说"复归于朴"④。可见,这个"朴"在老子心目中是一种应该努力达到的境界。从理身的角度看,复归于朴,就是恢复婴儿的纯洁本真。从理国的角度看,就是引导人们去浮华,达到天下至治。《吕氏春秋·知度》云:"至治之世,其民不好空言虚辞,不好淫学流说,贤、不肖各反其质。行其情,不雕其素,蒙厚纯朴。"这里的"反"即是"返",至治之世的标准主要在于人的素质。道家之所以强调还纯返朴,这是由无为之道得出的一种理想逻辑。道家创始者在目睹沧桑人世之际,逍遥于广袤之环宇,感悟宇宙演化的根本——大道,认为"道"是宇宙万物之本体。由道而天地人,这是一种顺向发展的过程。道在不断运行当中,最终是要返回的。由此,道家创

① (清)魏源:《老子本义》上篇,《诸子集成》本,北京:中华书局 1954 年版,第 3 页。
② (魏)王弼注:《老子道德经》第二十八章,《诸子集成》本,北京:中华书局 1954 年版,第 16 页。
③ (魏)王弼注:《老子道德经》第十九章,《诸子集成》本,北京:中华书局 1954 年版,第 10 页。
④ (魏)王弼注:《老子道德经》第二十八章,《诸子集成》本,北京:中华书局 1954 年版,第 16 页。

始者推及人世,从而得出人世也应有回返精神。在道家思想者们看来,人在婴儿阶段是最纯朴的。随着年龄的增长,受到社会不良信号的干扰和浑浊之气的污染,心灵变坏。故而以无为的原则来理身理国首先是净化人的心灵,排除贪得无厌的欲望,"去甚,去奢,去泰"①,去除极端的、奢侈的、过度的措施,避免那种为了满足个人利益的干预,恢复天真淳朴的禀性;进而扩展到全社会,使人类生存的环境充满讲真实、讲诚心、讲慈爱、讲俭朴、讲谦虚②、讲互助的气氛。

二曰善下。从"返朴"的思想必然可以逻辑地推导出"善下"的主张。因为返朴实际上就是复归到根本,老子说:"夫物芸芸,各复归其根。"③这个"根"字是以树木的存在作为人世思考的参照系,或者说"树根"成为修道方向的譬喻。树根是居下的,却是树木旺盛生命力的本源所在。由此推而广之,老子想到了浩瀚的江海。他指出:"江海所以能为百谷王者,以其善下之。"④与高山中的川谷相比,江海的地理位置处于下端,这看起来似乎是"卑",但它却成为百川汇拢积聚之处。这个"百谷王"无争而广容,居下而利他。老子以江海的博大胸怀来象征"周行不殆"之大道。反过来说,江海的善下广容实际上就是大道无为的美善写照。老子从江海得到启示,又从江海寻找到无为原则表达的宏大法象。如何理解"善下"思想呢?笔者以为至少有这样一些侧面颇值得注意。第一,谦虚。江海有博大胸怀,能够容纳百川,因为它不自满,故而能容。班固在《汉书·艺文志》概括道家思想旨趣的时候突出一个"谦"字,并联系《易经》的《谦》卦,这是符合道家的基本主张的。第二,不争。谈到"不争",许多人立刻就会想到不分是非而消极处世,这实在是莫大的误会。道家所讲的"不争"是有特定含义的。它是对名利地位来说的。以老子为代表的道家主张像江海那样的利他性。他认为上善的品德是"生而不有,为而不恃,

---

① (魏)王弼注:《老子道德经》第二十九章,《诸子集成》本,北京:中华书局1954年版,第17页。
② 按,老子倡导"三宝":"一曰慈,二曰俭,三曰不敢为天下先"。这最后的一句是指在名利面前不争先而能让,以谦为本。
③ (魏)王弼注:《老子道德经》第十六章,《诸子集成》本,北京:中华书局1954年版,第9页。
④ (魏)王弼注:《老子道德经》第六十六章,《诸子集成》本,北京:中华书局1954年版,第40页。

长而不宰"①。这就是说,无为之道化生万物不占为己有;做了事不仗恃有功;扶植万物生长,却不企图去主宰它们。这就是"不争"的真正含义。可见"不争"并非什么事情都不干,无所作为;老子明确谈到"为"。因为按照"无为"的大原则办事,剔除了个人的私心杂念,不是把天下家国当作个人的私有之器,办事就能出于公心,全心全意为人民大众谋利益,多做奉献,从而造就了宇宙间的"大作为"。这难道不是一种很深邃的思考吗? 第三,功成而身退。老子《道德经》明言:"功遂身退,天之道也。"按照这个说法,圣人是要立功的,但不是为个人而立功,而是为天下来立功,这就是师法水德,善及天下。圣人因有功而得到天下百姓的爱戴,百姓诚心正意推举之而为长;但作为领导者来说,却不能自恃有功而永不退身。笔者以为,道家这种思想比单纯从人老需要退休的角度看身退还要深刻得多,是很值得我们认真思索一番的。

三曰通和。"返朴"与"善下"之德是从恢复本真天性角度说的。这种心境的净化和社会关系的努力方向体现了道家以虚纳实的政治哲学理念。与此相应,便产生了"通和"的意识。

作为道家理身理国"无为"原则基本内涵的组成部分,"通和"是由"通"与"和"两个侧面组合成的。"通"是流通;"和"是事物关系的融洽状态,也就是平衡下的中和。为什么说"无为"原则包含着"通和"的意识呢? 想一想道家思想者们对大道性状的描述就可以清楚地理解这一点。在道家学者心目中,无为之道不停息地运动。老子在《道德经》中指出混沌大道"周行而不殆"②。这个"周行"就是循环往复。既然如此,则大道之行即是畅通的。人类禀道而生,以无为为法,自是应该通畅其心,和美其境。就理身来说,通心就是清除心理污垢,以至于圣明,所谓"知常曰明"③即是此意。就理国而言,就是清理那些阻碍系统运行的滞存物。再进一步追溯,"通"还意味着一种"变

① (魏)王弼注:《老子道德经》第五十一章,《诸子集成》本,北京:中华书局1954年版,第31页。

② (魏)王弼注:《老子道德经》第二十五章,《诸子集成》本,北京:中华书局1954年版,第14页。

③ (魏)王弼注:《老子道德经》第十六章,《诸子集成》本,北京:中华书局1954年版,第9页。

革"。老子说"反者道之动"①。这个"动"是无为法则的必然属性。"无为"讲的是不以私念来作为;换一句话说,无为就是"无违",不违反天道。如果违反了自然天道,那么必定被碾于大道车轮之下。因此,无为之道,又不是提倡守旧,而是处于不断更新之中,"动"就是一种更新,在更新中促进净化,以净化推动更新。这样,从平衡到不平衡,再到新的平衡,这就是"和"。所谓"和"也者,协调也,系统运行有序也。老子曰:"道生一,一生二,二生三,三生万物。万物负阴而抱阳。冲气以为和。"②由"道"到万物,体现了宇宙天地的更新变革。而这种更新变革,又必须达到"和"的妙境,即系统的有序化、合理化。关于这一点,老子之后的《列子》也有精辟的阐述。是书将"道"与"易"合而通观,以"一"为形变之始。一变而化清浊:"清轻者上为天,浊重者下为地,冲和气者为人;故天地含精,万物化生。"③《列子》通过"数"与形的分化而展示宇宙变革更新的大法象,其中道出了"人"之为人的自然禀赋——"冲和气"。这与老子《道德经》所谓"冲气"是一致的。"冲"通为"中",故冲和气就是中和之气。这种"中和"之气是阴阳激荡的自然产物,而阴阳出于太极,太极由乎大道。混沌大道无为,故能使中和之气生生不息。此等生生不息就是"无不为"的妙境。"和"是与"不和"相对而言的,体内不和则脏腑之气失平而败,国内不和则上下相斗而乱;"中"是与"偏"相对而言的,失中而偏,忽左忽右,必入歧途,于是乎大凶至。故圣人去偏而居中,以和而调理,这就叫作"中和"。古之所谓"中医"即是以中和之道为医,"中国"即以得中道而为国。古语云:"下医医人,上医医国"。人体有病,和之于中则病除;国之有病,亦和之于中,则上通下达。所谓政通人和,通则和,和则大,天地日新。这正是无为之道在理身理国问题上的充分体现。

返朴、善下、通和,这三项构成了道家理身理国"无为"原则的基本内涵。它们互相融贯,浑然一体。如果说"返朴"与"善下"是达到"无为"境界的思维指向,那么"通和"则是"无为"在理身理国时的自然火候操持。

---

① (魏)王弼注:《老子道德经》第四十章,《诸子集成》本,北京:中华书局1954年版,第25页。
② (魏)王弼注:《老子道德经》第四十二章,《诸子集成》本,北京:中华书局1954年版,第26页。
③ 严北冥、严捷:《列子译注》,上海古籍出版社1986年版,第4页。

# 四、道家"理身理国"的政治审美

作为理身理国的中心原则,道家"无为"思想既有政治属性,又有审美属性。两者的有机结合,就构成了政治审美。这是因为人的一切政治行为都与一定的政治理想密切相关,而理想本身就带有审美的特质。当人们将某种政治理想付诸实践,并在这种实践活动中不断总结,从而形成系统的思想和相应的表达方式时,其审美的意趣便流贯于其中。事实上,任何一种政治观念或政治行为都具备了审美色彩,只是由于立场的不同而使其审美特性相互区别罢了。所以,我们对道家政治思想和政治行为的研究就不能离开审美问题。

道家理身理国的政治审美可由"无为"观念之载体意象及其转换形式入手来加以考察。从老子开始,"无为"的概念虽然不时地见诸文字,但更多的时候是寄托于具体意象内。为了说明这个问题,我们不妨稽考一下有关文献。彭耜《道德真经集注·序》记载:"淳化四年(993年)闰十月丙午,上(指宋太宗)曰:'清静致治,黄老之深旨也。夫万务自有为以至于无为。无为之道,朕当力行之。至如汲黯卧治淮阳,宓子贱弹琴治单父,此皆行黄老之道以致升平,其效甚速。'宰臣吕蒙正曰,'老子称:治大国若烹小鲜。夫鱼挠之则溃,民挠之则乱。今之上封事议制置者甚多,愿陛下渐行清静之化以镇之。'"[1]这是宋太宗与大臣吕蒙正的一段对话,其内容尚见于《续资治通鉴长编》。讨论的中心议题即以清静无为思想治国。其中,最值得注意的是吕蒙正对老子"治大国若烹小鲜"箴言的引用。这一箴言见于《道德经》第六十章。从原文来看,这是对"治国"的比喻。按吕蒙正的阐释,这个比喻蕴含的就是"无为而治"的大道理。老子虽然没有明说,但通过"小鲜"这个意象,却使深刻的道理得到了生动的展示。"小鲜"的原型物是"鱼"。煎鱼必须掌握火候,倘若火候未到就急急忙忙翻来翻去,就会使之溃不成形。"急忙"翻动是一种贯注了主观意念的"有为"举动,它破坏了鱼的整体性,从而也就使鱼丧失了美感。由此反思而生发开去,联想到大国的治理,就不难看出:排斥个人私欲,顺应自然

---

① (宋)彭耜:《道德真经集注·序》,《道藏》第13册第107—108页。

与社会规律,大国保持其和谐完整性,于是就显示了美善境界。这是圣人心灵之美而延伸出来的政治艺术美。

由于老子"无为"观念有丰富内涵,作为譬喻的意象在《道德经》中就不是单一的。像"橐龠"也寓意深刻。《道德经》第五章云:"天地之间,其犹橐龠乎?虚而不屈,动而愈出。多言数穷,不如守中。"对于其中的"橐龠"向来有不同的解释,蒋应元称囊儿为"橐",竹管为"龠"。吴澄以为橐龠是嘘风炽火之器。陈鼓应明白指出,这是风箱。不管对其语义作如何阐释,老子所讲的橐龠具有"中空"性状是肯定的,因为他紧接着就说到"虚"。这种"中空"之用,王弼是深明其三昧的,他说:"橐龠之中,空洞无情无为,故虚而不得穷屈,动而不可竭尽也。天地之中荡然任自然,故不可得而穷。"①天在上,地在下,中间是大虚空,宛如大风箱,自然抽动不止,没有主观人为的因素在干预。如果我们联系《易经》卦象,那就可以看出,老子"橐龠"的比喻背后乃蕴含着一个《离》卦。按八经卦②之"离",两阳爻在外,一阴爻居中,阳为刚,阴为柔。中虚而柔,善教由之而出。故《易》之《象传》曰:"离,丽也;日月丽乎天,百谷草木丽乎土。重明以丽乎正,乃化成天下;柔丽乎中正,故亨。是以畜牝牛吉也。"《离》卦象征明亮美丽,以虚中之柔为用,自然教化,天下大正。同样道理,老子的"橐龠"因虚中而妙用无穷,圣人以之为用,顺应天地造化,故能丽天地、美政教。可见,老子的"橐龠"意象乃包含着政治文明的审美情趣在其中。

老子以意象建构为特色的政治审美思维在后来的道门中得到了继承,由此引申而出的种种转语构成了政治审美意象库。再说,由于"身国互喻"的广为应用,许许多多作为养生炼气之譬喻的意象也在政治审美功能的生成转换中发挥了独到的效用。元代道门高士陈致虚作《道德经转语》,由于新意象的引入和转换,政治审美功能遂进一步延展。他按照八十一章的顺序,每章作"转语"之诗一首。其主要目的虽然是为了炼丹理身,但在客观上却产生了多重隐喻的政治审美效果。如《孔德之容章》第二十一:

---

① (魏)王弼注:《老子道德经》第五章,《诸子集成》本,北京:中华书局1954年版,第3页。
② 按《易经》之卦有经卦与重卦之分,三画卦为经卦,六画卦为重卦。

眼前众甫即区中,杳杳冥冥内外通。

明了地天交泰卦,区中进步作仙翁。

"众甫"是《道德经》二十一章原有的主要意象。按王弼的解释,"众甫"是指"物之始",用今日的哲学语言来说也就是万物的"本原"或"本体"。陈致虚如何阐释这个作为本原的"众甫"呢? 他以"区中"转换之。按句法结构,陈致虚在"众甫"与"区中"之间使用了一个联系动词"即",这就意味着前后两者是对等的。这个转换是否恰当呢? 我们不妨考察一下"区中"的意义。在古代汉语中,"区"有疆土境域的意思。而"中"就是指"当中"。从广义上看,"区"的范围,可以看作是天地环宇。天地有方圆,四方有中心。方圆出规矩,因"中"而成圆。这里隐隐约约暗藏着"规中"①的意思。规中之本根是"玄牝",而玄牝是"道"的象征。由此可见,陈致虚以"区中"作为代码在深层次上乃蕴含着守中无为的政治理念。在其转换的过程中,陈致虚引入了《易经》的《泰》卦。从卦象上看,《泰》卦☷☰三阴居上,三阳居下,阳气上升,阴气下降,阴阳交合,象征理身理国达到了和谐的境界。《易》之《象传》云:"天地交,泰;后以财成天地之道,辅相天地之宜,以左右民。"这里的"后"是君子的意思,而"财"通"裁",犹言调理。守中虚柔,静而去欲,无私达公,天地得宜,上下协调,政通人和,这就像不同音阶的对应,产生了悦耳的旋律,其审美情趣跃然纸上。

代码的转换可以表现为一个意象,也可以表现为意象的连缀,从而构成一种耐人寻味的新境界。例如陈致虚《道德经转语·致虚极章》第十六:

芸芸物物各归根,若也知常地自温。

昨夜溪头春水涨,朝来不见水流痕。②

作者以春天时溪水高涨来比喻内炼之际气血流畅的奇妙景观。进入内功态的时候,气血如潮,而当内功态转换为常态的时候,那汹涌的溪水却又隐退了。这就把老子"致虚""守静"以观"复"③的精神境界惟妙惟肖地映现出来了。

---

① "规中"合称首见于《周易参同契》,本是作为炼丹火候的度数掌握标准,后来引申而成为理身理国的一种遵循法象,具有合天道规矩的意义。

② (元)陈致虚:《上阳子金丹大要》卷十,《道藏》第 24 册第 37 页。

③ 按,《易》有《复》卦,五阴在上,一阳在下。《易》谓"七日来复",此乃象征大道之运行。

在老子《道德经》中,"致虚"是理身的法门,但推而广之,也及于理国,因国犹身,而身亦犹国。身得理则气血流畅春光明媚,一派动人景象;进而联系到理国,那春光之美色何曾不是国家欣欣向荣的写照呢? 事实上,诗文中所谓"归根"就是返朴以至无为的转语,而"知常"也是老子无为之教的一个重要术语。《道德经》十六章谓:"知常曰明。"①胸怀常道,心地明亮,这是理身的内在美,或曰心灵美。《道德经》又说:"知常容,容乃公,公乃王,王乃天,天乃道,道乃久,殁身不殆。"②因虚怀若谷而公平合理,与天同德,体道大通,穷极妙本。在老子看来,理身的心灵美乃是天下政教之美的先导;反过来看,只有归根复命,忘身合天道,一心为了天下政教之美,才能至于无危殆的境地。对照一下《道德经》之原文,不难发现陈致虚的"转语"实蕴含着老子理身理国的政教审美魂魄。

道家的政治审美之所以展现出博大的胸怀,是因为这种审美乃是以复归的精神体悟混沌大道。《庄子·知北游》谓:"天地有大美而不言,四时有明法而不议,万物有成理而不说。圣人者,原天地之美而达万物之理,是故圣人无为,大圣不作,观于天地之谓也。"庄子所说的天地"大美"乃本诸大道之美。大道无形,不自我炫耀其美,天地本诸大道,亦不言自美。然而,四时运行,万物成理,大美就在其中。圣人法天则地,顺天而为,不以私意乱作。这种无为境界因合于大道,故也是一种不言之大美。《易》之《文言传》谓:"君子黄中通理,正位居体,美在其中,而畅于四支,发于事业:美之至也。"《文言传》的"黄中"实与道家的"虚中"有相合之处。从道家的角度看,人的修养到达虚中淳化的无为境界,不厚己,当忘身,忘身则身正,身正则气血流畅达于四肢。以虚中正己之法正国,则内美充盈勃发,事业兴隆,这是美的极盛。如此盛大之美,乃在于理身理国之圣人能够"观天之道,执天之行"③。这种遵循天道的美善之功,《黄帝阴符经》用一个"尽"④字来形容。此处之"尽"字颇为重要,它既是身合天道、同乎"大通"的无为原则的不言之"言",又是道家理身理国政治

---

① (魏)王弼注:《老子道德经》第十六章,《诸子集成》本,北京:中华书局1954年版,第9页。
② (魏)王弼注:《老子道德经》第十六章,《诸子集成》本,北京:中华书局1954年版,第9页。
③ (唐)李筌注:《黄帝阴符经·神仙抱一演道章》,《道藏》本。
④ (唐)李筌注:《黄帝阴符经·神仙抱一演道章》,《道藏》本。

审美的最高境界。

　　总而言之,道家理身理国不仅形成了自己的思维方式,而且提出了许多具体的措施。正确分析评价道家学派的理身理国观念,发掘其政治审美意蕴,这不仅是理清古代思想史发展脉络的需要,而且对于社会主义精神文明建设,对于反对官僚主义的腐败奢侈贪污行为都有一定的借鉴意义。这是一个有待进一步深入的课题,笔者希望本文能够起到抛砖引玉的作用,把传统的修身治国理论研究向前推进一步,为建设有中国特色的社会主义服务。

　　(本文原题《道家"理身理国"的政治伦理》,撰写于 1998 年 5 月,载福建省炎黄文化研究会编:《传统文化与思想道德建设》,海峡文艺出版社 2001 年版)

# 易学与道教文化的融通关系略论

作为华夏文明的重要内容,《易》学与道教文化都是我国先民探索宇宙奥秘、人生价值的心灵轨迹。这两条心灵之轨尽管有各自不同的开端,各自不同的材料,但在一定的历史时期一定的背景中它们交汇了。由于《易》学与道教有着共同的文化土壤,共同的社会心理基础,两者在长期的发展过程中便形成了一种特有的"自然汇通"关系。

## 一、《易》学为道教理论体系提供了基本的思维模式

如果从"长生不死"这种追求目标上看,道教的真正源头当然不是《易》,而是反映了人的生存本能的"神仙"理想。问题在于先秦时期的神仙理想只给道教提供了一种"生命设计的蓝图",如何使这幅图化为"建筑工程",这不仅需要种种的材料,而且需要一种作为施工指导的理论。因此,道教找到了老庄哲学,又从老庄哲学这条通道迈进了《易》学之殿堂。从这个殿堂里,道教发现了一种对于自己的理论建构极为有用的东西——象征思维模式。

《周易》为什么充满了扑朔迷离的神秘色彩? 为什么千百年来让无数的炎黄学子探求不止? 为什么被当作包罗万象的群经之首? 其根本所在乃是它的独特思维模式。

与古希腊"形而上学"之祖亚里士多德建立起来的那种"三段论"的形式逻辑推演模式不同,《周易》是以象征作为本根的。形式逻辑不是《周易》的出发点,也不是《周易》的终点,它只是作为一种因素被潜藏在卦爻辞关系的内在环节中。进入《周易》这座巍峨高大的文化殿堂,首先呈现在我们眼前的就是那些使不少蓝眼睛的西方人士惊叹不止的卦爻符号。正是这些符号构成了

《周易》的基本框架,从而也奠定了《周易》象征哲学的符号基础。

有趣的是,《周易》的象征思维模式直接为道教所继承。道教初创时期便已显示出了在思维形式上与《周易》的不可分割的联系。一部《太平经》尽管内容驳杂,但在阐述过程中却到处闪烁着《周易》象征思维的灵光。书中充塞着的阴阳、君臣、天地、鬼神等一系列概念都具有象征类比的意义。至于被当作"万古丹经王"的《周易参同契》这部丹鼎派的奠基性著作,更是把《周易》的象征作为自己的基石。《周易参同契》不仅把《周易》的六十四卦直接引入自己的体系之中,而且根据《周易》的卦象法则,提出了许许多多具有象征意蕴的概念,诸如龙虎、男女、黄婆、姹女、日月等等。沿着《周易参同契》的思想路线,上清派先驱以《周易》象征思想为纲要,创作了《黄庭经》。这部在中国气功史上占有极为重要地位的道教秘籍,大量使用了象征性的隐语。像"天庭""五岳""天鼓""璇玑玉衡""重中楼阁"等都被作者赋予了第二层乃至第三层的意义。这种情况直到明清时期仍有突出的表现,被尊为武当派拳法创始人的道士张三丰所写的《大道论》《玄机直讲》《玄要篇》《道言浅近说》《天口篇》《云水前集》《云水后集》《玄水三集》等也是遵循着《周易》的象征法式的。他所写的《无根树》词二首以及《无根树道情》二十四首在道门中广为传颂。而正是这棵"无根树",却明显带着《周易》象征哲学的"遗传基因"。前人释其题云:"无根树者,指人身之铅气也。丹家于虚无境内养出根株,先天后天都自无中生有,故曰'说到无根却有根'也。炼后天者,须要入无求有,然后以有投无;炼先天者,又要以有入无,然后自无返有。修炼根蒂,如是而已。"①张三丰所谓的"树"虽然取象于自然界,但又被引申、升华,具有了符号的意义。尽管这棵树并没有贴着《周易》卦象的标签,但其背后却隐藏着《周易》的卦,因为"无根树"既然是暗指人身之铅气,而"铅"在道教中向来又可被转换成《坎》卦,坎与离对应,有坎必有离;坎离为乾坤之二子,有坎离必有乾坤;乾坤为众卦之父母,有父母必有众子。由此看来,一棵无根树所蕴含的不仅是《易》中的个别之卦,而且包摄着整部《周易》的象征旨趣,它与《周易》的联系是"全息性"的。

---

① 方春阳点校:《张三丰全集》,杭州:浙江古籍出版社1990年版,第66页。

从某种角度上看,一部道教文化史可以说就是《周易》象征哲学的应用、演变、发展、衍扩的历史。没有《周易》的象征哲学,也就没有道教那些富有多层意蕴的概念体系。

## 二、《易》学的发展启迪了道教文化的发展

我们说,《周易》存在着一个象征的思维模式,《周易》哲学是一种象征的哲学,这并不意味着《周易》除了象征的内容之外,再没有别的什么内容了。作为我国传统文化中的一颗璀璨明珠,《周易》的象征哲学是以象征为前导的一种理论体系,它的内容还包括从象(卦象)引发出来的数、理、占等层次。"数"可以说是《周易》卦象、意象、法象的定量描述;"理"是《周易》富有"动态思辨"意味的哲理,它包括宇宙观、方法论、人生观等方面的思想;"占"是一种未来预测,它的功能在于为人们的生存与发展提供行动的依据。《周易》把天、地、人"三才"之道统一起来,从象、数、理、占的不同角度来揭示人与自然之间的复杂关系。这说明《周易》是以象征为根本的、具有多层描述方式、多种功用的理论体系。《周易》是一个"巨系统",在这个"巨系统"中又包含了许多子系统,各子系统的协调便形成了《周易》的整体功能。

《周易》象征哲学的多层次性与道教文化的多层次性是相对应的。如果说,《周易》的"象"成为道教探究宇宙与生命奥秘的直观凭借的话,那么出自"象"的数、理、占同样在道教的思想体系中形成了各自的"场"。象、数、理、占这些培育于《周易》这个思想大苗圃的树苗被移植到了道教园地后,迅速地成长,并由于道教园地特有的土壤、水分、气候的作用而有了新的特征。

毋庸置疑,道教文化体系是相当庞大的,但象、数、理、占却是这个庞大体系的支柱。道教把自己的经书总集分为"三洞四辅十二类"。如果从《易》学的眼光来看,那么道教的各类经书则都可以从象、数、理、占这四根大柱上找到支撑点。总集如此,一部具体的经书也如此。

象、数、理、占既相区别又相联系。因此,它们在道教中的支撑作用也就不是孤立的。尽管有些典籍从表面上看,难于发现它们所贯穿的象、数、理、占思想,但若深入发掘,最终都可以找出彼此的契合点。难怪著名道士陶弘景在谈

到道佛经书的制作时说:"梵书分破,二道坏真,从《易》配别本支,乃为六十四种之书也,遂播之于三十六天,十方上下也,各各取其篇类异而用之。"①陶弘景的所谓"梵"相当于《易》的"太极",它是浑沌的本体。在陶弘景看来,佛道二教殊途而同归,在根本点上它们是一致的。佛道之分化正像太极分两仪一样。两仪进一步分化,佛道各立法门,而有了形式上的区别,但它们却都与《易》的六十四卦相契合。陶弘景在这里虽然是泛论佛道经书与《易》的关系,但却也显示了道教理论的衍扩特点。的确,像陶氏所言,道教经籍是《易》道"分"的结果。它们或者侧重于象,或者侧重于数,或者侧重于理,或者侧重于占。即使是那些演述神仙变化飞升故事的书,如果从宏观与微观相结合的立场加以把握,照样也可以感受到它们之中所蕴含着的《易》的象、数、理、占之信息。因为神仙活动"呈现"在人们眼前的实际上是一种"形象",这种"形象"亦无不可以被"卦象"所统摄。而神仙的"出现"在道教中人看来又是一定的"数",遵循着一定的"理"。再说,神仙又具有所谓"全能"的智慧,可预知天下大事,这又体现了"占"的思想。前人有云:"《易》道广大,无所不包",这在道教体系中被充分地印证了。

天下万事万物都处在发展变化之中,道教文化也是不断发展、变化的。当考察了道教文化的发展历程之后,我们发现道教文化的发展与《易》学的发展又是休戚相关的。《易》学的每一次大变迁,基本上都在道教文化之河中激起波澜。

在历史上,《易》学具有大幅度演变的理论活动主要发生在三个时期。第一个时期是两汉,最突出的标志就是以孟喜、焦赣、京房为代表的象数学的产生。在孟、焦、京的著述之中,不仅《易》卦被重新做了排列,而且在民间广为流行的阴阳灾异思想,还有当时与生产活动有关的许多科学发现通通成为象数学体系的材料。科学与迷信在这里被煮成了一锅大杂烩,随着谶纬神学的传播,孟、焦、京的象数学体系进一步得到发展,并在社会上广泛应用。在这种文化背景之下,应运而生的道教自然而然就被裹进了象数学的海洋里。所以,《太平经》这部原始道教经典,在表达下层劳动人民愿望的同时也用了大量的

---

① (梁)陶弘景:《真诰》卷一,《道藏》第20册第493页。

篇幅进行象数的推演。第二个时期是魏晋时期,《易》学再度发生了重大演变。魏晋的青年《易》学家不满两汉的《易》象数学,一反汉儒的解经方式,革除象数学的流弊,给《易》学带来了新的生机。王弼对《易》理的挖掘所形成的义理之学不仅推动了《易》学本身的发展,而且大大地启发了道教中人进行思想建设。著名道教理论家葛洪《抱朴子》一书,便对《易》的义理之学有许多借鉴;而《阴符经》这部向来被当作道教治国、养生、用兵"三道汇一"的秘籍,更是处处闪烁着《易》学义理的光辉。魏晋南北朝以后,道教进入了大发展的阶段。唐代以来出现的许许多多道教著作显然也染上了《易》学"义理"的色彩。如王玄览的"道体论",司马承祯的"坐忘论",虽然旨在捕捉修身养性之玄机,但其富有启迪性的思辨特点却不能不归因于《易》学义理派的影响。第三个时期是宋元时期,《周易》象数学再度复兴。此后的道教理论著作又表现出崇尚象数学的倾向。无论是以张伯端为首的南方紫阳道派,还是以王重阳为首的北方全真道派都借助当时的象数学新材料来建构自己的修道理论。像郝大通的《太古集》、李道纯的《周易尚占》都是从《易》象数学的主干中分化出来的。这就说明:道教文化的发展始终都与《易》学的发展纠葛在一起。

## 三、道教的方术活动丰富了《易》学的"象数语言"

必须指出,道教虽然把《易》学作为自己的理论基础之一,但这并非意味着只是被动地受到《易》学的影响。有作用,就有反作用。道教在采撷了《易》学的思想资料和利用《易》学的形式来为自己的理论建设服务的同时,又对《易》学的发展变化产生了反作用,这是不言而喻的。

道教首先是一种"实践型"的宗教,对生命的关注导致了一系列的道教方术实践活动。所谓方术,就是达到长生不老目标的偏方秘术。方术的内容和范围很广,但从对生存的作用方式上看,则不外两大类型:一类是直接为祛病延年、固形保生服务的方药秘术;另一类是间接为祛病延年、固形保生服务的人生气运推算术。这两大类型的道教方术由于具备操作性,自然就对《易》学殿堂的"扩建"与"翻新"提供了独特的效用。

道教祛病延年、固形保生的主要方术是气功养生术;其次是所谓的仙方神药。这些方术虽然十分古老,但到了道教徒手中却被进行了新的解释和一定程度的变通。为了使新的解释和变通更加圆满,道教徒引入了《易》学的象数模式。而正是这种"引入"使"形上"之道与"形下"之器在道教的"八卦还丹炉"里获得"温补"。这里,我们不妨重温一下在早期道教中秘传的《八卦还精念文》内的一段文字:"玄明内光,大幽多气,与贤同位,壬癸之居。亥子共身,周流相抱;极阴生阳,名为初九。一合生物,阴止阳起,受施于亥,怀妊于壬,藩滋于子。子子孙孙,阳入阴中,其生无已。思外洞内,寿命增倍,不可卒致,宜以长久。少阳有气,与肝共位,甲乙寅卯,青色相类。万物之精,前后杂出,仁思心著。勇士将发,念之睹此字,光若日之始出,百病除愈,增年三倍……阴上阳起,故玄武为初始。龙德生北,位在东方,故随其后。朱雀治病,黄气正中。君而行之,寿命无穷。升执其平,百邪灭亡。八卦在内,神成列行。白虎在后,诛祸灭殃。正道日到,邪气消亡。"①初看起来,这段"八卦还精念文"似乎已经远远地超出了《易》学的范围,但若仔细推敲便会悟出其中一系列的概念术语乃是《易》学象数语言的延伸。它的价值就在于运用八卦方位的模式,来解释人体阴阳气血的交变,同时又将天干、地支与青龙、白虎、朱雀、玄武四神兽的轮转配合起来。这样,不仅人体阴阳气血之变化可以得到多重的显示,而且使得《易》学原有的八卦方位模式具有了更为复杂的结构。

关于道教气功养生术对发展《易》学象数思维模式以及丰富"象数语言"的作用问题,我们从内外丹修炼的统一法则的建立方面,也可以得到进一步的证实。

在道教建立之前,以某些特殊矿物石为原料的金丹(外丹)烧炼与导引行气(内丹)之类养生术是分开进行的。在老庄"天人合一"哲学思想指导下,道教炼丹师将二者统一起来。《周易》的卦象成为道教内外丹统一的桥梁。然而,值得注意的是,道教中人在建造"内外丹"统一桥梁时并不是生搬硬套《周易》的六十四卦以及汉代焦京象数学模式,而是在内外丹修炼实践的基础上进行富有创造性的营构。这种"营构"的思想踪迹也深深地嵌印在魏伯阳《周易参同契》一书中。该书对炼丹药物的分析、火候的描述、九转金丹阴阳变化

---

① 王明:《太平经合校》,北京:中华书局 1979 年版,第 338—339 页

过程的说明,不仅表现了作者对实践的深入观察,而且使得《易》学原有的"纳甲法"更加清晰地展示出来。同时作者对十二消息卦阴阳进退的揭示,也使《易》学的象征思维和"数"的描摹法式焕发出春天般的气息。

《参同契》对《周易》思维模式的拓展以及对《易》学象数语言的丰富,这引起后代《易》学家们的密切关注。三国时的象数派《易》学大师虞翻不仅亲自注释《周易参同契》,而且采纳了魏伯阳"日月为易"的说法来阐释《周易》之"易"字的秘义。魏晋以降,历代《易》学家也大都留心《周易参同契》。像清代著名的《易》学大师李光地在撰写《周易折中》的同时也注意发掘《周易参同契》深刻的象数学内容。尽管《周易参同契》也曾经受到许多以儒家正宗自诩的学者的攻击,但它对后世《易》象数学发展的推进作用却是无法抹煞的。可以说,北宋以来《周易》象数学的勃兴,正是以《周易参同契》的传播为先声的。而当今世界上正在广泛发挥作用的计算机原理——"数学二进位"这种特殊的象数语言的源头,也可以远溯到《周易参同契》的体系之中。

在《周易参同契》思想的启迪下,许许多多的道人长期进行着内丹气功的养生实践活动。为了弄清人与宇宙的对应,提高炼功效果,道教养生家们执着地探求《易》学象数问题。自唐代开始,便有道人注意描摹气功态下人体内在的卦象图式。从某种意义上说,钟离权、吕洞宾所绘制的许多内功图像,标志着《易》学象数模式在微观世界中的拓展。到了宋代,陈抟从睡功中悟出了人体与宇宙对应的奥妙,气功的实践活动打开了他的智慧大门,他在顿悟中再现了古《河图》《洛书》的面貌,并画下了一系列题为"龙图"的《易》学象数模式,从而开创了《易》学的"图书"支派。此后各种各样的《易》图纷出,形成了一股"图书学"热潮。虽然"图书学"在后来的发展中表现出了较为明显的《易》学思想图解倾向,但从其勃兴的契机上看,则不能不考虑道教气功实践的巨大作用。

另外,道教的气运推算活动,对《易》学象数思维模式的变迁以及象数语言的丰富也有不可磨灭的作用。道教从宇宙的普遍联系中来考虑人的生存问题,认为人的生存是受到宇宙节律和各种"气场"的制约,不同的人与宇宙运行节律与气场具有不同的对应点,要避免伤害、死亡就必须根据不同的情况寻找时空的契机,作出一定的预测,决定行动的方案。这样就形成了道教的命相学说和择居理论。在道教经典文献中有一系列有关"遁甲""太乙""六壬"之类的书籍。一方面,这些书籍与我国传统的"术数"之法具有密切的联系,带有迷信色彩;另一方面,这些书籍又是《易》学象数理论的运用和发展。撩开其神秘的面纱,我们看到了道教徒们把生命系统与宇宙时空大系统联系起来的重要观念。基于生命与宇宙联系的观念,道教徒们所编制的人生气运流行图以及人与生存环境感应图,都以特有的方式推进了《易》学象数思维模式的发展。从宇宙的和谐统一角度来考虑人的生存问题,这正是值得现代人重视的。因此,它对于人类的生存来说,显然具有不可忽略的意义。

## 四、道教的玄想影响了《易》学哲理思维的发展

作为我国传统文化的重要组成部分,道教不仅是一个"实践型"的宗教,而且也是一个富有活跃思维的宗教。我们知道,道教的母体——先秦老庄学派本来就有明显的思辨性。老庄学派的代表人物老子与庄子在恍恍惚惚、如梦如醉的状态下感悟宇宙的主旋律,他们"上天入地",神游六极;他们在坐忘心斋的状态下对宇宙万事万物进行高度的抽象,从而寻找到了"宇宙总信息库"——道。老庄学派的这种沉思玄想直接影响了道教,所以当我们检索道教文献时,便发现道教中人也有神奇的"玄想能力"。在道教中有一类独特的心神修炼方法叫作"存想",又称"存思",简称"存"。《三洞珠囊·坐忘精思品》引葛仙公《五千文经序》载:"静思期真,则众妙感会;内观形影,则神气长存;体洽道德,则万神震伏,祸灭九阴,福生十方。"[1]由此可见,道教的存想具有很明确的目的性。随着道教心性修炼的实践活动的深入开展,存想的对象和门径越来越多。据《云笈七籤》卷四十三引《老君存思图》所述,道教的存想多至十八类。这说明"存想"的确已成为一个系统。

从宗旨上看,道教的存想当然还是为了养生。但是,由于这种独特的修炼方式可以把人们引到一个虚静至专的境界,大脑的智力从而也就得到了开发,潜意识状态下的许多隐性信息便被调动起来,产生了意想不到的组合

---

① 《道藏》第25册第322页。

排列,迸发出了不可遏制的意念力。其结果,一方面是奇特想象境界的形成;另一方面却是高度抽象概括能力的产生。因为"存想"方式中有一门类叫"存经宝",那就是在虚静状态下感悟经文的自然妙理。所以,在存想过程中就有可能进行独特的哲理思维活动。道教的许多所谓"宝经"在开头往往只有几百字,后来却衍化为几十卷。这种衍化与"存想"的思维方式是不无关系的。

联系到《易》学,我们同样可以看到道教存想对于这门学说之哲理发展具有某种推进作用。因为《易》学的有关著作既然从道教创立的早期便成为其"宝经",道教中人存想这些《易》类"宝经",并在存想过程中,对《易》类宝经进行哲理感悟,这便是顺理成章的事。再说,道教对"宝经"的存想可以一日"存"一经,也可以一日"存"二经,久而久之,日积月累,"宝经"之间的思维网络便发生了特殊的联系,于是,"易"与"道"便被沟通起来。在有关《老子》《庄子》的道人注本中,我们可以看到《易》理的光辉;而在道人撰写的《易》学类著作中我们也可以看到老庄玄理的"背影"。老庄玄理与《易》学哲理的结合,导致了道教的一系列议论散文的产生。尤其是魏晋以来,道教哲理思维的水平显然比过去大大提高。由魏代道士孙登所开创的"重玄"学的逆式思维方法,在唐朝发展到了高峰。著名道士成玄英所作《道德经义疏》可以说是道教"重玄"学的集大成。虽然"重玄"学说的倡导者们旨在阐释老子"玄之又玄"的哲理意蕴,但无形当中却把《易》学的"逆数"思想向纵深发展了。被道人们作为口头禅的"正为人,逆为仙"这句话既是"重玄"理论在修行问题上的贯彻,又是《易》逆数思想的道教化。

如果我们放开眼界,综览一下"理学"的形成和发展历史,那就会清晰地看到道人们通过玄想而衍扩了的《易》学哲理,在中国思想史上留下了不可磨灭的印记。众所周知,"理学"又叫"道学",它同"道教"的名称仅一字之差。理学在创立之初便表现出儒道相融的倾向,理学的根干是《周易》的义理。但是,《周易》的义理为什么在宋代发展成为理学?其原因当然很复杂。在探讨这个问题时,如果忽略了道教的作用,那将是片面的。过去,人们更多的是看到了道教对《易》学象数思想发展的作用,而不太注意道教对"义理"的作用。事实上,只要脱去有色眼镜,平心静气地读一读理学家们的著作,那就不难看出理学家们在《周易》广厦之中雕琢他们的"大理石"的时候,不仅从道教的"石库"中找来许多原材料,而且应用过许多道教的工具和方法。无论是周敦颐的《太极图说》,张载的"太虚"说,还是程颐的"真元之气"说,都直接或间接地与道士陈抟的《易》学思想相关。因为这些理学家们不仅与陈抟派系有一定的师承关系,而且他们的理论也的确留下了陈抟派系《易》说的印记,周敦颐《太极图说》中那些富有哲理的阴阳动静的推演源于陈抟的"先天无极"论,而张载"太虚"说中的气聚气散思想也与陈抟派系对于宇宙演化的解释相似。至于程颐的"真元之气",其名称也是以陈抟为宗的五代宋初道人们经常使用的。尽管理学家们也常常批判道教,但在客观上他们的理论则不仅出于《易》,而且在许多地方与"道"相通。这种复杂局面的形成,使我们想到了象数与义理的分合问题。从历史上看,《易》学象数派与义理派是有区别的,但在各家学说的具体内容上往往又互相包容。道教的玄想虽然是以象数为根本,但却不能因此得出结论,以为象数与义理毫不相干。北宋以来义理之学的发展历史充分显示:以象数为主要内容和框架的道教玄想对于义理的丰富也有奇妙的作用。作为一种特异的思维,玄想的过程和智力开发功能是值得深入研究的。

从以上的论述可知,广义的《易》学与道教文化具有不可分割的联系。《易》学的许多著作成为道教的经典;而道教信仰者们当中也有许多人参与《易》学类著作的撰写。《易》学与道教文化相互融合,相互促进,不断发展。

《易》学与道教文化融合的最高境界就是"易道合一"理论的产生。它以《周易》的象数、义理为主干,以老庄哲学为核心内容,以人类的生存为宗旨,像一根长轴穿过道教的"先天太极"思维圈。

作为中国文化宝库中的重要组成部分,《易》学与道教文化在长期的"融通"发展过程中,还与我国古代生命科学、养生学、气功学休戚相关。道教典籍中的许许多多人体特异功能境界的描述几乎都深藏着"易道合一"的精神。今天,人们正在积极地研讨着生命的奥秘,可以预见,下一世纪的带头学科之一将是生命科学。但是,如何打开生命殿堂的大门呢? 各种假说纷纷出现。许多学者在经过多方探求之后,重新审视着中国古代的《易》学与道教。如果说,过去那种静态的局部的剖析方法已经适应不了生命科学发展的需要,那么贯穿在《易》学与道教文化之中的整体性思想,人体与宇宙的对应思想、和谐思想以及一系列的具有养生价值的气功修炼方法将给未来的生命科学之发展以重要的启迪。

（本文原载《哲学研究》1992 年第 8 期,收入本书时略有修改）

# 以易解道:古老文化殿堂中的巧妙建构

大家知道,思想意识具有历史继承性。道门中人要探究"大道"的奥秘,寻找修炼成仙的理论与方法,这也不能离开原有民族文化传统。所以,从汉代道教刚刚诞生的时候,其创始者以及主要骨干人物便注意对老子《道德经》进行解说,力图探讨蕴含其中的语言符号秘义,从而为信仰者认真学习这部古老的经典著作提供方便。在将近 2000 年的时间里,研读《道德经》成为一门学科,因其书又叫《老子》,故该学科称为"老学"。长期以来,注释、解读和发挥老子《道德经》的著作数以千计,今尚存于道教经书总集《道藏》中的《道德经》注本就有 50 多种,其中有相当一部分出自道教信仰者之手。道门中人之所以高度重视《道德经》一书的学习探究,是因为这部先秦道家的代表作不仅第一次全面阐述了"道"的特质、功用,而且以"道"为基石构造了一个具有广大包容性的体系。从《道德经》中既可以得到"修道"的启示,又可以进行思想发挥,来建造道教自身的理论体系。所以,道门中人一方面大力注解《道德经》,另一方面则以《道德经》为思想起点,大量创作新的道经。与此同时,许多具有道教信仰倾向的帝王将相文人学士也跨入到这个探究的行列中来。翻检一下现存的《道德经》注疏之作以及发挥《道德经》而造作的其他道教典籍,可以发现易学思想深深地渗透其间。本文,我们选择一些比较有代表性的人物和著作稍作分析,以发掘其中的易学蕴涵。

## 一、河上公《道德真经注》的易学内涵

我们先来看看题为河上公章句的《道德真经注》一书所蕴含的易学内容。为了弄清其来龙去脉与援引易学资料的背景,我们对该书作者也应有所认识。

河上公是个什么人呢? 晋代葛洪所撰的《神仙传》称河上公居河之滨,授素书道经给汉文帝。《历世真仙体道通鉴》对河上公的生平事迹有比较详细的描述。书中卷十三说:"河上公,莫知其姓名也,亦号河上丈人。"据说,这个河上公早在汉文帝的时候便在河滨结草为庐,隐居在里面读老子《道德经》。汉文帝雅好老子之言,号召王公大臣都要读《道德经》。但是,他们碰到难题,其中有些句子读不懂,汉文帝就派遣使者到河滨草庐去请教,谁知这个河上公却不紧不慢地说了句"道尊德贵,非可遥问",把使者打发回去。汉文帝不甘心,亲自登门"求教",但这位皇帝却不虚心,引用《诗经》的词句说:"普天之下,莫非王土;率土之滨,莫非王臣。域中四大,王居其一也。"言外之意是讲,我帝王乃是宇宙中"四大"(指道、天、地、王)之一,你虽然有道,但也只是我的臣民,不要太自高了。河上公一听,立刻拍掌,一跃而起,冉冉升上空中,离地100多丈,然后说:"我现在上不着于天,中不累于人,下不居于地,还算你的臣民吗?"这下子,汉文帝才知道河上公是个"神人",连忙下辇稽首拜谢,敬请河上公指点大道奥妙。

河上公是不是《道德真经注》的作者? 有人提出怀疑,如唐代的司马贞在《老子注议》中就谈到河上公是"凭虚立号。汉史实无其人"。从其注释的基本倾向看,该书是以"爱气养神,益寿延年"为宗旨的。任继愈主编的《道藏提要》考证该书是"后汉道流所托"。从后人的征引来看,该书在汉末三国时期已流行,因此把它定为道门中人的著述,大抵是符合实际情形的。不论情况如何,题为河上公"章句"的《道德真经注》已运用易学的思想方法来解说《道德经》却是有案可稽的。

例证一:

在《体道第一》章中,作者在解释"有名,万物之母"的时候说:

> 有名,谓天地。天地有形位,阴阳有刚柔,是其名也。万物母者,天地含气,生万物,长大成就,如母之养子也。①

在作者看来,有名是对天地的指称,而天地有形态和位置,阴阳有刚强与柔和之分,这就是"名"所包含的内容。至于"万物母"简单讲就是指天地为万

---

① (汉)河上公:《道德真经注》卷一,《道藏》第12册第1页。

物的"母亲",因为天与地含藏元气,所以能够化生万物,并使万物成长壮大,结出"果实",这就好像人类的母亲生养孩儿一样。

"章句"是在阐述"道意"的情况下说了上述的话的。与易学的关系主要表现在"形位""阴阳""刚柔"等概念思想的引入。《周易·系辞上》说:

> 天尊地卑,乾坤定矣。卑高以陈,贵贱位矣。动静有常,刚柔断矣。

《系辞上》这段话的大体含义是:天高在上而处于尊位,地低在下而处于卑位。卑下与尊上一经陈列,事物的显贵与微贱的位置也就分明了。天地的动静有一定常规,了解这个常规,阳刚与阴柔的性质就断然明白了。

按照《易经》的卦象符号排列,《乾》卦第一,而《坤》卦为第二。《乾》《坤》卦即象征天地,化成图像,则《乾》卦在上,《坤》卦在下,它们的位置是确定的。这就是"章句"《道德真经注》所谓的"形位"意蕴。比较一下《系辞上》与《道德真经注》的言辞,就可以明白两者之间概念符号与思想的一致之处。《道德真经注》引入《周易》的话,目的是解说"大道"。在老子《道德经》中,"道"的无形混沌状态称作"无名",从"无名"到"有名",天地也就成形了。经过《道德真经注》作者这样的"嫁接","道"便是居于乾坤符号之先的本体了。

例证二:

在《成象第六》章中,作者在解释"谷神不死,是谓玄牝"时说:

> 言不死之道在于玄牝。玄,天也,于人为鼻;牝,地也,于人为口。天食人以五气,从鼻入藏于心,五气清微,为精神聪明音声五性,其鬼曰魂。魂者,雄也,主出入。人鼻与天道通,故鼻为玄也。地食人以五味,从口入藏于胃,五味浊辱为形骸骨肉血脉六情,其鬼曰魄。魄(者),雌也,出入于口,与地道通,故口为牝。[1]

这段解释认为,老子的"谷神"论乃是说不死的大道理,这大道理就在于"玄牝"二字。"玄"指的是"天",具体落实到人体结构位置就是鼻子;"牝"指的是"地",延用到人身位置上来就是口。天以五气食养人,五气由鼻子进入人的心脏,五气高而清微,化成人的精神聪明音声以及仁、义、礼、智、信这五性,其总归宿叫作"魂",其特质是雄刚,主导出入。人的鼻子与天道相通,

---

[1] (汉)河上公:《道德真经注》卷一,《道藏》第12册第2页。

所以鼻子就是"玄"。地以酸、苦、甘、辛、咸五味食养人，从嘴巴进入，纳藏于胃肠中。五味食物消化形成了身躯骨肉血脉以及喜、怒、哀、乐、爱、恶这六情，其总归宿叫作"魄"，其特质是雌柔的，从嘴巴出入，与地道相通，所以口就是"牝"。

《成象第六》中的这段话的易学蕴涵主要表现在两个方面：一是在思路上运用了卦象比拟的方法。熟悉易学的人们知道，作为易学之本的《易经》创造了以八卦为母体的六十四卦符号体系。这些符号实际上就是客观事物的代码，它们可以指代各种对象；另外，与卦象配套而成的卦爻辞本身也有如《诗经》那样的"比兴"功用。占卜之人，占到某个卦，就是选择一种象征符号和相应的文字解说内容，占卜者可根据一定的原则进行阐释，这个阐释过程就是"卦象比拟"的完成，也就是以《易经》的卦爻来比拟遇上的客观对象，然后依照卦爻辞的意蕴作出吉凶判断，提供行动的参照。这样的思维方式在河上公章句《成象第六》中得到了很好的运用。作者把"玄"解释为"天"，再把"天"转换成"鼻"；把"牝"解释为"地"，再把"地"转换为"口"。虽然，我们从字面上并没有看到什么明确的卦象，但所遵循的转换法度与《易经》的卦象比拟却是一致的，因为"天"可以看作是《乾》卦，"地"可以看作《坤》卦，故而其背后包含着乾坤的符号底蕴。二是作者的阐释也有《周易》的文字依据。他把"玄"当作"天"，其要理即出于《易·坤》卦上六爻辞："龙战于野，其血玄黄。"《文言》称："天玄而地黄"。《周易》将"天"与"玄"联称，难怪河上公章句直接把"玄"当作天了。至于把"牝"看作"地"仍然有《周易》本身的解读依据。《说卦传》以"坤"为地，"故称乎母"。在易学阐释中，凡是带有母性的事物都可纳入《坤》卦的比拟之中。古代的"牝"是与"牡"相对而言的，牡是公马，牝是母马。另外，"牝"的本字是"匕"，原指雌性生殖器官，在性质上属于"阴"，所以，河上公章句将"牝"看成"地"是符合卦象比拟原则的。

由此我们返回头再琢磨一下老子所说的"谷神不死，是谓玄牝"的含义。老子的"谷神"是"道"的符号象征表达。在老子看来，它是宇宙间最宏大最具效力的"生殖器"。河上公章句经过了一番加工，将"道"的广生之功落实到"口鼻"上来，这在字面上虽然与老子的原意有了较大的距离，但却在思想理念上把握住了象征的思维法度。

## 二、顾欢《道德经义疏》的易学理趣

河上公章句在汉末以来的道教中具有比较大的影响。三国两晋南北朝时期，又涌现出许多《道德经》的注本，据杜光庭的统计，至少有数十家。其中值得注意的是顾欢的《道德经注疏》，此书与河上公章句一样蕴含着许多易学的信息。

顾欢是南朝宋齐时代吴郡盐官（今浙江海宁）人，字景怡，又字玄平。据说他少年时代家中穷得叮当响，可是他却有志气，苦心钻研儒家经学，并且雅好黄帝、老子（二人历史上习惯简称"黄老"）之言。20 岁时，顾欢拜雷次宗为师，研习老庄玄学义理，精通道法术数，多有效验。母亲去逝，他隐居不做官，于天台山修明治身之道，并且开馆收徒授业，跟随他的人很多。齐高帝萧道成听说他风教甚好，就起用他当了扬州主簿。后来，又下诏书，把他请到京城。顾欢趁机献上了他的"杰作"——《政纲》等书；但有趣的是，顾欢并不想高攀，而是辞去官职，回归故里。齐武帝永明元年（483 年），皇帝要让他当"太常博士"的官，他婉言谢绝。晚年时，顾欢崇尚道教服食，几乎不与外界的人交往，后来在剡山仙逝。他一生著述不少，曾撰《道迹经》，收录道教上清派高人杨羲、许谧兄弟手写真迹。又著《夷夏论》，畅言佛道是非异同与高下优劣，由之而引起历史上多次的佛道论争。他的许多文章，由其子编为《文议》三十卷。其"老学"方面的著作，最具影响力的是《老子道德经义疏》。

目前所存《道藏》中有《道德真经注疏》八卷，题吴郡徵士顾欢述。但此书的作者，早有人提出置疑。如阮元《四库未收书目提要》根据唐志的著录，以"顾欢述"之原题为非。晁公武《郡斋读书志》以及王应麟《玉海》认为该书是张君相所作。读该书，可以看出其中引用了不少成玄英、唐玄宗言辞。这两位都是唐代人，所以怀疑该书不是顾欢原作是有道理的。不过，书中还保留了顾欢 40 余条的资料。现在，我们就根据其中所引的资料来探讨一下顾欢是如何援"易"以说"道"的。

例证一：

《道德真经注疏》卷三在阐释"飘风不终朝，骤雨不终日"时引顾欢说：天健地顺，神气独绝。为此，暴疾犹不能竟日终朝，何况凡夫朝生夕死，多言害物,其可久乎?

顾欢以为,天的运动刚健,地的禀性顺和,它们的神妙之气堪称超绝。在这样的环境中,狂风骤雨的灾害尚且未能作孽不停,世间一般的凡夫俗子们生死轮回十分迅速,更是不在话下。发布过多的繁琐的行政命令,只能损害事物,怎么可以长久呢?

顾欢的言辞是化用《周易》中《乾》《坤》二卦而来的。所谓"天健"出于《乾》卦之《象》辞:"天行健;君子以自强不息。"《象》辞告诉人们:天的运行刚强而劲健。君子效法天的品德,发奋图强而不停止。再看"地顺",则出于《坤》卦之《象》辞。其中说:"至哉坤元,万物资生,乃顺承天。"《象》辞作者十分感叹地讲:坤元的品德真是美善至极啊,万物凭借着它而生长,而它则顺从上天的自然运行指向。

由上述考述不难看出,顾欢之言乃是取资于《周易》中《乾》《坤》二卦之《象》《彖》。当然,顾欢并非机械地搬用《周易》的言辞,而是作了一番发挥的。其侧重点在于阐述"顺"的意义。在《周易》中,《乾》《坤》二卦被称作"父母",乾居前在上,象征天;坤居后在下,象征地。乾坤既相对立又相依存。就《坤》卦来说,它是众阴的总归宿。乾阳主动而坤阴主静。相对于乾阳来说,坤阴处于附从的地位,它顺和乾阳而存在和发展,其要义是主顺。顾欢的阐释正是抓住这一点来作文章的。他举狂风骤雨为例,是为了让人们从自然现象中得到启迪,明白顺乎天道自然的重要性。

例证二:

《道德真经注疏》卷三在解释"高必以下为基"①时引顾欢说:

　　夫言高以下为基者,贵非自贵,由乎贱者所崇;高非自高,缘于下者所载。然则贵因贱立,得不以贱为本乎? 是以智者务本,故居谦而不危;愚者殉末,故穷高而自坠。②

所谓"高以下为基",这应该结合贵贱问题来加以说明。你看,具有"贵格"的人并不是他自己就能显示出"贵格",而是因为有卑贱者的崇拜,这样对比衬

---

① 按,老子《道德经》通行本三十九章此句无"必"字。《道藏》中各种版本因其原文的差异,往往会造成解说的不同,两者难于分离,故本文引用时一般不作更改。

② 《道德真经注疏》卷四,《道藏》第13册第314页。

托,才表现出贵贱的区分;高上的东西,也不是自己就能使自己高上,它必须凭借低下东西的负载。既然,高贵是因有卑贱的衬托才得以彰显,这岂不是应该以卑贱为根本吗? 所以,明智的人务必寻求根本,因此居处谦卑地位才没有危险;但愚蠢的人却不同,他所追求的是事物的末尾,因此不断地往高处爬,好像爬树到了终端,站在树叶上。这样,穷尽了最高点,到头来必定坠落而自我毁灭。

顾欢这段话是承接"高以下为基"的上文"贵以贱为本"一句进行解说的,所以行文中反复谈到了"贵贱"的问题。其中所包含的易学内容就在一个"谦"字。《周易》中有《谦》卦,其卦辞说:"谦,亨,君子有终。"此卦之象①,下三爻为艮,上三爻为坤,象征谦虚。卦辞告诉我们:谦虚就能亨通,君子具备了谦德就能善始善终。对于《谦》卦之卦辞,其《彖》作出解释:

> 谦,亨。天道下济而光明,地道卑而上行。天道亏盈而益谦,地道变盈而流谦,鬼神害盈而福谦,人道恶盈而好谦。谦尊而光,卑而不可逾:君子之终也。

《彖》辞讲:谦虚,就能亨通。比如说天的运行规律吧,它的清气下降,周济万物却愈加显得光明;再看看地的运行规律吧,它处于卑下低微的位置,而地气却能冉冉自然上升。天的规律总是损减盈满而补益谦虚;地的规律总是化散盈满而广布虚处;鬼神"显化"的特点是惩罚骄傲自满,护佑谦恭的人;人世间的道德是厌恶盈满而爱好谦虚。谦虚者不仅可以高居于受人尊敬的位置,而且他的道德也更加光明盛大,倘若处于卑下的地位,但有谦虚的美德,人们也很难超越他。保持谦德实在是一件不容易的事,唯有君子才能够真正做到自始至终胸怀谦谦善德且有谦虚善举啊。

为人处世要谦虚,这是《周易》从天地运行的自然现象中所得到的启示,也是总结人类社会经验的结果。早在《尚书·大禹谟》中即有"满招损,谦受益"的训诫。《周易·谦》卦以饱满的热情赞扬了谦虚的美德。顾欢的解释,以《周易·谦》卦为宗,这也是符合老子本意的。在道教中,所谓"修道"乃是一个过程,它不仅表现为导引行气一类的技术性操作,而且也表现为精神的升

---

① 按,《周易》之卦分"经卦"与"别卦"。最基本的经卦八卦,是三画卦;把八经卦相重,得六十四卦,则是六画卦,下三爻称作下卦、内卦,上三爻称作上卦、外卦。

华。从某种意义上看,后者更为重要。道教认为,"欲修仙道,先修人道"。所谓"人道"就是做人的基本道德规范。"谦虚"可以说是中华民族所共同尊奉的美德。顾欢这种解释使我们看到,道门中所谓的"道"既有哲学本体的意义,又有伦理品德的内涵。

## 三、孙登与重玄派理论的易学底蕴

随着道教组织的发展,其理论研讨更加兴盛起来。这种兴盛的重要成果就是老子《道德经》得到了进一步的解读和传播。在这项活动中,"老学重玄派"尤其令人瞩目。这是道教中解说老子《道德经》的一个思想流派,"重玄"一词是对老子《道德经》第一章"玄之又玄"进行概括而来的,因"玄之又玄"这个词组中有两个"玄"字,所以称作"重玄"。

老学重玄派初起于魏代的孙登。他是汲郡(今属河南省)人。据说孙登不娶妻室,没有家属,在郡北山中挖了一个土窟居住。他擅长一种炼气秘法——啸。喜欢读《易经》,乐于弹琴。后来,孙登到了宜阳山,有个烧炭的人看见孙登,认为孙登不是平常之辈,就想和他搭腔,但孙登却什么也不说。晋文帝听到孙登的趣事,派当时的一位名士——阮籍去查看。阮籍见了孙登,与他说话,孙登还是不开腔。阮籍气憋,发出长长的啸叫声,退到了半山岭,听见一种十分悦耳的声响,像是鸾凤在鸣唱。原来,那正是孙登的"空谷长啸"。不久,另一位名士嵇康跟随孙登游历达三年之久。嵇康问孙登"图"的是什么? 孙登一直没有回答。嵇康忍耐不住,准备告别,说:"先生,你真的没有什么可以对我讲的吗?"孙登这时终于开口:"你认识火吧? 火燃烧起来的时候会发光,但却没有使用它的光,难道它会有心于自己的光吗? 人生而有才干却不用它,难道你真的要刻意去用才干吗? 只要有薪草就会有光;只要能认识真谛,就能使才干保全自己的天年。"嵇康听后,若有感触,又请求孙登教给自己弹琴的技艺。孙登不教,却说:"你啊,才干多而真识少,在今天的世道中恐怕是难于免遭灾难啊!"[①]

————————

① 关于孙登的生平事迹,详见《历世真仙体道通鉴》卷三十四。

以上有关孙登的神异故事中有个细节尤其有趣,那就是平常他总是不说话,等到关键时刻要么以啸声诱导人,要么以简练警语启迪人。他的行迹本身已经令人感到"玄乎";不过,若冷静思考一下,却又会发现他以沉默见称的怪异行踪也是一种形象符号表达方式,其背后乃蕴藏着易学的理趣。《周易·系辞上》说:"《易》无思也,无为也,寂然不动,感而遂通天下之故。"《系辞上》认为:《周易》所讲的道理并不是靠刻意的思索得来的,而是顺应自然法则的结果;它虽然寂静沉默没有什么惊天动地的行为,却因符合阴阳相应的原理而能够会通天下万事。显然,孙登不轻易讲话,正是遵循《周易·系辞上》这种"自然无为"思想。另外,《周易·系辞上》还谈到圣人"洗心"于《易》,"退藏于密",提倡用大《易》的道理来洗涤自己的心灵,退而隐秘深藏其功用。联系孙登的生平事迹,我们也可以看出他隐居山中又是符合易学"退藏"之道的。他隐居山中,一方面研讨《易经》,另一方面则读老子《道德经》,创立了会通易理的"老学重玄派"。

孙登所创老学重玄派对后世影响很大。梁朝道士臧玄静、孟安排、孟智周,隋朝道士刘进喜相继弘扬孙登的学问,以"重玄"为宗来注疏老子《道德经》。到了唐朝,老学重玄派获得了大发展,蔡子晃、李荣、车玄弼、张惠超等人皆祖述重玄之道,但最有影响的则是成玄英。据《新唐书·艺文志》等所载,成玄英,字子实,陕州(今河南省陕县)人,曾经隐居东海,贞观五年(631年),皇帝把他请到京城,加号"西华法师",注老子《道德经》二卷,作《开题序诀义疏》七卷,强思齐《道德真经玄德纂疏》等书有其节录,今人蒙文通先生曾经加以整理,成《道德经成玄英义疏》。

重玄派解说《道德经》是围绕"玄"这个独特的文字符号来作文章的。可以说,"玄"在该学派的注疏工作中起着符号基石的作用。这一批道教学者是怎样围绕"玄"字来建构他们的理论呢?主要表现在两个方面:一是用以说明人的来历;二是发明修仙的方法。这两个方面,概括起来就是一句话:"正为人,逆为仙"。其中,也深藏着易学的义理。

首先,我们来看前半句"正为人"的意思及其所契合的易学理趣。"正为人",这是从时间角度来看人的产生的。按照一般的观念,时间乃是依"顺"的次序流逝,从而形成过去与现在的差别。在这一点上,道教与世俗的看法没有根本的差异,所不同的是他们把人的来历与"道"的演化联系起来考察。而重玄派学者则进一步地思索其深层次的问题,他们以"重玄"之道作为万物的本源,当然也看成是人的最后归宿。"重玄"之道,又叫作"至道",简称为"玄",或"玄道"。道士成玄英在《道德经义疏》四十二章中指出了一个"玄道"(至道)的演化模式,他认为有玄道,而后有元气,于是阴阳变分,而有天地人"三才"。这个说法与《易经》的太极变生阴阳,阴阳而化"三才"的结构模式几乎如出一辙。在重玄学的理论中,因"玄道"的演化而有了人,这是一个"顺向"的时间发展过程,所以叫作"正为人"。另外,"正为人"实际上也包含着宇宙发生本源的问题。在"人"的背后是作为原始动力的"大道",而"大道"的奥妙就在于"玄"。换一句话说,"玄"在某种意义上看已被赋予"本体"的意蕴。它的来源也可以追溯到《易经》。《易·文言》认为天地未分之际是一种混混沌沌的状态,这叫作"玄黄"。尽管《周易》并没有把"玄黄"当作宇宙发生的本体,但却为后来的哲学本体论的建构奠定了思想基础,所以道门中人抓住"玄"字进行多层次的发挥。

其次,我们再来看"逆为仙"这半句的思想底蕴及其易学要义。道教要寻找人的最终归宿,在时间上作了认真而深刻的思考,认为神仙与凡人的最大区别就在于如何把握时间问题。如果说"正为人"是对客观世界万事万物发生历程的一种承认;那么"逆为仙"则是一种否定。这看起来不是很"矛盾"吗?之所以让人觉得有某种"形式逻辑矛盾"是因为这句话的两半部分是从不同角度观照的。道教认为,为了避免"死亡",就应有复归的精神,或者说以复归作为指向来指导自己的修行活动。在这个方面,老学重玄派下了许多功夫,该派在注疏老子《道德经》时对于这种时间"可逆"的观念以及方法作了充分的阐述。最有代表性的是成玄英所说的"遣之又遣"一语。他认为老子"玄之又玄"可以引申出"遣之又遣"的意蕴,指出"玄"是很深远的,也是修养思维上"不停滞"的一种名称。世间的人,在进行修养方面的思考时,要么停留在"有"的层面,要么停留在"无"的层面。这样,就很难真正地向"玄道"复归。重玄派学者认为,不但应该抛开"有"的层面,而且应该舍去"无"的层面,也就是说连"无"(虚空)的观念也必须忘却。为了达到这样的内心纯净空灵,就必须使用"遣"的方法,既遣去情欲智慧之类"有"的东西,又继续回归,也遣去修养功夫这种属于"无"的东西,最后连"遣"的方法也一并忘却,什么都不存在。这种精神修养思维的核心就在一个"逆"字,体现了时间的可逆性观念。它的直接理论来源是老子《道德经》中的"反者道之动"。老子看到了事物向相反方向转化的现象,有很深刻的时间可逆性思考;但追根溯源,其根底也在《易经》中。《易》之经义之一就是"反易"。这个"反易"除了两两相对、相反相成的意思之外,还有物极必反、反复其道的意蕴。《复》卦辞说:"反复其道,七日来复。"《复》卦☰☷六爻,以每一爻代表一天,从初爻数到上爻,共六天,上爻是阴爻,阴极生阳,从第七天开始又回复到作为本初的阳爻。这种回归的精神虽然相当朴素,却为老学重玄派提供了思维的基本指向。

## 四、崇道皇帝注解《道德经》的易学旨趣

在历史上,将易学的思想引入《道德经》注疏中的不仅有道士,还有一些帝王将相。《道藏》之中所收的各种《道德经》注本,皇帝的"御制"之作是摆在最前面的,这里我们拟对唐玄宗的注本稍加探究。[①]

提起唐玄宗来,许多读者也许首先想到的是他与杨贵妃的爱情故事,想到他在迷人的霓裳羽衣面前沉醉于"情爱"的传说,想起诗人白居易"从此君王不早朝"的名句。因为有关他的"爱情故事传说"与诗人们的颂扬之作早已被编成电影电视,进入千家万户。由于宣传上的原因,唐玄宗在人们的心目中似乎是一位谈情说爱的帝王典型。作为一个皇帝,他有三十六宫、七十二院的嫔妃享用,谈情说爱可以说是家常便饭。但是,如果我们仅仅从这个方面去看待唐玄宗那是不客观的。实际上,作为一个皇帝,他的活动是多方面的。其中,很值得注意的就是他对道教的崇尚。他曾经在不同场合多次地颂扬道教教主老子。他和他的先辈一样,认老子为其远祖,称之为"元元皇帝"(即玄元皇帝,因避讳将"玄"改称"元"),发布诏书,在全国各地普遍建立祭祀老子的"玄元皇帝庙",而对于老子《道德经》,唐玄宗更是赞不绝口,他说:"我烈祖元元皇帝,禀大圣之德,蕴至道之精,著五千文,用矫时弊,可以理国家,超乎象系

---

① 收入《道藏》中的皇帝《道德经》注疏之作有明太祖、唐玄宗、宋徽宗三人作品多种。

之表,出彼明言之外。"①在唐玄宗看来,老子具有大圣人的品德,他的思想包含"至道"的精微要义,老子作五千文《道德经》是为了矫正社会时局的弊病,故而可将老子的思想用来治理国家;但是,老子的思想又不是很明白表达的。正是这样,唐玄宗立意注疏这部千古奇书。

唐玄宗对《道德经》的解读与注疏,花了比较大的功夫。现存《道藏》中关于唐玄宗的《道德经》注疏之作共有三种,一称《唐玄宗御注道德真经》,共四卷;二是《唐玄宗御制道德真经疏》,共十卷,末附有《外传》;三是与第二种同名的注疏之作,但卷数与内容却很不一样,可以看出是在不同时期撰写的。

考察唐玄宗三种注疏之作,不难发现他不仅对《道德经》具有浓厚兴趣,而且对《周易》也颇谙熟。其中引用《周易》的词句者简直是随手拈来,明显的至少有20余处。现略举一二,稍作解析。

例证一:

《唐玄宗御制道德真经疏》卷一解"象帝之先"时说:

> 帝出乎震,《易》系辞之词也。震东方卦也。少阳之气,生化之源。今以太子居东宫,少阳之位。御极为出震之期。盖取象天地,生育万物之始也。②

"帝出乎震"这句话是《周易》中解释卦象的言辞。《震》卦是居于东方的卦,代表"少阳"之正气,它是万物生长化育的本源。如今,太子住在东宫,正是处于少阳的地位。等少阳之气发展到极点,这也就是他走出《震》卦之位登基当皇帝的日期。这样做,是取法天地征象,表示生育万物的起始。

"帝出乎震"具体出于《易·说卦传》。按照"后天卦位",《震》卦排列在正东之方位,一阳初起,万物生机由此开始,它象征东方和"二十四节气"中的春分。根据易学的"化生"原理,乾坤是天地大父母,生有六个儿子,即震、坎、艮(为男),巽、离、兑(为女)。《震》卦是"长男",所以属"太子"之位,长男继父,故太子日后出震宫而登基为皇帝。

---

① 《全唐文》卷三十一《令写元元皇帝真容分送诸道并推恩诏》,第1册第350页,中华书局影印本。
② 《道藏》第11册第815页。

"象帝之先"本是老子《道德经》第四章的最后一句。老子所谓"先"是指有一种先于"帝"而存在的东西,这就是"道"。在老子看来,混沌之大道,早在上帝出现以前就已有了。唐玄宗把这拿来与《说卦传》的"帝出乎震"相诠释,虽然不尽符合老子原意,但却使人们对"道"的先天混沌性的把握有一个思维的具体方向。

例证二:

《唐玄宗御制道德真经疏》卷五解"昔之得一者"时说:

> 昔,往古也;一者,冲和之气也。称为一者,以其与物合同,古今不二,是谓之。故《易·系辞》曰"一阴一阳之谓道。"盖明道气在阴与阴合,在阳与阳合一尔。言昔得者,将明原始要终,抑末归本,故引昔得以证今得。①

"昔"指的是往古的时候;"一"指的是谦虚中和之气。之所以叫作"一",是因为它与万物齐同相合,自古及今保持一致。所以《周易·系辞》说:"一阴一阳称作道。"这是说明"道"所化之气有阴阳两个方面,但物以类相聚,阴性之气必定与阴性之物同归,阳性之气也自然与阳性之物汇合为一。为什么称作"昔得"? 这是用以表明事物发生的初始情状和归纳事物发展的最终结局,抑制枝末而回归本根,因此援引"昔得"以佐证"今得"。

唐玄宗这段解说有两处应用了《易》理:一是文中明确地引述了《系辞上》关于"一阴一阳之谓道"的至理明言,它告诉人们大自然万物都有一阴一阳的相反相成,两者对立统一的矛盾运动、变化就叫作"道"。因为《系辞上》所讲的"一阴一阳"都有"一",所以唐玄宗用来解释老子《道德经》的"得一",即表示一气含阴阳,交通而成一。二是暗用《周易·系辞下》"原始要终"的警语。《系辞下》说:"《易》之为书也,原始要终以为质也。"所谓"原"即推究事物发生的本始;"要"是指"要会",即今日人们常说的"归纳";"质"是指"体",具体说就是六十四卦之体。《周易》六十四卦无论哪一卦都表征着事物的开始与终了,所以称"原始要终"。唐玄宗应用《系辞》的话来阐发"得一"的意蕴,推究本始还是为了"明道",因为"一"是由"道"而生的,追溯本初,自然就归向"道"了。

———————

① 《道藏》第 11 册第 779 页。

# 五、邓奇：以易解道的集大成者

唐宋以来，随着道教组织的演化和新道派的产生发展，《道德经》的解读工作更加受到道教界的重视，各种注疏之作如雨后春笋破土而出。由于时代的变迁，注疏者不可否认要增益新内容，以适应时代的需要。这不仅表现在诠释角度的不同，也表现在"以易解道"力度的增加。这时候易学的许多流派的观点纷纷被引入道教文化殿堂之中，而引人注目的要算易学思想与《道德经》注疏之学的进一步会通。这当中，最有代表性的是邓奇的《道德真经三解》。

邓奇生平正史不载，道教传记类书也不见记述。不过，从《道德真经三解》的"序言"中可略知一二。该书题署中有"玉宾子"三字，这应当是他的道号。书前序言若干篇，其中有一篇出自元代金丹派南宗①门人萧廷芝之手。萧氏在追溯《道德经》传授系统的时候既罗列金丹派南宗传人白玉蟾、彭耜，又历数王重阳北派全真道脉传人，但更推崇南宗一系，可知他主要是南宗门人。在"序言"的末了，萧氏自称"弟子"，这就说明邓奇也是萧廷芝的老师。又，邓奇自序写于大德二年（1298 年），可知他是元代成宗时期人。

邓氏阐释《道德经》之所以称作"三解"，按他自己的说明：一解"经"，主要是文字考订与句读工作；二解"道"，直述天地大道始终，让人明白其精义；三解"德"，这是对大道之功用的进一步引申。他认为：《道德经》，"其经与大《易》准，中间有不得容心者矣"②。即《道德经》与《周易》这部古老的经书具有共同的准则，容不得主观的个人心思夹于其间。邓氏力图排除主观臆断，这个出发点当然是好的，他是否能够做到这一点另当别论，不过，他别出心裁地结合易学原理来阐发《道德经》思想并进行多方发挥，这倒是有案可稽的。

《道德真经三解》卷一开篇《道可道章第一》即应用了《周易》的《咸》卦、《恒》卦、《泰》卦、《否》卦、《巽》卦的相互关系来解释《道德经》关于"可道"与

---

① 金丹派南宗，发端于北宋天台山道士张伯端，因其号紫阳，故该派又称紫阳派。不过，从种种迹象看，张伯端时期，尚未形成实际的教派组织。学术界一般认为金丹派南宗是从南宋白玉蟾广播道法时才具备组织特征的。

② 《道藏》第 12 册第 184 页。

"常道"的区分;《天下皆知章第二》中应用《周易》的"乾卦""坤卦""坎卦""离卦"以解释《道德经》的美丑善恶意义;《不尚贤章第三》应用《周易》的天地定位之说阐释《道德经》的"不争之道";《道冲章第四》以《周易》的太极原理及《震》卦说明《道德经》关于"大道中虚"的思想……《信言不美章第八十一》再度以"太极"理论总括圣人之道的意蕴。纵观全书,我们可以毫不夸张地说,邓氏《道德真经三解》一书几乎每一章都贯穿着易学的原理。

尤其值得注意的是,邓氏不是单纯地应用易学卦象或言辞,而是着重各卦之间的关系以发挥《道德经》的思想观点。如他在《和大怨章第七十九》中说:

> 天地合而甘露降,阴阳和而风雨时。损益,盛衰之始也。三阳出地,地天泰也;地天方泰,三上相交,损其盛也。三阴出地,天地否也;天地方否,初四相交,益其衰也。故曰:损益盛衰之始也。①

邓氏指出,天与地感应相合,甘甜露水就降下来;阴与阳和谐相助,刮风下雨就顺应时宜。损与益,这是事物兴盛衰落的起始。三画阳爻出现在地上,就成了《泰》卦之象;地与天刚刚开泰,三爻之阳与上爻之阴相交感,这是大自然减损过盛的表示。三画阴爻出现在地上,就成了《否》卦之象,天与地刚刚闭塞,初爻之阴与四爻之阳相交感,这是大自然增益衰落的迹象。所以说:损与益是兴盛与衰落的开始。

初一看邓氏上述解说,有些读者也许难于弄清其基本意义。要明了其思想脉络,关键是抓住他所依据的四个基本卦象,即《损》卦与《益》卦、《泰》卦与《否》卦。《周易》中的《损》卦居于第四十一,象征减损,其义主损下益上;而《益》卦居于第四十二,象征增益,其义主损上益下。根据易学"变卦"原理②,《损》卦由《泰》卦变化而来。《泰》卦下三爻为阳爻,上三爻为阴爻,第三爻升到了终端的上爻,而原有之上爻下降到了第三爻的位置,换一句话说,三爻与上爻阴阳交感互换其位,《泰》卦就变成了《损》卦。再看《益》卦,乃由《否》卦变化而来,《否》卦与《泰》卦之象相反,《否》卦下三爻为阴爻,上三爻为阳爻,初爻之阴与四爻之阳相交感,阳下奔而阴上升,初爻与四爻互易其位,

---

① 《道藏》第 12 册第 235 页。
② 古代占卜之人,以"——"为阳爻,以"- -"为阴爻,以"九"为老阳,以"七"为少阳,以"六"为老阴,以"八"为少阴。凡遇"九"则阳变阴,遇六则阴变阳,所以有变卦之法。

《否》卦就变成了《益》卦。由《否》卦与《泰》卦所变的《损》《益》两卦,反映了宇宙阴阳的盛衰,所以说损益是"盛衰之始"。有否有泰,天地运行,否极泰来,这是事物发展的一条客观规律。

```
            《泰》卦  《损》卦      《否》卦  《益》卦
上六  ──  ──  ── ──        ── ──  ──────
                 ── ──   九四  ──────  ── ──
九三  ──────  ──────        ──────  ──────
                 ──────   初六  ── ──  ──────
```

(《泰》卦九三、上六爻互感易位变《损》卦,①《否》卦初六、九四爻互感易位变《益》卦)

《否》《泰》《损》《益》的卦变与老子《道德经》"和大怨章"有什么关系呢?老子这一章是说,调解深重的怨恨,必然还有遗留的怨恨,不是什么妥善的解决办法。老子主张"天道无亲",自然规律是没有偏爱的。不论是损是益都是自然而然的。如果人为地去"调和"大怨,那就违反了天道。邓氏引入了《周易》中的《否》《泰》《损》《益》的卦变,正是为了说明老子这种天道的自然损益之理。从这一章的解说当中,我们可以看出,邓氏是一个对易学相当精通的道教学者。他的《道德真经三解》是宋元以来以易解道的集大成。

(本文原载福建社会科学院科研组织处编:《探索·求是·创新》,福建人民出版社 1999 年版,收入本书时略有修改)

---

① 读卦提示:《周易》的卦分三画卦和六画卦,三画卦叫经卦,六画卦叫重卦。卦爻分阴分阳,阳爻用"九"表示,阴爻用"六"表示。由下而上,为初、一、二、三、四、五、上。凡初爻为阳爻则称"初九",阴爻则称"初六",余者类推。

# 论易学义理派对道教的影响

任何一种宗教要深入民心,在社会上占重要地位,都必须建立和逐渐完善自己的理论。道教自然不会例外。东汉以后,随着道教组织壮大、道教信仰者的增多,道教的思想体系也发展起来。正如汉代的原始符箓派和丹鼎派道教一样,魏晋南北朝的各个道派也都重视从《周易》这部奇书里吸取营养。尤其应看到的是,由于王弼义理学的传播,道教的理论思维也富有玄学色彩。出于弘扬教法的需要,一些道教著名人物起而注《易》,并将《易》理应用到新的经书创作中。虽然这些经书创作并不一定直接援引"易学"义理派的言辞,但受其影响则毫无疑问。

## 一、易学义理派对道教发生影响的条件原因

易学义理派对道教发生影响,这有其特殊社会历史条件。首先,最根本一条就是玄学家们与道教中人互相接触。嵇康是后于王弼的著名玄学家,他的一些看法虽然与王弼有所不同,但在易学方面却也走义理派的道路,他认为"推类辨物,当先求自然之理"。嵇康讲的"自然"就是天然,这与王弼对《易·坤》六二爻辞注释中所说的"任其自然,而物自生"是相通的,嵇氏要探求的是天下万物所以然的道理,此正为《易》义理学之宗旨。可见,嵇康是把义理之学活用于思想主张之中的。同时,嵇康又好老庄之言。《晋书》卷四十九称他"天质自然,恬静寡欲,含垢匿瑕,宽简有大量,学不师受,博览无不该通,长好老庄,与魏宗室婚,拜中散大夫,常修养性服食之事,弹琴咏诗,自足于怀"[1]。

---

[1] 《晋书》卷四十九,北京:中华书局 1974 年版,第 5 册第 1369 页。

这种对老庄学说的雅好,使嵇康可能在情感上同道教中人沟通起来,从而互相交往。故《晋书》卷四十九《本传》又云:"(康)至汲郡山中见孙登,康遂从之游。"①这里面所言及的"孙登",道教神仙传记明指为道士。《历世真仙体道通鉴》卷三十四《嵇康》条谓康"向北山,从道士孙登学琴"。又该书同卷《孙登》条称:"孙登,字公和,汲郡人,无家属,于郡北山为土窟居之。善长啸,好读《易》,抚一弦琴,性无恚怒。尝往宜阳山,有作炭人见之,知非常人,与语,登不应。晋文帝闻之,使阮籍往观,既见与语,亦不应。嵇康又从之游三年,问其所图,终不答。康将别,谓曰:先生竟无言乎? 登曰:子识火乎? 火生而有光,而不用其光,果在于用光乎? 人生而有才,而不用其才,果在于用才乎? 故用光在乎得薪,所以保其耀;用才在乎识真,所以全其年。"②这说明除嵇康外,与隐居道士孙登有思想接触的玄学家还有阮籍,而阮籍也是一个在易学上造诣很深的人。他作有《通易论》《通老论》《达庄论》《大人先生传》等重要文章。在《通老论》中,他强调名教出于自然取法于自然的道理。在他看来,《周易》这部书就是讲述任其自然之哲理,书中以天地阴阳为本,故能"覆盖天地之道,囊括万物之情",圣人"尚其象","取诸乾坤"就是要根据自然之理"建天下之位,定尊卑之制,序阴阳之适,别刚柔之节"③。他的这些阐述已经把儒家的名教纲常降居于道家"自然"的范畴之下。尽管在概念的理解上阮籍与嵇康、王弼也不完全一样,但他们都主义理之学则显而易见。由于有过共同生活的经历,彼此互相影响势在必然。据杜光庭《道德真经广圣义》等书的记载,孙登曾将《易》义理之学引入《道德经》注疏中。杜氏指出诸家解《老》立宗不同,"孙登以重玄为宗。宗旨之中,孙氏为妙矣"④。所谓"重玄",杜光庭有一段概括。他说:"夫摄迹忘名,已得其妙,于妙恐滞,故复忘之。是本迹俱忘,又忘此忘,吻合乎道。有欲既遣,无欲亦忘,不滞于无,不执中道,是契都忘之者尔。"⑤按照这一解说,"重玄"思维,乃是一种不断排斥名迹,直至把握了道

① 《晋书》卷四十九,北京:中华书局 1974 年版,第 5 册第 1370 页。
② (元)赵道一:《历世真仙体道通鉴》,《道藏》第 5 册第 295 页。
③ 陈伯君校注:《阮籍集校注》,北京:中华书局 1987 年版,第 130 页。
④ (唐)杜光庭:《道德真经广圣义》,《道藏》第 34 册第 341 页。
⑤ (唐)杜光庭:《道德真经广圣义》,《道藏》第 14 册第 344 页。

体的过程。在本质上,这贯穿的乃是《易》的逆数之法,其字里行间隐藏着王弼"贵无"的观念。因为有与无双遣的最高境界就是"玄空",这也就是被王弼作为宇宙本体的"无"或"自然"。可见,道士孙登的所谓"重玄"之宗乃是易学义理派思想方法在"老学"(指老子《道德经》之学)上的应用。孙登这种出于《易》道的"重玄"之学在魏晋南北朝乃至唐宋元明时期的道教理论界颇受推崇。易学义理派以孙登为媒介对其他道教中人发生思想渗透,这就可想而知了。

其次,易学义理派对道教产生影响,这也是道教发展自己的思想体系以便同佛教抗衡的需要。佛教初传,乃依附于黄老之学门下,人们或把它当作黄老仙术的一个支派,或将二者相提并论,看作同一性质的东西。这一方面是佛教为了在中国站稳脚跟的需要;另一方面是中国人认识惯性所致。甚至还有人把佛道看作同一教主在不同地区的传播结果。《后汉书·襄楷传》所载"老子入夷狄为浮屠"即是"二教一主同源"说的反映。然而,当佛教大量介绍到中国来,完成了"中国化"的过程之后,它便以崭新的面目在中国广泛流传开来。随着小乘佛教与大乘佛教经典的相继译出,名师高僧各显身手,创作了一批颇具影响力的新经典。如支遁《大小品对比要钞序》,慧远《沙门不敬王者论》《时报应论》《三报论》,僧肇《般若无知论》《物不迁论》《不真空论》等。佛教高僧撰写的这一批理论著作,其鲜明特点之一就是继承和发扬印度佛教"因明学",注重逻辑推理的传统,有一套比较严密的概念体系。佛教经籍的这种特点使之在流传过程中更具有说服力。这无疑给道教理论建设以重要启发。另外,当佛教在中国获得大发展后,由于种种原因,它又在一些场合同道教发生冲突。如王浮作《化胡经》一事便在很长时间内多次引起佛道二教的争论。在南北朝期间,这种争论甚至发展到相当激烈的程度。要斗争论辩就必须有理论武器。相对来说,南北朝以前佛教的学说比道教学说更富有理论色彩。所以,彼此的斗争必然刺激道教的理论建设。要进行这种建设,除了借鉴佛教的经验外,很重要的途径就是从中国易学传统和理论宝库中寻求材料。而易学在汉代以后,义理派已经占了优势。从这里直接撷取所需是最方便最省力不过。因此,道教接受了易学义理派的影响,这在客观上看又是佛教所造成的压力的一种"反冲"。

再次,易学义理派对道教产生影响,这也应该考虑到道教自身发展波折因素的作用。在汉代末年,道教于民众当中占有广大市场的乃是符箓派。无论是张陵(或称张道陵)所创立的五斗米道,还是张角创立的太平道,都可归入这一范围。符箓派道教曾经有轰轰烈烈的民众运动。该派领袖及其追随者以符箓秘法为人治病。在天灾人祸频繁发生的历史条件下,这具有较大吸引力,所以能够在民众中扎下根来。但是,以太平道为组织形式的黄巾起义被镇压下去之后,道教发展便出现波折。不久以后,五斗米道也在曹魏政权的打击下分化了。张陵之孙张鲁割据汉中几十年,最终投降了曹操。为了对五斗米道实行控制,曹操把张鲁带到北方的邺城,同时还迫使五斗米道聚居地区的汉中人民大量北迁,这在客观上使五斗米道在组织上陷入混乱状态。一方面是原先的统一领导局面被打破,北方的"祭酒主"(原来五斗米道组织中的官职)人人称教,各作一治,另一方面是教徒们的腐败堕落,许多人贪利谋私,违反天禁。另外,有一些游方道人又往往欺世盗名,道教的名誉为之下降,葛洪曾经很不满地说:

> 又术士或有偶受体自然,见鬼神,颇能内占,知人将来及己过之事,而实不能有祸福之损益也。譬如著龟耳。凡人见其小验,便呼为神人,谓之必无所不知。不尔者,或长于符水禁祝之法,治邪有效,而未必晓于不死之道也。或修行杂术,能见鬼怪,无益于年命……因此细验之,多行欺诈世人,以收财利,无所不为矣。此等与彼穿窬之盗,异途而同归者也。①

葛洪虽然是站在金丹道派立场上来看待其他奉道者,但却也反映了当时道教的不纯洁状况。面对种种不正之风,一些道教有识之士提出了整治措施。首先是组织上的整治,随之而起则是思想上的整治。这样,道教有识之士在强调遵守教戒、积善行德的基础上,自然就会进一步地开展理论深讨。故尔在讲述道法的时候,也就会自觉或不自觉地把易学义理派的说理方式应用起来。从这个意义上看,道教接受易学义理派的思想影响,这也是道教提高自己的理论素养、壮大组织的需要。

---

① 王明:《抱朴子内篇校释》,北京:中华书局1985年版,第346页。

## 二、从经典注疏、教主塑造看易学义理派对道教的影响

易学义理派对道教理论的渗透原因是很复杂的,上面所列仅仅是主要的方面。由于汉末几百年间中国处于割据状态,彼此交流不便,易学义理派在道教中的影响就不像玄学家们互相影响那样直接和纯粹。道教作为一种思想来源杂而多端的体系,作为一种多神信仰形态,其结构是多层次的,各个地区不同教派的思想主张在某些方面甚至还存在着互相矛盾之处。因此,易学义理派在不同道派不同时期不同人物中的影响之深浅程度等等也就不能一概而论。

从经典的注释来看,易学义理派对道教的影响是一种部分影响而非全局性影响。根据现有文献记载,三国以前,道教中人虽然大量采撷易学资料,运用易学方法分析问题,但尚未对《周易》这部著作进行全面系统注疏。三国以后,随着道教理论发展需要的增长,一些道人开始注《易》。例如范长生的《周易蜀才注》就是其中重要的一种。

范长生,自号"蜀才",其名称甚多,《华阳国志》卷九谓其"一名延久,又名九重,一曰支,字元,涪陵丹兴人也"。又《经典释文序录》引《蜀李书》称之"姓范,名长生,一名贤,隐居青城山"。综合各家记载看,范长生当是张鲁北上后巴蜀地区五斗米道(后改称天师道)残部的一位首领。他的生平事迹正如许多道教领袖一样充满神秘色彩。《太平御览》卷一百二十三引《十六国春秋·蜀录》谓:"长生善天文,有术数,民奉之如神。"[1]《晋书》卷五十八《周访传》附子抚传谈及范长生"以左道惑百姓,人多事之"。可见,范长生在民众中威信甚高,追随者不少。范长生之注《易》或许有其家学传统。前代学者尝谓之为王弼后人,如王俭《七志》即持是说,吴承仕先生《经典释文序录疏证》亦叙及此。陈懋《仁寿者传》称之先事刘先主,至李特时年 130 余岁。由此看来,范长生还是一个高寿者。

关于范长生的《周易注》,《隋书·经籍志》《旧唐书·经籍志》《新唐书·

———————————

① (宋)李昉:《太平御览》第 1 册,北京:中华书局影印 1960 年版,第 597 页。

艺文志》以及陆德明《经典释文序录》均著录为十卷,原书已佚。清孙堂《汉魏二十一家易注》、黄奭《汉学堂丛书》、马国翰《玉函山房辑佚书》皆辑有 1 卷。马国翰指出:

> 其人盖功名之士,抱才而隐,承机见用,遂相伪朝。观其以蜀才自命,宜不甘岩穴以终老也。其说《易》明上下升降,盖本荀氏学。①

复有张惠言《易义别录》以为蜀才之《易》,大约用郑、虞之义为多,卦变全取虞氏。照马氏与张氏之说看来,则范长生之《易》注似为汉《易》象数学之余绪。

不过,考之《周易蜀才注》之遗文则可以看出范氏之学并非全主象数。在解说过程中,范长生有时也发义理。如释《坤》云:

> 坤以广厚之德,载含万物,无有穷竟也。②
>
> 天有无疆之德,而坤合之,故云德合无疆也。③

这完全是一种字义的疏通,其中并无汉象数学那种繁琐推演的影子。他所说的“合”是指坤地合于乾天无疆之德。这样的“合”实际上具有柔顺的意义,与王弼的解释颇相类似。王弼释《坤》称:

> 地之所以得无疆者,以卑顺行之故也。乾以龙御天,坤以马行地。④

王弼所谓顺行就是一种合,即以坤合乾。两者用语虽稍异,却有同功之妙。正如前人所指出的,王弼义理之学,乃是据卦象卦应而发,“象”与“位”在他求理的过程中占有一定的地位。甚至可以说,从阴阳在卦位上的升降运动角度来说理,这是王弼《易》注的特点之一。王弼在解释《泰》卦九三爻文辞时说:

> 乾本上也,坤本下也,而得泰者,降与升也。而三处天地之际,将复其所处。复其所处,则上守其尊,下守其卑。是故无往而不复也,无平而不陂也。处天地之将闭,平路之将陂,时将大变,世将大革,而居不失其正,

---

① (清)马国翰:《玉函山房辑佚书》,上海古籍出版社 1990 年版,第 231 页。
② (清)马国翰:《玉函山房辑佚书》,上海古籍出版社 1990 年版,第 232 页。
③ (清)马国翰:《玉函山房辑佚书》,上海古籍出版社 1990 年版,第 232 页。
④ 楼宇烈:《王弼集校释》上册,北京:中华书局 1980 年版,第 226 页。

动不失其应,艰而能贞,不失其义,故"无咎"也。①

这无非是告诉人们,乾的位置本来居上,坤的位置本来居下,重而为"泰"(䷊),此乃一升一降的结果;阴降阳升,天地交泰。就第三爻来说,已经处于天地交界处,再往上升,就向乾原来位置恢复。如此,尊卑上下有序,君主于艰难之际有坚贞之德,就没有咎害,王弼这种义理的发明显然是以阴阳卦位升降运动为基础的。而范长生也以此等方式作解。如注《泰》卦辞云:

> 此本坤卦。小谓阴也,大谓阳也。天气下,地气上,阴阳交,万物通,故吉享。②

《泰》卦上三爻皆阴为坤,下三爻皆阳为乾,阴阳相对,柔刚共济;在上为外,在下为内;由上而下为来,由下而上为往;阴小而阳大,阴往则阳来。当卦成形之后,坤处天位,乾处地位,所以"天气下"就是坤阴之气下,"地气上"就是乾阳之气升,两者交会相感,故万物气运为之而通。范长生虽然着重于《泰》卦成形之后阴阳爻的运动,但其大体则合于王弼的思路。像这种例子在其《周易蜀才注》之遗文中不少,说明王弼之理之学在道教中人的《易》注里的确是有部分影响的。当该《易》注在道教组织内传播开来时,这种影响会因之而扩大。

易学义理派对道教影响扩大的突出表现之一,就是把道教的教主塑造成为一位教化天下的易学大师。由于老子的学说本来就同《易》有关,义理派兴起的时候,老子的学说又成为王弼等人注《易》的思想根据,道教中人把老子尊奉为易学大师,这就是顺理成章的事了。所以,我们发现,有关老子圣事神迹的一些道教典籍往往出现了老子明《易》之类的描述,例如《太上老君开天经》就是这样的一部书。《广弘明集》卷十二《决对傅奕废佛僧事》提及《太上老君开天经》为张泮所造。疑此书乃初起于唐前佛道斗争之时,至唐初而广为流行。顾名思义,《太上老君开天经》就是叙述道教教主开天辟地故事的。该书称,未有天地之间,无阴无阳,无日无月,无晶无光,无东无西,无青无黄,无南无北,无柔无刚,无覆无载,无坏无藏,无贤无圣,无忠无良,无去无来,无

---

① 楼宇烈:《王弼集校释》上册,北京:中华书局 1980 年版,第 277 页。
② (清)马国翰:《玉函山房辑佚书》,上海古籍出版社 1990 年版,第 233 页。

生无亡,无前无后,无圆无方,百亿变化,浩浩荡荡,无形无象,自然空玄,穷之难极,无量无边,无高无下,无倚无偏,无左无右。老君犹处在空寂之外,玄虚之中,视之不见,听之不闻。万物从之而生,历经洪元、混元、太初,老君从虚空而下,教化初民。自此之后直到周初,老君数次下降为师,每次均口吐经文一部,教化君主百姓治理世事。在描述中,《太上老君开天经》不仅把《易》的八卦化生理论和老子的"道生"思想结合起来,用以说明天地的开辟和人类进化过程,而且多次强调老君是据《易》理来启示天下的。它指出混沌既没,九宫继起时:

> 老君下为师,口吐《乾坤经》一部,结其九宫,识名天地。清气为天,
> 浊气为地。从九宫已来,天是阳,地是阴,阳者刚强,远视难睹。在天成
> 象,日月星辰是也;在地成形,五岳四渎是也;在人成生,心肝五脏也。①

这里的"九宫"是指宇宙进化的一个阶段。在《开天经》的设想中,老君口吐《乾坤经》就是为了显示九宫方位(天下九州),让天下人等知道天地阴阳之分。很明显,这部《乾坤经》乃是道教中人虚构的,但这种虚构却又是在知晓《周易》的前提下进行的,因为《乾》《坤》两卦本来就是《周易》中的两个最基本的经卦。《开天经》从《易》的"三才"观念出发来说明天象、地形、人生,在许多地方留下了象数的痕迹,但其要旨仍在说理,尤其是关于天阳、地阴、成象、成形之说实出于韩康伯对《系辞》之注。韩氏谓:

> 象,况日月星辰;形,况山川草木也。悬象运转以成昏明,山泽通气而
> 云行雨施,故"变化见矣"。②

尽管《太上老君开天经》多了"在人成生"方面内容,但在基本精神上则与韩康伯之注一致,而韩氏本宗王弼。故由此上溯《太上老君开天经》在构想老君口吐经文的神话时走到了《易》义理之学的轨道上去了。

作为一部歌颂道教教主的经书,《太上老君开天经》受《易》学义理派的影响,这主要的并不在于它袭取了义理派经师多少现成的文句,而在于夺其魂魄,利用《易》的思想材料以证明老君为《易》之宗主。故而,它在运用王弼"以

---

① 《太上老君开天经》,《道藏》第 34 册第 618 页。
② 楼宇烈:《王弼集校释》下册,北京:中华书局 1980 年版,第 55 页。

无为本"的本体论构想老君施"道力"使"无"化为"有"之后,便进一步把老君说成是历代圣人之本身,甚至连创立八卦的伏羲氏也是由老君分形而成,老君化出伏羲之后又自下降示教。它说:

> 伏羲之时,老君下为师,号曰"无化子",一名郁华子,教示伏羲推旧法,演阴阳,正八方,定八卦,作《元阳经》以教伏羲。以前未有姓字,直(只)有其名……尔时人民朴直,未有五谷,伏羲乃教以张罗网,捕禽兽而食之,皆衣毛茹血,腥臊臭秽,男女无别,不相嫉妒,冬则穴处,夏则巢居。①

按照这种说法,则伏羲画八卦乃是太上老君教的。这当然是道教中人的想象,纯属无稽之谈。不过,从这种神话色彩颇浓的描述中却也可以看出王弼《易》学理派崇尚老子之观念到了道教中人那里是怎样大幅度膨胀起来的发展轨迹。如果说,早先王弼等玄学家们尊崇老子、以老子思想注《易》表现出来的是一种冷静思考的理性精神,那么,这种理性精神经过道教中人的"加热处理",便沸腾了,正像在八卦炉里炼丹一样显得光怪陆离。

## 三、从思想建设、玄法范畴看易学义理派对道教的影响

必须看到,宗教既需要培养信徒情感的宣传,又需要为信徒提供达到理想目标之"可行性"的理论。道教也是这样。所以,当一部分道教中人极力神化老子,把老子说成创立八卦的伏羲之师时,另一部分道教中人则潜心于教理研讨,力图通过说理向世人证明修仙的可能性。相对来说,这些沉思道教学者往往较具有理性的精神(当然这种理性与非宗教信仰的理性是不可同日而语的,因其理性是为支持其信仰服务的)。他们不是把《易》的义理之学转化为神话仙话,而是将之作为支持理想境界之论证的一种基础,或者将之作为一种思维方法运用于教义文章的创作之中。在南北朝以前,具有这种特点的道教典籍当首推《抱朴子内篇》。

《抱朴子内篇》,系葛洪撰。葛洪为两晋道士,字稚川,号抱朴子,丹阳句

---

① 《太上老君开天经》,《道藏》第34册第619页。

容(今属江苏)人,三国吴著名道士葛玄从孙。他雅好神仙导养之法,从葛玄之弟子郑隐受炼丹之术,尝任晋之咨议、参军等职。闻交趾出丹砂,求为句漏令,携子侄至罗浮山炼丹,卒于山中。他一生著作甚多,《抱朴子内篇》是他阐述其宗教哲学和修炼方法的主要著作。

为了向世人展示长生升仙之"理",他化用了《易》义理学派思想体系的部分内容和除述方式,继承了《易》《老》结合的明道法。这尤其表现在"玄""道""有""无"诸范畴的探讨过程中。

葛洪在《畅玄》篇一开始即指出:

> 玄者,自然之始祖,而万殊之大宗也……乾以之高,坤以之卑,云以之行,雨以之施。胞胎元一,范铸两仪,吐纳大始,鼓冶亿类,回旋四七,匠成草昧,缮策灵机,吹嘘四气,函括冲默,舒阐粲尉,抑浊扬清,斟酌河渭,增之不溢,挹之不匮,与之不荣,夺之不瘁。故玄之所在,其乐不穷。玄之所去,器弊神逝。①

大家知道,"玄"本是老子《道德经》中的一个重要范畴。西汉时期,黄老学派的重要代表人物之一扬雄取之而为万法之宗。他作《太玄》,模拟《周易》结构,以老子学说为本,阐述宇宙发生过程与规律。所以司马光以为《周易》与《太玄》大抵道同而法异。在扬雄的《太玄》中,"玄"已成为宇宙的本体:

> 玄者,幽攡万类而不见形者也,资陶虚无而生乎规,搁神明而定摹,通同古今以开类,攡措阴阳而发气。一判一合,天地备矣;天日回行,刚柔接矣;还复其所,终始定矣;一生一死,性命莹矣。②

从扬雄的宇宙发生模式来看,玄乃是宇宙本体,万物发生、存在和变化的总根据,它在暗中施设了万物却不显露自己的身形,正是有了玄这个本体,万物的度数才能定夺,其种类才能获得区分,阴阳才能相感而发气。玄通过阴阳二气的分合运动而使天地成形、昼夜衔接。如此循环往复运动,而有始终之别,万物生长由之而起,性命之道因之而昭。由此可见,玄在扬雄的心目中是一个最根本的范畴。扬雄这种以玄为宗,《易》《老》掺合的本体论给魏晋玄学

---

① 王明:《抱朴子内篇校释》,北京:中华书局1985年版,第1页。
② (汉)扬雄撰,(晋)范望注:《太玄经》,上海古籍出版社1980年版,第78页。

以很大启示。王弼在《道德经》第一章注中说:

> 玄者,冥也,默然无有也,始,母之所出也。不可得而名,故不可言,同名曰玄。而言同谓之玄者,取于不可得而谓之然也……众妙皆从玄而出,故曰"众妙之门"也。①

王弼所说的"始母"即"首"与"终"(尾),亦即无名与有名。无名与有名乃是由玄而出,足见"玄"在王弼哲学中也有根本性的意义。值得注意的是,王弼从庄子、扬雄那里接过来的"玄说"到了郭象的哲学体系中发展为"玄冥"论。郭氏以玄冥为本初也是最高境界,认为万物是从玄冥之境独化出来,他的阐述隐隐约约包含着《周易》太极生两仪,两仪生四象,四象生八卦的发生链条。葛洪的《畅玄》正是在这样的理论背景下撰写的。尽管葛洪对"玄"的功用说明与魏晋玄学家们的说法不同,但他以玄作为宇宙本体并依《易》理来锻铸自己的"宇宙发生模式"则是无疑的,因为行文中所谓"乾以之高,坤以之卑"即表明了这一点。乾与坤乃是《易经》中的父母卦,以象天地,它之所以显示出高低来,就在于有"玄"的作用。这样,"玄"既是乾坤之本,又是乾坤地位赖以确定的依据。这个"玄"与《易经》所说的"太极"颇为相似。可见,葛洪的"畅玄"乃是以老庄玄学为体,以《周易》义理为用。

葛洪不仅"畅玄",而且述道。他在《道意》篇中说:

> 道者,涵乾括坤,其本无名。论其无,则影响犹为有焉;论其有,则万物尚为无焉。隶首不能计其多少,离朱不能察其仿佛,季札晋野竭聪,不能寻其音声乎窈冥之内,猦猣猎疾走,不能迹其兆朕乎宇宙之外,以言乎迩,则周流秋毫而有余焉;以言乎远,则弥纶太虚而不足焉。为声之声,为响之响,为形之形,为影之影,方者得之而静,员者得之而动,降者得之而俯,升者得之以仰,强名为道,已失其真,况复乃千割百判,亿分万析,使其姓号至于无垠,去道辽辽,不亦远哉?②

葛洪这段话用以描述"道"的性状。为了显示其奥妙,葛洪运用了许多上古流传下来的神话传说,如隶首作算数、季札评歌声、师旷辨乐音等等。在他看来,

---

① 楼宇烈:《王弼集校释》上册,北京:中华书局1980年版,第2页。
② 王明:《抱朴子内篇校释》,北京:中华书局1985年版,第170页。

道的特征是很难"捕捉"和描述的。黄帝时代设立算数的隶首不能对道进行数量计算,春秋时善于评判歌唱技巧好坏的季札、晋野用尽聪明不能寻找到出于窈冥之内"道"的音声,在打猎中善于疾走的猸狋不能找到道在宇宙之外的行迹。总而言之,道本身是无形状的,但它的"大用"则又通过种种有形之物而昭示。如果我们把葛洪对道的描述同他对玄的性状之描述加以比较,那就会发现,他所谓的"道"实际上就是"玄"的一种转换,是从不同角度来认识抽象本体的结果。这样,他的"道论"虽然建立在老庄玄学基础上,但最终又通向《易》的大门。你看,玄锻铸了阴阳两仪,使乾坤有了高卑之分,而道也包含着乾坤两个方面。如果说玄与道有什么区分的话,那就是:道系玄未化万物时的本体存在;玄是道化万物时功用集合之宗;在本质上,两者并无区别,正如玄具有《易》太极的特点一样,道也是一个整体,如果以"千割百判,亿分万析"的办法来认识"道",这将是南辕北辙,徒劳无功。如此,则葛洪的"道"又与《易》的整体观不谋而合,而这点恰好也是魏晋易学义理派所特别强调的。

葛洪受义理派的影响还表现在他多次直接引用《周易》言辞来为其修道理想作论据。他在《明本》篇里说:

> 夫所谓道,岂唯养生之事而已乎?《易》曰:立天之道,曰阴与阳,立地之道,曰柔与刚,立人之道,曰仁与义。又曰:《易》有圣人之道四焉,苟非其人,道不虚行。又于治世隆平,则谓之有道,危国乱主,则谓之无道。又坐而论道,谓之三公,国之有道,贫贱者耻焉。凡言道者,上自二仪,下逮万物,莫不由之。但黄老执其本,儒墨治其末耳……道也者,所以陶冶百氏,范畴二仪,胞胎万类,酝酿彝伦者也。①

葛洪本篇的目的在于说明什么才是根本。他指出,世间各个学派对道理解不一样。黄老学派是从根本上掌握道,而儒家与墨家则只是掌握了道的末。为了显示"道"的本体意义以及各家对道认识的区别,葛洪引用了《周易》中的两句话。前者出自《说卦》,后者出自《系辞上》。在《周易》中,立天、立地、立人之道合称"三才"之道,以为八卦重为六十四卦,每卦均具天地人"三才"的象征意义,旨在"顺性命之理";而所谓"圣人之道四焉"指的是"辞、变、象、占",

---

① 王明:《抱朴子内篇校释》,北京:中华书局1985年版,第184—185页。

《易》认为,这四个方面的道理各有作用。"辞"即文辞精义,可以用来指导言论;"变"即变化规律,可以用来指导行动;"象"即卦爻象征,可以用来指导器物之制作;"占"即占筮原理,可以用来卜问决疑。这四方面的道理是十分幽深的,只有探研穷究,融会贯通,才能"感而通天下之故",穷通万物之理。葛洪引用了《周易》中的《说卦》和《系辞上》在于表明"道"的多层次性,从阴阳两仪到天下万物都是由道而出,只有返本归很,才能真正掌握道。葛洪在这里实际上是运用《易》理以明道,在思想路线上仍是义理派的发展。因为以王弼为开创者的《易》学义理派一方面以老庄思想注《易》,另一方面也以《易》义理解老庄之道,王弼对老子《道德经》之注以及郭象的《庄子注》中都隐含着《易》理。经过易学义理派所注释的老庄之道既然成为道教追求的根本目标,葛洪在发掘"道意"之本时引《易》以明之,这就有了理论发展和历史的逻辑必然性。

综上所述,易学义理派对道教产生影响,这不仅具备社会历史条件和思想原因,而且已成为一种客观事实,无论在经典注疏、教主形象塑造上,还是在教理建设上,我们都可以发现道教思想轨迹与易学义理派的相合之处,这个问题的探讨不仅有助于我们加深对易学义理派思想主张之地位作用的认识,而且也有助于我们对道教思想体系内涵的整体把握。在中国文化史上,各种思想流派的形成和发展并不是孤立的,其间的各种复杂关系颇值得深入研究。

(本文原载《中国哲学史研究》1993 年第 2 期,收入本书时略有修订)

# 论道教神仙形象的
# 符号功能及其与易学的关系

　　道教的神仙组合正如宝塔一样,分成许多级别,如果说天上"三清尊神"处于宝塔之顶的话,那么其他众仙则有条不紊地构成了宝塔的"身段"。他们处在不同的级别,代表着修道的不同阶段和需要。不论宝塔式的神仙组织是人为构造的还是在一定历史文化积淀的背景下自然形成的,有一点是不可否认的,那就是被纳进该体系组织中的成员的种种举动往往也打上了易学的符号烙印。

## 一、八卦神的故事及其易学理趣

　　有趣的是,在道教神仙谱系中,"八卦"符号也被赋予人格神的意义。《太上老君中经》卷上说:

　　　　八卦天神下游于人间,宿卫太一,为八方使者,主八节日。上计校定吉凶。乾神,字仲尼,号曰伏羲;坎神,字大曾子;艮神,字照光玉;震神,字小曾子;巽神,字大夏侯;离神,字文昌;坤神,字杨翟,王号曰女娲;兑神,字一世(注:一云字八世)。常以八节之日存念之,其神皆在脐中,令人延年。①

经文告诉人们:天上的八卦神降下人间遨游,在九宫中为太一神君值宿,担任警卫,作为东、西、南、北、东南、东北、西南、西北这八个方位的使者。有了情况,就如实禀报太一神君,以确定吉凶。乾神的名字叫"仲尼",雅号伏羲;坎

---

① 《道藏》第27册第146页。

神的名字叫"大曾子";艮神的名字叫"照光玉";震神的名字叫"小曾子";巽神的名字叫"大夏侯";离神的名字叫"文昌";坤神的名字叫"杨翟",雅号"女娲";兑神的名字叫"一世",或又称"八世"。如果能够经常在八个重要节气的日子——即立春、春分、立夏、夏至、立秋、秋分、立冬、冬至的时刻,凝神存想八卦神,它们就会守护于人的肚脐之中,使人延年益寿。

八卦本来只是代表事物的符号。在《易经》中,八卦并没有什么神秘意义,更谈不上人格化。但在《太上老君中经》中,八卦不仅变成"神",而且与一些历史人物或传说人物的名字等同起来。为了弄清八卦神的来龙去脉,我们有必要对其中所涉及的名字稍加追溯分析。第一,关于"乾神",《太上老君中经》称其字为"仲尼",这实际上是以孔夫子为乾神的人格形象,因为对中国文化略有了解的人都知道,儒家圣人孔夫子之"字"①即是"仲尼"。至于其"号"伏羲,则又表明乾神的形象是多重化的;换一句话来说,乾神的形象符号表现不是单一的。它既可以转换成为孔夫子,亦可以等同于伏羲。在易学传统中,伏羲是八卦的创立者,素有"卦父"之称。《太上老君中经》将伏羲与孔夫子一起尊为乾神,一个代表"字",一个代表"号",本来不同的形象在《乾》卦符号的统摄下被合二而一了。第二,关于"坎神"与"震神",《太上老君中经》说前者字"大曾子",后者字"小曾子",这可能是指曾点与曾参父子。曾点是春秋时代鲁国南武城人,孔夫子之弟子,奉侍孔夫子左右,谈论志向,很受孔子赞赏。那时有个叫季武子的人死了,曾点去吊唁,他靠在门边放声高歌,所以被后人称为"士之狂者"。曾点之子曾参,是孔夫子晚年的弟子。据说他奉养双亲很孝顺。有一次耕作时误断了瓜根。他的父亲非常生气,拿起木杖狠打,以致昏迷,差点儿就去见"阎王"。过了一些时候,他苏醒过来时不仅没有半分埋怨,而且还弹琴放声高唱。孔夫子听到这个消息,就对门人讲:"曾参如果来了不准他入内,本来嘛,父亲用小木棍打,可以不要躲闪,就承受下来;但遇到大木棍,就应该放聪明点,走开躲一躲嘛! 现在,你曾参不躲开,使得当父亲的背上了'不义'的恶名,这还算什么孝呢?"孔夫子的话传到曾参耳朵里,他不敢怠慢,赶紧登门拜访,以忏悔"罪过"。史书称曾参禀性率直且鲁莽,但他

---

① 古代男子二十岁举行冠礼之后根据本名涵义另取的别名叫字。

却立志"日三省其身",每天都反省自己的所作所为三次,悟"一贯之旨"。由于他用心勤苦,后来真的成了"大器",他的言论汇编成《曾子》一书,原有十八篇,今存十篇,收入《大戴礼记》中。又,《史记》说他作《孝经》,现代许多学者以为《孝经》是曾子的弟子或再传弟子所作。由于曾点与曾参都是孔夫子的学生,且有建树,被后人所尊崇。为了区别,遂把曾点叫作"大曾子",曾参叫作"小曾子"。第三,关于"巽神"与"离神",《太上老君中经》称前者字"大夏侯",后者字"文昌",这两位尽管来历很不同,但都与经学科举有密切关联。"大夏侯"即"夏侯胜",是西汉时期著名的"今文《尚书》"学者。据《汉书·儒林传》记载,夏侯胜的祖先夏侯都尉,曾经跟随山东济南张生学习《尚书》,后来他把这套学问传授给了族人,其子夏侯建也获得真传。经学史上,人们把夏侯胜称为"大夏侯",其子夏侯建称为"小夏侯"。至于"文昌",本是星名,共有六星,在斗魁之前。其中的第四星俗称"文曲星",简称"文星"。古代术数家认为此星主文运,文人如果得到文星扶助,则不仅课考可以取得好成绩,而且还能官运亨通。道教因袭了这种星宿信仰,尊称"文昌帝君",认为这是主宰功名、禄位的神,也是学问、科举的守护神。随着时代的更迁,作为星宿信仰的文昌神与民间传说中的梓潼信仰相汇流,于是"文昌"便由星宿神进一步获得人格特征。《华阳国志》卷十记载,梓潼县有神,姓张,本名恶子,一说名亚子,晋朝的时候,他因战斗而死。人们为了纪念他,建庙祭祀。唐宋以来,梓潼神的地位逐步提高,据说他能预知科举命运,所以深受士人崇信。唐玄宗(712—756在位)、唐僖宗(873—888在位)逃难于四川的时候,据说受到梓潼神的护佑。为了感谢梓潼神,便封了"济顺王"的神号。宋朝很重视科举考试,各地建立许多保佑功名利禄的神庙,四川的梓潼庙相传非常"灵验",所以也最风光。当时的士大夫经过梓潼庙,如果刮风下雨,叫作"得风送雨",来日就能够当上"宰相"这样的大官;如果是进士经过得了"风雨",在殿试时就可以"夺魁"中状元。据传王安石幼年曾过梓潼神庙,风雨大作,后来他果然官至丞相。道门中人曾经托梓潼帝降笔①,成《清河内传》一书,叙述梓潼帝君的

① 所谓"降笔"就是神明附于人体并控制人写下诗词格言警语之类的一种形式。这虽然具有浓厚的神秘色彩,但也往往刺激了种种奇思怪想的产生。

"身世"。这部书也采取"转世"的手法,来讲述梓潼帝君的"神迹"。书中称,梓潼帝君本是吴会间人,在周朝的初年就已经降生了,经过了七十三次的变化,但一直都具备士大夫的身份。到了西晋的时候,再度降生。自少年时,他的禀赋与德行便与众不同,有隐遁的念头。晚上,他单独居住在一间屋子,常常发出笑声。人们探视,发现他的身体会发光,邻居感到惊异,纷纷祈祷,灵验的神迹很多。后来,他成仙升天去了,于是,被尊奉为"文昌"。第四,关于"兑神",《太上老君中经》称之"字一世"或"八世",其神明的原型,现已难知其详,可能与汉代京房易学的"八宫卦法"有一定关系。京房将《易经》六十四卦分为八宫,每宫统八卦,依据卦爻变化而确定一世、二世、三世等等,所以"兑神"字"一世"或许是由京房八宫卦变通而来。关于"坤神"之字"杨翟",现在也难于从文献中稽考其来龙去脉;至于其号"女娲",倒是大家比较熟悉的。古传说中,女娲是个补天的女英雄。《淮南子·览冥训》记载,往古的时候,四方毁坏了,九州大地裂开了,天破损了,无法覆盖大地,大地也不能运载万物,烫人的火焰长久不灭,大水泛滥成灾没有停息,猛兽嚼食人民,怪鸟抓捕老弱病残的人。女娲炼了五色石以补损缺的苍天,砍断鳌足来支撑四方极限,杀黑龙来救济冀州,积累芦灰来止水。作为神话传说中的女中豪杰,女娲被当作"坤神",从阴阳性质的归属方面看似乎也还不太离谱。

从以上的考察可以看出,《太上老君中经》所涉八卦神的形象原型比较复杂。其中既有儒家的代表人物,又有星宿信仰与神话传说人物。本来,这是不同系统的,但经过道门中人的整饰,他们都被道教化了,成为八卦神的转换形式,或者说成为八卦神的符号形象变体。

## 二、东王公、西王母的阴阳合和及人体神明

在道教中除了将八卦神化和人格化之外,还运用易学的卦象阴阳理论来整理、改造古老的神话传说,以作为修炼的指导。如杜光庭《墉城集仙录》卷一在《金母元君》一节中说:

> 将欲启迪玄功,生化万物,(大道)先以东华至真之气,化而生木公焉。木公生于碧海之上、苍灵之墟,以生阳和之气,理于东方,亦号曰王公

焉。又以西华至妙之气,化而生金母焉。金母生于神洲伊川,厥姓缑氏,
生而飞翔,以主阴灵之气,理于西方,亦号王母。皆挺质大无毓神玄奥于
西方渺莽之中,分大道醇精之气,结气成形,与东王木公共理二气,而养育
天地,陶钧万物矣。①

这段话大意是讲,在往昔混沌之初,大道准备开启发挥它的玄妙功能以生养化
育万物的时候,首先以东方精华本真妙气凝结化育而生出"木公"。木公就生
长在碧波荡漾的深蓝大海上、东部青气所起的土丘之中,因为能够启运太阳中
和之精气,治理于东方,所以又号称王公。大道又用西部最为质朴神妙的灵气
化生了金母。金母降生在神洲大地的伊河流域。她姓缑氏,一出世就能够飞
行翱翔,因为她主宰幽渺灵秀之气,治理于西方,所以又号称王母。二王都是
卓绝至清,心胸宏阔,凝神合道,遁形莫测。西王母在西方悠渺氤氲之中,分得
大道淳朴精纯之灵气,凝结而成形,和东王公一起共同调理阴阳感通之气,养
育天地,遥控、调节万事万物。

《墉城集仙录》把东王公与西王母说成出于天地之先,这显然是从信仰立
场角度考虑的,但其神话原型却也是有迹可寻的。有关东王公的传说,在《神
异经·东荒经》中言及:东荒山中有个大石室,东王公就住在里面,他比一般
人长得高大,足有一丈长,头发皓白,人形鸟面,还拖着一条老虎的尾巴,载着
一只黑熊,左瞧右看,他长时间一直与一个非常漂亮的女子投壶。有关西王母
的传说,以《山海经》的记载较为典型。该书的《西次三经》及《大荒西经》说,
有座玉山,是西王母居处的地方,西王母的样子像人,长着豹子尾巴、老虎的牙
齿,善于啸叫,她的头发乱如蓬草,顶上戴着玉胜。据说她的身边南面有只三
足青鸟陪伴,为她寻觅食物等。

从古文献看,古人对东王公与西王母大多是分别叙述;当然,也有一些资
料显示,西王母与东王公在先民的心目中具有特殊的关系。如《神异经·中
荒经》说,在昆仑山上,有根铜柱,其高直入云天,这就是所谓的"天柱",它的
周围有三千里,非常圆,好像是用刀削过一样。下边有间"回屋",方广百丈,
仙人九府君在这里治理。回屋上面有只大鸟,名字叫"希有",头朝南方,左边

---

① 《道藏》第18册第168页。

翅膀覆盖着东王公,右边的翅膀覆盖着西王母。它的背上有一小块地方没有长毛,约有一万九千里,西王母每年登上翅膀,与东王公会面。东王公和西王母在希有鸟翅膀覆盖下所处位置的一左一右,这表达了古代先民们对某种对应关系的形象认识。不过,无论是《山海经》还是《神异经》,我们都看不出他们与《易经》阴阳理论有什么"瓜葛"。只是到了道教典籍,西王母与东王公才成为"阴阳"对应的形象符号。这尤其典型地表现在杜光庭的《墉城集仙录》之中。

《墉城集仙录》在采撷了古老传说中的东王公与西王母故事基础上进一步按照易学的阴阳理论来加以改造和重新架构。稍微品味一下杜光庭的描述,我们不难体会到其字里行间所灌注的易学阴阳理趣。东王公与西王母的名称以及所居处的方位、功能都暗藏着阴阳的区别与协和。在这里,"公"与"母"被明确地对应起来,公是阳,母就是阴了;而它们所处的位置,一在东,一在西,这也是阴阳,东属阳,西属阴。他们是分工而又合作的关系;分工表现在东王公是"生阳和之气",而西王母则是"主阴灵之气",这明确地使用了阴阳概念。在《墉城集仙录》作者杜光庭神来之笔下,东王公与西王母故事实际上代表着先民对宇宙化生过程的一种思索,其中所贯穿的是易学"太极"生"两仪"的义理。"大道"可以说就是太极,而东王公与西王母代表了"两仪",一个是"东华至真之气"所生,一个是"西华至妙之气"所生。这两种"气"可以看作是阴阳始气,即易学中的"太阴"(– –)与"太阳"(—)这两者的符号。他们化生之后,虽然各有分工,但并非彼此隔绝,杜光庭说他们"共理二气",此处一个"共"字既表明了东王公与西王母的共事合作关系,又蕴含着宇宙间阴阳感通的秘义,因为他们两位的名称以及所处方位就是阴阳的符号转换。

易学的阴阳卦象作为一种独特的符号语言,由于其高度的抽象性,它们可以被使用者用来指称或描述宇宙间各种各样的事物,无论是天体星宿,还是昆虫走兽,无一不可纳于其间。道门中人在运用易学阴阳象数思想来重新组织或改造古代神话传说的时候也紧紧地把握住这种"代码"的功能,他们把易学阴阳象数的思想灌注于神话传说的叙述过程中,通过这种叙述,神话传说的人物名称、肖像以及故事情节不知不觉地被演变为易学卦象符号的转换形式。从这个角度看,易学象数符号可以当作神话传说的凝练概括的表征,而神话传说则是易学象数符号的具体形象演绎形式。

如果我们进一步考察,还会发现,在道教中那些凝结着易学精神的神仙人物之名称、肖像等又成为人体器官脏腑的符号。例如,《太上老君中经》卷上在描述东王公、西王母的穿着、打扮以及形象特征之后紧接着说"人亦有之"。意思是讲,在人身上也存在着东王公与西王母。作者首先把人体的器官与某些天体星宿相类比,说人的两目就像日月,左目为日,右目为月。"王父(即东王公)在左目,王母(即西王母)在右目,童子在中央,两目等也。"①这有两个方面的含义。其直接的含义是说东王公与西王母就在人的眼睛内;而其潜在的含义就是东王公与西王母乃人的两目之符号代表。

关于神仙人物的符号代表意义,《太上老君中经》在谈到八卦神时也有所体现。该书卷上说:

> 脐者,人之命也。一名中极,一名太渊,一名昆仑,一名特枢,一名五城。五城中有五真人。五城者,五帝也。五城之外有八吏者,八卦神也,并太一为九卿。八卦之外有十二楼者,十二太子,十二大夫也,并三焦神合为二十七大夫。四支(四肢)神为八十一元士。故五城真人主四时上计,八(卦)神主八节日上计,十二大夫主十二月,以晦日上计,月月不得懈怠,即免计上事,常当存念留之。②

作者告诉人们:肚脐是人的命根子,它有好多种名称,或叫中极、太渊,或叫昆仑、特枢,或叫五城。五城当中也就是脐中有五位真人把守。这五城真人就是东西南北中的五帝。五城以外,有八位使者,它们就是八卦神,与太一神君算在一起,合称"九卿"。八卦以外,有十二座楼房,里面住着十二太子和十二位大夫,它们和"三焦神"③合起来共为二十七位大夫。四肢神共有八十一位元士。居住于肚脐中和周围的"神明"各有分工。五城真人负责每一个季度(四时即四季)向上禀报情况;而八卦神则负责在八个主要节气向上禀报情况;十

---

① 《道藏》第 27 册第 142 页。
② 《道藏》第 27 册第 145 页。
③ 按,"三焦"本是传统中医学的术语,它指的是食道、胃、肠子等部分及其生理功能。《难经·荣卫三焦三十一难》称:"三焦者,水谷之道路,气之所终始也。上焦者,在心下下膈,在胃口上,主内而不出……中焦者,在胃中脘,不上不下,主腐热水谷……下焦者,膀胱上口,主分别清浊,主出而不内以传导也。"

二大夫负责每个月向上禀报情况,通常是在"晦日"即每一个月的最后一天禀报,月月如此,不敢怠慢。如果希望神明不向上反映坏消息,就应勤苦修善,存想真神,挽留它们好好地住在里边。

《太上老君中经》所描述的"脐中景观"有三点值得注意:第一,以肚脐为中心,展示出一个场面浩大的"人体宫殿建筑群"与配套的名山胜境;第二,每一个建筑体都有相应的神明居住——五帝、九卿、太子、大夫、元士,彼此之间具有上下级的关系;第三,人体宫殿中的神明主要是负责对人的言行举止进行监督并根据所察看到的信息向上汇报。人如果希望健康长寿有福气和禄位,就应该检点自己的行动,多做好事不做坏事。这种人体宫殿以及神明监督的观念在现代人看来似乎很离奇甚至荒唐可笑;但是,从符号学的立场看,却又是具有独特意义的。在这里,诸如八卦神之类神明都可以看作是人体器官的符号,这种神仙符号是易学卦象符号的具体延伸。在道教经书中,有关体内神明的描述并非一闪而过,而是反复大量出现,从魏晋时期流传的《黄庭经》以及陶弘景的《登真隐诀》到唐宋以来的许许多多法事仪式著述都可以发现这种现象,由此可见,神仙人物形象不仅成为易学象数符号的转换形式,而且在道门中人的生活中具有特殊的作用。

## 三、神仙体系的梳理与易学符号的对应结构

道教神仙既然已经分布到人体器官之中,这就进一步显示了其成员数量的众多。随着时代的推移,道教神仙人物确是呈增加趋势的。一方面是各种民间信仰的地方性神明由于受到朝廷敕封而升格为道教神仙,进入其仙谱;另一方面是道门中人的修炼活动与仪式的展开都需要种种相应的神明。于是,神仙的户口簿就不断有了新的注册登记者。神仙人物不断增加,造成洋洋大观的局面,这对道门中人而言,当然是显得很有气派的事。正如一个小分队发展成一个集团军,置身其中的人都会感到一种"团队"声威,道门中人从神仙队伍的壮大中得到了修道热情的激发。但是,随之而来的问题是,如何将集团军式的道教神仙进行"编队"以免造成混乱?为此,道门中的许多杰出人物付出了种种努力,"设计"了诸多方案。由于具体师承不同,各个教派所认可的

神仙等级坐次略有区别。经过较长时间的发展,道教走向全国。因此,各个组织派别的神仙也开始"合拢",形成了比较公认的神仙体系。在神明坐次的具体排列上,不同的经书自然具有不同和特色,但在观念上却与道门中人关于宇宙生成演化过程的认识有密切的关系。

道教关于宇宙生成演化过程的认识也是不尽一致的。故而,所提出的"模式"也各有千秋。如《净明忠孝全书》卷二《净明道法说》言及:"道生一,一生两仪,两仪生四象,四象生八卦。"这基本是沿袭《周易·系辞》的说法;另外,有些道学者提出,其演化模式应当是遵循"太易——太初——太始——太素——太极"的"气化"过程。与这些认识相联系,道教神仙谱系便有相应的整饰。不过,最有影响的则是"天、地、人"的三统结构。如《老君太上虚无自然本起经》说:"天为一,地为二,人为三。"①在早期道书《太平经》中也提出了天地人三统的序列,认为"元气恍惚自然,共凝成一,名为天也,分而生阴而成地,名为二也;因为上天下地,阴阳相合施生人,名为三也。三统共生,长养凡物……"②意思是说:在元气混沌模糊的自然状态,共同凝聚成一,这就叫作"天";由天再分出阴气凝结成"地",这就叫作"二";由于阳气上升为天,阴气下降为地,阴阳互相感应,而施养生成人,这就叫作"三"。天地人构成三统序列,共同生化,长久地养育宇宙万物。《老君太上虚无自然本起经》与《太平经》的说法尽管有所不同,但其精神实质却是一致的。这种"三统"的结构模式是道门中人对宇宙认识的一种结果,在道教思想史上具有十分重大的影响。所以,有关神仙体系问题,自然也就渗透了这种观念。我们看到,道门中人根据三统模式来安排神仙坐次在进入鼎盛期中是具有相当的典型意义的。因此,神仙系统也就形成了天地人的三统结构。

1. 在天上有所谓的天神,如我们在前面所叙及的三清尊神以及九天上帝、九天真王等等。《云笈七籤》卷三说:三清境"别有左右中三宫,宫别有仙王、仙公、仙卿、仙伯、仙大夫"③,三清境下的"九天""三十二天"或"三十六天"也有各种"天中之尊、天中之神、天中大魔、天中之灵"。这些神明分布于

---

① 《云笈七籤》卷十,《道藏》第22册第59页。
② 王明:《太平经合校》,中华书局1960年版,第305页。
③ 《道藏》第22册第13页。

各天的十面八方,有"无极无量品"。在道教的精神世界中,天空中所存在的日月星辰等物体也一样配置各种神灵,如《道门定制》卷三中详细罗列了北斗、南斗、东斗、西斗、中斗及紫微垣、太微垣、天市垣、四方二十八宿等星座中的四百多位星神的名单。天中各种主神,还有自己的配偶和属僚。这样就使得天神的队伍更加庞大了。

2. 与天界相对应,道教认为"地"也有不同的层次。如《三洞道士居山修炼科》说,上有九天,下有九地。这"九地"按照层次划分,名为色润地、刚色地、石脂色泽地、润泽地、金粟泽地、金刚铁泽地、水制泽地、大风泽地、洞渊无色纲维地。九地又分四层,每一层都有一位"土皇"统治,总共有三十六位土皇。《云笈七籤》列有这三十六位土皇的姓氏名讳,看起来古里古怪。与此同时,道教还认为地下有地狱鬼府,是不能成仙的人死后的去处。其中也有管理地狱事务的大大小小的鬼神。"地狱"到底在哪里? 道门中人的说法也不一致,有说在泰山,有说在河海。陶弘景所编的《真诰》一书则以"罗丰山"为地狱所在。该书指出,罗丰山有六个地狱之宫,也就是纣绝阴天宫、泰煞谅事宗天宫、明晨耐犯武城天宫、恬昭罪气天宫、宗灵七非天宫、敢司连宛屡天宫。每一宫都有一位"大魔王"主事。它们的职司也各不相同。

3. 再看人的生存领域——大气层所包裹的地球。这既是一般凡人所居处的地方,又是地仙活动的场所。只是地上神仙居处于清幽之处,通过各种修炼而达到延年益寿的神仙在他们还没有升上天界的时候往往在名山海岛中自由自在地活动着。像《史记》所描述的三神山据说乃居住着许多道行很高的地仙。后来的《十三洲三岛记》更为世人描绘了种种地仙的生活情趣。在该书作者的笔下,海上仙岛,仙人数以万计,有的甚至是十万、数十万。

道教关于天地人三界神仙鬼魔的种种描绘当然带有虚幻性质,但其划分与坐次安排却又体现了信仰者关于宇宙事物的相互对应认识。虽然,神仙系列背后所蕴藏的内容是相当复杂的;但其思想基础则是易学的卦爻对应观念。《易经》六十四卦,以八卦为"经卦",每卦三爻(三画),即代表天地人;其扩展形态的"重卦"(六画卦)依然具备了天地人的符号代码意义,只是这种"代码"获得了"升级"。在《易经》中,卦爻不仅处于变动之中,而且还互相对应。六爻的对应关系,具体地说,就是初爻与四爻对应,二爻与五爻对应,三爻与上爻对应。这种对应实际上就是客观世界天地人三方面互相对应的符号象征。追溯一下易学卦爻符号对应内容,再看看道教的大三重架构神仙体系安排,就能够比较清楚地明白彼此之间的内在联系。

法国美学家雅克·马利坦(Jacques Maritain)在论及宗教与艺术的关系时说:"东方艺术主要同祭仪的客体领域有关;它离开人转而去寻找由事物所暗示出的圣物和反映在世间的圣貌——一个与人、超人,有时甚至是残忍的非人无关的神秘世界。在这样一种艺术中,怎能不潜藏着偶像崇拜呢?只要上帝尚未以凡身呈现,只要无形之物尚未显形,人就会倾向于与种种无形的力一道去崇拜那些征象与事物,他是通过他的艺术把这些征象和事物带到自己的眼中来的;为使自己的艺术成为更深奥的艺术,或为赋予自己的艺术以更强的象征性的'善',人更倾向于这样干。"①马利坦这段话指出了两个重要事实:一是东方艺术的起源与宗教神秘世界有密切关联;二是这种艺术体现了人对代表神秘力量的征象与事物的崇拜。这些所谓"征象"或"事物"作为有形的东西是无形的上帝的显示。他所指的"征象"或受崇拜的"事物"实际上也具有符号的意蕴,它们是无形的"神"在艺术中的符号表现。这种情况,我们从道教的神仙崇拜中也可以得到印证。道教中的众多神仙一方面体现了其信仰者对神秘力量的崇拜,另一方面则架起了通往艺术之宫的长廊。在这个长廊中,崇拜者以斑斓多姿的符号来表达他们的内心愿望,神仙不仅是富有特色的思想符号,而且与古老的易学卦象符号存在着互相转换的理趣。从某种角度看,道教的神仙体系显得庞杂甚至还有一些让人感到混乱,但这种五光十色的神仙体系架构或许也具备了神秘艺术符号的魅力。

[本文原载曹展硕主编:《易学纵横录》(第二辑),香港中国哲学文化1999年版,收入本书时略有修订]

---

① [法]雅克·马利坦著:《艺术与诗中的创造性直觉》,刘有元、罗选民等译,生活·读书·新知三联书店1991年版,第22页。

# 太上老君形象与易学的关系

道门中人从老子《道德经》中找到了信仰的核心概念——道,并以之作为信仰理论的基石,那么老子其人被奉为教主,这就具备了逻辑的必然性。所以,我们看到,自东汉制度道教产生之后,有关老子的故事便逐步流行起来。当然,道门中人对老子故事的讲述并非严格地按照最初的"版本",而是不断进行加工——即引进或创造新的"语言形象符号",从而丰富新内容。这样,老子形象也就不断高大起来。随着其形象的逐步丰满和嬗变,老子不仅以教主的身份出现在信仰者面前,而且放射出环环的易学符号辉光。

## 一、外貌奇特的太上老君天生有卦象

道教教主太上老君以老子为原型。有关老子的生平事迹,先秦典籍只有零星记载。西汉史学家司马迁所作《史记》列有老子传,尽管其中也记述了当时的一些逸闻趣事;但总的来看,文字还比较质朴,并没有什么神化的明显迹象。到了东汉明帝(58年—75年在位)、章帝(76年—88年在位)之际,益州太守王阜作《老子圣母碑》,老子与"道"便被划上等号,他在《碑》中说:"老子者,道也。"老子就是道,道就是老子。东汉末期,五斗米道首领张道陵所述《老子想尔注》,第一次以"太上老君"为老子之号,认为太上老君是道之一气"聚形"的结果:"一散形为气,聚形为太上老君"。这样,太上老君便具备了能够显形与散形的功能。《老子想尔注》这种描述已具有比较明显的神异成分;不过,我们尚看不出太上老君的形象与易学有直接的关系。

到了晋代的葛洪所作《抱朴子内篇》,太上老君身上的易学符号光环开始显现出来。葛洪说：

> 老君真形者,思之,姓李,名聃,字伯阳,身长九尺,黄色,鸟喙,隆鼻,秀眉长五寸,耳长七寸,额有三理上下彻,足有八卦,以神龟为床,金楼玉堂,白银为阶,五色云为衣,重叠之冠……①

葛洪这段话讲得比较明白,先说太上老君的姓氏名字,再说他的身高、肤色、长相特征。在葛洪的笔下,太上老君的易学符号光环是从脚下开始的,你看这位教主的脚天然地具备了"八卦"之象。这一"神笔"相当重要,因为有"八卦"在,就会千变万化,它为日后道门中人描述太上老君的各种神变奏响了"序曲"。另外,葛洪用以描述太上老君相貌的那些数字也有一番奥妙。易学讲"象数",有"象"必有"数",数存而象也在其中,两者是不可分离的。具体地讲,一、三、五、七、九的数乃是易学"天数"的化用。易学以一、三、五、七、九这五个奇数为天数,以二、四、六、八、十这五个偶数为地数。天地相合,乾坤会通,而成九宫之状。八卦之本是太极,太极函阴阳,阴阳相感而八卦生。八卦代表八个方位,会于中而成九宫。九宫之数实以一、三、五、七、九为框架,所谓老君真形在整体上是太极,在数为一。一生二,二生三,这个"三"即是易学的天、地、人"三才之道"。老君总括"三才",所以其额有"三理"。三生万物,各具木火土金水五行,所以老君"秀眉长五寸";五行各有阴阳,阴阳运化,天生地成,所以《易》数变,一变而为七,老君"耳长七寸";七变而为九,所以老君身高九尺②。由此,葛洪所描绘的老君真形的那些数字是有一番深刻的符号寄托的。

葛洪将易学象数引入老君形象塑造的方式给后来的道门中人以很大的启迪。两晋南北朝以来,有关太上老君的神化故事更加丰富起来,而他身上闪烁的易学符号光环也更为亮丽。其鲜明特色就在于这些神化故事的作者紧紧抓住易学的变化观,来描绘太上老君的种种神变。汇聚太上老君"神变圣迹"的

---

① 王明:《抱朴子内篇校释》,北京:中华书局1985年版,第273页。
② 关于"一变而为七"的数变序列见于道家典籍《列子·天瑞篇》:"易变而为一,一变而为七,七变而为九。九变者,究也,乃复变而为一。一者,形变之始也,清轻者上为天,浊重气者下为地,冲和气者为人;故天地含精,万物化生。"其根本即易学之"洛书九宫"数理,详见本书第六章分析。

《混元圣纪》卷一引乐朋《龟记》说,商朝高宗帝统领国家到了极盛的时期,周文王演《易》之初,"神光流入于琼胎,瑞彩结成于金骨。不拆不副,诞弥于八十馀龄。"①按照这个说法,太上老君托胎为人是周文王推演《易》道之时那神奇的卦爻符号辉光照射的结果,其骨骼是由卦象瑞彩凝结而成。这种特殊的禀赋,使得他怀胎的时间比一般凡人都长,他整整81年才降生。——这当然只是神话而已,但却从根本上使太上老君具备了易学的符号"胎记"。用一个今日人们流行的语汇来说,太上老君托胎孕育的时候已经"天然"地获得了易学符号的"遗传基因"。这是多么巧妙的一笔!历史学家读了这样的文字,恐怕要视为天方夜谭;然而,如果明了这是一种"彩虹"式的信仰语言,那么冷静下来之后细心思索一番反而会有另一种感受。无论情况如何,呈现在我们眼前的太上老君降生神话确已输入了易学符号的"灵光"。道门中人以神话的口吻来讲述太上老君的"故事",我们完全可以把这当作一种思想符号的链条,这个链条既有某些历史的印记,又有道门中人的新构想,而在其构想过程中,易学的象数充当了"思想符号"的要素。

## 二、太上老君胸怀易学法宝,开天辟地,降世传经

道门中人不仅在追溯太上老君托胎降生的神迹时赋予其易学符号的"胎记",而且根据《易经》的变卦原理,构想了许许多多老君变化故事。早在西晋时期所流行的《老子化胡经》便已充满了这种神变意味。该书相传为西晋道士王浮所作,原仅有1卷,后世道徒加以增益,遂衍化成11卷。今《道藏》中未见有该书,唯敦煌遗书中有其残本。所谓"胡"原指中国北部与西部少数民族,《老子化胡经》中的"胡"则指中国境外的西北部国家。该书讲述老子(即太上老君)西游化为胡人成佛的故事,以为"佛"乃道教之弟子。《经》中收有《老君十六变词》18首,以歌谣的形式叙说太上老君的神变。作品暗合易学八卦方位,太上老君每次神变出现在不同的方位。如一变时,太上老君生在南方,他出胎堕地就能"独坐";二变时,生在西岳汉川,寄身于王家修炼精神;三

---

① 《道藏》第17册第785页。

变时,变形易体出现在北方,他合口诵经声琅琅,"配名天地厚阴阳";四变时,身在东方,身形满是青葱之色,白日母抱夜乘龙,上天入地登虚空;五变时,生在中都居于洛川,在中央修福十万年……开头这五变,太上老君分别降生五方之位,合于易学中的"五行"之理,因为木火土金水五行作为具有悠久历史的极稳定的符号,它们在易学中实际上可以转换成五方,八卦排列正是以五方为本,加上东南、东北、西南、西北。可见,《老子化胡经》中的太上老君降生故事乃是以阴阳五行八卦方位为其基本框架的。

当然,《老子化胡经》不仅仅是讲述太上老君的降生神话,更重要的是运用易学的变化观来表达老君千变万化的功能。《周易·系辞下》说:"《易》之为书也,不可远。为道也屡迁,变动不居,周流六虚,上下无常,刚柔相易,不可为典要,唯变所适。"意思是讲:《周易》这部书,是不可以稍微离开的。它所体现的道理在于事物的推移变迁,因为卦象符号本身就是变动不定的,阴阳周转流动于各卦的六爻之间,上下往来没有定准,阳刚与阴柔互相改换位置,不可把静止当作典式法则,只有变化才是它适宜的方向。《系辞下传》所谓"六虚"指的就是卦象符号中的六爻之位,六爻包括三个层次,代表天地人。所以,六爻的符号变化实际上就是天地人三界客观事物变化的缩影。《老子化胡经》以《易经》为准则,塑造了一个善于变化的老君形象。这种居无定所的"神通"实在是易学阴阳爻位变动不居之理的故事转化形态。

《老子化胡经》所见太上老君的变化功能与"神通"在《太上老君开天经》得到了充实与发展,而其易学符号光环也更为鲜明。

《太上老君开天经》收入《道藏》之中,不题撰人姓名。《广弘明集》卷十二《决对傅奕废佛僧事》提及该书为张泮所作。疑该书初起于唐前佛道斗争之中,至唐初而广为流行。顾名思义,《太上老君开天经》就是叙述道教教主开天辟地的故事。该书称,未有天地之先,无阴无阳,无日无月,无晶无光,无东无西,无青无黄,无南无北,无柔无刚,无覆无载,无坏无藏,无贤无圣,无忠无良,无去无来,无生无亡,无前无后,无圆无方,百亿变化,浩浩荡荡,无形无象,自然空玄,穷之难极,无量无边,无高无下,无奇无偏,无左无右。老君好像处于空玄寂寥之外,玄虚之中,看也看不见,听也听不着他的声音。万物跟随在他的后面而生长,经历了"洪元""混元""太初"①的旅程,老君从虚空降下来,教化初民。自此以后,直到周朝之初,老君数次下降为师,每次都口吐经文一部,教化君主百姓治理世事。在描述中,《太上老君开天经》不仅把《易》的八卦化生理论和老子的"道生"思想结合起来,用以说明天地的开辟和人类进化过程,而且多次强调太上老君是根据《易》理来启示天下的。它说:混沌的宇宙发展阶段消失以后,就到了"九宫"时代,"九宫之时,老君下为师,口吐《乾坤经》一部,结其九宫,识名天地。清气为天,浊气为地。从九宫已来,天是阳,地是阴。阳者刚强,远视难睹。在天成象,日月星辰是也;在地成形,五岳四渎是也;在人成生,心肝五脏是也。"②这里的"九宫"是指宇宙进化的一个阶段。在《太上老君开天经》的设想中,老君口吐《乾坤经》就是为了显示九宫方位(天下九州的一种符号表示),让天下人都知道天地阴阳之分。很明显,这部《乾坤经》乃是作者虚构的,但这种虚构却又是在知晓易学的前提下进行的,因为《乾》《坤》卦本来就是《周易》中的两个最基本的卦。《太上老君开天经》从《易》的"三才"观念出发来说明天象、地形、人生,在许多地方留下了象数的痕迹,但其要旨仍在说理,尤其是关于天阳、地阴、成象、成形之说乃是由易学义理派③演化而来。义理派主要传人韩康伯注释《周易·系辞传》的时候说:"象,况日月星辰;形,况山川草木也。悬象运转以成昏明,山泽通气而云行雨施,故'变化见矣'。"④意思是讲,易学中的卦象本是用以表征日月星辰的;而卦爻之形则是"摹写"自然界山川草木而得;天空中"悬挂"着的日月星辰因其运转而有了白天与黑夜的变迁;山川水泽互相通气,聚集成云,散则成雨,云行而雨降,所以变化就显示出来了。对照一下可知,《太上老君开天经》关于天地人的形状描述与韩康伯的义理精神是基本一致的。

作为一部歌颂道教教主的经书,《太上老君开天经》对易学的"化用",还表现在它充分发挥信仰精神的想像力,以太上老君为大《易》之宗主,在描述

---

① 这里的"洪元""混元""太初"是道门中人构想出来的宇宙时间运程的"年号"。
② 《道藏》第34册第618页。
③ 义理派是形成于魏晋时期的一个易学流派,该派以王弼为代表,因其释《易》以"义理"为本,所以称作义理派。
④ 楼宇烈:《王弼集校释》下册,北京:中华书局1980年版,第535页。

了太上老君依"道力"使"无"化为"有",即开辟了天地之后,作者进一步把太上老君描绘成历代圣人之"原身",甚至连创立八卦的伏羲氏也是由太上老君分形变化而成,太上老君化出伏羲之后又自下降示教。它说:

> 伏羲之时,老君下为师,号曰"无化子",一名郁华子,教示伏羲推旧法,演阴阳,正八方,定八卦,作《元阳经》以教伏羲,以前未有姓字,直(只)有其名……人民朴直,未有五谷,伏羲乃教以张罗网,捕禽兽而食之,皆衣毛茹血,腥臊臭秽,男女无别,不相嫉妒,冬则穴处,夏则巢居。①

《太上老君开天经》认为,伏羲的时代,太上老君降下来作为老师,他的道号称作"无化子",又名"郁华子",太上老君教导启示伏羲推究旧时的历法,演播阴阳之理,规正八个基本方位,确定了八卦的形态,还写了一部杰作叫作《元阳经》来教化伏羲。在这以前,人们不知道什么叫"姓"与"字"②,只有名称,人民都很朴实率直,也没有五谷,伏羲教人民使用罗网来捕捉飞禽走兽以作食用。那时,人们身上披着禽兽的毛皮,喝它们的血解渴,臭腥味很浓,男女不知道分别,也不会互相猜疑嫉妒,冬天住在洞穴里面,夏天则以树巢为居处。

按照这种说法,则伏羲画八卦乃是太上老君教的,这当然是道门中人的想象;不过,从其神话性描述中却也可以看出易学卦象符号与义理到了道门中人手中是如何地灵活应用。固然,这种应用在今日看来显得荒诞不经,但其背后却潜藏着中国先民们力图解释宇宙发生的愿望。如果说它对易学的应用已远远超出儒家所允许的范围,那么太上老君开天辟地的离奇情节则又富有艺术的精神,这不仅可以使人联想起"盘古开天"的古老神话,而且为后人展示了一条探索天地起源的心灵轨迹,留下了艺术创作的原始素材。

## 三、太上老君教化世人:善恶感应的易学底蕴

在道门中人的心目中,太上老君既然是千变万化的教主,他也就能够审时

---

① 《道藏》第34册第619页。
② "字"的象形义是女人产子,后用以表示别名。古代男子二十而冠,另外根据名的意义再取别名就称"字"。

度势,在各个关键时刻传经教化世人。所以,在道教经书中,冠以太上老君所说的经文数以千计。如《太上老君内观经》《太上老君戒经》《太上老君说了心经》《太上老君说常清静妙经》等等。正如那些描述太上老君神化故事的作品一样,冠以太上老君之名的经书也大量采撷易学的内容。本节将侧重介绍一下易学的感应观念在太上老君所"说"经书中的深刻影响。

"感应"一词见于《周易·咸卦》。其《彖传》说:

> 咸,感也;柔上而刚下,二气感应以相与。止而说,男下女,是以亨,利
> 贞,取女吉也。天地感而万物化生,圣人感人心而天下和平。观其所感,
> 而天地万物之情可见矣。

《彖传》指出:咸,意味着互相交感;这是因为《咸》卦六爻的符号,上三爻构成阴性的"兑",属柔;下三爻构成阳性的"艮",属刚。阴柔往上而阳刚往下,阴阳二气互相交感有应,彼此谐调。阴阳交感有节制,所以双方都感到喜悦,这正如男子依礼向女子求婚,故而获得亨通,有利于持守正道,娶而为妻是吉利的。推而广之,天地阴阳也像男女一样,互相交感而使万物孕育生长,圣人效法天地,以诚信感化人心,带来天下的昌顺和平。观察"交感"的显象,就可以明白天地万物的情状了。

《易》之《咸》卦从卦象构成入手来讲感应,接着又以男女相悦为例,证明天地之间感应的客观存在。《周易》的感应思想不仅表现在《咸》卦中,其实在其他许多场合也多有论及。如《系辞上传》所谓"感而遂通天下之故"以及"出其言善,则千里之外应之"等都是对感应思想的不同表达。

《周易》的感应思想在中国历史上具有不可磨灭的影响。汉代经学家董仲舒把这种思想进一步发展为"天人感应"论,并且深深地渗透于道教思想体系中。曾经有人把道教思想总括为"感应"二字,这虽然过于绝对化,但也从一个侧面反映了"感应"观念在道教中的重要地位。托以太上老君之名的经书在很多方面讲到感应的问题,而最为突出的要算《太上感应篇》。该书简称《感应篇》,作者目前尚无定论。《宋史·艺文志》曾著录有李昌龄《感应篇》一卷。《郡斋读书附志》存夹江隐者李昌龄所编《太上感应篇》8卷。《正统道藏》太清部收《太上感应篇》30卷,题"李昌龄传,郑清之赞"。可见此书宋代已出。开初可能篇幅不大,后人加以衍扩注疏,遂致内容庞杂起来。

乾隆二十年(1755年),杨志道说:"《太上感应篇》与《易》《尚书》相表里,不可不心解而力行之者。"①他认为《感应篇》与《易经》《尚书》在内容上具有非常密切的渊源关系,指出"《感应篇》可作《易》《尚书》读"②,把该书当作《易》和《尚书》的注解。按照这个说法,则《太上感应篇》在字里行间乃包含着易学与《尚书》的微言大义;换一句话来讲,《太上感应篇》实际上是《易经》与《尚书》思想符号的推演、印证与引申。这里,我们姑且暂不讨论《感应篇》与《尚书》的关系问题,单从它与《易》的内在关联看,则杨志道所说并非虚言。

《太上感应篇》本文并不长,大约只有1200余字。该书一开始,就提出了人们所最为关心的"祸福"来由问题,指出"祸福无门,惟人自召;善恶之报,如影随形"。在《感应篇》作者看来,祸与福的大门并没有自动敞开,只是由于人的行为不同才召来不同的结果;是福是祸,全在于自己的思想举动;而人所从事的活动或善或恶,都一定会有报应,这就好像影子随着物形移动一样。这四句话共十六字,所以后人称之为"十六字纲领"。

善恶报应的思想,在中国古代可谓由来已久。《周易·坤》卦之《象传》称:"积善之家,必有馀庆;积不善之家,必有馀殃。"意思是说,修积善行的家族,一定会留下足够的庆祥;累计恶行的家族,必然留下许多祸殃。人的善恶观念与举动为什么会引起庆祥或祸殃?依先民的想法,就在于大千世界存在着感应的法则。《太上感应篇》将这种思想与人的生存与寿命联结起来,认为一个人如果想长生多福,就应该行善积德。为了具体地向世人证明祸福因果之报应,作者列举了二十多条善行,一百多条恶行,以供人们参照。它要求人们"不履邪径,不欺暗室,积德累功,慈心于物,忠孝友悌,正己化人。"也就是不要走歪门邪道,不要干一些见不得人的坏勾当,而应该不断地累积善德功行,具备广大的爱心,尽忠报国,孝敬父母,兄弟亲和,朋友义气,端正自己的行为并且教化他人。文中还说,要能够成为天仙,就必须做1300件善事;要当地仙,至少也得做三百件善事。《太上感应篇》认为

---

① 《太上感应篇·旧序》,北京:燕山出版社1996年版,第7页。
② 《太上感应篇·旧序》,北京:燕山出版社1996年版,第7页。

人体中有一种监督人的行为的神明,叫作"三尸神",时刻都在记录人的恶行,每每于庚申日上升向天曹(天上的一种神明职司)反映情况,或者下地府,告人罪状,叙说人差错,由此定夺人的寿命长短和祸福的多寡。强调人修善行应从一念起处下功夫,劝戒世人诸恶莫作,众善奉行,积善天必然降福,行恶天必定降祸。

《太上感应篇》问世以来,在社会上广为流行,不少帝王给予很大的扶植,出资刻印推广。一些文人也卷入其中,大加注疏发挥。清光绪六年(1880),出版了《太上感应篇图说》,此书由黄正元作注,毛金兰增补。以文配图,且附有大量的善恶感应故事,很有可读性。这部书在序言之后,首列《感应篇》本文,再依照类型分为《孝篇》《悌篇》《忠篇》《信篇》《礼篇》《义篇》《廉篇》《耻篇》。每篇有若干节,每节内有原文、注、案、附诸部分。

黄正元注本《太上感应篇图说》所搜集善恶感应故事,有正有反。其中有许多方面在今天看来依然有一定的教育意义。如揭露封建社会某些贪官污吏亵渎法令受贿的情形便具备了超越时代的价值:

> 爱富嫌贫欲悔姻,有财只说可通神。
>
> 贪官曲直凭颠倒,己女谁知两嫁人。

在这首诗之后,附有一个故事:荆州府推官魏钊,因有公事到夷陵道去。他路过一个镇子。镇中有一位绅士名叫徐少卿,梦见神仙对他说:"明天晚上,推官魏钊将经过该镇,此人前程远大,以后会到吏部做官,应当预先认识他为好。"第二天,魏钊果然到镇上来了,徐少卿对魏钊十分热情,虔诚招待。可是,几天以后,徐少卿又梦见神仙说:"只可惜魏钊到夷陵道,接受了四百金的贿赂,故意开脱了一个囚犯,使死去的人蒙受冤屈,上帝已经减免了他的官禄爵位,寿命也不会太久。"徐少卿后来访问了有关人士,其真实情况果然与梦境相同。不久,魏钊回家办理父母的丧事,一年之后也死了。家中的产业也慢慢衰落下去。——这个事例尽管渗透着因果报应的意味,但却成了"感应"思想的"形象符号表征"。就揭露受贿枉法的角度而言这无疑是令人深思的。

总的来说,从《太上感应篇》到后来的种种注释传本,从皇帝和皇后大臣们的助印经书行为到毛金兰增补的《太上感应篇图说》,我们可以看到易学的感应思想经过了几千年,由于道门中人的发挥和文人们的宣传,大大发展起来。《太上感应篇》是托名太上老君而行世的。因此,该书所包含的"感应"观念实际上又使太上老君身上的易学符号光环更加醒目了。

(本文原载《福建宗教》1999 年第 4 期,收入本书时略作修改)

# "十洲构想"与易学

    "十洲构想"是中国古代地域划分的一种基本设想,它首见于南北朝盛行的《十洲记》一书中。

    "十洲构想"的提出,不仅意味着"九州"观念的发展,而且也表现了易学原理在地理博物体志怪书中的深刻影响。

    "十洲构想"的内容是复杂的。本文拟从来源和特点上探讨这种构想与《易》的密切关系。

一

    在先秦及汉代,海内的地域一般以"九州"概称之。"九州"划分,据传说,始于夏禹。后来的许多先秦古籍沿用这种地理划分的方式。《吕氏春秋》卷十三《有始览》曰:

> 天地有始,天微以成,地塞以形。天地合和,生之大经也,以寒暑日月昼夜知之,以殊形殊能异宜说之。夫物合而成,离而生。知合知成,知离知生,则天地平矣。平也者,皆当察其情,处其形。
>
> 天有九野,地有九州,土有九山,山有九塞,泽有九薮……①

《吕氏春秋》对"九州"的解释乃是从天地相应的思辨理论出发的,所指九州包括豫州、冀州、青州、徐州、扬州、荆州、雍州、幽州、兖州。《淮南子》对《吕氏春秋》的"九州"观念有了进一步的发挥。该书之《坠形训》称:

> 天地之间,九州八极。……何谓九州?东南神州曰农土,正南次州曰

---

① 许维遹撰,梁运华整理:《吕氏春秋集释》,北京:中华书局 2010 年版,第 276 页。

沃土,西南戎州曰滔土,正西弇州曰并土,正中冀州曰中土,西北台州曰肥土,正北泲州曰成土,东北薄州曰隐土,正东阳州曰申土。①

《坠形训》的"九州"划分与《吕氏春秋》有所不同:一是各州名称不同;二是配上了方位概念;三是辅以十二地支的说明。根据高诱的解释,东南农土之位在辰,农神后稷之所经纬,故称"农土";正南沃土之位在午,因稼穑盛张,故称"沃土";西南滔土之位在申,因五谷成大,故曰"滔";正西并土之位在酉,因百谷成熟,故曰"并",谓其大盛而收;中土为四方之主,故云中……可见,九州的方位与十二地支的环形排列是吻合的。从"酉西午南"的配合看,这种图式乃是以子午定南北,卯酉界东西。约成书于秦汉间的《黄帝内经》也出现了"九州"的概念。《素问·生气通天论第三》云:

> 黄帝曰:夫自古通天者,生之本,本于阴阳。天地之间,六合之内,其九州、九窍、五藏、十二节,皆通乎天气。②

《内经》所说的"九州"虽无详释,但根据天地人相应的观念以论九州事则无疑,其源盖本于先秦的地域划分。由上述可见,以"九州"来区分中国古大陆及确定方位所在,已为世所通用。

《十洲记》之"十洲"构想与原有之"九州"在划分对象上是不同的。"洲"乃水中之"州"。古常以山水泛称陆地河海。"洲"属水,即是对河海区域的命指,相当于《山海经》的"海"。"十洲"包括了祖洲、瀛洲、玄洲、炎洲、长洲、元洲、流洲、生洲、凤麟洲、聚窟洲以及方丈、蓬丘、昆仑三大海岛神山(按聚窟洲条又附有沧海岛;方丈山条又附有扶桑岛,所以海中仙岛之数实有五)。从其名称上看,十洲与九州无一相涉;然而,从其构想的基础看,二者则又相通。划分陆地的九州方位本出于《易·说卦》"万物出乎震"一段。按《说卦》之方位,震居东方,巽居东南,离居南方,坤居西南,兑居正西,乾居西北,坎居正北,艮居东北。八方会于"中",而有"九"数。考《大戴礼记·明堂篇》曰:

> 明堂者,古有之也。凡九室……二、九、四、七、五、三、六、一、八。③

这便是所谓"九宫"格局。又《史记·封禅书》载公玉带上黄帝时"明堂

---

① 何宁:《淮南子集释》,北京:中华书局1998年版,第311—313页。
② 龙伯坚、龙式昭编著:《黄帝内经集解·素问》,天津科学技术出版社2004年版,第45页。
③ (清)王聘珍:《大戴礼记解诂》,《十三经注疏》,北京:中华书局1983年版,第149—150页。

图",有楼从西南入,命曰"昆仑",天子由此而入以拜祠上帝,故九室起自西南。西南坤位为阴,象征西王母所治之昆仑。故《十洲记》"崐崘"(同昆仑)条有:"乃处玄风于西极,坐王母于坤乡,昆吾镇于流泽,扶桑植于碧津"①的描述。这里的"西极"并不是正西,而是"西"与"南"之交界极限,是"坤乡"的同义词。《十洲记》于"坤乡"一句之后还谈到:

> 离合火精,而光兽生于炎野;坎总众阴,是以仙都宅于海岛。艮位名山,蓬山镇于寅丑;巽体元女,养巨木于长洲。高风鼓于群龙之位,畅灵符于瑕丘。②

按战国秦汉时期的"五行学",火象征南面、夏天的炎热气候;水象征北面、冬天的寒冷气候。火阳而水阴。故"离合火精""坎总众阴"即是以《离》《坎》二卦确定南北坐标位置。这说明《十洲记》的基本构想也是以《易·说卦》所记载的被后人尊为"文王卦位"的方位次序为原始模式,与陆地九州划分的方位观是一致的。再看十二地支的应用:《十洲记》将《艮》卦配于寅丑之位,如果以子置于正北,依顺时针运行,寅丑即布于东北之方,艮卦之宫。至于"元女"巽所在"长洲",据《十洲记》"长洲"条所定,在南海辰巳之地。同样按顺时针运行,以正北为十二地支的起点,依同等间隔分布于一环形中,"辰巳"即居于东南巽宫。可知《十洲记》十二地支的应用与九州划分中的地支卦位配合也是不矛盾的,是同一模式在陆海区域划分中的应用。抓住了这一根本,就不难明白各洲之位置了。

## 二

《十洲记》所载各洲位置如下:

祖洲,近在东海之中,地方 500 里,去西岸 7 万里;瀛洲,在东海中,地方 4000 里,大抵是对会稽,去西岸 70 万里;玄洲,在北海之中,戌亥之地,(地)方 7200 里,去南岸 36 万里;炎洲,在南海中,地方 2000 里,去北海 9 万里;长洲,

---

① 《道藏》第 11 册第 53 页。
② 《道藏》第 11 册第 53—54 页。

在南海辰巳之地,地方 5000 里,去岸 25 万里;元洲,在北海中,地方 3000 里,去南岸 10 万里;流洲,在西海中,地方 3000 里,去东岸 19 万里;生洲,在东海丑寅之间,接蓬莱 17 万里,地方 2500 里,去西岸 23 万里;凤麟洲,在西海之中央,地方 1500 里;聚窟洲,在西海中申未之地,地方 3000 里,北接昆仑 26 万里,去东岸 24 万里;方丈洲,在东海中心,西南东北岸正对方丈,方圆各 5000里;蓬丘(即蓬莱山),对东海之东北岸,周回 5000 里;昆仑,在西海之戌地,北海之亥地,地方 1 万里,去岸 13 万里。

根据这些记载及上引有关卦位的那些叙述,李丰楙曾画出一个"十洲结构的复原图"。

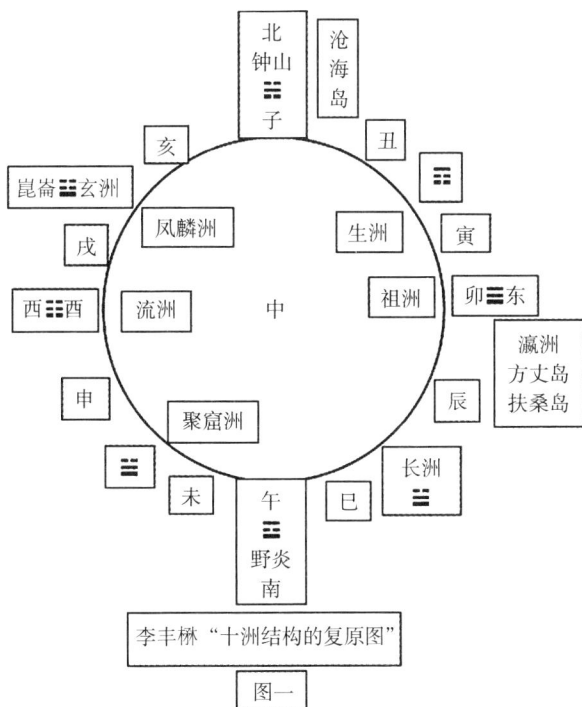

李丰楙"十洲结构的复原图"

图一

以图释义,不可否认,是弄通内容的一种好方法,可以使要表达的意思一目了然,有助于阅读。不过,李丰楙所作"十洲结构的复原图",依我的愚见,似有不妥之处。

首先是东、西、南、北的方位坐向问题。李丰楙将东安于右,西位于左,北居于上,南位于下。这是按照现代作图习惯来画的。尽管有所谓"科学"性,却不符合古人之设想。古人在方位表达上尽管有各种各样的名称概念,如青龙、白虎、朱雀、玄武,二十八星宿等等,但关于东西南北排列位置,因约定俗成,恰好与今天的地图坐标相反,即东居左,西居右,上为南,下为北。道教虽然许多方面同以儒家为代表的思维形式不同,但东西南北的定位则与先秦的方位学一致。《道藏》中所收图案繁多,找不到一个东右西左的方位次序。《十洲记》即出于道教中人之手,在这一点上恐不会一反常态。其次是十二地支的起点及排列问题。这是比较复杂的,确实不像东西南北的次序排列那么统一,而是有不同起点和组合方式的。如《周易参同契》谓:"子南午北,互为纲纪,一九之数,终而复始"。[①] 这是以正南作为起点的十二地支分布法。元代道士陈致虚曾把这种分布法称作"颠倒五行"[②];而最通行的排列法是以正北作为十二地支的起点。正北,从二十四节气之顺序来看,与"冬至"合,子布于此,表示一阳始生,以后阳气逐步增长,到了"午",阳气大盛。阳极生阴,故由午以后阴生。至亥,则阴大盛。这种"子北午南"的分布法十分常见,如《坎离交变十二卦循环升降图》《既济未济反对一升一降图》《屯蒙二卦反对一升一降图》《金丹鼎器药物火候万殊一本之图》等均属此类。李丰楙所作图的地支分布虽然将"子"置于北,但由于东西南北位置搞颠倒,故十二地支的终始位置自然也是颠倒的。其三是关于卦的排列和位置问题。李氏图将《乾》《坤》二卦置于东西两端,这可能是由"处玄风于西极,坐王母于坤乡"一语推想出来的。如前所述,"西极"并不是正西。这样,把坤置于正西就不符合原意了。或许李丰楙是为了让坤的位置同西王母所治之昆仑能统一起来。其实,即使坤安于正西也并不能与昆仑位置重合,因按李氏图,离戌亥尚差 45 度。再说李氏图卦爻符号也有错误,如聚窟洲与长洲所在之卦,依李氏法,为巽、兑。其符号本为☴、☱,但李氏均作☶,这就使不同方位相混淆了。

---

① (五代)彭晓:《周易参同契分章通真义·刚柔迭兴章第七十七》,周全彬点校:《参同集注——万古丹经王〈周易参同契〉注解集成》,北京:宗教文化出版社 2013 年版,第 141 页。

② 按五行与方位排列法,乃东木、西金、南火、北水、中土。火居南为阳,水居北为阴。以南为十二地支之始,则午位于北。丹家运气行功,以子为一阳始生,右转左旋,则子降于午位,午升于子位,火下降而水上升,水火既济而丹生,故云:"颠倒五行"。

# 三

经过初步揣摩,我也作一"十洲复原图"如下:

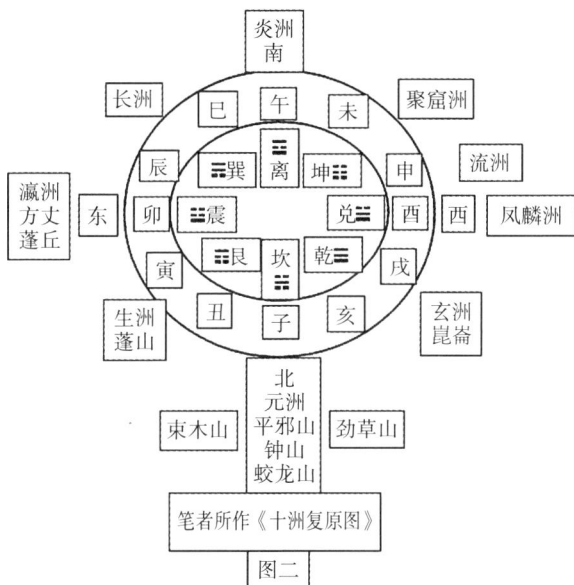

笔者所作《十洲复原图》

图二

　　从这个复原图可以看出,其卦序符合《易·说卦》的方位原理,即易学家所称"后天卦位"或"文王八卦方位"之原理。它体现了阴阳的错综变化,离合升降。按古《易》家言,所谓乾坤生"六子":震、坎、艮本阴体,而阳来交之,巽、离、兑本阳体,而阴来交之。故阴中有阳,阳中有阴。① 后天之卦,得一阴者为三女;得一阳者为三男。震居东方,为万物出生之地;巽居东南,为万物洁齐之地;坤居西南,为万物致养之地;兑居正西,为物之所"说"(说通悦,收成之欢悦);乾居西北,为阴阳之相薄;坎居正北,为万物之所归;艮居东北,所以成终成始。②《十洲记》正是以这种卦位配十二地支,而形成一个宇宙环形轮廓。

---

① 　震、坎、艮本阴体,巽、离、兑本阳体,是就光天之性而言的;由先天变后天,则卦爻阴多者其性阳,卦爻阳多者其性阴。可知卦性亦处于动态之中。

② 　参见清胡渭:《易图明辨》卷八《后天之学》。

居于环形中间的为陆地,绕于环形之外的为四海。十洲布于四海之中。这个模式正体现了陆海之象的统一性。必须指出,在十洲构想中,卦象、地支与方位的配合是一种有序化、理想化的图式。在这个图式中,各洲与卦象、地支所指示的方位基本上是吻合的,但决不可机械地把卦的位置同地支的表示完全等同起来。比如昆仑山,按地支的表示,处于西北部戌亥之位,但卦位却居西南。如果单从字面上看,就会造成西王母由西南跑到西北的误会。实际上,卦象更重要的是要揭示其性质。读中国古图,切不可把它与实物完全等同起来,它经过了一番思辨过程。

十洲构想,还有一点应当说明的是何以从"九州"之"九"进到"十洲"之"十"? 这牵涉到"天地之数"问题。《易·系辞上》云:

> 天一,地二;天三,地四;天五,地六;天七,地八;天九,地十。

这里把一至十之数分为奇偶、阴阳,两两相对,以明天地之对待流行。"九州"之"九"本出天数,故《吕氏春秋》称"天有九野"。九州盖与"地法天"之思想有关,亦合于"文王卦位"之数。"文王卦位",其数终于九,故有九宫格局,九州之分。"十洲"之"十"盖出于地数,为阴。《十洲记》作者取地数"十"为洲之总,或许是出于"海为阴,取阴数之极"的考虑。

[本文原载《福建论坛》(人文社会科学版)1990 年第 1 期,收入本书时略有修订]

# 道教灯仪与易学关系考论

"灯仪"是道教科仪的重要类型。顾名思义,"灯仪"就是以"灯"为基本象征物的一种仪式。出于情境条件的考虑,灯仪一般在日落之后举行。这可能与上古时期的"火祭"有一定关系。从《周礼》等书来看,"火祭"在先秦即已有之。"火"的发现给人的生活质量以极大的提升,这不仅表现于食物的熟化处理问题上,而且表现于照明方面。随着历史之推移,燃物生火的照明为"点灯"所代替。大约在秦汉时期,朝廷宫室已有灯的使用。两晋南北朝,灯开始进入士大夫和庶民的生活之中。梁朝的江淹作《灯赋》描写了"大王之灯"的气派:"铜华金擎,错质镂形,碧为云气,玉为仙灵,双流为枝,艳帐充庭。"虽是寥寥数笔,却将灯的质地、形貌写得惟妙惟肖。而行文中的"云气""仙灵"则已谱下了灯的神化基调。在灯的逐步普及背景下,道教把灯具引入了斋醮坛场之中。后来,又逐步演变成为一种相对独立的科仪形式。南朝刘宋陆修静撰有《洞玄灵宝斋说光烛戒罚灯祝愿仪》一书,记述该等仪式的实施步骤及有关职事。就书名而论,作者以"光烛戒罚灯"作为限定语,可知灯在该等仪式中乃具有中心的作用。隋唐以来,灯仪日趋成熟,此类著述也日渐增多。

道教灯仪所涉及的内容相当广泛,但稽考其结构模式及其蕴含之义理则与传统易学有相当密切之关系。关于这个问题,陈耀庭先生在《道教科仪和易理》一文中已有论及(载陈鼓应主编:《道家文化研究》第十一辑)。鉴于此类文献众多,且内涵复杂,故笔者觉得尚有进一步考察的必要。经数月之梳理,以成此文。现发表于此,以就教于方家。

# 一、"玉皇十七慈光灯仪"与易学九、八之数

《道藏》内有《玉皇十七慈光灯仪》一卷。从表面上,我们看不出该书引用什么易学的词句或者应用易学的卦象,但其中有许多数字却值得注意。如书名所出现的"十七"即很引人思考;而在行文中,"十七"也是个关键词。该书在入坛式念诵《净天地咒》之后即写道:

> 伏以然灯十七,依稀开报喜之花。光透九重,仿佛觐通明之殿。首凭一炷,上格丛霄,具位臣姓某谨与麦道某整合坛众等,诚惶诚恐,稽首顿首,遥望天阶,百拜上启。①

> 信礼无上大罗天十七慈光玉皇天尊。臣众等志心皈命大神通光玉皇大天尊、玄穹高上帝、圣父天尊、圣母元君、玉光会中一切诸灵官。②

这里所引两段话都是以向神灵禀告的口吻说的。前一段大概是讲:我等信众身体前倾,点燃了十七盏灯,隐隐约约可以看到灯芯暴开了"报喜"的花,而光辉透过了九重天,我等仿佛看见了天上的通明殿。将一炷香举过头顶,让这徐徐而上的香烟升到茫茫重霄,我等众人以对神灵无限景仰而又敬畏的心情,低下头颅,行跪拜之礼。遥望着天庭的阶梯,以百拜的礼仪向上天启奏。至于第二段则依照一般的禀告格式念诵诸位神灵的名称尊号。我们可以不必对那些神号作太多的纠缠。应该着重考索的就是"十七"的问题。初看起来,"十七"似乎没有什么值得考究的深意;但若考虑到卦象所具有的数码意义,那就不能将这个数字轻轻放过。

关于数字"十七"的符号意义与易学的关系问题,日本学者已经注意到了。其研究的起因是《圣德太子十七条宪法》。这是在推古天皇十二年(604年)甲子之年由圣德太子所制定的法律条文。这部宪法在日本社会历史上具有比较重要的影响,故而许多学者都力图探究其背后的思想根基。冈田正之博士从中国自古所谓"辛酉为革命,甲子为革令"的文化背景渊源方面进行追

---

① 《道藏》第3册第555页。
② 《道藏》第3册第556页。

溯,认为太子宪法"十七"这个数字是"阳"和"阴"的极数、"九"和"八"之和。冈田正之的考察还以《管子·五行》篇关于"天道以九制,地理以八制"及《楚辞·天问》唱天的"圆则九重,孰管度之"和唱地的"八柱何当,东南何亏"的资料加以佐证。对此,吉野裕子提出她的分析,指出《管子》及其他文献的"天九地八"的思想根底乃是"天圆地方"之思想理念,《淮南子·天文训》以"天"的分野为九,以地之东西南北为"四极",再加上"四隅"即东南、东北、西南、西北就成了"八极"。在这个基础上,吉野裕子又联系《五行大义》中所见到的"九"与"八"的数来发掘《圣德太子十七条宪法》的传统思想根基,从易学的"四象"关系进行考究。

日本学者关于《圣德太子十七条宪法》的易理象数底蕴之分析,对于我们考察《玉皇十七慈光灯仪》有关"十七"的问题是有裨益的。可以说,两者的"十七"乃是遵循着一种共同的理念,只是《玉皇十七慈光灯仪》是将"十七"隶属于神灵中的"皇"。我们知道,日本的宗教文化在很大程度上受到中国的影响,这一点日本学者也是承认的。故而循着这样的思路,我们来追溯"十七"中的易学象数理趣也就有了一致的方向。

按《五行大义》的作者是萧吉,他与梁武帝萧衍同族。所著《五行大义》今存于《知不足斋丛书》内。他在这本书卷一里说:"凡万物之始,莫不始于无,而后有。是故《易》有太极,是生两仪,两仪生四序(即四象),四序,生之所生也。有万物滋繁,然后万物生成也。"在说了一通"阴阳相感"的道理之后,萧吉就进入了"四序(四象)"之数"七八九六"关系的阐述:"变化之源者,详于蓍策之数也。七八为静,九六为动。阳动而进,变七之九,象气息也,明阳道之舒,以象君德,唱始不休,无所届后,去极一等,而犹进之,故九动也。阴动而退,变八之六,象气消也,以明臣法有所届后,唱和而已。"①萧吉所说的两段话,前一段只是根据老子《道德经》"有生于无"和《易传》的"太极"论阐述万物生成之理数。至于后一段则进一步阐释了七八九六的变化关系。在他看来,变化的根源可以在《易经》占卜的筮法上得到显示,"七"与"八"都是主静,而"九"与"六"则主动。阳爻动就进展,从七进到了九,这是气的生长的数

---

① (隋)萧吉:《五行大义》,台北:武陵出版社1983年影印版,第42、43页。

码写照,表明阳性的品德的舒张,象征君主之大德,像主歌手在前边领唱,联绵不断,这种情形到了极端的时候就发生变动了,所以"九"是代表变动的"爻";至于"阴"动就要退,变八为六,这是气的衰退的写照,以表明臣子应该居后,好比在演唱中只是配合而已。这段论述的最为重要的言论,概括其思想,那就是"九"代表着"进",而"八"乃代表着"退",一进一退,就可以达到"和合"的妙境。

萧吉"四序"之论是符合易学《河图》数理的。《河图》以《易》天地之数一至十排列于东西南北中,七居于南方,九居于西方,八居于东方,六居于北方。阳数顺行,所以由七进而为九;阴数逆行,所以由八退而为六。由此可见,所谓"九"与"八"实际上是"进"与"退"相统一的数码代号。另外,从"后天八卦"的数来看,老阳之数"九"代表《乾》卦,而少阴"八"则代表《兑》卦。《乾》卦为天,《兑》卦为泽,天在上,泽在下,构成一个《履》卦。该卦之《象》说:"上天下泽,履;君子以辩上下,定民志。"意思是说:上面是天,下面为泽,象征循礼节而行,尊卑有序。小心行走,君子因此辨别上下的名分,端正百姓的心志。既然,《履》卦象征着行走,光的照射从根本上说也是"行走",所以《玉皇十七慈光灯仪》中的"十七"蕴含着一个《履》卦,而"灯仪"是一种轨范,具备端正行为的数理。从这种数码的转换看,我们把《玉皇十七慈光灯仪》的"十七"看作是"老阳"与"少阴"的和合,进而看作是《履》卦精神的宗教仪式化,应该是有其逻辑根据的。

## 二、"上清十一大曜灯仪"与易学五六之数

在灯仪著述中,《上清十一大曜灯仪》也涉及许多数码,这当中最重要的当然要算是书名的"十一"了。这个数码符号与易学象数有什么关系呢? 让我们先就这部书的一些情况作点介绍,然后再来加以追溯。

这部灯仪基本上是以骈文体裁写的。书一开始,作者即表示诚惶诚恐,"焚香"上奏"三清上圣,十极高真"以及其他众多星宿,诸如南斗六司星君、北斗九皇星君等。他对天上星宿之排列等状况进行了一番颇富想象力的描绘之后,称:"横目宜观于经纬,反身自省于行藏,循还十有二宫,列布十有一曜。"意思是说:抬头放眼遥望,应该审度天地经线与纬线,回过头来再观察自己的

身体,省悟内脏五行所属,明白元气在黄道十二宫中的运行轨迹,以及所排列的十一颗耀眼的星宿。作者以"天人合一"的思维方式提出了太空与人体之中的"十一大曜"。

这十一大曜指的是什么呢?从仪式所祭祷之神明大体可知。在仪式进行过程中,醮祭之人所"志心皈命"的首先是:日宫太阳帝君、日宫神仙诸灵官;接下来是月宫太阴皇君、月宫神仙诸灵官;东方木德岁星重华星君、诸灵官;南方火德荧惑执法星君、诸灵官;西方金德太白天皓星君、诸灵官;北方水德辰星伺晨星君、诸灵官;中央土德地侯镇星真君、诸灵官;交初建星罗皓隐曜星君、诸灵官;交终神尾坠星计都星君、诸灵官;天一紫气道曜星君、诸灵官;太一月孛彗星星君、诸灵官。由此可知,十一大曜实际上就是日月与五行之星加上四颗相对较小一点或说名气尚没有那么大的星体,合为十一。

"十一"这个数字看起来好像很偶然似的,其实也有易学的内在根据。其最根本的就是《周易·系辞上》的"天五、地六"之说。《系辞上》在阐述天地数码的时候又说:"天数五,地数五。五位相得而各有合。"所谓"天数五"指的是自然数中的奇数,即一、三、五、七、九,分别称作天一、天三、天五、天七、天九;而"地数五"指的是自然数中的偶数,即二、四、六、八、十,分别称作地二、地四、地六、地八、地十。"五位相得而各有合"指的是自然数中的五个奇数与五个偶数的相配相得。孔颖达《周易正义》指出:"若天一与地六相得,合为水;地二与天七相得,合为火;天三与地八相得,合为木;地四与天九相得,合为金;天五与地十相得,合为土也。"根据孔颖达的这个解释,天地之数的"相合"又可以转换成——水火木金土——五行的符号代码。这就是说,天地之数又可以同五行配合起来。另外,又有"天生、地成"的中合之说。在五个奇数里,"五"居于一、三与七、九之中;在五个偶数里,"六"居于二、四与八、十之中。居中在易学以及中国医学等传统文化的诸多分支都是很重要的概念。如《周易参同契》说:"处中以制外,数在律历纪。"意即居处在中间以便控制外边的情况,这个数就体现在律历的纪元里面。古人认为,天作地合,以中为美。《汉书·律历志》说:

> 《传》(即《易传》)曰:天五、地六,数之常也。天有六气,降生五味。夫五六者,天地之中合。而民所受以生也。故日有六甲,辰有五子,十一而天地之道毕。

《汉书·律历志》一开始就引述《周易·系辞上》"天五、地六"的说法,并应用于天文学。它认为,《系辞上》所举这两个数,乃属于天地的"常数"。在天有"六气",就是风、热、暑、火、燥、寒之行气,因为有了这六种"气",所以才降生了"五味"。五与六,是天地中合之数。天下百姓凭借天地运气的中合而降生。所以,日的计算有甲子、甲戌、甲申、甲午、甲辰、甲寅,合称"六甲";时辰有甲子、丙子、戊子、庚子、壬子,合称"五子"。五、六的配合所得"十一"之数,就是天地的中合,天地运气周转,天干地支流行,因五、六汇合而成"十一",天地运行就完成了它的周期,这就叫作"毕"。中国古代将易学天五、地六之中合而成"十一"的运气理论在传统医学中也有所体现。如《黄帝素问·六微旨大论》的一段对话就是证据:

> 帝曰:六气应五行之变何如?
>
> 岐伯曰:位有终始,气有初中,上下不同,求之亦异也。
>
> 帝曰:求之奈何?
>
> 岐伯曰:天气始于甲,地气始于子,子甲相合,名曰岁立,谨候其时,气可以期。[①]

《六微旨大论》所谈论的是祖国医学中的"五运六气"学说。所谓"五运六气"概括而言,就是将十个"天干"(阴阳五对)与十二"地支"(阴阳六对)错综起来,以阴阳五行的对立统一和相生相克的"制化"次序所建立的一套时空描述模式,就时间而言,其根本的程序就是"六十"大数的周转,俗称"六十花甲"。引文中的黄帝所问的"六气"乃是"时气"。按照高士宗的解释"六气"主时,乃以正月朔旦平旦为起始,一气主六十日,初之气为厥阴,属风木;二之气为少阴,属君火;三之气为太阴,属湿土;四之气为少阳,属相火;五之气为阳明,属燥金;终之气为太阳,属寒水。可见,"六气"与木火土金水是配合在一起的。这就是黄帝为什么提出"六气应五行之变"的由来。在"五运六气"的运转过程中,天气是从"甲"开始,地气是从"子"开始。"子"与"甲"相合也就是阴阳相合,而其根本所在即《周易》"天五、地六"之相合。这里,所蕴含的依然是"十一"这个十分奥妙的"数"。

---

① (清)高士宗:《黄帝素问直解》,北京:科学技术文献出版社1980版,第468页。

通过易学"天五、地六"与中国传统文化的错综关系的考察，我们再回头看看《上清十一大曜灯仪》，就可以比较明朗地发现"十一大曜"所代表的"运气"思想底蕴。该《灯仪》作者在对"十一大曜"叙说祷祝之辞时往往涉及与"五运六气"有关的干支名称，如"皈命北方水德辰星伺晨星君"一节的赞咏辞曰："嵯峨当丑位，壬癸洞灵君。"为什么说"当丑位"呢？这是因为古代用十二地支来表示 1 年的 12 个月或者木星围绕太阳运转的周期。天文学的观察结果显示，木星的运行是与太阳及月亮相反的，即自西向东运动。为了测试时间的刻度，假定一个相反运动的行星，由东向西运行，这就形成了十二地支的刻度。那个假定行星的神化名称叫"太岁"，依照不同的时间刻度而有"十二太岁"。古代以十二地支中的"寅"表示木星与太岁相分离的关节点。这样，也就有正月"建寅"的计算方式。而正月是春天的开始，换一句话来说，就是春天开始于寅；由此反溯，则前一年的十二月就是"丑"，那是最冷的时期。所以，《上清十一大曜灯仪》说"嵯峨当丑位"。为什么又说"壬癸洞灵君"呢？这是以十天干在一方中的表示。十天干分纳于四面八方，壬癸就在北方，所以北方的伺晨星君才有"壬癸洞灵君"的别称。在易学上，北方是坎卦之位，于五行为水，而壬癸乃是水德的另一种符号代码。在这里，易学中的阴阳五行理论、术数学中的"运气"模式与天文星象符号已会通起来了。

假如从数码符号与卦象的互相转换角度再作进一步探究，还可以发掘出《上清十一大曜灯仪》有关"十一"的神奇数字更深的意义。易学的"四营"之数七八九六，以"六"为老阴，所应者坤，坤土本是居中，而易学《河图》之中数为五，故坤土在中乃五、六相合，虽然处"虚"而有罗络始终、旺于四季之妙用。关于这一点，我们从"中央土德地侯镇星真君诸灵官"的祭祷与赞咏辞里就可以窥见其一二。其辞曰：

> 高穹符戊己，藏陆起重霄。五行尊暗曜，九土见光朝。甘石①推留伏②，陶巫算沈寥。上仙垂雨露，伏地礼空遥。③

---

① 按，此之甘石指战国时代齐国人甘德与魏国人石申，此二人都精通天文学。
② 留伏："留"当是指昴星，《史记·律书》有"北至于留"之语可证。"伏"，藏匿的意思，"推留伏"意即推算昴星之出人。
③ 《道藏》第 3 册第 564 页。

"高穹"又称"穹苍",就是苍天的意思。因为此《灯仪》是专为祭祷"十一大曜"而设,"大曜"本在天上,所以有"高穹"之称。文中"戊己"是居中的天干,象征土位。这个"中土"在中国古代的易学理论里本是很受看重又很神秘的场所。宋代俞琰说:

> 《易》曰:天一、地二、天三、地四、天五、地六、天七、地八、天九、地十。乃五行生成之数也。子华子云:天地之大数莫过乎五,莫中乎五。盖五为土数,位居中央,合北方水一则成六,合南方火二则成七,合东方木三则成八,合西方金四则成九。九者,数之极也。天下之数,至九而止。以九言之,五居一二三四六七八九之中,实为中数也。数本无十,所谓土之成数十者,乃北方之一、南方之二、东方之三、西方之四聚于中,辏而成十也。故以中央之五散于四方而成六七八九,则水火木金皆赖土而成。若以四方之一二三四归于中央而成十,则水火木金皆返本还元而会于土中也。①

俞琰这段话实际上是根据易学《河图》数码排列而论的,把它化成表格就比较容易明白了:

| 五行 | 木 | 火 | 土 | 金 | 水 |
|------|------|------|------|------|------|
| 五方 | 东 | 南 | 中 | 西 | 北 |
| 天地之数 | 天三地八 | 地二天七 | 虚五与十 | 地四天九 | 天一地六 |
| 天干 | 甲乙 | 丙丁 | 戊己 | 庚辛 | 壬癸 |

俞琰指出,《易》中的天一至地十乃是"五行"生成的数码表示。他引用了子华子的话来进一步说明"中五"的重要地位。大体的意思包括几个方面:(1)在一至九的数里,"五"是居中的。(2)"十"是一、二、三、四汇拢于中央(相加)而成的。(3)以中央的"五"同四方的一、二、三、四相加就产生出六、七、八、九。(4)因为六、七、八、九是水火木金的成数,而中土"五"数既然又在生成六、七、八、九的过程中起了核心作用,那么四方的水火木金也就是依赖土而成了。(5)至于一、二、三、四汇拢于中央,则又可以看作是水火木金归返于中土。这样一来,中土也就非同小可了。

---

① (宋)俞琰:《周易参同契发挥》卷四,《道藏》第20册第217页。

由于中土五数的重要性，古人即"虚"之而不轻用，以显示其更大的"妙用"。宋代道士雷思齐《易图通变》卷一说："四象无五，八卦无十。"雷思齐所讲的"四象"，当然是太阴、太阳、少阴、少阳，其数为七八九六，所以说"无五"；而八卦之数一、二、三、四、六、七、八、九，所以说"无十"。朱熹在谈论《河图》与《洛书》之数时也说："河图自天一至地十，积数凡五十有五，而其五十者，皆因五而后得，故五虚中，若无所为，而实乃五十之所以为五十也。洛书自一、五行至九，五福积数凡四十有五，而其四十者，亦皆因五而后得，故五亦虚中，若无所为，而实乃四十之所以为四十也。"①在朱熹看来，不论是河图还是洛书，"五"都是处中虚而"无为"的。所谓"虚"并非绝对的不存在，而"无为"也不是绝对的无所作为，而只是不乱为而已。

以"虚中"的立场审视一下上引《上清十一大曜灯仪》的祭祷颂词就会发现某些奥秘。为什么说"藏陆起重霄"呢？"陆"与"六"可以对转。"藏陆"就是"藏六"。地六与天五相合于"中"，因中虚而藏；但这种"藏"并不是绝对化为"乌有"，表面看来是虚而不存，但实际上它又在显示其无穷妙用，"起重霄"一个"起"字就有露峥嵘的意蕴。再说"五行尊暗曜"一句的"暗曜"为什么以"暗"字来形容呢？这是因为居"中虚"，而虚就是"暗"；尽管如此，这个"暗曜"却比那些明曜更为重要，所以在五行之中它是备受尊崇的，"尊"字的用意即在于此。从卦象来看，《上清十一大曜灯仪》所"尊"的暗曜就是"坤"。因为《坤》卦代表老阴之数六，居中则与五合。"坤厚载物，德合无疆"（《周易·坤卦·象》），因此受到景仰。这从其叙说功德之辞里可以得到进一步之佐证："臣闻位正中央，时当长夏。仁义礼智主乎信，斯有望于成功；视听言貌正于心，乃不入于他道。茂著黄帝之德，是为天子之星。"②意思是：臣下听说，地侯镇星的位置恰在正中央，相匹配的时间是一年中的"长夏"③。仁义礼智这四种品行必须依靠"信"德来保证，只有这样，才能够在谋事过程中获得成功；视听言貌必须建立在正心的基础上，才能合乎自然的礼节，不至于误入歧途。伟大的地侯镇星，光显黄帝的德行，这是象征天子的星宿啊！——可以看出，

---

① （宋）朱熹：《晦庵先生朱文公文集》卷五十一《答董叔重》。
② 《道藏》第3册第563页下。
③ 古人以五行匹配四季，缺一，所以想出"长夏"来弥补，于是春夏秋冬加上长夏就合于五数。

这段叙说功德之辞所贯穿的一个基本精神就是"中正",它符合易学"崇土尚黄"理趣。所谓"位正中央"即是以坤土居中为基础而言的,与之匹配的"五常"(仁义礼智信)是"信",而所谓"黄帝之德"则更直接地显示了对居中黄土的崇尚。这一切都是因"天五、地六"而来的。《上清十一大曜灯仪》虽然篇幅不长,但稽考起来却也可以发掘出许多有趣的易学象数符号密码。

## 三、"五斗星君灯仪"的易学象数义旨

道教继承了上古星宿崇拜的宗教传统,尤其是东西南北中五方星斗更受到神化,并且配上了相应的崇拜仪式。五斗星君灯仪正是此等崇拜仪式的具体表现。考诸《道藏》,有关五方星斗的典籍为数不少,其中有一部分属于灯仪实施操作的文献。稍加考察也可以体会到这些文献所具有的易学卦象符号理趣。尤其是南斗、北斗灯仪更是如此。例如《南斗延寿灯仪》所述:

> 臣闻:天赋群灵均有自然之命,人怀大本,咸归皇极之中。养之者,福谢尤生;败之者,祸因自起。永惟宰制,实在司存。倘有祈禳,宜修诚恳。今辰,某洗心涤虑,养气存神,凤怀慕道之心,仰畏在天之像,谨依科式,建立星坛,备香花灯烛之仪,归命明德宫大圣南斗天府司命上相镇国真君。伏愿天诱其衷,咸迪绵长之道,物蒙其泽,悉无短折之凶。①

灯仪作者这样向南斗星君叙说心仪:我听说,上天赋予芸芸众生形体,都具备了自然的命数;人缅怀天地的根本,最终都归到了"皇极"的中央。能够以"皇极"为根基来保养性命,那就可以使福祥增进;倘若使皇极衰败,祸乱就从自己的身上发生了。所以,应该使自己的行为永远符合于皇极所昭示的轨迹,这一切就在天地司化之中续存。假如举行祈禳祭祷仪式,应该先修养诚恳的心灵。今日,我洗涤心思,荡除纷扰的念头,畜养精气,存思元神,一向怀着仰慕大道的诚心,敬畏上苍所垂显的兆像,谨慎地依照传统的科仪法式,设立祭拜星君的神坛,准备了香花灯烛,一一陈列在科仪坛场里,谨把自己的性命归依明德宫大圣南斗天府司命上相镇国真君。但愿上苍能够为我的一片衷心所感

---

① 《道藏》第3册第565页中。

动,使延生的运程得以增进,百物蒙受恩泽,都没有短命夭折的凶事发生。

《南斗延寿灯仪》这一段祷祝辞所出现的"皇极之中"很值得考究。虽然仅四个字,但其内容却相当丰富。为了显露其易学象数理趣,有必要阐述一下"皇极"的问题。

"皇极"之称首见于《尚书·洪范》云:"五、皇极,皇建有其极。"《晋书·武帝纪》云:"地平天成,万邦以义,应受上帝之命,协皇极之中。"这个"皇极"指的是帝王统治的准则;另外,又指帝王之位或皇室。不论情况如何,"皇极"一词的使用是相当早的。很可能魏晋以前所指的"皇极"与易学关于卦爻象数的"九五"之中有一定的关系,但那时尚未形成一套系统的理论;只是到了宋代,在道家学说与儒家思想融合的大趋势下才出现了以"中心"概念的易学象数流派。这个"皇极"易学象数流派是由邵雍建立的。邵雍,字尧夫,范阳人。《宋史》卷四二七《道学传》载,雍年三十,游河南,葬其亲伊水上,遂为河南人。邵雍少时,"自雄其才,慷慨欲树功名,于书无所不读。始为学,即坚苦刻厉,寒不炉暑不扇,夜不就席则数年。"邵雍受业于北海李之才。《宋史》卷四二七记载了其学习经历,颇与易学有关:"北海李之才摄共城令,闻雍好学,尝造其庐,谓曰:子亦闻物理性命之学乎? 雍对曰:幸受教。乃事之才,受河图、洛书、伏羲八卦、六十四卦图像。之才之传,远有端绪,而雍探赜索隐,妙悟神契,洞彻蕴奥,汪洋浩博,多其所自得者。及其学益老德益邵,玩心高明,以观乎天地之运化,阴阳之消长,远而古今世变,微而走飞草木之性情,深造曲畅,庶几所谓不惑。"综合诸家记载,可知邵雍是一个勤奋好学的人,他拜李之才为老师,对易学中的《河图》《洛书》以及其他许多易图都有所传授,他探索易学隐微的道理,好像与神明沟通一样,通晓易学的奥妙神韵,学识广博,很有心得,他的学问越老越有名声,把玩易学象数图式的心灵高超而明亮,观察天地运转变化、阴阳的生长,以至社会古往今来的变迁、飞虫走兽草木的种种情状,都能够探研其妙理,达到真知不受迷惑的境地。——这就是古文献之中所显示的邵雍其人的学问人品行状。不论文献所描述的邵雍是一个什么人,他精通易学并且创立了"皇极"的易学象数模式则是可以肯定的。宋代以来的许多目录学著作都记载邵雍作有《皇极经世》。

邵雍笔下的"皇极"是什么东西呢? 他的儿子邵伯温作了解释:"至大之

谓皇,至中之谓极,至正之谓经,至变之谓世。"照此看来,所谓"皇极经世"就是讲"大""中""正""变"道理的。换一句话来说,这是作者根据伏羲氏所立的至高法则来观察和推测宇宙万物尤其是人类社会变化规律以"御世"(驾驭管理社会)的一部专书。《皇极经世》内容广泛,其中相当重要的组成部分就是探究"先天学"。所谓"先天"具有本始的意义。作为一个易学概念,这并非始于邵雍,早在《十翼》当中便已见诸文字。《易·乾卦》之《文言》说:"夫'大人'者,与天地合其德,与日月合其明,与四时合其序,与鬼神合其吉凶。先天而天弗违,后天而奉天时。"意思是说,具有广博学问并且品德高尚的大人,其行动遵循天地运转的规律。他的德操如天地一样覆载万物,他的圣明像日月一样普照大地,他治理社会依照春夏秋冬四时变化的法度,他显示吉凶就像鬼神那样奥妙;他先于天象而行动,天不会违背他;即便是后于天象而处事也能够遵奉天时的流迁变化规律。——《文言》所称"先天"是指先天之象,它告诉人们,在自然界尚未出现变化迹象时就得预先采取措施。邵雍正是在这个基础上探究先天学后天学,并把这些东西纳入他的"皇极"理论之中。在邵雍看来,先天之学是以"数"为其根本的,所以他的学说又直称为"数学"。与邵雍同时的道学家程颢曾经风趣地说:"尧夫(邵雍)欲传数学与某兄弟,某兄弟那得工夫,要学须是二十年工夫。"①可见,邵雍以数为推导方式的"皇极经世先天学"是相当复杂的。不过,其符号模式则基本上来自易学。邵雍的《皇极经世》分内外篇,《内篇》是他自著,《外篇》是他的弟子记录其言论而成。该书通过《周易》六十四卦的推演,说明天地万物产生之前便已存在的先天图式,以为天地万物的化生都遵循这个先天图式。邵雍这一套理论虽然包括许多神秘性的东西,但却又提供了一个解释天地自然、社会人事的包罗万象的符号模式,开辟了思维的新空间,因此在后来的象数易学中具有很大的影响。《南斗延寿灯仪》所言"咸归皇极之中"正留下了邵雍这种象数易学影响的踪迹。所云"仰畏在天之像,谨依科式,建立星坛",即遵循着《皇极经世》当中那种推天道以明人事的理则。

---

① 《宋元学案·百源学案》。

# 四、"三官灯仪"的象数易学理趣

所谓"三官"灯仪乃是祭祷天地水三官的一种仪式。今《道藏》中有《三官灯仪》一篇,虽然篇幅很短,但却演述完整。开篇即有多处涉及易学象数原理。兹引述一段,再来作稽考:

> 伏闻玄元妙道,运一气而肇乾坤;清浊殊分,备三才而明日月。显晦分于昼夜,寒暑布于四时。人本冲和,为万类之最灵;性本清虚,因五行而受赋。列尊卑于贵贱,应罪福于因缘。是以三官考校,赏功过于无私;五帝纪明,著衍非而有在。切以人生下境,命系上天。星辰运转,值流逆而照临;运限推迁,遇刑克而冲并。①

作者这段话告诉人们:我恭敬地听说,原初的玄妙大道,运转一点灵气而开发了天地乾坤;轻清之气上升成为天,重浊之气下降成为地,天地清浊分别,人居其中,这就是"三才"的位置。有了"三才"方显示出日月明亮的辉光。有明有暗,这才区别了昼夜;有寒有暑,这才流转出四时;人类本来是居于中和状态的,是宇宙万物之中最有灵性的。人性本来是清虚的,因为有了金木水火土才显示彼此禀赋的不同。设立尊卑以表示富贵与下贱的次序,对应功过祸福而知晓因果缘分之来历。所以,天地水三官考核校对,赏功罚过做到没有私心;东西南北中五方之帝记录表明,使种种是非都历历在目。切切记住,人虽然生在下土,但其命根却由上天所控制。斗转星移,各星宿之神明轮流值班,而照耀下界,运程命限在推移变化,会遇到刑冲化合。

此处所引《三官灯仪》的一段话与易学有关者主要在三个方面。首先是它与道教中的许多著述一样,采撷了《周易》中的种种术语,如"三才""乾坤"等等。

其次,《三官灯仪》字里行间蕴含着汉代以来象数易学经常使用的符号结构体式。从某种意义上说,汉代的象数学实际上是《周易》与律历说相结合的产物。所谓"律"本是用竹管或金属管做成的定音及候气的一种仪器。古有

---

① 《道藏》第 3 册第 570 页。

"律吕"之称,分阴分阳,合为十二律。而"历"就是推算日月星辰运行以定岁时的一种方法。《易·革》卦:"君子以治历明时。"汉代的孟喜以律吕汇通易道。从《新唐书》所载僧一行《卦议》所引孟喜之言可知当时卦象节气与律历相结合的大体情形。孟喜把《坎》《震》《离》《兑》称作"四正卦",并且将之与二十四节气配给起来。在四正卦中,每一个卦分别主管一年二十四节气中的某一段。如《坎》卦主冬天,其节气从冬至到惊蛰;《震》卦主春天,其节气从春分到芒种;《离》卦主夏天,节气从夏至到白露;《兑》卦主秋天,节气从秋分到大雪;再以四正卦的每一爻主一节气,二十四个爻分主二十四节气。焦延寿、京房对孟喜的一套象数易学加以发展,使得卦爻与时节之配合更加细分化了。《汉书·京房传》等记载,京房的老师焦延寿,著《易林》,擅长阴阳灾变之说,分六十四卦,"值日用事,以风雨寒温为候,各有占验"。据说京房对这一套也颇为精通,把分卦值日之法弄得更为细密。按照这种法度,则"一爻主一日,六十四卦为三百六十日,余四卦震、离、兑、坎,为方伯监司之官。所以用震、离、兑、坎者,是二至、二分用事之日,又是四时各专王之气。各卦主时,其占法各以其日观其善恶也"①。这种配合方法是把《周易》六十四卦扣除《震》《离》《兑》《坎》,剩下六十卦,每卦六爻,每爻代表一日,计有三百六十日。再将所扣除的四卦作为"方伯"②监司的所谓"官员",代表春分、秋分、夏至、冬至,这四正卦虽然没有与其他六十卦放在一起,但实际上担当了更为重要的符号功能。焦延寿与京房对象数易学的这种发展,不仅使得占卜本身更具有"数学"的描述特色,而且使得整个易学与天象、时间运程结合得更为紧密了。由此所逐步完善的易学符号学在后来的宗教活动、政治活动、农事活动等方面都产生了不可低估的影响。《三官灯仪》所说的"显晦分于昼夜,寒暑布于四时"实际上就是孟喜、焦延寿、京房以来所广泛使用的卦气流行法门。

再次,《三官灯仪》也涉及到易学的生命旅程预测术数。中国古人从"天人合一"的立场出发,认为人的一生有各自展开的运程,这种运程与天象是有

① 《汉书·京房传》,北京:中华书局 1983 年点校本,第 10 册第 3160 页。
② "方伯"原是一方诸侯的首领,商朝起就设立"方伯"之职。《礼记·王制》称"千里之外设方伯"。后来,以"方伯"泛称地方长官。

关系的,甚至可以说是相对应的。这就是所谓"人生下境,命系上天"。既然是这样,那就可以通过星辰运转的时间测量以推算人的一生的兴衰吉凶。这种形式自汉代以来也是纳入象数易学的符号描摹大体系之中的。《三官灯仪》所谓"星辰运转,值流逆而照临",讲的是以北极星为恒定中心来推究天上二十八星宿运转情形。汉代以来的易学着重星宿与卦象的对应,而生命旅程预测之学也采纳了这种配合法度。《三官灯仪》虽然并非是在为人推定生命流程,但却涵摄了此等内容。

另外,还值得再分析一下的是《三官灯仪》所说"运限推迁,遇刑克而冲并"一句。这反映的乃是生命旅程预测学说上的刑冲害化合术。生命旅程预测学说根据《易经》的阴阳原理推究天干、地支之间的刑冲害化合。所谓"刑"简单讲就是彼此妨碍互不相和。根据宋代以前的命数推测,十二地支共有"三刑",即子与卯刑、寅巳申刑、丑未戌刑。这就是说,一个人的"八字"如果碰到上面三种情况,那就代表着某种凶的信息。所谓"冲"就是天干与地支在阴阳性质上的相冲。就天干相冲而言,有甲庚、乙辛、壬丙、癸丁四种情况。按照方位之排列,东方为甲乙、西方为庚辛,东西对冲,因此作为东西方位符号代码的两组天干有相冲的关系;再从南北关系看,北方为壬癸、南方为丙丁,南北对冲,因此作为南北方位符号代码的两组天干照样也相冲。当然,四组天干相冲的原因还在于它们在阴阳性质上的区别。甲庚属于阳,乙辛属于阴;壬丙属于阳,癸丁属于阴。同性相排斥,所以也就"冲"起来了。再看十二地支也有相冲的情形,这就是子午相冲、丑未相冲、寅申相冲、卯酉相冲、辰戌相冲、巳亥相冲。地支的相冲,有其方位学的依据,它们在方位排列上乃是两两相对,迎面而来,这当然是"冲"了。从性质上看,"冲"表现为相克,即阳克阳,阴克阴。这样,讲"冲"的问题必然就涉及"克"了。与"克"有一定关系的是"害",那也有六种情况。即子未相害、丑午相害、寅巳相害、卯辰相害、申亥相害、酉戌相害。这个"害"又名"穿",也就是彼此互相损害的意思。地支上的"相害"象征客观事物相遇而损的情形。但是,事物往往是相反相成的,有"损"就有"益",有"克"就有"化合"。所谓"合"就是和谐。表现在天干上,有五合,即甲巳化土而合,乙庚化金而合,丙辛化水而合,丁壬化木而合,戊癸化火而合。合是以冲突的化解为条件的。我们知道,天干与方位、五行本来也是可以互相转换的,也就是说,它们彼此可以成为转换的符号代码。例如,甲乙是东方的符号代码,也是"木"的符号代码;庚辛是西方的符号代码,也是"金"的符号代码。就五行来说,"金"是克"木"的。但"金"的符号代码"庚辛"一阴一阳,"木"的符号代码甲乙也一阴一阳,这就存在着"化解"的可能性。就甲乙来说,甲是阳,乙是阴;就庚辛来说,庚是阳,辛是阴。就像人类一样,同血缘者不可婚配,必须寻求外来者。这样,甲的家族就可以把他的妹妹"乙"嫁给本来相克的庚家族,作"庚"的妻子,于是相克就变成相合了。这种相合可以有不同的解释,或者说可以使用不同的符号代码。《三官灯仪》把"相合"称作"并",即比肩并存,这是力图有所助益,使不利因素化解成有利因素。这种情况在十二地支中也是存在的。其基本情况有两类,一是"六合",另一"三合"。六合指的是:子丑合土,寅亥合木,卯戌合火,辰酉合金,巳申合水,午未为太阳、太阴。"三合"指的是:申子辰合水,亥卯未合木,寅午戌合火,巳酉丑合金。不论是相冲、相克、相合,其体系赖于建构的基石就是阴阳五行。而阴阳五行恰是易学之根本。阴阳五行的配比往往与日月星辰之运程相联系。所以《周易·系辞上》说:"法象莫大乎天地,变通莫大乎四时,悬象著明莫大乎日月。"在古代的易学术数法门当中,每一个卦都可以配上五行,具体地说就是将每一卦的六爻由下而上地匹配五行,并且同天干地支相对转,而这种对转又可以从天体的变化之中找到直观的象征符号,因此,古人有时又依照日月星辰的运转来推断社会人事的情形,虽然这种推断常常是牵强附会的,但却体现了一种依象连类的符号表达观念,并且深深地影响于古人生活的诸多方面。可以说,道门中人在这个领域有其独特的建树,在早期的经典《太平经》以及《周易参同契》当中已经有根据日月星辰的运行轨迹来判断社会变迁的许多事例。《三官灯仪》所谓"运限推迁"就是根据星象与易学数理来推测事物走向。所谓"限"首先是一种"时空刻度",一方面日月星辰运转必然显示出春夏秋冬的四季变化和昼夜的交替,"限"是时间变化的关节点;另一方面,日月星辰的"推迁"本身又是一种空间运动,"限"同时是这种空间运动的刻度。不过,应该看到的是,《三官灯仪》并不是简单地谈论日月星辰的推迁,也不是单纯地要了解"推迁"的情况,而是力图通过天象变化来为人事活动提供某种参照。从"感应"的易学原理出发,《三官灯仪》设立天地水三官的仪式,目的是想以这种仪式程序来联结物我天人。从这个意义上说,"三官"神称是"元符号",而"灯仪"则是力图引动元符号信息的传递符号。尽管从现代人的目光看来,这种仪式的进行颇显神秘,命相冲克的说法也多有牵强附会之处,其糟粕性内容显然是应该加以批判的;但背后所贯注的易学象征思想却也反映了古人对于人与天地万物关系的注意。

## 五、"土司灯仪"的九宫八卦模式与干支象数内容

在道教科仪当中,"土司灯仪"也很有特色。整个土司灯仪的操作所贯注的易学思想是很丰富的。如果我们将土司灯仪与上述三官灯仪相比较的话,那将会发现,土司灯仪对易学象数的融摄更为明显。

在道教中,"土司"并不是元明清时期统治者分封境内各少数民族首领的世袭官职,而是司掌土地的"神称"。道教认为天地之间四面八方各有神明掌管。就连每个人所居住的室宅也有管理的神明。"土司"简单讲就是司土之神。因为"神"在道门中人看来是无形的,它处在什么位置,人们是不可能用肉眼看出来的,所以在动土施工的时候难免要"侵犯"到神明的安身之处,或者扰乱了它的安宁。在这种情况下,据说神明是不高兴的,甚至要发怒,从而对施工者进行某种惩罚。这种观念在《土司灯仪》中就有所表现。该书在开头一段就说:

> 凡居造作,致犯方隅。赖其教有金科,经存玉轴。昧之者,灾兴吉散;修之者,祸灭福生。以今某从爰于住舍,造作不时,动土役工,实有误干于禁忌,培基辟址,宁无冒犯于天星。谨择良辰,恭修净供。经开云篆,祈积衅以潜消;科演琅函,迎众真之来格。①

作者指出,凡居住室宅是由造作而来,建造房屋,多多少少会触犯四方以至边陲的神威。可以仰赖的是,处理好这种人神关系有宝贵的金科仪式,关于这种仪式的经典就保存在玉器装载的经轴里边。愚昧不知道使用的人,灾害就要兴起,而吉利的事情就要散失;懂得修持这种仪式的人,就可以去掉祸

---

① 《道藏》第 3 册第 578 页。

难迎来福祉。今日某人（按，仪式举行时，"某"字就由具体的名称所代替）兴建房屋室宅，恐怕造作不合于时宜，破土动工，违背干扰了神明的禁忌，培植土基，开辟舍址，希望不会冒犯天上星宿之神。所以认真地选择了吉日良辰，恭敬地摆上洁净的供品。开启云笈经卷，祈祷神明让我以往所积压的业障悄悄消失；因此我按照仙家上品经教来演绎科仪，盛情迎接各路神仙降临斋坛。

有趣的是，土司灯仪所要"迎接"的神明不仅有居处于室宅方隅的，还有居处于"天星"的，而主管者似乎还是天星之神，所以灯仪供奉的主要是星君。具体说就是"九方星君"。要迎接九方星君，乃需遵照九宫八卦原理举行仪式。这样，才能发生感应。在《土司灯仪》中，每一方的星君都配上了卦象，因此在仪式上每一宫卦成为灯仪的一个方阵。从符号学的立场看，每一个方阵就是一个符号单元。九方星君与九宫八卦相配，组成完整的神明称号，它们分别是：东方震宫大圣三绿星君、东南方巽宫四碧星君、南方离宫九紫星君、西南方坤宫二黑星君、西方兑宫大圣七赤星君、西北方乾宫大圣六白星君、北方坎宫大圣一白星君、东北方艮宫大圣八白星君、中宫大圣五黄星君。在仪式操作过程中，九方星君之所以与九宫八卦相配合，在仪式造作者看来，还有一番不浅的道理。试看"三绿星君"灯仪的说辞：

> 伏闻震乃三阳之首，位居四序之端。在八卦以为先，处六甲以为长。能甲能析，令庶物之蕃鲜；以惧以欷，使兆民而修省。资兴造化，垂象发生。凡有修营，虑多触犯。以今某人备严醮典，首谢真灵。①

这段话大体是讲：我恭谨地听说，《震》卦乃是三个基本阳卦的首卦，它的位置处于春夏秋冬四序的开端。在八卦当中它居先，配上六十甲子它居长。能萌发破符，激发万物滋生繁衍；因震响恐惧，促使百姓警揭省悟。它资助事物的兴旺化育，显示兆像指示事物发生的轨迹。大凡修建营作之人，都必须考虑是否触犯《震》卦大圣三绿星君。所以，今天我等恭谨依照经典规范举办醮仪，首先答谢星君赞助的大德。

在营建造作实施中，本来应该考虑地上具有直接关系的神明才对，可是

---

① 《道藏》第 3 册第 578 页。

《土司灯仪》却是祭祷于九方星君,并且从震宫开始。这遵循的实际上还是那种天地对应的原则。为什么从震宫开始?《土司灯仪》在行文中作了说明,原因所在是《震》卦乃是"三阳之首"。其理出于《周易·说卦》:"乾,天也,故称父;坤,地也,故称乎母;震一索而得男,故谓之长男;巽一索而得女,故谓之长女;坎再索而得男,故谓之中男;离再索而得女,故谓之中女;艮三索而得男,故谓之少男;兑三索而得女,故谓之少女。"《说卦》阐述了八卦建立的一般原理。在易学中,《乾》卦与《坤》卦是父母卦,其余六卦是子女卦。除了《乾》《坤》两卦之外,还有六卦,则六卦可以看作是六个子女,其中有三个男孩,三个女孩。这三男、三女是由于乾坤父母阴阳互相求合而得。文中的所谓"索"就是"求"的意思。《说卦》讲:《乾》卦是天的象征,所以称作父;《坤》卦是地的象征,所以称作母。父母阴阳互求,阳求合于阴得男,阴求合于阳得女。《震》卦是初次求合所得的男性,所以叫作长男;《巽》卦是初次求合所得的女性,所以叫作长女;《坎》卦是再次求合所得的男性,所以叫作中男;《离》卦是再次求合所得的女性,所以叫作中女;《艮》卦是三次求合所得的男性,所以叫作少男;《兑》卦是三次求合所得的女性,所以叫作少女。从卦爻位置来看,三男、三女的称呼也有它的内在原则,依据由下而上的易学卦位规则,《震》卦一阳爻居初,故为长;《坎》卦一阳爻居二,故为中;《艮》卦一阳爻居上,故为少。《巽》卦一阴爻居初,故为长;《离》卦一阴爻居二,故为中;《兑》卦一阴爻居上,故为少。《震》卦与《巽》卦都是长,以阳为先,所以主震宫而为祭祀。应该说明的是,《土司灯仪》所讲的"三阳之首"只是就乾坤所生"六子"而言,不包括乾坤大父母在内。

在乾坤六子之中,其排列顺序是按照爻位阴阳先后而定的,但在具体的仪式操作过程中又是按照方位轮转而展开的。由正东开始,依顺时针转动的方向,而东南、南、西南、西、西北、北、东北,最后是中央。这就是说,其顺序是先四方、四隅,后是中。如果以四方、四隅为外,那么"中"就是"内"。因此,其卦位的轮转是由外而内,由阳而阴。这种仪式的符合安排体现了自然方位周转的次序。当然,这种次序的确立,只是便于系列的展开。在确定次序之后,《土司灯仪》作者又根据每方卦位所禀赋的德行来拟定颂辞。例如对于"东北方艮宫大圣八白星君":

伏以成终成始,潜施造化之功;时止时行,密显归藏之用。司权否泰,主掌兴衰;位次三阳,宫居八白。工既兴于土木,咎恐犯于方隅。实虑过衍,用祈禳谢。①

颂辞以饱含赞美的情感说,万物有开始有终了,这种周而复始的运作,是由于大圣八白星君,在暗中施行了造化的功德;停止或行动,一切运作为什么那样的有序,就在于星君秘密地释放了归总收藏的妙用。控制通闭之门,主管兴衰变化;位序是乾坤六子中的第三男,也就是少男,宫殿乃是八数之白。今日开工动土,我恐怕会触犯四方四隅的神明,实在担忧有造成过错的地方,所以根据法典举行祈禳仪式,答谢神明的保佑。

《土司灯仪》对"八白星君"的颂辞以"成终成始"作为起头,这是以九宫八卦方位的作用为根由的。后天八卦方位,即九宫八卦方位,除了中宫总主八方之外,其他八宫乃以艮宫为终结。根据周而复始的事物运行法则,终了同时也意味着事物新的开始,这就是"成终成始"的意蕴所在。既然有终有始,就有造作,而这种自然的造作,平常人是难于体会出来的,因此以"潜施"二字来形容。至于"时止时行"则是《艮》卦卦爻辞本有的意义。《艮》卦本初的象征底蕴乃在一个"止"字。其本体物象是山,而"山"即意味着"停止"。因为一座大山矗立跟前,一时进发不得,当然就应该停止前进的脚步了。但这也不是表示永远"停止"。因为由三画的经卦相重而成六画的别卦,《艮》卦也就意味着两座山相重。"山"上叠"山",这就是"出",而"出"就有行动。可见,"止"不是孤立存在的,它是与"行"相对待的,有止就有行,有行亦有止。故《易·艮卦·象》说:"艮,止也。时止则止,时行则行;动静其时,其道光明。"宋代著明道教学者白玉蟾说:"艮有兼山之意。山者,出字也。虽止于晦而出于明。所谓行到水穷处,坐看云起时也。"他在《武夷重建止止庵记》进一步发挥说:"《周易·艮》卦兼山之意,盖发明止止之说,而《法华经》有'止止妙难思'之句。而《庄子》亦曰:'虚室生白,吉祥止止'。是知三教之中,止止为妙。义有如鉴止水,观止月,吟六止之诗,作八止之赋。整整有人焉。止止之名,古者不徒名止止之庵,今人不徒复兴。必有得止止之深者宅其庵焉。"白玉蟾所说的

---

① 《道藏》第3册第580页。

"止止"是就《艮》卦的重卦说的。他虽然是为了解释武夷山"止止庵"的由来,但也蕴藏着易理精神,对于我们理解《土司灯仪》所说的"时止时行"是有帮助的。

（本文原载《周易研究》2000 年第 2 期,收入时略作修改）

# 论易学象数对科仪语言的隐性影响<sup>*</sup>

研究科仪中的易学象数理趣,这不仅可以从其类型方面考虑,也可以从其语言形式方面考虑。所谓"语言",有狭义与广义之分。狭义的语言是指通过声音的传播来表达思想的一种交流工具;而广义的语言则泛指一切可以表达思想感情信息的符号传达系统。本文所谓"科仪语言"主要是从广义的角度说的。

## 一、从系统的语言符号性看道教
## 科仪与易学象数之关系

道教科仪是一个系统,这是没有疑义的,因为它本身不仅是由许多信息表达的形式单元组合起来的,而且构成一个相对独立的整体。我们可以把这个整体看作一种语言的表达形式,它有自己的动作形式、声音形式、物象形式。这一切可以统称之为"符号语言"。对这个符号语言系统进行分析,可以发现背后所蕴含的易学符号理则。因为科仪系统既然是符号化的,而易学在本质上也是符号化的,这就存在着互相沟通的桥梁。再说,由于符号化的易学表达系统先于道教而存在,因此道教科仪以易学象数符号为其根基,这是符合思想发生与发展逻辑的。当然,我们不能仅仅依靠逻辑推理就断定两者之间的关系,而应该通过具体的阐述与证明才能将两者的关系比较有说服力地显示出来。

---

\* 本文系国家社会科学基金项目"道教符号学与神秘主义研究"(项目批准号:96BIJ005)的阶段性研究成果。

　　为了从符号语言的角度揭示道教科仪与易学象数之间的关系,我们必须首先对道教科仪的符号性问题有一个说明。道教科仪符号性从总体上讲指的是它由一系列具有代表意义的科仪群组合而成。这些科仪群可以分解为不同的科仪体,即具有相对独立性的科仪个体;而科仪个体亦可分解为科仪元,科仪元可分解为"物"的或人的组合因素。作为科仪组合的最小单位——"科仪素",当它们游离于科仪元时就没有科仪的代表意义;但是,当它们被组合起来,构成科仪元时便具备了符号性。例如说手印,当它发生于普通人手上,只能是一种自然状态的手势动作,这时它并没有宗教指称意义;但是,当手印发生于举行斋醮科仪的道士手中的时候便生成了特殊的宗教代码蕴涵。这一点与易学卦象符号之生成原理是一样的。本来一个线段或者两个线段,孤立存在时并没有"阴"或者"阳"的指称意义;但是,当它们被置于卜筮的特殊环境中时就产生了符号代码意义。从这个角度看,像手印之类的道教科仪素可以类比于易学卦象的阴阳爻。当然,这只是从符号意义生成的方面说的;如果从实施程序以及功能方面看,则手印的符号性要复杂得多。在道教中,手印又称印诀、掐诀、捻目等,系道人行法诵咒持醮时以手结成的形态符号。道门向来很看重这种符号。《道法会元》卷一百六十称:"祖师心传诀目,通幽洞微,召神御鬼,要在于握诀。"这个"诀目"系指"掐诀"的手势。每一个诀目都有一定的代表意义。行科仪之人无论是掌或指纹都有相应的象征蕴涵。所谓北斗七星、十二时辰、九宫八卦、二十八星宿罗络于一掌之中便体现了这种旨趣。就拿指纹来说,道门以二、三、四指的九个关节纹为九宫八卦阵,中指中纹代表中宫,配上《洛书》之中数五,其余八纹代表《乾》《震》《坎》《艮》《坤》《巽》《离》《兑》八卦。另一种法式是以手掌的劳宫穴为中宫,八卦分布于掌上八个方位。这样,手上每一个部位便有相应的代码意义。在古人心目中,八卦往往代表了整个宇宙,当它们在手掌上有了相对应的位置时,行持科仪人之手实际上便成了浓缩的宇宙图式。由此不难发现,当手印成为科仪元的组成因素时,其相应的代码意义便是可以随机生成的,因为《易经》八卦本来就是"空套子",可以代表宇宙间各种各样的事物。当然,并非只有掐诀一种科仪元具有符号性,而是整个道教科仪都是符号性的,因此也就都与易学卦象符号有这样或那样的关联。关于它们之间的符号性关联,我们可以从以下两个方面作进一步的阐述。

1.从存在状态的符号性看道教科仪与易学象数之关联。

道教科仪的实施本身并不是目的,而只是手段;科仪的观念即思想的本体并没有直接露面。因为思想是无形的,"无"不可自显,必须通过"有"来展示。而有形的仪式在实施者操作过程中也一定是在无形的观念催动下才发生有序的组合。这是一种"有无相资"。由于有形之仪表现的不是它自身,而是无形观念的化身,这就产生了符号属性。不过,在这里对于"无"与"有"不能机械地加以理解。"无"不是绝对的空无,而是一种潜在的状态;而"有"也不是单一的。肉眼能看得见的当然是"有",但还有肉眼所看不见的"仪",即心斋之"仪",它也是"有"的一种形式。心斋之仪或称"内斋"之仪,其符号特性较难于理解和把握。但只要把人的内心空间加以放大,使它成为一个可以"广纳"物质的宇宙空间,那么内斋的符号性也就显示出来了。内斋是一个心理过程。在实施过程中,它仍然也存在着目的与手段的对立统一。目的是斋主的祈求、希望;手段是心理意象,它或者表现为自我身形的"变化",或者表现为内心上瑰丽奇特境界的映象等等。与祈求的观念相比,这些心理意象可称之为"有",它们的内心存在服从于祈求的愿望,故而是一种代表。既然是代表也就具有内心符号的意义。

道教科仪存在状态"有"与"无"的对立统一在符号上也可以看作是易学中的"意"与"象"的特殊表现形式。在魏晋时期,易学的发展以义理派的勃兴为其特色之一。义理派有所谓"得意忘象"之说。王弼《周易略例·明象》说:"夫象者,出意者也。言者,明象者也。尽意莫若象,尽象莫若言。言生于象,故可寻言以观象;象生于意,故可寻象以观意。意以象尽,象以言著。故言者所以明象,得象而忘言;象者,所以存意,得意而忘象。"按照王弼的看法,《易经》的"象"是为了表达"意"而设的。言辞——即《易经》的卦爻辞是为了说明"象"而立的。在符号工具中,没有什么东西可以比"象"更能够表达"意"了,也没有什么东西可以比卦爻辞更能够说明"象"的代码意蕴了。《易经》卦爻辞是因"象"而生的,所以可通过卦爻辞的解剖而省察"象"的理趣;卦象是因自然之义理而生的,所以可通过"象"的考察以明白蕴含其中的内在意义。"意"因为"象"的设立而得到了尽情的表达;"象"因为卦爻辞的说明而使其内在蕴含获得彰显。所以,语言是用来揭示"卦象"隐意的,明白了卦象隐意就可以忘掉卦爻辞了;卦象是用来保存自然义理的,明白了义理就可以忘掉卦象了。在这里,王弼把易学结构分为言、象、意三重,表层是言辞,言辞的背后是卦象,卦象的背后是意。虽然,从这个哲学体系看,王弼最后把"意"抬高到宇宙本体的第一性地位,属于唯心论的派系;但就此处关于言、象、意的关系来说却有其合理因素。言、象、意三者的关系从符号学的立场看也存在着代码的关系。如果说"象"是"意"的符号代码,那么"言"也可以看作"象"的符号代码;在王弼的易学体系中,符号代码具有多重性,不同层次的代码之间也可以相互转换,如"言"转换为"象",而"象"也可以转换为"言"。这实际上揭示了易学结构的内在规则。对比一下,我们不难看出,道教科仪也存在"意"与"象"的关系。作为无形的观念——祈求、愿望等等就是"意",而各种动作、图形就是"象",无形通过有形来昭示,也就是"意"通过"象"来彰显。

2. 从实施程序的符号性看道教科仪与易学象数之相涉。

道教科仪存在于程序实施中。存在是空间与时间的统一。实施的程序既离不开空间,又离不开时间。一方面,程序的空间特性表现为某种物质形态或心理意象。离开了空间也就没有程序的状态;另一方面,程序也具有时间性。科仪中的物质形态或心理意象按照一定方向的运行体现了时间性。但是,具有时空统一性的道教科仪并不是像大千世界的物理运动一样,此物由甲地到乙地只具有自然流程的意义;相反,道教科仪程序是被一定目的规范,且在特定观念指导下组合起来的。因此,程序也不代表它自己,而是祈福消灾观念象征的"集合链"。这种集合链在特定空间与时间状态下把人类的某些内心愿望或追求映射出来。我们不妨考察一下"正一醮宅仪"的程序以看出其中的奥妙。该等仪式的举行,首先是准备好各种法器供品,例如净席六领、箭十二只、麻緔二十四丈、灯九盏、大案一面、小案五枚等等。其次是于宅中庭设立坛场,方二丈四尺,依四季开天门、地户、人门、鬼门,这四门都用箭摆成。当方色緔三重,栏门设两盏灯,师案前安一盏灯,坛中五方设立五方神位,根据不同方位,变换青、赤、黄、白、黑五色。再次是正式仪式的举行,大体是进食、烧香、叩拜、祝咒,再上香、上茶、上酒,如此按部就班;最后,散食于坛外四方。这个程序好像是举办一次宴席,但实际上是借助人类生活模式来恳祷神明以驱赶宅中的所谓恶鬼诸等不祥之物。举行的原因是由于"居宅虚耗,牛马死失,田蚕不熟,人口婴害,或每年有五瘟时气及狗鼠虫蚁作怪,或犯五方十二时土,财利散亡"①。这些灾难的发生,在《正一醮宅仪》看来,归根结底是因为有恶鬼作崇或主人触犯神明。基于这种认识,《正一醮宅仪》力图"对症下药"。这从今天的科学立场来看,当然具有明显的虚幻性质;但其程序实施的象征性则为我们探究道教科仪的易学象数理趣提供了原始的资料。

《正一醮宅仪》的实施程序既有自身的特点,又具备了一般道教斋醮科仪的基本特性,各种科仪元在一定的时空中被连接起来。根据对应的原理,诸科仪元由于在科仪实施程序总"链条"中处于不同的空间与时间的关节点上,它们实际上就代表了不同的空间与时间的关节点,是这种时空关节点的代码符号。而时空关节点的差异在中国古代往往又具备不同的象征意义,因此,就形成了多重的象征符号代码的连接与符号转换的可能性。例如上述关于箭、净席、灯、案是被安放在所谓天门、地户一类方位上的;这就表明了仪式的法器与方位的对应关系,也就是两者之间的代码关系。再如依据不同方位变换不同色彩,这实际上也就是以不同色彩来作为不同方位的符号代码。可见,从《正一醮宅仪》的实施程序中是可以窥见其诸种组合因素的符号代码性和转换功能的。然而,这种特点,我们依旧能够从易学的象数符号库中找到渊源。在易学中,方位是一个十分重要的概念。不论是阴阳爻还是八卦、六十四卦的组合排列都离不开方位;而方位就是一种空间形式,它与时间也具有对应关节点。首先,我们从爻象中就可以找到方位的蕴涵。不论是阴爻还是阳爻,画的时候都有起点与终点。如果以起点为左,则终点即为右;如果以起点为前,则终点即为后。这就是说,一画之中已经蕴含着前后左右的方位信息。其次,易学的卦爻在汉代以来,已经同天干地支相配合,如京房的"卦气"法即以《乾》《坤》《坎》《离》《巽》《艮》六卦分主二十四节气,以表示一年之流程。《坎》卦初六爻主正月节立春,配寅;《巽》卦初六爻主正月中雨水,配丑;《震》卦初九爻主二月节惊蛰,配子;《兑》卦九四爻主二月中春分,配亥;《艮》卦六四爻主三月节清明,配戌;《离》卦九四爻主三月中谷雨,配酉;《坎》卦六四爻主四月节立

---

① 《正一醮宅仪》,《道藏》第 18 册第 297 页。

夏,配申;《巽》卦六四爻主四月中小满,配未;《震》卦六四爻主五月节芒种,配午;《兑》卦初九爻主五月中夏至,配巳;《艮》卦初六爻主六月节小暑,配辰;《离》卦初九爻主六月中大暑,配卯。至此十二个节气,由正月立春到六月大暑,反映了阳气逐渐兴盛、阴气逐渐衰亡的过程;后半年,则以《坎》卦初六爻主七月节立秋,配寅;《巽》卦初六爻主七月中处暑,配丑;《震》卦初九爻主八月节白露,配子;《兑》卦九四爻主八月中秋分,配亥;《艮》卦六四爻主九月节寒露,配戌;《离》卦九四爻主九月中霜降,配酉;《坎》卦九四爻主十月节立冬,配申;《巽》卦六四爻主十月中小雪,配未;《震》卦六四爻主十一月节大雪,配午;《兑》卦初九爻主十一月中冬至,配巳;《艮》卦初六爻主十二月节小寒,配辰;《离》卦初九爻主十二月中大寒,配卯。至此,十二个节气,从立秋到大寒,反映了阳气逐渐衰亡而阴气逐渐兴盛的过程。易学中的这种配合即体现了卦爻对于时间与空间的代码意义;而《正一醮宅仪》所讲的"五方十二时土"也具备了这种时空的对应与转换。所谓"天门""地户""人门""鬼门"之类也可以转换成干支代码,干支代码又可以转换成卦爻代码。这就说明,道教科仪实施程序也存在着沟通易学象数的符号桥梁。

## 二、从通讯功能看道教科仪与易学象数的关系

道门创造了丰富多彩的科仪符号,其目的是什么呢? 从最终的意义上说,这当然是为了消灾解难以至羽化登仙。尽管其间充塞许许多多不合时宜的因素,但从符号功能学的角度看,却又具备了史料价值。具体而言,道门中人创造科仪符号,乃是为了与天地各界所谓"鬼神仙真"交通。如果我们把那些富有神秘意义的"鬼神仙真"也当作某种观念的符号,那么这种"交通"也就具备了"通讯"的特性,虽然古代的道门中人尚无当今的科学意义的"通讯"概念,但力图将某种信息散发出去或者接受过来这种情形却是确定的。从这个角度看,我们可以把道教科仪当作一种独特的通讯语言看待。各种科仪元就是这种通讯语言的词汇,科仪体是词组,科仪群是句子或段落。构成科仪程序的原则便是它的语法。从这些层面,我们照样能够揭示出道教科仪与易学象数的内在关系。

要证明道教科仪的语言通讯特征,并且阐释它与易学象数的关联,有一个前提首先必须予以确认。这就是它的表意功能问题。任何一种语言都必须能够表意,即具备传达思想情感的功能。道教科仪是否具备表意特征呢? 回答是肯定的。因为道教科仪是自然语言、心念意象、动作造型的混合编码,这三者都是一定社会历史条件下的产物,是一种精神积淀品,故具备表意功能是毋庸置疑的事。

所谓"自然语言",是指在一定历史时期自然形成的社会成员间作为思想交流的可发声符号组合系统。道教科仪中常有"宿启""诵经"等节目,其言辞都是以古代汉语写成的。因此,这具备自然语言特性是不言自明的。再说,科仪中的心念意象乃是行持科仪之人因祈祷等心理活动所造成的内在形象,它们是意念的产物,但归根结底却可以从外在世界中找到本原,故而在本质上也是赋予物象以某种代码意义。至于动作造型,那是服务于整个科仪目的的。诸如三跪九叩、化坛、烧香、捻香之类,作为个体都有一定的意指,合而成为程序,更是寄托了科仪行持之人的特定思想观念、情感愿望等等。

有了交通对象又具备了表意功能,道教科仪的语言特征也就显示出来了。但是,这种语言又是如何成为"通讯手段"的呢? 这牵涉对通讯概念的理解。所谓"通讯",不同的学派可以有不同的理解或解释。一般地说,通讯是一种行为。在这种行为中,信息的发出者按一定的代码,通过一定信息媒体,将该信息传达给信息的接受者。这个通讯定义包含着六大要素:(1)信息发出者;(2)语境;(3)信息;(4)信道;(5)代码;(6)信息接受者。

从上面的分析中,我们知道,道教科仪不仅有实施的主体,而且有"交通对象"。如果把实施主体——科仪行持之人(操作者)当作信息发出者,那么其交通对象则可以相应地看作信息接受者;反过来,如果把交通对象看作是信息发出者,则科仪行持之人(操作者)又可以看作是信息接受者。而中间的四个要素,最重要的是信息。因此,我们有必要对道教科仪的信息性作一番侧重的考察。

由于道教科仪是以符号的形式出现的,这必然会具备信息性。因为符号是意义的代表,它与意义不可分割地处于统一体中。符号所代表的意义也就是信息。根据文字学的会意法,我们知道所谓"信"乃是由"人"与"言"的组合,故"信"可以理解为人之言。而"息"字则可以理解为发言者心灵的表达。科仪行持之人选择一定的符号传达心声,这就形成了独特的道教科仪信息。

事实上,道门中人对于科仪的传讯功能是有自觉认识的。如科仪中的种种法器供品往往被看成传递信息的工具。譬如说"符节"便被当作"信"的象征。符节古已有之。《说文解字》称:"节,信也。"《周礼·地官·掌节》云:"掌节,掌守邦节而辨其用,以辅王命。"被当作信物的"节"在中国古代不仅有专人掌管,而且有品位之分。据说,守邦国者用玉节,守都鄙者用角节。这种以"节"为信物的传统在道教中得到了继承。《太平御览》卷六百七十五引《列仙传》云:"先道有三十七种之节,以给仙人。"在科仪举行过程中,"节"被悬挂于杆上,作为交通的符信。这有点像今日电视机的接收天线装置。再如玉璧,在道教科仪中也是一种镇坛传信的法器。《上清灵宝济度大成金书》卷二十五称:玉璧"各径二寸四分,厚二分,圆形,虚中。法曰:玉者,纯阳之精,正洁之五物,可以盟感上真,故以为信。"道经中所讲的"信"虽然是作为信物来使用的,但它是象征,而象征即有代码功能,可传达信息。像"节""玉璧"之类在道教科仪中使用不少,它们在斋坛上的悬挂或安置,组合成一定的信息传递程序。

当然,在道教科仪中更具有信息特征的是那些文书之类的东西。如"关牒",这是付给神司的一种文书。道教认为神界也如人间一样,设立种种办事机构,如都城隍、州城隍、县城隍等等。要举行科仪,必须向城隍神奉上文书,以示开通。另外,像章奏之类在科仪中也经常被使用。若举行大型斋醮法事,章奏甚至是必用的。章奏本是世俗文书,道教仿效之,以为向神谢恩、陈述情状的文书。《老君音诵诫经》云:"一心章表,可得感切。""若过一事不尽,意不实,心不信,章奏何解!"这种运用世俗的通讯形式向神申明科仪内容的法度,表明道教把神仙圣界看如世俗官府一般,可通过投递文书或"直接"上堂陈述。可见,关牒、章奏之类是被赋予信息性的。尽管发送关牒、章奏之类是一种带有模拟特色的科仪元,但却反映了道教科仪的通讯观念。

那么,道教科仪中的种种"信息"又是怎样传递的呢?这有许多情况必须分别说明。由于古代的条件限制,那时还不可能想到用无线电来进行联络;不过,道门自有道门的信息传递办法。很早的时候,古人曾经通过邮驿来传送信件或公文军令,这种形式也被道教科仪所借用。道教举办外斋类科仪,要设立"四驿",这是仿照世间邮驿而建造的四座驿站,即蛟龙驿、金龙驿、风火驿、金马驿。每座驿站内都设有状如力士的神吏,手持黄色令旗。道门中人行仪作法时,据说可以书符相召,让这些神吏来传送符檄、表申之类。另一种传送信息的使者是所谓"直符"神。道教认为,一日十二时辰,每一个时辰都有直符神吏"值班";举行科仪时亦可依时辰不同而向相关的直符神发出邀召之符令。这样,直符神便可将有关表申送往仙真圣界,以便及时沟通处理。这种通过驿站神吏或十二时辰直符神来传送信息的方式主要运用于外斋类科仪中,尤其是大型斋醮法事中。至于内斋,由于是一种心理活动过程,其邮驿或直符是通过存想实现的。虽然并不像外斋法式要设立有形邮驿,但传递信息的通道或媒介还是有的,只不过这是一种心理意象而已。斋人在内心上存想,信息便随着其心理设定的"邮驿"而传送出去,或传递回来。总之,道教科仪的信息交流尽管只是一种宗教的心灵境界,但却构想了一个"通讯模式"。抛开那些神秘性的外壳和糟粕性内容,可以发现那种沟通人与外界事物的企图。道教科仪所具有的"通讯模式"虽然尚无现代物理学的意义,但对于心理学的语言通讯研究却具有独特的价值。

不过,假如进一步稽考,那就能够发现,道教科仪的通讯观念其实也以易学的符号理念为基础。虽然,在总体上,道教科仪包容了许多易学所没有的内涵,但其符号代码及人与它者的沟通思想却是出自易学的。首先,易学卦象所具备的符号代码性质早已为许多学者所认可。每一个卦甚至每一个爻都携带着相对独立的信息,但它们组合起来的时候,便意味着孤立的信息因素的有效意义。从最初的使用形态讲,易学的卜筮已经蕴含着信息由此及彼的传递,因为卜筮是力图从一种已知的存在获得未知存在状态的门径。在这个过程中,有一个将信息传达到人之外的沟通对象的环节。在古人的心目中,卦象是用来回答占问情形的一种昭示。既然有占问就有一个对象,这个对象是什么呢?从前人的种种描述可知,就是以"天"为总代表的一种"存在"。这个天,在易学中是复杂的概念,有时"天"具有自然属性,有时却又具备超人的神秘性。不论"天"具备哪一种属性,既然卜筮者把"天"作为一个对象,这在观念上便意味着沟通的企图。不管这种沟通在操作者心目中是"实在"的还是"假设"

的,其观念总是存在的。这一点与道教科仪在精神上是一致的,由此看来,易学中的卜筮与道教科仪一样,本有一种沟通对象。这就存在着企图通讯的前提。其次,卜筮的过程既是发出信息又是获取信息的过程。因为前来占问者,必须提供一些基本情况,诸如出生年月、地点以及希望了解的问题等等,将这些内容通过筮法的操作而代入卦象符号,从而提取某卦的卦辞与爻辞。这些卦爻辞便是一般性信息,卜筮者根据所得卦爻辞进行一番读解,这实际上就是力图使一般性信息化为具体信息。如果说,道教科仪在信息处理上是以"发出"为主,那么,易学的卜筮则以获取信息为主。甚至可以说,获取某种信息乃是易学卜筮的实际目的。尽管信息处理上存在着差别,但在信息交通的特质上两者却又是一致的。再次,易学的信息处理模式,在汉代以来由于更加注意时空的对应性,这就使其符号描述更具有确定性。例如十二消息卦与十二个月的配合、月体变化与干支卦象的配合都显示了时空的确定意义。这在古代的社会生活和生产活动中无疑具有了重要影响。道教科仪承此符号描述形式,其建构者力图通过科仪步骤的实施而在一定的时空中获取某种有益生存的信息,这正是易学时空与卦象符号对应与感通思想的发展和流变。

(本文摘自国家社会科学基金项目——"道教符号学与神秘主义研究"结项成果资料,1999 年打印稿,收入时略有更动)

# 道教摄生法门与易学关系考释

中国道教是一种以关注生存问题为本的传统宗教。近两千年来,道门中人在如何养生问题上,积累了丰富经验。此等经验口口相传,且有许多见诸文献记载。除了内丹一类具有比较严格程序的修持法门之外,道教还相当重视日常生活起居的调养。为了说明此等法度,道门中人也注意引人《易》学原理,从而形成了别具一格的叙述风格和养生理念。为了发掘其生活价值,今就"摄生月令"与"心易"方面,略加考释。

## 一、摄生月令

《云笈七籤》卷三十六录有《摄生月令》一篇,按照《周易》十二辟卦分述每月的摄生法门。为什么必须依据《周易》卦爻象数与义理来指导日常的养生问题呢? 作者从先贤养生要则的介绍入手,来论述这个问题。作者开篇即云:

> 夫摄生大体略有三条:所为吐纳、炼藏胎津,驻容;其次饵芝木,飞伏丹英;其三,五谷资众味。终古不易者,生生性命,必系于兹也。[①]

此处所谓"摄生"就是保养生命。按照作者的看法,保养形体性命主要有三大要素。第一是关于炼养气血方面的,因为"吐纳"就是吐故纳新,系指气的交换,而"炼藏胎津"就是通过精神的调节,而使人体内在的津液能"藏"能通,从而达到"驻容"不衰的目的;第二是关于"饵服"药物方面的,因为"芝木""丹英"都是药物名;第三是关于饮食起居方面的,"五谷"是主食,这必须与其

---

① (宋)张君房:《云笈七籤》卷三十六,《道藏》第22册第254页。

他食物之味相配合,以获得滋养。作者认为,这三大要素,是养生所不可缺少的。但如何调理,才算得当,这是大有学问的。为了进一步说明"摄生"的重要性和准确方法,作者又引述扁鹊养生论、彭祖摄生论、《黄帝内传》《小有经》等诸多经典,以作论据支持。总括起来,作者认为摄生关键在于明了"用食延生、顺时"之道。落实到具体生活中,这就是要依卦象、义理而行事。他将一年四季十二个月与《周易》"十二辟卦"结合起来考虑。孟春《泰》卦,仲春《大壮》卦,季春《夬》卦;孟夏《乾》卦,仲夏《姤》卦,季夏《遁》卦;孟秋《否》卦,仲秋《观》卦,季秋《剥》卦;孟冬《坤》卦,仲冬《复》卦,季冬《临》卦。

一年四季十二个月与卦象之配并非是一种机械之凑合,而是体现顺时颐养的理则。例如,关于孟春,作者说:

> 是月也,天地俱生,谓之发扬。天地资始,万物化生。夜卧早起,以缓其形,使志生生而勿杀,予而勿夺。君子固密,无泄真气。其藏肝,木位在东方,其星岁正月、二月、三月,其卦震,其地青州,其书《诗》,其乐瑟,其帝灵威仰,其神勾芒,青龙为九天,白虎为九地,其虫鱼,其畜犬,其谷麦,其果梅,其菜韭,其味酸,其臭腥,其色青,其声怒,其液泣。立春木相,春分木王,立夏木休,夏至木废,立秋木囚,秋分木死,立冬木没,冬至木胎。①

孟春也就是正月,天与地在此时的基本功能都是主生,这就叫作发扬光大。天地凭借着这种禀性而开始,万物因此而孕育生长。对于人来说,在这个时候,不能太早睡觉,而应该到了子夜才进入睡眠,并且应该早一点起床,以便恢复形体的活力,使自己保持生生不已而没有杀害、给予而不夺取的心志。君子固守微密,不要泄漏真阳之气。对应于孟春的脏腑是肝脏,五行之木位在东方,木位所临星岁有三个月,那就是正月、二月、三月。所临后天卦位是《震》卦,所应之地域是青州,要研读吟诵的文书是《诗经》。适合演唱的乐器是"瑟"。对应的帝灵威仰,而神则是勾芒。青龙代表九天,白虎代表九地。对应的虫类是鱼,对应的畜类是狗,对应的五谷是麦子,对应的水果是梅子,对应的蔬菜是韭菜,对应的味道是酸味,对应的气味是腥,对应的色彩是青色,对应的声音是

---

① (宋)张君房:《云笈七籤》卷三十六,《道藏》第22册第154页。

怒声,对应的液体是泣。立春之时,木处于相位;春分之时,木处于王位;立夏之时,木处于休位;夏至之时,木处于废位;立秋之时,木处于因位;秋分之时,木处于死位;立冬之时,木处于没位;冬至之时,木处于胎位。

《摄生月令》论孟春,从天地的"发扬"特性入手,着重说明"生生勿杀"的理念。这种思想乃出于《周易·系辞下》。该篇的一句名言叫作:"天地之大德曰生。"在《系辞下》看来,天地的最根本德行之一就是"生化"万物。因为《易经》阴阳爻之交合变化而形成六十四卦,这本身就是宇宙万物化生的符号写照。在这种思想指导下,《摄生月令》依照卦象比拟以论时令之养生。就孟春时节而言,人们应该吃什么蔬菜水果、使用什么乐器,这都可以从"春木"的物象得到启迪,而关于"木位""星岁""勾芒"等一系列物名、神名实际上都可以看作《泰》卦的符号转换形式。除此之外,还有三点值得注意:其一,为什么正月配《泰》卦呢? 这是根据夏历"月建"而来的。古以十月为岁终,而以十一月为岁首,所以配上十二地支,则十一月即建"子",也就是配上"子丑寅卯"中的"子",于十二辟卦则合于《复》卦。依此类推,十二月即建"丑",于十二辟卦则合于《临》卦。到了正月就是泰卦了。其二,在论述过程中,又出现了一个《震》卦,这是为什么? 乍一看来,似乎作者逻辑混乱;其实,这个《震》卦是从定位角度说的。前者之卦象——《泰》卦在于明"时",而后者之卦象——《震》卦在于明"位"。关于此,只要我们推究一下作者论"孟秋""孟冬"的文字就可以看出来。尽管《摄生月令》作者在"孟夏"之论中没有言及其卦位,但"孟秋""孟冬"则都有相应的明确表示,"孟秋"属之《兑》卦,孟冬属之《坎》卦,再反顾孟春之《震》卦,可以推断孟夏所属为《离》卦。这样,震、兑、坎、离即居于四正方。关于这种排列,还需要说明的是,作者这里的卦位并非仅仅只是属于"四孟",他在言及孟春、孟夏、孟秋、孟冬这"四孟"时又述及同一季度的其他相邻月令,如孟春在正月之后,复叙二月、三月,孟夏之后叙及五月、六月,孟秋之后叙及八月、九月,孟冬之后叙及十一月、十二月。由此可见,《震》《兑》《坎》《离》"四正卦"每一卦各管三个月。其三,作者在论孟春之"木性"时是从发展的立场来看问题的。他应用"旺相休囚"的循环变化观描述五行之木的地位变迁,通过立春、春分、立夏、夏至、立秋、秋分、立冬、冬至这八节气的轮转,以揭示"木"从相到王,再到休、废、囚、死、没、衰的历程。这种解释尽管相当朴素,但却表现了作者顺时养生的"法变"思想。

从孟春之论中,我们已经可以发现,《摄生月令》作者对于"时"与卦象关系之分析并非是孤立静止的,而是从联系的立场看问题的。他从"旺象"中看到日后的"衰象",而从"衰象"中同样也看到了新的生机。这就说明,作者论四时养生乃紧紧扣住了《易经》的变化哲学。这就使日常生活起居的"卦象论"与金丹大道论一致起来了。

## 二、心易法门

在道教中,炼丹养生,这并非只是一个生活技术问题,而且也是一个重要的哲学问题。为了从理论上加以概括,从而使之更能在现实生活中发挥效用,道门中人不断地从易学中汲取资源,并将这种资源加以灵活应用。其结果,不仅刺激了金丹养生论的充实,而且促进了道教易学理论的发展。其重要表现之一就是"心易派"的形成。自北宋陈抟、张伯端以来,道教比较注重研讨心性之学,贯彻到《周易》研究中,便出现了所谓的"心易"。宋末元初道教学者李道纯是其代表人物之一。李道纯对心易尤其重视,在《道德会元·序》中,他明确将自己所探究的易学称为"心易":

> 窃谓伏羲画易,剖露先天;老子著书,全彰道德。此二者,其诸经之祖乎? 今之学者,未造其理,何哉? 盖由不得其传耳。予素不通书,因广参遍访,获遇至人,点开心易,得造义经(似当作"易经")之妙。

李道纯很坦率地说:我私自以为伏羲圣人画下了最初的八个卦象,那是剖露先天之学的玄机;老子撰写五千言,全在于彰显"道德"的大义。《易经》与《道德经》,该可以称得上众多经典的学理祖脉了吧? 可是,今天的许多学者,不知道其中的真谛,这是为什么? 总的来说,是因为得不到真传。我向来对经书并不精通,所以广泛参阅,访问大德,终于遇到了学问高深的"至人",经过至人点拨开导"心易"的玄旨,我才领悟了《易经》的奥妙所在。

李道纯把《易经》与老子《道德经》相提并论,而且贯通起来。他在解释《道德经》时常常结合《易经》原理,而在发掘《易经》秘义时又会通《道德经》的思想旨趣。在他看来,这两部经典是修道养生的最为基础性的典籍,汇合起来,便于领悟道门之妙谛。他的所谓"心易"实际上就是会通《易经》与《道德经》的一种指导养生修道的理论。从更为广泛的视点观照之,我们可以看出,其心易理论实际上是以"道"为体,而以"儒"为用,表现了一种儒道相兼的特色。

从内容来看,这种"心易"乃是以"中和"思想作为中心原则的。李道纯为了发挥其心易,曾作《中和集》。在这部书中,李氏于"玄门宗旨"下首列"太极图",以明"四正中直,发无不中"的精义。世人知之,太极图本出于大《易》,李道纯据之以作宗旨,说明他著述之根本就是"易道",所谓心俱太极,"万物之理悉备于我矣"①。在他心目中,"太极"就是心易的基本表象,而这种表象之中即包含着"中和"精义,学习心易的关键就在于悟"中和"妙谛,足见"中和"二字乃是他论心易的原旨。

"中和"之说本儒道两家所共有。历史上,以孔夫子为代表的儒家学派和以老子为代表的道家学派尽管在思想体系上颇有不同,甚至在一些具体问题上的主张还有相左之处,但它们发端于共同的理论根基,所以在一些问题上又有共同基点。譬如"中和"论便是。孔夫子提倡"中庸之道",这是大家所熟悉的。"中庸"虽然不能等同与"中和",但其理论立足点却是一致的,其要义所在就在一个"中"字。"中"者,不偏不倚得正之谓也。

在儒家学派将"中"的思想用于政治伦理之时,道家学派则将之用于解释宇宙之演化与待人处事。《道德经》第四十二章谓"冲气以为和"。此处之"冲"即与"中"相通,冲气即是中气,中和之气。再如《道德经》第五章所云:"多言数穷,不如守中。"这是"尚中"思想的明确表达。从道家的宇宙论、处事论里,我们也可以找到李道纯"中和说"的渊源。

当然,也应看到,李道纯会通儒道,并不是停留于原初的起点上。他从前贤论述中抽取"中和"概念,将之升华,成为阐述心易的总纲。围绕易学的太极图,他着重说明"冲和化醇"的意义:

> 是知万物本一形气也。形气本一神也。神本至虚,道本至无,《易》在其中矣。

————

① (元)李道纯:《中和集》卷一,《道藏》第4册第483页。

天位乎上,地位乎下,人物居中。自融自化,气在其中矣。

天地,物之最巨;人于物之最灵。天人一也。宇宙在乎手,万化生乎身,变在其中矣。

人之极也,中天地而立命,禀虚灵以成性。立性立命,神在其中矣。

命系乎气,性系付神。潜神于心,聚气于身,道在其中矣。[①]

这里所引是李道纯《太极图颂》二十五章中的部分内容。大家知道,太极图是以《易》"太极"说为依据的。宋元以来,太极图流行颇广。从某种程度上看,太极图甚至已经成为读《易》的入门法象。李道纯颂扬太极图虽有借题发挥之处,但总的来讲,仍是据易理而发。他在此涉及天地人"三才"之关系以及"神""变""道"诸范畴,这些都是大易之学本具有的。李道纯所说的"易在其中矣"就是说《易》在太极图中,他颂扬太极图可以说就是颂扬大《易》之道;换言之,此乃以太极图为表征,推演引申心易要理。就在这种颂词里,李道纯五言"其中",足见"中"这个概念在李氏的探索里是多么重要。他不但数言"其中",而且强调"和"。在他看来,心易所言"气""变""神""道"都是太极"冲和化醇"的表现。李道纯这些论述尽管是一种哲理性的发挥,但于炼丹和生活起居的养生方面却有指导意义,因为道门中人向来把人置于宏观宇宙中来考察,故其炼丹养生归根结底必须从宇宙论、心性论的哲学高度来加以认识,这才能获得悟性的提升。李道纯是宋元一位很有影响的道教学者,所以他的"心易"可以说代表了道教养生哲学的一种新的发展趋势。

[本文曾以《易道丹法理念与日常生活起居》为题,最初在"茅山中国道家文化研讨会"上宣读,并收入《二十一世纪中国道教展望——茅山中国道教文化研讨会会议论文集》(2001年),其后经过修订,正式发表于《古籍整理研究学刊》2000年第6期,收入本书时略作修改]

---

① (元)李道纯:《中和集》卷一,《道藏》第4册第484页。

# 心法与《易》学

中国古代，一向重视"心"的功能和作用。医学家、哲学家、宗教家都从不同的角度对它进行探讨，从而形成了发心之微、解心之谜、函养心元、依心悟理的流派，称之为"心法"。

在古人看来，"心"具有精神与物质的两重性。因此，"心法"也就包括了思想意识修养与炼气强身两大内容，而这两者又是交错在一起的，并且渗透于其他领域，成为一个包容至广的哲学命题。

心法在儒、释、道三家中都有论及。这里主要谈道教心法与《易》学的关系。心法与《易》学，这本是两个不同的范畴，前者的主体在于"心"，后者的根本在于"易"。然而，心法与《易》学并非不可逾越；相反，在中国文化史上，二者之结合不仅成为事实，而且关系至为密切。

## 一、依《易》理炼本心

修心，对道教来说，是一个十分重要的问题，往往给予强调。因此，修心又称作"炼心"。为什么要"炼心"呢？因为在道教看来，"心"乃是能否变化气质，"化形而仙"的决定因素。《黄帝阴符经心法》卷上："心者，一身之君，万化之机要也。"①同书卷中亦称："心者，身之主也；神者，心之宝也。"②这就是说，神由心出，要凝神就必须"炼心"。可是，凡人之心却往往为外界色相所干扰或诱惑，从而出现差错，招致灾难。《紫元君授道传心法》云："凡俗之人，妄求

---

① 《道藏》第 2 册第 800 页。
② 《道藏》第 2 册第 803 页。

外法,失我道元,致人之有死者,世世不知有万亿数也,盖为失却道根。"①可见,道教心法的提出,正是出于对这种危险的认识。

关于"危险"问题,先秦儒道两家早有论述。儒家创始人孔子所言"三戒"实暗示了在人生发展三大阶段中都潜藏着危险:年青时,血气未定,好色必入色险;壮年阶段,血气方刚,有斗之险;老年时期,血气已衰,有多得之心,食饮过度,亦有损寿之险。② 在《中庸》里也有类似的论述:"是故君子戒慎乎其所不睹,恐惧乎其所不闻,莫见乎隐,莫显乎微,故君子慎其独也。"③之所以要慎乎耳闻目睹,隐微之间,就在于其中亦不乏险情。

道家虽然在许多基本问题上与儒家不同,但关于"人心"与外界的联系中存在着危险的问题则不仅不予否认,而且论及颇多。《老子》第十二章曰:"五色令人目盲,五音令人耳聋,五味令人口爽,驰骋田猎,令人心发狂。"④在老子看来,险存在于客体与主体的联系之中。五色、五音、五味,这是客观世界作用于主观世界的基本要素,有迷惑人的感官的一面,人若未能克制自己,终陷险境。庄子更是一个对险境十分敏感的人。在《人间世》中,他描述了世人为了名利,你争我斗的情景。他以历史事实证明,有名利之心,必有相残之举,于是兴师动众,绞杀疆场,国破身亡。

儒道两家关于"危险"的论述,无疑是道教为避险而建立"心法"理论的直接来源;然而,若进一步发掘,不难看出,道教避险的思想,其最终的根基则是《周易》。在《周易》卦爻辞中已言及险境。《坎》卦六爻几乎都谈到了危险和凶象问题。如"初六"爻辞曰:"习坎,入于坎,窞,凶。""九二"爻辞曰:"坎有险,求小得。""六三"爻辞曰:"来之坎,坎险且枕,入于坎,窞,勿用。"《坎》之卦画,下坎上坎相重,内阳外阴一体。习为重,坎为险,故"习坎"即重险。坎乃水之象,水居坎中,潜而不察。水相接而流动,坎相迭而险剧。陷于坎水,难于自出,故其象凶。《坎》卦爻辞表示了人们处世行事的艰难和曲折。

在《周易》的启发下,道教更看到了危险的多样性。不仅在同自然界的接

---

① 《道藏》第 4 册第 314 页。
② 参见程树德撰,程俊英、蒋见元点校:《论语集释》,北京:中华书局 1990 年版,第 1154 页。
③ (宋)朱熹:《四书章句集注》,北京:中华书局 1983 年版,第 17 页。
④ (魏)王弼注:《老子道德经》,《二十二子》,上海古籍出版社 1986 年版,第 2 页。

触中存在着危险,而且在处理人与人的相互关系中也存在着危险,甚至人体自身也存在着危险,而最大的危险莫过于人心的放纵导致行为的出轨。如《太平经》说:"夫用口多者竭其精,用力多者苦其形,用武多者贼其身,此者凶祸所生也。子慎吾之言,不可妄思。思之善或有德,思之恶还自贼,安危之间,相错若发髻,子戒之无杂思也。"①在这里,《太平经》紧紧扣住一个"思"字,以为"危险"的最终根源就在自己心里。由于"心思"的不检点,从而使危险程度不断递进,先是伤精,再而苦形,直至身死。可见,《太平经》之论"险"是就"人"的角度而言的。它把危险的根源反归于"人心",显然是不全面的,但从中却可以看出道教提倡"炼心"的用意。

如何"炼心"呢? 概而言之,包括两方面的含义:一是心灵深处的伦理道德修养;另一是在恢复本心的纯洁宁静基础上充分发挥其功用,以导引内气的循环往复,从而"返老还童"。这两方面是道教心法的根本内容,其基础依然是《周易》之理。

**(一)道教伦理修行观发自《周易》"洗心""退藏"的思想**

"洗心"与"退藏"之论首见于《周易·系辞上》,"子曰:'夫《易》何为者也? 夫《易》开物成务,冒天下之道,如斯而已者也。'是故圣人以通天下之志,以定天下之业,以断天下之疑。是故蓍之德圆而神,卦之德方以知,六爻之义易以贡。圣人以此洗心,退藏于密,吉凶与民同患;神以知来,知以藏往。"②所谓"洗心""退藏"本来是就《周易》卦卜而言的。古有疑事,卜于神明,以求其解。"洗心"即通过占卜来解疑,疑释则心自澄清,有如神水洗过;而"退藏"本指将所卜之事记下收藏,作为经验。不过,"洗心""退藏"当也包含着伦理修养的问题。《易传》作者以为君子要成就大业,尤其必须注意自己的德行,如下文所云"吉凶与民同患"即包含了与老百姓同生死共患难的美好德操。因此,"洗心"又具有"洗"去私心杂念而达"公心"的含义。"退藏"亦当有于幽深之处内省的意义,所谓"君子居其室,出其言善,则千里之外应之,况其迩者乎? 居其室,出其言不善,则千里之外违之,况其迩者乎?"③说明君子之心极

---

① 王明:《太平经合校》,北京:中华书局1960年版,第26页。
② 黄寿祺、张善文:《周易译注》,上海古籍出版社2004年版,第519页。
③ 黄寿祺、张善文:《周易译注》,上海古籍出版社2004年版,第508页。

为重要。心思起,言行出。此为"君子之枢机。枢机之发,荣辱之主也"①。据此,则"退藏"内省也就十分重要了。概而言之,《周易》之"退藏""洗心"简要地反映了内心道德修养的必要性和方法。这在后来的儒家经师那里得到了发展,形成了以"忠孝"为核心的伦理思想体系。

"洗心""退藏"的伦理修行观念在早期道教典籍中即有所发挥,如《太平经》卷五十《去邪文飞明古诀第六十七》云:"相应者,乃当内究于心,外应于神祇,远近相动,以占事覆下,则应者是也"②。所谓"究心",其出发点及目的与《周易》之"洗心"实际上基本相似。《易》欲"洗"心上之疑,离不开"神告"与"占卜"两个方面。而《太平经》在此亦要求应神祇,覆占事,这也是为了去掉心上之疑与污,从而积善,合于"天心"。当然,道教所倡"究心"相比《易传》已增加了不少新内容。"究心"即是要使心合于"天心",达到至善。这个"善"的范围是很广的。因此,"究心"包括了破和立两个方面。破也就是"洗"去心灵上的罪恶念头;立就是要求内心深处时时想到善事,以指导自己的行动。其中有其合理性的因素。但必须指出,道教从《周易》"洗心"观念发展起来的"究心"伦理修行法是十分笼统而又神秘的,它处处抬出神灵作为号令,以强调为善的内心修养,这就把《周易》本来具有的某些神秘因素向前扩展了;同时道教所指的"善"实际上是以中国传统的道德为基本标准的,故其"究心"便是宗教神秘主义与传统道德观念的结合。

道教之所以发展《易》的"洗心""退藏"思想作为伦理修行的起点,这是因为道教虽然追求羽化登仙,但那仅仅是最终目的,要达到那一步,在道门中人看来,不是轻而易举的,那是一个长过程。道教以为,人是因"道"而产生的;离道以后,人便逐渐地受到社会不良习气的污染。修仙就要逆反归魂,它将《周易》"退藏"的观念加以变通,取其"退"意,要求在伦理道德方面恢复远古时期那种纯朴无华的特征,又称作"真","求真"便是"退藏"归本的道德目的。既然人类已经走到一定的历史阶段,"退藏"归本也就必须先从人类社会的品行完善做起,这就叫"欲修仙道,先修人道"。就"退藏"归本的第一步

---

① 黄寿祺、张善文:《周易译注》,上海古籍出版社 2004 年版,第 508 页。
② 王明:《太平经合校》,北京:中华书局 1960 年版,第 169 页。

看,它同《易传》所说的基本伦理道德修行是不予盾的。

**(二)道教调心养气的总方针即《易》的"逆数"之法和"日月"之义**

当心灵恢复了纯洁的本来面目时,就可以进一步地通过调心行气,以达到形体的完善,使"内美"化为"外美"。

正像"心法"实行的第一步即伦理修行方面,道教提倡"退藏"复归一样,在调心养气方面也必须贯彻复归的思想。道教认为,人在降生之前,精、气、神本来是没有分别的,是一种混融的状态;人降生之后,由于外界的刺激,思想渐生并畸形发展到干扰身心健康的地步,长此以往,身将不身,而人体之所以坏朽就在于顺路直走而不知回头。修仙恰好与世人相反。要使已经分离的精、气、神重新统一起来,那就必须复归于婴儿。《周易参同契·中篇》说:"将欲养性,延命却期,审思后末,当虑其先。"[1]也就是说要把自己的朝向掉转一下,所谓"刚施而退,柔化以滋,九还七返,八归六居"[2],这无非说炼气是一种柔退反归之道。《周易参同契》这种思想对以后的炼丹术有极大的影响,弘扬其学者接踵而至。不过,揣摩其大义,可知此乃本于《易》"逆数"之法。《易》之卦画,每卦六爻,皆自下而上,至上而反,复以初爻。故《复》卦辞曰:"反复其道,七日来复。"以日为计,至第七日复归初爻;以月为计,至第七个月亦复归初爻。此乃"天行"之大义,春夏秋冬,阴阳交替。《易》的"逆数"之法与道教心法之"养气炼形"宗旨虽然有一定区别,但也说明"逆数"之法乃是"养气炼形"、变化气质观念的前提。

调心养气的总方向是复归的。但如何复归,还有个关键问题,这就是掌握"养气"的"火候"。道教把"调整呼吸",导引内气的运转比作外丹烧炼。"火候"即是根据程序掌握其中的阴阳变化。道教认为,呼吸正像日月运行,有升有降。这种思想也是源自《易》道的。在《易》学中有"日月为易"的说法。后之学者又将日月配坎离,坎离配水火,于是日月、坎离、水火便一一相应。道教吸取了这种符号象数之学,作为调心养气的一个根本性原则。道教认为:心属火,肾属水。火的本来特性是炎上,水的本来特性是下流。如此,则各自分离,

---

① (五代)彭晓:《周易参同契分章通真义》卷中,《道藏》第20册第148页。
② (五代)彭晓:《周易参同契分章通真义》卷中,《道藏》第20册第148页。

越离越远,终入死境。修行养气则是要促使水火的运行轨道来一番改变,即让心火下降而济于肾,肾水上升而交于心,于是坎离易位,心肾相交,水火既济,阴阳运转,炼精化气,炼气还神,炼神还虚,脱胎换骨,同乎"大通"(庄子语)。

总之,在道教心法中,不论是"人道"伦理修行还是调心养气的修炼方术,其基本原理乃是出自《易》学,是《易》道的应用、发挥和引申。

## 二、以心法解《易》道

由于道教的"心法"以《易》学为基础,在其内容上广泛地应用、发挥和引申了《易》的基本原理,于是在相当多的道门人士中便造成了这么一种感觉,即《易》道与"心法"似乎就是一个体系,从而反过来以"心法"思想来解释《易》学的法则便成为一种潮流。

把《易》与调心养气之学汇为一体,这在汉代魏伯阳的《周易参同契》已初见端倪。《周易参同契》一书对"心"的阐述不为少见。如《中篇》云:"二气玄且远,感化尚相通,何况近存身,切在于心胸。"[1]此乃说明"心"在运气中的指导作用。又说:"心专不纵横,寝寐神相抱,觉悟候存亡。"[2]心的指导作用便是表现在"专一"这点上。《周易参同契》虽未出现"心法"这个概念,但实已包含了"心法"的基本内容。《周易参同契》把这种调心炼气之法看成是出自黄老道家。在附篇《五相类》中,作者写道:"引内养性,黄老自然,含德之厚,归根返元;近在我心,不离己身。"[3]这可以称作"一道";复有炉火、《易》理"二道"亦为所取资。作者认为,大易、炉火、黄老本来就是一个东西,所谓"三道由一"[4]。显然,这不仅仅是应用《易》理来建造调心养气的理论,而且是直接将它们融为一体。

把"心法"的内容同《易》学看成一个体系,这同《列子》论《易》的一段话也有关联。其《天瑞篇》在谈到太易、太初、太始、太素的发展程序之后说:"易

---

① (五代)彭晓:《周易参同契分章通真义》卷中,《道藏》第20册第149页。
② (五代)彭晓:《周易参同契分章通真义》卷中,《道藏》第20册第149页。
③ (宋)俞琰:《周易参同契发挥》卷九,《道藏》第20册第260页。原文误作"黄光自然"。
④ (宋)俞琰:《周易参同契发挥》卷九,《道藏》第20册第259页。

无形埒,易变而为一,一变而为七,七变而为九,九变者,究也,乃复变而为
一。"①《列子》道出了《易》的数理变化。在列子看来,《易》变的起点是"一"。
后来的道门中人索性把"易"与"一"等同起来,称"《易》者,一也"。并且成为
很通行的一种解释,故在朱震《汉上易卦图》中也可见到。"一"有时又通于
"太一"。《无上秘要》卷五引《洞真太丹隐书》曰:"太一者,天之源;日月者,
天之眼;玄液者,天之渊;六虚者,天之光;幽宫者,天之府;神器者,天之化;元
灵者,帝之变。凡此言九天者,乃混合帝君之变,变而化九,是谓九宫。九宫混
变而同一矣。"②《无上秘要》所引这一段话纳进了许多道教神仙,在此可以置
之不论。值得一提的是,其核心思想仍然是《列子》由《易》而一,由一至九,由
九复一这个变化链条的展开。最后以"同一"为归。"同一"即混沌而无区别,
"回"到了"易"的原始状态,是"一"的否定之否定,通过螺旋式上升后恢复的
一种状态。这个"一"在道教典籍中有时又直接地等同于"道"。如《老子想尔
注》讲到"一"时,其注几乎与"道"差不多。至于"道"这个概念,道门中人往
往又把它同"丹"或"心""太极"等同起来。这样,"易""一""道""心"便成为
道教在论"心法"时互相转换的几个术语。如此,则《易》理终于又通向"心
法"。

由于道门中人有意识或无意识地在"心法"与《易》学中间划上等号,因此
在一些专门解释《易》学的著作里,大量地贯输"心法"内容也就不奇怪了。

在道教典籍中,以"心法"来解说《易》的一部引人注目的著作就是《正易
心法》,旧题"麻衣道者纂,希夷先生受并消息"。

《正易心法》的作者到底是谁,学术界有争论。有人肯定它确为"麻衣"原
作,陈抟注;但早在宋代,朱熹便提出怀疑。《晦庵先生朱文公文集》卷八十一
《书麻衣心易后》后云:"麻衣心易,顷岁尝略见之,固已疑其词意凡近,不类一
二百年前文字,今得黄君所传,细读之,益信所疑之不谬也。如所谓'雷自天
下而发,山自天上而坠'之类,皆无理之妄谈。"③又《再跋麻衣易说后》亦云:

---

① 《列子》卷一,《二十二子》,上海古籍出版社 1986 年版,第 195 页。

② 《道藏》第 25 册第 13 页。

③ 朱杰人、严佐之、刘永翔主编:《朱子全书》,上海古籍出版社、安徽教育出版社 2002 年版,第
5 册第 3833 页。

"予既为此说,后二年,假守南康。始至,有前湘阴主薄戴师愈者来谒,老且
躄,使其婿自掖而前。坐语未久,即及麻衣易说。其言暗涩,殊无伦次。问其
师传所自,则曰得之隐者。问隐者谁氏,则曰彼不欲世人知其姓名,不敢言
也……予以是始疑前时所料三五十年以来人者,即是此老。既归,呕取观之,
则最后跋语固其所为,而一书四人之文,体制规模,乃出一手,然后始益深信所
疑之不妄。"①看来朱熹是坚信《正易心法》是后人假托的。《正易心法》的作
者到底为谁,有待进一步考证,但至少说明在朱熹之前此书即已存在。

我们这里所要着重分析的是《正易心法》如何以"心法"说《易》的问题。
"正易"一语乃从《易纬·乾坤凿度·太古文目》而来。略云:"黄帝曰:观上古
圣,驱騧元化,劈椊万业,徒得为懋训,究体译元,肇赜浚澳,作沐悬心,轮薄不
息,以启三光,上飞籥风雨,下突济河沱,得元气,澄阴阳,正易大行,万汇生。"
郑康成注曰:"天下万汇易于世,为事几变易不定,能成万汇者。"②可见"正
易"即是流行变化之本易。《正易心法》开篇自释曰:"正易者,正谓卦画,若今
经书正文也。据周孔辞传亦是注脚。每章四句者,心法也。训于其下,消息
也。"③这表明了《正易心法》包括三个层次:一为卦画;二为心法;三为消息。
《正易心法》以心解《易》的特点主要表现在:

第一,试图跳出前人卦爻辞范围,直接以"心"领悟卦爻象数本义。第一
章云:"羲皇易道,包括万象,须知落处,方有实用。"④

"消息"曰:"落处,谓知卦画实义所在,不盲诵古人语也。"⑤《易》之卦画,
以乾坤为门户,乾坤生六子,震、坎、艮为三男,卦画阴多而性阳;巽、离、兑为三
女,卦画阳多而性阴,可知卦画本具阴阳之理,以象征天下万事万物。《正易
心法》不观卦爻辞,独以心悟,此等做法虽有疑古之勇,然则难以保证其说全
合于伏羲易象之大义。其实,仅在改造过的卦序基础上"悟"卦爻之义,乃是
出于调心炼气的需要。朱熹曾指出其特征:"所谓'一阳生于子月,而应在卯

① 朱杰人、严佐之、刘永翔主编:《朱子全书》,上海古籍出版社、安徽教育出版社2002年版,第
　5册第3835页。
② 《易纬乾坤凿度》卷上,《丛书集成初编》,北京:商务印书馆1938年版,第8页。
③ 《藏外道书》第5册,成都:巴蜀书社1992年版,第2页。
④ 《藏外道书》第5册第2页。
⑤ 《藏外道书》第5册第2页。

月之类'，乃术家之小数。所谓'由破体炼之，乃成全体'，则炉火之末技。"①朱熹虽然是从新儒学立场来看待《周易心法》的，但亦说明了《周易心法》正是为了修炼，故将有关炼心养气的内容充于其间。

《周易心法》既然是以心悟卦象，以合于修炼，则对于卦爻辞之作者不能不加以非议。如第四章云："易道不传，乃有周孔，周孔孤行，易道复晦。"②

按照《周易心法》作者的意思，伏羲氏作《易》仅有卦画，而无文字，以行不言之教，所谓"简而不繁"；后来越传越繁，文字解说越来越多。这种先有卦画后有辞说的看法当符合历史事实。然而，《周易心法》作者企图完全抛开卦爻辞，自己另搞一套，实亦非得其法。观其前后行文，不难发现，《周易心法》作者的立场是没有贯彻到底的。《周易心法》一边斥"周孔孤行"，一边又拿有关卦爻辞和《易传》内容作注解。如第二十三章"消息"云："盖乾为首，坤为腹，天地定位也。坎为耳，离为目，水火相逮也。艮为鼻，兑为口，山泽通气也。巽为手，震为足，雷风相薄也。此羲皇八卦之应矣。其理昭昭，但学者承误效尤，见不高远，其失至此。真人闵之，故开其眼目。"③此乃取自《说卦传》，后人因而定为先天卦位。《周易心法》以"真人"的口吻出现，其实亦难于摆脱前人关于义理解说道的思路。这种情形在其论"大衍定数"时仍然有所表现。第二十三章"消息"曰："尝密探宣尼述九卦，以履为用九，谦用十五，复用二十四，皆龙图大衍定数。"④所谓"宣尼"即仲尼，说明这一条解释又是从孔子那里悟出来的。《周易心法》想跳出卦爻辞的圈子，学以"心悟"，此等思路是有个性的，但企图完全抛开卦爻义理的解说方式却是困难的。

第二，以"血气"的观念说卦爻象位。"心法"除了"人道"修行的伦理意义之外，更重要的一个方面就是以心君制血气运动而强身。因此，在解释卦爻象数杂以"血气"之说自是成为《正易心法》的内容。试看第二章："六画之设，

① 朱杰人、严佐之、刘永翔主编：《朱子全书》，上海古籍出版社、安徽教育出版社2002年版，第5册第3833页。
② 《藏外道书》第5册第2页。
③ 《藏外道书》第5册第7页。
④ 《藏外道书》第5册第7页。

非是曲意,阴阳运动,血气流行。"①

"消息"曰:"阴阳运动,若一阳为复,至六阳为乾;一阴为姤,至六阴为坤是也。血气流行,若一六为肾,二为肺,三为脾,四为肝,五为心,始生屯,屯而为蒙,养蒙为需之类是也。卦画凡以顺此理而已。"②这里首先说明了卦爻本身所体现出来的阴阳运动。古以为,气之数起于一,偶于二,成于三,故经卦三画,重之为六,三少阳,六太阳,象春夏两季,此为乾之数,是为进数;到夏至,一阴生,坤主事,其数退,亦有六,三为少阴,六为太阴,三为秋,六为冬。春夏秋冬,天地相感,阴阳运动。至此为止,基本上还属于《易》学的范围。然而,《正易心法》则又向前迈进了一步,以五脏中的血气流行同卦爻相配。《易》之卦位爻位之法,以二五爻为君位,又二为阴而五为阳,心居五爻,其地位如君之施令,故心所指向,血气为之运动,如天地阴阳之运化。五脏血气的关系是否如此,另当别论。不过,我们可以看到,原来《正易心法》以"心"悟《易》就是要在调心养气时,探索脏腑血气的运行脉络,虽然也有综论《易》卦义理处,但其落脚点则是修仙。

以"心法"解《易》道的另一引人注目的表现,是把炼气的理论同"易图"结合起来。《易》有《河图》《洛书》之学。这在《易传》里已初有涉及。汉代纬书流行,于是"河""洛"之属纷纷出笼,不仅有说"河""洛"的专书,如《河图挺佐辅》之类,而且在非《河图》《洛书》类书里也广泛论及"河""洛",如《尚书·中候》《易纬乾凿度》等。后来,道教亦将"河""洛"之学作为理论基础之一。《太平经》丙部之七《伏古文名书诀第五十五》以及《太上灵宝五符序》卷上皆有应用之例。道门中人还根据有关文字记载,描绘"河""洛"图像,并且在此基础上逐渐演变出一系列的"易图"。考《道藏·灵图类》相当部分属于"易图"。此又《易》学之一大支流。道教作"易图",毫无疑问,大多是为了修炼。因此,"易图"同"心法"挂上钩也是不足为奇的。陈抟是传授"易图"的一个关键性人物,而他本人又是颇重心法的。尽管现存《正易心法》一书尚难于确定为陈抟所注(消息),但同陈抟的"易道象数学"肯定是有密切关系。如前面

---

① 《藏外道书》第5册第2页。
② 《藏外道书》第5册第2页。

提到的《正易心法》第二十三章所言之"龙图"即是"易图"之一,注者拿来以"血气"之说融于其间。宋代以后,"易图"之学更为时髦,以至形成了庞大的体系,而这些图亦基本上与"心法"之推行难以分离。宋末元初的著名道教学者俞琰[①]所作《易外别传》就是以"心法"解"易图"的典型。在解"先天图"时,他说:"愚谓月窟在上,天根在下,往来乎月窟天根之间者,心也。"[②]又说:"愚谓人之一身即先天图也。心居人身之中,犹太极在先天图之中……在《易》为太极,在人为心。人之心为太极,则可以语道矣。"[③]如此"心"与"太极"不异,而"太极"乃《易》之本根,则心亦为本根,此"易"乃为"心易"。

总之,心法与《易》学可以说在相当大的范围内相互渗透、相互影响。依《易》理炼本心和以"心法"悟《易》道,贯穿于道教发展的历史过程中。前者侧重于应用,后者侧重于解释,应用与解释相交融。就《易》的本来面目而言,以"心法"解之,固然并非正道;但就发展的角度而论,《易》理在"心法"中的应用,则又体现了《易》学的无限包容性和道门中人的某种创造性,这对于医学养生学来说无疑也是有意义的。

（本文与尊师卿希泰教授合作,卿先生为第一作者,原载《哲学研究》1988年第 11 期,收入本书时略作修改）

---

① 俞琰之名,文渊阁《四库全书》改"琰"作"琬"。
② （宋)俞琰:《易外别传》,《道藏》第 20 册第 313 页。
③ （宋)俞琰:《易外别传》,《道藏》第 20 册第 313 页。

# 全真道的内丹养生说与易学关系略论

　　全真道是产生于南宋金初、鼎盛于元朝的一个新道派,在中国历史上有过很大影响。在创教之初,全真道的领袖人物主要着力于组织机构的建设和布道活动。随着信仰者的不断增多,他们便开始注意道教理论问题的探讨。这当中,非常重要的一个方面就是内丹养生学说的丰富和发展。关于这个问题,前人已略有论及。比如,一些学者在分析其修道方法时便谈到了其内丹养生学说的特征等等。不过,关于如何把握全真道的内丹养生学说基本理论框架的问题,仍需要进一步的研究。笔者以为,要弄清这一问题必须结合"易学"理论来进行剖析,方能得到其要领。

　　《玉溪子丹经指要》卷中说:"敢问内丹如何以乾坤为鼎器,坎离为药物丹元? 曰:《易》云:天地设位而易行乎其中矣。鼎器药物俱在于斯。"①所谓"内丹"就是道教修炼的一种类型,也是全真道内丹养生学说的中心内容。按照《玉溪子丹经指要》的看法,内丹功要义所在就是一个"易"字,足见大《易》卦象数理体系在全真道内丹养生学说中举足轻重的意义。

## 一、全真道内丹养生学说与易学相关的原因分析

　　任何事物都有其缘起的原因。全真道内丹养生学说与易学发生密切关系,这自非偶然。

　　首先,从《周易》的内容、结构框架来看。就其本来面目而论,《周易》当然是一部占卜之书,但它的内容却相当丰富,而其形式更是别具一格。如果进行

----

① 《道藏》第 4 册第 411 页。

一番追溯,不难发现《周易》本身就包含着许多传统养生的观念。例如该书中的《颐》卦就是如此。经云:"颐,贞吉;观颐,自求口实。"《颐》之卦象,震下艮上,象征颐养。卦辞的意思是说,守持正固以颐养,可得吉祥;观察身外的颐养现象,就能明白获取口中食物的正道。所"口实"既可理解为补充体内能量的可吃物品,又可理解为可"食"之气体。宋人李中正《泰轩易传》卷三在解释《颐》卦之象时说:"颐卦二阳外周,四阴中虚,有颐颊之象。上止而下动,有颐养之象。颐肖离,离为龟,全卦之体,有龟之象。龟以气为养,不求养于人,此养正之义。"①这一解释自然是李氏的引申,但从中亦可看出"颐养"的观念乃具有调气养生的意义。再如《周易》中的《艮》卦,许多学者也已指出它暗示着内气养生的道理。其卦辞云:"艮其背,不获其身,行其庭,不见其人。"《艮》之卦象,乃艮下艮上,象征两山相重。对于这条卦辞,向来有许多不同解释。笔者以为,《易》处处贯穿天人一体思想。所以,既可从自然现象方面说明卦爻辞,亦可从人体角度发掘其意蕴。按《说文》,艮字"从匕目",这是集中视力,有所注意的意思。照这一说法,则"艮其背,不获其身"就是让意念专注于背部,而不顾及全身。为什么要这样做?明代林兆恩以为,艮背乃以"无用"为大用,注意力专注于背部就是以阴水浇阳火,使躁动之心宁静。② 不可否认,这已对《周易·艮》卦本有的思想作了新的发挥,但却也表明了养生学上的所谓"意念专注"法在《周易》中已初具端倪。当然,《易》学的养生价值更重要的还在于它为后来的学者们提供了一种宏观的思想指导和卦象描述体系。其中的"三才之道"和"天人相应"观念都成为中国古代内丹养生学说的基本思想原则;而其卦象在元气运行上则起了定量定位描述功能。故而,道教学者们对此颇感兴趣。早在道教诞生之初,道教学者即已援《易》以明内丹养生之理。从魏伯阳的《周易参同契》到《黄庭经》,从葛巢甫的《灵宝无量度人上品妙经》到崔希范的《入药镜》都是如此。全真道中人尽管在许多理论问题上与前代道教学者们不同,但就运用《易》道以说明丹功至理而论却有共同的思想旨趣。

---

① (宋)李伯谦撰:《泰轩易传》,南京:江苏古籍出版 1988 年版,第 121 页。
② 参见《林子三教正宗统论》,《四库禁毁书丛刊·子部》第 18 册,北京出版社 1997 年版,第 154—159 页。

其次,从养生学与中医学的关系方面来看。中国的养生学可谓源远流长。在原始社会时期,先民们为了对抗自然力的侵袭,为了防止疾病,本能地运用了调气养生手段。《吕氏春秋·古乐篇》载:"昔陶唐之始,阴多滞伏而湛积,水道壅塞,不行其原,民气郁阏而滞著,筋骨瑟缩不达,故作为舞以宣导之。"①所谓"陶唐"就是帝尧。在那个时代,由于自然环境的恶劣,疾病威胁着人们的生存。所以,人们便通过"舞"这种运动形式来疏通气血,祛病养生。这种"舞"可以看作一种原始的自发气功法式,而它的目的与我国传统医学是一致的。正因为古老的养生法门与传统医学在宗旨上的一致,所以后来具有系统化的中医学便包容了调气养生的内容。调气养生的实践活动为传统医学的理论总结提供了具体资料;反过来,系统化的医学理论又对调气养生活动给予了重要的指导作用。这一点,道教学者们是有具体感受的。故而,他们在进行内丹气法养生活动过程中注意医学理论的学习和研究。现存《正统道藏》《道藏辑要》《道藏精华》《藏外道书》中收有不少中医学的著作,像《黄帝内经》实际上已成为道教习医者的必读书。考查一下道教发展史,可以发现,历史上有许多道教理论家都精通中医学,有的还作出了杰出的贡献,如晋代的葛洪、南朝的陶弘景、唐朝的孙思邈都有医学著作行世。至于一般道教中人也要求学习医学。而大家知道,我国传统医学的理论基础乃是《易》学。关于此,前人论说已多。孙一奎在《医旨绪余》中说:"深于《易》者,必善于医;精于医者,必由通于《易》。术业有专攻,而理无二致也。"②由此可见,在中国古代,要真正精通传统医学,就必须研究《易》。在这种情况下,习医的道教学者们必然地去研究《周易》,从而把《周易》的哲理同传统医学的经络学说、脏象学说贯通起来,并用于内丹养生学说的建设和发展之中。这就决定了全真道人也必然像前代许多道教学者那样学习《周易》的象数与义理,其中有一部分领袖人物由于用功较多且又担负着指导其他信仰者学习教理的任务,因而也就潜心于大《易》之学的研讨。这些人有的留下了专门的《易》学著述,有的则贯通《易》道与丹法,在其传世之作里潜藏《易》学的思想轨迹。

---

① 《吕氏春秋》,《二十二子》,上海古籍出版社 1986 年版,第 643 页。
② (明)孙一奎著辑,丁光迪点注:《医旨绪余》,南京:江苏科学技术出版社 1983 年版,第 5 页。

## 二、全真道内丹养生学说与易学相关的内容探讨

全真道的创始人是王重阳。尽管他因教务繁忙没有撰写专门的研《易》之作,但却把《易》理应用于其修道布教生活之中。他的道号"重阳子"本身便隐含着《易》的卦数。《重阳全真集》卷一有诗云:"玄光夺得不追寻,炼就重阳灭尽阴。从此频添木上火,由斯再煮水中金。万般神应还谁见,一个真灵只自钦。聚则为形散为气,晴空来往永无心。"①由此可见,这位全真领袖号为"重阳"也就是要去掉一切阴气而免于生死轮回。所谓"重阳"就是阳上加阳,其根基就是《周易》的卦爻。《易》以"—"为阳爻,以"- -"为阴爻。故而"重阳"在卦象上便体现为阳爻的相叠。如何达到"重阳"之体呢?那就必须抽坎中之阳以填离中之阴,这样,阴气便"灭尽",阳体坚固。

王重阳不仅把《易》的卦爻象数寓于其道号之中,而且运用《易》理启迪其弟子顿悟养生真谛。据《金莲正宗记》及《甘水仙源录》所载,丁亥(1167)年秋季的一天,山东牟平有个富翁叫马钰同辽阳人高钜才游赏于范明叔之偶仙亭(一作"怡老亭"),酒酣而题诗,其末句云:"醉中却有那人扶?"第二天,王重阳自终南山来到山东牟平,进入遇山亭。马钰问王重阳从什么地方来?王重阳说:路远数千里,"特来扶醉人耳"。于是两人相与谈玄,甚是投机。经过一番"点化",马钰便待以师礼。王重阳更于坐功之后,通过"分梨十化"的方法进一步启发马钰皈依道教,修习内丹养生玄功。其法先赐梨一枚,后每五日芋粟各六枚,十一日分梨为二。自此凡经十日加一分,三旬加三,四旬加四,至十旬分为五十五块,合天地奇偶之数。这丹法奥秘何在?"可以口诀,难于书传。"不过,我们从中却感受到王重阳对《易》的熟谙。因为他的"分梨十化"合天地之数,其源盖出于《周易·系辞传》:"天数五,地数五,五位相得而各有合。天数二十有五,地数三十,凡天地之数五十有五。此所以成变化而行鬼神也。"②本来,《系辞传》这段话是为了演示筮法,但到了王重阳的手里却成了

---

① 《道藏》第25册第695页。
② 黄寿祺、张善文:《周易译注》,上海古籍出版社2004年版,第513页。

丹道修习的准则。前贤所谓"易道广大，无所不包"，于此可略见一斑。

王重阳之后，全真高道们更加注意研究《周易》，尤其是号称"北七真"之一的郝大通更为道门所推重。郝氏原名璘，自称太古真人，号广宁子，宁海（治所在今山东省牟平）人，"尝梦神人示以《周易》秘义，由是洞晓阴阳、律历、卜筮之术，厌纷华而乐淡薄，隐德于卜筮中。"①他后来从王重阳学道，著有修行问答歌诗及《周易参同契演说图象》等，凡三万余言，汇编而成《太古集》。从总体上看，这是一部应用《易》道以阐述内丹养生之理的专书。他在《自序》中写道："予常研精于《周易》，删《正义》以为参同，画两仪、四象、三才、八卦、六律、九宫、七政、五行、星辰，张布日月，度躔有无，混成以为图象，述怀应问诗词歌赋，共一十五卷，分并三帙，以慕太古之风，目之曰《太古集》。夫太古者：太谓太易、太初、太始、太素；古谓远古、上古、邃古、亘古。务使将来慕道君子知其不虚为者也。"②这段话表明：第一，郝大通的《太古集》是在精心研究了《周易》之后写的；第二，书名之所以叫作"太古"，首先是昭示其学乃出于远古"太易"之道；第三，他画两仪、四象、八卦等"易图"乃是为了使慕道君子知本归根。郝大通在阐述天地气象、阴阳变通要理之际，运用了一大串内丹气功学隐语，这就显示了他和前代的道教内丹养生家一样，乃是藉《易》象符号以明丹道。

由于全真道产生于宋《易》流行之后，郝大通的内丹养生学说也就带有明显的宋《易》的象数符号色彩，最突出的表现就是"图书"符号学的引入与变通。《太古集》卷二及卷三所收郝大通画的 33 幅图，在思路上与北宋《易》象数学之祖陈抟《易》学是一脉相承的。当然，郝大通的《大易图象》并不是一种纯粹的象数学。从宗旨上看，郝大通的图像也是为内丹养生实践活动服务的。为了能够更好地暗示丹功大法，他一方面采撷了前人已有的一些"易图"，从养生学角度进行新的解释；另一方面，他又创作了许多新的图式。在这些新创作的图式里，郝大通既贯彻了《易》学的基本思想，又力图体现内丹修炼的要领。像《三才入炉造化图》就是这样。"三才"是《周易》的基本概念之一；"入

---

① 《道藏》第 5 册第 431 页。

② （金）郝大通：《太古集·序》，《道藏》第 25 册第 867 页。

炉"是炼丹的术语,而"造化"则是法《易》炼丹的效果表现。他在解释此图时说:"夫三才之道者,天地人也。天元有十干之属,地元有十二支之属,人元有五行八卦之属。此三才而配于支干、五行、卦象之属,而入乎虚而出乎无,虚无之间而生长成就万物之功,不有怠倦者,因造作而必得所化。化之与造,为者本无为之化也。炉有三层十二门,火居于中,炼乎三才之真气,而合成道也。"①这一解释体现了郝大通符号转换的思路。从广义上看,无论是图形还是文字,都可以看作思想的符号。图形与文字可以互相转换,文字与文字之间也可以进行转换。郝大通正是通过转换来表达他的思想。他不仅把《周易》的"三才之道"转换成天元、地元、人元,而且进一步将三元转换成天干、地支、五行、八卦。经过这种转换之后,他把这些概念标在图形上,并运用曲线与直线将它们联系起来,形成了错综复杂的网路。这样,他所画的"三才入炉造化图"虽然是平面的,但由于使用的概念代表了不同的层次,因而就有了立体的意义。

郝大通《太古集》诸图象及解说比较集中地反映了全真道初创时期《易》学研究以及内丹养生的水平。虽然这出自一人之手,但却凝结了全真道士们的集体智慧。因为其学说不仅有师授,而且是当时全真道士理论思考和修行活动的产物。所以,从郝大通《太古集》里,我们既可以看出《易》学在早期全真道中的地位,又可以看出全真道士运用《易》学原则指导内丹修炼的符号养生踪迹。

随着南宋、金、蒙割据局面的结束,道教派别组织发生了变化。一方面是各派之间关系的密切、交流活动的展开;另一方面是某些派别的合并。譬如南宋以前的紫阳派,到了金元时期便与全真道汇合了。紫阳派成为全真道的南宗,而王重阳所创一系则成为全真道的北宗。反映到理论上来,便造成了《易》学与内丹养生学关系的进一步密切化。从此以后,全真道的理论家们在兼采南北宗思想的基础上更加注重运用《易》学来指导内丹养生实践活动,同时又通过这种活动进一步发展、变通《周易》象数学。在这方面,最为突出的要数李简易与李道纯。

---

① (金)郝大通:《太古集》卷二,《道藏》第25册第873—874页。

　　李简易,宜春(今属江西省)人,幼习儒业,有志为官。后因感时局动乱,去官学道,于道、佛、医、卜、星算之书,无所不读,曾自称"两遇纯阳真人而不悟"①,更游诸名山,参访江湖,终于得至人"点化",顿悟"七返九还之旨",作有《丹经指要》三卷。在开篇中,李简易画了一个混元仙派之图,将张伯端及其学说传人,还有王重阳及其弟子通通编入其中,这就证明李简易之学乃兼采南北宗。由于紫阳派与全真道北宗诸道士学说均与《易》学密切相关,兼采其学的李简易《丹经指要》自然也就离不开《易》了。

　　约与李简易同时代的李道纯也是一个兼采张伯端与王重阳之学的道教学者。李道纯,号清庵,又自号莹蟾子,系白玉蟾的二传弟子,一生著述甚多。与《周易》关系密切的有《中和集》和《三天易髓》。

　　兼采南北之学的道教理论家们是怎样把《易》道与内丹养生学说会通起来的呢? 概括起来,主要表现在两大方面:

　　第一,运用卦象符号来揭示《道德经》等前人著作中所包含的养生之理。众所周知,先秦的道家著作,言简意赅,思想深邃。像老子的《道德经》以格言诗的形式撰成,以"道"为根本范畴,描述宇宙变化,表达了这位饱经风霜的智者对社会、人生的感受。此类著作偏重于哲理的探讨,但也包含着丰富的养生内容。再如庄子的散文洋洋洒洒数万言,也介绍了许多养生的知识。汉代以来,道教学者们继承了先秦道家的思想传统,写下了许多阐述教理和养生大法的著作。这些著作凝结了前人的养生经验。全真道修士们既然要"全身养性",必定要吸收前人的养生经验,对前人的有关著作进行阐释。南北宗合流之后,许多全真道士出于对"性命至理"的追求,相继注释《道德经》和《阴符经》等古文献。与一般的训诂不同,该派侧重于以《易》解"道"。例如李简易为了探讨《道德经》的要理,写了《长生久视之书》的专论。不言而喻,篇名中"长生久视"四字既出《道德经》,但在阐述过程中他又不时地援引《周易》,以其象数符号来揭示性命修养之道。他说:"阴鼎阳炉,上水下火,列二十八宿,按八卦四时,攒簇五行,和合四象,烹炼龙虎,拘制魄魂,内外相符,颠倒升降,

---

① (宋)李简易:《玉溪子丹经指要·序》,《道藏》第4册第405页。

权舆造化,孕育玄珠,大哉乎,鼎器也。"①作者在这里使用的都是象征性的语言。其中所谓"八卦""四象"等术语乃来自《周易》。当然,更为重要的是作者夺《周易》之魂魄,遵循其象征思维模式和变化妙理来说明炼内丹的规律。

第二,运用《易》的基本思想来阐述内丹养生的主要法则。具体而论,内丹养生的方法非常之多,但其要领是什么? 这是应着重弄清楚的。南北宗合流之后,全真道理论家们在这个问题上进行了许多思索。其中尤以李道纯为最杰出。经过了总结,他认为《周易》"刚柔得中"的思想乃是修身炼性的要则。他说:"诚能致中和于一身,则本然之体虚而灵,静而觉,动而正。故能应天下无穷之变也。老君曰:'人能常清静,天地悉皆归',即子思所谓'致中和,天地位,万物育'同一意。中也,和也,感通之妙用也,应变之枢机也,《周易》生育、流行、一动一静之全体也。予以所居之舍'中和'二字扁名,不亦宜乎哉?"②在李道纯看来,"中和"不但是修身养性、延年益寿的要诀,而且是处理天下万事的根本法则。他的这一说法,并非无本之木。事实上,先秦道家早已有了"中"的思想。老子的《道德经》多处言及"中"的问题,如第四十二章:"冲气以为和"③。冲通为中,冲气即是中气、中和之气。再如第五章:"多言数穷,不如守中。"④这很明确地表达了"守中道"的思想。这种思想对其后学庄子以及儒家的"中庸"观都有一定影响。不过,"中和"的观念从根本上看,却应追溯到《易经》。考察一下卦爻辞,可以发现这样的特点:《易》以黄色象征中土,大凡得中则称为吉。《坤》卦六五爻辞:"黄裳,元吉。"按六五之爻,居上卦之中,而"黄"则居五色之中,象征中道。《文言》有云:"君子黄中通理,正位居体,美在其中,而畅于四支,发于事业,美之至也!"⑤这里,《文言》作者以通达文理、中和之黄色来比喻君子的美质,认为其所以美就在于身居中正之位,故而美蕴便存在于内心,畅流于四肢,发挥于事业。由此可知,"尚中"的思想在《文言》里得到了充分的发挥。综览大《易》,不难看出,"中道"思想已

---

① 《玉溪子丹经指要》卷中,《道藏》第4册第411页。
② (元)李道纯:《中和集》卷一,《道藏》第4册第483页。
③ 《道德经》,《二十二子》,上海古籍出版社1986年版,第5页。
④ 《道德经》,《二十二子》,上海古籍出版社1986年版,第1页。
⑤ 黄寿祺、张善文:《周易译注》,上海古籍出版社2004年版,第33页。

成为其卦象阐释的一条基本原则。爻有阴有阳,阳为刚,阴为柔,刚柔之爻不论居于上卦之中还是下卦之中都称作"得中"。或为一刚得中,或为一柔得中,或为双刚得中(上下卦中爻皆阳爻),或为双柔得中(上下卦中爻皆阴爻),或为刚柔分中(上下卦中爻或阴或阳),此等情形,皆视为吉。这种释卦法式虽然是由《易传》完善起来的,但在《易经》中却早已奠定了根基。因此,再回过头看看李道纯的"致中和"之论就能更加清楚地明了其意蕴。他把发端于《易经》的"尚中"思想作为其修行要则,表现了全真道南北宗合流之后内丹养生的法门取向。

## 三、全真道内丹养生学说与易学相关的哲理发掘

中国上古的学问家们并不像近现代学者那样热衷于对各种知识进行具体确定的分门别类。由于整体把握的思维方式的作用,上古学问家们更喜欢从宏观上观察事物,解释问题。因此,古代的知识体系更具有综合性。这在《易经》《山海经》等许多古典著作中已有明显的表现。随着"百家争鸣"文化高潮的形成,原先那种涉及诸多领域的综合知识体系发生了变更,开始出现部门化的知识体系。但是,尽管这样,各种部门化的知识体系依然有着密切的联系。古代的学者们不仅喜欢类比、援用相近部门知识,而且雅好从哲学高度上来思考问题。在内丹养生学这一古老的领域里,学者们往往由大及小,由小推大。所以,在具体的功法阐述中每每闪烁着哲理的智慧之光。全真道作为在内丹养生学上有突出贡献的一大道派,其领袖人物继承了以往的思想传统。故而,当他们在运用《易》学知识体系来说明内丹养生的原则与方法时更一步步地向哲学殿堂迈进,他们论古道今,插上了《易》学象征思维的"翅膀","翱翔"于广袤的环宇之中,从而丰富了中国道教的哲学思想宝库。他们的贡献主要有两点:

第一,深化了道教的宇宙发生论。道教的内丹养生学虽然是以"人"为中心点来考虑问题的,但却不是把人当作孤立的存在;相反,道教理论家们为了给修行的人提供一种思想指导,他们把人放在宇宙万物的普遍联系之中来考察。作为一个修行者,不但要知道"顺天而行"之理,而且必须明了人之所以

为人的根本。老子在《道德经》里提出:"夫物芸芸,各复归其根。"①归根就是复归其本始状态。就人而论,这就是要恢复婴儿的本真,返老还童。此合于《周易》的"逆数"原理。出于这种"逆数"的思维方式,道教学者不仅从"我身"想到了以往的孩提时代,更从孩提时代想到了天地的化生,想到了宇宙的形成。就修炼的意义而言,其思维指向是逆式的;但就说明的程序来说,却应知其"顺",明其顺而又能逆,就能反本归根。这样,道教的宇宙发生论便建立起来,早期道教典籍《太平经》及《周易参同契》根据《周易》的卦象符号思维对宇宙的产生进行初步的描述,这对后代有重要影响。因而,全真道思想家们必然也会接触这个问题。考察一下他们的著述,可以发现他们往往在介绍内丹养生原理时兼及宇宙形成与模式的探讨。李道纯在其《中和集》卷一里说:"道本至虚,至虚无体,穷于无穷,始于无始,虚极化神,神变生气,气聚有形,一分为二,二则有感,感则有配,阴阳互交,乾坤定位,动静不已。四象相系,健顺推荡,八卦兹系,运五行而有常,定四时而成岁。冲和化醇,资始资生,在天则斡旋万象,在地则长养群情。形形相授,物物相孕,化化生生,奚有穷尽!"②在李道纯看来,宇宙万物可以由"乾坤"二字囊括起来,但乾坤并不是从来就有的,而是"神"与"气"聚变的结果。神与气源于道,道体本虚,因虚空到了极点,才有了神、气的聚变和阴阳的分化。在这里,李道纯把老子《道德经》的哲学本体论与《周易》的乾坤学说会通起来,以解释宇宙的形成和万物的发生,他看到了宇宙万物的生机乃在于有阴阳的交感。人以天地乾坤为法,要进行内丹养生活动,修身炼性,就必须调和阴阳,方能由有而至"无"(虚静),返本而归根。这种宇宙发生论虽然达不到现代科学的定量描述水平,但比起前代道教学者的相关论述来却有一定的长进,体现了全真道南北合流之后理论研讨的进展。

第二,丰富了道教的事理辩证法。由于道教内丹养生学说是从宏观上来考虑人的生存的,这就必然要涉及许多相关的问题。要从多层次上说明延年益寿的道理,光有经验的证据是不够的。为了使这一学说更具有说服力,更能

① 《道德经》,《二十二子》,上海古籍出版社1986年版,第2页。
② 《道藏》第4册第483页。

对修行者产生良好的指导作用,道教学者们吸取了先秦即已形成的事理辩证法,尤其从魏晋开始,随着玄学的勃兴,道教内丹养生学的辩证成分有了明显的增加。像晋朝的著名道教理论家葛洪撰《抱朴子内篇》,在很多地方谈到内丹养生,但同时又结合玄道性状的描述,说明"有""无"的相反相成。被全真道尊奉为祖师的钟离权和吕洞宾在其"问答"中也体现了辩证的精神,这在《钟吕传道集》的"论真仙""论大道"等篇中都可找到证据。沿着钟吕的思想路线,全真道理论家进一步会通《易》《老》,从哲学的"体用"论上阐述效法天地以养生之至理。郝大通《太古集》卷二说:"乾者为天之用,天者是乾之体。天所以清虚高远,纯阳不杂,一气冥运,万物化生。乃可法天之用,不可法天之体。"又说:"坤者为地之用,地者是坤之体。地所以纯厚广载,纯阴不杂,二气升降,物有变迁,乃可法地之用,不可法地之体。"①在中国古代,"体"本是指形体、形质、实体;"用"则指功能、作用、属性。体与用是不可分割的两个方面。在郝大通看来,天地与乾坤存在着体用的关系,天地乃是乾坤之本体。他认识到了体用的关系性,同时他又从务实的精神出发,提出了"法用"的思想。天地之大用是什么?这就是"变"与"生"。天地不断地变化着,又不断地产生新事物。从养生的角度看,具备"变"与"生"的思想方法是非常重要的。所以郝大通在《太古集》中运用了一系列图式来表示乾坤之用——坎离(日月)的流行,以示人身一元之气的周转。李道纯则从"常"与"变"的角度论述之。他在《中和集》卷一中说:"常者,易之体;变者,易之用。古今不易,易之体;随时变易,易之用。无思无为,易之体;有感有应,易之用。知其用,则能极其体;全其体,则能利其用。圣人仰观俯察,远求近取,得其体也;君子进德修业,作事制器,因其用也。至于穷理尽性,乐天知命,修齐治平,纪纲法度,未有外乎《易》者也。全其易体,足以知常;利其易用,足以通变。"②这无非是说,《易》有体有用,《易》之本体恒常不变,《易》之用则能够根据客观情实而作出变化的反应。只有知道《易》的大用,才能最终把握住《易》的本体;反过来说,只有心中感悟到《易》之本体,那才能够真正尽"易"之用。这是事物的矛盾,但又

① 《道藏》第25册第871页。
② 《道藏》第4册第484—485页。

是主客观相互感应的辩证法。这种辩证法不仅体现在求知穷理的认识领域，而且体现在治国养生的实践活动中。在这里，李道纯以阐述《易》的体用为中心，说明了治己与治物的一致性，体现了宏观的养生精神和认识的两点论。

总的说来，全真道学者们一方面在内丹养生的理论典籍里广泛地运用了《易》学；另一方面，他们又对《周易》的象数与义理作出了新的解释。这就拓展了《易》学研究的天地。自宋元以后，道教学者们更加积极地总结内丹养生经验，思索其功理问题。从方法论的角度看，他们仍然遵循着全真道所高度重视的《易》学符号思维模式。随着时代的变更，有关内丹养生的著作不断增加，在一些具体的提法上也有变化，但万变不离其宗，《周易》的象数与义理一直是道教内丹养生学说的理论核心。所以清代著名道士柳守元在《金丹心法·后跋》中说："盖《易》始庖羲，而式微于夏商之末；文王系以彖，而启开物成务之功。《心法》之为书，亦犹是耳……大道无倪，神功有钥，为马为龟，则河则洛。"①柳守元不仅把晚清时问世的内丹养生学代表作《天仙金丹心法》同周文王作卦爻辞事相提并论，而且认为内丹心法蕴含着《易》学的"河洛象数"符号规则，这就充分显示了《易》在道教内丹养生学中的主导地位。柳守元的观点可以说是全真道学者们宗《易》论的浓缩，为我们探索道教内丹奥秘提供了一条路径，值得深入研究。我们相信，随着内丹养生实践活动的广泛开展，中华传统《易》学的合理内核将被更多的人所认识，《易》学研究与道教内丹养生学研究的进一步结合将为现代人体科学理论的发展提供有益的借鉴，从而使中华传统文化放射出更加耀眼的光辉！

（本文原题《全真道气功养生说与易学关系略论》，载林忠军主编《易学心知》，华夏出版社 1995 年版，收入本书时略作修改）

---

① 松飞破译：《天仙金丹心法》，北京：中华书局 1990 年版，第 225 页。

道门人物与经典的易学内蕴

# 早期道典《太平经》易学思想考

我国早期道教的一部重要经籍——《太平经》(即《太平清领书》),据说出自东汉于吉之手,后来传给琅琊人宫崇。全书原有 170 卷,以"十天干"为部,每部 17 卷,但由于年代久远,该书在流传过程中已有缺佚,现存明代《正统道藏》中的《太平经》仅 57 卷。今人王明先生据《正统道藏》本的《太平经》残部以及唐人闾丘方远的《太平经钞》,编成《太平经合校》,这是目前最为完备的本子。

对《太平经》一书的研究开始得很早,早在 20 世纪 30 年代中期,北京大学汤用彤教授就发表了《读〈太平经〉书所见》,此后王明、卿希泰诸教授均纷纷撰文,从各个不同的角度阐发己见。海内亦有不少学者热衷于《太平经》研究。但就笔者所知,迄今为止,对蕴含在《太平经》一书中的《易》学思想,海内外却尚未有人进行全面、系统、深入的研究,这就在一定程度上影响了人们对《太平经》真面目的认识。本文打算在这方面做点"补缺补漏"的工作,以助于人们了解《太平经》的《易》学思想,从而更全面、更准确地认识并把握中国道教思想乃至中国哲学思想的发展、演变的脉络。

《后汉书·襄楷传》称,《太平经》"以阴阳五行为家,而多巫觋杂语"。这就很清楚地说明《太平经》的术数味道是很浓的,同时也透露了《太平经》的理论体系乃是以《易》学为根本,因为"阴阳五行"正是秦汉以来(尤其是汉代)《易》学的理论主体。

众所周知,对汉代哲学、思想文化的发展产生较大影响的是孟喜、京房的《易》学。它承继董仲舒、《淮南子》以"阴阳五行"说为理论核心的哲学体系,以阴阳二气的运动变化和五行的相生相克,来解释《周易》的原理,阐述世界的本原及其变易的法则;同时通过对《周易》的阐释,大讲阴阳灾变或灾异,宣扬"天人感应"的思想,把《易》学的发展推进到一个新的阶段。其后扬雄的《太玄经》及"易纬"①都是对孟、京《易》学的发展或流变。因为孟、京解《易》有个显著的特点,即以奇偶之数和八卦所象征的物象阐释《周易》原理,所以后人称其《易》学为"象数之学"②。

考察一下《太平经》本文,我们不难发现,《太平经》这部早期道教的基础典籍的确受到了《易》学,特别是风行汉代的孟、京《易》学的深刻影响,包含着丰富的《易》学资料,闪烁着《易》学思想的光辉。具体说来,有如下数端。

# 一、《太平经》的"阴阳"观

任何一种具备了理论体系的宗教都不能回避天、地、人、物的起源及其相互关系的问题,早期道教也不例外。不过,由于历史背景和地域文化的差异,各种宗教对于上述问题的解释也就不尽一致。在《易》学占据主导地位的汉代社会思想环境中产生的《太平经》,不可避免地要运用《易》学的阴阳五行学说以说明上述问题。

首先,《太平经》认为天、地、人、物都是由一种叫"元气"的细微原初物质化生的,而这"元气"便包含着阴阳两个方面。它说:"夫物,始于元气。"③"元气恍惚自然,共凝成一,名为天也(根据卿希泰教授所校,此句应为"共凝成天,名为一也");分而生阴而成地,名为二也;因为上天下地,阴阳相合施生人,名为三也。三统共生,长养凡物。"④"元气,阳也,主生;自然而化,阴也,主

---

① "易纬"是汉《易》学的一个重要流派,其代表作有《乾凿度》《乾坤凿度》《稽览图》《通卦验》《是类谋》《坤灵图》等。关于"易纬"的产生年代,在学术界是一个颇有争议的问题,或认为产生在西汉前期,或认为产生在西汉后期(哀、平帝之际)。笔者依据东汉张衡在给汉顺帝的奏议中的看法,"自汉取秦,用兵力战,功成业遂,可谓大事。当此之时,莫或称谶。若夏侯胜、眭孟之徒,以道术立名,其所述著,无谶一言。刘向父子领校秘书,阅定九流,亦无谶录(纬书是谶录中的一种——笔者注)。成、哀之后,乃始闻之"(《后汉书·张衡列传》),认为把"易纬"的形成年代定在西汉后期,较为可信。

② 关于汉代象数之学,参看朱伯崑《易学哲学史》上册第三章,北京大学出版社 1986 年 11 月第1 版。

③ 王明:《太平经合校》,北京:中华书局 1960 年版,第 254 页。

④ 王明:《太平经合校》,北京:中华书局 1960 年版,第 305 页。

养凡物。"①《太平经》这种"物始于元气"的观点,虽然其源头来自《淮南子·天文训》的"宇宙生元气"说,但从《太平经》产生的具体社会环境来考察,应当说它脱胎于《周易》及"易纬"的"太极说"更为切合实际。《周易·系辞》说:"《易》有两仪,是生天地。"两仪即天地。《周易·乾凿度》亦说:"太极,太一,分为天地,故'生两仪'也。"郑玄释"太极"曰:"极中之道,淳和未分之气也。"不言而喻,这里的"太极"和《太平经》里的"元气"是同一范畴的东西。

其次,《太平经》认为事物内部都含有阴阳这两个对立面,二者既互相排斥互相斗争,又互相依赖互相联结,借此维系物体的生存,推动事物的发展。它说:

> 天下凡事,皆一阴一阳,乃能相生,乃能相养。一阳不施生,一阴并虚空,无可养也;一阴不受化,一阳无可施,生统也。②

> 阴气阳气更相摩砺(即摩擦,这里指阴阳二气相交接、相斗争),乃能相生。③

它又进一步强调说:

> 故纯行阳,则地不肯尽成;纯行阴,则天不肯尽生。④

> 故有阳无阴,不能独生……有阴无阳,亦不能独生……有阴有阳而无和(即和谐,指阴阳双方相互调和、相互联结,共处于一个统一体),不能传其类,亦绝灭。⑤

这种"相反相成"的观点,显然是受了《易》学的影响。《周易·系辞传》说:"一阴一阳之谓道。"京房《易》加以发挥,在解《丰》卦时说:"阴阳之体,不可执一为定象。于八卦,阳荡阴,阴荡阳,二气相感而成体,或隐或显。故《系》云:一阴一阳之谓道。"其解《晋》卦说:"阴阳相资相返,相克相生。"解《比》卦说:"阴阳相成,万物生也。"

再次,《太平经》认为阴阳对立双方在一定条件下相互转化,即阴变为阳,

---

① 王明:《太平经合校》,北京:中华书局1960年版,第220页。
② 王明:《太平经合校》,北京:中华书局1960年版,第220页。
③ 王明:《太平经合校》,北京:中华书局1960年版,第727页。
④ 王明:《太平经合校》,北京:中华书局1960年版,第18页。
⑤ 王明:《太平经合校》,北京:中华书局1960年版,第149页。

阳变为阴。它说：

> 夫阳极者能生阴，阴极者能生阳，此两者相传，比若寒尽反热，热尽反寒，自然之术也。故能长相生也。世世不绝天地统也。①
>
> 夫末穷者宜反本，行极者当还旧，天之道也。②
>
> 极上者当反下，极外者当反内。故阳极当反阴，极于下者当反上；故阴极反阳，极于末者当反本。③

这里所说的"极"，是指阴阳对立双方的斗争发展到最高限度，在这种情况下，事物的性质即向它相反的方向转化。这种"物极必反"的辩证法思想是以《易》学为大宗的。京房《易》解《大过》卦说："阴阳相荡，至极则反。"解《坤》卦说："阴极则阳来，阴消则阳长。"解《艮》卦说："阳极则止，反生阴象。"解《大壮》卦说："壮不可极，极则败。物不可极，极则反。"继承并发展孟、京《易》说的扬雄，也在《太玄·玄摛篇》中说："阳不极，则阴不萌；阴不极，则阳不牙（即芽）。极寒生热，极热生寒。"两相比较，不难看出《太平经》的转化思想与京房《易》及其分支的扬雄"太玄"之说也颇为类似。④

在解释社会现象时，《太平经》同样运用并发挥了《易》学阴阳说。它说：

> 然天法，阳数一，阴数二。故阳者奇，阴者偶。是故君少而臣多。阳者尊，阴者卑，故二阴当事一阳，故天数一而地数二也，故当二女共事一男也。⑤

又说：

> 阳，君道也；阴，臣道也。事臣不得过于君。事阴过阳，即致阴阳气逆而生灾。事小过大，即致政逆而祸大。阴气胜阳，下欺上，鬼神邪物大兴，而昼行人道，疾疫不绝，而阳气不通。君道衰，臣道强盛。是以古之有道

① 王明：《太平经合校》，北京：中华书局1960年版，第44页。
② 王明：《太平经合校》，北京：中华书局1960年版，第95页。
③ 王明：《太平经合校》，北京：中华书局1960年版，第95—96页。
④ 关于《太平经》的辩证法思想，参看王明：《道家和道教思想研究》，中国社会科学出版社1984年版，第134—137页；卿希泰：《中国道教思想史纲》第一卷，四川人民出版社1980年版，第85—95页。
⑤ 王明：《太平经合校》，北京：中华书局1960年版，第271页。

帝王,兴阳为至,降阴为事。①

用所谓"阳数一,阴数二""阳者尊,阴者卑"的"天法"来为当时封建社会存在的君尊臣卑、男尊女卑、一夫多妻的不合理现象辩护,无疑是错误的。不过,我们从中却也看到了《易》学的象数思想在《太平经》中是大大衍扩了。因为所谓"阳数""阴数",乃出于《周易·系辞》。《系辞》说:"天一、地二,天三、地四,天五、地六,天七、地八,天九、地十。"孔颖达解释说:"此言天地阴阳,自然奇偶之数。"也就是说奇数是天的象征数,是阳数,偶数是地的象征数,是阴数。而阳尊阴卑,即天尊地卑,君尊臣卑,也同样是《周易·系辞》的重要思想。《系辞》说:"天尊地卑,乾坤定矣。卑高以陈,贵贱位矣。"又说:"阳卦多阴,阴卦多阳。其故何也? 阳卦奇,阴卦耦(即偶)。其德行何也? 阳一君而二民,君子之道也;阴二君而一民,小人之道也。"此外,《太平经》还说:

> 生人,阳也。死人,阴也。事阴不得过阳。②

> 夫天道,当兴阳也而衰阴,则致顺。令(当作今)反兴阴而厌衰阳,故为逆也。反为敬凶事,致凶气,令(当作今)使治乱失其政位,此非小过也。③

它在这里对封建统治者借办丧事为由,搜刮民财,挥霍浪费,致使百姓穷困、国家混乱的错误做法,进行了尖锐的批评。它把丧事当作"阴",把生事当作"阳",这是对《易》学阴阳总纲的具体应用。

## 二、《太平经》的"五行"说

《太平经》说:

> 天有五行,亦自有阴阳;地有五行,亦自有阴阳……然万物悉象天地人也,故天地人皆随四时五行为盛衰也。④

这种阴阳与五行说的结合早在先秦《易》学家那里即已发生,汉《易》表现

---

① 王明:《太平经合校》,北京:中华书局1960年版,第50页。
② 王明:《太平经合校》,北京:中华书局1960年版,第49页。
③ 王明:《太平经合校》,北京:中华书局1960年版,第52页。
④ 王明:《太平经合校》,北京:中华书局1960年版,第336页。

得更为突出。京房《易》即以"八卦分阴阳,六位配五行"①。《太平经》的上述分析正是沿着汉《易》学家扩展了的道路前进的。《太平经》还常常利用《易》学中的五行相生相克的原理来反对当时统治者的暴虐政治,表明自己的政治主张。它说:

> 然人君当急绝兵,兵者,金类也,故当急绝之故也。今反时时王者赐人臣以刀兵,兵,金类也,乃帝王赐之王者。王之名为金王,金王则厌木而衰火,金王则令甲乙木行无气,木断乙气,则火不明。木王则土不得生,火不明则土气日兴,地气数动,有袄祥,故当急绝灭云。兵类勿赐金物兵类,以厌绝不祥此也……帝王戒赐兵器与诸侯,是王金气也。金气王则木衰,木衰则火不明,火不明则兵起之象。火者君象,能变四时,荧惑(即火星)为变最效,天法不失铢分。②

在这里,《太平经》依据金、木、水、火、土五行之间相生又相胜的原理,指出:"金气王则木衰,木衰则火不明。"而"火不明"的危害有二:一为"地气数动,有袄祥",袄祥即灾异;一为"兵起",即战争。也就是说,君王一旦拥有大量武器,就会利令智昏,发动战争,灾异也就随之而来。所以,它告诫封建统治者要立即停止战争,销毁兵器。并禁止把兵器赏赐给臣下,以绝后患,这充分体现出《太平经》作者反对当时统治者穷兵黩武政策的立场。《太平经》又说:

> 帝王仁明生于木火,武智生于金水、柔和生土……木性仁,思仁故致东方,东方主仁。五方皆如斯也。③

> 故火为心,心为圣。故火常倚木而居,木者仁而有心。火者有光,能察是非。心者圣而明。故古者大圣贤,常倚仁明而处,归有道德之君。④

这两段话表现出作者盼望出现"仁明"帝王的急切心理,也暗示其对现实的不满。

《太平经》在运用《易》学五行说时,往往取法京房纳甲说,即结合天干地支的轮转来阐述事物产生、发展的道理。它说:

---

① 引自京房《易传》。
② 王明:《太平经合校》,北京:中华书局1960年版,第225—226页。
③ 王明:《太平经合校》,北京:中华书局1960年版,第25—27页。
④ 王明:《太平经合校》,北京:中华书局1960年版,第166—167页。

凡物之生,悉法六甲五行四时而生,一气不至,物有不具,则其生不足不调矣……甲加其上,有木行,有春气。丙加其上,有火行,有夏气。戊加其上,有土行,有四季中央之气。庚加其上,有金行,有秋气。壬加其上,有水行,有冬气。五身已周,四气已著,乃凡物得生也。①

又说:

万物始萌于北,元气起于子,转而东北,布根于角,转在东方,生出达,转在东南,而悉生枝叶,转在南方而茂盛,转在西南而向盛,转在西方而成熟,转在西北而终,物终当更反始。②

万物终死于亥,乾因建初立位于天门,始凝核于亥,怀妊于壬成形。初九于子日始还,九二于丑而阴阳运,九三于寅,天地人万物俱欲背阴向阳,窥于寅。故万物始布根于东北,见头于寅。物之大者,以木为长也,故寅为始生木。甲最为木之初也,故万物见于甲寅,终死于癸亥。故木也乃受命于元气太阴水中,故以甲子为初始。天道变数,因五相乘而周,故五千(当作干)加十二支字,适六十,癸亥为数终也。③

丙午丁巳为祖始;丙午丁巳,火也,赤也;丙午者,纯阳也,丁巳者,纯阴也;阴阳主和,凡事言阴阳气,当复和合天下而兴之也。④

在这里,《太平经》把天干地支同东西南北、春夏秋冬、阴阳五行相配合,以说明天地万物变化的规律。在汉代,十二地支本与《易》的十二消息卦相配,内含六阴六阳,从阳初起到阳盛生阴,又由阴初起到阴盛生阳,这就是一个物变的过程。《太平经》的反本物变思想正源于此。

## 三、《太平经》的"感应"论

感应,这在《易》学上是一个古老而重要的原理。《周易·坤·文言》说:"坤道其顺乎! 承天而时行。"大地要顺从、秉承天的旨意沿着四时而运行,这

① 王明:《太平经合校》,北京:中华书局1960年版,第683页。
② 王明:《太平经合校》,北京:中华书局1960年版,第77页。
③ 王明:《太平经合校》,北京:中华书局1960年版,第390页。
④ 王明:《太平经合校》,北京:中华书局1960年版,第64页。

就是"天地感应"。到了汉代,"感应"这一古《易》学原理经过经学大师董仲舒的发展和阴阳家、神仙家的敷演,特别是孟、京的衍扩,已成为汉《易》学的一个重要组成部分,也是汉代社会的一种极为流行的观念。《太平经》不但接受了汉《易》学这种观念,而且把它作为十分重要的理论杠杆而加以贯彻、发挥。

同类可以相感,异类亦可以相感,具体表现在:

第一,人与人、物。

人与人,这就是同类,其"感应"表现为先后关系。比如,一个人的祖先干了坏事,有罪恶,其后代就要"承负"祖先之过,在一定时间内遇到灾难,甚至夭折。如果祖先做了好事,有功于天下,那么其后代也会因此而增寿或得福。这种思想与古人的传宗接代观念很有关系。在中国古代,谁要是断了香火,那是一件十分悲哀的事情。孟子说过:"不孝有三,无后为大。"《太平经》恰好抓住了这种社会的普遍心理,来劝说世人要积功德而不要为害于社会。

人与人的关系不仅表现为纵的关系,还表现为横的关系。这就是说,人们不仅在自己家族内部构成亲缘关系,而且与家族外的其他人发生社会关系。《太平经》认为,如果个人的行为危及他人或社会,必然会引起"感应",干好事会得到报答,做坏事会受到惩罚。但是,也许有人会问:有的人做了坏事,为什么在他活在世上的时候不但没有受到惩罚反而享尽荣华富贵呢?《太平经》也是从"承负"的角度进行解释,认为那是因为做了坏事的人,他的祖先曾经立下大功劳,有所弥补。《太平经》的出发点是要人们不加害于他人。然而,其好与坏的标准是笼统的,也是以当时封建社会的伦理为其基本准则的。这种观念与《周易·坤·文言》"积善之家必有余庆,积不善之家必有余殃"的说法在精神上是相符合的。《周易》的这个说法正是"感应"原理的具体应用。到了汉《易》,"感应"的思想大大膨胀起来。因此,《太平经》"承负"说的最直接源头即是汉《易》学。

把人与人的感应推而广之,《太平经》又提出了人与物之间的感应。它说:"多病愦乱者,万物失所也。"①万物之所以"失所",离不开人的不正常行

---

①　王明:《太平经合校》,北京:中华书局 1960 年版,第 23 页。

动。比如,随便地烧毁山林,这是"灭亡之路,无后之道"①。因为火烧山林也有个君臣阴阳相感相胜的问题。山是阳,土地之纲,是为君;木是布根类之长,也是阳,也是君;火是五行之君长,也属阳。三君三阳相逢必是反相衰,所以必须禁烧山林。从正面来看,保护了山林。地母盛而王,则其子兴。"其子相,则受气久长得延年。"②气在宇宙空间里,上下往来,左右奔走。气的往来就是一种信息的传递或感应。由此可知,其核心还是离不开感应说。

第二,人与天地。

人与人、物虽说有感应的迹象存在,但那不是直接的感应。在人与人、物关系的背后似乎是"天地"在起作用。于是,《太平经》进一步提出人与天地相感的问题。它说:"人者,天之子也,当象天而为行。"③这里说的是人与天相应。在中国古代,人们都认为构成天地的重要因素是四时、五行、三光阴阳,所以当《太平经》谈到与上述这些方面发生联系的问题时,实际上都可以转换为人与天地的关系问题。在《太平经》看来,人与人或物的感应是必须通过天地中的诸多构成要素起作用的。它指出,为什么有的人常常患头疾呢? 这是因为"天气"不悦。如果人多患脚病,那是因为"地气"不悦。五脏生病了,那是因为五行之气不顺,"内战"的缘故。如果是病在四肢,就是"四时气"不和了。至于成为聋子、瞎子,那就与日月星三光的运行失度有关了。常发寒热病,是因为阴阳二气忿争。从这些病因的分析看,《太平经》已经认识到外部环境对人体造成的影响。这种影响属于人体与天地间物质性的气的感应。这是一种十分朴素的自然认识,尽管从总体上看并不科学,但也包含着一些合理的因素。不过,《太平经》并没有发展其合理的因素,而是沿着神秘主义方向发展了"感应"的理论。它把天与地人格化了,认为人的疾病的产生是由于触犯了天地之威。至于国家之治与不治,跟人体之治与不治也是一样的道理。它认为,帝王其治和,则天降瑞兆,风调雨顺;帝王其治不和,则水旱无常,万物失所,盗贼数起,于是急用刑罚来使人驯服,但这样反而连结不解,人民皆上呼苍

① 王明:《太平经合校》,北京:中华书局1960年版,第670页。
② 王明:《太平经合校》,北京:中华书局1960年版,第669页。
③ 王明:《太平经合校》,北京:中华书局1960年版,第164页。

天,于是三光悖乱多变,列星乱行。这就是灾异或灾变。天就是用这种灾异来告诫人的。"夫大灾异变怪者,是天地之大谈也;中灾异变怪者,是天地之中谈也;小灾异变怪者,是天地之小谈也。"①"见(同现)大恶凶不祥,是天地之大怒也;见中恶凶不祥,是天地之中怒也;见小恶凶不祥,是天地之小怒也……灾异变怪,大小记之,勿失铢分也。"②所以,人不可犯天威,不然,"天威一发,不可禁也。获罪于天,令人夭死。"③《太平经》紧紧抓住了"天人感应"这一根杠杆,并且搬出老天爷来吓唬人,连皇帝也不例外。这同京房通过对灾异的分析,进而告诫汉元帝要谨防臣党干政的做法,何其相似乃尔!所以,《太平经》宣扬"天人感应"迷信,不能不说是受了京房《易》及"易纬"的阴阳灾变说的深刻影响。

第三,人与神鬼。

人与天地为什么能够感应?《太平经》虽然用"气"来加以解释,但并没有坚持到底。它的"气"的思想往往又同神鬼观念结合在一起。这种情况的出现,同当时社会谶纬迷信的盛行,特别是汉《易》的神学化不无关系。作为汉《易》的一个重要流派的"易纬",从它问世的西汉末年始,就一直沿着神秘主义的方向发展。"易纬"之一的《是类谋》,把孔子吹捧为奉天意旨作纬书、记录王者受命之符的神人,还声称汉朝开国皇帝刘邦是天上赤龙的化身。进入东汉社会后,由于光武帝刘秀笃信谶纬,神学的烟雾甚嚣尘上。在这种社会环境中产生的《太平经》就很自然地吸收以"易纬"为代表的诸经纬的神学理论,并建立起自己的神学系统。因此,在《太平经》一书中充斥着各种各样的神,诸如"太上之君""九皇""九君"等。神同人一样,也有大小之分,善恶之分。天地间神对人的行动言论无不知晓。尤其是天君掌管录籍,你干了好事或坏事,都会在录籍里记下一笔④。人生下来,其行为若是出于"生""养""仁"的话,天地人都会佑助他,所谓"贪生者天之所佑,贪养者地之所助,贪仁者人共

① 王明:《太平经合校》,北京:中华书局 1960 年版,第 323 页。
② 王明:《太平经合校》,北京:中华书局 1960 年版,第 324 页。
③ 王明:《太平经合校》,北京:中华书局 1960 年版,第 23 页。
④ 参见王明:《太平经合校》,北京:中华书局 1960 年版,第 594 页。

爱之"①。过了这个界限,去作恶,天知其恶,便会派遣凶神恶鬼下来惩处他,这将必死无疑了。②

从以上的论述看来,《太平经》的感应思想是杂糅的,既含有朴素的元气论,在一定程度上认识到人与自然环境的相互作用问题,又有宗教神学的迷信。应该说,探索人类社会与自然界之间关系的奥秘,这本是无可非议的,直到今天人们还一直积极地研究这个问题;但由于当时科学水平的限制,《太平经》以汉《易》"天人感应"的理论来解释这个问题,这就不可避免地要坠入神学的陷阱之中。

[本文合作者连镇标系第一作者,本文原题《〈太平经〉易学思想考》,载《福建师范大学学报》(哲学社会科学版)1994 年第 2 期,收入本书时略有修改]

---

① 王明:《太平经合校》,北京:中华书局 1960 年版,第 570 页。
② 参见王明:《太平经合校》,北京:中华书局 1960 年版,第 570 页。

# 灵棋课法的由来及其符号解读

中国文化史上的"易学"具有相当广泛的内容。早在清代学者就已经指出:"易道广大",故而所涵盖的内容相当之多。长期以来,易学的发展还形成了许多支派。"灵棋"占法即属于"易占"的一个变通性支派。该法乃是以十二颗棋子为工具来进行预测。在古人心目中,这种卜法相当有应验,所以尊称为"灵"。以棋子来占卜,其过程有如课算之法,因此称之"课法"。向来,学术界将"灵棋占法"列入术数学行列。不过,通观其内容,我们却可以发现其深厚的文化底蕴。鉴于长期以来灵棋占法少有人问津的情形,本文拟就有关问题稍作探讨。

## 一、灵棋课法的传世与归属

阐述灵棋课法的主要著作是《灵棋经》。在《正统道藏》中,《灵棋经》称《灵棋本章正经》。《四库全书》收有《灵棋经》一部,入子部术数类。相比之下,《正统道藏》中的《灵棋本章正经》当更为古远。既然道教经书总集已将阐述"灵棋"的经书收入其中,则灵棋课法为道门中人所应用便可以肯定。

关于"灵棋课法"的缘起问题,《灵棋本章正经·序言》说:

> 夫《灵棋经》者,不知其所起。或云汉武帝命东方朔使之占兆,无不中者。朔之术,用此书也。或云黄石公以此书授张子房。又有客述淮南王神秘之事,亦此书也。盖好事者倚声借价,以重其术,岂尽数公之为乎?虽然,余闻之久矣。以其非经史之书,不以留意。①

---

① 《灵棋本章正经·序》,《道藏》第23册第455页。按,《道藏》本《灵棋本章正经》与文渊阁《四库全书》本《灵棋经》在文字上有许多差异。然《道藏》本早于文渊阁《四库全书》本。本章之引文以《道藏》本为主,并适当参校文渊阁《四库全书》本。

《序言》告诉人们:《灵棋经》这部书,不知道它具体产生于什么时候。有人说汉武帝吩咐东方朔占断兆象,每一次占断都很准确。东方朔所用的占断术就是出自《灵棋经》这部书。又有人说:黄石公把这部书传授给张子房;另外,还有客人叙说淮南王的许多神秘情状,也出自这部书。其实,这不过是那些好事者假借有声望的人以抬高这种占断术的地位而已,难道真的是这几位名人所造作的吗?尽管如此,关于这部书的情况,我听说已经相当久了,只是因为它不属于经史的系列,所以不大注意罢了。

从其序言可知,《正统道藏》中的《灵棋本章正经》在唐代以前本叫作《灵棋经》。道教经书往往一书多名。为了表示尊重,道门中人常将一些主要经典标之"正经"或"真经"的字眼。虽然这并非是其原有的名称,但却表明了道门中人不仅使用它,而且尊崇它。

《序言》作者系唐代李远。李远乃当时的一个中级官吏。在《序言》中,李远结合自己的亲身经历来陈述《灵棋经》的由来及其基本内容。这里所引用的是《序言》开头的一段。李远对于此书的来历问题,并没有一开始就摆出自己的看法,而是先罗列前人的一些传说,然后再作评论。他不同意东方朔、张子房、淮南王作此书的说法;但又认为这部书行世甚早。

《四库全书总目提要》作者在李远看法基础上作了进一步考证。其略云:

> 考《隋书经籍志》即有《十二灵棋卜经》一卷,而《南史》所载"客从南来,遗我良材,宝货珠玑,金碗玉杯"之繇实为今经中第三十七卦象词,则是书本出自六朝以前,其由来亦已古矣。[①]

《四库全书总目提要》依例指出原本撰人题署为东方朔。虽然,《四库全书总目提要》作者也不相信该书为东方朔撰的说法,而且对其他关于《灵棋经》撰人的先前传闻也加以否认,但又从史书经籍目录进行稽考。他查阅了《隋书经籍志》,发现了该志书著录了《十二灵棋卜经》一卷,又将《南史》的一节繇辞与《灵棋经》文本进行对照。通过这样一番工作,《四库全书总目提要》作者谨慎地得出《灵棋经》在六朝以前就存在的结论。这个结论是比较可靠的,因为

---

① 《灵棋经·提要》,《四库术数类丛书》第6册,上海古籍出版社1991年版,第197页。以下凡引《四库术数类丛书》不再注版本。

其证据来自两个方面,一是文本的内容,另一是传统目录学著作的记载。

作为六朝以前的古籍,《灵棋经》所记述的灵棋课法无疑也算古法了。这种古法出自何人之手,至今未能得出一个确切结论。但是,从其传本原来之撰人题署或传闻可知,此书之出大抵与信道之士有关,因为不论是张子房、东方朔还是淮南王都是道门中人所尊奉的神仙人物。

张子房,名良。《历世真仙体道通鉴》卷十一有传,谓之"其先韩人也。秦灭韩,良以家财求客刺秦王,为韩报仇"①。书中叙述,张良雇人刺杀秦始皇,误中副车。秦始皇愤怒,派人追捕。张良逃亡,于下坯圯桥遇黄石公,得其兵法秘传,故能于后来辅佐刘邦运筹帷幄之中,决策千里之外。张良受封"留侯",并不迷恋世俗的权贵生活。他表示:家世相韩,韩灭,不爱万金之资,为韩报仇。"今以三寸舌为帝者师,封万户,此布衣之极,于良足矣。愿弃人间事,从赤松子游耳!"②后来,他就学道,希望能够"轻举",即轻松地随风飘飘上升天上。《历世真仙体道通鉴》还记载了张良为汉王"筹"的事。所谓"筹"其实就是卜筮。他到底用什么方法来卜筮,《历世真仙体道通鉴》没有详说,但至少表明在道门中人心目中的张良乃是一个精通卜筮之道的神仙人物。

与张良颇受道门中人所推崇一样,淮南王在道教仙谱中也占有重要地位。《历世真仙体道通鉴》卷五记载:淮南王刘安,汉高皇帝之孙,好儒学方技,作《内书》二十一篇,又著《鸿宝万年》三卷,论变化之道。当时,有八位皓首老者,号称"八公",前来拜访。门吏看到这几个人都老态龙钟,就有意刁难,不愿让他们进门。老者说,如果大王希望看到的是少年,这恐怕不符合他一向表示的"发石取玉,探渊索珠"的用意了。说完,几个老者一下子都变成 15 岁的童子,满头青发,颜如桃花。门吏看见了大为惊讶,赶紧进门禀报。淮南王听说这件事之后,来不及穿鞋,就徒步出门迎接。他登上思仙之台,列下锦绮之帷,设立象牙之床,点燃百和之香,进献金玉之几。然后重新穿上弟子鞋,恭恭敬敬地面北朝拜,拱手而言:"安以凡才,少好道德,羁锁世业,沉沦流俗,不能遗累,放逸山林。然夙夜饥渴,思愿神明,沐浴垢秽。诚革浮薄,抱情不畅,邈

① 《道藏要籍选刊》,上海古籍出版社 1989 年版,第 6 册第 70 页。
② 《道藏要籍选刊》第 6 册第 72 页。

若云泥,不图厚。聿道君降屈,是安禄命,当蒙拔擢,喜惧屏营,不知所措,惟乞
道君哀而教之。"①他自称:刘安凡俗没有什么才干,但从小就雅好道德之学。
由于被世俗业障所羁绊,沉沦于凡间之内,不能摆脱俗累而放浪隐居山林之
中。虽然这样,我还是日日夜夜、如饥似渴地思念神仙,洗刷污秽尘垢;非常诚
心地准备革除轻浮浅薄的东西;深藏着情感而没有放荡,幽邈得像流云泥土一
般,不敢有过高的自我期望。今逢道君委屈降临蔽处,这应是我刘安命中当受
提拔,我又喜又惊,不知如何是好,惟祈求道君能够哀怜赐教。——这段话讲
得十分谦卑,反映刘安好道之恳切。尽管《历世真仙体道通鉴》成书较晚,但
其中许多内容却出自六朝以前古籍之记载。无论情况如何,刘安作为一个对
道教相当诚心的王公,被后来道门中人奉为典范,这是在情理之中的事。

至于东方朔虽然不及张良、刘安那样在道教仙谱中声明显赫,但也是名载
道籍。被上清派广为宣传的《汉武帝内传》就言及东方朔,可见他已被道门中
人所景仰。

从道书记载情形看,《灵棋经》的作者尽管不能确指,但其传闻却具有明
显的道门倾向。再说,《正统道藏》所收经书乃是以在道门中流传、代表了道
门思想旨趣这一点为基本准则的。所以,灵棋课法早先应该属于道教使用的
一种卜筮技艺。

## 二、灵棋课法与易学的关系

灵棋课法虽然并不等于《周易》卜筮之法,但属于易学卜筮系统的一个支
脉却是可以肯定的。《四库全书总目提要》称:

> 明初,刘基复仿《周易》传体而作注,以申明其义,见于《明史·艺文
> 志》。其序称:"灵棋象《易》而作,以三为经四为纬。三以上为君,中为
> 臣,下为民。四以一为少阳,二为少阴,三为太易,四为老阴。少与少(即
> 少阴、少阳)为耦,老阴与太阳为敌,得耦而悦,得敌而争。或失其道,而
> 耦反为仇;或得其行,而敌反为用。阳多者,道同而助;阴盛者,志异而

---

① 《道藏要籍选刊》第6册第40页。

乘。"数语足尽兹经之要。大抵与《易》筮相为表里。①

《四库全书总目提要》这一段话是说:明代初年,有个叫作刘基的学者在旧传基础上模仿《周易》的传体文字进行注释,目的是要申明《灵棋经》的微言大义。这件事,见载于《明史·艺文志》。刘基注本的《序言》称:灵棋是模拟《易经》卦象而作的,以"三"这个数字为经,以"四"这个数字为纬。"经"是主导,可以看作根本;"纬"是辅佐,可以看作由根本伸展出来的枝叶。灵棋课法制作棋子十二枚,先按照"三"的法度拟定上中下等级,每个等级各刻四枚,三乘于四为十二。上中下各有象征理趣,上代表君,中代表臣,下代表民。就"四"个数码层次之显示而言,一代表少阳,二代表少阴,三代表太阳,四代表老阴。少阴与少阳具有耦合关系,老阴与太阳则具敌对关系。得其耦合就欢悦,得其敌对就抗争变革。但事物发展是曲折而复杂的,如果没有依照天道行事,耦合也会转变为敌对抗争;相反,如果依照天道而行事,即使是敌对之卦也会获得吉祥的效用。阳数多的卦象,意味着同道者多而有助益;阴数多的卦象,则表示志趣分歧不一而人事多乖戾。这虽然只是简短的数句话,却已点出了经书的要旨。大体而言,灵棋课法乃与易学卜筮构成相为表里的关系。

《四库全书总目提要》所言及的"刘基"是明代著名思想家。《明史》卷一二八称:刘基,字伯温,青田人,元朝至顺间举进士及第。据说,他博通经史,于书无所不读。本传称之"尤精象纬之学"。西蜀赵天泽论江左人物,首推刘基,将之与三国时期的诸葛孔明相媲美。刘基一生著述甚丰,除了注解《灵棋经》之外,他还有《重纂诸葛忠武侯兵法心要》内集、外集以及《披肝露胆经》等多种。《明史》刘基本传所称道的"象纬之学"也就是易学卦象图纬一类的学问。从这种情形而言,《灵棋经》被刘基所看重,这也从一个侧面反映了该书的"象纬"属性。

《四库全书总目提要》所引刘基序言出自何处? 其行文表述并不太明确。考《正统道藏》本《灵棋本章正经》,有《经解序》一篇,不题撰人姓名,笔者臆测很可能出自刘基之手。兹节录于下,以进一步考察《灵棋经》与易学之关系:

---

① 《四库术数类丛书》第 6 册第 198 页。

昔者,圣人作《易》,以前(按"前"似当作"切"或"全"。)民用。《灵棋》象《易》而作者也。《易》道奥而难知,故作《灵棋》象之。虽不足于尽《易》之蕴,然非精于《易》又焉能为《灵棋》之辞……阳多则道同而相照,阴多则志异而相乖。君子小人之分也。阴阳迭用,体有不同,而名随之异,变易之道也。《易》之取象,曰车、曰楠、曰矢、曰兔、曰狐之类,推而达之,天下之物,莫不包也。曰马矣,而以为龙,曰水矣,而以为"变易"之义也。非通天下之赜者,不识也。故曰:《灵棋》象《易》而作也。非精于《易》者不能也。予每喜其占之验,而病解之者不能尽作者之旨,故为申其说意而为之言。①

这是说:往古的时候,圣人创作《易》的经书,乃是为了切合民众的实用。《灵棋经》是模拟《易经》的规则和特点进行创作的。《易经》的道理相当深奥难于明白,所以就创作《灵棋经》以显示其旨趣大要。虽然这还不能尽情揭示《易经》的微言大义;但是,如果不是精通《易经》的人怎么可能创作出《灵棋经》的解说之辞呢?就灵棋课法的创作来讲,阳数多则意味着同道多而能够相互关照,阴数多则意味着志趣与意见分歧而相互背离。阳数、阴数的设象,这表示君子与小人的分别。阴与阳交替着发生作用,其本根有不同,所以名分就随之有了区别。这就是变化改易的道理。《易经》摄取物象,有所谓"车""楠""矢""兔""狐"的类型,推而广之,天下万事万物,没有不包容于易象之中的。说是"马",推广开来,也可以把"龙"囊括于其中,而由龙又可以联想到"水"。这样推衍延伸,以显示变化改易的妙义。假如不是精通天下的运行轨迹,是无法认识其真谛的。所以说《灵棋经》是模拟《易经》而创作出来的。如果不是精通《易经》的人是难于从事这项工作的。我每每喜欢"灵棋课法"占断的灵验,但又感到那些错误解释的著述不能揭示《灵棋经》原作者的本旨,因此为了申明其学说而立言解释。

《序言》的最后一句交代了作者为什么要注疏《灵棋经》。笔者为什么臆测序言作者是刘基?这乃是从序言的语气来判断的。也许这个判断不准确,但也不影响我们从易学底蕴的角度来认识灵棋课法,因为在《序言》里已经很

① 《灵棋本章正经·序》,《道藏》第23册第456页。

明显地阐述了两者之间的密切关系。

观今所存《灵棋本章正经》共有 125 卦。内容包括"经"与"解"两大部分。具体而言,每卦由卦名、象辞、棋型、注解等构成。其卦名为六字体,如《早腾课大通卦》《渐泰课受福卦》《富昌课吉庆卦》等等。其中许多卦名是从《周易》演变而来的,像《富盛课通泰卦》之中的"泰"、《小过课小成卦》之中的"小过"、《神助课否极卦》中的"否"等等都属此类;有的卦名则是择取《易经》卦爻辞的语汇再加上搭配辞而成的,如《苦节课乾阳卦》《习坎课虚劳卦》等属此类。至于在卦名之下所标的"一一一"之类就是棋型,它类似于《周易》的爻象。系于棋型之下的解说文字就是棋辞,类似于《周易》的卦辞。其下有"颜曰"云云,是引述颜幼明的话;而"何曰"以下是引述宋代御史中丞何乘天续注;"解曰"以下这是刘基的注释文字。他们三人各自从不同角度对《灵棋经》作了棋型与象辞的阐述或解释,其内容大抵以易学的象数理趣为其法要。

从《灵棋本章正经》来看,棋象卦辞多为四言体,这与汉代流行的《易林》很相类似。《易林》之辞如《履之渐》云:"黄帝紫云,圣哲且神,光明见祥,告我无殃。"而《灵棋本章正经》所见也是这样,如《富盛课通泰卦》:"富盛贵极,天道反侧。随运上下,与时消息,子子孙孙,以万以亿。"尽管说辞长短不一,但坚持四言体却始终如一。这反映了卜筮辞从散体为主向诗体的演变。

## 三、从占卜过程的神明崇拜看灵棋课法的道教色彩

灵棋课法是由《周易》占筮法门演变而成的,但从具体占卜过程又可以看出该法具有相当浓厚的道教色彩,甚至可以说带有明显的道门占卜性质特征。

《灵棋本章正经》卷首在造棋子法式与制商陆之后,紧接着是几段咒语和请神的祝祷辞。其一曰:

　　天清地宁,河图秉灵。宝香一炷,十方肃清。法鼓三通,万神咸听。

其二曰:

　　天地合其德,日月合其明,四时合其序,鬼神合其吉凶。皇天无私,惟德是辅。兹日太岁某月某日,乡贯姓名,谨焚香奉请四孟诸神、四仲诸神、四季诸神,十二辰官,上启天地父母、太上元君、左日右月、五星北斗、二十

八宿、四时五行、六甲阴阳、明堂岁德、天十二神、地十二祇、岁月日时值事功曹使者。伏念某时生兹者所伸情旨盖为某事云云,心有所愿,意有所疑,沉吟犹豫,请为决之,吉当言吉,凶当言凶,得失是非,惟卦是推,恭望圣慈,明彰报应。①

这段咒祝之辞是专为占卜仪式的进行而设立的,其目的是为了请神。根据有关描述,灵棋课法的实施,必先举行"占仪",这有如《易》卜要举行"筮仪"一样。按照朱熹《周易本义·筮仪》的叙述,古人进行占筮的时候要选择清洁的地方作为蓍室,放置一张床于室中央,然后把蓍草 50 根置于床北,焚香致敬,进行洒扫拂拭等一系列准备工作;在实施灵棋课法时照样也要作一番准备,也就是"冠带焚香",通过静坐,以"宁心定志"。这个套式大抵与《易》筮没有什么本质的区别。所不同的是,灵棋课法在进行衣冠整顿和焚香之后便要请神。所请的神明为数不少。这些神明都可以在道教神仙谱系中找到应有的位置。兹择其要者略加考索。

1.“太岁”。这本是阴阳术数家用语,但在道教中它除了具有历法上的意义外,也是一位神明。例如《黄帝龙首经》卷上《占岁利道吉凶法第一》一开始就说:“阳岁以大吉临太岁;阴岁以小吉临太岁。视天上甲庚所临为天道;天上丙壬所临为一道。”又说:“假令今年太岁在寅,大吉临寅。视天上甲庚临地,乙辛为天道;天上丙壬临地,丁癸为人道;魁罡临巳亥为拘检,魁为拘罡为检,他岁效此。”②《灵宝玉鉴》卷十七《天师仪注》称:“科曰:书章太岁后空三行者,谓章至天曹署,值日上章,词表所叠。”③在古代,术数家以岁星(即木星)十二年为一周天,所以将“黄道”分为十二等分,以岁星所在部分为岁名,称之“岁阴”,又将岁阴配上十岁阳,合为六十甲子干支。传统习惯上,以太岁作为推断气运的支点。由于太岁的这种地位和所对应的星宿的神秘性质,人们便将太岁神化,甚至具有人格化特征。《三命通会》卷二《论太岁》说:“夫太岁者,乃一岁之主宰,诸神之领袖。其说有二:如四柱中生年曰当生太岁,如逐年轮转曰游行太岁。”按照这个说明,太岁在术数家心目中不仅是一年中主宰

---

① 《灵棋本章正经》卷首,《道藏》第 23 册第 457 页。

② 《道藏》第 4 册第 985 页。

③ 《灵宝玉鉴》卷十七,《道藏》第 10 册第 269 页。

命运的神,而且是众神的首领。太岁有两种含义:一是按照年月日时"四柱"推算一个人的运程时遇上生年就称作太岁,这是因人而异的;另一种含义是岁星逐年轮转时的当值干支。不论是哪一种意义,在道教中不仅得到继承,而且广为应用。上述所引两部道经所涉之太岁主要是就天道太岁来讲的。道教科仪举行不但要明了太岁问题,而且在"书章"时也有讲究。为什么书上"太岁"之后要空三行呢?那是按照天曹署"公文"格式来的。这个"天曹署"实际上是人间官府衙门的一种神学表现形式,尽管这是虚幻的,但却反映了道门中人对"太岁"的神仙化。

2. 太上元君。"太上"是道门中人对最高等级之神明的尊称。如称老子为"太上老君"等;而"元君"则主要是对女神或具有阴性特质之神的尊称,如称"太素元君"之三女为白素元君、黄素元君、紫素元君。但将"太上"与"元君"连称始于何时,这是需要进一步考察的事。所谓"太"就是"大一",表明其至高无上的品格。这样一来,"太上元君"就是具有至高无上品格的阴性神,就天上来说,具有这种规格的恐怕只有月亮才能担当了。就人间来说,既然道门中人把老子称作"太上老君",那么如果配上一个夫人的话,称之为"太上元君"也未尝不可。不论其确指是什么样的神明,"元君"作为神的特有称呼,它属于道教却是没有疑问的。

3. 五星北斗。这里包含着两个层次:一是"五星";二是"北斗"。所谓"五星",指的是木、火、土、金、水这五星。在道教中,五星也各有神主,它们分别为东方木德岁星重华星君、南方火德荧惑执法星君、西方金德太白天皓星君、北方水德辰星伺辰星君、中央土德地侯镇星星君。这些星君各有所司,在天上诸神中占有重要地位。故《云笈七籤》卷二十四说:"五星者是日月之灵根,天胎之五脏,天地赖以综气,日月系之而明。"这里所谓"五星"已经不仅仅具有物理天体的意义,而且具有神化的内涵。在道门中人看来,五星之神乃是日月灵性的根本,天上圣胎所结的五脏,天地有赖五星来综合调理气化功能,日月因为有了五星之神才得以显示光明。至于"北斗"指的是北斗星君。根据道书的说法,北斗星君有两种范式,一是北斗七元星君,另一是北斗九辰星君。前者包括北斗阳明贪狼星君、北斗阴精巨门星君,北斗真人禄存星君、北斗玄冥文曲星君、北斗丹元廉贞星君、北斗北极武曲星君、北斗天关破军星君。

而后者"九辰"星君则是在"七元"的基础上再加上北斗洞明左辅星君与北斗隐元右弼星君。道门中人对北斗星君也是相当之推崇的。《太上玄灵北斗本命延生经注》说:"北斗是九天之精魂,九地之灵魄,九星之妙象,九州之威神。"足见其景仰之深。

4. 二十八星宿。作为太空之实体性存在,"二十八星宿"在先秦时期早已为先民们所认识。《黄帝内经素问·五运行大论》指出,据《太始天元册》所载,东南西北之方位可以二十八星宿测定之。东方苍龙七宿:角、亢、氐、房、心、尾、箕,凡七十五度;北方玄武七宿:斗、牛、女、虚、危、室、壁,凡八十一度;西方白虎七宿:奎、娄、胃、昴、毕、觜、参,凡七十五度;南方朱雀七宿:井、鬼、柳、星、张、翼、轸,凡一百一十二度。汉《易》学已将二十八星宿同《易》卦方位相配合。早期符法道派经典《太平经》和金丹派之《周易参同契》都将二十八星宿引入其思想体系以作为其理念的表达符号。《周易参同契·下篇》云:"青龙处房六分,春华震东卯;白虎在昴七分,秋芒兑西酉;朱雀在张二分,正阳离南午。"这是把四神兽青龙、白虎、朱雀、玄武配上东西南北、春夏秋冬,以示金丹修炼过程中的"四季"变化之周天。宋代道教学者俞琰说:"所谓赤龙、黑虎者,东方苍龙七宿运而之南,则为赤龙;西方白虎七宿运而之北,则为黑虎。无非譬喻身中之呼吸。"[1]在俞琰的解释中,所谓"之"是"到达"的意思。"运而之南"就是运行到达南方。与此相同,以下的"运而之北"就是运行到达北方。俞琰这几句话总的是讲:所谓"赤龙""黑虎"都有代称的意义。本位于东方的苍龙七宿运行到了南方就变成了赤龙;西方白虎七宿运行到了北方就变成黑虎。为什么"苍龙"变成"赤龙",而"白虎"变成"黑虎"呢? 这是从五行的轮转而引起五色之更替角度说的。本来,东方属木,木色为青,苍即是青,故与之相配的神兽是苍龙;而南方属火,火之色为赤红,苍龙从东方运行到了南方,表征的颜色符号随之更改为"赤色";同样道理,西方属金,金色为白,与之相配的神兽称白虎;北方属水,水之色为黑,所以,本为白色之"虎"运行到了北方就变成黑虎。这种变化当然是出于五行轮转的观念。以《周易参同契》为大宗的丹道法脉所注入的二十八星宿主要是为描述丹功理趣服务的,

---

① (宋)俞琰:《易外别传》,《道藏》第 20 册第 316 页。

但却反映了道教对此自然符号法象的尊崇。不仅如此,二十八星宿在道教体系中实际上也有神化的一面。在道门中人看来,二十八星宿各有神明管辖。道经认为:"凡二十八星宿各有司。"这个"司"字就是管理调控。谁来管理调控呢?显然,这不是地上的人们,而是星宿中的神明。例如,角宿星君掌管人间雨泽,亢宿星君掌管人间大风,氐宿星君掌管人间狂风,房宿星君掌管惊风骇雨,尾宿星君掌管祥云瑞气,箕宿星君掌管邪风细雨。这些可以左右人间生存环境的星君还各有自己的名号,如角宿星君,姓宾名运生;亢宿星君,姓扶名司马;房宿星君,姓洪名寄生;尾宿星君,姓涂名徐泽;诸如此类,不胜枚举。此等名称当然无从获得现实的佐证,也不必进行什么具体的稽考,因为道教给自己信奉的神明取个名字再封上什么号,这于神学法理而言乃是天经地义的事。虽然我们难于确知道门中人为什么要给二十八星宿取这样的名称,但从描述的郑重其事语气看则可以明了二十八星宿在道门中人中乃具有非常神圣的意义。

5. 六甲阴阳。所谓"六甲"指的是天干、地支相配合而成的六个带有"甲"的时序空间代号。它们分别是甲子、甲戌、甲申、甲午、甲辰、甲寅。天干地支配合而成的六十甲子可谓由来已久,道教也将之神化。在六十甲子神中以"六甲"为突出,它们也都有名字神称,甲子神字青公名元德,甲戌神字林齐名虚逸,甲申神字权衡名节略,甲午神字子卿名潺仁,甲辰神字兖昌名通元,甲寅神字子靡名化石。这"六甲"在干支上都属于"阳性"。有阳不能无阴,有阴才成搭配而能生。因此,由六甲自然引出"六丁"。所谓"六丁"指的是丁卯、丁丑、丁亥、丁酉、丁未、丁巳。它们也有相应的神称。据《灵宝六丁秘法》等书所述:丁卯神名文伯字仁高,丁丑神名文公字仁贤,丁亥神名文通字仁和,丁酉神名文卿字仁修,丁未神名升通字仁恭,丁巳神名庭卿字仁敬。[1] 正如对"六甲"加以神化一样,道书对六丁阴神也赋予诸等灵异功能,如称六丁玉女之神,能长能短,能有能无,"处心占而问之,万事从心"[2]。这种描述当然是宗教情感的流露,但却体现了道门中人对六丁之神的尊崇。汉代以后,随着儒家

---

[1] 关于六丁之名字,道书所称不一。这里所录仅仅是其中一种说法,况且这种说法在几种文献中也有一些小的出入。

[2] 《灵宝六丁秘法》,《道藏》第 10 册第 752 页。

思想影响的逐步加大,道教也在主要场合表现出"尚阳"的倾向,于是六丁六甲便合称而为"六甲阴阳"。其中"阳"就是六甲,而"阴"就是六丁。

由上面这几个方面的考察可知,《灵棋本章正经》在棋卜过程中所出现的神明基本上都可以在道教经书中找到归宿。至于第一段祝祷辞所谓《河图》本来就是道教易学的重要内容。故而,《灵棋本章正经》的道教思想特征也就有了可以落实的根据了。当然,不论是祝祷辞中的《河图》说,还是用以沟通神灵的咒语都显示了道门中人运用符号的多重表现。因为《河图》本身就是以抽象的点线符号来表征大《易》的思想理趣;而咒语中的神灵实际上也代表了人的某种愿望和延展人体能力的动机。尽管在道门中人的直观感受里神灵是一种超越人间的"伟大力量",但在深层体验中,它们却充当着符号的"能指",在其神秘表象之背后存在着咒语施行者的强烈的生存发展愿望,这就是凝聚于符号中的"所指"。

## 四、灵棋经辞的思想底蕴与象征表达

正如《周易》的卦象被系上许多歌谣口诀之类解说辞一样,《灵棋经》[①]也配有"象辞"。为了能够揭示棋子的象征理趣以及象辞的微言大义,后世注家在此基础上又附以阐释文辞。不论是象辞还是后人的注疏之辞都在某种程度上逼近了棋子符号的本初意义,但又不可避免地存在距离。由于语言表达在信息转换上的偏离性,在缩短某一层次之距离时又在另一个层次造成新的距离。这样,说辞与棋子符号之间便永远存在一种相隔性的朦胧。之所以这样,是因为说辞乃继承了传统的象征表达法。把握住这一点对于理解《灵棋经》的思想意蕴是重要的。

作为传统占卜术的一种经典依据,《灵棋经》的思想相当复杂。无庸讳言,它被笼罩在神秘氛围之中;不过,也必须看到,由于这种卜法的目的乃是为了人的生存,其经典依据自然就可以落实到人的生活需求方面来。在传统天

---

① 按,比较一下《道藏》本与文渊阁《四库全书》本之《灵棋经》,尽管前者较古,但文字错误较多;后者则已经整理,文字错误较少。所以,本节探究其思想与符号象征问题时拟以文渊阁《四库全书》本为主,并适当参校《道藏》本。

人对应思想影响下,《灵棋经》力图通过一套人工符号来表象人类生活的复杂多样以及变化情形,其范围涉及个人的身心健康、仕途官运、婚姻家庭、社会交往等等。从形式上看,它遵循的是灵棋卦象与物事的对应。一方面,它通过类比,以提取元信息;另一方面,它又通过当前事物之联想与解说,从而达到指示生活路径的目的。概而言之,有如下两点尤其值得注意:

1. 通过卦形的推衍,以类比事物的多样表现。所谓"卦形"本指《易经》中的卦象符号;在《灵棋经》中,"卦形"就是灵棋卜法演示的特定符号,它在《易经》卦象的基础上推衍出来。这种推衍与《易经》有一定差异。《易经》将八个经卦重而成六十四卦;《灵棋经》由于依据的占卜工具不同,遂形成了卦形数量上与《易经》的差异。然而,从实质上看,《灵棋经》依然以八经卦为本。可以说,由灵棋卜法所形成的 125 个卦乃是八经卦的扩展,因为它们尽管千姿百态,却都可以落实到八经卦的象征原点上。在《易经》中,三画的八经卦重叠则有六画的六十四卦。灵棋卜法虽然不是运用重叠来形成"别卦",但在经卦基础上来扩展却是无疑的。考《灵棋经》的象辞以及有关的解释资料可知,《乾》《坤》《坎》《离》《艮》《兑》《震》《巽》这八卦各有所统辖。《乾》卦统《大通》卦、《吉庆》卦、《得志》卦、《才达》卦、《明阳》卦、《尊贵》卦、《贞寿》卦等凡二十六卦;《巽》卦统《渐泰》卦、《富盛》卦、《事遂》卦、《佳丽》卦等凡八卦;《离》卦统《乐道》卦、《年丰》卦、《忧患》卦、《行令》卦、《送货》卦等凡八卦;《艮》卦统《惊怖》卦、《小戒》卦、《慎往》卦、《将损》卦、《无难》卦等凡二十卦;《兑》卦统《神护》卦、《理乱》卦、《忧喜》卦、《孤贫》卦、《益友》卦等凡八卦;《坎》卦统《将败》卦、《未还》卦、《平安》卦、《得失》卦等凡八卦;《震》卦统《戒贪》卦、《昌吉》卦、《大成》卦、《福会》卦、《避世》卦等凡二十卦;《坤》卦统《安泰》卦、《亨通》卦、《避灾》卦、《病患》卦、《阴长》卦等凡二十六卦;末为《纯阴镘》卦以为归结。整个系统 125 个卦分属八类,以《乾》《坤》两个经卦所统最多,各二十六卦;以《震》《艮》两卦所统次之,各二十卦;其余四经卦均统八卦。八经卦所统之所以有这样的差别,是因为它们本来在易学体系中的地位不同。《乾》《坤》是大父母,所以统领较多;而《震》卦为"长男",有继承父业之责任,故所统较多;《艮》卦为少男,少壮年轻富有活力,故而所统亦较多。从《灵棋》卦形之设来看,以警戒者居多,例如《乾》卦所统之《敬慎》卦、《离》卦所统之

《忧患》卦、《艮》卦所统之《否倾》卦、《震》卦所统之《戒贪》卦、《坤》卦所统之《失律》卦等等都是。这说明灵棋卜法之创立者具有很深的忧患意识。

2. 通过卦性解释,以展示事物的发展趋向。所谓"卦性"是指每个卦所具有的基本属性。在125个灵棋卦中,经解者都力图对其性质作出说明。实际上,这种说明乃是利用灵棋卜法为人指示事态发展的象数义理依据。如何揭示其卦性呢?经解者的第一步功夫是把灵棋卦回归到《周易》之经卦[1]。例如第十四《慎德卦》,撰者于其下小字注曰:"极阴反位,艮山东北。"[2]这条注疏文字虽然很短,却很重要,它揭示所卜灵棋卦归属是《艮》卦。这就把思考的范围限定在类别上,有助于定位考察。按照《易经》八卦的固有属性,乾坤所生"六子"震、坎、艮、巽、离、兑也具有阴阳对应的关系,阳卦多阴,阴卦多阳。"六子"之中震、坎、艮为阳卦,均两阴爻一阳爻;而巽、离、兑为阴卦,均两阳爻一阴爻。既然艮卦属于"六子"之中的阳卦,则其卦形便多阴爻。灵棋卜法,《慎德》之卦乃一上四中二下,"四"为老阴,"老"即为"极",所以经解者称之"极阴"。物极必反,故有"反位"之说。像这种归属"经卦"的说明除了最后一卦即《纯阴馒》卦之外可以说是贯穿到底的。每一卦的归属说明都很简练,但又落到实处。经解者的第二步功夫是指出主体象征,也就是最重要的象征,如《渐泰》卦为待时之象,《吉庆》卦为富昌之象,《富盛》卦为通泰之象,《乐道》卦为惊喜之象,《惊怖》卦为小危之象,《年丰》卦为宜田之象,《小戒》卦为慎防之象,《得志》卦为自足之象,《事遂》卦为将泰之象,《材达》卦为安吉之象,《恣游》卦为行乐之象,等等。此等主体象征是灵棋卦关于事物发展走向的符号表现,即每一卦所具备的事物走向之喻示,这种喻示乃是经卦归属的符号象征之衍扩。经解者的第三步功夫是针对现实生活将主体象征加以发挥并作出行动的断语。例如《将损》卦,其《象》曰:"豺虎咆哮,淋淫雨水;战斗不胜,弱兵钝士;为寇所凌,多有亡死。"这里的"象"相当于《周易》中的卦辞,是以诗歌体裁写成的说明性文字,其特点是"以象释象",也就是以文字符号之意象来解读灵棋卦象符号的意义。根据其象辞,后人又加以具体化,把其符号

---

[1] 这里的"经卦"指《周易》中《乾》《坤》《坎》《离》《震》《巽》《艮》《兑》八个基本卦。
[2] 《四库术数类丛书》第6册第210页。

象征扩展到现实生活中。例如何承天在解释《将损》卦时说："方伯防边,必被贼盗;纵有高陆,横遭洪水。病者困重,囚者坚固。争讼、用师、市贾、求官、田蚕、百事不利。此损兵之卦也。"①在最后,又加以总结,提出断语,如称:"此课一阳栖于积阴之上……占事无所不凶,用兵最忌。惟大旱求雨,得所用也。"②从诸多象辞与解释性文字来看,《灵棋经》使用的是以象喻象的叙说技巧。如果说前一个"象"是本初之符号,那么后一个"象"则是延展性符号。这种法式虽然看不出严格的逻辑思维,但却给人留下思考的空间。在"象"与"象"的符号转换过程中,人的认识在某种程度上看也得到加深。虽然,在解释中有不少穿凿附会的东西,但对于拓展人的意象思维而言却也有一定价值。

（本文原载《周易研究》2001 年第 1 期,收入本书时略有修改）

---

① 《四库术数类丛书》第 6 册第 211 页。
② 《四库术数类丛书》第 6 册,第 212 页。

# 试论《参同契》对"纳甲法"的应用

东汉魏伯阳的《周易参同契》在道教史上具有重要地位,素有"万古丹经王"之称。陈致虚说:"丹书多不可信,得真诀者,要必以《参同契》《悟真篇》为主。"①杨慎说:"《参同契》为丹经之祖。"②大儒朱熹还特意为它作了注疏③。

《周易参同契》对后代的哲学和科技的发展有不可磨灭的作用。据英国皇家学会会员、剑桥大学冈维尔和凯厄斯学院院长李约瑟博士考证,莱布尼茨关于计算机原理的发现,是同他研究"伏羲六十四卦次序图"和"伏羲六十四卦方位图"密切相关的。而这两个图却是后代道士从《周易参同契》体系推演出来的,可见其影响之大④。

《周易参同契》虽然是一部"丹书",但其中不无包含着深刻的哲理。本文仅就它对"纳甲法"的应用这一侧面,尝试进行粗浅的探讨。

一

何谓"纳甲法"? 朱震《周易卦图说》曰:"纳甲何也? 曰:举甲以该十日也,乾纳甲壬,坤纳乙癸,震巽纳庚辛,坎离纳戊己,艮兑纳丙丁,皆自下生,圣人仰观日月之运,配之以坎离之象,而八卦十日之义著矣。"④

《周易·系辞下》说:"悬象著明,莫大乎日月。"虞翻注:"谓日月悬天成八

---

① (元)陈致虚:《周易参同契分章注》,文渊阁《四库全书》本。
② (明)杨慎:《升庵集》卷二,文渊阁《四库全书》本。
③ 参见朱熹:《周易参同契考异》,文渊阁《四库全书》本。
④ 参见朱震:《汉上易传》卷二、卷五、卷七、卷九,文渊阁《四库全书》本。

卦象,三日暮震象(月)出庚,八日兑象月见丁,十五日乾象(月)盈甲,十七日巽象(月)退辛,二十三日艮象(月)消丙,三十日坤象(月)灭乙。晦夕朔旦,坎象流戊,日中则离,离象就己,戊己土位,象见于中,日月相推而明生焉,故悬象著明,莫大乎日月也。"①朱熹说:"八日为兑上弦,又进八日乃成乾体,二十三日为艮下弦,又退八日乃成坤体。"②

从上面古人的论述看来,"纳甲法"不外包括下列内容:

(1)五行与方位的组合。东方:甲乙木;南方:丙丁火;中:戊己土;西方:庚辛金;北方:壬癸水。

(2)《周易》原理的应用。《周易》中的"卦"最基本的是《乾》《坤》二卦。万物悉由一元气之变化,即无不由乾(阳)坤(阴)之消长盈缩错综化生。而乾坤生"六子",其中《坎》《离》二卦特为重要。《周易参同契》说:"天地设位而易行其中矣。天地者,乾坤之象也;设位者,列阴阳配合之位也;易谓坎离,坎离者,乾坤二用。"③又说:"坎离匡郭,运毂正轴。"④盖坎孕于坤之中,是为阴乘阳,离孕于乾之中,是为阳乘阴;而坎离之重卦⑤自含有震、兑、巽、艮,所以说乾坤为天地之定体,坎离为其流行。

(3)日与月的关系。月之盈亏,因受太阳之光而起,同样表现了阴阳之消长。

为了进一步说明,兹列表、图解如下:

| 木 | 火 | 土 | 金 | 水 |
|---|---|---|---|---|
| 东 | 南 | 中 | 西 | 北 |
| 乾[甲]<br>十五日 | 艮[丙]<br>廿三日 | 坎[戊] | 震[庚]<br>三日 | 乾[壬] |
| 坤[乙]<br>三十日 | 兑[丁]<br>八日 | 离[己] | 巽[辛]<br>十六日 | 坤[癸] |

① (唐)李鼎祚:《周易集解》卷十四,文渊阁《四库全书》本,按原文"己"作"巳"有误,今正之。
② (宋)朱熹:《周易参同契考异》,文渊阁《四库全书》本。
③ (宋)俞琰:《周易参同契发挥》卷一,《道藏》第20册第196页。
④ (宋)俞琰:《周易参同契发挥》卷一,《道藏》第20册第194页。
⑤ "重卦"指两卦相重,参看本文第三部分。

　　如表所示,“纳甲”之意是:乾纳甲壬,坤纳乙癸,震纳庚,巽纳辛,艮纳丙,兑纳丁,坎纳戊,离纳己。此谓以十干分纳于八卦,举一干以概其余,故名“纳甲”。“八卦”符号之意是:震表示初三之月象;兑表示初八之上弦;乾表示十五之满月,以上为望前三候,象征阳息阴消;巽表示十六日之月由圆而渐缺;艮表示二十三日之下弦;坤表示三十日之晦,以上为望后三候,象征阳消阴息。坎、离表示日月。卦象与十天干之所以如此配合,是因为:震一阳始生,于月为生明,三日夕出于西方之庚,故曰“震纳庚”;兑二阳为上弦,八日夕见于南方之丁,故曰“兑纳丁”;乾纯阳,望,十五日夕盈于东方之甲,故曰“乾纳甲”;巽一阴始生,于月由圆而渐缺,十六日晨落于西方之辛,故曰“巽纳辛”;艮二阴为下弦,二十三日退于南方之丙,故曰“艮纳丙”;坤纯阴,晦,三十日晨消于东方之乙,故曰“坤纳乙”,《乾》《坤》两卦已经纳了甲乙,何以又要纳壬癸呢?这是表示阴阳始终之意。此外,“纳甲法”中的“八卦”,其卦爻阴阳之别,又以十二地支示之,偶表示阴,奇表示阳,根据重卦之理,乃可推演变化。这就是“纳甲法”的最基本内容①。

## 二

　　“纳甲法”相传京房所作。朱熹说:“《参同契》本不为明易,姑借此纳甲之法,以寓其行持进退之候。……然其所言纳甲之法,则今所传京房占法见于《火珠林》者,是其遗法。”②

　　京房所作之“纳甲法”,无疑是对天体运行的某些现象的一种概括,同时也是历史上许多宝贵的哲学思想以及天文、地理知识的总结,所以,它在后世被广为应用。《周易参同契》对它的应用更是不乏其例的。

　　然而,必须指出,《周易参同契》应用“纳甲法”的目的与京房作“纳甲法”的目的是不一样的。

　　京房作“纳甲法”之目的在于“占卜”。占卜早已有之。《周易》就是应占

---

①　关于“纳甲”,参看小柳司气太:《道教概说》;又见清胡渭:《易图明辨》,《粤雅堂丛书》本。
②　(宋)朱熹:《周易参同契考异》,文渊阁《四库全书》本。

卜之需要而写的。"纳甲法"是以《周易》为基本的思想来源的,在目的问题上同《周易》没有什么区别。据《隋书》卷三十四记载,京房所作"占卜"之书甚多。例如《方正百对》1 卷、《周易占事》12 卷、《周易妖占》13 卷、《周易四时候》4 卷、《周易错卦》7 卷等等。对此,《隋书》评述说:"是以圣人推其终始,以通神明之变,为卜筮,以考其吉凶,占百事以观来物,睹形法以辨其贵贱。"①《隋书》卷七更载:京房于汉元帝建昭二年三月曾上书,谓"辛酉"以来,蔽太阳光之蒙气渐薄。正月为《泰》卦,据每一月一阳爻增加之卦象,则二月三日宜益清明,而今实不然,是为当代权臣蔽君之兆候。京房这一判断就是根据"纳甲法"而得出的。三国时人虞翻"观象云物,察应寒温,原其祸福,与神合契"②,也反映了他应用"纳甲法"以推未来之事。可见,这是同鬼神迷信联系在一起的。

与京房、虞翻不同,《周易参同契》作者应用"纳甲法"不是为了占卜,而是为了养生,换句话说,就是为"养性延年"的方法提供理论依据。大家知道,我们的祖先对养生是甚为重视的。远在陶唐氏之始,人们为了战胜自然界之"风、寒、湿"等等"淫气"对人体的危害,曾"为舞"以"导引行气"③。秦汉之际,讲养生的书已有不少,例如《宓戏杂子道》20 篇,《上圣杂子道》26 卷,《道要杂子》8 卷,《黄帝杂子步引》12 卷,《黄帝歧伯按摩》23 卷,等等④。但是,事物的发展总是有两面的。适应了统治者追求长生的需要,"服食"⑤之风盛起,"旁门小法"⑥林立,祈神弄鬼,"广求名药"⑦。《周易参同契》说:"世人好小术,不审道浅深,弃正从邪径,欲速阏不通,犹盲者不任杖,聋者听宫商,没水捕雉兔,登山索鱼龙,植麦欲获黍,远规以求方,竭力劳精神,终年不见功。"⑧这表明了养生如果没有一种揭示客观规律的理论作指导,也是徒劳无益的。正

---

① 《隋书》卷三十四,中华书局点校本。
② 《三国志》卷五十七《吴书·虞翻传》,中华书局点校本。
③ 《吕氏春秋·古乐篇》。
④ 参见《汉书·艺文志》。
⑤ "服食"指服"金丹"之类。
⑥ 参见无名氏《周易参同契注·上篇》,《道藏》第 20 册第 102 页。
⑦ 参见《周易参同契·中篇》,《道藏》第 20 册第 127 页。
⑧ 参见朱熹《周易参同契考异》,文渊阁《四库全书》本。

是为了揭示养生的客观规律,达到"强己益身"的目的,魏伯阳的《周易参同契》才应用"纳甲法"的。

三

《周易参同契》是怎样应用"纳甲法"的呢?

(1)《周易参同契》对"纳甲法"的应用是同对自然观的阐述结合在一起的。如上文所说,"纳甲法"在《周易参同契》中是为养生提供理论依据的,这就很自然地要涉及到人与万物的起源问题。

《周易参同契》说:"将欲养性、延命、却期,审思后末,当虑其先。人所禀躯,体本一无,元精云布,因气托初。阴阳为度,魂魄所居,阳神日魂,阴神月魄,魂之与魄,互为室宅。"①这段话的意思是:想要养性延年,就得先考虑生命的来源。人的生命本来是没有的。元气运化,才产生了人的生命。元气包含着阴阳两个方面,二者的相互联结就是人的精神与肉体存在的条件,精神与肉体正像日月,交相辉映,缺一不可。这种说法虽然十分朴素,缺乏科学性,但它却告诉我们:人不是"精神本体"的产生,而是物质性的元气所化生。在人的精神与肉体产生之前,元气早就存在了,元气是始初,也是根源。

《周易参同契》不仅把人看作元气的产物,而且把宇宙间的一切事物都看作是元气的产物。它说:"乾坤者,易之门户,众卦之父母。"②乾坤为阴阳,而阴阳在《参同契》看来就是元气内在的两个方面,谓《乾》《坤》为众卦之父母就是说元气内在的两个方面阴阳交感产生了万物。可见,这种自然观是唯物主义的。

(2)《周易参同契》对"纳甲法"的应用首先就表现在它对元气运动的内在根源的探讨中。它以"纳甲法"中的阴阳、五行、五方、干支相配原则分析了元气运动的内在根源。元气为什么运动呢?在《周易参同契》看来,就在于它内在的对立统一。

---

① 《周易参同契·中篇》,《道藏》第20册第126页。
② 《周易参同契·上篇》,《道藏》第20册第119页。

第一，元气是由相反的两个方面组合而成的："刚柔迭兴，更历分部，龙西虎东，建纬卯酉。"①这里的"刚柔"就是元气内在相反的两个方面。二者相互排斥，此起彼落，这就是"迭兴"。而"龙虎"与"西东""卯酉"相配更表现其对立。然而，元气内在的两个方面不仅是对立的，而且是统一的。孤阳不生，独阴不长，阴中有阳，阳中有阴，配合相包，不可分离。这种相辅相成的关系恰如男女夫妻："男女相须，含吐以滋，雄雌交杂，以类相求。"②

第二，元气内在矛盾着的因素又是相生相克、相互作用的："土旺四季，罗络始终；青赤白黑，各居一方，皆禀中宫，戊己之功。"③"五行错王，相据以生，火性销金，金伐木荣。"④土居中，与坎离相配，而坎离流行不断，故曰"罗络始终"，坎离纳戊己，故曰"戊己之功"。《周易参同契》在此以"土""坎离""戊己"表示元气，而"青、赤、白、黑"就是木、火、金、水，它们既象征春、夏、秋、冬，亦象征东、南、西、北。《黄帝内经》说"东方青色""南方赤色""中央黄色""西方白色""北方黑色"⑤。五色、五行、五方具有同一意义，皆用以说明元气内在矛盾着的因素之相生相克。但五行之主要者是"土"，"木""火""金""水"皆禀"土"之一元气，故曰"皆禀中宫"。其中，"木""火""金""水"又分为两类，"金水合处，木火为侣"⑥，仍然构成两两相对，具有相生相克、相互作用的关系。

第三，元气内在矛盾着的因素之相生相克必然导致阴阳地位的相互转化："子当右转，午乃东旋，卯酉界隔，主定二名。龙呼于虎，虎吸龙精，两相饮食，俱相贪便，逐相衔咽，咀嚼相吞。"⑦"子""午"为时间，"右""东"为方向，"纳甲"之方位，东在左，西在右，左右相对，方向相反，这表明了随着时间的改变，元气运动方向也改变，阴阳二气的地位发生了变化。对于这种变化，《周易参

① 《周易参同契·中篇》，《道藏》第20册第128页。
② 《周易参同契·中篇》，《道藏》第20册第127页。
③ 《周易参同契·上篇》，《道藏》第20册第120页。
④ 《周易参同契·中篇》，《道藏》第20册第127页。
⑤ 《黄帝素问·金匮真言论》，见清代高士宗：《黄帝素问直解》，科学技术文献出版社1980年版，第28—30页。
⑥ 《周易参同契·中篇》，《道藏》第20册第128页。
⑦ 《周易参同契·中篇》，《道藏》第20册第127页。

同契》作了形象的比喻,它像龙虎相争,颇为激烈,"咀嚼相吞",必见高低,这实在是对阴阳二气相互斗争导致地位转化的生动描述。

(3)《周易参同契》对"纳甲法"的应用是以描述元气运行的周期和说明"火候"的操持为中心的。所谓"火候",简单说,就是元气阴阳变化的"度"(时间与方位变化的数量界限),"火候"之操持就是掌握元气阴阳变化之"度"。在《周易参同契》中,对元气运行周期的描述和对"火候"操持的说明是结合在一起的。元气运行之周期即"火候"操持之遵循。《周易参同契》运用"纳甲法",一箭双雕,两者得兼。这里仅录几段,试作分析。

第一,《周易参同契》说:"屯以子申,蒙用寅戌,余六十卦,各自有日,聊陈两象,未能究悉。立义设刑,当仁施德,逆之者凶,顺之者吉。按历法令,至诚专密,谨候日辰,审察消息。"①《屯》与《蒙》系别卦卦名。"子申"与"寅戌"是地支。以地支配卦爻,这也是"纳甲"体系中的内容之一。朱熹说:重卦之法,"乾下三爻纳甲子寅辰,上三爻纳壬午申戌;坤下三爻纳乙未巳卯,上三爻纳癸丑亥酉;震下三爻纳庚子寅辰,上三爻纳庚午申戌;巽下三爻纳辛丑亥酉,上三爻纳辛未巳卯;坎下三爻纳戊寅辰午,上三爻纳戊申戌子;离下三爻纳己卯丑亥,上三爻纳己酉未巳;艮下三爻纳丙辰午申,上三爻纳丙戌子寅;兑下三爻纳丁巳卯丑,上三爻纳丁亥酉未。"②《屯》卦由《震》卦与《坎》卦重叠而成,震在下,坎在上,六爻所纳该是:初九庚子,六二庚寅,六三庚辰,六四戊申,九五戊戌,上六戊子。《蒙》卦由《坎》卦和《艮》卦重叠而成,坎在下,艮在上,六爻所纳该是:初六戊寅,九二戊辰,六三戊午,六四丙戌,六五丙子,上九丙寅。"屯以子申,蒙用寅戌"即指《屯》卦初九庚子之爻,六四戊申之爻,《蒙》卦初六戊寅之爻,六四丙戌之爻。略去天干,则庚子为子,戊申为申,戊寅为寅,丙戌为戌。"子""申""寅""戌"四爻的强调,首先是为了说明炼丹之时刻的。《周易参同契》说:"春夏据内体,从子到辰巳,秋冬当外用,自午讫戌亥。"③春夏谓朝,秋冬谓暮。子、丑、寅、卯、辰、巳、午、未、申、酉、戌、亥为一日十二时辰,十二时辰与《屯》蒙二卦十二爻相对应。故朝屯,初九庚子之爻当子时,六

---

① 《周易参同契·中篇》,《道藏》第 20 册第 125 页。
② (宋)朱熹:《周易参同契考异》,文渊阁《四库全书》本。
③ 《周易参同契·上篇》,《道藏》第 20 册第 119 页。

四戊申之爻当卯时;暮蒙,初六戊寅之爻当午时,六四丙戌之爻当酉时。这就是说炼丹之时刻不外子、午、卯、酉四时。为什么要以此四时为炼丹的时刻呢?因为这是一日中元气运行阴阳变换的关节点。祖国医学认为:人体有十二经络,元气运行要在十二时辰中经过十二经络,从起始的手太阴肺经到足厥阴肝经,循环往复,而子时到巳时,元气为阳占主导地位,午时之后,转阴。这就是"子午流注"。《周易参同契》以《屯》《蒙》二卦纳十二时辰,以子、午、卯、酉为炼丹的时刻,恰好与祖国医学"子午流注"学说相吻合。以"一日"之法来描述元气运行周期,反映了《周易参同契》对遵循客观规律这一哲学问题已有一定水平的认识。当然,炼丹时刻,并非一成不变,丹家早有"活子时"之说。

第二,《周易参同契》说:"阳数已讫,讫则复起,推情合性,转而相与。上九亢龙,战德于野,用九翩翩,为道规矩,循据璇玑,升降上下,周流六爻,难得察睹,故无常位,为《易》宗祖。"①这段话的意思是:元气运行,周而复始,往来不停,变化无穷。表面看来,似乎与"纳甲"无关,但只要对文句稍加分析,并联系上下文来看,就可知道,它仍是"纳甲法"的应用。所谓"周流六爻"是指元气依次经过六个单位时间。在上一层次里,《周易参同契》用《屯》《蒙》二卦表示元气的运行周期,每一卦各有六爻,这里也提六爻,但这六爻不再是屯或蒙了,而是《乾》卦中的六爻,引而伸之,则为六卦,实际上就是代表"一月"中的六个重要日子,这就是:三日、八日、十五日、十六日、二十三日、三十日。在"纳甲"中,这六个日子,有相应的卦,即《震》《兑》《乾》《巽》《艮》《坤》。《参同契》将六爻纳于六卦间,是为了说明元气运行的复杂情况。元气有阴阳之分,震表示阳气之"产生"。"产生"于何处呢?《周易参同契》说:"始乎东北、箕斗之乡。"②所谓"箕斗"是古代天文学名词,为"纳甲法"中方位的另一种表示。《黄帝素问·五运行大论》说,据《太始天元册》记载,东南西北之方位可以二十八星宿测定之。东方苍龙七宿凡七十五度,南方朱雀七宿凡一百一十二度,西方白虎凡七十五度,北方玄武凡八十一度。"箕斗"恰好是东北之交,即《震》卦所在方位。元气"产生"了③,必有发展,有发展必有方向,其

---

① 《周易参同契·中篇》,《道藏》第 20 册第 125 页。
② 《周易参同契·中篇》,《道藏》第 20 册第 125 页。
③ 这里的"产生"应是导引之后,对元气运行的内部感觉。

方向是由"东北"向"正南",所以《周易参同契》说:"旋而右转。"①,转至"东南",即为《兑》卦,于时间则为"八日",转至"正南",即为《乾》卦,于时间则为"十五日"。《乾》卦是纯阳,为阳气极盛之象征,故《周易参同契》说:"三五德就。"②这就是元气"周流六爻"之前三爻的情况,其时间为"半个月"。然有升必有降,有上必有下,当阳气发展到顶点时便转而生阴。所以《周易参同契》说:"九三夕惕,亏折神符,盛衰渐革,终还其初。"③阴生于"西南",这是"周流六爻"的第四爻,故曰"九四或跃"④。用卦表示即为《巽》卦,于时间则为"十六日",转至"西北"即为《艮》卦,于时间则为"二十三日",阴气盛于"正北",以卦表示则为《坤》卦,于时间则为"三十日",所以《周易参同契》说:"六五坤承。"⑤这说的是元气"周流六爻"之后三爻的情况,时间亦为"半个月"。由此我们可以看出,元气"晦朔弦望"之周期在这里表示为"一月"。以"一月之法"来描述元气运行的周期和说明火候操持的要点,表明《周易参同契》作者对遵循规律这一问题探讨更深入了。

第三,《周易参同契》说:"道之自然,变易更盛,消息相因,终坤始复,如循连环,帝王承御,千秋常存。"⑥"变易"即经卦变为别卦。《坤》与《复》是卦名,《复》是十二消息卦之始,《坤》是十二消息卦之终,古曰"终坤始复"。这表明元气"晦朔弦望"之周期亦可为"一岁"。一岁有十二个月,分别与十二地支相配。按照夏历,正月建寅,二月建卯,三月建辰,四月建巳,五月建午,六月建未,七月建申,八月建酉,九月建戌,十月建亥,十一月建子,十二月建丑。按照周历,正月建子。这样,夏十一月便为岁首,十月为岁终。与十二消息卦相配即为:《复》(子,十一月),《临》(丑,十二月),《泰》(寅,正月),《大壮》(卯,二月),《夬》(辰,三月),《乾》(巳,四月),《姤》(午,五月),《遁》(未,六月),《否》(申,七月),《观》(酉,八月),《剥》(戌,九月),《坤》(亥,十月)。

---

① 《周易参同契·中篇》,《道藏》第20册第125页。
② 《周易参同契·中篇》,《道藏》第20册第125页。
③ 《周易参同契·中篇》,《道藏》第20册第125页。
④ 《周易参同契·中篇》,《道藏》第20册第125页。
⑤ 《周易参同契·中篇》,《道藏》第20册第125页。
⑥ 《周易参同契·中篇》,《道藏》第20册第126页。

这十二消息卦与"纳甲法"有什么关系呢？它们是"纳甲法"中的"八卦"之异卦相重与同卦相重。《复》为《震》之《坤》，《临》为《兑》之《坤》，《泰》为《乾》之《坤》，《大壮》为《乾》之《震》，《夬》为《乾》之《兑》，《乾》为《乾》之《乾》，《姤》为《巽》之《乾》，《遁》为《艮》之《乾》，《否》为《坤》之《乾》，《观》为《坤》之《巽》，《剥》为《坤》之《艮》，《坤》为《坤》之《坤》①。而其中之《临》《大壮》《乾》《遁》《观》《坤》尤为要者，因为《临》为复《震》，二阳，与"一月"之火候中的"三日"有重复的意义(仿佛向"旧东西"的回复，由低级向高级的发展，螺旋式的前进运动)；《大壮》为《复兑》，四阳，与"一月"之火候中的"八日"有重复之意义；《乾》为复《乾》，纯阳，与"一月"之火候中的"十五日"有重复之意义；《遁》为复《巽》，退二阳，为二阴，与"一月"之火候中的"十六日"有重复之意义；《观》为复《艮》，再退二阳为四阴，与"一月"之火候中的"二十三日"有重复之意义；《坤》为复《坤》，更退二阳，为纯阴，与"一月"之火候中的"三十日"有重复之意义。可见，"一岁"之火候，亦通"一月"之火候。此外，元气运行之周期亦可为"一息"，朱熹说："一息之间便有晦朔弦望。上弦者，气之方息，自上而下也；下弦者，气之方消，自下而上也；望者，气之盈也，日沉于下而月圆于上也。"②

总之，《周易参同契》在描述元气运行周期和说明火候之操持时，使用了"纳甲"之同卦相重法和异卦相重法。周期火候有"一息""一日""一月""一岁"之不同的表示法，但都反映了"晦朔弦望"，阴阳消长。《周易参同契》运用"纳甲法"就在于晓喻后人，以操阴阳之要，掌握时间与方位变化的"度"，不失时机，加修炼之功。

# 四

《周易参同契》对"纳甲法"的应用表现出一些什么思想特点呢？

(1)联系的思想特点。诚如前述，"纳甲法"本是对天地自然界的某些现

---

① 按：这里的"之"表示某卦之上再重叠某卦，如"坤之巽"表示下卦为《坤》，其上叠之《巽》卦。
② (宋)朱熹：《周易参同契考异》，文渊阁《四库全书》本。

象的反映和概括,《周易参同契》把它用来描述人体元气运行规律和说明火候的操持,这就勾通了人与天地的联系。在《周易参同契》看来,人与天地不仅有同一根源而且有同一法则。月体的运行可以五方、五行、干支、八卦相配的理论说明之,人体亦如此。与天地相对应,人体本身就是一个小宇宙。大小宇宙在本质上是一样的。大宇宙有的东西,小宇宙亦有。实际上,这就是普遍联系的整体统一观。恩格斯曾经说过:"我们所面对的整个自然界形成一个体系,即各种物体是相互联系的,这就是说,它们是相互作用的,并且正是这种相互作用构成了运动。"恩格斯在同一节中又指出:"这种认识在自然科学中发挥实际作用以前很久,哲学就已经有了这种认识。"①恩格斯所说的不仅符合西方的情形,也符合东方的情形。远在汉代的丹书——《周易参同契》就把人体当作一个小宇宙,并认识到大、小宇宙之间的密切联系,这是难得的。

(2)变化的思想特点。《周易参同契》在运用"纳甲法"说明火候的操持时指出:"穷神以知化,阳往则阴来,辐凑而轮转,出入更卷舒。"②《周易参同契》看到了三个方面的变化:首先是天地大宇宙的变化。天地乾坤,运化无穷,万物终始,皆在其间。其次是人体小宇宙的变化。正如大宇宙的阴阳变化一样,小宇宙内元气之运行也是千变万化的。《周易参同契》说:"二用无爻位,周流行六虚,往来即不定,上下亦无常,幽潜沦匿,升降于中,包囊万物,为道纪纲。"③再者,时间的变化。从上面的分析我们已经看到了,元气运行一周可以是"一息""一日""一月""一岁",反过来,时间亦可用元气运行的方位表示,二者不可分割地联系在一起,这样,时间就不是死的、绝对的、不变的,而是活的、相对的、可变的。这是对时间相对性的初步认识。

(3)发展的思想特点。事物的发展是由小到大,由弱到强,由低级到高级的,同时,事物的发展又是有质与量的相互转化的。《周易参同契》将乾之六爻纳于"一月"之火候的叙述之中,以"龙"象征元气,龙由潜而现,由现而跃,由跃而飞,体现了事物由小到大、由低级到高级的发展过程。阴阳是相互交替,这个交替的过程也就是质与量的相互转化的过程。还应该指出的是,《周

---

① 《马克思恩格斯选集》第3卷,北京:人民出版社2012年版,第952页。
② 《周易参同契·上篇》,《道藏》第20册第120页。
③ 《周易参同契·上篇》,《道藏》第20册第120页。

易参同契》也已经看到了事物的发展,其原因不在事物外部,而在事物的内部,在于事物内部矛盾着的因素的自我否定,由于事物内部矛盾着的因素的自我否定,才构成了曲折反复的发展过程。列宁说:有两种发展观,一种认为"发展是减少和增加,是重复",另一种观点认为,"发展是对立面的统一(统一物之分为两个相互排斥的对立面以及它们之间的相互联系)"①。前者是机械论的观点,后者是辩证法的观点。《周易参同契》关于元气运动、发展的看法是辩证法的,而不是机械论的。

总而言之,《周易参同契》把"纳甲法"的应用同自然观的阐述结合起来,《周易参同契》应用"纳甲法"以揭示元气运行的内在根源,描述元气运动的基本过程,说明"养性延年"的一种重要方法,其中包含着不少的生命论思想因素,具有较为突出的古代辩证法思想特点。

但是,《周易参同契》对"纳甲法"的应用也具有很大局限性。

第一,它夸大了应用"纳甲法"进行修炼所能达到的效果,以为依此法进行修炼就能长存不灭。《周易参同契》说:"惟昔圣贤,怀元抱真,服炼九鼎,化迹隐沦,含精养神,通德三元,精液媵理,筋骨致坚,众邪辟除,正气常存,累积长久,变形而仙。"②又说:"委时去害,依托丘山,循游寥廓,与鬼为邻。化形而仙,沦寂无声,百世一下,遨游人间。"③第一段话表现了作者对所谓昔日"圣贤"的羡慕,第二段话则是对未来的预言。一言以蔽之,在《周易参同契》看来,经过修炼,"得道仙去"是可能的。

第二,它在描述元气运行周期时常常是"说以隐语",带上了谶纬的思想色彩。因此,我们在看到其合理性一面的同时,对其中不合时宜的因素也应该加以分析扬弃。

(本文写于 1982 年春天,是笔者从事道教研究最早的习作,原载《四川大学学报》丛刊第 25 辑,1984 年 12 月)

---

① 《列宁选集》第 2 卷,人民出版社 2012 年版,第 557 页。
② 《周易参同契·下篇》,《道藏》第 20 册第 128 页。
③ 《周易参同契·五相类》,《道藏》第 20 册第 130 页。

# 《黄庭经》的由来及其与易学的关系

　　在长期的历史发展过程中,中国道教不仅建立了一套自己的组织系统,而且积累了丰富的文献资料。这些资料有的是从先秦诸子中承袭而来,有的则是道门中人在具体活动中为了修行需要而撰写的。就内容而论,道教经书颇为庞杂,涉及面相当之广。道门中人的思想宗旨是"延年益寿,羽化登仙"。为了达到这个目标,他们积极探索修行法门,其中最为重要的一种就是"炼丹"。所谓"炼丹"本指矿物石的合炼,后来引申之,以外丹烧炼形式比喻内气涵养,于是有了内丹之说。内丹法门以人体为炉鼎,以自身精气为药物,通过意念(神)的贯注来锻炼内在之精气,使之成为延年益寿的"大药"。为阐述内炼的道理与方法,道门中人相继撰写经书。经过千余年的累积,内炼的经书成为《道藏》文献的重要组成部分。这些文献,虽然由于历史的原因,包含着许多糟粕,但也具备某些科学因素,有许多内容在今天看来还具有现实的养生价值。例如颇受道门中人关注的《黄庭经》就是其中很有影响的一部。鉴于其历史地位和现实作用,今拟对其内容与传统易学之关系稍加考释。

　　在道门中,《黄庭经》是一部几乎可与《周易参同契》比肩的重要经书,道教中人认为诵读此书,可以"调和三魂,制炼七魄,除去三尸,安和六府,五藏生华,还返婴孩"①。这种效果的描述充满了宗教家的强烈情感色彩,足见其受推崇。它与易学的关系如何呢? 让我们从某些现象入手来加以说明。

---

① 《道藏》第 4 册第 844 页。

# 一、从小说铺叙《黄庭经》说起

翻开长篇章回体小说《封神演义》，我们可以发现书中多处涉及《黄庭经》，例如第二十三回《文王夜梦飞熊兆》写姜子牙垂钓渭水，守时待命，不管闲非，日诵"黄庭"，悟道修真。又该书第二十四回《渭水文王聘子牙》开篇即出诗一首：

> 别却朝歌隐此间，喜观绿水绕青山。
>
> 黄庭两卷消长昼，金鲤三条了笑颜。
>
> 柳内莺声来呖呖，岸傍溜响听潺潺。
>
> 满天华露开祥瑞，赢得文王仙驾扳。

文中所言之"黄庭"乃是《黄庭经》的简称。可见，《黄庭经》这部书不仅是道门之宝典，而且成为小说家进行艺术创作的资料凭借。《封神演义》中的姜子牙本是先秦时期的一位神仙人物，说他那时就在诵读《黄庭经》不过是小说家的艺术构想，因为有关姜子牙的历史文献并没有言及《黄庭经》的事。不过，小说家的创作却也不是全属无中生有。可以说，这是《黄庭经》长期流传在文学作品中的反映。

《黄庭经》是怎样进入小说领域的？这不是本文所要着重研讨的问题，但从其有关人物诵读"黄庭"的情节描述中，我们却能够获得进一步稽考丹道秘学与《易经》卦象符号象征关系的线索，因为"黄庭"在小说家的笔下即是一种符号意象，它所象征的是道门的修炼精神。

考诸道教经书总集，可知《黄庭经》分为三部，即《上清黄庭内景经》《上清黄庭外景经》《上清黄庭中景经》。习惯上，往往把书名中的某些字眼诸如"上清"等省略，所以其名称便有许多变格，有的时候甚至只称《黄庭》。至于对其三部加以区分时照样也有略称的，如称《上清黄庭内景经》为《内景》，称《上清黄庭外景经》为《外景》，称《上清黄庭中景经》为《中景》。当然，也有在经名中加字甚至换字的，如梁丘子的注本便加了个"玉"字，使书名变成《黄庭内景玉经》等等。就其作者角度而言，《上清黄庭中景经》，学术界多疑为后人伪作。因此，一般言《黄庭经》者往往不包括《中景经》在内。就《内景》与《外景》而言,其问世亦非出于一时一人之手笔。

欧阳修说:"《黄庭经》者,魏晋时道士养生之书也。"①宋末道教学者俞琰也说:"《黄庭经》恐是魏晋间文章。"②欧阳修与俞琰以为《黄庭经》出于魏晋时期应当有一定的根据,因为晋代著名道士葛洪《抱朴子内篇·遐览》已著录了《黄庭经》。据说,此经的流布与魏晋间女道士魏夫人有很大的关系。

《太平广记》卷五十八《魏夫人传》说:魏夫人是任城人,晋司徒剧阳文康公魏舒之女,名字叫作"华存",字贤安,幼年起就雅好道法,她"志慕神仙",渴求能够"冲举"飞升,经常服用胡麻散、茯苓丸,吐纳气液,摄生夷静,不与亲戚往来,专心修道。到了24岁的时候,在父母的强迫下嫁给了南阳人刘文,生了两个儿子。在儿子稍长大时,她就"离隔宇室",在另外的屋子中就寝,一心期盼幽灵,精诚弥笃。据说她修斋达三月之久,感动了太极真人安度明、东华大神等许多神明下降。有景林真人者授予《黄庭内景经》,吩咐她昼夜存念,读之万遍,乃能"洞观鬼神,安适六腑,调和三魂五脏"。

《太平广记》的记载颇带神秘气息;不过,却也有迹可寻。关于魏夫人之父魏舒的生平见于《晋书》卷四十一。其所载魏舒的籍贯、官衔与《太平广记·魏夫人传》大抵相合,估计魏夫人华存乃实有其人。又据《仙苑编珠》卷中及《历世真仙体道通鉴》等道书所载,魏夫人住世凡83年,以晋成帝咸和九年岁在甲午(334年),乃"托剑化形而去",也就是化去形体离开人世。由此推断,魏华存当生于嘉平三年(251年),时其父魏舒43岁。又魏舒曾三娶妻室,但三个妻子却都比魏舒早死,到了太康初年,魏舒最后一个妻子也死了。据此,则魏华存早年已经对生死问题有了亲身的感受,生活道路比较坎坷,所以萌发出世修道之愿,自在情理之中。而其父与此时的清修人物山涛、张华等多有往来,《晋书》卷四十一《魏舒传》称之曾劝武帝"以六合混一,宜用古典封禅东岳",这说明魏舒本是个好道人物,其思想不能不对子女发生影响。这样,魏华存期幽灵而得《黄庭经》一事便有其家庭的宗教背景了。按照《茅山志》卷十的记载,魏夫人是在晋太康九年得到景林真人王君降授"宝经"的,这

---

① (宋)欧阳修:《删正黄庭经序》,《欧阳文忠全集》卷一百四十三,《四部备要》本。

② (宋)俞琰:《席上腐谈》卷下,《丛书集成初编》本。

部"宝经"指的就是《黄庭内景经》。所谓"降授"很可能是一种扶乩降笔的行为,即通过存想神明或咒语的引导而致神明"附体"说经。就其亲笔操作的角度而言,其撰写者很可能就是魏华存。许多古文献记载都言及魏华存不仅读老庄,而且通"五经百氏"。我们知道,"五经"就包括《易经》在内。既然,神明"降授"是通过魏夫人的手笔实现的,则《黄庭内景经》带有《易经》的信息也就有其思想根据了。当然,这也仅仅是个"假设"而已,它与事实是否相吻合,还必须研读一下《黄庭经》文本才能得到最后的证实。不论《黄庭内景经》的真正撰写者是不是魏华存,我们了解一下这种背景也有利于发掘其中的易学底蕴。另外,还需要稍加说明的是《黄庭外景经》的出世年代。正如《黄庭内景经》一样,《黄庭外景经》的问世年代是难于找到确切根据的;不过,从《黄庭内景经》名称的使用情况也可以追溯到某些踪迹。因为"内"是与"外"相对而言的,无"外"就不必言"内"。除了上述诸多文献言及《黄庭内景经》外,陶弘景《真诰》卷九《协昌期》记六月一日夜清灵真人"降言"时也述及"内景",谓"山世远受孟先生法,暮卧,先读《黄庭内景经》一过乃眠,使人魂魄自制炼"。所谓"孟先生"当是戴孟,《历世真仙体道通鉴》卷七曾述其受业于山世远之事,或以为汉代人;但该书《戴孟传》谓谢允于晋成帝咸康(335—342 年)中到了武当山见戴孟,且"执弟子礼,求授道要"。这个资料表明,此时道门中仍以《黄庭内景经》为重,但同时也透露出一个重要信息:道人们在谈及《黄庭经》时主观上已有"内外景"之分,为了不同《黄庭外景经》相混淆,故而于授受源流的描述中便不再泛称《黄庭》。至于《黄庭外景经》名称的最早面世,一般以大书法家王羲之书以换鹅为其标志。王羲之是在 37 岁的时候书写《黄庭外景经》的①。从其生年公元 303 年推算,则书写《黄庭外景经》是在公元 340年,因此《黄庭外景经》问世之下限亦不迟于这一年,而其上限当不早于《内景》问世之年,故《黄庭外景经》亦当为魏晋间作品。

## 二、《黄庭经》的易学意蕴发秘

从思想上看,"黄庭内外景经"乃是《周易参同契》的进一步发展。作为

---

① 王羲之书写《黄庭外景经》一事详见张淏《云谷杂记》卷一,文渊阁《四库全书》本。

《周易参同契》炼丹的基本原则——"法天则地""三道由一"（周易原理、黄老之学、炉火之法同源）——在魏晋炼丹诗代表作"黄庭内外景经"中得到贯彻和发挥。虽然，在"黄庭内外景经"中并无直接出现"三道由一"一类提法，但从其字里行间仍可品味出思想内涵。当然，由于炼丹实践的发展，作为炼丹诗代表作的"黄庭内外景经"的思想也必然引起变化，表现出与先前有所不同的一些特点。《周易参同契》产生于道教炼丹活动的早期，是对以往方士炼丹术的总结和继承，它将内外丹原理囊括于一炉，是一种朦胧的表述；与此稍有差异，"黄庭内外景经"则是专讲内丹修炼的。《黄庭内景经》二十四章云："隐景藏形与世殊，含气养精口如朱。"①离弃尘景，举止与世俗相异，抚养内气元精，则精神焕发，口如丹砂，这应是"内丹功效"之隐说。而《黄庭外景经》虽有一个"外"字，但与《黄庭内景经》之思想还是相贯如一的，对此前人早有论述。会稽四峰山人董德宁谓《黄庭外景经》乃"隐括内篇（指《黄庭内景经》）之旨，重为解说人身之诸神，以畅达修炼之微义"。此说实属中肯。《黄庭外景经》卷中谓："作道优游深独居，抚养性命守虚无。恬淡无为向思虑，羽翼已成正扶疏。长生久视乃飞去，五行参差同根节。"②诗中描述炼形之士深居馆中，正念守虚，溯性命之源，以行气为业，此实与《黄庭内景经》一脉相承。总的来看，"黄庭内外景经"属于内丹学的著作，它是《周易参同契》金丹思想的进一步发展。

既然，"黄庭内外景经"与《周易参同契》在思想宗旨上具有密切关系，那么在内容结构上取法易学也就具备了理论气候。首先，书名本身即已打上易学的烙印。《黄庭经》书名之"黄"所代表的内丹理念是以"尚黄"为根基的，而"尚黄"思想在《易经》中即有突出的表现。《周易·坤》卦六五爻辞说："黄裳元吉。"《象》曰："黄裳元吉，文在中也。"这个"中"字很重要，可谓画龙点睛之笔，古代易学家解释卦象常将"阴爻"居中称作"黄"。例如《离》卦二爻与五爻都是阴爻，故六二爻辞说："黄离，元吉。"《象》云："黄离元吉，得中道也。"再如《噬嗑》六五爻为阴爻，居上卦之中，故其爻辞说："六五噬乾肉得黄

---

① 梁丘子：《黄庭内景玉经注》卷下，（道藏）第6册第532页。
② 《太上黄庭外景玉经》卷中，《道藏》第5册第513页。

金,贞厉,无咎。"《象》云:"贞厉无咎,得当也。"《鼎》卦六五之爻为阴爻,亦居上卦之中,故《象》曰:"鼎黄耳,中以为实也。"这些解释都是把"黄"作为阴爻居中的象征。对比一下《黄庭经》之"黄",实与《易经》的"中黄"观念颇为吻合。梁丘子在注解《黄庭内景玉经》时说:"黄者,中央之色。庭者,四方之中。外指事,即天中、人中、地中;内指事,即脑中、心中、脾中。故曰黄庭也。内者,心也。景者,色象也。外喻即日月星辰云霞之色(象),内喻即筋骨藏府之象。心居身内,存观一体之象色,故曰内景也。"[1]又务成子注《黄庭外景经》序云:"黄者,二仪之正色。庭者,四方之中庭。近取诸身,则脾为主。远取诸象,天理自会。然谷神不死,是谓玄牝,是以宝其生也。"此与《周易参同契》所谓"黄中渐通理,润泽达肌肤"之意相合,而其根本所在则是《易经》的"尚黄"思想。关于《黄庭经》的书名,还应再作探讨的是其中之"庭"字与《周易·艮》卦的关系。就其本意而言"庭"字当有"庭院"的意义,但后来却进一步引申而成为修炼的意象。这从《周易·艮》卦即可找到原初信息。《易经》的《艮》卦是山的符号表征,其要义所在是"止",而"庭"字在《黄庭经》内则是"中"的基本譬喻,将《周易·艮》卦与"黄庭"联系起来,不难发现其"止中"的秘义。当然,这个"止"并不是绝对的"静止"或停止,因为正如前章所论述的,重卦之"艮"代表两座山相叠,山上有山则为"出",可见其中有"动"意。因此,"止中"也就是静中有动,其思想核心在于引气"归中",聚而不散,这与老子《道德经》"守中"的理念相会通,而其本原却是《易经》的"中正"观念。《易经》有"居中"而"正"的思想,经卦三画,上下为天地,人居其中,这个思想是贯穿始终的,《黄庭经》之取意也在于此。

其次,在表达手法与具体内容上,《黄庭经》与易学的密切关系主要体现在通过"存想"将符号象征加以活用,创造出一个多彩多姿的"黄庭"大世界。为了说明这个问题,让我们先对"存想"稍作介绍。"存想"是道教一种修炼方式,它指的是想象身体内外诸神与诸景,或又称"存思",简称为"存"。从字面上说,"存"指意念的存放,"想"指闭目而洞见其形。存想之法,由来已久,在早期道教经典《太平经》中已有存想"二十四神"归位人身以去除灾害的描述。

---

[1] 梁丘子:《黄庭内景玉经注·序》,《道藏》第4册第844页。

此法在"上清派"中得到了大发展。该派主要经典《上清大洞真经》就是一部以"存想"为主要内容的著作。上清派特别崇尚魏夫人,而她又是《黄庭内景经》的传授者,所以书中充满"存想"的气息也就不足为奇。在存想的实施过程中,存想者竭力张开想象的翅膀。在炽烈的宗教感情的驱使下,存想者可以"上天",可以"入地",可以同鬼神"交感",又可以把体外之"神"请来,让它们进入体内。我们看看有关存想的一些直接性的描述就可以明白这一点。上清派要籍之一的《三十九章经》在谈到存想"太微小童"时说:"读高上虚皇君道经,当思太微小童千景精,真气赤色,焕焕从兆泥丸(指大脑)中入,下布兆身,舌本之下,血液之府。"①这说明,道门中人在读经之前以及读经的过程中是进行了一番存想的,而所思所想无非是经文中所提到的那些"神"的模样、神的"运动"。存想既是道教修练的一种奇特方式,又是道徒们制作新道经的一种途径。在《黄庭经》的系列中,我们也可以感受到浓厚的存想气息。作为一部内丹学的重要著作,《黄庭经》的存想是以身体为原点的,通过扩充延展的法式,身体成为一个广袤的"宇宙"。主宰这个"宇宙"的力量是什么呢?《黄庭经》告诉人们,那就是"神"。这在今人看来,似有点不可思议,然而,正是这种"不可思议"的描绘中蕴含着深刻的易学符号象征秘义。根据何在呢? 让我们先读一下其中的某些篇章再作讨论:

心神丹元字守灵,肺神皓华字虚成,肝神龙烟字含明,翳郁道烟主浊清。肾神玄冥字育英,脾神常在字魂停,胆神龙曜字威明,六府五藏神体精。皆在心内运天经。②

肺部之宫似华盖,下有童子坐玉阙。七元之子主调气,外应中岳鼻齐位。素锦衣裳黄云带,喘息呼吸体不快,急存白元和六气,神仙久视无灾害,用之不已形不滞。③

此处所引是《黄庭内景经》中的《心神章》与《肺部章》。诗文中出现了许多"身体器官神"的名称,如"心神""肺神""肝神""脾神""胆神"等等。每一

① (宋)张君房:《云笈七籤》卷四十二,《道藏要籍选刊》第1册,上海古籍出版社1989年版,第291页。
② 《道藏》第4册第849页。
③ 《道藏》第4册第849—850页。

种器官神都有"名"与"字",如心神之名是"丹元",肺神的名是"皓华",肝神的名是"龙烟",肾神的名是"玄冥"。紧跟在器官神名之后的是"字"。表面看来,罗列这样一大堆"器官神"的名字似乎意义不大,读起来也显得枯燥无味;但是,只要我们稍微再深入一层思考,就会感到其中的奥妙。作者所构想的这些器官神的名字是以五行、五色为基准来作为五脏象征的。如心神为什么叫作"丹元",是因为"丹"为赤色,在五行属火;肺神为什么叫作"皓华",是因为"皓"是"白"之极,代表着白色,于五行属金;肝神为什么叫作"龙烟",是因为青龙为东方之圣物,东方青色,于五行属木;肾神为什么叫作"玄冥",是因为"冥"为黑,"玄冥"乃北方之色,于五行属水;脾神为什么叫作"常在",是因为"在"之下为"土",其色黄,于五方居中,古有所谓"土旺四季,罗络始终"之说,既然能够"始终",也就是"常"了。由此可见,器官神的名称实际上是五行、五色、五方、五脏的符号表征,其所采用的还是易学的卦象符号的象征思维方式,因为从《易经》开始,不论是卦还是卦爻辞中的种种意象都具有"代码"意义,《黄庭经》正是沿着这样的思路来造作的。作者在文中指出通过诵读,可以令人"长生",这包含着符号表征来激发内在原动力的初始观念。

(本文原载自《古籍整理研究学刊》,2000 年第 4 期,收入时略作修改)

# 论《阴符经》对《周易》原理的继承与发挥

在道教中,《阴符经》是一部很受重视的经典。向来有"道德五千言,阴符三百字"的口诀流行,这一方面反映了道门中人把《阴符经》与《道德经》相提并论的情形,另一方面也表明了此书的洗练,需要精读。

历史上,已有道人与学者关于《阴符经》注疏的多种版本流传,而近现代对《阴符经》开展研究者也不少。在中国知网上查找,输入"阴符经"字符,显示其文章有 67 篇。从年代上看,尹乾秀的《阴符经解义》算是现代解说《阴符经》的最早文章,该文发表于《船山学报》1933 年第 2 期(7 月 2 日)。这一期同时还发表了王闿运的一篇序。尹乾秀的"解义"基本上是沿袭前贤注疏方式来阐发《阴符经》的道理;而以现代学科理论来开展研究的论文则以王明所撰的《试论〈阴符经〉及其唯物主义思想》为开先,该文发表于《哲学研究》1962 年第 5 期。此后由于历史原因,对《阴符经》的研究几乎中断。直到 1983 年,李养正先生在《道谢会刊》第 1 期发表了《有关〈阴符经〉几个疑问的论证》一文,拉开了《阴符经》研究新的一幕。到了 20 世纪 90 年代,有关《阴符经》研究的文章陆续多了起来,以致成为学界与教界比较关注的对象。这些研究成果无疑为《阴符经》的深入探讨奠定了基础。

如何领悟《阴符经》的思想内涵?笔者以为,将之置于中国文化大背景下来考察,有助于理清其间的诸多关联。正如葛洪《抱朴子内篇》一样,《黄帝阴符经》也是一部遵循易学义理派思想路线,合用《易》《老》以阐述大道的书。《黄帝阴符经》简称《阴符经》,旧题黄帝撰。最早叙及其出处的是杜光庭。他在《神仙感遇传》卷一说:"李筌,号达观子,居少室山,好神仙之道,常历名山,博采方术。至嵩山虎口岩,得《黄帝阴符》本,绢素书,朱漆轴,缄以玉匣。题云:'大魏真君一年七月七日,上清道士寇廉之藏诸名山,用传同好。'其本糜烂,笔抄读数千遍。"照此看来,则《阴符经》似乎在黄帝之时已问世,且出自黄帝之手,后传到北天师道之道士寇谦手里,寇氏将之藏于嵩山虎口岩,经唐道士李筌发现,方才流传于世。对于这一说法宋代以来学者多有疑问。王明先生经过细致的考证之后认为该书不是战国以前作品,也不是唐代才问世。其成书年代约在公元531至580年间,作者大抵是北朝一个久经世变的隐者。①笔者以为这个考证有其合理性。

作为一部高度精炼的道教经书,《黄帝阴符经》正如其他许多具有理性精神之道教学者所撰之作品一样,不是简单因袭易学义理派的言辞,而是运用其义理思维,以《易》通《老》,演述"神仙抱一之道""富国安人之法""强兵战胜之术"②。其中道、法、术三者虽然不同,但其理则一。而书所谓"阴符",唐道士李筌释云:"阴,暗也;符,合也。天机暗合于行事之机。"由此可知,阴符讲的是人们主观愿望及行动与天道运行法则暗合之理。由于《周易》与《老子》也是讲天人关系的书,"阴符"也可以理解为与《易》《老》之理暗合。作者在《强兵战胜演术章》之末暗示了这种用意。他说:"爰有奇器,是生万象。八卦甲子,神机鬼藏。阴阳相胜之术,昭昭然进乎象矣。"对此,云峰散人夏元鼎有一段解释,谓之"末后数语,总括始终,亦犹乾坤之象辞,备六十四卦之大义,其探赜索隐,钩深致远,未易揣摩猜欤休哉!"③按夏氏之看法,《阴符经》最后一段带有总结性,正像《周易》中《乾》《坤》两卦《象》辞(卦爻辞)包含六十四卦的象征旨趣一样。言外之意就是说,《阴符经》一书自始至终都契合《周易》的义理,只是到了最后总结时才点出来。反推一下,也可以得出这一引申性的论断。因为最后一段话既然可以比作《周易》之《乾》《坤》《象》辞,而《乾》《坤》又系众卦之父母,所以被总括的其他部分也就内含众卦之义旨。当然,这并不是说《阴符经》内的每一句话都与《易》的每一卦相对应或具体应用了哪一卦之卦义。必须指出,它与《周易》义理的融通是整体性的,前后互相照应的。如果要作一番归纳的话,那么下列数端似可表明其暗合的要点及特征:

---

① 参见王明:《试论阴符经及其唯物义义思想》,《哲学研究》1962年第5期。
② (唐)李筌:《黄帝阴符经疏序》,《道藏》第2册第763页。
③ (元)夏元鼎:《黄帝阴符经讲义》卷三,《道藏》第2册,第730页。

## 一、化用《周易》"天人合一"思想,三才和合

其《神仙抱一演道章》说:

> 观天之道,执天之行,尽矣。天有五贼,见之者昌。五贼在心,施行于天,宇宙在乎手,万物生乎身。天性人也,人心机也,立天之道以定人也。①

首先,这一段话包含着《周易》的"三才"观。因为所谓"天"是与地相对而言的,论天是以对地的存在之承认为前提的,而人的存在又是以天地的存在为前提。所以,上引《神仙抱一演道章》一段话中虽没有出现"地"的概念,但实际上是将此概念潜藏于其中,可见,其核心所在还是天地人的关系问题。再说,其行文之中出现了"立天之道"的术语。此一术语乃出自《易·说卦》。在该传中,立天之道、立地之道、立人之道这三者是不可分割地联系在一起的,谈及其中之一必然意味着对其他二者的了解。从这个意义上看,《黄帝阴符经》内含《易》的三才观便是毋庸置疑的事。《易》论三才,其用意何在? 李鼎祚《周易集解》引崔憬云:

> 此明一卦立爻有三才二体(阴阳)之义。故先明天道既立阴阳,地道又立刚柔,人道亦立仁义,以明之也。何则? 在天虽刚,亦有柔德;在地虽柔,亦有刚德。故《书》曰:"沈潜刚克,高明柔克"。人禀天地,岂可不兼仁义乎? 所以《易》道兼之矣。②

崔憬论述关键之处是"人禀天地"。禀者,承受也。"人禀天地"就是人承受了天地的德性。天地有阴阳刚柔,人亦有之。落实到社会人际关系上,则阴阳刚柔即表现为"仁义"。这是对天人合一思想的一种疏解,符合《易》的三才意旨。《阴符经》吸取三才观就是化用天人合一思想。因为在古代的"天地"范畴里,地从属于天,天以刚强之德为主,地以柔顺之德为妙。当古人把天地同自身联系起来考虑时,从属于天的"地"往往省略,故天地人关系即是天人关

---

① 《黄帝阴符经讲义》卷一,《道藏》第 2 册,第 722—723 页。
② (唐)李鼎祚:《周易集解》卷十七,文渊阁《四库全书》本。

系。若推而广之,则古人所谓"天"往往又是对整个广袤宇宙或大自然的命指。由此,天人关系便上升为宇宙与人的关系或大自然与人的关系。《周易》以八卦六十四卦代表宇宙的存在和演化,同时又象征"人"(具有社会学意义和生物学意义的人),这就是把大自然乃至整个宇宙与人对应起来,显现了天人合一的哲理思考。《阴符经》所谓"宇宙在乎手,万化生乎身"即是以天人合一观念为基础的。在这两句话里,前一句是说宇宙的阴阳盛衰都在人的手上反映出来,后一句是说宇宙的千变万化也在人的身上体现出来。所以夏元鼎解释说:

> 人之一身,一天地也。有阴阳升降,有乌兔出没,有潮候往来,有风雨明晦,有雷电轰闪,有云气吐吞,有山河流峙,有草木荣枯,动静语默,阖辟变化,无一不与天相似。信乎万化所由生也。①

这一解释是符合《阴符经》大旨的。概而言之,从三才观的分析,确实可以看出《阴符经》对《周易》天人合一思想的化用。

其次,这种化用,从"五贼"概念之分析还可得到进一步的证明。"五贼"是什么? 少室山李筌曰:

> 贼者,五行之炁也,则金木水火土焉。太公注云,圣人为之五贼,天下为之五德,人食五味而死。无有死而弃之者,此五贼之义。所言"贼"者,害也,逆之不顺,则与人生害,故曰贼也。此言阴阳之中包含五炁,故云天有五贼。此者,在天为五星,在地为五岳,在位为五方,在物为五色,在声为五音,在食为五味,在人为五脏,在道为五德,不善用之,则为贼。又贼者,五行更相制伏,递为生杀,昼夜不停,亦能盗窃人之生死,万物成败,故言贼也。②

按此,则"五贼"有三个层次的意义,或者说可在三种意义上来使用这一概念。一则,五贼与五行通,五贼即是五行的语言符号转换;二则,五贼指人不顺五行之气所产生的五种危害;三则,五贼指五行的相克制伏关系。五贼是怎样存在和发生作用的? 李筌以为被包含在阴阳之中,这就是说,五贼乃化生于阴阳又

---

① 《黄帝阴符经讲义》卷一,《道藏》第 2 册第 723 页。
② 《黄帝阴符经疏》卷上,《道藏》第 2 册第 737 页。

凭阴阳而运动。阴阳的总卦象是什么？就是乾坤。由此便引出了一个新命题，即乾坤潜藏五贼制伏，阴阳与五行统一。这就又走到了《周易》的领域之中。《周易》之中包含着五行的观念，阴阳与五行在《周易》中已经统一起来。在《周易》体系中，阴阳与五行之所以被统一起来，这先是为了说明宇宙万物生化运动和相互关系。尤其在《易传》里，这种意图表现得至为明显。同时，阴阳五行统一论对于人体脏腑问题的关系之说明也是适用的。在这种统一论中，阴阳不是指具体的哪座山之阳与阴；五行也已不是《尚书·洪范》中所讲的那种具有素朴性质的五种物质，它们已成为抽象关系的代号。当它们被用来表示人体的脏腑器官关系时，这本身就把人与天地万物沟通起来，其背后乃潜藏着天人合一的思想。因为五行的相生相克在本质上也是阴阳的对立统一运动，五行化成十天干与十二地支相配，构成六十甲子的循环，这就是阴阳的对立统一的螺旋式上升运动，是我们的祖先对客观物质世界（天）运动规律的一种抽象概括。所以人遵照阴阳五行的运动原则来生活处世，就是按宇宙物质运动规律办事，这就是天人合一。谈到这里，我们再回过头看看《黄帝阴符经》一开始所说的"观天之道，执天之行"便不难明白其"以人合天"的旨趣了。修身如此，治国如此，用兵亦不例外，这就是为什么《黄帝阴符经》谓"尽矣"的大义所在。

## 二、遵循《周易》"变革"进路，顺天而行

《周易》一书不仅注意揭示宇宙的运动规律和万物的复杂关系，而且看到了事物内部矛盾在一定条件下的激发冲突。事物是运动的，又是不断发展的，由弱到强，由小到大，但到了一定的关节点，其发展趋势就会向对立面转化了去。故宇宙之中变革的力量是不可阻挡的。这种观念在《易经》里已初露端倪。《易·革》卦辞云："革：己日乃孚，元亨，利贞，悔亡。"《革》卦象征事物之变革。化为天干来说，甲乙丙丁戊己庚辛壬癸可分为两组，从"己"意味着前一组的结束后一组的新生，衍扩到事物发展的阶段性来说，前一组五个天干意味着五行交替的一个历程，接下为五行另一次交替之链的展开。这就是变革的迹象，所以《革》卦爻辞才告诫人们：在转变关节占的"己日"推行变革，并且

取信于民众，就可以达到亨通的目的，它有利于守持"正固"，消除悔恨。这就好像天地日月之运行一样，在历程中间即显示出变的迹象来。顾炎武《日知录》谓："天地之化，过中则变。日中则昃，月盈则食，故《易》之所贵者中。"①顾氏此话可以说是深入浅出地发掘出《易经·革》卦辞的变革思想，这种思想在《易传》里有了进一步的发展。《彖传》曰：

> 革，水火相息；二女同居，其志不相得曰革，己日乃孚，革而信之；文明以说，大亨以正，革而当，其悔乃亡。天地革而四时成；汤武革命，顺乎天而应乎人：革之时大矣哉。

《彖传》这段话先从《革》卦的本始象征上来说明变革的依据和表现，由于《革》卦上兑为泽，内含水意，下离为火，水火相克，彼此为其地位而进行一番斗争，交互更革，所以谓之"水火相息"。息者，灭也，水火相克，意味着旧事物的死亡和新事物的产生。再者，在八卦当中，离为中女，兑为少女，两女皆阴，不能相感而相斥。所谓"二女同居，其志不相得"即是从离兑之本来性质而发。接着，《彖传》更联系到历史问题说明应时而变革的伟大意义。商汤灭夏，周武王灭殷纣王，这都像天地间阴阳升降，温暑凉寒之更替一样，是上顺天命、下应人心的事。这就充分显示了在变革的气候已经成熟的时候，一定会引起变革，只要是顺应规律，这种变革也一定能取得成功。在这里，《彖传》把《易》之《革》卦中的革命思想作了深刻的解说。

对此《阴符经》的作者是深有感触的。他指出：

> 天发杀机，移星易宿；地发杀机，龙蛇起陆；人发杀机，天地反覆。天人合发，万变定机。②

这里的"杀机"向来以为是生杀之机，其实它还含有事物内部矛盾双方力量消长至一个关节点时引起大变革的意义。这种大变革，无论是天，是地，还是人类社会都是存在的。天地自然，五气更替，从而显示出阶段性来。后一个阶段代替前一个阶段，这就是变革。对于旧事物来说变革便意味着杀机的出现。天体无言，默默运行，当大变革的时机到来时，星宿的空间位置便改变了。

---

① 文渊阁《四库全书》第 858 册第 412 页。
② 《黄帝阴符经解义》，《道藏》第 2 册第 782 页。

甚至有互相碰撞而殒落的灾难发生。这就是《黄帝阴符经》所谓"移星易宿"的意蕴所在。天有变革,地亦复如是。除了受到太阳周转规律的作用而呈现了春夏秋冬季节变化外,地球内部本身的运动也会导致其结构之突发性变革。地震山崩,即属于此类变革。这种时刻的到来,反映到《易》卦符号上就是《坤》卦(☷)变成《复》卦(☳),一雷发动(《复》卦内为震,象雷),威振四方,本来潜伏于地下的虫蛇便惊慌而出,这就是《阴符经》所谓"地发杀机,龙蛇起陆"的秘义所在。由天地进而联系到人类,《阴符经》也充分估计到社会变革所产生的巨大作用。一个社会在其初期阶段总是生机勃勃,可是随着机制的老化,各种弊端便渐渐地显露出来,这些弊端正像河流里的泥沙和渣滓,经过一个时期的积累之后就会堵住河床,使之否闭不通,于是河水高涨,冲破河堤,泛滥成灾,茫茫一片,地气不能上升,天气不能下降,阴阳相违而成《否》(☷)之卦象,这就是"天地反覆"的寓意所在。面对大变革,人们应该采取什么态度呢?《阴符经》从《周易》的天人相应立场出发,指出应该顺应天地自然的运行规律,这就叫作"天人合发",只有合发,才能反《否》为《泰》(☳),由天下大乱而达到天下大治,这就叫作"万化定机"。自然和社会经过变革之后,其结构获得有序化的调整,这就在安定的环境下出现了新的生机。当然,就社会的变革而言,要防止两种倾向:一是变革时机未到而轻举妄动,凭私情而发杀机,由此而导致的"天地反覆",必然是违背客观规律,不会得到群众支持,故"天将诛之,人共杀之"①,落得个十分可悲的下场;另一是与"妄动"相反,在变革时机已经成熟的时候,反应迟钝,没有作出正确的判断,因陈守旧,最终将被历史所淘汰。

## 三、发展《周易》的辩证法思维,穷达本始

《黄帝阴符经》看到宇宙万物的发展具有客观规律,反复说明养生、治国、用兵都必须遵循客观规律,但这并不意味着它否认人的主观因素的作用;相反,《黄帝阴符经》从许多不同侧面揭示天地运行之道,正是为发挥人的主观

① 《黄帝阴符经疏》卷上,《道藏》第2册第738页。

能动性服务。因为天地运行之道并不是以单纯的形式、单一的现象表现出来，而是隐藏在纷繁复杂的种种现象背后。如何透过现象抓住本质，这就有一个主观判断的问题。主观判断准确了，就能使自己的行动与天地常道相合，主观判断错误了，最终只能误入歧途，断送自己，什么养生、治国、用兵统统成为泡影。所以，《黄帝阴符经》说：

> 愚人以天地文理圣，我以时物文理哲。

所谓"天地文理"系指流星日晕、风雨雷电、水旱灾蝗之类；而"时物文理"则指社会制度的种种表象。不懂得发挥主观能动性的"愚人"一见到流星日晕一类异常的现象就惊慌失措，简单地附会到社会人事方面上来，他们不能对社会人事问题进行本质分析，陷入了灾变谴告的泥潭，还自以为得计，其结果只能是乱了自己又乱了社会。而发挥主观能动性的"我"与愚人截然相反，不是沉浸在自然变异现象的遐想中，而是在仰观俯察之后着重于自我行动的反思，坚信"存亡祸福皆在于己，天灾地妖不能加"。在这里，《黄帝阴符经》以《周易》的辩证法思想为纲领，一方面把宇宙当作一个整体，承认自然界与人类社会存在的某种联系；另一方面又充分意识到社会的治理必须立足于社会本身。修政令，设谋虑，抚黎民，则祸转为福，乱变为治，人民康乐，寰宇归静，"哲"之义大矣哉！《黄帝阴符经》在此主要是就治国角度说的，但却表现了其作者对人的主观能动性的重视。

由于《黄帝阴符经》讲的治国道理与养生、用兵道理在根本点上是一致的，三者出自同一基础，其主观能动性之观念就不是偶发的，而是被贯通于各个侧面，成为其主要的思想之一。为了阐述人在遵循天地自然运行规律的基础上发挥主观能动性之理，《黄帝阴符经》作者引入了《周易》的矛盾对立、阴阳消长的辩证法，强调处理好人与自然关系的重要意义。它说：

> 天生天杀，道之理也。天地，万物之盗；万物，人之盗；人，万物之盗。三盗既宜，三才既安。①

生与杀的性质是相反的。《黄帝阴符经》提出这一对概念无疑是得益于《周易》的矛盾思想。因为作者并不是孤立地涉及它们，而是把它们看作是天的

---

① 《黄帝阴符经讲义》卷二，《道藏》第 2 册第 724 页。

两种互相关联又互相排斥的作用。如果把眼界放得更宽一点，那么便可看出，相反的两种力量可构成矛盾关系，三种力量也可构成矛盾关系，比如《易》中的天、地、人"三才"即是如此。这种关系可以称作"三重对"矛盾关系。所谓"一分为三，函三为一"是也。《易》的"三重对"矛盾思想不仅为《黄帝阴符经》所直接继承，而且为《黄帝阴符经》所发展。该书中出现的"天地""万物"和"人"各自构成独立的系统，有"分"的一面，因此可相互对应；但它们三者又是不能绝对分离的。万物要从天地获得阴阳五行之气才能生成，而人又必须从万物中撷取营养。李筌说：

> 人与禽兽草木俱禀阴阳而生，人之最灵，位处中宫，心怀智度，能反照自性，穷达本始，明会阴阳五行之炁，则而用之，《周易》六十四卦，六十甲子是也。故上文云见之昌也。人于七炁之中、所有生成之物，悉能潜取以资养其身，故言盗。①

从这个意义看，人"盗取"万物就是一种主观能动性的发挥。不过，这种发挥还有一个掌握分寸的度的问题。因为食物可养人，又可害人，推而广之，凡有益于人的东西同时也包含着有害于人的一面。如果不顾一切毫无节制地拼命享受，益也就转化为害。所以《阴符经》深刻地告诫人们要"宜"，取之适当。要能做到这一步，人的主观能动性是十分重要的。《黄帝阴符经》对《周易》矛盾对立的辩证法思想的化用，正是为了说明遵循客观规律与发挥主观能动性相结合的道理。《黄帝阴符经·强兵战胜演术章》有云：

> 是故圣人知自然之不可为，因以制之。

自然界的规律是不能违背的，人要顺之而行，但又要在了解自然的同时存"制"之大略大志。所谓"制"既有制伏的意思，又有节制的意思。了解了自然规律就能制伏自然，但人在制伏自然的行动过程中又必须是有节制的，否则，过了度数，就会反过来为自然所制。这种思想无疑闪烁着易学哲理的光辉。

从上面几点分析可知，《黄帝阴符经》短短三百余言，非常深刻地化用了《周易》的义理。虽然，它并没有提到王弼义理派，但在思想路线上显然是受了该派的影响。它贯穿《易》之义理以论道、法、术，但最根本的就是"道"。它

---

① 《黄帝阴符经疏》卷中，《道藏》第 2 册第 740 页。

所讲的"神仙抱一之道"自然是出自先秦道家,而以《易》理为根明此道,这种方式乃义理派所开创。从这个意义上看,《黄帝阴符经》中的《易》理与老庄的结合可以说正是义理派思想体系的沿袭。当然,作为一部道教典籍,《黄帝阴符经》的思想与王弼一派的《易》义理之学也是不能简单混同的,毕竟它是服从于道教修炼升仙宗旨的。不看到这一点,也就等于没有真正明了《黄帝阴符经》。

(本文原名《〈阴符经〉与〈周易〉》,原载于陈鼓应主编:《道家文化研究》第 2 辑,上海古籍出版社 1992 年版,收入此书时作了许多修改)

# 遁甲之学符箓化

过去,有些研究《易》学的学者往往把《周易》仅仅当作儒家的经典。其实,作为我国古代的珍贵文献,《周易》是先秦诸子百家的共同经典,故汉代学者刘向校书时便将该书列为经部之一,以示非儒家所专有。

东汉,随着社会的变迁,道教的产生,《易》也成为道士手中之至宝。或注释,或引申,或改造。《易》几乎变成道教思想体系的基础。这种情况到了宋元之际可谓达到了高峰。道士们不仅对《周易》本身进行探讨,而且对《易》学许多支派的理论予以应用和发展。这方面的内容是十分丰富的,其中大量涉及哲学、政治、经济、天文、物理、化学、医学等问题,颇值得研究。

略读道经,偶有所得。今就宋元道教与《易》学之关系问题,发其一孔之见,以就教于方家和前辈。

宋元道教与《易》学关系的一个重要特点是"遁甲"之学符箓化,其主要标志是《秘藏通玄变化六阴洞微遁甲真经》(以下简称《真经》)的问世。

一

什么叫遁甲之学? 简言之,此系《易》学之支派。

"甲"是天干之首,始见于殷墟卜辞。《周易》更有"先甲三日,后甲三日"之说。扬雄治《易》而有所发明。其《法言》称:"先甲一日易,后甲一日难。"注云:"甲者,一旬之始,已有之秘也。先之一日,未兆也;后之一日,已形也。"[1]扬雄已把"甲"作为一个重要关节点。《史记·历书》对"甲"有进一步的解释:"甲

---

[1] (汉)扬雄:《法言》卷六《先知篇》,见王云伍主编《丛书集成初编》本。

者,言万物剖符甲而出也。"(《索引》:符甲,犹孚甲也)"数始于一,终于十,成于三;气始于冬至,周而复生;神生于无,形成于有,形然后数,形而成生。故曰神使气,气就形。"这是将"甲"与数、气、形联系起来。以甲为首的十天干同十二地支相配,构成六十甲子,以十为旬,便有"六甲"之称。《汉书》卷二十四《食货志》第四上:"八岁入小学,学六甲五方书,计之事。"又同书卷二十一《律历志》上:"日有六甲,辰有五子,十一而天地之道毕。"《后汉书·邓禹传》:"王匡成丹刘均等合军十余万,复共击禹。禹军不利……诸将见兵势已摧,皆劝禹夜去,禹不听。明日,癸亥,匡等以六甲穷日不出,禹因得更理兵勤众。"在这里,不仅甲子具有重要地位,其他"五甲"亦与甲子有同功之用。

遁,其义有三。一为逃。《后汉书·刘宠传》:"乃轻服,遁归。"二为回避。《后汉书·杜林传》:"上下相遁,为敝弥深。"三为隐去。白居易《白蘋洲五亭记》:"五亭间开,万象迭入,向背俯仰,胜无遁形。"《周易》以《遁》卦为隐避之象:"天下有山,遁。"在《周易》里,"甲"与"遁"都有出现,但并未联结起来,后之术士合而为一,发展为遁甲之学。《遁甲符应经》卷上《遁甲总序》第一云:"古法遁者,隐也,幽隐之道。甲者,仪也,谓六甲六仪在,有直符天之贵神也,常隐于六戊之下,盖取用兵机通神明之德,故以遁甲为名。"

遁甲之学的基本原理均出自《周易》,大体而言,约有三端:

第一,三才之道。《周易·系辞下》:"《易》之为书也,广大悉备,有天道焉,有人道焉,有地道焉。兼三才而两之,故六。六者,非它也,三材之道也。"三材即三才。三才之道即天、地、人之道。遁甲之学法之,以三层象三才。上层象天,列九星,即天蓬、天任、天冲、天辅、天英、天禽、天两、天柱、天心;中层象人,开八门,即伤门、生门、休门、杜门、景门、死门、警门、开门;下层象地,列八卦,即《坎》《离》《震》《兑》《乾》《坤》《艮》《巽》。八卦九宫八门有一定的排列规则。九宫天蓬及休门与坎卦相对,称三才定位。

第二,虚数之法。《周易·系辞上》:"大衍之数五十,其用四十有九。"此为虚一之法。扬雄撰《太玄经》,阐而发之,立虚三之法。"《玄》天地之策各有十八,合为三十六策,地则虚三,用三十三策。《易》揲之以四,《玄》揲之以三。"[1]

---

[1] 《太玄经集注》,《正统道藏》第46册,台北:艺文印书馆1977年精装缩印本,第37311页。

遁甲之学将"虚一"与"虚三"统一起来,谓甲为诸阳首,虚而不用。甲之下"三干"——乙、丙、丁为奇。乙为日奇,丙为月奇,丁为星奇,亦虚之。戊己庚辛壬癸为六仪。分阴分阳,顺逆相推,六甲周流而隐。①《遁甲演义》卷三《奇遁布局法》:"甲子常同六戊;甲戌常同六己;甲申常同六庚;甲午常同六辛;甲辰常同六壬;甲寅常同六癸。甲虽不用,而六甲为天乙之贵神,常隐于六仪之下为直符,其发用实在此,故谓之遁。此大衍虚一,《太玄》虚三之义也。"

第三,洛书之数。《易·系辞》曰:"天生神物,圣人则之。天地变化,圣人效之。天垂象,见吉凶,圣人象之。河出图,洛出书,圣人则之。"《易·系辞》"河""洛"并提,一为"图",一为"书"。《洛书》于汉并不见其状,然"状"虽不显,其理犹存。《大戴礼》载明堂古制即有二九四七五三六一八之文。此九宫之法所自仿,而《易纬·乾凿度》②言之尤详。《黄帝内经》③及《周易参同契》亦可略见一斑④。《太上老君中经》载其口诀为:戴九履一,左三右七,二四为肩,六八为足,五居中宫。中宫者土,火之子,金之母,寄理于西南坤之位。遁甲之学盖以此为据,配之以卦。坎为一,离为九,震为三,兑为七,乾为六,坤为二,巽为四,艮为八,中为五,由此推成阴阳十八局,以定吉凶。

以上三条乃遁甲学共同之规则,《真经》亦不例外。

## 二

《真经》出于何时?其《出处序》云:

昔蚩尤作乱,黄帝频战不克。帝曰:"闻伏表治天下无兵,今蚩尤一庶人,生妖气,伐而无功,战而不克,吾之过矣。"忽目前五色云从空而下,云中有六玉女持书出。二童曰:奉九天玄女圣命,送《遁甲符经》三卷,告

---

① 遁甲布局分阴阳二遁。阳遁乃逆布三奇,顺布六仪。乙奇配九宫离,丙奇配八宫艮,丁奇配七宫兑,九→八→七之顺序是逆,将戊配一宫坎,己配二宫坤,余者类推。由一二三四五至六,为顺。阴遁反之,顺布三奇,逆布六仪。
② 《易纬·乾凿度》:"易变而为一,一变而为七,七变而为九,九者,气之究也,乃复变而为一。"
③ 《灵枢·针解篇》:"一天,二地,三人,四时,五音,六律,七星,八风,九野,身形亦应之。"
④ 《周易参同契》:"三五与一,天地至精,可以口诀,难以书传。"

与伐之。愿传此文,乃天地祸福,是八卦之吉凶,辨风云之变动,识气候之成败,观日月之盈亏,论阴阳之顺逆,晓星辰之休咎,知人情之胜负。此术乃万变万化之法也。

又云:

> 遁甲者,乃玄女之法。帝得之而设坛,造印剑令,依此战蚩尤于涿鹿之野。尔后厌胜,藏之金殿。[①]

不难看出,《真经》作者在此不仅把遁甲说得古而又古,而且是万世不变之法。这不过是故神其说而已。

把"遁甲"说成玄女所造,黄帝所传,这是一般遁甲书的共同特色之一,《宋仁宗御制景祐遁甲符应经序》云:"黄帝之世,命风后创名,始立阴阳二遁,共一千八十局……"明程道生《遁甲演义》卷一第一《遁甲源流》亦云:"昔黄帝始创奇门四千三百二十局……"这些说法虽略有不同之处,但都把遁甲看作始于黄帝时。关于此,清代学者纪昀等已有辨析。《遁甲演义提要》谓:"故神其说者,以为出自黄帝、风后及九天元(玄)女,其依托固不待辨……考《汉志》所列,惟'风鼓六甲''风后孤虚'而已,于遁尚无明文。至梁简文帝'乐府',始有'三门应遁甲'语。"说明把"遁甲经"看成是出于黄帝,纯属无稽之谈。道教将《真经》同以往遁甲经等同起来,弄得神秘不测,亦妄而不可信。笔者以为,《真经》当为北宋初年之作。其根据是:

第一,宋之前,遁甲之属可谓不少,但并未见有"真经"与"遁甲"相联之字样。考《南史·陈武帝纪》云:帝"涉猎史籍,好读兵书,明纬候、孤虚、遁甲之术。"又《吴明彻传》:"彻涉书史经传,就汝南周弘正学天文、孤虚、遁甲,略通其术,颇以英雄自许。"《隋书·经籍志》录有遁甲之属 54 种;《旧唐书》录有 9 种,《新唐书》录有 19 种。这些经典之名,于"遁"之下,或言"赋",或言"直指",或言"图",或言"诀",或言"要钞"云云,未见其"真"字,更无什么"通玄""洞微"。考《抱朴子内篇》卷十七曰:"按《九天秘记》及《太乙》《遁甲》云:入山大月忌:三日、十一日、十五日、十八日、二十四日、二十六日、三十日。"又引《玉铃经》云:"欲入名山,不可不知遁甲之秘术,而不为人委曲说其

---

[①] 《正统道藏》第 31 册,台北:艺文印书馆 1977 年精装缩印本,第 24791 页。

事也。……余少有入山之志，由此乃行学遁甲书，乃有六十余卷。"葛洪在《抱朴子》中还引用了《遁甲中经》。唐道士王玄览撰有《遁甲四合图》，此亦只言"图"，而不称"真经"。可知，宋之前，《真经》之书名尚不见。

就内容而言，《真经》多次提及宋初的著名人物及事件。《宋尚书右仆射赵普进经表》说："臣闻天之可度，则覆物必广；人之有奇，则建功不难……一日，有罗浮山隐士刘罕谒臣曰：'古有玄秘之文，必得之矣。'臣曰：'诺。'刘罕以为未也，因出紫囊于案，乃焚香设拜，启囊取书，授臣曰：'黄帝得伐杀蚩尤于阪泉之野，藏之天府，厥后授之尧、舜、禹、汤、文、武。战国失之。秦皇独得焉，驱神阴助，既统海内。复以无道，失之。迨秦历汉，或诸侯得之，散落四海者多矣。呜呼！有得而不能奉持者，有行而不能恭敬者，皆不能成功……臣某慵懒，隐于罗浮山，积有岁矣，先师珍藏是文，积有年代，曾戒臣曰：若逢圣明真主启运，当有真人助之，汝当持此以献'。"此处再次提及黄帝，姑且不论。值得注意的是刘罕氏。《宋尚书右仆射赵普进经表》明显地说出，《真经》系来自刘罕之手。刘罕，何许人也？这段文字说他隐于罗浮山，但《罗浮山志》并未说到刘罕这个人，查《历世真仙体道通鉴》亦不见此人之传。看来，刘罕不是十分著名的隐者或道士。不过，这不能否认此人的存在。正史、方志及较有系统的神仙传记里没有立传的道士比比皆是，故此非假托。因为假托一般都寻找名望高、时代早的。而《宋尚书右仆射赵普进经表》则直接将刘罕与宋朝相连，其云："刘罕岂凡人哉？其人厥后隐遁，寂不知其所以，莫非天授我宋耶？"且进经者自称为赵普，这说明刘罕乃赵普同时代人。赵普为宋初名臣。《宋史》及《东都事略》均有传。《宋尚书右仆射赵普进经表》不仅提到赵普，而且涉及几位与赵普共事的名将，其云："且若行师之日，王全斌、崔彦迪、刘光义、曹彬等惟知臣事此神。臣谓之曰：某日雨，某日风，某日火烧营寨，万不失一。"总之，《真经》出自刘罕之手，刘为宋初人，这是可信的。刘罕自言得先师之传，说明本有所依，《真经》当是刘罕参照原先遁甲之属，改写而成的。关于进经时间，其《宋尚书右仆射赵普进经表》署为开宝六年，则《真经》之成文应在公元973年之前的一段时间内。

第三，《真经》出于宋初，这是有特殊的历史背景的。遁甲作为方术之一，其应用是多方面的，但同军事之关系尤为密切。其《宋尚书右仆射赵普进经表》云:"惟前汉陈平、后汉邓禹、蜀诸葛亮、唐郭子仪、李靖五子得之,恭谨而行,每运用奇计,人不可测,凡行师出军,偷营劫寨,雷风电雨,随时而至。"这说明作者造作《真经》主要是应军事之需的。从公元 755 年唐朝"安史之乱"起,到 907 年唐王朝灭亡止,共 150 多年,是地方藩镇势力分裂割据时期,一个统一的唐王朝被弄得四分五裂,军阀林立,不可收拾。五代时期,更是干戈并起,动乱不安。五代十国的封建统治者依靠武力,分别占居一方,大者称帝,小者称王,互相攻伐,倒戈兵变,这不仅给人民带来灾难,也给地主阶级的统治造成危机。顺应统一的历史要求,周世宗亲自征伐南唐等地。长期跟随周世宗的赵匡胤得宠,继而穿上龙袍,当了皇帝。但要实行统一,仍需进行战争。北宋王朝的建立,引起后周地方藩镇势力的不满,如昭义节度使李筠、淮南节度使李重进都准备力量进行反抗。赵匡胤先后征讨李筠、李重进,接着是出兵湖南,攻取后蜀,统一南汉,讨伐南唐,消灭北汉,统一燕云,进行了一系列的统一战争,并且一直取得胜利,关于这一点,隐士或道士是十分清楚的。道教徒往往善于辨风向。因此,为之出谋划策,帮助宋王朝在思想上统治人民,争取战争的胜利,也就很自然了。《宋尚书右仆射赵普进经表》便已清楚地表白是为"真主"献策的。而"献策"不仅有客观的需要,而且有可能性。赵匡胤作为皇帝,对道教虽一度不感兴趣,但却也不排斥。其手下的许多名将则虔诚相信,赵普便是其中之一。这就为道教徒或隐者制作遁甲经提供了政治基础。《真经》的制作者正是在这样的情况下把遁甲之学全面符箓化的。

三

《真经》把遁甲之学符箓化的表现何在呢?

第一,符箓之形式——应以遁甲之意。

《真经》中的符箓共有 45 种,可分为两大类:(1)"存"甲而不用甲之符箓。取隐遁之义,这类符箓之中都隐藏着一个"甲"字。如祈雨符、祈晴符、呼风符、通仙符、如意符、枕中符、延寿符、入水符、入海符、行兵甲符、隐遁潜行入军围中符,无不如此。符箓,道教谓之可"遣神役鬼""镇魔压邪"。东汉之际,太平道与五斗米道即以符箓为人疗疾。《三国志·张鲁传》注引《典略》说:"太平道者,师持九节杖为符祝,教病人叩头思过,因以符水饮之,得病或日浅而愈者,则云此人信道,其或不愈,则为不信道。"早期的道教符箓大抵与日月星辰的运行有关,但那时并无以遁甲之术造符之例。六朝时期,著名道教茅山派大师陶弘景收集不少先师典籍,仍没有明确讲到遁甲符。至《三箓篇·〈周易内文〉三甲处》开始以"三甲"之理造符箓,这为《真经》以遁甲之法符箓奠定了基础。在《真经》中,"隐甲"符义盖取自遁甲学的"直符"①说。"直符"乃符九星运行之迹。列星运行,这本是自然现象;但行中有变,或隐或显,于是造成了神秘感。与九星相应,便有九帝。九帝各有所主,于是符应九星之运行便转而为符合九帝之命。在天有九帝,在地有八卦,符合九帝之命又代以契合八卦之气。在地有八卦,在时有甲子,契合八卦之气又可以六十甲子来表示。这就是"直符"之秘义。(2)以天干地支命名之符。如六丁符、丁卯合同符、丁丑合同符、丁亥合同符、丁酉合同符。这表明:其中之符箓不仅合"直符"之义,而且同时间方位是密切相关的。

第二,符箓之运用处处贯彻遁甲精神。

《真经》卷下《三真君祈求召符》曰:"急速烧纸,并符于乾亥之地,此春祭太和、太玄、太泯三真君地也。"所谓"符于乾亥之地"乃从"真人闭六戊法"而来。此法布局成一方阵,乾坤巽艮各立一角,乾在右下方,坤在右上方,艮在左下方,巽在左上方,天干地支分属四面,卯酉界东西,子午定南北,戊己在中央,亥恰好在乾之左,为西北方向,故乾亥并提。"符于乾亥"之说,其理又与作为遁甲学重要内容的"罡步"相通。《真经》卷上第五《罡步》云:

> 藏形隐迹,步我罡魁。
>
> 我见其人,人无我知。
>
> 动植如意,叱声鬼随。
>
> 疾如水火,鼓舞风雷。
>
> 变泽成山,翻地复天。
>
> 我身坚固,安然默然。
>
> 万载长生,与道合仙。

---

① 《遁甲演义》卷四,文渊阁《四库全书》本。

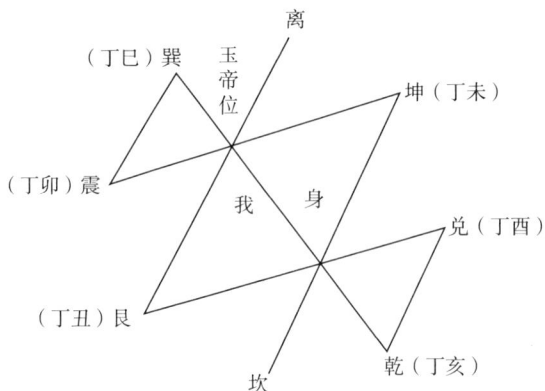

这段文字,开头六句欲明"隐遁"之意,谓只要步罡踏斗,便可超凡入圣,我可以见到别人,而别人却见不到我,一切行动,随心所欲,连"鬼神"也随声应和。中间四句具体说明罡步的方法,中含八卦。(1)"疾如水火"乃坎离定位之谓。水者,《坎》卦。《坎·象》:"习坎,重险也。水流而不盈。"火者,《离》卦。《说卦》:"离为火,为日,为电。"(2)"鼓舞风雷"乃震三巽四之谓。雷者,《震》卦。《象》:"存雷,震。君子以恐惧修省。"风者,《巽》卦。《象》:"随风,巽。君子以申命行事。"(3)"变泽成山"乃兑七艮八之谓。泽者,《兑》卦。《象》:"丽泽,兑。君子以朋友讲习。"(4)"翻地复天"乃坤二乾六之谓。地者,《坤》卦。《说卦》:"坤也者,地也,万物皆致养焉,故曰:致役乎坤。"天者,《乾》卦。《说卦》:"乾为天。"最后四句说明行持罡步所能达到的目的。从罡步的阵法来看,走完九步,刚好形成一个九宫八卦阵,乾与丁亥之位合,稍加变通,即成"真人闭六戊法"。这就是《三真君祈求召符》所谓"急速烧纸,并符于乾亥之地"的理论基础。当然,《真经》中45种符箓,用法不一,所谓"万种所为,各有符法"。但万变不离其宗,遁甲学是其根本。

第三,符箓之"功效"条条体现遁甲之理。

符箓作为"召神"的手段,它的"功效"是同"神"的"本领"相联系的。因此,当道教说某一神明有何神通时,也就意味着"直符"于"神命"的符箓有何"功效"。

这里就以"六丁符"说明之。

(1)丁卯"掌草木,能呼啸风雨岚雾,障蔽道途;又能驱旱疠,救苗稼;在天主木,青气春生,镇人肝魂,应苍石"。(卷中第五页)这仍然是从遁甲布局的基础"罡步"之理脱颖而出的。由罡步观之,丁卯之位在震,正东方向,于四时为春,于五行为木,故曰"在天主木,青气春生"。人体与之对应,肝为木,木色青,而"苍"亦青之意,故曰"镇人肝魂,应苍石"。

(2)丁丑"掌虫兽,能推运宝货,发泄伏藏,又能增长百药,疗人疾苦;在天主五谷,四时之中,气镇人泥丸,应碧石"。(同上)丁丑之位在艮,东北方向,于时为冬尽而春来,交接之际,由伏藏而发泄,虫兽惊起,故曰"掌虫兽"。人体与名对应,泥丸属之,泥丸乃百会之穴,阴阳转换之根,故曰"气镇人泥丸"。

(3)丁亥"掌山河,能运泰岳,掇为小山,填塞道路,疏决河渠,又能使金石,裂地道;在天主水,黑气,冬藏,镇肾精,应玄石"。(同上)丁亥之位在乾,西北方向,于时为冬,故曰"冬藏";于五行为水,水色黑,故曰"黑气"。在人体,肾属之,故曰"镇肾精"。

(4)丁酉"掌江海,能鼓风涛,淘沙拆岸,回潮卷日;又能吹一叶成小舟柟,浮度载人;在天主金,白气秋收,镇肺主魄,应白石"。(同上)丁酉之位在兑,正西方向,于时为秋,秋风啸啸,故能掌江海,鼓风涛;于五行为金,金色白;在人体肺属之,故曰"镇肺主魄,应白石"。

(5)丁未"掌岳渎,能化阴兵,助征战;又能救生产水火刀兵诸厄,在天主土德,四时余气,黄色,镇脾胃命,应黄石"。(同上)丁未之位在坤,西南方向,而"中五"亦往往寄居于西南坤之位,故"主土德",土旺四季,罗络始终,故可救刀兵水火诸厄;在人体,脾属之,而胃与脾相表里,故能镇脾胃命,应黄石。

(6)丁巳"掌城社,能决阵解围,取城破寨;又能呵气决诸寒热不时之病;在天主火,赤气"。(同上)丁巳之位在巽,东南方向,于五行为火;以火攻城,其速非常,故谓之能决阵解围,取城破寨;又此火乃"真火",以"弄火"之法攻之,寒热不时之病自消。

《真经》对六丁神符的叙述,乃依罡步之法,逆时针转之;若反转过来,恰好是东南西北之序。这巧妙地把遁甲之理化入其中,

# 四

符箓化的遁甲之学有一些什么思想呢？主要有以下三点：

第一，主阴的思想。

《真经》卷中第二《六阴隐秘要》说："六阴者，六甲之阴也。甲子之阴乃是丁卯；甲戌之阴丁丑；甲申之阴丁亥；甲午之阴丁酉；甲辰之阴丁未；甲寅之阴丁巳。六丁乃六阴也。则六甲之为阳将，六丁为阴神。用六丁（阴）而不用六阳者，阴为无也，无则能变化。能有能无，出生入死，包容隐显也，如临军之用兵法也。六阴无形，用之则应。凡有道之士用阴；无道之士用阳。阳则可测，阴则不可穷也。上卷独言祭六丁法。或曰：六（丁）本无形，何必祭之？曰：以有形（无，按此字当衍）祭祷之无形之神，有无相合也。"为什么说六丁乃六甲之阴呢？这是由干支和生属的配合决定的。若以地支计，则子、寅、辰、午、申、戌为阳，丑、卯、巳、未、酉、亥为阴；若以生属计，则鼠、虎、龙、马、猴、狗为阳，牛、兔、蛇、羊、鸡、猪为阴。六丁所属分别为：丁卯属兔，丁丑属牛，丁亥属猪，丁酉属鸡，丁未属羊，丁巳属蛇，皆为阴。六甲为旬头，皆为阳，六丁分别系之于六甲之下，故曰"六阴者，六甲之阴也"。看看《六甲阴符法》就更为清楚了。其法曰："六甲之阴者，甲子旬阴在丁卯，其神兔头人身，名孔林族；甲戌旬，阴在丁丑，其神牛头人身，神名梁丘；甲申旬阴在丁亥，其神猪头人身，神名陆城；甲午旬阴在丁酉，其神鸡头人身，名费阳；甲辰旬阴在丁未，其神羊头人身，名王屈奇；甲寅旬阴在丁巳，其神蛇头人身，名许咸池。"[①]

《真经》的"主阴"思想应远溯至《归藏》。传说孔子求之，未得完璧。《礼记》载：孔子曰：我欲观殷道，"得坤乾焉"。可知《归藏》先《坤》后《乾》，以阴为主。这是古老的传统思想。到了《周易》，以《乾》卦为首，这突出了阳的地位。《易经》以龙喻《乾》六爻，《易传》更阐述此理，大加发挥。《系辞》曰："天尊地卑，乾坤定矣，卑高以陈，贵贱位矣。"这已经是在为封建统治秩序作论证了。但是，《周易》这部书是有辩证思维的，在抬高阳的地位时，对于古老传统

---

① 《遁甲演义》卷四，文渊阁《四库全书》本。

的尚阴思想仍然有所保存。在《周易》之中，作者释《坤》之时，往往把它同"土德""中黄"联系在一起。《易》曰："天玄而地黄。"《说文》："黄，地之色也，从田荧色。"盖神州之间，土为黄色。《周易·说卦》云："坤为地"，而《坤》卦六五爻辞则说："黄裳元吉。"盖《坤》为阴物。古汉儒之释《易》者，谓阴爻居中皆称为黄。例如《离》卦二爻与五爻皆为阴爻，故六二爻辞说："黄离，元吉。"《象》云："黄离元吉，得中道也。"再如《噬嗑》六五之爻为阴爻，居上卦之中，故其爻辞说："六五噬乾肉得黄金，贞厉，无咎。"《象》云："贞厉无咎，得当也。"《鼎》卦六五之爻为阴爻，亦居上卦之中，故《象》曰："鼎黄耳，中以为实也。"由此观之，坤为阴，为地，为土，土色黄，居住，得中正之道，这个思想在《周易》经传里仍占有一定的地位。不过，概观全书，《周易》这个思想还是被"天尊地卑"的洪流所淹没了。作为同《周易》有密切关系的《道德经》倡导"归根""返本"，又把阴阳的顺序倒过来，不尚阳而尊阴。阴者，微而不显，但却是著之根。老子说，道可道，非常道；名可名，非常名。无名，天地之始；有名，万物之母。此两者同出而名异，同谓之玄，玄之又玄，众妙之门。玄乃从云，云之意小，柔弱。小可变大，柔弱可胜刚强。在《道德经》里，阴又为水，谓天下莫弱于水，而攻坚强者，莫能胜之。老子还说："万物负阴而抱阳。"阴在先，阳在后。老子明确地提出了主阴的思想。早期符箓派道教五斗米道，以符水为人治病，符与水并用；又信奉五方星斗，尤重北斗，以北方为水……这都是老子主阴思想的沿袭。《真经》"不用六甲"，而用六丁，走的也是这条路线。

主阴的思想同儒家的尊阳宣传形成了鲜明的对照，在一定程度上反映了地位低下的平民百姓的愿望，这本来是有积极意义的，然而，在道教的理论框架里，却成为论证仙道攻伐策略的工具，从而神秘化了。

第二，运化的思想。

《真经》卷下《召六丁掷座符》曰："凡书符下笔，存思玉女，毕如断铜截铁，先点二十八点，象二十八宿念星，点之四点，象四时，八遍念咒象一年八节，凡点下，不得再点。如得此符，似三五将军，六丁神将，力士天丁，千金不受，永为身宝，秘之秘之，其灵万法之最也。"所谓"八节"乃卦气分宫中的八个节气。《说卦》曰："帝出乎震，齐乎巽，相见乎离，致役乎坤，说言乎兑，战乎乾，劳乎坎，成言乎艮。"《说卦》以八卦配四时，一年四时共三百六十日，每卦占四十五日。遁甲之法仿之。《遁甲符应经》卷上《八门法》第四云："古法曰：天有八风，以直八卦。地有八方，以应八节。节有三气，气有三候。如是八节以三因之，成二十四气，更三乘之，七十二候备焉。"又《推八节以主卦为初直》第五云："冬至一宫坎；立春八宫艮；春分三宫震；立夏四宫巽；夏至九宫离；立秋二宫坤；秋分七宫兑；立冬六宫乾。"《真经》的卦气分宫之法与此是一致的。节气的变化是自然界日月星辰运行规律的一种反映；而以卦纳之，则是其运行规律的符号象征。

从上面的分析可以看出，遁甲学对自然界运行规律的描述比起《周易》来已有很大不同。《周易》的结构体系是二进位制。太极生两仪，两仪生四象，四象生八卦，八卦重叠而成六十四卦，逢二进一。遁甲学则主要发展了三元制。《真经》卷中曰："六阴洞微乃六丁秘法。六甲飞宫而变通也。"所谓"六甲飞宫"说的是布局。遁甲布局分上、中、下三元。上元一宫起甲子，中元四宫起甲子，下元七宫起甲子。或逆飞六仪，顺布三奇；或顺布六仪，逆飞三奇。这种三元制的方式具体应用于年、月、日奇门的推算中。年家奇门，月家奇门，皆分三元，而日家奇门，三日一局顺行，六甲周而复始，其三元制的应用更为典型。《真经》这个道理同《老子》的"道生一，一生二，二生三"的思想是一致的。每三日便跃过一卦，隐含着对质量互变规律的朴素认识，是对客观自然界运行的复杂性的一种特殊反映。

第三，感应的思想。

《真经》的感应思想色彩是浓厚的。上述关于符箓的应用和功效的分析已经说明了这一点。在《真经》中，还有一节《授感应式》专说如何应用遁甲符法感应天神的事。卷中第一说："通天清之奥路，达地浊之渊微，理烛古今，道冠万术。于身益者，上谒官长，利见王公，逐鬼退殃，迎祥致福，飞符走印，制伏狂妖，求道欲仙，恣情任意；于国益者，兴兵发马，立纪陈纲，治水潦之灾，灭饥馑之苦，乃感王侯之梦，合诸人物之心。入水登山，行幽坐险，若非此法，安可如然而登玄理？"在《真经》看来，通过遁甲符箓之术感应天神，什么事情都能办到，真是"玄乎其玄"了！《真经》的感应思想也是《周易》交感思想的流变。《周易·系辞上》远取诸物，近取诸身，概括出阴阳两个基本概念，并阐述了阴阳交感的道理。《系辞上》说："易无思也，无为也，寂然不动，感而遂通天下之故。"在《周易》看来,天地能交感,夫妇能交感,人与天地也能交感。只有交感,才能化生;反之闭塞不通则否。《周易·否·象》曰:"天地不交,否。君子以俭德辟难,不可荣以禄。"而《周易·系辞上》说,能交感,就在于有"天下之至神"。此语在《易》中是阴阳不测之谓。这种思想经董仲舒的改造而成天人感应目的论。《真经》又向前迈进,越走越远。

　　总之,纵观《真经》全体,可知它把遁甲之学符箓化,使《易》学的发展染上了道教的神秘色彩。但情况是复杂的。它的主阴思想和运化思想确有一定的积极意义。尤其是三元制的应用,更表现出道教《易》学的特色。《真经》运用遁甲这个模式企图把天道、人道、地道统一起来,在一定程度上悟到了事物普遍联系的道理,它注意到了人的活动与宇宙运行的关系,这是古老学术传统的沿袭和发展。

　　（本文原载于《周易研究》1988 年第 2 期）

# 陈抟《无极图》的符号养生内涵

陈抟是《易》学史上一位有特殊贡献的人物。他曾绘制许多"易图"，推进了《周易》象数学和道教养生学的发展。"无极图"即是出于他手笔的《易图》之一。

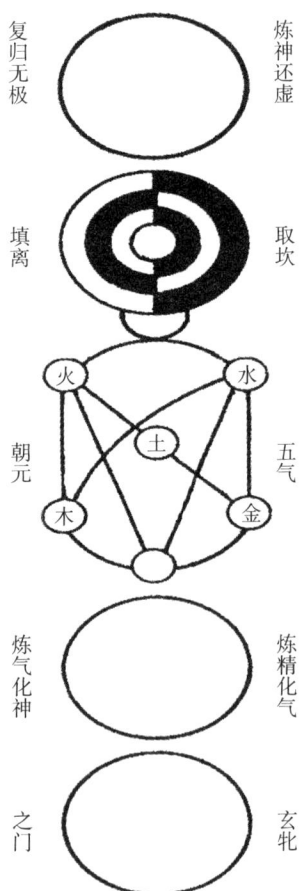

复归无极　炼神还虚

填离　取坎

朝元　五气

炼气化神　炼精化气

之门　玄牝

陈抟的无极图是个什么形状？历史上有不同的看法，明末学者黄宗炎在《易学辨惑》中曾收录了这个图，并指出，"其义自下而上，以明逆则成丹之法"①。

从下图可以看出，作者是以《周易》象数学作为基本指导思想的。他将传统的阴阳五行学说以及老庄道家思想、医学养生学、内丹气功学说融合起来，通过符号进行了高度的概括。此图看起来虽平淡无奇，但却蕴含着微妙的义旨，向来为《易》学家和医学养生家所喜爱，故能千古流传。

陈抟无极图的绘制并非偶然，而是有悠久渊源的，如果要作一番考察的话，那么"无极图"的源头至迟可以追溯到汉代的"太极图"。黄宗炎指出："太极图者，始于河上公，传自陈图南（陈抟），名为无极图……与老庄之长生久视又其旁门歧路也。"②据此，则陈抟的"无极图"是由河上公的"太极图"衍化而出的。

河上公其人，《历世真仙体道通鉴》卷十二有传，略云：

> 河上公，莫知其姓名也，亦号河上丈人，汉文帝时，结草为庐于河之滨，常读老子《道德经》。文帝好老子之言，诏命诸王公大臣州牧二千石皆令诵之，有所不解者数句。时，天下莫能通者，闻侍郎裴楷说河上公读《老子》，乃遣使赍所不了义问之。公曰："道尊德贵，非可遥问也。"文帝即驾从诣之。帝曰："普天之下，莫非王土，率土之滨，莫非王臣。域中四大，王居其一也。子虽有道，犹朕民也，不能自屈，何乃高乎？朕足使人富贵贫贱。"须臾，河上公即拊掌坐跃，冉冉在虚空中，如云之升，去地百余丈而止于玄虚。③

这一记载颇为离奇。坐地升天之事在今人的心目中简直难以想像，不过，河上公当实有其人。因为现存《道德经》注本当中即有河上公之注。《道德经》河上公注或称《河上公道德经章句》。杜光庭《道德真经广圣义》曾论及此。从诸家征引来看，河上公之注《道德经》，其宗旨乃是为了修炼身心。在注文中，他反复论证修炼成仙的可能性。例如，他在注"谷神"章时说："谷，养

---

① （清）黄宗炎：《图学辨惑》，文渊阁《四库全书》第40册第751页。
② （清）黄宗炎：《图学辨惑》，文渊阁《四库全书》第40册第750页。
③ 《道藏》第5册第174页。

也。人能养神则不死也。"① 又说:"不死之道,在于玄牝。"② 这说明河上公的神仙味是很浓的。他作太极图,与其修炼升仙的宗旨是不无关系的。陈抟的无极图既然是源于河上公的太极图,彼此也就存在着相通的思想脉络。

关于河上公的"太极图",不见于六朝典籍,但若查一下现存《道藏》,则乃有蛛丝马迹可寻。该丛书中收有《上方大洞真元妙经品》及《上方大洞真元妙经图》各一部。这两部道经原合编为一卷,内有《太极先天之图》。前有唐玄宗《序》称:"朕闻寥廓之际,真宰存焉;溟涬之初,圣人利见……是以图立形仪,欲世民归命信礼而求长生,仍可敬之。"③ 从这种叙述语气来看,则《上方大洞真元妙经品》本来就配有图像,《上方大洞真元妙经图》当即是与前者相辅为用的。当然,《上方大洞真元妙经品》中尚窜入金元人之文字,如该书第二页引"神峰先生"的话,叙及《玄都道藏》即是证据,因《玄都道藏》乃刊刻于金代。不过神峰先生又自称所得义旨出自先师,且将其传授推至极远。这自有其依托的成分,但却也说明所传本有来历。大抵在唐玄宗之前此类图像已在道门中秘传。唐玄宗是一个崇道的皇帝,自然可以看到秘传的图像,因此得以在序中明确论之"以图立形仪"之事。

《上方大洞真元妙经图》一书中所收《太极先天之图》,其名称与河上公所传略有差异,或许已经过了某种变更,但其用意仍在于指导修炼活动。该书在《太极先天之图》下有一段说明性的文字,略云:

> 粤有太易之神,太始之气,太初之精,太素之形,太极之道,无古无今,无始无终也。故《易》有太极,是生两仪,两仪生四象,四象生八卦,八卦定吉凶,吉凶生大业。言万物皆有太极、两仪、四象之象。四象八卦具而未动谓之太极。太极也者,天地之大本耶……故师言:气极则变,既变则通,通犹道耶。况反者道之动,盖有物混成,先天地生,寂兮寥兮,独立而不改,周行而不殆,可以为天下母。母者,道耶。至矣哉,道之大也!④

这一段有三点值得注意。一是,作者把太极置于常人时间观念之外,指出其无

---

① 唐明皇等:《道德真经集注》卷一,《道藏》第 13 册第 10 页。
② 唐明皇等:《道德真经集注》卷一,《道藏》第 13 册第 10 页。
③ 《道藏》第 6 册第 704 页。
④ 《上方大洞真元妙经图》,《道藏》第 6 册第 707 页。

始无终的特性,这就为后人从"太极"的概念推出"无极"来奠定了基础。陈抟何以将太极图衍化为无极图或许就在于太极本具有"无"的蕴涵。二是,作者引用了《易·系辞》的话,这说明太极先天之图的绘制乃是以《周易》的构想为根基的,尽管这已不同于古圣人之学,但其理则合于《易》道。三是,作者进一步联系到"气变",并以变"通"为"道",最后归到了老子的"道论"上来。显然,这正是在为门人修炼活动讲述"大道理"。这段解说"太极先天之图"的文字可能比较晚出,甚至还可能出于金元人的手笔,但对于我们明了"太极图"的本来面目而言还是有一定价值的。从思想上看,陈抟的"无极图"与此是合拍的,图两旁的说明文字即证实了这一点。

不过,必须看到,陈抟的"无极图"毕竟不同于河上公的"太极图"。这种衍化或"脱胎"与陈抟自身的修道活动当是有直接联系的。根据《宋史》等书的记载,陈抟在举进士落第之后便不求禄仕,而以山水为乐,离家修道。先在武当山九室岩隐居,据说服气辟谷达二十余年,每日只饮酒数杯而已,后来又隐居华山修炼,他积极地探讨丹法,撰有《指玄篇》八十一章,又撰《玄品录》《入室还丹诗》等。在功法上,他造诣最深的当推睡功。据说,他精通"龙睡"之法,"止少华石室,每寝处,多百余日不起"①。他写过一首有名的《睡歌》:

> 臣爱睡,臣爱睡,不卧毡,不盖被。片石枕头,蓑衣覆地,南北任眠,东西随睡。轰雷掣电泰山摧,万丈海水空里坠。骊龙叫喊鬼神惊,臣当凭时正鼾睡……②

无论是雷鸣电闪,还是大浪滔天,他都能够睡得安稳深沉,这对于一般人来说是难以办到的。作为一位修身隐士,陈抟用诗歌艺术手段表达自己爱睡的情怀,但他的睡决不是甚么昏睡,而是一种炼功的手段。据载,当宋太宗得知陈抟神迹时曾派遣使者到华山请陈抟进宫,陈抟除了请求宋太宗允许他在华山三峰睡上"千年"之外,还道出了自己睡的妙用:

> 调和四气凭烧药,修炼千方只要安。③

通过睡来调和四气,烧炼"内药",这说明他的百日"龙睡"实际上是内丹修炼

---

① 《宋史·隐逸传上》。
② 《太华希夷志》卷上,《道藏》第 5 册第 738 页。
③ 《太华希夷志》卷上,《道藏》第 5 册 736 页。

的一种特殊表现方式。这种修炼活动,必然促使他在清醒状态下积极地探讨内丹要理,思考天人关系。

由于内丹修炼法式本来就是以《周易》象数学为理论基础的,陈抟秘修明探,自然而然也就会走上古已有之的"图示"之路。据许多道教文献以及文人杂记所载,陈抟曾与吕洞宾同隐华山,从吕洞宾手中获得"太极图",并刻于华山石壁;另外,陈抟还从麻衣道者那里获得"先天图"。吕洞宾与麻衣道者均为修炼之士,他们手中的"太极图""先天图"均是为修炼服务的。陈抟在修道生活中获得前人传下来的图,一方面将加紧修炼,另一方面则必然受到启迪。他的"无极图"正是在这样的气候下诞生的。

陈抟"无极图"是"逆式"的,换言之,他的方向是由下往上的,其宗旨在于显示"复归"之道,目标即是"无极"。具体说来包括五个层次:

第一,复归的起点是"元牝之门"。

所谓"元牝"就是"玄牝",古人因避讳之故常改"玄"为"元"。"玄牝"语首出老子《道德经》第六章:"谷神不死,是谓玄牝。玄牝之门,是谓天地根。"老子的意思是说,虚空内有精生化万物没有止息,虚空就叫作玄牝。它是天地赖以产生的根源。

我们知道,"牝"与"牡"是相对的。牡本指公马,牝指母马,"玄"是深黑的意思。所以,就表层意义说,玄牝乃是深黑的母马。另外,"牝"还指门闩的孔或溪谷。牝的这几种用法虽然有区别,但如果上升到性质上来认识,却都有"阴"的意义。久而久之,玄牝成为阴物的一种象征,老子正是在象征意义上来使用"玄牝"一语的。后来,道门中人更加以引申,作为修炼内丹养生功的入门术语。"玄牝之门"的位置到底在哪里? 各人的理解不一。或以为就在两肾空虚之处,因为这里是生命之门,所以又称作"命门";或以为"玄牝之门"是既确定又不确定,它大则无外,小则无内。从天人合一和运动观点来看,后一种说法当较合理。但对内丹功的初学者来说,把它设想为两肾虚空之处,似乎更有利于下手。

第二,炼精化气,炼气化神。

如果说,感悟玄牝之门是修炼内丹气功的起始,那么炼精化气与炼气化神则是内丹功操持的具体步骤。

　　精、气、神本是先秦的重要哲学概念。其发端可以追溯到上古洪荒时代。到了先秦时期,许多流派的思想家均应用精、气、神的概念来解释天人现象。如老子在论"道"的特性时即称"其中有精,其精甚真"①。此外,像《周易》以及儒家大师孔子、孟子、荀子等人的论述中也都涉及精、气、神问题。由于各个学派的宗旨不同,先秦哲人对精、气、神的理解及应用也表现出不同特点来。与道家关系密切的我国传统医学,一方面以精、气、神来说明人体机理,另一方面又将它们作为基本概念来阐述养生的道理。在《黄帝内经·素问》中有一篇《移精变气论》,提出了通过"祝由"(一种巫医法式)方法使精变为气的设想。这对道教内丹养生学说的建立有直接的启迪作用。道教认为:精、气、神是人体赖以存在的三大要素。《云笈七籤》卷五十五引《玉清祕箓》云:"夫修身之道,乃国之宝也。然一身之根有三:一为神,二为精,三为气。此三者本天地人之气也。神者受于天精;天精者受于地气;地气者受于中和;相为共成一道也……夫气生于精,精生于神,神生于明。"②这段话论述了精、气、神三者的关系。在《玉清祕箓》看来,精、气、神三者是可以相互转化的。这虽然缺乏严密的科学论证,但却集中地反映了宋代以前道教对精、气、神的看法。很显然,陈抟"无极图"所指示的"炼精化气,炼气化神"步骤与《玉清祕箓》的思想是一致的。对于这一步骤所包含的"易学"秘义和养生思想,明代道教学者伍守阳作了深入的发掘。他指出:"当未有天地,未有人身之先,总属虚无,如《易》所谓无极而太极时也。无中恍惚,若有一炁,是名道炁,亦名先天炁。此炁久静而一,渐动而分。阳而浮为天,比如人之有性也;阴而沉为地,比如人之有命也。阴动极而静,阴静极而动,阴阳相交之气,而遂生人。则人之所得为生者,有阴阳二炁之全,有立性之命之理。故曰:人身一小天地者也。禀此阴阳二炁顺行,随其自然之变化,则生人;逆而返还,修自然之理,则成仙成佛。是以有三层变化,而人道全;亦有三关修炼,而仙道得。"③照此看来,修炼金丹乃是一个从"有"归于"无"的过程,而"炼精化气,炼气化神"则是复归过程中的一大阶梯。这种逆向复归法,在陈抟及其后学的设想中,乃是"气顺行为

---

①　(魏)王弼注《老子道德经》第二十章,《诸子集成》本,北京:中华书局1954年版。
②　《道藏要籍选刊》第1册,上海古籍出版社1989年版,第382页。
③　《天仙正理直论》,《古本伍柳仙宗全集》上册,上海古籍出版社1990年版,第44—46页。

人"这一判断的倒推。通俗地讲,人之孕育乃是因父母二炁合于胞中,二炁初合成先天一炁。经过一定时间,先天一炁化形而微有气,似呼吸而未成呼吸。此时正值神、气将分未分之际。再进一步化育,则胞胎之中形成呼吸(胎息),随母而呼而吸,尽管未能圆满,但却标志着神、气的分判,这就是后天气的开始。继而心肾性命立,神藏于心,气藏于脐。待到手足举动翻身口有啼声之时,则十月数足,神气已全。随着时间的推移,到了 16 岁时(一般情况),神识丰而精气盛。在情欲的作用下,精动阳关,与神、气分道。至此,先天一炁分化为三(精、气、神)。顺行,则人由幼而壮、由壮而老、由老而死;为了避免这种结局,道教提出了"返"的构想。陈抟"无极图"中关于"炼精化气,炼气化神"的步骤正是为了使已分的精、气、神再化合为一,实现返老还童的目标。

第三,五气朝元。

所谓"五气"系指五行之气,五脏之气。在图像上,五气表现为水火木金土的生克关系。题为尹真人弟子撰的《生命圭旨·五气朝元说》云:"一气初判,而列二仪。二仪定位,而分五常。五常异地,而各守一方。五方异气,而各守一子。青帝之子名龙烟,受甲乙木德之三气;赤帝之子名丹元,受丙丁火德之二气;白帝之子名皓华,受庚辛金德之四气;黑帝之子名玄冥,受壬癸水德之一气;黄帝之子名常存,受戊己土德之五气。故金得土则生,木得土则旺,水得土则止,火得土则息。惟圣人知回几之道,得还元之理,于是攒五簇四会,三合二而归一也……此谓五气朝元。"[1]这无非是说,混沌之初,原只一气,后来才分化为阴阳两仪。两仪既立,随之而有五常、五方。五方之气不相同,故有五行之运。如此轮转不息,则五行之气就不能收合,其结果必然使人体耗散。修炼之人必须反散为聚。这是逆式思想的一种转换形式。怎样反散为聚呢? 首先需明了五气散居五方的数理。原来古人以水居于北方壬癸之地,配天之生数一;以火居于南方丙丁之地,配地之生数二;以木居于东方甲乙之地,配天之生数三;以金居于西方庚辛之地,配地之生数四;以土居于中央戊己之地,配天之生数五。六以上之数皆由中五与四方之数相合而成。这说明中土之五是极

---

① 《性命圭旨》,上海古籍出版社 1989 年版,第 95 页。

为重要的。一与四合而为五,二与三合而为五。五即是伍,相合为伍,聚而用成。另外,一、二、三、四相合为十,与五相应,聚于中,成为一个整体,故称"归一"。陈抟"无极图"中木、火、金、水之位虽不同于传统五行五方相配,但以土统摄四方,其用意当在于示人导五气聚而归中元。

第四,取坎填离。

这是"五气朝元"的深化,是内丹能否炼成的一个关节点。

《坎》《离》原为《周易》中的两个经卦。《周易·说卦》谓坎为水为月,离为火为日。在卦象上,坎外阴而内阳,离外阳而内阴,两者相反相成。这种特点为汉代"易学"家京房所注重。京房将八经卦同十天干相配,创立"纳甲法"。在该法中,坎离合戊己,以为日月进退之象。由于戊、己在五行学说中居于土位,这就为内丹修炼提供了法象。内丹家通过导引,使五脏分散之气聚于土位,这是内丹"成象"的必需。但是,这并没有完成预期目的,因为"土"既然分戊、己,这在本质上尚未达到纯化,而是阴阳相分,所以需要继续调理。在内丹学中,分纳戊己的坎离又叫作"药物",这是锻成内金丹的要素。就卦象关系而论,作为药物的坎离是由乾坤大父母生的。坎得乾之气为男,离得坤之气为女。如果以乾坤为先天,那么坎离即为后天,内丹修炼要求由后天回归先天。回归的法式,就是抽取坎中的阳爻来填补离中的阴爻,这样后天之体就向先天本体恢复,成为纯阳之体。《悟真篇》所谓"取将坎内中心实,点化离宫腹内阴"即是此意。

第五,炼神还虚,复归无极。

这是内丹修炼的最高境界。按照陈抟无极图的示意,当取坎填离,感悟到纯阳之"胎神"出现时就可以进一步导神至虚空。这就是将注意力从中下丹田迁到上丹田泥丸宫(百会)——阳神归伏之本宫。由于此时的阳神尚未健壮,正像婴儿那样幼小,还需乳哺,所以进一步聚合又叫作"乳哺"。必须注意的是,将阳神迁到泥丸宫,这并不是要把阳神拘束在这一小境界内。如果那样,就大失陈抟"无极图"所指示的还丹义旨。正确的方法是既不着意于上丹田,又不纵意于上丹田,混混沌沌、若有若无,化成一虚空之大境界,久而久之,据说就会有阳神出窍的感觉景观出现,四方上下纷纷扬扬。当此之际,即应调神出壳,但不可放纵。一出天门(百会穴),就应该随之而收神,做到"出则以太虚为超脱之境,收则以上田为存养之所"①。出神的时间和距离应循序渐进,初不可过久过远,而后随功力长进而加码。当然,这一切都是自然而然的,不是刻意追求的。最重要的一条就是要在意念上使"我身"与天地合一,无身无物。所以伍守阳说:"炼神也者,无神可凝之谓也,缘守中乳哺时,尚有寂照之神。此后神不自神,复归无极,体证虚空,虽历亿劫,只以完其恒性……心与俱化,法与俱忘,寂之无所寂也,照之无所照也。"②伍守阳虽然引入了许多佛教用语来说明虚空境界,但在根本点上还是合于陈抟逆向修行的太虚无极本旨的。

概言之,陈抟的"无极图"是应道教修炼需要而产生并用以指导修炼活动的。由于道教金丹修炼的基本原理本出自"易学",陈抟"无极图"在深层上也表现出大《易》之理趣,这大概就是其后许多《易》学家对无极图推崇备至的原因。作为一个广涉经史具有丰富修道经验的著名道教学者,陈抟的无极图推动了北宋以后的《周易》象数学与符号养生学的发展。今日世界,《易》学探索与养生热潮正方兴未艾,相信这必将引起更多人的研究。

(本文写于 1989 年 6 月,修订后曾以《陈抟无极图释义》发表于《宗教哲学》1998 年第 2 期)

---

① 伍守阳:《仙佛合宗·出神景·出神收神法》,《古本伍柳仙宗全集》上册,上海古籍出版社 1990 年版,第 304 页。
② 伍守阳:《仙佛合宗·末后还虚》,《古本伍柳仙宗全集》上册,上海古籍出版社 1990 年版,第 306 页。

# 张伯端《悟真篇》的易学象数符号意蕴

张伯端是道教金丹派南宗的奠基人。由于张伯端号紫阳,金丹派南宗又称"紫阳派",可见张伯端在道教史上具有很大的影响。在长期中的养生实践中,张伯端以性命双修为其指导思想。他的传世之作《悟真篇》在思想上与《周易参同契》一脉相承,对《悟真篇》的思想内容进行解读,这一直是道教研究界比较重视的课题。然而,如果孤立地考察《悟真篇》,有许多问题是无法弄清楚的,因为《悟真篇》的内容与形式都与易学象数关系密切。该书通过卦象延伸,将数字符号化,以表征内丹火候操作规程。鉴于学术思想往往相互影响的历史事实,本文拟将张伯端的《悟真篇》回归于宋代易经象数学兴盛的文化背景下来加以剖析。

## 一、张伯端生平及其性命双修思想

张伯端,字平叔,一名用成(诚),天台(今属浙江省)人,自幼好学,长而涉猎三教经书,以至刑法、书算、医卜、战阵、天文、地理、吉凶死生之术,都留心详究。先是传"混元之道",因未精而游历四方,孜孜访问。宋神宗熙宁二年(1069)随陆诜往成都,据说遇到刘海蟾。刘海蟾授予金液还丹火候之诀。张伯端自此改名用成,苦修内丹。那时,有一个僧人修戒、定、慧,自以为得最上乘禅旨,能入定出神,数百里间片刻功夫即可到达。一天,僧人与张伯端相遇,雅志契合。伯端请僧人一起神游远方。他们约定往扬州观赏琼花。于是,两人同处静室,相对瞑目,出神而游。僧人神游的速度快。伯端刚刚到了扬州,僧人已经绕着琼花转了三圈。张伯端说,今天咱们两人一同到此,何不各折花一朵以作凭证? 僧人应允。当他们收功时,张伯端问僧人琼花何在? 僧人袖手两空,而张伯端却从手中拈出琼花来与僧人玩赏。这是在道门盛传的逸闻趣事,在具体情节上可能经过了一些艺术加工,但也说明张伯端的内功气法是有很深造诣的。其中之奥妙,张伯端曾经透露一二。他说:

> 今世人学禅学仙,如吾二人者亦间见矣……我金丹大道,性命兼修。是故聚则成形,散则成气,所至之地,真神见形,谓之阳神。彼(指禅师)之所修,欲速见功,不复修命,直修性宗,故所至之地,人见无复形影,谓之阴神。①

张伯端告诉人们:今天世间的人在学习禅定之法和修炼成仙的方术,但像我与禅师两人这样的水准可以说并不多见……我所学习的金丹大道法,是讲究性与命一起修炼的,所以能够做到聚气而成形,散形而成气,在这种境界中神游,不管到达什么地方,都是靠自己纯正的意念来显示形体,这种纯正的意念也就是"阳神";而禅师所修的方法,过快地追求功效,他没有修养命功,只是一味地修学性功法门,所以他神游不论到了什么地方,人们看不见其形影,他的意念所发,可以叫作"阴神"。

从上面的引述中可以看出,张伯端的内丹功法与佛教禅宗的修行法式是不同的,他不仅要导引体内阳神出窍,而且要达到散成气,聚成形的效果。他认为要达到这种效果,既要修性,又要修命,这就叫作"性命双修"。所谓"修性"即炼心神,而"修命"即炼形气。道门中有"性即神"与"命即气"的说法。在金丹派南宗看来,性与命,原不可分,在天则叫作"命",在人就叫作"性"。所以,神气虽有二用,修命则当双修。张伯端长期中的养生实践就是以性命双修为其指导思想的。

## 二、张伯端《悟真篇》的易学象数旨趣

根据性命双修的立场,张伯端创作了《悟真篇》。这是继《周易参同契》之后道门的又一部金丹学的要典。所以,《悟真篇》在思想上与《周易参同契》也是一脉相承的。因此,《悟真篇》作者弘扬《周易参同契》的传统,援《易》以明

---

① 《道藏要籍选刊》第6册,上海古籍出版社1989年版,第287页。

丹道,这是自然而然的事。作者在该书的《序言》中说:

> 《周易》有穷理尽性至命之辞,《鲁语》有毋意、(毋)必、(毋)固、(毋)我之说。此又仲尼极臻乎性命之奥也……汉魏伯阳引《易》道交媾之体作《参同契》,以明大丹之作用,唐忠国师于《语录》首叙老庄言,以显至道之本末,如此岂非?教虽分三,道乃归一。①

按照作者的理解,《周易》这部书具备了穷究哲理尽其性情以至于命根的言辞;而《鲁语》②则告诫世人,应以"道"为本不可任意,受重用就行道,不受重用则隐身而藏,不固执于某种格式,对于古代的文化述而不作不自我标榜。这就是孔夫子探究性命奥妙到了臻善臻美境地的表现。汉代的名士魏伯阳引用《易》学中阴阳交媾的基本道理创作了《周易参同契》,以说明金丹大药的妙用所在;唐忠国师在《语录》中首先引述了老子、庄子的言论,以显示至高无上的大道的本根与枝末,这难道还有什么不得体的吗?教门虽然分为三派,但道理归根结底却合于一体。在这里,作者不仅注意到《周易》中的性命思想,而且追溯了自汉代至唐朝有关性命问题的一些论述,明确表示了"三教合一"的观点。这样,作为儒道共同遵奉的古老经典著作,《周易》的形式与内容被广泛应用于《悟真篇》的创作中便体现出一种主动性来。

《悟真篇》是以诗词之体写成的。从形式上看,其顺序是依照《周易》数理安排的。作者在《序》中还说:"仆既遇真荃,安敢隐默?罄所得成律诗九九八十一首,号曰《悟真篇》。内七言四韵一十六首,以表二八之数;绝句六十四首,按《周易》诸卦;五言一首,以象太乙;续添《西江月》一十二首,以周岁律。其如鼎器、尊卑、药物、斤两、火候、进退、主客、后先、存亡、有无、吉凶、悔吝,悉备其中矣。"③六十四首绝句合于六十四卦,这显然是根据《易》数原则来考虑的,而十六首七言诗为两个八的倍数,这其中包含着八卦的概念,至于一首五言诗所取法的"太乙"也属于易学的一个支派④,还有岁律问题自汉代以来一

---

① 《道藏要籍选刊》第3册,上海古籍出版社1989年版,第390页。
② 此处之《鲁语》即指《论语》,因孔子乃出"鲁国",故称其书为《鲁语》,原文见于《十三经注疏》下册,中华书局1980年影印本,第2490页,张伯端在引用时省略了几个"毋"字。
③ 《道藏要籍选刊》第3册,上海古籍出版社1989年版,第391页。
④ 古有"太乙"之神行九宫之道,九宫依八卦方位排列,可见这也是易学象数之一法。

直是以易学为纲要的。因此,《悟真篇》的这种结构安排很明显表现了作者取法《周易》的指导思想。

从内容上看,《悟真篇》应用《周易》的例子更是随手可得。

众所周知,内丹气功学的概念与思维方式系出于外丹学,而外丹学的建立又是以易学为本的。所以,大凡讲内丹的书几乎都离不开易学的理论和概念。作为一部在道教气功学说史上占有极重要地位的著作,《悟真篇》更是这方面的典型。该书首列《丹房宝鉴之图》就是明证。作者以"精神"列于"玄门"两侧,以玄门配乾阳之象;以"气血"列于"牝户"两侧,配坤阴之象;又以土罗络木火金水;以三层之"悬胎鼎"应于《易》之三才;以玄武、玉兔、月魄、黑锡等配《坎》卦;以朱雀、金乌、火龙、朱砂、日魂等配《离》卦。这一切都体现了《悟真篇》取法《易》象的思想。该书在开头绘制了《丹房宝鉴之图》虽是为了增强读者的内丹修炼感受性,但在客观上却为后人研究道教气功养生学与《周易》的关系问题提供了图文并茂的资料。

## 三、张伯端《悟真篇》"翻卦象"的符号意义

循着《丹房宝鉴之图》的路径,《悟真篇》在运用诗词以暗示内丹修法的时候也常常涉及《周易》象数学。这主要见于如下数端:

其一,论"翻卦象"。《悟真篇》七言诗第五首云:

虎跃龙腾风浪粗,中央正位产玄珠。果生枝上终期熟,子在胞中岂中殊? 南北宗源翻卦象,晨昏火候合天枢。须知大隐居廛市,何必深山守静孤。[1]

虎跳跃,龙飞腾,大风卷浪狂涛出;百川归海汇中央,中央结成一玄珠。果实生,枝条上,栽树之人盼果熟;父精母血合生子,中元结丹有何殊? 南与北,辨宗脉,渊源深远翻卦象;子午卯酉知时辰,火候进退合天枢。需知晓,大隐士,合光同尘不异俗;何必执意进深山,独守静室成偏孤?

这首诗谈到了内丹修炼之初有关丹田的位置以及体内坎离二气的关系等

---

[1] 《道藏要籍选刊》第3册,上海古籍出版社1989年版,第294—395页。

问题,接着在第五句中就正式地出现了"翻卦象"的提法。

所谓"翻卦象",这是就效法天地之运行而修炼内丹的意义说的。古代的天文历法学家为了表示日月运行的周期,曾经把《周易》六十四卦排在一个圆圈上并配上十二地支、二十四节气、二十八星宿等等,这种法式被道教气功养生家所借鉴。早在《周易参同契》中便已将这种法式用以指导修炼过程。《悟真篇》正是在此等基点上提出"翻卦象"之说的。按照天地运行的规则,《悟真篇》以《乾》《坤》两卦象征内丹鼎器(人体),以《坎》《离》为阴阳二气(炼内丹之药物),其余六十卦合于一月三十日,《屯》卦炼功。早晨,《屯》卦用事,表示"进火";晚上,《蒙》卦用事,表示"进水"。如此循序渐进,到了三十日,终于《既济》与《未济》两卦。卦终则复始,由《既济》《未济》回到了《屯》《蒙》。如果把这六十卦排在一个环形图上,《屯》《蒙》与《既济》《未济》就构成首尾衔接关系。由首到尾,再由尾到首,这就是"翻卦象"的第一层意义。

"翻卦象"还有另一层意义,这就是"颠倒坎离"。《悟真篇》七言绝句第十五首云:

日居离位翻为女,坎配蟾宫却是男。

不会个中颠倒意,休将管见事高谈。①

以日为本象的《离》卦处南方阳性的位置,但它却成为女性与阴性事物的象征;以月亮为本象的坎卦处于北方的位置,但它却成为男子、阳性的象征。如果不知道其中颠倒翻转的意蕴,请不要班门弄斧、高谈阔论。

在后天八卦方位中,《离》卦在南方配火,为阳;《坎》卦在北方配水,为阴。可是,在《周易》有关"乾坤生六子"的构想中,《离》卦为中女、为阴,《坎》卦为中男、为阳。这就是"颠倒"的寓意所在。再从卦象上看,《离》卦两阳爻在外,一阴爻在内;《坎》卦两阴爻在外,一阳爻在内。阴中有阳,阳中有阴。这又是一种颠倒。既然有颠倒就有反复。于是,"取将坎位中心实,点化离宫腹里阴,从此变成乾健体,潜藏飞跃尽由心。"②此谓:把《坎》卦中的阳爻抽取出来填补《离》卦中的阴爻,《离》卦就恢复成《乾》卦之状"☰"。这种构想与陈抟

---

① 《道藏要籍选刊》第3册,上海古籍出版社1989年版,第405页。
② 《道藏要籍选刊》第3册,上海古籍出版社1989年版,第405页。

"无极图"中关于"复归无极"的观念是一致的,其用意乃在于还老返童,但其根基却是《周易》的逆数之道。

## 四、张伯端《悟真篇》"三五"论与"火候盈虚"

张伯端的《悟真篇》不仅赋予易学卦象特殊的内丹意义,而且将象数加以引申,进而将数字符号化,以暗示金丹火候的操作规程。《悟真篇》七言律诗第十四首云:

> 三五一都三个字,古今明者实然稀。
>
> 东三南二同成五,北一西方四共之。
>
> 戊己自居生数五,三家相见结婴儿。
>
> 婴儿是一含真炁,十月胎圆入圣基。①

这首诗的意思是:三、五与一共有三个字,这看起来非常浅显,可是从古到今真正明白其中奥妙的实在太稀少了。东方之数三与南方之数二共成五,北方之数一与西方之数四相合也是五,戊己土位居中其数仍是五。东南、西北与中的数相合共事,这就像母亲结婴一样。"婴孩"是个整体,蕴含着"真气",内丹修炼如十月怀胎,数足自然"胎圆"而超凡入圣奠定仙道根基。

这首诗出现的数字是有排列规则的。"三"在东面,"二"在南面,两者相加是五;"四"在西面,"一"在北面,两者相加也是五,中间土位自含五。东南西北中共有三个"五"。《悟真篇》这种象数符号思想来源于《周易参同契》。魏伯阳在该书的中篇说:"三五为一,天地至精,可以口诀,难于书传。"②这是运用《周易》的生数符号原理来暗示元气流向。俞琰解释:"三者,水一火二合而成三也。五者,土也。三五为一者,水火土相与混融,化为一气也。斯时也,玄黄相杂,清浊未分,犹如天地浑沌之初。少焉,时至气化,无中生有,则窈窈冥冥生恍惚。恍恍惚惚结成团,而天地之至精孕于其中矣。"这其中的"三"是什么?俞琰讲得很明白,那就是居于北方的水"一"数与居于南方的火"二"数

---

① 《道藏要籍选刊》第3册,上海古籍出版社1989年版,第400页。

② (宋)俞琰:《周易参同契发挥》卷中,《周易参同契古注集成》,上海古籍出版社1990年版,第192页。

相合而成,而"五"乃是居中的"土位"本有的数。什么叫"三五为一"?那就是北水、南火与中土相交融成为一个整体。在这样化成"一气"的时候,玄、黄之色浑然一体,没有清浊之分别,就好像天地尚未分化的样子。等到一定的时日,气化流行,"无"中而生出"有"来,只感到茫茫然恍惚变化,天地"至精"就在这种状态中产生。俞琰这段话是从水火土三者关系着眼进行解释的。从其解释可知,魏伯阳《周易参同契》的数本具有符号的意义,它们可以转换成东西南北中,又可以转换成木火土金水。《悟真篇》对这种"养生符号学"作了发挥。其本旨就在一个"合"字。"三"与"二"合就是木与火合;"一"与"四"合就是金与水合;"三家相见"就是东西南北中五气朝元而结内丹。所以无名子有云:"龙属木,木数三,居东;木能生火,故龙之弦气属火,火数二,居南;二物(木火)同元,故三与二合而成一五。虎属金,金数四,居西;金能生水,故虎之弦气属水,水数一,居北;二物(金水)同宫,故四与一而成二五。二五交于戊己中宫,属土,土数五,是成三五也。三五合而成丹。丹者,一也。此三者结成婴儿,实稀有也。"从这种解释中,我们可以清楚地看到,《悟真篇》的"婴儿"乃是一种比喻,其精髓所在就是运用早已为《周易参同契》所重视的《易》数符号原理来指导内丹修炼活动,以达到聚气的初步目的。

张伯端《悟真篇》的"三五"之论与金丹火候盈虚的操作规程具有内在的关系。怎样掌握"火候"之盈虚呢?《悟真篇·西江月》第十二首云:

> 不辨五行四象,
> 那分朱汞铅银?
> 修丹火候未曾闻,
> 早便称呼居隐。
> 不肯自思己错,
> 更将错路教人。
> 误他永劫在迷津,
> 似凭欺心安忍?①

作者从术数发展历史出发,结合自己的思考,对以往的许多问题加以揭露和批

---

① 《道藏要籍选刊》第3册,上海古籍出版社1989年版,第422—423页。

评。他深刻指出,不能辨别木火土金水"五行"和太阴、太阳、少阴、少阳"四象",怎么能够分清楚什么朱砂水银之黑白?修炼金丹,还没有听说"火候"的事就宣称什么隐居——这实在是无根基。不肯思考一下自己的过错,反而把错误的东西又传给他人,将别人引入迷途遭受劫难,这样自欺欺人于心何忍?

《悟真篇》这首词反映了作者对"火候"问题的高度重视。其中所言"五行"与"四象"本身即贯穿着易学的基本法则。《悟真篇》认为,掌握火候的大要所在就是明了天地阴阳消息的规律。它说:

> 天地盈虚自有时,审观消息始知机。
>
> 由来庚甲申明令,杀尽三尸道可期。

天地的盈满与虚空本来就有它运转的时令,审度观照其中的阴阳消息,这才能明白机要所在。庚申甲子的交替从来是时令变化的关节点,知晓其中的奥妙所在,从而斩尽杀绝身体中的"三尸虫",那么得道升仙的目标就是可以预期的了。

按照《悟真篇》的看法,天地运行是有规律的。如果上升到《周易》的阴阳范畴来认识,那么"盈"与"息"乃是阴化为阳,而"虚"与"消"则是阳化为阴。阴阳的消息是有迹象显示的,抓住了其迹象就可以深入,知其本质。譬如月亮的出没,汉代的易学家经过观察之后制定了八卦"纳甲法"。魏伯阳的《周易参同契》借之以描述内功之运作法门。《悟真篇》将《周易参同契》的纳甲法蕴含于其诗歌中。它强调了顺应天地运行节律来掌握炼功"火候"的思想,表明了作者对于抓住阴阳进退时机的自觉认识。

不过,《悟真篇》通过易学卦象来说明"火候"操持,这并不是要人们泥于卦象。它说:

> 卦中设象本仪形,得象忘言意自明。
>
> 后世迷徒惟泥象,却行卦炁望飞升。①

这是说,易学中的卦象本是物象的模拟,看卦象是为了更好地掌握其内在的旨意。得其意则可以忘其象,得其象亦可以忘其言。但后来一些学徒却执著于卦象,跳不出其藩篱,他们津津乐道于所谓"飞升"只不过徒劳而已。

---

① 《道藏要籍选刊》第3册,上海古籍出版社1989年版,第412页。

《悟真篇》告诉人们要"得意忘言",不泥于卦象,这种思想出自魏晋易学义理派代表人物王弼。这就说明《悟真篇》作者在阐述内丹学原理时也注意到义理思想的融摄。他所告诫的"忘"字在丹法操作过程中实在非常重要。实际上,这是走向内丹高境界的一个"诀窍"。

(本文原名《悟真篇易学象数意蕴发秘》,收入陈鼓应主编:《道家文化研究》第 11 辑,生活·读书·新知三联书店 1997 年版,收入本书时有修改)

# 龙眉子的还丹理论与《周易》关系考

道教金丹理论的传授出自多种途径,造就了许多有成就的学者。龙眉子是宋元时期在金丹理论研讨与传授过程中一位有一定影响的人物。正如其他许多宋元道教学者一样,他的金丹理论乃是以外丹法度来象征内丹的修炼。考察一下他的著作,有助于我们对道教内丹学的理解。

龙眉子归属于什么道教派别呢?他的金丹著述有些什么特点呢?以往,学术界对他注意甚少。有关神仙传记也没有对他的生平事迹进行专门的记录。从《道藏》之中,我们可以查考到一部出自龙眉子手笔的文献,这就是《金液还丹印证图》。在林静熏为这部著作写的《后叙》中涉及龙眉子的师承源流。林氏称:"今考诸序事本末,则知为紫阳宗脉。"按此,则该书作者龙眉子乃是紫阳派(即金丹派南宗)门人。书中首图又有王启道的题词,略云:"此图系先师玉蟾亲受,得祖师龙眉子亲笔图述,非人勿示,宝之惜之。"这里提到的"玉蟾"即紫阳派五祖之一白玉蟾,而题词者王启道即白玉蟾的弟子王金蟾。从其题词来看,《金液还丹印证图》当是在紫阳派当中传授的一部秘籍,经过了白玉蟾、王金蟾的整理而行世。

## 一、从龙眉子金丹说看《周易》卦序逻辑的影响

《金液还丹印证图》是根据《周易》卦序逻辑法则来安排层次的。龙眉子在《序言》中说:"夫炼金丹者必有所自。故有原本焉。有本然后生,故有乾坤焉。用乾坤烹炼,故有鼎器焉。鼎器有药物,故有铅汞焉。铅汞明分两,故有和合焉。和合成黄芽,故有真土焉。丹成贵能取,故有采取焉。作用有规模,故有制度焉。制造有同志,故有辅佐焉。此在外法象,造丹之力章也。采得然

后服,故有服丹焉。服毕务温养,故有九鼎焉。温养全藉火,故有进火焉。火候有进退,故有退火焉。进退有药象,故有抽添焉。进退有休息,故有沐浴焉。沐浴罢丹成,故有金液焉。丹虽已成,虑性未能,故有抱元焉。守一抱元,命固性彻,形飞天阙,位证真人,故有朝元焉。此在内法象,养丹之九章也"①龙眉子在《序言》中使用的术语虽然是出自外丹说,但其本旨却在于修炼内丹。因而,他的这部书也属于气功养生之类。从其《序言》可以看出,该书每章有着内在的逻辑关系。其理系出自《周易·序卦》:"有天地然后万物生焉。盈天地之间者唯万物,故受之以《屯》,屯者盈也,屯者物之始生也。物生必蒙,故受之以《蒙》;蒙者蒙也,物之稚也。物稚不可不养,故受之以《需》;需者饮食之道也。饮食必有讼,故受之以《讼》。讼必有众起,故受之以《师》……"《周易·序卦》是描述分析六十四卦次序的一篇文章,目的在揭示各卦前后相承的义旨。今日我们所见《周易》六十四卦的顺序刚好与《序卦》所述相合,可见,其卦序由来已久,这种安排体现了先圣的精密思考。对照一下《序卦》,再推敲一下龙眉子的《序言》,即可明了《金液还丹印证图》对《周易》自然逻辑发展的取法了。

《金液还丹印证图》对《周易》卦序逻辑的取法,不仅体现在序言里,而且贯穿全书的始末。该书按照《周易·系辞》的"太极"学说来演述炼丹的过程。在第一章《原本》里即称:

> 溟滓无光太极先,风轮激动产真铅。都因静极还生动,便自无涯作有边。一气本从虚里兆,两仪须信定中旋。生生化化无穷尽,幻出壶中一洞天。②

很显然,这首诗是在讲述内丹修炼原理,因为作者在第二句所说的"产真铅"正是内丹的一种象征,而最后一句的"壶中洞天"也是内丹家向来追求的境界;但作者不是平铺直叙地教人修炼的方法,而是运用《周易》的"太极"理论来说明内丹修炼的根本。在作者看来,太极乃是万物之先,也是真铅之源。太极涵阴阳,一动一静,互为其根。阴阳两仪,对立统一,构成了周转运动,这是

---

① (宋)龙眉子:《金液还丹印证图·序》,《道藏》第 3 册第 103 页。
② 《道藏》第 3 册第 103 页。

宇宙生化之本,也是生命存在的内在动力。作者在这首诗里贯彻着《周易》太极哲学的协调、运动、变化、生长的观念,同时也融合了老子关于"道生一,一生二,二生三"的思想。

## 二、龙眉子金丹说对《周易》象数理则的取法

在第三章《乾坤》中,《金液还丹印证图》的作者以《周易》的《乾》《坤》两卦为总法象,以示阴阳相合、归根返元的修丹大要:

> 混元未判是先天,清浊分来二象全。坤女乾男偏一气,木龙金虎间千年。都将孤寡为修道,岂信刚柔可造玄。日用不知颠倒理,若能达此是真仙。①

所谓"先天"即是两仪未分的混沌本元,而两仪未分即为太极。由此可知,《金液还丹印证图》作者在《乾坤》章中是以太极为本体。当然这一章与《原本》章所要阐述的侧重点毕竟不同。如果说《原本》章是依顺时方向来思考太极生化运动问题,那么《乾坤》章则"反其道而行之",重在说明"颠倒"之理。这里的"颠倒"与《悟真篇》的"翻卦象"在基本精神上是一致的,用意都为了揭示"复归"的内丹气功旨趣。从乾坤的总法象上看,"颠倒"表现为翻地覆天。本来天在上而地在下,天为阳地为阴;阳气上升而阴气下降,两相分离而不交;今使乾居下而坤居上,则阴阳二气相交而既济,则"男女同室"(这是一种比喻),二仪复合,归于太极而无极。再从木金龙虎的关系上看,这也体现了作者的阴阳和合归根的思想。因为无论是木金还是龙虎,在方位符号中它们都是相对的。木龙在东而金虎在西。炼内丹应当就是要使对立性的两方配合行动,而不使其孤行,才能达到刚柔互济的目的。这在根本上也是合于《周易》"刚柔相摩,八卦相荡"的思想。

在外丹合成过程中,道教中人很注意"制度"问题,这种形式也为内丹修炼所借鉴。所以《金液还丹印证图》专立《制度》一章,谓:

> 坛筑三层天地人,九宫八卦布令匀。镜悬上下祛精怪,剑列方隅镇鬼

---

① 《道藏》第3册第104页。

神。禹步登时三界肃,罡星指处百魔宾。叮咛刻漏无差误,片饷工夫万
劫春。①

这里所讲的"筑坛"系炼外丹中的定位问题。同样道理,内丹修炼,也需定位。
怎样定位呢? 就外丹而言,定位就是选择一个合适的地点建造三层的炼丹坛;
就内丹而言,定位就是分清楚人体上中下三焦,明确三丹田的位置,以便导引
行气。内外丹的定位形式尽管有不同,但其理则一,这就是《周易》的"三才之
道"。当弄清楚了上中下三层结构之后,就可以进一步地列出九宫八卦的位
置。一般地说,这是按照后天八卦方位即周文王八卦方位来安排的。可见,八
卦已经成为"还丹"定位的标志。另外,《制度》章中所提及的"禹步"也与易
学有关。所谓"禹步"是道教的重要方术。《洞神八帝元度经·禹步致灵》第
四谓:"禹步者,盖是夏禹所为术,召役神灵之行步,以为万术之根源,玄机之
要旨。昔大禹治水不可预测高深,故设黑矩重望,以程其事……届南海之滨,
见鸟禁咒,能令大石翻动。此鸟禁时,常作是步。禹遂模写其行,令之入术。
自兹以还,术无不验。因禹制作,故曰禹步。"从这一段描述来看,禹步是颇具
神秘色彩的,难怪《金液还丹印证图·制度》章会对炼丹过程中所作禹步之法
大加歌颂。不过,假如我们从具体的步法上加以考察,那就可以透过其神秘的
外衣,看到其中所潜藏着的易学内容。据《抱朴子内篇·仙药》的记载,禹步
的行程是:"前举左,右过左,左就右。次举右,左过右,右就左。次举右,右过
左,左就右。如此三步,当满二丈一尺,后有九迹。"值得注意的是,禹步系一
种"三三制"。我们知道,"三"这个数字在易学中相当重要。《易》的八经卦,
每卦三画,所以禹步实际上是符合《易》数原理的。至于三步构成的"九迹",
则合于《易》的"洛书"之数。相传大禹得《洪范》九畴而创洛书九宫之法,这
尽管也是神话,但我们从中可以看到易学的九宫八卦图式在道教中是被广
泛地应用着的。《金液还丹印证图》之所以在《制度》章中引入禹步正是为
了通过这种轨迹,进一步确定人体的九宫八卦位置,以便对内丹的修炼作
"印证"。

当然,《金液还丹印证图》不光是上面所列举的几章与《易》有关,事实上,

---

① (宋)龙眉子:《金液还丹印证图》第九章,《道藏》第 3 册第 105 页。

它从头到尾都贯穿着易的原则。可以说,张伯端所描述的内丹修炼之法发展到龙眉子的《金液还丹印证图》已经相当明显地体现出对易学的自觉应用精神来。这种精神在该派门人中弘扬,遂使内丹的理论与《易》的关系更为密切了。

# 正传别传二重化

## ——俞琰《易》说浅析

俞琰(约 1253—1316 年)①,字玉吾,号石涧道人、全阳子、林屋洞天真逸。吴郡(今江苏省苏州)人。俞琰本是儒者。单父李德裕说:"石涧先生,吴中老儒也。"②作为由儒者转变过来的道教学者,俞琰熟读经、史、子、集,颇为勤奋。纳兰成(性)德容若说俞氏于宝祐(按:"宝祐"似当作"德祐")间,曾以词、赋闻名于世。③ 俞氏于《易》学尤精。咸淳进士姑苏颜明可说:"余友俞石涧,家传《易》学,潜心于此三十余年。"④延祐进士姑苏干寿道也说:"余少之时已识石涧俞君,知其为善言《易》者。"⑤可见,俞琰研《易》既有深厚的家学基础,又有刻苦的精神。不但如此,他还注重言行结合。钱塘白湛渊说:"苏台俞玉吾,乐贫安道,华皓一节,于《易》则不但能言之,又能行之。"⑥由于俞琰勤奋,所以成果颇为不少。据《四库全书总目》及《通志堂经解》载,俞琰著有《易经考证》《易传考证》《读易须知》《六十四卦图》《古占法》《卦爻象占分类》《易图合璧连珠》《易图纂要》《玄学正宗》《炉火鉴戒录》《林屋山人集》(以上已佚);《读易举要》《易外别传》《周易集说》《书斋夜话》《周易参同契发挥》《阴

---

① 关于俞琰的生年,《辞海》作"1258"年(按:即宝祐末年),《四库全书总目》"易类"三《周易集说》之"提要"作"宝祐初",今依《四库总目》,初定为 1253 年;又俞琰卒年,《辞海》作"1314"年,《四库全书总目》作"延祐初",元代干文傅于《通志堂经解》本《周易集说·序》中说:"延祐二年(公元 1315 年),予以进士受官,南归时,石涧尚无恙。"则俞琰于 1315 尚健在,故其卒不当早于 1315 年,今略定为 1316 年,以合《四库全书总目》"延祐初"之说。
② 参见《周易集说·序》,《通志堂经解》本。
③ 参见《周易集说·序》,《通志堂经解》本。
④ 《周易集说·序》,《通志堂经解》本。
⑤ 《周易集说·序》,《通志堂经解》本。
⑥ 《周易集说·序》,《通志堂经解》本。

符经注》《玄牝之门赋》(以上今存)等,而其中以《周易集说》《读易举要》《周易参同契发挥》《易外别传》诸书流传最广,影响最大。本文仅对后面这几部"易类"或与《易》关系密切的著作试作分析。

《周易集说》包括《周易上下经说》2卷、《象辞说》1卷、《彖传说》2卷、《爻传说》2卷、《文言传说》1卷、《系辞传说》2卷、《说卦说》1卷、《序卦说》1卷、《杂卦说》1卷,凡13卷。此书现存于《四库全书》和《通志堂经解》丛书中,其后本附有《易图纂要》等,现附录部分已佚。关于《周易集说》的著作年代,纳兰成(性)德容若说:"其书草创于至元甲申,断手于至大辛亥。"①单父李德裕也说:"《周易集说》自至元甲申逮今三十九年。"②可见,此书几乎费俞氏毕生之精力。《读易举要》一书,《文渊阁书目》、焦竑《经籍志》以及朱睦㮮《授经图》均有著录,然外间传本殊稀,故朱彝尊《经义考》但云未见,唯《永乐大典》尚有散存,清代学者纪昀等于乾隆四十六年九月重新辑录整理,现存《四库全书》中。③又《易外别传》与《周易参同契发挥》均存于《四库全书》"道家类"和《正统道藏》中。

一

俞琰对于大《易》最感兴趣的首先就在于"正传"。所谓"正传"者,即孔夫子所传之《易》。相传孔子五十以学《易》④,七十始作《春秋》⑤。《易》以寡过,《春秋》以寄志。《史记·仲尼弟子列传》称,孔子传《易》于商瞿⑥,瞿传楚人馯臂子弘,弘传江东人矫子庸疵。《汉书·儒林传》称,瞿以授鲁桥庇子庸,子庸授江东馯臂子弓。是"弘"一作"弓","矫"与"桥"、"疵"与"庇"形近而

① 《周易集说·序》,《通志堂经解》本。
② 《周易集说·序》,《通志堂经解》本。
③ 按《四库全书总目》,凡俞琰所作书均题为"俞琬"撰。陈垣《史讳举例》卷八谓避清仁宗颙琰讳。
④ 参见《论语·述而》,《诸子集成》本。
⑤ 参见《春秋公羊传注疏》卷二十八,《十三经注疏》本。
⑥ 按《四部丛刊》本《家语》卷九《七十二弟子解》谓:"商瞿,鲁人,字子木,少孔子二十九岁,特好《易》,孔子传之志焉。"

讹,可知"子弓"或"子弘"实为一人。后子弓又以兼承之说授其徒,则《易》始有分化。至孟子言"四端"乃发《易》之"四德","仁义"即《易》"立人之道","性善"即《易》"继善成性","知性知天"即《易》"穷理尽性,至于命"。孟子虽无明言之,实则由《易》而发。故前人称"知《易》诚未有如孟子者矣"①。《易》之传授,于汉已有多端,而此一系为后儒所推崇。唐孔颖达作《五经正义》,乃称以孔子为宗。宋代倡导道学(理学)亦明此道统,俞琰《周易集说》亦不出此范。然考其渊源则最合于朱熹《周易本义》。

俞琰《易》学"正传"主之于朱子《周易本义》,不仅是家学的缘故,乃宋元之际思想界大势之所趋。宋学集大成于朱熹。自宝庆而后,朱子学盛行,凡治经者,莫不崇尚朱说。而于《易》,朱子之学影响更是非凡。如胡一桂作《易本义附录纂疏》与《易学启蒙翼传》、胡炳文《周易本义通解》、熊良辅作《周易本义集成》,大旨主于羽翼朱学,从而形成当时潮流。俞琰虽自号"石涧道人",潜心道教教理研究,有异于一般儒者,但却也接受了朱熹的影响。因此,二者之《易》说,具有许多共同之点。

从《易》的性质来看。朱熹认为,《易》本为卜筮之书。"圣人作《易》本是使人卜筮,以决所行之可否,而因之以教人为善。"②俞琰对朱熹的看法表示赞同,并加以发挥,他说:"朱子极论《易》为卜筮之书,其说详且明矣。愚谓以卜筮观《易》,则无所不通,不以卜筮观《易》,则多有不通者焉。且如'噬嗑'一卦,以'九四'强梗于其中,故诸爻皆言'噬',所以噬九四也。而九四本爻亦言噬。乾胏,则乾胏乃九四也。噬之者亦九四也。九四其自噬乎?九四不自噬,当为谁噬耶?"③这说明俞琰也认为圣人作《易》之本旨就是教人卜筮。

从《易》之义理来看。《易》之传授有两派六宗。义理之学为一大派。魏王弼、何晏皆主义理之学。逮宋,于理犹有发明。朱子《周易本义》发理之处甚多。《系辞上》云:"一阴一阳之谓道。"朱注:"阴阳迭运者,气也;其理则所

---

① 马宗霍:《秦火以前之经学》,《中国经学史》,上海书店 1984 年影印商务印书馆 1937 年版,第 23 页。
② 《晦庵先生朱文公文集》卷三十一,《四部丛刊》影明嘉靖本,第 14 页。
③ 《读易举要》卷一,文渊阁《四库全书》本。

谓道。"①在朱熹看来,理与道是一回事。朱熹还说:"一每生二,自然之理也。《易》者,阴阳之变。太极者,其理也。"②申明义理的特点,在《晦庵先生朱文公文集》中亦比比皆是。本书卷四十四《答蔡季通》曰:"阖辟往来而无穷者,以其有是理耳。有是理则天地设位而《易》行乎其中矣。"同朱熹一样,理在俞琰《周易集说》中也是很重要的范畴,他说:"易如乾之易,简如坤之简,则天下万事万物虽众而其理得矣。天下之理得则成位乎天地之中,而与天地参矣。"③俞琰不仅说到一般的理,而且探讨了天理、众理。并且主张,既然存在着理、天理,人之有生就必须穷理:君子观《易》之序而循是理,故安;观爻之辞而达是理,故乐。

从《易》之象数来看,大《易》之学,本有象数,经传皆可为证。汉儒更引而伸之,有互体之说,有旁通之说,有纳甲飞伏之说,此可谓执之一端。王弼主义理之学,尽扫其象数,此又可谓执之一端。由于义理之学只是一端而已,所以宋初周、邵诸儒及隐者复兴象数之学。朱熹纵观古今,认为不论是象数也好,还是义理也好,都未能尽大《易》之精微。他说:"两汉诸儒必欲究其所从,则既滞泥而不通;王弼以来,直欲推某所用,则又疏略而无据。二者皆失之一偏。"④所以,朱熹虽然大发义理,但也没有放弃象数。俞琰承袭朱熹,更企图将象数与义理统一起来,他说:"《易》之理尽在于画,拒可舍六画之象而专论辞之理哉? 舍画而玩辞,舍象而穷理,辞虽明,理虽通,非《易》也。"⑤俞琰把这一思想贯穿于其《周易集说》和《读易举要》之中,每每先释之卦象、爻象,次之明理,由乾坤父母之象而震、坎、艮、巽、离、兑六子之象,推之六十四,无不如此,明象数,理也在其中。

从《易》之"设戒"来看,朱熹认为圣人作《易》教人卜筮,而明其吉凶,这已包含有"戒慎"之意。俞琰将这一思想充分地发掘出来。如解《晋》之上九,说上居《晋》终,维交结也,刚进之极而更无可进,故返而与五相维而用,以治

① 《周易本义》卷七,文渊阁《四库全书》本。
② 《周易本义·系辞传》,文渊阁《四库全书》本。
③ 《周易集说·系辞传说上》,《通志堂经解》本。
④ 《易象说》,《晦庵先生朱文公文集》卷六十七,文渊阁《四库全书》本。
⑤ 《周易集说·序》,《通志堂经解》本。

其私邑,邑指四,上之应在三,而九四以刚据其上,固不容不伐,"然而,兵凶器也,能以危厉为戒,斯可吉而无咎"。可见,俞琰注意到了利的时候必须以"弊"为戒。再如《损》卦之解,俞琰认为,损即裁减,凡能自抑其过,以就义理,皆损之道。俞氏《周易集说》"明戒"者,有言之于君,有言之于臣,有言之于男,有言之于女,有言之于家,有言之于国,也是《易》说中的一种重要思想。

<h2 style="text-align:center">二</h2>

俞琰《易》说,虽以朱熹《周易本义》为宗,但又不限于此。俞琰《易》说所引前人《易》著甚富,从《古文周易十二篇》到《子夏易传》,从王弼之注到张行成之解,历汉、魏、两晋、南北朝、隋、唐、五代、宋,有几百家之多。俞琰采之于众家,取其菁华,融为一炉,构成了一个体系。俞琰集《易》之萃,亦自有发明,故表现出与朱熹《易》说不同的许多特点。

首先,就《河图》《洛书》之学而言。朱熹《周易本义》云:"'天数二十有五,地数三十,凡天地之数五十有五,此所以成变化而行鬼神也。'此河图之数也。洛书盖取龟象,故其数戴九履一,左三右七,二四为肩,六八为足。蔡元定曰:图书之象,自汉孔安国、刘歆,魏关朗子明,又有宋康节先生邵雍尧夫,皆谓如此,到刘牧始两易其名,而诸家因之,故今复之,悉从其旧。"①朱熹关于"河图""洛书"的说法乃根据邵康节,是把天地五十有五之数直接等同于"河图"之数。俞琰不同意朱熹这一看法,认为把天地之数、大衍之数等同于"河图""洛书",这不但是没有充足的根据,而且是一种附会。从名称上看,《易》之数不过天一至地十,五十五数而已,未尝名之曰《河图》,亦未尝名之曰《洛书》;从诸家的说法来看,亦存在着互相矛盾之处,如孔安国谓伏羲画卦则《河图》,禹叙"九畴"则《洛书》,何为歧而为二? 陈元纲《九经辩疑》②即有如此的怀疑,这与邵、朱所言是不同的;从典籍来看,《河图》见于《顾命》不过是说"天球、河图在东序",《论语》也只是说"河不出图,吾已矣夫!"而《礼运》也不过

---

① 《周易本义·河图洛书说》,文渊阁《四库全书》本。
② 参见《读易举要》卷三,文渊阁《四库全书》本。

是说"河出马图",并没有什么五十五数,也没有什么四十五数。据此,俞琰指出,《易》之数,仅有天地之数,大衍之数,而没有什么河洛之数,河洛之数盖源于纬书,把这些搅在一起,不过是牵合而已。河洛之数与天地之数、大衍之数的关系如何,有待进一步考证,但从俞琰的分析来看,则表现了他是很注重真凭实据的。

其次,就象数与义理关系而言。象数与义理何者为要? 朱熹作为理学之先驱,把理放在首要的地位;而俞琰则认为义理从属于象数,由此出发,俞氏《易》说形成了"并卦取义"的特征,即以两卦互并,倒转反对,释象说理。如《姤》与《夬》:《夬》之上六倒转则为《姤》之初六。《夬》《姤》二卦,皆以一阴为主,象辞皆主其所应而言。《易》盖为君子谋,不为小人谋也。① 又《升》与《萃》:《萃》《升》皆以坤上坤下取义。萃三阴聚于下,倒转为升,则三阴升于上,下巽而上顺。② 又《困》与《井》:《困》与《井》二卦,以坎上坎下取义。井以水上出为功,困以水下漏为厄。③ 换言之,坎水在兑泽之下则为困,在巽木之上则井。井者,穴地出水之处。《井》之为卦,乃困之倒体。困,下坎上兑,中互离巽;井,下巽上坎,中互兑离。昔为困,具此四卦,今为井,亦具此四卦。④ 又《革》与《鼎》:《革》《鼎》二卦皆以离上离下取义。木入火中则燃,亨饪用鼎之象也;金在火上则镕,改变从革之象也。⑤ 并卦取义的例子很多,这可说是俞氏《易》的最鲜明特征。

再次,就卦变而言。言卦变乃《易》学之一法。《左传》《国语》所载例子不少。后亦有主卦变之说。所谓《乾》初九变《姤》;九二,变《同人》;九三,变《履》;九四,变《小畜》;九五,变《大有》;上九,变《夬》,即是卦变。主卦变之说者皆谓一阴一阳卦自《复》《姤》来,二阴二阳卦自《临》《遁》来,三阴三阳卦自《泰》《否》来。朱熹《易学启蒙》一书亦言卦变,且有图,凡一卦变为六十四卦。俞琰看到了朱熹用卦变,指出:"朱子存而不泥,盖占法用之,不可废

---

① 参见《姤卦说》,《周易集说》卷七,文渊阁《四库全书》本。
② 参见《升卦说》,《周易集说》卷八,文渊阁《四库全书》本。
③ 参见《困卦说》,《周易集说》卷八,文渊阁《四库全书》本。
④ 参见《井卦说》,《周易集说》卷八,文渊阁《四库全书》本。
⑤ 参见《革卦说》,《周易集说》卷八,文渊阁《四库全书》本。

也。"①俞琰显然认为朱熹说卦变是合理的,未加以批评,但他自己却反对用卦变解经,他说:"卦变之说,用之占法则可,用之解经则不可,盖忘其本爻之义也。"②俞琰反对以卦变解经,自然力主本爻之说。比如,"或曰:卦体有内外、上下之分,凡阳爻为主于内,则曰刚来,曰刚下,有一于外,则曰刚上;凡阴爻在内,则曰柔下,在外,则曰柔进,曰柔上。此说最干净,亦不必曰从乾来,从坤来。"③俞琰亦认为,"此说固干净矣"④。由此可以窥见他不用卦变之旨。

<h2 style="text-align:center">三</h2>

俞琰《易》说的另一个鲜明特点是对"别传"《易》的探索和研究。所谓"别传"者系为"隐士"之《易》。清皮锡瑞说:"成帝时,刘向校书,考《易》说,以为诸《易》家说皆祖田何、杨叔、丁将军,大谊略同。唯京氏为异党,焦延寿独得隐士之说,讬之孟氏,不相与同。据《汉书》,则田何、丁宽、杨叔之学,本属一家,传之施、孟、梁丘,为《易》之正传,焦京之学,明阴阳术数,为《易》之别传。"⑤可知"别传"本是阴阳灾异之学。早期道教,发"别传"之微言,融合而成丹道,故有魏伯阳之学。俞琰《易外别传·叙》云:"《易外别传》者,先天图环中之秘,汉儒魏伯阳《参同契》之学也。人生天地间,首乾腹坤,呼日吸月,与天地同一阴阳。《易》以道阴阳,故伯阳借《易》以明其说,大要不出先天一图。是虽《易》道之储余,然亦君子养生之切务,盖不可不知也。图之妙在乎终坤始复,循环无穷,其至妙则又在乎坤复之交,一动一静之间。愚尝学此矣,遍阅《云笈》,略晓其一二。忽遇隐者,授以读《易》之法,乃尽得环中之秘,反而求之吾身,则康节邵子所谓太极,所谓天根、月窟,所谓三十六宫,靡不备焉。"俞琰之"自序"明瞭地指出了其"别传"之渊源、宗旨,以及理解"别传"《易》的关键。

① 《读易举要》卷一《卦变》,文渊阁《四库全书》本。
② 《读易举要》卷一《卦变》,文渊阁《四库全书》本。
③ 《读易举要》卷一《卦变》,文渊阁《四库全书》本。
④ 《读易举要》卷一《卦变》,文渊阁《四库全书》本。
⑤ (清)皮锡瑞:《经学通论》,中华书局(上海编辑所)1954年版,第16页。

深源宗旨。俞琰自谓其学出自魏伯阳,这是显而易见的。魏伯阳事迹,正史无载。考葛洪《神仙传》云:"魏伯阳者,吴人也。高门之子,而性好道术,不肯仕宦,闲居养性,时人莫知其所从来。谓之治民,养身而已。"又云:"伯阳作《参同契》《五相类》,凡二卷,其说如似解释《周易》,其实假借爻象以论作丹之意,而儒者不知神仙之事,多作阴阳注之,殊失奥旨矣。"魏伯阳《周易参同契》一书流行于世,注本甚多。《周易参同契》一书虽非发《易》之本旨,但亦为《易》之余绪,它假借《易》象,但亦有所变通,从形式到内容都形成了自己的特点。黄宗炎在《太极图说辨》中说:"太极图者,创于河上公,传自陈图南,名为无极图,乃方士修炼之术也。"又云:"河上公本图名'无极图',魏伯阳得之,以著《周易参同契》。"①魏伯阳的《周易参同契》本来是否有图,不得而知,不过,后代方士道士依《周易参同契》作图却是真的,传说钟离权得《周易参同契》之秘,以太极图授吕洞宾,洞宾后与陈抟同隐华山,便又以图授陈抟。陈抟将太极图刻于华山石壁,又得"先天图"于麻衣道者。考《宋史·陈抟传》云:"陈抟,字图南,亳州真源人。始四、五岁,戏涡水岸侧,有青衣媪乳之,自是聪悟日益。及长,读经史百家之言,一见成诵,悉无遗忘,颇以诗名。"《宋史》还说他辟谷历二十余年,好《易》,手不释卷。由此可知,陈抟亦为炼形之士。《易》学"图书"一派实出于陈抟。邵伯温说:"希夷先生学《易》主于意,言象数","不烦文字解说,止有一图,以寓其阴阳消长之数与卦之生变,图亦非创意以作,孔子《系辞》述之明矣。呜呼! 真穷理尽性之学也。"②朱震《汉上易解·进周易表》说:"陈抟以先天图传种放,放传穆修,修传李之才,之才传邵雍。"又说:"穆修以太极图传周敦颐。"③此传授系统尚有分支,但都出自希夷先生陈抟图南,而抟系修炼之士,其学源于《周易参同契》,俞琰以先天图发魏伯阳《周易参同契》之秘,可知此《易传别传》之《易》系华山道士陈抟一派学术之继续,其宗旨亦在修炼。

先天图辨。从上述的渊源之考察可知,先天图由来已久,传授亦广。后之儒流、隐者、道士更以推演,名称也有差异。史称先天河洛遗学多在蜀汉间,故

① (清)黄宗羲:《宋元学案》卷十二《廉溪学案下》,清道光刻本。
② (宋)邵伯温:《易学辨惑》卷一,文渊阁《四库全书》本,第7页。
③ (宋)朱震:《汉上易解·进周易表》,文渊阁《四库全书》本。

士大夫闻是说者争相购之。朱熹曾派其友蔡季通到荆州,后又入峡,得《易》三图。朱熹与蔡季通之书信言之甚详。元袁桷《清容居士集》卷二十一尝记录其大概。清胡渭《易图明辨》卷三说:"清容博雅君子也。君子之言信而有征,故首著之季通所得三图。一为先天太极图无疑矣。其二盖九宫图与五行生成图。"又说:"蔡氏所得之三图,清容不言其形象,未知何如,据古则所传以为蔡氏之所得,盖三图之中,此居其一,名曰先天图,亦曰太极图,取《参同契》之月体纳甲、二用、三五与九宫八卦,混而一之者也。朱子发云,陈抟以先天图授种放,三传而至邵雍,则康节之学实出于希夷,其所演以为先天古易者,悉本此图可知一也。后人谓之天地自然之图,又谓之太极真图。"①此话说明了历史上曾有人把先天图等同于太极图或天地自然之图。这恐怕只是牵合而已。更有仿作之以乱其真者。笔者以为先天图非天地自然之图。赵扽谦《六书本义·图考》说:"天地自然之图,伏羲时龙马负而出于荥河,八卦所由以画者也。《易》曰:'河出图'圣人则之。《书》曰:'河图在东序'是也。此图世传蔡元定得于蜀之隐者,秘而不传,虽朱子亦莫之见。今得之陈伯敷氏,尝熟玩之,有太极函阴阳,阴阳函八卦,自然之妙"。考天地自然之图,列有八卦且为《河图》之状,而俞琰《易传别传》中的"先天图"虽然其经卦之排列也是《乾》在上,《坤》在下,《离》在东,《坎》在西,《震》《艮》列于坤之两旁,《巽》《兑》列于乾之两旁,但此图不仅限于经卦,而是六十四卦组成一个圆图,可见天地自然之图与此显然不同。至于把先天图等同于太极图,更不待辩。陈抟所授即分有太极图和先天图,可知二者本不相同。俞琰析《周易参同契》之秘的先天图当是"先天太极图",恐早先是太极图,尔后发一展为天地自然之图,进而成俞氏《易传别传》所录之"先天图"。

入门关键。俞琰《别传》"叙"所说的第三个重要问题就是如何理解"别传"《易》学之大要。俞氏谓千言万语不出先天一图。这就是说,只有抓住了先天一图,才能得其根柢。反之,不晓得读《易》之法,不明白先天图环中之秘,便无从下手。这种思想不仅体现在《易外别传》里,而且也贯穿于俞氏所作《周易参同契发挥》中。按先天图中本具太极,故俞氏又谓还丹之道只是太

---

① (清)胡渭:《易图明辨》卷三,文渊阁《四库全书》本,第42页。

极而已。在俞琰看来,《周易参同契》所参所同所契就是太极。所以,在《周易别传》里,俞琰的文章便从太极开始,进而全面地介绍了先天图,以示其秘。先天图以月窟天根定其上下,月窟在上,天根在下,分为三十六宫,即《乾》一、《兑》二、《离》三、《震》四、《巽》五、《坎》六、《艮》七、《坤》八,累计其数,共有三十六,故云"三十六宫"。此一图六十四卦,分阴分阳,一动一静,其大要就在《坤》《复》之交。图左自《复》至《乾》,为阳之动;图右自《姤》至《坤》,为阴之静。然阳中有阴,阴中有阳,自《姤》至《坤》是阴含阳,自《复》至《乾》是阳含阴,《坤》《复》之交乃无极。俞琰认为此一图孕天、地、人之至妙,修炼必法于此,表现了他对魏伯阳天人一体思想的发挥。`

天人一体。魏伯阳以老子"法天则地"的思想为纲,运用《易》卦来描述天地运行的规律,说明炼丹的原则。他认为,所谓"易"即日月之象,日月运行,阴阳交替,往来无穷,圣人之作《易》即本于此。日月在天地之间,亦在人体之间,所以人的修炼就必须"发号顺时令,勿失爻动时","动则依卦变,静则循象辞"。不违背其内在的运行规律。这种"天人一体"的思想在俞琰的《易传别传》中得到了充分的展开,尤其表现在如下一些范畴的探讨之中:

(1)天地。《易》之象莫大乎乾坤。《周易参同契·中篇》云:"恒顺地理,承天布宣。"这是以乾坤象其天地。俞琰发挥说:"人能知吾身之中,以合乎天地之中,则乾坤不在天地而在吾身矣。"①具体地说,首居乾之位,腹居坤之位,人之元气藏于腹,如同万物藏于坤,神入地中,如同天气降而至于地,气与神合,如同地道之承天,天地以此生物,而吾身以此而产药。人之心居其中。如此,首、心、腹配天、地、人,合于《易》"三才之道"。

(2)日月。《易·说卦》:离为日,坎为月。俞琰说:"愚谓日为太阳,月为太阴,月本无光,月之光乃日之光也,阳明阴暗,阳察阴受,故太阴受太阳之光以为明。人之心为太阳,气海犹太阴,心定则神凝,神凝则气聚,人能凝神入于气中,则气与神合,与太阴受太阳之光无异。"②太阴、太阳乃四象之二。《系辞上》:"是故《易》有太极,是生两仪,两仪生四象。"两仪即天地。四象:太阴、太

---

① (宋)俞琰:《易外别传》,《道藏》第20册第第314页。
② (宋)俞琰:《易外别传》,《道藏》第20册第315页。

阳、少阴、少阳。"气海"乃中医学经络穴位。祖国医学谓人体有十二经络,手足各六经,其中又分三阴、三阳,即太阴经、少阴经、厥阴经;太阳经、少阳经、阳明经。此外,又有奇经八脉,任脉督脉为枢纽,"气海穴"属任脉,即脐下一寸三分。祖国医学吸取了《易》学,而俞琰又将二者统一起来,他以日月为太阳、太阴,又以气海为太阴,这就搭上了人体"通往"日月的桥梁。

(3)星辰。古人对星辰的观察也是很细致的,并总结出了一些星辰的运行规律。秦代以前已有二十八星宿之说。汉《易》学将二十八星宿同《易》卦方位相配。魏伯阳更采之而为《周易参同契》,其《下篇》云:"青龙处房六兮,春华震东卯;白虎在昂七兮,秋芒兑西酉;朱雀在张二兮,正阳离南午。"此乃将青龙、白虎、朱雀、玄武配东、西、南、北,春、夏、秋、冬,以示四季变化之周天。俞琰说:"所谓赤龙、黑虎者,东方苍龙七宿运而之南,则为赤龙;西方白虎七宿运而之北,则为黑虎。无非譬喻身中之呼吸。"[1]又《周易参同契》云:"关楗有低昂兮,周天遂奔走。"俞琰注曰:"关楗谓南北二极,周天谓二十八宿,奔走谓运行也。天形如弹丸,周匝运转,昼夜不停,其南北两端,一高一下,乃关楗也。人身亦然,上有天关,下有地轴,若能回天关,转地轴,则上下往来,一息一周天也。"[2]这就是说,人体一元之气的运行又如同天上二十八星宿的周转一样,呈现出昼夜的交替,季节的变化。天有关楗,人有关楗,抓住关楗,势如破竹。

总而言之,俞琰对天地、日月、星辰诸概念的探讨,处处表现了天人一体的思想。如果说魏伯阳以前的"天人相应"思想或者是简略之论,或者是笼统之论,那么俞琰对天人一体思想的表述则具体得多、细微得多了。他以《易》学中的重要概念、原则为武器,来探索人体的奥秘,表现了他对客观规律性已有较高水平的认识。俞琰《易》说,不论是"正传"还是"别传",都有独到之处。他的"正传"《易》说,并卦取义,集前人之锦,发经义之秘,对于推动我国古代思想史的发展,提高思想能力是有较大的促进作用的。他的"别传",其宗旨虽为修炼,但在其论述中处处引用《易》之经传,表现了他在《易》学方面的深

[1] (宋)俞琰:《易外别传》,《道藏》第20册第316页。
[2] (宋)俞琰:《易外别传》,《道藏》第20册第317页。

厚功力。这一切同他认真研究前人著作和刻苦好学、精心入微的态度、方法是分不开的。他不仅是宋元之际继朱熹之后的又一位《易》学大师,一位有成就的道教学者,而且也是整个中国《易》学史的一位《易》学大师、一位重要的思想家。

[本文原载《福建师范大学学报》(哲学社会科学版)1988 年第 1 期,收入本书时调整了格式]

# 李道纯易学思想考论

研究道教在"易学"史上的贡献问题,不可不论及宋元道教学者;而在评估宋元道教学者的易学之成就时倘若不探讨李道纯,则仍是一大缺憾。这是因为李道纯不仅在易学上潜心地进行过一番认真的探索,而且提出了许多独到的见解。他堪称宋元以来道门中一位有影响的易学专家。不论从道教史还是从易学发展史的角度看,李道纯都可以说是一位产生了承先启后作用的重要人物。然而,以往学术界对李道纯之研究甚少,其易学更是几乎无人问津。

数月前,陈鼓应教授在与笔者一次谈话中言及如何对宋元道教学者的易学开展研究的问题。陈先生敏锐的洞察力再次激起笔者对李道纯的兴趣。十多年前,笔者在撰写硕士论文时曾涉猎李氏之著述,对其修行法门及"老学"特点有所论析①;而今,重读其著述,另有一番感受,稍加梳理,以成此拙文,就教于方家及诸同好者。

一

李道纯,字元素,号清庵,别号莹蟾子,湖南武冈人(一说仪真人或盱眙人),宋末元初之道教学者。其著述颇丰,有《道德会元》《三天易髓》《全真集玄秘要》《中和集》《清庵莹蟾子语录》等多种行世。他虽然并未撰写专门性的解说《周易》经传的著作,但却在论述修行法门的著作中不时地阐发自己的易学见解。他的"修道论"字里行间闪烁着易理之辉光。

李道纯曾于《道德会元·序》中说:"窃谓伏羲画易,剖露先天,老子著书,

① 詹石窗:《南宋金元的道教》,上海古籍出版社 1989 年版,"第三章第四节",第 127—138 页。

全彰道德。此二者,其诸经之祖乎? 今之学者,未造其理,何哉? 盖由不得其传耳。予素不通书,因广参遍访,获遇至人,点开心易,得造义经之妙。于是罄其所得,撰成《三天易髓》,授诸门人。"①所谓"心易"系心法所传之《易》。传授李道纯"心易"的"至人"或又称"异人",此君为谁? 李氏于《序》中并未明说,亦无从稽考。不过,其简短《序》文却也透露出一个信息:李道纯之易学是有师承的,并且学有心得。他的易学心得于《全真集玄秘要》中便时有所见。"守中则黄裳元吉。"自注云:"守中则无过不及也。退符之时,至坤六五,守中行下,则无过、不及之患。故曰:'黄裳元吉'。"②李氏此番论述是以《易》之《坤》六五爻辞为根基的。《坤》卦之象,上下皆坤☷,象征地。上卦五爻居中,象征中道。爻辞以"黄裳"为"元吉"。孔颖达《周易正义》称:"黄是中之色,裳是下之饰,坤是臣道,五居'君位',是臣之极贵者也。"③按照古经学家之释《易》条例,居中为正,正则吉,以示事物发展之良好结果,对于《周易》这种"中正"思想,李道纯予以具体化了。他不是泛泛而论,而是结合大丹(内丹)之修炼,以明进退之"候"。文中所云"退符"即是指金丹修炼过程中的"退阴符候"。道教丹门功法以《易》之十二消息卦④为火候行持之法象,《复》卦一阳生,象征"进阳火";姤卦一阴生,象征"退阴符",简称之则为"退符"。由此不难看出,李氏道纯乃基于易道而论丹道,其丹道之说贯穿易道精义。像这样的论述在李道纯的著作中比比皆是。这就说明李道纯是有深厚之易学素养的。

李道纯雅好易学并且学有心得,这是有其学术传统上的原因的。《玄教大公案·序》云:"惟清庵李君得玉蟾白真人弟子王金蟾真人授受,为玄门宗匠,继道统正传,以袭真明,亦多典籍见行于世。"⑤这里所指"清庵李君"就是李道纯。从此篇序文可知,李道纯系白玉蟾之二传弟子。而白玉蟾乃"紫阳派"之传人。按该派之道法传绪,门人尊张伯端为宗祖,因张氏号紫阳,故其

① (元)李道纯:《道德会元》,《道藏》第 12 册第 642 页。
② (元)李道纯:《全真集玄秘要》,《道藏》第 4 册第 529 页。
③ 转引自黄寿祺、张善文撰:《周易译注》,上海:上海古籍出版社,1989 年版,第 30—31 页。
④ 按:十二消息卦指的是《复》《临》《泰》《大壮》《夬》《乾》;《姤》《遯》《否》《观》《剥》《坤》。
⑤ 《道藏》第 23 册第 889 页。

派称紫阳派。张氏伯端传人石泰、薛道光、陈楠、白玉蟾被尊称为五祖。玉蟾而下,枝分叶蔓,传其学者纷纷然,俨然一大宗派。

考紫阳派之学术传统,易学色彩颇浓。该派之中,多雅好易道之人,且不乏造诣精深者。开派先师张伯端便是一位佼佼者。他所作之《悟真篇》即深贯《周易》之理则。张氏于《悟真篇》之《序》中云:"仆既遇真筌,安敢隐默?罄所得成律诗九九八十一首,号曰《悟真篇》。内七言四韵一十六首,以表二八之数;绝句六十四首,按《周易》诸卦;五言一首,以象太乙;续添《西江月》一十二首,以周岁律。其如鼎器、尊卑、药物、斤两、火候、进退、主客、后先、存亡、有无、吉凶、悔吝悉备其中矣。"①六十四首绝句合于六十四卦,这显然是根据《易》数原则来考虑的,而十六首七言诗为两个八的倍数,不能排除其中包含着八卦概念,至于一首五言诗所取法的"太乙"也属于易学的一个支派,还有岁律自汉代以来就一直是以易学为纲要的。因而,《悟真篇》这种结构安排明显地表现了作者取法《周易》的指导思想。

由于《悟真篇》本身隐含精深之易理,后来紫阳派之门人在对该书进行注释、解说时也注意发掘其中之易学底蕴。例如南宋时的翁葆光即是重要的一位。翁氏字渊明,号无名子,著有《紫阳真人悟真篇注疏》《悟真篇注释》《紫阳真人悟真篇拾遗》《紫阳真人悟真篇直指详说三乘秘要》等书传世。翁葆光对《悟真篇》中的易学秘旨是有其独到之领悟的,故其释文每每据大《易》而阐发之。他在《紫阳真人悟真篇注疏》卷五中说:"卦象者,火之筌蹄也。魏伯阳真人因读《易》而悟金丹作用与《易》道一洞(通)。故作《参同契》,演大《易》卦象,以明丹旨,开示后人。故比喻乾坤为鼎器,像灵胎神室在我丹田中也。又以坎离喻为药物,像铅汞之在灵胎神室中也。夫乾坤为众卦之父母,坎离为乾坤之真精。故以四卦居于中宫,犹灵胎铅汞在丹田中也。处中以制外,故四卦不系运火之数。其余诸卦,并分在一月之中。搬运符火,始于屯、蒙,终于既(济)未(济),周而复始,如车之轮,运转不已。"②翁氏这段话结合《周易参同

① (宋)张伯端撰,王沐浅解:《悟真篇浅解(外三种)》,北京:中华书局1990年版,第4页。
② (宋)张伯端撰,(宋)翁葆光注,(元)戴启宗疏:《周易参同契注疏》卷五,《道藏》第2册第941—942页。

契》,以明《悟真篇》关于"卦中设法本仪刑,得象忘言意自明"①的意旨。其用意所在乃是阐明丹道火候行持,但其言论则合于《易》之基本原则。翁葆光这种对于易道的关注代表了紫阳派的一大理论特色,其注疏不可避免地会对该道派的后起者产生影响,从而导致研《易》风气的形成。李道纯"继道统正传"必定要弘扬这种学风。所以,他的著述贯穿《易》旨便有了学术传统上的根据。

另一方面,李道纯雅好易学,这与金代王重阳所传全真道也有一定的关系。王重阳于河北一带创立全真道。经过多年的苦心经营,该道派亦大行于世。全真道之早期虽然较少进行玄理研究,但随着组织的壮大,其中坚人物也开始注重《周易》的探讨,并且将之应用于教理教义的创建之中。王重阳在思想上与吕洞宾有某种渊源关系。吕洞宾是《易》"图书之学"的重要传人,易学造诣甚深。王重阳对此是有所因袭的。他在度化大财主马钰时所用的"分梨十化"便暗合于大《易》天地五十五之数,他的许多诗文也多涉及易理,足见王重阳对易学的熟谙。王重阳的弟子中精于易道者亦不乏其人。"北七真"之一的郝大通更是一个潜心研《易》的杰出人物。郝大通自称太古真人,号广宁子,宁海人,"尝梦神人示以《周易》秘义。由是洞晓阴阳律历卜筮之术,厌纷华而乐淡薄,隐德于卜筮中"②。郝大通著有《太古集》,这是一部应用《易》道以阐述养生之理的专书。他在《自序》中写道:"予尝研精于《周易》,删《正义》以为《参同》,画两仪四象、三才八卦、六律九宫、七政五行、星辰张布、日月度躔,有无混成,以为图象。"③郝大通并非自夸,其《太古集》的确是一部有特色的易学应用著作。由王重阳与郝大通等人开创的这种研《易》之风气在金元以来的全真道中得到发扬。

稽考史籍可知,全真道与紫阳派在元代中期以后逐步合流。公元1320年,元代道士萧廷芝在为邓锜《道德真经三解》所作《序》中说:"一自三阳(指华阳真人李亚、正阳真人钟离权、纯阳真人吕洞宾)唱道以来,至于海蟾真人

---

① (宋)张伯端撰,(宋)翁葆光注,(元)戴启宗疏:《周易参同契注疏》卷五,《道藏》第2册第941页。
② (元)赵道一:《历世真仙体道通鉴续编》卷三,《道藏》第5册第431页。
③ (金)郝大通:《太古集》,《道藏》第25册第867页。

(刘操)传之张紫阳、王重阳,紫阳传之翠玄(石泰),翠玄传之紫贤(薛道光),紫贤传之翠虚(陈楠),翠虚传之海琼(白玉蟾)先生,凡九传。又王重阳真人之所传凡七真……海琼而后,大道一脉归之鹤林先生,为往圣继绝学,为后世立法门。"①此道法之传绪,推之极远,附会之处,自当有之,但却也帮助了紫阳派与全真道的融合趋势。李道纯处于这种背景下,对于南北之学必然是各有取资,而北方的全真道与南方的紫阳派既然都倡导易学,李道纯受到此等风气的影响,这便是自然的事了。

二

正如道门中其他杰出的学者一样,李道纯之研《易》与用《易》亦形成自己的特色。

### (一)以"中和"之论为大旨

在《中和集》里,李道纯确立了其研究目标,他称之为"玄门宗旨"。于其下首列太极图,以为"动静无端,阴阳无始"之表征;继之以中和图,发"四正中直,发无不中"之精义。世人知之,太极之说本出于大《易》,李道纯据之以作宗旨,他著述之根本即是易道,所谓心俱太极,"万物之理悉备于我矣"②。在他看来,太极图中本包含着"中和"精义,而明《易》的关键就在于能"中和",足见"中和"乃是他论《易》立说的原旨。

李道纯为什么如此强调"中和"的原则呢?他有一段简明扼要的解释:

> 《礼记》云:"喜怒哀乐未发谓之中。发而皆中节谓之和。"未发谓静定中谨,其所存也。故曰中存而无体,故谓天下之大本。发而中节谓动时,其所发也。故曰和。发无不中,故谓天下之达道。诚能致中和于一身,则本然之体虚而灵,静而觉,动而正。故能应天下无穷之变也。老君曰:"人能常清静,天地悉皆归。"即子思所谓"致中和,天地位,万物育",同一意也。和也,感通之妙用也,应变之枢机也,《周易》生育流行、一动

---

① 《道藏》第12册第186页。
② (元)李道纯:《中和集》卷一,《道藏》第4册第483页。

一静之全体也。予以所居之舍"中和"二字扁名,不亦宜乎哉!①

在这段作为全并总纲的论述里,李道纯引经据典。一方面,他以子思等儒学中人的言论作为立说的佐证;另一方面,他又引道典《清静经》以示"中和"论之本源。最终,则归根于《易》。显而易见,他认为"中和"二字即已包括了《周易》思想的"全体",因为易学虽然枝分叶兹,但其大要则是"生育流行,一动一静"。知乎此,则《易》之"全体"握之于手中。

"中和"之说本儒道两家所共有。历史上,以孔夫子为代表的儒家学派和以老子为代表的道家学派尽管在思想体系上颇有不同,甚至在一些具体问题上的主张还有相左之处,但它们发端于共同的理论根基,所以在一些问题上又有共同的主张。譬如"中和"论便是。孔夫子提倡中庸之道,这是大家所熟悉的。"中庸"虽然不能等同于"中和",但其理论立足点却是一致的,其要义所在就是一个"中"字。"中"者,不偏不倚得正之谓也。清儒李光地《周易折中》卷首云:"刚柔各有善不善。时当用刚,则以刚为善也;时当用柔,则以柔为善也。惟中与正,则无有不善者。然正犹不如中之善。故程子曰:正未必中,中则无不正也。"②李光地的话是儒家学派孔夫子以来关于"中"的思想的理论总结。从李光地的阐述里,我们不难寻找到李道纯"中和"说与儒家学派的理论契合点。

在儒家学派将"中"的思想用于政治伦理之时,道家学派则将之用于解释宇宙之演化及待人处事。《庄子·山木》有一个著名的命题叫"处乎材与不材之间"。书中记载,有一天,庄子在山中行走,看见一棵大树,枝叶繁茂,一位伐木工人停在树边却不去砍伐它。庄子问这位伐木工人何故不砍这棵树?伐木工人说"没有用处"。庄子颇有感触地说:"看来,这棵树是因为不中用才能够享尽自然的寿命!"不久以后,庄子下山,来到一位老朋友家。老朋友很高兴,准备杀一只雁,好好地款待款待庄子。于是吩咐童仆去干这件事。童仆接受了主人的任务后说:"家里现在有两只雁,一只会叫唤,另一只不会叫唤,请

---

① (元)李道纯:《中和集》卷一,《道藏》第 4 册第 483 页。
② (清)李光地等撰:《御纂周易折中》,景印文渊阁《四库全书》第 38 册,台北:台湾商务印书馆 1986 年版,第 35 页。

问要杀哪一只?"主人不假思索地回答:"就杀那只不会叫的。"第二天,学生问庄子说:"昨天山上的树木,因为'不材'所以没有挨上刀子,能够享尽自然寿命;今日,主人的雁因为'不材'而被杀。请问先生该如何自处呢?"庄子笑了笑,淡淡地说:我将"处乎材与不材之间"。① 这个寓言说明了庄子具有"持中"的思想。它直接源自老子的《道德经》。该书第四十二章云:"冲气以为和。"②冲通为中,冲气即是中气,中和之气。再如《道德经》第五章亦涉及"中"的原则:"天地之间,其犹橐籥乎? 虚而不屈,动而欲出。多言数穷,不如守中。"③这是尚中思想的明确表达。从道家的宇宙论、处事论里,我们也可以找到李道纯"中和"说的渊源。

然而,必须指出,李道纯会通儒道,并不是停留于原初的起点上。他从前贤论述中抽取"中和"概念,将之升华,成为阐述《易》义的总纲。他围绕着易学中的太极图,说明"冲和化醇"的意义:

是知万物本一形气也。形气本一神也。神本至虚,道本至无。《易》在其中矣。

天位乎上,地位乎下,人物居中,自融自化,气在其中矣。

天地,物之最巨;人于物之最灵。天人一也。宇宙在乎手,万化生乎身。变在其中矣。

人之极也,中天地而立命,禀虚灵以成性。立性立命,神在其中矣。

命系乎气,性系乎神。潜神于心,聚气于身。道在其中矣。④

这里所引是李道纯《太极图颂》二十五章中的部分内容。大家知道,太极图本是易道的一种表征,它是以《易》"太极"说为依据。宋元以来,太极图流行颇广。从某种程度上看,太极图甚至已经成为读《易》的入门引导器。李道纯颂扬太极图虽有借题发挥之处,但总的来讲,仍是据易理而发。他在此涉及天地人"三才"之关系以及"神""变""道"诸范畴,这些都是大《易》之学本具有的。李道纯所说的"《易》在其中矣"就是说《易》在"太极图"之中。他颂扬太极图

---

① 参见(清)郭庆藩撰,王孝鱼点校:《庄子集释》,北京:中华书局1961年版,第667—668页。
② 王卡点校:《老子道德经河上公章句》,北京:中华书局1993年版,第169页。
③ 王卡点校:《老子道德经河上公章句》,北京:中华书局1993年版,第18—19页。
④ (元)李道纯:《中和集》卷一,《道藏》第4册第484页。

可以说就是颂扬大《易》之道；换言之，此乃以太极图为表征，推演引申易学要理。就在这种颂辞里，李道纯五言"其中"，足见"中"这个概念在李氏的探索里是多么重要。他不但数言"其中"，而且强调"和"。在他看来，易学所言"气""变""神""道"都是太极"冲和化醇"的表现。

**（二）居中以观易**

李道纯将自己居处之舍名曰"中和"，这体现了他的基本主张。在易学上，他以"中和"为第一原则，它内存于"太极图"中。心本一太极，居中以学易观易，于是得"心易"之法。概而言之，分为十六项，即易象、常变、体用、动静、屈伸、消息、神机、智行、明时、正己、工夫、感应、三易、解惑、释疑、圣功。

基于"中和"要则，李道纯对易学范畴的探讨体现了一定的辩证思考精神。他说：

> 易可易，非常易。象可象，非大象。常易不易，大象无象。常易，未画以前易也。变易，既画以后易也。常易不易，太极之体也。可易变易，造化之元也。大象，动静之始也。可象，形名之母也。历劫寂尔者，常易也。亘古不息者，变易也。至虚无体者，大象也。随事发见者，可象也。所谓常者，莫穷其始，莫测其终，历千万世，廓然而独存者也。所谓大者，外包乾坤，内充宇宙，遍河沙界，湛然圆满者也。常易不易，故能统摄天下无穷之变。大象无象，故能形容天下无穷之事。易也，象也，其道之原乎！[1]

这是李道纯关于"易象"的看法。所谓"易象"本是指八卦的卦象，《系辞下》云："八卦成列，象在其中矣。"[2]尚秉和先生《左传国语易象释》称："《易》之为书，以象为本。故《说卦》专言象以揭其纲，九家逸象、孟氏易象一再引其绪。"[3]由此可知，易象在《周易》中的重要地位。李道纯抓住易之本体展开其论述。从其行文可以看出，李道纯论易象乃遵循着老子《道德经》"道可道，非常道，名可名，非常名"[4]的思维模式。与一般易学家不同，李道纯着重在于说明"常易"与"大象"。他指出，发生变化的"易"就不是"常易"；可用卦爻来表

---

① （元）李道纯：《中和集》卷一，《道藏》第4册第484页。
② 黄寿祺、张善文：《周易译注》，上海：上海古籍出版社1989年版，第569页。
③ 尚秉和：《周易尚氏学》，北京：中华书局1980年版，第339页。
④ 王卡点校：《老子道德经河上公章句》，北京：中华书局1993年版，第1页。

示的,就不是"大象"。换一句话说,常易是永恒不变的,而大象却是无形无状不可模拟的。从这种意义上看,李道纯所指的"常易"实际上就是老子所说的常道,而大象之说亦取之于老子《道德经》。该书第三十五章有云:"执大象,天下往。"王弼注云:"大象,天象之母也。不寒、不温、不凉,故能包统万物,无所犯伤,主若执之则天下往也。"①老子所谓的"大象"即是无形的。很显然,李道纯汇通《道德经》与《周易》思想;或者可以说,他用《道德经》的思想来解释易象,这种做法与汉代的扬雄以及魏代王弼的注疏是有相似之处的。李道纯虽然谈了许多有关"变易"与"可易"问题,但其本旨却在于教人从"可象"及"变易"之中感悟"常易"与"大象"。

李道纯还认为,学《易》者当明"知常"与"通变"之道。"常"与"变"是一种对立统一。他说:

> 常者,易之体;变者,易之用。古今不易,易之体;随时变易,易之用。无思无为,易之体;有感有应,易之用。知其用,则能极其体;全其体,则能利其用。圣人仰观俯察,远求近取,得其体也;君子进德修业,作事制器,因其用也。至于穷理尽性,乐天知命,修齐治平,纪纲法度,未有外乎《易》者也。全其易体,足以知常;利其易用,足以通变。②

这无非是说,"易"有体有用,易之体恒常不变;易之用则在于能够根据客观情况而作出变化的反应。只有知道"易"之大用,才能最终把握住"易"的本体;反过来说,只有心中感悟到易之本体,那才能够真正尽易之用。这是事物的矛盾,但又是主客观相互感应的辩证法。这种辩证法不仅体现在求知穷理的认识领域,而且体现在治国修身的实践活动中。李道纯以"体用"这一对易学范畴为杠杆,展示了动静、消息、屈伸的相互关联.

李道纯穷究《易》之体用,是为了成就"圣功"。他说:

> 圣人所以为圣者,用《易》而已矣。用《易》所以成功者,虚静而已矣。虚则无所不容;静则无所不察。虚则能受物,静则能应事。虚静久久则灵明。虚者,天之象也;静者,地之象也。自强不息,天之虚也;厚德载物,地

---

① (魏)王弼著,楼宇烈校释:《王弼集校释》(上册),北京:中华书局1980年版,第88页。
② (元)李道纯:《中和集》卷一,《道藏》第4册第484—485页。

之静也。空阔无涯,天之虚也;方广无际,地之静也。天地之道,惟虚惟
静。虚静在己,则是天地在己也。道经云:人能常清静,天地悉皆归。其
斯之谓欤? 清即虚也。虚静也者,其神德圣功乎?①

照此看来,圣人之所以能够建立大功,广施恩德于天下人等就在于懂得运用
《易》道,而易道的应用,其要则就在"虚静"二字,这又合于老子"致虚极,守静
笃"的无为之旨。虚静是一种宏观的炼气法。管理社会要掌握虚静的炼气
法,管理自身同样也要掌握虚静的炼气法。这是因为人法天则地,天地虚静,
人就必须虚静。心观天地,身合宇宙,圣功自成。这就是所谓天易、圣易、心易
一以贯之。人类社会、广袤宇宙成为成就圣功的大熔炉。这种眼界无疑是开
阔的。

值得注意的是,李道纯将成就圣功的法门归结为"虚静"二字,这实际上
是"中和论"精神的集中表现。前引李道纯关于"致中和"的论述中,他已明确
言及"中和"能使本然之体"虚而灵,静而觉",可知"虚静"与"中和"是互为其
根的。这种观念在李道纯论"神机"时有进一步的发挥。他指出:"存乎中者,
神也;发而中者,机也。寂然不动,神也;感而遂通,机也。"②不动之神存于中,
凝神静观,发而能中,这便是"和",静定感通,中正太和。这就是李道纯"易
论"的思想旨趣。


# 三


李道纯研究易学不仅形成了与道门之修行旨趣相合的指导思想,而且注
意从前贤的论述之中发掘易道要义。他的《全真集玄秘要》正是此类有代表
性的著述。书名明确标明"全真",这反映了李道纯的道派主张。由于入元以
来,南方的紫阳派与北方的全真道汇合,一些学者索性将王重阳所传一系称全
真道北宗,而张伯端所传一系称全真道南宗。李道纯之书以"全真"冠其首,
正是这种文化背景的表现。不过,应当指出的是,他这部著作并非是泛论全

---

① (元)李道纯:《中和集》卷一,《道藏》第4册第486页。
② (元)李道纯:《中和集》卷一,《道藏》第4册第485页。

真教义,而是通过汇集前人言论,并对其言论加以疏解以显露《易》之底蕴。全书包括两大部分,前一部分为《注〈读周易参同契〉》,后一部分为《太极图解》。

《读周易参同契》原文系张伯端所作,属《悟真篇》中的一篇,今见于《修真十书》内;又象川无名子翁葆光等撰之《紫阳真人悟真篇注疏》亦可见此文,系用赋体写成。本来,《周易参同契》乃是假借《周易》爻象以论作丹之意,张伯端读之有悟,感而述之。就张伯端的《读周易参同契》而言,用语颇晦涩,有关卦义的问题亦隐而不显。李道纯之注,广采诸家,以剖露大《易》之义蕴。同时,李道纯还着重从性命修行的角度对易道加以引申或发挥,例如他在注解"两仪因一开根,四象不离二体"时说:

> 老子云:"一生二。"一炁判而两仪立焉。即人之立性立命故也。①

又曰:

> 邵子云:"二分为四。"《易》云:两仪生四象。即人之(立)性立命故也。②

在这两段注文中,李道纯既引用了老子之言,又引用了邵雍之论,这体现了其"集玄"特色;紧接着,李氏又发掘出老子、邵雍言论的易学蕴含。所谓"立性立命"本于《易·说卦》:"和顺于道德而理于义,穷理尽性以至于命。"李道纯之注将《易》之言辞顺手拈来,足见其熟谙。

《全真集玄秘要》后一部分《太极图解》是对周敦颐《太极图说》的注解。《太极图说》载《周元公集》,南宋朱熹曾亲为之校定,遂广流传。周氏《图说》首论宇宙万物之生化模式,次论人生当本太极精微之理以为用。其中蕴含着易学"天人合一"的重要思想。对于《太极图说》的易学思想蕴涵,李道纯加以仔细的疏解,体现了他"依图而发义理"的思考。他说:

> 太极未判,动静之理已存。二炁肇分,动静之机始发。太极动而生阳,太极变动也;动而复静,阳变阴也。静而生阴,静而复动,阴变阳也。互为其根者,阴错阳而阳错阴也。一动一静,分阴分阳,清升浊沦,二炁

---

① (元)李道纯:《全真集玄秘要》,《道藏》第4册第528页。
② (元)李道纯:《全真集玄秘要》,《道藏》第4册第528页。

判矣。①

在这里,李道纯不仅疏通了周敦颐《太极图说》中关于阴阳动静的文辞,而且点出了图本身所包含的哲理义蕴。他所言"阴错阳而阳错阴"揭示了宇宙演化过程中两种动力的交互作用。阴阳之运化必须协调有序,这依然体现了"中和"的理趣。所以,他进一步发挥说:

> ⸭者,两仪之变也。两者二也,不言二而言两者,何也?两者配合之谓也。合则有感,感则变通也。阳变阴合,阴阳感合而生五行也。②

所谓"两仪"指的就是"阴阳"。它们之所以能够化生五行,就在于彼此的互相配合,和合感应,万物由之变通。李道纯看中《易·系辞》关于"两仪"的提法。在他看来,《系辞》之所以不言"二"而言"两",是因为"两"字表明了分中有合。"两"字一竖居中,二人分立左右,协调动作,这就是"中和"。

从"两仪"的协调化生作用,李道纯又联系到社会人生问题上来:

> 圣人钩深致远,动必循理。理之在乎,天下莫能与之较。故进德修业,必先穷理。穷理之要,必先以中正仁义为本。故圣人定之以中正仁义,立极设教也。中正者,不性也。仁义者,天性之发也。贯天充地斡运枢机,寂然不动,体物无违曰中。坦平蓦直,柔顺大方,安常主静,应物无疆曰正。③

这段话是李道纯对《太极图说》中关于"圣人定之以中正仁义"一语的解释。其源盖出于《易·说卦》:"昔者圣人之作《易》也,将以顺性命之理。是以立天之道曰阴与阳,立地之道曰柔与刚,立人之道曰仁与义。兼三才而两之,故《易》六画而成卦;分阴分阳,迭用柔刚,故《易》六位而成章。"④《说卦》作者从顺应天地的立场出发,指出人居天地之中,本须法阴阳柔刚,具厚爱之德,存坚毅之性。这种观念在北宋时期成为理学家们著书立说的思想基础。李道纯援之以为"主静"修道论之本。大家知道,关于道德伦理的修行,在早期道教中已有论述,例如《太平经》中即可找出许多此类言论。随着三教思想的互相渗

---

① (元)李道纯:《全真集玄秘要》,《道藏》第4册第530页。
② (元)李道纯:《全真集玄秘要》,《道藏》第4册第530页。
③ (元)李道纯:《全真集玄秘要》,《道藏》第4册第532页。
④ 黄寿祺、张善文:《周易译注》,上海:上海古籍出版社1989年版,第615页。

透,道教越来越强调伦理。因而,提倡"立极设教"可以说是三教合流思想大势所致。不过,从其字里行间,我们也可以看出李道纯之所谓"立极设教"又是贯穿"中和"之原则的。

作为一位有影响的道教学者,李道纯受到弟子们的尊崇。其门人常常向他请教有关易学问题,他每每随机应答,门人多有记录。今所见《中和集》卷三收有《问答语录》,其中许多地方涉及易学的具体内容。如《系辞》所言"六画而成卦""天地设位""圣人以《易》洗心""先天《易》""后天《易》"等等。李道纯对门人所提问题的回答亦有新见。譬如:

> 问:卦不重而有六十四卦,文王如何又重之?
>
> 曰:卦不重而变六十四卦,乃羲皇心法。道统正传,诱万世之下,学者同入圣门。重卦而生六十四卦者,乃文王周孔立民极、正人伦,使世人趋吉避凶,立万世君臣父子之纲耳。故性命之学,不敢轻明于言,亦不忍隐斯道。孔子微露于系辞,濂溪发明于《太极通书》也。盖欲来者熟咀之,而自得之。此学不泯其传矣。①

向来以为《易》六十四卦,乃由经卦相重而成,但李道纯却认为周文王之前本斟六十四卦。文王之前,伏羲所传六十四卦是因变而立的,所谓一卦变八卦,八卦变六十四卦。在李道纯看来,这是"羲皇心法",其中深含"性命之理"。李道纯这种解释表明他对先天之学是颇为重视的。

学《易》研《易》贵在应用。李道纯是深明此理的。在《中和集》卷二里,李道纯将大《易》象数之学应用到金丹理论的建构中。如他对"内药"的解释:

> 内药先天一点真阳是也。譬如乾卦☰中一画交坤成☵坎水是也。中一画本是乾金,异名水中金,总名至精也。至精固而复祖炁。祖炁者,乃先天虚无真一之元炁,非呼吸之炁。如乾☰中一画交坤成坎了却,交坤中一阴入于乾而成离☲,离中一阴本是坤土。故异名曰砂中汞是也。

有关"内药"形成的根据本于《说卦》:"乾,天也,故称乎父;坤,地也,故称乎母;震一索而得男,故谓之长男;巽一索而得女,故谓之长女;坎再索而得男,故谓之中男;离再索而得女,故谓之中女;艮三索而得男,故谓之少男;兑三索

---

① (元)李道纯:《中和集》卷三,《道藏》第4册第494页。

而得女,故谓之少女。"①八卦中之震坎艮巽离兑系乾坤交合之结果,所谓"乾坤生六子"。阳求阴得三男,阴求阳得三女。炼内丹以坎离为药,坎离居中,乃乾坤中爻交变而成。李道纯之论"内药"正反映了这种乾坤交合思想。由此可知,李道纯之研《易》最终也是为其修炼实践活动服务的。这在《三天易髓》里也有所体现。限于篇幅,本文就不再列举了。

（本文原载陈鼓应主编:《道家文化研究》第 11 辑,上海古籍出版社 1997年版,收入时略作调整）

---

① 黄寿祺、张善文撰:《周易译注》,上海:上海古籍出版社,1989 年版,第 629—630 页。

# 吕子《易说》问世时代与思想考论

近来,中国数家文物拍卖公司竞拍《易说》一书,价格不等,少则两三千,多至一万五千元。各大媒体争相报道,关于此书的相关信息也铺天盖地。其中,最引人注目的是,此书据说是被尊奉为八仙之一的"无极吕子"所撰。报道中多以"开示天人相合之妙、古今不变之机""以道家思想依次解述《易经》,为历代解《易》书中之别格"等词句来形容此书。

"无极吕子"所著《易说》到底是一部什么著作? 其价值何在? 这涉及作者、问世时代与思想内涵等方面的具体讨论。鉴于此,笔者细读其书,翻检旧籍,详加考查,发现了一些重要线索。现撰成此文,分析其文脉思路,阐述其思想内涵,以作抛砖引玉,希望引起学术界的进一步讨论。

## 一、《易说》作者、版本与问世时代

《易说》一书,收入《道藏辑要》壁集①,原题"孚佑上帝纯阳吕祖天师"著,前有《易说自序》,落款为"黄鹤山人吕子题于空秀阁"。继《易说自序》之后,是《易说题辞》,落款为"宏教弟子柳守元",且以"熏沐"二字表达景仰之情。《易说题辞》之后列有《图解目录》,接下来是 31 幅"易图"及其解说,尔后即按《周易》本有顺序,依次解说上下经以及《系辞上传》《系辞下传》《说卦传》《序卦传》,其末以三篇《后跋》压轴。《后跋》之一为许承宣撰,之二为蒋日纶撰,之三为戴均元撰。

《易说自序》落款之"吕子"当系吕岩隐称。吕岩,字洞宾,号纯阳子,常自

---

① 《道藏辑要》依照"二十八星宿"次序排列,"壁"是南方朱雀七宿的最后一个星宿。

称回道人,世称吕祖或纯阳祖师等。长期以来,有关吕岩活动以及圣迹传说四处可见,但其生平、籍贯、入道时间、著述等问题至今仍颇多歧义。

综合《旧唐书》卷一三七以及《道藏辑要》室集《吕祖本传》《吕祖志》等资料可知:吕岩的祖父吕渭,于兴元元年(784)进士及第。父吕让,官至太子右庶子。吕岩本河中府(今属山西省)芮城县永乐镇人,约生于贞元十二年(789),于唐末累举进士不第,遂萌出世学道之心。游长安,遇钟离羽士,从其至终南山,得其秘传,后又于庐山得火龙真人授予"天遁剑法"。此后,云游四海,问道学仙。宋代以来,吕岩被尊奉为神仙,在他"升天"之后,据说又屡降人间,悬壶济世,传道度人。

由于特殊经历,吕岩创作了不少反映学道、弘道的诗文作品,有关史志及道书著录甚多,目前尚见于道教经籍及其他丛书中的题为吕祖著或孚佑帝君、孚佑上帝、吕祖天师撰的作品约有 30 余种,其中既有吕岩"羽化"前所作,也有被尊奉为"神仙"后的扶乩降笔之作。

考《旧唐书·经籍志》《新唐书·艺文志》均不见有吕岩《易说》之著录,《宋史·艺文志》罗列了 15 家《易说》,但都不是吕岩所作。马端临《文献通考》出现"易说"凡 50 次,《元史》出现"易说"3 次,《明史》出现"易说"12 次,皆与吕岩无关。又考《正统道藏》《万历续道藏》均无吕岩《易说》,足见吕岩《易说》直到明代万历年间尚未见其刊刻行世。

关于吕岩《易说》来历,柳守元于其《题辞》中略述梗概云:"孚佑帝师本上古皇覃氏临凡,洞澈乾坤之隐奥,了明性道之根源。自唐成进士后,屡有阐《易》微义,垂示法言,惜未汇传于世。兹寿山堂《易说》,乃古洞藏本,试拈香默玩,洗心庄诵。觉圣言亹亹,未尝不依文解义,而实已超乎高把象数之表,将羲文周孔之心传一一指出,至矣尽矣,笺以加矣!"①按照柳守元的说法,吕祖身世很不寻常,他是远古时期"皇覃氏"转世降生人间,所以对《易经》"乾坤"的隐微意涵以及性命之道能够如指掌。所谓"皇覃氏"可能与地名"覃怀"有关。《尚书·禹贡》《春秋·左传》等文献皆有"覃怀"的记载,其分布在今河南省温县境内。清人陈廷炜《姓氏考略》称:夏有地名"覃怀",居者以地为

---

① 《易说题辞》第 1 页,《道藏辑要》壁集一,台北:新文丰出版公司 1986 年影印本。

氏。覃氏后人尊其先祖为"皇",故有"皇覃氏"之称。柳守元认为吕祖系"皇覃氏"下凡,其根据何在?不得而知。不过,他的描述至少从一个侧面反映了吕岩逐步神仙化的迹象。至于说吕岩于"唐成进士",这应该是吕祖信徒们在宋元以来的一种追认,因为新旧《唐书》均未见吕岩"进士及第"的记载,而《吕祖志》卷一的《真人自记》(即吕祖《自记》)更直截了当地承认"唐末三举进士不第"。由此可见,吕岩为进士出身的说法是没有根据的。当然,吕岩没有高中进士,并不影响他在"易学"方面的精深造诣。考元明以来有关"易学"著作在言及授受源流时经常涉及吕岩的贡献及影响。例如惠栋《易汉学》卷八在叙说《易经》象数图书学《无极图》的来历时即称:《无极图》"乃方士修炼之术尔,相传受之吕喦,喦受之钟离权,权得其说于(魏)伯阳,伯阳闻其旨于河上公"。文中的"吕喦"即吕岩,作者将之与钟离权、魏伯阳、河上公等名家并列,作为道门"易学"传授中的一个重要环节,这展示了吕岩乃是精研大《易》的高道。因此,柳守元称吕岩"屡有阐《易》微义,垂示法言"应是有来历的。可惜的是"未汇传于世",这话的意思是说,吕岩在世间时虽对《易》学微言大义多有阐发,却没有汇聚起来,更没有流传于世。只是到了"寿山堂"出版了《易说》,关于吕岩的"易学"论著方才得到汇聚传播;换一句话来讲,吕岩《易说》真正传世时间是从"寿山堂"版本开始的。故而,弄清楚"寿山堂"版本的刊刻情况乃是考证吕岩《易说》问世年代的关键。

查现存文献,可以找到题为"无极吕子著"的寿山堂《易说》版本主要有四种:一为清朝乾隆五十五年(1790)刊本,一函 6 册。二为嘉庆四年(1799)刻本,一函 6 册;嘉庆四年刊刻的尚有装帧为二函 12 册的,这与一函 6 册的应是同一个刻版,只是用纸与装帧不同而已。三为同治五年(1866)济南补刻本,一函 6 册。四为清代某年抄本,一函 6 册。

从上述信息可以看出,寿山堂《易说》经过了多次刊刻、转抄。现存版本最早的一次刊刻时间是乾隆五十五年(1790)[①],它比蒋元廷编纂《道藏辑要》的开始时间还早 6 年。根据这个情况判断,吕岩《易说》完成时间的上限当在明代万历以后,下限则在乾隆五十五年即公元 1790 年之前。

---

① 从其《后跋》记载看,应该还有比乾隆版更早的版本,但笔者至今尚未见及。

近有中国收藏网发布消息说,吕岩《易说》的创作时间是公元 1645 年,不知何据？考该书许承宣《跋》有云:"闻之《易说》藏于虞山之玉松,已久历年数矣,今庚戌冬,广陵虚静同人,乃梓而行之。岂书之行也,有其时,有其地,亦有其人欤？"①在这段话里,"庚戌"是重要时间标志。查历史年表可知,万历以来至乾隆时代的"庚戌"年共有三次:康熙九年(1670 年)、雍正八年(1730年)、乾隆五十五年(1790 年)。又查许承宣生平,知其号筠庵,系康熙丙辰科(1676 年)进士,授翰林院庶吉士,历官给事中等职。许承宣经历的第一个"庚戌"年即康熙九年,那时候他还没有中进士,尚年轻,知名度不高,估计不会为寿山堂《易说》作《跋》。假定许承宣中进士时 30 岁,那么到了乾隆五十五年,许承宣已经 144 岁,估计他的寿命没有这么长,否则他的家乡徽州唐模一定会将之作为老寿星大为宣传,但至今徽州辖区内的各种许承宣资料都是围绕其仕途作文章,未有零星半爪言及长寿之事。故而,他为《易说》作跋的时间也不会发生在乾隆五十五年,排除了康熙九年与乾隆五十五年,那么许承宣为《易说》作跋的时间只有雍正八年了。这就是说,在雍正八年(1730 年),《易说》当已刊刻付印了,因为许承宣的《跋》很明确地说了"梓而行之",其刊刻地点是广陵,即今江苏省扬州市,刊刻《易说》的"寿山堂"亦当在今之扬州市辖区内。

既然寿山堂《易说》的首度刊刻时间是雍正八年(1730 年),那么其创作时间就不会迟于此。根据许承宣所云"藏于虞山之玉松已久历年数"这句话来推断,此《易说》在清初可能就形成了,只是藏在山洞里,尚未见世而已。按照《序》《跋》诸作者的说法,此《易说》是被尊奉为"孚佑上帝纯阳吕祖天师"(吕岩)所著,这就发生一个新的问题:吕岩必须是从唐末一直活到清初,其时间跨度是 850 岁左右,如此高的岁数依然活跃于世且能撰述,这在一般人看来是不可想象的。因此,将寿山堂《易说》著作权归属吕岩,应该是遵循"扶乩降笔"习惯的一种认定。关于这一点,从柳守元的《易说题辞》里即可以找到佐证。《易说题辞》称:"孚佑帝师曾将千古未泄之秘尽传于希夷陈先生,俾嘉惠后学,数传而至穆修,乃得邵康节先生而广演之。我帝师又亲与证明,重加指

① 《易说后跋》之一,《易说》下经,《道藏辑要》壁集二,台北:新文丰出版公司 1986 年影印本。

授,现身说法。"①这一段话既陈述了吕洞宾与宋元以来象数易学授受源流的密切关系,又暗示了扶乩降神的情况。其中,"现身说法"四个字尤其值得注意,所谓"现身"可以理解为吕洞宾"附体"于扶乩之鸾生,而"说法"即是通过乩笔将《易》道大法演播出来。按照扶乩降笔的规矩,在记录文辞时必须标明降示的神仙尊称、身份。元明以来,神仙化的吕岩已经被尊为"吕子",故而,寿山堂以《易说》为"无极吕子著",恰好反映了扶乩降笔的特质。至于重刊《道藏辑要》标示的作者身份为"孚佑上帝纯阳吕祖天师"则说明:到了光绪年间,吕岩在道教中具有更加崇高的地位和社会影响,他在信徒们的心目中已经不是一般的神仙,而是被当作能够保佑众生的"上帝"、为人间指点迷津的"天师",如此高的规格当然具有强大的精神号召力。因此,吕祖信徒们才会以无尚崇拜的方式常年开展扶乩降笔活动,经过比较长时间的积累,吕祖"降示"的解《易》乩文到了清代之初终于汇聚起来,编纂成册。其撰述的旗号虽然是吕祖,而其文字整理、编纂的实际操作者应该是柳守元。

## 二、《易说》宗旨:与时偕行

作为扶乩降笔的精神产品,吕岩《易说》具有鲜明的思想教化导向,这在《易说自序》中即已点出:"圣贤之学岂有高远难几者哉?亦曰'明乎天道,以人合之'而已矣。夫以人合天,抑岂有他哉?亦曰'与时偕行'而已矣。"②在这里,作者以设问方式告诉人们:圣贤之学并非可望而不可及,而是可以通过学习来掌握的。归结起来,圣贤学问可以概括为八个字,这就是"明乎天道,以人合之"。此话包含两层意思:一是要明白天道运行的规律,即《黄帝阴符经》所讲的"观天之道";二是强调人的行为必须合乎天道,即《黄帝阴符经》所谓"执天之行",也就是按照天道运行规律办事,这就叫作"以人合天"。然而,如何"以人合天"呢?《自序》紧接着用"与时偕行"作了回答。

"与时偕行"本出自《周易·乾》之《文言》:"终日乾乾,与时偕行。"《文

①　《易说题辞》,《道藏辑要》壁集一,台北:新文丰出版公司1986年影印本。
②　《易说自序》第1页,《道藏辑要》壁集一,台北:新文丰出版公司1986年影印本。

言》所说"与时偕行"是对《周易》之《乾》卦九三爻辞的诠释。该爻辞云："君子终日乾乾,夕惕若,厉无咎。"此爻辞讲的"君子"在《周易》中是指有道德的人,他们往往居于尊位;而"乾"字即"健"的意思,"乾"上加"乾",成为"乾乾"的双声连绵词,即表示健而又健;"惕若"是形容警戒的样子,"厉"讲的是危险,"无咎"就是有惊无险。九三爻辞整句话联系起来的意思是说:君子不敢松懈,整天振作自强,没有歇息,直到夜晚还时时保持警戒状态,所以他即便遇上危险也不会受到伤害。君子为什么这样自我激励、发奋努力呢? 因为他是效法天道的。天道的特点是运动不息,所以有春夏秋冬的四季周转、寒暑往来。作为君子,必须知时法变。就生活来看,其道理很简单:冬天来了就应该多穿衣服,夏天到了就应该减少衣服。如果不能知时法变,轻者会使生活乱了秩序,重者还可能遭受伤害;如果以僵化形式来治理国事,就会使国家遭殃。正因为如此,《文言》用"与时偕行"四个字点出了《周易》之《乾》卦的法时精神。《易说自序》将"与时偕行"作为其论述的思想纲要,这可以说是抓住了古圣贤之学的核心。

《易说自序》关于"与时偕行"的主张并非只是贴一个标签,而是贯穿到全书各卦解说之中。例如,在《上经》中,作者解说《乾》卦时指出:"潜、见、惕、跃、飞、亢,惟其时也。"[①]这里的"潜、见、惕、跃、飞、亢"指的是《乾》卦六爻依时而变的情况。在《周易》中,《乾》卦六爻皆为阳爻,表示六个不同时间段事物的发展变化情况。为了更加形象地说明问题,《周易》以"龙"为象征,分别对《乾》卦六爻的时空予以形容。于是有初九"潜龙勿用"、九二"见龙在田"、九三"夕惕若,厉无咎"、九四"或跃在渊"、九五"飞龙在天"、上九"亢龙有悔"等爻辞。原来,《周易》卦爻辞作者将天上二十八星宿的东方七宿看作"龙",初九爻"潜龙勿用"是说东方苍龙七宿还在地平线以下,于时为冬至,因为天寒地冻,万物闭藏,不能举事,所以说"勿用"。九二爻"见龙在田"是说东方苍龙七宿之"角"星初露地平线,于时为春分,古时候在春耕时节到来有"天子籍田"的习惯,所以其爻辞接着谓"利见大人",从天象来看,此时与《鹖冠子》所描述的"斗柄东指,天下皆春"以及民间谚语"二月二龙抬头"的说法是相吻合

---

① 《易说》上经,《道藏辑要》壁集一,台北:新文丰出版公司 1986 年影印本。

的。九三爻"夕惕若"是告诫之语,表示十分警戒,连在夜间也丝毫不敢放松。为什么这样呢? 这个问题依然必须从星象入手才能弄清楚。根据《史记·天官书》《周礼·春官》等文献的描述可知,在季春(即阴历三月)"宵中"的时候,南方朱雀七星中的"张"星高居于上中天,像罗网一样展开,而"氐"宿北面则有招摇星像矛一样呈现,整个态势构成了鸟星冲过罗网向西方逃窜的样子,可谓"惊弓之鸟",于此之际,苍龙七星的"角""亢""氐"一抬头就遇上紧张局势,唯有保持警惕,方可免于灾难。九四爻"或跃在渊"是对孟夏星象的一种隐喻,此时东方苍龙七星中的前五星"角""亢""氐""房""心"已经出现在地平线上,但"尾""箕"二星却还在地平线下,《国语·晋语》称此为"龙尾伏辰"。在先民看来,那广阔的地平线就像茫茫大海,深不可测,所以把龙身出地、龙尾隐地比喻为"或跃在渊",此之"跃"字形容苍龙前五星升起,而"渊"字则暗指苍龙后二星隐而不显。九五爻再度展示"龙"象,这是因为仲夏的时候苍龙七宿于黄昏之际飞上南中天,即《鹖冠子》所云"斗柄南指,天下皆夏"的星象。当此之际,小麦收割,一派繁忙景象,君民同乐,故有"利见大人"之说。上九爻"亢龙"二字的意涵历来众说纷纭,或谓"穷高曰亢",或称"极盛曰亢"等等,其实是就秋天星象而言的。《鹖冠子》说"斗柄西指,天下皆秋",而《礼记·月令》《尚书·尧典》也有类似描述,概括起来大抵可以明了秋分之际苍龙的头部落入西方地平线下的情况①。从星象与季节相对应的角度来探讨,不难看出《周易》卦爻之象所蕴藏的时间奥妙。② 正因为如此,题署"无极吕子"著的《易说》以"惟其时也"四个字进一步揭示"与时偕行"的思想旨趣,其用"惟"字尤其值得注意,它体现了该书作者对"时"在卦爻象数中的地位是十分强调的,在作者看来,如果违时或者不合时宜,不论其他条件如何具备都是无用的。

我们再看《易说·下经》的解说,一样可以找到"与时偕行"的直接论述。

---

① 参见江国梁《周易原理与古代科技》第六章第一节,鹭江出版社 1990 年版。

② 关于"二十八星宿"体系的形成年代,向来有不同看法,陈邦怀、饶宗颐、沈健华考释发现在商代甲骨文、金文中已有 12 至 18 颗属于二十八星宿的名称。中国科学院国家天文台赵永恒、李勇所撰《二十八宿的形成与演变》认为,二十八星宿的形成年代在公元前 5670 年前后,详见《中国科技史杂志》第 30 卷,2009 年第 1 期,第 110—119 页。

例如在《遁》卦的解说中称："刚当位而应,与时行者,五以刚正之德适当其位而下应于柔,屈其刚以就柔,'与时偕行'之义也。"①开头的"刚当位而应,与时行"是《周易·遁》之《象》本有的话,接下来的"五以刚正"是《易说》对《象》语的诠释。通贯起来,我们可以发现《易说》是从卦象、爻位的相互关系入手来论证"与时偕行"这个根本观点的。所谓"卦象"指的是每一卦的符号象征;所谓"爻位"指的是卦爻所居的位次。《易经》六十四卦,每卦都由两个三画卦(即经卦)重叠而成,因此有六爻的时空位次。在《易经》体系里,卦爻并不是孤立存在的,而是具有普遍联系的。《易说》正是抓住普遍联系的环节来诠释《遁》卦"与时偕行"的旨趣。按照《周易》的卦序,《遁》卦是由作为三画经卦的《艮》卦与《乾》卦组合而成。《艮》卦(☶)在下,《乾》卦(☰)在上。下卦又称内卦、体卦,上卦又称外卦、用卦,所以《易说》谓《遁》卦的内在组合是"以艮为体,以乾为用"②。一体一用,上下对待;有刚有柔,刚柔相济,故而《象》辞才有"刚当位而应,与时行"的说法。对此,《易说》具体指出这种刚柔对应的关键在于第五爻。此为阳爻居于阳位,所以《易说》谓"以刚正之德适当其位"。紧接着《易说》所谓"下应于柔"的"柔"指的是什么呢? 就是指下卦第二爻,此爻为阴爻为柔,与上卦第五爻相应。第五爻在上为刚,二爻在下为柔,一刚一柔,上下对应,这就叫作"刚柔相应"。既然相应了,《易说》为什么又说"屈其刚以就柔"呢? 这是因为九五居于高位,如果冒进可能有危险,所以应该"拙其锐",适时而遁。由此看来,隐遁退守,这是要掌握时机的,过早隐遁或者太迟隐遁都不恰当,唯有在"九五"的时候才是最佳时刻。《易说》解释九五之爻,点出"与时偕行之义",这是很关键的一句话,体现了作者不仅明了了《周易》"与时偕行"的思想大旨,而且善于从卦象、爻位及其相互关系入手来进行解读。

既然"时"如此重要,应该如何把握"与时偕行"的路向呢? 对此,《易说》通过卦爻辞的具体诠释作了很好的说明与发挥。《易说自序》指出:"时未至则有静默之守,时既至则有满盈之戒。察乎阴阳之消长,于以识吉凶悔吝之

---

① 《易说》下经,《道藏辑要》壁集二,台北:新文丰出版公司 1986 年影印本。
② 《易说》下经,《道藏辑要》壁集二,台北:新文丰出版公司 1986 年影印本。

几。故圣贤用显用晦,变化无方而进退咸宜焉。由此观之,与时偕行,非即圣贤之学哉?"①意思是讲:时机尚未到来,就必须安静持守,不可以轻举妄动;时机到了,就应该适时行动,但也必须谦虚谨慎,时刻警惕戒备。怎样判断时机成熟或者不成熟呢? 这就是要观察阴阳的消长变化,认清吉凶悔吝的微妙之处。所以圣贤显身在人世间直接发挥作用或者隐身而不显扬于人世间,这并没有固定模式,而是随着时空不同而变化的,惟有随机变化,才能作出正确的决定,才能进退有据,行动适宜。这样看来,掌握时机,采取恰当行动,难道不是圣贤的学问吗?《易说自序》以反问的口气来叙说"与时偕行"的论点,这更加强调了"与时偕行"的重要性。

在《易说》看来,"与时偕行"并不是一味地向前冒进,也不是只有上不能下,更不是只有显扬于世间才叫作"行"。它在对《乾》卦的解释中进一步指出:"时下则下,时上则上也。下,非固以隐也;上,非竞以趋也。阳德之变化,圣人因之而上下也。如初有圣德,时当侧微,宜为潜龙之待也。凡圣贤,抱大经纶,皆从潜养中出。"②意思是说:时机显示应该下就得下,时机显示上就应该上。下,并非只是隐遁;上,也不完全是向前驱动。到底是动是静、是进是退、是隐是显,要看"阳德"的变化情况而定。所谓"阳德",就是有利于采取行动的积极因数。根据各种因数,圣人遵循发展态势而有上有下。例如乾卦初爻是阳爻,虽然有成圣之德,但阳气尚弱小,所以应该像"潜龙"一样等待着。大凡圣贤在这样的时机都不会轻举妄动,而是放眼将来,待时于当下。

从上面的引述可知,《易说》讲的"与时偕行"包含着三个要点:第一,行动必须合乎特定时空条件。由于每一个卦、每一爻所代表的时间点与特定空间是不可分割地联系在一起的,"与时偕行"不仅意味着行动要选择恰当时机,而且包含着对特定空间场景诸多条件的分析、判断。第二,所谓"行"不是直线性的,其方向也不是唯一的,而是千变万化的,如何"行",朝什么方向而"行",都必须根据当下的境况来审慎考虑。第三,机遇与危险是同时存在的。《周易》根据不同的"时"指出了吉凶悔吝的各种表现,"与时偕行"意味着对

① 《易说自序》,《道藏辑要》壁集一,台北:新文丰出版公司1986年影印本。
② 《易说》上经,《道藏辑要》壁集一,台北:新文丰出版公司1986年影印本。

各种因数的了解、掌握,既要看到有利因数,也要看到不利因数,时刻提防,战战兢兢,如履薄冰,这样才能作出恰当的选择,以便渡过危险,迎接光明的到来。

## 三、《易说》"心易"观的渊源与内涵

《易说》为什么把《周易·乾》卦《文言》的"与时偕行"作为全书宗旨、并且贯彻到每一卦的具体解释中呢? 说到底,乃是为了修养自我精神,以回归本心。因此,该书将其学说称作"心易"[1]。

如何理解"心易"呢? 元代学者保巴《易源奥义》在追溯《先天图》源流的时候曾经说:"仰观俯察,远求近取,化而裁之,推而行之,心易也。"照此看来,"心易"乃是心灵对天地万物感知基础上通过卦爻象数的裁决、推演而形成的一种易学流派。查《文公易说》卷二有梁惠王问"利"而孟子"说尽心易"的描述,可知前人曾经将孟子学说看作"心易";不过,真正成为一个流派是在唐末五代。时有麻衣道者作《正易心法》,传予华山道士陈抟,前人或称此书为"心易",例如《文公易说》卷十七即谓:"《麻衣心易》,顷岁尝略见之。"此书虽然曾被朱熹等人判为"伪书",但其影响甚大,尤其在道教中更是颇受推崇[2]。《正易心法》之所以被称作"心易",是因为该书乃是用"心法"解《易》。撰者试图跳出前人卦爻辞以及《彖》《象》诸传范围,直接以"心"领悟卦爻象教本义,凸显了"心学"的地位和作用。对照一下"无极吕子"《易说》与《麻衣心易》,可以发现彼此间在思想上的一脉相承;不过,两书毕竟出自不同时代、不同人之手,所以无论从内容上看还是从结构上看,都是很不相同的。如果说麻衣道者《正易心法》在结构与文辞上具有"另起炉灶"的特质,那么《易说》则是在不改变《周易》符号系统与文字系统基本结构的前提下强调"本心"与"易"的"合一"以及去除凡心、回归纯朴本性的精神。就大体而言,《易说》"心易"观,主要包括两个方面内容:

---

[1] 参见《易说》上经,《道藏辑要》璧集一,台北:新文丰出版公司 1986 年影印本。

[2] 关于《正义心法》的由来及其真伪、思想问题,参见卿希泰、詹石窗:《心法与〈易〉学》,载于《哲学研究》1988 年第 11 期。

首先,"易"为本心之象。

在《易说》看来,人心有两重性:一为纯朴心,即本心;另一则为杂乱心,即凡心。就第一重意义来讲,人心与"易"同体。它说:"夫易之象,心之象也。"①所谓"易之象"既指卦象,也指爻象。按《周礼》的记载,中国传统之《易》有三:一为《连山》;二为《归藏》;三为《周易》。这三部《易》书,虽然排列顺序不一样,但都有"八经卦"(三画之卦)和"六十四别卦"(六画之卦)。每一卦都有符号图像,这就叫作卦象;每一"别卦"都有六画,称作六爻,每一爻或为阴或为阳,其阴阳的图像标示即为爻象。照上古的传统说法,爻象、卦象乃是伏羲氏仰观天象、俯察地理、揣摩鸟兽纹路以及人体形态而得出的结果,这叫作"远取诸物,近取诸身"。回顾历史,不难看出,先民们已经把人自身当作"易象"取法的基本对象之一;不过,上古时期尚没有关于"易象"来源于"心"的明确说法,《易说》直截了当地将"易象"当作心象,这就凸显了"心"在易象形成过程中的特殊地位。

"易"为心象的另一层含义是:易之用与本心之用一致,当明本心以见"易"之大用。《易说》谓:"用易者,神而明之,即心用之也。是以六十四卦之大象,皆言'以'也。言'以'者默而会之,则知吾心之用与易象中之变化,有当然之合也。"②文中所谓"用易"即是对《易》学象数符号与变化法则的运用,这种"运用"并非是死守书本不放,而是靠内在的"神"来体悟,这个"神"来自何方呢?既不是天上,也不是地下,而是本心早已存在的一点灵明。从这个意义来说,"用易"乃是本心在用。而本心之"用"遵循的是变化道理,这种变化与易象变化相吻合,乃是自然而然的。由此,《易说》进一步引申:作为天地万物表征的"易象",都是本心的映射;反过来看,本心的功用也就是作为天地万物变化发展表征的易象之功用③。这样说来,本心与易象同归,都体现了天下万物形成与发展变化的情状。这种思路,遵循的是"天人合一"的逻辑。按照《易说》作者的领会,"易象"是先圣本心感通天下万物形成和发展变化的结

---

① 《易说》上经,《道藏辑要》壁集一,台北:新文丰出版公司 1986 年影印本。
② 《易说》上经,《道藏辑要》壁集一,台北:新文丰出版公司 1986 年影印本。
③ 参见《易说》上经,《道藏辑要》壁集一,台北:新文丰出版公司 1986 年影印本。

果,而"人同此心,心同此理"①,所以每个人本来都能够默会"易象"所蕴含的万物变化道理。

其次,洗心于易,浑然太极。

既然每个人本来都可以默会并且做到与"易象"蕴含的万物变化道理相契合,为什么人们的做法却千差万别、甚至大相径庭呢?在《易说》看来,其原因在于每个人降生世间之后,受到诸多干扰因素的影响,加上情欲驱动,于是本心被凡尘所蒙蔽,机智伪巧占了上风,长此以往,人的行为与天地法则就会背离得越来越远。唯有遵循圣人教导,荡除凡心,方能抵御外界各种引诱而不至于迷失方向。《易》之设象就是为了引导人们抵御外界引诱,从而超凡入圣。

《易说》下经《系辞传》谓:"《易》非为卜筮而设也,即卜筮以明理也。故曰圣人以此洗心,退藏于密。"②这段话包含两个层面的意思:一是点明《周易》这部书的性质并非是用于占卜③,而是借助占卜阐明事理;二是指出事理的精神乃是圣人教化人们如何洗心、纯化自我精神境界。

"洗心"于《易》,"退藏于密",本是《周易·系辞上》的说法,《易说》接过《系辞上》的话,显然是为了说明荡除人欲、回归本心的修养路径与境界。为此,它发挥说:"圣人因蓍、卦、爻三者之道,显诸象数,流转无滞,得失并陈,消息自见,摩万物之心已昭然可据,而其无私无为之体则退藏于密,殆不可得而窥也。"④文中的"蓍"指蓍草,多年生草本植物,古代《易》家取其茎五十根来演算,十八变而成一卦,每卦六爻,所以《易说》将"蓍、卦、爻"三者相提并论。然而,应该注意的是,《易说》在这里并不是在教人如何演卦和占筮,该书所强调的是"道",认为"道"可通过卦爻象数彰显出来,它流行变化而没有阻碍,把

① 《易说》上经第42页,《道藏辑要》壁集一,台北:新文丰出版公司1986年影印本。
② 《易说》下经第96页,《道藏辑要》壁集二,台北:新文丰出版公司1986年影印本。
③ 关于《易》书的性质问题,《易说》的观点与宋元以来占据主导地位的朱子学派观点很不相同。朱熹在教学研究过程中,曾经多次言及《易》为卜筮之书的话,例如《朱子语类》收录的杨方在庚寅年所问一条即称:"《易》本为卜筮作,古人质淳朴,作事须卜之鬼神。孔子恐义理一向没于卜筮中,故明其义。"(黎靖德编:《朱子语类》卷六十六,中华书局1986年版,第4册第1627页。)
④ 《易说》下经,《道藏辑要》壁集二,台北:新文丰出版公司1986年影印本。

"得"与"失"、"消"与"长"都给予表征,将万物的心地都描摹得非常真切,让人们看得相当明白。圣人为什么能够这样呢?因为他的本心与万物的流行变化相契合,在观照现象界时没有掺杂半点私心欲望,他的心体蕴藏于微妙之处,谁也看不见,这时候阴阳合体,没有分离,这就叫作"浑然太极"①。

《易说》如此赞扬圣人的"无私无为",有两个目的:一是表明"洗心于易"是能够办到的,圣人已经树立了榜样,因此应该向圣人看齐,好好修养自己的心性;二是可以形成对比,告诫人们"洗心于易"的修行道路相当漫长,千万不可掉以轻心。基于这样的立场,《易说》批评"小儒曲学",不明白什么是正道,更不懂什么可以跟随,什么应该避免,往往在必须隐晦的时候却大为张扬,在必须退守的时候却冒然前进,在必须静默的时候却随便发声而失据,在满盈的时候不知道戒止,或者失于躁动,或者失于高亢,坏事出现苗头的时候没有警惕,变革已经开始了却不能审察,于是落入了凶险、咎害和灾祸的歧途,最终丧失了人道。按照《易说》的看法,圣人之所以作《易》,就是要通过六爻符号来显示天道的运动变化,让学习者既能够看清事物发展大方向,又能够明了道路曲折多艰。所以大《易》之学经常出现"险辞"以提醒人们警戒从事。

遵循"心易"思路,《易说》在解释《周易》卦爻辞时特别注意揭示其中的"险辞"内涵。例如在《讼》卦中指出:"呜呼!讼非治世之事也,民之不畏于下而以词相陷,国是不定于上而以议相激,德其衰已……天下失其实心,逞其虚讼,即乾德之变也。奈何世人不察偏,以刚险自用,溺于得丧之间者,比比皆是也。"②《易说》感叹世事的聚讼纷纭,描述了老百姓不怕危险用言辞相互陷害、国家失去规矩而当政官僚们却各执一词互相刺激的混乱状况,它认为这一切乃是社会道德衰落的表现。归结起来,道德衰落,是因为天下失去了务实的作风,所以弄虚作假,流言四起,这是《乾》卦天德流变的表现,可惜世人根本没有看清社会已经出现偏差,还一味刚愎自用,铤而走险,沉溺于得丧的计较之间而不能自拔,这种情况已经非常普遍啊!

《易说》上述感叹是由何而发的呢?其直接原因当然是社会现实;但是,

---

① 《易说》下经,《道藏辑要》璧集二,台北:新文丰出版公司1986年影印本。

② 《易说》上经,《道藏辑要》璧集一,台北:新文丰出版公司1986年影印本。

如果从其"心易"理路稽考,就会发现它是以"心"领悟易学象数的卦变逻辑作出的。在《周易》中,《遁》卦与《讼》卦存在着可以相互转化的卦变关系。《遁》卦之象,上乾(☰)下艮(☶);《讼》卦之象,上乾(☰)下坎(☵)。当《遁》卦的六二爻(阴爻)与九三爻(阳爻)置换的时候,其下卦"艮"就变为"坎"。构成《遁》卦与《讼》卦的上卦"乾"是一样的,此"乾"本象天,有"健"之义,顺势而上,由健而刚;下卦之艮,本象为山,因健而止,是为"遁",但该止而不止,便入于险境,于是《艮》卦变为《坎》卦,乾刚在上有亢阳之悔,坎陷在下,有凶险之忧。刚遇其险,聚讼遂起。在《易说》看来,"讼"乃是万不得已的事,应该"内讼惕中,以止为吉"[1]。所谓"内讼"就是先在内心上反省,而"惕中"就是要警戒于心中;所谓"以止为吉"是说作为争辩的"讼"不可过甚,应以"中"为度,适可而止,这样才能获得吉利的结果。不难看出,《易说》正是根据《讼》卦的象数符号而提出告诫的。在《易说》中,这样的言辞相当之多,作者的用意就是要提醒学《易》者自我反思,以修身养性为本,体现了该书以象数为依据、以心悟为旨归的论述趋向。

## 四、《易说》图解:"心易"观的模式支撑

从"与时偕行"宗旨的确立到"心易"观的贯彻,我们可以看到《易说》在深层次里实际上蕴藏着一种支撑其理论建构的内在精神,这就是"变化"。因为"时"是万物流迁的刻度标志,而"易"更是事物发生、发展过程的集中概括。古所谓"易",既取法于"蜥蜴"之时变,又表征日月运行之通变,不论蜥蜴还是日月,都是"变化"思想的物象原型。因此,《易说》所谓"心易"说到底就是要从内心上领悟大千世界的流行变化,从而认清环境,做出正确抉择,这就是"与时偕行"的本质,也是"心易"的奥妙所在。

如何贯彻"与时偕行"的宗旨、以"心"合"易"呢?《易说》通过一系列图像来表征。因此,要真正把握《易说》的"心易"观念,非常有必要对书首的图像予以认真考察。

---

① 《易说》上经,《道藏辑要》壁集一,台北:新文丰出版公司1986年影印本。

《易说》的最大特点之一是在全书的开头配上了《河图元图》《洛书元图》《混极图》《元极图》《三分损益之图》《天根月窟图》《阴阳消息图》《卦序图》等31幅"易学"之图。关于这31幅图的来历及内容,徐芹庭的《易图源流:中国易经图书学史》以及郭彧的《易图讲座》分别作了辨析,也落实了一些悬而未决的问题,为我们剖析"无极吕子"《易说》图像的深层底蕴奠定了基础。

笔者认为,《易说》所列31幅图,并非出于一人手笔,而是经过比较漫长的时间积累下来的。其中既有流行于道教中的一些早期易图作品,亦有《易说》改良的一些新的易图作品。像《河图元图》《洛书元图》《伏羲八卦方位图》《伏羲八卦次序图》《文王八卦方位图》《文王八卦次序图》《六十四卦方圆图》等等在《正统道藏》等先前文献中都能够找到;至于《太阴图》《阴偶图》《乾坤阖闭图》《天根月窟图》虽然在其他易学典籍中也可见其相同名称,但其构造却不同,表明《易说》作者在取法前人成果时又有所变通。

仔细揣摩《易说》书首的31幅图,可以发现作者力图展示宇宙发生与发展变化的法则。最前端首出《河图》与《洛书》,没有任何文字解释,而其目录对于这两张图却都加上"元图"二字,这大抵是要表征宇宙万物有其发端,因为"元"本有"开始"的意义;不用文字解说,当是暗示读《易》须以"心悟",心领神会,妙道自通。再看其后,则有《先天八卦合洛书数图》《后天八卦合河图数图》以及《伏羲则河图以作大易图》《大禹则洛书以作洪范图》。这两组图,前一组以先后天八卦分别配以《洛书》《河图》;后一组展示伏羲先天八卦的《河图》依据、大禹洪范九畴的《洛书》源头。如此配合,并非文字游戏,而是要彰显天地万物动静相兼、大化流行。所以《易说》在《大禹则洛书以作洪范图解》中指出:"伏羲继天而王,受河图而画之八卦;禹治洪水锡洛书而陈之九畴。河图、洛书,相为经纬;八卦九章,相为表里;大抵经言其正,纬言其变;而二图之左旋右转、右转左旋,互为正变者也。主河图而言,则河图为正,洛书为变;主洛书而言,则洛书为正,而河图又为变。要之,天地间不过一阳一阴而已,太极主乎中,两仪转乎外,五行变动于参互之间,即可攸分经纬,而相为表里也。"①这段话可谓提纲挈领,将大《易》之学的变化之道和盘托出,一方面

---

① 《易说·图解》,《道藏辑要》壁集一,台北:新文丰出版公司1986年影印本。

指出了伏羲画八卦与大禹陈九畴的不同经历,另一方面又说明了《河图》《洛书》之间的密切关系。所谓经纬、表里、左旋、右转,层次交错,无非是要从不同角度表达宇宙变化、万物动静皆在于一阴一阳的交感运动,学《易》之"心法"就在于把握这种变化精神,而不拘泥于言辞。其中,关于"太极主乎中"一语尤其值得注意,因为它暗示了"以心感悟,居中制外"的"心易"路向。

《大禹则洛书以作洪范图解》所谓"太极"指的是什么呢? 其实就是"皇极",因为该图以五数居中,并且标示为"皇极",故此可以判断"太极主乎中"就是"皇极居中"的意思。"皇极"一词最早见于《尚书·洪范》:"皇极,皇建其有极。"孔颖达疏:"皇,大也;极,中也。施政教,治下民,当使大得其中,无有邪僻。"照此,则上古所言"皇极"当是帝王统治天下的"大中"准则,这种准则之本体或许即是天上北极星,它是判断北斗七星位置的基本坐标,所以纬书《春秋运斗枢》云"纲上合皇极,其施光明",其中的"纲"通"罡",即北斗七星的天罡星,这里用以代表整个北斗七星,北斗旋转有一个极点,在中国传统星学里称为"北辰",也就是"皇极",由于它成为中国古代判断星宿位置的基本坐标,人们便以之为象征,引申到社会组织领域,代表国家社会治理的天道依据。唐宋以来,"皇极"被作为术数学重要概念而流行起来,邵雍撰《皇极经世》,以"至大之谓皇,至中之谓极,至正之谓经,至变之谓世"①为宗旨,精研经史之学,运心观物,穷理尽性,以明天地大化之道。邵雍所谓"皇极"用到人生修养方面也就是一个"心"字。他在《观物外篇下》中说:"天地之本,其起于中乎? 是以乾坤屡变而不离乎中。人居天地之中,心居人之中,日中则盛,月中则盈,故君子贵中也。"②邵雍所讲的"中"就是"皇极",它是天地之中,也是人体之中、人心之中,他强调"中"就是强调皇极的持中作用,从根本上看就是以"心法"观天、察地、知人、合中。

邵雍以"中"为"皇极"、倡导"守中明心"的思想为《易说》所吸纳和发挥。在《易说·图解》里,我们就可以看到该书作者对皇极学的极力倡导。例如对于《六十四卦方圆图》,该书有一段解说:"图从中起,其心法也。三图不同,其

① 王植:《皇极经世解》卷八,文渊阁《四库全书》本。
② 邵雍:《皇极经世书》卷十四,文渊阁《四库全书》本。

揆一也。"①《易说》看到了图的奥妙是"从中起",即气机发于中,点出了如此读图是"心法",充分反映了作者对"心易"路向的坚持。其中所谓"三图"指的是由伏羲八卦次序图变化出来的横图、圆图、方图,而"揆"字在这里指的是"道理""法则"。所谓"其揆一"是说无论是横图、圆图,还是方图,它们遵循的法则都是一样的。如何一样呢? 概括起来有两方面内容:一是阴阳交感变化;二是阴阳交感之气肇始于中。以心法解《易》图,一方面是要明白宇宙万物流行变化的自然态势,另一方面则是要在处理世事、修身养性过程中能够持中而不偏。所以《易说》在解释《天根月窟图》时说:"易者履运处身之道也。"②这里的"运"指的是宇宙万物的运势,"履运"就是踩准宇宙天地万物发展变化的轨迹,掌握其态势,以此为参照来处理世事、修身养性,这就是"道",就是"心法",说明《易说》所谓"心易"并不是要人们关起门来,不与外界接触,恰恰相反,它力图通过一系列图像来展示宇宙大化的妙理,让修行者抹去心尘,从容中道,以中制外,最后实现心与天通、人与道合的精神境界。

由上可见,以"心法"明《易》而形成的"心易",即"与时偕行"之《易》,妙通万物之《易》。从这个意义上讲,《易说》书首诸图实际上为其"心易"理论提供了独特的支撑模式和展示窗口。

作为"扶乩降笔"的一部道教文献,其中不可避免存在着许多神秘因素,但作者注意将儒道经学相贯通,打破思想沉寂与僵化状态,倡导心性修养,这是具有积极意义的。唐宋以来,道教界曾经出现过许多解释《易经》的著作,尤其是象数学方面的论著在《正统道藏》等大型丛书里为数不少,那些论著尽管也各有发明,但在思想上却不如《易说》来得开放。相比之下,《易说》在逻辑结构、语言表达等方面也较为优胜、严谨、扎实。总而言之,这是明清之际一部气息清新并且具有诸多创建的道教文献,它不仅在道教史上具有重要地位,而且对于研究中国易学史来说也是不可忽略的。

(本文原载《哲学与文化》2015 年第 12 期,收入本书时调整了格式)

---

① 《易说·图解》,《道藏辑要》壁集一,台北:新文丰出版公司 1986 年影印本。
② 《易说·图解》,《道藏辑要》壁集一,台北:新文丰出版公司 1986 年影印本。

本书系"四川大学中国语言文学与中华文化全球传播"
学科群项目成果

# 经学与儒道思想研究

JINGXUE YU RUDAO SIXIANG YANJIU

## [下 卷]

詹石窗 ◎ 著

人 民 出 版 社

# 下　卷

## 大道哲学与养生研究

# 道家人文医疗及其现实意义

近代以来,许多学者喜欢将先秦道家与汉代形成的制度道教进行严格区别。事实上,制度道教不仅把先秦所有道家经典都收入《道藏》中,而且在修道理论与实践的诸多方面都继承和发挥了先秦道家文化精神。有鉴于此,笔者以为道家可以概括为三个基本形态,即原初道家、古典道家、制度道教。原初道家以黄帝为旗帜,肇始于将近五千年前;古典道家以老子为祖师,形成于春秋战国时期;制度道教以张道陵为宗师,形成于东汉末。这三大形态既有各自的不同特点,但又一脉相承,构成了完整的道家文化大系。

有关道家的经典传承、思想内涵、基本特征等问题,学术界已有大量论著问世,这是非常可喜的。故而,笔者拟在以往学者诸多成果基础上探讨道家人文医疗问题。这个问题之所以需要探讨,是因为它作为一种文化现象虽然在历史上客观存在,但却没有引起当今人们的足够认识。所以,需要花费点笔墨,略加解释。

## 一、"道家人文医疗"概念解析

要阐明"道家人文医疗"的内涵,必须首先明白"人文"与"人文医疗"的问题。

考究起来,中国最早明确使用"人文"的典籍是《周易》。该书《贲》卦之《彖》辞谓:"刚柔交错,天文也;文明以止,人文也。观乎天文,以察时变;观乎人文,以化成天下。"①《彖》将"人文"与"天文"对举,体现了古人的整体联系

---

① 黄寿祺、张善文:《周易译注》,上海古籍出版社 2001 年版,第 188 页。

观念。

　　"文"字,甲骨文写作"𐤀",像刀具刻画出来的交错线条纹案。《说文解字》释曰:"文,错画也。象交文。凡文之属皆从文。"①照此说来,"文"的本意是指线条相互交错,也就是纹理。故而,"天文"可以理解为天象纹理;"人文"可以理解为人间纹理。所谓"观乎天文"就是观察天象;具体而言,这就是观察天上日月星辰的情状,包括位置、排列、运行轨迹等等;通过观察,发现阴阳寒暑变迁,这就叫"以察时变"。所谓"观乎人文"就是观察人类社会的存在情况,包括生产过程、生活习俗、人情世故等等表现状态,也就是调查、了解现实生活的真实面貌。"观"的目的是要"化成天下",这里的"化"指的是教化,通过教化,使社会井然有序,从而更加有利于人们的整体生活。

　　值得注意的是,《周易·贲卦》之《彖》辞将"天文"与"人文"对举,实际上是表明:人类社会与自然界一样是有规律可循的。"观乎天文"旨在告诫人们应该顺应天道,而将"人文"与"天文"对举,就是要人们以自然天道为参照系来制定人类社会的典章制度。

　　然而,社会的运行并非都是有秩序的。当一个社会丢失了生活规矩时,混乱就产生了。作为管理者,面对乱象,应当拿出富有针对性的方略、措施。关于这一点,《彖》"文明以止"四个字很有启发性。就《周易》"象数学"角度看,"文明以止"是由《贲》卦的卦象符号引申出来的。《贲》卦六爻,上三爻构成三画的《艮》卦,下三爻构成三画的《离》卦。《艮》卦代表山,《离》卦代表火。山象征"停止",火象征"文明"。引申开来,所谓"文明以止"即表示通过"止"的方式来达到文明效果。"文明"是与"野蛮"相对而言的。如果说"文明"是一种健康的常态,那么"野蛮"就是一种不健康的异态。既然社会出现了不健康状态,那就需要医治。如何医治呢? 具体的技术、药方或许有多种多样,但核心的思路则可以概括为一个字,这就是"止"。所谓"止",在甲骨文中本是脚掌的象形,后来引申为中断、停止等,例如"止痛"即是。在疾病治疗上有"止法",例如"止泻""止血"等等,就是止法的具体表现。推广到社会生活领域,"止"也具有医疗意义。一个社会,由于欲望驱使,人与人之间争斗不止,

---

① (汉)许慎著,汤可敬释:《说文解字今释》,长沙:岳麓书社 2001 年版,第 1222 页。

造成了秩序混乱,资源匮乏,人们已经不能照常生活下去,需要来一番调整,这就像车开到了山崖险境,再往前开必然要翻车,唯有立刻踩刹车才能挽救危亡。从这个角度来看,"止"作为人文思想的集中表现本来就是一种救治理念,在这种理念造就下的传统人文体系也就具有宏观医疗的意义。

将传统的"人文"与"医疗"整合成"人文医疗"概念,这不是笔者的创新。查以往的文献,可以看到不少有关"人文医疗"的论述,例如毕金伟、吕玉江于2008年7月在玉溪市第九届医学检验学术年会暨科技成果推广会上提交的《人文医疗对提高检验科服务质量的探讨》的论文,明确使用了"人文医疗"的名称;泰国亚太国际大学的 Siriporn Tantipoonwinai 曾经在《中国卫生人才》2011年第4期发表了《人文医疗新概念》,将"人文医疗"提高到理论与实践层面;还有一些学者虽然没有在论说标题上使用"人文医疗"概念,但在行文中则论及了"人文医疗"问题,例如贾新生、汪凤莲、王丽英在《医学与哲学》2004年第1期发表的《医疗服务须体现人文关怀》,庄一强、方敏、林广勤在《中国医院》2005年第4期发表的《人文性医疗与医院服务品牌建设》,黄丽英在《医学与社会》2005年第5期发表的《医学生医疗人文关怀教育的思考》等。这些文章都强调了人文关怀在医疗中的特殊作用,表明人文关怀已经作为一种重要的医疗思路引起了学者们的关注。

不过,以往的论述基本上是针对身心疾病问题来考虑人文作用与功能的。实际上,医疗不仅涉及人类的身心,而且涉及影响人类身心健康的社会环境与自然环境。故而,从广义上讲,医疗既要救治人们身心的疾病,也要医治社会环境的疾病以及自然环境的疾病。

就语法而论,"人文医疗"是一个偏正结构的词组。这个词组有两种含义:一是"人文性"医疗;二是"人文的"医疗。前者表明这种医疗的性质是人文的,从诊断到救治的全过程都体现了人文精神、人文关怀、人文功能;后者表明"人文"就是一种医疗,换一句话来说,人文就是用来救治疾病的,其所救治的范围包括了以人类存在为核心的生命圈与环境圈。从时间角度讲,人文医疗既存在于古代,也适用于当代;从空间角度讲,人文医疗既适用于个体救治,也适用于整体救治。

明白了"人文医疗",再看"道家人文医疗",我们就有了合理诠释的基础与前提。从逻辑上看,"人文医疗"与"道家人文医疗"是种属关系,"人文医疗"是种概念,"道家人文医疗"是属概念。这就是说,"人文医疗"包含了"道家人文医疗";换一句话来讲,"道家人文医疗"是"人文医疗"的一个类型,或者说是一个组成部分。如果说"人文"是由整个人类共同创造的,那么"道家人文"则是由道家学派独自创造的。因为"道家人文"具有治疗的特殊功效,所以提出"道家人文医疗"的概念也就是顺理成章的事情。展开来讲,所谓"道家人文医疗"也就是运用道家人文资源来诊治人类身心问题、社会环境问题、自然环境问题。"道家人文医疗"的内涵丰富多彩,但概括起来就是一句话,即以"尊道贵德"为思想主旨,以协调自我、协调人世、协调人境为范围,以"延年益寿、长生久视"为目标的一套理论体系和系列实践方法。

## 二、道家人文医疗的形成与发展

从某种意义上说,道家一开始就是因应疾病救治需要而产生的,这种情况早在黄帝时期即有蛛丝马迹可寻。

上古道家典籍《列子》一书中有不少黄帝故事。该书《黄帝》篇记载:

> 黄帝即位十有五年,喜天下戴己,养正命,娱耳目,供鼻口,焦然肌色皯黣,昏然五情爽惑。又十有五年,忧天下之不治,竭聪明,进智力,营百姓,焦然肌色皯黣,昏然五情爽惑。黄帝乃喟然赞曰:"朕之过淫矣。养一己其患如此,治万物其患如此。"于是放万机,舍宫寝,去直侍,彻钟悬;减厨膳,退而间居大庭之馆,斋心服形,三月不亲政事。[①]

《列子》这段话主要陈述了三方面内容:第一,描述了黄帝发病情况。文中"焦然肌色皯黣,昏然五情爽惑"先后出现两次,用以形容黄帝曾经因为生活不得法、政事强作为,致使皮肤颜色晦暗、情志迷乱失常,也就是生病了。第二,分析了发病原因。两次生病,结果一样,但造成的原因却不同。第一次是因为黄帝对声色饮食过于追求而伤身;第二次是因为黄帝在社会管理方面竭尽"聪明",苦心经营,使得百姓不得安宁,自己也耗损元气,身心都出了问题。第

---

① 杨伯峻:《列子集释》,北京:中华书局1979年版,第39—40页。

三,指出了治疗的基本方法。这就是"放万机,舍宫寝,去直侍,彻钟悬;减厨膳,退而间居大庭之馆,斋心服形"。意思是讲:黄帝在得病之后,心头放下了种种繁杂事务,离开了豪华宫室,去掉了随身侍卫,撤除了用于娱乐的那些钟鼓悬挂;再进一步,减少饮食,退处闲居于大馆舍,在那里进行清心寡欲的修养。

从人文医疗角度看,《列子·黄帝》篇的记载有两点值得注意:首先是将"养己"与"治物"对应起来,谓"养一己其患如此,治万物其患如此",黄帝看到,灾患之所以产生就在一个"淫"字。所谓"淫"本指将对方压在地上行性事,后来引申之,以"淫"泛指过度追求、过分举动。在道家看来,凡是过分的东西都会导致疾病。对于个人来讲,滋养过分,不仅不能健康,反而有害;对于社会治理而言,攻于智谋,兴师动众,不仅不能安邦,反而乱了天下,这时候天下就病了。其次,将内心反省与环境治理结合起来。黄帝治疗,从"舍宫寝,去直侍,彻钟悬"入手,这可以说是一种环境疗法,即回避或者排除那些对于健康不利的环境因素;接着,黄帝再用"斋法"来调理心境。所谓"斋",许慎《说文解字》解释为"戒洁",意思是禁戒肉欲,使身心素洁。在古代,"斋"与"齐"通,有齐整心灵、抑制乱想的功能。黄帝排除了奢华的色相布置,进而做心地洁净功夫,从而达到了"外理内治"相谐调的效果。

《列子》在古代被奉为《冲虚真经》,具有很高地位。尽管该书并非出于近五千年前的黄帝时期,但它的记载必定有其悠久史源,代表了上古崇尚黄帝的思想传统,对于后人理解道家人文医疗的发端是很有裨益的。

黄帝之后,原初道家经许由、彭祖、夏禹、皋陶、商汤、姜尚、管仲、孙叔敖等后继者的播衍而发展起来。至春秋时期,老子因函谷关关令尹喜之请,撰著了《道德经》,标志着古典道家的诞生。再经列子、庄子等道门大师阐发,古典道家理论逐步丰富。

古典道家不仅继承了黄帝开创的人文医疗传统,而且将之发扬光大,这在老子的《道德经》里即有体现。老子生活的春秋时期,战事频繁,社会动荡,疾病丛生。《道德经》正是在社会混乱、黎民疾苦的境遇下问世的,字里行间充满了忧国忧民情怀,昭示了人国共医的思想路向。

《道德经》第十二章说:

> 五色令人目盲,五音令人耳聋,五味令人口爽,驰骋畋猎,令人心发狂,难得之货,令人行妨。①

文中的"目盲""耳聋""口爽""心发狂"都是对病态的描述。为什么会出现这样的病态呢? 在老子看来,这一切都是由人们对声色过分追求引起的。毋庸置疑,对于生命的正常维持来说,需要汲取一定的物质能量,但如果汲取过度,就会走向反面,尤其是无所顾忌的田猎游玩会使主血脉的"君主之官"——"心"之神志涣散,而贵"难得之货"则会使人心外驰,处于追逐的紧张状态,耗精散气,伤身损神而入病。老子《道德经》这种论说与中医学的疾病发生论在精神上是相吻合的。

老子不仅指出了多欲会使人得病的事实,而且以人喻国、以人体之病比喻国家之祸,告诫统治者不能为了自己的私欲,过分追求享受,更不能压榨人民,激发社会矛盾。《道德经》第七十五章说:

> 民之饥,以其上食税之多,是以饥。民之难治,以其上之有为,是以难治。民之轻死,以其上求生之厚,是以轻死。②

国家动乱不安,其实就是社会有病。这是什么原因造成的呢? 老子认为是统治者收税太多,人民陷入了饥饿状态;统治者为了一己之利,胡作非为,老百姓无法安居乐业;统治者过于注重自己的生活享受,搜刮民脂民膏,人民就不怕死,于是揭竿而起,反抗了! 老子《道德经》从统治者身上揭露社会病态原因,真是一针见血,击中要害!

从整体健康利益出发,老子《道德经》把人类行为与自然界的变异联系起来。《道德经》第三十九章说:

> 天无以清将恐裂,地无以宁将恐废,神无以灵将恐歇,谷无以盈将恐竭,万物无以生将恐灭。③

意思是讲:天不清明,就会崩裂;地不宁静,恐怕就会发生水旱之类灾变;神不灵验,恐怕就会衰颓消失;山谷得不到充盈,恐怕就要干涸。其中所谓"清""宁""灵""盈""生"诸字眼乃是对天地神明与万物常态的形容,当这些字眼

---

① (魏)王弼注,楼宇烈校释:《老子道德经注校释》,北京:中华书局 2008 年版,第27—28 页。
② (魏)王弼注,楼宇烈校释:《老子道德经注校释》,北京:中华书局 2008 年版,第184 页。
③ (魏)王弼注,楼宇烈校释:《老子道德经注校释》,北京:中华书局 2008 年版,第106 页。

被否定副词"无"修饰之后,常态就变成异态了。《道德经》虽然是以假设的语气来陈述天地、万物、神明的状况,但其字里行间却蕴藏着一位智慧老人对自然环境遭受破坏的担忧。

在对人类身心、社会关系与自然环境出现不良状况进行诊断之后,老子看到了深层次的病根就在于人自身欲望的膨胀。于是,老子一方面发出了"知足"与"知止"①的告诫;另一方面则开出了疗治人体疾病、社会疾病与自然疾病的基本药方。这些药方,概括起来,主要有三个方面:

第一,针对狂躁不安的病态,提出了"三去"初疗方。

"三去"出于《道德经》第二十九章,指的是"去甚,去奢,去泰"②。所谓"甚"就是过分,"去甚"就是去除过分的追求;"奢"就是奢侈、奢华,"去奢"就是去除奢侈心;"泰"就是阴阳平衡,"去泰"就是去除那种人为造作的平衡。在《道德经》看来,事物的存在与发展是平衡与不平衡不断交替的过程,当事物处在转变阶段,不平衡是绝对的,这个时候应该承认现实、面对现实,不能用绝对完美主义的方式去进行强力操控,否则就会出现更大伤害,甚至病入膏肓。

从辨证施治立场看,《道德经》的"三去"初疗方遵循的是"泻法"的治疗思路。它所针对的是私欲膨胀、恶火攻心而迷狂的状态,对于这种病症,唯有采用泻法,才能正形,泻掉了邪火,身心恢复常态,这是治疗初阶。

第二,针对"病体初愈"的状况,提出了"三宝"再疗方。

"三宝"之说出于《道德经》第六十七章:"我有三宝,持而保之:一曰慈,二曰俭,三曰不敢为天下先。"③所谓"慈"就是慈悲仁爱;"俭"就是节省而不浪费;"不敢为天下先"就是谦卑宽容,不争名夺利。

初看起来,"三宝"似乎只是一种抽象伦理说教,但事实上却是治疗疾病的清凉剂。试想,疾病是怎样产生的?原因当然是多方面的。就自身情况来讲,情绪因素往往是直接诱因,尤其是愤怒、怨恨、妒忌之类情绪,不仅伤人,而且伤己,甚至伤世、伤境。如果一个人能够置之度外,排除个人恩怨干扰,就会

---

① 《道德经》第四十四章有"知足不辱,知止不殆"的论说,可谓精辟。
② (魏)王弼注,楼宇烈校释:《老子道德经注校释》,北京:中华书局2008年版,第76页。
③ (魏)王弼注,楼宇烈校释:《老子道德经注校释》,北京:中华书局2008年版,第170页。

激发出天然慈爱心,爱己、爱人,这就可以避免动不动发怒的状态。不发怒、不怨恨、不妒忌,于己有补,于世有利,于境有助。可见,"慈"乃是治身、治世、治境的"归藏良药"。再看"俭"字,照样是人祛病强身和社会持续运转的必需。无论是个人还是社会,要正常运转都需要一定的能量,如果不节俭,随便耗损,能量很快用完,人的生命要结束,社会要混乱,直至崩溃。这样看来,"俭"不仅是续存生命个体能量的需要,也是社会健康有序的需要,可以看作一种"归经良药"。至于"不敢为天下先"则是为了协调内外关系,因为人体脏腑各得其所,社会各界彼此谦让,就产生了润滑效应。由此看来,"不敢为天下先"乃是一种"归神良药"。

如果说"三去"初疗方主要是"祛邪",那么"三宝"再疗方则主要是"扶正"。在个体生命与社会生命存在病邪的时候必须以祛邪为主,但在获得了基本调整之后,就应该转入以"扶正"为主的治疗。老子《道德经》第六十七章说:"慈,故能勇;俭,故能广;不敢为天下先,故能成器长。"①在老子看来,慈悲仁爱可以产生勇敢的心能与举动,节俭可以使能量积蓄而广大,"不敢为天下先"则能够使万物得以自然成长,可见"三宝"再疗方就是一种"正能量",采用"三宝"再疗方就是通过扩充正能量以达到"扶正祛邪"的中期目标。对照"三去"初疗方,我们可以发现:"三宝"再疗方已经由初期治疗的"泻法"而转入"平法"。之所以称之"平法",是因为"三宝药方"虽然以扶正为主,但在"药方配伍"上也还有某种"泻"的元素,例如"不敢为天下先"也是为了破除那种欲望驱使下而形成的名利心,这就是"泻",而"慈"与"俭"则有"补"的功能。"一泻两补",既扶持了正气,又祛除了名利虚火,这就达到了"清平",从而使疗效得到巩固。

第三,针对病体康复而未强的情形,提出了"七善"的滋养方。

"七善"之说出自《道德经》第八章。经曰:"居善地,心善渊,与善仁,言善信,正善治,事善能,动善时。"②这"七善"滋养方提出的前提是以"水"对"道"的譬喻。《道德经》最基础的概念是"道",为了形容"道"的品质,老子以"上

---

① (魏)王弼注,楼宇烈校释:《老子道德经注校释》,北京:中华书局 2008 年版,第 170 页。

② (魏)王弼注,楼宇烈校释:《老子道德经注校释》,北京:中华书局 2008 年版,第 20 页。

善若水"作为象征。老子所讲的"上善"就是生生不息的"道",尊称之为"大道"。所谓"上善若水"就是说"大道"就像"水"一样。水有什么品质呢？老子接着说："水善利万物而不争,处众人之所恶,故几于道。"①老子告诉我们：水表征大善,大善即是道。水利于万物生长而不争功、争名、争利,处于人们厌恶的低下处,几乎就是大道品格的写照。

老子"上善若水"的论述是以古代五行方位学说为背景的。在古代时空模型中,作为五行的木、火、土、金、水常与作为五方的东、南、中、西、北相配合。水居于北方之位,由北运而之东,水即生木;由东运而之南,木乃生火;由南运而之中,火遂生土;由中运而之西,土便生金;由西运而之北,金返生水。如此连环,周而复始,五行化生不息。

按照传统的气运理论,五行还与易学"洛书"象数相契合,并且与五脏相对应。水在北方,其数一,对应于肾脏;木在东方,其数三,对应于肝脏;火在南方,其数九,对应于心脏;土在中央,其数五,对应于脾脏;金在西方,其数七,对应于肺脏。大道化生,肇始于北方水位之"一",此乃上善之源。对此,北宋大学者苏辙在《道德真经注》卷一中说："天以一生水。盖道运而为善,犹气运而生水也,故曰'上善若水'……道无所不在,无所不利,而水亦然。"②由此可见,"水"已经被先民们当作万物生生不息的根本,中医学以"肾"对应于"水",实有养精固肾、保命延年的思想旨趣。老子以"水"来象征"大道",正有以阴养阳的用意。

明白了上述关于易学洛书与五行、五方、五脏的配合原理,我们再探讨《道德经》第八章的"七善"论说,就可以领悟其中所蕴含的治疗意涵。不言而喻,老子《道德经》"七善"之说乃是围绕人的现实生存立论的。对于人体与社会的康复而言,"居善地"就是要善待居处的场所,小到卧室、厅堂,大到整个人类赖以生存的地球,都应该予以保护,对于人类健康来说,"居善地"所贯注的就是环境医疗精神。在处理好人与环境关系的前提下,就可以进一步来调适人的心态,做性地功夫。"心善渊"就是要使本心像水那样渊深,明澈无积,

---

① （魏）王弼注,楼宇烈校释：《老子道德经注校释》,北京：中华书局2008年版,第20页。
② （宋）苏辙：《道德真经注》,上海：华东师范大学出版社2010年版,第8页。

畅通无阻;"与善仁"就是要懂得施与,善于施与,广结善缘;"言善信"就是做到言必行、行必果,具有良好信誉,如潮水之进退,适时而来,适时而去;"正善治"就是要以"止一"之正道治己、治世、治境;"事善能"就是在办事的时候既讲究功效,又节约能量;"动善时"就是在生活与行事诸方面都能够效法天道,顺应自然,不妄言、不妄为。

从表面看来,"七善"都不言"药",但处处皆蕴藏"大药",因为行"七善"就是广积阴德,积德就是滋养良药。老子《道德经》第五十九章说:

> 重积德则无不克,无不克则莫知其极,莫知其极,可以有国。有国之母,可以长久。是谓深根固柢、长生久视之道。①

在老子看来,广积阴德可以储蓄正能量。有了正能量,就可以克服各种困难。能够把各种困难克服了,其德行就无比深厚。有了无比深厚的德行,就可以治理好国家。遵循大道以治身、治国,根基牢固,可以长久。认真琢磨老子《道德经》第五十九章,再回过头思考《道德经》第八章的"七善",就不难明白其辨证施治的深刻含义。对比"三宝"再疗方补泻兼顾的法度,可以发现"七善"三疗方乃是以循序渐进的方式蕴积身国之正气,以达到阴阳气血之协调。

正因为积德可以强身壮体、治国安邦,所以汉代以来的制度道教继承和发扬了老子《道德经》"广积德"的精神。无论是汉代的《太平经》《老子想尔注》,还是魏晋以来的《抱朴子》《灵宝经》《上清经》《护命经》《清静经》《内观经》《三洞众戒文》《要修科仪戒律钞》等都大力倡导修身养性、积善行德,至于宋代开始就广为流传的《太上感应篇》《文昌帝君阴骘文》等"劝善书",更是将治病养生与道德涵养结合起来,充分体现了道家综合治疗的人文精神旨趣。

## 三、道家人文医疗的当代价值

道家人文医疗的理论与实践虽然形成于中国古代,但它的应用领域却没有时空限制。从当今人类整体生存立场看,它依然具有重大理论价值与现实功效。概括起来,主要有如下方面:

---

① (魏)王弼注,楼宇烈校释:《老子道德经注校释》,北京:中华书局2008年版,第155—156页。

第一,道家人文医疗提供了去贪治本的思路,有益于当代社会处理生命个体的诸多疾病。

当代社会,随着科学的发展,医疗水平大大提高,各种器质性疾病大多可以通过仪器检测查出状态,通过不同途径制作的药物以及激光等物理手段予以治疗,并且获得较好的效果。但是,自然界在变化,社会也在变化,人的心理、生理往往难于适应新的变化。由于工作节奏加快,生活节奏也加快,大多数人们感受到了气氛紧张,生活压力增加,再加上人与人之间缺乏真诚沟通,许多人精神扭曲,抑郁症、恐惧症、受伤强迫症等陆续发生。再进一步,由于人的情绪、情感堵塞,引发了各种各样器质性疾病与心理疾病的交错重叠,造成了人们的困惑与恐慌。这一切疾病的发生当然各有各的导因,但从根本上看,则与人类自身的贪欲有很大关系。

道家人文医疗正是针对人类的贪性而建立起来的。古文献记载表明,以黄帝为代表的原初道家即已注意到人的贪欲是造成疾病的内在因素,所以注重从内心反省入手来疗治;春秋时期开始的古典道家将原初道家的治疗理念和方法进一步提升,予以系统化;东汉以来的制度道教无论是在治疗理论上还是在治疗方法、药方配伍上都注重从根本上进行治疗。例如金丹派南宗经典《修真十书》即是从治本方面考虑问题,采取治疗措施。该丛书之一《杂著捷径·保精神》写道:

> 精者,神之本;气者,神之主;形者,神之宅也。故神太用则歇,精太用则竭,气太劳则绝。是以人之生者,神也;形之托者,气也。若气衰则形耗,而欲长生者,未之闻也……夫神明者,生化之本;精气者,万物之体。全其形则生养其精气,则性命长存矣。①

《杂著捷径·保精神》指出了精、气、神是人体生命赖以存在的根本,如果耗气、损精、伤神,人体生命不仅不能长久,而且将受戕害而无所寄托。什么东西会造成精、气、神的损伤呢?《杂著捷径·保精神》用"太劳"两个字概括。为什么"太劳"呢? 就在于人的贪欲本性放肆了。看到了这一点,道家人文医疗

---

① 《道藏》第4册,第707页。

反复论证祛除贪求的重要性。老子《道德经》第三章"不见可欲,使民心不乱"①可谓集中体现了道家人文医疗"治本养身"的核心精神。从当代人类身心健康角度看,这是很值得深思和汲取的。

第二,道家人文医疗形成了"身国共治"的治疗方案,有助于当代社会对国家层面上的疾病进行综合治理。

与几百年前的古代社会相比较,当代社会在许多方面具有优越性,例如信息化、组织化、机械化程度高,人们可以享受相对丰盛的物质成果和文化成果;不过,也存在诸多问题。就社会关系来讲,虽然沟通渠道开启着,但由于种种障碍,实际上并不畅通,各阶层之间不能很好地真诚交流;再就生活价值观方面来看,由于道德滑坡,唯财是求、金钱至上的情况相当严重。因而,我们有理由用"病态"字眼来形容当代社会的诸多问题。针对种种社会病,世界各国管理层都积极想办法,力图进行治疗,也取得了一定成效。但最大的问题是:社会治理的顶层设计虽然不错,但具体实施时却未能将社会作为相互关联的"生命体"看待,大多是用机械、物理控制的方法来调整,故而未能取得良好成效。

对照道家人文医疗关于社会病的治理思路,我们可以清楚地发现:道家最重要的理念之一就是把社会国家当作密切关联的生命体,将治身的思路和方法延伸扩展于社会国家治理的领域,笔者曾经将这种治疗理论称作"身国共治"②。这种治疗思路的前提是"身"与"国"类比齐观。从《列子》记载的黄帝故事,我们已经可以看到其端倪,后来的古典道家、制度道教都遵循这样的路向。例如西汉时期的严遵说:

> 人主者,天下之腹心也。天下者,人主之身形也。故天下者,与人主俱利、俱病、俱邪、俱正。主民俱全,天下俱然。家国相保,人主相连。苟能得己,天下自然。故可以知我者,无所不知,可以治我者,无所不治。③

这是以人体的结构形态来比拟天下国家的君民关系。在严遵看来,君主居于

---

① (魏)王弼注,楼宇烈校释:《老子道德经注校释》,北京:中华书局 2008 年版,第 8 页。
② 参见詹石窗:《身国共治》,厦门大学出版社 2003 年版。
③ 《道藏》第 12 册,第 365 页。

天下的腹心地位,而天下则是君主身形的延伸。天下臣民与君主构成了生存共同体,利共利、病共病、邪共邪、正共正,这就叫作"家国相保,人主相连"。因此,社会国家的疗治应该从个体生命的疗治获得启迪。

严遵的观点得到晋代著名道家学者葛洪的继承和发挥。其所著《抱朴子内篇·地真》说:

> 故一人之身,一国之象也……神犹君也,血犹臣也,气犹民也。故知治身,则能治国也。夫爱其民所以安其国,养其气所以全其身。民散则国亡,气竭则身死。①

葛洪以身体的神、血、气与国家中的君、臣、民相类比。在他心目中,人体犹如国家,君臣民具备。就"理身"来说,养气乃是培源固本之举,由此推及"理国"就应该爱民。唯有如此,才能"全其身"而"安其国";否则,国亡身死,下场非常悲惨。显然,葛洪是以医疗的立场来对国与身进行类比。

道家人文医疗理论把社会各阶层的关系看作环环相扣、不可分离的生命体,这对于当今社会进行人性化管理来讲无疑是很有裨益的。从社会国家"生命体"的认知出发,人与人之间就不应该是你争我夺的利益关系,而应该是洋溢着亲情并且体现平等尊严的生命共荣关系。故而,领导层应该从社会共生立场出发,通过广泛协商,在保障共生的集体利益的前提下,制定各种生活、工作规章,引导社会不断完善道德教化体系、人性修养体系、慈善救济体系与情感信息交流体系。

第三,道家人文医疗把人类生存与环境影响密切关联起来,形成了环境治理与保护双管齐下的思想原则,积累了丰富的实践经验,有利于当代环境疾病的疗治,有利于生态文明的建设。

随着科技产业的发展,当代社会汲取资源的手段越来越高端,各种先进设备进入了人们的现实生活。人们享受着物质生活的丰盛滋养,但也遭受了科技手段发达所带来的麻烦与困扰。例如在家居领域,人们大量使用空调设备,将热气不断地往外排放;在交通方面,小汽车、摩托车大量增加,汽车尾气难以限制地渗入人们呼吸的空气中,造成了严重的空气污染。为了满足庞大的人

---

① (晋)葛洪著,王明校释:《抱朴子内篇校释》,北京:中华书局1985年版,第326页。

口需求,人类不断发明新器械,来汲取地球资源,造成了开采过度,生态严重失衡。各国政府虽然大多已经意识到问题的严重性,并且采取了相应措施,但效果不明显。在这种情况下,如果能够从环境治理角度认真深入地研究道家人文医疗思想以及具体的策略和方法,领悟其精神内涵,必定有益于世人生活环境的改善。

（本文合作者:李冀;原载《河北学刊》2015 年第 6 期,收入本书时略作修改）

# 老子《道德经》的宏观医疗精神发秘

千百年来,老子的《道德经》引起世人极大的探索兴趣。如何理解《道德经》的基本精神? 考察的角度不同,得出的结论将是不一样的。笔者以为,领悟任何一部伟大著作的思想内涵,评估其社会功能,都应该回归历史,从著作形成的文化背景出发进行解读,才能获得比较可靠的结论,对《道德经》的诠释也不例外。经过比较长时间的探讨,笔者深深感到,在《道德经》里蕴含着宏观的医疗精神。把握这种精神,对于当今人类整体生存和世界和平来说是相当有益的,这就是笔者何以要写作本文的初衷。

## 一、《道德经》"宏观医疗"的文化背景

什么是"宏观医疗精神"呢? 要理解这个问题,首先必须明白"医疗"这个概念的意涵。"医"这个字由来已久,在商代甲骨文里就已经有了。其字形由"匚"加上"矢"字。汉代文字学家许慎《说文解字》认为,"医"这个字表示装弓、弩、箭的器具。为什么治疗疾病与弓箭之类兵器联系在一起呢? 原来,古人认为,生病是由邪灵作祟造成的。要消除疾病就要把邪灵赶跑。怎样把邪灵赶跑呢? 古人通过射箭来解决这个问题。那个"匚"就像一堵围墙,治病的人站在墙边射箭,就等于实施了治疗程序。从现代科学角度看,这似乎是不可思议的,但其实这是一种仪式疗法。完成射箭的动作,就意味着完成了一套特定仪式。由于时代久远,我们现在已经无法了解具体细节和功效,不过,其基本思路却有蛛丝马迹可寻。在射箭仪式这种氛围里,病人至少在心理上可以获得某种疏解,由于精神放松,体内血管等传导器可以较为畅通,有利于恢复健康。

"医"这个字后来增加笔画,写成"毉"与"醫"。这两个字都是上下结构。上面部分,由左右两边构成。左边是"医",右边是"殳"。所谓"殳"表示装有铁锤的兵器。据《诗·卫风·伯兮》以及《左传·昭公二十三年》记载,上古时期,国王出行,由地位比较高的"伯"手持"殳"器,站立于道路左侧,以示欢迎和护卫。这种程序后来演变成一种仪仗形式,实施的人员称作"殳仗队",其仪仗便具有宗教礼仪的意味。在"医"的右侧加上"殳",显然强化了仪式治疗的成分;"毉"字下面的"巫"字则表明执行此等仪式疗法的人就是巫师,至于"醫"这个字,下面的"酉"乃是"酒"的原型,表示以酒作药引来治病。由"毉"到"醫"的字形变化,反映了中国古代医疗观念与方法的转变。不过,从本质上看,即便是采用了"酒"之类的药物,依然也保存了早先仪式疗法的精神,因为"医"所具有的射箭治疗和"醫"中的"殳"意味着仪式成分的存在,故而其仪式疗法精神也就没有消失。

仪式是什么?本来是人们为了健康平安生活而实施的一整套特定动作体系。从本质上看,仪式的背后是人文精神的贯注。参加仪式的人都可以在特定的气氛里得到熏陶与心灵慰藉,这种熏陶、慰藉在客观上对于人们的身心健康是有好处的。从这个角度来看,中国的医疗一开始就具备了人文精神。

值得注意的是,中国古人讲的医疗范围比较广泛,并非仅仅指诊治人类个体的身心疾病,还包括治疗人类赖以存在的国家、社会等。古人常说"上医医国,下医医人",这种把国家疾病治疗与人体疾病治疗相统一的思想是中国先民长期坚持的。老子《道德经》正是在这种文化氛围下形成的,因此在字里行间贯注了这种精神,这是不奇怪的。

近代著名思想家魏源说:"盖《老子》之书,上之可以明道,中之可以治身,推之可以治人。"①这句话可以说是对《道德经》思想主旨的最好概括。文中所谓"治",本指开凿水道、修筑堤坝、引水防洪。后来,其意义逐步引申,疾病诊断与处理也称作"治"。从这个角度看,老子的"治"既指治身,也指治世、治国。显然,这种疗治观念具有宏观特征。

---

① (清)魏源:《老子本义》,《诸子集成》第3册,北京:中华书局1986年版,第49页。

## 二、《道德经》"宏观医疗精神"的诊断表现

老子把身体治理与社会治理、国家治理联系起来,形成了宏观的医疗精神。这种精神首先表现在承认疾病存在的客观性。

《道德经》第七十一章说:"夫惟病病,是以不病。圣人不病,以其病病,是以不病。"意思是讲,只有正确认识到疾病的存在并且采取有效措施,才不会真正得病。圣人为什么不会病? 是因为他充分意识到疾病侵袭的危害,能够尽早预防,有一套避免疾病的办法,所以能够健康生活。应该看到的是,老子《道德经》所谓"不病"不仅指圣人个体不生病,而且包括他所管理的社会国家也安然无恙,因为只有社会国家没有问题,才能真正实现"不病"。在这里,"是以不病"没有具体的范围限定,它不仅涵盖了人类身心,而且涵盖了社会组织以及人类赖以生存的自然环境。

基于承认疾病存在的客观立场,老子看到了当时的许多社会问题。例如《道德经》第四十六章说:"天下无道,戎马生于郊。"老子指出:天下无道时,就连小马也只能在战场郊野出生,这正是当时战争频繁、社会动荡的一个缩影。《道德经》第五十三章说:"朝甚除,田甚芜。仓甚虚,服文彩,带利剑,厌饮食,财货有余,是谓盗夸。非道也哉!"文中的"除"指清洁干净,而"芜"形容生满杂草,一片荒凉。老子运用对比的手法描述当时的社会状态:古代执政者居住在环境优美的高级住宅里,面对田园荒芜、仓廪空虚的情形,他们忘记了廉俭的品德却穿着华丽的衣服,佩上明亮的利剑,吃厌了山珍海味,玩腻了声色狗马,财产很多,受用不完,却从不去接济别人。老子十分尖锐地抨击:只懂得搜刮民脂民膏的统治者实际上是强盗头子。他们的行为当然是违背"大道"精神的! 在《道德经》第五十七章里,老子指出了社会疾病的另一种情况:"天下多忌讳,而民弥贫;人多利器,国家滋昏;人多伎巧,奇物滋起;法令滋彰,盗贼多有。"老子指出:实施了禁忌太多的政令,使得人民越来越穷。社会大众拥有太多杀人武器,国家混乱不堪,很不安全。人民取巧,邪恶与诡秘的事物纷纷滋长。法令太多,道德沦丧,盗贼比比皆是,这些现象可谓触目惊心。老子对当时的病态作出诊断,他大声疾呼,旨在唤醒人们注意。

病态是怎样造成的呢？老子认为是"失道"引起的,而"失道"又是由人欲膨胀造成的,尤其是身居高位的统治者处处从个人私欲出发,将个人利益凌驾于全社会之上,这样不仅造成了社会不平衡,也使得统治者自身的健康出现问题。因为过分摄取能量,反过来将会成为自身的负担,例如一个人只要吃两碗饭就饱了,而他却贪吃,大大增加分量,如此一定把肠胃撑坏。同样道理,没有节制的性生活,也一定损坏身体。因此,疾病治疗必须从人欲控制开始。《道德经》第十二章说:"五色令人目盲,五音令人耳聋,五味令人口爽,驰骋畋猎,令人心发狂;难得之货,令人行妨。"其中的"五色",即青、赤、黄、白、黑;"五音"即角、徵、宫、商、羽;"五味"即酸、苦、甘、辛、咸。此三个"五"的系列分别与木、火、土、金、水五行以及肝、心、脾、肺、肾五脏相对应。老子以"目盲""耳聋""口爽""心发狂""行妨"这样的言辞说明过分追求欲望满足所造成的危害,目的就是要人们懂得进行自我控制。唯有如此,才是最好的治疗和自我保健。

老子不仅指出了多欲会使人得病的事实,而且以人喻国、以人体之病比喻国家之祸,告诫统治者不能为了自己的私欲,过分追求享受,更不能压榨人民,激发社会矛盾。《道德经》第七十五章说:"民之饥,以其上食税之多,是以饥。民之难治,以其上之有为,是以难治。民之轻死,以其上求生之厚,是以轻死。"老子指出:人民为什么挨饿? 这是因为统治者收税太多。老百姓为什么难以治理? 这是因为统治者刚愎自用、太过于有为。老百姓为什么不怕死? 这是因为统治者过于注重自己的生命享受,搜刮民脂民膏,人民就不怕死,于是揭竿而起,反抗了! 本来,君、臣、民上下相互信任,国家就运转正常;但作为社会主导的统治者因为多欲而违背自然发展规律,国家大生命就会遭受戕害。如此,则国家大病,百姓遭殃,统治者最后也要垮台!

《道德经》对疾病问题的论述既涵盖了人类个体生命,也辐射到了社会国家。可以看出,老子是在对社会国家进行"望、闻、问、切"式的精心诊断后才得出精辟见解。《道德经》第十六章说:"不知常,妄作,凶。"老子告诉我们:无论是个体疾病还是社会、国家疾病都表现为阴阳不调、节奏混乱、秩序失常。从根本上看,这一切都是违背了"常道"自然法则而出现的后果。因此,必须归根复命,用"常道"自然法则来检讨各种行为,按照"常道"法则来生活,这样才能恢复生命秩序与社会秩序、自然秩序。

## 三、《道德经》"宏观医疗精神"的现代生活意义

 针对人类个体疾病与社会、国家疾病情况,老子开出了什么疗治药方呢? 当然,老子不是一个具体治疗感冒、腹泻之类疾病的医师。所以,我们读他的《道德经》,并没有看见什么九味羌活丸、羚翘解毒丸、藿香正气水之类药名; 不过,若深入探讨,就可以发现其中蕴含着综合治疗的良方。该良方概括起来就五个字:道、德、善、静、安。这五个字既可以治身,也能够治世,集中体现了《道德经》的"宏观医疗精神",对于当今人类的个体生活与社会生活均有重要价值。

 "道"的直接意涵是"道路",但在《道德经》里,"道"则是生化万物的本根,也是宇宙运动法则的总括。对于"道"的内蕴,前中国道教协会副会长陈莲笙大师有很好的说明:"道"包含着一切已经认知的世界以及一切尚未被认知的世界;包含一切我们已经理解的状态、运动、规律以及尚未被我们知晓的状态、运动和规律。"道"涵盖着人类赖以生存的自然界,人类自己组织的社会,以及尚未被人类认知的任何界别,任何领域。而所有这些被认识的和尚未被认知的领域都生发于"道",并受"道"所支配,依凭"道"而运动、发展和变化着。这段话很好地概括了"道"的思想理趣。

 "德"在上古时期本是表示漂亮女子的眼力。老子《道德经》对"德"的原始意义进行引申,以"德"作为"道"的能量。《道德经》第五十一章说:"道生之,德畜之。"这里的"畜"是"养"的意思。为什么能够"养"呢? 就在于有了"德"作为能量。在《道德经》看来,"道"因为有"德"才能够辅助万物生生不息。正如母亲生儿育女需要养分一样,"德"就是生育万物的滋养。从人类生存立场看,"德"是维护社会秩序的基本规范,"德"不仅是社会正常运转的原则,也是个人修身养性的法宝。

 "善"在上古时期本是判明是非的准则,后来成为崇高品德的形容。老子《道德经》在许多地方使用了"善"这个字,其意义有所不同,其中最重要的一点就是要有济世利人的胸怀。《道德经》第八章说:"上善若水。水善利万物

而不争。"老子用"水"来比喻崇高美德,即"道"生生不息、滋养万物而不争名、争利的功德。

"静"本来表示全力以赴,清洁自我。老子《道德经》发挥了这种意涵,并且作为指导个人生活与社会治理的导向。《道德经》第二十六章谓"静为躁君",意思是讲:宁静是躁动的君主。《道德经》第四十五章称"清静为天下正",意思是讲:归于纯洁和宁静,这才是人的生活与天下治理的正道。在老子看来,"静"是事物维系的根本。个人要健康,需要使自己内心宁静;社会要走上正轨,也需要维护清静。

"安"是一种理想状态。老子《道德经》第三十五章谓:"执大象,天下往。往而不害,安平泰。"老子所谓"大象"即"道"的伟大形象,而"执大象"就是信仰大道、奉行大道、固守大道。"天下往"是说圣人奉行大道,天下万物都归向大道。按照《道德经》的说法,天下万物归向大道,这不会受到任何伤害。之所以如此,是因为大道是"安平泰"的。"安"当然是安全,而"平"就是太平,安全与太平合起来就是平安,可见老子讲"道"的要义之一是平安。至于"泰"本来自《周易》的泰卦,通过坤乾的符号重叠,表示阴阳之气交感和合。

在《道德经》里,道、德、善、静、安,这五个字构成一个整体,犹如传统中医学里的药方。如果要进行一番中药配伍的类比,那么可以把"道"看作"君",把"德"看作"臣",把"善"与"静"看作"佐",把"安"看作"使"。要从宏观上调理生命状态和社会状态,必须将这"五字真言方"综合使用,缺一不可。概括起来,"五字真言方"对于当代世界的指导意义在于:第一,提供了健康生活的准则,无论是个人还是社会,都应该顺道而行、以德滋养;第二,提供了健康生活的方法,这就是:多行善事,慈悲为怀,济世利人,宁静致远;第三,提供了世界和平的目标,这就是安己、安人、安世、安天地、安自然。如果能够按照《道德经》的教导办事,个人的生活就能够有序化,世界就可以避免纷争和困扰。

(本文系笔者于 2016 年出席维也纳"道德经论坛"提交的学术论文,原文为英文,收入本书时作了全文翻译并略作修改)

# 《道德经音诵》的缘起、旨趣与文化养生述论

　　春秋时期的老子,颇受景仰,被后世学人尊奉为"中国哲学之父"。他留下的五千言《道德经》,既对个人修身养性、延年益寿、启迪智慧很有帮助,也对经营管理、治国安邦、国际交流等方面具有深深裨益。习近平主席曾引用《道德经》"治大国若烹小鲜"格言,阐发治国理念;又以"上善若水"为典据,表达世界和平愿景,足见《道德经》在当今社会依然具有巨大魅力。

　　为了更好地学习、研究和传播《道德经》,复兴中华优秀传统文化,笔者在多年前萌发了创作"道德经音诵"的构想,这就是按照道家传统的音诵法度,并结合当代音乐艺术,为《道德经》谱曲。这件事首先得到了厦门三官道院住持郭汉文的响应和积极筹划。中国道教协会得知此事,立即给予大力支持。国家宗教局也非常关心项目的开展与制作。经过三年多的努力,《道德经音诵》终于制作完成。

　　就功能学的意义来说,《道德经音诵》遵循的是道家的"文化养生"理路。换一句话来讲,《道德经音诵》乃是贯彻道家文化养生理论进行的音乐实践成果。从整体上把握文本思想脉络,以"道、德、善、静、安"五字真言概括《道德经》乃至整个道家体系的文化价值观。在制作思路上,《道德经音诵》根据思想内容,以角、徵、宫、商、羽——五音,对应五行、五方和人体五脏,将《道德经》内在蕴含的易学八卦数与中医经络学说、脏象学说有机联通起来,力求达到艺术养生的特殊效果。

## 一、从"音诵"到"道德经音诵"

　　古人云:"物有本末,事有终始。"《道德经音诵》的制作自然有其缘由。这

个缘由还得从"音诵"的由来说起。

"音诵"是"诵"的一类,其原型字是"甬",而"甬"的本义是"通",表示从头到尾,畅通无阻。延伸到文章的声读上,就形成了"诵"。早在金文里,已经有"诵"这个字,其构形是言字旁加上"甬",意思是通读文本。根据《佩文韵府》①的记载,古时候所谓"诵"有很多种形式,其中最有代表性的是吟诵与音诵。如果说,"吟诵"主要是在儒生中流行,那么"音诵"则主要在道家圈内秘传。

"音诵"的明确记载,首见于《魏书》卷一百二十四《释老十》,其中有一段文字言及:寇谦之守志嵩岳,精专不懈,于神瑞二年十月乙卯,忽遇"天神乘云驾龙",集止山顶,称太上老君授予寇谦之天师位,赐《云中音诵新科之诫》二十卷。后来关于寇谦之秘传"音诵"的故事大抵以《魏书》记载为蓝本而稍作增删。例如《隋书》卷三十五《经籍四》以及马端临《文献通考》卷二百二十四等处也有类似描述。

考《正统道藏》之"洞神部·戒律类",收有《老君音诵戒经》,学术界多认定该书即寇谦之所得《云中音诵新科之诫》。一开始,《老君音诵戒经》就叙述:太上老君告知传经的人,初"受诫"时要举行隆重仪式:首先是"受诫"者庄严肃穆地站在《戒经》之前,向《戒经》行八拜大礼;其他的师友则手捧经书,演唱"八胤乐";所谓"胤",许慎《说文解字》解释为"子孙相乘续也",而《尔雅》则用"继"字予以概括。就音乐演唱角度来说,"胤"可以理解为一遍完了再续一遍,如此连续八遍,故称"八胤"。按《说文解字》的说法,"胤"字"从肉从八",而"佾"字右侧亦由"八"与"肉"构成。由此可以推断,"胤"与"佾"当同出一源。查孔子《论语》,见有"八佾舞于庭"的记载,而《礼记·祭统》则称"八佾以舞大夏"。此所谓"佾",指的是乐舞行列。按西周的等级制度,诸侯用"六佾",凡三十六人,纵横各六排;天子用"八佾",凡六十四人,纵横各八排。"大夏",系夏朝大禹时期所创制的一种"韶乐"。因为大禹是夏朝开国君主,所以其礼仪用的是"八佾"。结合《论语》与《礼记》的资料来分析,我以为

---

① 《佩文韵府》是清朝张玉书等人奉命编纂的一部关于辞藻、典故的类书,专供皇帝出行查找辞藻使用。其中涉及的"诵唱"方式很多,诸工诵、志诵、坐诵、读诵等。

"八胤乐"可能是从上古八佾舞乐脱胎而出的一种仪式音乐。《老君音诵戒
经》描述传戒时众人演唱"八胤乐",这实际上烘托了"音诵"进行前的气氛。
接下来,《老君音诵戒经》指出:在演唱了"八胤乐"之后,即由"受诫"之人按
照"音诵"调式"伏诵经意"。所谓"伏"就是俯身低头,"伏诵"就是两足跪地、
身体前倾如匍匐之状,低头而音诵;诵毕,再行八拜礼。完成了三个基本程序,
就算受诫了。为了便于操作,《老君音诵戒经》特别说明:如果不懂得"音诵",
只要"直诵"就行。所谓"直诵",用今天的话来说,就是一般性朗读。可见"音
诵"与"直诵"有明显区别。简单地讲,"直诵"不讲究调式,没有固定旋律,节
奏自由,乃是最为普通的诵读方式;而"音诵"则要依调式而唱,不仅有固定旋
律,而且讲究节奏。音诵虽然不同于仙歌道曲,但已经具备了音乐的基本功
能,是介于言说与音乐之间的一种特别的声控技艺形式。

尽管"道家音诵"的明确记载是到了南北朝时期才出现,但其渊源却非常
古远。据《吕氏春秋》记载,早在五千多年前的"朱襄氏"①时期,大臣士达为
了解决多风而阳气过盛问题,就创造了"五弦瑟",通过调理角、徵、宫、商、羽
五音,"以来阴气,以定众生"②。这说明"五弦瑟"的演奏在开初并不是为了
休闲娱乐,而是作为调理阴阳的手段;《老君音诵戒经》在论及"音诵"的本旨
时谓之"土居安宁,风雨时节"③,这完全符合"五弦瑟"调理阴阳的内在精神,
因为大地之所以能够安宁,就是因为阴阳平衡,而"风雨时节"就是春夏秋冬
运行有序的象征,其背后所蕴含的理念还是阴阳平衡。可见"道家音诵"在思
想内涵上与上古通过弹奏弦瑟以和阴阳的主旨是合拍的。

从气运路向上看,"道家音诵"与《庄子》中的"洛诵"也有一定关联。该
书《大宗师》篇记载"南伯子葵问道"故事时曾言及洛诵。在庄子笔下,女偊所
得的"道"是经过世代相传的,先是闻之于副墨之子,而副墨之子又是从洛诵
之孙那里学来的,再往前稽考,最终追溯到"疑始",也就是混沌的肇端。其中

---

① 按,"朱襄氏"即炎帝神农,炎于五行属火,其色红,故谓之"朱襄氏"。
② 高诱注:《吕氏春秋·仲夏纪第五·古乐》,《诸子集成》本,北京:中华书局1954年版,第
51页。
③ 《老君音诵戒经》,《道藏》第18册第214页。

的"洛诵",按照宋代学者林希逸的解释,就是"苞络而诵之也"①。然而,什么是"苞络"呢?"苞"就是花苞,而"络"就是经络。"苞"与"络"连结,所表达的当是如花苞一样含蓄、且又如经络那样贯通全体的状态。"络"与"洛"同音相转,意义相通,于是引出了洛水的意象,表征其川流不息。如此看来,"洛诵"当是一种颇为含蓄、圆润的诵唱方式。这种以花苞及流水为法象、以经络为内涵的"洛诵",尽管是通过寓言故事来表达,但其操作机理却是明白的,故而对于后来的"道家音诵"当有特别的启迪意义。

作为中国古代特有的声控技术,"道家音诵"以往基本上是在道教中流传。查现存的《正统道藏》的威仪类、赞颂类,还可以看出"道家音诵"的元素通过许多途径延续着。但由于历史的原因,在近代以来道家音诵濒临失传。幸好还有老道长知道个中奥妙。上海城隍庙前住持、前中国道教协会副会长陈莲笙道长就是获得"道家音诵"真传的大师。陈道长系正一派传人,原姓吴,名良叙,法名鼎昌。5岁时,出嗣于姨父陈荣庆为子。陈荣庆于少年时代曾经在上海火神庙的既济道院拜师于李祥和,曾任火神庙住持。辛亥革命前夕,陈荣庆礼上海保安司徒庙住持张成照为度师,始为俗家道士。陈莲笙自小生长在这一世代信奉道教的家庭,深受熏陶。1927年,年仅12岁的陈莲笙皈依朱星垣门下,为俗家弟子。他聪慧好学,诵习了大量道教经书。1933年,陈莲笙受度于著名法师张村甫门下,专习正一斋醮科仪。那时他未满17岁,却已经是吹拉弹唱,样样精通,对道教科仪音乐了如指掌。从那以后,陈莲笙更加深入全面地研究和实践包括"音诵"在内的道教科仪音乐,将之作为修道、弘教的神圣法门。

自1985年起,笔者有幸多次拜访陈莲笙大师,得以了解和学习道家音诵的高深技艺。1993年夏天,因为组织拍摄电视专题片《东方道家之梦》的机缘,笔者到了上海白云观向陈莲笙老师讨教有关道教科仪音乐的问题,并且拍摄了由他主导的斋醮科仪的一些场面。在休息的时候,笔者在陈莲笙道长的修行堂里见到装帧别具一格的《道德真经》,感到好奇。原来那是河上公章句古本,这引起笔者很大兴趣。于是,就一些问题向陈莲笙道长讨教。他感觉我

① 《南华真经口义》卷九,《道藏》第15册第733页。

诚恳,就谈起了道门讽颂《道德真经》的一些讲究。从烧香敬拜到开盒取书,从存神净念到发声唱诵,一一道来。陈道长说:《道德真经》是有"诗韵"的,其句子长短交错,平仄对应。如何唱诵,应从运气入手,依平仄韵律,才能循经络引气,达到"自然乐"的养生功效。在笔者的敬请下,陈道长唱诵了一章。果然韵律新奇,别有一番风味。

陈道长的唱诵和点拨,让笔者顿开茅塞。这时,笔者才知学习《道德真经》还有如此门道。陈道长希望笔者将来能够将这门技艺发扬光大。笔者当时虽然没能记住他唱诵的韵律,但基本精神是领悟的,这就是以"阴阳五行"为纲,通过五音调理,来激发体内气血运化的潜能,从而达到自然快乐的养生效果。循着这个路向,笔者仔细研究了《道藏》中的许多音乐作品,诸如《道德真经颂》《玉音法事》《太和正音谱》等,得到许多启发,并且产生了为《道德经》作音诵曲谱的愿望。为此,我首先把原来的《老子道德经通解》的经文重新进行校勘,这次校勘乃以河上公章句为底本,以王弼注本以及马王堆汉墓帛书甲乙本等多种文本作为参校本。在确定经文的前提下,创作音诵曲谱。

## 二、《道德经音诵》与"自然快乐"说

如何运用"音诵"来传达《道德经》的精神呢? 这是笔者在酝酿之初便进行思考的一个问题。刚开始,笔者反复揣摩陈莲笙道长所讲的"自然乐"的意涵。笔者查考了道教文献,发现陈莲笙道长"自然乐"是有所本的,原来这个说法出自《太平经·以乐却灾法》:

夫乐于道何为者也? 乐乃可和合阴阳,凡事默作也,使人得道本也。故元气乐即生大昌,自然乐则物强。[1]

此段行文一开始就提出了一个很值得思考的问题,即"乐"对于修道、得道的功能、作用问题。这里所谓"乐"包含着两层含义:一是指快乐状态,具有愉悦的意涵;二是指音乐。在《以乐却灾法》看来,快乐状态与音乐流行状态两者是可以相通的。一方面,音乐的流行状态可以引起快乐;另一方面,快乐也可

---

[1]　王明:《太平经合校》,北京:中华书局1960年版,第13页。

以看作自然旋律的流行,这种旋律周而复始,合乎天道,所以能够引发快乐。从这个意义上看,音乐本身可以引发快乐,甚至可以说音乐就是快乐,音乐与快乐在这个层面上达到高度一致。

"乐"与"道"到底是什么关系呢?《以乐却灾法》从阴阳和合的角度予以说明。照此而论,大道流行,则阴阳和合,一切都在默默之中自然而成,这就叫作"得道本",也就是合于大道本根。大道运化,一元之气因阴阳相调而流行,这就叫作"元气乐",即元气流行有序,例如五音合律,所以乐。按照《太平经》的音乐哲学思路,"乐"合于天地化生之德,乐而免其刑,这就叫作"自然乐"。意思就是说:天体周转有序,好像音乐旋律持续地演奏着,万物因之不断生长,故而繁荣昌盛,这就叫作"物强"。由此可见,"自然乐"是非常重要的,如果自然不能乐,万物不但不能强,反而会遭灾受罚,因为"乐"是与"苦"相对应的。如果说,"乐"意味着"德"起主导地位,那么"苦"意味着"刑"起主导地位。修道之乐在于得自然之趣,故而《太平经》以"自然乐"概括之。用现代汉语来讲,这就叫作"自然快乐",既表示万物运化自然而然,又表示修道过程如自然音律的流行。

"自然快乐",一方面具有音响、旋律、节奏上的内涵;另一方面又有心灵感受的意义,两者在最高境界上达到了没有分别的状态,这就是"道通为一"。

怎样实现"道通为一"的快乐境界呢?《太平经》卷五十《诸乐古文是非诀》说:

> 诸乐者,所以通声音,化动六方八极之气,其面和则来应顺善,不和则其来应战逆。夫音声各有所属,东西南北,甲乙丙丁,二十五气各有家。或时有集声,相得成文辞,故知声。聆声音以知微言,占吉凶,举音与吹毛律相应,乃知音弦声,宫商角徵羽,分别六方远近,以名字善恶云何哉?精者,乃能见其精神来对事也。故古者圣贤调乐,所以感物类,和阴阳,定四时五行。①

照《太平经》的看法,音乐的功用在于化气。因为四方上下、古往今来的一切事物变迁,都通过气化流行而表现出来。地分南北,界有东西,位具三才,气成

---

① 王明:《太平经合校》,北京:中华书局1960年版,第183页。

阴阳。所谓"二十五气"者,即甲、乙、丙、丁十天干与子、丑、寅、卯十二地支会于天、地、人三才,以表征宇宙的立体结构。这个结构的气象都通过"五音建运"体现出来,在人类更是如此。因为阴阳变化,引动气机,必有声音传达,所以从声音的变化里是可以感受到某种微言大义的。声音虽然多而杂出,但就频率高低来讲,则可以概括为宫、商、角、徵、羽五音。通过这五音的变化情况,可以分辨东、西、南、北以及上下六方的远近物事,了解到善恶的性质和变动方向。为什么这样呢? 因为事物的结构有粗有精,从其音声和合与否,就能够感受其精华所在。因此,古代的圣贤们非常重视五音的流行状况,根据具体情形,不时加以调整。其目的在于感通物类,和合阴阳,以便确定春、夏、秋、冬四时以及金、木、水、火、土五行的流转。这种调整就叫作"通音化气"。

"通音"之所以能够"化气",是因为"音"具有振动传达的功用。要使一气流行,就必须调弦正声,使之达到阴阳和合的地步,这不仅可以"乐其身",而且能够乐天下、乐自然。因为音声协调、阴阳和合,"太平气至,具乐之悦喜也[1]"。

如何做到"通音化气"呢? 这就是要根据不同时节、不同时空来"调声奏乐",以感动天地四方之精神。《太平经》卷一一六《某诀》说:

> 五音乃各有所引动,或引天,或引地,或引日月星辰,或引四时五行,或引山川,或引人民万物。音动者皆有所动摇,各有所致,是故和合得其意者致善,不得其意者致恶。动音,凡万物精神悉先来朝乃后动,占其形体。故动乐音,常当务知其事,审得其意,太平可致,凶气可去,真人详之。[2]

这段论述表明:宫、商、角、徵、羽的演奏并非单纯的只是为了悦耳,而是具有更大的功能,即引动天地万物、日月星辰,乃至山川、人物。当然,五音不是可以随便引动的,得根据自然界的空间关系,审时度势,中其节律,这样才能合德免刑,来善去恶。文中的"引动"就是根据宫、商、角、徵、羽五音流转组合成一定的旋律而感动有形对象与无形对象。能否引动,关键在于能否"和合得其

---

[1]　王明:《太平经合校》,北京:中华书局 1960 年版,第 587 页。
[2]　王明:《太平经合校》,北京:中华书局 1960 年版,第 633 页。

意",这五个字一方面是说人通过乐器或者清唱发出的声音必须与客体对象①
的音位、音色、音频相互对应;另一方面是说引动者应该体察天人感应的原理,
以虔诚的态度来感受客体的自然节律,这样才能产生同步共振。对此,修道的
人应该予以详察,从中体会同步共振的奥妙。

基于具体的操作经验,《太平经》进一步指出:

> 比若春者先动,大角弦动甲,甲日上则引动岁星心星,下则引动东岳,
> 气则摇少阳,音则摇木行,神则摇钩芒,禽则动苍龙,位则引青帝,神则致
> 青衣玉女。上洞下达,莫不以类来朝,乐其乐声也。②

在这里,作者以春天动音为例,说明五音是如何与四时五行相感动的。所谓
"大角弦"是指音高同于"十二律"之"太簇"的角调调式,大体等同于西方音
乐的 D 调。在中国古代,以"角"表征春天之音。孟春正月,其律为大簇;仲春
二月,其律为夹钟;季春三月,其律为姑洗。《太平经》将此三种相对应的调式
称作大角(或者上角)、中角、下角。"甲"乃十二天干之首,在此作为孟春日功
之名。"岁星"就是木星,为太阳系八大行星之一。按照由远而近的方式计
算,岁星距太阳的顺序在第五,为太阳系中体积最大、自转最快的行星。"心
星"则是"二十八星宿"之一,在东方苍龙七宿中位居第五,古以为心宿乃天帝
布政之所在,故颇受推崇。"少阳"本是"易学"四象之一,《周易·系辞上》
谓:易有太极,是生两仪,两仪生四象,四象生八卦;邵康节据《系辞上》之象数
理趣指出:乾一、兑二、离三、震四、巽五、坎六、艮七、坤八,在此八卦之中乾、
兑、离、震为阳,巽、坎、艮、坤为阴,乾、兑为太阳,离、震为少阴,巽、坎为少阳,
艮、坤为太阴。中医学的经络学说称三焦经为手少阳经,称胆经为足少阳经。
就其数而论,则七为少阳。在方位上,少阳对应于东方、东宫;在神明上,对应
于钩芒、青帝、青衣玉女。《太平经》根据同类相应的原理,将天地日月、山川、
神明的各个系统对应起来,无非是要说明音声感动是普遍存在的,扣动一个音
符,就会影响到宇宙万物。所以,只有知音,才能做到"上洞下达",得到"乐其
乐声"的奇妙效果。所谓"乐其乐声",第一个"乐"是指相互对应的各个不同

---

① 按,这里的客体指的是发声主体之外的一切对象。
② 王明:《太平经合校》,北京:中华书局 1960 年版,第 633 页。

的层次的存在体都进入欢乐的状态,而"乐声"就是由大角弦引动的音乐旋律。《太平经》此段旨在说明人应该随天地之意而引动乐音。

从《太平经》的论述中可知:古人创造的"五音建运"理论具有非常丰富的内涵。"五音"的运用不仅牵涉天地东西南北中五方与春夏秋冬四时,而且具有感通万物、行善去恶的妙用。这种理论打开了笔者的视野,让我更加感到为《道德经》作"音诵"的神圣性。于是,笔者进一步考察了《道德经》的篇章结构,感觉从汉代开始河上公八十一章的划分似乎与《太平经》的音乐理论有某种相通之处。我们知道,《道德经》上下篇,上篇为《道经》,下篇为《德经》。其中即合于"阴阳"。关于此,元代著名道教学者邓锜在《道德真经三解》的序言中指出:

> 《周易》上经起于三,下经终于四,其卦六十四。《道德》上经起于三,下经终于四,其章八十一。《太玄》其方起于三,其家终于九,准《易》八十一首,道同德合矣。①

文中的"上经""下经"指的是《周易》与《道德经》的篇章结构,这两部经典文献都分为上下两个部分。就《周易》而言,其上经是三十卦,故而说"起于三",这个"三"暗示了天地人"三才之道",也合于"阴阳、刚柔、仁义"的"三极"大义。《周易》的下经是三十四卦,由于其尾数是"四",邓锜谓之"终于四"。对比一下,老子《道德经》也是类似结构,该书上篇三十七章,"三"在开头,因此谓之"起于三",这个"三",合于老子《道德经》所讲的"道生一,一生二,二生三,三生万物"的理趣。至于说《道德经》的"终于四"是因为下经的章数为四十四章,其尾数也是"四"。这篇序言还把扬雄的《太玄经》也列进来讨论,这是因为该书是融合《周易》与《道德经》的一部文化名著。邓锜序言如此切入,一方面揭示了《周易》《道德经》与《太玄经》本是一脉相承的事实;另一方面也是对《道德经》的思想主旨进行概括,为全文的解说做好铺垫。

邓锜特别强调了《道德经》篇章结构的起数"三"与终数"四",这实际上暗合了《周易》的"河图"数理。按照古法,天地五十五之数分布于东西南北

---

① (元)邓锜:《道德真经三解序》,《老子集成》第五卷,北京:宗教文化出版社 2011 年版,第424 页。

中,一、六居于北方,二七居于南方,三八居于东方,四九居于西方;五十居于中央,合于春夏秋冬"四时"。《道德经》上篇三十七章,"三"乃是东方的符号表征,代表的是"春",而"七"乃是南方的符号表征,代表的是"夏";"四"乃是西方的符号表征,代表的是"秋"。追溯根源,众数皆归于北方之"一",故《道德经》第三十九章称"天得一以清,地得一以宁,神得一以灵,谷得一以盈,万物得一以生,侯王得一以为天下贞",强调"一"的本原地位与功效。一阳来复,由"一"而"三"。此"三"者,于时为春,春暖花开,万物化生。三三得九,九九八十一,复归于元始。所以《列子·天瑞篇》说:"一变而为七,七变而为九,九变者,究也。"根据这个传统的数理对应法则,我们可以知道:《道德经》上下篇八十一章乃是按照春夏秋冬四时变化来安排的,或者说其内涵就贯穿了四时轮转的次序。领悟这一点相当要紧。在创作《道德经音诵》时,笔者反复阅读《道德经》经文,感觉老子于《道德经》上篇多言大道气象,"生"的节律仿佛就响彻在耳际,若春夏雷声发动;但下篇则多言兵象。例如第四十六章的"天下无道,戎马生于郊",第五十章的"入军不被甲兵",第五十七章的"以正治国,以奇用兵",第六十八章的"善为士者不武,善战者不怒",第六十九章的"用兵有言:吾不敢为主而为客,不敢进寸而退尺",第八十章的"虽有甲兵,无所陈之"等等。老子针对当时所处时代的情况,披露了战争给百姓带来的痛苦,由此警示世人应该力行道德,返朴归真,方可避免秋杀,由冬而返春,实现"自然快乐"。这个思想脉络,激发了笔者的创作灵感,也是笔者酝酿音诵旋律的基点。

## 三、《道德经音诵》的文化养生思路

《道德经音诵》的制作,除了根据《道德经》自身思想脉络来呈现旋律的春夏秋冬四时流转之外,还着重考虑如何产生文化养生功效。这是因为"音诵"产生于道门,它本来就有超越于艺术之上的特殊功效。

自老子《道德经》提出"长生久视之道"以来,道门就积极探索养生问题。《庄子》有《养生主》篇,以寓言的象征法度暗示如何养生的大原则。《庄子》之后,尤其是从东汉开始的制度道教更是把"养生"作为"延年益寿,羽化登仙"的基本手段。从宏观上看,道教的方术、礼仪等都具有养生的功效。

鉴于历史上道教对养生的高度重视,笔者在 21 世纪初就形成了"文化养生"的概念。这个概念首先在 2001 年出版的《道教文化十五讲》中提出。接着,在 2004 年出版的《道教科技与文化养生》一书中,笔者对"文化养生"的概念内涵有了比较明确的解释。2007 年出版的《道教与中国养生智慧》一书第十九章有一节也论述了这个问题,但说得比较集中的还是《道教科技与文化养生》一书的"绪论",其中,我对"文化养生"与"道教文化养生"是这样界定的:

> 如果说"养生文化"是养生技术的精神积淀形式,那么"文化养生"则是文化资源向养生技术的转化形态。依此类推,道教文化养生也就是道教文化资源向道教养生技术的转化形态。

在这段描述里,笔者既讲了什么是"文化养生",也提出了"道教文化养生"的问题。《道教科技与文化养生》这部书就是围绕这两个基本概念展开的。

近年来,笔者对什么是"养生文化"与"道教文化养生"问题重新进行思考,将《道教科技与文化养生》一书的界定进行适当修订,作了这样的表述:

> 如果说"养生文化"是养生观念与实践技术的积淀,那么"文化养生"则是一切有益于健康生活的文化资源向养生理论与实践技术转化的综合形态。依此类推,道教文化养生就是一切有益于健康生活的文化资源向道教养生理论与实践技术转化的综合形态。

这个表述把"养生文化"与"道教文化养生"的内容都扩展了。有人曾经问起"养生文化"与"文化养生"的差别,笔者是这样理解的:"养生文化"与"文化养生"这两个概念,初看起来似乎差别不大,但如果仔细推敲,就会发现彼此之间有趋向性的不同。顾名思义,"养生文化"的落脚点是"文化",而"文化养生"的落脚点却在"养生"。

在中国,"文化"本是一个复合词。最初,"文"与"化"各自单独使用,"文"有"文"的意义,"化"有"化"的意义。"文"因纹身而起,它是先民在身上针刺线条的一种象形。至于"化",最初是就生育现象而言的。《殷周文字释丛》这样解释:"化,像人一正一倒之形。"这里的"一正"指的是母亲头朝上的形状,而"一倒"指的是孩子头朝下的形状,可见"化"字本是母亲生儿育女的写状。后来，意义引申，"化"字便有"教化""感化"的内涵。

由于"化"与"文"存在着某种相互沟通之处，古人渐渐地就把它们联系起来使用。这在《周易·贲卦·彖传》里便有例证："观乎天文，以察时变；观乎人文，以化成天下。"所谓"天文"指天的文采，即日月星辰之类，而"人文"指人的文采。古人把人类社会与天地自然相类比，认为人类社会与天地自然一样，有其纹理，这就是君臣、父子、夫妇、长幼、兄弟、尊卑的人伦次序；同时，反映了这种次序的文章、礼义也叫人文。

有关"文化"概念的内涵与外延问题，自20世纪下半叶以来，许多学者作了种种说明，同时，对其构成要素也进行了不少探讨，但众说纷纭，莫衷一是。如果要进行概括的话，我们可以从广义与狭义两个角度来认识"文化"的蕴涵：从广义上看，凡是打上人类观念烙印的客观存在都是文化，包括思想观念及其物化形态；从狭义上看，文化则指社会意识形态——诸如思想、道德、风尚、哲学、宗教、文艺、科学技术等以及与之相对应的制度和组织。

基于以上原则，道教文化也应有广义与狭义之分。广义的道教文化指"凝结"了道教精神的一切存在。狭义的道教文化，指道教的精神形态，诸如道教哲学、道教仙学、道教医学、道教科仪、道教音乐、道教美术、道教文学等等。

道教文化是中国传统文化的重要组成部分；道教养生文化则是道教文化中的重要构成因素和内容。

将"养生文化"的词序颠倒而形成的"文化养生"，这个概念所要陈述的内容是"养生"，而"文化"只是"养生"的修饰语，作为一个偏正结构的词组，"文化"规定了"养生"的属性，而"养生"则体现了文化运用的思路与特殊结果。

笔者说"道教文化养生就是一切有益于健康生活的文化资源向道教养生理论与实践技术转化的综合形态"，这句话实际上是指道教运用一切有积极意义的文化资源来为养生服务，运用的过程就是转化的过程；通过转化，形成了特殊的养生理论与实践技术。具体来讲，就是把历史上积淀下来的诗、词、曲、赋等文学资源与形式以及书法、绘画、雕塑、建筑、音乐等艺术资源与形式用以养生活动，这就是"文化养生"。具体落实到道教，形成了"道教文化养生"概念，有两个层面的意义：一是指道教中人如何运用历史上的文化资源服务于养生;二是指道教自身的文化资源如何转变为养生理论、养生技术形式。

根据以上思路,"音诵"作为道门固有的文化形式,当然是可以转化为养生手段的。在《道德经音诵》的制作过程中,笔者主要考虑的是如何通过"宫、商、角、徵、羽"五音的组合流转,以感通人体的五脏六腑,达到疏通经络与气血的功效。

我们知道,《道德经》八十一章是一个完整体系,它自身有内在的思想逻辑。经过多年研究,笔者以为第一章意味着天地未开,是个混沌状态。此后,太极化生两仪,阴阳感通,而有天地万物生生不息。基于这种认识,笔者在考虑音诵调式时,就采取大调、小调混融的法度来处理第一章。第一章之后,阴阳分化,大调小调交替进行。大体的原则是:凡是奇数章,一、三、五、七、九,就用小调,以角、宫、羽音为主;凡是偶数章,二、四、六、八、十,就用大调,以徵、商为主。如此交错,形成对比。在这个总框架下,再考虑"五音"对脏腑的调理。根据内容,适当考虑五音之所兴。兹列表如下:

### 《道德经》八十一章五音五行分配表

| | | | |
|---|---|---|---|
| 一(混沌状态) | 二三(水,兴羽固肾) | 四五(土,兴宫健脾) | 六七(水,兴羽固精) |
| 二(土,兴宫健脾) | 二四(土,兴宫健脾) | 四六(火,兴徵调心) | 六八(火,兴徵调心) |
| 三(水,兴羽固肾) | 二五(水,兴羽固肾) | 四七(木,兴角舒肝) | 六九(金,兴商舒气) |
| 四(火,兴徵调心) | 二六(金,兴商去抑) | 四八(火,兴徵调心) | 七十(土,兴宫健脾) |
| 五(水,兴羽固肾) | 二七(水,兴羽固肾) | 四九(水,兴羽固精) | 七一(水,兴羽明目) |
| 六(火,兴徵调心) | 二八(火,兴徵调心) | 五十(火,兴徵调心) | 七二(土,兴宫健脾) |
| 七(金,兴商去抑) | 二九(木,兴角舒肝) | 五一(土,兴宫健脾) | 七三(水,兴羽固肾) |
| 八(火,兴徵调心) | 三十(火,兴徵调心) | 五二(金,兴商去抑) | 七四(金,兴商去抑) |
| 九(水,兴羽固肾) | 三一(水,兴羽固肾) | 五三(水,兴羽固肾) | 七五(土,兴宫消食) |
| 十(土,兴宫健脾) | 三二(土,兴宫健脾) | 五四(金,兴商去抑) | 七六(水,兴羽固肾) |
| 十一(水,兴羽固肾) | 三三(水,兴羽固肾) | 五五(木,兴角舒肝) | 七七(土,兴宫健脾) |
| 十二(火,兴徵调心) | 三四(金,兴商去抑) | 五六(火,兴徵调心) | 七八(火,兴徵调心) |
| 十三(木,兴角舒肝) | 三五(水,兴羽固肾) | 五七(水,兴羽固肾) | 七九(木,兴角舒肝) |
| 十四(火,兴徵调心) | 三六(火,兴徵调心) | 五八(土,兴宫健脾) | 八十(土,兴宫健脾) |
| 十五(水,兴羽固肾) | 三七(水,兴羽固肾) | 五九(水,兴羽固肾) | 八一(水,兴羽固肾) |
| 十六(土,兴宫健脾) | 三八(火,兴徵调心) | 六十(火,兴徵养正) | |

| | | | |
|---|---|---|---|
| 十七(木,兴角舒肝) | 三九(水,兴羽固肾) | 六一(水,兴羽归元) | |
| 十八(火,兴徵养心) | 四十(火,兴徵调心) | 六二(土,兴宫健脾) | |
| 十九(金,兴商去抑) | 四一(水,兴羽固肾) | 六三(水,兴羽固肾) | |
| 二十(土,兴宫健脾) | 四二(土,兴宫健脾) | 六四(火,兴徵调心) | |
| 二一(木,兴角舒肝) | 四三(水,兴羽固肾) | 六五(水,兴羽补脑) | |
| 二二(土,兴宫健脾) | 四四(火,兴徵养心) | 六六(火,兴徵养心) | |

从以上可以看出:兴角舒肝者凡七,兴徵调心者凡二十二,兴宫健脾者凡十六,兴商养肺者凡八,兴羽固肾者凡二十七。在传统上,角、徵、宫、商、羽"五音"与木、火、土、金、水"五行"相对应。"羽调"属水,"徵调"属火。八十一章,兴羽者居多,这正体现了《道德经》"上善若水"、以水为大用的精神。次之者是"徵调",其用数比羽调少了"五",两者构成了"水火既济"的法度。

我们知道,音诵之妙用是"自然快乐"。所以,五音与五行对应,以调理五脏六腑,关键在于一个"乐"字。欲令人得其乐,制作者首先应该感到心中有"乐"。能否有"乐",这是一个感觉问题。因此,音诵曲谱的形成,一切取决于灵感,也就是说,必须是自然而然从心中流出,于当下不得不抒发的一种音响,一种时间流程。当笔者反复念诵《道德经》经文,被其内在的阴阳反转、屈伸进退所牵引的时候,心中有一种音符需要流淌出来。这时候,会有一种舒畅感,这就是音诵的"文化养生"功效的自我感受。从这个角度说,音诵的"文化养生"首先是一种自我需要。当然,乐音是可以感通的,既感通天地,也感通人心。因此,只要凝神静气,既听且唱,在运气中天人和合,相信也能够在潜移默化的过程中疏通气血,却病延年。

## 四、《道德经音诵》的延伸开发

《道德经音诵》在完成音频制作之后,考虑到欣赏的需要,后来又在中国道教协会的大力支持下,征集全国各地主要宫观的视频。以道教名山宫观为背景来安排《道德经音诵》各章的播放程序,增加了趣味性。目前配置的视频涵盖了全国主要省份的宫观场景,在欣赏音诵的同时,也可以了解各地道教的建筑艺术、道教活动情况。

笔者相信,《道德经音诵》还可以有许多延伸性的开发。例如配上健身舞蹈,在一些休闲场所和文化讲坛播放,以增进文化气息,这对于提振精神、维护身心健康,应该都是有裨益的。

(本文系笔者参加 2017 年武当山国际道教论坛的学术论文,收入本书时略作修改)

# 兵家与医家的思想融通及对道教养生的影响

兵家是我国先秦诸子百家中的一个重要学术流派,而道教则是中国土生土长的传统宗教。两者之间具有密切关系,这已经为学术界所关注。问题在于其间的关系是如何建立起来的?笔者经过稽考,发现两者之间密切关系的建立有一个文化桥梁,这就是传统医学理论。

由于关注生命,道门中人一方面把《黄帝内经》等传统医家经典作为学习的要籍,并且加以应用和发挥,从而建立了道教医学;另一方面则引入了兵家理论,用以济世与养生。这种情况之所以发生,其原因是多方面的,但追根到底,则仍然应该从文化背景入手来加以解释。为了从更加广阔的视野上来揭示道教文化中的生命精神,本文拟以兵家由来、思想特点的考察为切入点,然后分析兵家与医家的理论交合问题,最后说明此等交合对于道教思想建设的作用。

## 一、兵家由来与思想特点

《汉书·艺文志》说:"兵家者盖出古司马之职,王官之武备也。"所谓"司马"系掌管军政、军赋、马政的高级官员,相传殷商之际,已设司马之职。西周时期,司马为三公之一,足见其地位甚高。《周礼》之中,司马属六卿之一,其品位亦甚显赫。

按《汉书·艺文志》所载,古有《军礼司马法》155 篇。《武经七书》收有《司马法》3 卷。张澍《养素堂文集》卷三《司马法·序》云:"按《孙子注》云《司马法》者,周大司马之法也。周武既平殷乱,封太公于齐,故其法传于齐国。《周礼疏》云齐景公时大夫穰苴作《司马法》,至齐威王,大夫等追论古法,又作《司马法》,附于穰苴。太史公曰自古王者而有《司马法》,穰苴能申明之。又云《司马法》所从来尚矣。"张澍在这里所言有两点值得注意:一是《司马法》本来就有,不是到了穰苴时期才出现;二是《司马法》与姜太公有关,换一句话来说,姜太公的军事活动与思想对于《司马法》的问世是有一定影响的。

关于《司马法》的问题,史书之记载颇多分歧,余嘉锡以为《汉书·艺文志》所载《司马法》与今所行《司马法》当是两书。此说可谓独具慧眼,因为《太平御览》所引古《司马兵法》行文多与今本同,而所引《穰苴兵法》则不见于今本。按余嘉锡的说法,今本《司马法》应是威王时诸大夫所追论之军礼①。可见,《司马兵法》(即今本《司马法》)比《穰苴兵法》更为古远。至于"太公"之事,亦非无稽之谈。姜太公吕望不仅是道家的先驱,而且也是兵家之鼻祖。古有《六韬》书,旧题(周)吕望撰。前人或以为伪书,沈涛《铜熨斗斋随笔》卷四称《六韬》乃文王、武王问太公兵战之事,又谓今之《六韬》当在《太公》237篇之内。对此,余嘉锡颇为首肯,称其考证"极为真确,真不刊之说也"②。不论情况如何,1973年山东临沂银雀山汉墓出土竹简中所见古本即有《六韬》,足见此书乃先秦古籍。或许它已经后人修饰甚至更动,但其中蕴含吕望军事思想则无疑。

就渊源而论,兵家的思想甚至可以追溯到黄帝时期。因为黄帝与蚩尤之战等已经积累了许多交战的经验与认识。不过,比较系统的兵家理论应该说是在春秋战国到西汉时期形成与发展的。《汉书·艺文志》依刘歆《兵略论》之体,将兵家分为四大流派,这就是兵权谋家、兵形势家、兵阴阳家和兵技巧家。

"兵权谋家"即是讲究战略的传统军事流派。《汉书·艺文志》说:"权谋者,以正守国,以奇用兵,先计而后战,兼形势,包阴阳,用技巧者也。"如此,则兵权谋家乃具有总揽全局的特质。这一派的主要代表作有《吴孙子兵法》82篇、《齐孙子》89篇、《吴起》48篇、《李子》10篇等13种,凡259篇。

"兵形势家",即是根据交战双方态势而制胜的传统军事流派。《汉书·

---

① (清)余嘉锡:《四库提要辨证》第2册,北京:中华书局1980年版,第596页。
② (清)余嘉锡:《四库提要辨证》第2册,北京:中华书局1980年版,第590页。

艺文志》说:"形势者雷动风举,后发而先至,离合背乡(向),变化无常,以轻疾制敌者也。"如此,则兵形势家乃以善变和快速取胜。这一派的主要代表作有《楚兵法》7篇、《蚩尤》2篇、《孙轸》5篇、《王孙》16篇等11种,凡92篇及图18卷。

"兵阴阳家",即是以"术"为特色的一种传统军事流派。《汉书·艺文志》说,"阴阳者,顺时而发,推刑德,随斗击,因五胜,假鬼神,而为助者也。"如此,则兵阴阳家不仅以阴阳为大宗,而且讲究四季刑德的交替规律,具有某些神秘色彩。其主要代表作有《太一兵法》1篇、《天一兵法》35篇,《神农兵法》1篇、《风后》13篇、《力牧》15篇等16种,凡249篇,图10卷。

"兵技巧家",即是以战争技法为特色的军事流派。《汉书·艺文志》说:"技巧者,习手足,便器械,积机关,以立攻守之胜者也。"如此,则兵技巧家不仅讲究作战中的形体技艺,而且注重器具的使用。其主要代表作有《鲍子兵法》10篇、《伍子胥》10篇、《逢门射法》2篇、《阴通成射法》11篇、《剑道》38篇、《手搏》6篇等13家,凡199篇。

以上四派著述共53家,凡790篇,图43卷,其内容广涉战略战术等诸多领域,反映了先秦至西汉时期我国军事理论已达到了相当发达的地步。[1] 就基本情况来看,兵家思想具有如下三种特色:

第一,从国家存在的整体上看待兵的作用。

《汉书·艺文志》在总结兵家著述时说:"《洪范·八政》八曰师。孔子曰:为国者,足食足兵。以不教民战,是谓弃之。明兵之重也。"班固引述孔子的话说明"兵"在国家中具有十分重要的地位,它和粮食一样是国家生存之本;另外,班固也指出了兵家的基本立场是教导人民不要战争,这体现了慎重的战争态度。班固这个概括是符合先秦至西汉时期传统兵学的思想内涵的。检索一下传统兵家著作,我们不难发现著名军事家在这方面的精彩论述。例如《孙膑兵法》在《见威王》篇中即言及:"夫兵者,非士恒埶(势)也,此先王之傅道也。战胜,则所以存亡国而继绝世也;战不胜,则所以削地而危社稷也。是故兵者不可不察。然夫乐兵者亡,而利胜者辱。兵非所乐也,而胜非所利

--------

① 以上兵家四派资料来源于《汉书·艺文志》。

也。"孙膑与威王的谈话,一方面说明了"兵"是关系国家存亡的大事;另一方面又指出不可乐兵好战。他认为,即使打胜战,也不见得有利。孙膑这番看法表现了古代兵家研究军事并非是为了鼓动战争,而是为了抑制战争。

第二,战略与术数学的密切结合。

中国古代兵家不希望战争,但在客观上,战争又是不可避免的,因此研究战略,这是克敌制胜、以战止战的需要。从《汉书·艺文志》著录的情况以及一些著名兵家著述之内容来看,古代兵家已经建立了相当完善的战略论。例如《孙子兵法》就是关于这方面的代表作。该书的《计篇》在言及战争胜败因素时说:

> 一曰道,二曰天,三曰地,四曰将,五曰法。道者,令民与上同意也。故可与之死,可与之生,而民不畏危。天者,阴阳寒暑时制也。地者,远近险易广狭死生也。将者,智信仁勇严也。法者,曲制官道主用也。凡此五者,将莫不闻,知之者胜,不知者不胜。故校之以计。

孙武在这里所讲的道、天、地、将、法"五事"实际上就是关于事物最终根据以及天时、地利、人和的问题。换一句话说,也就是主客观的基本因素,体现了高瞻远瞩的战略意识。当然,古代兵家并非只是进行抽象的战略陈述。从战争的具体经历中,古代兵家还建立了系统的战术理论,这种战术理论在很大程度上与传统术数学是密切相关的。从某种意义上说,我们甚至可以将兵家的战术理论看作术数学之组成部分。例如上面引述的《太一兵法》就有很明显的术数色彩。"太一"或作"泰一""泰壹"等等,它在理论框架上本出于《易经》的卦象表征法度。古人以八卦配八门,形成九宫格局,用以描述天道流转。据《汉书·艺文志》所载,在上古天文历谱类文献中有《泰壹杂子星》二十八卷、《泰壹杂子云雨》三十四卷;在五行类文献中有《泰一阴阳》三十卷。这些文献表明,先秦至西汉时期,"太一"或者"泰壹"作为一种术数学已建立了基本的理论模型,被许多领域所广为应用。在军事上借助这种模型来进行战术建设,这是不足为奇的。从广义上看,"兵权谋"与其他诸派一样,都可以归入术数学范围。在理论陈述中,战略学与术数学可以单列进行,但在具体应用过程中,战略与术数则是不能分离的,这就是《汉书·艺文志》说权谋家乃"兼形势,包阴阳,用技巧"的缘由所在。

第三,从发展立场对战争过程的动态把握。

战争打响,敌我双方的各种因素是可以通过一定途径获知的,获取各种信息,有利于作出准确判断,从而赢得战争。然而,在具体过程中,战争形势的发展又是千变万化的。作为一个兵略家,必须有高屋建瓴的眼光,从动态上把握全局。《孙子兵法·虚实篇》说:"夫兵形象水……水因地而制流,兵因敌而制胜。故兵无常势,水无常形。能因敌变化而取胜者,谓之神。故五行无常胜,四时无常位。日有短长,月有死生。"孙武将军事行动比喻为"水",从水的特性切入,通过类比推理方式,说明兵势是变化无穷的。势有盛有衰,盛极必衰。五行交替,卦爻推移,四时更迁,日月往来,变动不拘,故而善用兵者必须因势利导。所谓"形兵之极,至于无形"①,充分反映了古代兵家以动态立场审视战争和克敌制胜的思想观念。

## 二、兵家思想与中医学的理论融通

作为中国古代一种重要的思想流派,兵家在历史上的影响是十分巨大的。因为兵家的战略战术、思想认识直接关涉社会生活的重大问题,所以向来为人们所瞩目。从作用对象来看,兵家与中医具有共同点,故而在发展过程中,两者于理论上和实践上相互交错,这就有了文化根据。兵家思想与中医学的理论融通,这是一个内容广泛的议题,本节将侧重从以下几个方面来考察兵家对中医学的影响。

第一,兵家人学与中医仁术。

就着眼点而论,兵家侧重研究战争规律与战略战术。然而,战争的发生与过程却是以人的存在为前提的。中国古代兵家从一开始就相当重视人的生存,从而形成了独特的人学。

作为同类,人具有协作的一面,但由于生存资料的竞争问题,人与人之间又会发生矛盾,所以《周易·序卦传》谓之有"讼",其"讼"引起纷争而不得解,则有"师",战争于是兴起。在中国古代兵家看来,战争首先意味着人类灾难的降临。故而,攻占乃是不得已而为之。基于战争的灾难性认识,古代兵家

---

① 《孙子十家注》卷四,《诸子集成》第6册,北京:中华书局2006年版,第100页。

提出了"仁本"的命题。早在上古时期,《司马法》便告诫用兵之人在攻其国时应该爱其民,不可滥杀无辜。这实际上就是"人本"精神的一种体现。研究历史的人们不会忘记,中国古代思想家向来重视百姓的生存,老子《道德经》有浓厚的爱民意识,墨子以"兼爱"受人称道,孟子提出了以民为重的思想。可见在春秋战国时期,爱人以"仁"乃是一种社会思想趋势。在这种背景下,兵家的人学即奉行"仁本"主张,以不违农时、冬夏不兴师为兵诫。

有趣的是,在祖国医学经典中,我们也可以找到许多颇相类似的论述。《黄帝素问·宝命全形论》谓:"天覆地载,万物悉备,莫贵于人。"《伤寒论》以"爱人知人"为言医之所本,后世医家更以识人为教,这就是说从医者必须心怀仁术,因为仁者爱人。种种迹象表明,祖国医学以"医为仁术"的理念是与兵家的人学思想休戚相关的。

第二,兵家人学环境论与中医基础理论。

正如我国古代其他有影响的思想流派一样,兵家的人学不是孤立地对人进行研究,而是把人置于广阔的视野中来考虑,于是就形成了人学环境论。所谓人学环境论,就是以人为核心的关于生存环境的思想认识,这涉及人所处的世界的本体、时空存在状态、天人关系等诸多方面。

兵家从人的社会生活出发,力图解决"纷讼"问题;然而,"纷讼"的发生又是与天象地利等各种因素相联系的。这促使兵家必须开阔眼界,从世界整体的立场来把握用兵问题。在《易经》与道家学派关于"观天道以推人事"思维模式的启迪下,兵家也关注世界本体的认知。

世界的本体或者本原是什么?兵家一方面继承道家先驱老子的"道"一元论;另一方面则以"道"贯"气",形成了以"道"为本,以"气"为用的兵学基础理论。在这方面,古代医家与兵家具有相似之处,例如《黄帝素问·上古天真论》在叙说真人、至人、圣人、贤人时几乎都言称大道,谓真人系"道生",而至人则"淳德全道";至于"贤人"也是"合同于道"的。紧接着,《四气调神篇》便由"道"的追踪进展到"气"的作用之探讨。此篇所谓"四气"即指春夏秋冬四时之"气"。作者认为,如果不能顺四时之气,那就是"逆其根",从而"伐其本,坏其真"。可见,这是从生命之本的意义上来使用"气"这个概念的。在这个问题上,医家既遵循了道家的思路,也得益于兵家的理论开拓。

在道气通贯论的基础上,兵家还积极探讨宇宙时空模式与存在状态,从而为把握克敌制胜的"势"奠定理论基础。孙武说:"善守者藏于九地之下,善攻者动于九天之上。故能自保而全胜也。"①这里的"九地"与"九天"都是空间概念。"九地"本是地质、地形的九种等级,兵家从胜败的角度提出了散地、轻地、争地、交地、衢地、重地、圮地、围地、死地的分别。至于"九天"系中国古代传统的一种空间范畴,古人将"天"分为九个区域,即中央加上八方而成九数。兵家以"九天"极言其高,显示了广阔的战略视野。在兵家的心目中,空间与时间是统一的整体。所以,李筌在对《孙子兵法》这段话进行解释时引述《天一遁甲经》云:"九天之上可以陈兵,九地之下可以伏藏。常以直符加时干,后一所临宫为九天,后二所临宫为九地。地者,静而利藏;天者,运而利动。"②文中的"直符"是奇门遁甲的术语,指的是"十二功曹使者"在十二时中的轮值;"时干"即十天干,如此配合,体现了时空统一性的思考③。古代兵家善于从时空统一性的角度来认识战机,所谓"审时度势"即是此意。抓住战机就是把握有利于我、不利于敌的作战时机。当然,兵家的"审时度势"还包括天文、气象、地理等诸多因素的分析、判断。这一切表明,兵家是把军事行动置于广袤的时空之中来观照,从而做出决策。

与兵家如出一辙,医家治病也是把对象置于时空统一的整体上来考虑的。《黄帝内经·素问·天元纪大论》曾借鬼臾区对人所生存的时空进行一番别出心裁的描述:"太虚寥廓,肇基化元,万物资始,五运终天,布气真灵,总统坤元,九星悬朗,七曜周旋,曰阴曰阳,曰柔曰刚,幽显既位,寒暑弛张,生生化化,品物咸章。"作者从本体论入手,进而描述了人所生存的宇宙时空状态。其中所谓"太虚"指的是"道气"混沌状态。在《黄帝内经》看来,万物肇端于道气的混沌状态,太虚剖露,于是有了五行之轮转,五运气化,万物布列,日月星辰,寒暑往来,构成了宏观的时空状态,人以此时空状态为生存的环境。基于道气一元论的认识,《黄帝内经》提出了天人相应的理论,并且根据这个理论,建构

---

① 《孙子十家注》卷四,《诸子集成》第6册,北京:中华书局2006年版,第56页。
② 《孙子十家注》卷四,《诸子集成》第6册,北京:中华书局2006年版,第57页。
③ 李筌之注解并非向壁虚造,因为"天一"之说本出于《易》,其中蕴含着以数描摹宇宙时空的结构模式。

了"三部九候"的人体时空模式,为具体的诊断学与治疗学服务。它说:"天地之至数,始于一,终于九焉。一者天,二者地,三者人,因而三之,三三者九,以应九野。故人有三部,部有三候,以决死生,以处百病,以调虚实,而除邪疾。"①又说:"三部者,各有天,各有地,各有人,三而成天,三而成地,三而成人,三而三之,合则为九。九分为九野,九野为九藏。故神藏五,形藏四,合为九藏。五藏已败,其色必夭,夭必死矣。"②《黄帝素问》根据"三才之道",以"九"数来表征外在时空,同时又将人与天地对应起来,这实际上是把人体当作一个小天地或小宇宙。正如人体之外的大宇宙一样,人体小宇宙也有"九野"。大宇宙中的日月星辰在运转,人体小宇宙的日月星辰也不会停息。于是人体五脏六腑的协调、阴阳气血之运行也具备了"时势"。所谓"时"就是"时间医学",即从经络传导、四季变化的角度考虑疾病发生的原因和用药的剂量;所谓"势"就是生理机能的表征态势,既包括健康状态下的运动趋势,也包括疾病发生的形势。知时察势,这就把时间与空间统一起来。由此可见,中医的人体气象学、"三部九候"之说在深层次上与兵家的制胜方法论不谋而合。在这里,我们看到了两者对于环境把握的共同思路。

第三,兵家辩证法与中医的辩证施治。

兵家的战略战术蕴含着丰富的辩证法智慧,这尤其表现在"奇正""虚实""表里"诸范畴的分析之中。

兵家的"奇正"说略见于《握奇经》,谓之:"四为奇,四为正,余奇为握机。"③这是根据兵阵所作的概括。早期军队编制为五兵阵,后来发展为八兵阵。关于"五兵阵",乃是从"易学"的天地生数来的。《周易·系辞传》以"一、二、三、四、五"为生数,以"六、七、八、九、十"为成数。"五兵阵"法生数,在五个生数中,"一、三、五"这三个数为奇数,也叫作天数,"二、四"为偶数,也叫作"地数",所谓"三天两地"实际上就是总括"五"的奇偶连环。至于后来的"八兵阵"实际上是以九宫八卦为格局,九宫虚中而不用,故以八为名。在八兵阵中,罗列于东西南北四方的为正,分布于东南、东北、西南、西北的为奇。

---

① (清)高士宗:《黄帝素问直解》,北京:科学技术文献出版社 1980 年版,第 146 页。
② (清)高士宗:《黄帝素问直解》,北京:科学技术文献出版社 1980 年版,第 147 页。
③ 《握奇经》,文渊阁《四库全书》,台北:商务印书馆 1986 年影印版。

不论是五兵阵还是八兵阵,都讲究奇正配合,攻守兼顾。所以,孙武说:"凡战者,以正合,以奇胜。故善出奇者,无穷如天地,不竭如江河。终而复始,日月是也。死而复生,四时是也。"又说:"战势不过奇正,奇正之变,不可胜穷也。"①在孙武看来,世界上的事物乃处于运动变化之中,这种运动变化之所以发生,是因为事物的存在本来就不是单纯的,而是对峙交错的。阴阳对峙的双方,既相互区别,又相互促进而生发,这就是"奇正"。孙武的"奇正"说代表了古代兵家从发展变化的立场把握战争过程的精神。

正如兵家一样,中医辨证施治也讲究"奇正"。《黄帝素问·至真要大论》说:"君一臣二,奇之制也;君二臣四,偶之制也;君二臣三,奇之制也;君二臣六,偶之制也。故曰:近者奇之,远者偶之,汗者不以奇,下者不以偶。"②本篇的"君臣"是从方药的配伍角度说的。在医家看来,方药的组合正如朝廷的人事制度一样,需要互相协作才能发挥正常功能。配合的基本原则就是"奇偶"数理。君一臣二,合而为三,这是"阳奇"之制;君二臣四,合之为六,这是"阴偶"之制。依此类推,君二臣三,合之为五,这是"阳奇"之大;而君二臣六,合起来则为八,这是"阴偶"之大。中医奇偶之分,是从疾病之"远近"和阴阳角度考虑的。皮表之病为近病、阳病,应以奇方治之;内脏之病为阴病、远病,宜以偶方治之。例如发汗属阳,因为汗乃由里而外,即由阴出阳,正如地气上升化为云雨一样,所以发汗之法,当以偶不以奇;再如泻下,乃从阳入阴,这正像天气降而能泻能输一样,所以下者当以奇方治之而不用偶数。由此可见,中医方药,力图通过奇偶之配伍,以达到拨乱反正的目的,这是"以正合,以奇胜"的兵学辩证法在方药学上的体现。

"奇正"之说与"虚实"范畴是密切相关的。无论是兵家还是传统医家,都常常论及"虚实"的问题。例如《孙子兵法》中就有许多这方面的精彩论断。该书专设《虚实》篇,以为克敌制胜之法宝。孙武说:"水之行,避高而趋下;兵之形,避实而击虚。"③这是以水的行进态势比喻用兵。水往低处流,这是"顺",而兵法避实而击虚,这是化不利为有利,因为敌方之"实",乃是他的布

---

① 《孙子十家注》卷四,《诸子集成》第 6 册,北京:中华书局 2006 年版,第 68—71 页。
② (清)高士宗:《黄帝素问直解》,北京:科学技术文献出版社 1980 年版,第 648 页。
③ 《孙子十家注》卷四,《诸子集成》第 6 册,北京:中华书局 2006 年版,第 101 页。

防强盛之处，而"虚"表明其力量处于弱势。避实击虚，就是以强攻弱。此外，兵家所谓"虚实"也是一种化被动为主动的策略。孙武说："微乎微乎，至于无形。神乎神乎，至于无声。故能为敌之司命。进而不可御者，冲其虚也。退而不可追者，速而不可及也。"①这里的"微"指的是兵形之静，而"神"指的是兵形之动，静者守，动者攻。守静不露其形，所以不可得窥其真貌；悄然进攻，不彰显实力，猝不及防，敌方之生死都为我所掌控，这就称作"司命"。之所以能够"司"敌之命，还因为虚实之策略实际上也是以假乱真，即"吾之实，使敌视之为虚；吾之虚，使敌视之为实。"②如此一来就造成了敌方的错觉。但对于我方来说，却必须掌握双方虚实的真正情况，这才能做到进攻时使对方措手不及。唐太宗曾经指出："孙武十三篇，无出虚实。夫用兵，识虚实之势，则无不胜焉。"③从其主体上看，唐太宗的这番论述可谓一语破的，相当中肯。

在传统医家的理论体系中，辨明"虚实"是对症下药的前提。故而，《黄帝内经·素问》专门设立了《通评虚实论》，总结了基本原则。文中说："邪气盛则实，精气夺则虚。"④这是《素问》对"虚实"的定义。基于这个定义，《黄帝内经·素问》对脏腑、经络、血气、脉症等具体的虚实内涵进行辨析。例如作者把"气"的表征同脏腑的关系结合起来考察，指出"气虚者，肺虚也，气逆者，足寒也"⑤。这是因为气主于肺，所以气虚就是肺虚的表现。气机运行，由下而上，所以气逆者，阴阳之气不相顺接，表现出脚根寒冷的症候。这种情形如果发生在春季、冬季等非当令的季节，仍有生存希望；如果遇上了当令的夏季，那就难以治愈了，因为肺属金，夏为火，时"当"而火克金，所以《黄帝内经·素问》称之"非其时则生，当其时则死"⑥。尤其值得注意的是，《黄帝内经·素问》还提出了"重实"与"重虚"的重要概念。所谓"重实"也就是实而又实，例如大热之病，其邪气炽盛，既为气热，又为脉满，气血均为邪侵，故为重实。所谓"重虚"，就是脉气既虚于上之寸部，又虚于下之尺部。其预候，以滑为生之

① 《孙子十家注》卷四，《诸子集成》第6册，北京：中华书局2006年版，第89—90页。
② 《孙子十家注》卷四，《诸子集成》第6册，北京：中华书局2006年版，第89页。
③ 《李卫公问对》卷中，文渊阁《四库全书》第726册第150页。
④ （清）高士宗：《黄帝素问直解》，北京：科学技术文献出版社1980年版，第195页。
⑤ （清）高士宗：《黄帝素问直解》，北京：科学技术文献出版社1980年版，第195页。
⑥ （清）高士宗：《黄帝素问直解》，北京：科学技术文献出版社1980年版，第195页。

候,以涩为死之候。《黄帝内经·素问》篇既有总论,又有分述,突出重点,辨析透彻。此等思想为后来的医家所继承和发展。如《伤寒论》的六经辨证,以三阳为实,以三阴为虚,从而为用药确立了基本思路。这说明,传统医家在虚实问题上的确具备了兵家的智慧。

除了"奇正""虚实"之外,"表里"这对范畴也表现了兵家对医家基本理念的影响。早在《六韬》中即应用了"表里"的范畴以陈述用兵的阵法等问题,它在《林战》篇中说:"弓弩为表,戟盾为里。"①而《尉缭子·兵令》则称:"兵者,以武为植,以文为种;武为表,文为里。能审此二者,知胜败矣。"本来,兵家是以用武为特征的,但其理论家们却将"武"与"文"对举,表现了传统兵学的人文精神。在兵家看来,"武"是兵的外在表征,"文"是兵的内在蕴涵。在外者为表,在内者为里。此等理念表现在具体军事过程就是辨明表里的力量对比、布局阵势,从而制定策略,"或击其表,或击其里"②,一切行动根据表里征候来决定。兵家这种思想为传统医家所欣赏并且借鉴。在《黄帝内经·素问·阴阳应象大论》中,作者即称:"分部逆从,各有条理,四时阴阳,各有经纪,外内之应,皆有表里,其信然乎?"③文中由手足经络三阳、三阴之六合说起,进而画龙点睛地指出病理、生理的阴阳应象,以为脏腑气血之运行,有深有浅,但都可以归结到"表里"这对范畴上来认识。最后,该篇作者以反问的口气肯定表里辨证的思路,体现了一种相当自信的精神。从具体内涵看,传统医家的"表里"概念当然不能等同于兵家的"表里"概念,但其思路却有一致之处。这就进一步说明了兵医理论的相互契合。④

## 三、兵医融通对道教养生思想影响

以上论述表明,"兵医融通"并非只是一种假设,而是客观存在的理论现

---

① 《六韬·豹韬·林战》,《武经七书》本。
② 《六韬·豹韬》,《武经七书》本。
③ (清)高士宗:《黄帝素问直解》,北京:科学技术文献出版社1980年版,第36页。
④ 以上有关兵家辩证法与传统医学辨证施治关系的论述,参考刘振声所著《兵学与中医学》一书,该书由福建科学技术出版社于1994年出版,作者从理论与实践两个角度分析了兵学与祖国医学的相互关系,颇有参考价值。

象。兵医融通的结果不仅促进了兵家与医家各自体系的发展,而且对中国文化的诸多领域也具有广泛的辐射作用,尤其对道教思想构成了比较大的影响。

兵医融通对道教养生思想的影响,这是在特定文化环境中产生的。考察古代的文献记载可知,无论兵家、医家,还是道家,都崇尚黄帝,这说明他们具有共同的文化渊源和共同的信念。道教产生之后,崇尚黄帝的传统得到了很好的继承,这在客观上为其理论建设奠定了基调。道教一方面把传统医学的基本理论引入自身的体系之中,另一方面则将兵家的著述也奉为经典文献,令其门徒习学。此等举措为道门中人"引兵入医""医兵参照"提供了可能。

在道门中,兵医融通主要表现在"身国共治""养治顺时""胜生双全"等理论命题上。

"身国共治"基于身国同构的思想认识。在中国古代,关于"身国同构"的观念由来已久。《易经》卦象以天地人相互对应,这为身国同构的思考开拓了视野。后来《道德经》吸纳《易经》的天地人"三才"对应原则,提出了"以身为天下"的命题,这可以说是"身国同构"观念的一种比较明确的表达,这种精神既影响兵家,也为医家所采撷。汉末以来,道教不仅延续了"道、兵、医"三派的基本思路,而且予以充分的发挥。例如《周易参同契》以"布政"与"养身"对举,称"辰极受正,优游任下。明堂布政,国无害道。内以养己,安静虚无,原本隐明,内照形躯。"①关于这段话,彭晓作了解说:"辰极受正,优游任下者,谓神胎居中宫,喻君处明堂,如北辰也。阴阳五行之气,臣下也。但君臣理内,如北辰正天之中,则阴阳五行之气顺和,鼎室金水之液滋生。君得以养己安静,任运虚无,自然变化也。原本隐明,内照形躯者,谓金能隐明,又能自照,得火而同益光明也。"②据此可知《周易参同契》是通过比喻的方式来陈述丹道。在《周易参同契》看来,人体就像国家,修炼之人应如治国那样治身。《抱朴子内篇》也兴致勃勃地"以身喻国"。该书之《地真》篇说:"一人之身,一国之象也……神犹君也,血犹臣也,气犹民也。故知治身,则能治国也。夫爱其民所以安其国,养其气所以全其身。民散则国亡,气竭则身死。"③按照作者的看

---

① (五代)彭晓:《周易参同契分章通真义》卷上,《道藏》第20册第137页。
② (五代)彭晓:《周易参同契分章通真义》卷上,《道藏》第20册第137页。
③ 王明:《抱朴子内篇校释》,北京:中华书局1985年版,第326页。

法,人体简直就成了国家机器。他根据道家的"三分法",把人之所以为人的要素概括成三个方面,又将它们分别作了比喻。在人体的"国度"中,君臣民具备。就"理身"来说,养气乃是培原之本,由此推及"理国"就应该爱民。这种"比观"的法式,代表了道教在身国关系上的基本立场,反映了兵医融通之后道门养生的开阔视野。

"养治顺时"是"身国共治"观念在养生技术操作过程中的贯彻与具体实施。因为身国是在特定的时空中存在的,所以无论是治国还是治身都必须顺应天时。在上古时期,先民们从实际社会活动中体会到"时"的特殊意义。《周易》一书处处贯彻着"时"的精神,例如《乾》卦的"与时偕行""六位时成";《升》卦的"柔以时升"、《革》卦的"治历明时"等表现了卦象爻位与特定时间的对应关系。《周易》这种"时位相合"的理念成为兵家与医家顺应"天时"的前导。道门中人统括兵医的思想成果,从而确立了以时为准的思维路数。无论是外丹制炼还是内丹养生,都紧紧围绕一个"时"字。道门以卦象爻位同十二时辰相互配合,作为内外丹修炼的遵循模式,这体现了"符象法时"的兵医精神。此外,道门还从生活起居角度说明"顺时"的重要性。《黄帝阴符经》说:"食其时,百骸理;动其机,万化安。"[1]所谓"时其食"包含着两个方面的意义:一是指食物具有时令的属性,在不同的季节应该有不同的食谱,例如夏天应以清凉去火的食物为主,冬天应以养阳益气的食物为主。二是指进食应该守时,才能保持体内生物钟运转的正常化。

"胜生双全"是"养治顺时"理论的进一步发展。所谓"胜"本是兵家运筹帷幄的基本目标。古代兵家运用阴阳五行的理论,从国家存亡的战略高度论证了"不战而屈人之兵"的可能性与现实性,这就称作"全胜"。基于"全胜"的追求,兵家强调以德为兵的重要性。他们认为,政治清明,君正臣贤,国富民安,上治下顺,这不但可以积蓄力量,而且能够造成一种必胜的态势,从而达到不战而胜的目标。说到底,这种方式实际上就是蕴聚道德之力,体现了防胜于战、以守为攻的"庙算"精神。引申到医学养生领域,便形成了"防治相兼"的"全生"思路。道门既吸取了"全胜"的精神,也采纳了"全生"的思想,在经过

---

① 《黄帝阴符经》,《道藏》第 1 册第 821 页。

了一番加工和统合之后,"全胜"与"全生"遂合而为一,这就叫作"胜生双全"。《黄帝阴符经》以奇兵战胜之术、治国安民之法契合神仙抱一之道,《道枢》则强调"养生者以不损为本,进道者以无病为先"①,这一切表明了"胜生双全"理念在道门之中实已根深蒂固。

事实证明,兵医理论在道教养生文化中不仅汇通起来,而且形成了一种新的发展态势。这对于道教思想发展而言是相当值得注意的。

[本文原载《厦门大学国学研究院集刊》(第二辑),北京:中华书局 2010 年版,收入本书时略作修改]

---

① 《道藏》第 20 册第 654 页。

# 道教"三大形态"与修持"五字真言"

笔者研究道教已过三十年,虽然对其文化内涵有一些了解,但依然存在许多疑惑,其中,比较重要的有两个问题:一是如何描述道教历史及其文化形态?二是如何认识道教修持要领及其当代意义?

近年来,笔者一方面学习道教界领袖以及同行专家的许多论著,另一方面则研读《道藏》,有了一些发现和感想,现就上述两个方面谈谈管见。

## 一、道教形成发展的三大形态

2013 年,笔者曾经在《中国道教》第 2 期发表了题为《重新认识道教的起源与历史发展》的拙文。在这篇拙文里,笔者首先介绍了前中国道教协会副会长陈莲笙先生在《道教答问》一书中关于道教起源的论述。陈莲笙先生指出,有关道教产生问题一直以来存在两种不同意见:一种意见认为,道教由黄帝和老子创立,称作"黄老道",以黄帝道历纪元元年作为道教创立的起始年份,故道教创立至今已有 4700 多年历史;另一种意见认为,道教是东汉末年由张陵创立的,至今也有 1800 多年历史。紧接着,笔者就这两种不同意见展开分析,指出学术界与道教界之所以存在不同看法,关键在于对宗教的定义不同,衡量尺度不同。在那篇文章中,笔者根据目前所能见到的一些文献,提出了道教形成发展的三大形态,即:雏形道教、义理道教、制度道教,并且把道教的诞生定在黄帝时期。笔者是从教化角度来理解宗教的,也是根据教化来区分道教形态的。

笔者的看法也在 2014 年 5 月间召开的"国学馆道家分馆文字解说鉴定会"上说起。当时,参加会议的中国社会科学院世界宗教研究所马西沙研究员认为我的看法有新颖之处,同时也指出了"三种形态"的概念似乎还需要推敲。近几个月来,我重新读了《道藏》,尤其是看了《云笈七籤》关于道教发源的一些描述,有了新的理解与认识。于是,我对道教形成与发展形态的三个概念作了修订,即把"雏形道教"更为"原初道教",把"义理道教"换为"古典道教",而"制度道教"则维持不变。

现在,我把这个问题重新梳理,阐述如下:

### (一)原初道教

所谓"原初"就是本初的意思,"原初道教"即道教诞生的始初形态。正如各种事物的形成都有过程一样,"原初道教"也不是突发出现的,而是经过了漫长的准备,最终才诞生的。

关于道教起源问题,《云笈七籤》早有陈述。该书卷二根据《太始经》《太真科》《上清三天正法经》等文献资料,讲述了"混元""空洞""混沌""混洞""劫运"的演变,而后又引述《天上老君开天静》,叙说了"虚无""洪元""混元""太初""太始""太素""元皇"等不同演化阶段。

《云笈七籤》摘引的资料有两个鲜明特点:一是从宇宙发生的广阔视野来阐述道教形成的背景,二是以信仰的笔调阐述道教形成的历史。对于这样的叙述,以往的研究者一般认为是无稽之谈,故而不予采纳,甚至给予严厉批判。现在看来,道教界自己写历史,恐怕还不能对《云笈七籤》中的描述置之不理。从表面看来,《云笈七籤》关于道教产生的描述无疑染上了浓厚的神话色彩;但若深入发掘就会发现,以往道教经典乃是从整体上把握道教的由来,也就是说先前的道教典籍是把道教自身的历史与宇宙发生紧密联系在一起,看作不可分割的整体存在,其中一些术语尽管看起来比较神秘,但却蕴含着上古先民对人类赖于生存的宇宙之由来所进行的思考,体现了发展的观点、变化的观点和感通的观点。这种思路与立场恰恰是道教讲述自身历史的特点,因此道教界未来撰写新的道教史应该予以充分重视。

至于道教的诞生,笔者以为"黄帝"就是标志。据《列仙传》等书记载,古有赤松子,通晓天文与制陶技术,人称"陶正"。相传赤松子能置身火中,出五色云烟,具有特异的修炼法术。时有宁封子,雅好道法,拜师赤松子,得其秘传,长期隐居于四川青城山。黄帝知宁封子有道,不远万里问道青城山,宁封子授予黄帝《龙蹻经》，黄帝封宁君为五岳丈人。

《史记·五帝本纪》谓黄帝时期"鬼神山川封禅，与为多焉"。其中的"鬼神山川"即表示对自然神与祖先神的崇拜，而"封禅"就是祭祀天地；合起来看，其行为本质就是尊天法祖；与此相联系的则是修仙活动。《史记·封禅书》称："黄帝采首山铜，铸鼎于荆山下。鼎既成，有龙垂胡须下迎黄帝。黄帝上骑，群臣后宫从上者七十余人，龙乃上去。"根据《史记·封禅书》前后文的描述可知，黄帝之所以铸鼎，是为了炼丹药，而炼制丹药的目的就是成仙。《封禅书》关于黄帝骑龙升天的描述虽然带有传说色彩，但在本质上却表现了延年益寿、修炼成仙的生命意识，这一点与东汉以来的制度道教思想宗旨是完全一致的，所以能够被后世道教所接受和广泛宣传。作为严肃的史学家，司马迁所记载的诸多黄帝故事必有其缘由。因此，我们有理由把黄帝时期的"尊天法祖、修炼成仙"活动看作是"原初道教"的肇端，而"黄帝"作为那个时期的符号象征，也就成为道教发生的基本标志。

**（二）古典道教**

黄帝之后，原初道教经由许由、夏禹、皋陶、彭祖、商汤、姜尚、管仲、孙叔敖等后继者播衍，缓慢发展。这些人或为隐士，或为将相，或为帝王，但都属于"闻其风而悦之"的一派人物，即原初道教的传承者。由此可以看出，道教在这段时间内已经形成了一支不小的队伍，尤其是许由、彭祖、姜子牙乃具有很大的影响力。

春秋之际，老子汲取先前的文化滋养，将原初道教发扬光大。《史记》记载，老子姓李，名耳，字聃，楚国苦县厉乡曲仁里人，生活于春秋时期。老子曾经担任周朝史官，相传儒家圣人孔子至周曾经向老子请教过"古礼"，后来，孔子十分感叹地对弟子们说："今日见老子，其犹龙也！"孔子把老子看作神龙，充分表达了敬慕之情。后来，老子在制度道教中被尊为教主，从而具有了无与伦比的地位。

按有关史料记载，老子晚年因目睹周王朝之衰败，拟"去周隐居"。不久之后，他准备西去流沙，以化异俗。到了函谷关时，应关令尹喜之请，老子写下了千载传颂的五千言，后人称为《老子》，又称《道德经》，尊奉为《道德真经》。该书的问世，标志着"古典道教"的正式确立。

明确地说,笔者所谓"古典道教"就是把通常大部分学者认定的"道家"看作道教理论的奠基者。我这样说并非否定学者们关于道家的论述,而只是从一个不同角度来重新审视先秦道家理论内涵与社会作用。从学理立场看,以老子、庄子为代表的讲说道法理论的一派学者完全可以称作道家,这一点西汉时期的司马谈等人已经确定了。但是,司马谈等学者并没有限定后人不可以从新的角度予以探讨。从"教"的角度来审视道家,这不仅允许,而且可能。实际上,西汉以前的文化知识都还笼罩在上古宗教背景下,因此古人所称"儒家""阴阳家""墨家"等都具有一定的宗教内涵,"道家"这个概念当然也不例外。关于这一点,我们只要揣摩一下老子《道德经》就明白了。该书第四十二章说:"人之所教,我亦教之:强梁者不得其死。吾将以为教父。"学者们明白,老子《道德经》是以"道德"二字为根本的,他所谓"教"就是"道德之教",简称之就是"道教"。老子这种道教当然不是凭空产生,而是有所因循的,他所因循的就是黄帝以来的上古圣人遗训。正是在上古遗训基础上,老子阐述了思想教化的义理,所以这种道教就是义理道教。

**(三)制度道教**

这是在古典道教基础上形成的具有宗教礼仪和组织系统的道教。东汉时期,沛国丰人张陵带弟子王长、赵升至江西龙虎山炼丹传教,尔后又到四川大邑县鹤鸣山创立"正一盟威之道",俗称"五斗米道"。这个道派的最大特点是尊黄帝为上古仙人,奉老子为教主,解说《道德经》五千文为《老子想尔注》,作为引导信徒的教义范本,他们以"符水咒说"疗病,礼拜天、地、水三官,经过几代人努力,逐步建立了"二十四治"的政教合一组织系统。以张陵为创始者的正一盟威之道因为有了比较系统的宗教礼仪和教派组织,意味着制度道教正式诞生,于此差不多同时的"太平道"也具有类似情况,因此可以看作制度道教形成的另一个标志,只是因为后来太平道失传,而正一盟威之道虽然几度变更名称,但却世代相袭,成为制度道教的典型代表。从这个情况来看,自东汉末以来,所谓道教也就是制度道教。它以黄帝时期的原初道教为肇端,以先秦老庄为代表的古典道教为思想基础,融合多种因素而成,为中国道德文化的保存与发展作出了重要贡献。

以上关于道教形成发展的三大形态对应于三大历史时期。原初道教对应的是黄帝时期,古典道教对应的是老子撰述《道德经》的春秋时期,制度道教对应的是张道陵创立正一盟威之道的东汉时期。此后,制度道教包容了原初道教与古典道教的思想内容,并且汲取各个时代不同的思想乳汁,随着时代的发展而发展。这就是笔者近年来构想的关于道教形成发展历史的基本轮廓。

## 二、道教修持要领及其现代价值

作为中华民族的传统宗教,道教在长期的践履过程中既注重个人养生,也注重国家治理。道教讲究修持,为后人留下了极为丰富的修持理论与经验。如何概括其修持理论与实践? 前人已经作了许多探索和研究。诸多学者都看到了道教的理论核心是"道德"二字。笔者也认为,"道德"二字极为重要,抓住了"道德",可以说等于抓住了道教文化价值观的核心和纲要。然而,道教是如何围绕"道德"二字进行修持实践的? 以往学术界尚未对此进行概括。近几年来,笔者反复琢磨,觉得可以把道教的修持要领概括为五个字:真、善、柔、静、通,这五个字可称作修持的"五字真言"。

（一）**真**

"真"字,金文作"𩏹",上下结构。对于这个字的形态,学者有不同解释。或以为,其上为"卜",其下为鼎器之形。"卜"就是占卜,"鼎器"用以祭神,两者合之,象征占卜的高人。这种解释虽然也有根据,但难以说明后来道教修真的理趣。日本学者白川静在《汉字》第一卷中对"真"有发人深省的解读。他认为:"真"为颠倒的死者之形,上部为"化",表征已经风化了的东西,其下的"県"（县）为倒吊着的人首状态,是头发下垂的死者的头,颠倒之"颠"就表示临时凭吊这种路旁的横死者,亦即道殣之"真"的字。白川静先生由"形体素"入手说"真",进而考察了古人安顿死者的一些相关字,例如"镇""填""寘""瑱"等。在他看来,横死者的灵魂积压着强烈的瞋怒情绪,安顿的方式之一就是唱镇魂歌,让死者得以安宁;"填"就是把横死者的尸体埋到地下;"寘"就是布置适当的祭祀场所来安置死者;"瑱"就是用玉器来抚慰死者。① 这种字

---

① 详见[日]白川静:《汉字》,厦门大学出版社 2005 年版,第 216—217 页。

形关联解释法,从更多的侧面揭示本字中那些被淹没已久的最初涵义,显然是很精辟的。历史上,人们将"死亡"称作"归真",例如唐代杨炯《温江县令任晃神道碑》:"百年夭枉,一旦归真。"宋代苏轼《宝月大师塔铭》:"莹然摩尼,归真于土。"这些例子可以佐证"真"字在古时候的确是表征死亡的用语。

"真"既然是死者身形颠倒的写状,为什么古典道教特别崇尚这个"真"字呢?原来,这是遵循逆向思维法度的体现。古典道教之道,既蕴含顺生万物的意涵,更有逆向回归的旨趣,老子《道德经》讲的"反者道之动"就是此意。"反"与"返"通,表示回归。在古典道教看来,人与天下万物一样,既来源于"道",又要回归于"道",生生不息,周而复始。于是,"真"这个字开初作为死者写状的意义便获得更新,甚至根本性转换,由"死"而转"生";继而,"生"的意涵扩张起来,"真"成为长生成仙的符号。许慎《说文解字》称:"眞,仙人变形而登天也。从匕,从目,从乚,八所乘载也。"许慎从字形结构上阐述了"眞"的意涵,他指出这个字采用"匕、目、乚、八"予以会义,"八"表示的就是仙人升天时所乘坐的工具。正因为字形上有这样的因素,所以"真"在古典道教文化里所表示的乃是长生不死的人变形升天。许慎这种说法揭示了古典道教之"真"最为本质的内涵。

然而,如果我们再深入一层考察,就会发现"真"除了"死而复生""变形而仙"的意涵外,还有"涵养德性、回归纯朴"的理趣。查老子《道德经》,多次使用"真"字。如该书第五十四章谓:"修之于身,其德乃真。"这里的"真"指的就是返朴归真。老子《道德经》的基本思路是身国共治,既要修身也要治国。照老子看来,婴儿的心智未开,没有受到凡俗名利地位的引诱,所以最为纯朴,修身的目的就是回归婴儿本真。这种回归不仅意味着个体的纯朴、不欺诈,而且意味着整个社会既崇尚实事求是,又有生命完善的人生理想。《庄子·大宗师》说:

> 且有真人,而后有真知。何谓真人?古之真人,不逆寡,不雄成,不谟士。若然者,过而弗悔,当而不自得也。若然者,登高不栗,入水不濡,入火不热。是知之能登假于道也若此。

照庄子看来,要获得"真知"首先应该成为一个"真人",也就是道德高尚、生命完善、能够达于天听的人。这样的人,不会因为自己得到的少而嫌弃,也不会自恃优势而胡作非为,更不会为了个人的利益而谋划事情,像这样的人,凡是选择而经历过的事情绝不反悔,顺利得当也不洋洋得意。有这样的心态,登上高处不会发抖,进入水中不会沾湿,进入火里不会觉得热。只有智慧与道相合的人才能达到这种境界。庄子这种解释,把古典道教的"真"推到了一个极致,那就是生命的高度完善、智慧的极大拥有。这种"真"完全超越了人世间的社会存在,进入了道我融通的状态。

（二）善

如何达到"真"的精神境界呢？古典道教进一步提出了"善"的理念。《道德经》第八章说:

> 上善若水。水善利万物而不争。处众人之所恶,故几于道。

"善"字,甲骨文写作"𦎫";金文写作"𦍃",上面是一个羊头的样子,底下是两个"言"字。有学者认为,羊头表征的是安祥温和,因为"羊"就是"祥"的本字。初看起来有道理,但其下的两个"言"作何解释？这是很值得推敲的。日本学者白川静认为,"羊"是獬豸的象形,而"言"代表的是立誓言。从形态上看,"言"字上面是"辛",像一把针,表示语言有穿透力。古时候解决民事纠纷,牵来獬豸作判决。有纠纷的人面对神明,置放针器,立下誓言,以示讲真话,如果有假,当受针刺。这样说来,"善"字在最初表征的乃是公平、诚实。[1]后来,词义逐渐丰富,引申出"仁慈""友好""美好""义举"等内涵。《说文解字》以"善"为"吉",谓"此与义美同意"。久而久之,"善"字成为崇高品德的形容。老子"上善若水"当包含了上述诸多意涵,而最重要的即表征美好品德。按照老子的看法,最好的品德应该像水一样。水滋润万物,使万物生长,而不去争名、争利,水总是处在最让人嫌恶的地方,这就是它最接近道的习性。道是什么呢？道就是宇宙万物的本原、根据,它化生万物,却从来不与万物相争,这就是"上善",它是最接近于"大道"的。

老子用"水"来比喻崇高美德,其背后蕴藏着"易学"洛书的五行卦象法度。上古洛书,以"金木水火土"五行与九宫八卦相配。其数一在北方,五行属水,配《坎》卦;九在南方,五行属火,配《离》卦;三在东方,五行属木,配

---

[1] 参看（日）白川静:《汉字》第 1 卷,朱家骏译,厦门大学出版社 2005 年版。

《震》卦；七在西方，五行属金，配《兑》卦；二在西南方，五行属土，配《坤》卦；四在东南方，五行属木，配《巽》卦；六在西北方，五行属金，配《乾》卦；八在东北方，五行属土，配《艮》卦；五在中央，统摄四方。在古典道教看来，居于北方的"一"虽然最小，却是生成万物的起点，最为重要。对此，苏辙在《道德真经注》卷一里说："天以一生水。盖道运而为善，犹气运而生水也，故曰上善若水。二者皆自无而始成形，故其理同。道无所不在，无所不利，而水亦然。然而既已丽于形，则于道有间矣，故曰几于道矣。然而可名之善，未有若此者也，故曰上善。"①按照苏辙的解释，则"善"是因为"道"运化的结果；换一句话来讲，"善"即"道"的一种外化显形，这就像"气"的运化而成"水"一样，所以把"上善"比作"水"。从五行来看，"水"居于北方，为众阴归结处，虽然弱小，却有生生不息的能量，因此，"水"在五行中特别重要，因此老子以"水"来比喻大道化生万物、滋养万物的功德。这种功德的基本特性是：处下、利物、不争。

老子"上善"的理念成为整个道教文化价值观的基本内容之一，后来的道教学者以老子"上善"精神为基础，阐述其思想，都是围绕"处下、利物、不争"展开的。"处下"意味着谦卑，"利物"意味着奉献，"不争"意味着不计较个人名利地位。

（三）柔

以水为"上善"法象的论述，让人不禁想起"柔"的理念。在古典道教著述里，"水"往往又是"柔弱"的象征。例如老子《道德经》第七十八章称：

天下莫柔弱于水，而攻坚强者莫之能胜，以其无以易之。

"柔"字，篆书写作"柔"。上为"矛"，像带锋头的木枪；下为"木"，像枪杆。《说文解字》谓："柔，木曲直也。"意思是说，糅扳木条，使之能曲又能直。由此看来，"柔"本是对木头可变性的描述，其根本的意涵是"软"。后来，其意涵进一步延伸，用以形容富有弹性、温顺等，例如柔软、柔和、柔嫩、柔美等等。老子《道德经》将"柔"与"弱"结合起来，形成复合词，其所表示的乃是"弱小"却具有弹性的意义。照老子看来，天下最柔弱的东西，没有超过于水的了。可是，如果有坚强的东西去攻击水，水总是得到最后的胜利。如石头丢到水里，就被

① 《道藏》第12册第194页。

它涵盖,因为它有包涵性;火遇到水,就会被扑灭,因为它有化解性;泥土碰上水,就变得柔软,因为它有柔韧性;木材浸在水里,就会腐烂,因为它有渗透性;钢铁泡于水中,就会生锈,因为它有侵蚀性;而且,无论水在什么地方,其柔弱卑下的本性绝不更改,因为它有永恒性。从水的种种品质,老子不仅看到了"柔"的特殊意义,而且将之当作行动哲学方法论。《道德经》由"水"之"柔"生发开来,多处论述了"柔"的作用,例如第三十六章说"柔弱胜刚强",第七十六章说"人之生也柔弱,其死也坚强",又说"坚强者死之徒,柔弱者生之徒";"强大处下,柔弱处上"。从这些论述可以看出,老子是非常强调"柔弱"的,体现了古典道教文化价值观的重要侧面。

### (四)静

道教的"柔弱"论又与"静"的精神相联系。老子《道德经》第三十七章说:

> 不欲以静,天下将自定。

"静"字,金文写作"𩏶"。左边是"青",此系"清"的本字,表示纯净;右边为身体前倾的样子,表示全力以赴,清洁自我。左右会合,表征纯洁内心,去除杂念和欲望。由于杂念去除可使人抑制躁动的状态,此字又表"宁静"。老子关于"静"的论述乃兼有两层意涵:一方面,"静"由"不欲"产生,"不欲"就是去除内心杂念欲望,由此而达到的"静"即纯洁;另一方面,"天下将自定"意味着天下社会安定不动,老百姓安居乐业。老子《道德经》第四十五章谓,"清静为天下正",这把"清"与"静"联系起来,进一步佐证了古典道教讲的"静"是包含了纯洁与宁静两种意涵。

老子的"清静"论说在古典道教其他著述里得到继承。《庄子·天下》说:"古之畜天下者,无欲而天下足,无为而万物化,渊静而百姓定。"意思是讲,古时候养育天下的君主,没有贪欲心,凡事任其自然,所以天下四方富足,万物生化不已。这一切都因为君主的心如湖泊那样渊深宁静,所以百姓安定。老庄这种以"静"修心治国的精神在制度道教中得到了全面发挥。相传出于三国著名道士葛玄之手的《清静经》谓:"夫道者,有清有浊,有动有静;天清地浊,天动地静;男清女浊,男动女静。降本流末,而生万物。清者,浊之源;静者,动之基。人能常清静,天地悉皆归。"这段话从"道体"的特征入手阐述清静理念。在《清静经》看来,"道"是阴阳协调的整体,体现为现象界,便有清浊、动静、本末的对应。不过,相对而言,"清静"二字是最为根本的,所以人的生活应该保持清静的状态,这样天地也就归于大定了。《清静经》的论说高度概括了制度道教修持的基本精神与思路,所以在后来被奉为早晚功课诵读的经典。

### (五)通

道教修持不仅强调"静",而且讲究"通"。老子《道德经》第十五章说:

古之善为道者,微妙玄通,深不可识。

这三句话的关键字眼就是"通",此字甲骨文作"𢖒"。左边为双人旁"彳",代表行;右边像个木桶的样子,代表盛物用具;木桶下有个"止",表示盛物以行,到达目的地而停止下来。据此,则"通"的原初意义就是物品流通。后来,意义引申,"通"有交通、感通、畅通、玄通等不同意指。

物品要通,不仅要有运输工具,还得有种种运输手段,而最重要的是要有道路。可以说,道路的基本功能就是通达,道家之"道"正是基于此点而发展出许多哲理意涵的。如老子讲的"微妙玄通"的前提是修道,人通过修养,有了特别的感悟,浑身气血畅通无阻,并且能够感通外在的信息,内通与外通合一,自通与他通衔接,构成了一个超越时空的流通状态,这就是"微妙玄通",外人难于理解这种状态,所以说"深不可识"。

《庄子》对"通"有更多的论说。《逍遥游》称:"道通为一。"在庄子看来,天下万物纷纷扰扰,形状各有不同,但都是"道"造化的结果,其本性都是一样的,这就叫做"道通为一",性命修养首先必须破除分别心,达到万物齐一的境界,到了这个时候,内外自然畅通。《逍遥游》又说:"凡物无成与毁,复通为一。唯达者知通为一,为是不用而寓诸庸。庸也者用也,用也者通也,通也者得也。"所谓"无成与毁"是说"成"与"毁"本来是不存在的,正如"是"与"非"本来不存在一样,由于人的心智作用,而有成毁、是非的分别。修道人就是要去除分别心,如果能够去除分别心,就可与道融通为一。所谓"达"就是不滞于一方,遇物能够忽然自忘,不用心智去图谋,置身于凡庸的状态流之中,顺其自然,这就叫作"庸",说到底"庸"就是"用",不用计谋而顺物之用,这就是大用,而这种"用"的本质就是"通",因"通"而有"得",这种得不是技巧之得,而是自然之得。这样看来,"通"是在忘我、忘物、忘形、忘理的状态下实现的;换

565

一句话来说,"通"是"道"的自然状态,顺道而为才能"通",才能"得"。

汉代以来的制度道教,对于"通"有更为丰富的论述。例如魏伯阳《周易参同契》卷三的"黄中渐通理,润泽达肌肤"①就是一例。魏伯阳此说是依据《周易》的义理而暗示丹道修持的效果。《周易·坤·文言》谓:"君子黄中通理,正位居体,美在其中。而畅于四支,发于事业,美之至也。"坤为地、为土,其色黄,其六五之爻居上卦中位,故称"黄中";而所谓"理"指文理,由中而发外,文理可见,这种"发"的过程就是"通",正气通达,显而为美;"畅"也是一种"通",即大通,"畅于四支"即正气流淌于身体各处,身体健康,神志清楚,精力旺盛,做事效率高,所以能够使事业发达,这是美的极致。《文言传》是根据卦象来论说人体与事业之境况。魏伯阳的《周易参同契》发挥《文言传》的象数理趣,暗示内丹修炼有成,人体之道通达,气血流畅而有光泽,这就叫做"润泽",而润泽的最直接体现是人体肌肤,凡肌肤发亮有光泽,就是气血通畅的表现。魏伯阳《周易参同契》这两句五言诗告诉人们:修道的直接目的就是打通气穴,让体内正气畅通。通则康健,延年益寿,不通则病。正因为如此,所以道教修炼特别重视"通",气血通、精神通、内外通。惟通为美,惟通为寿,惟通为道。

综上所述,道教的源头久远,它肇始于黄帝轩辕氏,成形于春秋时期的老子,建制于东汉末的正一盟威之道,经过五千年的曲折发展而成为中华民族最具特色、富有魅力的传统宗教,它是中华民族之所以屹立于世界的文化标志。在长期发展过程中,道教创制了别具一格的理论,有自己独特的修持法门。道教以"道德"二字为纲领,"道"为体,德为用,德之大用发而有"真、善、柔、静、通"五门,此可谓修持的五字真言。用此五门治国则国泰民安,用此五门治身则身体康健。此为笔者多年揣摩感悟所得,今整理成文,与有志于道者分享之。

（本文原载中国道教协会编:《行道立德,济世利人——第三届国际道教论坛论文集》,北京:宗教文化出版社 2014 年版,收入本书时略作修改）

---

① 彭晓:《周易参同契分章通真义》卷上,《道藏》第 20 册第 138 页。

# 论"我命在我"的道教养生精神

——对一种生命自我控制模式的分析

  道教养生是在中华土地上产生的具有特殊文化内涵的一种身心护养活动与理论体系。从语义学的角度看,道教养生具有两层主要内涵:一是指为了身心健康而开展的活动;二是指一种关于身心健康的学说。这两层意义是互相联系的,因为道教养生学说是以往先民养生经验的继承和发扬,也是以具体的养生实践活动为基础的。学说由于具体活动而产生,又反过来指导具体活动,这就是道教养生活动与道教养生学说之间的实际关系。当我们把道教养生作为研究对象的时候,首先面对的是道教体系中的各种文化典籍,所以对其学说的研究便凸现出来。当然,这样做并不意味着忽略道教养生活动,而是方便于寻找一种进入的门径而已。

  从整体上看,道教养生学说既包括基本的养生精神,也包括养生方法。所谓养生精神指的是养生的一般原则和要领;而养生方法乃是具体的操作程序。本文将以阐述养生精神为主。

## 一、道教养生的主体意义

  "养生"一词在先秦早已有之。道家重要典籍《庄子·养生主》称:"吾闻庖丁之言,得养生焉。"陈玄英疏证:"遂悟养生之道也。"所谓"道"就是道理,引申之则为哲理。古代思想家从人与天地的相互对应角度来思考养生的道理,并且形成了系统理论,这就是"养生学"。顾名思义,"养生"就是为了生命健康长寿。道教养生正是基于这样的理念而形成的,它包含着生命的主体意义。如何认识这种主体意义,这对于掌握道教养生的基本精神而言具有基础性的价值。

**(一)养生主体性的内涵**

"主体"是与"客体"相对而言的。本来,这是一对哲学范畴。主体指认识者,客体指被认识者。不同的哲学流派对于主体与客体的关系具有不同的解释。一种观点认为,客体不依赖于主体而独立存在,但主体并非直观地反映客体和消极地适应客体,而是在实践中能动地认识客体与改造客体;另一种观点认为,主体先于客体而存在并且派生客体。但不论哪一种观点,都承认主体与客体的密切关系。本文之所以借用哲学上这一对范畴来解释道教养生的含义,是因为养生活动是在一定的观念指导下进行的,此等观念提升到理性的层面上就是哲学。这就是说养生活动可以由哲学的理性思维来加以指导,也可以从具体活动过程中总结出一套理性知识系统,这样的知识系统我们可以称之为"养生哲学"。从某种意义上看,养生哲学乃是养生文化的核心内容。既然如此,我们从主体与客体的关系角度来考察道教养生,这就不仅有合理的思想根据,而且是必不可少的环节。因为养生活动过程本身也是一个认识过程。在这个过程中,不仅要认识养生者自己,而且要认识养生活动赖以展开的环境。对于养生者来说,环境就是客体;对于环境来说,养生者就是主体。由此推及道教养生,我们照样可以得出主体与客体的相应内涵。如果说具有养生活动的道门中人或者道教信奉者是主体,那么他们所面对的自然环境与社会环境就是客体。养生活动是一种实践过程,道教养生活动当然也是一种实践过程。实践必然要有主体,这个主体就是在道教思想观念指导下开展养生活动的实施者。实践的过程是主体性显示的过程,道教养生实践也就是道教养生活动主体性显示的过程。道教养生实践之所以体现了主体性,是因为这种实践活动是由道门中人或者道教信仰者来实施的,在本质上这种实践贯注着一种特殊的信念,它的目标不仅是为了健康,而且还要延年益寿,最终成为"仙人"。这样,实践活动与认识就不可分割地联系在一起,通过养生实践既达到对自我生命的认识,也达到对养生环境的认识以及人与环境关系的认识。

**(二)道教养生的主体精神**

既然,道教养生体现了主体性,那就必定有一种指导其实践活动的主体精神。这种精神概括起来就是一句话:"我命在我不在天。"在道教中,这个提法不是偶然的闪现,而是深思熟虑之后的一种见解。无论是《养性延命录》还是《真气还元铭》《悟真篇》,都表达了类似的看法。《养性延命录》卷上在陈述了"我命在我不在天"这个基本命题时还有所发挥地说:"夫形生愚智,天也;强弱寿夭,人也。天道自然,人道自己。"①而《悟真篇》则从金丹修炼的视野来说明通过特殊实践过程能够达到生命自主的境界:"一粒灵丹吞入腹,始知我命不由天。"②《悟真篇》与《养性延命录》代表了道教在生命问题上的基本看法。与那些把寿命长短完全看作由上天决定的想法不同,道教相信人的生死命运是可以由自己掌握的,生命的主动权就操纵在自己手中。这种生命自主思想,集中表现为坚信生命演化过程是可逆的,人可以凭借主观努力,逆转生命演化之路,复归到生命的根源上,实现生命形态的转化而逃离生死之度数。

道教"我命在我不在天"这种观念是有思想基础的。早在春秋战国时期出现的"方仙道"便通过神奇的想象来抒发生命自我控制与身心自由的理想。道家的大师级人物庄子对此也津津乐道。《庄子·在宥》记载,黄帝的老师广成子因"抱神以静",修身 1200 岁,形体却没有衰老的迹象。《列仙传》等书称,古有彭祖,因修习"吐故纳新,熊经鸟申"的方法,活了近八百岁,形体依然健康。像这样通过一定的学习途径而延年益寿的故事传说在上古的文献中有不少的资料,它们无疑给道门中人很大的启示,从而形成"长寿"是可以通过一定的学习途径而获得的观念。另外,道教的生命自主观念之所以能够化成具体的养生实践活动,这与生存环境所存在的变化多样性也是有关系的。由于生存的需要和探索好奇心的驱使,道门中人仰以观天象,俯以察地理,发现某些生命的存在可以发生形态的转化,如《抱朴子内篇》记载猕猴寿八百即变为猿,猿寿五百岁则变为玃。不仅飞禽走兽,自然界的一切事物都是千变万化的,变化乃是事物存在的普遍现象。在对客体的观察与认识过程中,道门中人也认识了自己,坚定了"我命在我不在天"的主体精神,以激励自身的养生活动。

---

① 《道藏》第 18 册第 476 页。
② 王沐:《悟真篇浅解》,北京:中华书局 1990 年版,第 118 页。

# 二、阴阳大化与"执天之行"

道教养生是我国先民的生存主体精神的一种高扬,但并不意味着这种养生主体精神可以无限膨胀,以至于沉浸在无限的遐想之中而不能自拔。在道教养生文化中,一方面既贯注着热爱生命的激情,另一方面则又显示了脚踏实地的态度。如果说塑造长寿理想典型是为了更好地激励养生实践者孜孜不倦地努力,那么面对茫茫宇宙脚踏实地地探索与认知,这又表现了理性的力量。因为养生活动也是一种实践认识活动,主体实事求是地面对客体,从而理解客体的存在性状,明白主体在生存环境中的地位,以便调整自身的行为,这便是道教养生哲学所必须解决的课题。于是我们发现,当道门中人在长寿国的理想境界遨游一番之后,他们便回归到现实的世界中来。在思维的转换过程中,养生主体与养生客体表现出一种矛盾,一方面养生主体希望超越养生客体的局限,达到自身的自由;另一方面养生客体却又以种种灾难显示了超越的困难。主体与客体的矛盾促使道门中人更加意识到养生活动并非是一种单向行为,而是双向关系行为。故而,如何发挥养生主体的能动作用,以理性的态度准确地把握养生客体,是道门中人在其活动过程中需要认真考虑的任务。

## (一)阴阳大化的养生客体

怎样处理养生主体与养生客体的矛盾关系呢?道门中人在具体的养生实践活动中既面对而且承认客体的复杂性,通过吸纳前人的思想成就,总结生存经验,认识到养生客体处于"阴阳大化"的运动过程中。研究过古代思想史的人们不会忘记,"阴阳"之说是中国文化中极为重要的概念,从《周易》到《老子》《庄子》,从魏晋玄学到宋明理学,"阴阳"的概念几乎成为中国文化的思维杠杆,推动着学者们去铸造理论系统。然而,不同时期不同流派的人们对阴阳概念的使用却具有不同的特点,随着历史的变迁,阴阳概念便与不同的语境相联系。如果说先秦时期学者们心目中的阴阳是两极世界的一种理论概括,那么在道教中却成为沟通养生客体与养生主体的一座"桥梁"。在道教养生家看来,养生客体无论怎样纷繁复杂,只要从理性上加以把握,那就可以发现其阴阳运动的特质。《太平经》说:"天虽上行无极,亦自有阴阳,两两为合。""地亦自下行何极,亦自有阴阳,两两相合。如是一阴一阳,上下无穷,傍行无竟。"①这里所谓"行"就是运动,"上行无极"就是运动没有止境,天在运动,地也在运动。在《太平经》看来,天地不论如何运动,它们总是以阴阳对应的形式存在着。由于阴阳两极是相互对应的,因此能够相合。《太平经》尤其重视这种"合"的状态。与《太平经》差不多出于同一时代的《周易参同契》则运用易学卦象的符号体系来表征天地阴阳之进退,它说:"天地设位,而易行乎其中矣。天地者,乾坤之象也。设位者,列阴阳配合之位也。易谓坎离;坎离者,乾坤二用;二用无爻位,周流行六虚。"②《周易参同契》所讲的"天地"与《太平经》所讲的"天地"具有同样的意义,实际上是当时人们面对的自然宇宙。从道教养生学的角度看,"天地"也就是养生客体的总称;而"易"就是日月,在《周易》卦象中,"坎离"既表示水火,也表示日月,《周易参同契》侧重从日月的象征角度来陈述"坎离"的意义,所以有"易谓坎离"之说。《周易参同契》把"坎离"当作"乾坤二用",这实际上是以乾坤为体,而以日月为用。因为日月本身是一阴一阳相互对待的,故而以坎离为用,就是以阴阳为大用。与《太平经》相类似,《周易参同契》所强调的是天地阴阳的运动不息,这代表了道门中人对养生客体复杂性的基本认识。

### (二)从阴阳大化中把握养生活动之玄机

道教为什么如此重视养生客体的阴阳运动呢? 这主要是为了从动态方面来认知养生主体地位,把握养生活动之玄机。从宏观的立场上考虑生存问题,道门中人不仅看到了天地阴阳大化的状态,而且看到了人与宇宙的对应关系。在道门中人看来,天地乾坤既是大宇宙,人体就是小宇宙。在大宇宙之中有日月星辰、河流山川,在人体之中也有对应的品物存在。这种"同构对应"论引申到养生学之中来,就意味着养生客体与养生主体彼此可以相互作用。一方面,天地阴阳之运动会发生异常,从而造成灾害,威胁养生主体的生存;另一方面,养生主体的行为也会导致养生客体的变化,这就是所谓"天人感应"。道教从"天人感应"的立场观察问题,认为自然灾害的产生乃是人的不良行为

---

① 王明:《太平经合校》,北京:中华书局1960年版,第653页。
② 《道藏》第20册第196页。

"断天道"①的结果,于是"天也不得久生,地也不得久养"②。天地既然不能生养,人的生命存在就成了问题,这是养生主体的最大悲哀。

基于养生主体与养生客体之间存在着生态效应的认识,道门中人极力倡导顺应天道而行。《黄帝阴符经·神仙抱一演道章》开篇即说:"观天之道,执天之行,尽矣。"③所谓"观天"从养生学的立场看,就是养生主体对养生客体的观察认知。这种观察认知不是走马观花式的行为,而是应该具备细致的科学精神的,因为"观"的目的是要认识"天道",也就是自然界的运行规律。《黄帝阴符经》进一步说:"宇宙在乎手,万物生乎身。天性人也,人心机也,立天之道以定人也。"④这不仅表明养生主体可以把握养生客体,而且体现了"开机"的能动精神。"机"不是世俗人之机巧变诈之为,而是宇宙自然的"玄机"。云峰散人夏元鼎说:"机缄之运不疾而速,机关之应,若合符节耳。人能明此之机,心同造化,自然机应不失,则天道立矣。固非曰舍人道而别立天道,亦非曰先立天道而后定人道也。盖人道即天道,天道即天机,天机即天性,所谓存其心,养其性,所以事天也。"⑤这真是养生家的肺腑之言!照此,认识与把握养生之玄机并不是把"人道"与"天道"分别开来,而是贯通起来,因为人是小宇宙,"天机"就在自己的心中,存心养性,天机自然显露,时来运转,益寿延年。

## 三、以德养生与身国共治

既然人与天存在着相互对应的机制并且可以相互感应,那么养生主体的能动作用就包括如何积极调整自身行为的内容,这种调整是为了达到良好的感应,以便造成天人关系的有序化。同时,这也是养生主体在阴阳大化过程中把握养生客体,以开启"玄机"的切实需要。在道教看来,调整自身行为实际上就是协调个体生命与天道自然的关系历程,贯彻到生命健康的操作领域,这

---

① 王明:《太平经合校》,北京:中华书局1960年版,第244页。
② 《道藏》第20册第196页。
③ 《道藏》第2册第722页。
④ 《道藏》第2册第722页。
⑤ 《道藏》第2册第723页。

就形成了"以德养生"的思想与身国共治的原则。

**（一）以德养生的理论根据**

"以德养生"在表层上是依据一定的社会伦理规范来保养精神和形体,但从深层次方面看,却蕴含着顺应天道以尽心知性的养生理念。在先秦道家文化中,"德"是一个基本的概念,它与"得"相通。汉代以来,道教继承发挥了《道德经》与《管子》的"道德"学说,并且将之与儒家的伦理思想沟通起来,用以指导延年益寿的修炼活动。在道教看来,人类社会乃是自然界的一种延伸,追其本原,依旧应该回溯于混沌之道。混沌之道的最大功德就是生养万物而不居功,保持淳朴的本性,这才能复归于道,与大道融通而为一体。引申到生命伦理的领域中来,以"孝"为本,修养心性,这是崇高的生命之德。因为"孝"乃是以报恩胸怀来对待生身之父母,这实际上是伦理导向上的复归,即从我身推源于父母,由父母推源于天地,由天地推源于混沌之道。推源过程就是淳朴心的恢复过程。这样一来,"孝"不仅是一种伦理的境界,而且是一种精神调节的方法,即养生的方法。在中国古代,"孝"与"忠"是联系在一起的。所谓"忠"在儒家看来就是诚恳为人,《论语·学而》有"忠信"之说,表现了儒家推己及人的基本伦理价值观念。道教在吸收儒家"忠信"伦理观念用于养生时侧重从"心正"的角度来加以阐释,因为"中"就是"正",心存"中和"即是"忠"。在历史上,"净明道"一派特别强调"忠孝"养生法。该派所谓"忠孝"尽管吸纳了儒家的思想内容,但却将之作为还本复归的养生操持手段。这是力图通过内在的心灵修养,从而达到与"天心"相印,实现天人合一的境界。所谓"大忠者,一物不欺,大孝者,一体皆爱"①,显示了净明道由心灵修养而推源于天的精神逻辑。在这里,以老子为代表的道家之"德"已经与以孔子为代表的儒家之德交融起来。根据道门中人以养生主体合于养生客体的思维逻辑,不论是儒家之"德"还是道家之"德"在养生实践过程中都是不可或缺的。因为道教所倡导的是由人道修养进而仙道修养,以人道修养为基础,以仙道修养为旨归。这样,儒家之德与道家之德便被巧妙地编排在养生实践活动过程中成为相互连接的两大程序,本来属于人文范畴的伦理道德内容在道教文化

---

① 《道藏》第 24 册第 653 页。

体系中却技术化了,这可以说是一种人文思想与传统养生科技的结合,或者说是人文文化向实用操作技术的转化。

**(二)身国共治:以德养生的技术模式**

道教在贯彻"以德养生"精神时还建构了基本的技术模式,这就是"身国共治"。所谓"身国共治"实际上是一种通过类比思维逻辑而形成的精神操作模式。具体而言,就是把身体当作国家,把国家当作身体,从而建立可操作步骤。

"身国共治"理论是以"身国互喻"的象征思维为前奏的。顾名思义,"身国互喻"就是"以国喻身"和"以身喻国",即把身看作"国",或者反过来把国看作"身"。这种思维路数在道教文献之中常有蛛丝马迹可寻。如《周易参同契》有许多地方描述君主统御百官治理国政的行文:"辰极受正,优游任下。明堂布政,国无害道。内以养己,安静虚无,原本隐明,内照形躯。"①关于这段话,彭晓做了解释:"辰极受正,优游任下者,谓神胎居中宫,喻君处明堂,如北辰也。阴阳五行之气,臣下也。但君臣理内,如北辰正天之中,则阴阳五行之气顺和,鼎室金水之液滋生。君得以养己安静,任运虚无,自然变化也。原本隐明,内照形躯者,谓金能隐明,又能自照,得火而同益光明也。"②据此,则所谓国君于明堂中统领百官的"理内"举措也是形容,其用意乃在于治身。尽管如此,这种比喻却显示了作者对政道的谙熟。此等"以国喻身"的法式在陈致虚《灵宝无量度人上品妙经注》中更加明确:"人以身为国,以精为民,以气为主,以神为帅,山川林木,具在身中……心君一宁,万神听命。"③很显然,这是把身体当作国家看待,依据国家的管理法度来修炼身心。

"身国互喻",这是中华民族"观物取象"的易学思维方式的体现。在易学中,"个别"是离不开整体的,每一具体的卦都从某个角度传递着《易经》卦象网络的"全息"。出于这种思维模式的"身国互喻"也是如此。不论从"治身"的角度还是从"治国"的角度看,"身国互喻"的意念指向都是整体性的。一方面,就"理身"而言,将"身"看作一个国家,就可以更好地注意到诸器官的协调。百官有序,脏腑通气。本来,处于"微小"状态的身体因被作为"国家"而

---

① 《道藏》第20册第137页。
② 《道藏》第20册第137页。
③ 《道藏》第2册第396页。

得到"放大"。于是,"治身"也就有了明朗的操作性。另一方面,就"治国"而言,既然"国"已经与"身"等量齐观,那么完全可以依据《周易参同契》所描述的那种"循卦炼功"法度,把国家内部关系的调理当作一个"内丹修炼"过程,"治国"即是"炼丹",治国火候的操持因有卦象"承成比应"①的"量"与"度"的显示,从而获得比较准确的把握。而更为重要的是,这种"身国互喻",搭起一座身国共治的桥梁,这座桥梁的主干就是以德为宗的调控框架。道教之所以把"德养"的治身法门与治国联系起来,从治身到治国,又从治国到治身,是因为个体生命的存在是无法离开国家整体的,只有国家整体达到和平的境界,个体生命的修炼也才能趋于完善。

## 四、"德化和气"与生态整体维护

身国共治之所以可能,在道教看来,是因为人世之"德"本得于道,通过培养良好的德行,可以纠正生命过程中所发生的某些错误的自我复制信息,维护身体和国家内在生态的平衡。

### (一)"德化和气"说的由来

在中国古代,"德"是可以化"气"的。老子《道德经》第十章在论及"专气致柔"的身心调理法时以"玄德"为旨归,从其字里行间可以看出,老子其实是把修"玄德"作为"得气"的要领。儒家学派重要代表人物孟子也有类似的思想,他有一句名言叫作"我善养吾浩然之气"②。这种"气"是怎样养的呢?那就是"配义与道"③,即在内心上培养正直的道义,从而与天地相感通,激发内气的作用。从《道德经》到《孟子》所蕴含的"德化气"思想给道教以极大的启发。《太平经》通过自然现象的观察,认识到天地生养万物之"德"是以"气化流行"来体现的:"德者主养,故物悉养于南方。天之格法,凡物悉归道德,故

---

① 所谓"承成比应"是古易学家阐释《周易》的一种理论,其要义所在是揭示卦象爻位相互关系。
② 参见《孟子·公孙丑上》,《诸子集成》本,北京:中华书局1954年版。
③ 参见《孟子·公孙丑上》,《诸子集成》本,北京:中华书局1954年版。

万物都出生东南而上行也,天地四方六阳气俱与生物于辰巳也。"①《太平经》把东南西北与春夏秋冬配合起来,将自然宇宙的运转划分为两大时段和两大空间位置,以"刑德"来说明其功用特质。就时间而言,春夏为德,而秋冬为刑;就空间而言,东南属德,西北属刑。德主生,刑主杀。②《太平经》之后,全真道理论家邓锜在《道德经三解》中把人的身体与天地国家相类比,把"气交于体"同"德交于道"对应起来,暗示了"德"与"气"是可以融通的。从这个意义上说,"以德养生"也就是"以气养身",这是力图使气"交归"而完形。

**(二)依"德"而治的生态功用**

"德"是怎样在修身过程中发生特殊效用的呢?这关系到养生主体与养生客体的存在状态及其结构的认识问题。在古代养生家看来,不论是养生主体还是养生客体都有实在的结构,这种结构在混沌之道化生宇宙天地时就已经确定了。《周易》以太极、两仪、四象、八卦及六十四卦的衍生符号链条来说明宇宙天地的发生过程及其所形成的结构;《道德经》以"道生一,一生二,二生三,三生万物,万物负阴而抱阳"这样的逻辑来概括宇宙时空的展开程序。道教将《周易》与《道德经》的理论统合起来,形成了象数与义理并用的陈述方式,用以表示宇宙存在结构及其相互作用状态。《黄帝阴符经》说:"爰有奇器,是生万象,八卦甲子,神枢诡藏。阴阳相胜之术,昭昭乎进乎象矣。"③这段话力图以具有高度概括意义的卦象来表征天地万物的发生及其复杂结构。对此,云峰散人夏元鼎有一段解释,他指出:《阴符经》篇末数语,"总括始终,亦犹乾坤之象辞,备六十四卦之大义。"④按照这个说法,《黄帝阴符经》乃暗藏着一套卦象陈述系统。夏元鼎遵循这个思路,从人体小宇宙与天地大宇宙相对应的角度进一步阐述事物演化程序与存在的结构体系,他作《奇器万象图说》,将《黄帝阴符经》关于"奇器"的意义明朗展示出来,其图内有炼丹之鼎器,以《坎》《离》《震》《兑》四卦为四正之方;中环十二地支,以《艮》《乾》《巽》《坤》四卦界四隅之位,外有十二消息卦与二十四节气环绕,体现了人体与宇宙相对应的结构。

---

① 王明:《太平经合校》,北京:中华书局 1960 年版,第 231 页。
② 王明:《太平经合校》,北京:中华书局 1960 年版,第 11—12 页。
③ 《道藏》第 2 册第 746 页。
④ 《道藏》第 2 册第 730 页。

从养生学的立场来看,道教对经典的解释包含着人们对养生主体与养生客体的性状及其相互关系的认识。此等认识显示,养生主体与养生客体都具有一定的结构,这种结构乃具有生态学的价值。如果说人的五脏六腑的存在状态及其关系体现了养生主体的生态,那么人所面对的宏观宇宙的状态与诸因素的相互关系就是养生客体的生态。养生主体与养生客体的生态虽然分属两大系列,但可以通过同一种模式来加以展示,因为在道教思想中人与天地都是"道化"的结果。在道化生天地与人之后,本来一切都处于有序的状态,这就是"和"。然而,有"和"就有"仇",所谓"仇"就是养生主体与养生客体之生态结构中诸因素对立、斗争所造成的混乱无序状态。为了纠正这种混乱状态,恢复养生主体的内在生态与外在环境生态的秩序,道门中人力主"玄德"修养说。因为心存"玄德",中和之气即运化。《太平经》说:"龙德生北,位在东方……朱雀治病,黄气正中。"①这里所谓"龙德"就是东方苍龙之德,因为二十八星宿之苍龙起于东北角,所以说"龙德生北";因为苍龙七宿乃以"心房"居东方之正位,所以说"位在东方"。因为东方为木,木运而生火,火是南方朱雀七宿的代表,以养火之法化运,火可生土,居中为黄色,所以说"黄气正中",这就是"和"的表现。《太平经》叙说五行化运,以龙德为本,这是《周易》"乾坤和合"之义的发挥。《象》称"乾元"为万物资始,其大德在于"保合太和";坤元为万物资生,其大德在于承天载物。在传统文化中,乾坤乃天地总法象,代表天地"大生"与"广生"之德。道教倡导乾坤之德,即是为了使养生主体与养生客体恢复有序和谐状态,因为人身"貌肖天地",所以效法天地乾坤之德,就可以维护阴阳之平衡,使脏腑器官太平而大安。可见,涵养德操,这也是维护养生主体与养生客体内外生态的一种技术手段。这种技术手段虽然不太容易把握,但由于有易学卦象符号的表征,其基本精神还是可以领悟的。

(本文原载《人文论丛》2004 年特辑,武汉大学哲学学院主办。原有附言:"尊师萧萐父教授,培育人才,功垂青史;文章道德,彪炳日月;开拓境界,我辈风范。值此萧先生八十华诞之际,谨以此文,聊表敬意。感谢萧先生的栽培和教诲!")

---

① 王明:《太平经合校》,北京:中华书局 1960 年版,第 339 页。

# 道教文化养生及其现代价值

中国道教不仅蕴聚着别具一格的生存理念,而且提供了丰富多彩的生存技术。如果要把道教的生存理念与生存技术进行一番总结的话,那么我们可以用"养生延年"四个字来概括。这四个字中,"养生"表示生存原则、方法、路径,"延年"表示基本的生活目标、一种长续健康的状态。

由于内容广泛并且具有实用性,学术界在数十年来对"道教养生"开展了很多研究,也取得了可观成果。对于道教养生所产生的精神积淀,一般会用"养生文化"来指称。这个概念,人们已经比较熟悉。笔者这篇文章把"养生文化"的顺序来个颠倒,成为"文化养生",这绝不是玩文字游戏,而是经过一番认真思索之后提出来的。早在十年前,笔者就曾在相关学术专著里阐发了"文化养生"概念,本文拟在此基础上再作深入一步的探讨。

## 一、道教文化养生内涵

2004 年,笔者所撰《道教科技与文化养生》一书由科学出版社出版。该书"绪论"第四节指出:

> 如果说"养生文化"是养生技术的精神积淀形式,那么"文化养生"则是文化资源向养生技术的转化形态。依此类推,道教文化养生也就是道教文化资源向道教养生技术的转化形态。

这段话旨在试图说明何为"文化养生"与"道教文化养生"。当时的出发点是实用性,因此整段解释是围绕"养生技术"展开的。现在看来,这种表述是不完善的。经过一番思考,我感觉"养生文化"不仅只是一种技术形式,它还应该包括如何养生的思想理念、实施养生实践的手段、器具以及被赋予养生意义的组织、环境等。而"文化养生"应该是对人的健康有帮助的一切具有积极内涵的文化存在。根据这种思路，那么上面的表述可以调整为：

> 如果说"养生文化"是养生观念与实践技术的积淀，那么"文化养生"则是一切有益于健康生活的文化资源向养生理论与实践技术转化的综合形态。依此类推，道教文化养生也就是一切有益于健康生活的文化资源向道教养生理论与实践技术转化的综合形态。

要明白这段话的涵义，需要对"养生"这个概念有所了解。大家知道，最早提出"养生"概念的是《庄子》。该书有《养生主》一篇，一开始就提出了'保身''全生''尽年'的思路。如何达到这三种状态呢？《养生主》指出，应该"为善无近名，为恶无近刑，缘督以为经"。

对上述三句话，宋代林希逸在《南华真经口义》卷四中这样评估："此数句正是其养生之学，庄子所以自受用者。"①照林希逸的这种说法，庄子的养生要旨可以用这三句话来概括：所谓"为善无近名"，是说人可以行善，但切忌得行善之名。如果行善而得大名，反而会招惹麻烦，有人捧，有人杀，有人吹毛求疵，哪里还能养生？恐怕连安宁都难求了。所谓"为恶无近刑"，是说人一旦不小心做了错事，就应该悬崖勒马，不要让自己往罪恶深渊滑下去，否则就会遭受刑罚。对于这两句话，晋代郭象认为："忘善恶而居中，任万物之自为，闷然与至当为一，故刑名远己而全理在身也。"②意思是说，人如果能处中庸而无善恶，一切顺其自然，刑名之事就会远离自己而去。至于"缘督以为经"这句话，郭象把"缘"解释为"顺"，把"督"解释为"中"，把"经"解释为"常"，他说："夫善恶两忘，刑名双遣，故能顺一中之道，处真常之德，虚夷任物，与世推迁。养生之妙，在乎兹矣。"③照郭象这种说法，养生前提是顺中道、忘善恶、远刑名。由此不难看出，庄子提出的"养生"，主要是从精神涵养角度谈的。

关于"养生"意涵问题，汉代荀悦《申鉴·政体》有一段话颇值得注意：

> 故在上者，先丰民财以定其志，帝耕籍田，后桑蚕宫，国无游民，野无荒业，财不虚用，力不妄加，以周民事，是谓养生。

---

① （宋）林希逸：《南华真经口义》卷四，《道藏》第15册第708页。
② （晋）郭象：《南华真经注疏》卷四，《道藏》第16册第317页。
③ （晋）郭象：《南华真经注疏》卷四，《道藏》第16册第317页。

意思是说:身居上位的帝王,首先应该考虑如何让老百姓物质财产丰富起来,这样老百姓才能心志安定。因此,帝王要以身作则,在春天的时候扶犁耕田,皇后也要在种桑养蚕方面有所行动,为天下百姓作出表率;如此,则天下人都卖力干活,既无游手好闲之徒,也无荒废的田地,物力俭约,财尽其用,这就是养生。显然,荀悦这段话是从治国角度谈养生。

根据上述两文献,笔者以为:"养生"并非只是个人的事情。广义的"养生"不仅是要个人树立顺应天道的观念,掌握一定的养生实践技术,而且要考虑整个社会国家的人都得以安养,这叫作"全民养生"。要达到"全民养生"的目的,国家不仅要保障物质财富的丰盛,而且应该保障社会和谐、环境生态有序。

延伸至道教文化养生问题上来,我们可以看出,实际上道教也是主张"全民养生"的。例如《灵宝无量度人上品妙经》(简称《度人经》)卷四《永延劫运保世升平品》称:

> 众真侍座,元始天尊玄坐太空九色玄龙宝局之上。说经一遍,诸天大圣同时称善,万物民人,咸皆遂性。说经二遍,物无札疠,民息忧虞。说经三遍,人安其化,无所争求。说经四遍,时称丰乐,不识灾凶。说经五遍,万方率服,遐迩同风。说经六遍,禽鱼胎卵,各保生成。说经七遍,麟凤来仪,天地应祥。说经八遍,至德熙洽,民物还淳。说经九遍,国君王侯,永保世续。说经十遍,普天率土,咸证道妙,是时,一国是男是女,莫不倾心,皆受护度,咸得长生。①

这段话让我们不难感受道教的开阔胸襟。元始天尊说经十遍的功效,是不断递进的,先是"遂性",然后是"息忧虞""安其化""称丰乐"等等。其中,最值得注意的是:说经功效不仅对人,而且对物。说经一遍时所出现的对象是"万物民人",到说经六遍的时候出现了"禽鱼胎卵",可见,《度人经》所要救济度化的不仅是人,也包括动物、植物,以至宇宙一切生灵,所谓"普天率土,咸证道妙"。

在《正统道藏》中,《度人经》编列在"洞真部·本文类"的首部,也就是整

---

① 《道藏》第 1 册第 23 页。

个《道藏》经书的首部,其思想代表了整个道教的主张。因此可以说,道教不仅具有"全民养生"的观念,而且将养生延伸到宇宙生灵,其思想观念可以称作"万物养生"。我们考察道教文化养生,就必须从"万物养生"的立场来审视。从这样的视野看问题,千百年来,道教所积淀的丰富文化就成为广义的万物养生资源。其所讨论的不仅是如何运用文化资源来为个体延年益寿服务,而且把整个人类的健康生存放在宇宙大空间来把握,不仅考虑人类社会因素,而且考虑自然环境因素。根据这样的情况,我们可以得出初步看法:道教文化养生就是道教运用一切可能的文化资源来为整个人类健康生存服务,个人养生与人类整体养生不可分离,社会养生与生态环境维护不可分离。

## 二、道教文化养生的形成与发展

阐述了道教文化养生概念之后,接下来我们将梳理道教基本形态发展脉络,以明晰道教文化养生的形成与发展。

关于道教起源问题,已经有很多讨论。过去几十年,学者们一般认为,道教肇始于东汉末年,其标志是"正一盟威之道"(俗称"五斗米道")与"太平道"等道派的出现。从现代西方宗教学的一般立场看,这种观点当然没有错。长期以来,人们心目中的"宗教"包括三大要素:第一,有神明信仰和相应的经典;第二,有祭拜神明的礼仪;第三,有维持信仰的组织形式。按照这三条标准,无论是"正一盟威之道"还是"太平道"都可视为宗教。二者都诞生于东汉末,所以说道教形成于东汉,这是有理由的。

然而,如果按照中国的传统说法,道教的诞生时间应该往前推。在中国古代,"宗教"本自有特指意涵。许慎《说文解字》谓:"宗者,尊祖庙也。从宀从示。"其中的"宀",象征安放祖先神明的屋子;"示"的上面两横代表"天",下面的"小"代表日月星,意即《周易》讲的"天垂象,见吉凶"。由此可见,"宗"本有尊天法祖的理趣。至于"教",许慎《说文解字》也有解释:"上所施下所效也。从攴,从孝。"上施,故从攴;下效,故从孝。此即教化之意。概括来说,中国传统意义上的"宗教"即是以"尊天法祖"为内涵的人文教化。正是遵循这样的古老传统,道教尊黄帝为先祖,尊老子为道主,尊张道陵为教主,认为道教是起始于黄帝,后经较长时间的建设而逐步完备起来的宗教形态。

如果要加以划分的话,那么道教发展可以表述为三个形态。相应地,其文化养生也经历了三大历史时期。

第一,元初道教。可以远溯于七、八千年前的伏羲氏画八卦事件,到将近五千年前的轩辕黄帝,这一阶段,逐渐树立了以"尊天法祖、修炼成仙"为教化内涵的基本信仰。《史记·五帝本纪》谓黄帝时期"鬼神山川封禅,与为多焉"①。其中的"鬼神山川"即表示对自然神与祖先神的崇拜,"封禅"就是祭祀天地;可见,黄帝时期"尊天法祖"的观念已经形成并在相当程度上固定为行为习俗;与此相联系的则是当时的修仙活动。《史记·封禅书》称:"黄帝采首山铜,铸鼎于荆山下。鼎既成,有龙垂胡须下迎黄帝。黄帝上骑,群臣后宫从上者七十余人,龙乃上去。"②从《史记·封禅书》前后文的描述可知,黄帝之所以铸鼎,是为了炼丹药,而炼制丹药的目的就是修仙。《史记·封禅书》关于黄帝骑龙升天的描述虽然带有传说色彩,但在本质上却表现了延年益寿、修炼成仙的生命意识。这一点与东汉以来的制度道教思想宗旨完全一致,所以能够被后世道教所接受和广泛宣传。作为严肃的史学家,司马迁所记载的诸多黄帝故事必有其缘由。因此,我们有理由把黄帝时期的"尊天法祖、修炼成仙"活动看作是"元初道教"的肇端,而"黄帝"作为那个时期最重要的符号象征,也就成为道教发生的基本标志。

元初道教的文化养生表征。黄帝祭祀山川鬼神、封禅天地,可视为"全民养生"需要的一种基本行动。为什么要祭祀山川鬼神? 就是要为天下百姓祈求平安。从某种意义上看,"祭祀"就是人与天地神明进行沟通。许慎《说文解字》解释"祭"字时,称之"从示,以手持肉"。所谓"以手持肉"就是用手拿着肉以供奉神明,其目的就是请求神明启示。上天通过日月星的运行警戒未来将发生的重大事件,人得到神启,便有了正确、健康的生活方向。至于"封禅",更是以十分隆重的宗教典礼祭祀天地,其目的也是确保天下长治久安,符合"全民养生"的思想旨趣。因此,黄帝铸鼎事件本身所释放出来的信息

---

① 《史记》第 1 册,北京:中华书局 1959 年版,第 6 页。
② 《史记》第 4 册,北京:中华书局 1959 年版,第 1394 页。

是:黄帝时期已经形成相当成熟的养生观念,且重视养生实践手段。因为铸鼎的目的是炼丹,而炼丹是为了服食长生,其文化养生的意义跃然纸上。

第二,古典道教。笔者所谓"古典道教",就是把通常大部分学者认定的"道家"看作道教理论的奠基者,从而将其视为道教发展的一个阶段代表。这样说并非否定学者们关于"道家"的论述,而只是从不同角度来重新审视先秦道家的理论内涵与社会作用。从学理立场看,以老子、庄子为代表,以讲说道法理论为特征的这派学者完全可以称作道家,这一点西汉时期的司马谈等人早有先见。那么,我们能不能从"教"的角度来审视道家呢? 实际上,春秋至西汉以来的文化知识都还带着浓厚的古宗教色彩,儒家、阴阳家、墨家等都具有一定的宗教内涵,道家也不例外。关于这一点,我们只要揣摩一下老子《道德经》就明白了。该书第四十二章说:"人之所教,我亦教之:强梁者不得其死。吾将以为教父。"学者明白,老子《道德经》是以"道德"二字为根本的,他所谓"教"就是"道德之教",简称之就是"道教"。老子这种"道教"当然不是凭空产生,而是有所因循的,他所因循的就是黄帝以来的上古圣人遗训。正是在黄帝以来上古遗训的基础上,老子阐述了"道"的教化义理。也正是这个原因,以《道德经》为代表的先秦道家文献被汉代以来的信仰者奉为经典,所以,这一阶段的道教,也就是通常所讲的道家,可以称作"古典道教"。

在道教发展历史上,古典道教处于承先启后的位置。黄帝所创立的元初道教经由许由、夏禹、皋陶、彭祖、商汤、姜尚、管仲、孙叔敖等后继者播衍,到了春秋之际,老子《道德经》问世,标志古典道教诞生。老子之后,关尹子、亢桑子、杨朱、列子、庄子、管子、范蠡等人积极传承,古典道教大放异彩。战国秦汉时期,河上公、陆贾、张良、萧何、曹参、刘安、严君平等人大力弘扬《道德经》精神,古典道教人才济济,著述丰硕,影响逐步扩大。

古典道教的文化养生表征。正如元初道教一样,古典道教也在诸多方面提供了丰富的文化养生信息。老子《道德经》的"长生久视"之术综合了上古天文、历法、医疗、政治、军事等多方面知识,他提出的养生理念与操作系统,既浓缩了大量的文化信息,也包含了众多的技术成分。《道德经》之后,《列子》描述的"以游为至","斋心服形",《庄子》记载的"坐忘""心斋"法门等等,都从不同侧面展示了古典道教文化养生理念与技术思路。这一阶段的养生实践

583

与理论创建,既继承了此前元初道教的文化资源,又彰显了古典道教在新背景下的创造与活力。

第三,制度道教。这是在古典道教基础上形成的具有宗教礼仪和组织系统的道教。东汉时期,张道陵带弟子王长、赵升至江西龙虎山炼丹传教,尔后又到四川大邑县鹤鸣山创立"正一盟威之道",俗称"五斗米道"。这个道派的最大特点是尊黄帝为上古仙人,奉老子为道主,以《道德经》为引导信徒的教义范本,他们以"符水咒说"疗病,礼拜天地水三官,经过几代人努力,逐步建立了以"二十四治"为依托的政教合一组织。以张道陵为创始者的正一盟威之道因有比较系统的宗教礼仪和教派组织,意味着制度道教正式诞生。与其差不多同时的"太平道"情况类似,因此可以看作"制度道教"形成的另一个标志,只是因为后来太平道失传,而正一盟威之道虽然几度变更名称,但却世代相袭,成为制度道教的典型代表。从这个情况来看,东汉末以来的道教就是制度道教,它以黄帝时期的元初道教为肇端,以先秦老庄为代表的古典道教为思想基础,融合多种因素而成,为中国道德文化的保存与发展做出了重要贡献。

制度道教的文化养生表征。与元初道教、古典道教相比,制度道教更具有自觉的生命意识。自东汉以来,制度道教以"长生不老、羽化登仙"作为修道的目标,围绕这个目标,道门中人积极探究宇宙天地与人体奥秘。一方面广泛收集上古时期各种养生益寿故事,编纂神仙传记,为世人提供文化养生的典型;另一方面,继承和改造上古的宗教仪式,成为斋醮礼仪;与此同时,道门中人还积累、发展了大量精神调养、形体修炼的功法,诸如守一、存想、胎息、啸法、五禽戏、太极拳等等。这些技术体式,既有静功,也有动功,其背后潜藏着道门中人独到的文化智慧和别具一格的操作技巧。

## 三、道教文化养生的主要体式、特征与当代价值

经过了将近五千年的漫长历史过程,中国道教在文化养生方面留下了极为丰富的珍贵遗产。就体式角度看,以下几种尤其具有代表性和现实价值。

第一,斋醮养生。"斋醮"乃是一种祭祷仪式,其程序一般有:设坛摆供、焚香、化符、念咒、上章、诵经、赞颂,并配以烛灯、禹步等。这些程序,无一不是

先民文化积淀的结果,也无一不体现道门中人的创造性转换。就拿坛场的布置来说,道教按五方位置来建构,依天、地、人三才对应模式设立三层坛场,其深层次里所贯注的"阴阳五行"理念正是先民们文化精神的延续,而举办斋醮科仪所需的香烛、法器等也都凝聚着先民的劳动,展示了文化智慧。道教将诸多文化因素,予以重新组合,创造了斋醮科仪的形式,从表层来看,这是为祭祷神明而设,但若深入探讨,就会发现,其中蕴含着养生的旨趣。斋醮科仪中的符咒、赞颂等环节,伴随着特殊的音乐、文学、舞蹈,造就了超凡入圣的氛围,引人入静,这实际上是建立了一套特殊的符号养生系统,具有"符号养生"的功能。

第二,金丹养生。"金丹"本是一种由矿物石炼制而成的药物,后来进一步引申,把锻炼人体精气神的功夫也叫作金丹。可见,金丹学说包含着两个基本的层次:前者属于"外炼"功夫,其结果称为"外丹";后者属于"内炼"功夫,其结果称为"内丹"。金丹修炼的文化特征是:以天地为法象,以阴阳为进退,以宇宙论为思想基础,所以有"大道"的功用。"金丹"与"大道"连称,表明这种养生延年法门在道教中的突出地位。就发展趋势看,早期金丹大道的实践具有比较明显的外丹倾向,以葛洪为代表的一批金丹家通过一系列的实践,探索外丹炼制的规律,制作诸多丹药,以供服食。根据陶弘景等人的试验,有一部分外丹对于治疗某些疾病有一定效果。由于外丹含有毒素,故服食丹药造成瘫痪,甚至死亡的事时有发生。自唐末开始,金丹大道学说朝内丹方面发展,以钟离权、吕洞宾为代表的一批道教学者注重内丹修炼。这种倾向在宋代表现得更为明显,陈抟、张伯端、王重阳等人力主内丹之学。其后,论述内丹的各种著述纷纷问世,并且形成了许多流派。其中有所谓中派、东派、西派之分。"中派"以元初由金丹派南宗合流于全真道的李道纯为代表,李道纯总结南北二宗之学,其丹法以性命双修为特色;"东派"以明代的陆西星为代表,陆氏的丹法从筑基、炼己、摄心修性入手,在见性之后则男女双修;"西派"以清代四川的李西月为代表,李西月宗承张三丰、陆西星等人的丹道学说,于炼心方面多有精到见解。金丹派别的分衍,一方面反映了先民文化因素的不同运用;另一方面则体现了在不同时期、不同环境中道教文化养生的新创造与新动向,焕发出生生不息的养生能量。

第三，伦理养生。伦理本是调节人际关系的基本行为规范。推而广之，伦理也用以处理人神关系、人物关系、人与环境的关系。将伦理资源转化为形体健康手段，这就是"伦理养生"。从某种意义上讲，伦理养生就是通过道德反省，引导人遵守社会基本道德规范，集中到一点就是行善积德。在道教看来，行善积德不仅有益健康，而且能够延年益寿。《太平经》卷九十七《妒道不传处士助化诀》说："学之以道，其人道；学之以德，其人得；学之以善，其人善；学之以至道善德，其人到老长，乃复大益善良。"①文中的"老长"意味着健康长寿，之所以能够健康长寿，是因为学习了道、德，最终获得了"至道善德"。可见道教是相当看重伦理道德的养生价值的。

第四，治世养生。所谓"治世"就是治理社会。先民们为了更好地生存，组织成社会。有社会就要管理，将这种管理社会的智慧造福于民，且用于管理人的身体，这就是"治世养生"。这个概念包含两个方面的涵义：一是"治世"即"养生"。作为社会管理者，能够"以百姓心为心"，以"天下为公"，完善社会管理体制，发挥各方面的积极性，提高百姓的物质生活水平、营造精神生活的良好氛围，这就是最大的"养生"，即实现"全民养生"。二是借鉴社会治理的方式、手段，来进行身体管理，从而使个体健康生活、延年益寿，这是"个体养生"。不言而喻，"治世养生"的核心精神就在于一个"治"字，旨在达到：治国与治身并举，国安与身康两全。

"治世养生"的理念与实践在元初道教阶段即已奠定。《列子·黄帝》篇记载，黄帝在位十五年，欢喜天下拥戴自己，于是娱乐耳目，弄得皮肤干涩晦暗；又过十五年，黄帝忧虑天下不能治理，他"竭聪明，进智力，营百姓"，耗损精气，身体虚弱，肤色枯槁难看。黄帝十分感叹地说："朕"太放纵有为了。"养一己其患如此，治万物其患如此！"于是，黄帝放下万机，舍去宫寝，撤销侍从人员，减少美味佳肴，来到大庭馆舍闲居，清心修养，三个月不理政事。有一个白天，黄帝梦游华胥氏之国。在梦里，黄帝了解到：华胥氏之国，没有老师，没有长官，人民没有什么特别的嗜好，生活简单，自然而已。他们不知道"生"的快乐，也不知道"死"的厌恶，所以没有夭亡的事情发生。他们不知道谁是

———————
① 王明：《太平经合校》，北京：中华书局1960年版，第433页。

自己的亲人,也不知道哪些东西与自己疏远,没有爱憎意识。他们不知道什么是背叛、什么是顺从,没有利害冲突。他们不知道什么叫作可爱怜惜,一切都无所畏惧。他们入水不会溺死,入火不会烧焦;斧头砍到身上,不伤不损;尖锥锉到皮肤,不痛不痒;在空中飞行,如脚踏实地;在虚处就寝,像躺卧床中;云雾不会挡住视线,雷声不会乱了听觉,善恶不会扰乱心地。山谷无法阻挡脚步,他们的举动像神一样没有形迹。黄帝醒来之后,召集天老、力牧、太山稽前来,告知梦中情境。黄帝闲居静养,本来是在思考"养生治物之道",但经过梦境之后却得出了"至道不可以情求"的道理,其精神旨趣是:治身与治国的道理是一样的,都应该摆脱个人情欲的干扰,顺应自然。

《列子》所记载的黄帝故事表明,从元初道教创始者黄帝开始就在探讨治世养生问题,并且有了感悟。此后,古典道教与制度道教在这个方面有了更多的理论阐述,并且形成了"身国同构共治"的思路。例如汉代严遵《道德真经指归》卷十说:"是故建身为国,诚以赤子为容。"①而《太平经》则称:"上士用之以平国,中士用之以延年,下士用之以治家……大道坦坦,去身不远,内爱吾身,其治自反也。"②显然,这是把安国、理家与养身统一起来了,对后来的道教养生学具有重要影响。

第五,文艺养生。通常讲的"文艺"就是文学艺术的统称。就文学方面看,有诗、词、曲、赋、小说、散文等不同体裁。就艺术方面看,则有音乐、舞蹈、戏剧、书法、篆刻、绘画、雕塑等等。考察经典文献,可以看到,无论是文学还是艺术,都为道门中人所雅好。《道藏》中包含大量的文学艺术作品,像《周易参同契》《黄庭内景经》《黄庭外景经》《悟真篇》等基本上是用诗、词、赋的格式写成的;而许多著名道教领袖的个人文集也包含诸多文学作品,例如金丹派南宗五祖白玉蟾的《上清集》《武夷集》《玉隆集》,再如全真道创始人王重阳的《重阳全真集》《重阳教化集》《重阳分梨十化集》等皆是。此外,《道藏》中还有很多图像,而道观里的各种神仙造像,从不同侧面展示了道教艺术的别出心裁。

---

① (汉)严遵:《道德真经指归》卷十,《道藏》第 12 册第 366 页。
② 王明:《太平经合校》,北京:中华书局 1960 年版,第 728 页。

在一般人心目中,文学艺术乃是载道的形式,是表达思想情感的手段,与养生似乎没有太大关系。其实,按照道教关于大道"无时不在、无所不在"的精神,文学艺术也是养生的重要形式。因为在道教中,文学艺术所传达的是"大道之音",无论是创作还是欣赏,都可以使人意念集中,进入"与道融通"的状态,从而忘记烦恼,忘记忧愁,达到"至乐"境界,这无疑是有益健康的。例如张继先的《咏窗》就是很好的养生之作:

> 无意殷勤遮皓月,有心特地隔红尘。从兹虚室长生白,占得桃源洞里春。[1]

诗人从一轮皓月的描述入手,引出了"隔红尘"的意象,通过"无意"与"有心"的对比,强化了皓月的明澈,暗示了修道者内心的纯洁。接着采用了"虚室生白"的典故,将读者引入了内功修炼的程序。《庄子·人间世》:"瞻彼阕者,虚室生白,吉祥止止。"这十二个字,像《诗经》的句子,精妙绝伦,但由于年代久远,当代人颇感生涩,尤其对"止止"更觉如丈二金刚摸不着头脑,于是怀疑其误抄者有之,欲更改者亦有之。其实,《庄子》行文乃是根据《周易》之《艮》卦来的。《艮》卦代表山,而山的象征意义是"止",经卦三画表示一座山,故有一"止",别卦两山相重,故有两"止"。在《庄子》行文中,第一个"止"作动词,表示心念应该有所停止;第二个"止"作名词,表征己心的虚空处。整句意思是说:观看密室虚空,见有光明闪烁,暗示修炼之人当清纯内心,使之不杂染,其法为收视返听,让一点灵明止于内心深处,令戒定于虚空,因虚而生明,因明而生慧,这就是"坐忘"。张继先显然是谙熟《庄子》的"止止"修炼秘法的,故而随手拈来,作为"诗眼",透过这个"诗眼",豁然开朗,而见"桃源洞里春"。这是道教特有的洞天福地景色的展示,又是人体内功状态的象征。明白这一点,就能够领悟张继先《咏窗》诗的文化养生内蕴。像张继先《咏窗》诗在道教中为数甚多,细细品味,的确可以诱导人的内气运转,升华精神境界。

第六,环境养生。所谓"环境养生"可以理解为从生态环境和谐的视角来考虑和实践养生;换一句话来说,这就是将"养生"活动自觉地纳入生态环境系统中,使个体的生存成为自然和谐的因素。道教认为人的生存与自然环境

---

[1] (宋)张继先:《三十代天师虚靖真君语录》卷七,《道藏》第 32 册第 388 页。

是相互作用的,人应当顺应自然规律,营造良好环境。基于这样的认识,道教把保护生态当成修炼养生的重要内容。《太平经》说:"是以古者圣人明王之授事也,五土各取其所宜,乃其物得好且善,而各畅茂,国家为其得富,令宗庙重味而食,天下安平,无所疾苦,恶气休止,不行为害。"①文中的"宜"不仅意味着攫取自然资源要适度,而且表明掌握时机的重要性。这种以"宜"为善的主张反映了道教维护资源再生的基本态度,也表现了生态颐养的实践追求。

以上所列,仅仅是道教文化养生的几种有代表性的形式。从这五个方面,大体可以看出,道教文化养生经过长时间的积淀,不仅形式多样,而且形成了个性鲜明的特点。概括起来,其特点可以表达为三句话:文化传承与创新围绕"养生"主旨而展开;"以人为本"精神与"万物养生"相一致;宏观把握与具体技术构成了立体文化系统。

道教文化养生的价值是多方面的。作为我国的传统宗教,道教不仅为个人健康提供了一系列有效的养生思路与技术,而且关注整个人类的健康生存。道教把人类整体生存放在宇宙万物普遍联系的宏大空间中予以审视,以慈爱的精神对待宇宙天地万物,认为人类要健康生存必须注重保护动植物、保护生存环境;与此同时,道教强调社会和谐有序,这些主张无论是对个体健康还是对于人类整体生存来说都是很有裨益的。当今世界,人类由于现代科技的发明创造而获益良多,但同时也面临着种种新的困境甚至威胁。战争接连发生引起的社会动荡、环境污染、食品安全等问题的相继出现,给人类提出了警告。在这种背景下,反观道教文化养生的理论与实践技术,当有助于人类的长久生存。

[本文原载《湖南大学学报》(社会科学版)2015年第1期]

---

① 王明,《太平经合校》,中华书局1960年版,第203—204页。

# 明堂思想与道教符号养生

"明堂"这个词在今天的一般社会生活中似乎显得比较陌生,但在中国古代却是一个很重要的术语。它不仅是宗教祭祀的一种象征,而且是上古政治活动的历史标志。正如其他许多传统文化概念一样,明堂也聚合着先民们治身与治世相统一的精神理念,而其内在层面则又是由某种具有运行功能的结构支撑着。汉代以来,随着道教组织的发展壮大,先秦的"明堂"理论也被道教所吸收和改造,以作为修养身心的象征符号。因此,解读"明堂"的原始意义以及历史变迁便成为我们探索儒道文化精神以及符号养生哲学的重要环节。

## 一、明堂问题的解读思路

什么是明堂呢?许多读者或许会联想到平常一些人经常挂在嘴边的一句口头禅:"你搞什么名堂?"确实,"名堂"一词在人们的日常生活中不时地被重复着;不过,这个"名堂"与古代的"明堂"却是风马牛不相及的。现代人挂在嘴边的"名堂"指的是"花样",而传统上的明堂则是一种制度,两者不可相混淆。

传统的明堂问题向来是经学家们关注的热点之一。翻开《中国图书综录》,我们不难发现许多论述明堂的专著,如清朝的惠栋《明堂大道录》以及毛奇龄的《明堂问》即属于此类专著。至于其他古籍,也有不少篇章论及明堂问题。这就说明,明堂在古人心目中占有特殊地位。由于角度不同,历史上的学者们对于明堂的解释也是千姿百态的,但集中起来却也有一些共同点,那就是通过文字训诂与历史追踪,力图阐明其结构与功用。

明堂是干什么用的？它与政治有关吗？为了揭开它的神秘面纱，还是让我们先看一看前人的论述吧。清代学者毛奇龄说：

> 明堂，自昔有之，古名嵩宫，亦名明庭，黄帝名合宫，尧时名衢室，舜名总章，夏后氏名世室，殷名重屋，周名明堂。……其所施用，则一享上帝，一朝诸侯，以别尊卑。一四时迎时气，一十二月朔，各就其堂听朔，以颁政治。①

毛奇龄认为，明堂是自古以来就有的，原先叫作"嵩宫"，也称为"明庭"。自黄帝开始，帝王们根据自己的爱好和认识，对这种建筑格式赋予不同名称，只是到了周朝时才正式称作"明堂"。——这是毛奇龄对于明堂称呼的一番追溯。接着，毛奇龄谈到了明堂的所谓"施用"。他在罗列了一大堆名目之后，总结性地道出了明堂的最重要功能，这就是"以颁政治"。什么是"颁"呢？按照传统解释，"颁"的主要意义有二，一是指"发布"，再一是指"分赏"。不论从"颁"的第一种意义还是从其第二种意义上看，毛奇龄所说的"以颁政治"之落脚点都是政治活动的一种说明。毛氏这种说法不是没有根据的。考《礼记·明堂位》便有此等听政性的记载。该篇说：

> 昔者，周公朝诸侯于明堂之位，天子负斧依，南乡而立。②

又曰：

> 明堂者，明诸侯之尊卑也。昔殷纣乱天下，脯鬼侯以飨诸侯。是以周公相武王以伐纣。武王崩，成王幼弱，周公践天子之位，以治天下。六年，朝诸侯于明堂，制礼作乐，颁度量，而天下服。七年，致政于成王。③

在这两段话中，作者叙述了殷周之际发生的一些重要政治事件，其中心人物是周公。《礼记》引文之第一段出现一个比较偏僻的名词——"斧依"。按照前人的解释，所谓"斧依"实际上是在窗户前屏风上所画的斧头花纹。《礼记》在这里说：往昔的时候，周公在明堂的位置朝见诸侯；作为天子，他背向具有斧头花纹的屏风，面朝南而站立。值得注意的是，文中出现了"天子"的概念。"天子"指的是哪一位？从《礼记》上下文来看，当是指"周公"。这从引文的第二

① （清）毛奇龄：《明堂问》，《丛书集成初编》本，北京：商务印书馆1936年版，第1页。
② （清）孙希旦：《礼记集解》中册，北京：中华书局1989年版，第839页。
③ （清）孙希旦：《礼记集解》中册第842—843页。

段就可以比较清楚地得到说明。作者指出：所谓"明堂"乃是为了明诸侯尊贵、卑贱的次序。昔日，殷商纣王作乱天下，杀了"九侯"所进献的美女，用她们的肉作"荐羞"（美食）来款待诸侯。① 所以，周公愤而起来，担当了周武王的"相"，以便讨伐殷纣王。后来，周武王去世，周成王却很年幼。因此，周公权且履行天子的职责，以治理天下。第六年，就在明堂的地方朝见诸侯，他制作了典章制度和乐教，颁布度量衡，天下人都顺服他的统治。到了第七年的时候，就把政事交付给了成王。

关于周公"践天子之位"的说法，前人已有不同看法。如孙希旦即认为，按照一般的情况，春夏秋冬四时朝见是在庙里进行的，只有大朝觐才设立坛场，于明堂处举行。他指出，明堂本是为了"祀天布政"②，本来就不是朝觐诸侯的场所。当时之所以在明堂处朝觐诸侯，是因为东都新成，为了"异其事而新天下之耳目，乃一时创行之典"③。孙氏否认周公"践天子之位"之说，也有其文献依据。然而，不论周公"践天子之位"是真是假，关于明堂的种种表述却都染上了浓重的政治色彩。明堂的许多政治活动逐渐形成了制度，所以，我们要了解古代的政治机制，明堂问题实在是不可忽略的。当然，明堂作为经学史上一个带有神秘意味的有趣问题，长期以来被抹上诸多油彩，以至现代人已难于窥其真相。我们要显露其政治属性，或者说透过明堂问题来探究传统政治机制，就不能回避那些扑朔迷离的记述，而应认真地审视此等资料，以便进行深入一层的开掘。这就是笔者解读的基本思路。

## 二、从明堂祭典看政治与神道之联姻

有关明堂问题的古文献资料之所以显得扑朔迷离，首先就在于它一开始就与上古的宗教信仰结下不解之缘。由于这样的原因，人们往往被表面的情形所障蔽，以至把明堂问题仅归结为宗教问题。但是，倘若我们从上古宗教与政治的纠葛角度加以重新审视，就不难看出以明堂为中心所进行的种种祭祀

---

① 按《史记·周本纪》记载，"鬼侯"称"九侯"。时，九侯献女于纣王，其女不淫，纣王怒而杀之。
② （清）孙希旦：《礼记集解》中册，北京：中华书局 1989 年版，第 840 页。
③ （清）孙希旦：《礼记集解》中册，北京：中华书局 1989 年版，第 840 页。

之类活动实际上也具有政治意义。因为上古的国家往往被当作神意在人间社会的表现，要巩固其社会政治秩序，就必须对神明始终怀着一种景仰的心理，通过诸多兆象来领会"天意"，根据一定时节举行祭祷神明的仪式，以便顺天意而治天下。有清鸿儒惠栋说：

> 明堂为天子大庙，禘祭宗祀，朝觐耕籍，养老尊贤，飨射，献俘治（御名），望气、告朔、行政，皆行于其中，故为大教之宫……室以祭天，堂以布政。①

惠栋在这里明确地指出，明堂是属于天子的"大庙"。既然是"庙"也就离不开宗教活动。许慎《说文解字》谓："庙，尊先祖貌也。"许慎所讲的"貌"就是外在表现形式。任何事物都可以有作为"貌"的外在表现形式，对先祖的景仰和敬重当然也不例外。这种心理情感外化成为"貌"，也就是"庙"。清代文字学家段玉裁说："尊其先祖，而以是仪貌之，故曰宗庙。诸书皆曰：庙，貌也。《祭法》注云，庙之言貌也。宗庙者，先祖之尊貌也。古者，庙以祀先祖，凡神不为庙也，为神立庙者，始三代以后。"按照这个说法，"庙"最初是因尊崇祖先而设的，可见它一开始就同祖先崇拜联系在一起；换一句话来说，庙是由于祖先崇拜而产生的。后来，人们将祖先灵魂崇拜泛化，于是诸多自然物被赋予人格品性，它们的功能被夸张，从而成为人们新的崇拜对象。这样一来，庙的作用就延伸开来，其他诸神也享有庙祭的待遇，尤其是作为祖先家国"本原"的"天"更是由于庙的仪貌而神圣化了，明堂既然被称作天子的"大庙"，其宗教特征便因之而具备。关于这一点，我们从惠栋所言"禘祭宗祀"一语中可得到进一步证实。什么叫"禘"呢？许慎《说文解字》称："禘，谛祭也，从示，帝声。"在古代，"谛"表示细致审察，而"祭"则是以手持肉、礼敬神明的意思。"谛祭"就是仔细认真地祭祀神明。"禘"又叫作"殷祭"，也就是盛大的祭祀活动。按《礼记·王制》等篇的记述，禘乃祭祀于大祖庙，实际上就是在明堂举行盛大的崇祖追远的宗教仪式活动。古人以为，王者先祖乃是感应"大微五帝"之精而生，出于"报恩"和固本的思考，古帝王非常重视"大微五帝"的祭祀活动。

---

① （清）惠栋：《明堂大道录》卷一，《丛书集成初编》本，上海：商务印书馆 1935 年至 1940 年版，第 1 页。

所谓"大微五帝"就是与东西南北中相对应的五色之帝,即青、赤、黄、白、黑五帝,因为五帝都是在天上,所以又称之为天帝。在五帝之上,还有昊天大帝,位居北极。昊天大帝与五方、五色之天帝合称为六天帝。它们都是禘祭的对象。所祭之地点,就在明堂。由此可见,明堂制度被笼罩在持续翻涌的宗教云雾之中,这是不可否认的事实。

然而,必须指出,上古时期的宗教与政治乃是合二而一的。从这个意义上说,其宗教活动也可以看作是一种政治活动。这样说的根据主要有两个方面:

第一,上古时期,自有帝王以来,凡属重大宗教典礼活动基本上都由天子主持进行。天子是古代社会政治权力中心,那种崇祖追远的仪式实际上就是以象征方式来昭示以天子为中心的政治制度的天然性和合理性,因为在古人看来,天子血缘法脉上通于天,秉赋五行之精气,所以,祭祀天帝不仅是承认其政治法统的不可替代性,而且是对其统治地位的一种强调。惠栋在言及所谓"六天"的时候引用了《礼记·郊特牲》以及汉代郑玄等人的注疏,称:"天为至极之尊,其体只应是一,而以为六者,指其尊极清虚之体,其实是一。论其五时生育之功,其别有五,以五配一,故为六天,据其在上之体谓之天。天为体称,故《说文》云天,颠也。因其生育之功谓之帝,帝为德称也。故《毛传》云,审谛如帝。"[1]惠栋这段话大概意思是讲:天是最为尊贵的,它的本体只应该是"一",但为什么又有"六"呢?这是从生育化用的角度考虑的。就其至尊的清虚本体来讲,其实只是"一"而已。从春夏秋冬及长夏这"五时"的功能看,"天"之一化而有"五"的分别,以五的分别配上作为清虚本体的"一",于是就有了"六",从其形貌体式而言,因其高高在上所以称作"天"。许慎《说文解字》把"天"称作"颠",这表示的是至高无上的意思;从其功能上看,因其可以生化万物,所以叫作"帝",这个"帝"是从"德行"方面讲的。所以《毛传》说祭祀的时候应该仔细认真,好像"帝"降临一样。——从惠栋的说明中不难看出,古礼所表述的天子于明堂祭天的行为实际上已经赋予"天"以特殊的政治道德意义。既然"天"是如此至高无上,天子作为主祭者也就具有了特殊的政

① （清）惠栋:《明堂大道录》卷四,《丛书集成初编》本,上海:商务印书馆1935年至1940年版,第137页。

治地位了。

第二,明堂褅祭也包含着"神道设教"的政治意蕴。读过《周易》这部"群经之首"的人不会忘记,在该书的《观》卦中就讲了"神道设教"事:"中正以观天下。观盥而不荐,有孚颙若,下观而化也。观天之神道,而四时不忒。圣人以神道设教而天下服矣。"这是《周易·彖传》解释《观》卦辞的一段话。其中,"盥而不荐,有孚颙若"是《观》卦卦辞的原文,所谓"盥"是古代祭祀宗庙时以香酒浇灌地面以降神的一种礼节;至于"荐"则是向神明献飨之礼。照卦爻辞的作者看来,在祭祀的时候,当你仰观了倾酒灌地这一最隆重礼节的时候,荐飨之礼就可以省略不观了。这里,作者在"荐"字之前省略了"观"字,意思是"不观荐"。为什么"不观荐"呢?下文"有孚颙若"回答了这个问题。所谓"有孚颙若",是说心中充满了诚敬肃穆的心情。因为"孚"乃是"信"的意思,而"颙"即表示敬慕之心。按,《观》卦之象,下为坤土,上为巽风,象征着观仰的教化活动如风行地上。《彖传》作者围绕着《观》卦辞进行一番哲理的发挥,他认为,心中具有中和刚正的品质就可以让天下人所观仰,譬如观赏祭祀的场面,在领略了灌酒降神的隆重仪式之后也就会产生景仰的心理。圣人通过这种活动就可以推行社会之教化。最终,《彖传》作者把"观看"宗教祭祀仪式的原初意义升华到观天之"神道"上来。所谓"神道"在这里主要是指神妙的自然规律。在他看来,观仰大自然神妙的运行规律,就可以了解和掌握春夏秋冬四时的交错道理;圣人举行宗教仪式实际上就是为了教化民众,使大家明了遵循自然规律的重要意义。由于这种教化是以天象的认识为基础的,民众在教化仪式中可以对之有感性的领会,因此便顺服其统治了。

"神道设教"的提法虽然初见于《周易》,但其思想观念实际上由来已久。石器时代的自然崇拜和祖先崇拜可以说都包含了神道设教的意蕴。中国先民们从天人对应的直观认识与朴素情感出发,以决定自己的行动,其目的就在于建立一种生活秩序。最初,这种秩序仅仅是依靠习俗来维持,后来就渐渐形成了道德。当国家产生之后,处于社会管理中心层次的人物又通过政治与宗教联姻的方式来强化这种道德。这时的"道德"既是社会道德、宗教道德,又是政治道德。从政治层面看,上古宗教祭祀的教化活动,乃蕴含着社会政治协调的人文精神。《荀子·礼论》说:

> 祭者,志意思慕之情也。忠信爱敬之至矣,礼节文貌之盛矣。苟非圣
> 人,莫之能知也。圣人明知之,士君子安行之,官人以为守,百姓以成俗。
> 其在君子,以为人道也;其在百姓,以为鬼事也。

照荀子的立场看来,祭祀一类活动并非仅是简单的宗教活动,而是人们的思想
情感的最深刻体现。荀子的这种看法是有悠久历史传统的。我们知道,祖先
崇拜是先民们最早的宗教形态之一。在祖先崇拜活动中,荐飨之类仪式之所
以可能隆重地举行,就在于仪式的形成本来就出于人们对自己祖先的景仰和
爱慕之心。当人们将祖先崇拜的宗教仪式加以扩展,从而出现了天神地祇的
崇拜形态时,原有的爱敬之类情感与礼节实际上是被转移到了新的崇拜对象
上去了。这时候,其外在的表现形态是人们对新的崇拜对象的礼敬仪式的展
开,但在深层次上依然是人类社会礼节秩序在支撑。所以汉代史学家司马
迁说:

> 余至大行礼官,观三代损益,乃知缘人情而制礼,依人性而作仪,其所
> 由来尚矣。[1]

在这段论述中,司马氏以其亲身经历说明了礼仪形成的原因。文中的"大行"
是指主持礼仪的秦官。司马迁由此入手,进而考察了夏商周三代不断变化的
礼仪制度,最后得出结论说:礼仪乃是因应人情与人性而制定的。尽管时代不
同会导致礼仪制度的变化,但在本质上却是体现了"人道之极"。这个"人道"
说到底是一种人文精神。因此,轰轰烈烈的宗教仪式背后所蕴藏着的乃是由
人的生存秩序而萌发的必然要求。这种生存秩序是在现实生活中约定俗成
的。就中国的传统而言,政治的最初目的乃是为了稳定社会的生存秩序,而宗
教仪式也不例外。从这个角度来说,宗教祭祀的种种仪式在上古也是因应了
社会政治教化的需要而存在和发展的。"明堂"的祭祀仪式之建立同样具有
这样的政治价值。由此,我们再回顾一下惠栋把"明堂"当作"大教之宫"的论
述,也就不难理解他在下文所说的"室以祭天,堂以布政"的寓意所在了。如
果说"祭天"象征着宗教礼仪在明堂制度中的实施,那么"布政"则确确实实体
现了上古政治机制的建设与具体活动的展开。

---

[1] 《史记》卷二十三《礼书第一》,北京:中华书局 1963 年版,第 4 册第 1157 页。

# 三、从明堂建筑看易学象数之化用

上古先民是如何在明堂中"布政"的呢？为了弄清楚其运行机制,有必要对建筑格局作一番追溯与考证。因为"布政"需要空间,所以我们只有通过其建筑格局的存在状况进行稽查,才能显露其所施设的硬件及其对应的政治机制一类"软件系统"。

关于明堂的建筑格局,古文献多有涉及,尤其是明清时期儒家学派非常热衷于这个问题的讨论;但有不少是相互抵牾的。故而,对这个问题的文献史料也必须审慎地加以分辨。

现存史料中,比较早且明确言及明堂建制的是《大戴礼记》。该书《明堂》篇称:

> 明堂者,古有之也。凡九室,一室而有四户八牖,三十六户,七十二牖。以茅盖屋,上圆下方。明堂者,所以明诸侯尊卑。外水曰辟雍。南蛮、东夷、北狄、西戎。明堂月令。赤缀户也,白缀牖也。二九四七五三六一八。堂高三尺,东西九筵,南北七筵,上圆下方。九室十二堂,室四户,户二牖,其宫方三百步,在近郊,近郊三十里。①

按,《大戴礼记》相传是汉代人戴德选编的。汉代人非常重视师法,所以其中所云内容当有一定根据。这里所引用的文字一开始就说明堂是"古有之"事。它到底出于什么时代？前人已经不甚了了。《淮南子》一书言明堂起于神农之世②;但该书并未涉及明堂建制问题,《汉书·郊祀志》谓:当时的皇帝希望建制明堂,命奉高负责这件事,但奉高却不知道明堂的具体格局形式。济南人公玉带奉上黄帝时的明堂图,据说"明堂中有一殿,四面无壁,以茅盖屋,通水,水园宫垣为复道,上有楼,从西南入,名曰昆仑,天子从之入,以拜祀上帝"。关于黄帝时代建造明堂的事,在《管子》《尸子》《黄帝内经·素问》等书中都有叙及,这说明古人是很相信黄帝时代已经建造明堂的。不论这件事是

---

① （清）王聘珍：《大戴礼记解诂》,北京:中华书局1983年版,第149—151页。
② 按,关于明堂之产生问题,详见《淮南子·主术》篇。

否属实,诸多文献史料透露出一个重要信息,那就是:明堂之建筑是有一定格局的。《大戴礼记·明堂》篇应是根据上古口口相传的资料整理而成的,尽管前代学者对此的真实性问题已有许多怀疑,但其字里行间至少留下了上古先民们明堂建制的历史踪迹。从其内容来看,《明堂》篇所见这段文字应包括了这样几层意义:一是说明了明堂的总体规模;二是点出了其建制体态;三是描述所处的具体方位;四是叙说了其建筑之功用。

"明诸侯尊卑"是这段文字的关键所在,它体现了明堂建制的政治目的。怎样才能够"明诸侯尊卑"呢? 先民们出于天人相应的考虑,在建筑格局上便注意遵循天体自然的某种秩序。从理论上看,这种天人相应的思想观念主要体现在两个方面:

一是取法易学象征之理,以作为明堂建筑格局的基本思想指导。

在上古时期,以《周易》为主体的易学是先民们的自然哲学与社会政治哲学的集大成。相传伏羲氏仰观俯察天地自然而画八卦,其经卦各有三爻(即三画),以象天地人;由八卦相重而成六十四卦,每卦六爻(即六画),两爻一组,亦含天地人的象征理趣。不仅如此,大《易》之学还把春夏秋冬四时与东西南北中五方及金木水火土五行对应起来,这就形成了人与天地万物交错关系的符号表达网络。上古关于明堂建筑之论述,虽然并没有直接阐明是出自易学的符号象征理论,但从其观念来看却有诸多相合之处。

首先,明堂的总体朝向乃出于易学的方位思想。惠栋说:"明堂取诸八卦,而独于离言之者,以离直明堂故也。"惠栋的话表明,明堂的布局是根据八卦方位来的;特别是其中的《离》卦更是取法的核心。《易·说卦传》云:"离也者,明也,万物皆相见,南方之卦也;圣人南面而听天下,向明而治,盖取诸此也。"按照《说卦传》的解释,《离》卦是光明的总代表,其方位是正南。圣人坐北朝南以明察天下,正是以《离》卦的正南方位为根本的。从这个解释不难看出,《离》卦的基本象征意义就在一个"明"字,明堂之"明"与此正相合。关于这一点,我们从《周易·离卦》本身可以得到进一步的证实。《象传》曰:"离,丽也;日月丽乎天,百谷草木丽乎土。重明以丽乎正,故亨,是以畜牝牛吉也。"《象传》指出:《离》卦的本意是附丽,犹如太阳与月亮附丽于天上,百谷草木附丽于地上。光明重叠附丽于正道,这样就能够使教化在天下得到推行,促使天下走向繁荣昌盛;由此引申到阴阳的意义层面上来,则表明:作为阳物之对应面——阴的主要品质"柔顺"应附丽于方正适中之处。如此,则其前景必然是亨通,所以蓄养阴性的母牛能够获得吉祥。《象传》在这里作了许多引申和发挥,但其主要根据依然是《离》卦的象征本意。按《易》之《离》卦,本是"日"的象征,一个三画卦象征一个"日",两个三画卦则是这种象征的强化,所以有"重明"之说。古之明堂盖取意于《离》卦的南方火正之寓意。火的本性是燃烧炎上,其本初之能量出于太阳。而"太阳"在传统中国乃是天子的基本象征物。因此,天子举行重大宗教祭祀活动和推行教化的场所设于明堂,这就符合易学的义理与象征法象。

其次,明堂之建筑格局还与易学之筮法相通。惠栋说:"明堂者,王者母三才之道,以致于春秋冬夏,即大衍之数也。孟子曰:夫明堂者,王者之堂也,一贯三为王。王者顺时行令,故兼三王之道,以致于春秋冬夏,所以赞化育也。"[1]按照惠栋的看法,明堂作为君王行使政治宗教权利的场所,其基本的理论依据就是"三才之道",但若追根溯源,却合于《易》学的"大衍之数"。为了支撑这个观点,惠栋还引述孟子的话来加以论证。他的这番看法应该说是有见地的。

考易学之筮法,尽管复杂,但却不离"大衍之数"。《周易·系辞上》称:

> 大衍之数五十,其用四十有九,分而为二以象两,挂一以象三,揲之以
> 四以象四时。

作为筮法推衍的数本来有五十,但真正使用的却只有四十九。为什么只用四十九呢?宋代大学者朱熹以为这是出于"理势之自然,而非人之智力所能损益也"。所谓"理势之自然"实际上就是宇宙客体演化的自然数理根据。在古人的心目中,宇宙是从"一"开始的,"一"在道家学派的理论体系里称作"浑沌",在儒家学派理论体系里就叫作"太极"。在这里,"一"具有化生它者的本始意义,相当之珍贵,故而不能轻易地使用它,挂起来不加以使用。乍一看来,"大衍数"与明堂政治体制之建筑格局的关系似乎并不明显,但深入一层展开

---

① (清)惠栋:《明堂大道录》卷二,《丛书集成初编》本,上海:商务印书馆1935年至1940年版,
　第39—40页。

分析就可以发现两者之间所缔结的观念纽带。因为《系辞传》下文"分二以象两,挂一以象三"即包含着惠栋所说的"母三才之道"。按照筮法演算的程序,挂"一"之后,即将所剩下的四十九根蓍草在左右手中任意分成两份,这就叫作"象两"。"两"是什么呢?就是"天道"与"地道",具体讲就是左手一份象征天道,而右手一份象征地道。再从右手所持之蓍草总数中任意取出一策,夹在左手的小指与无名指之间,象征人道。这样一来,天地人俱全。明堂格局,"上圆下方",上为天,下为地,中为人,以"一"贯之而成"王"。可见,所谓"三才之道"在明堂格局里即是效法天地而治世的"王道"。

二是明堂建筑格局所蕴含的易学理念说到底是以宇宙自然事物之关系为其法象的。

因为筮法的建立乃是以天地自然为根据的,这种取法天地自然的理念可以说贯穿在整个筮法演算过程中,尤其是"揲之以四"这个步骤更说明了这一点。

所谓"揲之以四"是说在挂"一"象"三"之后,将每四根蓍草分为一组,先用右手一组一组地分左手所持的蓍草;再腾出左手分原先右手所持之蓍草。分的结果必有余数,或余一,或余二,或余三,或余四。演算过程中之所以以"四"为单位进行划分,是因为古代之筮者充分考虑到筮法与春夏秋冬"四时"的关系,实际上这就是象征天地四时的变迁。

天地在《易经》中以乾坤为象征。乾为天,坤为地。从易学的筮法来看,乾坤的符号象征被转换成为数字关系。《易·系辞传》说:"乾之策二百一十有六,坤之策百四十有四,凡三百有六十,当期之日。二篇之策,万有一千五百二十,当万物之数也。"所谓"乾之策"本是指乾卦所以成型的策数,而"坤之策"则指坤卦所以成型的策数。古代计数,以五个指头为基本单位,奇数一、三、五属于天;偶数二与四属于地。天数一、三、五,其和为九,故乾用九;地数二、四,其和为六,故坤用六。三个天数在易学上称"三天",两个地数则称"两地",乾之策为什么二百一十六?这是因为天之生数一、三、五,重卦六爻法其三变,则 6X6X6 = 216;坤之策为什么一百四十四?这是因为地之生数二与四,重卦六爻,以六爻数(6)乘以两地之生数"二",得十二,法其二变,则 12X12 = 144。易学筮法这种数字运算,推究起来,依然必须从天体运行上寻找根据。

在古代,所谓天体,很大程度上是以日月星为主要内容的。日月星的运动产生日、月、年的时间流程,也就是历法,易学上的爻卦以及"道"这个重要概念都与日月星之运动有关。《周易·系辞传》说:"六爻之动,三极之道也。"所谓"三极"在不同的场合具有不同的意义,一般来说,这是指天地人"三才";但在深层次上却是指日月星。天文学表明,月亮的周月运动是月亮绕白道极转动的,月的时间单位是由月亮绕地球作周月运动而产生的,日月的两次会合产生月,而太阳周年视运动,一年绕黄道转一周,日和星的两次会合时间间隔为年。从这个角度看,三极实际上可以看作是赤极、白极、黄极。三极之道可以看作是赤道、白道、黄道。六爻的变动可以看作日月星绕三极的运动而产生的。①古人通过观察,制定了反映这种现象的历法,汉代的刘歆所叙之"三统历"对这个方面的知识成果进行总结,他以三年为一闰,五年再闰,十九年七闰。所以《汉书·律历志》在言及天象与卦爻的关系时说:"参三统而四时相乘之数也。参之则得乾之策,两之则得坤之策。"这进一步表明先民所讲的天地乾坤策数实际上是以日月星的视运动为原始根据的。

有趣的是,易学卜筮取法自然天道的思想理念也体现在明堂建制之中。惠栋说:"其制度数各有所法,堂方百四十四尺,坤之策也。屋园屋径二百一十六尺,乾之策也。大庙明堂方三十六丈通天,屋径九丈,阴阳九六之变也。园盖方,戴九六之道也。八辟以象八卦,九室以象九州,十二宫以应辰,三十六户七十二牖,以四户八牖乘九室之数也。户皆外设而不闭,示天下不藏也。通天屋高八十一尺,黄钟九九之十也。二十八柱列于四方,以七宿之象也,堂高三尺以应三统。四乡五色者,象其行(其行谓五行),外广二十四丈,应一岁二十四气,四周以水象四海,王者之大礼也。"②这段话从明堂建制与乾坤策数的关系伸展开去,将其格局的各个方面与天象地域进行比附。由此可以看出,明堂之建制不仅取法天地乾坤策数,而且与二十八星宿、二十四节气、十二时辰等都具有对应之联结。

---

① 参看赵定理:《周易与现代科学》,唐明邦、罗炽、张武主编:《周易纵横录》,武汉:湖北人民出版社 1986 年版,第 454 页。

② (清)惠栋:《明堂大道录》卷一,《丛书集成初编》本,上海:商务印书馆 1935 年至 1940 年版,第 22—23 页。

明堂与天体的对应关系,这也体现在易学数字与四时五行的符号转换中。在中国古代,以一至十的自然数行列于四方及中央。这些自然数与五行是可以互相转换的。换一句话说,不论是五行还是一至十的自然数都可以成为东西南北中的符号代码。隋朝萧吉《五行大义》说:"天以一始生水于北方,地以其六而成之,使其流润也。地以二生火于南方,天以七而成之,使其光耀也。天以三生木于东方,地以其八而成之,使其舒长盛大也。地以四生金于西方,天以九而成之,使其刚利有文章也。天以五合于中央土,地以十而成之,以备天地之间所有之物也,合之则地之六为天一匹也……阴阳各有合,然后气性相得施化行也,故四时之运成于五行,土总四行,居时之季,以成之也。"①在先民的思想习惯里,一至十的自然数,又分为生数、成数。一至五属于生数,六至十属于成数。生数与成数是相辅相成的,并且依方位进行并列。按照萧吉的描述,一与六,居于北方;三与八居于东方;二与七居于南方;四与九居于西方,五与十居于中央,配上水木火金土,象征着"四时"。在这里,数的递进,代表着方位的变换,与此同时也意味着春夏秋冬四时的交替。明堂建制也蕴含着这种思想观念。所以蔡邕《明堂月令论》称其道盖本于太一,分而为天地,转而为阴阳,变而为四时,列而为鬼神,圣王象此下之,以为教令②。——不论古代所谓"圣王"如何将"鬼神"纳入其明堂建制格局之中以作为政令施行的一种强化性神秘力量,我们都可以从种种数字罗列的蛛丝马迹中体会到效法天地四时的自然对应理念。这样一来,明堂建制格局本身就成为古代政治与神学教化的一种象征。明确这一点,对于进一步探究建官行政问题是不可缺少的前提。

## 四、从明堂机制看天人对应的符号养生精神

由于古人强烈的崇天意识之作用,明堂建筑格局的形成便意味着特殊政治组织机构和相应行政措施也具有了天人对应的观念。这种对应观念尽管表

---

① (隋)萧吉:《五行大义》,台北:武陵出版社1979年版,第52—53页。
② (清)惠栋:《明堂大道录》卷八,《丛书集成初编》本,上海:商务印书馆1935年至1940年版,第312页。

现出许多神秘色彩,但从根本上看,却是为了社会的安宁与大众的健康生活。从这个意义上来说,明堂机制的设立也寄托着先民的符号养生精神。然而,这种精神并非以直截了当的方式表达出来,而是透过具体的政治机制来实现的。因此,我们只有以政治机制的解读为门径,才能逐步认识其符号养生内涵。

关于明堂政治机制的内容,主要包括如下两个方面:

其一是建官行政。

所谓"建官"就是官位编制的设立和规划的实施。惠栋说:

> 大衍之数备三才五行,伏羲演之作八卦,神农法之立明堂,因有七始,谓之天地人四时之始,行之谓七政,人在政举,故明堂祭祀有六天,建官有六卿。①

惠栋关于明堂建官问题的论述涉及两个重要术语,即"七始"与"七政"。所谓"七始"本与音乐有关。上古以黄钟、林钟、太簇为天地人之始;以姑洗、蕤宾、南宫、应钟为春夏秋冬之始。《汉书·律历志上》说:"《书》曰:予欲闻六律、五声、八音、七始,咏以出内……"照此,则"七始"可以看作是天地人与春夏秋冬七个方面的开始。至于"七政"本指日月与金木水火土五星。《尚书·尧典》谓:"在旋玑玉衡,以齐七政"。按,旋玑、又作璇玑,璇机等等。古之"旋玑玉衡"原指北斗七星。《史记·天官书》:"北斗七星,所谓'璇玑玉衡,以齐七政'。"《索隐》:"《春秋运斗枢》云:'斗,第一天枢,第二旋,第三玑,第四权,第五衡,第六开阳,第七摇光。第一至第四为魁,第五至第七为杓,合而为斗。'《文耀钩》云:'斗者,天之喉舌,玉衡属杓,魁为璇玑。'"郑玄注则称:"七政谓春、秋、冬、夏、天文、地理、人道,所以为政也,人道正而万事顺成。"由此看来,不论是"七始"还是"七政"都表现了中国先民那种以天地自然为法的思想;不仅如此,七始与七政还有微妙的关系。在先民的心目中,七始意味着天地人与春夏秋冬的本初音响,实际上就是"七音",这七音发出,就是一种运动,也就是"行",圣王根据七始音律协调人与天的关系,这就使自然音响转换成为政治建制,谓之"行政"。可见,上古所谓"行政"本来是从调整人与自然关系的

---

① （清）惠栋:《明堂大道录》卷五,《丛书集成初编》本,上海:商务印书馆1935年至1940年版,第167页。

立场出发的。再说,有了行政机构的建制——"七政",就可以设置管理与协调的官员了,这就是根据"六天"祭祀而形成"六卿"或者"六相"。《管子·五行》篇称:"昔者黄帝得蚩尤而明于天道,得大常而察于地利,得奢龙而辩于东方,得祝融而辩于南方,得大封而辩于西方,得后土而辩于北方,黄帝得六相而天地治神明至。蚩尤明乎天道,故使为当时;大常察乎地利,故使为廪者;奢龙辩乎东方,故使为土师;祝融辩乎南方,故使为司徒;大封辩乎西方,故使为司马;后土辩乎北方,故使为李。"①文中的"辩"通"辨"。从这段叙述可以看出,"六相"在黄帝时期是有特指的,这就是蚩尤、大常、奢龙、祝融、大封、后土。前二者主顺天地;后四者则顺四时之运。"当时"即知天时以掌管天文的高级官员;"廪者"即开廪以给养众人的高级官员;"土师"即司空,也就是掌管土木工程的高级官员,"司徒"即掌管农业的高级官员,"司马"即掌管兵马以出征的高级官员;"李"即掌管监狱法律的高级官员。这六相分主天地四时。黄帝之时是否有如此完整的官员建制,另当别论;但后来的明堂制度包括了此等天地四时的建官制度却是前代学者所认定的。

其二是颁朔迎气。

如果说建官行政意味着明堂政治组织机构的确立和官员分工,那么颁朔迎气则是明堂政治机制中一项十分重要的内容。惠栋引郑玄之注并作发挥说:

> 天子颁朔于诸侯,诸侯藏之祖庙。至朔,朝于庙,告而受行之。②

这里的"颁"读如班。在上古时期,天子于冬季在明堂将次年历书颁布给诸侯,这称作颁告朔,简称为"颁朔"。诸侯得到天子所颁之历书,先是收藏于祖庙,到了来月的朔日,即正月初一,月亮运行到地球与太阳之间,地面上看不到月光的时候,就在大庙里举行朝觐活动,诸侯祭庙并受朔政。所谓"朔政",就是诸侯把天子颁给的十二个月的政事告于祖庙,受而行之。这个过程也称作"告朔"。

为什么要举行颁朔或者告朔活动呢?《旧唐书·礼仪志》引凤阁侍郎王

---

① (清)戴望:《管子校正》卷十四,《诸子集成》本,北京:中华书局1954年版,第242页。
② (清)惠栋:《明堂大道录》卷三,《丛书集成初编》本,上海:商务印书馆1935年至1940年版,第90页。

方庆的奏议云:谨案,"明堂天子布政之宫也。盖所以顺天气、统万物。动法于两仪,德被于四海者也。"①可见,明堂颁朔,乃是出于顺应天地四时变化的规律。那时候,天子首先颁布的是历书,这既是一种与天文时空有关的举动,也是一项非常重要的政治养生活动,因为古代的农业、畜牧业乃至人们一般的生活起居都相当地依赖于天象,倘若不知道天时历法,那就会给整个社会群体带来极大的困惑,所以颁朔一定是以发放历书为第一要事。在今天,由于印刷业的发达和历法的普及,人们在过年以前弄到一本历书已经不是什么稀罕的事,但在上古这却是需要付出相当努力才能达到的。从这个角度看,上古先民在颁朔时发放历书即具有特出的政治养生意义,而当这种活动成为一种制度时,其意义就显得更为突出了。

值得注意的是,明堂告朔不只是以口头形式来实行,而是通过一定的材料书写,广告于天下,这叫作"象魏"。从辞源上看,"象魏"原指宫廷外的阙门。上古宫廷门外有二台,上作楼观,上圆下方,两观双植。门在两旁,其中央有一通道,阙门悬法,即象魏之来历。惠栋说:

> 《周礼·大宰》曰:正月之吉,始和布治于邦国都鄙,乃悬治象之法于象魏,使万民观治象,挟日而敛之。②

惠氏又引贾疏曰:

> 悬治象之法于雉门象魏,从甲至甲,凡十日,敛藏之明堂。于后月月受而行之,谓之告朔也。③

按照《周礼》的记载以及前人的一些解释可知,"象魏"并非出于一时热闹形成的,而是为了"设象以为民纪"④。这里的"设象"就是设"教象",而"纪"就是"纲纪"。实际上,象魏就是以画像的形式把有关邦国都鄙教化的政治养生道

---

① (清)惠栋:《明堂大道录》卷三,《丛书集成初编》本,上海:商务印书馆 1935 年至 1940 年版,第 100 页。
② (清)惠栋:《明堂大道录》卷三,《丛书集成初编》本,上海:商务印书馆 1935 年至 1940 年版,第 107 页。
③ (清)惠栋:《明堂大道录》卷三,《丛书集成初编》本,上海:商务印书馆 1935 年至 1940 年版,第 107 页。
④ (清)惠栋:《明堂大道录》卷三,《丛书集成初编》本,上海:商务印书馆 1935 年至 1940 年版,第 113 页。

德条文进行宣传。不仅如此,象魏的设立其实已经制度化。每年正月都要公布,维系的时间一共有十天。此后,在夏天、秋天、冬天都要悬示一番。所以,《周礼》之《地官》称布教悬教象,《夏官》称布政悬政象,《秋官》称布刑悬刑象。更重要的是,诸侯得到这些邦国治理的条文措施,每个月还必须通过朝觐途径接受朝廷的任务,并在祖庙里禀报祖先(告朔),这等于是向祖先立下契约或者军令状。由于古人的祖先崇拜观念的根深蒂固,他们的告朔禀报活动无形中就确立了神学监督体系,有利于具体的操作实施。

象魏作为颁告朔的一项具体内容,古人是很重视的。《春秋左传》哀公三年载:夏五月,"季桓子至,御公立于象魏之外,命救火者,伤人则止,财可为也。命藏象魏。曰:旧章不可亡也。"①据称,当时发生了一场大火,大家忙于救火。对于一般财产,指挥者的态度是:在抢救过程中,以不伤人为原则;但对于书写教令的"象魏",却非常慎重,表示即使极为危急也要抢救收藏好,其理由是"旧章不可亡"。这就说明,颁朔告朔的内容由于象魏制度的确立已积累了相当的材料,先民对此是认真加以保护的。

与按时颁朔告朔的活动相对应,古代的明堂制度还有"迎气"的活动:

> 二至降神,则丘泽也。四时迎气,则四郊也,丘泽合四郊为六天,降迎于明堂。大飨合而祭之,以文武配焉。乐六奏而天神降,八奏而地示出,九奏而祖考假。所谓箫韶九成,凤凰来仪也。②

文中"二至"系夏至、冬至之略称,而"丘泽"当是祭法。"丘"本是指小土山。《尚书·禹贡》云"降丘宅土",其"丘"便是土丘。古有丘阜、丘陵、丘坟等说法,均具有土丘之意。后来以山丘作为祭祀坛场;至于"泽",本指水聚汇之处。《风俗通义》十有《山泽》篇,称"水草交错,名之为泽"。此处之"泽"乃引申为泽祭,意即将祭品抛于泽中以祷神明。《尔雅》所谓"祭川曰浮沉"即是此意。当然,从古代政治学的立场看,"泽祭"还有深一层的含义。《礼记·祭统》说:"祭者,泽之大者也,是故上有大泽,则惠必及下⋯⋯故曰可以观政

---

① (唐)孔颖达:《春秋左传正义》卷五十七,《十三经注疏》下册,北京:中华书局 1980 年影印版,第 2157 页。
② (清)惠栋:《明堂大道录》卷四,《丛书集成初编》本,上海:商务印书馆 1935 年至 1940 年版,第 154 页。

矣。"这是从水泽联想到恩泽,由宗教延伸到政治,而归根结底是为了推行政治教化。所以,孔颖达指出,这是"祭至政矣"。应注意的是,夏至与冬至,属于二十四节气中的两大节气,从广义上看,于这两个节气举行祭祀活动,也带有降神迎气的意蕴。当然,在明堂制度中,真正的"迎气"是指春夏秋冬四时的郊祭活动。《礼记·郊特牲》说:"郊之祭也,迎长日之至也。"又说:"郊之祭也,大报本反始也。"因祭于郊,故谓之郊。可知,所谓"郊"实际上就是在郊外进行祭祀活动,所祭对象在不同时期具有不同的说法。《礼记·礼器》称:"因天事天,因地事地,因名山升中于天,因吉土以飨帝于郊……而风雨节,寒暑时。"这说明,古代对天地山土的祭祀地点是不同的。就四时迎气而言,依据季节的变化,也有分别。《礼记·月令》称,立春之日,天子亲帅三公、九卿、诸侯、大夫,以迎春于东郊,祭苍帝;立夏之日,以迎夏于南郊,祭赤帝;立秋之日,迎秋于西郊,祭白帝;立冬之日,迎冬于北郊,祭黑帝。"二至"与四时之祭,依惠栋之说,乃"降迎于明堂"。由此可知,明堂之祭祀是按节气有规律进行的。这种祭祀活动除了宗教意义之外,还有政治养生的意义,因为天地四时之祭是以天体运动以及五行轮转为大本的,这在形象上具有法天时以治世养生的符号象征价值。而"大飨"时以文王、武王配而祭之,且有隆重的歌舞仪式,这把祖先崇拜与天地四时崇拜结合起来,进一步强化了当时的追远示源的政治养生理念。

明堂机制除了上述关于建官行政、颁朔迎气的内容之外,尚有关于尊师、示范等方面的一些条规。例如"诗书礼乐藏于明堂"[1],还有躬耕养老等规定在明堂学说发展过程中,都被作为重要内容不断加以丰富。此等内容,一方面体现了传统的天人相应思想;另一方面则贯彻着尊卑有序的道德养生的理念,反映了传统的宇宙论与养生伦理观的糅合。

## 五、医家明堂论与道教的明堂符号养生法

作为传统经学的专题之一,"明堂"颇受历代文人重视,论述明堂的文章

[1] (清)惠栋:《明堂大道录》卷七,《丛书集成初编》本,上海:商务印书馆1935年至1940年版,第260页。

相当多。这从一个侧面反映了中国古代经学在传统文化中的主流地位;不过,也必须看到,文化本来是应生活需要而产生的,也是为人们的生存服务的。所以,经学渗透于社会生活之中并且延伸出新的内容,这是有客观的发展必然性的,就明堂的理论来说也是如此。

稽考传统医学典籍,我们不难发现,"明堂"已经成为一种重要的医理建构框架或符号象征。《黄帝内经素问·五运行大论第六十九篇》说:"黄帝坐明堂,始正天纲,临观八极,考建五常。"①《黄帝内经素问·征四失论第七十八篇》也说:"黄帝在明堂,雷公侍坐。黄帝曰:夫子所通书受事,众多矣。试言得失之意。所以得之,所以失之。雷公对曰:循经受业,皆言十全。其时有过失者,请闻其事解也。"②这里的"明堂"指的是什么呢? 唐代道教医学家王冰指"明堂"为"布政"之宫。③ 清代著名医学家高士宗进一步指出,明堂是"君臣一堂向明而治"④。按照这种解释,以上所引用《黄帝内经素问》中的"明堂"仍然具有政治机制的作用或内涵。在上古文化中,圣人为了治理社会,不仅需要"南面之术",而且应该兼通医道,因为治病养生是当时社会的要务,圣人如果不能给社会带来安宁生活,不能有效地控制瘟疫之类的灾情,那是无法得到百姓拥戴的。所以,我们看到有关圣人治世的记录往往包含着治病养生的事迹。这大概就是传统医学经典以黄帝君臣论道的形式出现的来由。

值得注意的是,传统医学理论一开始就同《易经》相联系,甚至可以说传统医学乃以"易学"为理论基础,故而《易经》的象征类比思维便对传统医学造成深刻影响。这种象征类比思维促使医家在引入古代经学概念时注入了新的内容或者赋予象征意义。所以,传统医学典籍中的"明堂"除了保持上古的政治设施蕴涵之外,还具有引申意义。基于"身国共治"的精神,医家往往把人体比作社会国家。正如君臣治世有明堂一样,为人治身也应该知道"明堂"的医学理趣。按医家说法,人身也是有明堂的。《灵枢经·五色第四十九》称:

雷公问于黄帝曰:五色独决于明堂乎? 小子未知其所谓也。黄帝曰:

① (清)高士宗:《黄帝素问直解》,北京:科学技术文献出版社1980年版,第448页。
② (清)高士宗:《黄帝素问直解》,北京:科学技术文献出版社1980年版,第677页。
③ (唐)王冰注:《黄帝内经素问》卷十九,文渊阁《四库全书》本。
④ (清)高士宗:《黄帝素问直解》,北京:科学技术文献出版社1980年版,第448页。

明堂者,鼻也;阙者,眉间也;庭者,颜也;蕃者,颊侧也;蔽者,耳门也;其间欲方大,去之十步,皆见于外。如是者寿,必中百岁。雷公曰:五官之辨奈何? 黄帝曰:明堂骨高,以起平以直,五藏次于中央,六府挟其两侧,首面上于阙庭,王宫在于下极,五藏安于胸中,真色以致病色,不见明堂润泽,以清五官,恶得无辨乎? 雷公曰:其不辨者可得闻乎? 黄帝曰:五色之见也,各出其色部,部骨陷者必不免于病矣。①

此篇所谓"明堂"是有确指的,这就是以"鼻"为明堂。作者认为人的健康或者疾病,可以通过明堂的色泽、形态来加以判断,因为明堂不是孤立存在,而与五脏六腑的状态休戚相关。从表里的角度看,明堂可以说就是身心气质形态的集中表现。

在医家看来,明堂既是传统望诊的核心部位,也是沟通天地气息的要津所在。《黄帝素问·疏五过论第七十七》说:

上经下经,揆度阴阳,奇恒五中,以决明堂,审于终始,可以横行。②

对此,唐代道教医学家王冰解释说:"所谓上经者,言气之通天也;下经者,言病之变化也。言此二经,揆度阴阳之气,奇恒五中,皆决于明堂之部分也。揆度者,度病之深浅也;奇恒者,言奇病也;五中者,言五藏之气色也。夫明堂者,所以视万物、别白黑、审长短,故曰决于明堂也。审于终始者,谓审察五色囚王,终而复始也。夫道循如是,应用不穷,目牛无全,万举万当,由斯高远,故可以横行于世间矣。"③据此可知,古代医家与传统《易》学一样,把人置于宇宙大空间来认识,以为人体之气脉与天地相通,天地有阴阳,人体也有阴阳。气行则通,气滞则病。通滞变化,以阴阳准,而阴阳之"揆度",五色之表征都以明堂为决断,因为明堂乃"面王"④所处之位,它是"面王"发号施令⑤的见证,所以审察明堂是身心健康评估的一个关键。

由于"明堂"是面王的表征,历代医家颇重视"人体明堂"问题的研究,并

---

① 详见《灵枢经》卷八,文渊阁《四库全书》本。
② (清)高士宗:《黄帝素问直解》,北京:科学技术文献出版社 1980 年版,第 676 页。
③ (唐)王冰注:《黄帝内经素问》卷二三,文渊阁《四库全书》本。
④ 详见《灵枢经》卷六《五阅五使第三十七》,文渊阁《四库全书》本。
⑤ 详见《灵枢经》卷六《五阅五使第三十七》,文渊阁《四库全书》本。

且通过大量的医学实践,总结出一套行之有效的以明堂为根本的救治与养生理论。《四库全书·子部五·针灸甲乙经提要》在稽考晋朝医家皇甫谧的著作时曾经考察了自先秦至清代的诸多传统医学著作,其中有为数不少的医学著述冠以"明堂"之名,例如古本《明堂孔穴针灸治要》、杨元孙《黄帝明堂》三卷、杨上善《黄帝内经·明堂类成》十三卷、《明堂孔穴》五卷、《明堂孔穴图》三卷、《黄帝内经明堂》十三卷、《黄帝十二经脉明堂五脏图》一卷、《黄帝十二经明堂偃侧人图》十二卷等。这些著作表明了"明堂"实际上已经成为传统医学的一种专门学问。其篇名与《礼记·明堂》相互印证,这充分说明了祖国传统医学与古代经学哲学本来就是殊途同归的,它们都是为人的身心健康服务的,中国社会所谓"上医医国,下医医人"的说法尽管反映了古代的人们以经学大师为上,而以医家为下的态度,但却体现了"治世"与"医人"在思维方式上的一致性。

有趣的是,传统经学与医学相互交融的思维方式也被引入道教文化之中。于是,明堂思想便在道门中人的养生理论与实践中占有重要的一席之地。

在道教中,最早引入"明堂"理论的是后汉养生家魏伯阳所撰的《周易参同契》。该书卷上谓:

> 辰极受正,优游任下。明堂布政,国无害道。内以养己,安静虚无。
原本隐明,内照形躯,闭塞其兑,筑固灵株。[1]

魏伯阳的《周易参同契》是根据"天人相应"的思想来阐述丹道养生理论的。他由天上而人间,由人间而人体,层层递进,体现遵循客观规律的养生精神。对此,五代彭晓有一段很好的疏解,他说:"辰极受正,优游任下者,谓神胎居中宫,喻君处明堂,如北辰也。阴阳五行之气,臣下也。但君臣理内,如北辰正天之中,则阴阳五行之气顺和,鼎室金水之液滋生,君得以养己安静,任运虚无,自然变化也。原本隐明,内照形躯者,谓金能隐明,又能自照,得火而同益,光明也。闭塞其兑者:兑,口也。既安金虎灵根于中宫,则须固济,筑塞其鼎口,运役三光真精而入其内,哺养子珠灵汞,故云三光陆沈也。"[2]彭晓是根据

---

① (五代)彭晓:《周易参同契分章通真义》卷上,《道藏》第20册第137页。
② (五代)彭晓:《周易参同契分章通真义》卷上,《道藏》第20册第137页。

传统的天人合一思维方式来解读《周易参同契》关于"明堂"的意义。在他看来，人间社会的明堂与天上的"北辰星"是相对应的。南宋时期的道教学者俞琰沿着彭晓的思路，运用古代天文知识来说明"明堂"的天人对应精神，他说："《史记·天官书》云，东宫苍龙房心。心为明堂，在人身则洞房紫极灵门户是也。《黄庭经》云，明堂金匮紫房间，上清真人当吾前。黄裳子丹气频烦（繁），借问何在两眉端。于此垂光下照，犹人君坐明堂而布政，而通道于九夷八蛮也。《复命篇》云，洞门常寂照，蓬岛镇长春，与此同旨。"①俞琰把天文学中的二十八星宿概念引入了明堂问题的解读过程中，在他看来，"心"就是明堂，这虽然与《黄帝内经》等传统医学典籍的说法不同，但其精神实质却是一致的，无非是为了陈述修炼养生的"天人合一"理则。陈显微进一步发挥说："丹居神室，犹北辰在上，以正众星，人君布政，以临万国。中正而不动，则森罗顺共；端拱而无为，则天下和平。是则为政法天，而丹法为政也。则当隐藏其明，回光内照，无为静默，固蒂深根。日月与万象俱沈，使光辉之不露；婴儿共玄珠增长，本温养之无亏。无为功里见神功，非有相中生实相。"②很显然，陈显微不仅把天象与政治相联系，而且将其作为丹道养生的参照系。如果说"北辰"是陈显微心目中施政的符号象征，那么明堂布局则是丹道养生的符号象征。换一句话来说，陈显微的解说实际上是在发掘《周易参同契》"明堂"意象的符号养生内涵，尽管他并没有自觉的符号意识，但在客观上却打开了《周易参同契》的符号养生大门，使人们得以窥见其堂奥。

如果进一步稽考，我们还可以发现，"明堂"不仅被引入道教的金丹理论之中，而且成为"存想养生法门"的一种空间模式。研究道教史的人们知道，上清派茅山宗向来非常注重存想养生法门的修习。该派别组织所传的一系列经书大量涉及存想养生法。在众多的存想养生著述之中，"明堂"也是很重要的意象。例如上面俞琰所引述的《黄庭经》已经出现了"明堂"的概念。在《黄庭内景经》中，"明堂"是存想养生法门操持的基本意象之一，梁丘子在解释《黄庭内景经》"明堂"意象时引述《大洞经》，并且发挥说："两眉间入三分为

① （宋）俞琰：《周易参同契发挥》卷二，《道藏》第 20 册第 205 页。
② （宋）陈显微：《周易参同契解》卷上，《道藏》第 20 册第 277 页。

双丹田,入骨际三分为台关。正深七分,左有心房,右有紫户。却入一寸为明堂宫,左有明童真君,右有明女真君。"①在这一段文字中,所谓"心房"并非现代生理学上的"心室""心房"概念,而是由上古天文学"二十八星宿"中的"心房"二宿而来,它标志着脑中的一个区域。进行这样的区域说明,是为了存想养生操作的方便。关于这一点,上清派茅山宗的实际创始人陶弘景在《登真隐诀》卷上有更加明确的说明:"凡头有九宫,请先说之。两眉间上却入三分为守寸双田,却入一寸为明堂宫。"②按照这个说法,"明堂"并非是胸腔内的心脏,而是在头部。根据道教传统的认识,人体器官是有神明驻守的,陶弘景除了确定左右的明童真君、明女真君之外,还补充了明镜神君。在《登真隐诀》卷上,陶弘景还专门设立《明堂》篇,以为存想之遵循。他说:"明堂中,左有明童真君,讳玄阳,字少青;右有明女真君,讳微阴,字少元;中有明镜神君,讳照精,字四明。此三君共治明堂宫,并着锦衣、绿色腰带,四玉铃,口衔赤玉镜,镜铃并赤色,头如婴儿,形亦如之。对坐,俱向外面,或相向也。此明堂之道也。"③陶弘景在描述了明堂三神之后,针对日常的情境,介绍了许多具体的明堂存想法。例如,他说:"若道士恐畏,存三神,使鸣玉铃,使声闻太极;存使吐玉镜,赤光令万丈。存之俱毕,因三呼三君名字,叩齿九通,则千妖伏息,万鬼灭形也。"④妖鬼之说,这当然是由其宗教立场所决定的,如果从文化史的角度来加以审视,未尝不可以将"妖鬼"当作一种干扰信息的符号代码。《登真隐诀》这段论述的养生价值在于建立了存想养生的明堂符号模式,它对于排遣不良心理,恢复或保持安宁的心理状态是有积极效果的。因为明堂模式中的"三神君"实际上代表着光明,包括自然界日月星辰的客观光明与人们对光明的感受,它们是排除阴暗干扰以引起光明心理的象征。

陶弘景《登真隐诀》中所描述的明堂存想养生法并非是他个人的独修记录,而是当时上清派茅山宗道众奉行的一种养生术。因为《道藏》中尚有《上清明堂玄丹真经》一部,其内容与陶弘景《登真隐诀》所说大体相似,可见明堂

① 梁丘子:《黄庭内景玉经注》,《道藏》第 4 册第 855 页。
② (南朝)陶弘景:《登真隐诀》卷上,《道藏》第 6 册第 607 页。
③ (南朝)陶弘景:《登真隐诀》卷上,《道藏》第 6 册第 608 页。
④ (南朝)陶弘景:《登真隐诀》卷上,《道藏》第 6 册第 608—609 页。

存想养生法确实是上清派尤其是茅山宗所奉行的一种颇受重视的养生法门。从渊源上看,上清派的明堂存想养生法门实际上是从老子《道德经》"载营魄抱一"的符号养生术发展而来的。《上清明堂玄丹真经》在阐述"明堂之道"的时候补充说明了"守一"的问题:"守一之法,皇天上清金阙帝君真书之首篇,高上之玉道,神仙之津途,众真之妙诀。子能守一,一亦守子,子能见一,一亦见子。"①《上清明堂玄丹真经》之所以强调"一",是因为"一"乃道之所生,也是道的外化象征。一散形为气,聚形则为明堂。因此,"守一"也就是在进行明堂符号养生时的一种凝神专心状态,这体现了上清派精神调节的基本思路。

在上清派中,有关明堂符号养生法门,还形成了一个"四十字口诀",这个口诀最终延伸出一部经典,叫作《上清明堂元真经诀》。该经诀一开始就说:《明堂玄真经》系"白玉龟台九灵太真元君西王母"所授,凡四十字,太上刻于凤台南轩。非总真弟子而不教,非司命之挺而不传。其具体内容是:

> 太上玄玄,二气洞明。玄真内映,明堂外清。吞息二晖,长生神精。上补司命,监御万灵。六华充裕,彻见黄宁。②

该书所说出自西王母的《明堂玄真经》应该就是《明堂元真经》的本称,历史上经常因为避讳的缘故改"玄"为"元",故而"元真"实际上就是"玄真"。在上清派中,西王母乃是主神之一,她象征着"女修程途",也象征着柔和的延伸特色。虽然西王母传经之事无从查考,但字里行间却透露了一种重要的信息,这就是上清派注重内在的精神修养,以柔和的存想法门来达到养神调心的目的。在存想过程中,"日月"是基本的意象,通过存想日月光芒,以使"明堂外清",这是因为"玄真"之气"内映",所以健康之色显露而清澈。

为了让修行者能够具体操作,《上清明堂元真经诀》描述了明堂玄真存想法门的程序:

> 玄真法,存日月在口中。白日存日,夜半存月。亦可存无昼夜以分别于日月也。日色赤,月色黄。日有紫光九芒,月有白光十芒,使日月对口,相去九尺,光芒向口,芒直如弦,以入于口也。

① 《上清明堂玄丹真经》,《道藏》第34册第81页。
② 《上清明堂元真经诀》,《道藏》第6册第638页。

又存日月中有女子,头建紫巾,朱锦帔裙,自称太玄上玄丹霞玉女,讳缠旋,字密真。口吐赤气,弥满日月,光芒之间,合与芒霞,并尽入注我口。我主咽之。存女亦随吐行之。九十咽毕,存觉令日月之景亲薄我面上,令玉女之口歠我口上,使气液来,下入于口中。我乃微祝曰:

太霄紫真,明堂阴神。日月生精,玉女缠旋。先自虚诞,厥字密真,首巾紫华,芙蓉灵冠,身披锦帔,朱丹飞裙,出日入月,天光幽芬,口吐绛气,灌我三元,面睹天井,柔魄制魂,玄液流行,胎精长全,五脏生华,开童反颜,监御万灵,司命飞仙。

毕。存玉女之口津液令注为口中,我又嗽液而随咽之,又九十过止。静心思感,行之务多,不复有限也。①

从这几段描述可以看出,道教的明堂存想法不仅把自然界的日月星辰转换成为存想养生的意象符号,而且通过"咒语"来强化这种符号意象。因为咒语乃是由日月星辰与代表日月星辰之精华的玉女等语词构造而成,此等语词实际上是可以唤起存想者内在感受的符号群落,当这些符号群落由于存想者的默祷而反复出现时,原先所建立起来的"日月光芒"的存想符号也就被灌入新的信息,从而使心灵中的符号养生信息获得感受上的增强,而这一切是在"明堂"的框架中发生的,因此"明堂"在道教的存想养生过程中乃具有符号组合的特殊功能。

(本文原载于《中国哲学史》2000 年第 4 期;发表时题目为《明堂思想考论》,署名单位厦门大学;2003 年 4 月增加最后一部分。本次收录作了一些补充和文字处理)

---

① 《上清明堂元真经诀》,《道藏》第 6 册第 638—639 页。

# 文昌信仰与孝道传播及其社会疗治

　　文昌信仰是以道教为纽带的一种流行甚广的神祇信仰。自宋代以来,文昌信仰在中国社会兴旺起来。在科举制度的社会环境中,文昌帝君成为求取功名的保护神。由于读书人的推崇,文昌信仰在社会上广泛传播,陆续形成一批文献。其中,收入《正统道藏》的有《梓潼帝君化书》等五部;收入《道藏辑要》的有《文帝孝经》等五部;收入《藏外道书》的有《文昌心忏》《大洞经示读》《文昌大洞治瘟宝箓》等九部;另有光绪壬午年京都永盛斋刻本《文帝经钞》凡十四卷,收录了宋元明清时期问世流行的几乎所有关于文昌信仰的文献,反映了文昌信仰在不同时期的流布情况。

　　近三十年来,文昌信仰研究逐步升温。在这方面的专著虽然只有《文昌信仰习俗研究》等少数几种,但在报刊发表的论文却不少,被收录于中国知网中的专题论文或相关文章就有 1582 篇。这些文章有文献研究类,有田野考察类,有思想分析类,有历史追踪类,其角度不同,视野有别,观点各异,可谓多彩多姿,其中,夏红梅、朱亚辉撰写的《文昌信仰与孝道文化的完善》[①]尤其引起笔者注意。笔者认为,从孝道入手来发掘文昌信仰的思想内涵,是一个非常需要继续深入探讨的课题,于是查阅了《正统道藏》《道藏辑要》《藏外道书》《四库全书》等多种大型丛书,深感宋元以来,儒、释、道三教都在文昌信仰的道德教化方面积极推动,通过文昌帝君的宣谕,"孝道"更加广泛传播,深入人心,成为社会的一种重要精神滋养。就个人生活与社会秩序维护来看,孝道可以看作养生疗治的有效方式,在当今,依然具有重要价值与现实意义。

---

①　夏红梅、朱亚辉:《文昌信仰与孝道文化的完善》,《洛阳师范学院学报》2005 年第 1 期。

# 一、文昌信仰的由来与内涵变化

根据《史记·天官书》等诸多文献记载可知,文昌信仰发端于上古时期的文昌星宿崇拜。汉唐之际,文昌星宿崇拜与流行于梓潼县的雷神崇拜、蛇神崇拜相互融合,并且呈现了人格神的特质,其标志就是张恶子及张育故事的流行、汇通。

关于"张恶子"故事,《北梦琐言》有个情节颇为有趣:

> 梓潼县张恶子神,乃五丁拔蛇之所也。或云,巂州张生所养之蛇,因而祠,时人谓张恶子。其神甚灵。伪蜀王建世子名元膺,聪明博达,骑射绝伦,牙齿常露,多以袖掩口,左右不敢仰视。蛇眼而黑色,凶恶鄙衰。通夜不寐,竟以作逆伏诛。就诛之夕,梓潼庙祝,巫为恶子所责,言我久在川,今始方归。何以致庙宇荒秽如是耶。由是蜀人乃知元膺为庙蛇之精矣。[①]

这段话一开始即指出张恶子系出梓潼县,其灵异故事涉及了"五丁"及"五妇"。其由来如何?东晋常璩所撰《华阳国志》提供了线索。该书称:"梓潼县,郡治。有五妇山,故蜀五丁士所拽蛇崩山处。"[②]意思是说,作为郡治的梓潼县,有一座山叫作五妇山,那就是故蜀国五丁士拖曳大蛇致使山崩的地方。"五丁"为什么出现在"五妇山"呢?《华阳国志》有进一步陈述:"周显王二十二年,蜀侯使朝秦。秦惠王数以美女进,蜀王感之,故朝焉。惠王知蜀王好色,许嫁五女于蜀。蜀遣五丁迎之。还到梓潼,见一大蛇入穴中,一人揽其尾,掣之,不禁,至五人相助。大呼曳蛇,山崩,时压杀五人及秦五女,并将从;而山分为五岭,直顶上有平石。蜀王痛伤,乃登之,因命曰五妇冢山。川平石上为望妇堠,作思妻台,今其山或名五丁冢。"[③]原来"五丁"是蜀侯派遣去迎接秦惠王进贡五女的壮士,没想到五位壮士在山里遇上大蛇。他们企图拖曳大蛇,却因为大蛇翻滚致使山崩地裂,五丁、五妇及其随从将官,一概被土石压杀。他

---

① (宋)李昉等编:《太平广记》第10册,北京:中华书局1961年版,第3749页。
② (晋)常璩撰,刘琳校注:《华阳国志校注》,成都:巴蜀书社1984年版,第145页。
③ (晋)常璩撰,任乃强校注:《华阳国志校补图注》,上海古籍出版社1987年版,第123页。

们之所以遇难,是因为侵袭了大蛇的领地且采取了"拖曳"的粗暴做法。故事中的大蛇是否有某种暗示呢? 将《华阳国志》与《北梦琐言》的描述连结起来,隐约可以看出,让五丁与五妇及其随从将官葬身的蛇精看样子即为张恶子。换一句话来讲,张恶子本来就是蛇精。故而,早先人们祭拜张恶子,乃带有蛇神崇拜的特征。

除了蛇精化人的神迹外,张恶子还兼有雷神的特征。《华阳国志》说:"有善板祠,一曰恶子,民岁上雷杼十枚,岁尽不复见,云雷取去。"①照此看来,张恶子祠与善板祠实际上是一祠而二名。张恶子祠为什么又称作"善板祠"呢? 任乃强先生解释说:"雷神祠而曰'善板'者,板,籍也。谓奉祀者著书籍,雷神所护,故俗祠之。"②照任先生的说法,张恶子祠本来就是一座雷神祠,之所以称作"善板"乃与经籍有关,奉侍者撰著文籍,依板刻经,系一大善事,故云"善板"。经之所以成,是因为有"雷神所护",这种雷神的特点从《华阳国志》所讲的"民岁上雷杼十枚"也足以证明。"雷杼"相传是雷神用以发霹雳的工具。其形如梭,故名。宋代宋祁《张亚子庙》诗云:"鹿庖偿故约,雷杼验幽符。"宋祁之诗题"张亚子"就是张恶子。任乃强说,"恶与亚古同音。故造文昌者,讳恶为亚"③。宋祁以"雷杼"入诗,绝非偶然,它说明张恶子自古确有被作为雷神祭祀的。

值得注意的是,张恶子还与反抗前秦的张育有些关联。据《资治通鉴》与《太平寰宇记》等文献记载可知,东晋宁康二年(374 年),张育与杨光起义,反抗前秦。张育自称蜀王,建元曰"黑龙",他与苻坚大战而殉身,当地人民于梓潼七曲山建了张育祠,以纪念其英烈。王家祐先生指出,张育起义失败后,人民尊崇他为"雷泽龙神"④。由于"张育"与"张恶"在发音上的相近,加上神性上的类似,在流传过程中,两个故事逐渐合流,张育与张恶子遂汇聚为梓潼神,成为人们心目中颇具神力的崇拜对象。

不过,应该看到,早先人们信仰梓潼神,主要是因其灵验,而与科举文运尚

---

① (晋)常璩撰,刘琳校注:《华阳国志校注》,成都:巴蜀书社 1984 年版,第 145 页。
② (晋)常璩撰,任乃强校注:《华阳国志校补图注》,上海古籍出版社 1987 年版,第 92 页。
③ (晋)常璩撰,刘琳校注:《华阳国志校注》,成都:巴蜀书社 1984 年版,第 145 页。
④ 王家祐:《道教论稿》,成都:巴蜀书社 1987 年版。

无直接关系。到了唐宋,情况发生了变化。梓潼神开始打上科举文运的烙印。考杜光庭《道门科范大全集》,其中有《文昌注禄拜章道场仪》,分《启坛行道》《清旦行道》《临午行道》《晚朝行道》《祝神行道》《散坛行道》诸篇,收入该书卷十九至卷二十四之中。该礼仪以"文昌注禄"冠其前,很明显就是把梓潼神作为执掌科举禄籍的"文昌"看待。在卷十九的《启坛行道》里,醮坛"请称法位"时有"上清太微南朱文昌真人、太上九气文昌宫仙官"的称谓;于叙其功德时则称"司禄主者,职贡举真君,英显武烈忠佑广济王,贡举掌籍考校官属"云云,所谓"司禄""贡举"等皆属于科举方面的职位名称,而"掌籍考校"是说文昌掌管着举子们的命籍,通过绩效考核确定其禄位。杜光庭将这些内容写入道教科仪文本,清楚地表明:在唐五代时期,"文昌"的确已经成为科举文运的护佑之神。

到了北宋,梓潼文昌神不仅与科举的关系更加密切,而且相关神迹也更具有灵异的特征,北宋蔡绦撰写的《铁围山丛谈》一书有资料可资佐证:

> 长安西去蜀道有梓潼神祠者,素号异甚。士大夫过之,得风雨送,必至宰相;进士过之,得风雨则必殿魁。自古传无一失者。有王提刑者过焉,适大风雨,王心因自负,然独不验。时介甫丞相年八九岁矣,侍其父行,后乃知风雨送介甫也。鲁公帅成都,一日召还,遇大风雨,平地水几二十寸,遂位极人臣。何文缜丞相樯,政和初与计偕,亦得风雨送,仍见梦曰:"汝实殿魁,圣策所问道也。"文缜抵阙下,适得太上注《道德经》,因日夜穷治。及试策目,果问道,而何为殿魁。吴本云"而何殿魁果验。"[①]

这段文字以王安石、何文缜等人为例,说明北宋时期那些科举功名有成者从梓潼神祠经过都有先兆,这就是获得"风雨送"。当然,如果没有谦卑态度,即便是"风雨送"也不会应验,王提刑就是未得应验的一个例子。《铁围山丛谈》记载王提刑的事并非是要证明梓潼神不灵,而是要告诫人们心不诚挚而"自负",不会得到梓潼神保护。反过来说,惟有虔诚奉侍梓潼文昌神,才能获得保佑而文运亨通。

在科举制度下,由于贡生心灵寄托的需要,文昌信仰逐渐传播开来,在全

---

① (宋)蔡绦:《铁围山丛谈》卷四,北京:中华书局1963年版,第64页。

国许多地方都建造了文昌庙、文昌阁、文昌宫等等。奉侍文昌神成为贡生举子不可缺少的精神生活内容。姚勉的一篇祝祷词反映了这种情况:

> 大比兴贤,又值设科之岁前期,卜日用严,事帝之忱,恭按金科,肃陈宝醮,冀潜通于肸蠁,庶均被于祥厘。伏愿天鉴积诚,神钦宿戒。朱衣豫送,早标仙籍之姓名;紫诏鼎来,同夺亨衢之步武。①

从其叙说语气来看,这篇斋醮祝祷词当写于科举会考之前。作者祈祷文昌帝君保佑他在科举考试中能够高中,迎来皇上发布的诏书,穿上朝廷命官的朱衣,官运亨通,这从一个侧面表达了当时举子们的共同心愿。

种种迹象表明:上古的文昌星宿崇拜,经过漫长的流布辗转,先是与雷神崇拜、蛇神崇拜发生融合,其后在科举制度背景下逐步演变为文运禄籍的保护神,从而为孝道善德教化提供了契机和可能。

## 二、文昌信仰与孝道的初步结合

两宋之际是文昌信仰向全国各地扩展流传的奠基时期。在这个时期,适应了文人求功名的需要,道教人士通过扶乩降笔方式,创作了一批传播文昌信仰的经典文献,其中最具代表性的是《文昌大洞仙经》《文昌帝君阴骘文》。这两部经典以叙说侍奉信仰文昌帝君的灵验为引导,劝人行善积德,其中,对"孝道"的大力宣传是其思想特点之一。

《文昌大洞仙经》,全称《太上无极总真文昌大洞仙经》,原题甘山摩维洞主太玄无上上德真君校正,凡五卷,收入《正统道藏》"洞真部·本文类"。从其题署与序言可知,此经是四川道士刘安胜仿照东晋杨羲的《上清大洞真经》体例而创作的;嗣后,又经上德真君校正而刊印流行。其出世时间当在南宋乾道戊子(1168年),而校正的时间则在景定甲子(1264年),历时凡96年。

查《文昌大洞仙经》,"孝"多见于其行文。其中,卷一出现了3次,卷二出现了37次,卷四出现了1次。托名"北府枢相集福真君"作的《九天开化本愿经序》对于"孝道"更有提纲挈领的论说:

---

① (宋)姚勉:《雪坡集》卷四七《文昌醮宿建词语》,文渊阁《四库全书》本。

  凡显名青编而受此经者,岂非欲生之徒,求免兵戈疫疠之苦者欤!予谓受经未善也,必诵之而后可。诵之又未善也,必行之而后可。行者何?孝悌忠顺公恕是也,孝悌忠顺公恕非难,亦惟曰安本分三字而已。吾言如是,可以消劫,疑之信之,吾何有焉。[1]

此为序言中的一段。作者先说得到仙经传授的人旨在避免兵戈疫疠侵害之苦;接着强调了修持的程序。一是诵,二是行。如何"行"呢?作者列举了"孝悌忠顺公恕"六条日常生活道德,他将"孝"摆在第一位,体现了"百行孝为先"的观念。

  与《文昌大洞仙经》差不多出于同一个时期的《文昌帝君阴骘文》也在宣传"孝道"方面颇著笔墨。该文虽然不长,但在宣传行孝为善方面则用心良苦,其特点是借助典故,以言简意赅的方式来启迪人们了悟。譬如在示训的开头即谓:

  昔于公治狱,大兴驷马之门。

所谓"于公",系西汉东海郡郯县人,汉相于定国之父,曾任县狱吏、郡决曹。《汉书·于定国传》记载了于公为"孝妇"伸冤辩白的故事。其略云:东海郡有个孝妇,很年轻就守寡,并且死了儿子,但她赡养婆婆非常尽心。婆婆要她改嫁,她始终不肯。婆婆对邻居说:孝顺的媳妇伺候我非常勤苦,可怜她死了儿子又守寡。我老了,连累了年轻人,这可怎么办?此后,婆婆自缢而死。婆婆的女儿,也就是孝妇的小姑子,向官府告发说:"这个妇人杀了我的母亲。"于是,狱吏逮捕了孝妇。孝妇不承认自己杀了婆婆,狱吏便通过刑罚来检验,孝妇在威逼下不得已自我诬陷而伏法。所有案卷呈报到府衙时,于公认为这个孝妇赡养婆婆十多年,其尽孝的事迹闻名遐迩,她一定不会杀了婆婆,但太守并不相信于公的说法,于公与之争辩,却未能改变太守的决定。于公怀抱着他所有的东西,在府上痛哭,然后辞别府衙,迅速离开。太守竟然判决孝妇犯了杀人之罪,最终将孝妇杀了。没想到从此之后郡中连续枯旱了三年。新太守到任后,一方面通过《易经》占筮,卜问神明,一方面展开调查,了解缘故。于公说:"孝妇不应当死,但前任太守一意孤行,强行断案,这应该是大旱的根源

---

[1] 《太上无极总真文昌大洞仙经》卷一,《道藏》第1册第499页。

吧?"听了于公的话,新任太守吩咐杀牛,亲自到孝妇的坟墓祭祀,并借此为孝妇的坟墓树碑表彰。人们看到祭祀之后,天上立刻降下大雨,这一年收成很好,郡中因此更加敬重于公。于公治狱公平果决,他家门坏了,乡里父老要为他修整。于公说:"可高大其门,令容驷马车盖。我治狱多阴德,并无冤枉,子孙必有兴者。"后来,其子果然位至丞相,建功封侯。其孙子也作了御史大夫。《文昌帝君阴骘文》浓缩了《汉书》的这个故事,虽然其行文并没有直接出现"孝"的字眼,但因为《汉书》记载的孝妇故事本来就相当感人,而于公执着地为其伸冤辩白,其后代当了丞相,故事情节印证了维持正义、倡导孝道的作用,这无疑给后人一种明确的行孝思想导向。

《文昌帝君阴骘文》与《文昌大洞仙经》以神明的权威来训诫天下人力行孝道,这不是偶然的,而是有深刻思想渊源与社会背景的。

首先,提倡孝道,这是先秦道家与儒家的共同主张。道家与儒家虽然在宇宙观、生命观等方面存在不同认识,但对于孝道却都积极倡导。

道家的思维方式是观天道以推人事,论述的侧重点是宇宙天地演化的基本法则以及人与自然的关系,但这并不意味着该学派不关心社会,更不意味着反对基本的伦理道德规范。恰恰相反,道家汲取了《易经》的思维方式,从天道自然的立场来考察人间社会伦理道德建立的依据。根据天人合一的思路,道家认为"孝"是符合自然法则的。老子《道德经》第十九章说:"绝仁弃义,民复孝慈。"老子这句话的意思是:抛弃了虚仁假义,人民就恢复了孝慈的朴素本性。老子希望老百姓恢复孝的品质,这说明他对"孝"的品德是予以肯定的。老子之后的道家人物也都肯定了孝的行为。《列子·汤问》记载了这样一种习俗:"秦之西有仪渠之国者,其亲戚死,聚柴积而焚之,熏则烟上,谓之登遐,然后成为孝子。此上以为政,下以为俗,而未足为异也。"这讲的是仪渠国的火葬风俗。在这个国度里,亲戚死了,必须积木焚烧,惟有如此,才能算作孝子。由上而下,都以此为合理。这种习俗在中原人看来,也许很奇怪甚至感到惊异,但在仪渠国人心目中却是习以为常的。《列子》对此虽然未加评论,但从叙说语气看,显然是赞同的,说明了《列子》赞成为人之子者应该尽孝养亲。《庄子》也有这方面的论述,该书论"孝"近 20 处,其主旨虽然在于抨击虚名之孝,但对于具备爱心的真孝还是赞美的。该书《人间世》有一句名言:"是以夫事其亲者,不择地而安之,孝之至也。"什么叫作"不择地而安之"呢?这就是亲人死了的时候,不论什么情况都必须让其入土为安,只有这样,才算做人尽孝达到了极致。

道家经典《道德经》《列子》《庄子》肯定"孝"的伦理道德,儒家文献在这方面更有丰富的论述。《论语》作为孔子与弟子谈话的记录,其中有不少地方已论及"孝"。该书开篇《学而》谓:"有子曰:其为人也孝悌,而好犯上者鲜矣。不好犯上而好作乱者,未之有也。"此"有子"者系孔子门徒,名"若"。他认为,侍候父母尽孝,尊敬兄长尽悌,这样的人很少会冒犯在上的人;不会冒犯上面的人,就不会做出悖逆争斗的事情来;因为这样的人,其心地和善而顺服。《论语》开篇特别把有若这句话记录下来,说明儒家把"孝道"作为学生品德教育的基本规范。《论语》之后,《孟子》《荀子》等先秦儒书对孔门的"孝道"作了多层次的发挥,包括"不孝有三,无后为大"①,"孝子之道,礼义之文"②等,体现了儒家对于"孝"的具体内涵展开了深入讨论。

先秦以后,特别是到了西汉,道家与儒家虽然在许多问题上存在不同看法,甚至互相斗争,但在维护"孝"的基本精神上却是一致的。东汉末,制度道教产生。为了发展组织,弘扬道法,制度道教在继承先秦道家经典文献基础上,陆续创作了一大批新的经典,例如《太平经》《老子想尔注》《抱朴子》等。翻开这些经典,我们可以读到许多关于"孝"的论述。例如《太平经》卷三十五的《兴善止恶法第四十三》即谓:"孝悌投本乡,至孝者用心,故使归木乡也。"③这里的"本乡"就是"木乡"。《太平经》以五行为框架,为"孝"进行定位,之所以让"孝"归于木乡,是因为"木"于五方位居东方,万物发生肇始于东,象征日进,由东而东南,依然是"木"用其事,象征"长养",所以《太平经》认为要维持社会的秩序,长吏到地方上召开会议,就要摆好座次,孝悌楷模就让他们坐东朝西,而恶子少年就让他们居于西南角,朝东北向而坐。这样做的目的就是要使人们一目了然,明白什么是孝悌,什么是不孝。尽管这种摆座次的方式看起来很简单,但从其论述可知制度道教从一开始就已把古老的"孝"

---

① 《孟子·离娄上》,(宋)朱熹:《四书章句集注》,北京:中华书局1983年版,第286页。
② 《荀子·性恶》,(清)王先谦《荀子集解》卷十七,清光绪训本。
③ 王明:《太平经合校》,北京:中华书局1960年版,第40页。

作为社会教化的方向,这对于晋唐以来的文昌信仰可以说提供了有益的道德养分。

其次,提倡孝道,这也是两宋之际,社会所大力宣传的。查《四库全书》,我们可以发现,宋代以来,《孝经》的注疏之作大为流行,除了刊刻唐以前的《古文孝经孔氏传》《孝经注疏》等古注本之外,还增加了许多新注本,其中影响较大的有:司马光指解、范祖禹义说的《孝经指解》,朱熹的《孝经刊误》,董鼎的《孝经大义》,吴澄的《孝经定本》等。这几种有代表性的注释本,都对行孝的重要性有精辟论说。例如范祖禹在解释何为"德本"的时候就说:"圣人之德无以加于孝,故曰至德。治天下之道莫先于孝,故曰要道。因民之性而顺之,故曰顺天下。民用和睦,上下无怨,顺之至也。上以善道顺下,故下无怨;下以爱心顺上,故上无怨。人之为德,必以孝为本;先王所以治天下,亦本于孝,而后教生焉。孝者,五常之本,百行之基也。未有孝而不仁者也,未有孝而不义者也,未有孝而无礼者也,未有孝而不智者也,未有孝而不信者也。以事君则忠,以事兄则悌,以治民则爱,以抚幼则慈。德不本于孝,则非德也;教不生于孝,则非教也。"①在范祖禹看来,圣人所推崇的道德乃以"孝"为至上,所以把"孝"称作"至德";治理天下的大道理,就是以"孝"为先,所以把"孝"称作"要道"。倡导孝道,这是顺着人的本性而进行的。如果能够顺着本性行孝道,百姓就会和睦,上下就没有怨气。因此,社会教化就应该以"孝"为本。如果尽孝道,就能够遵循仁义礼智信五常,而忠君、爱民等伦理品行也会因为孝而确立起来。因此,社会教化应该立足于孝道。范祖禹这段论述反映了宋代社会对孝道教化的高度重视。这种社会教化的思想导向必然影响于文昌信仰。《文昌大洞仙经》《文昌帝君阴骘文》多言孝道,乃是当时社会大势所趋。

## 三、文昌信仰对于孝道传播的推动作用

宋末元初,由于社会交替,科举制度受到了一定冲击,但在社会秩序基本稳定之后,元代统治者很快将其恢复。有元一代,先后举行了16次科举考试,

① (宋)司马光、范祖禹:《孝经指解》,文渊阁《四库全书》本。

中进士者 1139 人,说明科举对于元代选官发挥了重要作用。明朝政府也一样通过科举制来选拔人才。据《明史》卷七十《选举制》之二记载,洪武三年(1370 年),朱元璋昭告天下:"自今年八月始,特设科举。务取经明行修、博通古今、名实相称者。朕将亲策于廷,第其高下而任之以官。使中外文臣皆由科举而进,非科举者,毋得与官。"这说明,明代已经把科举作为选官的唯一途径,没有经过科举考试的人是不能做官的。在这种背景下,文昌信仰更加流行而深入人心。在道士与文人学者联手下,原先在宋代就已经初成体系的一些传记体文昌信仰著述得到了补充和完善。其中,比较有代表性的有《梓潼帝君化书》《清河内传》。从其序文以及相关文献记载来看,这两部传记体的文昌信仰著述应该都是在宋代就已有雏形本,但最后编纂完成当在元末明初。

正如《文昌大洞仙经》与《文昌帝君阴骘文》一样,《梓潼帝君化书》与《清河内传》都大力倡导孝道。查《梓潼帝君化书》各卷,"孝"的出现也不少。其中,序言出现 10 次,卷一出现 2 次,卷二出现 16 次,卷三出现 4 次,卷四出现 14 次。再查《清河内传》,该书"孝"字先后出现 30 次。两书使用的体现孝文化精神的主要概念有孝子、孝妇、孝友、孝家忠国、孝廉等,这些概念在"子""妇""友""家"之前加上了"孝"的定语,对"孝"的道德精神无疑是一种强调。

由于社会教化的需要,《梓潼帝君化书》与《清河内传》力图通过感性故事叙说来示范社会大众力行孝道,尤其是让参加科举考试的文人士子们在社会上作出表率。其中的故事还是颇具感染力的,例如《梓潼帝君化书》卷一的《宁亲》就是如此。其篇首之诗云:

> 母氏劬劳岁月深,风寒暑湿久相侵。
>
> 医巫诊视皆无效,针灸频仍殆不任。
>
> 剔股和羹偿宿愿,吮疽出血本诚心。
>
> 分明夜听天神语,一纪延生表至谌。[①]

本诗之下有相配的故事,用第一人称叙说。大体意思是讲:"我"在行冠礼年代,母亲已经满 60 岁了。她老人家在年少时勤于编织布帛,因劳务紧张而没有按时饮食,以至积劳成疾。到了衰暮之年,由于风寒暑湿等邪气侵袭,疾病

---

① 《道藏》第 3 册第 295 页。

加重,背上生了毒疮。开始时请"巫觋"来祈祷,接着又请医师来派药、针灸,如此持续了一个多月,都没有效果。在这样的特殊时刻,"我"一直守在母亲卧室,每日早晚查看母亲病情,未曾解衣睡觉,可是没有能够治好母亲的病,只好用自己的嘴巴吮吸母亲背上的毒疮,吸出了好多脓血,母亲的病痛稍有缓解。医师说:毒疮病根深入骨骼了,不容易根除。过了三天,"我"再度吮吸母亲毒疮,忽然感觉口中满满,吐出来一瞧,脓血里带有薄皮组织,如绵丝延展之状,还有像米粒一样的东西。这一吸之后,母亲渐渐安宁;但因为生病卧床,缺少饮食,身体虚弱,又引发了肺结核病。医师说,这是痼疾,必须"以人补人,真补其真",才能够恢复。于是,"我"在夜里悄悄地割下了大腿肌肉,烹煮了给母亲吃,这时候忽然听到空中传来的言语声:"上天因为你纯正尽孝,特别延长你母亲一纪之寿。"第二天没有再用药,母亲就康复了。正如神说的那样,母亲寿命得以延长 12 年。

以上这个孝故事,主要有两个情节:一是吮吸母亲背上的毒疮,所凸显的是孝子不怕脏;二是割大腿之肉烹煮来给母亲滋补,其意旨是为了母亲健康可以献出自己的器官组织。这种割股疗亲的故事早在隋唐之际就已有之。例如《咸淳重修毗陵志》称,隋朝毗陵郡晋陵县人陈果仁,其母病,"思牛炙,适屠禁,割股肉作羹以进,病良已。郡上其事,诏遣大夫杨绩赐旌表"。再如《旧唐书·隐逸传》记载,怀州河内人王友贞于弱冠时,"母病笃。医言:'唯啖人肉乃差',友贞独念无可求治,乃割股肉以饴亲,母病寻差。"这两个例子,都是在母亲病重的时候,儿子割股肉烹煮,让母亲做药引以滋补身体。追溯一下,不难发现《梓潼帝君化书》所讲的割股疗亲故事是有特殊背景与文化渊源的。虽然我们不能说《梓潼帝君化书》关于割股疗亲情节是直接取材于隋唐之际发生的类似事件,但却可以肯定:割股疗亲乃是践行传统孝道价值观的一种典型表现。《梓潼帝君化书》讲述的故事实际上也是在强调这种文化价值观。其特别功效在于:作为文人举子的保护神,文昌帝君以割股疗亲来践行孝道,那就是为读书人做出表率。言外之意就是:要想在仕途上取得成效,就应该做孝子。

文人举子为什么必须成为孝子呢?《文昌孝经》的编纂与刊刻,适时地回答了这个问题。关于此,明代大学士邱濬为该书写的序言有概要性论述,他指出：

> 帝君以至孝而居文昌上位，一十七世为士大夫身，现九十七化，行藏
> 无在不以孝显。敬诵经文六章：父母育子之劳，曲尽其心；人子体事之怀，
> 精悉其义。网维至性，经纪民物。达自一孝，准诸万物。执而加切，约而
> 加详。广宣教化，敷扬妙道。集众孝之大成，而创千古之子则者也。①

这段序文的第一句可谓画龙点睛之笔。在邱濬看来，文昌帝君之所以能够成
为掌管文运的至上神，就是因为他"至孝"，所以身居上位。具体表现在哪里
呢？就在于文昌帝君经历十七次降生，都是士大夫身份，通过九十七次变化，
无论是显于世间还是遁迹家中，都力行一个"孝"字。既然文昌帝君已经为所
有士子树立了尽孝的榜样，士子有什么理由不力行孝道呢？既然尽孝道是士
大夫的起码道德要求，那就应该很好地照着文昌帝君的教导来生活和办事。
邱濬的序言，提纲挈领地告诉人们：《文昌孝经》六章，从父母如何养育儿女的
辛劳讲到为人之子如何体会父母的恩情；从孝的自然本性讲到社会责任。全
书层层深入，雅俗共赏。它汇聚了众孝，可谓集大成；它创立了作为儿子的基
本生活准则，实在是千古之大事。邱濬的序言一方面说明了士子为什么应该
当孝子，另一方面则郑重推荐了《文昌孝经》，说明了敬诵《文昌孝经》的好处。

敬诵《文昌孝经》对于士子的事业功名有何作用呢？姑且看看文本是怎
么说的。该书凡六章：《育子章》第一、《体亲章》第二、《辨孝章》第三、《守身
章》第四、《教孝章》第五、《孝感章》第六。全书以四言、五言、七言为基本体
裁，借助鬼神监督，强化了孝道的神圣性，尤其是其中的感应故事对于古代士
子而言还是有一定威慑与引导作用的。例如该书最后的《孝感章》写道：

> 帝君曰：吾证道果，奉吾二亲，升不骄境。天上聚首，室家承顺。玉真
> 庆宫，逍遥自在。吾今行化，阐告大众。不孝之子，百行莫赎；至孝之家，
> 万劫可消。不孝之子，天地不容，雷霆怒殛，摩煞祸侵；孝子之门，鬼神护

--------

① 《文昌孝经·原序》，《文帝书钞》卷一，光绪壬午年永盛斋刻本。按，《文昌孝经》，又称《文
帝孝经》，关于其来历，邱濬所作序言引述了"宋西山真先生"的一段话，所谓"西山真先生"
乃指南宋后期著名理学家真德秀。照此看来，《文帝孝经》当问世于南宋，但查《正统道藏》
与《万历续道藏》，皆不见该书。故笔者以为，"西山真先生"可能是扶乩降笔所托名的文仙。
该书之编纂当在明中叶以后，而于明末盛行起来。

之,福禄畀之。惟孝格天,惟孝配地,惟孝感人,三才化成;惟神敬孝,惟天爱孝,惟地成孝。水难出之,火难出之,刀兵刑戮,疫疠凶灾,毒药毒虫,冤家谋害,一切厄中,处处佑之。孝之所至,地狱沉苦,重重救拔,元祖宗亲,皆得解脱,四生六道,饿鬼穷魂,皆得超升,父母沉病,即时痊愈。三十六天,济度快乐;七十二地,灵爽逍遥。是以斗中,有孝弟王,下有孝子,光曜乾坤,精贯两仪,气协四维,和遍九垓,星斗万象,莫不咸熙。神行河岳,海波不扬;遐荒是奠,遐尔均孚,孝之为道,功德普遍。①

《孝感章》这一段紧紧围绕"天人感应"的思想立场,且引入了佛教的万物化生理论和道教的"三十六天""七十二地"等传统道学元素,来阐述孝行可以感应天地神明的道理。大致意思是说:"我"已证得道果。因为"我"努力侍奉双亲,所以升入不骄之帝境,而家人也一起在天上汇聚,妻妾遵从坤元大顺法则,在玉真庆宫里,无拘无束,自在逍遥。"我"今天依据大道来施行教化,将做人的道理告诉大家:不孝的子女,哪怕是有百种善行也无法救赎以往罪过;而至孝人家,即使遇上万般劫难,都可以消除。不孝子女,天地难容,雷霆怒击,魔鬼侵袭,灾祸频降,无处躲避。孝子之家,鬼神保护,福禄来赐。唯有孝能够感通上天,唯有孝能够配享大地,唯有孝能够感化人间,天地人三才得以化生长成。唯神敬重孝,唯天热爱孝,唯地成就孝。能够尽孝,在出现水灾、火灾以及刀兵刑戮、疾病瘟疫、毒药毒虫、冤家谋害等情况,神灵将予以佑护。孝道行处,可以让地狱苦难得以豁免,可以让始祖宗族得以解脱,可以让四生六道中的恶鬼穷魂得以超升,可以让父母重病立刻痊愈。在三十六天中,以济世度人最为快乐;在七十二福地里,以魂灵的自由自主最为逍遥自在。所以在斗星之中,有孝悌明王,在下界则有孝子。地上的孝子,效法天上的孝悌明王,所以光天耀地,精气贯通,协调四方,和合万物。天中星斗,地上万象,都因"孝"而生机勃勃。神行于江河山岳,海波整肃而不扬。无论远近,人们都因为守孝而有信誉。孝作为道,其功德深广,遍及一切。

与儒家所推崇的《孝经》相比,我们可以发现《文昌孝经》的最大特点是从神明监督的立场来阐述行孝的依据。查考儒家《孝经》,虽然也有敬鬼神之类

---

① 《文帝书钞》卷一,光绪壬午年永盛斋刻本,第13页。

行文,例如《圣治章第九》讲的"周公郊祀后稷以配天,宗祀文王于明堂"以及《感应章第十六》讲的"宗庙致敬,鬼神著矣"等都涉及天地鬼神,但都是从敬天宗祖的角度阐述的。儒家讲的以祭祀鬼神为孝,其所体现的基本上是一种责任。而《文昌孝经》大大发挥了儒家原有的鬼神论,并且从天地神明监督人的行为角度阐述了行孝的神圣性。既然人的一言一行、一举一动,都被天地神明所监察,那就容不得个人不孝,因为人的一切举动天地神明都知道,所以不孝必定会得到天地神明的惩罚。反过来看,如果能够遵守天地格法,力行孝道,就会得到天地神明的护佑。《文昌孝经》通过展示自身因为尽孝而上升仙境,为士子指明了努力方向。这种论述方式,无疑具有不可替代的威慑力和诱导功效,对于维护社会的正常道德秩序具有强大的作用,因此得到了明清时期文人士大夫的赞赏。弘治五年(1492年),翰林侍读学士王鏊在该书的"跋"中指出:

> 文昌先天之孔子也。孔子后天之文昌也。《育子》一章,非即北山生我之诗乎?《体亲》一章,非即色难无违之体乎?《辨孝》一章,非即养口体养心志之辨乎?《守身》一章,非即临渊履冰之守乎?《教孝》一章,非即入孝出弟之教乎?《孝感》一章,非即大德达孝、人无间言之事乎?吾师琼山邱太师,不喜谈佛老,独谓曾子十八章,直与帝君大旨相发明,信服圣训如此,诚以其大有功于儒教耳。夫乳哺成人,心无尽而力岂休?养生送死,事有终而心罔极。圣贤不过教人自尽,而经天纬地实不出此。所以谆谆告诫者,皆吾儒淑身治人务本,行道大学问。①

王鏊这篇跋语,将文昌帝君比作先天的孔子,而把孔子看作后天的文昌帝君,无非是要表明道教文昌信仰与儒家精神相合拍。以文昌帝君为旗帜的道教劝孝理论与儒家孝道相一致。不仅如此,王鏊还把《文昌孝经》六章与儒家《孝经》的有关章节相对应,并且以他的老师邱濬为例,强调了《文昌孝经》"大有功于儒教"。正是因为该书有如此巨大的效用,所以明代以来不仅是道教将之作为特别重要的劝善书大量印行,而且儒生、佛门高僧也加入了解说、宣传的行列,这对于传统孝道文化的传播起了独到的作用。

---

① 《文昌孝经·原跋》,《文帝书钞》卷一,光绪壬午年永盛斋刻本,第3页。

# 四、文昌信仰承载孝道的社会疗治

文昌信仰承载了孝道，无论对文昌信仰的传播来讲还是对孝道的发扬而言，都是具有积极意义的。如果从身心疗养与社会救治角度来评估，文昌信仰与孝道的结合，这正如中药配伍，两药合力，必然比起单方更为有效。

实际上，在文昌信仰里，本来就多涉医药问题。例如《梓潼帝君化书》卷一《好生第十三》之诗云：

> 风寒暑湿因天变，饮食兴居病在人。
>
> 黄帝脉经详子母，神农药性辨君臣。
>
> 抚摩针灸随轻重，补泻椎移有故新。
>
> 但得天民无横夭，勤劳不恤此心真。①

这首七言诗从疾病原因写起，进而叙说如何辨明脉理、对症下药，最后表达自己的愿望：为了普天下的人们都能够尽其天年，自当发奋勤劳、用心做事。诗的颔联将"黄帝脉经"与"神农药性"相对，说明作者对传统医学宝典《黄帝内经》与《神农本草经》是很熟悉的，而颈联则以"抚摩针灸"对"补泻椎移"，这又是传统医学外科的技术。不难看出，《梓潼帝君化书》的作者对传统医学理论与实践是了如指掌的。我们知道，《梓潼帝君化书》是以第一人称写的，这等于是文昌帝君介绍了自己的从医经历。故而，行文传递给读者的就是一个医圣形象。我们再看看诗下所配的故事，就更加能够体会到这一点：

> 予以法箓救人疾疢众矣。远近之人，踵门求治者不可以数计。其有染瘟病者，著邪祟者，受疟痫者，逢殃魂者，遭鬼击者，凶神者，恶气者，一一全活。然有脏腑冷热虚实之不齐，饮食起居劳佚之各异，或因喜怒哀乐而感于内，或因风寒暑湿而受于外，此皆岐伯神农氏之学，非道家法箓之事也。人有恳于予，而不能全其生，予实赧然不足，于是讲究脉理，玩味药性，讨论五行之胜，复习熟九针之法，迎随勤苦六年，始达其妙，自是天命

---

① 《道藏》第 3 册第 297 页。

未绝者,无横夭矣。①

意思是说:"我"用法箓来为人治病的例子很多。远近的人,登门救治,接踵而至,不计其数。这些人中,有染上瘟病的,有中了邪祟的,有得了疟疾的,有遇上冤魂的,有遭到恶鬼、凶神袭击的,有受到恶气干扰的,"我"都一一救活了。不过,就病况来说,可谓千差万别,或因为脏腑冷热虚实不平衡,或因为饮食起居没有规律而劳损,或因为喜怒哀乐无常而感动于内,或因为风寒暑湿侵袭而发病于外,这些都属于岐伯、神农氏的脉理本草之学,不属于道家法箓救助范围。最初,有人恳求于"我",而"我"却不能使之痊愈生存,这时候"我"惭愧得脸都红了,觉得自己的学问非常缺乏。于是,开始探讨医道,讲究经络脉象,揣摩药性功能,讨论五行生克,接着又学习并且掌握了针灸技术,花费六年时间,刻苦钻研,才真正达到了医家境界。从此以后,来求医的人,只要他还有一线生机,"我"都全力救治,再没有横死夭寿的。从这段叙说看,文昌帝君成为有造诣的医家,并非靠小聪明,也不是靠天启,而是长期刻苦学习、不断实践的结果。

更为重要的是,我们读文昌信仰的经籍,可以感受到:文昌信仰中的"医",还有进一步的丰富内涵,这就是从身体医治,进展到心灵医治、社会道德医治。关于这个方面,我们从《梓潼帝君化书》一书里也可以得到佐证。该书卷一《格非第十六》之诗云:

> 太医活国利非轻,瞑眩输忠政乃成。
>
> 形迹相忘疑自释,枢机不密祸由生。
>
> 微言忍使彰君恶,削藁何妨隐直名。
>
> 但得圣朝无过举,不辜荣禄是真情。②

这首诗承接此前的医人事迹,但笔锋为之一转,引申到了医国方面。所谓"太医"就是"大医",也就是"上医"。古时候有"上医医国"的说法,能够把病态的国家救治,当然是立大功的事,所以说"利非轻"。太医忠心耿耿,尽心尽力,为国效劳,很有政绩,值得表彰。太医是如何医国的呢? 本诗之颔联与颈

---

① 《道藏》第 3 册第 297 页。

② 《道藏》第 3 册第 298 页。

联作了回答。所谓"形迹相忘",就是做到用人没有猜忌;只要任用了,就大胆放手让其发挥才干。所谓"枢机不密",是说随便泄露秘密,这对于治国当然是败事,会引来灾难,所以说"祸由生",反过来就是说治国必须注意保守秘密。古代国家治理,如何处理君臣关系,相当重要。本诗之颈联就是讲述这方面的"药方"。所谓"忍使",就是"忍着不说而使之如何"的一种表达,"微言"就是微妙而深刻之言。一个治国大臣,如果看到君王存在缺陷、错误,却不敢说,一直忍着,最终就会使君王犯大错而彰显大恶。言外之意就是:作为臣子,面对君王,看到缺陷或者错误,就应该及时指出,免得酿成国家的悲剧,这才是负责任的态度。为了能够辅佐君王治国,臣子应该对进谏文本不断修改,直到非常完善。这样做了,哪怕功成而无名,又有什么关系呢?诗的作者所希望的是:只要王朝没有偏激举动,"我"默默无闻,也算是没有辜负国家给予的荣禄了。

本诗题为《格非》,就是要革除那些不符合天地法则与社会公理的现象。其采取的措施很多,但归结起来,最为重要的就是要敢于进谏。关于这一点,诗下的故事提供了佐证:

> 王若曰:"咨尔善勋,直情无隐,朕念良医活人,大医活国。今寘尔言路,以旌汝贤,汝其以救疾之心救正吾失。呜呼!惟良药苦口而利于病,忠言逆耳而利于行。尔往钦哉,毋易所守!"予三辞而后受之。既预七人之列,日近清光,虽君相圣明,无大过失,而予爱君忧国之心,一步趋,一食息,未尝少懈也。成王幼冲之时,听政于周公,及亲政事久矣,尝有不平之语,予恐左右得以乘间也,每以"君臣始终,祸福几微"为戒,而谏草屡焚,人无见者,故公之东征,虽有四国流言、召公不悦之隙,而终能保全,盖予亦少有力焉。①

这个故事一开始引述"王"的话讲:好呀,你有导善的功勋,能够直截了当地陈情而不隐瞒。朕惦记着:好的医生治病,能够起死回生;而上乘医家,能够让有病的国家转危为安。朕今天开放你的言路,表彰你的贤达,你以救治疾病的胸怀来纠正朕的过失,实在太好了。人说良药苦口利于病,忠言逆耳利于行。你

---

① 《道藏》第 3 册第 297 页。

就照现在这样做吧,不要因为有所顾忌而改变你的行事路向。 对于"王"的这番赞赏,文昌帝君是如何对待的? 他指出:"我"三次推辞,尔后才接受下来。于是进入了辅佐君王治国的七要人行列。每日陪伴着君王,尽管君王非常圣明,没有大的过失,"我"依然没有懈怠,始终保持着爱君忧国的警戒性。成王年幼的时候,由周公听政。在成王长大亲自主政很久的时候,对于"听政于周公"的事仍旧耿耿于怀,"我"担心左右的人会离间成王与周公,常常以"君臣相伴始终,祸福颠倒的事就很少"的话相戒,而进谏的文章屡屡焚烧,其他人都看不见。所以,周公东征,虽然四方出现了一些流言蜚语,而召公也有不高兴的时候,但因为"我"从中斡旋,彼此的关系终于能够保全,而不至于发生对抗。说起来,"我"算是尽了一点微薄之力。

这个故事发生的背景是周朝,其核心精神就是敢于直谏。以"逆耳忠言"来纠正君王的过失,也就是以"忠言"治病。文昌帝君作为周臣的时候为什么能够这样做? 关键在于心存孝道。在家尽孝,在朝就能够尽忠。可见,"忠言治病",归根结底就是"行孝治病"。

如果我们联系《文昌孝经》的论述就可以发现:在文昌信仰中,"孝"本来就是良药,其功甚大。该书《教孝章第五》谓:

> 药石之师,惟贤是与。行己端庄,导人忠信,教不他设。孝无畸形,因其本然,还所固有。朝敦夕诲,幼育长循,惟兹孝弟,化行是先。虽至愚氓,无不晓习。如是为教,功实不少。为功为罪,职岂易任。惟名尊严,其实如何? 孝弟是宗。能孚孝者,弟亦本诸。助君为理,转移风俗,全在师儒。教不可误,师不可违。自重在师,率教在弟。孝原自具,有觉斯兴。①

文中所谓"药石",本指治病的药物和砭石,后来比喻规劝他人改过向善。不言而喻,"改过向善"是道德教化的结果,故而"道德"也是"药石",只是这种"药石"不是用来治疗躯体的器质性疾病,而是用以治疗精神疾病。道德的具体内涵很丰富,包括忠信、友义、礼让、谦和等皆是,但在《文昌孝经》看来,最为根本的乃是"孝"。因此,"孝"就是道德教化中的"良药"。怎样充分利用这种良药来疗治人心和匡正社会国家呢?《文昌孝经》提出了"因其本然,还

---

① 《文昌孝经》,《文帝书钞》卷一,光绪壬午年永盛斋刻本,第12页。

所固有"的思路。这就是依于人的自然本性,复归人的固有善性,以循循善诱的方式来进行教化,而不是靠畸巧。另外,"以孝为药"的社会疗治还得有长期坚持的功夫,这就好像医者治疗慢性病,不是浅尝辄止,而是要有较长的疗程。在消除了病灶之后,转而逐渐滋补。"孝"这种良药与它药不同,就在于它既可以疗治,也可以滋补。"朝敦夕诲,幼育长循"就是长期滋补的方式,这又类似于采用"药膳",既是饮食,也是方药,长期使用,强身健体,精神升华,超凡入圣。

按照《梓潼帝君化书》《文昌孝经》等经典文献的思路,"孝"既然是一种良药,如何让其发挥作用呢? 概括起来,主要有如下两个方面:

第一,孝道修身,复归本原。持守孝道,这是儒道两家所共同倡导的,但其入门路径却不相同。儒家《孝经》从"身体发肤,受之父母,不敢毁伤"入手,接着分别论述了天子、诸侯、卿与大夫、士、庶人各自应有的孝,体现了一种身份定位,这种孝道是有等级之分的。但道教讲的孝道,却淡化了等级观念,甚至不分等级。《文昌孝经》称"通于上下,无分贵贱"①,这意味着无论是天子还是庶人,都应该回归自然本性。因为"孝之为道,本乎自然"②。所谓"自然"乃是常道的基本特质,故而"本乎自然"就是本乎常道,回归常道。如何回归呢? 这就是以自身为出发点,通过回溯,进而想到父母,又由父母想到乾坤天地,由乾坤天地想到化生万物的"道",从而领悟自己与父母的血脉相连、与常道融通,以激发出诚敬与爱心,明白"尽孝"是一种天地自然法则,亦即人之为人的基本属性,进而展开言行检讨,践履孝道。这个过程既是道德反省的精神治疗过程,也是存心养气的健身过程,对于化解体内因为不良精神干扰而产生的各种毒素当然有益。因此可以说,"孝道疗法"乃是排除邪气、激发正能量的修身养性的千古良方。在这方面,《文昌孝经》的《育子章》《体亲章》《守身章》有发人深省的论述,很值得玩味和体悟。

第二,孝道医世,端正民风。文昌信仰典籍所讲的"孝道"不仅是个人修行养生、延年益寿的法宝,也是医治社会的大药。按照《文昌孝经》的思路,孝

---

① 《文昌孝经》,《文帝书钞》卷一,光绪壬午年永盛斋刻本,第9页。
② 《文昌孝经》,《文帝书钞》卷一,光绪壬午年永盛斋刻本,第9页。

道修行并非只是个人的事情,而是全社会的事情。因为个人与社会是不可分的,所以孝道应该贯彻到社会生活的各个领域。基于这样的考虑,《文昌孝经》特别设立了《辨孝章》,阐述了"孝"的广泛内容。首先,《文昌孝经》从正面指出了"孝"的适用范围不仅包括生身父母,而且包括了后母继父,该书还特别指出了母亲因故改嫁,依然是自己的母亲,也应该为之尽其孝道。推而广之,兄弟姐妹、连枝妯娌之间,应该怀有爱心,和顺相处。其次,《文昌孝经》又从反面列出了多种"于孝有亏"的现象。诸如:不敬叔伯、不敬祖曾、不爱子孙、不敦宗族、不和姻娅、不睦乡党、不忠君上、不信师友、不爱人民、不恤物命、不敬天地、不敬三光、不敬神祇、不敬圣贤、不远邪佞、不顾性命、知过不改、见善不为等。这20个"不",涉及了人与社会、人与自然、人与神明三大系列的绝大部分关系。在《文昌孝经》的《辨孝章》里,"不"作为否定词,就是对上述各种非孝行为的审判,也就是说上述18个"不"所涵盖的都是社会病。力行孝道,就是要扭转上述现象,端正民风,这实际上就是一种社会治疗。

如何进行社会治疗呢?《文昌孝经》又通过《教孝章》指出了基本路径:

> 孝自性具,教为后起。世多不孝,皆因习移。意既罔觉,智又误用。圣人在上,惟教为急。教之之责,重在师傅,尤当慎择。贤良之师,化恶为善;不贤之师,变善为恶。[1]

《文昌孝经》告诉我们,孝是人的天性中本来固有的,而"孝"的教育则是后来出现的。世间存在很多不孝的现象,都是因为习俗使人的心态发生改变。愚笨的人不明事理,聪明的人又错用心思。圣人在上,看到了种种不孝的社会病态,所以对于教化的事情很是着急。教习孝道的责任,承担在师傅肩上,因此选择师傅应当慎重考虑。因为贤良的师傅,能够将恶人教化成善人,而不贤的师傅,却能将善人变成恶人。

《文昌孝经》上面的论述,一方面指出了要让社会普及孝道,需要教化;另一方面指出了良师在孝道教化中的关键作用。从某种意义上说,力推孝道的社会教化,就是移风易俗的过程、社会整治过程。如果我们把社会看作人的机体,那么社会整治自然也可以类比于个人身心治疗。社会整治是攸关社会全

---

① 《文昌孝经》,《文帝书钞》卷一,光绪壬午年永盛斋刻本,第12页。

局的治疗,在社会有病的时候,惟有治疗才能消除病灶,恢复健康。《文昌孝经》的论述在一定程度上反映了宋元以来道教拯救社会的心愿与文化思路,在今天看来,依然具有实用价值。

（本文合作者:李冀;原载《世界宗教研究》2017 年第 1 期）

# "禹步致灵"与养生健身

"禹步"是一种传统的法术,向来被当作"万术之本"。长期以来,道门人士与教外学者都重视"禹步"的探讨,报刊上已经有不少这方面的文章发表,例如李剑国和张玉莲合写的《"禹步"考论》、夏德靠的《"禹步"起源及其嬗变》、王进的《中国西南少数民族法师禹步的道教意涵》、王青的《禹步史料的历史民俗文献分析》、任塘珂的《道家视角下"禹步"渊源及健身功能研究》等等,这些文章为进一步探讨"禹步"的历史面目与当代社会意义奠定了基础。

笔者重新研读《典经》后,查考相关史料,有了一些新的思考。现在,笔者就这个问题谈谈粗浅认识。

## 一、《典经》所见"禹步"内容考察

《典经》关于"禹步"的记载有两种情况:一是直接言及,二是间接陈述。关于第一种情况,主要有两个例证。

例证一:《公事》篇第二章第九节谓上帝在白纸上写七星经,末尾横写"禹步相催登阳明"①。

例证二:《公事》篇第三章第三十九节叙说上帝行公事时通常作文后将其烧毁,有时命众从徒铭记。接下来录了几段口诀,其第八段为八句七言诗:

> 我得长生飞太清,众星照我斩妖将。
>
> 恶逆摧折邪魔惊,蹑罡履斗济九灵。

---

① [韩]大巡宗教文化研究所编纂:《典经》,大巡真理会出版部 2010 年版,第 112 页。以下凡引《典经》,版本相同。

　　天回地转步七星,禹步相催登阳明。

　　一气混沌看我形,唵唵急急如律令。①

这两个例证都有"禹步相催登阳明"的诗句,并且都言及"七星"。从这种情况看,雷声普化天尊姜圣上帝施行的"禹步"当有古代经典的依据。

　　考《道藏》之"洞玄部·众术类"收有《贯斗忠孝五雷武侯秘法》一书,系元代道人张晖齐撰。该书在叙说了请神行法的程序后,紧接着排列了"禹步罡"的行进图形,于图形后载有一首诗云:

　　白炁混沌灌我形,禹步相随登阳明。

　　天回地转履七星,蹑罡飞斗跻九龄。

　　恶逆摄伏妖魔倾,万灾不干我长生。

　　我得长生留福庭,旋乾倒坤鬼灭形。

　　万神助我斩妖精,急急如天皇大帝律令。②

对照一下,我们可以看出大巡真理会《典经》所见"禹步"秘诀诗与《贯斗忠孝五雷武侯秘法》记载的"禹步罡"诗在遣词造句上颇相类似,有些句子甚至几乎一样,仅有个别的词略有差异。

　　《贯斗忠孝五雷武侯秘法》是道教雷法派的著作,一般是在请神行雷降雨的仪式中使用,具有"召雷神以驱魔"的文化特征,而大巡真理会的主神"九天应元雷声普化天尊"本也有雷神功能。从这个角度来看,《典经》所见"禹步"在早先可能是由于行"雷法"的需要而形成的。

　　除了上述直接言说禹步的例证外,《典经》还有一些地方间接陈述了"禹步",例如《教运》第二章第二十七节说:

　　道主在清道榆川的朴东洛家行坛度数,是为"真人步斗法"。当时,裴文杰侍从于旁,癸亥年九月结束公事。③

这说明,"行坛度数"就是"真人步斗法";反过来看,"真人步斗法"即依坛场的度数来展开行进路线。行法的时候,有"侍从"者在旁边。

　　接下来的第二十九节,《典经》再次讲到"真人步斗法"。行文是这样写的:

① 《典经》第142页。
② 张晖齐:《贯斗忠孝五雷武侯秘法》,《道藏》第10册第765页。
③ 《典经》第208页。

因钦慕道主的人与日俱增,甲子年四月,在泰仁开始建一处道场。道
主行完在密阳终南山洗川所行的遁度数之后,来到道场行致诚。行完致
诚,道主将刀从刀鞘中拔出,口诵"六丁神",行了真人步斗法,并把在终
南山洗川工夫期间积累的字迹付之一炬。①

这段记载表明,"真人步斗法"是大巡真理会道主布德教化的一种重要法术
形式。

什么是"真人步斗法"呢?按照道教经典的说法,"步斗"就是步罡踏斗。
所谓"斗"泛指北斗七星,而"罡"指的是北斗七星的斗柄。道士施术作法,以
"步罡踏斗"为大宗,力图感应天上星宿,达到神奇的功效。这种法术说到底
就是"禹步",其基本精神及操作程序与"禹步"一致。关于这一点,唐代著名
道士李淳风所撰的《金锁流珠引》有一段话可资佐证。该书卷一《三五步罡
引》说:

中斗九星,下变为九灵,步作九迹,谓之星纲。禹见鸟步星纲,转木
石,取蛇食,禹学之三年,术成能履九斗,配星于足,以足指物即转,不以手
为之。后登剡山岭之巅,有神人谓之曰:"足履手指,何以足履亦使足指?
王不见灵鸟足履嘴指?"禹拜之而受。后得道,驱使神鬼蛟龙虎豹,开决
山川,引理江河,分别九州。后登帝位,方取道解,易形而升太极。②

道教信仰五方星斗,尤其崇拜"中斗",这个"中斗"其实就是北斗。按照《金锁
流珠引》的描述,中斗共有九颗星,其中有七颗为明的,有两颗为暗的,其元气
感应地界,变为九气神明,谓之"九灵",它的脚步留下了九点痕迹,这种痕迹
与天上星宿相互对应,所以称作"星纲",也就是"星罡"。当年大禹治水的时
候,看见鸟依照星斗应地的轨迹行进,能够转动木石,惊蛇出走,而后抓住蛇来
吃。大禹受到启发,花了三年时间学习鸟的步法,于是就能够按照北斗星宿的
方位来运动,进退有序,他用腿脚指向物体,那物体就转动起来,而不是用手来
完成这样的动作。后来,大禹登上了剡山的峰顶,遇到一位神人,那神人对大
禹说:足踏星斗,手指物体。为什么你既用足踏星斗又用足指物体呢?大王难

① 《典经》第209页。
② 《金锁流珠引》卷一,《道藏》第20册第358—359页。按,原文"不以手为之",作"不知手为之"。新版《中华道藏》更"知"为"以"。

道没有看见鸟用足踏星斗而用嘴指物体吗？大禹领悟了神人的话,虔诚地礼拜神人而得到神人的秘授。其后,大禹终于得道,能够驱使神鬼、蛟龙、虎豹,劈开山川,梳理江河,引导湖泊,划分了九州的地理区域。再到后来,大禹登基成为夏朝帝王,他领悟了大道的奥妙,变化形体,冉冉升上太极胜境。

从《金锁流珠引》的描述看,所谓"禹步"也就是以足履星斗轨迹,简称"步斗"。因为大禹得道为真人,所以"禹步"也就是真人"履斗之步",其行进的程序方法称作"真人步斗法"。

## 二、"禹步"的养生健身功效解释

《典经》所记载的上帝与道主施行"禹步"乃是布德弘道的一种法术。不过,从功能上看,其具有养生健身的功能却是毋庸置疑的。对此,《金锁流珠引》卷一《三五步罡引》有一段精彩解释:

> 夫步纲者,是强身健神壮魄之法也。先从地纪,坚劳其身,壮健其神,神炁自然镇藏,然后通天地,感使神灵也。①

这里所说的"步纲"又称"步罡",也就是"禹步"。作者明确指出,这种法术可以"强身健神壮魄",用笔者的话来说,这可以概括为"养生健身",其具体功效既包括形体的保养强健,也包括精神的疏导畅达。其具体操作程序是"从地纪"入手,循序渐进,而后达到通达天地、感应神灵的境界。

"禹步"具有养生健身功效,可以从两个方面来认识:

首先,就起因来看,"禹步"是大禹为了治病而发明的一种法术。大禹是中国夏朝(约前2070年—前1600年)的开国君主,是"鲧"的儿子。他的一生可以说与"水"结下不解之缘。战国时期的古书《竹书纪年》以及汉代司马迁《史记·六国年表》等文献记载:大禹生于"石纽",是西羌人的后裔。汉代经学家扬雄《蜀王本纪》说:"禹本汶山郡广柔县人,生于石纽,其地名痢儿坪。"汶山郡是西汉时期的一个辖区,所管辖的范围包括广柔等五个县,治所在今四川茂县之北,大禹的故里就在汶川县境内。由这些史料可以判断:大禹是一个

---

① 《道藏》第20册第357页。

生长于川北并且熟悉水域环境的人。特殊的地理环境使得大禹从小就获得水文化的熏陶,所以在后来治水活动中得以发挥其聪明才智。古文献记载,大禹时期,先后经历了九年的大水灾。作为一国之君,大禹以身作则,勤政为民,治水不懈。然而,由于过度劳作,大禹病了。他得的是什么病呢?《尸子》有一段话提供了大禹疾病的线索,其中言及:

> 古时龙门未辟,吕梁未凿,河出于孟门之上,大溢逆流,无有邱陵,高阜灭之,名曰洪水。禹于是疏河决江,十年不窥其家,手不爪,胫不生毛,生偏枯之疾,步不相过,人曰禹步。[①]

这个意思是讲:古时候,龙门尚未开辟,吕梁山也还没有穿凿,黄河水从孟门上面涌出,泛滥成灾,不见丘陵,淹没了高山,巨大的洪水使人们苦不堪言。为了治水,大禹梳理河流,开通江道,十年时间没有回过家,他累得手指甲都脱落,腿肚子也没有毛了,造成了偏瘫的疾病,走路时无法两脚交互迈过。他走路的样子就称作"禹步"。

由上可见,"禹步"最初指的是大禹的病态脚步。后来,他学习神鸟的特殊行进方法,偶然中产生了奇异效果,于是"禹步"又成为神奇的法术。道经《洞神八帝元变经·禹步致灵》称:"禹届南海之滨,见鸟禁咒,能令大石翻动。此鸟禁时,常作是步,禹遂摸写其行,令之入术。自兹以还,术无不验。"这段话虽然没有描述大禹如何治好偏枯病的事,但既然"术无不验",则表明了大禹对神鸟的"仿生"动作是激发了养生能量的。试想一想,如果大禹一直处于偏枯状态,他怎能做到"术无不验"呢?

其次,从行进的步骤程序来看,"禹步"的养生健身功能是明显的。按照《洞神八帝元变经》的记载,行"禹步"的时候必须进行一系列的准备工作,施行法术的人应该面向神坛,以夏时的尺子量三尺,作为星宿相距的间隔,以清净白灰画出星宿图像,并且标示出八卦之数。施行法术的人立在地户巽上,面向神坛坐着,鸣天鼓十五通,而后即闭气行"禹步"。其具体行进程序是:

> 先举左足践离,右足践坤,左足践震,右足践兑,左足从右并作兑。乃

---

① 李守奎、李轶:《尸子译注》,哈尔滨:黑龙江人民出版社 2003 年版,第 76—77 页。

先前右足践艮,左足践坎,右足践乾,左足践天门,右足践人门,左足从右足并,在人门上立。①

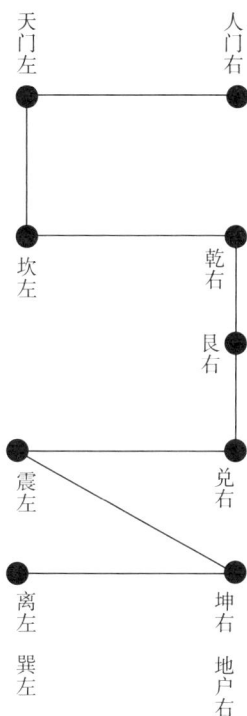

这是最为传统而基本的步法。其特点是先左右分进而后左右交错行进,与后世之"太极拳"的屈伸进退运动具有异曲同工之妙,所以《金锁流珠引》谓大禹"易形而升太极",即暗示了其养生健身的理趣。

后来,由此步法再变形,形成了千姿百态的路线图式,例如《无上玄元三天玉堂大法》卷十九《三五步罡品第二十一》根据"河图"的错综之数,编制了上元、中元、下元的天、地、人罡步,配上了特有的咒语,禹步的养生特质更为彰显。

"禹步"从艺术上延伸,便有了《大夏》舞蹈。据说《大夏》演出时,每八个人站成一行,称为一"佾"。舞者头上戴着毛皮帽子,上半身袒露出来,而下身

---

① 《道藏》第28册第398页。

则穿白色短裙,左手持乐器"籥",右手持羽毛,边舞边唱,粗旷质朴。这种舞蹈尽管已经脱离了原初禹步的法术特质,但因为遵循了《易经》"河图""洛书"的阴阳交错原理,能够使舞者的肌肉、骨骼得到很好的锻炼,有利于精神协调,有助于身心健康。

回顾历史,研读经典,笔者更加感到"禹步"乃是先民在养生健身方面为我们留下的珍贵文化遗产,在生活节奏日益加快的当今社会,如果我们能够理解"禹步"的精神实质,领悟其神妙,并且不断实践,必将会使生活更加健康,更具有乐趣。

(本文系笔者 2014 年参加韩国的"中国哲学"会提交的论文)

# 钟吕道派的金丹养生思想

在中国道教史上，有一个以修炼内丹为特色的道派，因其核心人物是钟离权、吕洞宾，所以后人简称该派为钟吕内丹派。与汉魏两晋南北朝时期的五斗米道、太平道、上清派、灵宝派有所不同，钟吕内丹派主要不是从组织上说的，而是从其修行认识与途径的角度说的，故而具有身心调理与健康的实践意义。

## 一、钟离权、吕洞宾的事迹

顾名思义，钟吕金丹派的成立是以钟离权、吕洞宾的金丹理论传承为其基本标志的。故而，我们有必要对其生平事迹略作考析。

钟离权，字云房，一字寂道，号正阳子，又号和谷子，咸阳（今陕西）人。全真道尊为正阳钟离真人。关于钟离权的生平事迹，《金莲正宗记》卷一有传，谓之"少工文学，尤喜草圣，身长八尺七寸，髯过脐下，目有神光"①。该书还陈述了钟离权的身世，称其"仕至左谏议大夫，因表李坚边事不当，谪为南康知军。汉灭之后，复仕于晋。及武帝时，与偏将周处同领兵事。屡出征讨，已而失利，逃于乱山，不知所往。"②《金莲正宗记》接着叙述了钟离权偶遇"老氏者流"的故事，谓之问而不语，但举手而指东南方向，钟离权遂行六七里，只见峰峦峭拔，松柏参差，有楼阁金碧炫耀，二青衣应门而立。钟离权作揖而问："此何方也？"对曰："紫府少阳君之所居，东华帝君之别业也。吾师候君久矣，遂延入馆中，拜见帝君。"③《金莲正宗记》的记载颇为离奇，其生活年代从汉代

---

① 《金莲正宗记》卷一，《道藏》第 3 册第 344—345 页。
② 《金莲正宗记》卷一，《道藏》第 3 册第 345 页。
③ 《金莲正宗记》卷一，《道藏》第 3 册第 345 页。

一直延续到唐末五代,按常理来看这当然不可能。之所以有如此描述,恐怕与道门的梦事追忆有关。修道者常常有一种体验,即在一定阶段产生幻觉,恰如做梦一般,后人记叙这样的梦事,信以为真,遂模糊了梦与真实活动的界限。因此,对于此类故事,研究者当加以明辨。

不过,必须看到,《金莲正宗记》所说的并非全无所本。因为北宋时期的《宣和书谱》已言及钟离权之传奇事迹。据诸多史料考析,钟离权大抵活动于唐末五代时期,得终南山异人传授《青符玉篆》《金科灵文》《大丹秘诀》《周天火候》《青龙剑法》。据说他"服膺受教,一闻千悟。既尽其妙,辞而下山,椎髻布衣,积行救人,调神炼气,变化无常"①。《全唐诗》卷八百六十收有钟离权诗二首。其一为《题长安酒肆壁三绝句》,其二为《赠吕洞宾》。《金莲正宗记》卷一录了其中两绝句,谓之题于邢州开元寺观音殿,诗云:"得道真仙不易逢,几时归去愿相从。自言居处连沧海,别是蓬莱第一峰。"又云:"莫厌追欢语笑频,寻思离乱可伤神。闲来屈指从头数,得见清平有几人。"②这绝句首句中的"真仙",《全唐诗》作"高僧",恐由好事者更改,于文理有所不通,因为得道的结局当是成仙,所以在"得道"之后继之以"真仙"乃比较符合逻辑。关于《赠吕洞宾》一诗,主要是吟咏丹道修持法式与境界,其略云:"知君幸有英灵骨,所以教君心恍惚。含元殿上水晶宫,分明指出神仙窟。大丈夫,遇真诀,须要执持心猛烈。五行匹配自刀圭,执取龟蛇颠倒诀。三尸神,须打撒,进退天机明六贼。知之三要万神归,来驾火龙离九阙。九九道至成真日,三界四府朝元节。气翱翔兮神恒燃,蓬莱便是吾家宅。群仙会饮天乐喧,双童引入升玄客。道心不退故传君,立誓约言亲洒血。逢人兮莫乱说,遇友兮不须诀。莫怪频发此言辞,轻慢必有阴司折。执手相别意如何,今日为君重作歌。说尽千般玄妙理,未必君心信也么。子后分明说与汝,保惜吾言上大罗。"③从这首诗可以看出,钟离权与吕洞宾的交情并非一般。他首先称赞吕洞宾具备了英灵骨,也就是说是个修道成仙的好苗子,因此是可以传授大道的人选。既然如此,钟离权也就愿意指出神仙窟之所在了。诗中不仅暗示了修持内丹的法门,而且

---

① 《金莲正宗记》卷一,《道藏》第 3 册第 345 页。
② 《金莲正宗记》卷一,《道藏》第 3 册第 345 页。
③ 《吕祖志》卷一,《道藏》第 36 册第 448—449 页。

描述了内丹修持的境界,反映钟吕金丹派的基本立场。

钟离权的道法秘术后来传给了吕洞宾。吕氏名岩,字洞宾,号纯阳子,其生平事迹的真实情形不详;不过,从诸多文献来稽考,依然有蛛丝马迹可寻。《宋史·陈抟传》称,陈抟与异人吕岩相互往来,可知吕洞宾生于唐末或五代,约与陈抟同时。吕洞宾出身儒门,为唐宪宗时侍郎吕渭之后,吕渭曾与道士为方外交,其家亦有好道传统。吕洞宾生逢乱世,曾举进士不第,而后归避山林,过着"逍遥碧嶂青松下,坐看残花逐水流"①的隐士生活。

《历世真仙体道通鉴》卷四十五记载,吕洞宾出生于唐贞元十二年(797年)四月十四日,系河中府永乐人。② 他的父亲名吕让,最初为太子右庶子,迁海州刺史。据说吕洞宾诞于林檎树下,出生时异香满径。年幼时极其聪明,能够日诵万言。年长后,身高五尺二寸(也有不同版本说是八尺二寸),面淡黄,微麻,龙姿凤目,鬓发疏秀,金水之相,顶华阳巾,衣逍遥服,貌似张子房,状类太史公。关于他的仕途,或称之于唐文宗开成二年(837年)举进士,之后游庐山,遇异人,受长生诀而得道;或称之两举进士不第,之后在赴长安道中,遇到了钟离祖师,而授枕作黄粱梦。在梦中举进士,登科第,历任显官,入台阁,擢侍从,居朝三十一年。偶然上殿应对差误,而被罪谪官南迁江表,路值风雪,仆马俱瘁,一身无聊,方自叹息。后来忽然梦觉,而入睡前所煮黄粱米饭尚未炊熟,这就是世称的"黄粱一梦"。他梦醒则悟,遂弃家,随钟离祖师赴终南山鹤岭修道。此外,又有资料称吕洞宾于唐僖宗广明元年(880年)遇到崔公(希范),得到崔公所传授的《入药镜》,吕祖即知修行性命,日有所进。后来在湘潭、岳阳、湖北等地,游历度人。年六十四上朝元始天尊、玉皇大帝。自是隐显变化不一,惟其誓愿宏大,是以浮尘浊世,行化度人,传说众多。元代道士苗善时曾编有《纯阳帝君神化妙通纪》七卷,汇集吕祖一百零八化的故事,无不以劝人尽忠行孝、积善除邪为本。

此外,尚有《江州望江亭记》,据说出自吕祖手笔。其中也透露了一些吕

① 《纯阳真人浑成集》卷上,《道藏》第23册第687页。
② 关于吕洞宾的籍贯,向来有许多不同说法。较早的宋代记载,称他为"关中逸人"或"关右人",元代以后比较一致的说法,则为河中府蒲坂县永乐镇(今属山西芮城)人,或称世传为东平(治在今山东东平)人。

洞宾的信息。该记称：

> 吾京川人，唐末三举进士不第，因游江湖间，遇钟离子，受延命之术，寻又遇苦竹真君传日月交并之法。久之，适终南山，再见钟离子，得金液大丹之功，年五十道始成。身长五尺二寸，面黄白，鼻耸直，左眉有黑子，服白襕衫，系皂条，变化不可测，或为进士或为兵。世多称吾能飞剑戮人者。吾闻之笑曰：慈悲者佛也，仙犹佛尔，安有取人命乎？吾固有剑，盖异于彼，一断贪嗔，二断爱欲，三断烦恼。此其三剑也。吾道成以来，所度者何仙姑、郭上灶二人。性通利，吾授之以归根法。吾尝谓世人奉吾真，何若行吾行，既行吾行，又行吾法，不必见吾，自成大道。不然日与吾游何益哉？①

在《吕祖指玄篇》中也有关于吕祖平生的故事：

> 昔年我亦赴科场，偶遇仙师古道傍，一阵香风飘羽袖，千条云带绕霓裳，开言句句谈玄理，劝世声声唱洞章，我贵我荣都不美，重重再教炼黄房。②

> 偈曰：黄粱梦悟弃华荣，幸遇正阳圣道成；明却中黄率性理，功圆万古选仙名。③

《江州望江亭记》与《吕祖指玄篇》或许是后人扶乩降笔所成，但其明言"举进士不第"当属历史事实。至于后来的进士头衔乃是梦事而已。正由于他举进士不第，看破红尘，所以才有可能随异人修道。从诸多记载看，吕洞宾的受业仙师并非一人，但最重要的则是钟离权。《金莲正宗记》卷一说钟离权授予吕洞宾《天遁剑法》④《灵宝毕法》等，其他诸书也涉及了钟吕之间的道门口诀传授关系。因此，有关钟吕的著述实际上已难以分割，所以我们追寻二人思想也就必须将其著述连通起来考察。

---

① 《吕祖志》卷一，《道藏》第36册第451—452页。
② 《吕祖指玄篇秘注》，《道藏精华》第13集，新北：自由出版社1990年版，第125页。
③ 《吕祖指玄篇秘注》，《道藏精华》第13集，新北：自由出版社1990年版，第130页。
④ 关于《天遁剑法》之来历，诸家记载不一，《吕祖全书》或称之得自火龙真人。

## 二、钟离权、吕洞宾的内丹著述与主要思想

关于钟吕的著述,后人记载甚多,但有为数不少的篇章属于扶乩降笔之作,这是我们必须充分意识到的。当然,我们这样看,也不是说历史上凡是题为钟吕所著的著述都是托名之作。如果那样否定一切,也是不符合客观情形的。从现存文献看,《破迷正道歌》《灵宝毕法》以及《钟吕传道集》三种是反映钟离权、吕洞宾内丹思想的比较可靠的著作。故而,本节拟以这些著作为基础略作探析。

《破迷正道歌》,凡一卷,题正阳真人钟离述,考"正阳真人"之称系北宋钦宗靖康年间对钟离权的封号。可见,此歌至迟在北宋末已在道门流行,传抄者为了表示尊重,遂以赐封之号为名。《破迷正道歌》以七言歌诗体式写成,全文 1700 余字,其核心内容是内丹。为了表彰金丹,以示正道,该歌诗对于服饵、胎息、咽津、符咒、存想等方术加以批评。它说:

> 堪嗟无限学仙者,总与①天仙道不同,俱被野狐诞昧定,鬼言妖语怎生听,云游四海参玄妙,尽是邪门小法功,愚迷执强难教化,依然一盲引众盲。有如餐松并服饵,如何脱免死生根;有如忘形习定息,如何百脉尽归宗;有如呼吸想丹田,到底胎仙学未成;有如息气为先天,至老无成也是空;有如口鼻为玄牝,恰似漏②网去包风;有如思心为方寸,怎得归元见祖宗;更有积精为铅汞,转与金丹事不同;有执气神为子母,亦隔天仙万里程;有如开顶为炼养,枉施功力谩劳神;更有缩龟并炼乳,正是邪门小法功;更有行炁为火候,九载三年悮(误)了人;鼻头闲息服元炁,引得邪风肚里鸣。假若识心并见性,到头终久做阴灵。知他多少闲门户,劳漉空动骷髅形。止念降心为清净,下稍终久是顿空;昼夜专行子午法,天地岂有恶时辰?孤修闲息行存想,执定舌根做赤龙;更有周天行卦象;更有种顶作黄庭;更有指肾为造化;执定尾闾为命根;更有还元服水火;更有采补吸

---

① 按,"与"字,《正统道藏》本作"是",据《道藏辑要》等本校正。以下诸字之校正,均依《道藏辑要》本,不再说明。
② "漏"字,《正统道藏》本作"满"。

淫精;更有仰天吸日月,便道地魄是天魂;更有咽津为造化,断除五味是修真,昼夜一餐为日用,身体尪赢似鬼形;曲身偃仰叩玉户,抱元守一运双睛,竦肩缩项思脊骨,搬运流珠想太阴;更有书符并念咒,破券分环学隐形;按摩吁呵六字诀,瞻星礼斗受辛勤;入清吐浊为丹本,阳关紧勒火飞腾;炎炎遍身通透热,呼作天真大道根;看经①念赞持科篆,设坛拜醮望飞腾;三千六百傍门法,不识随形昼夜人,有缘遭遇明师指,顷刻之间造化生。②

在《破迷正道歌》看来,服食、导引搬运、存想、房中术、书符念咒、步罡踏斗等只是邪门小法而已,此类邪门小法虽然也入于功法的行列,但它们根本不能与内丹大道相比拟。值得注意的是,《破迷正道歌》在描述餐松服饵之类小术有如盲人瞎闯的情形之后,还特别指出了那些与内丹学貌似的各类修持方法的弊端,例如"呼吸想丹田"虽然也好像是在修丹,但终因不能"无为"而过于执著,所以无法成为"胎仙";还有以"口鼻为玄牝""积精为铅汞",这些法式尽管也使用了与内丹学颇相类似的术语,但实际上与内丹修炼具有根本的差别,因为此类假丹道在于"执强"而未能遵循自然之道,所以应该抛弃之。

基于门派的立场,《破迷正道歌》一方面批评所谓邪门小法,另一方面则对内丹秘学予以赞颂:

片言半句无多字,万卷仙经一语通。一诀便知天外事,扫尽旁门不见踪,若言此理神仙道,天地虚无上下空。说破木金无间隔,真铅真汞岂有形,谁知这个天机理,便会日月得高奔。也无坎离并龙虎,也无乌兔各西东,非肝非肺非心肾,不干脾胃胆和精,非思非想非为作,不在三田上下中,岂干夹脊至昆仑,不是精津炁血液,不是膀胱五藏(臓)神;此物在人身中出,四时春夏及秋冬,先天先地谁人识,二物相和重一斤,弦望晦朔合本数,循环昼夜不曾停③,依时采取知老嫩,片晌之间并甲庚,只在西南产坤④位,慢慢调和入艮宫。试把天机轻拨动,真炁时时聚太空,谋得乾坤

---

① "经"字,《正统道藏》本作"读"。
② 《破迷正道歌》,《道藏》第4册第917页。
③ "停"字,《正统道藏》本作"空"。
④ "坤"字,《正统道藏》本作"本"。

为鼎器,颠倒宇宙任纵横,南辰移入北辰位,金乌飞入玉蟾宫。太阳里面藏玉兔,太阴加减自和同,前弦之后寻药物,后弦之前炁停匀,两弦之间为采取,先后存定祖和宗,他是主时宾是我,我若浮时你却沉,调得浮沉归一处,沐浴潜藏总是空。离坎本来无南北,震兑岂则在西东,若遇神仙亲指诀,捉住北斗周天轮,撮得阴阳归掌内,顷刻之间万物生。这些金液还丹诀,不遇仙师莫强攻。果然采得先天炁,日月擒来两手中,昼夜打交成一块,自有龙吟虎啸声。初时上下风声吼,渐凝渐结紫云生,云满山中遮日月,此时一阵似朦胧,默默自然云雾动,定里时闻霹雳声,紫凤乌兔交一处,金乌玉兔自相争,虎绕龙蟠寻至宝,金公姹女结婚姻,这番子母里相会,神炁归根合本真,一点最初真种子,入得丹田万古春。先天先地归一处,混沌未分岂有痕?生发自然合圣理,绿叶①红花一色新,上下水火自浇灌,二炁交结产胎婴,自然白日生光象,自有超凡出死生。果然百日防危险,血化为膏体似银,果然百日无亏失,玉膏流润生光明,真炁薰蒸无寒暑,可为无上道高人。炎炎锻炼三百日,骤雨颠风满太空,电光晃耀无穷数,雷震天关鬼神惊,掀翻宇宙飞白雪,倒捉乾坤不夜春,换骨回阳身不朽,九还七返化真形,辛苦都来十个月,内外虚明表里真,聚则成形散则炁,返本还原太虚同,变化往来人莫测,祖祖相传古到今。一理便合天地理,神仙口诀不为虚,更若保守一二载,百千万亿劫无穷,会得金液炼形②法,乘鸾跨鹤自飞腾,出有入无无阻碍,蓬莱三岛任纵横,若更万年百千劫,海变桑田貌亦同。③

《破迷正道歌》之所以强烈地批评旁门小术,是因为当时各种小术占据了方术的主要地盘,而金丹学并未被学者所掌握,修道的人出现了许多偏差。再说历史上有关内丹修持的著述虽然相当不少,但由于用语晦涩,一般人是难于明了真谛的。因为各种所谓金丹的经籍实际上并没有将其本质内容和盘托出,而是留下了天机未予透露。只有经过考察确认为传人之后才能将其口诀予以传授。看来,《破迷正道歌》的作者已经找到了满意的传人,所以他肯"泄

---

① "绿叶"二字,《正统道藏》本作"缘来"。
② "炼形"二字,《正统道藏》本作"种形"。
③ 《破迷正道歌》,《道藏》第4册第916—917页。

漏"天机。这个天机就在于"虚无"两个字,只要能够心念虚无,就可以通向金丹大道。读过道教金丹修炼书籍的人们不会忘记,其中有大量的符号象征的表达术语,例如坎离、龙虎、乌兔等等,这些术语本来只是形容而已,不知道真相的人往往执泥于"丹象",而不能得意忘象;故而,《破迷正道歌》面对其传人首先就是破其执著心,从"无"字入手,去体悟真铅真汞的内涵。这个"无"字表现在具体的丹道修炼过程中就是要以"非"为开路先锋,所谓"非"就是否定,一方面否定人体脏腑的存在,另一方面也否定主观的意识活动。然而,丹道修炼虽然强调一个"无"字,但这并非意味着永远的无,在《破迷正道歌》作者的心目中,"无"能生"有"。这个"有"也就是内丹修炼过程中"产药"以及炼药的种种景观。作者从动态的角度,通过春夏秋冬季节变化的形容,以描述丹道的形迹。作者认为,正如卦象一样,丹道本来也是变化无常的,所谓南北东西,只是方便说法而已,如果不知道这种方便法门,而一味进行死板的定位,那就误解了丹道的真谛。由于丹道修炼具有很强的内在感受性,《破迷正道歌》反复强调明师指点口诀的重要性:

> 有缘遭遇明师指,顷刻之间造化生。一炁循环无阻碍,散在万物与人身。达人采得先天炁,一夜雷声不暂停,电光闪闪无穷数,二炁相交岂有形? 摧塌天关无可比,雷电风雨一齐生,颠倒颠时交换位,无量火炁乱峥嵘,虎绕药炉(罏)争造化,龙蟠金鼎要飞腾,四象五行归戊己,烹炼金液混元晶,万朵紫云笼北海,千条百脉撞昆仑,真炁辉辉星斗暗,红光赫赫太阳昏,加减自然分进退,前弦后弦定其真,丹头老嫩须亦认,抽添运用片时中,结胎火候有时刻,真火炎炎烧宇宙,乾坤上下尽通红。一水一火分爻象,一升一降自浮沉,一来一去分宾主,一前一后有君臣,一阴一阳为天地,一刚一柔自均匀。冬夏二至为节候,春秋二分定寒温,往来上下无形象,循环昼夜有时辰,若非土祖相传诀,岂知大道片时功? 驱回斗柄玄关理,斡转天关万象通,片晌龙虎频频斗,二物交合顷刻中,擒得猩猩俱鹘突,混混沌沌未分明,此时木金交并法,真铅真汞天地晶。只此火候金丹诀,全凭交结在黄庭。混元一炁千年药,万劫常存不夜春,三千刻内婴儿象,百日功夫造化灵,十月炼成纯阳体,自然寒暑不来侵,瑞气彩云遮五体,鸾鹤对舞面前迎,玉女双双持紫诏,名曰方号唤真人。金光罩体人难

视,节制仪威左右行,仙鹤接引朝元去,白日飞升谒上京。①

从这一段描述可以看出,《破迷正道歌》是具有诚笃的神仙信仰的,他以自身的体验为基础,阐述了内丹修炼的景象以及最终将达到的境界,这显然是为了坚定后学者的信念,与前引关于以无为本的告诫是相呼应的,因为无是能生有的,故而关于结"黄庭"以及"婴儿象"等都是为了显示无中生有的妙用。

在钟吕金丹思想的著述中,《灵宝毕法》也是颇有代表性的。该书全名《秘传正阳真人灵宝毕法》,又名《钟离授吕公灵宝毕法》,题署曰:"正阳真人钟离云房著、纯阳真人吕洞宾传。"②分上中下三卷。其序称:"大道圣言,不敢私入一己用,传洞宾足下。道成勿秘,当诏后来之士。"③从这段序文看,《灵宝毕法》当是钟离权传授吕洞宾时的经文真本,钟离权认为所传并非出于个人之私,而是对"圣言"的传播,他希望吕洞宾学了"大道圣言"之后不要将之秘而不宣,而应该继续布道。关于该书的这种师承关系,从其他文献之中也可以找到佐证。例如《佛祖统纪》即言钟离权"将洞宾入终南山,授《灵宝毕法》十二科"。另有吕洞宾之徒弟华阳子施肩吾编《钟吕传道集》也涉及此事。该书之末有"钟曰:仆有《灵宝毕法》凡十卷一十二科……实五仙之指趣,乃三成之规式,当择日而授于足下(即吕洞宾)"④等语,这说明《灵宝毕法》因钟吕授受而流布于世。

《灵宝毕法》原十卷,始见录于《通志·艺文略》道家类修养目。《遂初堂书目》之著录无卷数。《正统道藏》太清部所收十篇,即原卷数,合为上、中、下三卷。《道藏精华录》第六集亦三卷。《道枢》卷四十二《灵宝篇》系曾慥节选本,文字多异。重刊《道藏辑要》危集所收,格式同于《正统道藏》,唯不分卷。《灵宝毕法》卷上为"小乘安乐延命法四门":匹配阴阳第一,聚散水火第二,交媾龙虎第三,烧炼丹药第四。据称,修此小乘法四门,可致人仙。卷中为"中乘长生不死法三门":肘后飞金晶第五,玉液还丹第六,金液还丹第七。据说修持此中乘法,可以成为地仙。卷下为"大乘超凡入圣法三门":朝元第八,内

---

① 《破迷正道歌》,《道藏》第 4 册第 917—918 页。

② 《秘传正阳真人灵宝毕法·序》,《道藏》第 28 册第 350 页。

③ 《秘传正阳真人灵宝毕法·序》,《道藏》第 28 册第 349—350 页。

④ 《修真十书·钟吕传道集》,《道藏》第 4 册第 682 页。

观第九,超脱第十。据说修持此大乘法可以成为天仙。

《灵宝毕法》的"十篇"与"十二科"有什么关系呢? 根据《钟吕传道集》所说,原来玉液、金液二门各分还丹和炼形两项,合十篇十二科。而各篇又分"六仪",即六种编例:"一曰《金诰》,二曰《玉书》,三曰《真原》,四曰《比喻》,五曰《真诀》,六曰《道要》。"《金诰》、《玉书》(或《玉书箓》)、《真原》(或《真源义》)托于三清所说。《比喻》系以此物比他物,晓喻内丹之旨。《真诀》和《道要》为实质性的练功诀要,解说功法,提挈要领。

关于《灵宝毕法》的由来与思想宗旨,该书序言有所说明,谓之:

> 道不可以言传,不可以名纪。历古以来,升仙达道者不为少矣。仆志慕前贤,心怀大道,不意运起刀兵,时危世乱,始以逃生,寄迹江湖岩谷,退而识性留心,唯在清静希夷。历看丹经,累参道友,止言养命之小端,不说真仙之大道。因于终南山石壁间获收《灵宝经》三十卷,上部《金诰书》,元始所著;中部《玉录》,元皇所述;下部《真源义》,太上所传。共数千言。予宵衣旰食,远虑深省,乃悟阴中有阳,阳中有阴,本天地升降之宜、日月交合之理。气中生水,水中生气,亦心肾交合之理。比物之象,道不远人。配合甲庚,方验金丹之有准;抽添卯酉,自然火候之无差;红铅黑铅,彻底不成大药;金液玉液,到头方是还丹;从无入有,常怀征战之心;自下升高,渐入希夷之域;抽铅添汞,致二八之阴消,换骨炼形,使九三之阳长。水源清浊,辨于既济之时;内景真虚,识于坐忘之日。玄机奥旨,难以尽形;方册灵宝,妙理可用;入圣超凡,总而为三乘之法,名《灵宝毕法》。①

这篇序言是钟离权写的,他首先说明了大道的神奇,肯定了历史上修仙得道的真实性。接着,从个人经历入手,阐述他对真道的看法。与《破迷正道歌》一样,钟离权对那些"养命"的小端表示不满。他回顾了自己在终南山获得《灵宝经》的过程。这里所谓《灵宝经》并非葛洪从孙葛巢甫所撰的《灵宝无量度人上品妙经》,更不是灵宝派传承的系列经籍,而是终南山秘传的经典。钟离权经过一段时间的钻研,悟出了其中的妙理,为了揭示这种妙理,钟离权才撰写了《灵宝毕法》。

---

① 《秘传正阳真人灵宝毕法·序》,《道藏》第28册第349页。

　　《灵宝毕法》虽然是讲授丹法的,但却没有泥于丹法,它一开始先陈述
"道"与人的关系,以为道生万物,有形而后有名。从具体的情况看,所谓"形"
与"名"的基本代表就是天地,"天地于道一得之"①,因为"道生一,一生二",
而"二"就是阴阳,天地是阴阳的总法象,所以说于"道一"得之。"惟人也,受
形于父母,形中生形,去道愈远。自胎完气足之后,六欲七情,耗散元阳,走失
真气。"②体会一下这段论述,我们可以看出,作者指出了人与道之间存在着距
离,而且这种距离是相当远的,因为人不是直接由道化生的,而是"形中生
形",即由具体到具体,所以离开大道就越来越远了。但是,这并不是说,人与
道之间的距离是不能改变的。相反,钟离权认为通过一定的法式,不仅可以缩
短人与道之间的距离,而且可以与道融通。关键在于能够明了宇宙化生之理,
辨明顺逆之门。钟离权指出,人之患病由于阴阳不和,阳微阴多。要改变这种
情况,应该以《易经》之卦为法象,培补元气。培补的办法说起来并不难,可以
从静坐导引入手,通过咽液搓面,服气搐外肾,使心肾相交,水火相济。为什么
这样呢? 因为心肾好比天地,气液好比阴阳,天地阴阳进退而有季节时辰,掌
握了季节时辰变化规律,就能够调理自身体内之阴阳气血。从人体方位来看,
子午象征着冬夏;就脏腑而论,冬夏又与心肾相对应。他说,"肾中生气,气中
有真水,心中生液,液中有真气。真水、真气乃真龙、真虎也"。③ 以卦象而论,
肾为坎,心为离;真龙、真虎亦即坎离水火。作者认为,调理心肾的基本功夫也
就是如何"勒阴关而炼丹药",这相当于后世所说的"筑基"。懂得筑基,则安
乐延年有望;在此基础上,就可以进一步修持中乘之法,此法包括"肘后飞金
晶""玉液还丹""金液还丹"三门。

　　所谓"肘后飞金晶"系静坐行气的一种形容。"肘后"指时位;"金晶"指
炼丹之药物。因为内丹修炼之火起于心神,心为日,为离卦,由子至寅,凡三时
辰,药产如晶,故称"金晶"。至于"金液""玉液"无非也是比喻。《灵宝毕法》
称:"积阴成形而内抱真阳以为金玉,比于积药而抱真气以为胎仙也。金玉之
气,入于地而为醴泉芝草者,比于玉液还丹田也。金玉之气凝于空而为瑞气祥

---

① 《秘传正阳真人灵宝毕法》卷上,《道藏》第28册第351页。
② 《秘传正阳真人灵宝毕法》卷上,《道藏》第28册第351页。
③ 《秘传正阳真人灵宝毕法》卷上,《道藏》第28册第353页。

烟者,比于气炼形也。凡金玉之气冲于天,随阳升而起;凡金玉之气入于地,随阴降而还。既随阴阳升降,自有四时可以液还丹田。气炼形质,而于四时加减,一日改移也。"①这说明体内"真气"是很重要的,内丹修炼说到底乃以真气修炼为指归。修持者在进行"四时加减"的内气调理时关键是掌握阴阳火候的进退,注意防止"太过"的问题。据称,行到此处,"内志清高","魂神不游","阳精成体,神府坚固";"阴阳变化,人事灾福,神灵而皆能预知"。其神通多端,不一而足。

根据循序渐进的原则,修持者在中乘之法达到一定境界时就可以进一步修持大乘之法。这包括"朝元""内观""超脱"三门。

"朝元"就是通过一定的技术调理,引导内气归元。《灵宝毕法》称:"一气初判,大道有形,而列二仪;二仪定位,大道有名,而分五帝。五帝异地而各守一方,五方异气而各守一子。青帝之子甲乙,受之天真木德之九气;赤帝之子丙丁,受之天真火德之三气;白帝之子庚辛,受之天真金德之七气;黑帝之子壬癸,受之天真水德之五气;黄帝之子戊己,受之天真土德之一气。自一(气)生真一,真一因土出,故万物生成在土,五行生成在一。真元之道,皆一气生也。"②照《灵宝毕法》看来,人的生命本是一气化成;但孕育成体之后,其真气就分散了。如果用五行干支符号来表示,真气分散表现为木火土金水各在一方而不能相济。修仙之人逆而行之,引导五气归于一元。其操作的要领在于使"数归于无数,象反于无象,位至于无位,质还于无质。"③怎样才能做到无数、无象、无位、无质呢? 作者进一步说:"欲道之无数,不分之则无数矣;欲道之无象,不变之则无象矣;欲道之无位,不列之则无位矣;欲道之无质,不能之则无质矣。"④因为"无数则道之源也,无象则道之本也,无位则道之真也,无质则道之妙也。"⑤由于精神处于"空无"状态,则修行主体就可以自我调节,从而使分散的真气重新回归本位,以至于浑融合一。

---

① 《秘传正阳真人灵宝毕法》卷中,《道藏》第 28 册第 357 页。
② 《秘传正阳真人灵宝毕法》卷下,《道藏》第 28 册第 360 页。
③ 《秘传正阳真人灵宝毕法》卷下,《道藏》第 28 册第 360 页。
④ 《秘传正阳真人灵宝毕法》卷下,《道藏》第 28 册第 360—361 页。
⑤ 《秘传正阳真人灵宝毕法》卷下,《道藏》第 28 册第 361 页。

气能朝元,则可以"内观"。这是一种内在的自我观照技术。《灵宝毕法》谓:"当绝迹幽居,心在内观,内境不出而外境不入,如妇养孕、龙之养珠,虽饮食寤寐之间,语默如婴儿,举止如室女,犹恐有失有损,心不可暂离于道也。"①又说:"此法合道,有如常说存想之理,又如禅僧入定之时,当择福地置室,跪礼焚香,正坐盘膝,散发披衣,握固存神,冥心闭目。午时前微以升身,起火炼气;午(时)后微以敛身,聚火烧丹,不拘昼夜,神清气和,自然喜悦②。坐中或闻声莫听,见境勿认,物境自散。若认物境,转加魔军不退,急急(向)前,以身微敛,敛而伸腰,后以胸微偃,偃不伸腰,少待前后火起,高升其身勿动,名曰焚身,火起魔军自散于躯外,阴邪不入于壳中。如此三两次已,当想遍天地之间,皆是炎炎之火,(火)毕清凉,了无一物,但见车马歌舞,轩盖绮罗,富贵繁华,人物欢娱,成队成行,五色云升,如登天界;及到彼中,又见楼台耸翠,院宇徘徊,珍珠金玉,满地不收,花果池亭,莫知其数;须臾异香四起,妓乐之音,嘈嘈杂杂,宾朋满坐,水陆俱陈,且笑且语,共贺太平,珍玩之物,互相献受。当此之际,虽然不是阴鬼魔军,亦不得认为好事。盖修真之人,弃绝外事,甘受寂寞,或潜迹江湖之地,或遁身隐僻之隅,绝念忘情,举动自戒,久受劬劳,而历潇洒;一旦功成法立,遍见如此繁华,又不谓是阴魔,将谓实到天宫,殊不知脱凡胎在顶中自己天宫之内,因而贪恋,认为实境,不用超脱之法,止于身中,阳神不出,而胎仙不化,乃日出昏衢之上,为陆地神仙,而可长生不死而已,不能脱质升仙而归三岛,以作人仙子也,当此可惜!学人自当虑超脱虽难,不可不行也。"③在这里,作者细致地说明了什么是"内观"和怎样"内观"的步骤。不仅如此,作者还描述了过程中所出现的幻觉,告诫修持者千万不可以幻觉为真,否则就会被其所迷而不能升仙。

在《灵宝毕法》看来,"内观"只是丹道修持过程中的一个重要步骤。从程序来讲,内观乃是为了超脱。《灵宝毕法》说:"超者是超出凡躯而入圣品,脱者是脱去俗胎而为仙子。是其神入气,胎气全真……须是前功节节见验正当,方居清净之室,以入希夷之境,内观认阳神,次起火降魔,焚身聚气,真气升在

---

① 《秘传正阳真人灵宝毕法》卷上,《道藏》第 28 册第 354 页。
② 按,"喜悦",《道藏》本作"喜坐",疑误。
③ 《秘传正阳真人灵宝毕法》卷下,《道藏》第 28 册第 362—363 页。

天官(宫),壳中清静,了无一物。当择幽居,一依内观,三礼既毕,平身不须高升,正坐不须敛伸,闭目冥心,静极朝元之后,身躯如在空中,神气飘然,难为制御,默然内观,明朗不昧,山川秀丽,楼阁依稀,紫气红光,纷纭为阵,祥鸾彩凤,音语如簧,异景繁华,可谓壶中真趣,而洞天别景,逍遥自在,冥然不知有尘世之累,是真空之际,其气自转,不须用法依时。"①这种超脱,说到底就是要以质地超常的神仙之体来代替凡人的身躯,像金蝉脱壳一样进行自我更新。要做到这一步是不容易的。作者强调了超脱之前各个步骤修持到位的重要性,倘若没有按照步骤循序渐进,那就会欲速则不达。因此,《灵宝毕法》谆谆告诫修持者谨慎从事,其用心可谓良苦。

在钟吕金丹道派中,还有一部在道门中流行相当广的著作需要论及,这就是《钟吕传道集》。在道教中,此书有时简称《传道集》,题为"正阳真人钟离权云房述,纯阳真人吕岩洞宾集,华阳真人施肩吾希圣传。"②相传是吕洞宾接受钟离权有关内丹法的问答记录。按《宣和书谱》卷十九的记载,吕洞宾执弟子礼于钟离权,"有问答语及诗成集",其中所谓"问答语"当即此书。此外,两宋间道教学者曾慥辑撰的《道枢》尚节录了该书的一些内容,名为《传道篇》。《修真十书》卷十四至卷十六、《古今图书集成》、《道藏辑要》危集二皆收有此书,足见该书颇受重视。

《钟吕传道集》一书何以题施肩吾"传"呢?原来,他与吕洞宾尚有一段道缘。施氏,字希圣,号华阳,又号栖真子,世称华阳真人。睦州分水(今浙江桐庐西北)人。据元人辛文房《唐才子传》卷六载,他曾于元和十五年(820年)举进士及第,未授官职而归故里,因雅好道教修行事,时人称之为"烟霞客"。长庆(821—824年)年间,施肩吾在洪州西山(今江西省新建县西,又名南昌山)隐居修道,矢志不仕。他栖心玄门,养性林壑。有诗曰:"气本延年药,心为使气神;能知行气主,便可作真人。"③由此可以看出,施肩吾对于金丹道是熟悉的,他的诗才有可能具有这样浓厚的丹道意境。据说吕洞宾游睦,见其趋

① 《秘传正阳真人灵宝毕法》卷下,《道藏》第28册第363页。
② 《修真十书钟吕传道集》,《道藏》第4册656页。
③ 《长生诠经》,《道藏》第35册第395页。

向烟霞,仙才可植,乃授与金丹大道。施肩吾认为:"览仙经之万卷,不出阴阳。"①因此,他习惯运用阴阳五行说来阐论炼养之本,认为学道者应明"五行颠倒之法",知"抽添之理",得上、中、下三丹田"反复之义",方见"超脱之功"。施肩吾此等思想当与获传《钟吕传道集》有相当密切关系。种种迹象表明,《钟吕传道集》一书当是经过施肩吾整理之后方才流传开来的。

按《修真十书》所收的《钟吕传道集》,其篇幅包括《论真仙》《论大道》《论天地》《论日月》《论四时》《论五行》《论水火》《论龙虎》《论丹药》《论铅汞》《论抽添》《论还丹》《论炼形》《论朝元》《论内观》《论魔难》《论证验》凡17节。

正如《灵宝毕法》一样,《钟吕传道集》所传的"道"乃是金丹道。不过,传道者并不是从狭义上来谈论金丹,而是从广义上来立论的。该书首节《论真仙》,即是要向信仰者指出修炼金丹的目标。其论述是由吕洞宾的提问开始的:"人之生也,安而不病、壮而不老、生而不死,何道可致如此?"②对于道门中人来说,这的确是一个很重要的问题。所以钟离权从生命发生论的角度加以认真阐述:

> 人之生,自父母交会而二气相合,即精血为胎胞于太初之后而有太质,阴承阳生,气随胎化,三百日形圆,灵光入体,与母分离。自太素之后已有升降,而长黄芽。五千日气足,其数自满八十一丈。方当十五,乃曰童男。是时阴中阳半,可比东日之光。过此以往,走失元阳,耗散真气,气弱则病、老、死、绝矣。平生愚昧,自损灵光,一世凶顽,暗除寿数。所以来生而身有等殊,寿有长短。既生复灭,既灭复生。转转不悟而世世堕落,则失身于异类,透灵于别壳。至真之根性不复于人,傍道轮回,永无解脱。或遇真仙至人,与消其罪报,除皮脱壳,再得人身。方在痴癡愚昧之中,积行百劫,升在福地,犹不免饥寒残患。迤逦升迁,渐得完全形貌,尚居奴婢卑贱之中。苟或复作前孽,如立板走丸,再入傍道轮回。③

① 《西山群仙会真记·序》,《道藏》第4册第422页。
② 《修真十书钟吕传道集》卷十四,《道藏》第4册第656页。
③ 《修真十书钟吕传道集》卷十四,《道藏》第4册第656—657页。

这段话从父精母血交融结胎的阐述入手,进而以金丹学的理论诠释生命的变化过程及其性状。基于生老病死的现实,钟离权力图解释生命长短差别的缘由。他指出,人的寿命为什么有长有短,这与自身的行为关系极大。"一生凶顽",干坏事的人就会暗中被减寿,直到最后人的根性消失殆尽,便落于"傍道",这个"傍道"也就是非人道,比如畜生道、鬼道之类。即使有缘遇上了真仙至人,得以重新做人,但还必须积善行德,努力修炼。在《钟吕传道集》看来,长此以往,最后成为"真仙"还是可能的。该书在《论真仙》一节的末了又通过钟吕的对话为修行者指出了生命的境界:

吕曰:"所谓神仙者,何也?"

钟曰:"神仙者,以地仙厌居尘世,用功不已,关节相连,抽铅添汞而金精炼顶。玉液还丹,炼形成气而五气朝元、三阳聚顶。功满忘形,胎仙自化。阴尽阳纯,身外有身。脱质升仙,超凡入圣。谢绝尘俗以返三山,乃曰神仙。"①

与《灵宝毕法》的基本精神相一致,《钟吕传道集》所谓"神仙"并不是守株待兔得来的,而是经过了一番虔诚而刻苦的修行才达到的。该书为了说明做神仙的美妙,还从不同层次上进行比较。作者指出,所谓仙有三种类型,即人仙、地仙、神仙。这三种仙人,虽然有差等,但都必须得道,才能真正成仙。怎样得道呢? 由此,《钟吕传道集》在第二节中又从哲理的深层次论述大道精蕴。

吕曰:"所谓大道者,何也?"

钟曰:"大道无形、无名、无问、无应,其大无外,其小无内。莫可得而知也,莫可得而行也!"

吕曰:"古今达士,始也学道,次以有道,次以得道,次以道成,而于尘世入蓬岛,升于洞天,升于阳天而升三清,是皆道成之士。今日尊师独言道不可得而知,不可得而行。然于道也,独得隐乎?"

钟曰:"仆于道也固无隐尔。盖举世奉道之士,止有好道之名。使闻大道,而无信心;虽有信心,而无苦志。朝为而夕改,坐作而立忘。始乎忧

---

① 《修真十书钟吕传道集》卷十四,《道藏》第 4 册第 658 页。

勤,终则懈怠。仆以是言大道难知、难行也。"①

这段论说继承了先秦道家尤其是庄子关于"道"的看法,并且作了发挥。它侧重指出了由学道到成道的次序,强调了坚定信念的意义,批评了沽名钓誉的做法。

鉴于"道"的奥妙,《钟吕传道集》为了让修持者有所领悟,又引入了阴阳性命诸概念以剖露道的性状、功用:

> 道本无问,问本无应。及乎真元一判,太朴已散。道生一,一生二,二生三。一为体,二为用,三为造化。体用不出于阴阳,造化皆因于交媾。上、中、下列为三才;天、地、人共得于一道。道生二气,气生三才,三才生五行,五行生万物。万物之中,最灵、最贵者,人也。惟人也穷万物之理,尽一己之性。穷理、尽性以至于命,全命、保生以合于道,当与天地齐其坚固,而同得长久。②

《钟吕传道集》为了明道,将老子《道德经》的"道论"与《周易》性命之学结合起来,从"体用"与"造化"的相互关系以及性理哲学的学说上阐述了天地人"共一道"的观点,并且说明人通过修道而与天地齐坚固、同长久的可能。

怎样齐坚固、同长久呢?《钟吕传道集》在批评"旁门左道"的前提下,着重阐发了金丹大道的理论核心问题,以及具体的修持步骤、方法。其中,关于大小还丹、七返、九转还丹等各种丹道的讨论尤为耐人寻味:

> 吕曰:"丹田有上、中、下,还者既往而有所归曰还丹。还丹之理,奥旨深微,敢告细说。"

> 钟曰:"有小还丹、有大还丹、有七返还丹、有九转还丹、有金液还丹、有玉液还丹、有以下丹还上丹、有以上丹还中丹、有以中丹还下丹,有以阳还阴丹,有以阴还阳丹。不止于名号不同,亦以时候差别,而下手处各异也。"

> 吕曰:"小还丹者,何也?"

> 钟曰:"小还丹者,本自下元。下元者,五藏之主,三田之本。以水生

---

① 《修真十书钟吕传道集》卷十四,《道藏》第 4 册第 658 页。
② 《修真十书钟吕传道集》卷十四,《道藏》第 4 册第 659 页。

木,木生火,火生土,土生金,金生水。既相生也,不差时候,当生而引未生,如子母之相爱也。以火克金,金克木,木克土,土克水,水克火。既相克也,不失分度,当克而补,未克如夫妇之相合也。气液转行,周而复始,自子至午,阴阳当生;自卯至酉,阴阳当停。凡一昼一夜,复还下丹,巡(循)环一次,而曰小还丹也。奉道之士,于中采药,进火以成下丹,良由此矣。"

吕曰:"小还丹既已知矣。所谓大还者,何也?"

钟曰:"龙虎相交而变黄芽,抽铅添汞而成大药。玄武宫中而金精才起,玉京山下而真气方升。走河车于岭上,灌玉液于中衢,自下田入上田,自上田复下田,后起前来,循环已满,而曰大还丹也。奉道之士,于中起龙虎而飞金精、养胎仙而生真炁以成中丹,良由此矣。"

吕曰:"大还丹既已知矣,所谓七返还丹而九转还丹者,何也?"

钟曰:"五行生成之数,五十有五,天一地二、天三地四、天五地六、天七地八、天九地十。一、三、五、七、九,阳也,共二十五。二、四、六、八、十,阴也,共三十。自肾为始,水一、火二、木三、金四、土五,此则五行生之数也,三阳而二阴。自肾为始,水六、火七、木八、金九、土十,此则五行成之数也,三阴而二阳。人身之中共有五行生成之道:水为肾,而肾得一与六也;火为心,而心得二与七矣;木为肝,而肝得三与八矣;金为肺,而肺得四与九矣;土为脾,而脾得五与十矣。每藏各有阴阳。阴以八极而二盛,所以气到肝,而肾之余阴绝矣;气到心,太极而生阴,以二在心而八在肝也。阳以九尽而一盛,所以液到肺,而心之余阳绝矣;液到肾,太极而生阳,以一在肾而九在肺也。奉道之士,始也交媾龙虎,而采心之正阳之气。正阳之气乃心之七也,七返中元而入下田,养就胎仙复还于心,乃曰七返还丹者也。二八阴消,真气生而心无阴,以绝二也。大药就而肝无阴,以绝八也。既二八阴消而九三阳可长矣。肝以绝阳助于心,则三之肝气盛矣。七既还心,以绝肺液,而肺之九转而助心,则九三之阳长,九转还丹也。"[①]

这段对话首先解释什么是"还丹",接着讨论小还丹与大还丹的区别,说

---

① 《修真十书钟吕传道集》卷十六,《道藏》第4册第672—673页。

明"七返还丹"与"九转还丹"的意义。

《钟吕传道集》指出，小还丹的修炼，关键是掌握五行生克原理，使阴阳有序，子母共荣，这样才能在下丹田得其"丹药"，从而进一步调理火候，以成"下丹"。所谓"下丹"即在下丹田炼就内丹，而非下等之丹。至于大还丹，则是在小还丹炼就的基础上进一步集聚真气，并且将之从下丹田向"岭上"引导。这里的"岭上"用以比喻脊梁骨，因为人的督脉是沿着脊梁骨行走的，故而以"岭上"形容脊梁骨，实际上就是暗示真气的引导乃是以督脉为路径。至于"走河车"这是表明真气引导的"速度"。正如"岭上"是比喻一样，"河车"也是比喻，"河车"者过河之车也。由下丹田引领真气往脊梁骨的督脉行进，必须通过尾闾，这个关口好像一条河流，过河的速度必须根据水流的具体情形而定，不得太快，也不得太慢。于是有牛、羊、鹿三车的形容。牛车最慢，羊车稍快，鹿车最快。当然，《钟吕传道集》所暗示的"河车"速度，并没有具体的计量，这完全是一种内在的感受，因为内丹的一切操作本来就不是以外在的器具来强作，所以只能凭着内在感受来进行。时行则行，时止则止；时慢则慢，时快则快。如此，当真气沿着督脉上升，就可以再引导之往泥丸宫（即大脑部分）行进，然后再往任脉路径引导，归于下丹田，这样循环往复，直到十二经络皆通遍，这就是大还丹。

《钟吕传道集》对于"七返还丹"与"九转还丹"的讨论，主要引入了《周易·系辞》"天地之数"来加以诠释。在《周易》中，一、二、三、四、五、六、七、八、九、十这些自然数就是"天地之数"。其中，一、三、五、七、九系奇数，属阳，因此称作"天数"；而二、四、六、八、十系偶数，属阴，因此称作地数。在《钟吕传道集》看来，天地阴阳本来就蕴含着五行的生成。一、二、三、四、五，对应于水、火、木、金、土，为五行之生数；有生必有成，六、七、八、九、十为五行之成数。与五行的生成之数相对应，五脏也各得其生成之数。肾属水，故得一、六之数；肝属木，故得三、八之数；心属火，故得二、七之数；肺属金，故得四、九之数。五行与五脏相应的天地生成之数，实际上就是北宋以来在学术界引起广泛反响的河图之数。本来，天地之数乃是《周易》象数学的内容，《钟吕传道集》作者将之引入其体系中，用以解释内丹修炼的层次与境界。从其行文可知，所谓"七返还丹"是因为该等丹法起于炼"心"，即采心之正阳气以济肾水，由于心的正阳气在"医易象数学"中乃以"七"表示,即由"七"而回归于肾水之六,再由肾水之六而回归于中土之五。"返"说的就是这种回归,所谓"丹道用逆"就是这个道理。至于"九转还丹"说到底还是运用《周易》象数学的原理而引申出来的一种描述。从程序来看,"还丹"的过程,也就是阴阳变换的过程。在"七返还丹"的修炼过程中,其数字符号所表示的路径是"阴消",即由二而八,由八退六,于是二八阴尽,阳气上升,所谓"物极必反"就是这个道理。反者,转也。以三数之肝木而生七数之肝火,再通过呼吸的调理,以肺液来养心元,肺属金,其阳数为九,由九退七,这就是"九转还丹"。

从其数字符号的推演来看,不论是"七返还丹"还是"九转还丹",其背后乃蕴含着河图的象数奥秘。这从一个侧面说明,宋代颇为流行的河、洛象数易学与钟吕道派内丹修炼解释学是密切相关的。从某种程度上看,我们甚至可以说,易学中关于河图、洛书以及相关的诸多图式乃是在钟吕道派内丹解释学推动下逐步地衍生和发展的。

（本文合作者杨燕;原载陈鼓应主编:《道家文化研究》第 23 辑,2008 年 4 月,原名《钟吕内丹学略论》,收入本书时略作修改）

# 玄武与传统丹道思想

　　中国的丹道文化以金丹修炼为中心内容。在长期的发展与演变过程中，丹道文化又与其他文化现象相互融合，从而形成内容相当丰富的文化圈。研究丹道思想，自然必须搞清楚在道教中流传的理论与方法秘籍；与此同时，广泛涉及其他学科的知识体系，透析其纵横交错的文化网络，这也是十分必要的。有鉴于此，学术界专家们多年来已着手从相关学科来开展研究，并且取得了可喜的成绩。笔者在研读了一批原始文献和学者们的论著之后，引起了一番思索。笔者感受到道教中有一种比较典型的表达方法，这就是象征表达法。道门学者，尤其是那些于各种方术修炼方法有深透了解的学者，更对这种表达方法有熟练的把握。这样一来，我们要真正解开文本中所蕴含的奥秘，就必须从表达手法切入，以作整体的考察观照。

　　道教象征表达是一个涵盖面比较广的概念。从类型上看，象征表达可以是一篇完整的故事，也可以是一段情节、一个人物、一位神仙、一种意象等等。发掘其背后的隐意是我们进行这种研究工作的一大关键。由此联想到"丹道"法门，我们似乎也应从这种象征的特性着手。从现存的各种文本来看，作为丹道文化的象征自然是很多的，本文拟就"玄武"的内在隐意展开探讨。

　　玄武与丹道是否有关系？换一个角度看，玄武在道教中是不是丹道修炼的一种象征呢？笔者在开初对这样的问题仅仅有一些模糊的猜测，觉得围绕这么一位有影响的神明所产生的种种文化现象理应包容炼丹原理或至少有所涉及此等内容才对。带着这样的"假设"，笔者开始查阅有关文献。首先是稽考学者们的一些论文，希望能够看到与笔者的想法一致的文章。不过，查阅了许久，却未能找到符合自己愿望的今人著述。于是，笔者开始怀疑自己的那个"假设"，渐渐地也就放弃了这个问题的进一步考察。到 90 年代后期，当笔者翻检有关玄武信仰的原始文献时方对开初的"假设"产生了深入一点稽考的兴趣。经过一个阶段的摸索,笔者发现了一些资料和线索。今就几个方面,略举例证,稍作阐释。

## 一、从武当诗歌意象看玄武与丹道之关系

玄武的信仰由来已久,也传播很广。从北到南,有相当多的地方都可以看到供奉玄武的宫观,但最有代表性的当推湖北省的武当山。因为它的来历就与玄武结下不解之缘。《武当总真集·序》称:"玄帝事实,有自来矣。玄帝圣踪备具仙传。是山先名太和,中古之时,天地定位,应翼轸角亢分野。玄帝升真之后,故曰非玄武不足以当,因名焉。"这就说明,武当山之更名完全是由于玄武信仰的传播和扎根引起的。由于玄武信仰的流传和内容的丰富,武当山形成了自己独特的文化氛围。尤其是宋代以来,玄武信仰在武当山实际上已成为其文化合成的核心。作为一方之名胜,人们络绎不绝地前来游览,玄武也成为人们歌咏的对象。久而久之,便留下了各种各样的赞美玄武的诗文,当然也有许多是对武当山自然风景的描述和歌咏。然而,即便是这样,有关歌咏或描述自然景观的诗文也蕴含着玄武的内在意象。所以,我们从这些诗文中还是可以找到有用的素材。今所见《道藏》中有一部书叫《武当纪胜集》,罗霆震撰。作者就武当山的各种景观,作诗咏之。我们姑且先看看几首涉及玄武的作品。

> 洞天福地满环区,拱北来朝北帝居。
>
> 赫赫武当联艮狱,巍巍大顶压坤舆。
>
> 无边圣化身金阙,最上神霄相玉虚。
>
> 嘉会风云依日月,祝香班宁列霞裾。[1]

这首诗中的"北帝"指的就是"玄武"。因为在中国古代,以"四神兽"代表四方,东青龙,西白虎,南朱雀,北玄武,与中相合,共为五方。而五方各有圣帝统辖,东方青帝,南方赤帝,中央黄帝,西方白帝,北方黑帝。"北帝"即北方黑帝

---

[1] 《道藏》第 19 册第 668 页。

之简称。北方为玄天,其帝或称玄天上帝。在这里,作者以特有的诗歌语言暗示了玄武在武当山的崇高地位。从其字里行间,我们似乎尚找不到其中有什么丹道的内容;但是,只要进一步阅览其他诗作,就会发现其奥妙所在。试读其《梅溪》:

> 壬癸储精毓圣神,坎中阳露发生仁。
>
> 仁根遍地南枝暖,帝造充为天下春。①

与上面所引一诗相比,这一首可以说初露丹道理念之端倪。有何根据呢? 让我们还是通过具体意象的剖析来加以说明吧。作者一开始即使用了一个向来为炼丹家所常用的术语——"壬癸"。古代的术数家将具有天文历法等诸多功能的"十天干"与《易》之八卦、五行、五方相配合,作为天地以及人体五脏之气血运行的表征,道教学者采撷了这种描述系统的术数语言,以建构自己的丹道理论。题为尹真人弟子撰的《性命圭旨·五气朝元说》称:"一气初判而列二仪。二仪定位,二分五常。五常异地,而各守一方。五方异气,而各守一子。青帝之子名龙烟,受甲乙木德之三气;赤帝之子名丹元,受丙丁火德之二气;白帝之子名皓华,受庚辛金德之四气;黑帝之子名玄冥,受壬癸水德之一气;黄帝之子名常存,受戊己土德之五气。故金得土则生,木得土则旺,水得土则止,火得土则息。惟圣人知回几之道,得还元之理。于是攒五簇四会,三合二而归一也。"②研究丹道的学者们明白,《性命圭旨》是一部重要的内丹学著作,虽然这部书出于明代,但其所阐述的原理却是发端于北宋金丹派南宗奠基者张伯端的《悟真篇》,而张氏此书又自有渊源,其源头当可追溯到汉代魏伯阳的《周易参同契》。联系道教丹家理论的发展历史,我们就可以看出上引《梅溪》一诗中的"壬癸"既是北方玄武黑帝的代号,又是水德之符码转换。至于"坎"乃先天八卦之一,其卦象两阴在外,一阳居中,象征四时之气运行至北方,阴极而生阳,于节气为冬至,坎阳初生,左旋而东,其东为木,属春,故有"天下春"之说。这初看起来似乎只是描述天地自然的运转规律,其实古人往往是一语双关,况且那些谙熟丹道内功原理的诗人写景,多有所寄托。所以我们不能仅仅

① 《道藏》第19册第668页。
② 《性命圭旨》,上海古籍出版社1989年版,第95页。

看其表面,而应更深入一层进行考索。从"天人合一"的立场看,这首诗作可以说是借"梅溪"以咏人体内功之"春"。

罗霆震所撰《武当纪胜集》既然是就武当山的各种圣迹吟咏而成,那么所有的诗作可以说都与玄武存在着直接或间接的关系,因为武当之名是因玄武而出,故该山实际上已经成为玄武表征的自然客体对象;反过来看,玄武也可以说是武当的总法象。因为,凡存在于武当山的景观只要被道人们赋予丹道的意蕴,作为炼丹的自然符号代码,从根本上说也就是在玄武的总法象上注入了丹道的理念。稽考此部纪胜地诗集,我们不难发现直接吟咏炼丹遗存的作品。例如这首《炼丹池》所唱:

> 先天祖气久胚浑,炉鼎阴阳更互根。
>
> 滴滴金膏仙造化,半泓泉罅有天门。①

毋庸置疑,这个"炼丹池"当是因烧炼外丹而建。古代炼丹家法天之象以造炉鼎,力图夺天地造化而得金丹,以服食之而延年益寿,羽化登仙。后来,道教中人从具体试验中得到教训,遂以外丹术语建构内丹之学。具有道教理论素养的诗人游览道教圣迹,常常借其客观物象以寄托自己修炼内丹的旨趣。《炼丹池》亦当有此意。从字面上看,这应该说很扣紧主题,诗人对炼丹池的构成形状作了认真细致的描绘,让我们感觉到作者是在静心地描摹他所见的山中古迹;但只要将其通篇连贯起来考虑就会感到其中尚别有寓意。诗人写"炉鼎",这既是外丹烧炼器具的具体写照,又是内丹养炼的比喻,其本体就是人的形躯本身,因为作者在一开始即言及"胚浑",这个"胚浑"就是胎儿雏形,其源盖出于"先天祖气";最后一句所谓"泓"首先是形容炼丹池中的"水",但也可作人体"元精"看。如果我们结合《黑龙潭》一诗来研读就可以更加清楚地看出作者的这种双关隐意:

> 渊底潜鳞且蛰踪,坎宫纯水养神功。
>
> 恩波满注高峰顶,四海风云在此中。②

按《武当福地总真集》卷中所载,黑龙潭是山中的一大圣迹。它"在仙关之上,

---

① 《道藏》第 19 册第 672 页。

② 《道藏》第 19 册第 672 页。

紫霄涧水之中。二石参天，中存二线，下阔如屋，深不可测，大旱祷之立应。庙在其上。"①由此看来，"黑龙潭"一诗也是有景观事实作依据的。不过，作者并没有停留在景观描述的原点上，而是加以"点石成金"。故其景观最终成了作者叙说丹道的意象。作者在诗中明确言及"神功"，这就是丹道内功，因为这种"神功"是以坎宫中的"纯水"养成。坎宫居北方，乃玄武之位，故言"坎宫"或"纯水"。其内在层次还是隐含着玄武的法象。作者所称以"纯水"养"神功"，这可以说是以玄武之精蕴为原动力来运化丹药。神功之"养"虽是仰仗坎宫纯水，但也离不开"离宫"。坎在北方，从图像的高低位置看，乃是居下；运坎水而上灌高峰之顶，这可以看作是抽坎中之精髓以填《离》卦之中虚。《离》卦两阳爻在外，一阴爻在内，外实而内虚，坎宫纯水运而之南，则离宫中虚化而为实。坎离之交媾，如风云之际会。由此，我们再回头看看前面所引第一首诗，就不难明白作者为什么说"嘉会风云"了。"风云"之所以"嘉会"，是因为"依日月"。所谓"日月"就是戊己坎离之本象。金丹家把烧炼金丹的"药穆"或称坎离，或称戊己，或称铅汞。一物而多名，实乃符号代码之转换。可见，作者写武当景物之诗不仅蕴含玄武法象，而且也暗合丹道理念。

## 二、从故事法术看玄武所凝聚的丹道信息

至今为止，几乎所有的信仰都有自己的故事传说。道教中的神明信仰也不例外。在文化发展史上，有时是故事传说先于信仰而存在，有时则是信仰先于故事传说而存在。前者往往是因为故事传说具备了某种神秘的因素，足以诱发人们的崇拜心理；而后者则是因信仰已进入人们的心灵，由于崇拜的本能而创造出传播信仰的故事传说来。不论是信仰在先，还是故事传说在前，总之两者几乎是难于分离的。在道教中，不仅信仰与故事传说密切相关，而且其故事传说往往还与某种法术相交杂。玄武信仰便具备了这样的特点。所谓"法术"在西方一般是指起源于原始社会的准宗教现象，但在中国往往以之泛指各种凭借超自然力量和神秘手段以改变客观对象的方法，这或称之为"艺

---

① 《道藏》第 19 册第 654 页。

术"。佛教、道教或许多民间宗教都有自己的法术。道教中的符咒以及步罡踏斗等都具有法术的意义。有趣的是,有关玄武信仰的一些经典,往往是把法术融汇于故事传说之中。如《玄天上帝启圣录》《玄天上帝启圣灵异录》《太上说玄天大圣真武本传神咒妙经》等专书,基本上都是既讲灵异故事,又陈述法术的实施应用。然而,当我们仔细稽考一下这些作品的具体内容时,就会发现其背后往往还携带着丹道的信息。

为了发掘玄武故事传说中所包含的丹道意蕴,我们必须对玄武信仰神话故事化的情形略作交代。道教中的玄武信仰在早期即已存在,信仰者奉之为北方七宿星君,那时尚带有原始自然崇拜的特点。后来,其信仰逐步衍生出许多情节来。约在隋唐时期,玄武加"将军"号,联称"玄武将军"。后因避宋庙讳,遂改赐曰"真武"。正如许多原始信仰的转变一样,道教中的玄武信仰随着时代的变迁也不断增加新内容。北宋时期,人格化的玄武神话颇为流行。《元始天尊说北方真武妙经》称:"昔有净乐王与善胜皇后,梦吞日光,觉而有娠,怀胎十四个月,于开皇元年甲辰之岁,三月建辰初三日午时诞于王宫,生而灵异,长而勇猛,不统王位,唯务修行。"从这段话来看,玄武已具备了鲜明的人性特征。故事中化用了中国历史上影响甚大的"感生神话"。了解中国古史传说的人们是不难看出其与先秦感生神话之关联的。关于这一点,本文不拟深入考究。此处,我们比较关心的是人格化的玄武如何"修行"的问题。因为从"修行"的历程,我们或许可以找出玄武故事所蕴含的丹道内容。

> 玄帝登山,首于太子岩栖隐。帝修真时,有灵鸦报晓,黑虎卫岩。每食必饵之。至今二物通灵,皆证大神,时隐时见。乌鸦喙赤,见之者昌;黑虎驱奸,逆之者殃。[①]

文中的"玄帝"就是玄武,因古人以为五方有五帝镇守,玄武居北方,故又称"玄帝",或"玄武帝"。他所登的"山"即武当山。这段引文当中,值得注意的是"黑虎"与"灵鸦"的意象,它们具有丹道方面的象征功用。其根据何在呢?《玄天上帝启圣录》于其正文之下紧接着有一段解释:"按《总真集》云:武当黑虎大神,乃北方天一之所化,护教守山之灵。正真威显,变化不一。或托相为

---

① 《道藏》第 19 册第 573 页。

人,金甲皂袍,若将军之状;或现真相,玄鬐黑色,如狮子之形……《丹经》云:虎向水中生是也。有秘法传之,于世行焉。今天一真庆宫嘉庆阁下有黑虎岩灵乌者,秉北方之黑色,为武当之灵神。"①此段释文引了《丹经》,这至少说明在道教中确有以玄武为指归而修丹道者。至于如何修此等丹道,释文没有详细阐发;不过却也微露其门径。其关键所在是"黑虎"的表征功能问题。"黑虎"实际上就是丹道法门中的"黑铅"。道门修丹,以铅汞为药物。明了铅汞和合之理,这向来被当作丹道成败的一大要领。为了弄清"黑虎"与丹道中的铅汞之关联,让我们先来研读一段《周易参同契》的原文:

> 水者道枢,其数名一。
>
> 阴阳之始,玄含黄芽。
>
> 五金之主,北方河车。
>
> 故铅外黑,内怀金华。
>
> 被褐怀玉,外为狂夫。②

这段文字第一个字"水",即刻就会让人想起"玄武"来,而事实上它的确是蕴含着玄武之奥秘,或者说它与玄武本来就是可以相互转换的。关于其中的意义,林屋山人俞琰作了详尽的阐发:"水者,道之枢,阴阳之始也。何者? 天一生水,居五行之首也。水一加以土五,是为水之成数。其玄含黄芽之象乎? 玄含黄芽者,水中产铅也。铅为五金之主,在北方玄冥之内,得土而生黄芽。黄芽即金华也。金华乃铅之精英。故铅体外黑而金华隐于其中,犹至宝藏于褐夫之怀也。北方河车,即帝车也,以其随天河而轮转,故称河车。今夫真铅产于水中,得真火锻炼而出,则河车不敢暂留停,运入昆仑峰顶也。"③俞琰这段解释文字是以"河图"象数为本的。它以"一"至"十"的自然数分列五方。一、六居下;二、七居上;三、八居左;四、九居右;五、十居中。一与六居下就是定位于北方,北方于五行为水,所以一、六都属于水的数。一是水的生数,一与居中的五数相加是六,所以六是水的成数。所谓"金华"从数字上看就是"五",因为五数居中,中为土,其色黄,黄即是"金",故有"金华"之称。河图

---

① 《道藏》第 19 册第 573 页。

② 《道藏》第 20 册第 202 页。

③ 《道藏》第 20 册第 202 页。

象数之大要在于指示修行者能够运用"真一",即懂得北方玄冥之水的妙用所在,运"黑铅"而登昆仑(即头顶)。由此,我们再看看《玄天上帝启圣录》释文以黑虎为"大神",又谓之"天一之所化"就可以明白其丹道之至理所在了。至于另一个意象——"乌鸦",《玄天上帝启圣录》说它"赤喙",那是与黑虎之"黑"相对而言的,黑居于北方,则"赤"乃居于南方。北方为坎宫,南方即为离宫。丹道修炼,河车将黑铅运至昆仑之顶,这实际上即是所谓的"坎离交媾",元气往来一周天。在道教中,所谓"丹道"的内涵并不是十分确定的。如果说早期道教以魏伯阳《周易参同契》为代表的"丹道"思想主以修炼金丹,那么随着道教派别的勃兴和各派思想的交融,丹道的内涵也有了扩展。尤其在内丹学盛行之后,丹道理论与传统房中术、斋醮科仪等也发生了相互渗透或交融之关系。例如,前蜀高道杜光庭已经把丹道的理论引入了斋醮的领域。他在《皇太子青城山修斋词》中说:"伏愿上真降鉴,众圣宣慈,回机轴于玄关,启辉光于丹道。"我们知道,修斋既是道教精神修炼的一种方法,又具有仪式的因素。另外,道教符法道派在具体的活动中也引入了丹道的内容,于是咒语符法便与丹道结合起来,从而构成了动静相兼的操作体系。因此,我们研究玄武信仰与丹道思想的关系,就不能局限于早期金丹黄白术的范围。

当我们以更为开阔的视野来审度有关玄武的故事传说时即可看出丹道思想在法术方面的"辐射"或"交通"。道教经书总集中有《太上说玄天大圣真武本传神咒妙经》(下简称《神咒妙经》),讲述玄武的法术功能。其中有云:

> 玄武再睹天尊,具言道力,功成事遂,浊降清升,却返祥光,复还本位,交乾布斗,激坤指罡,上佐天关。

这段话中的"交乾布斗,激坤指罡"据说出于紫微馆修经真官的显扬。这当然也是神话,不过却也包含着一种极为古老的"法术"——"禹步"。关于此,《神咒妙经》的释文说得颇为清楚。文中引"杜天师"《总龟集》言:"太上第二次遣玄夷苍水使者下授禹王,姒氏既受之,克勤于邦而尽力夫天下沟洫之事。扬雄《法言》曰:昔姒氏以治水土而巫者效禹。[1] 今之道术始名曰禹步也。"[2]考

---

[1] 按,扬雄《法言·重黎篇》原文与《神咒妙经》释文略有出入。
[2] 《道藏》第 17 册第 132 页。

"禹步"之由来,多见载于古籍。《帝王世纪》谓:"尧命(禹)以为司空,继鲧治水,乃劳身涉勤……世传禹病偏枯,足不相过,至今巫称禹步是也。"照此之说,所谓"禹步"是大禹得了偏枯病而后产生的一种步法。这种步法具体怎样来的? 文献记载不一。道书《洞神八帝元变经·禹步致灵》第四称:"禹步者,盖是夏禹所为术,召役神灵之行步;以为万术之根源,玄机之要旨。昔大禹治水,不可预测高深,故设黑矩重望,以程其事……禹届南海之滨,见乌禁咒,能令大石翻动。此乌禁时,常作是步。禹遂模写其行,令之入术。自兹以还,术无不验。因禹制作,故曰禹步。"①这个说法尽管有许多神秘成分,但那种模拟自然的精神却是显而易见的。

被道教当作"万术之本"的禹步到底奥妙在何处? 它与传统丹道是否有确切之关联? 让我们从唐代著名医学家、道教学者孙思邈的一段描述来展开追溯吧。孙氏于其《千金翼方·禁经》中说:"凡禹步法,移步左右脚,前后不同。凡欲作法,必先取三光气,又禹步,然后作法验矣。三光者,日月星。禹步者,或三步、七步、九步不定。若欲受三光气者,极晴明日,向日两步并立,先所愿事随意多少小咒之,然后取禹步三步也。所欲步时,先举头看日光,剩开口吸取日光明,即闭口塞气至三步始得放气也。三步者,从立处两过移脚始成一步。三步即是六过移脚也。向日光禹步时,左脚先移,右脚后移。若向月星二光禹步时,并右脚先移,左脚在后也,但步数不同耳。若向星禹步时,须满九步也。九步者向日中三步,更足六步耳……又向星禹步作九步时,即长久若一气不得度,是以三步作一闭气,则九步即三过闭气也。"从孙思邈的解说可知,禹步有两项突出之点,第一是其程序进行贯穿着天人交感的理念。行法者吸三光气,仰日月星,这都有天人交感的用意,而这种思想也正好是丹道理论的基础。不论是外丹烧炼,还是内丹修持都贯彻着天人一体的原则。《周易参同契》把人体当作一个小宇宙,认为天地自然大宇宙与人体之小宇宙是互相对应的。从天地自然的运行规律可以寻找到人体内丹修炼的基本参照系。可见禹步操作的思想基础实与丹道大原则相合。第二,禹步的操作过程中吸取三光,塞气放气随步法而展开,这实际上具有调整呼吸节奏的功用,这一点又与

---

① 《道藏》第 28 册第 398 页。

内丹修持的呼吸调理精神基本一致。

玄武"交乾布斗"的禹步与丹道的关系,归结到根本点是"洛书"象数的取法。所谓"步罡踏斗"依据的即是洛书象数。易学体系中的象数原理经过演化形成了"遁甲"之学,这种在中国历史上影响甚大的天文术数学模式乃本于洛书,道教中人行遁甲"神术"少不了步罡踏斗,观其法度,正合于洛书象数之理。《道藏》中有一部经书叫《秘藏通玄变化六阴洞微遁甲真经》,该书卷上有一段行罡步(如禹步)的韵文:"藏形隐迹,步我罡魁。我见其人,人无我知。动植如意,叱声鬼随。疾如水火,鼓舞风雷。变泽成山,翻地覆天。我身坚固,安然默然。万载长生,与道合仙。"如果孤立地看这一段文字,当然不容易摸清其思想脉络,但如果我们将其转换为卦象符号,那就可以发现其字里行间所蕴含的即是洛书数理。"水火"即坎离,"风雷"即巽震,"泽山"即兑艮,"地天"即坤乾。经文中书有一个具体的行进线路,究其实正是九宫八卦方位的变通。

有趣的是,这种以罡步为操持路数的"遁甲"之学与丹道"黄庭"养生说又密切相关。《道藏》中有《黄庭遁甲缘身经》可视为遁甲象数学与丹道相结合的典型,因为"黄庭"是丹道理论的一个基本用语,道门之《黄庭经》向来颇受推崇,此书提出了三丹田的概念,以隐语的方式暗示内丹修炼之理,而《黄庭遁甲缘身经》则以遁甲术数来丰富和发展"黄庭内丹学",用以治病养生。《经》称:"真人把五方元晨之晕,食九霞之精。所以神光内曜,朱华外陈,体全玉暎,与气明行。"[1]这种餐霞食气之法与内丹理论相融合,所遵循的还是禹步的天人交感的原则。此外,在《黄庭遁甲缘身经》中还有以舞宣气通血的记述。书中以老子口吻说:"人不舞,无以实筋骨;人不知言,无以通血脉。通,其知劳作使利而能长。不知歌舞,不可以长久。"[2]文中所谓歌舞,有其特指意义。从其上下文多次言及"六相"看,这种歌舞就是以禹步为基本构架的一种传统舞蹈形式,因为禹步以洛书九宫八卦为行进的方向指南,而与天上罡魁之位相合。道士步罡踏斗之时,以《离》卦为玉帝之位,以《坎》卦为度师玄女之

---

① 《道藏》第18册第708页。
② 《道藏》第18册第708页。

位,其余六卦即六丁之位。步罡踏斗实际上即可视为一种舞蹈,关于此前人早有论及。《绎史》卷十引《尚书大传》称禹之步法"其跳其跳"。这或许是他在治疗偏枯病时自然产生的动作,久而久之,形成了套路。由此观之,禹步也可看作一种依天人相应法则而创立的舞蹈功,其功用在引挽腰体,通经活络。因具备了以动导静的效用,后来遂与内丹法门掺合起来。《周易参同契》曰:"二月榆死,魁临于卯;八月麦生,天罡据酉;子南午北,互为纲纪。一九之数,终而复始。"①此处所言"天罡"正是禹步操作所遵循的天象,原指北斗中的第七星,丹道家用以指"心"。《修真后辨·天罡消息》言:"人得天地之正气而生,亦具此天罡之气,主宰生死,掌握性命。其功与天上之斗罡无异。知此者生,昧此者死。但此罡星有先天后天之分,不可不知。后天之罡星,日行十二经络,融通一身血脉。炼罡气者,以人罡合天罡,内外一气,以避百邪。"②这一段话表明道教丹道之修炼,实已引入了步罡踏斗的法式。至于如何"以人罡合天罡",也就是要依《周易参同契》所讲的"一九之数"来操持。关于此,俞琰有一简明扼要的解释:"一九之数,即戴九履一之数也。"③其实,这就是关于洛书之数分布的口诀。洛书之数,一居下在北,九居上在南,故有"戴九履一"之说。一九定位,二四为肩,六八为足,左三右七。如此分布,即成九宫八卦。它表明了丹道修持以玄武为法象的大旨。

## 三、从师承渊源看玄武所表征的丹道逸趣

玄武在道教中既是颇受崇拜的神明,又是一个可以引导修行的意象。在有关玄武崇拜的故事传说中,我们还可以看到,作为人格化的玄武神——"玄帝"与诸多神仙人物一样有名师指点。从其"师承"方面入手加以考察,也能发现其与丹道的密切联系。《玄天上帝启圣录》卷一记载这样一个故事:

> 玄帝念道专一,遂感玉清圣祖紫元君传授无极上道。元君告玄帝曰:
> 子可越海东游,历于翼轸之下,有山自乾兑起迹,盘旋五万里。水出震宫。

---

① 《道藏》第 20 册第 246 页。
② 《藏外道书》第 8 册第 508 页。
③ 《道藏》第 20 册第 247 页。

自有太极,便生是山。上应显定,极风太安、皇崖二天,有七十二峰、三十六岩也。子可入是山,择众峰之中,冲高紫霄者居之,当契太和。升举之后,五百岁当上天,龙汉二劫中披发跣足,蹑坎离之真精,归根复位,上为三境辅臣,下作十方大圣,方得显名亿劫,与天地日月齐并,是其果满也。告毕,元君升云而去。①

这个故事尚见于《太上说玄天大圣真武本传神咒妙经》卷三之中。从其情节可知:玄帝的"老师"叫作"紫元君"。按照道教的称呼习惯,高规格的女仙方有"元君"之称,可见紫元君当属女性。她住在什么地方呢?《玄天上帝启圣录》之行文在紫元君之前加上了"玉清圣祖"的定语,这既可以显示紫元君在道教仙境中的地位,又说明了她是天上胜境的女仙真。这位"元君"被奉为"圣祖",足见其地位之显赫,而她又居于"玉清"境,看来还是属于元始天尊所辖之大系。从理性的立场看,玄帝拜师的故事当然是一种信仰心理的表现,我们一般凡人是难于从玉清胜境的神仙大学研究生院中查考到玄帝的学籍记载的。不过,这个资料至少为我们追溯玄武信仰在流行过程中是如何与丹道脉系相交融这一问题提供了有益线索。考诸《道藏》,其中有一部经书叫《紫元君授道传心法》(以下简称《心法》),题长生阴真人注。既然是"注"那就说明其经文在阴长生之先已经存在。按道门之说法,长生阴真人,又称阴真君,或英真君。据葛洪《神仙传》的记载,阴长生乃东汉和帝(88年—105年在位)阴皇后之高祖,出富贵之门,好神仙之道,闻马鸣生修道成仙,遂离家皈依其门下,朝夕追随其左右,勤于仆役杂事,如此达二十余年之久。据说,与阴长生一起学道者十余人,因耐不住学道之辛苦,悉皆归去,唯独阴长生不改初衷,执礼更勤。由之而获得马鸣生之信赖,于元光元年(122年)携之入青成山炼丹,又于鼎旁别筑神坛,授予《太清神丹经》。阴长生别师归家,依丹经之方制炼丹药,且炼黄金十余万斤,广济人间,后服丹而举家长生,在人间三百年,尔后羽化升仙而去。

就阴长生的生平事迹看,他显然是一个精通外丹烧炼的人,应属于外丹派中人。但在题为阴真人注的《心法》一书却有许多批评外丹之言论。例如其

___
① 《道藏》第19册第572页。

中所称:"仙士勿令错用意,妄将变黄白药,错服食。"①这是告诫人们,不要把仙经中的药物机械地理解为制炼黄金白银之类和外丹服食之品。另外,《心法》还批评"休粮""服气""导引"之类,把这些东西视为旁门。这显然是站在内丹学派立场说话的。就道教思想史的发展历程看,内丹理念虽然在东汉魏伯阳《周易参同契》之中已经存在,但那时并没有明确表达,更不是把它看作与外丹相对立的操作方式。直到唐末以来,由于外丹服食的种种失败和教训,以钟离权、吕洞宾为代表的内丹学派才兴起反对外丹服食,而着重内丹之修炼。宋代中期,张伯端承袭钟吕道脉,祖述内丹,斥休粮服食之类为旁门左道。《心法》的一些主张与金丹派南宗颇相一致,故其注文当较为晚出,很可能就是南宗派系之所为。这使我们得以看到丹道秘法由内外相兼逐步发展为主内丹而排斥外丹的演变轨迹。然而,即便如此,我们也仍然可以发现"玄武"在丹道中不可替代的作用。《心法》在论述如何修心以使"三丹"归命时言及"天一得之,结绳为证"②。这个"天一"即是玄武的符码转换,因为"河洛"象数之法,天一乃居于北方,为壬癸水之所位。《玄天上帝启圣录》称紫元君传给玄帝"无极上道"后要他"复归本位",这与《心法》所言之"天一"之意蕴实不相悖。

另外,《心法》有"三一升腾,必定规矩"之文。其释者谓:"三一者,准上三丹,各有归魂守一之法。论至药门中,四气筋骨血肉相承之法,不失纤毫,勿令失其阴阳时候,每月初发火,从一日数九九之法,此三一法并是内三一之法,用十二个月,火候管十二时,配十二位,行九宫,象八卦,合五行。"③有关"三一"的说法,乃源自老子《道德经》,所谓"道生一,一生二,二生三,三生万物。"函三为一。这个"一"在道教中是很重要的概念。葛洪《抱朴子内篇·地真》曰:"道起于一,其贵无偶,各居一处,以象天地人,故曰三一也。天得一以清,地得一以宁,人得一以生,神得一以灵。"由此可见,所谓"三一",分则为三,合则为一。就九宫八卦来讲,五行相生,四时轮转,返本归一。这个"一"仍是玄武

---

① 《道藏》第 4 册第 314 页。
② 《道藏》第 4 册第 314 页。
③ 《道藏》第 4 册第 315 页。

之位。

从以上《心法》的资料看,我们虽然对紫元君授玄武"无极上道"一事无从稽考,但却可以发现,丹道思想在发展过程中依旧以玄武为修持之法象。宋元以来,社会上广泛流行的玄武神话,尽管包含许多杂质,但如果我们能够从符号代码的立场来加以观察和考虑,那还是可以发现许多对于丹道修持有益的信息的。

(本文原载《道韵》第 3 辑,台北:中华大道社 1998 年版,收入本书时略作修改)

# 论净明道的身心健康思想

　　作为历史上具有比较大影响的道教派别,净明道在学术界还是比较受关注的,尤其是日本的道教研究专家秋月观暎在 80 年代便出版了关于净明道研究的学术专著。另外,澳大利亚的华裔学者柳存仁先生也写过净明道的专论。在中国,自 80 年代以来,由于道教史研究的推动,有关净明道的论著也相继出现。2000 年,黄小石的《净明道研究》出版,该书是一部博士论文,在某种程度上反映了青年学者在该领域辛勤耕耘的事实。2001 年,《道韵》辑刊以专题形式推出《净明闾山派与养生哲学》,集中了净明道研究的 8 篇论文,在这个领域有所开拓。这些成果对于推进净明道的进一步研究起了良好作用。不过,回顾以往的研究情况,可知学者们所关注的主要是净明道的历史、哲学思想;至于净明道的身心健康问题虽然也有所触及,但依然需要深入考察。鉴于这方面的内容有待开拓,笔者花了点时间略作梳理,写成了这篇小文章。需要说明的是,笔者所谓"身心健康"是道教养生文化的重要内容。尽管古代的道门中人并没有使用"身心健康"这个概念,但在他们的文献中却包含这方面的思想观念。研究此等思想观念,不仅对于全面了解净明道的文化体系具有不可忽略的意义,而且对于现代社会生活而言也是有参考价值的。

## 一、净明道身心健康思想形成的原因

　　在以往人们的认识中,净明道是以张扬"忠孝"观念而著称的。从表面上看,似乎净明道不存在什么身心健康思想;但如果稍加琢磨,即可发现原来该道派乃是以身心健康作为修道的一大要务。《太上灵宝净明玉真枢真经》卷下称:"少年事忠孝,积久成善根。复以炁血完,升降在丹田。持符救人病,阴德可超然。修行用吾法,何忧不升天。吾有净明经,诵之学忠孝。兼以炼形质,神明来赞助。遂可治百病,于此兴元功。"①这是讲"修功成实"之道的。所谓"修功"在道教之中包括内在神志之修,也包括外在身形之养。至于"成实"也就是结出健康的"果实"。怎样"修功成实"呢? 作者认为应该从伦理道德的修养入手,具体地讲,就是修"忠孝"以成善根,继而炼形质而兴"元功"。在这两个步骤中,前者属于内在神志之修,后者属于外在形体之养。当然,这两个方面不是可以绝然分开的,而是密切关联的修持过程。在《太上灵宝净明玉真枢真经》看来,内在神志之修与外在身形之养两个方面是互相交错的,只有内外相兼,形神共治,才能达到"净明"的崇高境界,这反映了净明道对身心健康问题的重视。

如果我们放开眼界,检索净明道的其他经典,就不难看出身心健康问题并非偶然涉及,而是贯穿在净明道修持活动的诸多层面的。例如,《太上灵宝净明飞仙度人经法》力图以符咒为媒介,达到人神交流、延年益寿、身心俱佳之功效;而《许真君石函记》则陈述了如何通过金丹内药炼制途径来"保生延年"。至于《净明忠孝全书》更是以特殊的话语系统论说以德治病、伦理养生的方法。该书称:"始于忠孝立本,中于去欲正心,终于直至净明。"②这种"去欲正心"的理念显示了净明道在身心健康方面已经形成了自己的独特见解。

净明道重视身心健康问题,这具有多方面的原因。

首先,这是我国历史上身心健康精神传统延续的结果。众所周知,早在春秋战国至秦汉时期,我国先民的身心健康活动就相当活跃,出土文物"行气玉佩铭"和"导引图"充分证实了这一点。在先秦道家著作中,身心健康的思想特别丰富。老子《道德经》提出"专气致柔"之说,《庄子》则有"心斋"秘法,至于《管子》则以"保精养气,精气相须"的命题为养生家所瞩目。另一方面,先秦医家根据当时社会生活实践,总结了一套系统的身心健康理论。《黄帝内经》可以说是这方面的代表作。它借《周易》的阴阳表象方式,融合了道家清净无为思想,阐述了身心健康的具体方法。该书的《上古天真论》倡导"法于

---

① 《道藏》第 24 册第 608 页。
② 《净明忠孝全书》卷五,《道藏》第 24 册第 647 页。

阴阳,和于术数,食饮有节,起居有常,不妄作劳"的生活方式;而《阴阳应象大论》则以圣人为身心健康的理想典型,提倡"为无为之事,乐恬淡之能,从欲快志于虚无之守",以为如此行事就可以"寿命无穷,与天地终"。在《内经》看来,人要长寿,就要使体内的元气与体外天地宇宙的规律契合一致。《内经》这种身心健康思想在历史上产生了长久不衰的影响。在道教中,向来以明医为其乐事,所以,医家的身心健康理念被净明道所继承和发挥,这是具有客观文化背景的。

其次,净明道重视身心健康问题,这是由道教的宗旨所决定的。大家知道,道教的基本目标是要延年益寿、羽化登仙。为了达到这个目标,道门中人努力探究宇宙天地的奥秘,思考人与天地的相互关系,寻找健康长寿的生存方法,这在道教建立之初即已开了先河。在五斗米道中流布的《老子想尔注》以"宝精""食气""行善"为身心健康的基本法门;被尊奉为"万古丹经王"的《周易参同契》建立了外丹与内丹相统一的修持模式。后来的道门中人也都热心于炼丹求长生的实践活动。在此等实践活动的推动下,道门中人也积极钻研传统医家的身心健康理论。如葛洪、陶弘景和孙思邈等,都十分重视身心健康问题。至于被净明道奉为祖师的许逊乃是晋代的道医。至今留下许多题署许逊撰写的道经,如《许真君石函记》就是其中重要的一部。不论此等题署是真是假,它从一个侧面反映了许逊医道之源远流长。既然净明道信奉者将许逊当作祖师,他的身心健康思想必然会在净明道之中发扬光大。

总之,净明道的身心健康思想不仅具有广泛的历史背景,而且是道教基本目标催动下的一种成果。所以,我们研究净明道的身心健康思想必须将之与历史上的道家、医家的文化联系起来考虑。只有这样,我们才能比较全面地认识其来龙去脉和思想特质。

## 二、净明道身心健康境界与忠孝修持法门

净明道是一种典型的伦理型宗教。其身心健康思想首先在于确立"既净且明"的生命终极目标。为了达到这个目标,净明道的理论家们提出了身心

健康修养的基本原则,这个原则概括起来就是"忠孝"二字。在"忠孝"原则的框架下,净明道理论家阐述了气血调理的养生法门。

何谓"净明"?按照刘玉的解释,这就是要在修持过程中做到"二不":即"不染物""不触物"①,前者为净,后者为明。《太上灵宝净明法序》进一步扩展了"净明"概念的内涵,认为这是包罗万象的玄理枢要,该书指出:"净明者,无幽不烛,纤尘不汙,愚智皆仰之为开度之门、升真之路,以孝悌为之准式,修炼为之方术,行持之秘要,积累相资,磨砻智慧,而后道炁坚完,神人伏役,一瞬息间可达玄理。"②根据这个说法,则"净明"乃是宇宙间最为完美的境界,它正像黑暗中的明灯,照万方而常光,也如雨天绽开的芙蓉,出污泥而不染。不论是聪明的人还是愚笨的人,都可以学习净明道法,达到道德与方术的完美统一。

从修持过程看,"净明境界"与"净明功效"是相互联系的。这就是说,进入净明境界,可以形成净明功效。反过来,具备了净明功效,便意味着净明境界的升华。概括地讲,这就是除疾祛病,超凡成仙。《太上灵宝净明飞仙度人经法》卷一《昭应章第四》谈到诵读净明经典,可以使聋盲哑病均治,跛疴痼疾痊愈,而且"发白返黑,齿落更生,老者返壮,少者皆强,……枯骨更生。"③《许真君石函记》卷上《丹砂证道歌》称,依孝道明王之教修持,则"是病都除了,救却老残容,身轻发不皓,续齿如银玉,视暗如灯烛"④。同书卷上《太阳元晶论》谓:"若将济人命,人命永年华。得服之者,飞天涉水,龙鹤可驾,此无它,皆之所化也……"⑤这里虽然没有使用"净明"的术语,但却描述了净明道法的具体修持效果。从常人的眼光看来,作者关于丹砂妙药神力的陈述自有夸张成分,不必全信;不过,我们从中也可明了,净明道祖师对修持效用是怀着坚定信念的。从某种意义上说,这种信念本身也是一种境界,它反映了净明道力图"与天地合其德,与日月同其辉"的生命追求。

---

① 《净明忠孝全书》卷三,《道藏》第 24 册第 635 页。
② 《太上灵宝净明法序》,《道藏》第 10 册第 526 页。
③ 《太上灵宝净明飞仙度人经法》,《道藏》第 10 册第 555 页。
④ 《许真君石函记》,《道藏》第 19 册第 419 页。
⑤ 《许真君石函记》,《道藏》第 19 册第 414 页。

怎样达到身心健康的"净明"境界和功效呢？净明道认为应该以忠孝立本。"忠孝"本来是儒家伦理纲常的核心，用以调整世俗的人伦关系。如《孝经》即指出孝为"德本"。净明道对"忠孝"的意义做了强调与发挥，把它作为"仙道"修持的基础。《净明忠孝全书》说："忠孝，大道之本也，是以君子务本，本立而道生。……有不务本而修炼者，若大匠无材，纵巧何成？"①净明道的独特之处在于把"人道"作为前提，以忠孝为修道之基。其解释是"欲修仙道，先修人道"，②人道不成，何以致仙道？"非忠非孝，人且不可为，况于仙乎？"③因此"净明之道，必本于忠孝"④。不可否认，"忠孝"在净明道之中首先是一种伦理道德的修养原则，因为该道派的文献反复地陈述修持"忠孝"之道在于"扶植纲常"⑤。净明道之所以从伦理道德修持入手，是因为这样做可以满足信奉该道法的士人既能超凡脱俗又能维持世俗间的"纲常名教"。可见，净明道的确与儒家具有直接的渊源关系。

然而，必须指出，净明道并非毫无变更地"移植"儒家的"忠孝"伦理思想。大量的事实表明：净明道在言说"忠孝"时不仅在观念上进行了多方面发挥，而且注入了身心修养的具体意义。该道派的领袖人物一方面说"忠孝"的妙用，一方面却批评世儒"习闻此语（忠孝）烂熟了，多是忽略过去"⑥。按照净明道领袖人物的看法，世儒并没有真正明白"忠孝"的含义。那么，怎样才算真正的"忠孝"呢？《玉真先生语录内集》称："忠者，忠于君也。心君为万神之主宰，一念欺心，即不忠也。"⑦所谓"君"具有两层的意蕴，一是指国家之君主，二是指心灵。如果说，国君是外在的，那么心君则是内在的。净明道强调忠于心君，实际上就是告诫修持者不应该自欺欺人，这就叫作"大忠"。与"大忠"相对应的是"大孝"。《玉真先生语录内集》谓："人子事其亲，自谓能竭其力者未也。须是一念之孝能致父母，心中印可，则天心亦印可矣。如此，方可

---

① 《净明忠孝全书》卷二，《道藏》第 24 册第 633 页。
② 《净明忠孝全书》卷三，《道藏》第 24 册第 636 页。
③ 《净明忠孝全书·序》，《道藏》第 24 册第 620 页。
④ 《净明忠孝全书》卷三，《道藏》第 24 册第 636 页。
⑤ 《净明忠孝全书》卷三，《道藏》第 24 册第 636 页。
⑥ 《净明忠孝全书》卷三，《道藏》第 24 册第 636 页。
⑦ 《净明忠孝全书》卷三，《道藏》第 24 册第 636 页。

谓之孝道格天。"①显然,这是力图通过内在的心灵修养,从而达到与"天心"相印,实现天人合一的精神境界。所谓"大忠者,一物不欺,大孝者,一体皆爱"②,显示了净明道由心灵修养而推源于天的精神逻辑。

从整体上看,净明道的忠孝修持不仅具有宏观的生命伦理意义,而且也具有气血调理的养生方法论价值。因为在净明道看来,"忠孝"修持指向乃在于引导精神归根返元,正本立中。所谓"归根返元",这主要是从"至孝"的层面上讲的。《玉真先生语录内集》称:"人能敬爱父母,便是不昧此道理(净明),不忘来处,知有本原。"又说:"至孝之道,修持久久,复其本净元明之性,道在是矣。"③在这里,"本原"是一个相对性的概念,就父母与儿女的关系来说,父母是本原;就父母与天地的关系来说,天地是本原;就天地与大道的关系来说,大道是本原。因此,尽孝道,这实际上是一种"逆向"的心灵修养方式,即老子《道德经》所说的"复归于无极"。此等逆向复归,不仅是一种精神状态,而且也是气血调节的过程。因为"至孝净明"则道自显,有道则气血周转,水火既济。所谓"正本立中",这主要是从"至忠"的层面上讲的。"忠"通于"中"。"至忠"即大中无偏,引申到身心健康的修养法门上来说,就是实施"中黄八极"之法。《净明大道说》云:"净明者,无形大道先天之宗本也。在上为无上清虚;在天为中黄八极;在人为丹元绛宫。此三者同出而异名,同谓之玄,玄之又玄,众妙之门。明此理者,净明也。清则净,虚而明,无上清虚之境,谓之净明。中黄八极,天心也;丹元绛宫,人心也。"④据此,则所谓"至忠"不仅通于天道,而且可以涵养心元,开启内丹之法门。这样一来,原本是伦理道德的修行便转换为内在气血的调理了。可见,"至忠"与"至孝"在终极目标上是一致的,两者并行不悖,这是不言修炼的修炼,这是不运内气的身心大丹。

---

① 《净明忠孝全书》卷三,《道藏》第24册第636页。
② 《净明忠孝全书》卷三,《道藏》第24册第636页。
③ 《净明忠孝全书》卷三,《道藏》第24册第636页。
④ 《净明忠孝全书》卷二,《道藏》第24册第633页。

# 三、净明道身心健康思想中的道、术统一

"至忠至孝"为什么通于气血调理的丹功法门呢？这是因为"忠孝"的最高境界是净明，而净明即"无极大道"。胡化俗的《净明道法说》谓："无极清虚曰净明。"又说："无极无形大道，道生一，一生两仪，两仪生四象，四象生八卦，曰中黄八极九宫也。道立其中黄，法布于八极，一阴一阳，一动一静，相为表里者也。正道在于内，布法治其外。曰正一斩邪法。子欲治其外，先正其内；欲正其内，先去其欲；无欲而心自正，一正心而道法备矣。"①作为净明道的主要代表人物之一，胡化俗从宇宙本体论入手，凭借《易经》八卦符号之学，阐述了忠孝净明大道与丹功法门的关系。这体现了净明道关于"道"与"术"相统一的精神。

在净明道的身心健康修持过程中，"道"与"术"是怎样统一的呢？主要表现在两个层面：

**（一）正心去欲，这是忠孝修持的起点，也是内丹筑基的性功步骤**

何谓"正心"？《玉真先生语录内集》说："奉行道法，皆当平居暇日，存守正念，此即正心之学。正则道在其中；倘不正而用以驱邪，则是助桀为虐，非徒无益而又害之。"②根据这个说法，则净明道所谓"正心"不是瞬间的事情，而是贯彻于日常生活起居的全过程。"正心"的实质是精神上的念头要正，如果念头不正，急于驱邪治病，不但无法将病治好，反而要致病了。从根本上讲，"正心"是修性的功夫，所以净明道的领袖人物之一刘玉说："净明大教是正心修身之学，非区区世俗所谓修炼精气之说也。正心修身是教世人整理性天心地工夫。"③净明道之所以强调"正心"是因为在古人看来，"心"是形神之主。《灵枢·客邪篇》说："心者，五脏六腑之主也，精神之所舍也，其脏坚固，邪弗能容也。容之则心伤，心伤则神去，神去则死矣。"因此，伦理道德对于身心健康来说是至为重要的。在自我修养过程中，应该时时提醒自己不可欺本心，不

---

① 《净明忠孝全书》卷三，《道藏》第 24 册第 634 页。
② 《净明忠孝全书》卷三，《道藏》第 24 册第 637 页。
③ 《净明忠孝全书》卷三，《道藏》第 24 册第 637 页。

说、不做有背伦理的事,这样才算做到了"心正"。

"正心"与"去欲"是伦理道德修养中相互关联的内容,也是身心健康必不可少的步骤,具体落实于内丹操持上,这就必须将二者作为"筑基"的精神调节过程。如果说"正心"是筑基的纲要,那么"去欲"则是正心必然引出的具体要求。"去欲"并不是要彻底扫除人所具有的一切正常欲望,而是避免过分欲望活动。当然,这种过分欲望也具有很多内容,净明道将之统称为"忿欲"。《玉真先生语录内集》说:"所谓忿者,不只是恚怒嗔恨,但涉嫉妒小狭偏浅,不能容物,以察察为明,一些个放不过之类,总属忿也。……所谓欲者,不但是淫邪色欲,但涉溺爱眷念,滞著事物之间,如心贪一物,绸缪意根,不肯放舍,总属欲也。"①心底有私便是忿,执著一念便是欲。执著"忿欲"必损心伤神,无限痛苦。为了摆脱痛苦,达到身心健康的目标,净明道的代表人物刘玉提出"惩忿窒欲"的主张。他总结自己修行多年的经验,告诉世人:"某自初年修学以来,只是履践三十字,年来受用甚觉得力,今以奉告。所谓三十字者:惩忿窒欲,明理不昧心天;纤毫失度,即招黑暗之愆;霎顷邪言,必犯禁空之丑。"②在刘玉看来,惩忿窒欲,才能够明理,而明理就是复归本心的净明境界;如果不能明理而胡作非为,那就会在冥冥之中受到惩罚。刘玉强调"惩忿窒欲",在伦理道德修养层面上是要实现精神的自我控制,在内丹养生的层面上是为了使身体内的阴阳气血周转有序。不论其客观效果如何,力图通过控制人的精神、调节阴阳气血,从而达到身心健康,此等理念对于现实的社会生活而言是有裨益的。

**(二)中黄八极、三五飞步,这是忠孝修持通向内丹妙境的命功步骤**

按照净明道的修持理论,"忠孝"的妙用不仅在于精神调节,而且可以炼就内丹,因为忠孝修持的极境是净明。在净明境界中,自我能够悟出"中黄八极九宫"的内景隧道,启运"三五飞步"。

值得注意的是,"中黄"在净明道文献中是一个很重要的术语。编纂《净明忠孝全书》的主事者黄元吉就被称作"中黄先生",这是具有内丹养生的特

---

① 《净明忠孝全书》卷三,《道藏》第 24 册第 635 页。
② 《净明忠孝全书》卷三,《道藏》第 24 册第 635 页。

别用意的。"中黄"之意盖出于《易经》坤卦,因坤卦代表地,于五行为土,于五方为中,于五色为黄,居中而色黄,故有"中黄"之说。魏晋时期,道教内丹要典《黄庭经》即取意于中黄而叙说大丹之道。梁丘子云:"黄者,中央之色。庭者,四方之中,外指事,即天中、人中、地中;内指事,即脑中、心中、脾中。故曰黄庭也。内者,心也。景者,色象也。外喻即日月星辰云霞之色(象),内喻即筋骨脏腑之象。心居身内,存观一体之象色,故曰内景也。"①联系《黄庭经》的文化系统来看,则"中黄"乃是用以表征丹道秘法。净明道的领袖人物对这种丹道秘法是了如指掌的,今所见《道藏》之中有《太上灵宝净明中黄八柱经》可以为证。该书首篇《中黄之道章》谓:"人生受正,委和以生,含纯一之炁,保至真之元。阴阳和而后疾病不生,形骸坚固而后丹元可守,不亏元炁,故得大全。是以中黄之道,适正为本,知本者,不反不侧,不乖不偏。"②作者指出,中黄丹功之修持,应以"知本"为关键。什么是"本"呢? 如前所叙,这就是忠孝之道。由此可见,在净明道之中,忠孝修持最终是可以通往丹功大道的。

按照净明道领袖人物的说法,从忠孝修持到丹功大道的步骤过程,包含着"三五飞步"的内容。胡化俗《净明道法说》称:"中黄法,布八方为八极,会四象,朝三天,曰三五飞步。"③本来,"三五飞步"就是"元罡流转"之术,净明道赋予新意,遂使"三五飞步"之术变成忠孝净明的大丹法门。根据《太上灵宝净明洞神上品经》卷下《三五飞步篇第二十一》的描述,三五飞步是按照八卦方位以步罡踏斗,依五行之轮转、照河洛之法象,屈伸进退,导引行炁。最初,这主要用于科仪法事活动之中。净明道别出心裁,将科仪活动与内丹养生统一起来。于是,科仪活动之中的"三五飞步"即运载着"忠孝"的归根返本信息。所以,《净明忠孝全书》卷二在言及忠孝净明境界时称灵宝者"在天为黄中,在地为乌晶,在人为丹扃……有道之士,克宝斯灵者,自有重重楼阁、内景黄庭、三五飞步,神奏玉京。"④这里所谓"黄中"即先天河图中五之法象;而"乌晶"当是指地心,隐示地中之丹;至于"丹扃"乃是黄庭的别称。《性命圭

① 《黄庭内景玉经注·序》,《修真十书》卷十五。
② 《太上灵宝净明中黄八柱经》,《道藏》第 24 册第 618 页。
③ 《净明忠孝全书》卷二,《道藏》第 24 册第 634 页。
④ 《净明忠孝全书》卷二,《道藏》第 24 册第 633 页。

旨·利集》谓:"胎内婴儿就,勤加温养功。时时照丹扃,刻刻守黄中。"无论是黄中、乌晶,还是丹扃,在数字上都可以"五"来表示,因为它们尽在中央,所以合为"三五"。三五为伍,飞步上升,达于天上的玉京之山,表明忠孝修持而导致内气周行,天人合一。在这里,净明道的身心健康思想通过特殊的符号隐喻而获得传递。

## 四、净明道身心健康思想与符咒治病、卫生禁忌

净明道的身心健康思想不仅以"忠孝"作为内丹大道的修持纲要,而且把形神修养与符咒治病、禁忌卫生相结合。

中国古代生命文化认为,人的生命系由精、气、神构成。形是人体生命活动之宅舍,它包括人的脏腑、皮肉、筋骨、脉胳及充盈其间的精血。净明道从忠孝养生方法论出发,以"为人子不可不知医"的古训相勉励,吸纳和发展了传统的"祝由"治病术。《太上灵宝净明天尊说御瘟经》说:"吾今复有御瘟神符、秘篆、赤散雄丹,一切佩受服食之法,择日授汝,兼有秘咒……,每日能斋而诵之,即帝君神将日夜护卫,瘟毒百神皆知其为。"[1]《太上灵宝净明洞神上品经》卷下《救治百病篇第三十三》列举了"回死为生""保命生根"的许多治病符,说明施行符咒的操作程序,指出:"凡有疾病者,闭目静思,取朱砂恰(掐)诀念咒,存身为孝道明王灵宝净明救苦天尊,丸符咒水以服之,则病者自安。救治疾病,谓之道力,以力行道谓之细积,以法行道谓之达道,以孝行道谓之上道。道中有上中下三品,此其下也。然救治百病,愈人疾苦亦可得仙。诸(位)行孝(道),功已圆矣。得此则行孝炼炁之羽翼也。"[2]从上面的阐述看来,净明道无论在什么情况下都把孝道养生放在第一位,而把传统的"祝由"疗法放在从属位置。净明道之所以继承传统的"祝由"疗法,这不仅是自身养生的需要,而且是救度他人的需要。虽然,"祝由"疗法带有比较神秘的色彩,但在施行过程中通过存想"孝道明王",这实际上是把"术治"与"神养"相结

---

[1] 《太上灵宝净明天尊说御瘟经》,《道藏》第24册第613页。
[2] 《太上灵宝净明洞神上品经》卷下,《道藏》第24册第610页。

合。从操作程序来分析,"孝道明王"实际上是净明道精神疗法的一种心灵符号。由于"符"的制作本身是一个物质性的过程,制作者利用具有镇静作用的朱砂来书写符箓,以特殊的咒语音频来诱导,这显示了声像治疗与心理治疗相结合的特色。如果说声像治疗是一种有形治疗,那么孝道精神在治疗过程中的贯注,则是一种无形的治疗。在这里,孝道已经不单纯是一种伦理道德的精神境界,而是一种集中意念的方法,因为存想"孝道明王",这在客观上乃是在排除纷扰的念头,使心灵恢复恬淡淳朴状态。从表面上看,此等疗法似乎颇具神秘感,但其所产生的机理是相当复杂的,我们不可简单地视为迷信,而应该进行具体的科学分析。

　　净明道在吸纳"祝由"医疗内容时,还提出了一些卫生禁忌。《净明忠孝全书》卷六《中黄先生问答》在论述"孝道"精神时反复谈到卫生之道:"又问事亲之礼,冬温夏清,昏定晨省,口体之养,无不尽心,可得谓之孝乎? 答曰:此是孝道中一事耳……身是父母遗体,但向行住坐卧十二时中,善自崇护,不获罪于五藏,方可谓之至孝……又有立心虽稍良善,却不肯讲究卫生之道,饮酒无算,广杀物命,滋味求奇,不知节约,遂致病生,这是获罪于脾藏。又有色欲偏重,亡精灭神,至于殒躯,这是获罪于肾藏。又有立心虽然公正,情欲亦自澹泊,然而嗔念独重,动不动是使血气多不中节,甚至一朝之忿,忘其身教……医书云:盛怒伤肝,谓肺主气,使肺金克肝木,令肝不摄血,疾病生焉,这是获罪于肝肺二藏。大概恣忿、纵欲、昧理三者于五藏皆有所伤,而于本藏为尤甚。凡获罪于五藏的人,皆是破裂元气,作挞身己,不行孝道的所为。"[1]这段对话表明,净明道所谓"孝道"不仅要事亲,而且必须爱护自己的身体,作者把《孝经》关于爱护自身"肤发"的理念作了发挥,并且吸纳了以庄子为代表的道家"卫生"精神,运用传统医学的阴阳五行理论与脏腑学说,分析日常生活起居过程中一些不良行为所产生的结果,作者反对"广杀物命"以求滋味的行为,从生理卫生和形体健康的角度陈述了过分欲望追求和过分情感活动的危害性,体现了作者在人与环境关系问题上的一些比较深刻的想法。

① 《净明忠孝全书》卷六,《道藏》第24册第649页。

687

# 五、净明道身心健康思想的价值分析

从上述几个方面可以看出，净明道的身心健康思想是丰富的，并且具有自身特色。该道派把"忠孝"既当作生活实践的道德指南，也作为修道养生的方法，力图通过去欲正心、惩忿窒欲的心性修炼工夫，最后达到内心"既净且明"的非凡境界。它把"养形"与"养神"结合起来，强调"道""术"相一致的养生理念，净明道重视药物治疗，但更重视个人内在的道德健康。由于历史的原因，净明道的理论也包含着许多不合时宜的内容，但从总体上看，其身心健康的精神依然占据主导方面。

不可否认，意识形态具有历史继承性，语言词汇在发展过程中保留原有的某些意义，这是必然的，否则我们今天就无法真正理解古人的思想了。从这种角度来看净明道的"忠孝"主张，我们就必须承认该词汇与儒家的伦理道德观念具有密切的关系；然而，也应该看到，净明道在使用"忠孝"这个词汇时也注入了新的内容，在观念上加以更新。尽管它所谓的"忠"具有历史上关于忠于国家君主的含义，但在更多的场合却把"君主"作为心灵的一种表征。对心灵之君来说，"忠"乃意味着心正而诚信，这与老子《道德经》所说的"忠信"精神是一致的。至于"孝"，净明道在保留传统的养亲意义时，侧重从复归还原方面加以引申，其用意在于引导修行者还淳返朴，与大道合其真。从象征的文化背景来追溯，我们不难看出，净明道在使用"忠孝"词汇时实际上已经赋予符号意义，该道派的领袖人物以"忠"通于"中"，作为天心、地心、人心的符号表征。当净明道修行者通过心理调节而居于"忠"的状态时，这意味着与天地之心相合，也就是以"中五"为伍，五五相得而各居其正，因正而合，因合浑天，因天而道。根据"居正复归"的思路，净明道的"忠孝"可以衍生多重的符号意义。可以说，"忠孝"既是伦理道德的修持枢要，又是一种养生方法的精神凝聚。基于这样的分析，我们可以把净明道的身心健康思想概括为"忠孝养生法门"。

净明道这种以身心健康为宗旨的"忠孝养生法门"对于完善当今社会的心灵医学而言具有一定的借鉴价值。资料显示，净明道在调节身心健康问题上已经形成了一套行之有效的方法。《净明忠孝全书》卷三告诫世人说:"静观世人有纵忿者,焚和自伤;有纵欲者,沉坠己灵;曲昧道理者,元神日衰,福德日销,只是他自不觉。若能翻然醒觉,截日改过者,惩忿则心火下降;窒欲则肾水上升;明理不昧心天,则元神日壮,福德日增,水上火下,精神既济。"①这是刘玉回答其弟子时所说的,他从正反两方面阐述道德可以医治心病、心理可以影响生理。这是具有一定现实意义的。大家知道,自从奥地利精神分析学家弗洛伊德(Sigmand Freud)提出精神疗法以来,国际社会对心理健康问题越来越关注,人们将心理治疗与药物治疗、物理治疗、外科治疗并称为当代四大治疗方法。美国社会上自总统下至一般百姓,几乎都有心理医生,这从一个侧面反映了西方社会充分重视心灵健康问题。在中国,由于文化背景的差异,长期以来并没有发展出像西方那样的心理医学,这方面的任务在相当程度上是由道家、佛教、儒家来担当的。现代社会,人们身处激烈紧张的环境,快节奏、高竞争的生活都要求人们必须注重心理健康。和谐的人际关系,良好的心态,是健康生存和工作的需要。如何完善我们的身心健康调节与医疗机制,笔者以为可以从传统文化之中找到许多珍贵的资源,而净明道的"忠孝养生法门"在经过现代化之后应该可以为人们的健康生存提供切实的帮助。

(本文合作者:贾来生;原载《世界宗教研究》2003年第1期,收入本书时略有改动)

---

① 《净明忠孝全书》卷二,《道藏》第24册第635页。

# 宁全真科仪著述与医学养生

中国道教自创始以来就注重医学养生。为了达到"延年益寿、羽化登仙"的目标，道门中人积极地研究传统医理，并且作出了自己的贡献。近年来，有关道教医学养生的理论与方法逐步地引起学术界的关注，许多有见地的论文相继问世。这是一个很好的现象。

研究道教医学养生法门，这自然应该侧重考察道教医学家的著述或者《道藏》中的医学养生文献。但是，仅仅如此还是不够的，因为道教医学养生思想是在与其他意识形态相互渗透、相互影响中发展的。所以，我们除了研究道教医学养生文献之外，也应当注意到其他文献所包含的医学养生内容。本文拟就雷法传人宁全真所传科仪文献《上清灵宝大法》《灵宝领教济度金书》加以探讨。

## 一、宁全真其人其书

宁全真(1101—1181年)，南宋初东华派创始人。原名立本，字道立，法名全真。河南省开封人，自幼受养于裴氏家，故从裴姓。《灵宝领教济度金书·嗣教录》谓之"天性纯孝，奉所生母尤谨，其资禀纯异，敏于记忆，凡诸子百家医药卜筮之书，无不该贯融会"。据说，宁全真通晓天文术数，尤精于风角、鸟占卜术。然家贫，无以自给。尝嗣丹元真人东华嫡传的尚书王古，知全真有道，命之典侍抄录经文，进而授以上道秘法。由此，宁全真敷演法术，肇开东华派。传有《上清灵宝大法》66卷及《灵宝领教济度金书》320卷。从其所传授的经书来看，宁全真创立的东华派乃与古之灵宝派有密切关联，其经书甚至主要是由灵宝派经典脱胎而来；但在内容上却显得颇为庞大。其法术兼收并蓄，而雷法占居重要地位。

查《灵宝领教济度金书》卷一列有"雷霆斋"，其中言及修习程序与坛场设施,谓:"坛前以粉画地,为方坛三重,内重列邓、辛、张三位。邓在离,辛在震,张在巽。四角立四溟大神位,其前各安一缸盛水,以砖符镇水中。坛心植旗,旗两旁安剑令印,式中重列五雷使者。位:东蒋、南毕、西华、北雷、中陈则附于坤位。外重列蛮雷使者,位:东马、南郭、西方、北邓,中田亦附于坤位。每位并香花灯烛供养如法。其法师所部雷将依方位遍列中重。其城隍里域,当境庙貌龙潭灵迹,当季行雷霆风雨神祇并环列下重,务令疏密得宜也。"此处所述坛场设施以雷霆诸神为主位,表明作者对于雷法是颇为熟悉的。此外,该书卷二有《雷霆斋节目》详细描述了祈求雨泽的具体程序,这进一步反映了作者对雷法的推崇。由此可见,宁全真所创虽为东华派,而其法术又会通雷法。故将之作为雷法之传人当无不妥。

## 二、《上清灵宝大法》的诗体咒语及其医道养生元素

《上清灵宝大法》一书原题"洞微高士开光救苦真人宁全真授,上清三洞弟子灵宝领教嗣师王契真纂"。所谓"授"即传授,不论是笔授还是口授,总是授者思想的一种传达形式。故而,是书的主体思想出自宁全真当无疑问。作为灵宝东华分派的一部道法总集,《上清灵宝大法》所涉内容庞杂,大凡修炼、斋醮及诸多方术皆为收录。其中有许多内容乃摘录以往道书而成,但亦有其新的创造。正如过去符法道派的大多数经书一样,该书掺杂为数不少的咒语诗,有运用四言者,有运用五言者。

其四言诗者如:

> 五岳持身,天地同生。
> 日月斡运,配分五行。
> 周天上真,玉讳分明,
> 各降真气,灌溉胞根。
> 神清气爽,洞彻玄冥。
> 急急如律令。①

---

① 王契真纂:《上清灵宝大法》卷二,《道藏》第 30 册第 660 页。

这是所谓的《五岳持身咒》。按其法度,实施者乃于"六甲"之日服真气,依乾坤、日月、五星、三皇、南斗、三台所应方位吸气。由法术的角度来看,自有其神秘之气息;但若从艺术想像的立场来看,则又别有风味。不难看出,咒语之作者以道教特有的存想法度,塑造出一种咒语之意境。在这个意境中,自我之身躯由"五岳名山"托起,高高在上,颇有飘逸之风;作者由此进一步想像,追溯到原始化生之际,以为"我身"乃与天地同生,这又进入了"天人合一"的思想境界。于此等境界中,作者放眼天体宇宙,他似乎看到了日月在不停地运转,看到了各天体中为其主宰的"真人",他们的真气频频下降。由于"我身"与天体处于一种感应状态,咒语实施者感觉到"真气"正灌溉自己的身躯,一阵"神清气爽"的感受油然而起。这在外人看起来似乎有点傻气,但其实是一种心理意向的自我调理。咒语的创造是一个想像的过程,而咒语的设施也是想像的过程。通过想像,实施者进入了飘飘欲仙的境地。虽然,咒语创造者并非是在进行文学创作,但在客观上却又制造出一种特殊的文学气氛。

我们再看五言诗体之咒语:

乾元亨利贞,日月与吾明。

灵泉入五脏,六腑得安宁。

神仙同羽化,飞升朝上清。①

此处之"乾元"出于《周易·乾卦》之《彖》辞:"大哉乾元,万物资始,乃统天。"又乾卦卦辞开宗即谓"元亨利贞"。孔颖达《周易正义》引《子夏传》称:"元,始也;亨,通也;利,和也;贞,正也。"此谓《乾》卦因具纯阳之德,能以阳气生万物;有亨通之性,故能谐和万物,各获其利,从而坚贞永固。咒语制作者以《周易·乾卦》为思想之纲要,显化亨通妙用,更联想天体日月,以为日月之光明辉照我身。在这种境界中,作者力图引天体之灵水以灌溉五脏六腑。通过一番秘密之导引,作者感觉到自己已是神仙之一员,同其他神仙一样,羽化升天。这种咒语有很强的目的性,但又充满了幻想的意境。虽然,在内容上难免浸染宗教神秘主义色彩,但在客观上却又具备了转移自我注意力的某种功能,可以让科仪实施主体人群进入心灵放松的状态,有助于身心健康。

---

① 王契真纂:《上清灵宝大法》卷二,《道藏》第 30 册第 660 页。

在《上清灵宝大法》一书中所见之四言诗或五言诗并非都是咒语。有的作品只是对某一种情状的描述。例如《九宫洞视鬼神》：

乾象主头沉，举体重难任。两足俱冷疼，祟是一阳人。恶病缠身死，西北是沉沦。幡香有愿誓，皂衣乃邪魂。坎宫身闷乱，懒语腹肠鸣。水虫或肢满，溺死语难伸。正北因游走，怪梦足悲吟。一鬼阴阳祟，细问见其因。艮方心肋满，喉中哽塞伤。狂言并怪行，悲笑罔难量。群鬼须八数，庙社行不臧。更有石金怪，东北审形光。震位瘟黄病，寒热传四肢。食厌并咒骂，犯罪天使之。刑伤疫死鬼，青碧死魂随。红黄女鬼现，三日有倾危。巽宫颠狂语，盲谜不能明。家先为阴语，外厌是女人。魂魄拘鬼手，昼夜使呻吟。洁斋求大道，方始保康宁。离祸正南地，痈疖火烧疮。上热多黄疸，血鬼产伤亡。绯紫横死客，占亲魂是阳。正向火位讨，邪鬼见行藏。坤乡脾胃疾，痢下体廷羸。久须难治疗，西南有伏尸。动土伤岁煞，光怪显其时。勾引家先母，淹廷死魂随。兑意劳尸瘝，喘嗽足述遭。葬埋生不利，刑伤有复连。横天求功德，古器在宅边。鬼邪三人伴，同共致冤衍。①

这是对疾病症候及其成因的一种描述。作者以八卦方位为基本模式，对人体疾病作了分类归位。按后天九宫八卦的排列顺序，一宫《坎》卦在北方，二宫《坤》卦在西南，三宫《震》卦在东方，四宫《巽》卦在东南，五宫中虚而不用，六宫《乾》卦在西北，七宫《兑》卦在西方，八宫《艮》卦在东北，九宫《离》卦在南方。其叙述起于西北乾卦方位，依顺时针方向而行。乾、坎、艮、震为阳，居于左下；巽、离、坤、兑为阴居于右上。九宫八卦成为一个套子，所有疾病症候都被套在其中。

有关疾病症候的归类与描述，作者是根据卦象五行之特质来的。头部疾病配《乾》卦。本来乾象天，天在上为高，纯阳之气升则生机发，此为正常之征候；然头有疾则阳气损，故上重而沉，下不能支而冷痛。腹中水虫之疾配《坎》卦。按《周易·坎卦》之《象》辞曰："习坎，重险也，水流而不盈。"《坎》卦在北方，北为阴方，于五行为水。故水虫及溺死等疾属之。心肋喉咙诸病属《艮》

---

① 王契真纂：《上清灵宝大法》卷三，《道藏》第30册第668页。

卦。艮在东北,主山。按《周易·艮卦》之说,山之意为止。而"止"与"行"乃相辅相成,《象》曰,"时止则止,时行则行",乃为常道。若欲止反行,欲行反止,必病。《九宫洞视鬼神》诗所谓"心肋满""喉中哽塞"即是"时行"而不能行的郁结表现。瘟黄之病属《震》卦。震在东方,属木,肝胆为木,木病失青则黄。木气不能行,则寒热下注,食欲不振。颠狂盲谜属《巽》卦。巽在东南,象风,以顺为德。刚而能顺则有功;否则,迷而神乱则狂,狂则乱语。痈疮热溃之病属《离》卦。离在南方,象火。内火逼烧,热甚则多痈疮。脾胃之病属《坤》卦,坤在西南,寄位于中土,脾胃以土为本;土气衰,则脾胃呆而不能常纳,酒积而伤必下痢。气喘咳嗽之病属《兑》卦。《兑》卦在西,西为金,金气不足则伤肺,肺伤则或喘或咳。从诸病之归类来看,《上清灵宝大法》中的《九宫洞视鬼神》诗在思想旨趣上与传统中医学是一致的。但是,由于宗教思想立场的制约,作者又把疾病发生的原因归结为妖魔鬼怪作祟,这显然是与现代科学精神相背离的。当然,如果我们把妖魔鬼怪当作自然界中邪气的符号表示,那么其所引申出的结论又将是另一番情形。这在《灵宝领教济度金书》中同样存在,故而我们必须作具体的分析。

## 三、《灵宝领教济度金书》对"心猿意马"的救治功能

《灵宝领教济度金书》,题洞微高士开光救苦真人宁全真授。从总体上看,是书主要是叙述科仪的进行程序,但也录有诸多诗词之作。尤其是该书卷十、卷十一几乎都是。其他诸卷亦多见诗什。如:《启坛颂》《解坛颂》《请玄师颂》《请天师颂》《请监斋颂》《请天官颂》《请地官颂》《请水官颂》《请经师颂》等等。检索对照,可以看出,有些颂词乃抄录前人旧作,譬如《大步虚词》《华夏赞》等;当然也有不少是编者新撰。

值得注意的是,作者把"步虚词"分为大小两种。考其《大步虚词》早见于魏晋时期;而《小步虚词》则当属南宋以来科仪法事之唱词;虽然尚不能断定《小步虚词》出于宁全真之手笔,但既然是书署名为宁全真授,则其流传必与宁全真有关,代表了当时灵宝派雷法系科仪文学的一种成果。在理念上,《小步虚词》以"太极"为模式,勾勒出一个天体结构,且以上天为理想归宿。作者

强调修功德的重要性。而在艺术上,其行文颇有"游仙"之逸趣:

> 蒙蒙如细雾,冉冉曳铢衣。
>
> 妙逐祥烟上,轻随采凤飞。
>
> 几陪瑶室宴,忽指洞天归。
>
> 仁立扶桑岸,高奔日帝辉。
>
> 旋步云纲上,天风飒尔吹。
>
> 飘裾凌斗柄,秉拂挹参旗。
>
> 狮子衔丹绶,麒麟导翠辇。
>
> 飞行周八极,几见发春枝。[①]

作者对天上仙境的氛围进行浓墨重彩之渲染。在他那神来之笔的描绘下,采凤、麒麟、狮子之类动物闪亮登场,而丹绶、春枝的点缀则使其神仙的氛围增添了华贵与生机。不难看出,作者是一个谙熟道教存想法式的人物。他不仅遐想着迷人的仙境,更将自己置身于仙人世界中。在他存想的行程里,一切又是那么富于变化。刚刚还在瑶池的盛大仙人宴会里,忽然又回归到居处的洞天胜景。他站在海外仙岛扶桑岸边,远远眺望,红日之光辉尽收眼底。他这样仁立许久,忽而又举步飞升,一阵祥和的天风把他吹到北斗星辰的边上,乘坐着由麒麟导引的翠辇,上下游历,穷极宇宙。在这里,那些景观的渲染又都成为诗人自我形象的衬托。

由于科仪的进行本身是与音乐紧密结合的,《灵宝领教济度金书》编者提供了各种类型的唱词。除了步虚词之外,其他如《玉清乐》《上清乐》《白鹤词》《散花词》的艺术价值也较高。考北宋之前,斋醮科仪已多用《玉清乐》之类演唱词,随时代之更替,此类唱词因法事之需而重新创作。在内容上多显升平气象。试读其中的几首"白鹤词":

> 胎化灵禽唳九天,雪毛丹顶两相鲜。
>
> 世人莫认归华表,来瑞升平亿万年。(其一)
>
> 三山碧海路非遥,来瑞清都下紫霄。
>
> 霜雪羽毛冰玉性,瑶池深处啄灵苗。(其四)

---

① (元)林灵真:《灵宝领教济度金书》卷十,《道藏》第7册第91页。

> 五云宫殿步虚长,斗转璇霄夜未央。
>
> 白鹤飞来通吉信,清音齐逐返风香。(其六)

在道教中,向以松鹤为长寿的象征,这种观念对古代中国具有深刻影响。虽然,长寿本是就个体生命而言的;但引而申之,它也适用于形容国家或民族的长治久安。这样,作为象征体的松鹤也就成为祥瑞之兆;如果说,松树是以其顽强的生命力赢得人们的热爱和敬重,那么鹤则以其高洁而被当作吉祥物。值得注意的是,鹤在道门里又是修仙的一种转化形式或仙人往来天地间的运载工具。考敦煌遗书伯希和 3810 写卷中有《湘祖白鹤紫芝遁法》,略云:"夫白鹤紫芝遁,乃汉名将中离翁传唐秀士吕纯阳。纯阳、韩湘子阐阳天教,广发慈悲,交后之进道,难得住世延年,功行不满,未超三界,和光混术,仍在尘还。如值天劫,兵荒马乱,遍挠天下,无计逃避。噫,惜哉!今以仙术留传于世,夙弓道缘。有道缘者,起得是诀,虔心艮心,告万法教主,历代仙师。其通意某设立老祖师牌位,茶果香灯,鹿肿白鸭,供献虔诚,持炼功成,行藏之日,能脱出灾大难,永不遭刀兵之手。故云老君无世不出,先尘欲而行化,后无极而长存,隐显莫测,变化无穷,普度天下,人不可具述矣。"这部敦煌遗书乃手写本,错讹之字不少,如"中离翁"当作"钟离翁"、"阐阳"当作"阐扬"、"交后进之道"中的"交"当作"虑"、"难得住世延年"之"难"当作"虽"、"尘还"当作"尘寰"等等,此类错讹可就《万法归宗》卷二所收《湘祖白鹤紫芝遁》校正之。敦煌遗书之写卷虽亦有故神其法的意味,但我们从中却可以看出"鹤"在道教修仙过程中的重要地位。又考白玉蟾《追鹤秘法》,言及"鹤道"渊源:"鹤有数种,东城有筇鹤,宾有芦鹤,淮山有杨鹤,青城山有羽鹤,此乃古今之通传。如汉天师登九云之鹤,许真君驭凌风之鹤,葛稚川飞玉霞之鹤,钟离正阳君升太霄之鹤,信果有之。谚云:鹤生三子,其一乃鹤。特胎生之鹤耳,非蓬莱之羽翎,非紫微唳天之丹霞顶也,非瑶台缟衣舞凤比也,非天枢啸烟之素裳也。洞宾纯阳君之鹤,岂徒现也?鹤之来者,则清秋而翔云,夜深而啸月,仙有承鹤而来去者。诚有得道修真将出尘之士,获遇斯文,可以飞符召至,翩跹而来,翱翔于空中,不特鸣于九皋耳。"[1]按照白玉蟾的说法,神仙往来每每乘云驾鹤,所以,鹤实际

---

① 《法海遗珠》卷十四,《道藏》第 26 册第 803 页。

上已成为神仙显现的一种好兆头。而且,祥鹤还可以符法召请。从白玉蟾的描述可知,鹤甚至被当作传递大道信息的秘使。这种对"鹤"的崇尚观念必然反映到斋醮科仪法事之中,尤其是喜庆盛典,更希望有所谓祥鹤云集。《灵宝领教济度金书》在有关法事活动之唱词中不惜笔墨赞美白鹤,这一方面体现了道门"追鹤"欲仙的思想观念,另一方面也反映了古代中国社会以鹤为祥、庆祝升平的美好愿望,进入此等境界,有助于转换人的注意力,达到精神休息的自我疗治之功效。

宁全真科仪著述所见诗词往往以梦幻般的遐想来抒发那种笃挚修仙的崇道情感,故而他笔下的珍禽异兽似乎也具仙风道骨:

> 一声嘹唳九皋禽,换骨轻清岁月深。
>
> 辽海等闲人不识,大罗天上有知音。(白鹤词其七)
>
> 白毛鲜洁映霜华,丹顶分明夺绛砂。
>
> 千六百年神气就,飞鸣长伴玉仙家。(白鹤词其八)
>
> 蕊珠宫里七言成,十一真君一一名。
>
> 云拥苍虬归火府,风随素虎出沧瀛。①

这里既有引颈长鸣的丹顶鹤,又有不怕火烧的苍虬,还有步起风随的白虎。已经脱胎换骨的丹顶鹤虽然不为"辽海"人世间所器重,但却在神仙胜境的最高层——大罗天遇到了知音。由于它经过了千百年的修行,身聚神气,故能轻清高飞;至于火府中的苍虬、出自沧瀛海岛的素虎更给仙家蕊珠宫增添了神秘和美妙。法国哲学家和文艺理论家雅克·马利坦(Jacques Maritain)在论述"诗性直觉"时说:诗人的主观性对于诗是何等的重要。雅克解释说:他所谓的"主观性"指的是最深的本体意义上的主观性,也就是说,人的实质的整体,一个朝向自身的世界。他指出:"灵魂的精神性使得主观性可能通过它自己内在的行动包蕴自身。而处在所有主体的中心的主观性仅仅是通过把握作为主体的自我便能认识客体。正如神的创造以上帝拥有它自己的本质认识作为先决条件那样,作为诗性创造最初要求的是诗人把对自己主观的把握当作先决

---

① 《太清乐》其四,《灵宝领教济度金书》卷十,《道藏》第7册第93页。

条件。"①雅克还说:"诗的第一要求是诗人对他自己主观性的隐约认识。这一要求与另一要求——对于外在世界和内在世界客观实在的把握——不可分割的。诗人这种对于客观实在的把握,不是通过概念和概念化的认识,而是通过一种隐约的认识。而这种隐约的认识,就是我称之为通过情感契合而达到的认识。"②雅克这些论述主要包含两个方面的意义。首先,他强调主观性对于诗性直觉的特殊作用;其次,他又认为诗人对自己主观性的隐约认识又不能离开两种客观实在。最终,他把诗人的诗性直觉归结为情感的契合。如果从哲学认识论的角度看,雅克强调主观性并非正确;但是,从诗歌创作规律来看,却又有其合理性。尤其是在道教的诗词创作中,雅克的理论便显出其敏锐的慧力。我们读宁全真所传科仪著书中的咒语诗或法事演唱歌词便会感到其特有的主观直觉。虽然,白鹤、素虎、苍虬之类禽兽在客观世界中也能找到原型,但它们进入宁全真的科仪诗词世界时便变了样,珍禽异兽被赋予仙道之灵性,它们不仅具备修炼的过程,而且以其灵异衬托出仙界的美善。事实上,透过珍禽异兽的形象刻画之背后,我们感受到的是作者崇道的主体情感,这种情感的专一,对于救治"心猿意马"的心理疾病是有所裨益的,值得我们深入探究。

(本文原载《宗教学研究》1992 年第 2 期,收入本书时有所补充和修改)

---

① [法]雅克·马利坦(Jacques Maritain):《艺术与诗中的创造性直觉》,刘有元、罗选民等译,北京:生活·读书·新知三联书店,1991 年版,第 92 页。
② [法]雅克·马利坦(Jacques Maritain):《艺术与诗中的创造性直觉》,刘有元、罗选民等译,北京:生活·读书·新知三联书店,1991 年版,第 93—94 页。

# 浮游守规中

## ——虚白子"规中"丹诀的符号养生旨趣

元代中期,由于国家统一,思想交流获得了社会空间的保证。道人逐步恢复了唐宋时代那种钻研教理与修行法诀的风气,从而造就了一批有名望的思想家与丹道养生家。陈冲素是值得注意的一位。陈冲素号虚白子,又号真放道人,武夷山道士,其生卒年不详,著有《规中指南》,用以阐发丹功要理。他以"规中"作为总法象,以为丹道妙诀就在"规中",能够明了"规中"旨趣,"一意不散"①,就可以炼就身内"圣胎",羽化登仙。顾名思义,《规中指南》就是以"规中"作为丹道修持的理论原则。这部著作具有丰富的"符号养生"内涵,颇值得一读。笔者经过一番稽考,对其符号所寄托的意义有所理解,稍加梳理,成就此文。

## 一、象外叠象:规中原旨成方圆

按"规"在汉语中有多种意义,而其本义当指画圆形的一种工具,即圆规。《墨子·天志上》:"譬若轮人之有规。"引申之,则以规所画之圆形也叫规。如扬雄《太玄经》卷十《玄图》谓:"天道成规,地道成矩。"再引申之,则"规"又具法度、准则之意。至于"中"则有中间、里面、内心等诸义。"规中"相联首见于《周易参同契》。是书中篇曰:"真人潜深渊,浮游守规中。"陈致虚说:"规中,名造化窟也。若炼大丹于此,一符之倾,切须慎密。浮游者,常静而又常应。

---

① (元)陈冲素:《陈虚白规中指南》卷下,《道藏》第 4 册第 387 页。

暂时不离此。用守者,勤勤内照,诚有所待也。此两句又为《参同契》中合尖处。"①按照这个说法,"规中"指的是"造化窟"。但"造化窟"又是什么呢? 黄公望以"罔象"为造化之宗和金丹之祖,且示之一圆图。俞琰在《周易参同契发挥》卷中说:"魏公谓真人潜深渊,浮游守规中者,随真息之往来,任真气之升降。自朝至暮,元神常栖于泥丸也。"②从上下文的关联来看,"规中"似乎是指"泥丸宫"。不过,按陈冲素自己的说法,则"规中"又另有命指。他引老子《道德经》"多言数穷,不如守中"的话说:"正在乾之下,坤之上,震之西,兑之东,坎离水火交媾之乡。人一身天地之正中。八脉九窍,经络联辏,虚闲一穴,空悬黍珠,不依形而立,惟道体以生,似有似无,若亡若存,无内无外,中有乾坤,黄中通理,正位居体。《书》曰:惟精惟一,允执厥中。《度人经》曰:中理五气,混合百神。崔公谓之贯尾闾,通泥丸。"③据此,陈冲素所谓"规中"既是"有定在",又是"无定在"的。"有定在"指的是天地中数,人身正中;"无定在"指的是修炼之事不可机械强求。

从总体上看,"规中"实际上还是象征法度。"规"的意象与《周易》的阴爻、阳爻度数有关。关于此,魏伯阳《周易参同契》已略有显露:"土游于四季,守界定规矩。"俞琰解释:"守于坤而采药,守于乾而运火,故曰守界定规矩。"④《周易参同契》又说:"用九翩翩,为道规矩。阳数已讫,讫则复起。"⑤此处的"规矩"乃以乾坤为界定。在《周易》中,"九"是阳数之极。所谓"三天两地而倚数",因五行之生数天一、天三、天五(这三个奇数称"三天")相加而成九;地二、地四(这两个偶数为"两地")相加则成六。"九"为诸天之大,代表阳爻;"六"为两地之和,代表阴爻。乾卦为阳之总括,故用九;坤卦为阴之统领,故用六。丹法拟天地之象,以"用九"为刻中火候之九转,此乃顺天而行,借卦为规。"一爻才过,一爻又来,而不敢毫发差殊也。"⑥陈冲素之所谓"规"

① (元)陈致虚:《周易参同契分章注》卷中,《周易参同契古注集成》,上海古籍出版社 1990 年版,第 283 页。
② 《周易参同契古注集成》,上海古籍出版社版 1990 年版,第 185 页。
③ (元)陈冲素:《陈虚白规中指南》卷下,《道藏》第 4 册第 387 页。
④ (宋)俞琰:《周易参同契发挥》卷上,《周易参同契古注集成》第 146 页。
⑤ (宋)俞琰:《周易参同契发挥》卷中,《周易参同契古注集成》第 173 页。
⑥ (宋)俞琰:《周易参同契发挥》卷中,《周易参同契古注集成》第 174 页。

亦当具此意。天地大象,丹功之规。依规进火,九转数足。可见,"规"不仅以具有可视性的"规矩"为象体,而且以乾坤为大用。

丹功修炼,依易卦阴阳爻而成规,在操持上又以天体"黄道"为准绳。所谓"黄道"就是太阳周年视运动在天球上的大圆。天文学的现象显示,从地球的角度观察太阳,可知其运行并非在一条直线上,而是徘徊在南北回归线之间,即在天球上黄道两侧各八度,以构成日月五星与二十八星宿的舍居地带,总称为黄道带。按照这个理论,黄道是太阳于春夏秋冬四时的运行之道。虽然太阳的视运动表现出某种"徘徊",但从相对意义上仍可以说,天体运行,黄道居中。古人从天体运行的现象得到启发,形成了"尚中"的思想。相传黄帝"四达自中"。《周易》"图书"之学(指河图、洛书的专门学问)以"五""十"居中。孔子推崇"中庸之道",老子提倡"守中",《易传》崇尚"刚柔得中",这些命题体现了先民对于中道特别关注。

陈冲素以"规中"为"指南",从诗歌的意象符号的形成角度看,带有物象、法象的集合特色。如果说作为绘图用的原始工具——规矩以及天体黄道之类乃是"物象"的话,那么易学阴阳卦爻符号就是法象。物象与法象本来属于不同的等级,但在陈冲素的融会贯通下,它们被巧妙地组合起来,故而具有多重的象征效应。

"规中"作为陈冲素诗歌作品的主体意象,不仅具有"集合"的特色,而且包含着"转换"的功能。中国古代的符号转换,有一条重要的途径,那就是"谐音相转"。从这个线索进行考察,可以发现"规中"尚有另一番奥秘。"规"字通"圭"。按"圭"乃"卦"的古字。古人卜筮,画地识爻,由下而上,先画"一"横,象地;再画以"十",则卦体初形。"一"合"十"为"土",土上叠土,则内外卦俱备。演卦遵循的是"大衍"之数,以五十挂一不用,只用四十九根蓍草推演,十八变形成一卦。这个过程包含着"度数"的意蕴,故而"圭"又成为一种度量的名称。依圭之法度而作器,遂有"圭表""圭臬",以测日影。北齐刘昼谓:"三纲之动,可以圭表度也。"[1]唐杜甫《杜工部诗集》卷十三《八哀诗·故著作郎贬台州司户荥阳郑公虔》:"圭臬星经奥,虫篆丹青广。"由于圭表或圭

---

[1] 刘昼:《刘子》卷四《心隐》,文渊阁《四库全书》本。

臬这种器具是用来度量的,联想引申,它们又被作为准则、典范的比喻。陈冲素"规中"之"规",其音合诸"圭",而所运载的内在意义也有重叠的一面。在道门之中,金丹又称作"刀圭"。陈致虚《上阳子金丹大要》卷六谓:"刀者,乃戊土中之铅也。圭者,乃戊己二土合为一圭也。离中己土,辅日之光,居于午上,故夏日热而冬日暖。午为阴之首,而日为阳,是以己土乃阳中之阴,象龙之弦气也。坎中戊土,助月之华,居于子上,故冬日暄而夏夜凉。子为阳之首而月为阴,是以戊土乃阴中之阳,象虎之弦气也。"①此可证"规"又以"圭"为互相转换之法象。不仅如此,"规"还与另一谐音"龟"通。内丹修炼,或以龟息为法。灵龟闭气内息,如婴儿处胞胎之中。这正是内丹学的奥秘所在。通过追溯,可知陈冲素诗歌的主体意象——"规中"乃是象中有象,象外生象。它带给人们的是一种立体的审美符号感受。

## 二、天根月窟:规中统贯旧翻新

"规中"在陈冲素的丹道诗内是中心原则,也是主体意象。然而,"巧妇难为无米之炊",光有原则或主体意象,这是无法全面表征丹功操持法门及境界的。故而,陈冲素也沿袭传统,注意采撷原有意象,以架构其丹道的"符号养生大厦"。他对原有意象的应用具有自己的特色,这就是——借鸡孵蛋,蛋出灵龟。

如果把前人的意象比喻为"鸡"的话,那么陈冲素通过一定途径引进的意象则可以说是"借鸡"。在道门中由于师徒口口相传,许多用以表征内丹学的意象重复地出现在各种典籍中;但是,由于时代的变迁和修行者个人体验的差异,意象又被重组,因此形成了种种意象群体的子系统。由于个人的雅好不同,禀赋不同,对意象的采撷也各有千秋。在陈冲素的《规中指南》里有这么一种情况,那就是引用前人现成的作品,赋予新的内涵。如卷上《止念》第一:

耳目聪明男子身,洪钧赋予不为贫。

因探月窟方知物,为蹑天根始识人。

---

① 《道藏》第24册第22页。

乾遇巽时观月窟,地逢雷处见天根。

天根月窟闲来往,三十六宫都是春。①

此诗后四句见于俞琰《易外别传》。俞氏在引用了邵康节(即邵雍)的诗"自从会得环中意,闲气胸中一点无"之后,称"又曰"。按此语气,可知以下所引亦为邵康节所作。邵康节作此诗本是歌咏"先天图"的。元代张理在《易象图说内篇》卷中言及先天图时引邵康节的话说:"图虽无文,吾终日言而未尝离乎是。盖天地万物之理,尽在其中矣。"②两相对照,可以判断邵康节所作诗的确是"玩味"先天图的一种结果。

古易学中的先天图可以看作一种宇宙模型。它与先民的天体观察有密切关联。这可通过其中的"天根""月窟"等重要术语意义的发掘而得到佐证。"天根"在古代本是氐宿星的别名。《国语·周语中》:"天根见而水涸。"《尔雅·释天》:"天根,氐也。"注谓:"角亢下系于氐,若木之有根。"这说明"天根"本有确定之意义。至于"月窟"有两种意义。一是指月中。《晋书·挚虞传》引《思游赋》:"扰免兔于月窟兮,诘恒娥于蓐收。"二是因月的归宿地在西方,故借之以指极西之地。如《广弘明集》卷二十所录南朝梁简文帝《大法颂》:"西逾月窟,东渐扶桑。"这第二种意义是引申的结果,归结到本初,还是因月而起。

按文献所著录,先天图式有多种。考《道藏》本《大易象数钩深图》卷上录有"伏羲先天图",其状内方外圆,六十四卦分列其间,井然有序。作者释曰:"右伏羲八卦图,王豫传于邵康节,而郑夫得之《归藏》初经者。伏羲初画八卦,因而重之者也。其经初乾初坤,初艮初兑,初坎初离,初震初巽。卦皆六画,即此八卦也。八卦既重,爻在其中。"③从这一段说明文字可以进一步看出邵康节所作诗内容与先天图的内在关联。又俞琰《易外别传》所列先天图,以太极居中,月窟在上,天根在下。在形状上,《大易象数钩深图》中的"伏羲先天图"与《易外别传》的先天图有所不同。前者方圆相间,后者则无方图。但六十四卦居于一环这一点却又一致。其卦的排列又均是终坤始复。

---

① (元)陈冲素:《陈虚白规中指南》卷上,《道藏》第4册第384页。

② 《道藏》第3册第232页。

③ 《道藏》第3册第171页。

不论先天图有多少种变体，其元初作为宇宙模式的特质本身就蕴含着抽象符号化的契机。因为先天图虽然也是作者对某种原型体"摹写"的产物，但经过思维器官的"过滤"，具体的声像已经隐退，剩下来的是一种形式的外壳。创作者把他的思想理念贯注在当中。由于先天图的抽象特质，后人在进行解释的时候，完全有可能根据时代的精神，纳进新的意识。前人在论及《易经》的卦象时曾经说过：易道广大，无所不包。其卦象作为代码可以"运载"多种多样的思想内容。这就使人们有可能"生发"出许多不同的解释来。邵康节吟咏先天图的诗也属于易学图书象数的一种解释。这种解释可以看作代码的转换，即由图像符号变成语言符号。从各种迹象来看，邵康节的解释是以天文历法为根基的。这在他的《皇极经世·观物》中可以得到证实。他把先天图的解释学叫作"心学"，因心而悟，力图穷通宇宙。因此，其所涉的具体内容又是包罗万象的。这一切都为陈冲素在《规中指南》的应用奠定了基础。

然而，必须指出，陈冲素采撷邵康节诗，所"运载"的观念意识却不相同。他在诗歌的前头加上一个标题《止念》，继而在诗歌的终了处附上一段口诀："念起即觉，觉之即无。修行妙门，惟在此已。此法无多，子（只）教人炼。念头一毫如未尽，何处觅踪由？"①这就说明，其目的并不是要用以表征天文现象或用以歌咏先天图的奥妙；而是为了意念的控制。如果说陈冲素从邵康节那里引来一首诗是"借鸡"，那么陈氏紧接着把其口诀挨在旁边，这就类似于把"蛋"放在"母鸡"的卵翼底下。借助"母鸡"的体温，那"蛋"渐渐就能"孵化"。

一首歌咏先天图的诗为什么能够把"止念"这个"蛋"给孵化呢？为了揭开其中之奥秘，我们还是先读一读陈冲素的一段半暗示半说明的文字："夫无念者，非同土石草木，块然无情也。盖无念之念谓之正念。正念现前，回光返照，使神御炁，使炁归神，神凝炁结，乃成铅汞。"②按照这种立场，"无念"并不是什么念头都没有，而是去掉歪念邪念，让正念来取代。这个步骤的实施既是观念转换的过程，又是驾驭先天太极的符号养生过程。因为心存先天图就是以正念压歪念邪念。其奥妙所在是"因观而止"。所谓"观"就是观想先天图。

① （元）陈冲素：《陈虚白规中指南》卷上，《道藏》第4册第384页。
② （元）陈冲素：《陈虚白规中指南》卷上，《道藏》第4册第384页。

"观"可以有两种形式,一是外观,又一是内观。外观乃是观想以肉眼可以看见的外在先天图;而内观则是观想肉眼看不见的"体内先天图"。在入门阶段,由于对符号转换还陌生,可以先采用外观的形式;但一经明了路数,就应进入内观。俞琰说:"愚谓人之一身,即先天图也。心居人身之中,犹太极在先天图之中。朱紫阳谓中间空处是也。图自复而始,至坤而终,终始相连如环,故谓之环。环中者,六十四卦环于其外而太极居其中也。在易为太极,在人为心。人之心为太极则可以语道矣。"①根据这种解释,则先天图又成为人体内在结构的一种符号。这样,观想先天图,就是反观内照,观先天图中的太极就是"观心"。明白此理,"止念"之"蛋"也就"孵化"了。

"孵化"出来的是什么呢?它不是"小鸡",因为旧念已止,歪念邪念已除,代之而起的是先天图的"无感之感""无物之物",姑且把这叫作"灵龟"。这是因为无歪念邪念则正气运行,所谓"一息之间,天机自动"。气息微微,默默往来,如灵龟之导引,具先天之图韵。若追溯到底,则先天图也蕴藏着灵龟的原型。先天图内六十四卦列于一环中,六十四卦出于八卦,而伏羲氏所作八卦实与龟象有关。古史传说的文献记载,大禹治水,得"洪范九畴",其中乃蕴含着"洛书"数理。洛书法龟象,先天图盖与之有关。洛书极数为"九",会春夏秋冬之运,则有三十六。陈冲素《止念》题下所咏"三十六宫都是春"乃是龟息时内在美的写照。由此回顾《止念》诗的全体,我们既可以感受到符号转换的链条,又可以领略作者龟息丹功的深沉意蕴。在今人看来,这种符号代码的转换恰如一条通往迷宫的弯弯曲曲的隧道,其内在意义深不可测;然而,从符号养生的层次上看,先天图上具有的含蓄美与朦胧美恰恰是止念行气的艺术导引。

## 三、斗柄逆旋:规中法象指玄牝

陈冲素阐述"规中"秘理,除了采用前人已有作品之外,他自己也撰写新作,且连缀意象。以一贯三,函三为一。所谓"一"就是"规中","三"就是"玄

---

① (宋)俞琰:《易外别传》,《道藏》第20册第313页。

牝""药物""火候"这内丹三要。"规中"的主体意象贯穿到"内丹三要"的意象群中。反过来看,"规中"这个"一"又涵盖着内丹三要。这首先就表现在《玄牝》一诗内:

> 混沌生前混沌圆,个中消息不容传。
>
> 辟开窍内窍中窍,踏破天中天外天。
>
> 斗柄逆旋方有象,台光返照始成仙。
>
> 一朝捞得潭心月,觑破胡僧面壁禅。①

"玄牝"首见于老子《道德经》。该书第六章谓:"谷神不死,是谓玄牝。玄牝之门,是谓天地根。"意思是说,虚空之精生化万物是没有止息的,这就叫作玄牝;玄牝的大门是天地赖以产生的根源。"牝"与"牡"是相对的。牡是公马,牝是母马。"玄"是深黑的意思。所以,就这一层次来看,玄牝就是指深黑的母马。另外,牝还指门闩的孔或溪谷。"牝"的这几种用法虽然有区别,但如果上升到性质上来认识,却都有"阴"的意义,因为不管是母马还是孔抑或是溪谷在古人的眼中都是柔下的。在中国古人"依象联类"的思维习惯中,"柔下"往往与"雌性"相关联。雌性的最重要标志是阴户。表示阴户的象形文字,除了《说文解字》明确指出的"也"字之外,还有"匕"字。按照郭沫若先生《甲骨文字研究》的看法,"匕"乃是"牝"的初字。换一句话来说,牝字乃"匕"字的发展。所以"牝"也含有雌性阴户的意味。"玄牝"的最本始意义当是母性生殖器官。当然,作为一位哲学家,老子笔下的"玄牝"是一种象征,用以表示悠远神妙的生化天地万物的非肉眼所能看得见的生殖器官。假如我们联想一下老子《道德经》中的其他论述,那就能够更加明显地看出玄牝的阴性意义。在《道德经》的体系中,玄牝是谷神的转换,谷神是"道"的隐语式称谓,而道则是万物之母。《道德经》第二十五章说:"有物混成,先天地生,寂兮寥兮,独立而不改,周行而不殆,可以为天下母,吾不知其名,字之曰道。"他指出,有一种东西,混混沌沌,在天地产生以前早已存在,它无形无声,没有什么东西可以同它相匹敌,它周而复始地运行而不改其常迹,可以称为天下之母,不知道它叫作什么名字,姑且把它叫作"道"。老子在此处直截了当地把"道"

---

① (元)陈冲素:《陈虚白规中指南》卷下,《道藏》第4册第387页。

叫作"母"。因此,作为"道"的象征的"玄牝"之阴性意义便不言而喻了。

随着时间的推移,许多道教学者从炼丹养生的角度对《道德经》进行解释。由宇宙外物反观人体,"玄牝"便成为生命之源的秘密所在。人们用各式各样的词汇来命指它,试图揭示它的幽隐之意。陈冲素说:"夫身中一窍,名曰玄牝,受炁以生,实为神府三元所聚,更无分别。精神魂魄会于此穴,乃金丹返还之根,神仙凝结圣胎之地也。古人谓之太极之蒂、先天之柄、虚无之宗、混沌之极、太虚之谷、造化之源、归根窍、复命关、戊己门、庚辛室、甲乙户、西南乡、真一处、中黄房、丹元府、守一坛、偃月炉、朱砂鼎、龙虎穴、黄婆舍、铅炉土釜、神水华池、帝一神室、灵台绛宫,皆一处也。"①足见其名目之繁多。在罗列了种种名目之后,陈冲素提出一个问题,这就是"玄牝"的位置到底在何处?他以否定方式来回答,指出:"然在身中而求之,非口非鼻,非心非肾,非肝非肺,非脾非胃,非脐轮非尾闾,非膀胱非谷道,非两肾中间一穴,非脐下一寸三分,非名堂泥丸,非关元气海。"②经过了这一系列的否定之后,他才指出"玄牝"就在"规中"。这就把玄牝问题的探讨囊括在"规中"范围内。

与解释性的文字相比,陈冲素关于"玄牝"的诗则显得朦胧而耐人寻味。因为它遵循的是金丹派传统的意象暗示原则。其秘义乃蕴藏于符号的转换与意象重新组合关联中。诗一开始便使用了道家典籍常见的术语——"混沌"。乍一看来,这似乎很抽象,但若弄清这术语的缘起,也就能够由抽象回复到具体的养生意象。在我国古代传说中,混沌乃是用以形容天体未形成以前模糊一团的景象。沿着这个路径作反溯性的思考,就能渐渐进入那种原始幽隐的时空状态。实际上,陈冲素诗中所出现的"混沌"是从老子《道德经》"有物混成"取得元初信息之后"化"出的。老子"有物混成"是对"道"的性状的哲理性"描摹";而"道"的另一种符号代码是"谷神",亦为"玄牝";因此"混沌"经过多重转换之后便与"玄牝"发生关联。不过,至此为止,尚未进入"规中"玄牝之门。诗人以道家的逆性思维法式,继续寻求混沌的本初性状。在反观内照的状态下,他"捕捉"到莫名之"圆",所以称作"混沌圆"。由于"圆"这个意

① (元)陈冲素:《陈虚白规中指南》卷下,《道藏》第4册第387页。
② (元)陈冲素:《陈虚白规中指南》卷下,《道藏》第4册第387页。

象的引入并且同"混沌"组合,"不容传"的"玄牝"情状终于显露出一种虽然朦胧但却也可以"比照"的图式。当然,混沌的状态毕竟是不容易把握的,如果不得"玄机",哪怕辟开窍内之窍,踏破天外之天,也将徒劳。因为玄牝的把握是在一种特定精神状态下进行的。"不可以有心守,不可以无心求。以有心守之,终莫之有;以无心求之,终见其无。"①这说明一般的感知是难于悟出玄牝奥妙的。所以,陈冲素只好借助"斗柄""台光"作指南了。"斗柄"本指北斗七星的柄,也就是第五、六、七星,古又称为"天罡"。道门以喻周天运转。刘一明《金丹四百字解》称:"此星所坐者凶,所指者吉,所以运周天列宿,行二十四气,以成岁运。在吾身即一点真知之真情。真情一名金公,刚强不屈,有生有杀,亦如天上之斗柄也。有生以来,为客气所染,外物所诱;斗柄指外不指内。生气在外,杀气在内。顺其造化,幼而壮,壮而老,老而死,万劫轮回,无有出头之期。若知生杀之机,扭回斗柄,转身之间,即到故乡。可以夺周天造化,可以合四象五行,一时辰内管丹成,绝不费力。"②一个"扭"字点出了丹功逆行之理。陈冲素所谓"斗柄逆旋方有象"正暗合此道。至于"台光"指的是三台星之光。在天文学中,三台星是紫微宫帝座前的星名,共有六颗星,两两而居。古代的占星术以天上星宿附会人事,认为三台星乃是人事社会中的三公之象征。《晋书·天文志》谓:"三台六星,两两而居,起文昌,列抵太微。一曰天柱,三公之位也。在人曰三公,在天曰三台,主开德宣符也。西近文昌二星曰上台,为司命,主寿;次二星曰中台,为司中,主宗室;东二星曰下台,为司禄,主兵,所以昭德塞违也。又曰三台为天阶,太一蹑以上下。一曰泰阶。上阶,上星为天子,下星为女主;中阶,上星为诸侯三公,下星为卿大夫;下阶,上星为士,下星为庶人;所以和阴阳而理万物也。君臣和集,如其常度,有变则占其人。"按照这种解释,三台星本有很明显的符号表征意义。天上的星宿与地上人间的君臣庶民一一对应,诸星宿简直就构成了一个井井有条的人间社会。从原始语义上看,陈冲素的"台光"也具备这种符号对应意蕴。不过,必须看到的是,陈冲素的"台光"并不发于天上,而是发于体内。正如魏伯阳《周易参

----

① (元)陈冲素:《陈虚白规中指南》卷下,《道藏》第4册第388页。
② (清)刘一明:《金丹四百字解》,《藏外道书》第8册第569页。

同契》以来诸丹经一样,陈冲素诗中所涉及的星宿体乃是用以表征人体的。从天人合一的立场出发,陈冲素把人身当作一个天体世界。天上诸星在运转,人体"诸星"也时刻没有止息。炼丹之人,要能明了体内之天,感悟内在星宿运行之迹象,关键所在是能够"逆而行之"。所以,诗中在描述"台光"的作用时精心地选择了一个"返"字,暗示人们欲知玄牝之门,当"返照"内躯,才能"捞得"潭心之月,认识"面壁禅"的真相。这种符号转换手法对于初迈丹功门的人来说也许感到颇为神秘,不好操作;但"规中"之象却因此得到了多层次的显示,诗学的艺术魅力亦由之而迸发。

## 四、两弦合精:规中隐处药苗芬

"规中"的主体意象既在《玄牝》诗的符号象征中得到"映现",那么内丹三要中的"药物"也会由此折射出它的光辉来。因为在金丹派看来,玄牝之基乃是药物。能得体内自然之大药,则玄牝开仙门,"婴儿"自降生。诗曰:

> 五蕴山头多白雪,白云深处药苗芬。
>
> 威音王佛随时种,元始天尊下手耘。
>
> 石女骑龙探两实,木人驾虎摘霜芸。
>
> 不论贫富家家有,采得归来共一斤。[①]

初读此作,似乎未能感受"规中"的"折光",因为它的"反射镜"之外尚有重重"围墙";不过,只要我们找到正确的门坎,进入"围墙"之内,还是可以觉察其"光感"刺激的。我们知道,"规中"之规的原始物象是画"圆"的工具,规与矩相对,有规必有矩。俗话说:"无规矩不成方圆。"反过来看,正确掌握规矩,也就可以获得方圆。从因果关联上看,规矩是因,方圆是果。有因必有果,有果可知因。在中国古人的借代思维世界中,因果意象也可以互相借代。故规矩可以代表方圆,方圆也可以代表规矩。这样,我们只要剖露方圆,即可明规矩,规矩明则"规中"亦显。方圆"能指"是什么呢?方圆就是天地,因为中国有所谓"天圆地方"之说。可见,有天地就有方圆。天在上为乾属阳;地在下为坤

---

① (元)陈冲素:《陈虚白规中指南》卷下,《道藏》第 4 册第 387 页。

属阴。据此，则乾阳坤阴即有方圆之"韵"。坤阴化迹，则威音王佛；乾阳示象，有元始天尊——这句话如何理解呢？我们不妨先考察一下典故来源再作探讨。按"威音王佛"是佛名之一，本出佛典。《法华经》谓：乃往古昔，无量无边不可思议阿僧祇劫，有佛名威音王如来，劫名离衰，国号大成。是威音王佛寿四十万亿那由他恒河沙劫。正法住世之劫数，如四天下之微尘。其佛饶益众生，已后灭度，正法像法灭尽。后于此国土复有佛出，亦号威音王如来，如是次第有二万亿佛，皆同一号。最初威音王如来既已灭度，正法灭后，于像法中增上慢比丘有大势力，尔时有一菩萨比丘名常不轻。按《法华通议》的解释，威音王佛乃是空劫初成之佛。就佛典的种种描绘可知，威音王佛是极为古远时代的一种"佛"，据说其功德之一即是"向下而理地"。从阴阳象征哲学来看，地属阴，故威音王佛本与地阴结下不解之缘。不论原先的语义如何，佛经翻译经历了一个中国化的过程。当它们转换成中国文字之时，便已"染上"其象形比类的思想意蕴。在研究文化符号象征的时候，我们不能不注意到这种文字转换之后所携带的新信息。《说文解字》释"威音"之"威"为"姑"，又引《汉律》曰："妇告威姑。"有清段玉裁注引惠氏定宇曰：《尔雅》"君姑"即威姑也，"古君威合音差近。"在甲骨文中，威字的形状是一把斧头之下立着一个女人，象征母亲坐在斧头之下，威风凛凛，令人可畏。这是古老女性崇拜观念在文字学中的体现。威姑是古代对母亲的一种尊称。"母"在易学中属坤，坤是地象，出于古老阴性崇拜的传统，先民常常称大地为地母。地以坤为象，其形方；而"方"出于"矩"，又合于"中"，因坤地于"五行学"属土，土色黄居中。因此，中国化了的"威音"乃潜在着"矩中"的意义。至于"王佛"之"王"更有"中"的意义。《说文解字》："王，天下所归往也。董仲舒曰，古之造文者，三画而连其中谓之王。三者，天地人也，而参通者王也。"这就说明"王佛"之"王"也携带着"中道"的理念。陈冲素诗中的"威音王佛"，论其本初虽是出自佛典名号，但从表征的汉文字的符号结构看，则又蕴藏着中国传统本有的"地阴中道观"。又考"元始天尊"亦隐含着"规"的秘义。就辞源学来看，"元始天尊"与《周易》之《乾》卦有关。《彖》曰："大哉乾元，万物资始，乃统天。云行雨施，品物流行。"由此可知"元始"二字实得之于《周易·乾卦》之《彖》辞；而"天尊"则出《周易·系辞上》："天尊地卑，乾坤定矣。"取《乾》卦之"元"与

"始"合于"天尊"即成道教最高天神的名称。《易》之乾卦象天,观天知圆,圆则有规;规者,典范也。由此推之,则元始天尊可以说成为丹功修炼的典范。从道门的立场看,他当然是最识"规矩"了。难怪陈冲素在诗中称"元始天尊下手耘"。操规画出"混沌圆",自然必须立一个圆心,圆心就是"中点",这样心蕴规中,可谓一目了然。至此,通过"威音王佛"与"元始天尊"的符号学分析,已可证明陈冲素这首吟咏"药物"的诗依旧把"规中"的主体意象贯注在字里行间。但是,正如《玄牝》诗内的"规中"主体意象没有取代"玄牝"一样,《药物》诗于贯注"规中"旨趣的总原则下,也表现作者对从属意象的营构与多重组合。这在诗的首联已拉开序幕。

如果说"威音王佛"与"元始天尊"作为"规中"的转换性代码,其上场显示出一种帝王气派,那么首联中的"五蕴山头"及"白云深处"则为"帝王"的出场作了环境的渲染和必要的铺垫。可以说,这是一个规模宏大而又无形无状的内功修炼"舞台"。这个舞台的一切景观布置既有直观性——它们可以引起"观众"的感官刺激,造成空间景物的联想;又有含蓄性——它们于内在深层意蕴上所表示的非是景物自身,而是作者的观念与情感。从这个意义上说,这些景物也具有代码的功能。根据何在呢?让我们还是通过"五蕴山头"等意象的阐释来加以证明吧。"五蕴"或又作"五荫",关于它的辞源及原始意义在不同的典籍有不同的解释。按照佛教的说法,这指的是形成人类心理认识活动的五种基本要素,即色(形相)、受(感受)、想(思念)、行(意向)、识(心识)。此等意旨在道教经典中也可以找到例证。如《道门经法相乘次序》卷下:"五荫,一色荫,眼见一切色;二受荫,以觉是非;三想荫,心思维之;四行荫,心随想行事;五识荫,心知生灭,识想鉴记。"[①]其他道门典籍尚有类似记载。陈冲素的《药物》诗所谓"五蕴"是不是这种意义呢?如果孤立地看,这似乎也说得通。不过,联想一下"山头"便觉得难以成立,因为"五蕴山头"在构词上属偏正结构,把五种心理活动比作山头并不合适,故笔者放弃此说,另求蹊径。"五蕴"的关键在"蕴"字作何理解。"蕴"的本义当是积聚、收藏。如《左传·昭公十年》:"蕴利生孽,姑使无蕴乎?"《后汉书·周荣传》陈忠荐兴

---

① 《道藏》第 24 册第 798 页。

疏:"臣窃见光禄郎周兴……蕴椟古今,博物多闻,三坟之篇,五典之策,无所不览。"这两项资料所出现的"蕴"均作"收藏"解,可知"蕴"与"藏"在词义上可相通,甚至有人直接把"蕴"与"藏"相连,构成"蕴藏"一词。蕴藏之"藏"用到中医学上以称谓人体器官则有五藏之名,指心、肝、肾、肺、脾。因在体内,主受纳而能藏,故谓之五藏。《黄帝内经素问·五藏别论第十一篇》称:"所谓五藏者,藏精气而不写(泻)也,故满而不能实。"由此可见"藏"乃具积蓄之意。所以,陈冲素的"五蕴"当是指"五藏"。把五种内脏比作"山头",这是具有藏相学的根据的。《黄帝内经素问·藏气法时论第二十二篇》在谈到五藏与四时五行的关联时说:"五行者,金木水火土也。更贵更贱,以知死生,以决成败,而定五藏之气,间甚之时,死生之期也。"在中医学中,五藏配五行,五行居五方,肝肺心肾脾与东西南北中及木金火水土一一对应。而在方位学上,往往又以五岳代表五方。这样,作为五藏之转换的"五蕴"与五岳山头相配也就顺理成章了。追溯一下古代的术数学发展历史,可知以五岳来比拟人体的器官或部位具有深厚的文化背景。譬如面相家视人体头部的额、鼻、左颧、右颧、下颏为五岳。金代张行简《人伦大统赋》谓:"五岳必要穿与隆。"薛延年注:"五岳者,额为南岳衡山,鼻为中岳嵩山,颏为北岳恒山,左颧为东岳泰山,右颧为西岳华山。五岳俱要丰隆,有峻极之势。"面部的这种比拟是以方位为基础的;同样道理,人体的五藏既配五行,而五行于五方各有所主。按照这种依类联想的思路,把五藏(五蕴)看作五岳既符合传统的阴阳五行学说,又体现了诗歌创作的"比兴"艺术手法。然而,"五蕴山头"为什么"多白雪"呢? 这要结合丹法易学"木火金水图"的象征旨趣来探讨才能明白其底蕴。丹功修炼,以龙虎交媾为得药之象。"龙"就是二十八星宿中的青龙七宿,因居东而属木;"虎"就是二十八星宿中的白虎七宿,因居西而属金;木金既定,水火位成。水在北方,火在南方。在卦象上,水为坎而火为离。内丹操持,以神御气,如二十八星宿之运转。木位上的青龙由东到南,这叫作"木火为侣";金位上的白虎由西到北,这叫作"金水合处"。按"河图"数理,木火金水的生数一二三四配成数六七八九。木的生数三,成数八;火的生数二,成数七;金的生数四,成数九;水的生数一,成数六。东方的八数运而之南,汇于七数,合为十五;西方的九数运而之北,汇于六数,亦合为十五。这样周天运行,到了北方,一阳发动,是为产药之状。此刻,于卦象为复,于时令为冬至。既然是隆冬季节,陈冲素称之"多白雪"也就合情合理了。

气化之运,归于北方阴极之地,其山象为北岳华山。该山之巅不仅险峻,而且云雾缭绕,所以陈冲素诗紧接着以"白云"形容之。然而,阴阳反复,冬去春来,有如《易》之"复卦",五阴在上,一阳居下。这一阳就是"药苗"。诗中"白云深处"所散发出来的"芬芳"气味正是一阳初起的写照。"药苗"从何而来? 诗中指出是由"威音王佛"种下的,又是在"元始天尊"的耕耘下生长的,这当然只是比喻。言外之意是说,人体之中的"药苗"本先天具有,因为"威音王佛"与"元始天尊"都是先天而存在。所以,丹功修炼,是一个由后天返先天的过程。陈冲素说:"神仙教人炼精以欲返其本,复其初,重生五藏,再立形骸,无质生质,结成圣胎。其诀曰:专炁致柔,能如婴儿乎? 除垢止念,静心守一,外想不入,内想不出,终日混沌,如在母腹。"①结合这一段说明,就更能理会作者为什么"请"出"威音王佛"与"元始天尊"来的用意了。至于诗的颈联所称"石女骑龙"与"木人驾虎"乃是由后天返先天的丹功操作的隐喻。其秘义所在即"阴阳交媾"。原来,先天八卦方位,乾坤定南北,乾在上为南,坤在下为北;一气运行,坤中生一阳变为坎,乾中生一阴变为离,于是先天化后天。今之丹功,以八卦为法象,逆而行之,坎离交媾,则坎中之阳补离中之阴。因《离》卦为女,《坎》卦为男;《离》卦外两阳爻为刚为石(两阳爻即是诗中所谓"两实"),中一阴爻乃女之本象,外刚而内柔,故谓之"石女";离为阴而坎为阳,龙为阳物,故以"龙"比喻坎男;"石女骑龙"乃《离》卦交于《坎》卦。而"木人"指的是东方之《震》卦,乾坤生六子,震为长男,震居东方属木,故谓之"木人",《兑》卦为少女,《兑》卦居于西方属金,白虎之位。震兑相应而交感,故谓之"木人驾虎"。按照作者的看法,这种阴阳之气是人人都具备的,因此叫作"家家有"。只要懂得交媾之理,便能采得神药,返老还童。这个"神药"就是"霜芸"——即铅汞。在丹功象征法度上,药物之产,也可用某种衡量的数字单位来表示,故陈冲素谓"采得归来共一斤"。此"一斤"之数盖出于魏伯阳《周易参同契·上篇》:"上弦兑数八,下弦艮亦八。两弦合其精,乾坤体乃

---

① 《陈虚白规中指南》卷下,《道藏》第4册第389页。

成。"魏伯阳援易学月体纳甲之法说炼丹之意。古以一斤十六两对应月亮周转之圆满。月象上弦,《兑》卦用事,因月生一半之明,故谓之"八";月象下弦,《艮》卦用事,月生一半之魄(晦),故谓之"亦八"。俞琰说:"月有上下二弦,上弦金半斤,计一百九十二铢;下弦水半斤,计一百九十二铢;总而计之,共得三百八十四铢。《易》有六十四卦,卦有六爻,阳爻一百九十二,阴爻一百九十二,总而计之共得三百八十四爻。魏公借此以论丹道之妙,不过取其阴阳两齐而配合相当尔。"①由此看来,"一斤"也包含着阴阳和合的意蕴。正如"石女""木人"之类意象一样,"一斤"也是譬喻。至此,我们可以进一步看出,正如在《玄牝》诗中一样,作者于《药物》一诗意旨的表达由于不是直露性的,而是通过典故以及种种名号来暗示,这就使本意与符号意象之间造成一种距离感,它虽然幽晦,却也能引起人们的琢磨,在其琢磨过程中,符号养生的审美效应也因之发生。

## 五、长剑倚空:规中明时日月行

如果我们再细细体会一下他的《火候》诗,就能更加感受到那种因本意与符号意象之间的距离而发生的养生审美情趣:

无位真人炼大丹,倚空长剑逼人寒。

玉炉火煅天尊髓,金鼎汤煎佛祖肝。

百刻寒温忙里准,六爻文武静中看。

有人要问真炉鼎,岂离而今赤肉团?②

对于此诗的分析,首应稍加言及的是,它与上一首《药物》诗的思想旨趣可谓一脉相承。这就是说,其字里行间也蕴藏着"规中"的主体意象。因为作者把"天尊""佛祖"之类名号再度使用。"天尊"自然是包含着"元始天尊"在内,甚至可以说主要是指元始天尊;至于"佛祖"虽然也是泛称,但与"威音王佛"不无关联。正如前文所分析的,"元始天尊"与"威音王佛"乃潜藏着"规中"

---

① (宋)俞琰:《周易参同契发挥》卷上,《周易参同契古注集成》,上海古籍出版社1990年版,第143页。
② (元)陈冲素:《陈虚白规中指南》卷下,《道藏》第4册第387页。

的秘义;当这两个名号再度出现时,本有的"规中"秘义也就携带进入新的诗境中。这是不言而喻的。当然,作者并不是把两个仙佛名号作整体性重复,而是取其部分。这样做,一方面是为了避免单调乏味;另一方面则是为了扩大视野。这种名号的部分重复,在理念上可以达到对思想旨趣的强调,与此同时又造成了意象结构的变化。可以说,其中体现了"变"与"不变"的养生艺术辩证法。

"火候"的掌握与药物的感知,二者是密不可分的;但相比之下,火候操持难度更大。道门素有"圣人传药不传火,从来火候少人知"的歌诀流传。陈冲素说:"夫何谓不传? 非秘不传也。盖采时谓之药,药之中有火焉。炼时谓之火,火之中有药焉。能知药而取火,则定里之丹成,自有不待传而知者已。"①照此,则火候是靠修炼者在实践过程中"悟"出来的。"悟"是在感受中完成的,但并非人人都能悟;即使"悟"了,要把这种内在的感受性传达出来,也是一件极不容易的事情。陈冲素《火候》诗遵照"规中"的象征法度,调动他所积累的种种文化因子,力图将其火候感受"映现"给世人。诗的首联点明主题——"炼大丹"。操作者是"无位真人"。为什么称作"无位"呢? 这是因为人体精气烹炼之火候也是没有定准的。魏伯阳《周易参同契》说:"天地设位而易行乎其中矣。天地者,乾坤之象也;设位者,列阴阳配合之位也。易谓坎离,坎离者乾坤二用。二用无爻位,周流行六虚。往来既不定,上下亦无常。"②所谓"乾坤"乃指"既济鼎器",而行进中的"易"就是阴阳坎离。"易"字,上日下月,日月运转,一阴一阳,坎离为日月之象,日月往来正如符火行进其中。这是没有常位的。"无位真人"的名号,作为一个意象,正代表着火候变迁的意蕴。既然如此,御火炼药,就得有自然之"慧力",诗中首联第二句"倚空长剑"正是其慧力的符象。在道教中,"剑"素有奇妙的象征意义。早在南北朝以前,剑就成为道教的重要法器,用以召神驱鬼。葛洪《抱朴子内篇》卷十七《登涉》曰:"涉江渡海辟蛟龙之道……取牡铜以为雄剑,各长五寸五分,取土之数,以压水精也。带之以水行,则蛟龙巨鱼水神不敢近人也。"这已

---

① (元)陈冲素:《陈虚白规中指南》卷下,《道藏》第 4 册第 390 页。
② 《周易参同契古注集成》,上海古籍出版社 1990 年版,第 7 页。

视剑有神秘之功能。此后,剑的功能更被延伸。司马承祯《上清含象剑鉴图·景震剑序》曰:"夫阳之精者著名于景,阴之气者发挥于震,故以景震为名。式备精气之义,是知贞质相契,气象攸通,运用之机,威灵有应。摄神代形之义,已睹于真规;收鬼摧邪之理,未闻于奇制。此所以剑面含阴阳,刻象法天地,乾以魁罡为杪,坤以雷电为锋;而天罡所加,何物不伏? 雷电所怒,何物不摧? 佩之于身,则有内外之卫;施之于物,则随人鬼之用矣。"①按司马氏的描述,剑已不仅是一种防身的器具,而且成为乾坤天地的法象。故而,道士进山炼丹常常要在炼丹炉侧挂上一把剑。龙眉子《金液还丹印证图·制度》章曰:"坛筑三层天地人,九宫八卦布令匀。镜悬上下祛精怪,剑列方隅镇鬼神。"②这反映了道教炼丹坛场建造的情形。诗中所写"剑列方隅"当是道士在炼丹过程中以剑压邪的写照。随着外丹烧炼术向内丹术的演变,"剑"便成为内丹操持者破除心猿意马的象征。陈冲素说:"动静之间,更宜消息。念不可起,念起则火炎;意不可散,意散则火冷。但使其无过不及,操舍得中。"③陈氏所指的"念"就是背离丹功修持的念头,它显然对于火候操持具有破坏作用。从这个意义上说,可以把这种"念头"看作是"魔"或"邪"。若心中有一把"道剑"就可斩断魔头,保证丹功修炼的顺利进行,这就是"倚空长剑"的秘义所在。有了寒光闪闪的利剑倚立长空,体内"玉炉"之火便熊熊燃烧,把那"天尊髓"和"佛祖肝"煅在一起,成为金丹大药。应该明白的是,"天尊"与"佛祖"的名号除了有"规中"的符码转换意蕴之外,还有另一层指代功能。这就是象征药物的阴阳两极。因为在《药物》一诗中,作者指出"药苗"是威音王佛随时种下的,又是元始天尊亲手耕耘培植的。根据符号养生艺术的因果借代原则,作为"因"的威音王佛与元始天尊可以借代作为"果"的药苗。再说,随着唐宋佛道的思想融合,老庄的道论与禅宗"即心是佛"说都为全真道所摄取。这个时候有一种流行的说法,那就是佛祖神仙在心中,求佛求仙只须反观自我内心。陈冲素《火候》诗欲煅"天尊髓",想煎"佛祖肝",这看起来似乎有点不恭敬,其实若从"仙道心中求"的角度上来理解,也就不奇怪了。当然,"天尊髓"

---

① 《道藏》第 6 册第 684—685 页。
② 《道藏》第 3 册第 105 页。
③ (元)陈冲素:《陈虚白规中指南》卷下,《道藏》第 4 册第 390 页。

与"佛祖肝"还有引申性的隐喻功能,那就是金木既济。按照《坎离交变十二卦循环升降图》[①],既济之卦在东,未济之卦在西。既济,下离上坎;未济,下坎上离。丹功火候,依卦行持,其要在于阴阳交媾,亦即水火升降,则能由未济而既济。所谓煅"天尊髓"、煎"佛祖肝"暗示的即是这一道理。因为"髓"是白色,金在西,其色白,故"天尊髓"位在西,表未济之卦;"肝"属木,木位在东,故"佛祖肝"得气于东,表既济之象。未济、既济,一升一降,则水火运化,寒温适中,金丹可成。至于《火候》诗的颈联所曰"百刻寒温"以及"六爻文武"说的无非也是早晚用功火候掌握之"度"。古代计时有所谓"刻漏"之法,一昼夜刚好是一百刻。故"百刻寒温"即是昼夜十二时辰阴阳火候之进退;而"六爻文武"是指卦象上所显示的文火与武火的交替。这一切都是发生在体内,因此陈冲素在诗的最后有"岂离而今赤肉团"的感叹。

总之,陈冲素《规中指南》一书中的诗歌以吟咏丹功修炼为要事,其特殊之点就在于把"规中"的主体意象巧妙地贯注在组诗的字里行间。通过各种从属意象的巧妙安排,作者构筑了一个斑斓多姿的丹功内景图。在这个具有自足性的内景图中,意象的重叠反复,各种隐意的延伸,造成了迷离恍惚的养生艺术效果。由于作者用一种观天象的视角来考察人体内功景象,借助外象以表征自我体验之感受,那难于言传的内在境界不仅跃然纸上,而且显示了开阔的视野。他继承了自吕洞宾以来丹道表述的隐喻象征笔法,以其大胆的想像和创新意识造就了诗歌的别具风味。正如其他许多炼丹诗一样,陈冲素的诗歌初读起来,也是晦涩难懂的,如果只是浮光掠影地浏览一下,或许觉得味同嚼蜡,但若加以揣摩,当可体会到那深层次中的符号养生隐意。

(本文原载《宗教学研究》1999 年 2 期)

---

① 图见俞琰《易外别传》,《道藏》第 20 册第 316 页。

# 郑北窓内丹思想考论

郑北窓系李氏朝鲜中宗(1506—1544年在位)时代一位著名的道教内丹理论家。关于他的身世,李能和所撰《朝鲜道教史》将其列入该书第二十一章《朝鲜丹学派》中论述。郑北窓不仅精通多国语言,而且谙熟儒家圣贤之学、道家养性大法。他勤于丹功修炼,留下了一部相当重要的丹道著作——《龙虎秘诀》。韩国现代内丹学者权泰勋先生在《凤宇修丹记》中全文抄录了郑北窓的《龙虎秘诀》,且在《题诀尾》中郑重推荐说:"修丹之书,载五车而犹为不足,故后学虽欲问津,不可得其正经,理所固然也。然而,余亦多阅修丹之书,其今蕴易简而一目昭然者,当以郑公《龙虎诀》,推而伯眉。故余为同苦同好者乱艸而传于后之君子。"①文中的"郑公"即郑北窓,名磏,字士洁,北窓乃其道号,其所撰《龙虎秘诀》,简称《龙虎诀》,在韩国丹学会里被奉为实修经典,享有很高地位。

郑北窓的《龙虎秘诀》受到韩国丹学会如此重视,必有其内在原因。近期,笔者有幸获得韩国著名学者郑在书、郑在乘两兄弟赠予的《龙虎秘诀》《朝鲜道教史》等书,研读多时,有了一些感想。今将思考管见,写成此文,以就教于诸方家。

## 一、郑北窓内丹思想渊源

郑北窓的内丹法门具有很深的文化渊源。关于这个问题,可以概括为两

---

① [韩]权泰勋:《凤宇修丹记》第4页,回想社,檀纪四三一九年三月。以下凡引述《凤宇修丹记》皆出此版本。按,笔者引用时对原文作了新的标点,下同。

句话:得钟吕金丹大道之秘诀,续《参同》《黄庭》之法脉。现在,笔者就围绕这两句话略加考析。

**(一)得钟吕金丹大道之秘诀**

按李能和《朝鲜道教史》描述,历史上有两部重要文献,一是《海东传道录》,二是《海东异迹》,这两部著作都保存了罕见的韩国丹学史料。分析这些史料,不难看出郑北窗丹法与中国唐代钟离权、吕洞宾丹道的密切关系。

《海东传道录》叙说了新罗时期的崔承祐、金可纪、僧慈惠三人游学入唐故事,其中言及这三人到了终南山,与天师申元之结交。在申元之的介绍下,崔承祐等三人不仅见到内丹道派传人钟离权,而且获得《青华秘文》《灵宝异法》《八头岳诀》《玉文宝箓》《天遁炼魔法》等书及口诀的传授。① 在这批经典中,《青华秘文》《灵宝异法》以及《天遁炼魔法》都可在中国明版《正统道藏》与《万历续道藏》中找到佐证。

考明代《正统道藏》之"洞真部·方法类",收有《玉清金笥青华秘文金宝内炼丹诀》,原题紫阳真人张平叔撰,其书名中有"青华秘文"四字,所以笔者推测在中国宋代以前当有以"青华秘文"为名的丹经,崔承祐等三人由钟离权处获得的《青华秘文》或许就是这样的丹道秘笈。

又查《正统道藏》之"太清部",见有《秘传正阳真人灵宝毕法》,书名中的"真阳真人"系道门对钟离权的尊称。钟离权于该书序言中叙说自己曾于终南山石壁间获得《灵宝经》三十卷,潜心研读,修炼多时,乃悟"阴中有阳,阳中有阴,本天地升降之宜,日月交合之理"②,于是将其心得"总而为三乘之法,名《灵宝毕法》"③。从这些描述看来,钟离权传授的经书本有《灵宝毕法》。《海东传道录》所言《灵宝异法》,当即《灵宝毕法》。在繁体汉字中,"异"作"異","毕"作"畢",两者形近,可能由于传抄笔误,遂有《灵宝异法》的名称。

至于《天遁炼魔法》则可考于万历《续道藏》所收之《吕祖志》,该书卷一《事迹志》谓吕岩游庐山,遇火龙真君,得传"天遁剑法";而同卷之《真人自记》更具体叙说"天遁剑法"的功用:"一断烦恼,二断色欲,三断贪嗔。"此所言

---

① 详见[朝]李能和:《朝鲜道教史》,普成文化社1989年版,第438页。
② (唐)钟离权:《秘传正阳真人灵宝毕法序》,《道藏》第28册第349页。
③ (唐)钟离权:《秘传正阳真人灵宝毕法序》,《道藏》第28册第349页。

三欲,道教内丹家谓之"魔",天遁剑法的妙用就在于能够去此三魔,故而"天遁剑法"其实就是"天遁炼魔法"。

通过以上查证可知,《海东传道录》所载《青华秘文》《灵宝异法》《八头岳诀》《玉文宝箓》《天遁炼魔法》等书当为唐末钟吕内丹道派的基本典籍。所谓"钟吕内丹道派"即以钟离权、吕洞宾为代表的道教内丹学派。唐代以前,道教金丹学以外丹为主,但由于外丹制炼所含毒素产生了不良后果,唐代中期以后,内丹学逐渐勃兴,成为道教金丹理论的主流。《海东传道录》叙说的李氏朝鲜时代崔承祐、金可纪、僧慈惠入唐所得钟离权传授丹道,一方面说明中国唐代中末叶道教内丹学已经演播开来,另一方面则体现了朝鲜的道教内丹学与钟吕内丹学乃是一脉相承。

《海东传道录》还记载了崔承祐等人从钟离权获得丹法之后的传承情况,谓承祐授崔孤云、李清,李清授予明法,明法又授予慈惠道要,慈惠授予权清,权清授予元傁贤,元傁贤授予金时习;金时习授天遁剑法炼魔诀于洪裕孙,又以《玉函记》、内丹之法授予郑希良,以"参同龙虎秘旨"授予尹君平;尹君平授予郭致虚;而郑希良则传授给僧大珠,大珠授予郑北窗。此后,郑北窗又有所传授。

《海东传道录》虽然没有明言郑北窗得《青华秘文》《灵宝异法》《天遁炼魔法》等书传授,但从授受系统中郑希良得"内丹之法"这一点来看,则郑北窗与钟吕道派一定是有密切关系的,因为郑北窗乃是郑希良的再传弟子,而郑希良的"内丹之法"其实是承袭钟离权而来。根据这些情况,我们可以说郑北窗的内丹学乃得钟吕内丹道之秘诀。

**(二)续《参同》《黄庭》之法脉**

郑北窗在阐述为什么撰写《龙虎秘诀》的时候特别提到了古道经《参同契》,他说:

> 至于《参同契》一篇,实丹学之鼻祖,顾亦参天地,比卦爻,有非初学之所能蠡测。[1]

研究丹道者明白,《参同契》系东汉炼丹家魏伯阳所作,该书将黄老之学与炉

---

[1] (韩)郑北窗:《龙虎秘诀》,载权泰勋撰:《风宇修丹记》第1页。

火之法汇通起来,谓其大要与《周易》理通而义合,故全称《周易参同契》。向来,道教界将该书奉为"丹经之祖",在历史上占据特别重要地位。三国以来,为之作注者不少,其中最有影响的当推五代彭晓《周易参同契分章通真义》、南宋俞琰的《周易参同契发挥》、元陈致虚《周易参同契分章注》、明蒋一彪《古文参同契集解》等。郑北窗把《参同契》看作"丹学鼻祖",表明他对该书也是很推崇的。《参同契》古奥难懂,郑北窗为了让初学者能够明白丹学的基本原理,特别撰写了《龙虎秘诀》。"龙虎"概念在中国文化里,具有多重的象征涵义。风水学以"龙虎"为主穴两旁的护卫山峦,房中术以"龙虎"代表男女,外丹家则以"龙虎"暗示汞铅,内丹家引而申之,作为内在的阴阳二气。考《周易参同契》中篇有云:"龙呼于虎,虎吸龙精。"这里的"龙虎"即是阴阳,《参同契》以"龙虎"为法象,暗示修丹本质就是调理阴阳,从而达到气血流行、延年益寿、羽化登仙的目的。此后,隋唐年间的羊参微根据《周易参同契》的思路,作《金丹金碧潜通诀》;唐末五代以来,有好道者将《金丹金碧潜通诀》一书易名《龙虎经》,或称《金碧龙虎经》《龙虎上经》。考《正统道藏》之"太玄部"收有《古文龙虎经疏》《古文龙虎上经注》等多种《龙虎经》注疏本,足见以"龙虎"为题的丹道著述古已有之。又据《海东传道录》所载丹学传授系统可知,朝鲜崔孤云得到的经书中就包含了《龙虎经》,此经在韩国后来的丹学授受中也颇受重视,如金时习不仅授予门徒《龙虎经》,而且自撰《梅月堂集》,其中即有专篇论"龙虎"①。郑北窗对于传统丹道是非常精通的,他以"龙虎"为题,叙说秘诀,可谓抓住了要领。

郑北窗的丹学也应该溯源于《黄庭经》。郑氏所撰《龙虎秘诀》两次征引了《黄庭经》,一是在论"闭炁"时引用了《黄庭内景玉经·仙人章第二十八》,另一是在论"周天火候"时引用了《黄庭外景玉经》②。作为丹学在韩国的重要传人,郑北窗多次引用《黄庭经》也是有原因的。往前追溯,我们可以发现,《海东传道录》以及《海东异迹》两书在叙说朝鲜丹学派时均言及《黄庭经》,

---

① 详见[朝]李能和《朝鲜道教史》,普成文化社1989年版,第444页。
② 按,郑北窗《龙虎秘诀》引《黄庭经》曰:"人皆饱食五谷精,我独饱此阴阳炁。"查《正统道藏》之"洞真部·方法类"梁丘子所撰《黄庭外景玉经注》,此句作:"人皆食谷与五味,独食太和阴阳气"。详见《道藏》第4册第875页。

可见研读《黄庭经》实际上是朝鲜道教丹学法脉的一个传统。

当然,郑北窓《龙虎秘诀》所涉丹学经典还有许多,例如《玉皇心印胎息经》也为其所取资,但最为根本的则是《参同契》与《黄庭经》。郑氏将《参同契》的周天火候与《黄庭经》通过存想而引炁运转三丹田的操持法度融通起来,形成了别开生面的丹道修炼法门,在韩国产生了很大影响。

## 二、郑北窓内丹思想特色与贡献

郑北窓的修丹理论不仅学有真传,而且具有自己鲜明的思想特色。作为一位勤于丹法修行并且善于进行理论总结的大师,郑北窓为丹道文化作出了重要贡献。概括起来,有三个方面:

### (一)理顺丹道与胎息之关系

关于"胎息"与丹道的关系问题,郑北窓于《龙虎秘诀》有这样一段论述:

> 由是而胎息,由是而行周天火候,由是而结胎,莫不权舆于此矣。或者以为旁门小术,莫肯行之,惜哉! 变化飞升之术,非愚所敢言,至于养神,千方百药,莫之与比。行之弥月,百疾普消。可不为之尽心乎?[①]

这段话把"胎息"与"周天火候"以及"结胎"放在一个时间顺序上论述,显示了"胎息"功夫与"内丹修炼"的密切关系。

顾名思义,"胎息"就是模拟胎儿在母腹中的呼吸。葛洪《抱朴子内篇·释滞》谓:"得胎息者,能不以鼻口嘘吸,如在胞胎之中,则道成矣。"由此可见,"胎息"作为一种呼吸法,其基本特点是不以鼻口鼓荡吐纳,其操作先是微细呼吸,最终达到闭气内息;而"结胎"则是形容修炼胎息功夫到了高深阶段,就好像自己有了"身孕"而结下胎儿一样,这便意味着修道成功。"胎息"也好,"结胎"也好,都是比喻、象征,这是我们读《龙虎秘诀》必须明白的基本前提。

至于"周天火候"乃是内丹修炼时引导内气于人体中运行的一种状态。本来,"周天"系古代天文学的一个术语,表示绕天球大圆一周,即以天球三百六十度为周天。道教将之引入修道理论中,成为医道养生的一个重要术语。

---

① [韩]郑北窓:《龙虎秘诀》,载权泰勋《风宇修丹记》第1页。

就内丹学而论，"周天"有大小之分，"小周天"指的是导引内气运行于任脉、督脉。内丹家以为，如果能够引领内气打通任、督二脉，使之循环往复地运转，这就算炼成"小周天"功夫。与"小周天"形成对比，"大周天"指的是导引内气在人体十二经络中运转，如果能够如此，就算炼成"大周天"功夫。

在历史上，有关"胎息"与"周天火候"往往是分别论述的。例如《高上玉皇胎息经》以及幻真先生的《胎息经注》《胎息秘要歌诀》等只言如何以意念引气，而不说周天火候；查《道藏》中诸丹经，一般也不阐发如何进行具体胎息功夫，例如《诸真论还丹诀》《金晶论》《还丹金液歌》《纸舟先生全真直指》《至真子龙虎大丹诗》《玄珠歌》《魏伯阳七返丹砂诀》《大丹篇》等，或论丹法之神妙，或叙修丹之程序，均不涉胎息的具体操作。

当然，也有为数不少的丹经使用了"胎光""投胎""成胎""圣胎""胎化""胎室""胎阳""胎灵""胎仙""胎元""龙胎""抱胎""母胎""胎气""脱胎"等，例如《真龙虎九仙经》《龙虎中丹诀》《诸真论还丹诀》《修丹妙用至理论》《丹经极论》《元阳子金液集》《玉清金笥青华秘文金宝内炼丹诀》《大丹直指》《还丹歌诀》《先天金丹大道玄奥口诀》《金液大丹口诀》《抱一子三峰老人丹诀》等，这些丹经所言"胎"也都是比喻，用以表征内丹修炼正如女人怀胎一样，要经过十个月时间，火候数足，才能够脱胎换骨，超凡脱俗。在此类经典中一般也未涉及"胎息"的具体操作法门。

值得注意的是，《道藏》中确实有一小部分丹经论及"胎息"，例如《还丹众仙论》引述《阴真君三丹释理论》云："煮炼不用数，洗泽亦无门。入鼎须知数，真言得火门。门用火候别，混沌气难分。胎息华池管，成人会火门。门门不失错，还成胎息身。"[1]意思是讲：内丹修炼，正如外丹炼制一样，开始"点火"的时候虽然可以不拘泥于数，但药物一旦入鼎，就得准确掌握火候度数。这种操持，正像婴儿借助脐带呼吸一样，应该顺应自然，才能成就"胎息"功夫。

追溯一下《道藏》中的丹经、胎息经的有关情况，再回过头仔细琢磨郑北窗的论述，我们可以发现郑北窗的修丹理论与"阴真君丹法"比较接近，但却不是一回事。阴真君丹法是先讲"火候"，再讲"胎息"；而郑北窗的丹法则强

---

① 《道藏》第 4 册第 336 页。

调从"胎息"入手。在郑北窓看来,"胎息"就是内丹功夫的一个环节。他的论述连续用了三个"由是",将"胎息"与"周天火候"及"结胎"联系起来,其间存在着递进关系。所谓"由是"可以理解为"由此而行"。这里的"是"作代词,表示"静心闭气",所云"闭气"并不是不呼吸,而是心静神定的一种自然呼吸。"闭"字在上古的金文作"閇",像门栓加一竖,表示门被插上了固定控件,不能随意拉动。秦汉时期的篆书将门内的"十"字加上一撇,变成"才"。门内置个"才",表示合拢不能开。许慎《说文解字》谓:"闭,阖门也。从门;才,所以距门也。"意思是说,闭,就是将两扇门板拉合。字形由"门"与"才"构成,"才"表示用以顶住门板的木棍。如此看来,"闭"就是切断外界干扰;引申到丹道养生领域,即表示在修炼时专心致志,控制气体从鼻口出入,能够做到这一步,就算"胎息"步入高境界。

然而,必须指出,胎息的实施是一个过程。尽管胎息的最高境界是"锁鼻闭气",即停止气息从鼻口进出,但这不可能一蹴而就,需要经过长时间的修炼才能成功。先要缓和呼吸节奏,调匀呼吸长短数量。对此,郑北窓《龙虎秘诀》描述说,"入息绵绵,出息微微。常使神气相住于脐下一寸三分之中";而"不须紧闭不出,至于不可忍耐。惟加意下送,略如小便时,所谓吹嘘赖巽风。苟能静心,垂头下视,眼视鼻白,鼻对脐轮,则炁不得不下。当其闭炁之初,便觉胸次烦满,或有刺痛者,或有雷鸣而下者,皆喜兆也。"[1] 照郑北窓的说法,胎息有两个基本阶段:一是以意领气至脐下一寸三分;二是闭气。

在郑北窓看来,胎息并非修炼的最终目的,而是丹道修炼的一种步骤。由胎息入手,调理呼吸,而后再行小周天、大周天功夫,惟有如此,才能"结胎"。所谓"结胎"其实是正气汇聚于丹田的象征性说法。郑北窓修丹理论的最大贡献是把"胎息"与"周天火候"一体化。在郑北窓心目中,"胎息"与"周天火候"都是丹道修持的基本环节。如果说,"胎息"的最初步骤是"周天火候"的前提,那么"结胎"则是"周天火候"的圆满成果。从这个角度来讲,"胎息"是"周天火候"的开端,而"周天火候"则是"胎息"的高阶延续。这种看法既有理论升华,又具备可操作性,无疑是独具匠心的。

---

① ［韩］郑北窓:《龙虎秘诀》,载权泰勋《风宇修丹记》第1页。

### (二)强调"守规中"的基本原则

如何调理呼吸进入胎息状态？如何掌握"周天火候"？这是非常重要的丹道理论问题,也是具体的实践问题。

基于人的生命存在状况,郑北窗提出了发人深省的修养思路。他指出:"世人皆上盛下虚,每患此气之升而上下不交。故务要此炁之降而在中宫(戊己土),使脾胃和畅,血脉周流而已。"①郑北窗认为,世人的生命体,虽然有"气"的运转,却是偏行于上体,由此导致了下体气虚。修炼丹道,就是要解决这个要害问题。具体的操作,就是引导一阳之气降于下丹田,此即所谓"戊己"中宫。为了让学者抓住要领,郑北窗作了说明:

> 守丹之要,亦欲守在规中。②

这句话使用了一个非常关键的概念——"规中"。能否领悟"规中",决定了修丹是否可以走上正道,也决定了最后的结果。

什么是"规中"呢？在汉语中,"规"有多种意涵,而其本义当指画圆形的一种工具,即圆规。《墨子·天志上》:"譬若轮人之有规。"引申之,则以规所画之圆形也叫"规"。如汉代著名学者扬雄《太玄经》卷十《玄图》谓:"天道成规,地道成矩。"再引申之,则"规"又具法度、准则之意。至于"中"则有"中间""里面""内心"等诸义。"规"与"中"相连,构成"规中"的专有术语,首见于魏伯阳的《周易参同契》。该书《中篇》谓:"真人潜深渊,浮游守规中。"元代道士陈致虚诠释说:"规中,名造化窟也。若炼大丹于此,一符之倾,切须慎密。浮游者,常静而又常应。暂时不离此。用守者,勤勤内照,诚有所待也。此两句又为《参同契》中合尖处。"③按照这个说法,"规中"指的是"造化窟",但"造化窟"又是什么呢？元代道士黄公望以"罔象"为造化之宗、金丹之祖,且示之以一圆图,他所画的"造化之宗"图就是"罔象"图,也是"造化窟"图,表示的是宇宙浑沌无际的本原状态,也是丹道之所以发生的始初状态。这是一种什么状态呢？元代道士陈冲素在《规中指南》一书中指出:规中者,"正在

---

① [韩]郑北窗:《龙虎秘诀》,载权泰勋《风宇修丹记》第2页。
② [韩]郑北窗:《龙虎秘诀》,载权泰勋《风宇修丹记》第2页。
③ (元)陈致虚:《周易参同契分章注》卷中,《周易参同契古注集成》,上海古籍出版社1990年版,第282页。

乾之下、坤之上、震之西、兑之东,坎离水火交媾之乡。人一身天地之正中。八脉九窍,经络联辏,虚闲一穴,空悬黍珠,不依形而立,惟道体以生,似有似无,若亡若存,无内无外,中有乾坤,黄中通理,正位居体。《书》曰:惟精惟一,允执厥中。《度人经》曰:中理五气,混合百神。崔公谓之贯尾闾,通泥丸"①。据此,则所谓"规中"既是在天地之中,也在人体之中。陈冲素的描述采取了《周易》的卦象符号表征法,再加上了"黍珠"之类比喻,似乎在透露丹道修炼的某种奥秘,但措辞古奥难懂。倒是南宋道教学者俞琰的解释比较明确,他在《周易参同契发挥》卷中指出:"魏公谓真人潜深渊,浮游守规中者,随真息之往来,任真气之升降。自朝至暮,元神常栖于泥丸也。"②从上下文的关联来看,俞琰所谓"规中"当是指"泥丸宫"。其位置在哪里呢?照《修真十书》卷四《杂著指玄集·谷神不死论》的说法,泥丸宫乃在脑部之中。该《论》写道:"头有九宫,上应九天,中间一宫,谓之泥丸,亦曰黄庭、又曰昆仑、又名天谷,其名颇多。"③

由上可见,古代内丹家对"规中"的解释存在许多差异。郑北窗所讲的"规中"既是承袭传统而来,但又有自己的理解。从《龙虎秘诀》的上下文关系来看,这个"规中"不是别的,正是对应于脾胃的"戊己土位",也就是内丹家通常所说的"下丹田"。

郑北窗以"下丹田"为"规中",体现了"效法天道"的精神。丹功修炼,依《易》卦阴阳爻而成规,在操持上乃以天体"黄道"为准绳。所谓"黄道"就是太阳周年视运动在天球上的大圆。天文学的现象显示,从地球的角度观察太阳,可知其运行并非在一条直线上,而是徘徊在南北回归线之间,即在天球上黄道两侧各八度,以构成日月五星与二十八星宿的舍居地带,总称为黄道带。按照这个理论,黄道是太阳于春夏秋冬四时的运行之道。虽然太阳的视运动表现出某种"徘徊",但从相对意义上仍可以说,天体运行,黄道居中,以之为准绳,即"守规中"。古人从天体运行的现象得到启发,形成了"尚中"的思想。相传黄帝"四达自中"。《周易》"图书"之学(指河图、洛书的专门学问)以

---

① (元)陈冲素:《陈虚白规中指南》卷下,《道藏》第 4 册第 387 页。
② 《周易参同契古注集成》,上海古籍出版社 1990 年版,第 185 页。
③ 《道藏》第 4 册第 618 页。

"五""十"居中。孔子推崇"中庸之道",老子提倡"守中",《易传》崇尚"刚柔得中",这些命题体现了先民对"中道"的特别关注,郑北窗的"规中"理论也具备"中道"的精神旨趣。

郑北窗强调"守在规中",还有以圭表来象征"周天火候"的用意。"规"字与"圭"相通。依圭之法度而作器,遂有"圭表""圭臬",以测日影。北齐刘昼《刘子心隐》谓:"三刚之动,可以圭表度也。"唐杜甫《杜工部草堂诗笺》卷二十四《八哀诗·故著作郎贬台州司户荥阳郑公虔》:"圭臬星经奥,虫篆丹青广。"由于圭表或圭臬这种器具是用来度量的,联想引申,它们又被作为准则、典范的比喻。在道教中,金丹又称作"刀圭"。陈致虚《上阳子金丹大要》卷六《真土妙用章》称:"刀者,乃戊土中之铅也。圭者,乃戊己二土合为一圭也。离中己土,辅日之光,居于午上,故夏日热而冬日暖。午为阴之首,而日为阳,是以己土乃阳中之阴,象龙之弦气也。坎中戊土,助月之华,居于子上,故冬日暄而夏日凉。子为阳之首而月为阴,是以戊土乃阴中之阳,象虎之弦气也。"①此可证"规"又以"圭"为互相转换的法象。不仅如此,"规"还与另一谐音"龟"通。内丹修炼,或以龟息为法。灵龟闭气内息,如婴儿处胞胎之中,这正是内丹学的奥秘所在。联系这些论述,我们再细读郑北窗的论述,就不难明白他为什么将其修丹经验称作"龙虎秘诀",而关于"周天火候"的掌握为什么要"守在规中"的根据所在了。

### (三)提出"以眼为旗帜"的闭炁技术进路

笔者注意到,郑北窗关于"闭炁"的问题,有两种写法,《龙虎秘诀》开头第一段用的是"气",在论说如何静心时都使用"闭气",但在论说"胎息"时开始用"闭炁"。在道教文化中,"炁"与"气"的意义有时是一致的,但有时却存在区别。一般而论,"气"多用于后天情形,例如通过进食获得米谷之"气",而言及先天问题时则多用"炁"。

为了说明如何"闭炁",郑北窗的《龙虎秘诀》引述了《黄庭经》两句诗:"神仙道士非有仙,积精累气以为真。"这两句见于《黄庭内景玉经》第二十八章。考金丹派南宗经典文献《修真十书》所收的《黄庭内景玉经》版本,其原文

---

① 《道藏》第24册第22页。

作:"仙人道士非有神,积精累气以为真。"①笔者以为,文本发生差异,可能有两种原因:一是郑北窓或许是意引,而非准确征引,二是后人在整理郑北窓文稿时存在校对差错。不过,这并不妨碍我们理解郑北窓的基本思路。

关于"闭炁"概念,郑北窓在标题之下有个小字注解:"或曰伏炁,亦曰累气。"这说明,郑北窓看出了文献中的不同说法。他以"闭炁"作为小标题,当是经过一番考虑之后有所选择的。不用"累气"或"闭气"作标题,而用"闭炁",体现了郑北窓注重的是由后天返先天,即他所说的"逆推功夫"。之所以强调"先天",是因为"胎息"乃是"归根复命之道"②,而"归根复命"其实即意味着返回先天、返老还童、羽化登仙。

如何"闭炁"呢? 郑北窓指出:

> 闭炁者,以眼为旗帜。炁之升降,左右前后,莫不如意之所之。③

照郑北窓的说法,"闭炁"并不等于"炁"的静止不动;相反,"炁"会随着意念关注点的不同而运行于不同部位。从这个意义来讲,"闭炁"实际上是关闭了外界的干扰渠道,专心致志地让心神来导引内炁运行。"炁"的运行不仅有升有降,而且能够按照炼气者的意念在左右前后运转。文中所谓"如意"就是按照自己的意念导引内炁运行。"莫不如意之所之"这句话颇有味道,郑北窓先后用了两个"之"字,第一个"之"表示"行",第二个"之"表示修炼者希望到达的人体部位。

在上面引述的言辞中,最具亮点的是"以眼为旗帜"一句。这是什么意思呢? 郑北窓作了很好的解说:

> 欲炁之升者,上其视;欲炁之下者,下其视。闭右眼,开左眼,以上其视,则左炁旋升;闭左眼,开右眼,以上其视,则右炁亦旋升。下用任脉于前,上用督脉于后。而神行则炁行,神住则炁住。神之所至,炁无所不至,莫不以眼为令,如军中用旗帜,且欲上视,不须开眼,只转睛上视,亦

---

① (唐)梁丘子:《黄庭内景玉经注》第二十八章,《修真十书》卷五十七,《道藏》第 4 册第 863 页。
② [韩]郑北窓:《龙虎秘诀》,载于权泰勋《风宇修丹记》第 2 页。
③ [韩]郑北窓:《龙虎秘诀》,载权泰勋《风宇修丹记》第 2 页。

得也。①

这段话叙述了如何"以眼为旗帜"的多种方式：一是引领炁之升降，靠的是眼睛的上视或下视；二是引领左侧之炁旋转上升靠的是闭右眼而开左眼，让左眼上视，则左侧之炁即上升；三是引领右侧之炁上升，靠的是闭左眼而开右眼，让右眼上视，则右侧之炁即上升。眼睛向下，可以引导任脉之炁下降；眼睛向上，可以引导督脉之炁沿着脊柱上升。按照郑北窗的经验，眼睛就像军队里的令旗，内炁的运行完全可以听令于眼睛指挥。眼睛就是"神"，眼的朝向决定了炁的走向。

稽考起来，郑北窗"以眼为旗帜"的闭炁内息功夫与《黄庭经》有一定的关联。《黄庭内景玉经·天中章第六》谓：

> 通利道路无终休，
>
> 眉号华盖覆明珠，
>
> 九幽日月洞空无。②

所谓"通利道路"可以理解为体内经络炁道畅通无阻。如何达到这种状态呢？《黄庭内景玉经》告诉我们，靠的是"华盖"下的两颗"明珠"，亦即双眼。按照《黄庭内景玉经》的描述，这双眼睛就像日月一样可以照亮"九幽"里的所有地方。在中国，"九幽"最初是与"九天"相对应的一个概念，"九天"指的是天的最高处，而"九幽"便指天的最低处。后来，"九幽"被引入丹道学领域，指的是"虚危穴"，在五行上属于"水"，在二十八星宿上属于"玄武"七宿系列。另外，"九幽"也指人体脑部深处。梁丘子注引《玉辰行事诀》称："眉上直入一寸为玉珰紫阙，左日右月。"又引述《玉历经》曰："太清上有五色华盖九重，人身亦有之。当存目童如日月之明也。"③这样看来，"九幽"深处有个"宫阙"，其名曰"玉珰紫阙"，这当然是比喻，至于"左日右月"则暗示双眼。所以闭炁的时候就要存想自己的双眼像日月那样明亮。梁丘子对"九幽日月"的注释已经体现了将意念贯注于双眼、引领内炁汇聚脑部泥丸宫的思路。郑北窗的

① ［韩］郑北窗：《龙虎秘诀》，载权泰勋《凤宇修丹记》第2页。
② （唐）梁丘子：《黄庭内景玉经注》卷上，《道藏》第6册第519页。
③ （唐）梁丘子：《黄庭内景玉经注》卷上，《道藏》第6册第519页。

《龙虎秘诀》论"闭炁"时先引述了《黄庭经》,想必对《黄庭经》的存想之法有所继承。

不过,对照起来,郑北窓关于"以眼为旗帜"的技术进路对《黄庭经》存想双眼如日月的法度还是有超越的。《黄庭内景玉经·天中章》所讲的"存想"双眼法的功能是"照幽",即让脑部泥丸宫亮堂起来;而郑北窓则赋予双眼极大的主动性,成为导引内炁运行的号令。其所涉范围已经超出了脑部,而适用全身,他用军中旗帜来比喻眼睛,既形象,又彰显了双眼在闭炁程序操作过程中的独到作用,体现了新的创造。

# 三、郑北窓内丹思想的当代价值

郑北窓的内丹思想颇具理论创造性和实践价值,对于当今人们健康生活的裨益是多方面的。

## (一)揭示了"正炁留则风邪自走"的丹道养生法理

为什么要修炼内丹? 简单讲,就是为了健康生活。然而,内丹何以有益健康生活? 其机理何在? 这是不容易解释明白的。郑北窓从人体正邪的矛盾关系入手予以论说。他指出:

> 正炁与风邪,如冰炭之不相容。正炁留则风邪自走,百脉自然流通三宫,自然升降。疾病何由而作乎? 稍加精勤,则必至于延命却期;得其糟粕,亦未有不安怡令终者也。爱之欲其生,愚常以此为诸君子赠,亦相爱之道也。[1]

郑北窓用"冰炭"作比喻,阐述了"正炁"与"风邪"的相互对立状态。在他看来,人之所以有病,是因为"风邪"作怪。如果能够兴正炁,那么"风邪"自然逃窜,无法兴风作浪,人体也就平和康健。

什么是"风邪"呢? 中医将外邪分为风、寒、暑、湿、燥、热六种,称为"六淫"。依照中医的看法,"风邪"乃百病之长,寒、湿、燥、热等邪气,往往都依附于风而侵袭人体。如,"寒"与"风"结合,成为"风寒"之邪,"热"与"风"结合,

---

① [韩]郑北窓:《龙虎秘诀》,载权泰勋《凤宇修丹记》第2页。

成为"风热"之邪,"湿"与"风"结合,成为"风湿"之邪,"暑"与"风"结合,成为"暑风"之邪,"燥"与"风"结合,成为"风燥"之邪,"火"与"风"结合,成为"风火"之邪。鉴于"风邪"在致病中危害最大,中医家向来都重视祛风邪。郑北窗所讲的"风邪"与中医视为致病大敌的"风邪"有一致之处,但其内涵更加丰富。在他心目中,只要祛了"风邪",百病就无法侵袭。由此可见,"风邪"就是扰乱人体健康的总代表,也可以看作疾病成因的一个符号代码。

如何避免风邪的侵袭?郑北窗为世人指出了一条重要路子,这就是通过内丹修炼而加强自身正炁。在他看来,修习丹道得法,百病普消,丹道就是治病防病的自身良药。郑北窗是从"治未病"的立场出发来看待这个问题的。他说:"医家治病于已病之后,道家治病于未病之前。"①他讲的"医家"应该是指一般的医生,而非圣明之大医家。其实,中国古代医学经典《黄帝内经素问》之《四气调神篇》早有"圣人不治已病,治未病"②的说法,显然是受到老子《道德经》第六十四章"为之于未有,治之于未乱"思想的影响。这种思想一直是道家奉行的养生大要。郑北窗"扶正祛邪"的思路正是基于这个理论基础而展开的论述,对于当今社会大众的身心健康而言具有直接的警示意义。

**(二)提供了内丹修炼的可操作模式与实践参照**

既然修炼内丹对于扶正祛邪有如此重要的作用,雅好养生的人们就应该努力施行。为了让修习者有所遵循,郑北窗将自己长期修炼内丹的经验作了很好的总结,从而建立了以"闭气"为下手功夫的丹道操作模式。他不仅为初学者阐述了内丹修炼的基本程序——静默调息十六法,而且说明了"周天火候"的实际表现状态。他指出:

> 周天火候者,不过曰热炁遍身也。神炁相住于腹脐之间。当此时,若能加意吹嘘,则温温之炁从微至著,自下达上(热炁所至,渐渐开豁上达),如花之渐开,所谓华池生莲花也。保守稍久,热渐生盛,腹中大开,如同无物。须臾,热炁即遍身,此所谓周天火候也。③

这段描述"周天火候"的文字颇为简洁明确。向来,内丹秘籍有所谓"药物易

① [韩]郑北窗:《龙虎秘诀》,载权泰勋《风宇修丹记》第1页。
② (清)高士宗:《黄帝素问直解》,北京:科学技术文献出版社1980年版,第13页,
③ [韩]郑北窗:《龙虎秘诀》,载权泰勋《风宇修丹记》第3页。

知,火候难准"的说法。更有故弄玄虚者,将"周天火候"讲得神乎其神,令人如坠五里云雾之中,无法掌握其要领。历史上不少内丹典籍之所以存在这种情况,是因为修炼之人担心"道传非人",恐泄露天机,故而不敢直说,而多闪烁其词,甚至通篇充满隐语,让人摸不着头脑。郑北窓是玄门嫡传之人,他当然懂得门内规矩,所以怀着极认真的态度来阐述"周天火候",他以"热炁遍身"四个字概括"周天火候"真可谓一语中的,抓住了切要之处,而关于热炁是如何"从微至著,自下达上"的过程描述以及"华池生莲花"的比喻,更使读者豁然开朗,从而增强了初学者的信心。

**(三)强调了"诚"的态度对于内丹修炼的特别重要性**

郑北窓在对闭炁胎息、周天火候问题作了论说之后,特别强调了"诚"在丹道实践中的重要意义。他说:

> 清明之炁上结于泥丸宫。仙家所谓玄珠,佛家所谓舍利,有必然之理。至于成道与否,在人诚如何耳,但早达为贵。抑又闻之,所谓以火炼药,以丹成道,不过以神御炁,以气留形,不须相离。术则易知道难遇,纵然遇了不专行。所以千人万人学,毕竟终无一二成。故凡学者,以诚为贵。①

这段话先是描述了内丹修炼到了一定程度时产生清明之炁上结泥丸宫的情形,接着阐发了"以丹成道"的关键在于一个"诚"字。什么是"诚"呢?最初,"诚"表示的是通过言辞来和解。古代战争,持续到一定阶段,双方为了停战而谈判,需要有信誉,"诚"即表示双方相互信任。此后,"诚"的意涵逐步延伸,成为人事交往的一种重要准则。在古代,儒家与道家都非常重视"诚"的道德品质。《论语·子路》谓:"善人为邦百年,亦可以胜残去杀矣。诚哉是言也!"《礼记·大学》称:"诚于中,形于外。"《礼记·中庸》有言:"诚者,自成也。"《礼记》的论述从一个侧面体现了儒家对于"诚信"的高度重视。而道家则把"诚"作为人格修养的基本要求。老子《道德经》第二十二章称:"古之所谓'曲则全'者,岂虚言哉?诚全而归之。"老子这番话是在阐发"抱一为天下式"思想的时候说的,所谓"抱一"就是以大道为本根,形成治身与治国的基本

---

① [韩]郑北窓:《龙虎秘诀》,载权泰勋《凤宇修丹记》第3页。

模式,持之以恒地实施。按照老子的思想,以道治身、治国,需要有"诚全"的信念和态度。宋元时期的丹道大师李道纯将儒家《中庸》里的"诚明"理论与道家的"清静"思想联通起来,提出了"诚明静定"的圣功修养法门。引申到内丹修炼领域,"诚"就是要树立坚定信念,让内心静定,不受外界引诱干扰,专心致志地调理内气,从而由后天而返先天,郑北窗谓此为"燕处超然"①,惟有如此,才能有所成就。显然,郑北窗关于"诚"的论述包含着相当丰富的道德理法内涵。

在今天看来,"以诚为贵"不仅是修丹养生的入门要求,而且是做人处世的基本道德品质。在世间不断出现欺诈的不良现状情况下,重新温习郑北窗"以诚为贵"的论述,颇有裨益。


（本文为未刊稿。在写作过程中,得到韩国著名学者郑在书教授与郑在乘教授的大力帮助,特此致谢）

---

① ［韩］郑北窗:《龙虎秘诀》,载权泰勋《风宇修丹记》第4页。

# 儒家学派与经学思想

# 《诗经》在孟子哲学建构中的作用

当我们检索《孟子》时可以发现一个非常重要的现象,这就是该书不时引述《诗经》来阐发思想。据笔者统计,《孟子》明确引用或涉及《诗经》的共有46处,这是一个很值得注意与思考的现象。由于学科视野的原因,过去哲学界少有人认真细致地分析这种现象,因此笔者拟围绕这个现象谈谈管见,借以探寻当代中国哲学的创新路径。

—

论及孟子哲学形成的因素,人们往往会从时代背景、历史条件、学派传承方面入手进行考察,这当然是非常重要的。专家们在这方面花费了大量气力,为我们进一步研究孟子哲学奠定了很好的基础。而假如我们继续追问:到底是什么机缘触发孟子哲学思想从隐潜状态显示出来,那么也许会有另一角度的解释:《诗经》的激发是不可忽略的。

《孟子·梁惠王上》有一个著名的政治哲学命题,叫作"与民偕乐"。这个命题可以说就是在《诗经·大雅·灵台》篇的激发下最终形成的。

按照《孟子》的记载,孟子见了梁惠王,看见王"立于沼上,顾鸿雁麋鹿"。这时候,梁惠王向孟子提出一个问题:"贤者亦乐此乎?"孟子告诉梁惠王:"贤者而后乐此,不贤者虽有此,不乐也。"紧接着,《孟子》引用了《诗经·大雅·灵台》篇云:"经始灵台,经之营之,庶民攻之,不日成之。经始勿亟,庶民子来。王在灵囿,麀鹿攸伏,麀鹿濯濯,白鸟鹤鹤。王在灵沼,于牣鱼跃。"围绕这首诗,《孟子》作了发挥:"文王以民力为台为沼。而民欢乐之,谓其台曰灵

737

台,谓其沼曰灵沼,乐其有麋鹿鱼鳖。古之人与民偕乐,故能乐也。"①从行文的先后次序可以看出,"与民偕乐"这个命题,是孟子回忆了曾经熟读过的《灵台》篇之后,就梁惠王立于"沼"的情境概括出来的。

初看起来,孟子由于《诗经·大雅·灵台》篇的触动而提出的"与民偕乐",似乎谈的是生活方式问题,但如果进一步追溯,就可以看出命题背后所蕴含的深层哲理内涵。

何谓王者之"乐",在孟子的灵感思维中涉及如何处理王者与百姓的关系问题。作为圣人的王者应该先让百姓乐起来,然后自己才能乐,所以孟子进一步发问:"虽有台池,岂能独乐?"②此等语气反映了孟子对"与民偕乐"思想是非常强调的,而且有特殊的天人和合的哲学意味。孔颖达在《毛诗正义》中说:"灵者,精也,神之精明称灵,故称台曰灵台。"③按照前人的解释,不论是天子的"灵台"还是诸侯的"观台",都是用以"望嘉祥"的,而吉凶兆象乃是天对人的启示,所以"望嘉祥"便具有"明天"而"爱人"的理趣:通过明天而调整人的行动,其最终目的也就是天人和合。

又如《梁惠王下》在讨论"交邻国"的时候就说:"以大事小者,乐天者也;以小事大者,畏天者也。乐天者保天下,畏天者保其国。"④文中的"畏天"出于《诗经·周颂·我将》。该诗云:"畏天之威,于时保之。"孟子显然是受了《诗经》的启发,故而把"乐天"与"畏天"对应起来,从天人关系的角度提出了自己的民本观念。孟子正是基于周代的崇天文化传统来理解"灵台",从而提出"与民偕乐"的命题,因为"民"乃是天之所生,所以能够"与民偕乐"即是合于天意而"乐天"。由此可见,"与民偕乐"蕴含着一种宇宙观、人生观、国家观的综合思考,尽管当时的社会现实是这种观念的最深刻的产生根据,但《诗经》具有激发思想火花的作用。

---

① (宋)朱熹:《四书章句集注》,北京:中华书局 1983 年版,第 202 页。
② (宋)朱熹:《四书章句集注》,北京:中华书局 1983 年版,第 203 页。
③ (清)阮元:《十三经注疏》上册,北京:中华书局 1980 年影印本,第 524 页。
④ (宋)朱熹:《四书章句集注》,北京:中华书局 1983 年版,第 215 页。

## 二

孟子在阐述其哲学范畴内涵时，往往以《诗经》为佐证，或者根据《诗经》的篇章、名句进行思想发挥。

首先来看看"仁"这个范畴。从总体上看，孟子对"仁"这个范畴的建构得益于诸多文化资源的滋养，而其中很重要的一个方面就是《诗经》。

孟子在讨论"仁"与"荣辱"的关系时说：

> 仁则荣，不仁则辱。今恶辱而居不仁，是犹恶湿而居下也。如恶之，莫如贵德而尊士，贤者在位，能者在职。国家闲暇，及是时明其政刑。虽大国，必畏之矣。《诗》云："迨天之未阴雨，彻彼桑土，绸缪牖户。今此下民，或敢侮予？"孔子曰："为此诗者，其知道乎！能治其国家，谁敢侮之？"今国家闲暇，及是时般乐怠敖，是自求祸也。祸福无不自己求之者。《诗》云："永言配命，自求多福。"《太甲》曰："天作孽，犹可违；自作孽，不可活。"此之谓也。①

通过正反两个方面的对照，孟子强调"仁政"不仅是国泰民安的需要，而且是君主身享荣乐的保障。孟子两次引述《诗经》。首次引述的句子见于《豳风·鸱鸮》。按照《毛诗序》的说法，《鸱鸮》一诗系"周公救乱也"②。所谓"救乱"也就是拨乱反正。意思就是说，该诗是为拨乱反正而作的。作者以"鸱鸮"的口吻说话，形象地表达了一种"备急为先"的理念，体现了先民的"前瞻"意识。这种前瞻意识乃是基于事物渐变的哲学思考。孟子对此是心领神会的，所以在引述了《鸱鸮》诗句之后，继以孔子的评论。于是，艺术的描述便转换为"治道"的阐发。在此基础上，孟子适时地告诫统治者不能贪图享乐，否则灾祸就会降临。为了阐述"未雨绸缪"的精神，孟子又引用了《大雅·文王》的第二章。所谓"永言配命"，是说人应该念念不忘自身行为与天命的配合，而"自求多福"是说为自己多找点儿幸福。怎样获得幸福呢？在孟子看来，那就必须

---

① （宋）朱熹：《四书章句集注》，北京：中华书局1983年版，第235—236页。

② （清）阮元：《十三经注疏》上册，北京：中华书局1980年影印本，第394页。

省思自己的行为,施仁政于民,这才符合天命;否则天命也会转移,最终丢掉国家而受辱。由此可见,通过《诗经》等经典文献的引证、解读和发挥,孟子赋予了"仁"范畴丰富的政治哲学内涵。

如何行"仁"呢? 孟子提出了"推恩"的范畴。他说:

> 《诗》云:"刑于寡妻,至于兄弟,以御于家邦。"言举斯心加诸彼而已。故推恩足以保四海,不推恩无以保妻子。古之人所以大过人者,无他焉,善推其所为而已矣。今恩足以及禽兽,而功不至于百姓者,独何与?①

文中引述的《诗》系《大雅·思齐》篇。孔颖达在《毛诗正义》中疏云:"作《思齐》诗者,言文王所以得圣,由其贤母所生。文王自天性当圣,圣亦由母大贤,故歌咏其母,言文王之圣。"②就题意而论,《思齐》之"齐"本作"斋",有"庄敬"之意。先儒谓文王之母"常思庄敬者",当她成为文王之母时又"常思大姜之配、大王之礼"③,所以有德。可见这首诗的题目乃具有"以德行仁"的意涵,故而为孟子所关注。"刑于寡妻"之"刑"是"法"的意思,"寡妻"即少有之妻,谓其贤。"御于家邦"之"御"谓"治"。三句串起来的意思是:文王以礼法接待贤妻,达于宗族,由此推及家邦之治。这说明,《思齐》一诗在先儒看来本具有"由己及人"的仁德理趣,孟子轻轻点拨,谓之"举斯心加诸彼而已",即把行仁的心扩展于自己的宗族之外,覆盖于家邦。在对诗意进行概括之后,孟子寓意深远地提出了"推恩"的范畴,并且论述了"推恩"的好处。在孟子看来,"推恩"是永葆四海之内长治久安的法宝;如果不能"推恩",则连自己的妻子儿女都保不住。故而,"必由亲亲推之,然后及于仁民;又推其余,然后及于爱物,皆由近以及远,自易以及难"④。从这种思路我们不难看出,《诗经》本来就蕴藏着"将心比心"的精神,孟子的"推恩"范畴可以说是《诗经》精神的发扬光大。这个范畴是支撑孟子政治哲学的重要支柱,由此我们不得不重视《诗经》在构造古代哲学中的重要价值。

关于如何行"仁"的问题,孟子政治哲学中还有两个范畴颇值得注意,这

---

① (宋)朱熹:《四书章句集注》,北京:中华书局1983年版,第209页。
② (清)阮元:《十三经注疏》上册,北京:中华书局1980年影印本,第516页。
③ (清)阮元:《十三经注疏》上册,北京:中华书局1980年影印本,第516页。
④ (宋)朱熹:《四书章句集注》,北京:中华书局1983年版,第209—210页。

就是"因"与"新"。笔者之所以将其特别提取出来讨论,是因为它们不仅构成了"相互对待"的两个方面,而且都与《诗经》有密切联系。

《孟子·离娄上》开篇就有一段话集中讨论"因":

> 《诗》云:"不愆不忘,率由旧章。"遵先王之法而过者,未之有也。圣人既竭目力焉,继之以规矩准绳,以为方员平直,不可胜用也;既竭耳力焉,继之以六律,正五音,不可胜用也;既竭心思焉,继之以不忍人之政,而仁覆天下矣。故曰,为高必因丘陵,为下必因川泽。为政不因先王之道,可谓智乎?①

这段话的核心是阐述"因"的哲理。文中引用的诗句出自《诗经·大雅·假乐》。《毛诗序》称:"假乐,嘉成王也。"由此可见,诗题《假乐》之"假"系"嘉"的转借。该诗四章,每章六句,孟子引用的是第二章最后两句。所谓"愆"即"过";而"率"是"循"的意思。两句联起来是说:不要犯偏差,也不能有所遗漏,一切遵循旧的规章办事。孟子不仅肯定了《大雅·假乐》这种遵循先王法典的传统,而且从历史教训与生活实践的不同角度加以佐证,举凡规矩、准绳、六律、五音等说明典章要则的作用,然后通过类比,指出"因"的必要性、可行性。许慎《说文解字》称:"因,就也,从口大。"照此,则"因"的本义乃是"凭借",引申到政治哲学上来说,可以当"继承"解。在孟子看来,从事政治管理与"由高而低"以及"由低而高"的转变过程一样,都应该有所依凭,借鉴先王之道,这才是明智的。

然而,孟子在另一个场合又提出了"新"的范畴。《滕文公上》记载滕文公问如何"为国"的道理,孟子在讲述了一些经济制度和措施之后说:

> 设为庠序学校以教之:庠者,养也;校者,教也;序者,射也。夏曰校,殷曰序,周曰庠,学则三代共之,皆所以明人伦也。人伦明于上,小民亲于下。有王者起,必来取法,是为王者师也。《诗》云"周虽旧邦,其命惟新",文王之谓也。子力行之,亦以新子之国。②

为了说明如何进行社会伦常教化,孟子引用了《诗经·大雅·文王》篇。孔颖

---

① (宋)朱熹:《四书章句集注》,北京:中华书局1983年版,第275—276页.

② (宋)朱熹:《四书章句集注》,北京:中华书局1983年版,第255页。

达《毛诗正义》称:"作《文王》诗者,言文王能受天之命而造立周邦,故作此《文王》之诗,以歌述其事也。"①早在古公亶父于歧山"胥宇"时,周族即已初具规模,但那个时候尚未受天命而为新的朝代;只是到了文王时期,因为行善积德,百姓信服,所以禀受天命而有了革殷之命的合法性。《文王》第五章有"天命靡常"的描述,②表明天命是随着德行善恶而改变的,没有天命也就失去存在的合法性。孟子对《文王》这首诗的精神是颇有体悟的,他在点明诗的内涵是"文王之谓"后劝告滕文公"力行之",也就是努力行善积德,这样就可以使其国家的面貌焕然一新。孟子的"新"说与《周易·系辞上》关于"日新之谓盛德,生生之谓易"的思想有相通之处,但若追根溯源,则应该说是在《诗经·大雅·文王》的直接启发下酝酿成熟的。一方面,孟子论述了"因"道的重要性;另一方面,孟子又指出了"新"的实践价值,说明孟子是在遵循传统的基础上谋求变革与发展的。

在《孟子》一书中,与《诗经》有关的哲学范畴当然不止上面论及的"仁""推恩""因""新"这么几个,但从这些范畴的由来与内涵的解读中我们已经可以认定,《诗经》在孟子哲学范畴的建构中的确具有不可替代的作用。

三

任何一种有影响的哲学理论不仅具有自己独特的范畴,而且有其系统的思想体系,孟子哲学也不例外。作为儒家学派的一位杰出代表,孟子的哲学既是先儒思想积淀的结果,也是时代生活的产物,故而在继承先儒思想成果时又有了新的发展,从而形成了思想升华。就时间的角度看,孟子哲学的思想升华是一个心路与社会实践互动的过程;就空间的角度看,孟子哲学的思想升华则是一种视野的调整和论域的转换。从时空结合点上予以审视,我们可以发现孟子哲学的思想升华彰显了内外交合的特色,这种"交合"可以概括为:视野开阔,以小象大,存心通天。对这种"交合"过程和结构予以审视,可以发现

---

① (清)阮元:《十三经注疏》上册,北京:中华书局1980年影印本,第506页。
② (清)阮元:《十三经注疏》上册,北京:中华书局1980年影印本,第505页。

《诗经》对孟子思想升华的巨大影响力。

正像"仁"等范畴的使用一样,孟子的"天下"观也与《诗经》存在着密切关系,例如《梁惠王下》在讨论国家关系时说:

> 《诗》云:"王赫斯怒,爰整其旅,以遏徂莒,以笃周祜,以对于天下。"此文王之勇也。文王一怒而安天下之民。《书》曰:"天降下民,作之君,作之师。惟曰其助上帝,宠之四方。有罪无罪,惟我在,天下曷敢有越厥志?"一人衡行于天下,武王耻之。此武王之勇也。而武王亦一怒而安天下之民。今王亦一怒而安天下之民,民惟恐王之不好勇也。①

此处所引之诗见于《诗经·大雅·皇矣》。《毛诗序》以为,《皇矣》是用以赞美周朝的,"天监代殷,莫若周,周世世修德,莫若文王"②,所以该诗很大篇幅是歌颂周文王,被孟子视为"天下"代表的文学寓言。

面对上古文化传统,孟子以周文王、周武王为例,说明"天下"有难时统治者应该挺身而出,担当责任,才能得到百姓拥戴。文中反复三次陈述"一怒而安天下之民",既强调了果敢决策的重要性,也体现了儒家公共政治境域的开通性与整体性。

一方面,社会公共政治活动是在"天下"这个宇宙区间进行的,虽然立于"地",但面对着"天"。从这个角度看,天下的公共政治活动不仅包含着人与人之间的关系,而且包含着人与天地、人与神明的关系,而这种关系发生的空间区域是"开通"的③,主事者可以借由某种仪式沟通天地与人神,而天上神明也能够"听视"人间,所以《皇矣》歌云:"皇矣上帝,临下有赫,监视四方,求民之莫。"④诗中"临"字的繁体作"臨",右边的"臣"字在甲骨文、金文中是眼睛的形状,说明此字本来就与观察有关。东汉经学家郑玄称:"临,视也。"⑤至于"监"字的繁体"監"依然有个"臣"字,也蕴含着天神明察人间的理趣。可见,对于上天来说,"天下"的人间社会完全是敞开着的。

---

① (宋)朱熹:《四书章句集注》,北京:中华书局1983年版,第215—216页。
② (清)阮元:《十三经注疏》上册,北京:中华书局1980年影印本,第519页。
③ 陈赟:《天下或天地之间:中国思想的古典视域》,上海书店出版社2007年版,第42页。
④ (清)阮元:《十三经注疏》上册,北京:中华书局1980年影印本,第519页。
⑤ (清)阮元:《十三经注疏》上册,北京:中华书局1980年影印本,第519页。

另一方面,孟子所讲的"天下"又是一个整体,因为"天下"不仅是一种自然存在,而且是打上了人的精神烙印的社会政治空间,所谓积"家"成"国",积"国"成"天下",这就是中国传统社会的政治空间模式,孟子的论述正是遵循这种模式展开的。既然如此,作为"天下"代表的"王"就必须承担公共责任,虽然要避免"血气之怒"的小勇,但却应该有"理气之怒"①的大勇,所谓"替天行道"蕴含的正是这种精神。当然,在孟子看来,"天"有"仁生"品质。因此,效法"天"的"天下王者"——天子,自然应该广施仁爱于"天下"。在这方面,孟子的论述颇多,例如《离娄上》称:"继之以不忍人之政,而仁覆天下矣。"②又说:"三代之得天下也以仁,其失天下也以不仁。国之所以废兴存亡者亦然。天子不仁,不保四海;诸侯不仁,不保社稷;卿大夫不仁,不保宗庙;士庶人不仁,不保四体。"③这些论述从不同侧面表明:作为一种政治哲学空间,孟子的"天下"不仅是广阔的,而且各种因素彼此错综交会,构成不可分割的整体。

孟子的哲学思想升华还体现在以某种人工设置来象征"天下"的活动空间。如果说,"天下"是宇宙中的一种"大",那么相对于"天下"之"大"来说,任何人工设置都只能算"小"。不过,小有小的好处,"以小象大"往往可以达到特殊的思想艺术效果。读《孟子》一书,我们就可以感受到这样的一种效果。例如,该书《梁惠王下》有关"明堂"的讨论就颇引人入胜。孟子劝齐宣王保留明堂,认为"夫明堂者,王者之堂也。王欲行王政,则勿毁之矣"④。

在孟子心目中,明堂不仅是天下政治生活的核心,而且是社会经济体制的根源;他讲述的文王治理西岐时的"耕者九一",可以说就是明堂思想在经济制度上的贯彻落实。因为"耕者九一"乃是井田制的精练概括,所谓"九"意味着一井之田共九百亩,而"一"意味着中间的公田一百亩,八家农户除了各种私田百亩外,还必须共种公田一百亩。这种布局在思想理念上与明堂的政治象征精神是合拍的,归根结底都是为了行仁政。将孟子理想中的"井田制"与其"明堂"论说联系起来,我们不能不承认,孟子思想中作为政治哲学空间的

---

① (宋)朱熹:《四书章句集注》,北京:中华书局1983年版,第216页。
② (宋)朱熹:《四书章句集注》,北京:中华书局1983年版,第276页。
③ (宋)朱熹:《四书章句集注》,北京:中华书局1983年版,第277页。
④ (宋)朱熹:《四书章句集注》,北京:中华书局1983年版,第218页。

"天下",又可以浓缩到一个类似于"葫芦"的充满幽趣的艺术境界之中。

孟子由"天下"向"明堂"的归拢,不但体现了其哲学思想的开阔视野,而且寄托着"人天相应、以中制外"的"政治技术哲学"理路。不过,孟子的思想路向并非仅到"明堂"为止。实际上,他的"明堂"说还与"存心"论互相呼应。这就是说,在其"明堂"说与"存心"论之间耸立着一座"由此达彼的桥梁",这座"桥梁"就是《诗经》。

《孟子·梁惠王上》有一段对话借助《诗经》而论"心",其略云:

> 王说曰:"《诗》云:'他人有心,予忖度之。'夫子之谓也。夫我乃行之,反而求之,不得吾心。夫子言之,于我心有戚戚焉。此心之所以合于王者,何也?"
>
> 曰:"有复于王者曰:'吾力足以举百钧',而不足以举一羽;'明足以察秋毫之末',而不见舆薪,则王许之乎?"
>
> 曰:"否。"
>
> "今恩足以及禽兽,而功不至于百姓者,独何与?然则一羽之不举,为不用力焉;舆薪之不见,为不用明焉;百姓之不见保,为不用恩焉。故王之不王,不为也,非不能也。"①

这段对话一开始即引述《诗经·小雅·巧言》作为"心"论的肇始。引述者虽然是齐宣王,但孟子正是接过齐宣王的话头而展开其"仁心"之论的。按照《毛诗序》的说法,《巧言》是为了"刺幽王"的,"夫大夫伤于谗,故作是诗也"。② 谗言是怎样引起的?当然是出于"恶心"了,可见"心"与善恶关系极大,有恶心必然为恶,有善心必然为善。关于《巧言》的微旨,齐宣王承认自己不太明白,孟子循循善诱,通过许多生活现象的类比,说明行王道仁政首先必须有行仁之心。然而,由于后天的原因,人本有的善质却被掩盖了。在孟子看来,修养心灵非常重要。怎样修养呢?孟子认为关键在一个"存"字。《孟子·离娄下》说:

> 君子所以异于人者,以其存心也。君子以仁存心,以礼存心。仁者爱

---

① (宋)朱熹:《四书章句集注》,北京:中华书局 1983 年版,第 208—209 页。

② (清)阮元:《十三经注疏》上册,北京:中华书局 1980 年影印本,第 453 页。

人,有礼者敬人;爱人者人恒爱之,敬人者人恒敬之。①

就字源而论,"存"从"子",古人以为十一月阳气动,万物滋生,如儿子孕育,故以"子"表征万物发生。在原初字义上,"存"与"在"相对:如果说"在"意味着事物在空间上的"有",那么"存"则表征事物在时间上的肇始之"在"。因此,孟子的"存心"具有从原初上追溯仁礼善根的意义。为了追溯、培育、扩展这种善根,孟子又提出了"尽心"的范畴,他说:"尽其心者,知其性也。知其性,则知天矣。存其心,养其性,所以事天也。妖寿不贰,修身以俟之,所以立命也。"②孟子讲的"尽"是一个回归本初的不断升华过程。之所以要"尽心",是因为天下的政治活动是由人来进行的,要施行仁政就要有仁心,而仁心是天所赋予的,必须从性上做功夫才能通达于天。这显示了孟子的"天下"大观以及明堂的政治象征又是以个体的心性修养为落脚点的。存心知性,最终又通于"天",体现了孟子的哲学理路"小大和通"的境界升华。

孟子哲学是具备创新特质的,这从本文三个层面的论述就可以看出来。为什么孟子能够对以往的哲学思想有所发展,甚至在某些领域表现出"超越"? 其原因是复杂的,但《诗经》对其哲学思想体系的整体建构和不断完善乃具有重要的启迪作用;至少,《诗经》作为一种载体,成为孟子表达政治哲学的文学寓言。笔者由此联想到当今人们关心的哲学理论创新与思想提升问题。许多学者通过总结历史,不仅对于当代中国哲学的理论创新作出了前瞻性的思考,而且设想了种种路径,这都是值得进一步探讨的。笔者通过孟子哲学体系建构的心路追踪得到三点启示:第一,哲学家应该具备诗人气质和艺术创作精神,这是实现当代哲学理论创新的心灵出发点;第二,当代哲学理论创新应该注意从哲学以外激发灵感和寻找创新资源;第三,当代哲学理论创新的根本路径是走出象牙之塔,开启社会生活源泉。

(本文合作者:刘晓艳;原载《哲学研究》2009 年第 3 期)

---

① (宋)朱熹:《四书章句集注》,北京:中华书局 1983 年版,第 298 页。
② (宋)朱熹:《四书章句集注》,北京:中华书局,1993 年版,第 349 页。

# 诚明中和的人格完善

## ——儒道思想交涉的一个领域考察

"人格"有先天禀赋与后天素养两个部分。"先天禀赋"指的是自父母遗传而来的品性,包括脑和神经系统类型、内分泌腺以及身体外表特征等。与"先天禀赋"相区别,"后天素养"指的是人出生之后形成的气质、能力、学养以及社会道德感等等因素。一般而言,先天禀赋是不容易改变的,而后天素养则可以通过学习而获得,并且可以在不断学习的过程中逐步提升。正由于此,中国古代大部分思想文化流派都重视人格教育,尤其是道家与儒家更是如此。汉代以来,道家和儒家的人格教育理论为道教所吸收和发挥。关于这个问题的内容颇多,本文拟由"诚明"意义的解析入手来考察。

## 一、诚明的意义诠释

向来,学者很重视"诚明"的学问。宋代兼通儒道的大学者邵雍专门作了《诚明颂》的七言诗,以表达自己对人格修养的理解:

> 孔子生知非假习,孟轲先觉亦须修。
>
> 诚明本属吾家事,自是今人好外求。①

按照邵雍的说法,孔子、孟子是精通"诚明"之学的,他们虽然被看作"先知先觉"的圣贤,但就心性涵养来说也是通过修习而达到明澈的。由此,邵雍进一步指出:"诚明"本来属于自己的心地功夫,可是时人却没有明白这一点而不断地向外索求,这是很不应该的。邵雍《诚明颂》以为"诚明"本属于"吾家

---

① (宋)邵雍:《伊川击壤集》卷四,《道藏》第23册第503页。

事",这可以说抓住了根本。假如我们追根溯源,就能看出其中的奥义。

"诚明"一词最早见于何书呢? 学界一般以为出自儒家典籍《中庸》。笔者经过查考,发现在道家文献《亢仓子》里也已经使用了"诚明"。该书《君道篇》说:

> 故人主诚明,以言取人理也,以才取人理也,以行取人理也;人主不明,以言取人乱也,以才取人乱也,以行取人乱也。①

其中的"人主"指邦国帝王。在古代社会,作为一个负有主要责任的"人主"如何选人、用人,这是至为关键的。在《亢仓子》看来,"人主"要选拔人才,首先必须做到"诚明"。一方面,"人主"应该注重自身的道德品质修养;另一方面,"人主"应该充分了解情况,明白用人的规律,这样才能使社会得到真正的治理;反之,如果不能"诚明",无论是通过听说,还是通过才能、品性考察来选拔人才都会判断失误,最终导致社会混乱。由此可见,《亢仓子》是非常重视"诚明"涵养功夫的。

《亢仓子》一书出于谁的手笔? 在什么时代产生? 该书旧题亢仓子②所作。查《列子》《庄子》等书记载,亢仓子或称庚桑楚,系老子弟子,周代人。据此,则《亢仓子》乃是春秋时代的作品。后来,有人怀疑是唐人王士元杂采先秦道家古籍言论而成。例如《四库全书》馆臣在其《提要》中即持这种看法;不过,也有不信此说者,例如清代的毕沅指出《吕氏春秋》中的《上农》《任地》《辨土》等篇,"述后稷之言,与《亢仓子》所载略同"③。从其论述的字里行间可以发现,毕沅是把《亢仓子》看成比《吕氏春秋》更早的先秦古籍的。不论《亢仓子》是否比《吕氏春秋》早出,一个不争的事实是:该书的确把"诚明"当作古代君主应有的基本品质。

当然,我们必须看到,《亢仓子》虽然使用了"诚明"一词,但并未明确地阐述其心性修养内涵,真正以"诚明"作为核心概念来阐发心性修养功夫理论的是相传出自孔子嫡孙——子思所作的《中庸》,该书《诚明章》谓:

① (周)亢仓子:《洞灵真经》,《道藏》第11册第561页。
② 据《庄子》等书记载,亢仓子又名庚桑楚,陈国人,得太上老君之道,能以耳视目听。隐居毗陵孟峰,登仙而去。
③ (清)毕沅:《吕氏春秋新校正·序》,《四库全书》本。

　　自诚明,谓之性;自明诚,谓之教。诚则明矣,明则诚矣。

关于这段话,张载的解释是:"自诚明者,先尽性以至于穷理也,谓先自其性理会来,以至于理;自明诚者,先穷理以至于尽性也,谓先从学问理会,以推达于天性也。"①张载指出了理解《中庸·诚明章》的基本思路:一方面,"自诚明"是从心性入手而达于"理",也就是先明心见性,然后才把精神注意力转向外界,探索宇宙万物的存在与发展之"理"。另一方面,"自明诚"是从外在的宇宙万物入手,通过格物致知,明白事理的途径,然后回归到"尽心知性"的内在功夫上。

　　从儒家的立场来看,"学、问、思、辨、行"是学道与修道的过程。之所以要学道、修道,首先是为了人格培育。按照孟子的说法,人在初生的时候,天性是至善、无私的,这种看法得到后来大多数儒家人物的认可。宋代朱熹把这种本性称作"天理",而明代的王阳明则称作"良知"。不论是"天理"说,还是"良知"说,其基本的目的都是要恢复自家的本有善性。因为人在出生之后,由于外界各种因素的影响,善良的本性被遮蔽了,名利、地位甚至是各种知识成见都足以使人淹没本性。所以必须通过修养功夫,来恢复本性。从认识本性的角度看,"诚"是入门的方法,"明"则是效果和目标;从去弊的角度看,"明"是入门的方法,"诚"是效果和目标。不论从哪一条途径入手,都是为了达到人格完善。

　　《中庸》关于人格完善的"诚明"理论对后代影响很大,尤其是儒、道两家都在这方面积极探索,并且具体应用于人格修养的日常生活实践之中。东汉以后,道教围绕修炼成仙的目标,也吸纳了"诚明"的心性修养理论,从而推动了仙道与人道思想的发展。

## 二、道教"诚明"的方向是返璞归真

　　随着道教组织的壮大,修行理论也逐步完善起来。尤其是宋元以来,关于人格培育的探讨成为道教思想建设的重要课题。在这个时期,有个道教学者

---

① 　(宋)朱熹:《中庸辑略》卷下,《四库全书》本。

尤其值得注意,他就是李道纯。作为全真道的一位思想家,李道纯以大道信仰为根本,通过经典的融通、解读与发挥,丰富了道教的心性学说。

在其名著《中和集》里,李道纯特别诠释了"诚明",他说:

> 致知者诚明静定,故知生灭不停者,幻形也;差别不平者,妄心也;迁变不定者,时世也;败坏不久者,事务也。观练纯熟,是名圣功,一以贯之,故无造化。①

李道纯这段论述把"诚明静定"连通起来,构成了一个新的词组,这特别发人深省。按照李道纯的思路,"致知"的目的就是要实现"诚明静定"的效果。如果说,"致知"是修行的基本方法,那么"诚明静定"就是这种方法可以达到的精神状态。

在李道纯以前,道教论及心性修养的时候,"静定"是一个使用频繁的语汇,说的是因"静"而宁心静气、因凝心静气而稳定情绪。李道纯在这里将"诚明"冠在"静定"之前,表示这种"静定"是"诚明"的一种递进结果。换一句话来说,"静定"不是自成的状态,而是因为"诚明"的心性调理才产生的。

"诚明"为什么可以达到"静定"效果呢?李道纯用一个"观"字予以概括。"观"的对象是什么呢?就是"生灭""差别""迁变""败坏"这四种现象。

事物有生有灭,人的生命也是如此。随着春夏秋冬四季的周转变化,婴儿逐步成长为少年、青年、壮年,尔后就慢慢衰老,直至最后终结生命。当一个人完成了生命历程时,其他活着的人会惋惜、痛苦。由于种种情绪的刺激,人们的内心往往无法宁静,这是不利于健康生活的。李道纯告诉我们,应该通过"诚明"之"观",认知种种"生灭"现象只是虚妄而已。

"差别"也是引起痛苦的一种现象。比如说,工作报酬,一个企业高级管理者,可以是年薪数十万,甚至百万;但一个普通员工的年薪可能只有几万,甚至更少的几千元,由此导致心理不平衡,这在常人中并不少见。近年来,报纸杂志报导,许多青年员工因为工作压力、升迁反差等原因跳楼或者投江自杀,这些原因归结起来就是"差别"造就的困惑。李道纯认为,一个人要使自己宁心静气,应该看破"差别"的虚妄。

---

① (元)李道纯:《中和集》卷六,《道藏》第4册第522页。

"迁变"对人的心理也会造成一定的冲击。从表现形式看,变迁是多种多样的,从自然界到人类社会,无时无刻都在发生变迁。例如地震、洪灾、社会的改朝换代等等,再如亲人病故、婚姻破裂,生活水平下降等等。遇上这些情况,对于个人生存来讲都不是好事。所以,李道纯告知人们,应该认识到"迁变"是一种"时世"流转的状态。正如日月往来,有阴有阳;也像潮水起落,有进有退。

"败坏"而不能长久,这是人们时常忧患的问题。一种美好的事物,人们都希望能够永久,但客观上却往往不能如人意。例如青春美貌,这是所有女性都渴求的,但随着年龄增长,青春渐渐消失,美貌也随着流逝了,甚至可能变成一个看起来很"丑"的样子;再如一部车,起初外表美观、性能很好,使用起来很舒适,但使用久了,外表遭受碰撞、伤痕累累、轮胎破裂,这一切都会引起人们的叹惜、感伤。在李道纯看来,承认一切现象在不断地发生改变,最终都将坏朽,看空这些东西,才能使自己明澈而安宁。

总之,"诚明"的基本精神操作技术就是"观",久而久之,"观练纯熟",内心不再随着外在事物的变迁而起落,这时候就可以实现"静定"的理想精神状态。

从道教人格完善的修行路径来看,"诚明"的思想旨趣就是达到"返璞归真"的精神境界。所谓"返"就是回归,回到人性最为纯朴的童真状态。用《易经》的话来说,就是由后天回归于先天。在这个过程中,精神操作的方向是"逆向"的。这种"逆向"意味着对那些足以损害健康的各种干扰因素的否定,通过否定而修复缺损的自我,也通过否定而净化自我心灵。

## 三、由诚明中和而内圣外王

在道教文化体系中,由"诚明"而返璞归真,这是一个总体方向;但如何返璞归真呢?关键在于能够掌握"中和"精神调理技术。

李道纯说:

> 诚能致中和于一身,则本然之体虚而灵,静而觉,动而正,故能应天下无穷之变也。老君曰:人能常清静,天地悉皆归。即子思所谓致中和、天

地位、万物育,同一意也。中也、和也,感通之妙用也,应变之枢机也。《周易》生育流行,一动一静之全体也。①

意思是讲:如果能够依照"中和"的精神来修身,就可以回复本然之体。这种本然之体的表征是虚空而具有灵性,宁静而能够觉悟,行动居正而不偏。所以能够应对天底下万事万物的各种变化。太上老君说:人如果能够经常处于清静的状态,天地万物就都归于正位,有条不紊。这就是子思所讲的达到中和、天地归位、万物化育。彼此的意思是一样的。所谓"中",所谓"和",都反映了感应、畅通的妙用,这是应对变化的枢纽机关所在,《周易》所讲的生生不息、化育无穷、流行对待、阴阳动静,所有的道理其实都蕴含在"中和"两个字里了。

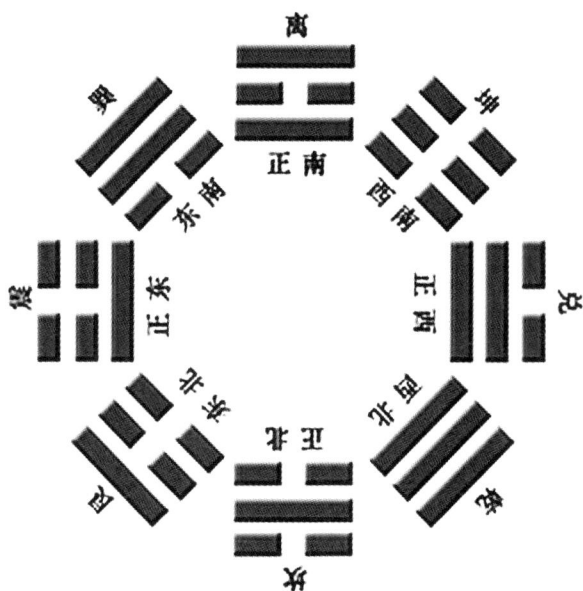

李道纯为什么如此强调"中和"在修身中的作用呢?这是因为"诚明"的返璞归真妙用本来就蕴含于天地之"中"和人心之"中",用《周易》的卦象来表征,就是蕴含于坎、离之"中"。清代学者张次仲撰《周易玩辞·困学记》卷

① (元)李道纯:《中和集》卷一《玄门宗旨》,《道藏》第4册第483页。

六:"作《易》者,因坎离之中而寓诚明之用。诚明起于中者,《易》之妙用而古圣人之心学也。"刁包《易酌》卷五也说:"作《易》者,因坎离之中寓诚明之用。诚明起于中者,《易》之妙用,而古圣人之心学也。此又发传所未备,凡为学者皆不可不知此理。"这里的《易》是《周易》的简称,"坎离"是《周易》中的两卦,即坎卦与离卦。在《周易》中,《坎》卦的卦象外有两个阴爻,中间一个阳爻;《离》卦卦象,外有两个阳爻,中间一个阴爻。两卦之中,一阴一阳,谐和感通。所谓"诚明"在《易经》里,说到底就是要明了《坎》《离》两卦中爻的阴阳感通。

在"易学"八卦图式中,有先天卦位与后天卦位的区别。先天卦位,乾坤定南北之向,坎离界东西之位;后天卦位,坎离移位于南北,以作为后天宇宙与人身的形态表征。道学修炼,由后天而返回先天,这种返回的具体操作,就是采取《坎》卦中间的阳气,弥补《离》卦中间的阴气,阴阳回复,后天即归于先天。这套法度就叫作"抽坎填离"。

按照道学理念,"抽坎填离"是为了实现"内圣外王"的人格理想和社会理想。所谓"内圣外王"首见于《庄子·天下》篇。该篇作者通过回顾当时社会方术流行的情形,指出众多学派之"有为"已经到了"不可加"的地步,所以"内圣外王之道"暗而不明。尽管《天下》篇并未明确阐述什么是"内圣外王之道",但却提出了理想人格的重要问题。后来的儒、道两家都围绕"内圣外王"

问题进行理论建构。从"大道"立场看,"内圣外王"包含两个方面的意义:一方面,理想人格是通过内修而使自己具有圣人的品质。《庄子·天下》谓:"圣有所生,王有所成,皆原于一。不离于宗,谓之天人;不离于精,谓之神人;不离于真,谓之至人;以天为宗、以德为本、以道为门,兆于变化,谓之圣人。"①这段话的核心精神在于"圣人"二字。为了说明什么是"圣人",作者从"天人""神人""至人"入手予以阐述。可以看出,《天下》篇作者心目中的圣人是涵盖了其他三种人格典型品质的,所以晋代郭象注释和唐代道士成玄英疏解都指出凡此四名只是一人而已,之所以使用了四个名称,是因为这样可以更好地揭示圣人的品质。按照这种说法,道学的"圣人"既是遵循天道的人格典型,也是涵养精神、修真炼气的成功者。另一方面,圣人理想人格的培育,最终可以"王天下"。《庄子·天道》说:"一心定而王天下,其鬼不祟,其魂不疲。"②从上下文的关系看,《庄子》"一心定"的主体乃是圣人,而"定"的具体含义就是虚静而无心于己。由此可见,"内圣外王"并不是自己一心先当"王",而是一种人格理想获得普天下的认可和敬仰。

根据"内圣外王"的理路,当我们回过头思考李道纯所谓"致中和"的"诚明"法度时,就会领悟到:道学所谓"抽坎填离"既是一种象征,也是一种逐步超越自我的精神调理技术。所谓"象征"意味着圣人的人格培育是一个回复本初虚静的过程;所谓"超越"则是不断战胜"凡我",直至脱胎换骨,恢复"真我"。由于"真我"虚静无己,与大道合一,天下都能够归附。从这个角度说,"王"象征着兴旺,即圣人品格扩充于普天之下而使天下兴旺。

(本文原载《儒家文化研究》第六辑,北京:生活·读书·新知三联书店2013 年版)

---

① (晋)郭象注,(唐)成玄英疏:《南华真经注疏》下册,北京:中华书局 1998 年版,第 604 页。
② (晋)郭象注,(唐)成玄英疏:《南华真经注疏》上册,北京:中华书局 1998 年版,第 267 页。

# 詹敦仁的经学思想考论

早在 2002 年,乡贤詹万法、詹柳金等来厦门即倡导召开关于先祖詹敦仁的学术研讨会,笔者对此满心欢喜。所以,虽然诸事繁杂,但还是一直留意这方面的文献,笔者查考《泉州府志》《安溪县志》《全唐诗》等,也浏览了一些网站,发现涉及敦仁公的文章虽然有一些,但他最重要的著作《清隐集》实际上已经遗失,这无疑给研究工作带来相当大的困难。不过,从他留下来的少量诗文作品,我们依然可以感受到其人格魅力与忧国忧民的儒家思想情怀。

作为安溪县的开先县令,敦仁公之所以能够建立被后人所缅怀的功业,其原因是复杂的,其中,儒家经学思想是不可忽略的重要基础。故而,本文拟在这方面稍作探讨。

## 一、一脉九经:詹敦仁经学思想的文化传统

翻开敦仁公的遗作,一种儒家经学的气息扑面而来。他的五言诗《仆忝四门新颁〈九经〉大本,喜而书之》首先引起笔者的注意。诗是这样写的:

> 吾道晦蚀后,辉光发丰鄡。[①]
>
> 转抄良苦难,鱼鲁鸟焉久。
>
> 有诏锓之木,此意良已厚。

---

① 此句之"鄡",族谱方志或写作"蔀"。按,《易·丰卦》六二与六四爻辞均有"丰其蔀"之语,于其后随之"日中见斗"。此"蔀"字,前人释为"障蔽"。故爻辞整句的意思是:丰大障蔽以掩盖光明的障蔽,这好像太阳正当中天却出现斗星,往前必有被猜疑的疾患。若此,则以辉光发自"丰蔀",在《易》象数学上属于"位不当"而"幽不明"。笔者怀疑"蔀"当是"鄡"之误笔,于文理不通,现予更正。

天将振斯文,三沐三稽首。

努力须及时,有志竟不负。

题中所谓"九经"系儒家经学在唐代的一种文本模式。学者周知,中国素有经学传统,先秦时期,儒道等学派即重视经学教育。就儒家而论,有六艺之学,"六艺"者,即《诗》《书》《礼》《乐》《易》《春秋》六经。秦始皇时期,"焚书坑儒",儒家传统的经典文献受到极大破坏。然而,"野火烧不尽,春风吹又生"。汉革秦命,出于教化的需要,经学得以复苏。尽管在动乱之中,"六艺"中的《乐》经在汉初已无从查考,原有的"六经"只剩下"五经",但这并不影响儒门志士弘扬经学传统的决心。经过一番努力,汉代的"五经"教育逐步向"七经"模式演进。据《三国志》的记载,汉武帝时期已有"七经"之说,该书卷三十八《蜀书·秦宓传》称,蜀地本来并无学士,"文翁遣相如东受七经,还教吏民,于是蜀学比于齐鲁"。这个"相如"即司马相如,而"东"乃与位于中国疆域西部的蜀地相对而言,即齐鲁之地。看来,汉代的"七经"文本教育模式亦起于孔子故乡。关于这一点,《后汉书·赵典传》有相关的资料可以佐证。该传之注引述《谢承书》云,赵典"学孔子七经,《河图》《洛书》,内外艺术,靡不贯综,受业者百有余人"。这说明,在东汉时期,儒家的"七经"教育已经是一种普遍形式,受其业者颇多。东汉儒家"七经"之学,其具体所指为何向来存在不同的说法,但一般以为是《诗》《书》《礼》《易》《春秋》《论语》《孝经》。这种文本教育模式一直延续了六七百年,直到隋唐之际方有新的扩展。历经陈、隋、唐三代的陆德明秉承汉代经学传统而又有所发挥,他所作的《经典释文》成书于唐代,该书博采诸家,括其枢要,奠定了唐代经学的基础。此外,唐初的孔颖达等人曾奉命编纂《五经正义》,为科举考试提供了基本的文献依据。鉴于社会的需求,唐代科举考试范围比向前有所扩展。于是原有的"五经"扩大为"九经"。徐坚等人所撰的《初学记》记载,唐代的"九经"系《易》《诗》《书》加"三礼"与《春秋》"三传"。唐开元八年(720 年)国子司业李元瓘言及当时的教育时即称"三礼""三传"以及《毛诗》《尚书》《周易》等为"生人教业"[1],这就说

---

① (清)皮锡瑞:《经学历史》,北京:中华书局 1959 年版,第 210 页。

明当时的"九经"是有定本的。①

敦仁公诗题中所谓"九经"当是延续唐初之定制而来。虽然在唐代后期的科举考试中所规定的基本文献已经从"九经"增加到"十二经",即加上《论语》《孝经》《尔雅》,但早期"九经"之版本乃弥足珍贵,况且在敦仁公的时候又"新颁",难怪他在得到这个版本的"九经"时喜出望外,感慨万千。《仆忝四门新颁〈九经〉大本,喜而书之》这首诗不仅见证了历史,而且蕴含着深深的儒门情结。这种情结在诗的第一句即体现出来了。所谓"吾道"即儒家之道,它发端于尧舜,源远流长,但到了唐末的时候,社会动荡,道统失落,"晦蚀"二字恰当地形容当时儒家经学的相对低潮情形。由于大规模移民,生存处于逆境,文化教育自然受到极大影响,连经书的传承也出现问题,所以"转抄良苦难"。关于当时儒家经学教育的低落,敦仁公在《新建清溪县记》感慨颇深,他说:"其奈地华人夷,业儒者寡,是岂教有未及者欤? 殆亦习俗有待而化者欤?"虽然土地肥沃华美,而人的思想却相当封闭,态度也很傲慢。尤其令人憾惜的是当时从事儒家经学教育的人很少。为什么会出现这样的状况呢? 到底是儒家教育未能流布还是习俗有待风化呢? 这样的发问乃基于敦仁公对当时儒学教化现状的忧虑。

然而,敦仁公并没有因为当地儒家经学教育的低落而失望,相反,一种振兴儒家经学教育的使命感促使他努力寻找中华儒学道统之根。"辉光发丰鄹",在晦暗之中,他感受到光明。这种光明来自何方呢? 诗人通过独特的意象予以暗示。在这里,所谓"丰鄹"乃是地名,"丰"指周文王时代的京都。西周时期,文王灭崇,自岐山迁都于丰。《诗·大雅·文王有声》云:"既伐于崇,作邑于丰。"其地在今陕西户县之西。至于"鄹"则指春秋时期的鲁地,即今山东曲阜东南。《论语·八佾》称:"孰谓鄹人之子,知礼乎? 入太庙,每事问。"注引孔安国曰:"鄹,孔子父叔梁纥所治邑。"②"鄹"字或作"陬",也写作"邹"。司马迁《史记·孔子世家》谓:"孔子生鲁昌平乡陬邑。"《索隐》称:"孔子居鲁

---

① 以上有关经学的历史回顾,参看蔡方鹿:《朱熹经学与中国经学》,北京:人民出版社 2004 年版,第 14—17 页。

② 《论语注疏》卷三,《十三经注疏》下册,北京:中华书局 1980 年版,第 2467 页。

之邹邑昌平乡之阙里也。"按,"陬""邹"与"鄹",系同音假借,故而敦仁公所谓"鄹"指孔子故乡当可以肯定。诗以"丰陬"为意象,旨在追溯儒家经学之道统,因为尧舜以来继承道统的传人乃是周文王与孔子。《史记·周本纪》称,文王乃后稷之裔,姓姬。汉代蔡邕《琴操》颂文王曰"备修道德,百姓亲附"。时有崇侯虎与文王列为诸侯,但崇侯虎之德操不及文王,故而常怀嫉妒之心,设计陷害文王。史称,崇侯虎"赞"西伯(文王)于殷纣王曰,西伯积善累德,诸侯皆向之。于是纣王囚西伯于狱中。文王出狱之后,行善而兴周。儒典对于功绩赫赫的周文王多有褒扬之辞,如《左传·襄公三十一年》称:"文王之功,天下诵而歌舞之,可谓则之;文王之行,至今为法,可谓象之。"《孟子·梁惠王下》:"文王一怒而安天下之民。"《礼记·文王世子》:"文王之为世子,朝于王季日三。鸡初鸣而衣服,至于寝门外,问内竖之御者曰:今日安否何如?内竖曰:安。文王乃喜。及日中又至,亦如之。及莫(暮)又至,亦如之。其有不安节,则内竖以告文王,文王色忧,行不能正履。"这些记载,既有关于文王功绩的概括,又有文王事迹的具体描述。在儒典中,文王不仅是一个忧国忧民的好帝王,而且是一个平易近人、彬彬有礼、恪守孝道的人物典型。文王受到儒家的尊崇,孔子更被奉为宗师。《史记·孔子世家》称:孔子布衣,学者宗之。"自天子王侯,中国言六艺者折中于夫子,可谓圣矣。"正是由于周文王与孔子代表了儒家道统,敦仁公咏《九经》之诗才以周、孔的居住地作为象征。如此着笔,一方面寄托了诗人对儒学宗师的景仰之情,另一方面也表达了他复兴儒家经学的诚笃决心。

敦仁公复兴儒家经学的诚笃决心并非无本之木,而是得益于儒学文化乳汁的滋养。这主要表现在两个方面:

第一,居敬的文化态度。向来,儒家对于圣贤的精神财富是以非常景仰与严谨的态度来传承的,尤其在见诸文字时更不敢马虎了事。数千年来,这已经成为一种文化传统。作为一个儒生,敦仁公也被这种传统所熏陶,从而养成了敬重纸墨的习惯。所谓"敬重纸墨",一方面表现在对于先人运载文化的书本的敬重,另一方面则表现在经典传承过程中讲究文字信息的正确性。关于前者,从"三沐三稽首"一句即可看出其基本内涵。"沐"即"沐浴",指的是读经之前的卫生行为与心理淳化工作。儒家学习经典文化,很注重清洁卫生。

《荀子·不苟》曰："新浴者振其衣,新沐者弹其冠,人之情也。"由此可见先儒是以相当郑重的态度来读经的。当然,读经之前的沐浴,这不仅是为了达到外在形躯的干净,而且在于淳化内在的心境,古人称此为"心斋"。《庄子·人间世》记载颜回向孔子请教修身养性之法时即说到"心斋"。回曰:"敢问心斋。"仲尼曰:"若一志,无听之以耳而听之以心;无听之以心而听之以气。听止于耳,心止于符。气也者,虚而待物者也。唯道集虚。虚者,心斋也。"孔子所讲的心斋也就是"心理沐浴",通过心理沐浴来淳化自我内在的精神,这是修身养性之法,也是读书能否专心致志的窍门。敦仁公是知道这个窍门的,故而其沐有三。不仅如此,面对经典,还要三次稽首才开读,这既是对圣贤的崇尚,也是对文化的敬重。

值得注意的是,敦仁公敬重纸墨,但却不提倡盲从,而是以实事求是的态度来对待文本的传抄。他注意到文本传抄是可能发生错误的。"鱼鲁乌焉久"一句即是对传抄错误的一种鉴诫。考"鱼鲁"之典,首见于葛洪《抱朴子·遐览》,该书称:"书三写,鱼成鲁,虚成虎。"此外,《文苑英华》卷一二六录南朝梁元帝《玄览赋》也涉及这个典故:"先铅摛于鱼鲁,乃纷定于陶阴。"在繁体字中,"鱼"写作"魚",而"鲁"作"魯",字形相当接近,在传抄时很容易误笔。敦仁公借助这个典故,用以形容文字因形近而发生传写、刊刻的讹误。至于"乌"乃是"鸟兽散"的缩略。《汉书》卷五十四《李广传》附《李陵传》称:"今无兵复战,天明,坐受缚矣。各鸟兽散,犹有得脱归报天子者。"本来,"鸟兽散"乃是用以形容队伍溃散不能战斗,敦仁公引申之,与"鱼鲁"相连而用,以形容经典抄写马虎了事将造成文化传承不能持久。这种严肃的态度也是儒家文化心理积淀的结果。

第二,经学文化传承的坚定信念。文化传承的使命感出于文化信念。从诗歌的字里行间,我们不难品味出敦仁公在经学传承方面的坚定信念。"天将振斯文"正是敦仁公文化信念的寄托。"斯文"二字本出于《论语·子罕》:"子畏于匡。曰:文王既没,文不在兹乎? 天之将丧斯文也,后死者,不得与于斯文也。天之未丧斯文也,匡人其如予何?"这段话包含着孔子与其学生经历过的一件大事。文中的"匡"是地名,在宋国。孔子率领学生游学到了宋国的"匡",据说此地有个坏人叫阳虎,其相貌与孔子十分相似,匡人看到孔子来了,以为他就是阳虎,恨不得立刻千刀万剐,于是将孔子包围起来。当时孔子的学生都感到事态相当严重,可是孔子却泰然自若,因为他心中有坚定信念,所以能够如此镇静。孔子对弟子们谈到文王以来的儒家道统,他指出文王虽然去世了,但斯文依旧还在。为什么这样呢?那是因为"天"不丧斯文,如果"天"要丧斯文,那"我"就一辈子也不可能接触到传统的经学了。现在,"天"不丧斯文,匡人是拿"我"没办法的。敦仁公《仆忝四门新颁〈九经〉大本,喜而书之》一诗用了《论语》典故,意在自勉,以便担当起儒家经学传承的重大责任;与此同时,也是为了勉励后人树立信念。诗歌最后两句点出了这个主题:"努力须及时,有志竟不负。"从这里,我们不难体悟到,敦仁公诗歌所具有的儒家精神的深远意蕴。

## 二、读诗知礼:詹敦仁经学思想的风化本色

在儒家经学中,《诗》与《礼》乃具有人文素质教育的特殊地位,向来为学者所重视。敦仁公作为儒生,雅好《诗》《礼》,这是很自然的。他作有《世吟〈诗〉》《思古吟〈周礼〉》《省身吟〈礼记〉》等。这些作品寄托着敦仁公对儒家"诗学"与"礼学"的深厚情感,而更为重要的是其字里行间蕴含着他对《诗》《礼》大意的理解,体现了传统的风化本色。

在《世吟〈诗〉》中敦仁公写道:

诗存三百本人情,曾被宣尼教化声。

闾巷皆陶君子化,涂歌里咏媲群经。

要体会敦仁公《世吟〈诗〉》的思想内容,必须对他吟咏的对象——《诗经》在古代文化教育中的作用有所认识。在孔子六艺中,《诗经》被作为教化的读本。故而《毛诗序》在论及《关雎》时说:"关雎,后妃之德也,风之始也。所以风天下而正夫妇也。故用之乡人焉,用之邦国焉。风,风也,教也。风以动之,教以化之。诗者,志之所之也。在心为志,发言为诗。情动于中,而形于言。言之不足,故嗟叹之,嗟叹之不足,故永歌之。永歌之不足,不知手之舞之足之蹈之也。情发于声,声成文谓之音。治世之音安以乐,其政和;乱世之音怨以怒,其政乖;亡国之音哀以思,其民困。故正得失,动天地,感鬼神,莫近于

诗。先王以是经夫妇,成孝敬,厚人伦,美教化,移风俗。"①《毛诗序》所论的"风"是《诗经》的一种类型。《诗经》305 篇,分为风、雅、颂三大类。其中,"风"的部分最大,共有 160 篇。《关雎》是十五国风的首篇,也是《诗经》的首篇,所以《毛诗序》的论述就从《关雎》开始。《毛诗序》指出,像《关雎》这样的诗乃是民间风情的体现。敦仁公对于《毛诗序》的论述是很熟悉的,所以他进一步给予概括和引申。在敦仁公看来,整部《诗经》三百来篇之所以让古代学子爱不释手,就在于这些作品的根本是"人情";换一句话来说,《诗经》乃是社会人情实实在在的写照。此番见解无疑是在对《诗经》有了整体把握的基础上得出的。的确如敦仁公所言,《诗经》的内容丰富多彩,既有劳者之歌、行役之怨,又有男女恋诗、讽刺民谣、没落哀歌等等。如此表现人情的作品真可谓认识社会的大镜子,难怪儒家先师孔子乐于收集整理此类作品,并将之作为"风化"教育、人文熏陶的形式,敦仁公所谓"曾被宣尼教化声"正是有感而发的。事实上,孔子教学生读《诗》是有教化用意的。考《论语·为政》,我们可以发现一段孔子论《诗》的精彩格言。"子曰:《诗》三百,一言以蔽之,曰:思无邪。"②孔子将《诗经》的内容意义用"思无邪"三个字进行概括,真是言简意赅。"思无邪"这三个字出自《鲁颂·駉之什》。所谓"无邪",从字面上看,也就是没有邪念,引申而论,则为导善去恶。邢昺之疏称:"诗之为体,论功颂德,止僻防邪,大抵皆归于正。"③一个"正"字画龙点睛地显示了孔子教《诗》的本意。在古代,"正"与"政"通,故"为政"的核心在于"正",即导向正确。如果我们仔细推敲一下《论语·为政》篇的上下文,就可以看出孔子引导学生读《诗》的深刻的教化用意。《为政》篇一开始就精辟地指出:"为政以德,譬如北辰,居其所,而众星共之"④;而在"思无邪"之后紧接着说:"道之以政,齐之以刑,民免而无耻;道之以德,齐之以礼,有耻且格。"⑤将读《诗》与为政联系起来,这正是孔子的高明之处。在孔子看来,人不但要吃饭,而且有男女追求,

① 《毛诗正义》卷一,《十三经注疏》上册,北京:中华书局 1980 年版,第 269—270 页。
② 《论语注疏》卷二,《十三经注疏》下册,北京:中华书局 1980 年版,第 2461 页。
③ 《论语注疏》卷二,《十三经注疏》下册,北京:中华书局 1980 年版,第 2461 页。
④ 《论语注疏》卷二,《十三经注疏》下册,北京:中华书局 1980 年版,第 2461 页。
⑤ 《论语注疏》卷二,《十三经注疏》下册,北京:中华书局 1980 年版,第 2461 页。

正规的男女恋情不仅不会妨碍风化,而且有利于人情之疏导,所谓"发乎情而止于礼仪"正是此意,这是"为政"所应该正视的。关于这一点,敦仁公是深有感触的,所以他在《世吟〈诗〉》热情讴歌诗学的教化功用:"闾巷皆陶君子化"。所谓"闾巷"犹言"里巷",泛指民间;"陶"是陶冶的意思;"君子化"有两重意义,一是指闾巷平民都得到君子的化导,二是指在诗学的教化下,个个成为君子。由此可见,读《诗》的功用是巨大的,故而敦仁公将之与群经相媲美。所谓"涂歌里咏媲群经",显示敦仁公是很看重诗学的教化作用的。毋庸置疑,欣赏《诗经》不但可以陶冶性情,提升人生境界,而且有利于政教,这比起今天一些抽象的政治教条的灌输要强多了。因此,我们从敦仁公咏《诗》的作品中似乎可以发现今天大学政治课教育的改革曙光。

敦仁公不仅肯定"诗学"在风化中的作用,而且相当注意从"礼学"中发掘修身养性的资源。其所作《思古吟〈周礼〉》云:

> 周家文物盛当时,上下相安不自欺。
>
> 凿井耕田随分定,春台何处不熙熙。

题中的《周礼》是儒家"三礼"之学的重要文本之一。从主体上看,《周礼》是一部陈述上古政治制度的专书,它通过记载各种职官的名称及其权限,表现儒家的社会政治思想与伦理思想。根据《汉书·艺文志》以及荀悦《汉纪》等篇的描述,《周礼》原称《周官》或《周官经》,西汉末,刘歆奏请定名《周礼》,且列入经部。东汉经学家郑玄谓:"周公居摄而作六典之职,谓之《周礼》。营邑于土中七年,致政成王,以此礼授之,使居雒邑治天下。司徒职曰:日至之景,尺有五寸,谓之地中,天地之所合也,四时之所交也,风雨之所会也,阴阳之所和也。然则百物阜安,乃建王国焉。"①不论《周礼》是否出自周公之手,但该书根据天地四时来设置职官却可以肯定,其内容原有六篇,即天官冢宰、地官司徒;然后是春夏秋冬四时之官,包括春官宗伯、夏官司马、秋官司寇、东官司空。从其基本内容看,古人是遵循"天人合一"的思路来考虑职官设置的。所以贾公彦《周礼正义序》引《易·通卦验》说:"天地成位,君臣道生。"这八个字看起来简单,但实际上意味着上古社会政治制度并非凭空假设,而是具有自然哲

---

① 《周礼注疏》卷一,《十三经注疏》上册,北京:中华书局 1980 年版,第 639 页。

学的思想依据的。从天地四时的运行之中,先民体悟到一种自然秩序的存在,并且力图加以模拟,以便成为社会管理的模式。敦仁公读《周礼》,对于蕴涵其中的精神是有自己的独到领悟的。他并没有具体地描述职官的设立情形,也没有叙说各种职官是如何运用其权利的,而是以"文物"作为意象,来表征社会的运行秩序。所谓"上下相安不自欺"首先是承认人在社会中的差别性,有的人居于管理层的位置,有的人则只是普通老百姓。然而,这种差别并不是对立,而是社会分工的一种结果。在敦仁公的心目中,"相安"是很重要的,因为"相安"就是和谐,惟有"和谐"才能发展。要能够相安而"和谐",社会中的人们就必须有诚恳相处的心态,不能自欺欺人。再者,社会的正常运行,有赖于形成一定的秩序,敦仁公认为"井田"的划定就是一种秩序。必须看到的是,敦仁公是把"井田"作为社会安居乐业的一种象征来描述的,他充分意识到上下协调、分工合作的意义,因为只有明了"分定",即确定自己的名分,各自努力创造,社会才能繁荣。"春台何处不熙熙?"他坚信,有秩序的社会必然有生机。诗句中的"春台"指的是游玩眺望的胜境。老子《道德经》说:"众人熙熙,如享太牢,如登春台。"《杜工部草堂诗笺》卷二十六《王十五前阁会》诗云:"楚岸收新雨,春台引细风。"两相对照,我们可以发现敦仁公通过赞美早期周朝的繁荣景象,表达了他对社会和谐境界的美好愿望。

在吟咏《周礼》的诗作中,敦仁公何以憧憬早期的周朝呢?这与儒家的理想世界存在着密切关系。翻开孔子的《论语》,我们可以读到孔子对于周朝怀着特别深厚的情感。他曾经相当明确地表示:"周监于二代,郁郁乎文哉!吾从周。"[1]在孔子看来,周朝的典章制度是以夏、商二代为借鉴而形成的,相比之下是最完备的,所以美其文而从之。孔子最为欣赏的是周代之德,他说:"周有大赉,善人是富。虽有周亲,不如仁人。百姓有过,在予一人。谨权量,审法度,修废官,四方之政行焉;兴灭国,继绝世,举逸民,天下之民归心焉。"[2]孔子这段话可以说是对早期周朝社会制度与人文思想的全面评价。不难看出,孔子并不像有些人所说的那样保守复古,因为他是在追溯尧舜以来的社会

---

① 《论语·八佾》,(宋)朱熹:《四书章句集注》,北京:中华书局 1983 年版,第 65 页。

② 《论语·尧曰》,(宋)朱熹:《四书章句集注》,北京:中华书局 1983 年版,第 193 页。

历史时说这番话的。如果是为了复古,孔子完全可以更加古远的尧舜时代为模板,但实际上尧舜在他心目中只是作为一种社会理想的象征而已,而对于周代社会制度,孔子认为是可以效法的,具有可操作性。他尤其赞赏的是周代的社会道德,比如君主敢于负责的精神。老百姓有过错,君主不是推卸责任,而是勇敢地承担起责任来。通过比较,孔子指出,"周之德,其可谓至德也已矣。"①其推崇备至的情感溢于言表。孔子对周代道德的推崇显然深深地影响了敦仁公。所以,敦仁公咏《周礼》,大力颂扬君臣民相安不欺的社会道德风尚,这当然也不是简单地以"复古"二字所能涵盖得了的。正如孔子借助周朝典章制度的阐发是为了建立一种道德文明的理论与营造良好社会风气一样,敦仁公吟咏《周礼》也是力图从先民那里寻找道德建设的文化资源,以利于社会风化。

思古抚今。敦仁公从周代社会的道德风化联想到个人的伦理修养,于是有了《省身吟〈礼记〉》。他写道:

一篇大学先诚意,二字中庸在反身。

俯仰吾心无愧作,更将儒行细书绅。

在儒家经学里,《大学》与《中庸》都是《礼记》中的名篇。其核心内容乃以修身为本。修身的范围颇广,但其要件则是"省身"。《论语·学而》载:"曾子曰:吾日三省吾身:为人谋而不忠乎?与朋友交而不信乎?传不习乎?"曾子是孔子的高足,他遵照孔子的教诲,每日三次反省自己的行为。由于重视道德修养,曾子被后来的儒者奉为楷模。敦仁公诗题中的"省身"二字即出于《论语》。从其语言结构看,"省身吟《礼记》",表明作者是在实践儒家的"省身"过程中回过头来体会《礼记》的。因为"省身"在诗题中意味着一种存在,即道德反省的过程性。从经学教育的程序看,儒典学习与"省身"的道德实践是不可分割的过程。一方面,为了"省身"必须很好地学习儒家有关如何"省身"的经典;另一方面,"省身"的道德实践过程并不意味着经典学习的结束。"温故而知新"。有了道德实践之后再回头温习圣人的教诲,这就能够体会得更为深刻。敦仁公这首诗歌所表现的正是修行与经典学习过程的统一。作为一首

① 《论语·泰伯》,(宋)朱熹:《四书章句集注》,北京:中华书局1983年版,第103页。

短诗,其运载的信息空间有限,不可能面面俱到地阐发《礼记》的经学内容,更不可能天南海北地论说自己的理念。故而,敦仁公乃是有感而发,他抓住《大学》与《中庸》来抒发自己的感想。

"一篇大学先诚意",真可谓一语破的,颇得要领。《礼记·大学》谓:"大学之道,在明明德,在亲民,在止于至善。知止而后有定,定而后能静,静而后能安,安而后能虑,虑而后能得。物有本末,事有终始,知所先后,则尽道矣。古之欲明明德于天下者,先治其国;欲治其国者,先齐其家;欲齐其家者,先修其身;欲修其身者,先正其心;欲正其心者,先诚其意。"①儒家所讲的"大学之道",以天地之道为本源,但所要阐发的重在"人道",也就是修身、齐家、治国、平天下之道。这个"道"怎样才能掌握呢?《大学》篇以逆推的方式,最终落实到"诚其意"的精神功夫层面。敦仁公将之进一步缩略,谓之"诚意"。所谓"诚意"就是通过心斋的办法,使心念没有"倾邪",这是大学的基本功。如果没有心灵的定力,那是谈不上什么齐家、治国的,更不用说什么平天下了。敦仁公作为一县之长和精通儒典的学者,既有个人的道德修行,也有从政的体验,所以作起诗来也就别具一番理趣。

由《大学》而《中庸》,敦仁公没有抽象地谈论政治问题,其重点依然在修身方面。"二字中庸在反身",在他看来,《中庸》一书尽管内容繁复,但"反身"二字却是它的精髓。什么是"反身"呢? 按,"反"字通"返",有反正、回返诸义。古有所谓"反本"之说,《礼记·礼器》谓:"礼也者,反本修古,不忘其初者也。"这个"初"指的就是人的禀性。《礼记·中庸》说:"天命之谓性,率性之谓道,修道之谓教。道也者,不可须臾离也,可离非道也。是故君子戒慎乎其所不睹,恐惧乎其所不闻。莫见乎隐,莫显乎微。故君子慎其独也。喜怒哀乐之未发,谓之中;发而皆中节,谓之和。中也者,天下之大本也;和也者,天下之达道也。致中和,天地位焉,万物育焉。"②《中庸》把"修道"作为人生社会的大学问,但修道必须从根本做起,这也就是要"穷理尽性,以至于命",认识人自己的天性。从这个意义来说,敦仁公所谓"反身"即是《礼器》所讲的"反

---

① 《礼记正义》卷十六,《十三经注疏》下册,北京:中华书局 1980 年版,第 1673 页。
② 《礼记正义》卷五十二,《十三经注疏》下册,中华书局 1980 年版,第 1625 页。

本",即回复到人之初的本性,以见其纯洁的赤子心。怎样回复这种赤子心呢? 千言万语汇成一句话,这就是"致中和"。查考一下古典文献可知,"中"在中国文化里是一个很重要的概念。许慎《说文解字》称,"中,内也"。从其字形看,"中"的中间一竖"丨",表示上下通,但无论是引上还是引下都以"内"为其联通的归结处。此外,"中"的本义又表示"正",即不偏不倚,无过不及的中正状态。先民们从直观的感受出发,以天中的星叫作"中星"。如《礼记·月令》以及《吕氏春秋》十二纪所载的昏参中,旦尾中等,都用以表示"中正",具有"指南"与平衡的理趣。从五行学的角度看,土居中位为正,系万物发生之本位,也是万物的归宿地。所以,先民"尚中"。这个"中"不仅指天地之中,而且也指人身之中,也就是"内中",因为"中"乃意味着"正",而"正"即是四方上下的平衡,这也就是"太和"。因此,敦仁公的"反身"说可以理解为以"中和"为宗旨所进行的内在道德修养,这种修养理论的根据乃是天人对应的自然哲学,因为"中"字既然以一竖通天达地,仰观俯察所得到的天地万物运行法则也就成为修行者的自我参照。此外,敦仁公的"反身"也讲究"节度",这是《中庸》里面应有之义。《说文解字》以"相应"释"和"义,所谓"相应"是从音律上说的,古之奏乐,五音建韵,各有其节,故能奏出优美调式。引而伸之,在道德修养上的"应节"也就是合其风化的规范,这种"应节"当然不是做表面文章,而是从醒心入手,《中庸》所谓"慎其独"说的就是这个意思。这种精神敦仁公是有深刻领会的,所以他的《省身吟〈礼记〉》最后两句将之归结到"吾心无愧作"上,并且以此为"儒行",表示要"细书绅",如此感怀,其儒家的拳拳赤子之心跃然纸上。

## 三、原始返终:詹敦仁经学思想的弘道精神

儒家经学教育,不仅在于明人伦,美风化,而且在于探究经世致用之道。而"道"的探求并非一朝一夕所能奏效,这既需要苦读,也需要实践与悟性。为此,敦仁公穷研《书》学,发奋攻《易》,体悟《春秋》,上下求索,一心弘道。他的《原道吟〈书〉》写道:

古今异世本殊途,诰誓何由俪典谟?

若使帝王相易世，争知文武不唐虞？

在古代汉语中，"原"有多种字义，但最主要者为二：一是指"水源"或"根本"，此为名词；二是指推其根源，此为动词。从构词方面看，"原道"之"原"用如动词。《管子·小匡》称："式美以相应，比缀以书，原本穷末。"这是从追根反本的角度应用"原"字。敦仁公的"原道"与此类似。按，"原道"这个词组首见于南北朝时期刘勰所作的《文心雕龙》，该书开篇即是《原道》。刘勰是从天地本原的角度叙说文以载道的义理的。后来，初唐时期，韩愈为申明儒家道统，亦作《原道》，以广流行。敦仁公的"原道"当溯源于此。不过，敦仁公并不像韩愈那样自我标榜是儒家道统的正宗继承人，而是借助这样一个文化术语来探究经学中的"道"。"原道吟《书》"标题是一个无主句，将句子的各项成分恢复，那就成为"吾原道吟《书》"。这是一个双谓语的句子，即主体施行着两个基本动作，一是"原道"，一是"吟《书》"。但这两个动作并非各自孤立。正如《省身吟〈礼记〉》的结构一样，"原道吟《书》"体现了过程中不同动作的关联与统一。因此，我们可以进一步把这个题目读为："吾原道而吟《书》。"它具有两方面的含义：一方面，这意味着作者在"原道"过程中吟《书》；另一方面，这意味着作者为了"原道"而吟《书》。不论从哪一方面看，"原道"与"吟《书》"已构成了不可分割的过程。

敦仁公"原道"为什么要"吟《书》"呢？这个问题，我们必须从《书》学的由来与历史传承角度入手方可得到解答。按照儒家的经学传统，敦仁公诗题中的《书》，系指《尚书》。学者尊奉为《书经》。这是中国上古历史文献的汇聚，其时间从尧到春秋初年。根据《史记·孔子世家》以及《汉书·艺文志》等书的描述，先秦儒门所传承的《书经》是孔子根据以往的历史文献编订的。孔子为什么编订《书经》呢？这恐怕不只是一般的文献保存，而是有他的特殊用意的。唐代孔颖达《尚书正义序》称："先君宣父[1]，生于周末，有至德而无至位，修圣道以显圣人。"[2]这说明，孔子是基于"修圣道"的宗旨而编订《尚书》的。汉代孔安国对于《书经》之"道"有更明确的说明，他在《尚书序》中说：先

---

[1] 这里的"宣父"即指孔子。
[2] 《尚书正义·序》，《十三经注疏》上册，北京：中华书局1980年版，第110页。

君孔子，"讨论坟典，断自唐虞以下，迄于周。芟夷烦乱，剪截浮辞，举其宏纲，撮其机要。足以垂世立教。典、谟、训、诰、誓、命之文，凡百篇。所以恢弘至道，示人主以轨范也。"①序文中的这段文字既概括了《书经》的体制内容，也显示了编订者"弘道"的宗旨。的确如孔安国所论，孔子是基于"弘道"的立场来编订《书经》的，孔子在《论语》中曾多次言及"弘道"的决心，他说："人能弘道，非道弘人。"②为了求道与"弘道"，他甚至说："朝闻道，夕死可矣。"③孔子把"弘道"的精神贯注到了经学文献之中，尤其是《书经》的编订更可见孔子弘道的良苦用心，这就是敦仁公"原道"之所以"吟《书》"的思想根据。

敦仁公在"吟《书》"过程中"原"出什么"道"呢？他是在一边读《书》一边思考过程中悟出一番"道"的。"古今异世本殊途，诰誓何由俪典谟？"诗人注意到历史推移，朝代更替，各自的社会风情是不一样的。他由此联想到《书经》的内容，其中所谓"典、谟""诰、誓"都是《书经》的篇目。按，《尚书》传承有今古文之分，由西汉初伏生所传的《尚书》因教学需要以汉代通行的隶书抄写，谓之《今文尚书》，后来有（鲁）周霸、孔安国、（洛阳）贾嘉传承所谓《古文尚书》。④ 其篇目比《今文尚书》要多。不论是《今文尚书》还是《古文尚书》，其中都包括了"典、谟""诰、誓"的体制。就《今文尚书》来说，有《尧典》《皋陶谟》，还有《甘誓》《汤誓》《牧誓》《费誓》《秦誓》以及《大诰》《康诰》《酒诰》《召诰》《洛诰》《康王之诰》等。《古文尚书》的篇目内容尽管比《今文尚书》多出不少，但依然存在着"典、谟""诰、誓"的体制。"典"者，常道、准则也。所谓"慎微五典，五典克从"即是从这样的意义说的。"谟"者，谋划也。《书·伊训》称："圣谟洋洋，嘉言孔彰。"这里的"谟"即当谋略策划来讲。"诰"者，告戒也，上告下曰诰。"誓"者，约信之辞也。上古社会，统治者为了进行政治军事行动，立下具有约信力的檄文，以鼓舞将士冲锋陷阵，这就是"誓"。本来，"典、谟""诰、誓"是在不同时期不同背景下产生的。它们为什么被《书经》编

---

① 《尚书正义》卷一，《十三经注疏》上册，第114—115页。
② 《论语·卫灵公》，(宋)朱熹：《四书章句集注》，北京：中华书局1983年版，第169页。
③ 《论语·里仁》，(宋)朱熹：《四书章句集注》，北京：中华书局1983年版，第71页。
④ 关于《古文尚书》，学者指出其中的一些篇章非古所有。由于战乱，在流行过程中，又有所散失，晋朝人梅颐为使其全，又据其篇目而增益。

订者放在一起呢？彼此之间有什么关系呢？敦仁公在读《书》过程中追寻着这样的问题。诗歌中，一个"俪"字把诗人的思绪推向更加深入的层面。《说文解字》谓，"俪，棽俪也"。所谓"棽"即繁盛茂密的样子，"棽俪"本用以形容树木交错之貌。"俪"字，古读若"离"。《周易·离卦》之《象》云："离，丽也；日月丽乎天，百谷草木丽乎土。重明以丽乎正，乃化成天下。"文中的"重明"即是偶合成双。偶即是耦，表示成对、配偶。《左传·成公十一年》载："鸟兽犹不失俪。"其注者释俪为耦。由此可见，敦仁公诗中之"俪"当为耦合而亮丽，正如夫妻之成伉俪，日月之合阴阳。"俪"字解释清楚，我们也就可以比较确切地理解敦仁公的发问了。他的意思是说：古往今来，世代变更，路向不一，而"典、谟"为什么与"诰、誓"耦合并行呢？其中的道理何在？通过文献的查考与历史追踪，敦仁公找到了答案，"若使帝王相易世，争知文武不唐虞？"敦仁公不是用陈述句来给出答案，而是把答案蕴含于新的问题中。其最后一句的"文武"指的是周文王与周武王；而"唐虞"指的是尧、舜。古称尧帝为陶唐氏，舜帝为有虞氏，皆以揖让而有天下，号称太平盛世。《论语·泰伯》谓："唐虞之际，于斯为盛。"在孔子看来，唐虞时代乃是大同的理想社会。敦仁公综观历史，发现太平盛世的局面是特定条件造成的。他认为，假如周文王与周武王生活在尧舜时代，也是可以创造大同世界的太平盛世的。言外之意是，世代已经更替，大同世界的存在条件已经一去不复返了。当下惟有面对现实，求其小康了。——这就是敦仁公从《书经》中"原"出的"道"，也是从世代更替的历史事实中"读"出的"道"。

敦仁公从世代更替的变化角度追寻经学之道，这在他的《伤春吟〈春秋〉》一诗中更有进一步的体现：

> 东迁周室日陵迟，天子威权总下移。
>
> 黜霸尊王当日事，谁能秉笔继宣尼？

作为孔子删定的经典之一，《春秋》一书与它经不同之处首先在于其书名本身就是一种时间流程的表征。在传统历法中，一年分为春夏秋冬四季，举"春秋"以概言岁月。在历法五行学中，"春"与"木"相配，"秋"与"金"相配。"木"主生，而"金"主杀。春木一发，生机盎然，故而木运象征着时空万物的活力；秋金一来，阴气日重，故而金运象征着时空万物的萧条衰气。由于"春秋"

二字具有深刻的象征意义,古代学者不仅乐于将之作为史书的名称,而且将之作为思想建构的一种框架。《墨子·明鬼下》载有周之《春秋》、燕之《春秋》、齐之《春秋》。汉代以来,也多有以"春秋"名其史书者。诸如陆贾的《楚汉春秋》、赵晔的《吴越春秋》、北魏崔鸿的《十六国春秋》等等。不过,"春秋"尽管已成为一般史学家喜欢使用的名称,但各自的用意却是不同的。孔子作《春秋》在其字里行间乃蕴含着"微言大义"。这种"微言大义"从社会管理的角度说也就是"治道"。《孟子·滕文公下》称:"世衰道微,邪说暴行有作,臣杀其君者有之,子杀其父者有之。孔子惧,作《春秋》。《春秋》,天子之事也。是故孔子曰:'知我者其惟《春秋》乎? 罪我者其惟《春秋》乎……孔子成《春秋》而天下乱臣贼子惧。"一部著作产生,具有这样大的反响,足见其触及的社会神经之敏感。从孟子的论述中我们可以追寻出这样一种意义:孔子是在"世衰道微"的情况下编纂《春秋》的,所以他依然是基于弘道的宗旨而开展这项工作的。从其思想内容看,孔子编纂《春秋》所具有的弘道意义在于他采用了具有威慑力的笔法,阐述了"正名""尊王攘夷""大一统"的思想,这就是《春秋》之道。敦仁公正是怀着寻觅其"治道"而读《春秋》的。

既然《春秋》包含着具有"治道"内涵的"微言大义",读起来本该十分爽快才对,敦仁公为什么"伤春"呢? 其原因是多方面的。正如分析《原道吟〈书〉》一样,我们探讨敦仁公《伤春吟〈春秋〉》也必须从其语法结构角度确定诗题意义才能进一步展开内容的分析。按照句子成分的分析原则,我们依然可以将诗题的省略成分加以恢复。当潜在的主语显露之后,诗题也就可以读为:"吾伤春吟《春秋》"。从过程角度看,"伤春"是一个进行时态,即诗人正在"伤春"。于此过程中,伴随着"吟《春秋》"的动作。这个动作与"伤春"的情绪交织在一起。一方面,诗人因为"伤春"而"吟《春秋》";另一方面,诗人"吟《春秋》"而催动了"伤春"的情绪并且使这种情绪逐渐增长,直到这种情绪如潮水般汹涌,于是破堤而出,形成了这首史诗。显然,诗人"伤春"是有象征理趣的。从保存生命活力的立场看,人们显然喜欢春季,因为满园春色不仅使人心旷神怡,而且催人奋进。春去秋来,草木凋零,人们往往因之而伤感。敦仁公的"伤春"乃具有叹息时光流逝的意蕴。不过,他的"伤春"并不是多愁善感似的情绪发泄,而是以"春秋"交替为象征,表达自己对历史发展态势的关注。"东迁周室日陵迟,天子威权总下移。"在春去秋来的时刻,敦仁公读《春秋》感触最深的是周室衰微、国家分裂的局面。孔颖达《春秋正义》称:"周室东迁,王纲不振,楚子北伐,神器将移,郑伯败王于前,晋侯请隧于后。窃僭名号者,何国不然? 专行征伐者,诸侯皆是,下陵上替,内叛外侵,九域骚然,三纲遂绝。"①孔颖达这段话相当概括地描述了东周迁都以来礼崩乐坏、国家分裂、动荡不安的局面。东迁以后走向衰微的周朝呈现的是阳衰阴盛的"冷太极运行轨迹",这正是敦仁公"伤春"的经史根据所在。当然,作为一个久经风霜的儒家学者,敦仁公的"伤春"还有更为直接的社会原因。他所处的唐末历经黄巢起义之后,加上军阀混战,一统国家已经出现破局。"国势多危厄,宗人苦播迁。南来频洒泪,渴骥每思泉"②。《忆昔吟》中的这四句诗真切地反映了唐末五代社会动荡、人民流离失所的状况,也表达了敦仁公盼望国家统一的诚挚感情。"黜霸尊王当日事,谁能秉笔继宣尼?"面对动荡的社会,儒家固有的忧患意识促使敦仁公思考社会教化的问题。在这里,"秉笔"二字十分鲜明地表达了儒者社会教化的使命感,而"继宣尼"则显示了诗人坚定的弘道意志。

在敦仁公的心目中,"至道"不仅表现在《春秋》里,而且也蕴含在《周易》中。到了中年,敦仁公在完成了清溪县的建县使命之后,毅然辞去县令之职,他在佛耳山建清隐堂,苦读《周易》,且有了自己的心得。为此,他写下《自得吟〈易〉》一诗:

> 盈虚消息自能明,遁世曾无怨闷情。
>
> 若问儒生何所有,胸中原有洗心经。

诗题中的《易》即《周易》的简称。向来,《周易》一书被学者奉为"群经之首"。千百年来,诸子百家都力图从《周易》里寻求文化资源,以建构其思想体系。史称孔子晚年喜读《易》,"韦编三绝"③,足见其用心。孔子好《易》的传统由儒生们代代相传。由此,形成了"易学"。在儒家经学中,《周易》属于比较高深的学问,因为它不仅建构了一个神秘的符号系统,而且配上了一个文字解释

---

① (唐)孔颖达:《春秋正义·序》,《十三经注疏》下册,中华书局1980年版,第1698页。
② (唐)詹敦仁:《永嘉乱,衣冠南渡,流落南泉,故作忆昔吟》。
③ 《史记·孔子世家》。

系统,两个系统相互转换,从而造成了相当复杂的多重结构。为了揭开《周易》的奥秘,许多学者皓首穷经,其功可谓勤奋。敦仁公与许多儒生一样,对《周易》发生浓厚兴趣。他钩深致远,探赜索隐,寻觅易学之"道"。他从《周易》中悟出什么"道"呢? 敦仁公的"自得吟"一语道破天机。在他看来,"易学"之道说到底就是"盈虚消息"四个字。敦仁公用这四个字来概括《周易》的精神,可谓独具慧眼。其源盖出于《周易·丰卦》之《彖》:"天地盈虚,与时消息。"《庄子·秋水》篇发挥说:"消息盈虚,终则复始。"所谓"盈虚"就是满与谦,而"消息"就是"消长"。是什么东西在"盈虚消息"呢?《易》之《彖》说:"日中则昃,月盈则食。"原来,古人是在描述日月运行的时候使用"盈虚消息"的,因此,"盈虚消息"乃是形容日月往来、周而复始规律的。从字形结构看,日与月合即是"易"。所以,古人称"易"者从日下月。日为阳,月为阴。故日月往来,也就是阴阳升降。庄子所谓"易以道阴阳"是也。阴阳反复,有进有退,损益得宜。圣人观天道以推人事,故能"与时偕行"[1]。时行则行,时止则止,时退则退,于是有遁。"遁世曾无怨闷情"。此之"遁"乃出于《周易·遁卦》,象征隐退。陆德明《经典释文》解"遁"为"奉身退隐"。这种退隐并非消极避世,而是按照阴阳周转规律办事的一种实际表现。《遁》卦之《彖》曰:"遁,亨,遁而亨也;刚当位而应,与时行也。"又曰:"遁之时义大矣哉!"这说明,"遁"也是合时的,即顺应时势。"若问儒生何所有,胸中原有洗心经"。退隐之后是不是无所事事呢? 不是的。敦仁公以孔子为榜样,把《周易》当作"洗心"的经典。"洗心"一语见于《周易·系辞上》:"六爻之义易以贡,圣人以此洗心,退藏于密。"洗心,也就是自我心灵的淳化,这是一种精神修养的基本方法,《周易·蒙卦》谓之为"圣功",即通过修身养性以升华境界的奥妙功夫。这是穷理尽性的功夫、道德完善的功夫,也是浩然正气与天地往来交通的功夫。敦仁公以身作则,实践《遁》卦精神,这从"与时偕行"的意义上说也是弘道的自我见证。

《周易·系辞上》说:"原始返终,故知死生之说。"从最终的意义讲,中国古代传统经学乃是关于生命的大学问。这种学问既教人探究生命的本原,生

---

[1] 黄寿祺、张善文:《周易译注》,上海古籍出版社 2004 年版,第 16 页。

命的存在环境,也教人进行生命的体验以及完善生命的修养。敦仁公是深明这种生命之学的本质的。"老去身长健,醑中性更真"。通过洗心,见证易道,这就是敦仁公的自得其乐,也是生命崇高境界的一种写照。

(本文原载《道学研究》2050 年增刊,香港蓬瀛仙馆出版社 2005 年版,收入本书时略作修改)

# 刘牧《易数钩隐图》略析

　　刘牧系北宋中期易学家,范谔昌的弟子,著作有《周易新注》和《易数钩隐图》附《遗论九事》。前者已佚,后者保存于《正统道藏》"洞真部·灵图类",《四库全书》"经部·易类"亦有收录。我们知道,刘牧之师范谔昌乃许坚之徒,许坚为李溉之徒,李溉为种放之徒,种放为陈抟之徒,所以刘牧的易学实为陈抟易学的流变。刘牧的易学在北宋之呼声已甚高。《四库全书总目提要》说:"汉儒言《易》多主象数,至宋而象数之中复歧出图书一派。(刘)牧在邵子(雍)之前,其首倡也。……其学盛行于仁宗时,黄黎献作《略例隐诀》,吴秘作《通神》,程大昌作《易原》,皆发明牧说。"由此可见在北宋时发挥刘牧易学者已此呼彼应。

　　既然刘牧之易学是陈抟易学的流变,那么在内容上必然也暗合道门气血运行思想。刘牧说:

　　　　《易》之为书也,广大悉备。有天道焉,有人道焉,有地道焉,兼三才而两之,故六。六者非他也,三才之道也。然则三才之道,上中下之位,三才之用,舍五行则斯须无以济矣。至于人之生也,外济五行之利,内具五行之性。五行者,木火土金水也。木性仁,火性礼,土性信,金性义,水性智。是故圆首方足,最灵于天地之间者,蕴是性也。①

刘牧这段话是对《人禀五行》之图的解释。他从《易·说卦》的"三才之道"出发,进而论述人体五脏禀五行之气的问题,认为木、火、土、金、水这五行具备了仁、义、礼、智、信这五种德性,五行五性与人体内的肝、心、脾、肺、肾一一对应;五脏内的气血运行完全与自然界的五行之运相符合,人是禀天地而生的。天

---

① (宋)刘牧:《易数钩隐图》卷上,《道藏》第4册第780页。

圆地方,所以人的头是圆的,足是方的。这种观点与陈抟对《正易心法》中关于"阴阳运动,血气流行"的注释(消息)是相一致的。另外,关于"天圆地方"的数理问题,陈抟在《正易心法》第三十四章的注释中已经论及。陈抟指出:"凡丽于气者必圆。圆者,径一而围三。天所以有三时者,以其气也。凡丽于形者必方。方者,径一而围四,地所以有四方者,以其形也。天数三,重之则六。地数五,重之则十。何谓十?盖有四方,则有中央为五;有中央四方,则有四维,复之中央是为十也。"①两相对照,即可明了刘牧关于人"圆首方足"论点的根据实出于《正易心法》关于天地"五、六"之说。《正易心法》讲天文、地理,其用意乃是要为"炼心易形"提供思想方法,刘牧采其说以为大《易》微义之"钩隐",这就显示了《易数钩隐图》的实践基础即是陈抟一系道人的养生气功活动。

当然,刘牧并不是专门为了养生才撰写《易数钩隐图》的。他的基本宗旨还是为了阐述《易》道,探研象数之秘。他在该书的序言中已明确地表明了这一点:

> 夫易者,阴阳气交之谓也。若夫阴阳未交,则四象未立;八卦未分,则万物安从而生哉!是故两仪变易而生四象;四象变易而生八卦,重卦六十四卦,于是乎天下之能事毕矣。……夫注疏之家,至于分经析义,妙尽精研,及乎解释天地错综之数,则语惟简略,与《系辞》不偶。所以学者难晓其义也。今采摭天地奇偶之数,自太极生两仪而下,至于复卦,凡五十五位,点之成图,于逐图下各释其义,庶览之者易晓耳。②

刘牧这一篇序首先强调了研《易》的重要性。在他看来,《易》就是揭示阴阳气交之道理的。只有阴阳气交,万物才能化生,天下之事才能显现出来,因此,不研《易》也就不能明白宇宙化生、社会人事变化的奥妙所在。其次,刘牧批评了过去一些注疏之家对《周易》中的"天地错综"之数没能详细解释,不知天地阴阳的复杂关系的弊病。复次,他概括地指出自己乃是根据天地奇偶之数来推究《易》卦设立以及演绎易学体系的。尽管他颠倒了"物"与"象"的关

---

① (唐)麻衣道者纂,(宋)陈抟消息:《正易心法》第三十四章注,《艺海珠尘》本。
② 《道藏》第4册第769页。

系,把"象"看得比"物"更为根本,违背了《周易》"观物取象"的原旨,但却也表明他已从道人们的养生气功活动中走出来,把侧重点放在易学象数的探讨上,并且力图通过文字来阐明自己的易学见解。这一点是他作为一个经学家与一般养生家的首要区别。

刘牧之作《易数钩隐图》,这还导因于他对义理派释《易》方式的不满。在序言中,刘牧已经流露出不满情绪,而在正文的文字说明中,刘牧更是经常地批评义理派中的某些人物。他在论"大衍之数"时说:

> 今详诸家所释义有多端,虽名执其说而理则未允,敢试论之。韩氏注以虚一为太极,则未详其所出之宗也。①

刘牧所说的"诸家"范围较广,但他批评的锋芒所向则主要是韩康伯这样的义理派中人。我们知道,韩康伯承王弼之学,为《周易》的《系辞》等传注释。韩氏在注"大衍之数五十,其用四十有九"之际先引王弼关于"演述天地之数所赖者五十也"的话,接着便加以阐述,以为虚一不用即是太极,他说:"不用而用以之通,非数而数以之成,斯《易》之太极也。四十有九,数之极也。夫无不可以无明,必因于有。故常于有物之极而必其所由之宗也。"②意思就是说,本来在"大衍"学说中,四十九已是数的终极,在终极之上再加上"一",这个"一"就是超而上之的数,因此有"太"之称。"太极"本来就是"无",但"无"不能用"无"来显现,所以必因待于有,"太"就是"大一",就是包罗万象的"大有",它虽无所用却在其他数的应用中显现出"大用"来。上引刘牧论述中关于"韩氏注以虚一为太极"——就是对韩康伯在《周易·系辞》注文观点的概括。刘牧是不同意韩康伯的观点的。其理由是:

> 夫太极生两仪。两仪既分,天始生一,肇其有数也。而后生四象、五行之数,合而为五十有五。此乃天地之极数也。今若以太极为虚一之数,则是大衍当用五十有四也,不然则余五之数无所设耳。况乎大衍,衍天地之数也,则明乎后天地之数矣。大衍既后天地之数,则太极不可配虚其一之位也。明矣!③

---

① (宋)刘牧《易数钩隐图》卷上,文渊阁《道藏》第 4 册第 776 页。
② (魏)王弼、韩康伯《周易注疏》,《四库全书》本。
③ (宋)刘牧《易数钩隐图》卷上,《道藏》第 4 册第 776 页。

可以看出,刘牧是抓住韩康伯论点的逻辑进行分析的。他的话包括两层的意思:第一,他认为《周易·系辞》明明讲太极生两仪。两仪分化,才有天地的出现。天肇始之数是"一",即《系辞》所讲的"天一"。"一"就是"有",有不等于太极。第二,他认为四象五行之数即"天一"至"地十"之数的总和,也就是天地之数五十五,"大衍"就是推演五十五数的。如果将太极当作"一"虚而不用,那么大衍之数就应该是五十四,而不是五十。对于韩康伯关于"无不可以无明"的话,刘牧也是不同意的。他指出韩康伯的要害所在乃是以太极为无,这也是不妥当的。因为"太极者,元气混而为一之时也。其气已兆,非无之谓"①。在刘牧看来,元气混沌为一才叫作太极,既然如此,则太极是有而非无。所以,他认为韩康伯之注释乃是一种迂腐的见解。很明显,刘牧是从形式逻辑的角度来论证太极与"有无"的关系的。在他心目中,太极既然是有,也就不能再说它是无。因为这样做就违反了不矛盾律。在这一点上,刘牧对韩康伯是有所误解的。韩氏从辩证逻辑的立场论述太极与有无之关系,他以太极为无,但这并不是完全的"空无",无可化有,有可显无。实际上,这等于是说太极乃无与有的对立统一。这种思想刘牧是没有把握住的。不过,刘牧如此处心积虑地批判韩康伯却表明了他自己力图弘扬《易》象数学的志愿,其学说有自己的特色。

刘牧不仅批评韩康伯,而且在一些地方也批评了孔颖达。例如,在论"七日来复"时,刘牧对孔氏便多有指点。他说:

> 详夫孔氏之疏,虽得之于前,而又失之于后也。何哉?且《易》云'七日来复',辅嗣之注又言七日。虽则引经注破褚氏、庄氏之误,于义为得末,又引《易纬》郑氏'六日七分',则其理又背经注之义。且《易纬》郑氏言每卦得六日七分,则未详六日七分能终一卦之义。②

所谓"得之于前"是指孔颖达得王弼关于《复》卦注的义旨。王弼注"反复其道,七日来复"一语云:"阳气始剥尽,至来复时,凡七日。"③孔颖达对此作了发挥,他说:"阳气始剥尽,谓阳气始于剥尽之后,至阳气来复时,凡经七日。

---

① (宋)刘牧《易数钩隐图》卷上,《道藏》第4册第776页。
② (宋)刘牧《易数钩隐图》卷中,《道藏》第4册第785页。
③ (魏)王弼著、楼宇烈校释:《王弼集校释》上册,北京:中华书局1980年版,第336页。

观注之意,阳气从剥尽之后,至于反复,凡经七日,其注分明。"①这里的"剥"是十二消息卦之一,其卦象五阴一阳,随着时间的推移,阳消阴长,变成纯阴之《坤》,所以叫作"剥尽"。《坤》是十二消息卦的最后一卦,《复》是十二消息卦的首卦,从《剥》的最后一阳消失到《复》卦的一阳始生,中间隔着一个《坤》卦,共六阴爻,若以每爻配一日则时间有六日,加上《复》的起始一爻配一日,共七日。这就是王弼注的意蕴所在。对此,孔颖达的发挥是符合王弼原旨的。但是,孔颖达还觉得自己的发挥不够详尽,于是又引褚氏、庄氏的话来展开自己的论述。关于"褚氏",《梁书》卷四八《儒林传》略有叙及,谓:"褚修,吴郡钱唐人也,父仲都善《周易》,为当时最,天监中历官五经博士。"《南史》卷七四《孝义传》亦见记载。刘牧《易数钩隐图》中所涉及的"褚氏"当指"褚仲都",至于"庄氏"已不可考,大抵为南北朝《易》家,曾有易学著述行世,故其行文能为人所征引。孔颖达在《周易正义》中引褚、庄二氏的话说:"五月一阴生,至十月一阳生,凡七月。而云七日,不云月者,欲见阳长须速,故变月言日。"褚、庄二氏是从十二个月与十二消息卦相配的角度说的。在十二消息卦中,五月配《姤》卦,其卦五阳一阴,所以说"五月一阴生";十月配《复》卦,其卦象五阴一阳,所以说"十月一阳生",从《姤》卦到《复》卦,历经七卦,凡七个月。这种解释本无可厚非,因为十二消息卦本来就是"空套子",套上日或月都是可以的。但褚、庄二氏接着却说为了显示阳长的迅速而"变月言日",这就牵强附会了,难怪二氏遭到了孔颖达的批评。孔氏云:"今辅嗣云剥尽至来复,是从尽至来复经七日也。若从五月言之,何得云始尽也。又《临》卦亦是阳长而言八月,今《复》卦亦是阳长何以独变月而称七日,观注之意,必谓不然,亦用《易纬》六日七分之义,同郑康成之说,但于文省略,不复具言。"②孔颖达是从褚、庄氏论述前后不一致的问题打开缺口进行分析的,他看到了褚、庄氏行文的自相矛盾,认为褚、庄氏以"五月"作为阴阳消长的起点,这是不合理的;再说,《临》卦也是阳长之卦,褚、庄氏以之配八月,而《复》卦也是阳长,为什么不用月份相配? 孔颖达认为褚、庄氏这种做法本身并没有遵循前后一贯性的原则。

---

① (唐)孔颖达:《周易正义》卷三,《十三经注疏》本。
② (唐)孔颖达:《周易正义》卷三,《十三经注疏》本。

孔氏的分析是颇为机智的,但在刘牧看来,这只是得义旨之"末"。因为孔颖达既批评褚、庄氏,又主郑玄之说,两者本来不相容,而在最后孔颖达却以为褚、庄氏说《易》出于《易纬》六日七分之义,同郑康成说,所以刘牧抓住了这一把柄发难,认为孔颖达"背经注之义"。在此基础上,刘牧申述己见,指出《复》卦卦辞"七日来复"的本意在于终坤阴退,阳气复生,十日运行(十天干之运转),至七为少阳,其卦象即一阳爻,《复》卦一阳就是这种象征。刘牧的看法是否正如他自己所说的那样"合经注之义"另当别论,但其批评的尖锐性却说明了他是不愿走义理派的老路的。尽管他在论述过程中也偶尔表白自己维护王弼易学,而在事实上他的学说之立足点却是象数学,用意所在就是要明《易》数,其方法就是图解。象数之本是什么? 刘牧认为,这就是河图洛书。但是,自陈抟把河图、洛书传出之后由于经过了曲折周转,其本来面目已众说纷纭。刘牧感到,为了建立起自己的《易》说体系有必要正本清源,所以,他的全书论述可以说正是围绕着河图、洛书展开的。刘牧河图、洛书论的独特之处就在于主张"图九书十"说。所谓图九就是指那个由一至九数组合起来的"九宫图",所谓"书十"就是指一至十数组合起来的那个"五行生成图"。关于河图,刘牧在《易数钩隐图》卷下第一页有一段文字说明:"以五为主,六八为膝,二四为肩,左三右七,戴九履一。"①另外,在《易数钩隐图·遗论九事》第一论《太白皋氏授龙马负图》中,刘牧又说:

> 昔伏羲之有天下,感龙马之瑞,负天地之数,出于河,是谓龙图者也。戴九履一,左三右七,二与四为肩,六与八为足,五为腹心,纵横数之,皆十五,盖《易》辞(系辞)所谓"参伍以变,错综其数"者也。

从这两段记载可知,刘牧以龙图为河图。河图之组合数只有九个。其排列方式是这样的:五点居中央位置,六与八像人左右两条腿,二与四像人的两个肩膀,三在左边七在右边,头上戴着九数,脚下踩着一数。显然,这是以人的器官组合形态作参照系来进行阐述的。关于洛书,刘牧说:

> 夫洛书九畴,惟出于五行之数,故先陈其已交之生数,然后以土数足

---

① 《道藏》第 4 册第 789 页。

之,乃可见其成数也。①

他把洛书看成是出于五行之数,这就等于说洛书是由五行之数推演而成的。五行有生数和成数,生数五,成数五,两五相伍则十,所以洛书系自一至十之数的排列。其具体的排列图式,朱震有一番说明:

> 右洛书,刘牧传之。一与五合而为六,二与五合而为七,三与五合而为八,四与五合而为九,五与五合而为十。一六为水,二七为火,三八为木,四九为金,五十为土,十即五五也。②

据此,则刘牧洛书数的总和为五十五。其画法是先把五行的生数陈列开来,然后再各自加上"土数"五,于是有六七八九十的成数,所以刘牧称"以土数足之"。

刘牧为什么以九宫图为河图,而以五行生成图为洛书呢? 这是从"象"与"形"的先后次序着手考虑问题的。在易学中本有象与形之分。《系辞上》云:"在天成象,在地成形,变化见矣。"又说:"形而上者谓之道,形而下者谓之器。"按照孔颖达的解释,道是无体之名,形是有质之称,有是从无生来的,形是因道而立的。可见道在形之上,形在道之下,所以自形外以上者称之为道,自形内以下者称之为器。刘牧从天地数方面来说明象形道器的关系,他指出,在天一至地十这十个数当中,地六之前的数可以算作道,地六之后的数可以算作器。因为天一、地二、天三、地四只有四象,未见形体,天五运转,四象变化,上驾天一,下生地六,而成水数;下驾地二,上生天七,而成火数;右驾天三,左生地八,而成木数;左驾地四,右生天五,而成金数,地十应五而居中土之数。这就是形的显现。形与象的区别在于:象乃是天所垂示的道,它虽可见却未显具体的功用,形则不但可见而且已具备了"器"的功用。这说明形是更为具体的。河图是用以显象的,洛书是用以显形的。河图的总数是四十五,它不讲土数五,没有土数的生化,也就没有五行的运动,这是因为河图是用以陈列八卦之象的,如果讲土数有了五行的生成变化便"入乎形"。洛书总数有五十五,比河图多了五,是由于洛书是推演五行的,"天数五,地数五,五位相得而各有

---

① (宋)刘牧《易数钩隐图》卷下,《道藏》第 4 册第 790 页。
② (宋)朱震:《汉上易传卦图》,文渊阁《四库全书》第 11 册第 310 页。

合",于是有形而成器。① 刘牧这一番论证虽属"玄想",但却也有它的"根据"。他说:

> 夫龙图呈卦,非圣人不能画之。卦含万象,非圣人不能明之。以此而观,则洛出书,非出大禹之时也,《书》云天锡禹九畴者,盖是天生圣德于禹,诚明洛书之义,因第而次之,垂范后世也。今河图相传于前代,其数自一至九包四象八卦之义而兼五行之数,洛书则惟五行生成之数也。然羲皇但画卦以垂教,则五行之数未显,故禹更陈五行而显九类也。②

刘牧在这里陈述了三点:一是,洛书和河图一样在大禹之前便已存在;二是河图作为天所垂的"象",它既包含着四象八卦的秘义又暗藏着五行数,而洛书则是专门推演五行数的;三是,伏羲画八卦是为了垂教世人,因而并没有把五行显出来,大禹正是为了对此进行补充而推演五行之数。刘牧的论述当然也多为推测之词,但他把洛书五行生成图同《尚书·洪范》中的五行思想联系起来却也值得注意。的确,《洪范》篇是以五行思想为中心的,现在我们所看见的五行生成图式其源当溯于此。

至此,我们可以将刘牧有关河图、洛书的论述稍作归结。可以看出,刘牧认为河图先于洛书,有象而后有形,故河图显八卦之象,而洛书陈五行之形。这是一个由简而繁的过程。正是基于这样的认识,所以刘牧的《易数钩隐图》采取了演绎的方式,通过象的陈列来表现《易》数,说明《易》的根本在于数这样的观点。他的推演从太极开始,继而有两仪和天五之象,历经一系列的衍化,最终导出河图、洛书来。他推演的目的是为了阐明八卦的来历,揭示《易》的本源,让人明了《易》起源于数的问题。尽管其中不无臆测的成分,但其体系却是完整的,在宋代象数学中无疑具有代表性。

（本文原载《宗教学研究》1996 年第 3 期,收入本书时略作修改）

---

① 详见刘牧《易数钩隐图》卷中《论中》,《道藏》第 4 册第 787 页。
② （宋）刘牧:《易数钩隐图》卷下,《道藏》第 4 册第 792 页。

# 杨时易学思想考论

杨时(1053—1135 年),二程(程颢、程颐)学生,深得二程思想衣钵。杨时先师事明道,受程颢器重。据《宋史》及《宋元学案》记载,明道目送杨时有"吾道南矣"之叹。程颢去世后,杨时又拜伊川为师,并整理校订《伊川易传》。在学术上,杨时是一个上承洛学、下启闽学的特殊人物,向来被当作道南学派之鼻祖,但以往的中国哲学研究对他的学术思想及其地位并不重视。近年来,致力于杨时研究者方兴未艾:如考辨杨时行迹、著作,从不同方面揭示其理学思想等,展示了一种理论考察的新动向。不过,迄今为止,学界尚未对其易学思想进行专门研究,原因可能是杨时易学淹没在其理学思想中未被突出;更重要的是,杨时所注的《周易解义》已散佚,未有易学专著留传于今,给研究工作造成不少困难。最近,笔者重读杨时的《龟山集》,发现其中有不少论《易》的珍贵资料。经过梳理,感觉这些资料不仅对于理清杨时的易学思想颇为重要,而且对其理学思想,乃至于评估闽学的形成和发展而言也具有重要价值。有鉴于此,笔者就《龟山集》中的易学资料稍加发掘分析,阐述杨时在自然之理(太极)、先天学、用易及易学为学之方等方面既承前人,又启来者,遂撰成此文,以就教于方家学者。

## 一、太极:自然之理

太极这一范畴,最早见于《庄子·大宗师》:"夫道……在太极之先而不为高。"此太极,指空间的最大极限,并不是一个易学概念。作为易学概念的"太极",首见于《周易·系辞上》:"《易》有太极,是生两仪,两仪生四象,四象生八卦。"《周易》中的"太极",表征宇宙本原的至高无上,具有至极无以复加之义。两仪,指天地、阴阳。但《易传》未阐明太极到底是精神实体还是物质实体。两汉时期,学者把太极理解为元气未分的混沌实体,在太极之前还有四个阶段:太易,太初,太始,太素。魏晋时期,王弼以"一"为居于天地万物之上的虚无实体,即太极。唐代经学家孔颖达以元气释"太极","太极谓天地未分之元气,混而为一,即是太初、太一也。"①周敦颐以太极为混而未分之气,张载改造周子之说,把太极视为一物两体,"一物两体,其太极之谓欤!"②又说:"一物两体者,气也。一故神,两故化,此天之所以参也。"③将太极视为阴阳二气的统一体。此太极之气,就是其太虚之气。二程以理为本,对太极的界定并不明显,尚未有证据明确表明二程之太极就是二程之理。

杨时则与众说不同,明确认为太极为精神实体,并从其师"理"本出发,赋予太极以理的地位,明确把太极提升至哲学最高范畴。《龟山集》卷十三《语录四·南都所闻》有载:

> 问:易有太极,莫便是道之所谓中否? 曰:然。若是则本无定位,当处即是太极耶? 曰:然。两仪四象八卦如何自此生? 曰:既有太极,便有上下,有上下,便有左右前后,有左右前后四方,便有四维,皆自然之理也。④

上下代表两仪,左右前后代表四象,四维代表万物,太极至两仪,两仪至四象,四象至万物,皆是自然之理。太极本无定位,又说当处即是太极,太极寓于万物之中,万物又是太极之所为。这包含着物物一太极的思想,是杨时理一分殊思想在易学上的体现。天地万物宇宙与太极浑然一体,由此确定自然之理的本体地位。这里可知,杨时说的"本无定位"之太极,即是"自然之理"。

此自然之理(太极),并不是只为自然界之理,在修养工夫、道德伦理上,同样是此理。《龟山集》卷十一《语录二》:

> 《易》曰:君子敬以直内,义以方外。夫尽其诚心而无伪焉,所谓直也。若施之于事则厚薄隆杀,一定而不可易,为有方矣。敬与义本无二,

---

① (唐)孔颖达:《周易正义》,《续修四库全书》第 1 册,上海古籍出版社 1995 年版,第 263 页。
② (宋)张载:《张载集》,北京:中华书局 1978 年版,第 48 页。
③ (宋)张载:《张载集》,北京:中华书局 1978 年版,第 10 页。
④ (宋)杨时:《龟山集》,文渊阁《四库全书》第 1125 册。

所主者敬,而义则自此出焉,故有内外之辨,其实义亦敬。①

敬,亦即是"尽其诚心",是知性达理的涵养工夫和境界,是自然之理的内在要求;义,指礼仪规范。君子敬以直内,义以方外,于内则为敬,于外则为义,正是太极之本无定位之体现,皆是自然之理,实是一体之两面,敬义本无二,杨时是不主张内外之分的。

杨时如此规定了太极的至上性、永恒性和普遍性,把太极提到了自然与伦理道德的最高地位,实是对二程学说的完善和发展。

杨时的再传弟子李侗在解释周敦颐《太极图说》时就遵循着杨时这一太极思路,认为太极动而生阳,是至理之源,阴阳二气的交感以及化生万物,都是由于此理使然。至南宋理学集大成者朱熹,认为太极为理之极致,"太极只是天地万物之理"②,亦是把太极位于最高位置。此等说法,与杨时的说法是相同的,李侗、朱熹的太极思想,与师传的授受是有着密切关系的。

## 二、先天学:先天图和画前元有易

先天学是以先天八卦和六十四卦图为符号基础,以画前元有"易"为思想基础,由此而阐发的一系列学说。先天学据说出于北宋道士陈抟,经邵雍而倡明于世,立刻在北宋易学界掀起波澜,影响深远。易学象数学派中,北宋先天学追随者较有声名的有牛师德、牛思纯、晁说之及王湜,南宋的张行成、蔡元定亦是邵氏易学的坚定倡导者。

而义理学派则远不如上述人如此热衷,如北宋二程,尤其程颐,以儒理解易,对邵雍先天学不太看重,不屑于研究,认为其为推占之术,知末不知本。二程弟子大多囿于师说,承师意,于《易》多于义理上下功夫,惟独杨时对邵雍先天学表现出强烈的兴趣。

杨时在《龟山集》中有二十八处涉及易学言论,其中有四处提到康节之先天学。但杨时对先天学并未完全理解,至少有两个疑点:一是伏羲先天八卦

① (宋)杨时:《龟山集》,文渊阁《四库全书》第 1125 册。
② (宋)黎靖德编:《朱子语类》,北京:中华书局 1986 年版,第 1 页。

图。图中,乾南而坤北,离上而坎下。自乾左而至震,一二三四;自坤右而至巽,八七六五。本宫之卦,乾一、兑二、离三、震四、坤一、艮二、坎三、巽四。此图蕴含着八卦相错之意,然此八卦之数与文王八卦却不同,其中道理何在? 二是先天卦气起于《复》卦。先天学以《复》卦为冬至,《噬嗑》为大寒。纬书《稽览图》中卦气起于中孚,为冬至卦。平日所论皆为纬书说法,而此先天八卦卦气与平日所见卦气却不同,杨时也不知其因。

不过,杨时对先天学尽管颇有疑惑,却并不排斥先天学,且对先天学发出感叹,"尝玩之而陋识浅闻,未及足以叩其关键"①,表示自己未能窥其端倪。他对伏羲八卦给予极高评价,认为先天图得太极所生自然数,非人私智所能为,康节之言必有根据,非妙契天地之心不足以知此;皇极之书,发孔子所未发,其论古今治乱成败之变,颇有道理。

杨时对先天学的图书是肯定的,对先天学的思想基础——画前元有"易"亦是认可和接受。

邵雍认为,画前元有"易",删后更无诗。关于画前元有"易"的概念,元代王申子在其《大易缉说》做了很好的解释:"邵子所谓画前元有'易',亦言其理而已。曰画前则是未有画也明矣,皆非谓伏羲有画之易也。"②二程评论"画前元有易"说:"这个意思,古元未有人道来。"③

二程对邵氏先天学并不看重,然而对画前元有"易"的思想却是肯定的。杨时作为二程弟子,他对此持什么态度呢? 杨时在《语录二·京师所闻》中说:

> 曰:画前有易,其理甚微,然即用孔子之已发明者言之,未有画前盖可见也。如云"神农氏之耒耜",盖取诸《益》。"日中为市",盖取诸《噬嗑》。"黄帝尧舜之舟楫",盖取诸《涣》。"服牛乘马",盖取诸《随》。《益》《噬嗑》《涣》《随》重卦也。当神农、黄帝、尧舜之时,重卦未画,此理真圣人有以见天下之赜,故通变以宜民,而易之道得矣。然则非画前元有

① (宋)杨时:《龟山集》,文渊阁《四库全书》第 1125 册。
② (元)王申子:《大易缉说》卷一,文渊阁《四库全书》第 24 册。
③ (宋)程颢、程颐:《二程集》,北京:中华书局 1981 年版,第 45 页。

易乎?①

耒耜来自《益》卦,日中为市来自《噬嗑》卦,舟楫来自《涣》卦,服牛乘马来自《随》卦。圣人根据重卦观象制器,但羲农之世重卦未出,那么圣人何以通变以宜民呢?说明画前元有《易》。杨时是认同画前元有《易》的。他多次提到,未有文字之前,圣人之所以成为圣人,不在文字之多寡,而是"用心必有在焉"。此用心所在,即是《易》之理,或易道。后世之人,只不过是对画前之《易》加以阐述、发挥。"自羲农以来,更六七圣人,所因习者,八卦而已,六十四卦之名未有也。羲农之世卦虽未重而六十四卦之用已在炉锤之中矣,特其名未显也,故曰:'八卦成列,象在其中矣。'则用是言之文王之《易》,固具于伏羲画卦之初,文王能因而用之不能有所加损也。"②至于孔子,他说:"于《易》赞之而已,窃谓无所加损焉。"③曾种在《大易粹言》序中说:"龟山载邵尧夫诗亦有画前元有《易》之语,盖七先生之所宗,先生之学,画前之'易'也。学者宜究心焉。"④七先生,指程颢、程颐、张载、游酢、杨时、郭忠孝、郭雍。曾种认为七先生所宗为画前之《易》,此论虽可商榷,然无疑认为杨时是认同画前元有"易"的。

基于画前之"易"和先天学的认识,杨时批评那些认为先天学是无稽之言的世之昧者,也批评扬雄《太玄》。《太玄》是西汉扬雄撰写的一部拟《周易》之作。《太玄》以三(一二三)拟《周易》之阴阳,以四重(方州部家)拟《周易》之六爻,以一二三错于方州部家而为八十一首,每首九赞,合为七百二十九赞。在杨时看来,《易》是讲究相错的,"夫易之六十四卦,八卦相错而成也。"惟相错,则其变出于自然。而《太玄》:"玄之有方、州、部、家则各有分域矣,不可相错也。故一而三之,自三而九,又三之为二十七,终于八十一,而玄之首毕矣。八十一家又离为三,以极三玄之数,方州部各三之为九,又三之为二十七家,此一玄之数也。以次比之,不可相易。"⑤《太玄》取数与《易》不同,三方九州二

① (宋)杨时:《龟山集》,文渊阁《四库全书》第1125册。
② (宋)杨时:《龟山集》,文渊阁《四库全书》第1125册。
③ (宋)杨时:《龟山集》,文渊阁《四库全书》第1125册。
④ (宋)方闻一:《大易粹言》,文渊阁《四库全书》第15册。
⑤ (宋)杨时:《龟山集》,文渊阁《四库全书》第1125册。

十七部八十一家,又不能相错,因而此《太玄》多为矫揉造作,不是出于自然之易,至多是《易》中之一事,与《易经》不尽相涉。杨时为此对扬雄作了严厉批评:"扬雄作《太玄》准《易》,此最为诳后学。后之人,徒见其言艰深,其数汗漫,遂谓雄真有得于《易》,故不敢轻议,其实雄未尝知《易》。"①

南宋著名易学家,闽学的主要开创者朱熹对先天学亦是深有研究,其《周易本义》卷首载有先天图,并对先天图的渊源作了追溯,将先天学图书纳入自己的易学体系,丰富了先天学内容。

杨时作为道南学派的鼻祖,其对邵雍先天学的推崇,无疑会影响其后世弟子的易学思想,包括三传弟子朱熹。有人断言,朱熹对南剑三先生(杨时、罗从彦、李侗)略有微辞,其思想是直承二程。这种说法,笔者不敢苟同。朱熹晚二程有百年,程颐去世(1107 年)时朱熹尚未出生,他们之间所谓的一脉相承,必须有中间过渡的桥梁,而杨时就起了种桥梁的作用。这桥梁作用在易学上表现在两个方面:其一,从宏观上说,杨时促进了象数与义理易学的融合。汉儒多从象数解《易》,王弼扫象开义理一脉,至北宋程颐撰《程氏易传》,以儒理解《易》,北宋儒者兴起义理解《易》的又一高潮。杨时身为二程高弟,于义理解《易》的大形势下,逆其师而流,以宽广的包容性接受和推崇先天象数学,无疑对后世融合义理象数的易学具有深远影响。其二,从微观上说,杨时对先天学的崇重,扩大了先天学的影响,推动了先天学的发展。其后的道南一脉,如罗从彦曾赴洛阳向伊川学《易》,发觉伊川所说不外龟山之说,尔后即重返龟山处学《易》。罗既然认可杨时之《易》,那么,杨时易学得以传承也是自然之事。以至杨时三传弟子朱熹,其对先天学的推崇,就有其师学的影响。这种学术的连续性是不能轻易否定的。

## 三、思想旨趣:用"易"

以史解《易》早在《易传》中即已运用,《系辞下》引颜氏之事来阐明《复》初九爻所包含的回复正道以获元吉的意蕴。汉郑玄、晋干宝常以文王被囚、武

① (宋)杨时:《龟山集》,文渊阁《四库全书》第 1125 册。

王灭纣来发明《易》理。北宋胡瑗、程颐亦援引尧舜、周公、秦始皇、汉武帝等历史人物的事迹来阐发经传。

与前人相较,杨时的易学也注重史事,但明显不同的是,前人重在注解《周易》,而杨时重点则在用《易》,其出发点和归宿点都在于推天道以明人事上,旨在用"易"于人世,修身治国,实现儒者的理想目标。纵观杨时一生的学术活动,结合《龟山集》有关易学的记录,其批判、揭露小人的专权和跋扈,将易学运用于人事,占据其学术活动的很大一部分。

首先,用易学解释人事现象。杨时列举了几处历史人物和事件,用《易》阐明。他说颜渊三月不违仁,但有时也会违仁,但颜渊离仁不会很远又会回到仁上,杨时认为,这是《复》卦之"初爻当之,复之未远也"①,符合《复》卦初爻之意。对于当下事,杨时亦提出警惕。当问及政事先后缓急之序时,杨时认为理财与强化军律、整治军队最为急事。他引用《易经》之《节》卦辞意蕴来说明理财之道:"《易》曰:节以制度,不伤财,不害民。盖用不节,则必至于伤财,伤财必至于害人,故思爱人必先节用。节用而不以制度则俭,而或至于废礼,非所以为节也。"②理财必须取之有道,用之有节。军队方面,朝廷军队被派去灭盗贼,然军无严律,违背《师》卦易理,致使"王师所过,民被其毒,有甚于盗贼"③。杨时说此二事,正是《蛊》卦的现象,"蛊之成卦,刚上而柔下,刚柔不交,上下不相与,不足与有为,巽而上无刚健之才,不能以有为,此事之所以蛊也。《左传》皿虫为蛊,蛊者,败坏之象也"④。

其次,倡明君子进退之道。杨时不仅用易学来说明人事,更主张用易学义理来应对人事。如何应对呢?杨时很重"时",对时势和时机进行分析,得出君子应对小人之法则。这可以从他对《复》《剥》和《姤》《夬》看出君子应如何进退。

《龟山集》中有这样几个例子:他在答张子韶书信中,除了恭贺张子韶省殿两试中魁,名德在外,不久当会重用,同时,也提醒张子韶,现在时势为小人

① (宋)杨时:《龟山集》,文渊阁《四库全书》第1125册。
② (宋)杨时:《龟山集》,文渊阁《四库全书》第1125册。
③ (宋)杨时:《龟山集》,文渊阁《四库全书》第1125册。
④ (宋)杨时:《龟山集》,文渊阁《四库全书》第1125册。

当道,君子力弱,君子正处《复》卦之初。他说:"复之时,群阴在上,而阳始复焉,阴犹盛也,非一阳在下所能胜,小人众而君子独,岂一人一日之力所能制哉? 故必朋来而后无咎。然动而不以顺行,则出入不能无疾,不能无疾则害之者至,如是身之不能保,尚何朋来之有? 故于复曰:动而以顺行。"①君子此时要有所进取,但力不足于抗阴,需动以顺行。杨时顺着此思路,对《剥》卦也持如此看法,"于剥曰:顺而止之。其道一也。故剥之象曰:顺而止之,观象也"②。观《剥》卦之象,即知治《剥》之法。观《剥》什么象呢? 杨时说:"盖艮上而坤下,剥之成象也。"③艮上而坤下,杨时并不是从上下经卦的卦象角度说的,联系上面他对《复》卦的解释,此"剥之成象"指自《姤》至于《剥》,阴快要达到极点,坤顺而艮止,此为《剥》之成象。独一阳爻在上,五阴爻在下,亦是独阳之力不抵势众之阴,因此,从君子的角度而言,必须"顺而止之"。杨时举例说:"东汉之君子不知出此,欲以力胜之,卒至于俱伤两败而国随以亡,有以取之也。"④东汉末,小人力众,君子力弱,东汉君子不是顺而止之,而是以力胜之,遂导致国家灭亡。

此二卦皆为小人势众,君子势弱之状况,在此形势下,君子"随时以动",要"顺"以动。此种观点,正如《易传》所说"圣人洗心退藏于密",实行韬光养晦战略,待时而动。

而君子当道,小人力长之时,君子又需奉《姤》《夬》之道。在谈及阳城之事时,杨时不赞成阳城之法:

《易》之《姤》卦曰:女壮,勿用取女。夫姤一阴生未壮也,而曰壮者,生而不已,固有壮之理也。取女则引而与之齐也。引而与之齐,则难制矣。阴者,小人之象也。小人固当制之于渐也。故当阴之生,则知其有壮之理。其有壮之理,则勿用取女可也。是以《姤》之初爻曰:系于金柅,贞吉。有攸往,见凶。金柅,止车之行也。阴之初动,必有以柅之,其制之于渐乎。盖小人之恶,制之于未成则易,制之于已成则难。延龄之用事,权

① (宋)杨时:《龟山集》,文渊阁《四库全书》第 1125 册。
② (宋)杨时:《龟山集》,文渊阁《四库全书》第 1125 册。
③ (宋)杨时:《龟山集》,文渊阁《四库全书》第 1125 册。
④ (宋)杨时:《龟山集》,文渊阁《四库全书》第 1125 册。

倾宰相,虽不正名其为相,其恶自若也。何更云待其为相,然后取白麻坏

之耶? 然城之所为,当时所难能也。取之亦是,但不可以为法耳。①

小人壮大之时,犹如《易》之《姤》卦,《姤》卦是五阴一阳,因而勿用取女。然
而,小人初长之时,只为一阴生,一阴尚未壮大,但有壮大之理,制小人当于此
时制之,正如《姤》之初爻爻辞。若小人势已成,则制之已难。裴延龄想做宰
相已久,其未当权时,君子未以制止,而当裴延龄掌权,陆贽受贬之后,再来论
延龄之奸佞,杨时认为,为时已晚,错过时机,此为无益;当防微杜渐,制小人于
未壮之初。因而杨时认为阳城之法,不可成为制小人之法则,这也不是古人退
小人之道。

如何制小人,杨时还谈到《夬》卦。《夬》卦所示同样是君子当道,小人力
弱。与《姤》卦不同的是,《夬》卦中阳为进为息,阴为退为消,阴不处于壮之
时,因而君子不必如《剥》卦一样制小人。"夫乱世不能无君子,治世不能无小
人,特其消长异耳。此天地之义、阴阳之理也。故治世能使小人不为恶而已,
不能绝之使无也,此处《夬》之道也。"②万物莫不有阴阳消长、互为其根之理,
太极、两仪、四象、天地万物,都是自然之理,人世不能无君子,也不能无小人,
君子与小人犹阴阳之消长。治世不能绝灭小人,只是使其不为恶而已。杨时
精辟地称此为"夬之道"。

杨时从阴阳消长的角度分析了君子与小人之时势,进而阐发君子进退之
道:以"时"而进,随时义以变通。关于"时"的思想,《易传》在注经时就大发
"时义大矣哉"。魏晋王弼在前人基础上阐发待时、顺时,杨时老师程颐更是
在其《程氏易传》中开宗明义地说:"《易》,变易也,随时变易以从道也。其为
书,广大悉备,将以顺性命之理,通幽明之故,尽事物之情而示开物成务之道
也。"③杨时继承了前人的这些思想,尽管"时"的思想不是杨时的创见,但从
杨时的学术来看,无疑是其易学中的一个突出的亮点,体现了杨时对易学的把
握程度和易学运用实践的灵活性。

由此可见,杨时易学的一个重要特点,就是并不停留于空谈易理、注疏文

① (宋)杨时:《龟山集》,文渊阁《四库全书》第1125册。
② (宋)杨时:《龟山集》,文渊阁《四库全书》第1125册。
③ (宋)程颢、程颐:《二程集》,北京:中华书局1981年版,第689页。

本,而旨在用易。用易的思想,与其不空谈性理、注重实务的言论和思想,是一致的。《四库全书》在《龟山集》的《提要》中说:"(杨时)……守城以及茶务、盐法、转般籴买、坑冶盗贼、边防军制诸议皆于时势安危言之凿凿,亦尚非空谈性命不达世变之论。"①此对杨时的评价是颇为中肯的。

## 四、为学之方:心通

《易经》历来被广大学者重视,易学为学之方也逐渐产生不同并形成各派之特点。汉唐治《易》多为训诂考据,致力于易学文本的解读和注疏,由此把握《周易》旨意。宋《易》则多为阐发其中微言大义,由《周易》义理而登堂入室。因而为学方法亦呈现不同,形成了学于内还是学于外之分,得之于心还是得之于文的区别。北宋程子在《程氏遗书》卷二十五中提到:"学也者,使人求于内也,不求于内而求于外,非圣人之学也。何谓不求于内而求于外? 以文为主者是也。"②内即为心,外即为文。另外,在《性理大全书》中也收录有程子问答:"问:'何如学可谓之有得?'曰:'大凡学问,闻之知之皆为有得。得者须默识心通。学者欲有所得,须是要诚意烛理上知,则颖悟自别;其次须以义理涵养而得之。凡志于求道者可谓诚心矣。欲速助长而不中理反不诚矣。'"③认为为学要诚意,要求之于内,要默识心通。此未明确为二程何人所言,但在《伊川易传》中,程颐在释《大壮》卦《象》辞时,明确说:"正大之理,学者默识心通可也。"④

在《易》的为学上,杨时继承了二程向内求、心通的思路。

首先,他以史论证了为学只有心通才能得道的必然性。杨时自称尝考古圣贤为学之方。八卦画自伏羲,《书》断自《尧典》,舜及其二十二位臣子等圣贤,当是时,六经未有,载籍未具,更无他书,世上所拥有的亦只有伏羲所画的八卦而已,他们成为圣贤是学自何处呢? 杨时说,舜圣人可能生而知之,可以

---

① (宋)杨时:《龟山集》,文渊阁《四库全书》第 1125 册。
② (宋)程颢、程颐:《二程集》,北京:中华书局 1981 年版,第 319 页。
③ (明)胡广:《性理大全书》卷四十三,文渊阁《四库全书》第 711 册。
④ (宋)程颢、程颐:《二程集》,北京:中华书局 1981 年版,第 870 页。

不学而知。至于其二十二位臣子,他进一步论述:"自孔子删定作《系》之后,更秦历汉以迄于今,其书至不可胜记。人之所资以为学者,宜易于古,然其间千数百年,求一人如古之圣贤,卒不易得,何哉?"①今人可供学习的书籍多了,但只看书而能成为古之圣贤之人却是难寻,杨时的这一反问是极为深刻的,因此,他认为,道之所传不在于文字之多寡,六经虽是圣人微言,但有的言不尽意,因而虽有六经和万卷书籍,亦不一定能成为圣贤。"夫尧舜禹皋陶皆称若稽古,非无待于学也。其学果何以乎?由是观之,圣贤之所以为圣贤,其用心必有在矣。学者不可不察之也。"②圣贤之学,在于一心。"要当精思之力行之,超然默会于言意之表,则庶乎有得矣。"③

其次,他还进一步从易理的角度论证易学在于心通。针对"乾坤,其易之门耶"此语,学者多有把"易"喻为屋室,乾坤为其门,认为学《易》须自此乾坤之门而入。杨时批评此言论者不懂《易》理。他辩解说:"夫易与乾坤岂有二物?孰为内外?谓之乾坤者,因其健顺而命之名耳。乾坤即易,易即乾坤,故孔子曰:乾坤毁,则无以见易。盖无乾坤则不见易,非易则无乾坤。谓乾坤为易之门者,阴阳之气有动静屈伸尔。一动一静,或屈或伸,阖辟之象也,故孔子又曰:阖户,谓之坤;辟户,谓之乾。所谓门者如此。"④杨时对乾坤为"易"之门做了解释,乾坤即为一动一静,阖辟之象。为什么说阖辟之象本为"易"?杨时引用《老子》所言:"天地之间其犹橐钥乎?"气之阖辟,往来无穷,有阖有辟,变由是生,其变无常,即所谓一阴一阳之谓道。乾坤即易,若把易喻为屋,乾坤为其门,是隔易与乾坤为二物。

而易在哪里?实际就在于心。他说:"见《易》大抵看《易》,须先识他根本,然后有得。夫《易》求之吾身,斯可见矣,岂应外求……《易》不比他经,须心通始得。"⑤人与万物一体,亦是由此阴阳之气往来屈伸,因而学《易》不必外求,心通则可,关键在于把握《易》理。

① (宋)杨时:《龟山集》,文渊阁《四库全书》第 1125 册。
② (宋)杨时:《龟山集》,文渊阁《四库全书》第 1125 册。
③ (宋)杨时:《龟山集》,文渊阁《四库全书》第 1125 册。
④ (宋)杨时:《龟山集》,文渊阁《四库全书》第 1125 册。
⑤ (宋)杨时:《龟山集》,文渊阁《四库全书》第 1125 册。

学《易》如何心通呢？在《语录·荆州所闻》中杨时重点谈到心的问题。《易》之《咸》卦,初六言咸其拇;六二言咸其腓;九三言咸其股;九五言咸其脢;上六言咸其辅颊舌。这五爻,皆是以身体部分来说,至于九四一爻,虽未明言,但由一身来看,则应该为心。《咸》卦独不言心,为什么呢？杨时说:

> 其说以为有心以感物则其应必狭矣。唯忘心而待物之感,故能无所不应。其《系辞》曰:贞吉,悔亡。憧憧往来,朋从尔思。夫思皆缘其类而已,不能周也。所谓"朋从者",以类而应故也。……夫心犹镜也,居其所而物自以形来,则所鉴者广矣。若执镜随物以度其形,其照几何？或曰思造形之上极过之,非思之所能及,故唯天下之至神则无思也。无思所以体道,有思所以应世,此为不知易之义也。《易》所谓"无思者"以为无所事乎？思云耳,故其于天下之故感而通之而已。今而曰不可以有思,又曰不能无思,此何理哉?①

不可以有思,是因为有思,只是缘其类,有心以感物,则其感应有限。所以必须忘心、无思,才能感万物,则其所感应才能无穷,无思才能达天下之至神。无思感万物则为有思,然一说有思又限于其类,于未感之前则为无思、无心,已感之后则为有思、有心。杨时这里所要说的是,所谓心通,是要达到有心与无心忘心的统一。有心与无心、有思与无思并非二物,而是一物之两面,所以他说无思是为了体道,有思是为了应世这种说法是不知《易》理。

由此可见,杨时与二程一样,都强调求之于内的心通之法。值得注意的是,杨时的"心通",与程颐的"心通"是有区别的。程颐的"心通",是通过心去把握《易》理,心与理并不为一,心与理依然是有内外之分的。而杨时看来,心即理,求理即是求心,心与理为一,取消心与理的内外之分。

学《易》必须心通,由此,杨时批评汉儒,他说:"汉之诸儒若贾谊,相如司马迁辈用力亦勤矣。自书契以来,简册所存,下至阴阳、星历、山经、地志、虫鱼、草木,殊名诡号,该洽无一,或遗者其文宏妙,殆非后儒能造其域,然稽其道学渊源,论笃者终莫之与也。"②在他看来,汉代诸儒虽涉猎甚广,著书甚多,然

---

① （宋）杨时:《龟山集》,文渊阁《四库全书》第 1125 册。
② （宋）杨时:《龟山集》,文渊阁《四库全书》第 1125 册。

而未穷究道学,不是为学之榜样。"区区汉儒不足学也。"[1]他也批评世人,说世人不究微言大义,只为分文析字,停于辞章之学。[2] 对荆公之《易》也是给了严厉的批评:"于文字上用功,要作何用? 此等语若非以见问,终说不到。如某与定夫相会亦未尝及此语。某常疑定夫学易亦恐出他荆公未得。荆公于《易》只是理会,文义未必心通。若非心通纵说得分明彻了,不济事。"[3]可见,杨时对于学《易》要心通,是相当自信的。

杨时对弟子罗从彦的教导中,特别重视为学之方,要"学圣贤之所为"[4],"闻圣贤之所得之道"[5],即讲究默识心通的方法。这一方法对后世产生很大影响。罗从彦发挥成静中体验未发之中,并以此教李侗,从而被朱熹指为"龟山门下相传指诀"[6]。朱熹虽对此指诀有异议之处,然为学得反视于内的思想却被朱熹所继承。有人问朱熹:"读《易》未能浃洽,何也?"朱熹回答:"此须是此心虚明宁静,自然道理流通,方包罗得许多义理。盖《易》不比诗书,它是说尽天下后世无穷无尽底事理,只一两字便是一个道理。又人须是经历天下许多事变,读《易》方知各有一理,精审端正。今既未尽经历,非是此心大段虚明宁静,如何见得! 此不可不自勉也。"[7]很明显,朱熹为学之方重点在内心之"虚明宁静",也是求之于内而不是求之于外。

综上,杨时的易学思想理论建构并没有超出前人的范畴,然而在某些地方继承和发展了二程易学。其易学态度和思想,无论是其太极观,还是立于义理易学对先天学的认可、推崇及其为学之方,对后世易学都产生了巨大影响,对洛学的推广和闽学的形成和发展,无疑起着重大的承前启后的作用。

（本文合作者:李育富;原载《周易研究》2011 年第 1 期,收入本书时略作修改）

---

[1] （宋）杨时:《龟山集》,文渊阁《四库全书》第 1125 册。
[2] （宋）杨时:《龟山集》,文渊阁《四库全书》第 1125 册。
[3] （宋）杨时:《龟山集》,文渊阁《四库全书》第 1125 册。
[4] （宋）杨时:《龟山集》,文渊阁《四库全书》第 1125 册。
[5] （宋）杨时:《龟山集》,文渊阁《四库全书》第 1125 册。
[6] 朱杰人、严佐之、刘永翔主编:《朱子全书》,上海古籍出版社 2002 年版,第 1802 页。
[7] （宋）黎靖德编:《朱子语类》,北京:中华书局 1986 年版,第 1659 页。

# 邵雍的"皇极经世"学及其历史影响

在中国哲学史上,邵雍是一个很有才华的学者,也是一个颇具争议的学者。自北宋以来,学界赞扬邵雍的人很多,而批评邵雍的人也不少。尤其是在清朝时期"宋学"与"汉学"发生激烈争论的背景下,邵雍更成为焦点人物。然而,赞赏也罢,批评也罢,邵雍毕竟以他的独特创造为世人留下了一份历史遗产。他的文化成就主要是在河南洛阳作出的,洛阳的许多历史文献记载了他的生平事迹和贡献,为我们今天的研究提供了方便。

关于邵雍的研究,已有不少成果。除了中国哲学史教科书的一般性论述之外,许多易学专著往往也将邵雍作为重要研究对象,还有一些关于思想家生平与成就的著述也多论及邵雍,例如唐明邦教授的《邵雍评传》就是 21 世纪之初最重要的代表作。如果翻检报纸杂志,我们也可以看到不少关于邵雍的文章,尤其是他的"象数学"更为学者们所津津乐道。不过,如何概括邵雍的学说,这依然存在着种种分歧。有的说邵雍的学问可以称作"象数学",有的说可以称作"先天学"。这些说法,各有各的道理。笔者在研读了邵雍现存原著以及相关资料之后,觉得还是应该用邵雍自己的话来表达最为贴切,这就是"皇极经世"学。

## 一、邵雍的学术渊源及其"皇极经世"学

邵雍(1011—1077 年),字尧夫,其先为范阳人,后随父迁共城(今河南辉县),隐居于苏门山百源之上,故而后人称之为"百源先生"。屡授官不赴,后居洛阳二十八年,以教授生徒为乐事,与司马光等人过从甚密。嘉祐七年(1062 年),西京留守王拱辰就洛阳天宫寺西天津桥南五代节度使安审琦宅故

基建屋三十间，为雍新居，名安乐窝，因自号"安乐先生"。《宋史》卷四二七《道学传》载，雍年三十，游河南，葬其亲于伊水上，遂为河南人。邵雍在少年时，"自雄其才，慷慨欲树功名，于书无所不读。始为学，即坚苦刻厉，寒不炉，暑不扇，夜不就席者数年。"邵雍曾受业于北海李之才。所以，程颢说："独先生之学为有传也。先生得之于李挺之，挺之得之于穆伯长（修），推其源流，远有端绪。"①程颢这番话并非虚言。考《宋史》卷四百二十七亦有类似记载，略云："北海李之才摄共城令，闻雍好学，尝造其庐，谓曰：'子亦闻物理性命之学乎？'雍对曰：'幸受教'，乃事之才，受河图、洛书、伏羲八卦、六十四卦图像。之才之传，远有端绪，而雍探颐索引，妙悟神契，洞彻蕴奥，汪洋浩博，多其所自得者。及其学益老德益邵，玩心高明，以观夫天地之运化，阴阳之消长，远而古今世变，微而走飞草木之性情，深造曲畅，庶几所谓不惑，而非依仿象类、亿则屡中者。遂衍伏羲先天旨，著书十余万言，行于世，然世之知其道者鲜矣。"②由此看来，邵雍曾从李之才那里得到关于《周易》的种种图像，并且进行细心研讨，颇有心得。

邵雍的主要著作是《皇极经世》，内含《观物内篇》与《观物外篇》，此外还有《伊川击壤集》的诗作行世。《皇极经世》一书，见于《正统道藏》之中，凡十二卷，卷一至卷十各分上中下篇，卷十一至卷十二则分上下篇，共有三十二篇，合于阴阳八卦四方相会之数。其中，内篇关于"观物"的讨论凡十二节；外篇则为语录，其长短不一，每段或数十字或数百字。另有《四库全书》本，名曰《皇极经世书》，分为十四卷。该书问世以来，多有注疏者，较有影响的是邵雍之子邵伯温的《皇极系述》《观物内外篇解》，张行成的《皇极经世索隐》《皇极经世观物外篇衍义》，王植的《皇极经世书解》等。

邵雍把自己的著作取名为《皇极经世》是有一番用意的。其子邵伯温曾对此作出解释，谓之："至大之谓皇，至中之谓极，至正之谓经，至变之谓世。"③这说明邵雍的《皇极经世》是讲所谓"大中正变"之道。换言之，这即是作者按照伏羲氏所立的至高法则来观察和推测宇宙万物尤其是人类社会变化以便

---

① （宋）程颢、程颐：《二程集》，北京：中华书局1981年版，第2册第503页。
② 《宋史》四百二十七，北京：中华书局1977年版，第36册第12726—12727页。
③ （宋）邵伯温：《皇极经世书·论图说》，见刘斯祖辑《皇极经世·绪言》卷首上。

"御世"的一本著作,据法以观,所以又有"观物"之称。《皇极经世》内容广博,是一部难懂的书。张行成说:"康节先生观物有内外篇。内篇先生所著也,外篇门人所记先生之言也。内篇理深而数略,外篇数详而理显。"①由于内篇文意难以弄通,治《皇极经世》之学者便主张要明了邵雍的学问必须从外篇入手。张行成作《外篇衍义》,其目的就是为世人读懂《皇极经世》提供方便。邵雍之子邵伯温以及张行成、王植等人对《皇极经世》的注疏工作尽管不一定都符合原意,但对于我们今天研究邵雍的易学思想来说还是有一定价值的。

## 二、邵雍"皇极经世"学的思想旨趣

邵雍"皇极经世"学的思想旨趣是什么呢? 这牵涉《皇极经世》一书的性质问题。因此,我们有必要对此略加稽考与判断。

关于《皇极经世》的性质问题,早在宋代便已有所讨论。朱熹《文公易说》卷十九指出:《皇极经世》是"推步之书",因为该书"以十二辟卦管十二会,绷定时节,却就中推吉凶消长。"这种看法得到了《四库全书》编纂者的支持,其《提要》不仅引述了朱熹的看法,而且称赞朱熹"能得其要领"。朱熹所讲的"推步"由来甚久。《后汉书》卷三十八《冯绲传》称:绲弟允,"善推步之术"。注云:"推步,谓究日月五星之度,昏旦节气之差。"宋代的王与之《周礼订义》卷四十四称:"推步虽精,星辰日月之动,晷度从违,吉凶之证者焉,则又设官以观占之,名曰保章氏。保,安也;章,明也。占天象以诏救政务,在保安时变,章明天意,不为怪诞诳幻。"《元史》卷十三《郭守敬传》谓:"遂以守敬与王恂率南北日官,分掌测验,推步于下,而命文谦与枢密张易为之主领,裁奏于上。"这些记述表明,"推步"乃是关于天文历法推算的一种学问,其渊源甚古,至少在汉代已经相当流行。

朱熹以及《四库全书提要》编纂者将《皇极经世》归结为"推步之书",这是有他们的依据的,因为《皇极经世》一书的确留下了大量的关于天文历法的推算资料。该书卷十一下《观物篇之五十》谓:"日经天之元,月经天之会,星

---

① (宋)张行成:《皇极经世观物外篇衍义·序》,《四库全书》本。

经天之运,辰经天之世。以日经日,则元之元可知之矣;以日经月,则元之会可知之矣;以日经星,则元之运可知之矣;以日经辰则元之世可知之矣;以月经日,则会之元可知之矣;以月经月,则会之会可知之矣;以月经星,则会之运可知之矣;以月经辰,则会之世可知之矣;以星经日,则运之元可知之矣;以星经月,则运之会可知之矣;以星经星,则运之运可知之矣;以星经辰,则运之世可知之矣;以辰经日,则世之元可知之矣;以辰经月,则世之会可知之矣;以辰经星,则世之运可知之矣;以辰经辰,则世之世可知之矣。"①文中所谓"元""会""运""世"是邵雍总结以往天文历法成就而采用的一套计算系统的术语。按照黄瑞节的解释,也就是以辰数十二同月天数三十反复相乘若干次而形成的"天地始终"的时空模型。其中的"之"有相乘的意义,所谓"元之元",也就是一元之会十二,即以十二乘于一;而"元之运"有三百六十,乃是以月天数三十乘于十二所得的数;"元之世"有四千三百二十,这是以十二乘于三百六十所得出的数;"会之元"十二,这是以月数十二乘于一的结果,"会之会"有一百四十四,这是以十二乘于十二得出的数;"会之运"有四千三百二十,这是以月天数三十乘于十二再乘于十二所得出的数;"会之世"有五万一千八百四十,这是以月天数乘于"会之元"数一百四十四再乘于辰数十二所得出的数;"运之元"三百六十,这是以辰数乘于月天数所得出的数;"运之会"有四千三百二十,这是以辰数十二乘于年之日数三百六十所得出的数;"运之运"有十二万九千六百,这是以年之日数三百六十相乘所得出的数;"运之世"有一百五十五万五千二百,这是以年之日数三百六十相乘之后再乘于辰数十二所得出的数;"世之会"有五万一千八百四十,这是以辰数十二乘于年之日数三百六十再乘于十二所得出的数;"世之运"有一百五十五万五千二百,这依然是以年之日数三百六十相乘之后再乘于辰数十二所得出的数;"世之世"有一千八百六十六万二千四百,这是以"世之运"数一百五十五万五千二百乘于十二所得出的数。由此推衍春夏秋冬四时的季节变迁和阴阳进退之候。② 可见,"推步"之法在《皇极经世》中确实是体系架构的基础。

---

① 《道藏》第23册第429页。按,此段引文也见于文渊阁《四库全书》本《皇极经世书》卷十二。
② 参看王植《皇极经世书解》卷首下,文渊阁《四库全书》本。

当然,邵雍的《皇极经世》并非只是纯粹的天文历法推步,在深层次里还有更为奥妙的内涵,张行成谓《皇极经世》系"康节之《易》,先天之嗣也。"①王植《皇极经世书解·书意》则称:"先儒谓元会运世,声音唱和,诸篇如《易》之上下经。《观物》十二篇之文,如《易》之《系辞》。"他在《臆说》中又进一步发挥,言"邵子之学先天之学也。先天者,中天之先,所称三皇者也。"②这些评说,概括起来,包含着这样两层意思:第一,《皇极经世》可以看作一本《易》学的专门著作,只是它不同于其他解《易》著述。之所以不同,是因为该书体现了邵雍的创造,所以应该称作"康节之《易》"。第二,这不仅是一部《易》学书,还是一部贯穿着"先天"象数旨趣的书。换一句话来说,邵雍的《皇极经世》可以看作"先天易学"的著作。

笔者以为,把《皇极经世》完全当作"先天易学"的著作,这种看法似乎过于绝对,但也不是毫无根据。事实上,从《伊川击壤集》收录的许多诗文来看,邵雍的确是一个对"先天易学"怀着浓厚兴趣并且有所创造的一代大家。他在《先天吟示邢和叔》中写道:"一片先天号太虚,当其无事见真腴。胸中美物肯自衒,天下英才致厚诬? 理顺是言皆可放,义安何地不能居? 直从宇泰收功后,始信人间有丈夫。"③又《先天吟》称:"先天事业有谁为,为者如何告者谁? 若谓先天言可告,君臣父子外何归? 眼前伎俩人皆晓,心上功夫世莫知。天地与身皆易地,己身殊不异庖牺。"④像这样以"先天"为题或吟咏"先天"的诗作在《伊川击壤集》中还有多首,反映了"先天学"在邵雍心目中是乃是独占鳌头的学问。

宋元之际的大量资料表明,邵雍一生的最大兴趣是研究"先天学"。所谓"先天"具有本始的意义。先天作为一个易学概念,并非始于邵雍。早在《十翼》中便已见诸文字。《周易·乾卦·文言传》云:"夫'大人'者,与天地合其德,与日月合其明,与四时合其序,与鬼神合其吉凶。先天而天弗违,后天而奉

---

① (宋)张行成:《皇极经世索隐·原序》,文渊阁《四库全书》本。
② 王植:《皇极经世书解》卷首上《臆说》,文渊阁《四库全书》本。
③ (宋)邵雍:《伊川击壤集》卷十六,《道藏》第23册第561页。按照文渊阁《四库全书》本 "致"作"敢","宇泰"作"太宇"。
④ (宋)邵雍:《伊川击壤集》卷十九,《道藏》第23册第575页。

天时。"《文言》所说的"先天"这个概念在尔后的易学成为区别"本"与"非本"的一个术语。如晋代的干宝称:"伏羲之《易》小成,为先天;神农之《易》中成,为中天;黄帝之《易》大成,为后天。"①这是将易学的发展分为三个阶段,因伏羲氏之《易》最古老,所以称作"先天";黄帝之《易》居于三皇之末,所以称"后天";神农之《易》介于两者之间,所以称"中天"。古易学的发展是否划为这样三段值得考虑,但干宝以伏羲《易》为先天显然为后代的先后天学的创立奠定了基础。从这个角度看,干宝的提法实际上成为邵雍易学思想的前奏。当然,作为宋代的一个有成就的易学家,邵雍的易学已比干宝易说大大前进了一步。与干宝不同,邵雍不是停留在古《易》的划分层次上,而是潜心推究其奥妙所在。虽然,邵雍也研究后天,稽考文王八卦图式,但他的研究重心却是先天学。其根本是什么? 邵雍与刘牧一样,认为这就是"数",《易》中的一切都是因数而起的。故而,邵雍的易学又被称作"数学"。与邵雍同时代的道学家程颢曾风趣地说:尧夫欲传数学与某兄弟,"某兄弟那得功夫,要学须是二十年功夫。"②程颢也是一个易学家。由于程颢的易学有自己的体系,他不买邵雍数学的账,但其言论却也反映了邵雍数学的深奥和社会影响。邵雍认为,天下万物都有存在着数理,可以通过数来描述。本着这种精神,他首先对大《易》之数进行研究,力图揭示八卦与六十四卦发生的法则。他说:

> 太极既分,两仪立矣。阳下交于阴,阴上交于阳,四象生矣。阳交于阴,阴交于阳,而生天之四象;刚交于柔,柔交于刚,而生地之四象。于是八卦成矣。八卦相错,然后万物生焉。是故一分为二,二分为四,四分为八,八分为十六,十六分为三十二,三十二分为六十四。故曰'分阴分阳,迭用柔刚,故《易》六位而成章'也。十分为百,百分为千,千分为万。犹根之有干,干之有枝,枝之有叶。愈大则愈少,愈细则愈繁。合之斯为一,衍之斯为万。是故乾以分之,坤以翕之,震以长之,巽以消之。长则分,分则消,消则翕也。③

邵雍这段话是对《易·说卦传》关于"分阴分阳,迭用柔刚"思想的引申。

---

① (清)何楷:《周易订诂》卷一引,文渊阁《四库全书》本。
② (宋)程颢辑、(宋)程颐撰:《河南程氏外书第十二》,明弘治陈宣刻本。
③ 《皇极经世观物外篇衍义》卷四,文渊阁《四库全书》本。

《易·说卦传》以为六爻卦排列次序有阴阳之分,刚柔之迭,互相交错,蔚然成章。邵雍从"二分法"的角度来解释这个问题。他以为太极剖判,阴阳两仪就确立了。用"气"的术语来说,阴阳两仪的显现就是阴阳二气的分别。本来,阳气是浮动向上的,阴气是沉静向下的。但静到了极点也就转化为动,于是由阴下而上,与阳气相交;同样道理,动到了极点也就转化为静,于是阳由上而下,与阴气相交。这样也就形成了太阴、太阳、少阴、少阳四象。这"四象"是天地所共有的。从天的方面说,它得二仪之气,所以《说卦传》称"立天之道曰阴与阳";从地的方面说,它得二仪之形,形则有柔刚,所以《说卦传》说"立地之道曰柔与刚。"有阴阳刚柔之分,则四象衍出八卦来。在邵雍看来,这个程序可以概括为"一分为二",如此分六级,也就有了六十四卦。很显然,《说卦传》本有的哲学思维通过邵雍的阐释转化为数量化的描述模式。邵雍不仅潜心于《易》数的研讨,而且推而广之,力图揭示宇宙万物生化之数,制定宇宙周期年表。他把京房的八宫卦法拿来加以改造,配入他所发明的"元、会、运、世"计时法,对宇宙的发生、演变过程进行《周易》数理法式的"描摹",充分表现了他在《易》数方面的独特认识和创造力。然而必须指出,邵雍推演《易》数并不像某些人所说的是在玩数学游戏;事实上,他构造《皇极经世》的庞大体系,有其良苦用心。从现存著作来看,邵雍推演《易》数,目的就在于要告诉人们关于"用"与"不用"的法度。他说:

> 天数五,地数五,合而为十,数之全也。天以一而变四,地以一而变四。四者有体也,而其一者无体也。是谓有无之极也。天之体数四而用者三,不用者一也。地之体数四,而用者三,不用者一也。有用之一以况道也。用之者三以况天地人也。①

邵雍这里所说的"全"有两方面的含义。从奇偶的方面,奇数一、三、五、七、九共五个为天;偶数二、四、六、八、十亦共五个为地。两五合而为十。再从生成角度看,一、二、三、四、五为天,六、七、八、九、十为地,合起来也是十个数。这就是"全"的意义所在。至于"以一变四"就是太极分两仪,两仪分四象。就天而言,四象之本体就是日月星辰;就地而言,四象之本体就是水火土石。天地

---

① 《皇极经世观物外篇衍义》卷一,文渊阁《四库全书》本。

四象是具体的,而太极却是抽象的。所以有"有体"与"无体"之分。在邵雍的心目中,太极是生化之本,当藏而不用,方显其大用。天地的"体数"有四,为什么存一不用,就是因为四是由一变来的,四当中包含着一。一不显现故不用。在法象上,天之日月星常显而辰不见;地之水土石常见而火常潜。人效法天地,用其显而不用其潜。天有四时冬不用,地有四方北不用,人有四体背不用。这就是邵雍"体四用三"的寓意所在。应该注意的是,邵雍所谓的"用"与"不用"是互相联结的。"不用"正是为了用。"不用"是就根本而言的。根本不用,它就能够积蓄更大能量,进行再生产,使"体"产生新的用处,这就像人们吃韭菜一样,割了它的叶子,不久之后它又生长出来,如果把它的根挖了,它就不能生长,从此也就吃不到韭菜了。邵雍的这种思想对现实生活是有指导意义的。千百年来,人类不断地开发大自然,让自然力为人所用,自然界对于人类的恩惠可以说广大无边。但是,时代发展到今天,人类对自然的开发已经到了穷根极本的地步,所以生态平衡受到破坏,环境受到污染,大自然反过来就惩罚了人类。这就是穷极物用所带来的危害。目睹今日之自然环境,反思一下邵雍关于"用"与"不用"的《易》数之论,不能不感到这位老夫子的精明。

在易学的数理法则当中有所谓"用九"与"用六"之说。邵雍对此也作了深入的研究。他指出:

> 天数三,故六六而又六之。是以乾之策二百一十有六。地数两,故十二而十二之。是以坤之策百四十有四也。乾用九,故三其八为二十四,而九之亦二百一十六;两其八为十六,而九之亦百四十有四。坤用六,故三其十二为三十六,而六之,亦二百一十六,两其十二为二十四,而六之亦百四十有四也。①

"用九"见于《乾》卦,其爻辞有云:"见群龙无道吉。"《乾》卦六爻之后为什么出现"用九"? 朱熹《周易本义》释云:"用九,言凡筮得阳爻者,皆用九,而不用七。盖诸卦百九十二阳爻之通例也。以此卦纯阳居首,故于此发之,而圣人因系之辞,使遇此卦而六爻皆变者即此占之。"至于"用六"则见于《坤》中,是与"九"相对的。"九"是就阳爻而言,"六"便是就阴爻而言。所以朱熹《周易本

---

① 《皇极经世观物外篇衍义》卷二,文渊阁《四库全书》本。

义》亦云:"用六,言凡筮得阴爻者,皆用六而不用八,亦通例也。以此卦纯阴而居首,故发之。遇此卦而六爻俱变者,其占如此。"朱熹关于"用九""用六"的解释无非是为了说明变化的意义。其数理根据即《系辞传》关于乾坤之策的论述。邵雍正是把"用九""用六"与《系辞传》的有关论述结合起来探讨。乾之策为什么二百一十六?这是因为天之生数有三个(一、三、五),重卦为六爻,法其三变则 $6×6×6=216$;坤之策为什么一百四十四?这是因为地之生数两(二、四),重卦六爻,以六爻乘以两地之生数二得十二,法其二变,则 $12×12=144$。但乾策与坤策还存在着复杂的关系。天之生数三(一、三、五)个,其和为九,所以乾用九,以用九天数三乘以八卦数(八)得二十四,再乘以九得二百一十六,又合乾策之数;如果从坤的方面考虑,以地之生数二乘以八卦数(八),得十六,再与乾用九数交,即以十六乘以九,则得一百四十四。地之生数有两个(二与四),其和为六,所以坤用六。以六乘以二(法地)得十二,再乘以天数三得三十六,再乘以用六之数(六)得二百一十六,合乾之策,如果以十二乘以地数二则为二十四,再乘以六,其积又是一百四十四。由此可知,其中之关键数字是三、二、九、六。它们的复杂关系说明《易》之"用九"包含着"用六",而"用六"亦包含着"用九",九变六,这并不是完全抛弃九,而是把九作为内在的环节蕴于其推演过程中;六变九,这也并不是完全抛弃六,而是把六作为内在的环节蕴于其推演过程中。这就是《易》数的对立统一,就是联系。张行成发挥说:"自细数言之,天亦有六,地亦有九。故乾坤互用,则三而两,两而三也。盖阳生于阴中,自六而进至九而老;阴生于阳中,自九而退至六而老。方其互用。"①邵雍从乾策的推演中看到坤策之数,又从坤策推演过程中看到乾策之数,这是为了发掘乾坤互用的价值所在。乾坤互用也就是阴阳互用。用阳而以阴辅之,用阴而以阳辅。这虽是《周易》的占筮问题,但对于今日的社会生活和生产实践活动来说却也有一定的参考价值。

基于天文历法之推步与先天易学的结构模式,邵雍从宏观立场来审视社会历史之变迁。《四库全书总目提要》称:"其书以元经会,以会经运,以运经世,起于帝尧甲辰,至后周显德六年己未,而兴亡治乱之迹,皆以卦象推之。"

---

① 《皇极经世观物外篇衍义》卷二,文渊阁《四库全书》本。

邵雍之所以做这样的推衍,并非是要人们回复远古的生活,而是力图通过天象运动的揭示,佐证人类文化的发展变迁。他说:"三皇同仁而异化,五帝同礼而异教,三王同义而异劝,五伯同智而异率。同礼而异教者必以德,以德教民者民亦以德归之,故尚让。夫让也者,先人后己之谓也。以天下授人而不为轻若素无之也,受人之天下而不为重若素有之也。若素无、素有者,谓不己无己有之也;若己无己有则举一毛以取与于人,犹有贪鄙之心生焉,而况天下者乎?能知其天下之天下非己之天下者,其惟五帝乎?是故知能以德教天下者,天下亦以德归焉。所以圣人有言曰:垂衣裳而天下治,盖取诸乾坤。其斯之谓欤?"①邵雍从"同"中看到了"异化""异教""异劝""异率",体现了《周易》的"与时偕行"思想。不仅如此,邵雍还从"性""圣"角度分析了三皇的同与异,贯彻了先天易学的"天人通运"原则。

王植在陈述《皇极经世》的精神大旨时说:"《皇极经世》,邵子以名其书也。《观物》以名篇也。著书何意?书之名即著书之意也。言治道则上推三皇,所谓惟皇作极,故曰皇极也。经纬组织之谓经,曰元曰会曰运,皆世之积。故以元经会,以会经运,皆以经世也。以《皇极经世》而曰观物,非以皇作极,则非所以经世也;非以皇极经世,非所以为观物也;非旷观万物则非所以为皇极之经世也。"②这段话既是对《皇极经世》内容的集中概括,也是对该书性质的很好说明。可以说,《皇极经世》一书的性质是由其内容决定的,其大要所在其实已经体现在书名与篇目之中了。如果说"皇极"是体,那么"经世"则为"用"。全书以"先天"为纲要,以"观物"为大法。邵雍所观之"物"并非只是眼前能见之物,而是包括了五官能够感知的一切物,大至天地,小至飞禽走兽、草木虫鱼,以至于肉眼看不到的气,都在观的范围。总之,无论是天地,还是人类历史,都是应该观的。在邵雍看来,人居天地间,不仅要观物,而且要"穷理尽性,以至于命",了解物之本源与变化。这样一来,《皇极经世》不仅要穷尽天道、地道、人道,而且要从天地之道那里引出"治道"。这就是"经世"的用意所在。从这样的内涵来看,《皇极经世》也就不是"推步"二字所能够完全概括

---

① (宋)邵雍:《皇极经世》卷十一,《道藏》第23册第423页。
② 王植:《皇极经世书解》卷首上《臆说》,文渊阁《四库全书》本。

得了的,而是一部以先天易学为基础、通过天道推演而确立人事治理法则的传统"物理哲学"书。之所以称作"物理哲学",是因为邵雍的"观物"乃是要寻求"物"之"理"。《四库全书》编纂者为《皇极经世》写的《提要》指出:"当李挺之初见邵子于百泉,即授以义理性命之学,其作《皇极经世》,盖出于物理之学,所谓《易》外别传者是也。"《提要》作者讲的"物理"不是我们今天作为实验科学意义上的物理,而是作为哲学意义上的物理,即所谓"形而上学"。邵雍虽然进行许多数学的推算,但最终是要上升于形而上学。所以,我们看到,全书在经过了所谓元、会、运、经的天干地支推演和音律排列之后,便进入了哲理的论述。尽管后面的篇幅并不很大,但在全书之中却是举足轻重的。

## 三、邵雍"皇极经世"学的历史影响

邵雍《皇极经世》的历史影响是巨大的,这从《四库全书》收录的大量著作的征引中就可以得到佐证。查该丛书,引述或评论《皇极经世》的著述共有667卷,先后出现了1114次;还有许多著作,虽然没有出现《皇极经世》的名称,却实实在在引用了《皇极经世》的言论或者套用其原理,说明《皇极经世》一书在宋代以来已经成为一部颇为热门的书。

作为一部以"先天易学"为底蕴的"物理哲学"著作,《皇极经世》不仅成为宋元以来易学家的研究对象,而且被作为体系建构的依凭之一。众所周知,《周易》象数学在北宋年间通过陈抟、种放、穆修、李之才、范谔昌、刘牧等人的发扬和图式推演,到了邵雍《皇极经世》行世时已经大大丰富其内容,故而与汉代的《周易》象数学存在着许多重要区别。邵雍的"皇极经世学"是北宋易学的一大支派,它吸取了前人的许多成果并有了重要发展,对南宋以后的易学研究产生突出的推动作用,易学家们不论是解释卦象还是叙说源流,往往引述《皇极经世》,其中最为著名的是南宋时期的朱熹。《宋名臣言行录》外集卷十七称,"晦翁论《易》,推本河图、洛书,邵氏《皇极经世》书、《先天图》。"文中的"晦翁"指的就是朱熹,足见《皇极经世》一书已经成为朱熹易学建构的重要来源与基础。考朱熹的易学论著《周易本义》《易学启蒙》以及《文公易说》等,我们都可以看到他主动汲取邵雍《皇极经世》学营养的思想迹象。朱熹如此,其后学也不例外。元胡一桂在其父胡方平所作《易学启蒙通释》基础上作《易学启蒙翼传》四卷,他在发明朱熹《易学启蒙》要义之余还特别附上了《皇极经世》的推步之法。明代的刘日曦撰《易思图解》,以邵雍的大横大圆二图为先天,依照《皇极经世》,摹写"阴阳刚柔四象图",论一元消长之数。清代的包仪自称早年闻有《皇极经世》但没有机会求得其书,自顺治辛卯至康熙己酉间,曾经七次参加科举考试却都名落孙山。后来他游学于麻城,在王可南家得到了《皇极经世》一书,简直如获至宝,喜爱异常。经过潜心研讨而有心得,作《易原就正》十二卷,他在序言中描述了自己得到《皇极经世》书的神奇经历和发奋研究该书的体验,字里行间流露出景仰《皇极经世》的心情。像朱熹、胡一桂、刘日曦、包仪这样推崇《皇极经世》的士人在历史上为数甚多,尤其是那些以《易》为占验的一派人物更是不厌其繁地引证该书,反映了邵雍的"皇极经世"学在易学史上的确颇受推崇。

由于宋代的象数易学本起于道士修炼活动,与隐居道人的易学一脉相承的邵雍"皇极经世"学自然会涉及心性修养问题。《皇极经世》卷十二《观物外篇》记载邵雍的言论说:"心藏神,肾藏精,脾藏魂,胆藏魄,胃受物而化之,传气于肺,传血于肝,而传水谷于脬肠矣。"[1]又说:"神统于心,气统于肾,行统于首,形气交而神主乎其中,三才之道也。"[2]这是把传统中医藏象理论与易学符号表征法度相结合而用于陈述人体的气血传导。不仅如此,邵雍还从天人相应的立场叙说人体组织结构的情形,他说:"天有四时,地有四方,人有四支,是以指节可以观天,掌文可以察地,天地之理具乎指掌矣。"[3]基于这种天人相应的理论,邵雍通过先天图的符号诠释,建构了一个囊括万物的"象数养生学"系统,这个系统不仅可以用来说明宇宙天地的发生与演化过程,而且可以用来指导心性健康之修持。所以,后来的养生家们对此颇为重视。例如南宋时期的道教学者俞琰所作《易外别传》不仅采纳了传自邵雍的《先天图》,而且屡屡征引邵雍《皇极经世》的言论。他在其书开篇即说:"邵康节曰:心为太极。"此话见于《四库全书》文渊阁本《皇极经世书》卷十四《观物外篇下》。在

---

① (宋)邵雍:《皇极经世》卷十二上,《道藏》第23册第442页。
② (宋)邵雍:《皇极经世》卷十二上,《道藏》第23册第441页。
③ (宋)邵雍:《皇极经世》卷十二上,《道藏》第23册第441页。

进行了一番内丹养生学的发挥之后,俞琰又说:"邵康节《皇极经世书》云:先天图者,环中也。"此话见于《正统道藏》本《皇极经世》卷十二下《观物外篇下》。接下来,俞琰连续用了几个"又云"的联结词,以示其言论均出于《皇极经世》。可以看出,俞琰的《易外别传》实际上是以《皇极经世》为法要而进行的养生学诠释。在每次引述《皇极经世》之后,俞琰都从丹道立场予以发挥,比如他在解释"环中"的时候说:"愚谓人之一身即先天图也。心居人身之中,犹太极在先天图之中。朱紫阳谓中间空出是也。图自复而始,至坤而终。终始相连如环,故谓之环。环中者,六十四卦环于其外,而太极居其中也。在易为太极,在人为心。人之心为太极,则可以语道也。"①尽管俞琰的引述并非是为了论证儒家的易学思想,而是为了发魏伯阳《周易参同契》之秘,但从中却可以发现《皇极经世》的理论已深深渗透于道教养生学之中。像俞琰这样讲述丹道的著作在宋元以来颇多,《皇极经世》在道门中所占有的特殊地位,难怪明代编《正统道藏》的时候会将《皇极经世》作为道书收入其中。

邵雍的《皇极经世》对易学之外的其他经典解释性著述以及历史文化作品的影响也是巨大的。收入《四库全书》中关于《书》《诗》《礼》《春秋》以及《宋史》《元史》等数百种著作也往往征引《皇极经世》。宋代的夏僎作《尚书详解》二十六卷,他于该书卷十一称:"按河南邵氏《皇极经世书》叙尧即位以甲辰,至本朝嘉祐,历谱帝王世次,汤起乙未,太甲起戊申,不闻有外丙、仲壬,太史不知孟子之意。所谓二年、四年者,盖谓汤崩太子卒,欲立外丙而外丙生才二岁;欲立仲壬,而仲壬生才四岁;太丁二弟皆幼,故舍亲亲而立太甲。"此事见于《正统道藏》本《皇极经世》卷五上《观物篇》之二十五。邵雍谓:"甲辰,唐帝尧肇位于平阳,号陶唐氏,命羲和钦若昊天,历象日月星辰,敬授人时。"邵雍的话是从《尚书·尧典》来的,他将《尧典》中的史料套进"皇极结构模式",以显示其合于天体运行的自然性;夏僎在引述时着重从事件发生的角度予以说明,这就使历史事态获得天文历法支撑。

宋代另一位著名《尚书》学者赵善湘专门对《尚书》中的《洪范》篇进行研究,尤其是对"五行"及其变通法度"五行、五事、五纪"等内容予以诠释。通过

---

① (宋)俞琰:《易外别传》,《道藏》第20册第313页。

比较后发现:《洪范·九畴》"五行、五事、五纪,庶征皆五,而《皇极经世书》其数皆四,何也? 曰:五行之于土,五事之于思,五纪之于历数,庶征之于风,皆《皇极经世》之道也。《经世书》主于皇极,故其数四而已,以皇极足之五矣。"不称"五"而用"四",这的确是《皇极经世》的一个重要特点。《皇极经世》并非"无五",而是以"皇极"作为其中之一,因"皇极"居中,虚而不用,以示崇本。赵善湘看到了这一点,说明他对《皇极经世》是进行了一番深入探讨的。

到了元朝,复有元陈师凯撰《书蔡氏传旁通》六卷,他在论"三正历"的时候说:"三正迭建,其来久矣。舜协时月正日,亦所以一正朔也。子丑之建,唐虞之前当已有之。"[1]为了说明"三正"的合理性,陈师凯从邵雍那里寻找根据,他指出:"邵子《皇极经世书》一元统十二会,一万八百年为一会,当初一万八百年而天始开在子会,又一万八百年而地始成在丑会,又一万八百年而人始生在寅会。邵子于寅上方注一'开物'字,子丑寅皆天地人之始,故皆可以为正。"这种以"子、丑、寅"为天地人肇始标志的模式当导源于老子《道德经》"道生一,一生二,二生三,三生万物"的思想,邵雍是精通老子《道德经》的,他曾经指出:"老子五千言,大抵皆明物理。"[2]又说:"老子知《易》之体者也。"[3]邵雍所讲的"物理"当然是通过"观物"而进行的哲理性思考。在他心目中,老子不仅深明物理,而且谙熟大《易》之道,所以能够发而为用。邵雍领悟了老子《道德经》的精髓,因此其《皇极经世》明"四"而用"三"。邵雍说:"体虽具四,而其一常不用也,故用者止于三,而极于九也。"[4]陈师凯虽然没有发现邵雍《皇极经世》"三正"的易学与老学会通底蕴,但他以邵雍为归依,说明《皇极经世》的结构模式已经成为古代学者解读历史的基本框架。

《书》学深深打上《皇极经世》的烙印,而《诗》与《礼》的诠释也不例外。考明代李先芳所撰《读诗私记》五卷,其中也深蕴《皇极经世》的理趣。该书称:"雅不言周,颂言周者,以别商、鲁三颂之名,虽同而体制各异也。别以尊卑之礼,故《鲁颂》以诸侯而后于周,间以亲疏之义,故《商颂》以先代而后于

---

① (元)陈师凯:《书蔡氏传旁通》卷二,文渊阁《四库全书》本。
② (宋)邵雍:《皇极经世》卷十二之下,《道藏》第 23 册第 448 页。
③ (宋)邵雍:《皇极经世》卷十二之下,《道藏》第 23 册第 453 页。
④ (宋)邵雍:《皇极经世》卷十二之上,《道藏》第 23 册第 433 页。

鲁,独存商者,殷鉴不远也。鲁之有《颂》,或谓成王以天子之礼乐赐伯禽,故有颂名。或云僖公使季孙行父请命于周史,克作《颂》,岂伯禽之时无《颂》,僖公因请而得与?又《泮水·閟宫小序》作僖公,及按僖公无克淮夷事。今考《皇极经世》,成王元年丙戌淮夷畔,戊子鲁伯禽誓师于费,淮夷平,遂践奄,肃慎来贺。据经文,淮夷攸服,大赂南金,淮夷来同。疑是伯禽时事,鲁不言风而言颂,岂孔子鲁人姑存其名而不削与?"[1]李先芳这段话首先说明《诗经》中的"雅"为什么没有"周"的朝代名称而"颂"却称"周"的问题,接着从历史事件入手,分析《诗经》三颂所反映的商、周、鲁在礼制上的差异,然后引述《皇极经世》予以佐证。其资料出于《正统道藏》本《皇极经世》卷五中,足见李先芳是把《诗经》《尚书》等文献与《皇极经世》进行认真考校的。这种考校的方式在清代学者秦蕙田所撰的《五礼通考》之中也有迹可寻。该书凡二百六十二卷,其中有《观象授时》谓:"邵子《皇极经世》:圆者六变,六六而进之,故六十变而三百六十矣。冬至之子,中阴之极;春分之卯,中阳之中;夏至之午,中阳之极;秋分之酉,中阴之中。凡三百六十,中分之,则一百八十。此二分二至,相去之数也。"[2]此段分别见于《正统道藏》本《皇极经世》卷十二上《观物外篇》的两处语录,李先芳将之汇聚在一起并且改变了个别词句。按照古礼,先民有"观象授时"的制度。"观象"也就是观察天象,了解春夏秋冬四时的变化了;"授时"就是根据天象的实际情形,告诉天下人具体的节气,以便调整生活节奏和有规律地组织生产活动。其中的关键节气是春分、秋分、夏至、冬至。古代的许多礼仪都是建立在这种天体时空运行规律基础上的,邵雍对此颇为精通,所以后来诠释古礼的学者多以《皇极经世》为据,这从一个侧面反映了《皇极经世》不仅贯穿着遵循天时的原则,而且体现了社会制度必须与自然节奏相符合的理念。在今天看来,《皇极经世》的许多原则与理念依然具有启迪意义。

(本文合作者:冯静武;原载《文史哲》2008 年第 5 期,收入本书时略修改)

---

① 李先芳:《读诗私记》卷五,"文渊阁"《四库全书》本。
② 秦蕙田:《五礼通考》卷一百八十二《嘉礼五十五》,"文渊阁"《四库全书》本。

# 朱熹与《周易》先天学关系考论

  《周易》是中国古代历史悠久的经典文献,向来为诸子百家所重视。千百年来,解说、注释《周易》的著述如雨后春笋,层出不穷,由此形成不同的易学流派。随着时代的演进,"易学"内容不断丰富起来,"先天学"①便是易学发展过程中的一种产物。

  就语词渊源而言,"先天"术语可谓由来已久,但就易学图式与诠释的体系化来讲,先天学则是在宋代才流行起来的。作为宋代理学的集大成者,朱熹不仅关注《周易》先天学,而且在该领域也颇有建树。对于朱熹在《周易》先天学方面的内涵价值,向来存在着不同的认识和评价。早在他生活的南宋时期,便有许多学者对其先天学抱着怀疑态度;清朝以来,在汉学与宋学之争的大背景下,复有许多学者批评朱熹在《周易》先天学方面的理念。至今在这方面,依然众说纷纭。笔者在研读了朱熹关于《周易》先天学的资料之后,有一些新的想法,现写成拙文,以就教于方家和诸学友。

## 一、朱熹对《周易》先天学的推重

  朱熹到底与《周易》先天学存在什么关系?这首先涉及《周易》先天学的"命指"问题。故而,在讨论朱熹关于《周易》先天学的论述之前,有必要简单陈述《周易》先天学的意蕴以及涵盖范围。

  "先天"之名,首见于《周易·文言传》。该篇称:"夫大人者,与天地合其

---

①  易学史上,关于"先天"的学说有种种不同的名称,为了论述的方便,本文采用"先天学"这个术语。

德,与日月合其明,与四时合其序,与鬼神合其吉凶,先天而天弗违,后天而奉天时。"后来的学者依照《文言传》的这段论述,提取"先天"这个术语,进行思想发挥,建立了以先天八卦方位的认定为基础、以伏羲氏为源头的符号组合方式、辅之以一定的文字解释的颇具特色的学说,这就是"先天学"。

根据宋代章如愚《群书考索别集》卷三、清代黄宗炎《太极图说辨》等文献记载,先天学发端于《先天图》。最初的《先天图》只有一个,也就是表征天地阴阳自然消长的"六十四卦环中图"。它由陈抟得之于麻衣道者,数传而达于邵雍。基于儒道兼容的传统,邵雍把易学象数说与道家思想结合起来,撰写了《皇极经世·观物外篇》等书。通过"环中"之推衍,邵雍不仅将单一的《先天图》扩展为包括"八卦方位圆图"及"六十四卦圆图""六十四卦方图"在内的组合式《先天图》,而且经由文字解读,构造了一个庞大的先天易学理论体系,对后代产生重大影响,先天学由之而发展起来。

从宋元以来学者的诸多论说看,"先天学"体系大体包括三方面内容:第一,指伏羲氏作为"画卦根据"的天地自然之象,即卦画之前的"河图"。邵雍说:"盖圆者,河图之数",伏羲氏"因之而造《易》"①,这种不假智力的"画前之易"是纯自然的,故而有"无字天书"之称。第二,准其自然法则确立的相关图式,即《伏羲先天八卦次序》《伏羲先天八卦方位》《伏羲六十四卦次序》《伏羲六十四卦方位》,简称"先天四图"。第三,由"先天"诸图所延伸的易学象数诠释理论,邵雍将之称作"心法"②,也就是以诚为本的一种精神感悟和思想解读。

根据以上概括,我们检索朱熹的文集,发现关于《周易》先天学的论述将近150处。其中既有以书信形式出现的,也有以师徒对谈形式出现的,更有以专论的方式出现的,可谓不拘一格。当然,贯彻先天学思路最为明显的还是他的易学专著《周易本义》,该书卷首所列九图一开始就是河图、洛书,然后是冠以伏羲氏之名的"先天四图"以及文王八卦方位图、文王八卦方位次序图、卦

---

① (宋)张行成:《皇极经世观物外篇衍义》卷四,文渊阁《四库全书》本。
② (宋)邵雍:《皇极经世书》卷十三,文渊阁《四库全书》本。

变图。① 这九幅图虽然并非都属于先天之图,但其前后相续的排列却充分反映了朱熹返本先天的思想旨趣。由此可见,朱熹与《周易》先天学的密切关系是有案可稽的。

到了清代康熙年间,以王懋竑为代表的一些儒生对《周易本义》所列的九图是否出自朱熹之手提出质疑。这种质疑在《四库全书总目》编纂者为胡渭《易图明辨》一书撰写的《提要》中留下了记录。该《提要》指出,王懋竑等人曾根据朱熹《文集》以及《朱子语类》的资料进行稽考,得出的结论是:"信其为门人所依附"。《四库全书总目提要》的作者基本上同意王懋竑等人的说法。按照这种观点,则朱熹似乎不是那么推崇《周易》先天学,因为《周易本义》卷首的九幅图既然是"门人所依附",那么包括在"九图"中的伏羲先天四图在朱熹原创的《周易本义》中便是不存在的。如此一来,朱熹与《周易》先天学的关系就得大打折扣了。

不过,清代也有另一派学者持与王懋竑以及《四库全书总目提要》作者不同的观点,例如曾经当过宰相的文渊阁大学士李光地便不仅完全相信《周易本义》卷首的九幅图出自朱熹之手,而且在许多场合指出朱熹对《周易》先天学的推重。李氏说:"《本义》卷首诸图,朱子所作也。"②又说:"朱子崇重《先天图》,得《易》之本原。"③可以看出,李光地对朱熹是很景仰的,他的评述显示了一种对朱熹之学的肯定态度。此外,李光地在《周易折中》《周易通论》《周易观象》等书中还不时地引证朱说,足见李光地对朱熹的著述是作了深入而全面的研究的,故而李氏的看法也是具有相当代表性的。

朱熹对《周易》先天学到底持一种什么态度?他的《周易本义》卷首之图果真如王懋竑以及《四库全书总目提要》编纂者所说的那样是"门人所依附"吗?笔者以为此等说法只是推测而已,并无可靠的根据。倘若将卷首九幅图与文字说明配合起来考察,就可以看出彼此颇相吻合。在有关先天四图的说明中有一个重要现象,这就是屡引邵雍之说为证。关于这一点,我们从朱熹回

---

① (清)李光地:《周易通论》卷一称:《本义》卷首诸图,惟八卦方位圆图及六十四卦圆图方图为邵氏之旧,其首之横图则"朱子用邵子之意而摹画以示人者",可见朱熹并非完全因袭邵雍。

② (清)李光地:《周易通论》卷一,文渊阁《四库全书》本。

③ (清)李光地:《榕村语录》卷九,文渊阁《四库全书》本。

答当时一些学者质疑的书信中也可以找到佐证。例如他在《答林黄中》的信中说：

> 熹请以邵氏之浅近疏略者言之：盖一图之内，太极、两仪、四象、八卦，生出次第，位置行列，不待安排而粲然有序，以至于第四分而为十六，第五分而为三十二，第六分而为六十四，则其因而重之，亦不待用意推移，而与前之三分焉者，未尝不吻合也。比之并累三阳以为乾，连迭三阴以为坤，然后以意交错而成六子，又先画八卦于内，复画八卦于外以旋相加，而后得为六十四卦者，其出于天理之自然，与人为之造作，盖不同矣。①

朱熹答复之人林黄中，即林栗，"黄中"系其字，福建福清人。据《宋史》卷三百九十四《林栗传》以及《宋会要辑稿》等文献记载，林栗为宋高宗绍兴十二年（1142年）进士，初任崇安尉，教授南安军。绍兴二十八年（1158年），召为太学正②。孝宗即位，迁屯田员外郎。此后历知江州、湖州、兴化军等，亦曾任恭王府直讲等职。淳熙十五年（1188年），林栗任兵部侍郎。其时，朱熹则任兵部郎官。从职务上看，林栗算是朱熹的上级，但两人的学术观点不合，尤其是在对待邵雍《周易》先天学的问题上更有对立态势。据朱鉴编《文公易说》收录的《记林栗辨易》可知，林栗造访朱熹时问及"向时附去《易解》，其间恐有未是处，幸见喻"，朱熹直截了当地指出林栗的《易解》"却是于大纲领处有可疑者"。朱熹之所以对林栗的《易解》表示"可疑"，是因为彼此在邵雍（康节）学说的理解上相差甚远。林栗在造访朱熹时声称自己著此书，"正欲攻康节尔"，朱熹则针锋相对地说："康节未易攻，侍郎且更子细。若此论不改，恐终为有识者所笑也。"听了这番犀利的评论，林栗面显怒色地说，"正要人笑"。林栗所撰的《易解》凡36卷，本来是要上进皇帝"御览"的，朱熹却将之一口否定，不给这位上司留点情面，说明朱熹对待学术问题是一丝不苟的，也表明他对邵雍的先天学是相当首肯的。

《记林栗辨易》所反映的情况恰好可以同上引的《答林黄中》相互印证，显示了朱熹推崇邵雍先天学的一贯态度。值得注意的是，朱熹与林栗当面辩论

---

① 《晦庵集》卷三七《答林黄中》，文渊阁《四库全书》本。
② 《建炎以来系年要录》卷一七九，《丛书集成初编》史地类。

的淳熙十五年离《周易本义》传世的淳熙初①相隔已有十多年。由于朱熹《周易本义》的流行,邵雍的先天学一方面获得了更大的传播空间,另一方面也引起了不同观点的争论。在这前后,朱熹分别回答了袁机仲、叶永卿、方宾王、黄直卿。每次答疑,都是围绕邵雍先天学展开的;此外,朱熹在回答门人的提问时也广泛涉及邵雍的先天学,例如《朱子语类》卷六十五专列《伏羲卦画先天图》等节,记录了朱熹与门人在《周易》先天学方面的对话。卷六十七专列《朱子本义启蒙》一节,记载朱熹传授门人《周易本义》与《易学启蒙》的言论。在这方面,见于名录的朱熹门人主要有吕焘、辅广、陈文蔚、李方子、汤泳、刘砺、刘砥等,这些门人请教朱熹的时间起于淳熙二年,历经孝宗、光宗、宁宗诸朝。

从内容来看,朱熹与弟子的谈话往往露出他采撷先天图的痕迹,例如邵武门人李方子问伏羲先天圆图时,朱熹回答说:"先天图今所写者,是以一岁之运言之。若大而古今十二万九千六百年,亦只是这圈子;小而一日一时,亦只是这圈子。都从复上推起去。"②这一段解说颇耐人寻味,其中的"今所写者"尤其值得琢磨,如果说邵雍传世的"先天图"在时限上属于"昔',那么这里的"今"乃是就说者的特殊情境而言的。由于这是口述,朱熹采用倒装句式,将宾语提前,于是本来应该是"今所写者先天图"就变成"先天图今所写者"。尽管如此,其意义还是确定明白的。总之,从这句话里,我们可以发掘出这样的信息:朱熹为门人讲授是有读本的,这个读本当中包含着先天图,门人在看了读本之后有不明白的地方向其师朱熹请教,朱熹紧紧抓住其核心予以回答;再联系朱熹与门人讨论《周易》诸卦义的情形,可知此读本主要是《周易本义》。关于此,《朱子语类》卷六十六《易二》有一条资料可资佐证。该卷记录陈文蔚的话说:"常爱先生《易本义》云:'伏羲不过验阴阳消息两端而已。只是一阴一阳,便分吉凶了。只管就上加去成八卦,以至六十四卦,无非是验这两端消息。'"朱熹回答说:"《易》不离阴阳,千变万化,只是这两个。庄子云:'易道阴阳。'他亦自看得。"陈文蔚与朱熹的对话以伏羲阴阳卦画为核心,这显

---

① 按,《朱子语类》卷六十七《易三》载吕焘于淳熙二年(乙未)问《易》事,朱熹答:"看《易》,先看某《本义》了,却看伊川解,以相参考。"这表明至迟在淳熙二年,《周易本义》已成稿并且在门人中流传。

② (宋)黎靖德编:《朱子语类》卷六十五,北京:中华书局 1986 年版,第 4 册第 1617—1618 页。

然是围绕先天学问题进行的,而这番对话又是在陈文蔚表明自己喜爱先生《易本义》的情况下发生的,这就足以证明朱熹早期弟子见到的《周易本义》是有先天学图形与文字相结合的内容。陈文蔚与李方子请教朱熹是在戊申以后,大抵离朱熹与林栗辩论的时间不会很长,可以想见《周易本义》传世之后不仅成为门人的教材,而且也受到了当时学术界的关注,成为学者讨论的热点。

由于《周易本义》的先天图主要来源于邵雍,朱熹的图说又多引述邵雍的话,那些不同意邵雍《周易》先天学的学者当然就找朱熹算账来了,故而淳熙四年以后为什么那么多的人冲着朱熹来攻击邵雍,这其实就是力图通过攻击邵雍而否定朱熹的易学思想体系;但朱熹却没有动摇自己的学术立场,反而在各种场合通过解读先天图而阐述自己的易学理论,这是令人深思的。

## 二、朱熹对《周易》先天学的寻根

从朱熹与不同观点的学者之论辩以及他向门人讲授、解说伏羲先天四图的情况看,朱熹确实对《周易》先天学怀着浓厚兴趣,并且花费颇多时间予以研究。因此,当现代学者将朱熹的易学理论置于传统文化史的视野中予以考察的时候,很自然地就得出了朱熹对《周易》先天学是"有所继承"的看法。关于这一点,多年来已有许多易学史研究者撰写专著、长文进行讨论,并且取得了相当可观的成果,这是十分可喜的。不过,朱熹对以往的《周易》先天学是怎样继承的? 或者说他是采取什么方法来继承以往的《周易》先天学的? 这依然是需要探讨的问题。

不言而喻,继承的方法可以多种多样。作为一个颇具包容精神的博学之士,朱熹面对以往的《周易》先天学,自然也有自己的继承方法。与许多被动接受影响的学者不同,朱熹做学问不仅具有自觉性,而且喜欢探索本源,在《周易》先天学问题上也是如此。从这种意义来看,我们可以说朱熹是以追根溯源的方式来继承以往的《周易》先天学的,故而他的《周易》先天学也就充满了寻根意识。

翻开《周易本义》,不难发现这样的特征:朱熹有关先天说的引证很注重交代来历。例如他在摹写了伏羲先天四图后指出："右伏羲四图,其说①皆出邵氏。盖邵氏得之李之才挺之,挺之得之穆修伯长,伯长得之华山希夷先生陈抟图南者,所谓先天之学也。"②按照通常的做法,资料来源只要标明引用的直接文本就可以了,但朱熹却进一步追考,从邵雍上溯,以至于陈抟。朱熹的这一番陈述应该说是有来历的,因为《宋史》等书可以查到相关的资料与线索。

不过,到了20世纪80年代初中期,复有学者对先天学出自陈抟的说法表示怀疑,李申算是有所质疑的专家之一。他的理由是"北宋人的记述,可说无人提(先天学)得自陈抟的"③。因此,他推断先天学出自陈抟的说法乃是邵雍之子邵伯温的编造。笔者很欣赏李申的大胆探索精神,也佩服他的辛勤劳作。然而,必须指出,认为北宋无人提先天学得自陈抟的说法是不准确的,因为邵伯温生于嘉祐二年(1057年),卒于绍兴四年(1134年),其主要学术活动是在北宋。邵伯温讲述其父学术渊源的《易学辨惑》是针对时人郑夬"秘窃"邵雍之学以行怪异一事而写的。考《宋史·艺文志》,可知郑夬有《时用书》20卷、《明用书》9卷、《易传词》3卷等多种著作行世。《四库全书总目提要》指出,郑夬之书"皆破碎妄作,穿凿不根",而北宋学者沈括的《梦溪笔谈》则认为郑夬之《易》说,"皆荒唐之论,独有此卦变之说,未知其是非",沈括在评论郑夬时兼及邵雍,说邵雍亦知大略,"已能洞吉凶之变。此人乃形于书,必有天谴"。对于批评邵雍的这番诅咒式言论,邵伯温不以为然,所以写了《易学辨惑》予以解释和辩驳。在这部书里,邵伯温追溯了邵雍先天学的由来,叙述了陈抟、穆修、李之才、邵雍的学缘脉络。很明显,邵伯温是为了消除北宋时期一些人将邵雍之学当作一般占卜术数看待的社会影响才提笔撰写《易学辨惑》的,他的论辩具有很强的针对性和时效性,故而其《易学辨惑》当成于北宋,算是北宋人叙说先天学得自陈抟的一个例证。其实,在北宋时期,记载先天学得自陈抟的文献并非只有邵伯温《易学辨惑》一种,像朱震的《汉上易传》也有类

---

① 文渊阁《四库全书》收入咸淳乙丑九江吴革所刊《原本周易本义》以及《周易本义》,系朱熹《周易本义》的两个不同版本。前者"说"作"失",当有误,萧汉明的《〈周易本义〉导读》已校正为"说",今从之。

② (宋)朱熹:《原本周易本义》卷首,文渊阁《四库全书》本。

③ 李申:《易图考》,北京大学出版社,2001年版,第209页。根据《易图考》的后记所叙,李申此书完成于1984年,可见他在这方面的研究工作颇早。

似的说法。该书之《表》谓："陈抟以先天图传种放，放传穆修，修传李之才，之才传邵雍。"《表》中朱震自述作《汉上易传》的过程，起手于北宋政和丙申（1116 年），完成于南宋甲寅（1134 年），前后历时十八年。[①] 朱震的生活年代与邵伯温差不多，他关于先天学授受源流的资料不可能到了比较动乱的南宋初才开始收集，应该是在北宋时期就有积累了，至少无法排除朱震在北宋时期就收集关于先天学的资料并且撰写部分内容的可能。

从邵伯温《易学辨惑》与朱震《汉上易传》的记载中，我们大致能够了解朱熹《周易本义》何以在刊刻伏羲先天四图时要从邵雍上溯于陈抟的文化背景。朱熹陈述其传承的文脉，显示了一个严谨学者尊重历史与尊重他人的求实态度。他在《周易本义》卷首关于伏羲先天四图由来的学缘追踪虽然只有短短几行，但却有充分的资料基础。朱熹编纂的《宋名臣言行录》之《前集》卷十便详细记载了陈抟、穆修、种放、李之才、邵雍的事迹，在该书的《前集》卷二记载钱若水言行时也涉及陈抟希夷先生。在每条资料的末了，朱熹都标明来源，其中有《易学辨惑》《燕谈》[②]《记闻》《闻见录》《倦游录》《玉壶清话》等多种前人留下的文献。其中也不乏北宋人的著作，例如《玉壶清话》。该书系文莹所撰，据晁公武《读书志》所载，《玉壶清话》成于熙宁年间，正值王安石变法时期。[③] 足见朱熹不仅相当关注北宋人的资料，而且花费了不少时间进行深入研究。朱熹编纂的《宋名臣言行录》很少直呼陈抟之名，大多是称之为"希夷""希夷先生"或者"图南""图南先生"，说明朱熹对陈抟是很敬重的。

值得注意的是，朱熹对《周易》先天学的寻根并非只是到了陈抟那里就停止，而是抓住可能的线索步步追踪。朱熹在移居建阳并设立考亭书院之后，大约在绍熙四、五年（1193—1194 年）间，先天学重新成为他们师徒讨论的热点。在这个时期，朱熹回答门人的时候多次言及先天图当在邵子以及陈希夷先生之前。见于《朱子语类》的记载主要有两条：

---

① 文渊阁《四库全书》经部·易传·《汉上易传表》："臣顷者游宦西洛，获观《遗书》，问疑谘益，遍访师门，而后粗窥一二，造次不舍，十有八年，起政和丙申，终绍兴甲寅……"
② 朱熹引述中的《燕谈》当是《渑水燕谈录》的简称，其作者王辟之，宋英宗治平四年（1067 年）进士，该书成于北宋绍圣二年（1095 年）。
③ （宋）马端临《文献通考》载文莹《玉壶清话》十卷，诸书所引亦多作《玉壶清话》。

《先天图》直是精微,不起于康节。希夷以前元有,只是秘而不传。次第是方士辈所相传授底。《参同契》中亦有些意思相似,与历不相应。①

邵子"天地定位,否泰反类"一诗,正是发明先天方图之义。《先天图》传自希夷,希夷又自有所传。盖方士技术用以修炼,《参同契》所言是也。②

在这两则语录中,朱熹关于《先天图》由来的说法比起《周易本义》的陈述来可谓更进一步。他不仅看到了陈希夷、邵康节在传承《先天图》过程中的作用,而且由邵、陈那里再往前追溯到了《参同契》。朱熹不讳言《参同契》与方士技术的关系,也不否认自己研读《参同契》,体现了光明正大的"道问学"风格。

朱熹在《朱子语类》中将《周易》先天学溯源于《参同契》,这并非是一种孤立现象。因为其他文献也记载了朱熹在这方面的许多言论,例如南宋理宗时人李幼武补编的《宋名臣言行录》之《外集》卷十七引《别录》云:"晦翁往净安寺候元定,元定自府乘舟就贬,过净安。晦翁出寺门接之,坐。僧方丈寒暄,外无嗟劳,语以连日,读《参同契》所疑叩蔡,蔡应答洒然。少迟,诸人酿酒,至饮皆醉。"③这是庆元党禁时期的一段师生相会记录。朱熹痛饮而醉,这虽然是为蔡元定临别饯行,但也与他们探讨《参同契》取得重要进展而兴奋有关。

事实上,朱熹很早就接触了《周易参同契》这部道教丹经。庆元二年至五年,朱熹在反复推敲之后,撰成了《周易参同契考异》(以下简称《考异》)。在这一著作中,朱熹正是以《周易》先天学为主旨来考订文本和诠释其思想内涵的。其主要证据有两个方面:首先,在文本考订上以乾坤为南北门户,以坎离为日月二用,以其余六十卦指示炼丹火候。朱熹采用五代彭晓的《周易参同契分章通真义》为底本,参校阴长生注本以及无名氏注本等多种版本。通过比较,可以看出朱熹《考异》确定的文本与阴长生等人的注本有多处不同,其中尤其值得注意的是关于"月节有五六,经纬奉日使,兼并为六十,刚柔有表里"一节,阴长生等注本第三句作"兼开六十四卦",而朱熹的《考异》与彭晓的《周易参同契分章通真义》同,说明朱熹是有选择的。其次,朱熹在注疏文字

① (宋)黎靖德编:《朱子语类》卷六十五,北京:中华书局 1986 年版,第 4 册第 1617 页。
② (宋)黎靖德编:《朱子语类》卷一百,第 7 册第 2552 页。
③ 按,此段亦见于《朱子语类》卷一百零七,只是行文略有所异。

中多次出现"先天"的说辞,例如他在解释"坎离匡郭,运毂正轴"的时候说:"乾坤位乎上下,而坎离升降于其间,所谓易也。先天之位,乾南、坤北、离东、坎西是也。故其象如垣郭之形,其升降则如车轴之贯毂以运轮,一下而一上也。"①这段说明与上述的文本考订旨趣一致,显示了朱熹从《参同契》寻求先天学源头的努力是坚持不懈的。

关于朱熹对先天学的寻根问题,钦伟刚作了比较深入的研究。他承认朱熹是以《参同契》作为先天学源头的。不过,却不同意朱熹关于先天学源自《参同契》的看法。钦伟刚所著《朱熹与〈参同契〉文本》一书在考察朱熹《周易参同契考异》写作背景和分析相关文献史料之后指出:《参同契》并不是宋代"先天易学"的思想起源。因此,从"先天易学"的思想演变过程来看,与其说《参同契》是"先天易学"的思想起源,还不如说是朱熹把建立在"卦变说"基础上的"先天易说"导入到《参同契》的思想解释中去的。他的主要理由有两条:一是现行最早的彭注本的刊本②是以鲍仲祺本为底本,而鲍仲祺本又是用朱熹《考异》本校勘过的,所以,校正过的彭注本当然与《考异》本相同。二是彭晓《通真义》解说文字有"依约六十四卦"的行文。根据这样的证据,钦伟刚推断在朱熹作《考异》之前,上引的"兼并(开)六十四卦"应该是《参同契》文本的原貌,朱熹为了使自己的解说符合"先天学"的旨趣删改了《参同契》的文本。③

笔者以为钦伟刚的推测初看起来似乎近于原貌,但若仔细琢磨,却发现存在着逻辑上的问题。因为现存于《道藏》中的彭晓注本《周易参同契分章通真义》虽然经过鲍仲祺校勘过,但这并不意味着鲍仲祺是全部采用了朱熹考订的文本。鲍仲祺曾经在《周易参同契鼎器歌明镜图》的《赞序》中说:"临安郑焕所校,自谓详备,而尤多错误。其视经语,每有不合。校之他本,则文意稍连。余之试邑,适当繁剧。公余得暇,尝取其书而读之,日觉有味,因合众本,为之校定。其于正文,多从晦庵之旧,而《通真义解》大略从郑本。其于众本

---

① (宋)朱熹:《周易参同契考异》,文渊阁《四库全书》本。
② 钦伟刚所说的彭注本刊本指的是收入《正统道藏》的《周易参同契分章通真义》。
③ 钦伟刚:《朱熹与〈参同契〉文本》,成都:巴蜀书社 2004 年版,第 59—60 页。

多同者亦自从众。"①从这段校勘记来看,鲍仲祺的确是把朱熹的《考异》本作为主要版本来校勘彭晓注本之原文的,但这也不能证明鲍仲祺一定是根据朱熹的《考异》确定了"兼并六十卦"一句,因为鲍仲祺只是说"多从晦庵之旧",其所谓"多"意味着大部分,但并不意味着全部。其实,只要稍微对照一下朱熹《考异》本与经过鲍仲祺校勘过的彭晓分章注释本,就会发现两个文本依然有许多差异。例如《牝牡四卦章》,朱熹《考异》本作:

> 牝牡四卦,以为橐钥。覆冒阴阳之道,犹工御者,执衔辔,准绳墨,随轨辙。处中以制外,数在律历纪。月节有五六,经纬奉日使。兼并为六十,刚柔有表里。②

而鲍仲祺校勘的彭晓分章注释本则作:

> 牝牡四卦,以为橐钥。覆冒阴阳之道,犹工御者,准绳墨,执衔辔,正规矩,随轨辙。处中以制外,数在律历纪。月节有五六,经纬奉日使。兼并为六十,刚柔有表里。③

读一下上面两段原文,可以一目了然地发现两个版本"执衔辔,准绳墨"的次序是颠倒的。不仅如此,彭晓注本还多了"正规矩"一句。这样短短的一章,就已经有如此的不同,足见鲍仲祺校勘时并非都遵循朱熹《考异》本,他在校勘记中表明"多从晦庵之旧"之后又明确陈述了"从众"原则,可见他的校勘是有多种版本为参照的,所以完全肯定朱熹《考异》中的"兼并六十卦"是对此前彭晓注本的删改是没有充足理由的。

至于说到彭晓对"经纬奉日使,兼并为六十"的解说,笔者以为其行文与《参同契》文本本身并没有矛盾,只要分析一下彭晓的解说文字就清楚了:

> 善工者,准绳墨以无差;能御者,执衔辔而不挠。合其规矩,轨辙也。盖喻修丹之士,运火候也。月节有五六,乃三十日也。昼夜各一卦,乃六十卦也。乾坤坎离四卦,为药之父母、枢辖鼎器,则非昼夜之数,《契》乃统而言之,兼并为六十四卦也。经纬奉日使者,卦爻为日用之经,而纬者

① 《道藏》第20册第159页。
② (宋)朱熹:《周易参同契考异》,文渊阁《四库全书》本。
③ 《道藏》第20册第133页。

律历数也。刚柔有表里者,阳刚阴柔,水火金木,互为表里也。①
彭晓之疏解,先总说金液还丹是依约《周易》六十四卦原理进行的,其中特别
点出用乾坤坎离四卦"为药",为下文关于"昼夜各一卦,乃六十卦也"的陈述
做了象数学的铺垫,这就是"兼并为六十"的文义所在。在进行了诸多比附之
后,彭晓疏解又作了归结。按照彭晓的看法,加上为药之父母的乾坤坎离四
卦,即合于六十四卦之数,可见"兼并为六十四卦"只是彭晓疏解的言词,并非
直接引述《参同契》的文本。正如其他许多章节的疏解一样,彭晓引述时常常
是"意引",而非准确引用。如果说《参同契》文本在"月节有五六,经纬奉日
使"之后紧接着是"兼并为六十四卦",那就与律历之数不合,因为"月节有五
六"说的是月有六节,每节五日,合为三十日,依昼夜两卦炼功,合起来就是六
十卦。为了明确昼夜用功六十卦与包含鼎器象征在内的六十四卦的关系,彭
晓之注释再度论及乾坤坎离四卦,指出它们不在"昼夜之数"内,也就是说循
卦炼功止于六十卦。

朱熹正是从三十日的月候循卦炼功逻辑入手,所以采用"兼并为六十"这
样的文本。朱熹作此等选择,虽然有文字修辞方面的考虑(即符合五言诗的
节奏),但更为重要的是思想内容的原因。因为坎离二用既可以代表日月之
流行,又可以转换为东西之方位。当坎离为日月的时候,表征的是丹道的运
动;当坎离为东西的时候,表征的是空间的确定,于是就有方位,坎离与乾坤配
合成四正卦。显而易见,这是遵循伏羲先天八卦方位原理的,故而体现了《周
易》先天学的思想旨趣。当然,朱熹力图发掘《参同契》先天学的内涵并非只
是体现在校勘上,他还有不少论述表明这样的思想旨趣。《朱子语类》卷六十
五有朱熹与南康弟子周谟的一段谈话,其中引述了蔡季通关于《先天图》与
《参同契》合的说法。从叙述的语气看,朱熹不仅同意蔡季通的观点,而且以
先天图的卦序对照《参同契》关于"纳甲"的五言诗。朱熹还写了一篇《参同契
说》的文章,此文收入《晦庵集》卷六十七,朱熹在文中再度考察了"纳甲"的卦
象与时辰的配合问题,并且解读了《参同契》"十二消息卦"与整个"纳甲"体
系的关联。在文章的末尾,朱熹注明,"此说欲与季通讲之,未及写寄,而季通

---

① (五代)彭晓:《周易参同契分章通真义》卷上《牝牡四卦章》,《道藏》第20册第133页。

死矣",说明这是在蔡季通去世前完成的,朱熹希望继续与蔡季通讨论,遗憾的是季通先逝而未果。事实说明,朱熹关于先天学源于《参同契》的观点是"一以贯之"的。他之所以如此重视先天学的渊源问题,是因为这个问题乃是朱熹易学的理论基础之一。唯有搞清楚先天八卦的发端和理趣,才能明白整个易学体系的丰富内涵,故而朱熹数十年如一日,"穷理尽性,以至于命",孜孜不倦地追索伏羲大《易》之本旨,体现了由源及流的崇本思路。

## 三、朱熹对《周易》先天学的贡献及其理论意义

朱熹探讨先天学,通过寻根而归本于伏羲氏,这是他重视学术传统的思想反映。故而,他在研读了邵雍、陈抟、魏伯阳等大量前人著述的基础上,围绕八卦方位次序、六十四卦方位次序等诸多易图进行相当深入的考察。作为一个具有广阔视野的学者,朱熹在先天学领域的研究不仅贯穿着寻根意识,而且打上了时代烙印。从现存的诸多文献看,朱熹往往通过解读前人的著述来表达他的见解,初看起来似乎只是在做继承工作。然而,假如我们深入一层分析,就可以看出,朱熹又是一个颇具变通精神的学者。

正如许多学者指出的那样,朱熹在采撷了由邵雍传世的先天图并且进行认真研究之后也做了一些创新。考《朱子语类》卷六十五《伏羲卦画先天图》一节中有汤泳之问:"《先天图》如何移出方图在下?"朱熹回答:"是某挑出。"关于这条资料,在《朱文公易说》卷一也有记录,只是"某"字直接表述为"熹"。从汤泳之问可知,《先天图》本来是包含着方圆两个层次的,因为"方图"是与"圆图"相对而言的,没有"圆图"也就不必特别指出"方图";反过来说,讲了"方图"也就意味着还有一个"圆图"存在。汤泳是对"移出方图"这件事有所不解才发问的,这表明在移出之前"方图"与"圆图"是结合在一起的。现存《周易本义》卷首的《伏羲六十四卦方位》便是方圆合一的图式,但在《易学启蒙》中却只有圆图了。发生这样的变化,或许与读者对象有关。根据李幼武续编的《宋名臣言行录·外集》卷十二的记述以及朱熹与门人之言谈可知,朱熹的《周易本义》订稿于淳熙四年(1177年),此前朱熹曾经与门人讨论过《周易本义》,说明未定稿早已流传,而《易学启蒙》则作于淳熙十三年

（1186 年）。朱熹嘱咐蔡季通共撰《易学启蒙》，这一方面是普及的需要，另一方面则是为了进一步阐明易学大旨。李幼武说："先生初作《易本义》，惧学者未明厥旨，乃作《启蒙》四篇，以为言《易》不本象数，既支离散漫而无所根着，其本象数者，又不知法象之自然，未免穿凿附会，故其篇目以本图书，原卦画，明筮策，考变占为次，凡挂揲及变爻，皆尽破古今诸儒之失。"①由此可见，《易学启蒙》是有一定针对性的。当时的易学存在着两种偏向：一是不讲象数，解《易》者的说辞漫无边际，没有着落处；二是虽然讲象数，却不知卦画法象的自然特质，依然是离谱而无宗。正是为了纠正这两种偏颇，朱熹才嘱咐蔡季通起草《易学启蒙》的。故而，尽可能通俗和简明，这成为《易学启蒙》的一项要求。就本来形式看，方圆合一的《先天图》虽然精美，但却过于复杂，这与简明的要求似乎不太符合。或许是为了让人更加容易明白，朱熹将《先天图》中的方图与圆图分开。当然，我们也不能忽略朱熹将方图移出先天图之外的学理原因。邵雍《皇极经世书》卷十三以"环中"二字概括《先天图》的全部意义，并且将先天之学归结为"心法"。对此，朱熹认真琢磨，并且有所感悟，他在解释"环中"时说："中间虚者便是，他亦自说'图从中起'，今不合披横图在中间塞却，待取出放外。"②按照朱熹的理解，"环中"乃是虚的，这就是自然，如果放置一个横图在里面，那就使"虚"变为实了，所以就把横图移出。这虽然只是一个结构上的小改动，但却体现了朱熹"因象寻理"的思维路数，在先天学上具有重要的思想价值，因此受到后人推崇。考宋末学者俞琰的《易外别传》③便录有朱熹改造过的虚中先天图，并且引述朱熹以中虚为太极的言辞。从文字解释看，俞琰采撷朱熹改造过的虚中先天圆图，目的是为了显示内丹修炼的法象，但却证明了这个虚中先天圆图是与心法相通的，可以用来指导内气的修炼实践活动。

就总体而论，朱熹在易图改造方面虽然没有花费太多时间，但在完善先天学体系方面却投入大量精力。他所阐发的先天学并非仅仅局限于先天图，而是将表现自然意蕴的相关图式都加以整合，诸如河图、卦变图等等都进入其先

---

① （宋）李幼武续编：《宋名臣言行录·外集》卷十二，文渊阁《四库全书》本。
② （宋）李幼武续编：《宋名臣言行录·外集》卷五，文渊阁《四库全书》本。
③ （宋）俞琰的《易外别传》，分别收入《正统道藏》与文渊阁《四库全书》中。

天学的文化体系。为了昭显先天学的思想内涵,朱熹不论为门徒讲授还是回答时人质疑都注意就易图的奥秘进行疏解。就在《周易本义》完成后不久,门人周谟向朱熹请教先天图的问题,朱熹回答说:

> 《先天图》与纳音相应,故季通言与《参同契》合。以图观之,坤复之间为晦,震为初三,一阳生;初八日为兑,月上弦;十五日为乾,十八日为巽,一阴生;二十三日为艮,月下弦。坎离为日月,故不用。《参同契》以坎离为药,余者以为火候。此图自陈希夷传来,如穆李,想只收得,未必能晓。康节自思量出来,故《墓志》云云。①

朱熹把《先天图》与"纳音"联系,这应该是与蔡季通讨论之后提出来的。所谓"纳音"乃是将六十甲子与宫商角徵羽五音相互配合,以表示气化感应。在中国古代,因为五音与金木水火土五行可以相互配合,而五行又与一定的卦爻象数相对应,所以"纳音"最终便具有与卦位、象数互相转换的内在意蕴。明代学者朗瑛指出,"盖以金木水火土之音而明之也"②。为了发掘"纳音"系统所隐藏的象数内涵,朗瑛做了详细的解释,他说:"夫一六为水,二七为火,三八为木,四九为金,五十为土。然五行之中,惟金木有自然之音,而水火土必相假而成音:水遇土激则有音,故五与十,土之数也,乃为水音;火入水沃沸而有音,故一六,水之数也,乃为火音;土经火锻而有音,故二七,火之数也,乃为土音。所以金音四九,木音三八,土音五十,水音一六,火音二七,此不易不论。"③照此看来,"纳音"也就是五行相生相克的音声对应和变化的一种符号系统。一方面,音位的形成是由数决定的;另一方面,数的变化也将引起音位的变化,由此而有"五音建运""五气轮转"的次序。

有关先天学的探讨,朱熹还涉及太极图等。他在回答黄直卿询问时说:"《先天》乃伏羲本图,非康节所自作,虽无言语而所该甚广,凡今《易》中一字一义,无不自其中流出者。《太极》却是濂溪自作,发明《易》中大概纲领意思而已,故论其格局,则《太极》不如《先天》之大;而详论其义理,则《先天》不如太极之精而约。盖合下规模不同,而太极终在先天范围之内,又不若彼之自

---

① （宋）黎靖德编:《朱子语类》卷六十五,北京:中华书局1986年版,第4册第1618页。
② （明）朗瑛:《七修类稿》卷一《天地类》,上海书店出版社2001年版,第6页。
③ （明）朗瑛:《七修类稿》卷一《天地类》,上海书店出版社2001年版,第6—7页。

然,不假思虑安排也。若以数言之,则先天之数自一而二,自二而四,自四而八,以为八卦。太极之数,亦自一而二,自二而四,遂加其一,以为五行,而遂下及于万物。盖物理本同,而象数亦无二致,但推得有大小详略耳。"①朱熹把《先天》看作伏羲本图,这并非是认为先天图出自伏羲之手,而只是以为先天图合于伏羲氏的自然法则,因为在他的答辞中,"伏羲"乃是作为"图"的定语,用以表明图的性质,这是我们不能误会的。在这里,朱熹把太极图与先天图联系起来讨论。一方面,从格局与所蕴含之义理两个层次陈述先天图与太极图各自的特点;另一方面,把太极图纳入了先天范围,表现了朱熹先天学的广阔视野。

朱熹对易图的诠释解说,不仅丰富了《周易》先天学内容,而且推动了南宋以来易学的发展,促进了儒道思想的融合。回顾易学发展历史可知,自汉代开始,易学的传承逐步分化为象数与义理两大派别。西汉时期,以孟喜、焦赣、京房为代表的象数易学广泛流行。此派学者侧重将卦象与天文历法、农事相结合,形成了新的解《易》体式,对于当时社会生活与生产实践而言有一定的积极作用,但从解《易》的体式来看却又存在许多弊端,因为该派学者将卦象推演引向极端,象外生象,以至于最终掩盖了易学之本有义理;魏晋时期,王弼不满孟喜、京房一派学者的象数学,他以大胆改革的姿态,重新对易学进行诠释。由于引入老庄学说,王弼的义理之学不仅丰富了易学的理论内涵,而且体现出比较明显的思辨色彩,从而使易学文化发生了巨大的变迁。此后,以王弼为代表的义理之学几乎定于一尊,唐代孔颖达作《周易正义》,以王弼《周易注》为基础,进行演绎和发挥,这使义理之学大大发展起来;不过,王弼的义理推演也不是十全十美的,而是存在缺陷的。如果说两汉象数学的卦爻推演使易学蒙上了更多的神秘色彩,那么王弼的义理诠释则在很大程度上忽略了易学本有象数旨趣的发明。北宋开始,陈抟、穆修、刘牧、周敦颐等人根据《周易》中的象数解说文字,以图象的方式来表征易学之理趣,从而使上古易学的"象数"传统得以延续。然而,由于义理派思维的惯性作用,当时学界许多人无法接受重新崛起的象数学,以至于出现了许多抨击象数学的声音。在这样

---

① 《晦庵集》卷四十六《答黄直卿》,文渊阁《四库全书》本。

的背景下,朱熹排除门户之见,将陈抟、邵雍等象数学家的易图形式,融入自己的易学体系之中,这在客观上使象数与义理两大潮流重新汇拢起来,推动了易学的发展。由于北宋先天学诸图的传承一开始就与道教有关,朱熹这种象数与义理融通的做法实际上又体现了儒道互补精神,因此对于后来儒佛道文化的进一步交融也具有促进作用。

作为一个兼采众长的学者和思想家,朱熹所完善起来的《周易》先天学对后代影响很大,自南宋末以来,几乎所有易学注疏名家都不再回避先天学。在儒家传承的易学系统中,学者以引述朱熹先天学言论为博学。至于道教、佛教以及民间术数学的众多著述也都留下了朱熹《周易》先天学的烙印。朱熹易学的巨大辐射,这本身就是一个颇值得关注的历史文化现象,对此等现象予以稽考探索,不仅是易学思想史研究的重要课题,而且是中国文化史不可忽略的学术工作,希望有更多的学者在这方面进行更加深入的考察。

(本文合作者:杨燕;原载《中国社会科学》2007 年第 5 期,收入本书时略作修改)

# 朱熹理学文化养生及其现代意义

　　朱熹集宋代理学之大成,其道德事功为后世所称颂。自宋理宗开始,朱熹逐渐受到尊崇,步步升级,直到后来几乎可以同孔孟相比隆,以至于清人陈确曾说:"世儒习气,敢于诬孔孟,必不敢背程朱。"①朱熹权威地位的确定,不仅极大地影响着社会政治生活,而且极大地影响着学人儒者们的心性结构。特别是后者,朱熹所提倡的心性修养学说、生死观和性命论等直接影响着后人学者的性格倾向与修养风格。

　　回观朱熹一生,坎坷磨难,仕途不畅,进入仕途近 50 年,5 次出仕却总共不及 9 年,先后 12 次奉祠家居,长期在武夷山区讲学著述。然而他却自觉地以"超凡入圣"为己任,坚持"穷理以致其知,反躬以践其实"②,传道授徒,言语立世,终于成为一代大儒,将两宋的理学推向了时代的最高峰。晚年,朱熹曾亲笔自画像曰:

　　　　从容乎礼法之场,沉潜乎仁义之府,是予盖将有意焉而力莫能与也。

　　佩先师之格言,奉前烈之余矩,惟暗然而日修,或庶几乎斯语。③

这可以看作是朱熹的自画自律,同时也是他秉持的一种人生修养。其实,宋明理学家大都有自己各自特征的修养方法,但朱熹却是理学修养论的集大成者。洪丕谟在《中国古代养生术》中就将朱熹的养生思想归入到儒家的养生术的范畴当中。事实上,朱熹本人对养生学极端重视,他自己也在修习养生方法中获益。据载,朱熹活到古稀之年,这在当时平均寿命只有三四十岁的宋朝就已

---

① 　《清史稿·陈确传》,中华书局 1998 年版。
② 　参见《宋史》卷四百二十九《朱熹传》,北京:中华书局 1977 年版。
③ 　(宋)朱熹:《晦庵先生朱文公文集》卷八十五《书画像自警》,《朱子全书》第 24 册,上海古籍出版社、安徽教育出版社 2002 年版,第 4005 页。

经是很长寿的了。可见,朱熹不仅深晓养生之理,并且还在其漫长生涯和养生实践中积累了丰富的经验。他倡导"居敬涵养",主张主静、居敬与顺道,通过格物致知、即物穷理和存理灭欲的修练方法和修行活动,从而达到"超凡入圣"的圣贤境界。在这个过程中,朱熹所提倡践履的心性修养学说实际上是一种养生精神,而且是一种极为特殊的养生方法,这种养生精神与方法内化于道德实践活动当中,并自然而然地落实在心气(心与情)之上。因为在理学家朱熹看来,"心"并不等于"理"。"心"是气之灵,气有动静,而"理"乃是所以动、所以静的根据。他说:"以意度之,则疑此气是依旁这理行;及此气之聚,则理亦在焉,盖气则能凝结造作,理却无情意、无计度、无造作。"①在这里,性理实际上只是静态的存有,它必须凭借心气来显现。

朱熹把"性理"的眼光投射在"心气"上,这为他的整个庞大的理学体系找到了一个现实的基础,也找到了一条践履出路。实际上,他的整个心性修养学说都是基于对社会政治的认知的基础上,对自我人生的关怀,是一种现实的修行养生活动,是一种成圣成贤延续道统的人生态度。

从文献和思想上可以看出,朱熹不仅搭上了"性理"认知与养生之间的桥梁,而且采撷和总结具有实修价值的养生功法。只是他的养生方法大都来源于佛道两家。朱熹融合两家之长,再结合了儒家道统,并在某种程度上将三者结合起来。从佛学而言,朱熹在十五六岁时就留心于禅学。特别是禅宗所讲究的"静坐生慧"法门,更被朱熹所雅好。朱熹曾言:"守静之说,近于佛老,吾圣人即无此说。"②在朱熹十八九岁时,他已经"知言养气之说"③;到二十八岁时,朱熹即开始留心于道教的养生法。④ 晚年朱熹还专门注释《阴符经》和《周易参同契》。可见,朱熹对道家、道教养生功法极其重视并且亲自有过实修。朱熹的一生与道家、道教结下了不解之缘,朱熹的很多养生方法和理论总结都是来自于道家、道教之说,甚至在性命论等方面所受到的影响也是无可争

---

① (宋)黎靖德编:《朱子语类》卷一,北京:中华书局 1986 年版,第 1 册第 3 页。
② (宋)黎靖德编:《朱子语类》卷六十,北京:中华书局 1986 年版,第 4 册第 1433 页。
③ (宋)朱熹:《晦庵先生朱文公文集》卷八十一《跋徐诚叟赠杨伯起诗》,《朱子全书》第 24 册,上海古籍出版社、安徽教育出版社 2002 年版,第 3847 页。
④ 参见洪丕谟:《中国古代养生术》,上海人民出版社 1991 年版。

议的。这一点从朱熹的文献以及他的一生履历都可以看得出来。

但不要就此简单认为,朱熹的养生学说仅仅局限于佛门禅修、道家道教的修炼方法。实际上,他在广泛吸纳佛道养生思想与方法之后还进行了新的解读,并在这个基础上有所创新。朱熹虽然没有专门的养生学专著,但他的养生学思想散见于他的庞杂的著作当中,几乎涉及现代养生学的各个方面。当时,朱熹作为一名承前启后的儒学大师,在儒、佛、道三教合一的社会大背景下,他对圣贤境界的追求,以及"超凡入圣"的体认,要求他超越佛门道教的修炼养生学说,进入到道德修养和成就圣贤之路,然后,修身、齐家、治国、平天下,并且在这个修行的过程中,达到了自我养生和安身立命的目的。从朱熹的自警语词就可以看出这一点,他的心性修养学说是在继承了佛学道教的修身养性的精神传统,糅合佛道的养生法于儒家的养生术中,又发展出一套独特而又系统的文化养生学说,这成为了宋代以来学人儒者们自觉或不自觉的养生模式,并充实和丰富了中华民族博大精深的养生文化。

## 一、朱熹文化养生理念的内涵

朱熹在他一生中极其重视养生修行。他这种重视当然有其理由,最基本的可以从两个方面来认识:其一,是与当时儒、释、道三家合流的社会大背景有关,另外,儒家文化本身就相当注重养生修行和身心健康的问题;其二,从个体的角度而言,朱熹自身的健康状况也决定了他极其重视养生健康。①

朱熹经过了实修总结,对修心养生和身心健康问题提出了自己的见解。他说:"《庄子》云:'闻解牛,得养生。'如何可以养生?曰:只是顺他道理去,不假思虑,不去伤着它,便可以养生。"②可以看出,朱熹对道家、道教修养工夫的自然无为原则已然能够透彻理解,并在此基础上,要求回归儒家传统,也就是坚守知识分子的本分,懂礼法、明人伦、彰仁义、扬善去恶、成就圣贤,然后齐家治国平天下。

---

① 詹石窗、于国庆:《论朱熹的身心健康思想》,《东南学术》2002 年第 6 期。
② (宋)黎靖德编:《朱子语类》卷一百零三,北京:中华书局 1986 年版,第 7 册第 2608 页。

不管如何,朱熹首先是作为一个弘扬儒家道统的儒学大师而存在的。但是,他十分自觉地希望能将养生活动与"超凡入圣"结合起来,养生顺道,从而创立了一种独特的养生学说。朱熹果然没有令人失望,他曾写道:"某尝考究他妙诀,只要神形全不挠动。故老子曰:'心使气则强'。才使气便不是自然。只要养成婴儿,如身在这里坐,而外面行者是婴儿。但无功夫做此。其导引法,只如消息,皆是下策。"①朱熹在"考完他妙决"的基础上,一语道破天机,只要"神形全不挠动"②,即处理好神形关系,就可以达到修行目的,甚至比导引法修炼更好些。这是朱熹对养生的认识。他不仅对于如何达到身心健康的养生目的提出见解,而且关注和探究身心性命的内涵,注重和培养身心修养。

正是如此,朱熹的养生学说实际上已经把身心健康与道德修养心性学说和圣贤境界等结合起来。他不再是为了养生而养生,而是在认识过程中的自然养生。在这里,我们可以命名为文化养生,即是从朱熹的实践和认识出发,他所提倡的一个系统的养生模式:求知即顺道,顺道即修行,修行即养生。

当然,什么是文化? 文化与养生之道有何关系? 文化养生包含什么内涵? 这些都是必须回答的问题。首先是何为文化。在这里,我们取文化的最普遍概念,即是一个民族或特定群体的生活样式,主要是精神生活方式和精神层面的追求,包括思想、道德、伦理、学术、宗教、艺术之类,这与政治、经济等相对应。③接下来的问题是,文化与养生之道有什么关系呢? 或者是治学、求知与养生修行有什么关系呢? 在朱熹看来,文化或治学、求知都是在追求天道、天理,即所谓的天道、天理,"体现在人体内便是阴阳二气异而不离、交而不争、感而且和的规律。"④人要养生,要身心健康,"缺阴不可,缺阳亦是不成,所以既要养阴又要保阳。"⑤这在理论上与中医理论相契合。朱熹认为,在顺道、体道的认识和体验过程中,养生实际上就是首先要达到身心健康的目的,然后再希求到达"超凡入圣"的境界。

① (宋)黎靖德编:《朱子语类》卷一百二十五,北京:中华书局1986年版,第8册第3003页。
② (宋)黎靖德编:《朱子语类》卷一百二十五,第8册第3003页。
③ 余英时:《钱穆与中国文化》,上海远东出版社1994年版,第243页。
④ 詹石窗、于国庆:《论朱熹的身心健康思想》,《东南学术》2002年第6期。
⑤ 詹石窗、于国庆:《论朱熹的身心健康思想》,《东南学术》2002年第6期。

文化养生的概念在外延上分广义和狭义的两种。广义而言的文化养生，指的是所有与文化相关的修身养性之生活样式所能达到的身心健康的理论和实践；而狭义上的文化养生，实际上指的是利用治学求知、体知大道、道德修养和成就圣贤之生活样式来保持身心健康、修身养性、安身立命的理论和实践。

从语义学的角度来看，文化养生与养生文化两者是不一样的。前者是养生的一种方法和原则，而后者则是人类精神投射而形成的文化形态之一。另外，文化养生的内涵包括有两层：一是关于身心健康、修身养性、安身立命的学说或者原则；二是为了身心健康、修身养性、安身立命而开展的活动或遵循的生活样式。

依照于此，我们去看朱熹的养生学说和关于身心健康的理论和实践，可以得出，对于前者，朱熹秉持"主静""主敬"和"顺道"等原则或方法。下面简单地论述之。

第一，主静说。先秦儒家持积极入世的人生态度，"知其不可而为之"。"主静说"实际上源自道家老庄思想。《道德经》第十六章曾云"致虚极，守静笃""归根曰静""清静为天下静"；而庄子则进一步提出"心斋""坐忘"等静坐方法。儒家学说引进"主静"始自宋初。① 这主要是当时三教合一的结果。二程以"静坐"教法演为故事，每教人于静坐中"看喜怒哀乐未发以前气象"，后来学人儒者们以此为口诀，静坐观心。然而，朱熹并不完全赞同二程的做法，钱穆曾引述其言："濂溪云：定之以中正仁义而主静。中与仁是发动处，正是当然定理处，义是截断处。常要主静，岂可只管放出，不收敛。"②照钱穆的看法，朱熹主张"主静立极之静，乃是心体，非心工夫，"以此为"心湛然纯一"③。

心静的确有利于身心健康、养生修性。朱熹注《周易》时说："安静以养微阳也。"④静可使人气理平和，达到养阳气的目的。另外，主静可使人精神刚健和道心修养。"孟子言志之所向专一，则气固从之。"⑤总之，"主静"可以养

① 姜广辉：《理学与中国文化》，上海人民出版社1994年版，第340页。
② 钱穆：《朱子学提纲》，北京：生活·读书·新知三联书店2002年版，第102页。
③ 钱穆：《朱子学提纲》，北京：生活·读书·新知三联书店2002年版，第103页。
④ （宋）朱熹著，苏勇校注：《周易本义》，北京大学出版社1992年版，第119页。
⑤ （宋）朱熹：《四书章句集注》，北京：中华书局1983年版，第231页。

"浩然之气",只有人心和乐主静,方能主气而使气行合意,益于健康。①

第二,居敬论。"居敬"提出稍后于"主静",但因程朱大力提倡,却较先行于世。朱熹甚至将其作为"圣门之纲领,存养之要法"。他说:"人只是要求放心,何者为心? 只是个敬。人才敬时,这心便在身上了。"②在朱熹看来,"敬"的真精神是"畏"与"收敛"。他说:"敬有甚物? 只如'畏'字相似,不是块然兀坐,耳无闻,目无见,全不省事之谓,只收敛身心,整齐纯一,不凭地放纵,便是敬。"③另外,在朱熹看来,敬无疑是对身心健康具有大裨益的,因为敬意味着自然和乐,自然和乐则就意味着身心健康。他说:"礼主于敬,乐主于和,此异用也。皆本之于一心,是同体也。然敬与和亦只一事。敬则和,和则自然敬。"④大抵汉朝以下诸儒,注重修齐治平之实际事物,但较少注意到主体本源心性。⑤ 北宋理学乘三教合一的大趋势注重此方面,二程提出敬字,朱熹大力承袭之而弘扬开来。其实,朱熹的主敬工夫更强调德与知,主张德知双修的养生理论,从而达到身心健康、安身立命、修身养性的目的。

第三,顺道养生。实际上,朱熹的养生论是跟其理气观、性命论与生死观等紧密联系在一起的。朱熹认为,理气的结合产生了生命。他说:"天以阴阳可行,化生万物,气以成形,而理亦赋焉。"⑥意思是说,人的生命由两部分组成:一是由气构成的形体部分;二是由理构成的非形体部分。"人之所以生,理与气合而已。"⑦气聚成形,气散身无;反之,有理则生,无理则死。"天下未有无理之气,亦未有无气之理。"⑧因此,若理气两分,则命之人死。于是,朱熹讲命,实际包括"气命""理命"且两者不可分离。⑨

朱熹认为"心统性情"。故心一为性,一为情,二者同见于心。朱熹所论

---

① 詹石窗、于国庆:《论朱熹的身心健康思想》,《东南学术》2002 年第 6 期。
② (宋)黎靖德编:《朱子语类》卷十二,北京:中华书局 1986 年版,第 1 册第 209 页。
③ (宋)黎靖德编:《朱子语类》卷十二,北京:中华书局 1986 年版,第 1 册第 208 页。
④ (宋)黎靖德编:《朱子语类》卷二十二,北京:中华书局 1986 年版,第 2 册第 519 页。
⑤ 钱穆:《朱子学提纲》,北京:生活·读书·新知三联书店,1999 年版,第 100 页。
⑥ (宋)朱熹:《四书章句集注》,北京:中华书局,1983 年版,第 17 页。
⑦ (宋)黎靖德编:《朱子语类》卷四,北京:中华书局 1986 年版,第 1 册第 65 页。
⑧ (宋)黎靖德编:《朱子语类》卷一,北京:中华书局 1986 年版,第 1 册第 2 页。
⑨ 詹石窗、于国庆:《论朱熹的身心健康思想》,《东南学术》2002 年第 6 期。

之心包括两大部分:精神心理与道德品质,其身心观实质包括了人的身体、道德之心和精神心理三大部分。朱熹以道德之心的健康作为身心健康和养生修行的基本点,再通过养气(身)养神(气)等手段,进而追求实现"合于大道,顺乎天道"的理想状态。这就是朱熹构造的身心健康思想的基本框架。

除了上面几点之外,朱熹还强调持中、合时,这也是他所主张的身心健康的基本原则。遵循这些原则,朱熹通过问道学的修持而体现其理学养生的具体内涵。概而言之,有如下数端:

第一,格物致知。朱熹所说的"格物致知"论,是和他的理气论与人性论等紧密联系在一起的。一方面,"理"与"天理"是"生物之本","天理"具于人心,"天命之性"就是"天理",所以格物致知必然是对"天理"的认识;另一方面,由于承认"气"的存在,故格物致知包含对客观事物之理的认识。因此,认识对象无所不包,"上而无极、太极,下而至于一草、一木、一昆虫之微。"①在朱熹看来,这种方法、态度有利于让主体达到自由,其实,他的认识论就是修养经。

第二,即物穷理。当朱熹说"格物,是物物上穷其至理"②时,格物致知就开始转化为即物穷理了。这就到了体悟天理、天道的时机了,不过即物穷理相对于格物致知来说更强调行动和实践罢了。朱熹说:"所谓致知在格物者,言欲致至之知,在即物而穷理也。"③还说:"万物各具一理,而万理同出一原。"④每一个具体事物的先验的"理"都体现在"天理",只要把个别的先验的"理"体验到,就可以类推去领悟和体验先验的"天理"了,做到"遇事触物皆撞着这道理,事君便遇忠,事亲便遇孝……无往而不见这个道理。"⑤可以说,到这个境界,已经是顺道而自然了。

第三,存天理灭人欲。朱熹说:"孔子所谓'克己复礼',《中庸》所谓'致中和''尊德性''道问学',《大学》所谓'明明德',《书》曰'人心惟危,道心惟

---

① (宋)黎靖德编:《朱子语类》卷十五,北京:中华书局1986年版,第1册第295页。
② (宋)黎靖德编:《朱子语类》卷十五,北京:中华书局1986年版,第1册第291页。
③ (宋)朱熹:《大学章句》,见《四书章句集注》,北京:中华书局1983年版,第6页。
④ 《大学或问》卷二,《朱子全书》第6册,上海古籍出版社、安徽教育出版社2002年版,第525页。
⑤ (宋)黎靖德编:《朱子语类》卷十五,北京:中华书局1986年版,第1册第289页。

微,惟精惟一,充执厥中',圣贤千言万语,只是教人明天理、灭人欲。"①因此,存理灭欲成为朱熹道德修养论的核心问题。首先,"天理"是人伦之本;其次,存天理灭人欲要求立身做人,存善去恶;最后,存天理灭人欲有助于修行者用"道心"去改造"人心"。

当然,在这里应该注意的是,朱熹所谓的"灭人欲"并不是否定欲望的存在,这是不可能的,因为人本来就是欲望的混合体,朱熹的意思只是要求在满足了基本的生存欲望后,去除那些多余的欲望,这种防止纵欲的思想同样是他的养生学很重要的一部分。

实际上,朱熹上述的养生原则与活动过程或者生活样式是相通的。它们共同构成了朱熹文化养生的内涵因素。经过长期的探索、总结和与门人的讨论,朱熹的文化养生学说逐步系统化、理论化和清晰化起来。朱熹在儒家修行养生学上前进了一大步。

# 二、朱熹文化养生之操作模式

朱熹在继承历史上儒、释、道三家养生学的基础上,形成了一套独特而又系统的养生法度。它把治学求知、体认大道和道德修养等吸纳到身心健康和养生修行的范畴中去,进而达到养生之目的。在朱熹看来,养生实际上是养心,而认知也是修养,修行体道则不仅是一种认识活动,同时也是一种修养活动。

首先,朱熹文化养生的主体是士阶层知识分子,即君子、圣贤等人。他把培养"讲明义理以修其身"的"贤君""忠臣""孝子"作为他事业的根本任务。他说:"故圣贤教人为学,非是使人辍编言语、造作文辞,但为科名爵禄之计,须是格物致知,诚意正心,修身而推之,以至于齐家治国,可以平治天下,方是正当学问。"②朱熹认为治学、教育、修行不是"钓声名取利禄""科名爵禄之

---

① (宋)黎靖德编:《朱子语类》卷十二,北京:中华书局 1986 年版,第 1 册第第 207 页。
② 《晦庵先生朱文公文集》卷七十四《玉山讲义》,《朱子全书》第 24 册,上海古籍出版社、安徽教育出版社 2002 年版,第 3588 页。

计",而是要"讲明义理以修其身"。朱熹在《白麓书院揭示》中提出"修身之要,言忠信、行笃敬,惩忿窒欲、迁善改过。"在朱熹看来,只要"讲明义理以修其身",按照天理去做,当人君的就可以成为"贤君",当人臣的就可以成为"忠臣",当人子的就可以成为"孝子",然后推此及人,"就能实现修身、齐家、治国、平天下"之大道。

其次,朱熹的文化养生的主体精神在于以道明志、存天理灭人欲、居敬涵养、理气养生。从朱熹的人生经历可以看出,朱熹从小有志于学,自称"总角闻道,终躬求之。"①又说自己"爰自早岁,即甘退藏……翼成一家之言,以待后之学者。"②以继志传道为己任,另外,追求天理、存理灭欲,又论述进学在居敬等,这实际上是一种心理养生、道德养生。朱熹本人一生对此孜孜以求,可以说达到了典范。他终生勤奋,"内无空寂之诱,外无功利之贪。"③"虽甚病,然亦一心欲向前做事,自是懒不得。"④在逝世前三天,朱熹上午还在修改《大学诚意章》,又修《楚辞》一段,午后病情恶化才入宅室不复出。这是他长期以道为志、笃学养生的结果。

再次,朱熹文化养生的意义在于"从容于礼法之场,沉潜乎仁义之府"⑤,因此,他以戒谨的态度"内修",达到懂礼法、明人伦、彰仁义、扬善去恶、自我提升的境界,这是儒家知识分子最终追求的圣贤境界。

从生态学的角度而言,朱熹的文化养生实际上处理的是人与环境之关系。在这里,养生环境有两种,即自身精神环境与社会环境。朱熹的文化养生实际上就是通过协调处理社会来促进协调自身精神环境,从而最终达到身心健康协调的目的。为了能达到此目的,朱熹还开发出一套适合广大知识分子(当然最直接的是适合他本人)的现实修行层面的操作模式。简单说来,即是通

---

① 《晦庵先生朱文公文集》卷五十九《答吴仲批》,《朱子全书》第23册,上海古籍出版社、安徽教育出版社2002年版,第2831页。

② 《晦庵先生朱文公文集》卷二十二《辞免江西提刑奏状》,《朱子全书》第21册,上海古籍出版社、安徽教育出版社2002年版,第996页。

③ 《晦庵先生朱文公文集》卷五十四《答陈正己》,《朱子全书》第23册,上海古籍出版社、安徽教育出版社2002年版,第2558页。

④ (宋)黎靖德编:《朱子语类》卷一百二十,北京:中华书局1986年版,第7册第2890页。

⑤ (清)李光地:《榕村语录》卷四,文渊阁《四库全书》本。

过居敬的态度,进而即物穷理,并且在这个过程中以道为志,最后谨慎笃行,从而真正达到身心健康和养生修行的目的。

第一,居敬。"居敬"又称"持敬",朱熹引进此概念旨在强调修身十分重要。他说:"居敬是个收敛执持底道理。"①"敬"是其圣门之纲领。存养之要法。"敬之工夫,乃圣门第一义,彻头彻尾,不可顷刻间断"②,"敬则天理常明",故曰"涵养须用敬"③。所谓敬,就是要"保持高度严肃的心态,即对修身、养心兢兢业业,毫不马虎。"④这就是朱熹一直强调的"收敛此心""敬守此心""主一无适"。另外,朱熹还说:"持敬之说,不必多言,但熟味'整齐严肃''严威俨恪','动容貌,整思虑','正衣冠,尊瞻视'。"因此可见,朱熹所谓的居敬有了现实可以遵照的行为规范,只有通过这些行为规范才能逐渐达到居敬修身和身心健康的目的。

另外,在朱熹看来,"居敬"在修身养生中具有了唤醒人心的功能,从而达到了道心的境界。朱熹说:"学者工夫只在唤醒上。"⑤因此,朱熹所讲的"存心""收心""求放心"实际就是"唤醒人心",虽然此具有先验的味道,但这对于激励人们通过"居敬",经常保持修身的自觉性,加强自我修养无疑具有积极意义。

第二,穷理。穷理是与居敬相关联的又一重要方法。其实,这也是朱熹"文化养生"最为重要的特点,凭此可区别于其他的养生方法和养生流派。"穷理",从字面而言,就是穷尽事物之理,尽到求知之责任。从某种意义上而言,"穷理",即"格物",这也是求知者之本分。朱熹说:"格物者,格,尽也,须是穷尽事物之理,若是穷得三两分,便未是格物,须是穷尽得到十分,方是格物。"⑥

在朱熹看来,穷理,虽然包括事事物物之理,但主旨还是穷尽人伦之理。

---

① (宋)黎靖德编:《朱子语类》卷九,北京:中华书局1986年版,第1册第150页。
② (宋)黎靖德编:《朱子语类》卷九,北京:中华书局1986年版,第1册第210页。
③ (宋)黎靖德编:《朱子语类》卷十二,北京:中华书局1986年版,第1册第215页。
④ 黄钊:《朱熹以"存理灭欲"为特征的道德修养论述评论》,载《朱子学与21世纪国际学术研讨会论文集》,三秦出版社2001年版,第191页。
⑤ (宋)黎靖德编:《朱子语类》卷十二,北京:中华书局1986年版,第1册第200页。
⑥ (宋)黎靖德编:《朱子语类》卷十五,北京:中华书局1986年版,第1册第283页。

他说:"君臣、父子、兄弟、朋友,皆人所不能无者,但学者须要穷格得尽。"①这表明,朱熹的"穷理",实际上就是要求懂得人伦之理,它是"入德"的门径。朱熹说:"人入德处,全在致知格物。"②朱熹一直强调格物、致知、诚意、正心、修身、齐家、治国、平天下,此时可见,"穷理"在修身中处于多么重要的地位。

而在现实中,"穷理"其实就是自我修习的认识过程,朱熹就在这里与其他一类的养生方法相区别开来了。

第三,立志。一直以来,立志就是儒家学者一贯重视的修身方法。子曰:"三军可夺帅也,匹夫不可夺志也。"朱熹注曰:"三军之勇在人,匹夫之志在己,故帅可夺而志不可得,如可夺,则亦不足谓之志矣。"③这说明了"志"对人们立身养生的重要性。朱熹一直强调"学者大要立志","所谓志者,不道将这些意气去盖他人,只是直截要学尧舜。"④

朱熹本身十分向往"超凡入圣",所以他说:"为学,须思所以超凡入圣"⑤,"学者大要立志,才学,便要做圣人是也"⑥。又说:"凡人须以圣贤为己任,世人多以圣贤为高,而自视为卑,故不肯进。抑不知,使圣贤本自高,而己别是一样人,则早夜孜孜,别是分外事,不为亦可,为之亦可。然圣贤禀性与常人一同,既与常人一同,又安得不以圣贤为己任?"⑦从上可以看出,所谓立志,其实就是给自己定一个高尚的目标。在朱熹那里,这个目标就是:以圣人为己任,激励人们将圣人当作自己的理想人格。当然,这对于人们积极塑造自我,提高自我修养和生命关注的自觉性,无疑是很有意义的。

第四,笃行。《中庸》曰:"博学之,审问之,慎思之,明辨之,笃行之。"朱熹解释说:"笃行,所以固执而为仁,利而行也。"⑧在朱熹看来,所谓"笃行",就是强调在"穷理"的基础上,把"理"落实在自己的行动上去,这就使"理"有了

---

① (宋)黎靖德编:《朱子语类》卷十五,北京:中华书局1986年版,第1册第284页。
② (宋)黎靖德编:《朱子语类》卷十五,北京:中华书局1986年版,第1册第304页。
③ (宋)朱熹:《四书章句集注》,北京:中华书局1983年版,第115页。
④ (宋)黎靖德编:《朱子语类》卷八,北京:中华书局1986年版,第1册133页。
⑤ (宋)黎靖德编:《朱子语类》卷八,北京:中华书局1986年版,第1册135页。
⑥ (宋)黎靖德编:《朱子语类》卷八,北京:中华书局1986年版,第1册134页。
⑦ (宋)黎靖德编:《朱子语类》卷八,北京:中华书局1986年版,第1册133页。
⑧ (宋)朱熹:《四书章句集注》,北京:中华书局1986年版,第31页。

一个现实的落脚点。朱熹就此发挥说:"善在那里,自家却去行他,行之久,则与自家为一","凡日用之间,动止语默,皆是行处。"①因此,在知行关系上,朱熹信奉知行相依之说。知就是在明义理,在这个过程中可以达到修身养性的目的,但是知最后要落实到行上,即道德修养上,"知之之要,未若行之之实"②。"工夫全在行上。"③

如何去行? 朱熹认为应该从现实细小的事情做起,从平凡事情做起。在"日用常行"上见功夫。"圣贤千言万语,教人且从近处做去"④。"须是要谨行、谨言,从细处做起,方能克得如此大。"这就是说,"行",并不是要好高骛远,而是在日常生活行用上下工夫。这对于指导人们正确修身践行有重大的意义。

总之,朱熹所开发的一系列现实修行的操作模式,构成了一个较完整的养生体系。在这个养生体系中,"顺道养生"贯穿其始终,并作为文化养生最为重要的特征。从精神生态的层面考虑,则是另外一种与之相应的操作模式。这个操作模式包括了进学(求知)、顺道、修身和养生之道。

"进学在致知",朱熹的所有追求和努力都是先从一个知识分子本分的"进学致知"开始的,在进学过程中,其实就是一个体道的过程,即物穷理,理即是道。顺道而生,以超凡入圣为己任,格物、致知、诚意、正心,这个过程即包含了修身,而修身就是达到了身心健康、延年益寿的目的。其实,这就是养生之道了。

就方法论来看,朱熹理路中的文化养生实际上是通过追求圣贤之心来达到养生目的,也就是现实养生、体道养生。朱熹一生经历坎坷,食米不足,身体虚弱多病,在复杂的政治斗争和人生经历中能坚持己道,最终活到了古稀之年,这在当时平均年龄只有三四十多岁的宋代,也算是古来稀的长寿了。这是文化养生带给他的直接结果。

---

① (宋)黎靖德编:《朱子语类》卷十三,北京:中华书局1986年版,第1册第222页。
② (宋)黎靖德编:《朱子语类》卷十三,北京:中华书局1986年版,第1册第222页。
③ (宋)黎靖德编:《朱子语类》卷十三,北京:中华书局1986年版,第1册第232页。
④ (宋)黎靖德编:《朱子语类》卷八,北京:中华书局1986年版,第1册第131页。

# 三、朱熹文化养生之现代意义

朱熹通过其理学体系的阐述发展了儒家思想,同时也发展了儒释道养生理论。他的理学后来成为了官学,显然对儒者们有非常深刻和广泛的影响。不仅如此,他的思想也影响于道家与道教学者。① 譬如宋末元初的临川道士雷思齐和张理,他们的立论根据都是来源于朱熹的解《易》思想。

朱熹的养生理论所具有的积极意义,这不仅表现在古时,而且延续到现代。尤其在现代社会中,特别是进入了知识经济时代,随着经济水平和教育水平的不断提高,人们更加注重生活质量和知识追求。另外,知识作为人生资源和生活方式,也逐渐地被广大的人们所认识。因此,朱熹的文化养生论无疑是一种行之有效和极具价值的养生方法,同时它作为古代养生文化的一种资源,自然可以发掘应用。其时代价值约有如下数端:

第一,修养德行,安身立命。现代养生的一个误区就是重视肉体健康,却忽略了自身的精神健康。重视肉体健康无可非议,因为从医学的角度而言,肉体健康和生理系统的协调是所有健康的保证。但是仅仅肉体健康是不够的,因为从心理学的角度而言,人的健康还包括心理、精神和道德意识方面的健康。

其实,在现代社会里,健康概念是多层面的,它不仅指身体的生理系统各方面的正常运行,还包括心理、精神等方面的正常运行,另外,它还包括了道德意识健康在内。如果一个人形体健康,无病无痛,四肢强壮,但他的心理却不健康,他的道德也出了问题,那这个人也不能算是一个健康的人。退一步而言,如果一个人的肉体不健康,那么他可以依靠强身健体或者补充营养品等来改善;但是,他的心理问题和道德意识问题却不是可以靠补充营养品就可以解决的。

西方社会从弗洛伊德以来,就对人的精神健康特别关注,甚至就此诞生了精神分析学科。精神分析方法也逐渐进入了人们的视野,并成为人们生活的

---

① 詹石窗、于国庆:《论朱熹的身心健康思想》,《东南学术》2002 年第 6 期。

一个部分。特别是对于一些有特殊经历的富有知识的人来说,他们小时候有一些痛苦的经历,这些经历决定了他们病态精神的发展,虽然他们富有知识和智力,在肉体上也十分强壮健康,但他们的精神可能是扭曲变态的,这种人从根本上说并不是一个健康的人。

看到现实的许多情况,我们返观朱熹的文化养生理论,就会更加感到其启迪意义。可以说,关注精神健康是朱熹儒学的突出特征。这种养生学的方法首先就是强调自身的修养,格物、致知、正心、诚意、修身、齐家、治国、平天下,这"八条目"是朱熹延续了儒家养生学的原则和方法。在此基础上,朱熹更加强调个人的道德意识的健康。从朱熹本人的自警句完全可以看出,他终生以"超凡入圣"为己任,在平时生活中一直注重自身道德水平和心性修养的提高。在朱熹看来,道德水平和心性修养提高的最好方法莫过于以圣贤为榜样和目标,在践履中力求达到或者接近圣贤的境界。

在现代社会里,也许并不能要求每一个都去"超凡入圣",但是现实中却有崇高的道德榜样。所以,以道德人物为模范,树立崇高的志向,然后在平时生活中笃行,就能实现精神上的健康。在这一点上,朱熹本人的践履和他的理论要求对我们今人的确有积极的借鉴价值。

第二,以道明志,陶冶性情。朱熹提倡以道明志,尽到一个儒者本分。首先他有坚定的理想信念,就是终身要求"超凡入圣",所以他能坦然地在坎坷仕途上见道不见禄,在生活上能克服重重困难,即使在"伪学党禁"中,他也能回答:"死生祸福,久已置之度外,不烦过虑。"因此,他一生奋斗目标明确,心理稳定,一心讲学著述,钻研理学,并且终生勤奋,最后成就一代大儒。

朱熹作为一介儒生,他还强调要怡情悦志以延缓衰老。据载,朱熹多才多艺,他能看风水,会弹琴,懂乐律,尤擅朗诵。总之,他的知识领域几乎涉及社会科学、自然科学的各个方面,这成为我们现代人学习的榜样。实际上,现代人因为功利的原因,已经很少人或很少时候能静下心来,好好学习一些非功利性的的技艺,以陶冶心性,从而达到养生的目的。

第三,格物致知,穷理养生。朱熹注重在博览群书中寻求养生之理。他把防病和求学有机地结合了起来,在不断增加知识文化和提高自身道德修养中得到了养生的真谛。朱熹本来也是一个普通的读书人。他长期生活在老百姓中间,但他注意观察、探索,由此积累了渊博的知识。由于能够在格物致知过程中,反身而诚,朱熹逐步升华了自身的思想境界,成为一个伟人,其道德事功为后世所景仰。在养生方面,他不养尊处优,在自己的进学经验中总结了切实可行的养生经验。

朱熹这一套"格物致知"的养生方法对我们现代人,特别是现代社会的知识分子的生活而言大有帮助。当我们在讲究气功养生、运动养生的时候,如果能将文化也作为一种养生资源,并贯穿在我们的具体生活中,这无疑是有裨益的。

诚如一些有识之士所指出的,在今天的社会里,要找一个偏远山林来修道炼丹已不太可能。联系日益紧密的人际关系把你投进了社会旋涡,现代人从某种意义上来说都是一个社会人。如何在"闹市"中寻找符合自身的养生方法,朱熹的文化养生理论与操作法度对于现代的人们来说至少提供了一种精神生活参照系。

[本文合作者:陈文水;原载《厦门大学学报》(哲学社会科学版)2005 年第 4 期,收入本书时有较多修改]

# 试析朱熹对太谷学派生命哲学思想的影响

朱熹之学对后世具有极为深刻的影响,许多学派都从本派的学术观点、思想立场出发,对其思想学说进行过广泛、深入的探索与思考,而产生于清朝嘉庆、道光年间的一个民间儒家学派——太谷学派,也不例外。关于太谷学派,学界有人称它为中国近代史上最后一个儒家学派,也有人认为其活动是中国近代史上由中下层士大夫发动,以理学为主的运动,是一场有组织的、宗教化的运动,是清代儒家在下层群众中引导社会道德的一种尝试。其创始人周太谷,名穀,字星垣,号太谷,又号空同子,生年不详,卒于道光十二年(1832 年)。安徽池州石埭人。他与门人皆自称"圣功弟子",以继先圣绝学,教民养民为己任,注重自生命哲学角度对先儒绝学进行发掘与创新,因而该学派在思想学说上逐渐形成了以传统儒学为主,以生命哲学为重的基本特色。朱熹对太谷学派的影响相当深刻,而这种影响又主要集中在生命哲学方面。那么,朱熹作为创建理学体系的儒学大家,其学说为何会对太谷学派生命哲学产生影响?其对太谷学派生命哲学究竟有何深刻的影响? 这种影响又有何意义和价值?本文试图就此予以探讨,以藉能对朱熹与太谷学派之间内在的学术思想关系有一个更加深刻的认知和更为准确的把握。

## 一、朱熹影响太谷学派生命哲学之原因分析

在清朝中晚期出现的太谷学派之所以在生命哲学思想学说方面受到朱熹的深刻影响,绝非偶然,而是有其独特的社会文化和学术缘由的。

一是社会原因。近代中国,封建社会进入到暮年,腐败至极,帝国主义列强已经从文化、经济、政治、军事诸多方面迅速向中国渗透,中国日益沦为半封

建半殖民地社会。由于太谷学人以中下层士人为主体,在这样的社会大背景之下,他们自然较一般人更加敏感地感受到中华民族面临的灾难,但他们的阶级特点又注定了其既不愿封建大厦垮坍,而欲求维护之;亦不愿自我沉沦,而欲求自全之。他们不可能去推翻封建统治,而只能是强调补天。如何补天?以他们的地位显然不足以对封建统治的上层产生实质性的影响,那么,通过教养两途济世养民而补天,就必定成为其最合乎情理的选择。这样,对生命的关注,对人生的思考,对民众的教化,对民力的畜养,就自然成为了其学派思想学说的主导。正因如此,太谷学派就必然要积极建构自己的生命哲学思想体系,以作为其教民养民的思想理论基础。而要建构自己的生命哲学思想体系,其就不得不把思想的触角伸向作为中国社会传统儒家文化主要根基之一的理学体系中去,批判、吸收其中的思想精华,并对其进行生命哲学意义上的开新。这样,理学体系的创建人,理学成果的集大成者朱熹,对太谷学派生命哲学产生影响就是十分自然的事情了。

二是文化原因。中国先民有着强烈的生命思想意识和丰富的生命情感体验,他们强调天人相应,追求与天同体,寻求生命的恒在,这一传统通过多元文化一直沿袭下来,从而使作为生命体的人在中华文化发展中得到了极端的重视。自哲学角度来看,中华文化的演化,一直都没有脱离人这一个中心环节,甚至可以说,中国哲学本质上就是关于人的学问。然而文化的发展总是会表现出辩证的过程,重视人的中华传统主流文化在演化中恰恰又容易走向否定人性自身的文化反面,特别是到了封建社会后期,人性的禁锢使人的生命本身在文化中丧失了其重要的位置。这种情况在太谷学派那里,由于多种因素的相互作用,又有了合乎文化发展内在逻辑的反复。太谷学派在封建社会走向没落,西学东渐,中华文化需要寻求新的发展路径,实行重新整合这样一个大的历史文化背景下,契理契机,矢志继先圣绝学,力图自生命哲学意义上使人性在一定程度上复归于本位,希望以此重新为人的生命本身寻找到在文化中应有的位置,而这客观上就必然要求太谷学派对先儒之学精深的生命思想内蕴进行发掘与借鉴。正因如此,在中国传统儒家文化中有着丰富的生命思想的朱熹之学,也就势必会对太谷学派生命哲学产生深刻的影响。

三是学术原因。有两个方面的因素使得朱熹之学与太谷学派生命哲学的形成、发展、衍扩紧密联系起来:其一,太谷学派与朱熹有着一种内在的学脉关联。回溯中国哲学史,我们可以发现,朱熹是对北宋五子周敦颐、邵雍、张载、程颢、程颐理学成果的吸收与集大成者。其中的学脉链结关系是:朱熹曾受学于二程兄弟的三传李侗,二程又同受学于周敦颐,而周太谷之学又直接悟道于其先祖周敦颐,因而太谷学派的思想学说也就自然与朱熹之学存在着学脉上的关联。其二,太谷学派为学问道有一个特点,就是善于对诸家经典进行生命哲学意义上的阐发。这一特点也决定了朱熹在思想学术上必然会与该学派发生深层的关系。太谷学派创始人及各代弟子都具有相当高的经典诠释功夫。而且他们诠释经典最显著的特点就是以生命为本位,其治学不拘于门派,凡是能够说明自己学派所主张的生命哲学道理的经典,都能为他们所用。诸多经典经过他们的阐发,其中一些具有神秘色彩的不显传之密也都能在人的生命本位这个点上得到一种不可思议的彰显。正是由于这一原因,承载朱熹重要思想学说的一系列经典之作,如《近思录》《朱子语类》《朱子遗书》《朱文公文集》等就都自然成为了太谷学派生命哲学阐发与开新的对象。这一点也可自太谷学派遗书资料中寻找到蛛丝马迹。如太谷学派后期著名弟子、太谷易学的集大成者刘大绅在《贞观学易》中自叙其易学生命思想的源流,其中就特别提到了他所受朱熹之学的影响:

> 吾家世世治易……而予性既愚鲁,又少孤客,早未冠以前,奉严命负笈于泰州蒋龙溪(文田)、海陵黄归群(葆年)两先生之门。两先生皆龙川高弟,然予实无一语之得,既冠以后,念易为世业所寄,不敢抛荒饥躯之余,取王弼注易读之,更参以昔所阐于大人者。并证之于《周氏遗书》、朱吕两氏传习录,迄今垂四十年,略觉有感于心,即恐其久而遗忘,又为我后人承业计用,述其肤浅之迹。[①]

这段话中有"并证之于《周氏遗书》、朱吕两氏传习录"之语,其中"朱"即"朱熹",他这种体证易道的过程艰难而又漫长,足见朱熹易学对他影响之深久。

---

[①] 刘大绅:《观海山房追随录》,载方宝川编纂:《太谷学派遗书》第3辑第1册,南京:江苏广陵古籍刻印社2002年版,第230—231页。

## 二、朱熹影响太谷学派生命哲学之主要表现

朱熹对太谷学派生命哲学的影响主要包括：

其一，生命认知方面的影响。朱熹之学深刻影响到了太谷学派生命认知的观念与模式。如，在朱熹的理学体系中，格物致知说含有认识论和道德论的双重意义，既具有科学理性精神，又具有人文道德精神。太谷学者在其学派的学术语境下，吸收朱熹的格物致知说的两重精神，把格物致知的客体集约到了人的生命本身这个点上，格"物"不是格一般之物理，而是格"生命"之理；致"知"不是致一般之知，而是致"生命"之知。这一点在太谷学派遗书资料中可以得到印证。太谷学派二传李光炘就说：

> 心性交通是致知之极功，志气合一是格物之能事。人欲见性非大学不可。大学，圣功也。小学，理学也。我非求异于诸儒，实欲发先圣之心传。不得已也。人但知遏欲去私，在心上讲求，虽百倍其功不能见性也。致知即是正心，格物即是诚意。知致而心无不正矣。物格而意无不诚矣……太谷曰视思明，明足以致知，听思聪，聪亦足以致知。知致而后物格，格者，合也，合身命而言之性之德也。[1]

一方面，他分析认为，致知的极功就是心性交通，因而，致知是大学，是圣功，是先圣的心传，也就是"正心"，只有通过致知，才能实现心性交通，使人欲见性。一个人只要通过致知达到了知致，心就没有不正的了；如果只一味遏欲去私，仅仅在心上讲究，不注重大学，就是下再大的功夫，也达不到直心见性的效果；而格物的能事就是志气合一，因而"格物"是小学，是理学，就是诚意地穷究万物的固有天理。一个人只要通过"格物"做到了"物格"，其意就没有不诚的。另一方面，他阐释肯定，周太谷强调"视思明"，而达到了"明"就足以能够"致知"；周太谷强调"听思聪"，而达到了"聪"，也足以能够"致知"，通过"致知"，达到"知致"，就自然能够"物格"，穷究万物固有之理了。而"格"就是周太谷

---

[1] 李光炘：《观海山房追随录》，载方宝川编纂：《太谷学派遗书》第 1 辑第 3 册，南京：江苏广陵古籍刻印社 1997 年版，第 4—5 页。

所说的合,自生命意义而言,就是要格或者合人的身命,从而体知人的德性。这就证明,太谷学派所理解的格物致知说,具有强烈的生命本位意识,他们的生命认知观念与模式,被深深地打上了朱熹格物致知说人文道德与科学理性双重精神的烙印。

其二,生命修养方面的影响。朱熹在身心性命修养方面对太谷学派的影响也有迹可寻。如,太谷学派二传张积中说:

> 语类敬是穷理之本,得理明又是养心之助。涵养中自有穷理工夫,穷其所养之理;穷理中自有涵养工夫,养其所穷之理,两头都不相离。因学录操存涵养不可不宽,进学致知不可不紧。程子曰:'致知在乎所养,养知莫过于寡欲';语类问养知,'是既知后如此养否?'曰:'养知不分先后,未知之先,若不养之此知,如何穷得? 既知之后,若不养,又差了,不可道,未知之先,不可如此';穷理以虚心静虑为本;致知格物紧要在求其放心,若收拾得此心,在常常提撕他起,莫为物欲所蔽,便将这个本领去格物。①
>
> 七情伤气,中节则不伤矣,能致知格物,则中节矣。②

从这些话中可知:张积中吸收了宋儒尤其是朱熹格物致知说的一些学术因子,并继承了太谷学派的道统,自养生的角度对格物致知进行了阐发,特别是认为《朱子语类》所说的"敬"是穷理的根本,达到理明就有助于心的涵养,涵养与穷理二者是相互契合、两不相离的工夫;他显然接受了宋儒特别是朱熹等的涵养不可不宽、致知不可不紧、致知重在养知、养知重在少欲和养知不分先后等诸养生观念,认为穷理要以虚心静虑为本,致知格物紧要的是求其放心,不为物欲所蒙蔽,要多用此心去格致;认为七情泛滥会伤和气,而如果能中节就可避免。怎样才能达到中节呢? 通过格物致知就可以达到。这些观点,使太谷学派"格物致知"说的养生内涵得到了较大的丰富。

其三,生命伦理方面的影响。朱熹作为理学大家,其思想学说中具有丰富的生命伦理思想。他对太谷学派生命伦理观念体系的建构,也具有较大的影

---

① 张积中:《张氏遗书》,载方宝川编纂:《太谷学派遗书》第 1 辑第 2 册,南京:江苏广陵古籍刻印社 1997 年版,第 76 页。

② 张积中:《张氏遗书》,载方宝川编纂:《太谷学派遗书》第 1 辑第 2 册,南京:江苏广陵古籍刻印社 1997 年版,第 47 页。

响。如,在天理与人欲的关系方面就是如此。二程以来,"明天理,灭人欲"一直是理学家非常重视的命题。朱熹对此也极为关注。而其思想主要是对二程理学的继承与发挥,认为"天理人欲常相对",把天理、人欲当作是非的标准,主张革尽人欲,复尽天理,其核心是一个"礼"字。一些人认为其自二程处承继而来的天理人欲之论是"伪善"的道德论典型,但是,实际上,朱熹所说的"人欲"与人的欲望并非同一概念,其所说的"人欲",是指违背了"天理"的"私欲",而非人的所有欲望。他在《朱子语类》卷七十八中就有语录:"'问人心惟危,程子曰:人心,人欲也。恐未便是人欲'。曰:'人欲也未便不好'",又在《朱子语类》卷十三中说:"父母爱其子,正也;爱之无穷,而必欲其如何,则邪矣。此天理人欲之间,正当审决。"在朱熹看来,人的欲望包括许多内容,而不违天理、正常的男女饮食情爱之类则不应是遏制的范围。太谷学派诸学人正是看到了这一点,因而一方面十分强调"正心""尚礼",另一方面又强调人的正当合理的情感与欲念。如,太谷学派遗书中有诸多语录都关涉到朱熹"正心"的生命伦理理念:

> 朱子云吾之心正则天地之心亦正矣,吾之气顺则天地之气亦顺矣。昔者闻诸平山曰心正而气不顺者或有之,未有气顺而心不正者也。①
>
> 朱子云心无形影,教人如何撑拄,须是从心之所发处下手,先去了许多恶根,如人种田,不先去了草,如何下种,先去了自欺之意,意诚则心正,诚意最是一段紧要工夫。②

太谷学人对朱熹关于"正心"的生命伦理理念都作了独到而又精当的阐释。太谷学派三传黄葆年受朱熹影响,认为只要自己的心正了,天地之心也就正了,只要自己的气顺了,天地之气也就顺了。天人之间是相通相合的,天理人欲是相呼相应的。没有人心正而天地之气不顺的,也没有人气顺而人心不正的。张积中亦受朱熹影响,认为心是无形无影的,难以支固,要正人心,就必须先从心所发处下手,先把心中原本的恶根除去,这正如种田一样,如果先不把

① 张积中:《张氏遗书》,载方宝川编纂《太谷学派遗书》第1辑第2册,南京:江苏广陵古籍刻印社1997年版,第68—69页。
② 张积中:《张氏遗书》,载方宝川编纂《太谷学派遗书》第1辑第2册,南京:江苏广陵古籍刻印社1997年版,第83页。

田中的草稗除掉,怎能撒下种子? 同样的道理,先除去了自欺之意,意诚才可以做到心正。因此,诚意是最重要的工夫。再如,张积中还有语录说:

> 语类君子之心,如一泓秋水,更不起些微。①

> 学者克己复礼上做工夫,到得私欲净书后,便粹然见天地生物之心,须常要那温厚的意思绝好。集注尽孝子之有深爱者,必有和气者,必有愉色;有愉色者,必有婉容。语类人子胸中,才能有些不爱于亲之意,便有不顺气象,此所以惟爱亲之色为难。②

从这些语录中,我们可以看出,受朱熹影响,张积中等太谷学者是特别重视亲情正爱的,认为君子之心,平静如一泓秋水,不起微波,温厚粹然,能现天地生物之心;孝子若有深爱其亲之心,即能和气愉色,形容婉约;而若无深爱其亲之心,便立现人气不顺之象。而这就是"爱亲之色难"的原因。这些都充分说明,朱熹对太谷学派生命伦理思想,产生过极其深刻的影响。

其四,生命境界方面的影响。朱熹在生命境界方面对太谷学派亦有一定的影响。如黄葆年说:

> 朱子曰道高如天者,阳也;德厚如地者,阴也;教化无穷如四时者,五行也。孔子其太极乎? 观此则知《通书》与《太极图说》一以贯之矣。盖天下之书非其人莫能贯之,亦非其人莫能实之也。实而虚之,则孔子为太极;虚而实之,则太极为孔子。③

高居于"人极"的圣人,脱俗于世,与一般人不同之处就在于,其对于天下后世来说,务其名则能得其名,务其实则能得其实。为何如此说? 因为正像朱熹所言,圣人之阳,道高如天;圣人之阴,德厚如地;圣人之五行,教化无穷如四时。他还认为,作为圣人的孔子,其所具有的人格境界,实际上与太极相融相通,这一道理在与朱熹有着传承关系的周敦颐那里,通过《通书》与《太极图说》而"一以贯之":以实化虚,孔子就是太极;自虚现实,太极就是孔子。而自太谷

---

① 张积中:《张氏遗书》,载方宝川编纂《太谷学派遗书》第 1 辑第 2 册,南京:江苏广陵古籍刻印社 1997 年版,第 83—84 页。
② 黄葆年:《黄氏遗书》,载方宝川编纂《太谷学派遗书》第 1 辑第 4 册,南京:江苏广陵古籍刻印社 1997 年版,第 173—174 页。
③ 黄葆年:《濂溪一滴》,载方宝川编纂《太谷学派遗书》第 1 辑第 5 册,南京:江苏广陵古籍刻印社 1997 年版,第 91 页。

学派遗书资料的诸多地方都可以体察到,无论在生命境界的创设还是在生命境界的体验上,朱熹对太谷学派都产生过相当大的影响。

## 三、朱熹影响太谷学派生命哲学之重要意义

朱熹对太谷学派生命哲学产生影响,有着多重意义:

第一,有利于中国传统文化的重构、再创。朱熹对太谷学派生命哲学的影响,使得儒学一脉在中国近代于生命哲学这个点上得到了重点的延续与开新。延续是说朱熹之学的许多精要在太谷学派生命哲学中得到了一定程度的留存、发露;开新是说朱熹学说中的生命思想在太谷学派那里得到了发展与再造,就中国传统文化的发展而言,朱熹与太谷学派在儒家生命学说上的这种独特传接关系,其价值是不容忽略的。

第二,有利于促进中国生命哲学的发展。在中国传统文化中,生命哲学虽然有着深厚的人文沉积,关于生命的思想,在中国历史的某些时段、某些思想家那里,也都有过或多或少的闪光,然而,与西方生命哲学比较起来,生命哲学在中国却难以形成多样化的理论体系。而中国哲学史上真正算得上具有这种系统化理论特征的,恐怕也只有朱熹创建的理学。即使在朱熹那里,生命哲学显然也是不完善的,其仍需要在社会历史的变化中吸取新的思想养料,得到补充、校正、开新与衍扩。正因如此,太谷学派能够在特定的历史条件下与朱熹之学实现传接,从而使生命哲学在中国近代有一个独特的学派承载,这一意义亦是不能轻视的。

第三,有利于当代社会的生命教育。随着现代社会经济文化的高速发展,现代化水平的不断提高,人类文明的发展似乎陷入了一个难以理解、难以摆脱的怪圈。物质文明进步总伴随着人类精神的颓废与人性的坠落。许多人对生命的认知、身心性命的修养、社会生态的伦理序次、生命的意义都表现出了某种程度的迷茫,出现了更多的误区。人们总是希望寻找到一种精神的安宅,缓解来自多方的压力,以不致使自己掉进深深的现代性陷阱之中。这一切都说明,在现代化的中国,生命哲学真正成为了一种需要。而太谷学派在朱熹的影响之下,自生命哲学的多个方面,对人性进行了多角度、深层次的探讨与解读,

对生命诸多神秘之处进行了认知与体证,强化了人作为目的的人本意义,昭示了生命的蓄养与超越路径,这不仅充实和丰富了其自身的生命哲学道统,而更重要的是,即使在当今社会,亦具有十分重要的生命教育价值。

（本文合作者:江峰;原载《东南学术》2008 年第 6 期）

# 论太谷学派对道教生命思想的融通

  在中国近代思想史上,有一个"口耳相传"的民间神秘学派,被学界称为"中国儒家最后一个学派",这就是"太谷学派"。对于它的思想渊源、创立演化、成员构成、基本主张、理论创获、文化品质等,今人在过去一段时间知之甚少。只是由于刘蕙孙、王学钧、韩秉方、马西沙、方宝川等一批学者的努力和一些特殊的机缘,尤其是近年来方宝川经过努力编辑而成的《太谷学派遗书》三辑凡十七册的面世,它才逐渐以其独特的魅力引起了学者的关注和思考。

  太谷学派于清朝嘉庆、道光年间由安徽石埭人周太谷创办,曾活跃于山东、江苏、福建一带。该学派由周太谷创立后,中经二传张积中"还道于北"、李光炘"传教于南",再至三传黄葆年、蒋文田、朱玉川等人南北合宗的学派振兴,最后到四传李泰阶等的艰难维系,其间绵延百余年,几乎关涉中国近代史的整个历程。周太谷创立该学派时未立其名,后世研究者从各自的研究角度出发,创设出诸多不同的称谓,如太谷教、崆峒教、大成教、大学教、黄崖教、泰州教、新泰州学派等,其中"太谷学派"这个称谓得到了学术界较为普遍的认同。据福建师范大学已故的刘蕙孙教授所言:"太谷学派之名是出自 1927 年卢冀野先生在《东方杂志》上发表的《太谷学派之沿革及其思想》一文,卢氏是钟泰的学生,钟泰(字钟山)又是黄葆年的门下,对于太谷学派有一定的了解,学术界认为这个名字较为妥当,遂固定沿用了下来。"[①]目前,对太谷学派的研究在一定范围内渐成气候,特别是对其史料的考据,已有了相当多的成果,然而,对其思想的探究,却尚待在更深、更广的层面展开。有鉴于此,本文力图探

---

① 刘蕙孙:《序》,载方宝川编纂《太谷学派遗书》第 1 辑第 1 册,南京:江苏广陵古籍刻印社 2002 年版,第 3 页。

讨太谷学派对道教生命思想的融通,从而揭示该学派的一些特质,分析其历史文化价值和现实意义。

## 一、太谷学派融通道教生命思想的机缘

翻开《太谷学派遗书》,我们可以发现一种重要的迹象,就是该学派的创始人以及历代传人都注重吸纳道教生命思想资源,从而使这个民间儒家学术团体打上了深深的道教文化烙印。太谷学派对道教生命思想的融通不是偶然的,而是有多种原因在起作用的,概括起来主要有如下几点:

其一,太谷学派创始人与道门具有学缘上的关联。据谢逢源《龙川夫子年谱》所述,太谷学派创始人周太谷,初事福州韩仰俞、洪州陈一泉,得韩仰俞、陈一泉之学,而全其圣功。"嘉道间,陈韩两先生出,太谷兼其所学,而圣教以昌。"①陈一泉从佛,宗佛氏之教;而韩仰俞则好道,治老氏之学。"老氏"既是道家的创始人,也是道教的祖师;从某种意义上说,老氏乃是道家与道教的象征。所以,他"治老氏之学",可以看作是对道家、道教文化的探索、钻研。既然周太谷曾经师从韩仰俞,则韩氏那种好道的传统在周太谷那里得到延续就不足为奇了。

其二,太谷学派各代弟子与道教有着互动的史迹。如二传弟子张积中曾作《烹云子诗序》,其中记载了他与道士"烹云子"的交往:"烹云子,蜀之羽士也,姓魏,年八十余而有婴儿之色,登履如飞,盖学黄老而得其要者。性爱诗,与予遇诸邙,游数日,佩予学,以为天下未之见,出诗促予评,且索序一篇,予亦感其有裨于我也,乃订交焉。"②所谓"羽士"也就是道士。年过八旬的道门高士——烹云子虽然"学黄老"之道并且"得其要",但却非常佩服张积中的儒家学问,以为其学是"天下未之见",极力想与张积中交往。由于诗书往来,两人遂成为忘年之交。这一方面说明张积中对自己的才学自负甚高,另一方面则

① 谢逢源:《龙川夫子年谱》,载方宝川编纂《太谷学派遗书》第1辑第3册,南京:江苏广陵古籍刻印社2002年版,第15页。
② 张积中:《烹云子诗序》,载方宝川编纂《太谷学派遗书》第2辑第1册,南京:江苏广陵古籍刻印社2002年版第53页。

显示作为民间儒家学派的太谷学人对道教并无门户之见。既然如此,他们在思想上交流切磋,当在情理之中。像张积中与"烹云子"的交往事例,在文献中还有不少资料,这从一个侧面反映了太谷学派传人与道教人士还是有缘的。

其三,太谷学派具有融通道教思想的文化因子。所谓文化因子,就是指特定的文化系统向其后生代各子系统传留下来的某些具有稳定性的文化遗传因素。由于这些文化遗传因子的存在,后生代各文化子系统就会呈现出一些与前生代文化系统相似的特征。可以说,每一个学派的生成都传接了这个学派母系统中固有的深层文化因子。太谷学派是中国近代思想文化中的一个派别,是中华文化母体中所滋生的文化后生代学派,因而它也必定传承了中华文化之道中某些深层的文化因子。其突出的表现就是它具有兼融其他文化的特质:从历史上来看,太谷学派所崇尚的儒家在先学圣脉中就显示出对其他学派交流融通的特性,如孔子以学问为重,不存门户之见,就曾问礼于老子,称老子"犹龙"。太谷学派以这些典型事例为样本,亦把融通其他门派思想精华作为发展本派生命哲学思想的必要门径。道教被称为中国文化的根柢,其生命思想玄深精奥。由于太谷学派继承了其文化母体中能够融通他派思想精华这一深层文化因子,它在探究生命哲学的时候,自然就会吸取道教的各种思想养料。这样,太谷学派融通道教生命思想,从而与之形成深层的文化联系,就具有逻辑的必然性了。

其四,太谷学派与道教生命思想融通具有广泛的社会文化基础。到了清朝中晚期,中国传统儒释道三教相互融合,早已形成了一个你中有我、我中有你,不可分离的格局。当时就有福建莆田林兆恩三一教和江苏松辽陈智主张"三教一家"思想的流传。作为一个民间儒家团体,太谷学派不可能脱离中华传统主流文化三教融合这样一个大的文化生态系统;太谷学派的遗书资料,亦反映出其生命哲学与佛、道融通的实际情况。其诸多弟子在自己的著述中都从生命哲学的各个方面融通了佛、道的内容,他们或者就本派生命哲学的相关内容与佛、道进行差异比较,或者对佛、道生命思想的精当之处进行借鉴与赏析,或者假借佛、道对本派生命哲学思想予以提炼、升华,因而关涉佛、道的篇章极为庞杂,从中可以体察到三教生命哲学思想相互冲突、碰撞、制衡、融合的智慧闪光。许多弟子在遗书资料中都有对佛、道生命思想的深切体验。如太谷学派北宗、张积中的弟子朱玉川在《养蒙堂遗集》中《游太平顶》一诗云:"极乐场中极乐仙,太平顶上太平年。褰裳又入人间世,振策先超物外天。麦浪因风翻远岸,松涛作雨泻流泉。却从游戏寻三昧,也爱长生也爱禅。"①诗中充满了对人生的乐观情怀:修仙证果,不为名物所累,于游戏中寻求其中三昧,不管出世入世,都率性自在,因而他"也爱长生也爱禅",无论是道教的长生久视、羽化登仙,还是佛教的止观禅定、见性成佛,一概都喜爱。正因为太谷学派处于此种文化融和的大势之下,所以它对道教生命思想的融通,也就有了一定的社会文化基础。

## 二、太谷学派融通道教生命思想的表现

太谷学派对道教生命思想的融通,这是建立在自身对生命本质的认识与理解基础之上的。其主要表现有如下数端:

其一,通过比较,借用和吸收道教的生命思想。

太谷学派二传弟子张积中在《白石山房语录》里,就多从生命哲学角度吸收、借用、评价道教的一些生命思想。如他说:"其生色也,真动也,吕祖云:静则无为,动是色。"②这是以吕洞宾道仙之言为指归来说动静之事,认为静虚是无为,而真动则是生色。他还说:"玄教只谈了个生,所以能长生,佛教只谈了个灭,所以能寂灭。"③所谓"玄教"指的是道教。在张积中看来,道教追求对有限生命的超越,所以能够做到长生,而佛教追求超脱生死轮回,了脱生死,使万有的生命归于寂灭,所以能够做到寂灭。这种分析、比较和概括,抓住了二者生死观的不同特点。从其字里行间可以看出,张积中并非只是评判道教,而是在探讨生命问题时引述被作为"八仙"之一的吕洞宾的言论,这种因素既是佐证,也是默认式的吸纳。

---

① 朱玉川:《养蒙堂遗集》,载方宝川编纂《太谷学派遗书》第 1 辑第 5 册,南京:江苏广陵古籍刻印社 2002 年版,第 252—253 页。

② 张积中:《白石山房语录》,载方宝川编纂《太谷学派遗书》第 1 辑第 2 册,南京:江苏广陵古籍刻印社 2002 年版,第 10 页。

③ 张积中:《白石山房语录》,载方宝川编纂《太谷学派遗书》第 1 辑第 2 册,南京:江苏广陵古籍刻印社 2002 年版,第 151 页。

　　另一位二传弟子李光炘也注重在三教比较中借鉴道教的一些思想。如论述人之身命时,称人皆是二合为一,认为"道家以桃譬之甚确"①,因为桃仁以两片相合而天成;《易》以兑为口,巽为股,比之尤妙,因为口有上缺而股有下断的特征;而佛则说度尽众生,方许成佛。借此,他就提出了自己的身命观念及为学之论:人自无始以来,一命分而为二,由二而四,由四而八,八而十六,以至万有一千五百二十,而我身愈分愈多,我命愈分愈薄。身与命,皆为我之众生。身是后天有成有毁,命是先天无成无毁,而"学者苟能合之,渐约渐少,能成一爻之数,亦可谓善学矣。要知天命靡常,时可加锡,还原反本,学之至也。"②这样一来,他的"道家桃譬"说最终又归到了《易》的"逆数"之道,即由后天而返先天,从而与道教关于"正为人,逆为仙"的生命修养观念不谋而合。

　　太谷学派三传弟子黄葆年在其《黄氏遗书》中说:"息入于目,是为妄想,道家曰铅飞汞走,儒门曰犯上作乱,书曰,皆言性从心也;光入于息即成觉照。道家曰降龙伏虎,儒门曰天道下济,书曰道心惟微,皆言心从性也,此转识成智之慈航也。"③文中所使用的"道家"也就是汉代形成的道教。历史上,人们常常以"道家"概念泛指先秦老庄学派和汉代以来的道教,黄葆年也是这样。他所说的"铅飞汞走"乃是道教的金丹术,这种金丹术有内丹与外丹之分。就内丹而言,所谓铅、汞、龙、虎等,皆有其特定的生命意义。全真七子之一的丘处机在《大丹直指》中明确称:"金丹之秘,在于一性一命而已。性者,天也,常潜于顶。命者,地也,常潜于脐。顶者,性根也。脐者,命蒂也。一根一蒂,天地之元也、祖也。脐下,黄庭也。庭常守乎顶及脐,是谓三叠黄庭,曰琴心三叠舞胎仙是也。琴取其和,且人之生,其胎元结于我之脐,缀接在母之心宫,自脐剪落,所谓之蒂也。蒂者,命蒂也。根者,性根也。但恐泄漏,是所千千名,万万状,多方此论。顶中之性者,铅也、虎也、水也、金也、日也、意也、坎也、坤也、戊也、姹女也、玉关也。脐中之命者,汞也、龙也、火也、根也、月也、魄也、离也、乾也、己也、婴儿也、金台也。顶为戊土,脐为己土。二土为圭字,所以吕仙翁号

① 方宝川编纂《太谷学派遗书》第1辑第3册,南京:江苏广陵古籍刻印社2002年版,第91页。
② 方宝川编纂《太谷学派遗书》第1辑第3册,南京:江苏广陵古籍刻印社2002年版,第91页。
③ 黄葆年:《黄氏遗书》,载于方宝川编纂《太谷学派遗书》第1辑第5册,南京:江苏广陵古籍刻印社2002年版,第46页。

刀圭也,只是性命二物。千经万论,只是此也。"①由此可知,铅、龙是就人的性根而言,汞、虎是就人的命蒂而言,而"铅飞汞走""降龙伏虎",都是指性命双修时的道理。

道教金丹派南宗传人薛道光注紫阳真人《悟真篇》而成《悟真篇三注》,该书指出:"修丹之士若执此身内而修,无过炼精气神三物而已。然此三者皆后天地所生纯阴纯阳,以此修持,安能出乎天地之外耶? 钟离翁云泪唾精津气血七般物色,总皆阴。又曰独修一物是孤阴。圣人知己之真精后天地生而属阴,难擒易失,是以采先天之一气,以真阴真阳二八同类之物擒在一时,炼成一粒,名曰至阳之丹,号曰真铅。此造化却在外,故曰外药也。却以此阳丹擒自己阴汞,犹猫捕鼠耳。阳丹是天地之母气,己汞乃天地之子气,以母气伏子气,岂非同类乎? 其造化在内,故曰内药。便假阴阳符火运用抽添,十月功足,形化为气,气化为神,神与道合升往上无形,变化不测,故能出乎天地之外,立乎造化之表,提挈天地而陶铸阴阳,却不为阴阳陶铸者,是先天一气使之然也。真妙如此之绝,故妙绝无过真种,安可用后天地生之凡铅凡汞凡砂凡火非类滓质之物而外药耶。"②可以看出,道门内丹术所谓"修铅汞"其实就是修炼自身的精气神三物。行内称真铅为外药、为天地母气,称阴汞为内药、为天地的子气。内外药相合而炼,假以时日,即成仙道;如若不合,则会"铅飞汞走"。

黄葆年对此予以借鉴,认为"息入于目"就是"妄想",就是道门的"铅飞汞走",儒门的"犯上作乱",于《书》则是说性从心;而"光入于息"就是"觉照",就是道门的"降龙伏虎",儒门"天道下济",在《书》则是指"道心惟微",这就通过道儒生命修养之说的比较将息与心性的关系阐释得清清楚楚了。《黄氏遗书》中还有一篇祭词,也反映出他对融通道门生命思想的重视:"儒道合而道明,尼父之窃比老彭也;儒道分而道晦,汉晋唐宋诸儒,所以患乎辞之不达也。呜呼! 洪水猛兽之灾,夷狄篡弑之祸,皆原于道学之不明。方今世衰道微,邪说暴行有作,微我帝君之纯,孰能阐儒道而章之,又孰

---

① (元)丘处机:《丘处机集》,赵卫东辑校,济南:齐鲁书社 2005 年版,第 132 页。
② 《道藏》第 2 册第 1011 页。

能合儒道而一之。"①照黄葆年的说法,儒道相互融通是十分重要的,合则道明世盛,分则道微世衰。他深感当时的"世衰道微",看到了到处有邪说暴行的产生,因而在祭词中祈求统合儒道,返本归根,力图以明道济世,表现了兼容并蓄的强烈愿望。

其二,通过阐释,发露与彰显道教的摄生理念。

太谷学人还注重通过阐释,发露和彰显道教的摄生理念。如张积中在《张氏遗书》就有语录阐释了道门的"坐忘"之义。他从"坐忘"二字的字义象征符号切入,认为坐从土从二人,二人就是仁,土譬如意,诚其意,就是仁;成其仁,就是从,所以称"安土敦乎仁";忘就如息,息而不息,所以是迹熄,又可称为无臭无声。他还从另一个角度解释:坐,就是太极,忘就是无极,无极动就是太极,太极静就是无极。坐而不忘,就是执一;忘而不坐,就是义外。而颜子兼之,所以便称之为"屡空"。通过这样的诠释,儒家的"安土敦乎仁"被注入了道教坐忘摄生内涵,而道教的"坐忘摄生"法门则获得儒理的支撑,从而使之在太谷学派中具有了实践的合法性,颇发人深思。

张积中还说:"三尸神即三尸虫,居人天相通之关,而天人遂不得通矣。人何以有此虫? 当人始生时,受母之恶血之气,由七窍而入,即潜伏于三关,久之则含欲而化为虫,犹无知觉也。因阿赖耶识之嗜欲发动,虫遂因之有嗜欲矣,犹未甚也,至于积久,则人虽无欲亦遂虫之欲为欲矣。有斩之者,有化之者,斩之不如化之之妙也,此三苗所以可格也。"②道教以为人体内有三种作祟之神,通称"三尸""三彭""三尸神""三尸虫",以为只有除去"三尸虫",方能炼成大丹。"道教认为,三尸作祟能使人速死,三尸在人体中专窥人罪过,每到庚申日,便上白天曹,下讼地府,述人过失。因此,宜制住三尸,即静持心神,止舍烦务,使三尸动而无动,神行而有征……修道者每逢庚申日则彻夜不卧,守之至晓,以防止三彭神奏人过于司命神前,减人禄命,无非是以此使人心定内安,情性淡泊,达到颐养天年之目的。"③子野注疏紫阳真人《悟真篇》时谓:

① 《黄氏遗书》,载方宝川编纂《太谷学派遗书》第 1 辑第 4 册,南京:江苏广陵古籍刻印社 2002年版,第 554 页。

② 方宝川编纂《太谷学派遗书》第 1 辑第 2 册,南京:江苏广陵古籍刻印社 2002 年版,第 44 页。

③ 胡孚琛:《中华道教大辞典》,北京:中国社会科学出版社 1995 年版,第 965—966 页。

"学者下工之初,先去三尸六贼,炼得心如太虚,六根净尽,方可入室而炼大丹。"①张积中吸收了道教"三尸虫"的摄生理念,认为"三尸虫"居于人天相通的关隘,使人与天不能相通。人为什么有这种虫呢? 在他看来,这是因为当人出生的时候,秉受了母亲的恶血之气,这些恶血之气从人的七窍而入,即潜伏在人的三关,久而久之,就含嗜欲而化成了虫,而人却没有任何知觉。他假借佛家唯识所说的阿赖耶识即第八识一词,称此识中的嗜欲发动,这种虫子就会因之回到嗜欲状态,并且其嗜欲更强,以至于久积之后,即使人没有什么嗜欲,也会因为三尸虫的嗜欲而为欲了。如何除掉它? 他认为有两种方法,一是斩除,二是化除,而化除之法较斩除之法为妙。

黄葆年在其《归群草堂语录》中说:"婴儿是一含真气,曰一即实,二即真。故《坛经》曰:只此一是实,余二即非真,二即非即真也。一奇譬命,在人曰志;一耦譬身,在人曰气。一能含真,所谓志之所至,气亦至焉;真能含一,所谓气之所至,心亦至焉者也。真得一而充实,一得真而全真,圣胎于此结,凡胎亦于此结。合了不可说,含令在口也,虚静为寂也,世人谁不能? 世人又孰能? 然此一桩事,非但是心上的事,心上是因地不能到果地;悟真者,如鸡子之孵卵,差一刻不能,过一刻不可。如父母养儿,不能先做头,后做脚。此是合下糊涂事情。"②琢磨此段语录可知,黄葆年实际上是利用道教与佛教中相通的摄生义理,传输他作为太谷学派传人对于生命之真、一及身、命、志、气、心等之间内在关系的理解。他认为,道教所谓的婴儿就是含有真气之实,是真一之体,是以真充一的全真。一就是言说实,也就是含真之实;相对而言,二就是言说真,是含非真之真,是即非即真;佛家《坛经》也说,只有此一是实,亦即含真之实。而二则是言说幻象之真,是即非即真;《易》之一奇(即一个阳爻之画"一",也就是一)比喻人之命,对于人来说,就是指人之志;一耦(也就是阴爻"- -",即二)比喻身,对于人来说,就是指人之气。他以儒家孟子所言说的气、志、心的关系来诠释真与一:"一能含真",意思就是说志所达到的地方,气也能够达

---

① 《道藏》第 2 册,第 1002 页。
② 黄葆年:《归群草堂语录》,载方宝川编纂《太谷学派遗书》第 1 辑第 5 册,南京:江苏广陵古籍刻印社 1997 年版,第 70 页。

到;"真能含一",意思就是说气所达到的地方,则心也就能够达到。真得一就会得到充实,一得真就会变得全真。不管是圣胎还是凡胎,都是由此处凝结而成。二合为一,虚静为寂,世人似乎都可能做到,却又似乎都不可能做到,但就是这样一件事,却不仅仅只是心上的事。自佛义来说,此事于心上,就是指的因地不能到果地。道教所谓的"悟真"也就是一得真,就如鸡子之孵卵,父母之养育儿女。由此,在他的阐释之下,一与真,婴儿、全真、悟真等道教生命理念,便得到了充分的揭示与显扬。

刘大绅著述《此中人语》,其中就说:"《蛊》卦先甲三日后甲三日,《巽》卦先庚三日后庚三日,古今来解者,要不外以纳甲干支为主,或以卦气阴阳为主,迂回曲折,其辞虽巧,迄不能通,不知此实言性命。甲者甲寅,庚者庚申。甲寅帝出,庚申乾降。先三日斋戒以俟之,后三日靖共以守之,不过如此而已矣,不过七日而已,绝无诸家所解之费辞。"①他指出,道教守庚申之说,也是由此而出,而诸家不了解此义,却因门户之见排斥了道门正确的思想,他因此对这些学人因门户观念否定道教守庚申之说的做法进行了尖锐的批评:"甲寅言者鲜,不解犹可原,庚申言者甚多,诸家以其出于道家,视为异,鄙之不屑道。抑知孔子尚问礼于老聃,诸家自问较孔子何如?况古时道家无传,秦汉之道家,皆出于儒,《易》不传,存于道家及纬书甚多,学者应去褊狭之私,虚衷以求,庶几得之。"②这就十分鲜明地表达了他强调吸收道教生命理念的治学态度。

其三,通过著述,提升和再塑道教内在的生命精神。

太谷学派诸学人还通过著述,提升和再塑道教内在的生命精神。如张积中所作《大道赋并序》,就以深刻而又优美的笔触,从民间儒家学派的角度,对道教所崇尚的"道"的精神和"至人"人格进行了生命意义上的深沉思考、再塑和颂扬。

《大道赋》开篇即追溯"道"论的源流:"黄帝云:道无鬼神,独往独来。老

---

① 刘大绅:《此中人语》,载方宝川编纂《太谷学派遗书》第 3 辑第 1 册,南京:江苏广陵古籍刻印社 2002 年版,第 121—122 页。

② 刘大绅:《此中人语》,载方宝川编纂《太谷学派遗书》第 3 辑第 1 册,南京:江苏广陵古籍刻印社 2002 年版,第 122 页。

氏云:非其鬼,不神其神,亦不伤人。"①他由此而感叹到:"人之生也,朝为神
稽,暮为鬼劾。悲哉!"②并说明了自己作赋的缘由:由于对人生短促无常深有
感触,对自身生命有限甚为感伤,因而仰天叹息,作此《大道赋》。文章颂扬道
教所崇尚的运行于宇宙的神奇"天道":"夫何天道之浩浩兮,根北极而为宗
区。寒暑于南北兮,走乌兔于西东。命于穆而不已,运反复而靡穷。准五德于
转极兮,二十八宿;专一气以阖辟兮,三十六宫。翳何地德之渊渊,潜坤灵于杳
杳。镇五狱而不动,虚三山而可到。尸居而龙德将兴,渊默而雷声已兆。"③这
就对大"道"在天地间的运行作了恢宏的描述,使人不得不惊诧于"道"所具有
的无限神奇力量和令人心灵震撼的崇高之美。张积中感受到,个体的生命不
过是这大道运行中极其微小的细节,要"祈天永命",就得参透生死。"过混沌
之野,我亦无知;运希夷之宫,人皆一笑。天氲地氤,混合幽灵。岳狱而鬼,星
生而神。鬼以风降,神以云升。其神也明,其明也莹,其开也南,其德也惺。惺
其鬼也,冥其冥也,阴其翕也,北其德也。"④人要返还本来,必须循"天道"而
行,就得过"混沌之野",以回到没有伪诈的"无知"婴儿状态;就得运"希夷之
宫",以复归于无极之中。在这里,"混沌之野""希夷之宫"都是道教对"道"
的一种体证。如"希夷之宫"就是指五代末宋初道士陈抟(即希夷先生)所描
绘的《无极图》《先天图》等。文章也描述了道教崇尚的运行于人间的大化之
"道",认为人道总是"正达神门,邪交鬼户"⑤,人生纷繁复杂,刚强则可能会
为神所役使,柔顺则又可能会为鬼所驾御。人生多是在"郁郁多昏,昭昭罔

---

① 张积中:《大道赋》,载方宝川编纂《太谷学派遗书》第 1 辑第 2 册,南京:江苏广陵古籍刻印
　社 2002 年版,第 211 页。
② 张积中:《大道赋》,载方宝川编纂《太谷学派遗书》第 1 辑第 2 册,南京:江苏广陵古籍刻印
　社 2002 年版,第 211 页。
③ 张积中:《大道赋》,载方宝川编纂《太谷学派遗书》第 1 辑第 2 册,南京:江苏广陵古籍刻印
　社 2002 年版,第 211 页。
④ 张积中:《大道赋》,载方宝川编纂《太谷学派遗书》第 1 辑第 2 册,南京:江苏广陵古籍刻印
　社 2002 年版,第 211—212 页。
⑤ 张积中:《大道赋》,载方宝川编纂《太谷学派遗书》第 1 辑第 2 册,南京:江苏广陵古籍刻印
　社 2002 年版,第 212 页。

悟,灵灵魄魂,蚩蚩寐寐"①的浑沌梦寐状态之中度过的。"从凶从吉,转圆石于阴阳;之死之生,纵天根而来去。维彼至人,生而不惑。"②"天根"在古代本是氐宿星的别名。人的凶吉生死,都是从阴阳而运化,随天根而流转的。而惟有那些"至人""圣人",却生得清醒明白。

张积中融通儒、道,自生命意义上对"圣人""至人"进行了理想人格的再创与整合,创设了一个极为完美、高远的太谷学派生命境界:"圣人""至人"应该是这样一种人,其立足于天地,高居于"人极",在"地陷东南,天倾西北。乾毁坤伤,水洪火烈。义图点坠,麟经字缺"③之时,能做到"玉振藏阳,金声动月。玄玑手挥,黄图足蹑。所以于上于下,于前于后,于左于右,顺逆纵横,莫之能测"④。正因为其具有如此的人格魅力和超常能量,才能居则观象,动则观变。"息之甚深,诲人不倦,一日乘时,千秋善建。"⑤可以腾天蹈渊,称先开来;可以入金石而无碍,役风雷而回旋。他进一步对其人格、能量、功业予以颂扬,认为其虽在尘世之中,浊迹于根,昏德于尘,却可以"从欲不睹,若情不闻",其"因真入愿,了愿归真",可以广施爱博而化生,约束众恶而通神。止于至善而圣明,诚息诚意而欢悦。能够"先天而画卦,后天而奉行。安脉而达络,知权而守经"⑥。其功德可谓垂于千秋。他描述其生命情状曰:"浑兮穆兮,涣兮滑兮。将自得兮,我适安归兮。杳兮冥兮,莫知其乡兮。其寐也徐徐,其觉也于于,其生也蓬蓬,其死也居居。人曰一无,我曰一无。人曰其虚,我曰其虚。我不知谁之子,吁! 象帝之先。子曰其至矣乎? 斯德也,发言为雅,吐

① 张积中:《大道赋》,载方宝川编纂《太谷学派遗书》第1辑第2册,南京:江苏广陵古籍刻印社2002年版,第212页。
② 张积中:《大道赋》,载方宝川编纂《太谷学派遗书》第1辑第2册,南京:江苏广陵古籍刻印社2002年版,第212页。
③ 张积中:《大道赋》,载方宝川编纂《太谷学派遗书》第1辑第2册,南京:江苏广陵古籍刻印社2002年版,第212页。
④ 张积中:《大道赋》,载方宝川编纂《太谷学派遗书》第1辑第2册,南京:江苏广陵古籍刻印社2002年版,第212页。
⑤ 张积中:《大道赋》,载方宝川编纂《太谷学派遗书》第1辑第2册,南京:江苏广陵古籍刻印社2002年版,第213页。
⑥ 张积中:《大道赋》,载方宝川编纂《太谷学派遗书》第1辑第2册,南京:江苏广陵古籍刻印社2002年版,第214页。

辞为经。光奋四目,声遍八音。十八变而成卦,万一千五百二十策而成能。"①这样的"圣人""至人",自由自在,不知其自何来,亦不知其将何去。其生其死,其寐其觉,其无其虚,其言其辞,其光其声,各有圣相,尽显德能。他历数圣迹,认为列圣之能事,千古流传:"畴图出水,书契传薪,规礼图于宫墙,作乐记于泮林。青尼犹龙,长弘鼓琴。松高化玉,昆阴流星,颜渊误练,姑射乘麟。文王周公之易,包羲孔子之心。"②他以为,其师周太谷就是这样一位居于包羲、文王、周公、孔子四圣之中元,其德为土德,其精为水精的"圣人""至人"。因此,在他看来,凡是入崆峒者,也就是指太谷门人,都应秉承此种"圣人""至人"的生命品德与精神。

从这篇赋中可以看出,张积中对"道"的理解是自生命深层发出的,融入了儒家生命思想的奥旨,亦吸取了道教的生命思想的精华。其话语表达体系,既入儒门语境,亦运道门义辞,如"于穆不已""混沌之野""希夷之宫"等。文章遣词之美,运思之巧,论道之新,摄生之深,堪称一绝。其对"至人""圣人"理想人格的认知、理解、颂扬,昭示了太谷学派对生命境界的追求及其价值取向。

## 三、太谷学派融通道教生命思想的意义

太谷学派对道教生命思想的融通,具有重要的历史价值和现实意义。

第一,有利于该学派道统的延续与衍扩。太谷学者积极探索、认识道教的生命思想,通过对三教的比较,紧紧抓住道教生命思想的一些特点,对之进行较为充分的吸收和利用,这就为该学派自身生命思想的发展提供了更多的思想文化养料。太谷学者对道教一些重要摄生理念予以阐释,使该派门人、信众对道教生命思想有了更为真切的体验和深度的认知,建构了必要的观念条件。太谷学人通过对道教内在生命精神的提升和再塑,也在一定程度上促成了该

---

① 张积中:《大道赋》,载方宝川编纂《太谷学派遗书》第 1 辑第 2 册,南京:江苏广陵古籍刻印社 2002 年版,第 214 页。

② 张积中:《大道赋》,载方宝川编纂《太谷学派遗书》第 1 辑第 2 册,南京:江苏广陵古籍刻印社 2002 年版,第 215 页。

学派生命理想境界的创设和营造。更为重要的还在于,由于道教在中国有着悠久的历史,诸多生命理念在社会上特别是在民间的影响力极其深远,作为具有民间性质的儒家团体,太谷学派借鉴、利用这些生命理念之后,其自身生命思想的品级,如深度、精度、影响力、关注度等,也都在一定程度上得到了提升。正因如此,太谷学派对道教生命思想的融通,就在整体上深化了其自身的思想层次,从而有利于该学派道统的延续与衍扩。

第二,有利于儒家深层思想的创生。太谷学派作为中国近代思想史上具有民间性质的最后一个儒家学派,其学者契理契机,摒弃门户之见,融通道教生命思想,这对于儒家思想的发展来说,影响是比较明显的:从人的角度来看,这些处于乱世之中的民间儒家学者涉入道教生命思想的境域,关注生命的个体价值,思考生命的神圣意义,不仅表现出良好的治学态度和大家的精神风范,更表明了他们对个体生命、对人性、对其他与生命相关的一切的觉醒与彻悟,这就为儒家深层思想在该派道统中的创生提供了人的条件。从理论建构的角度来看,通过对道教生命思想的融通,太谷学者把道教的内炼精神与儒家的道德情怀有机地结合起来,形成了一个以生命为中心的相当稳态而又灵动的理论框架,这就为儒家深层思想在该派道统中的创生提供了必要的理论条件。正是由于融通了道教的生命思想,具足了上述两个方面的条件,因而在这样一个中国近代民间儒家学派的道统体系中,儒家思想才获得了一定程度的深层创生。就此而言,太谷学派对道教生命思想的融通,不仅对于整个中国近代儒家思想文化的发展特别是其生命思想的深层发展来说是一个相当大的贡献,而且在新的社会历史条件下,也为中国儒家思想文化内在品质的重塑、理论框架的重构以及深层空间的拓展,提供了有益的历史借鉴。

第三,有利于道教文化的深根滋养。一种文化的生存与发展,不能仅仅在其系统内进行更新,实现流转,否则,其生机与活力就将会逐渐衰绝。因为如果仅仅依靠其内在系统来进行更新,实现流转的话,这种文化就不可能与外界进行正常的物质、信息、能量的交换,从更大的系统中获取其所必需的资源,以便为自身的生存发展创造更好的条件。道教作为中国文化的根柢,深深地扎根于整个中华民族历史的和现实的文化土壤之中,其深根也只有在中华民族宏大的文化系统中不断地吸收各种养料,才能得到充分的滋养、保育,变得更为扎实、强壮。儒释道在中国传统主流文化中都是重要的思想派别,太谷学者对道教生命思想的融通,正好抓住了生命思想这一儒道在道体上十分重要的关联之点,使道教能够在一定范围内与儒家搏动的生机信息相通,使主阴柔重内炼的道教生命思想能够与主阳刚重道德的儒家生命思想相辅相助,因而使得道教生命思想的精华得到了实质性的弘扬,使道教文化生存与发展的空间更为广阔、深远,外部环境更为优化。正是在这个意义上,我们说太谷学者对道教生命思想的融通有利于道教文化的根固叶茂。

第四,有利于现代生命教育的强化。现代社会有诸多病症,其深层原因往往都集中地归于生命教育的薄弱:在这样一个社会,物性与人性纠结不清,人们的思想极易陷于迷茫,生命理念离人们似乎愈来愈远。事实上许多时候人性人情都在一定程度上产生了异化:有人重利,为身外之物而斤斤计较,或甘冒风险,违法乱纪,乃至性命不保;有人重权,为权势的荣耀而投机钻营,以致因玩弄权势而身败名裂;有人重名,为其虚名而不择手段,孜孜以求,以致于身心疲惫,一无所得。这些人的心灵深处缺乏的就是珍爱生命本身的意识,或者说他们根本不懂得如何珍爱生命。在这样一个社会,人们的生活节奏不断加快,生存压力愈来愈大,自轻自贱、轻生自杀者有之,空虚无聊、醉生梦死者有之。做父母的人因为缺乏生命意识往往会压迫孩子培优,而不惜剥夺孩子生命中宝贵的童年欢乐。做学问的人因为缺乏生命意识也往往会强迫自己埋头苦干,而不顾自己的身体健康。在这样一个社会,不敬畏生命、不尊重生命,随意杀生的现象多有发生,由此造成的物种灭绝、生态恶化,也已成为威胁人类生存的世界难题。这一切都表明,强化生命教育在现代社会中的确显得十分迫切。那么如何进行生命教育?这可以从多种渠道进行。就中国现代生命教育而言,其中一个十分重要的渠道就是对传统生命思想资源的开发利用。而太谷学派对道教生命思想、理念、精神的吸收、提升、再创,把生命放到突出的位置进行考量,教育和引发人们更多地去关注生命、重视生命、尊重生命、珍爱生命,激励人们更坚定地追求生命的理想和价值,这无论在过去还是在当下,都具有相当重要的思想意义,也有利于中国传统生命教育思想在现代社会的整合与再生。其遗书资料中所吸收的道教生命思想,也将能够在现代社会的生命教育中发挥积极的作用。当然,太谷学派对道教生命思想的末流亦有诸多的批判,这些批判,一般是在三教的比较中展开的。如李光炘就说:"于命上求到极处,便是明;于身上求到极处,便是诚。佛氏末流专在空处求,易恍惚;道家末流专在实处求,易执着。圣人只在性上求,性非空非实,即空即实,提得空踏得实,则身命庶几合一矣。"①他认为佛教、道教末流的生命修养法式都是存在缺陷的,因而他们在生命修养中也都易出现偏颇,道教末流"专在实处求",其结果必然"易执着";而圣人"只在性上求",所以"提得空踏得实",因而能更好地进行身命合一的生命修养。由此便可以看出,太谷学派生命思想在本质上还是具有鲜明的崇儒特点的。

[本文合作者:江峰;原载《厦门大学学报》(哲学社会科学版)2007 年第 3 期]

---

① 方宝川编纂《太谷学派遗书》第 1 辑第 3 册,南京:江苏广陵古籍刻印社 2002 年版,第 10 页。

# 蔡清易学思想考论

蔡清是明朝具有代表性的易学专家。作为朱子学的一位重要传人,蔡清的易学在历史上曾经颇受关注。当代一些学者也论及其思想,例如朱伯崑先生在其《易学哲学史》第四编第八章中即有一个小节介绍了蔡清的《易经蒙引》;再如高令印、陈其芳二先生合著的《福建朱子学》以及傅小凡、卓克华先生著的《闽南理学的源流与发展》都介绍了蔡清的思想。另外,在一些地方史论著中也有关于蔡清生平及其思想的简单介绍,如《泉州文化史研究》一书,收录了名为《明代泉州相继而出的两大思想家——评李贽与蔡清》的文章,其中介绍了蔡清的生平及学术观点,主要考察了蔡清的理学思想,对于蔡清一生中求学、做官、为人等方面也有所陈述。徐晓望先生的《福建思想文化史纲》一书第四章,从本体论、道统论两方面论述了蔡清对朱子学的进一步继承和捍卫。由泉州市对外文化交流协会编的《泉州历史人物传》一书,从人物生平、理学思想、为官之道等多个方面对蔡清做了较为全面的介绍。这些论著为我们进一步研究蔡清学术思想奠定了基础。不过,就总体来看,学术界对蔡清的易学思想研究是不够的。有鉴于此,本文拟在这方面略作探讨。

## 一、蔡清易学思想的形成

蔡清(1452—1484 年),字介夫,号虚斋,被学者尊称为虚斋先生。明代晋江(今福建泉州市)人。于明宪宗成化二十年(1484 年)进士及第,曾任吏部稽勋主事、礼部祠祭主事、南京文选郎中、江西提学副使等职。清世宗雍正二年(1724 年)从祀孔庙。

蔡清易学思想的形成有着多方面的原因和条件。从历史的角度来看,蔡清易学与朱子学有十分密切的关系。众所周知,朱子学在明代已经成为官方哲学。学界对朱子的推崇上升到了一种几乎神化的程度。当时官方颁布的《周易大全》,对程朱易学特别推崇,尤其是朱熹易说,几乎成为"金科玉律",儒门学者基本上不敢有所异议,更不敢予以评论。对于这种现象,蔡清是有所质疑的,于是作《易经蒙引》,略表异议。正是出于纠正当时社会上不良学风的目的,蔡清在继承朱子易学的同时,对其不完善之处,也提出自家的看法,从而打破了当时视朱子学为绝对真理的局面,对于当时整个学术的发展起到了积极的矫正作用。

然而,必须指出,蔡清提出质疑,并非是要抨击朱熹,更不是要动摇朱熹的易学体系;恰恰相反,蔡清正是为了捍卫朱熹易学。因为蔡清的《易经蒙引》是在朱熹《周易本义》的体例上进行阐发的,所以在根本点上继承朱子学说乃是很自然的事。"蔡清是朱子学发展史上的重要学者。他的学说出现于朱子学的发展由独盛到稍衰的转变时刻。"①蔡清当时所处的社会环境正是陈宪章心学盛行的时代。出于捍卫朱子学说的立场,蔡清面对来自心学的批判,挺身而出,同心学派进行果敢的辩论。在维护朱子学的同时,蔡清发扬了朱子学说,并在此过程中,形成和完善了自己的易学思想。

蔡清曾经在泉州开元寺结社研究《易》学,该社凡二十八人,号称"清源治《易》二十八宿",其中重要成员有李廷机、张岳、林希元、陈琛,他们出版论著达九十多部,以至当时人称:今天下言《易》"皆推晋江",②成、宏间,士大夫谈理学,唯蔡清尤为精到。在泉州,蔡清成为研究易学的中心人物,其开创的清源易学派,影响之广遍及全国。

蔡清的易学著作除了《易经蒙引》(清代黄虞稷撰《千倾堂书目》卷一作《周易蒙引》,朱彝尊《经义考》卷五十也作《周易蒙引》)之外,尚有《太极图解》《河洛私见》。此外,他还著有《四书蒙引》《蔡文庄公集》《虚斋文集》《蔡虚斋粹言》《艾庵密箴》等。后面几种虽然不属于易学著作,但往往也包含着作者论《易》的资料,反映了他的一些易学见解。

---

① 傅小凡、卓克华:《闽南理学的源流与发展》,福州:福建人民出版社 2007 年版,第 278 页。
② (清)沈佳:《明儒言行录》卷六,文渊阁《四库全书》第 458 册第 805 页。

作为明代著名的易学家,蔡清在后来得到很高的评价。《明史·儒林传》评价蔡清:"平生饰躬砥行,贫而乐施,为族党依赖,以善《易》名。嘉靖八年,其子推官存远,以所著易经、四书蒙引进于朝,诏为刊布。"黄宗羲在《明儒学案》一书中评价说:"先生生平精力,尽用之《易》《四书蒙引》,茧丝牛毛,不足喻其细也。盖从训诂而窥见大体。"①《明史》与《诸儒学案》评价蔡清首推其易学,可见蔡清的学术地位实际上主要是因为他在易学方面的成就而奠定的。

## 二、蔡清易学思想的几个侧重点

由于特定的文化熏陶和个人的雅好,蔡清不仅继承了以朱熹为代表的宋元儒家易学传统,而且根据自己的理解,从多角度进行解读,形成了自己的易学思想。概括起来,主要有如下方面:

**(一)关于《周易》的名称和性质的看法**

对于《周易》一书书名的解释,历来众说纷纭:东汉郑玄《易论》,认为"周"是"周普"的意思,即无所不备,周而复始。唐代孔颖达《周易正义》认为"周"是指岐阳地名,是周朝的代称。由于《史记》中记载"文王拘而演《周易》",也有人认为因周文王作《易》故称"周易"。然而在《论语》《庄子》《左传》这些较早的文献资料中,仅称《易经》为《易》。"周易"之名最早见于《周礼》,对于《周礼》的年代,学者还有争议,但由此可以看出,"周"应该是后来加上去的。蔡清遵循孔颖达的说法,在《易经蒙引》一书中对《周易》的名称界定为:"周,代名也,本国名,在雍州境内,岐山之阳。"②这样的说法无论在历史上还是在当今而言自然都不算什么创见,但在各种解释纷起的时候,蔡清的界定则表明了一种态度、一种坚持和一种导向,对于当时学术界来说具有正本清源的作用。

对于《周易》的性质问题,蔡清并不刻意强调其"占卜性",而是着重从卦象与天地阴阳的角度予以诠释。他在《易经蒙引》中写道:"圣人仰则以易而

① (清)黄宗羲:《明儒学案》之诸儒学案上四,北京:中华书局1985年版,第1094页。
② (明)蔡清:《易经蒙引》卷一上,文渊阁《四库全书》第29册第2页。

观乎天文之昼夜上下,俯则以易而察乎地理之南北高深,则知昼也,上也,南也,高也,所以明者阴变为阳也。夜也,下也,北也,深也,所以幽者阳变为阴也。是知幽明之故也。"①这段引文最值得注意的是作者"以易而观"和"以易而察"的说法。所谓"以易而观""以易而察"是说圣人根据"易"的变化立场来观察天地万物的情状。他认为《周易》乃是一本模写天地万物形成变化的经书,天地间日夜交替而成明与幽的天之易,地势高低不同而成南北高深的地之易,才是易中的根本,天地之易正是《易》书之易。如此,他对《周易》的性质作出了界定:模写天地之易。这种说法与朱熹的解释有所不同。朱熹曾经很明确地指出:"圣人作《易》本是使人卜筮,以决所行之可否,而因之以教人为善,如严君平所谓'与人子言依于孝,与人臣言依于忠'者,故卦爻之辞只是因依象类,虚设于此,以待扣而决者,使以所值之辞,决所疑之事。"②对照一下朱熹的描述,我们不难发现朱熹是把《易》看作一部"卜筮"之书的,蔡清则改变了解释的方式,侧重从天地自然的客观认识上论说大《易》的由来和功用。

**(二)关于《周易》变易规律的看法**

在对《周易》的名称由来以及成书性质作出界定之后,蔡清继而对其内容展开论述。他认为,《周易》一书内容博大而精深,但究其核心,乃是阴阳变易的规律:

> (法象)莫大乎天地而《易》书与天地同其大焉,何也?如所谓死生鬼神知仁之类,莫非阴阳之变,天地之道也。易书于是道也,自其外而统观之,则幽明死生鬼神之类,无一不包括于其中,有以弥之而无遗焉。自其内而细观之,则于所弥之中,或幽或明,或死或生,或鬼或神,或仁智之类,又皆有以纶之而不紊焉。夫易能弥纶天地之道,如此信乎易与天地准也。③

从上述这段对《系辞》中"易与天地准"一句的解释中可以看出,蔡清认为阴阳变易规律,作用于宇宙间,大到天地之道,小到花鸟鱼虫等细微之物,无不受阴

---

① (明)蔡清:《易经蒙引》卷九下,文渊阁《四库全书》第29册,第586页。
② (宋)朱熹:《晦庵先生朱文公文集》卷三十一《答张敬夫》,《朱子全书》第21册,上海古籍出版社、安徽教育出版社2002年版,第1350页。
③ (明)蔡清:《易经蒙引》卷九下,文渊阁《四库全书》第29册,第586页。

阳变易规律的制约。天地间万物,山川河流,动物植物,乃至饮食男女,无不体现着阴阳两端及其变易规律。所以说,从本质上来讲,《周易》一书的主要内容就是围绕着阴阳变易的思想而申发的。一言以蔽之,此即阴阳变易之道。

**(三)关于太极的看法**

蔡清认为太极乃是天地万物之理,是天地万物发生的根源和准则。"合天地万物之理谓之太极。此太极二字之本指也。若谓一物各具一太极者,则指散殊者之全体而言,天地间无他物只是道而已。"①太极的本质其实就是理。"一物各具一太极",蔡清认为天地间不只一个太极,天地间万事万物都有一太极,这个观点同朱熹"理一分殊"的观点类似,可以看作朱熹太极说的引申和发挥。

蔡清说:"圣人以其无穷无尽而无以名状之。故强而加之以太极之名。盖太极只是此理之尊号而已。"②蔡清一方面把太极看作是"理"的尊号,另一方面则指出了太极本身的无穷无尽而无以名状,亦即理的不可名状性,对于理不能够用具体的言语来加以准确的形容,故而以太极名之。

在蔡清看来,太极不仅是理,太极也是道。"语道体之全则谓之太极。语太极之流行则谓之道。语道之妙则谓之神。"③"若夫不滞于动,不滞于静,非动非静而妙乎动静者,则谓之道者,太极也。"④在蔡清易学思想体系中,道体之全即是太极,太极流行即是道。太极、理、道在此是相互贯通的,在一定程度上可以置换。

"是亦刚柔变化而为太极。"⑤"动则太极,开辟而散于动静则太极混合而归于一。故曰:混兮辟兮其无穷兮。"⑥太极是由于刚柔变化相推动而成,由动及静,静而复动,如此反复混合而归一,此成之为太极。所以,太极是混合的,所谓"混合"意味着阴阳两个方面是相互对待和相互感应的,因对待而有感应,因感应更体现其对待。太极又是变化无穷的,之所以变化无穷,是因为太

---

① (明)蔡清:《易经蒙引》卷九下,文渊阁《四库全书》第29册,第595页。
② (明)蔡清:《易经蒙引》卷九下,文渊阁《四库全书》第29册,第596页。
③ (明)蔡清:《易经蒙引》卷九下,文渊阁《四库全书》第29册,第596页。
④ (明)蔡清:《易经蒙引》卷九上,文渊阁《四库全书》第29册,第573页。
⑤ (明)蔡清:《易经蒙引》卷九上,文渊阁《四库全书》第29册,第574页。
⑥ (明)蔡清:《易经蒙引》卷九下,文渊阁《四库全书》第29册,第596页。

极中的阴阳,一动一静,有开有合,于是流行变化,无穷无尽。

按照蔡清的理解,太极有体有用,故而生生不息。不过,体用并非如河之两岸可望而不可及,而是同出一原的,因为"无极而太极,太极本无极",所以"显微无间"①。在蔡清心目中,太极有理,"必虚其一以象太极者,盖气必有理。大衍之数五十者,气数也。气不徒气,而理存焉。然气有为而理无为,故虚其一以象太极之无"②,"盖太极无象故虚之"③。这里所说的无象,乃指理之无象而聚散于天地间,太极的本根亦无象,故虚以代之。

蔡清指出,"太极无不在,且如一年春夏发生之候为阳,秋冬收藏之候为阴,是一年之内有个太极也"。④ 太极存在于天地间和万物中,太极也存在于一年四时之中;同时,太极存在于天地人三道之中。"天之道一阴了又一阳,一阳了又一阴。阴阳只管循环不已。地道亦然,人道亦然。此即所谓至理而三才各一太极也"。⑤ 文中所说的"三才各一太极"即是指天道、地道、人道各一太极,所谓"立天之道曰阴与阳。阴不一于阴,阴必变为阳。阳不一于阳,阳必化为阴。此则天道之所以为太极者然也……立地之道曰柔与刚。柔不一于柔,柔必变为刚。刚不一于刚,刚必化为柔。此即地道之所以为太极者然也……立人之道曰仁与义。仁人之阳德也,为慈惠为宽裕之类。义人之阴德也,为严毅为刚果之类。二者积中而时出,因物而赋形。此则人道之所以为太极者也"。⑥ 按照这种看法,抽象的"太极"虽然无形,但却通过具体的天地人三才而获得表征。换一句话来讲,太极乃是对天地万物存在的抽象表征结果。

### (四)关于阴阳动静问题的看法

蔡清说:"易者阴阳而已。幽明死生鬼神皆阴阳之变,天地之道也。"⑦这句话简明扼要地揭示了易与阴阳的关系以及阴阳的重要性。太极生两仪,此两仪即是指阴阳两仪,阴阳两仪是万物成化之前提。正是由于阴阳相推,才有

---

① (明)蔡清:《易经蒙引》卷四上,文渊阁《四库全书》第29册,第257页。
② (明)蔡清:《易经蒙引》卷十上,文渊阁《四库全书》第29册,第631页。
③ (明)蔡清:《易经蒙引》卷十下,文渊阁《四库全书》第29册,第662页。
④ (明)蔡清:《易经蒙引》卷九下,文渊阁《四库全书》第29册,第596页。
⑤ (明)蔡清:《易经蒙引》卷九上,文渊阁《四库全书》第29册,第573页。
⑥ (明)蔡清:《易经蒙引》卷九上,文渊阁《四库全书》第29册,第573页。
⑦ (明)蔡清:《易经蒙引》卷九下,文渊阁《四库全书》第29册,第586页。

"幽明死生鬼神"之成。易书乃变易之书,其所谓变易即阴阳之变易,故而《易经蒙引》指出:"易有太极,易者阴阳之变,太极者阴阳之所以变者也,阴阳之所以变者太极有动有静也。"[1]"天地相遇,天以阳气下交于地,地以阴气上交于天也",[2]阴阳两气相交而成变化,遂有万物之生。然而亦有"所谓独阳不生独阴不成之理也",[3]"盖凡物都必阴阳交会然后有此物也"。[4] 此处正是强调阴阳二者缺一不可,必相互作用方能成其大者。"有天地然后气化流行万物生,有万物则分阴分阳而后有男女,此男女专指人言,有男女则阴阳相合而后有夫妇,有夫妇则生育之功成"。[5] 如此,由阴阳而成天地万物,而成人间男女性命、种族繁衍。

基于太极生阴阳的论述,蔡清进一步考察阴阳的动静问题。在他的易学体系中,动静是关系到宇宙生成的一对重要范畴,也是万事万物存在的一种形式。在蔡清心目中,动静观已经不再是单纯的动与静,而是万事万物存在发展的原因,正是由于动静的对立统一性,才使得万物能生能化,不断发展。蔡清说:"盖非乾坤之一动一静则安有此物? 既无此物则安有此理? 既无此理则易又何从模写?"[6]又说:"盖天地之间本一气之流行而有动静耳。以其流行之统体而言则但谓之乾而无所不包矣。以其动静分之然后有阴阳刚柔之别也。"[7]照此,则天地间阴阳刚柔之所以有分别,是因为一气流行而有动静变化。可见动静在此起到了至关重要的作用。

太极动静生化万物,同时动静本身也具有奥妙的相互关系,"程曰动静相因,动则有静,静则有动,物无常动之理"。[8] 可见,动与静之间是相伴而存在的,有动必有静,但这里所说的有动必有静是指在一段时间内的动而复静,并非指动静在同一空间点的同时存在,此"所谓动静不同时,阴阳不同位,而太

[1] (明)蔡清:《易经蒙引》卷十下,文渊阁《四库全书》第29册,第657页。
[2] (明)蔡清:《易经蒙引》卷六下,文渊阁《四库全书》第29册,第398页。
[3] (明)蔡清:《易经蒙引》卷一下,文渊阁《四库全书》第29册,台北:商务印书馆1986年版,第72页。
[4] (明)蔡清:《易经蒙引》卷二上,文渊阁《四库全书》第29册,第95页。
[5] (明)蔡清:《易经蒙引》卷十二下,文渊阁《四库全书》第29册,第784页。
[6] (明)蔡清:《易经蒙引》卷十上,文渊阁《四库全书》第29册,第611页。
[7] (明)蔡清:《易经蒙引》卷十上,文渊阁《四库全书》第29册,第635页。
[8] (明)蔡清:《易经蒙引》卷十二下,文渊阁《四库全书》第29册,第786页。

极无乎不在者也"。①

动静与太极、阴阳的关系,以及如何相化生的过程,在《易经蒙引》中具体描述如下:

> 动静有常,刚柔断矣。愚谓太极动而生阳,静而生阴。故凡阳物其性类皆动也,阴物其性类皆静也。所以谓之有常者。盖唯其禀性于阳,故其动有常。唯其禀性于阴,故其静有常也。阴亦或有动者,然非阴之常。阳亦或有静者,然非阳之常也。今以天地万物观之,如天左旋一日一周而过一度常动也。地则亘万古而常静也。②

蔡清这段话,可以说是对易学的太极阴阳动静理论的集中概括。一方面,蔡清从类型上陈述了阳物以动为本,阴物以静为本,正因为万物各有其本性,所以动静有常法,刚柔必相推;另一方面,蔡清看到了阴阳动静之异态,这种异态表现在特殊情况下阳物之"静"和阴物之"动"。不过,在一般情况下,阳动阴静,乃是普遍的规律,这就是蔡清说"易"的基本立场。

## 三、蔡清易学思想的特色与影响

蔡清易学思想虽然以朱子《周易本义》为大宗,但在解释过程中,则通过发挥和变通,提出了自己的见解,形成了某些特色。

首先,蔡清通过易学的象数、义理解释,以凸显儒家修身治国精神。在《周易》中,每卦有卦象,每爻也有爻象。每卦有卦辞,每爻也有爻辞。如何诠释卦象、爻象以及系于卦爻的文辞?这向来有不同的思路。汉代的儒家学者,侧重于卦象与爻象本身符号表征意义的梳理,于是旁通、互体之说流行,象外生象,广为推演,遂造就了象数派的大潮;魏晋时期,以王弼为代表的易学家,则以老庄思想说《易》,于是"义理"派随之勃兴。隋唐之际,两派各有传承,形成了自己的发展脉络。南宋朱熹作《周易本义》,虽然主以明理,但并没有偏

---

① (明)蔡清:《易经蒙引》卷九下,文渊阁《四库全书》第29册,第596页。
② (明)蔡清:《易经蒙引》卷九上,文渊阁《四库全书》第29册,台北:商务印书馆1986年版,第543页。

废象数,蔡清基本上继承了这种传统。例如对《乾》卦辞的解释,蔡清先列出该卦的卦辞,然后指出:"一者奇也,阳之数也。只实处便是一,虚则二矣。乾一而实奇,圆围三便见阳数奇矣。一或读为单者,非也。单只是少阳,若以易用九言,一是太阳,所谓重也。纵不专指太阳,亦须兼得太阳方是。"①从这段解说可以看出,蔡清说《易》还是从卦象入手的。再如对《乾》卦初九爻辞的解释,蔡清先列出该爻的爻辞,然后再列出朱熹对该爻辞的注解,接着进行自己的说明,他指出:"画卦自下而上,不只是作《易》圣人然也,凡众人占卦者之画卦皆然。"②这显然也是基于爻象作出的引申。由此可见,对象数的发明乃是蔡清说《易》的出发点;不过,如果我们通览《易经蒙引》的整体,就会发现,蔡清说《易》不仅具有明显的义理倾向,而且是以儒家修身治国论为大纲的。这一点从《乾》卦的解读就可以看出来。与一些易学家将经传分开解说的方式不同,蔡清把《乾》卦的卦爻辞与《彖》《象》《系辞》等有关乾卦的论说统合起来,他先解释卦象与卦爻辞,然后围绕《易传》的文本展开。在整个乾卦的诠释过程中,蔡清不仅明显加大了解说《易传》的分量,而且不时就圣人修身养性与治国问题展开论述。例如对该卦九二爻,他说:"居下之上,则有重责在身。所谓'赫赫师尹,民具尔瞻'。有国者不可以不慎者也;所谓处乎忧患之域而行乎利害之途者也。"③这里所谓"居下之上"是从卦位角度说的,《易》之"重卦",两个三画的经卦相叠,而有六画的上下相重之卦,简称之为重卦,上三爻组合成为下卦,上三爻组合成为上卦。"居下之上"指的是居于下卦初爻之上,此爻为君象,表示对国家负有重大责任,因此行事必须谨慎,在顺利的时候必须时时想到困难,具有"忧患"意识。蔡清这个解释既是就居于上位的君主个人修身养性说的,也是对治国安邦而言的,其修身治国的理趣跃然纸上。在蔡清看来,《乾》卦六爻中所提及的潜、见、惕、跃、飞、亢,不仅表征事物的某种状态,而且寄托着君子要根据不同时机采取不同策略的安身立命之道。《乾》卦如此,它卦也不例外,反映了蔡清以修身为本,以安邦为用的儒家思想。

---

① （明）蔡清:《易经蒙引》卷一上,文渊阁《四库全书》第29册,第6页。
② （明）蔡清:《易经蒙引》卷一上,文渊阁《四库全书》第29册,第13页。
③ （明）蔡清:《易经蒙引》卷一上,文渊阁《四库全书》第29册,第17页。

其次,蔡清在采纳朱熹《周易本义》的诠释框架的基础上,引入了张载等人的"元气论"。朱熹的《周易本义》虽然也讲"气",例如他在解释《乾》卦初九爻辞时说"阳气潜藏",在解释九三爻辞时则引用了孔子关于"同声相应,同气相求"的言辞,说明"气论"在朱熹易学体系中也占有一定的地位;然而,就大体而言,朱熹则坚持以"理"为本根,他在《周易本义》的序言中说得很清楚:"六十四卦三百八十四爻,皆所以顺性命之理,尽变化之道也。散之在理则有万殊,统之在道则无二致。"按照朱熹的看法,《周易》一书的核心精神就是"理"与"道"两个字,归根结底,"道"与"理"并没有本质的不同,由此可见其以"理"说《易》的本色。蔡清的易学既然是以朱熹《周易本义》为框架,便不会排斥"理"的论说,但他的解释则有更为丰富的"气论"内涵。通览《易经蒙引》一书,发现"气"这个概念频繁地出现,例如在卷一上出现56次,卷一中出现36次,卷一下出现22次,卷二上出现8次,卷二中出现13次,卷二下出现38次,卷三上出现9次,卷三下出现5次,卷四上出现41次,卷五上出现22次,卷五下出现4次,卷六上出现6次,卷六下出现21次,卷七上出现31次,卷七下出现15次,卷八上出现6次,卷八下出现1次,卷九上出现59次,卷十上出现59次,卷十下出现14次,卷十一上出11次,卷十一下出现20次,卷十二上出现41次,卷十二下出现39次。全书先后出现561次,足见这个概念在全书中乃是一个很突出的关键词。从其具体论述中,我们可以明白,蔡清是以"气"来解释"阴阳"的,他在说《坤》的时候指出:"万物之生成,只是一元之气而已。造化原无两个元也,坤元只是乾元后一截,当其气形交接处。乾坤虽云两个物,实则只是一般物也,以一段物而受两个物之投种,究竟宁有是理哉?盖总一气机也。"①按这个看法,则作为万物总代表的乾坤最终都可以归结为同出一个"气机",这就把"气"当作根本了。蔡清这种"气本"的思想也贯穿于乾坤以外各卦的解释之中,例如在解释《谦》卦时,他说:"天道下济而光明,天虽居上,而其气常下降,以济万物。惟其下济也,故气一嘘而万物以生,气一缩而万物以成。"②在解释《复》卦时又说:"天行也,以气运而言。故曰:

① (明)蔡清:《易经蒙引》卷一下,文渊阁《四库全书》第29册,第67页。
② (明)蔡清:《易经蒙引》卷三上,文渊阁《四库全书》第29册,第182页。

自五月姤卦一阴始生,至此七爻而一阳来复,此全以气运言卦画之进退。"①这些例证说明,"气论"在蔡清的易学思想体系中占有特别重要的地位。

复次,蔡清善于联系各种学科知识,以发明卦象奥义所在。倘若相互对照,可以看出朱熹的《周易本义》是历史上论述比较简要的一个诠释本,许多观点在《周易本义》中往往只是点到为止,但朱熹在与学生讨论时则有所展开,这在《朱子语类》中可以找到不少的根据。或许是课堂教学的缘故,朱熹得以旁征博引,解说《周易》的卦象理趣。蔡清作《易经蒙引》在这个方面大有发展。为了说明问题,蔡清注意从人们关心的现象入手予以陈述,例如在解释"伏羲仰观俯察"的时候,由许许多多的自然现象说起,接着引入中医学说来证明伏羲氏画卦的核心在于表征阴阳二气的流行对待,他指出:"男女之身,各有血气。血阴而气阳也。所谓一物原来有一身,一身还有一乾坤。而人身之血气,其界分亦自不同。如医家诊脉法,左右手,寸、关、尺三部。左:心、小肠、肝胆、肾;右:肺、大肠、脾、胃、命。左寸部轻按诊心,重按诊小肠;左关轻按是肝,重按是胆,无往而无个阴阳之别。"②这是从中医诊病的角度论述阴阳问题,体现了蔡清不仅熟悉传统医学的经络学说,而且将之与易学卦象诠释相互贯通。再如解释《豫》卦,蔡清又联系先王作乐的事,他说:"乐之为用多矣!内而闺门,外而朝廷,远而邦国,皆是用乐所在。独言荐上帝、配祖考,何也?曰:万物本乎天,故有郊;人本乎祖,故有庙。是其用乐之最大者,故曰殷荐。"音乐的作用是非常广泛的,但《豫》卦为什么只说"荐上帝、配祖考"呢?蔡清提出了问题,又对问题进行分析,他指出了"天"是万物发生的由来,而祖先是人类的根本。正是因为重本,所以《豫》卦从"殷荐"的角度来谈先王作乐。蔡清善于抓住卦爻辞的核心,申发推演,他的解说环环相扣,体现了易学思想的整体联系。

蔡清的易学理论不仅受到同时代学者的重视,而且也对后代产生一定影响。今所见明清两代的许多易学著作常有引述蔡清者,像明代的崔铣撰《读易余言》五卷,一方面删除序卦、杂卦言辞,另一方面则增入蔡清论《易》的一

---

① (明)蔡清:《易经蒙引》卷四上,文渊阁《四库全书》第29册,第252页。
② (明)蔡清:《易经蒙引》卷一上,文渊阁《四库全书》第29册,第8页。

些内容;林希元撰《易经存疑》,以朱熹《周易本义》为主,书中多引用蔡清《易经蒙引》;熊过撰《周易象旨决录》,于其序言中称:"蔡清先生善为《易》",于是购其书而研读之;潘士藻撰《读易述》凡 17 卷,其中征引蔡清者 7 次,见于《大有》《随》《损》《震》《系辞》等的解说中。清代时期,复有赵继序撰《周易图书质疑》24 卷,书中亦对蔡清多有引述。

为了表彰蔡清,明代都察院左佥都御史詹仰庇于万历十五年作《请赐蔡清谥疏》上于朝廷,称:蔡清"潜心力学,以六经为正宗,四书为嫡传,周、程、张、朱为真派,研穷紃绎,摩拟阐解,有《四书蒙引》《易经蒙引》《性理要解》诸书。盖朱熹发明圣贤之旨要,而清又发明朱氏之言,四方学者宗之,至今不废,励志好修,省身克己,行不愧影,寝不愧衾。"①朱彝尊《经义考》卷五十在著录蔡清《周易蒙引》之后,引述《明神宗实录》的资料称:"少而志学,壮而闻道,饬躬砥行,动准古人,历官郎署,咸推师表。"②又谓:"宣父有功于《易》,朱子有功于宣尼,而蔡先生复有功于《本义》。此经此传,遂揭日月而行之中天矣。"③詹仰庇和朱彝尊的称颂反映了蔡清易学在明清学者中颇受推崇的情景。事实上,蔡清在易学方面也是有建树的,他在这方面的贡献理应得到当今学术界的重视。

(本文合作者:宋野草;原载《东南学术》2011 年第 3 期)

---

① 乾隆《福建通志》卷六十九《艺文二》,文渊阁《四库全书》,台北:商务印书馆 1986 年版,第530 册,第 465 页。
② (清)朱彝尊:《经义考》卷五十,文渊阁《四库全书》,台北:商务印书馆 1986 年版,第 677 册第 550 页。
③ (清)朱彝尊:《经义考》卷五十,文渊阁《四库全书》第 677 册,第 551 页。

# 李光地与《易》学

　　李光地是我国文化史上一位杰出人物,更是闽学界一位成绩卓著的学者。他为官清勤自历,治学严谨精微,为时雅望。作为一代鸿儒,李光地不仅精通孔孟之学,而且广涉经史。在《易》学领域,李光地是继朱熹之后的又一位思想深邃的专家。他撰有《周易通论》《周易观象》《周易观象大指》《易义前选》《周易折中》等书。数十年中,他既潜心研讨作为"正传"之《易》学,又审慎地发掘作为"别传"的《易》学之秘义。

　　李光地在《易》学中的创获颇多,本文拟就其《周易折中》及《周易参同契注》略加考析。

## 一、博采众家、折中求本

　　《周易折中》一书收入《四库全书》之中,凡 22 卷。书前有康熙五十四年序。云:"朕自弱龄,留心经义五十余年,未尝少辍,但知诸书大全之驳杂,奈非专经之纯熟。深知大学士李光地素学有本,《易》理精详,特命修《周易折中》……"由此可见《周易折中》虽题为御纂,但实际上是由李光地起草编成的。

　　《周易折中》的第一个特点就是博采众家。纪昀等人在该书的《提要》中说:"李光地采撷群言,恭呈乙览,以定著是编。"该书《提要》所说是符合实际情况的。纵观全书,不难发现,李光地所采之群言是相当广泛的。从时代上看,上自汉晋,下迄元明;从作者队伍看,既有义理派学者,又有象数派学者;从引用的书目看,既有被官方立为教科书的《周易》解释学著作,又有在民间流传的各种注疏本。其涉及面之广,可谓空前。充分反映了李光地广博的学识。

李光地的《周易折中》博采众家,这是《易》学发展的必然结果。作为源远流长的一种学说,《易》学在中国文化史上产生过十分巨大的影响。曾任美国加里福尼亚圣诞安那东西社会研究所所长苏闻宽博士(Dr Wen Kuan Chu)与瑟瑞先生(M.A. Sherrill)在合编的《易经论选》一书中指出:"对于中国人来说,《易经》等于'圣经'。没有一本书像《易经》这样能够渗透于人们生活的如此众多领域。它环绕着神圣创造者和统一宇宙的本体概念。作为信仰的全部,它将宇宙通过六十四卦显示出来。事实证明:中国人创造了阴阳观,从而演变为卦……尤其令人注目的是,《易》理规则成为中国哲学、星占、卜筮、相宅、玄修以及其他许多学说的根基。"(伦敦英文版《易经论选》第一章)这两位外籍学者所说的《易经》就是《周易》。在数千年历史中,《周易》的确在中国人的心目中具有崇高的地位。早在先秦时期,儒家学派的创始人孔夫子已对《易》推崇备至,他曾十分感叹地说:"加我数年,五十以学《易》,可以无大过矣。"(《论语·述而》)据说孔夫子晚而读《易》,"韦编三绝",足见其专心致志。儒家如此,其他学派亦不例外。道家先驱老子据《易》理以作《道德经》,其后学庄子则明确提出"《易》以道阴阳"的命题。至于墨家、法家、阴阳家等亦相继从《周易》这部古老典籍中撷取思想营养。而先秦各学派的理论发展又反过来推动了《周易》解释学的勃兴。西汉之际,《易》注纷出。有训诂章句之学,有阴阳灾异之学,立于学官,授受不绝。魏晋开始,玄风大起。《易》为"三玄"之首,成为玄学家们辩论事理的思想武器。其学历经南北朝而不衰。到了唐朝,社会上更加重视经学的传授,《周易》作为群经之首,自然备受青睐。孔颖达奉诏作《周易正义》,自称"则天地之道","协阴阳之宜";复有李鼎祚撰《周易集解》,搜罗汉唐诸象数之说,为宋代的《易》象数学奠定了理论基础。宋代之《易》坛,除了象数学昌盛之外,理学家们还据《易》以阐明儒理,一时程颐、朱熹的《易》说大兴。历元明清数百年,为世所尊。由于《易》的崇高地位,历代无数学者耗费心血撰写各种注疏之作。这为编纂一部包罗宏富的《易》学专书作了资料和思想的准备。明代官修的《周易大全》便是在这种背景之下撰成的。显然,李光地的《周易折中》与明代的《周易大全》是具有一定关系的。

当然,《周易折中》的"博采"与明代《周易大全》的"全面收罗"之做法是不可同日而语的。由于宗旨的问题,明代《周易大全》在选择材料上是不严格的。因而,虽然广泛却显得驳杂,缺乏前后的内在联系。李光地正是看到了《周易大全》的流弊才以"折中"的办法编修《周易折中》一书的。康熙皇帝在序中说:是书"上律河洛之本末,下及众儒之考定,与通经之不可易者,折中而取"。此可谓提纲挈领之言。"折中"是本书的第二特点,也是最主要的特点。

什么是"折中"呢? 过去曾经有一个时期,某些人一看到"折中"的字眼便会习惯地在其后加上"主义",于是"折中"便成了"折中主义",而这又被等同于"调和论"。我觉得,在此有必要对"折中"的涵义稍作解释。

"折中"是以《周易》的"尚中"思想为根本的。"尚中"是《周易》的一条基本原则,重卦六爻,有上下之分,第二爻居于下卦之中位,第五爻居于上卦之中位:此两爻象征事物守持中道,具有不偏之德,由于卦爻有阴阳之分,中德便有了刚柔之别。阳爻居中,称为刚中,阴爻居中,称为柔中。若阴爻处二位(二为偶、为阴),阳爻处五位(五为奇、为阳),这是既居中又得正位,称为中正。例如《比》卦,第五爻为阳爻。所以《象传》云:"显比之吉,位正中也;舍逆取顺,失前禽也;邑人不诫,上使中也。"意思是说,九五之爻端正适中,象征着"光明无私""亲密比辅",可以获得吉祥。正像"听任前方的禽兽走失",属下邑人也不相警备一样,行事应弃逆而从顺。这就是君上使臣下保持中道的办法。如此之义例在《周易》中比比皆是。"居中得正"就是要使事物的发展不偏离方向,前后、左右、上下获得平衡。《周易》这种"尚中"思想为中国古代思想家们所继承和发挥。老子《道德经》第四十二章云:"冲气以为和"。冲通为中,冲气即是中气,中和之气。再如《道德经》第五章:"天地之间,其犹橐籥乎? 虚而不屈,动而愈出。多言数穷,不如守中。"这是尚中思想的明确表达。道家学派尚中,而儒家学派何曾不如此? 孔夫子所提倡的"中庸之道"是为大家所熟悉的。先哲对"中"的种种论述乃是为了防止过分行为的发生,体现了整体把握的立场。李光地《周易折中》之立意即是以《易》"尚中"思想为基础,同时又契合老子等先哲的大旨。在《周易折中》卷首,李光地指出:"刚柔各有善不善。时当用刚,则以刚为善也,时当用柔,则以柔为善也。惟中与正,则无有不善者。然正尤不如中之善。故程子曰:正未必中,中则无不正也。六爻当位者未必皆吉,而二五之中则吉者独多,以此故尔。"在李光地看来,事物发展的刚柔之性有善有恶，只有"中正"是俱善无恶的。而"中"与"正"相比，"中"显得更重要，因为居中必正，而"正"则不一定居中。这样，"中"便有了至善之德。所以，发言行事应以"中"为主导原则，防止一种倾向掩盖另一种倾向。这就是李光地《周易折中》的大旨所在。

但是，作为一种注疏之作，《周易折中》为什么要"折中"呢？这个问题必须联系《易》学流派的利弊才能得到圆满的说明。在《易》学史上有所谓"两派六宗"之说。《四库全书总目提要》说："《易》之为书，推天道以明人事也。《左传》所记诸占，盖犹太卜之遗法。汉儒言象数，去古未远也。一变而为京焦，入于禨祥；再变而为陈、邵，务穷造化，《易》遂不切于民用。王弼尽黜象数，说以老庄。一变而胡瑗、程子，始阐明儒理；再变而李光、杨万里，又参证史事。《易》遂日启其论端。此两派六宗，已互相攻驳。"①这不仅勾勒出易学史上象数派与义理派产生和演变的轮廓，而且也指出了各自的主要特点。象数派与义理派对《周易》的解说，各有千秋，但各自又有其偏激的弊病。就拿象数派来说，它一方面将自然科学成果吸收进自己的体系之中，另一方面又在许多问题上把《易》学的发展引到神秘主义的道路上。汉代象数派《易》学经师搞什么"互体""旁通"，象外生象，穿凿附会，而专讲阴阳灾异的五行家们又把这种象数学应用到人事天象的观察与分析之中，比如把"狗生角"看成"刀兵之象"（角字乃头上用刀），是上天对失政之君的谴告等等，诸如此类，充分说明：如果把《周易》中的象数随意引申附会，必然陷入神秘主义泥潭。与象数派相比，义理派则较重视哲理的研究。从王弼开始就是如此。王弼扫象数，"尽去旧说，杂之庄老之言"。（朱震《汉上易传表》）从儒家正宗的立场看来，这也是一种偏向。宋代的理学家程颐就说过："王弼注《易》，元不见道，但只以老庄之意解说而已。"（董楷《周易传义》附录卷首，《四库全书》本）这就是说，王弼以老庄思想解《易》并没有发明儒家的圣人之道。这种批评虽然不尽完全符合实际情况，但却也反映了义理派"扬理抑象"的特点。就《周易》本义的发掘来说，明理是很重要的，但如果由此而废弃象数，那也是离开了《易》的本来宗旨的。因为《周易》六十四卦符号本身就是象数的表现。义理派与象

① （清）永瑢等撰：《四库全书总目》卷一《经部·易类一》，北京：中华书局1965年版，第1页。

数派相抗衡,各执一端。在李光地看来,并不是一种理想的释《易》方式,所以,他在《周易折中》卷首《凡例》中指出:"汉晋间说《易》者大抵皆淫于象数之末流而离其宗。故隋唐后,惟王弼孤行,为其能破互卦、纳甲、飞伏之陋,而专于理以谭经也。然弼所得者乃老庄之理,不尽合于圣人之道。故自程(颐)传出,而弼说又废。今案溺于象数而枝离无根者,固可弃矣。然《易》之为书,实根于象数而作,非他书专言义理者比也。"李光地对象数派与义理派各有褒贬。他既不废象数,又不废义理。既不专言象数,又不专言义理,而是从《周易》本身出发,既吸收象数与义理两派的"合理"成分,又削去其枝蔓之说,以合于"中正"之道。这就是《周易》之"本"。

## 二、钩深致远,探玄研几

《易》学有"正传"与"别传"之分。所谓"正传"就是在儒门中被认为是出自孔孟传统的《易》学;所谓"别传"就是出自隐士传统的《易》学。清代经学家皮锡瑞在《经学通论》中说:"成帝时,刘向校书,考《易》说,以为诸《易》家说皆祖田何、杨叔、丁将军,大谊略同。唯京氏为异党,焦延寿独得隐士之说,托之孟氏,不相与同。据《汉书》,则田何、丁宽、杨叔之学,本属一家,传之施、孟、梁丘,为《易》之正传;焦京之学,明阴阳术数,为《易》之别传。"由此可以看出,"别传"之《易》学到了汉代已经演变为阴阳灾异之学。这种与孔孟传统不同的别传之《易》学虽然与《易》的本来面目离得较远,但却创立了新的结构模式,为后人演绎象数提供了许多套子。早期道教,发"别传"《易》学之微言,以玄理贯通《易》理,融合而成丹道,故有魏伯阳的《参同契》之学。宋代学者俞琰指出:《易》外别传者,"先天图环中之秘,汉儒魏伯阳《参同契》之学也。人生天地间,首乾腹坤,呼日吸月,与天地同一阴阳。《易》以道阴阳,故伯阳借《易》以明其说,大要不出先天一图。是虽《易》道之储余,然亦君子养生之切务,盖不可不知也"。(《易外别传·叙》)这就说明《参同契》的基本原理乃是出于《易》。从广义上看,《参同契》也应该属于《易》学的研究范围。所以,它受到了包括儒家学者在内的《易》学家的注意。作为一个知识渊博的儒家学者,李光地也潜心研讨《参同契》,作有《参同契注》,该书分《鼎符》《后语》《纳

甲》《总论》若干部分,收入《榕村别集》中。李光地在《后语》里说:"吾昔从希
夷,得识造代机,四圣心如灼,三教见同揆。如何天地判,中乃有坎离,惟兹一
交互,千门万径蹊。颠倒无终极,明者察其微。大哉《易》元旨,火记岂外兹?"
(《榕村别集》卷之二)这一段话中的"希夷"之说本出自老子《道德经》第十四
章:"视之不见名曰夷,听之不闻名曰希。"老子所谓"希夷"是对浑沌无状之大
道的形容。李光地运用老子的语言,试图解开《参同契》的秘结,阐明《参同
契》与《周易》元旨的关系,表现了"钩深致远、探玄研几"的精神。

　　李光地注《参同契》并非偶然,首先,这是由《参同契》在中国文化史上的
地位所决定的。作为一部藉助《易》象以明丹道的早期道经,《参同契》向来备
受推崇。宋代的张伯端在《悟真篇》中说:"叔通受学魏伯阳,留为万古丹经
王。"高象先也说:"金碧龙虎参同契,留为万古丹经王。"如此之评价自宋代以
来颇多。其实,如果我们向前追溯,便会发现,早在汉代《参同契》刚问世不
久,便有人为之作注。彭晓《周易参同契分章通真义》序云:"真人魏伯阳者,
会稽上虞人也。世袭簪裾,唯公不仕。修真潜默,养志虚无,博赡文词,通诸纬
候……乃约《周易》撰《参同契》三篇。"又云:"未尽纤微,复作《补塞遗脱》一
篇,继演丹经之玄奥。所述多以寓言借事,隐显异文。密示青州徐从事,徐乃
隐名而注之。至后汉孝桓帝时,公复传授与同郡淳于叔通,遂行于世。"根据
陶弘景《真诰》等书的记载,"徐从事"即徐景休,"淳于叔通"即"定录府典柄
执法郎"①他们二位都是后汉时人,这足见《参同契》之注本由来已久。到了
三国时期,《参同契》一书已被当时著名的《易》学家所引用。如象数派《易》
学大师虞翻在注《易》时便采纳了《参同契》"日月为易"的说法。魏晋以降,
《参同契》之注本大增,据各种史书艺文志及目录学著作的记载,至清代康熙
时为止,流行于世的《参同契》注本有一、二十种。这些注本一方面采撷了《周
易》及前人《易》学方面的许多资料;另一方面又为《周易》的注疏提供了参照
系。故而,学者在注《易》时往往留心《参同契》。李光地向来有搜罗前人成果
进行分析、考据的学风,因而在注疏《周易》时兼及《参同契》也就不足为奇。

---

① 　所谓"定录府典柄执法郎"是道教上清派的仙官职称。按《真诰》卷十二所载,淳于斟系会稽
　　上虞人,与魏伯阳同乡,汉桓帝时任徐州县令。

其次,李光地注《参同契》,这与儒道关系的发展也是分不开的,儒道两家有斗争也有融合。如果说在宋元以前,儒道的斗争还比较激烈的话,那么宋元以后,儒道融合则成为两家关系发展的主要趋向。众所周知,北宋的陈抟本是个儒生,他自少年起便勤奋好学,"及长,读经史百家之言"(《宋史·隐逸传》),曾参加过科举考试。进士举落第之后,陈抟不求禄仕,离家修道,并潜心研讨《易》学,他把老子道家学说与《周易》原理结合起来,又根据《周易参同契》的象数模式,把汉代道家学派代表人物河上公所作的太极图加以变通,制作了无极图。根据《易传》等书提供的线索,绘制了《易龙图》,从而把古代道家秘传的《易》图书之学大大拓展,导致了宋代《易》象数学的兴旺。自陈抟画出了"易龙图"以及"无极图"之后,类似的图像纷纷问世。根据《宋史·艺文志》的著录,北宋解《易》的著作有六十余家,其中有相当数量是属于"图书(河图、洛书)学派",《易》图书之学本来是在道教和修道隐士之中秘传的,可是后来却传到了以儒学为本的理学家手中。朱震说:"陈抟以先天图传种放,放传穆修,穆修传李之才,之才传邵雍。放以河图、洛书传李溉,溉传许坚,许坚传范谔昌,谔昌传刘牧。穆修以太极图传周敦颐,敦颐传程颢、程颐。"(《宋史朱震传》)这里涉及的既有道人隐士,又有笃信儒家学说的宋代理学先驱。由此可见,《易》图书之学在北宋的传授已经是儒道相融了。这种情况从南宋以来更有发展。许多著名的理学家都对图书之学发生浓厚的兴趣。像朱熹这样的理学集大成者甚至将道士、隐士手中传来的图像置于他编纂的《周易本义》卷首,说明朱熹在实际上对道家学派的东西是有所借鉴的。但是,如果追问宋代流行的图书是从哪里来的,自然就会溯源于《周易参同契》,因为陈抟的《易龙图》之制作除与《易传》、纬书有关之外,还与他对《参同契》的丹道之钻研密不可分。陈抟在华山隐修时曾说:"调和四气凭烧药,修炼千方只要安。"(《太华希夷志》卷上)显然,陈抟正是在内功修炼过程中悟出了《参同契》的秘义,并参考了前人有关"三陈九卦"之说才绘制《易龙图》的。其目的在于指导修炼。因此,当儒家学派考究陈抟传下的《易》图时自然就会进一步探讨《参同契》。朱熹就是如此。他在作《周易本义》之后又撰写了《周易参同契考异》。朱熹在与门人谈话中也多涉及《参同契》,并对《参同契》的文章大加赞扬。作为闽学的一代宗师,朱熹融合儒道的思想趋向自然对后世发生重要影响。李光地对朱熹是颇尊崇的,故而也对《参同契》的秘义进行发掘。清代周中孚在对李光地所作《参同契章句》①的提要中指出:"《参同契》,道家之书……厚庵(光地)因朱子有《参同契考异》一卷,乃亦为之,所谓亦步亦趋也……夫朱子遭逢世难,不得已而托诸神仙故隐其名氏曰邹䜣。今厚庵身都将相,大有事在,而亦惑溺于此,此则可已而不已也。"②周中孚这一番评论是有偏见的,他把注《参同契》的举动看作"惑溺"于道家之学,这是不正确的。不过,他所指李光地效法朱熹以注《参同契》,却也是事实。从儒道融合的大趋势来看,这是符合当时的学术需要的。

李光地注《参同契》以明代杨慎所得古本为据,在疏通过程中,注意综合串讲,从总体上把握《参同契》的要义,阐明《参同契》与《周易》的密切关系。在《参同契注·鼎符·上篇》中,李光地说:"乾坤设位,而坎离行。至哉二用,万物资生。鼓舞寒暑,雷霆以形。坎者无魄,离者地荧。二者相交,易道乃并。易始乾坤,终于既未,中六十卦,互为始终。"这一段话是对《参同契》上篇(彭晓本)一、二章的综说。《参同契》的原文是:"乾坤者,《易》之门户,众卦之父母,坎离匡廓,运毂正轴。牝牡四卦,以为橐籥,覆冒阴阳之道,犹工御者准绳墨,执衔辔,正规矩,随轨辙。外中以制外。数在律历纪。月节有五六,经纬奉日使。兼并为六十,刚柔有表里。"我们知道,《参同契》是一部炼丹书,它藉《易》象,以隐语的方式来表达,"象征"是其基本特点之一。炼丹需要鼎器和药物,不论内丹外丹概不例外。为了暗示炼丹的原理,魏伯阳在《参同契》中以乾坤为鼎器之象,坎离为药物之象。阳炉配阴鼎,刚火配柔符,依六十四卦,循环互用,周而复始,以合于一年四季春夏秋冬二十四节气七十二候之往来,通于一日十二时辰之交替,作为炼丹火候掌握的依据。由此可以看出,《参同契》虽为丹家之语,但却隐藏着《易》之大义,李光地之《参同契注》正是从其基本点上来进行阐述的,他以坎为"天魄",离为"地荧",这是取"日月为易"之说,因为"天魄"即指日,"地荧"即指月。日月相交而"易"见。六十四卦,由乾坤始,终于既济、未济,终则复始,于是"周"之大义备。很显然,李光地的

---

① (清)李光地:《参同契章句》一卷,安徽巡抚采进本,入《四库全书》子部道家类。
② 周中孚:《郑堂读书记》卷六十九,民国《吴兴丛书》本。

《参同契注》所注重的是本原之理,即注意发掘《参同契》本身所包含的《周易》哲理。在求本这点上,李光地的《参同契注》与《周易折中》又是一脉相通的。

当然,作为一位有求实态度的学者,李光地并不回避《参同契》中黄老思想和"炼丹炉火"问题。清代道家学者董德宁说:《参同契》以太易、炉火、黄老三道汇通,但上中下三篇各有侧重。"上篇言《易》道为多,而次之以内养,其炉火则间及之;中篇则内养为多,而《易》道次之,炉火则又次之;下篇乃炉火为多,而内养为之,《易》道更为次之。此三篇之中,其三道之详简有不同也如此。故魏公之三篇者,以象三才之体也"。(见董德宁《周易参同契正义·序》)关于《参同契》诸篇内容的侧重点,李光地是有敏锐体察的。所以,他在《参同契注·鼎符》之中篇便以发掘黄老道家之微言为主。在开篇中,他说:"黄老何言?以静为动,以柔为刚,无用为用。患吾有身,耳目与口,以为三要,亦曰三宝,以明自视,以聪自闻,以兑自言,三者归根,无怨无喜,无咎无誉。廓然归虚,元神常聚,魂魄相抱,性命同居,和气充塞……"这是对《参同契》中有关黄老道家修性养命思想的疏解。战国以来的道家学派崇尚黄帝、尊奉老子,故黄老并称。黄老道家的主张在《道德经》中有深刻的表现。与儒家学派尚阳思想相辅为用,道家尚阴,反映到养生炼性问题上来,便有守柔主静之法。道家学派认为耳目口是与外界沟通的三大通道。要避免外界不良信号的干扰,就必须把住耳目口三大关卡,进入虚静状态,以使形神合一。魏伯阳对此心领神会,所以《参同契》中篇有云:"耳目口三宝,闭塞勿发通。真人潜深渊,浮游守规中,旋曲以视听,开阖皆合同,为己之枢辖,动静不竭穷。离气内荣卫,坎乃不用聪。兑合不以谈,希言顺鸿濛。三者既关键,缓体守空房。委志归虚无,无念以为常。"[①]对照一下《参同契》的原文,再琢磨琢磨李光地的疏解,不难看出,李光地是熟谙道家养性修命之理的。至于《参同契注·鼎符》之下篇,李光地则以阐述火候为主。但从深层的意蕴上看,无论是中篇还是下篇,都贯穿着大《易》的精髓。如上篇之末所述"先天之学"以及下篇的

---

① 彭晓:《周易参同契通真义》卷中,《周易参同契古注集成》,上海古籍出版社 1990 年版,第32 页。

"变化之道"都是据《易》之象数义理而发。在《参同契注·纳甲》中,李光地又比较了《易》学中的"纳甲图"与"先天图"的异同。通篇言简意赅,读之颇有裨益。

总而言之,李光地的《周易折中》和《参同契注》以发掘本义为宗旨,从源及流,通贯古今,多有独到之见。当然,由于历史条件的限制,李光地在许多地方张扬所谓"王道",从儒家的立场为封建秩序的合理性作论证。在今日看来,这是不合时宜的。不过,我们也不能苛求于古人。从历史唯物主义立场上看,李光地在易学著述中所表现出来的王道思想是由他生活的社会之政治制度所决定的。今天,我们弘扬民族传统文化,应该吸取这位博学的《易》学专家之著作中那些对社会民生有益的思想内容,发扬光大,以促进精神文明建设事业的发展。

(本文原载《周易研究》1992 年第 4 期,收入时略作修改)

# 道教文艺与审美境界

# 金丹派南宗诗词论要

金丹派南宗或名"紫阳派南宗",这是由于该派乃祖述北宋道人张伯瑞紫阳真人内丹说的缘故。因此,历史上大多学者以张紫阳为其开派祖师;不过,从其实际传承来看,北宋时期,该派的活动比较神秘,严格意义上的道派组织尚不成熟,只是到了南宋白玉蟾时才传了众多弟子。所以,目前学术界一般把白玉蟾当作南宗的实际创立者。

顾名思义,所谓"金丹派"当然是以修炼金丹大药为其根本特色。至于"南宗"则是与"北宗"相对而言的。照理,有一个金丹派南宗,也应该有一个金丹派北宗;但实际上,以往在使用"金丹派南宗"这个派别名称时乃是将之与北方的"全真道"相对应而言的,因"金丹派"处于南方,故而称作"南宗"。

关于"金丹派南宗"的研究,业师卿希泰教授在《道教文化新探》一书中曾有专文论述。后来业师应《道韵》学刊之约,又专门写了《紫阳派的形成及其传系的特点》一文。1999 年,在武夷山召开的一次道教文化学术研讨会,由于其主题即确定为"金丹派南宗研究",故而收到了数十篇关于该课题的论文。另外,在有关报刊杂志上,多年来也陆续发表了许多关于这方面的论文。这些论文对于深入探讨金丹派南宗问题无疑具有比较大的推动作用。本文拟在此基础上再作一些考察。大体思路是:先对金丹派南宗产生的思想渊源、文化背景以及该道派形成的历史过程略作阐述,而后选取该道派比较有代表性的诗词进行分析。

## 一、外丹术的衰落与内丹术的勃兴

在先秦时期,有关金丹问题大多具有仙话色彩,我们看不到具体操作之类的理论著述。只是到了汉代,金丹理论才见诸典籍。除了《黄帝九鼎神丹经》之外,最有影响力的当推魏伯阳的《周易参同契》。这部被后人奉为"万古丹经王"的奇书多方采撷秦汉以来的易学成果,第一次系统地把易学卦象符号引入金丹学体系之中,并赋予新意,以暗示金丹修炼的操作程式。

关于《周易参同契》作者魏伯阳烧炼金丹的事迹,葛洪的《神仙传》有生动的描述。据说,魏伯阳进山炼丹的时候,带了几个弟子和一条狗。他知道徒弟中有人心不够虔诚,便告诫他们:"丹炼成,要先试验,让白狗吃一吃,如果白狗一吃就能起飞,人就能吃;如果白狗一吃就死,人就不要吃了。"据说,炼丹要掌握"火候"。火候的情况用"转数"来表示,一般分作"九转",即经过九次的变化才算达到所需火候的标准。如果转数不足,"和合"不充分,丹就含有毒素,吃下去就会暂时处于"昏死"状态。魏伯阳对弟子说:"炼丹惟恐不成,今日炼成了,让狗吃,狗死了,恐怕是没有得到神明的旨意,再吃下去其命运恐怕还是与狗一样,你们以为如何?"弟子们问:"师父您打算服下金丹吗?"魏伯阳答:"我已经违背世情离家入山,现在没有求得成仙的大道,再回家去实在羞耻得很啊! 不论是生是死,休管成仙成鬼,我只有把金丹吃下去!"魏伯阳说罢,拿起金丹就吞服。丹刚刚入口,魏伯阳就"死"了。弟子们你看我,我看你,不知如何是好。有两个犹豫地说:"咱们跟随师父进山来炼丹,目的就是为了长生不死,现在师父一吃就死了,该怎么办呢?"另一个弟子说:"咱们的师父非凡庸之辈,吃了丹就死,恐怕另有天意吧!"他又拿起丹来吃,其结局与师父一样。剩下两个弟子说:"炼丹就是为了永生,现在吃丹反而丢了性命,干吗还要炼丹呢? 如果不服用金丹,还可以在人间快活几十年。"于是,这两个弟子决定不再服丹,一起出了深山回家,准备为师父和死去的师兄弟买棺材,收埋尸体。两位弟子刚走,魏伯阳立即就从地上跃起,抱起了那位吃了丹的弟子和白狗,求仙去了。在路上,遇到入山砍柴的樵夫,魏伯阳写了亲笔信,托付给这个从家乡来的樵夫,让他转交给那两位筹备棺材的弟子,并对他们表示感谢。两位已回家的弟子看了书信,又后悔又气恼。

按照葛洪的描述,魏伯阳不仅具有外丹烧炼实践经验,而且对"不死"之道坚信不移。这在他的著书中是有所体现的。不过,必须指出的是,魏伯阳的金丹学说既不是单一的外丹烧炼方法的演示,也不是纯粹的导引内功的翻版,而是将原有的外丹烧炼与导引气功法式结合起来,巧妙地统一在易学的符号框架之中。用业师卿希泰教授的话来说:就是内外丹兼而有之。

汉末以后,由于种种原因,金丹学的发展开始分化。魏晋时期,外丹术基本上居于主导地位。葛洪在他的名著《抱朴子内篇》中对外丹的目的、地位、理论基础和具体内容进行总结和发挥。葛洪认为:"夫金丹之为物,烧之愈久,变化愈妙,黄金入火,百炼不消,埋之,毕天不朽,服此二物,炼人身体,故能令人不老不死。此盖假求于外部以自坚固……"①葛洪金丹理论,奠定了该时期上层士族道教理论的基础。经过其后诸多道教学者的努力,外丹术影响越来越大,参与外丹烧炼与理论研讨者越来越多。隋唐时期,外丹术的发展达到了巅峰。此时出现了众多外丹烧炼的专门家和理论著述。最著名的有孙思邈、陈少微和金陵子等人。可以说,这一时期的外丹术著作已极具水平:专题性论著相当之多,总结性文献也不少,由此而积累起来的古代化学知识相当丰富。很明显,盛唐雄厚的经济基础和政治扶持使外丹术走向顶峰。

然而,无论从理论上看,还是从实践上看,外丹术都存在着无法克服的弱点。首先,在理论上,葛洪等人的金丹理论是运用类比思维方法来阐明的。金石能万古长存,人服食它们以后就一定能"自坚固"吗? 事实上,金石的自然属性并不能转变为人体自身的特性。毕竟,万物都各有其难以逾越的本质活动规律。其次,在操作上由于方士们对一些丹药的具体成分还不太了解,以致常有伤人事故发生,人们遂对金丹术逐渐敬而远之。再说,炼丹花费巨大,普通百姓根本没有财力支持,所以金丹术实际上无法推广。复次,在使用上,服金丹后的上层统治者非但没能长生不老,反而加剧病情,甚至暴死。清代赵翼《廿二史札记》卷十九《唐诸帝多饵丹药》条记载,仅唐代就有五六位皇帝即代宗、宪宗(一说宪宗为内官所杀)、穆宗、敬宗、武宗和宣宗,因为服食丹药中毒死亡。既然外丹术在实际上不能有所见效,王公贵族们的兴趣和支援自然也就会逐渐减少。外丹术赖以发展的上层人士减少,这就注定它必然走向衰落。

不过,外丹术对世人的影响式微,这并不等于道门中人放弃了自己的信仰。他们努力寻找一种新的方术,探索一种新的途径。这样,内丹术也就因之

---

① 王明:《抱朴子内篇校释》,北京:中华书局1985年版,第71页。

而逐渐兴盛。

准确地说,内丹术并不是在晚唐外丹术式微的情况下才被及时发现的,其实它的源头在很早以前就已经存在了,只是那时候尚未从朦胧状态的金丹学中分化出来而已。隋唐之际,尽管外丹术相当流行,但一些富有远见的道士也已注意探索内丹术问题。据《古今图书集成·博物汇编·神异典》所引《罗浮山志》载:苏元朗学道于句曲,自号青霞子,其弟子从游者闻朱真人得芝成仙,竟论灵芝,春青、夏赤、秋白、冬黑,唯黄芝产于嵩高,远而不可得。元朗笑曰:"灵芝在汝八景中……谚云,天地之先,无根灵草,一意制度,产生至室,此之谓也。乃著《旨道篇》示之,自此道徒始知内丹矣。"所谓"八景"是五脏八卦神,如《黄庭内景经》"兼行形中八景神,二十四真出自然"①。显然,苏元朗是在告诉弟子们成仙之药并不在体外,而在体内。意即应刻苦修炼自我体内大药,才能羽化升仙。苏元朗据《周易参同契》"金来归性初,乃得积还丹"②的寓意与《老子》"归根复命"的思想,提倡"性命双修"的内丹说,这比以前来说是一重大突破。

唐末五代,鉴于服食外药的诸多弊端,道门中人开始酝酿着由烧炼五金八石的外丹术向内丹术的重大转变,促进这一转变的代表人物有崔希范和彭晓。

崔希范,号至一真人,生平事迹不详,他著有《入药镜》一书阐述内丹原理。崔氏提出"药镜"一词,"药镜"之意即静定。他认为,人一生受酒色名利贪嗔痴的干扰,唯有"药镜",即修炼精气元神,才能降邪、归正,忘形养生,而通长生久视之道。

彭晓,五代后蜀人,字秀川,自号真一子。《野人闲话》称:"蜀王孟昶累召,问以长生久视。"晓曰:"以仁义治国,名为尧舜,万古不死,长生之道也。"这说明彭晓乃是儒道融通的人物。彭晓的内丹思想主要集中在《周易参同契分章通真义》和《黑铅水虎论》《红铅火龙论》中。

彭晓是积极主张人可以修炼成仙、寿限无数的有仙论者。人怎样才能成仙呢? 彭晓认为是由无涯之元气作用于有限之形躯的结果。如何达到这种效

---

① 《修真十书·黄庭内景玉经注》卷五十六,《道藏》第4册第860页。
② (五代)彭晓:《周易参同契分章通真义》卷中,《道藏》第20册第143页。

果呢？彭晓认为应该依靠"还丹"，即修炼金液大还丹。"金液还丹，莫不合日月阴阳精气而成也"①，这表明金液还丹是以抽象的"日月阴阳精元"为药根的，所以它是一种内丹修炼法。除此之外，彭晓在讲修金液还丹时，还套用了《周易参同契》上的一些专门名词术语，用以指代修炼时所用的元气、精气。其中，黑铅、红铅用得最为频繁。他说："夫黑铅水虎者，是天地妙化之根，无质而有气也。乃玄妙真一之精。为天地之母，阴阳之根，日月之宗……未有一物不因铅气产出而成变化也。"②显然，这黑铅水虎，就是类似《道德经》中能生天地能化万物的"道"，即是一种本元的东西。彭晓进一步指出："诸矾土杂类之属，草木众名(石)之类，已上皆误用，不可备载也。"③意即以具体的五金八石、草汁木灰等杂物作原料炼丹都是错误的，真正的药基和原料只有本元的精气。事实表明，彭晓所修炼的金液大还丹是内丹而不是外丹。审察彭晓之论，可发现他的著作特别是《周易参同契分章通真义》一书，对后世内丹学的发展有重大影响。

另外，唐末五代在后世比较有影响的内丹家还有钟离权和吕洞宾。施肩吾《钟吕传道集》和《西山群仙会真记》阐发了所谓钟吕内丹理论，"它以天人合一的思想为理论基础，从阴阳、四时、五行的运行规律中引申出内丹练功法，较具体地界定了一些借用外丹名词的内丹术语，系统地阐述了功法步骤和证验阶次，形成了一套完整的内丹理论体系"④。除此之外，还有五代宋初的华山道士陈抟，其内丹专著《指玄篇》和《阴真君还丹歌注》等，继续借助易学卦象符号来阐发内丹之道，讲明内丹"炼精化气，炼气化神，炼神还虚"的基本步骤，其"顺则成人，逆则成丹"的学说成为金丹派南宗的先导。

## 二、金丹派南宗的形成与白玉蟾的贡献

从经典的创造看，应该说金丹派南宗在北宋张伯瑞时期已初露端倪。张

---

① （五代）彭晓：《周易参同契分章通真义》卷上《易者象也章第十》，《道藏》第20册第135页。
② 《云笈七籤》卷七十之节录《黑铅水虎论》部分，《道藏》第22册第486页。
③ 《云笈七籤》卷七十之节录《黑铅水虎论》部分，《道藏》第22册第486页。
④ 卿希泰、詹石窗主编：《道教文化新典·气功篇》，上海文艺出版社1999年版。

伯端,字平叔,一名用成(诚),天台(今属浙江省)人,自幼好学,长而涉猎三教经书,以至刑法、书算、医卜、战阵、天文、地理、吉凶生死之术,都留心详究。先是傅"混元之道",因未精而游历四方,孜孜访问。宋神宗熙宁二年(1069年)随陆诜往成都,据说遇到刘海蟾。海蟾授予金液还丹火候之诀。张伯端自此改名用成,苦修内丹。

根据性命双修的立场,张伯端创作了《悟真篇》。这是继《周易参同契》之后道门又一部金丹学要典,它在思想上与《周易参同契》是一脉相承的。因此,《悟真篇》作者弘扬《周易参同契》的传统,援《易》以明丹道,这是自然而然的事。

《悟真篇》是以诗词之体写成的。从形式上看,其顺序是依照《周易》数理安排的。作者在序中还说:

> 仆既遇真筌,安敢隐默?聊所得成律诗九九八十一首,号曰《悟真篇》。内七言四韵一十六首,以表二八之数;绝句六十四首,按《周易》诸卦;五言一首,以象太乙;续添《西江月》一十二首,以周岁律。其如鼎器、尊卑、药物、斤两、火候、进退、主客、后先、存亡、有无、吉凶、悔吝,悉备其中矣。①

六十四首绝句合于六十四卦,这显然是根据《易》数原则来考虑的,而十六首七言诗为两个八的倍数,这其中包含着八卦的概念,至于一首五言诗所取法的"太乙"也属于易学的一个支派,还有岁律问题自汉代以来一直是以易学为纲要的。因此,《悟真篇》的这种结构安排很明显表现了作者取法《周易》的指导思想。循着《丹房实践之图》的路径,《悟真篇》在运用诗词以暗示内丹修法的时候常常涉及《周易》象数学。例如:

> 三五一都三个字,古今明者实然稀。
> 东三南二同成五,北一西方四共之。
> 戊己自居生数五,三家相见结婴儿。
> 婴儿是一含真炁,十月胎圆入圣基。②

---

① 《修真十书·悟真篇》卷二十六,《道藏》第4册第712页。
② 《修真十书·悟真篇》卷二十六,《道藏》第4册第720—721页。

这首诗出现的数位是有排列规则的。"三"在东面,"二"在南面,两者相加是五;"四"在西面,"一"在北面,两者相加也是五,中间土位自含五。东南西北中共有三个"五"。《悟真篇》这种象征符号思想来源于《周易参同契》。魏伯阳在该书中篇说:"三五为一,天地至精,可以口诀,难于书传。"①这是运用《周易》的生数符号原理来暗示元气流向。俞琰解释:"三者,水一火二合而成三也。五者,土也。三五为一者,水火土相与混融,化为一气也。斯时也,玄黄相杂,清浊未分,犹如天气混沌之初。少焉,时至气化,无中生有,则窈窈冥冥生恍惚。恍恍惚惚结成团,而天地之至精孕于其中矣。"这其中的"三"是什么? 俞琰讲得很明白,那就是居于北方的水"一"数与居于南方的火"二"数相合而成,而"五"乃是居中的"土位"本有的数。什么叫"三五为一"? 那就是北水、南火与中土相交融成为一个整体。在这样化分"一气"的时候,玄、黄之色浑然一体,没有清浊之分别,就好像天地尚未分化的样子。等到一定的时日,气化流行,"无"中而生出"有"来,只感到茫茫然恍惚变化,天地"至精"就在这种状态中产生。从这里,我们可以清楚地看到,《悟真篇》的"婴儿"乃是一种比喻,其精髓所在就是运用早已为《周易参同契》所重视的《易》数符号原理来指导内丹修炼活动,以达到聚气的初步目的。

张伯端的内丹学说对北宋南方的道门中人有很大影响。直接承袭其学说者主要有石泰(1022—1158 年)。石氏字得之,常以药济人,不收受人礼品钱物,凡受治康复者,惟愿其种一杏树,久遂成林,故人们称他石杏林(又号翠玄子)。《历世真仙体道通鉴》卷四十九载:"初,紫阳(张伯端)得道于刘海蟾。海蟾曰:异日有为汝脱缰解锁者,当以此道授之,余皆不许。其后,紫阳三传非人,三遭祸患,誓不敢妄传。"据说,张伯端因事惹得凤州太守发怒,额上被刺了墨字,发配远方,途经邠境,碰上大雪,护送者与张伯端歇脚酒店,恰巧石泰也在此。于是同席饮酒。张、石两人一见如故,甚是投缘。由于石泰与邠境太守是老乡,石泰面见太守为张伯端说情,张伯端之罪受赦免。为了表示救命之恩。张伯端便将内丹大法传授给石泰。石泰拜谢,遵嘱立志,潜心修炼,而道

---

① (宋)俞琰:《周易参同契发挥》卷中,《周易参同契古注集成》,上海古籍出版社 1990 年版,第92 页。

乃成,作《还元篇》行世。在这部诗集里,石泰以隐语的形式暗示内丹修炼方法,介绍自己丹道养生的经验。他深有感触地写道:

> 骤雨纸蝴蝶,洪炉玉牡丹,
>
> 三更经日赫,六月素霜天。①

表面看来,这好像是在描绘自然景象,其实是在暗示内丹修炼之效果,因为作者乃是采用象征方式来表达的。其中所谓"洪炉"就是人体,而"骤雨"则是肾水之气,"纸蝴蝶""红日"则是内丹之状。整首诗的大意是说,经过性命的修行,体内肾水之气上升,冲开重要的穴位,丹田真气开始聚集,形成了像"玉牡丹"这样的药物,继续调理,于是丹成而"红日"现。阴阳和合,正如六月里得到素霜一样,十分舒适,这是经验的结晶,如果没有丰富的内丹修炼实践恐怕是难以写出这样的作品来的。可见,石泰也是一个出色的丹道养生家。

石泰的门弟子薛道光在内丹养生界的声誉也颇高。薛道光(1078—1191年),一名式,一名道源,陕西鸡足山人;或称阆州人,字太原。曾出家为僧。宋徽宗崇宁五年(1106年)冬,寓眉县之青镇,听讲于佛寺,巧遇石泰;泰时年已八十五岁,绿发朱颜,气宇非凡。夜间,石泰从事缝纫,薛道光颇感神异,于是念张伯端诗曲。石泰听后尽受感应,即言明自己与张伯端的师生关系。薛道光稽首下拜,请授道法。石泰向薛道光传授了还丹口诀,并依道教戒律度薛道光为道士。薛道光去僧衣,成为紫阳派传人,他作有《复命篇》及《丹髓歌》,皆言还丹性命之理。在《丹髓歌》的第五章中,薛道光写道:

> 昔日遇师亲口诀,只要凝神入气穴。
>
> 以精化气气养神,炼作黄芽并白雪。②

薛道光在诗中所称"师"就是指石泰。而"亲口诀"则表明薛道光的确得到紫阳派之嫡传,因为只有入室弟子才能被传以秘诀。薛道光得秘诀之后,勤苦修炼,终成道果,作颂云:"铁马奔入海,泥蛇飞上天。蓬莱三岛路,元不在西边。"③正如前代养生家一样,他的作品也反映了其在内丹修炼方面的造诣是很深的。

---

① 《修真十书·杂著指玄篇》卷二,《道藏》第4册第610页。
② 《修真十书·杂著指玄篇》卷七,《道藏》第4册第628页。
③ 《历世真仙体道通鉴》卷四十九,《道藏》第5册第385页。

薛道光之后,复有陈楠对张伯端所创立的"性命双修"内丹学也孜孜以求。陈楠(？—1213 或 1211 年),字南木,号翠虚,惠州博罗县(今属广东省)白水崖人,以盘栊、箍桶为生,据说曾由毗陵禅师传给"太乙刀圭金丹法",又得"景霄大雷琅书"于黎姥山神人。平常多抟土为人治病,所以人们称他为陈泥丸,后来被全真道南宗尊奉为祖师之一。按邓锜《道德真经三解》所述,陈楠乃张伯端一系的传人之一。这个说法为道门所承认。考《修真十书·杂著指玄篇》,内收有《庭经》一篇,题为"翠虚真人述",这当是陈楠的著作,其内容也是讲性命双修的内丹功法的。略云:

> 绛宫天子统乾乾,乾龙飞上九华天。
>
> 天中妙有无极宫,宫中万卷指玄篇。
>
> 篇篇皆露金丹指,千名万名会一言。
>
> 教人只去寻汞铅,二物采入鼎中煎。
>
> 夜来火发昆仑山,山头火冷月光寒。
>
> 曲江之上金乌飞,嫦娥既与斗牛欢。
>
> 采之炼之未片饷,一气渺渺通三关。①

他的这首诗通过意象的特殊排列,力图暗示内丹功的诀窍,展现性命双修的奥妙所在,对内丹养生学说的研究而言,显然是颇值得注意的。

从以上诸例可知,被金丹派南宗奉为祖师的几位高人都注重内丹养生的实践活动,并且取得了可贵经验。他们的理论为金丹派南宗的思想与组织建设奠定了基础。在这样的文化背景下,具有使命感的白玉蟾终于使金丹派南宗由松散的传授而步入有教团组织、有影响的道教派别。

白玉蟾,原姓葛,名长庚,其籍贯史籍记载不一,或谓琼州人,或称世本闽清。《祁阳县志》谓其父亡,母氏他适,因改姓白,名玉蟾。但据《历世真仙体道通鉴》卷四十九记载,白玉蟾名字的由来是因为应梦。据说,其母怀孕之时梦一物如蟾蜍,即以玉蟾呼之。是书本传称玉蟾"字以阅众甫,一字如晦",又称之世为闽人,以其祖任职琼州,故生于海南,乃自号海琼子,或号海南翁,或号琼山道人、武夷散人等等。

---

① 《修真十书·杂著指玄篇》卷三,《道藏》第 4 册第 613 页。

有关白玉蟾的生卒年月,历来说法不一。侯外庐《中国思想通史》认为他生于宋光宗绍熙五年(1194 年),而《祁阳县志》则说他生于宋绍兴甲寅(1134年)。至于他的卒年,各家记载的差别就更大了。笔者根据业师卿希泰教授的考证,并结合《修真十书》所录白玉蟾《水调歌头·自述》,认为其生年当在 1194 年,而其卒年当在 1284 年之后,因为他在自述里有"虽是蓬头垢面,今已九十来地,尚且是童颜"之句,这就说明他的年岁是比较大的。

作为一位出身高门的道人,白玉蟾自幼禀性聪慧,少年时即谙九经,能诗赋且擅长书画,尚举童子科。后因"任侠杀人,亡命之武夷",乃游于方外。《历世真仙体道通鉴》卷四十九陈楠本传谓,陈氏曾以丹法授琼山白玉蟾,"其出入,玉蟾常侍左右",可知白玉蟾是直接师承陈楠的。陈楠仙逝之后,白玉蟾又游历罗浮、龙虎、天台诸名山。据说他时而蓬头跣足,时而青巾野服,或狂走,或静坐,或终日酣睡,或长夜独立,或哭或笑,状若疯癫。这种情形说明他经过了一段颇为神秘的修行时光。当他有所领悟之后,便收徒授业。嘉定十年(1217 年),他接纳彭耜、留元长为弟子,金丹派南宗之门户由之而立。此后,又有叶古熙、詹继瑞、陈守默等人相继受业入室。经过一个阶段的发展,其门弟子逐渐增加,且有了相对稳定的活动场所和宗教规章。彭耜在与再传弟子林伯谦的一次谈话时说:"尔祖师(指白玉蟾)所治碧芝靖、予今所治鹤林靖,尔今所治紫光靖,大凡奉法之士,其所以立香之地,不可不奏请靖额也。"①这里所谓"靖"即是他们修道传教的场所。白玉蟾还作有《道法九要》,阐述教徒的九条基本规章,表明那时的教规也已确立。又考《海琼白真人语录》,其中记录了白玉蟾与弟子及再传弟子关于斋醮法事的许多谈话,可见金丹派南宗对于道教仪式也是颇为重视的。

种种事实表明,由张伯端所传授的内丹法脉,在早期虽然尚未形成具有严格意义的宗教团体,但到了白玉蟾之时,不仅有了宗脉组织,而且教规仪式具备。白玉蟾本人又擅长诗词曲赋,其经书解说等著述亦甚多。其著作为金丹派南宗的发展奠定了思想基础,同时也把张伯端开创的那种寓道法玄理于诗词的文学传统发扬光大。

① 《海琼白真人语录》卷二《鹤林法语》,《道藏》第 33 册第 124 页。

白玉蟾能够使陈楠以前那种相对松散的内丹传授法脉发展成为有组织仪式的道教派别,并非偶然。这除了白氏的个人禀赋之作用外,还与张伯端以来至陈楠时期诸位传人及重要门弟子的活动密切相关。根据有关史料,白玉蟾之前,紫阳道脉的传承尽管不如天师道或全真道那样广泛,但也自有端绪。

过去有一种说法,认为张紫阳以下至陈楠皆单传,笔者经过一番考察之后发现这种说法与史实不符。陈达灵在《紫阳真人悟真篇注疏·序》中说:悟真仙翁(张伯端)"一传而广益子(刘永年)出焉,再传而无名子出焉"。这个"广益子"刘永年,号顺理子,曾于宋高宗绍兴年间刊刻彭晓《周易参同契分章通真义》,他在序言中曾说自己于绍兴戊午(1138年)遇至人亲授丹诀。这位"至人"到底是谁?刘永年没有明言,可是陈达灵及空玄子戴起宗却指出这就是张伯端。刘永年的传授可谓自成脉系。这个传授系统的确切情况如何,文献记载有一些互相矛盾之处,但也说明了在白玉蟾之前有关张紫阳悟真之学的传授已存在着不同的分支。这种情况,我们从朱橘的生平事迹里也可以找到一些佐证。按《历世真仙体道通鉴》卷四十九记载,朱橘号翠阳,世居淮西安庆之望江。其先,母梦吞一星光大如斗,有妊十五个月。一日,遇道人于门首。道人手持一物如橘,谓其母曰,"食其子生矣"。其母喜而受之,请问名氏。道人乃出袖中一扇示之,其中有"鞠君子"三字。道人走后不久,朱橘即降生。据称,朱橘自小聪慧,长而乐三教经书,尤喜修炼之事。戊子年(1228年)往惠州之博罗,遇到一位道人,手中拿着一个橘子,状若疯狂,一边走一边唱歌,笑着吟咏:"橘橘橘,无人识,惟有姓朱人,方知是端的。"周围的人听了吟咏都莫名其妙,唯独朱橘有所感悟,即随道人到了郊外无人之境,询问原由。据说这个"鞠君子"号九霞,是陈楠的弟子。可见,鞠君子与白玉蟾乃是同辈,均为陈楠之徒。这一资料进一步证实在白玉蟾前后,有关张紫阳的内丹学说,除了人们比较熟悉的主脉之外,其他分支也有零星的传授。他们的活动在客观上为白玉蟾把金丹派南宗发展为具有教团规模的道派组织奠定了基础。①白玉蟾在武夷山一带活动之时,由于有深厚的道教文化氛围,加上客观的自然

---

① 关于金丹派南宗历史,业师卿希泰教授于《续中国道教思想史纲》有详尽论述,此处之讨论以之为本。

环境颇适宜于内丹术的修炼,金丹派南宗就在武夷山这个大本营最后确立并发展起来。在他那种雅好文学艺术传统的熏陶下,其门人亦多喜吟诗作赋,积累了颇为丰富的史料。

## 三、金丹派南宗代表白玉蟾诗词的主要类型

作为金丹派南宗的实际创立者,白玉蟾的传教授业活动本身便富有文学色彩。由于家学的影响,也由于当时社会风气的作用,白玉蟾在运用诗词之作来传教布道方面,比起他的前辈来可以说更具备自觉意识,作品数量也更为可观。

今所存白玉蟾诗词之作,主要见于《玉隆集》《上清集》《武夷集》之内。另外,《海琼白真人语录》中也收录了一小部分作品。考《玉隆集》,收有《听赵琴士鸣弦》《赠方壶高士》《赠蓬壶丁高士琴诗》《南岳真歌题寿宁冲和阁》凡四首。按"玉隆"之名本出于宋徽宗之手。据《净明忠孝全书》《江西通志》等书的记载,江西省新建县逍遥山,旧有"许仙祠",系奉祀晋代著名道士许逊之所,始建于南北朝时期,唐代改名游惟观。北宋时加封许逊"神功妙济真君"尊号,并升观为宫。政和六年(1116年),徽宗诏令仿西京洛阳崇福宫体制,重修此宫,乃御赐"玉隆万寿宫"匾额。该宫规模宏大,为江南道教宫观之一胜大景,道门中人参访者络绎不绝,白玉蟾所作《玉隆集》当得名于此。检索该文集,其中多载玉隆宫事迹,如《玉隆宫会仙阁记》《涌翠亭记》均属此类;另外,文集里还有关于许逊及其弟子生平的详细资料。由此编辑体例推测,《玉隆集》内所收四首诗的撰写恐与逍遥山玉隆宫有一定的关联。

《上清集》今存《道藏》本《修真十书》卷三十七至卷四十四。自卷三十八至卷四十所收为诗,卷四十一则为词;其词所用之体制主要有满江红、念奴娇、水调歌头、沁园春、满庭芳、酹江月、阮郎归等等。白玉蟾将这些诗词之作名曰"上清"并非无缘无故,而是具有一番求仙用意的。上清之名出于仙境之说。《云笈七籤》卷四《道教经法传授部·上清源流经目注序》谓:"上清者,宫名也。明乎混沌之表,焕乎大罗之天,灵妙虚结,神奇空生,高浮澄净,以上清为名,乃众真之所处,大圣之所经也。宫有丹青金书玉字上皇宝经,皆玄古之道,

自然之章,起于九天之王,九玄道君推校本元,已历九万亿九千劫。"①按照这种说法,"上清"本是一种天宫胜境,天上神仙众真就住在里边。白玉蟾以"上清"为名,大抵取意于《云笈七籤》所辑录的这种仙境说。

《武夷集》见于《道藏》本《修真十书》卷四十五至卷五十二内。其中卷四十五多半为诗,卷四十六、四十八、四十九、五十、五十一、五十二均为诗。末有崇安县尉翠云子赵汝渠写的跋语曰:

嗟予慕道今几年,检尽丹书要学仙。

铅汞混融无法度,求金交结欠因缘。

抽添徒泥《传道集》,沐浴不解《悟真篇》。

从来玉诀不传注,莫将纸故徒穷研。

半语轻逢至人授,要断江山一回首。

精勤作用有阴阳,反复短长分前后,

黄婆媒娉岂因脾,金晶飞跃不在肘。

若能夺得天地真,始与天地同长久。②

这篇以诗体写成的跋语提及两部书。所云《传道集》即《钟吕传道集》,又名《钟吕传道记》,系钟离权向吕洞宾传道之记录,而《悟真篇》即张伯端紫阳真人所作。从跋语的语气来看,其作者虽为县尉,但也是一位学仙之徒,故所涉两部书不仅表达了作跋语者的雅好,而且反映了白玉蟾《武夷集》所收诗歌思想旨趣与钟吕道脉的密切关系。

从大体上看,白玉蟾的诗词作品主要有四种类型:其一是题赠杂咏诗。从其名目看,白玉蟾的题诗大部分与人工建筑物有关。如《题西轩壁》《题精舍》《题紫芝院》;当然,也有一些作品不是因人工建筑物而题,如《题武夷》等等;无论如何,总需有可题之处,方可为之。至于"赠"的对象则必定是人物,即使题目上没有点出被赠对象,究其实也是因人而写的;此外,还有一些作品,既非"题"亦非"赠",但往往因感物或人缘而歌,内容广博,故谓之"杂"。

白玉蟾题赠杂咏诗常因所涉人物或环境作具体描绘或艺术想象。如《赠

---

① (宋)张君房:《云笈七籤》卷四,《道藏》第22册第18页。
② 《修真十书·武夷集》卷五十二,《道藏》第4册第821页。

方壶高士》：

> 蓬莱三①山压弱水，鸟飞不尽五云起。
>
> 紫麟晓舞丹丘云，白鹿夜啮黄芽蕊②。
>
> 浩浩神风碧无涯，长空粘③水三千里。
>
> 中有一洞名方壶，玉颜仙翁不知④几。⑤

再如《题三清殿后壁》：

> 些儿顽石些儿水，画工撑眸几睥睨。
>
> 忽然心孔开一窍，呼吸掇来归幅纸。
>
> 白发黄冠逞神通，手把武夷提得起。
>
> 大槐宫中作蝼蚁，醒来闻此心豁喜。
>
> 芒鞋竹杖一弹指，三十六峰落眉尾。
>
> 魏王岂是中秋死，玉骨犹存香迤逦。
>
> 八百年来觅只鹤，一举直上三万里。
>
> 半杯浇湿曾孙齿，幔⑥亭遗事落人耳。
>
> 新村渡头拽转蓬，寒猿声落青烟里。⑦

此处所引两道均为诗中之片断。第一首是赠送方壶高士的，这很自然会言及方壶本身的状况；但是，诗人并不是单纯地写方壶，他驰骋自己的想象力，一飞就到了蓬莱、方丈、瀛洲三山仙岛。在他所营构的艺术空间里，与长寿仙人陪伴的尽是祥鸟、麒麟、麋鹿之类。经过一番点缀之后，诗人方才正面点出"方壶"来，这就使其笔下的主体意象具有了广阔的背景。

第二首《题三清殿后壁》则把环境描写、人物刻画结合起来，并在这种描写与刻画之中融进了仙话典故。如"魏王"一语即包含着一个流传已久的仙话故事。据《历世真仙体道通鉴》卷四《武夷君》之传载：魏王名子骞，在同州

---

① "三"字《道藏辑要》本作"一"，误。

② "蕊"字《道藏辑要》本作"药"。

③ "粘"字《道藏精华》本作"糊"。

④ 《道藏辑要》本无"知"字。

⑤ 《修真十书》卷三十三，《道藏》第4册第754页。

⑥ "幔"字《道藏辑要》本作"丫曼"。

⑦ 《修真十书》卷三十三，《道藏》第4册第777页。

立王城,乃坠地仙人,于武夷山得道。昔有张湛等十二人同诣武夷山求道,"谒魏王为地主,会天亢旱,魏王置酒脯,祭仙祈雨。时有控鹤仙人乘云鹤白马从空中而来,遂霈雨泽。张湛等因获见。时张湛献仙人诗一绝云:'武夷山下武夷君,白马垂鞭入紫云。空里只闻三奠酒,龙潭陂上雨雾雾。'仙人得诗甚喜。又见张湛等风气不常,访道精确,意其各有仙分,乃遣何凤儿往天台山取仙籍一卷,到山检视:其谪下凡间为庶类,合居此山,八百年后方得道换骨归天。仙人既见仙籍,各有姓名,乃安排魏王而下一十三人同居此山,各赐故麻一合,汤药半合,遂令魏王开筵置酒。张湛遣元亨打羯鼓,彭令昭吹横笛,顾思远立色,李三娘弹琵琶。欢宴而罢,群仙会散。仙人语云:'魏王公等至八百年后可斫取黄心木为棺,于此岩中玄化魂魄,便得归天。'至期果然玄化。"[1]书中还谈到:秦始皇二年八月十五日,武夷君置肴酒,会乡人幔亭峰上。男女千余人斋戒,如期而往,乃见虹梁跨溪,制度精巧。据说山顶还有幔亭彩屋,玲珑掩映。《仙鉴》中的这些记载乃撮合不同时代的传说而成,但借助这一资料,却可以较好地明了白玉蟾《题三清殿后壁》一诗的文化背景。由此回顾白氏之诗,我们就不难明白其"玄韵"所在。白玉蟾不信魏王"死"于中秋,这固然是其仙道信仰观念的表现,但也非凿空而出。《历世真仙体道通鉴》所载《武夷君》故事出现的一个关键日期"八月十五日"即是中秋,可见白玉蟾"中秋"之语本有特指。另外,诗中所谓"八百年来觅双鹤"乃是"点化"传说中关于魏王公等一十三人"谪居武夷八百年"之谶语而成。由于白玉蟾采撷了这个光怪陆离的仙话传说,《题三清殿后壁》一诗的景观铺排和人物刻画也就更加显得栩栩如生。

其二是修道歌谣。收入于《上清集》中的《云游歌》《快活歌》《毕竟凭地歌》《安分歌》《大道歌》《祈雨歌》均属此类。就广义而言,道教所谓修道实际上涉及道人生活的诸多方面,从日常起居到炼丹养生,从游山玩水到升堂讲法,均有道可修。因此,白玉蟾的修道歌谣内容也就涉及诸多领域。其中有一些叙述个人经历的作品写得朴实逼真:

---

[1] (元)赵道一:《历世真仙体道通鉴》卷四,《道藏》第5册第128页。

> 云游难,云游难,万里水烟①四海宽。
>
> 说著这般滋味苦,教人怎不鼻头酸。
>
> 初别家山辞骨肉,腰下有钱三百足。
>
> 思量寻思②访道难,今夜不知何处宿。
>
> 不觉行行三两程,人言此地是漳城。
>
> 身上衣裳典卖尽,路上何曾见一人。
>
> 初到江村宿孤馆,鸟啼花落千林晚。
>
> 明朝早膳又起行,只有随身一柄伞。
>
> 渐渐来来兴化军,风雨潇潇欲送春。③

这是《云游歌》里的一小段。诗分两首,共有 1192 字。如此大的篇幅在宋代以前中国诗坛上是少见的。作者将自己如何云游以及云游过程中所遇到的种种困难如实地记载下来。诗中言及他云游时曾经"艰辛脚无力",甚至满身瘙痒,生了虱子。他隐姓埋名,忍饥挨饿,年复一年地云游,在开头虽曾有过短暂的犹疑,但还是坚定道心,继续游历下去:

> 江之东西湖南北,浙之左右④接西蜀。
>
> 广阔淮海数万里,千山万水空碌碌。
>
> 云游不觉已多年,道友笑我何风颠。

他云游的地域是很广的,经历的时间也比较长。辗转多途,吃过许多苦头,也流过泪水,但他没有后退。正如许多宗教创始人一样,他的行动显得怪异。在别人眼中,他简直就是一个疯子,但他却以之为乐:

> 破衲虽破破复补,身中自有长生宝。
>
> 挂杖奚用岩头藤,草鞋不用田中藁。
>
> 或狂走,或兀坐,或端立,或仰卧,
>
> 时人但道我风颠,我本不颠谁识我。
>
> 热时只饮华池雪,寒时独向丹中火,

---

① "烟"字《道藏辑要》本作"经"。

② "思"字《道藏精华》本作"师"。

③ 《修真十书》卷三十九,《道藏》第 4 册第 780 页。

④ "浙"字《道藏辑要》本作"渐",少一"右"字。

饥时爱吃黑龙肝,渴时贪吸青龙脑。

绛宫新发牡丹花,灵台初生薏苡草。

却笑颜回不为夭,又道彭铿未是老。

一盏中黄酒更甜,千篇内景诗尤好。

没弦琴儿不用弹,无生①曲子无人和。

朝朝暮暮打憨痴,且无一点闲烦恼。②

这是《快活歌》中的一小节。与《云游歌》那种凄凉气氛不同,《快活歌》具有苦中作乐的氛围。尽管诗人穿着破衣裳,招来旁观者种种嘲笑,但他仍旧我行我素。他之所以能够达到这种境地,首先是由于自己已经有了求道的信念。其次还在于他炼就龙虎大丹。诗中所谓"华池雪"指的是炼内丹时口中出现的津液。而"丹中火"指的是丹田之热感。至于"黑龙肝""青龙脑"亦均是譬喻,无非是暗指内丹修炼所获得的特异效果。从操作程式上看,内丹修炼属个人行为,在外观上又是无形无状的。这就好像无弦的琴不弹自鸣,没有起点的曲子他人无所奉和。然而,这种看似封闭的"玄修",实际上却是自我心理调节平衡之法门。只有实修且具真体验者方能练就此等领悟之语。

其三是神仙人物及圣贤赞颂诗。道教的神仙人物为数众多,或载于典籍,或绘诸画册,或雕之宫观,或傅在口碑。宋代之前,已有道教学者根据神仙人物故事而作诗,但数量不多,且零星而无系统;白玉蟾或许是出于自我修持的需要抑或是出于弘扬道法的需要,专门创作了第一代天师至第三十二代天师赞颂诗,题为《赞历代天师》,凡三十二首。就他所处时代的天师道来说,这三十二首赞颂诗已经构成一个完整的系统。另有《画中众仙歌》虽名为"歌",但亦具赞美之意,故归入赞颂诗之列当无不可。又考诸《上清集》有《知宫王琳甫赞铭》《赞管辖陈君绿云先生之像》《虚靖先生》《朱文公像疏》《赞文公遗像》《倪梅窗喜神赞》《周伯神喜神赞》若干首,受赞者有道门宗师高士,也有儒家圣贤。如朱文公,乃著名理学家,但在道教中也有重要影响,况且他还提举武夷冲佑观,故道门中人实已将之奉为知己。白玉蟾为之作赞及疏,一方面反

---

① "生"字《道藏精华》本作"腔"。

② 《修真十书》卷三十九,《道藏》第4册第780页。

映了他对儒家思想的某种认同,另一方面也说明朱文公在道门中具有美好的印象。

白玉蟾撰写赞颂诗,有一定文献作根据,且力图以简练的语言概括其主要活动,为其画出一幅"肖像"来。譬如,对于第一代天师张道陵,白玉蟾颂云:

> 云锦山前炼大丹,六天魔魅骨毛寒。
>
> 一从飞鹤归玄省,烟雨潇潇玉局坛。①

云锦山即龙虎山,在今江西省贵溪市西南。其状两峰对峙,如龙蟠虎踞。按照白玉蟾的看法,张道陵曾经在云锦山修炼大丹。这是否有根据呢?考《汉天师世家》卷二张道陵之传,其略云:天师讳道陵,字辅满,沛丰邑人。九世祖张良游下邳圮上,黄石公授之以秘书。后从汉高祖取天下,因有功封留侯。子孙蔓延,至汉建武十年(34 年)正月十五日,道陵生于吴之天目山。长而聪慧,喜天文、地理、图书、谶纬之秘。永平十五年(71 年),道陵 25 岁,以直言极谏科高中,拜江州令,谢官归洛阳北邙山修炼。其后,汉诸帝屡召未就。他"游淮,居桐柏太平山,独与弟子王长从淮入鄱阳,登乐平雩子峰,山神拜于道,愿受驱策,命庙食峰下炼丹。其间,山神知觉,而双鹤导其出入,遂弃其地,溯流入云锦山,炼九天神丹。丹成而龙虎见,山因以名。时年六十余,饵之益壮"。《汉天师世家》出于天师道传人之手,有关张道陵的记述当有诸多史料为据。白玉蟾的赞颂诗即是以此前关于张道陵的故事为原始素材撰就的。

再如第七代天师,白玉蟾颂云:

> 当年辟谷炼仙丹,召雨呼雷譬似闲。
>
> 四海有人膺法②箓,笑携笻去鹤鸣山。③

这里涉及道教修炼的一个重要现象——辟谷。第七代天师是否懂得辟谷呢?《汉天师世家》卷二记载:"七代天师讳回,字仲昌,初能言,即问道是何物?众不能答。慨然失笑而欢。五岁欲传经箓,父曰:且读儒书。对曰:祖书不读,读他书何为?十岁嗣教,能辟谷,日行数百里。后入青城山,不知所终。元至正十三年赠玉清辅教弘济真君。"关于第七代天师的名字问题,白玉蟾赞颂诗谓

---

① 《修真十书》卷四十六,《道藏》第 4 册第 801 页。
② "法"字《道藏辑要》《道藏精华》本作"宝"。
③ 《修真十书》卷四十六,《道藏》第 4 册第 801 页。

之"讳仲回,字德昌",与《汉天师世家》的记载不同,但辟谷一事却有案可稽。至于"炼仙丹"之事,如果从内丹角度看则情理可通。因为"仙丹"乃是泛指,辟谷在内丹家眼里也是炼丹的手段,最终是能够炼成仙丹的。按照这种思想逻辑,则白玉蟾颂第七代天师乃"辟谷"与"炼丹"相连,于道派立场看亦顺理成章。他如"召雨呼雷",实为天师道世传之秘法,以之形容第七代天师则无不妥。因此,这一篇赞颂诗章大体而言,也事出有据。

当然,也不是说,白玉蟾的所有赞颂诗都有文献依据。从艺术的角度看,那是不可能的。再说,任何一个作者都有自己的思想倾向,白玉蟾也不例外。他为历代天师画像,本应多从符法方面着手,但他并没有这样做;相反,他倒加重了金丹方面的内容。在他的笔下,有相当一部分天师都成了修炼金丹的高手。他写第十四代天师"丹鼎能乾活水银";第十五代天师"丹台一点玉髯翁";第十八代天师"玉炉进火结丹砂"……无论出于什么目的,这些赞颂诗都表现了他所属道派的基本立场。

其四是丹功道意词。关于金丹内功修炼的问题,白玉蟾写了很多作品。他不仅运用诗的形式,也注意运用词的形式。《上清集》所收《水调歌头》《沁园春》若干首,其主题均标明是《修炼》,至于题为《自述》的一类亦大抵属修炼之作。修炼什么呢? 这就是金丹内功:

> 要做神仙,
>
> 炼丹工夫譬似闲①。
>
> 但姹女乘龙,
>
> 金公御虎,
>
> 玉炉火炽,
>
> 土釜灰寒。
>
> 铅里藏银,
>
> 砂中取汞,
>
> 神水华②池上下间。

---

① "譬似闲"《道藏辑要》《道藏精华》本作"譬之以闲"。

② "华"字《道藏辑要》《道藏精华》本作"瑶"。

三田内，

有一条径路，

直透泥丸。


一声雷震昆山，

真橐籥，

飞冲夹脊双①关。

见白雪②漫天，

黄芽满地，

龟蛇缭绕，

乌兔掀③翻。

自古乾坤，

这些坎离，

九转烹煎结大还。

灵丹就，

未飞升上阙，

且在人寰。④

这是一首《沁园春》词。在金丹派看来，做个神仙并不难，关键所在是掌握金丹修炼大法。白玉蟾的词充分反映了这种思想。不过，在白玉蟾眼里，金丹大法的修炼也不是什么难事，而是"悠闲"工夫。词中使用许多内丹学的专有名词，诸如"姹女""金公""玉炉""土釜"等等，这些术语在其他道教丹经或诗词作品中，也常常可以见到。白玉蟾把它们加以重新组合，并配上恰当的动词，这就使词的意象踊跃起来。

按照道教的看法，修炼金丹有了法式，操作适宜，也就有了好的结果。一

---

① 《道藏辑要》《道藏精华》本无"双"字。

② "雪"字《道藏辑要》《道藏精华》本作"云"。

③ "掀"字《道藏辑要》《道藏精华》本作"忻"。

④ 《修真十书》卷四十一，《道藏》第4册第790页。按词律，本词上阙第三句乃"仄仄仄平"四字，白玉蟾只用三字，但下阙第三句又比词律多一字。

方面是内心世界的乐趣,另一方面是形貌的变化,所谓"返老还童,鹤发童颜"是道门津津乐道之事。白玉蟾也在这一点上做文章。他的《水调歌头·自述》十首便是见证。如其三:

> 苦苦谁知苦,
> 难难也是难。
> 寻思访道,
> 不知行过几重山。
> 吃尽风僝雨僽,
> 那见霜凝雪冻。
> 饥了又添寒,
> 满眼无人问,
> 何处扣玄关。
>
> 好因①缘,
> 传口诀,
> 炼金丹。
> 街头巷尾,
> 无言暗地自生欢。
> 虽是蓬头垢面,
> 今已九旬来地,
> 尚且是童颜。
> 未下②飞升诏,
> 且受这清闲。③

这一首词根据自己的经历,写出了修炼金丹的妙用。他虽然吃过了不少的苦头,走过了许多冤枉路,但终于获得金丹秘诀。这种修炼的快乐,外人是无从知晓的,所以说是"暗地自生欢"。他不修边幅,外表异于常人,却能够面存童

---

① "因"字《道藏辑要》《道藏精华》本作"姻"。
② "下"字《道藏辑要》《道藏精华》本作"被"。
③ 《修真十书》卷四十一,《道藏》第4册第789页。

子之色。他也希望天界上真下诏,以便乘鹤归去;在未接到天诏之前,他清闲自在。全诗语言浅显明白,却包含着深刻的道意。

## 四、白玉蟾诗词"艮背止止"的思想旨趣和艺术特色

从以上四个方面可知,白玉蟾诗词所涉内容较多。那么,其主题思想到底是什么呢? 笔者以为,这就是"艮止为门,先命后性,性命兼达"的修行观。为了弄清这个问题,有必要就全真道南北宗在性命学说上的不同理解及操作法式略作比较。

作为一种宗教方法论,性命双修是全真道金丹派共同的主张。但操持步骤却不同。学术界一般认为,北宗先性,南宗先命。性是为神,命则为精气。故先性即是以炼神为门坎,先命则以炼精气为前导。过去,有一种看法,以为先性就是以性为主,先命就是以命为主。这种提法不太准确,因为这样容易让人误以为先性就重性轻命,先命就是重命轻性。实际上,在南北宗里,性命分先后,却不偏废。

南宗以命为先,这种思想在张伯端那里已见端倪。刘一明在注《悟真篇》时言及:性命必须双修,工夫还要两段。金丹之道为修性修命之道。修命有作,修性无为,有为之道即以术延命,无为之道即以道全形。这个说明是切合南宗旨要的。

从性命内涵来看,以命为先,就是行炼精气。但是,炼精气并不是与"意"毫无关系。恰恰相反,炼精气本身就包含着以意念控制程式在内。离开了意念的调理或控制,也就谈不上炼精气。不过,意念的调理或控制,又不能等同于修性,但修性却包含炼意的因素在内。

"炼意"在南宗系统的第一阶段是"有为"法式,故属修命范围。如何炼意修命? 在南宗道教学者中,也有不同的操作和不同的表达。照白玉蟾的看法,千言万语,可以浓缩为一个艮卦。他在《艮庵说赠户寺丞子文》中引《周易·艮卦》爻辞说:"艮其背,不获其身;行其庭,不见其人,无咎。"又引《象传》云:"艮,止也。时止则止,时行则行,动静不失其时。其道光明。艮其止,止所也。上下敌应,不与也。是以不获其身,行其庭,不见其人,无咎也。"又引《象

传》云:"兼山艮,君子以思不出其位。"接着,他发挥说:"艮有兼山之意。山者,出字也。虽止于晦而出于明。所谓行到水穷处,坐看云起时也。"①其要义所在即"止于晦"而能"出于明"。晦属阴,明属阳。止于晦,乃用阴;出于明,乃因阴而生阳。"止止"是炼意法,更是修命的关键。白玉蟾在《武夷重建止止庵记》进一步发挥说:

> 《周易》艮卦兼山之义,盖发明止止之说。而《法华经》有"止止妙难思"之句。而庄子亦曰"虚室生白,吉祥止止"。是知三教之中,止止为妙义。有如鉴止水,观止月。吟六止之诗,作八止之赋,整整有人焉。
>
> 止止之名,古者不徒名;止止之庵,今人不徒复兴。必有得止止之深者,宅其庵焉。然则青山白云,无非止止也;落花流水,亦止止也。啼鸟哀猿,荒苔断藓,尽是止止意思。若未能止止者,参之已有止止所得者,政②知行住坐卧,自有不止之止,非徒螝枯木死灰也。予特③止止之辈也,今记此庵之人,同予入止止三昧,供养三清高上天,一切众生证止止。止止非止之止止,实谓止其止之止而已矣。④

白玉蟾宣称自己乃是"止止"之辈,这就充分表明了他的修行是以"止止"为要义的。"止止"首先是抑制非分念头,使纷繁复杂的心思归反,由杂而还纯,达于"至一"。在白玉蟾的心目中,止止修命法,不是一刹那而过,而是贯穿于生活的一切方面。一个修道者应该懂得在日常生活起居中运用外界事物作媒介,来抑制不正之念,使自己的心灵定位在求道的轨道上。从这个立场出发,那就可以把周围的一切事物都看成行止止之道的手段或锻炼自己心性的"熔炉"。所以,他把青山白云、落花流水以及啼鸟哀猿都当作"止止"的符号表征。事实上,这就是借助外物以炼意的思想。这种思想促使他形成了"过境而止,止而反观"的举动。

他从"止止"动静中捕捉诗歌意象,架构其艺术殿堂,并且形成自己的风格。分而言之,有如下几点:

---

① 《修真十书》卷四十二,《道藏》第 4 册第 794 页。
② "政"字《道藏辑要》本作"则"。
③ "特"字《道藏辑要》本作"持"。
④ 《修真十书》卷四十五,《道藏》第 4 册第 798 页。

**（一）止于物境，以物洗心**

所谓："止于物境"首先就是让自己的注意力转移到外界事物环境，这可以使原来躁动不安的心思得到平息。故而，我们发现白玉蟾的诗词作品表现出对事物环境的特别关注，他尤其注意观察自然景物，以至达到细致入微的程度。譬如他的《九曲杂咏·一曲升真洞》：

> 得得来寻仙子家，升真洞口正蜂衙。
>
> 一溪春水漾寒碧，流出红桃几片花。①

"行"与"止"是对立统一的关系。没有"行"就无所谓"止"；反之，没有"止"也就无所谓"行"。为了更好地"行"就必须"知止"，而要能够"止于境"又必须以"行"为前提。这首诗恰好体现了白玉蟾行止有度的炼意修命辩证法。诗中一个"寻"字把"行"的动感活脱脱地展示出来。作为一个修道者，白玉蟾不是去寻找金银财宝，也不是去寻找情欲宣泄的场所；他要寻找的是"仙子家"。果然，他找到了，这就是"升真洞"。在这里，他"止"了。从炼意的立场看，升真洞就是物境，止于升真洞便是止于物境。于是，他的炼意修命行踪由动而入静。

然而，有止即有出。因为在《易》之象，艮为山，山为止，两山相重即成出。出者，行也。体止而心行。他用心灵的火眼金睛来观察眼前的一切，看见了九曲溪的水流，又看见了水流上飘浮的红桃花瓣。他为什么尽情地欣赏眼前的这些景色呢？在常人看来，这似乎只是游山玩水；其实，这正是他洗心的法度。当春水流动，他内心原有的杂念也跟着流动了。于是，一溪春水洗涤了心上的尘垢。而由此形成的诗作也有了一种灵灵水意的明净之感。从这里再回想一下白玉蟾"止于晦而出于明"的警语以及《易经》"其道光明"的"象辞"，就不难明白他的炼意程序是如何炼出"光明"的诗境来了。

**（二）心物俱忘，道由真显**

物境虽然是炼意的凭借，但作为一个修道者，并非要永远停留在物境上。如果是那样，便是只知止而不知行了。得物洗心，心净物空，这是白玉蟾炼意修命的又一步骤，也是他获取诗歌意象的有效程式。《海琼问道集·海琼君

---

① 《修真十书》卷四十，《道藏》第4册第786页。

隐山文》记载白玉蟾同某客人就隐居山林之事的问答,字里行间蕴含着"心物关系"的修行要理。文中说:玉蟾翁与世绝交而高卧于葛山之巅。客人问隐居山林有什么快乐? 白玉蟾回答:"善。善隐山者,不知其隐山之乐。知隐山之乐者,鸟必择木,鱼必择水也。夫山中之人,其所乐者不在乎山之乐,盖其心之乐。而乐乎山者,心境一如也。对境无心,对心无境,斯则隐山之善乐者欤?"①按照白玉蟾的看法,真正隐山的人,是无所谓乐与不乐的,因为心与境已经完全合一,面对着"境",心不存在,而境对着心,同样也无境的存在,这是一种净心而空物的无我心态。

对境无心,对心无境,这实际上就是忘情于我。对此,白玉蟾进一步发挥说:"人与山俱化,山与人俱②忘。人也者,心也;山也者,心也;其心也者,不知孰为山,孰为人也。可知而不可以知知,可见而不可以见见。纯真冲寂之妙,则非山非人也。其非山非人之妙,如月之在波,如风之在竹,不可得而③言也。"④白玉蟾这篇解说,客人非常满意,以致当面表示:"请事斯语,当从先生游。"白玉蟾所说,归结起来,其大旨就在一个"忘"字。在眼前,为什么有山的存在、有人的存在,就是因为人心的作用。

在一个人无法平息自己的杂念、妄念的时候,有必要通过外物来冲刷心灵世界;相对于人本有的心念来说,外物是一种新的资讯。由于这种新的资讯的挤迫,心中原有的杂念或妄念就会退位;但是,这种新的资讯一旦进入心中,又会在一定的时候演化为杂念乃至妄念;因此,只有"空"才能真正使本心净化。

人的本心净化了,道才能永驻。当道成为心灵的主宰时,观物非物,而物却能成为道的载体。有词为证:

> 一个清闲客,
>
> 无事挂心头。
>
> 包巾纸袄,
>
> 单瓢只笠自逍遥。

---

① 《海琼传道集》,《道藏》第 33 册第 143 页,其中之"欤",《道藏辑要》本作"乎"。
② "俱"《道藏精华》本作"相"。
③ "而"《道藏辑要》本作"其"。
④ 《海琼传道集》,《道藏》第 33 册第 143 页。

只把随身风月，

便做自家受用，

此外复何求。

倒指两三载，

行过百来州。


百来州，

云渺渺，

水悠悠。

水流云散，

于今几度蓼花秋。

一任乌飞兔走，

我亦不知寒暑，

万事总休休。

问我金丹诀，

石女跨金牛。[①]

这是白玉蟾《水调歌头·自述》中的第八首。"清闲客"是作者自称。他之所以"清闲"是因为心中无事。作品通过描写词人无牵无挂的云游行踪，表达了悠闲自在的心境。你看他头上裹着"包巾"，身上穿着"纸袄"，随身带的只是"风月"。这个"风月"并不是人们常说的风花雪月，而是内在阴阳之气。那是本来就有的，不需向外求索。他四处云游，两三年中，走过了百来个州。开初所见尽是渺渺云烟，悠悠流水。心寄行云流水，这可以说还是借景洗心的阶段；可是，他渐渐地进入了第二阶段。于是，"水流云散"，最后连寒暑也不知道了，心胸空旷，万事不存，这又可以说是心物俱忘了。既然，心中无物亦无心，就是空心空物，一张白纸。庄子所谓"虚室生白，吉祥止止"即是此意。居室能虚，心胸既空，虚空则纯净，纯净则真显，真显则载道，所以金丹内结。所谓"石女跨金牛"就是内结金丹大道的表征。按《悟真篇》有"牛女情缘道本"

---

① 《修真十书》卷四十一，《道藏》第 4 册第 789 页。

之语。"牛"即牛郎,雅称"郎君";"女"即织女,雅称姹女。道门常以郎君比喻阳精铅龙,以姹女比喻阴精真汞。"石女"跨上了"金牛",意味着牛郎与织女的会合,亲情融融,阴阳相生,这就是"道本"。由此可知,回复道本的途径乃是内心的空灵。这首词通过云游旅程的自述,塑造了一种清灵的主体意象,"止止"生辉的艺术手法见诸笔端。

### (三)景随主化,因景寓玄

忘境空心而道存。道为主宰,则景随主化。景乃境中之物。我有道则为主而景为宾。有道则宾随主意;主因宾和。白玉蟾在谈到圣人之隐的时候说:

> 圣人所隐不在乎山①之隐,而隐其心。故刍狗乎含灵之形,而金玉乎含灵之性,是非质其形于山之外,而亦妙其性于山之内,惟圣人知之。

> 子欲闻山中之味,山中之旨乎?夫山之为山,人之为人,人亦不欲必乎山而后隐,山亦不欲必乎人而后存。存乎山,隐乎②步,而不起煎烦之念。茅庐③竹舍,草坛松炉,不可以为寒;茂林修竹,冷风寒泉,不可以为暑。笑傲烟霞,偃仰风雨,乐人之所不能乐,得人之所不可得。有叶可书,有花可棋。其为琴也风入松,其为酒也雨滴石。其宁心有禅,其炼心有行④。视虎狼如家豚,呼熊罴如人仆。其孤如寒猿夜号,其闲如白云暮飞。不可以朝野拘其心,不可以身世阱其志⑤。以此修之谓之隐,以此隐之谓之山。⑥

白玉蟾所谓"隐其心"就是退俗念。俗念退,则一方面是观山非山,另一方面则无山亦有山。此时此景,一切因道而化。则虎狼温顺,熊罴不凶,为我所用。这是白玉蟾修道的阶梯,同时也是他为诗作文的"骨法"。他以"道"的胸怀去观察周围的事物,于是物物似乎都蕴藏着"玄机"。试读他的《咏雪》:

> 青女怀中酿雪方,雪儿为曲露为浆。

---

① "山"《道藏辑要》本作"身"。
② "乎"与"步"之间《道藏辑要》《道藏精华》本错入前文"人者……炎火炽其"部分,其文为"存乎山而隐乎人者……"。
③ "茅庐"前《道藏精华》本有"况乎"二字。
④ "行"《道藏辑要》本作"形"。
⑤ "志"《道藏辑要》本作"心"。
⑥ 《海琼问道集》,《道藏》第33册第145页。

一朝雪熟飞廉醉,酖①得东风一夜狂。②

经历冬天严寒的人对"雪"大概都不会陌生。但眼界不同,看"雪"也大异其趣。在白玉蟾眼里,雪却可以成为"酒",因酒而御寒。诗中"青女"有多重暗喻,首先是指"青山"。皑皑白雪覆盖在山凹,看起来好像积在少女的怀中。因少女年轻,气脉方盛,雪在山凹,正像酒曲置于酒坛里。这是一种直观性的联想。然而,至此为止,尚未真正认识"庐山真面目"。作为一位熟谙内丹术的道教宗派创始人,白玉蟾诗中的"酿雪"乃另有所指。联系"青女"一语拓展开去,我们就能揭开其谜底。"青女"系青衣女子的略称,在道教中常借以指"砂中汞",乃龙之弦气。清董德宁《悟真篇正义》:"女子着青衣者,离为中女,木之色青,着衣者,服衣于身也,此乃砂中汞之象,以砂属离火,而汞属震木也。"由此可知,"青女"实已成为内丹学的一种符象。这种符象既然为南宗祖师张紫阳所喜用,白玉蟾当是颇为熟悉的。故而,他诗中的"青女"具有内丹方面的隐意,也就不足为奇。如果进一步发掘,我们还会看到,白玉蟾的《咏雪》在深层次上尚有他个人内功独特体验的闪光。诗中用了一个典故——"飞廉"神话。飞廉即"风伯"。《楚辞·离骚》云:"后飞廉使奔属。"王逸注:"飞廉,风伯也。"洪兴祖补注:"飞廉,神禽,能致风气。"传说飞廉鹿身,头如雀,有角,而蛇尾豹纹。这种形象古怪的动物神常在道教典籍中出现。白玉蟾借之以自况,也表示得道的神妙。这就说明,当他洗涤自我心灵的尘垢、把大道蕴藏在心中的时候,便能"观物非物",自然景色巧妙地化为载道的符象。这便是他诗词作品中的"玄机"所在。

**(四)锻铸意象,火候天成**

作为一个心笃志坚的修行者,白玉蟾不仅从生活环境里获取金丹大道的符象,而且将金丹大道的火候操持贯穿在生活起居的一切方面;而在这种火候操持过程中,他的诗歌意象也得到了进一步的锤炼。叶古熙曾经把白玉蟾在武夷山同门人的一些谈话整理成《武夷升堂》。其中有几段颇有意趣:

天谷问曰:"大道本无名,因甚有铅汞?"

① "酖"字《道藏辑要》本作"醉"。
② 白玉蟾:《上清集》,载于《修真十书》卷三十九,《道藏》第4册第787页。

师答云:"显无形之形者,大道之龙虎;露无名之名者,大道之铅汞。"

复问曰:"五金之内,铅中取银;八石之中,砂中取汞。修炼内丹如何?"

答云:"铅中之银砂中汞,身内之心阴内阳。"

雪岩问曰:"药物有浮沉清浊,火候有抽添进退。运用在主宾,生旺在刑德。此理如何?"

师答云[1]:"终日采大药,何处辨浮沉。终日行火候,谁人知进退?五行全处无生克,四象和时不主宾。"[2]

这两段对话是白玉蟾对大道与金丹关系以及操持法度的说明。在白玉蟾看来,无形、无名的大道,可以通过有形的龙虎符象得到表征,也可以用铅汞来命名它。修道是"全天候"的事,难于分辨终始。这种自然天成的金丹思想是白玉蟾修行理论的重要组成部分;同时,也是他进行诗歌创作的思想指导。如果把诗歌意象的获取当作一个炼丹过程,那么它的煅铸也是在排除俗心分别之念的情况下进行的。这就是说,终日心中有道,便可有观察的道眼。有了这种道眼,便能从周围环境中找到表征修道情趣的原始物象。随着自我内在金丹火候转数的逐渐增加,那原始物象也在他的炼丹炉里得到了千锤百炼,于是发出耀眼的光芒。照他的话说,修炼金丹终日采大药,终日行火候,而他从周围环境采撷来的原始物象也在诗歌创作的"八卦炉"里烹炼,他的这个八卦炉同样终日不熄火。因此,当他有了炼丹的"药感",饱蘸"道意"的诗情亦随之而出。他一次又一次地游览武夷山,一次又一次地获得了"药感",一次又一次地捕捉到诗歌的原始物象。由于八卦炼丹炉的火候温度相当适宜,经过了一阵自然温养之后,那些原始物象也就化成了意象。这些意象经过一番阴阳转换之后,恍惚又如蓄于水库之中,当它们渐渐上涨之时,便要冲出闸门。于是,他有了《九曲杂咏》,有了《九曲棹歌》,又有了《武夷有感》。读他的这些作品,我们首先感觉到,自然景观随着他那支笔,不断地变化着;而当我们再静心思索一下,进入他所创造的金丹修炼的独特的瑰丽世界时,却又发现那些自然

---

① 《道藏辑要》《道藏精华》本作"曰"。

② 《海琼白真人语录》卷三,《道藏》第 33 册第 126 页。

景观似乎都成了金丹的神妙写照。他按照春、夏、秋、冬、晓、暮、行、住、坐、卧的顺序,加上"结末"写了十一首诗。首面"四季"诗用以暗示丹功火候转数,而后面的行住坐卧则表征四时火候之操持。前人经常把天上的二十八星宿按青龙、白虎、朱雀、玄武的方位组合起来,形成东西南北的轮转次序,用以描述丹功火候,白玉蟾对于这种丹功法门是了如指掌的,他诗中的季节变化以及生活起居中的行住坐卧亦当有这种用意。《周易参同契》谓:"春夏据内体,从子至辰巳。秋冬当外用,自午讫戌亥。"五代彭晓注曰:"阳火自子进符,至巳纯阳用事,乃内阴求外阳也。阴符自午退火,至亥纯阴用事,乃外阳附内阴也。此内外之体,盛衰之理。"①炼丹有阴阳变化,操持者当明了此理。对照一下《周易参同契》行文以及彭晓之注,就可以看出白玉蟾《武夷有感》中的春夏秋冬诸诗作并非仅仅是自然季节流迁的简单描摹,而是有丹功火候的象征意义的。至于写晓暮的二首,乃是夺《周易参同契》"朔旦屯直事,至暮蒙当受"之精髓而出。魏伯阳称"旦暮",白玉蟾谓"晓暮",其本义不异。按《周易参同契》的丹功修法,旦乃屯卦用事,暮乃蒙卦用事。旦暮交接,屯蒙相衔,值日用卦,朱熹称此为用功六十卦之卦例。② 我们读白玉蟾《晓》《暮》二诗也能感受到其中的阴阳意蕴:

晓

风吹万木醒栖鹊,月落西山啼断猿。

云卷翠微深处寺,一声钟落碧岩前。


暮

碧云红树晚相间,落日乱鸦天欲昏。

人去采芝不知返,草庐空自掩柴门。③

尽管月亮刚刚从西山落下去,喜鹊却早已醒来,调皮的猿猴更是啼叫不断,这正是一日阳气升起的迹象;而到了傍晚,太阳落下山去,乌鸦四处乱飞,则更加重了黄昏的浓厚色调。一晓一暮,阴阳对照,这就把屯蒙用功之进退显露出

---

① 《周易参同契古注集成》,上海古籍出版社 1990 年版,第 6 页。
② 参见朱熹《周易参同契考异》,《四库全书》本。
③ 《修真十书》卷四十,《道藏》第 4 册第 787 页。

来了。

白玉蟾《武夷有感结末》写道:"道人心与物俱化,对景无思诗自成。诗句自然明造化,诗成造化寂无声。"①他的这首诗既道出了自己诗歌的成功,同时也透露了作品蕴含的真谛。白玉蟾自称对景无诗,就是说自己无心作诗,这应该是可以相信的。净化心灵,道为主宰,顺着造化之形势,在本我的艺术炼丹炉里点化物象,经过"进火""退符""温养"的自然程式,原始物象化成诗歌意象——这是白玉蟾在修道过程中形成的一种诗歌创作体验。通过诗歌意象的显露,白玉蟾不仅加深自己对大自然的感受,而且反观自我,进一步认识内在的丹功造化。他这种因任自然的创作手法乃得自唐末吕洞宾以及张紫阳诸位南宗祖师的启迪,同时又对南宋以后的全真道派诗人的创作有较深的影响,在道教文学史上也占有比较重要的地位。他的许多咏物、述怀之诗写得富有灵性,有一定的典型意义;不过,正如其他一些道士之作一样,他也有一部分作品写得过于晦涩,隐语过多,给后人造成了理解的困难,从而降低了其艺术性,这也是毋庸回避的。

## 五、白玉蟾之后金丹派南宗主要传人的诗词作品考析

在白玉蟾的示范作用下,金丹派南宗传人于运用诗词形式来表达其修行体验方面继续进行探索,并且取得一定的成效。但该宗的文献在以往整理不够,传授线索亦不甚明朗。为了工作的有序开展,这里拟从诗词研究的角度稍作梳理。

### (一)彭耜诗词与刀圭火符

白玉蟾嫡传弟子中彭耜的名气和学术成就从总体上看是比较大的。元代道士萧廷芝在《道德真经三解》的序言中说:"海琼而后,大道一脉归之鹤林先生,为往圣继绝学,为后世立法门。"这个鹤林先生就是彭耜。萧廷芝的叙述洋溢着一派赞颂之情,足见彭耜在南宗道脉中的印象颇好。《历世真仙体道通鉴》卷四十九称彭耜为三山人,"奕世显宦,自其少时早有文声"。他师事白

① 《修真十书》卷四十,《道藏》第4册第787页。

玉蟾,得太一刀圭火符之传,九鼎金铅砂汞之书,紫霄啸命风霆之文。归作
《鹤林赋》,复作诗曰:"买得螺江一叶舟,功名如蜡何休休。我无曳尾乞怜态,
早作灰心不仕谋。已学漆园耕白兆,甘为关令候青牛。刀圭底事凭谁会? 明
月清风为点头。"①这首诗表达了彭耜无心仕途而向往庄周式的隐遁生活的心
情。据说,其所居立鹤林靖,以孔老娱其心,以符治疾,多所痊愈。曾采撷宋代
诸家《老子》注本,撰为《道德真经集注》十八卷。这说明他在经教方面有较大
的建树。

然而,他的诗词创作又如何呢? 除了《历世真仙体道通鉴》所录一首之
外,还有没有别的作品呢? 这只能从现存的与彭耜有关的文献资料中去寻找
和辨析。考《金华冲碧丹经秘旨》一书收有《满庭芳》《沁园春》词二首。该书
分上下两卷,上卷题海琼老人白玉蟾授、三山鹤林隐士彭耜受。下卷则题白鹤
洞天养素真人兰元白授、门弟子西隐翁辰阳孟煦受。两首词见于上卷,故下卷
的两位传人即可不作诗词作者考虑。于是,其作者范围仅限于白玉蟾与彭耜
之间。书中两首词到底是由谁作? 这牵涉到该书的来历问题。

关于《金华冲碧丹经秘旨》的来历,西蜀蒙煦在篇首之《传》中说:"余之家
世西蜀,孟君三世孙也。寓居峨嵋之西峰,生平酷嗜行持,而遍参云水,游谒江
湖,足迹半天下。偶于嘉定戊寅间,游于福之三山,参访鹤林彭真士,所论行持
叙话间,深有所喜。一日,彭君携出玉蟾白真人所授传法书数阶,阅之,皆神灵
秘典。于内忽挟带出一书,急收之。余再拜请观。彭云:子凤有仙缘,令吾挟
出。展读之,即号《金华冲碧丹经》。"②文中所指"鹤林彭真士"即彭耜。他本
来是要把白玉蟾传授的书拿出给孟煦看,却无形中挟带了另一本秘笈。由
"急收之"一语可以看出,这一本《金华冲碧丹经》是无意中挟带而出的。按
《传》中的描述,孟煦尚于嘉定庚辰(1220 年)复游白鹤洞天,又得兰元白老人
口授心传。孟煦称元白老人即玉蟾真人所化。从种种迹象上看,收入于《金
华冲碧丹经秘旨》内的两首词与白玉蟾的作品风格的确很相近,尤其是《沁园
春》一首更是如此,有些句子甚至相同。但是,经过比较之后,却觉得它并非

---

① 《道藏》第 5 册第 386 页。
② 《金华冲碧丹经秘旨传》,《道藏》第 19 册第 159 页。

是白玉蟾同一词作的不同版本或者弟子的简单类比之作。为了弄清真相,兹
录文本如次:

要做神仙,

炼金液①,

七返九还。

但姹女归乾,

金公在坎。

玉炉炽火,

金鼎烟寒。

铅里淘银,

砂中炼汞。

神火华池上下间,

中宫里,

有一条径路,

直透天关。


堤防金水交环,

运阴火,

阳符不等闲。

看白雪辉天,

黄芽满地,

龟蛇厮抱,

乌兔相攀。

自古乾坤,

这些离坎,

九转烹煎要把奸。

灵丹就,未飞升玉阙,

———————

① 按词牌格律,此句当为"仄仄平平"四字。

具在人寰。①

从表面上看，这首词与前引白玉蟾《沁园春·修炼》一词颇相似。两者所用词汇直到描写的物件看起来似乎如出一辙。但是，只要稍加比较，又会发现，两者的一些关键字眼却又不同。② 如第二、三句，白氏词作"炼丹工夫，譬如闲"讲的是意念的把握问题，而此词"炼金液，七返九还"则是整个炼丹程式的总概括。第四、五句，白氏词作"但姹女乘龙，金公御虎"，是说姹女得阳精之美，金气运行到了西方兑卦之位；而此词作"但姹女归乾，金公在坎"，姹女有了归属，金气进一步从西方兑卦之位运行到了北方坎卦水位。就光这几句的对照，即可明了两者在理念上的差异。可以说，两首词代表了大还丹火候掌握的不同阶段。故而，表面上虽有许多词汇相似甚至相同，但其基本旨趣却又各自具有相对独立性。所以，把此词当作前引白氏词的不同版本是没有根据的。这样，合理的作者也就落到了彭耜身上。根据孟煦对《金华冲碧丹经》来历的叙述，笔者以为白玉蟾应当是有向彭耜传授有关丹道秘诀，而彭耜又结合自己的修炼体会，以模拟方式撰写了这篇《沁园春》词，这就是为什么该书上卷题白玉蟾授、彭耜受的因由。彭耜在获得丹道秘诀后之所以化用了白玉蟾《沁园春·修炼》的套式，是因为丹道修炼已经形成了一套相对稳定的表达符号。续存这一套符号体系，对于传达丹功资讯可以说是相当有效的。从艺术理论上看，这种续存也符合典型的形成与发展的历史逻辑。如果逆溯一下古史传说，我们会发现，典型作为原始符号，乃出于巫术仪式，那时的"能指"与"所指"是同一的，指称（外延）与含义（内涵）也未能分开。随着文明的进展，原始意识隐退，典型意象开始形成，并且从具体的描述渐次发展为抽象的概念。许慎《说文解字》称"典"是五帝之书，而"型"是铸器之法。训诂学家段玉裁谓：以木为之曰模，以竹曰范，以土曰型。引申之为典型。《尔雅·释诂》指"典"为"常"，即常规、常法之意。但不管典型的内涵与外延如何扩展，它本身仍意味着对原型的某种认同。在文学艺术领域中，典型对原型的认同，尤其表现为对那种原始的传达情感的隐喻或法则的续存，从而成为审美情绪的载体。我

---

① 《金华冲碧丹经秘旨》卷上，《道藏》第19册第161页。
② 为了行文的方便，这里把白玉蟾的词称白氏词，而现引一词则称"此词"。

们知道,道教的修行法式具有极为古老的源头。从天人合一的立场出发,道教中人反观自身,把人体当作一个小宇宙。为了揭示小宇宙中的种种奥秘,道教中人从古老的巫术仪式当中承袭了"取象比类"的思维模式,从草木到飞禽,从云彩到星体,都被化为符号,用以描述人体的内在结构和内丹功能的种种瑰丽变化。这些物象用之既久,便渐渐固定下来,成为有效的运载资讯的"符象"。后来的道门中人修炼丹功,不能不承袭这种符号体系。所以,我们研读道教文献,可以看到用以表示丹功修炼的文字有许多语汇是相同的。在同一道派中,这种情况更为多见。由此,我们就不难明白彭耜的《沁园春》词为什么在外观形态上与其师父白玉蟾所作《沁园春·修炼》词相似。

不过,我们不要忘记,彭耜并不是简单地"续存"了白玉蟾《沁园春·修炼》词的结构模式,而是化而用之。他一方面保留了原来的结构模式,另一方面却在关键之处,加以点化和锻铸。于是,新的精神由之而显。这有点像电脑软件的"升级"。这种升级既保留原来有用的程式,但又增加新内容或改变某些旧程式,以增进功能。他的《沁园春》词有的在关键处换了新字,有的只是调整一下先后次序。如白氏词中有"三田内,有一条径路,直透泥丸"。彭耜略加变动,作"中宫里,有一条径路,直透天关"。在字面上,这看起来似乎无关大局,但意蕴却有了发展。白氏词的"三田"指三丹田,是对丹田的泛指;而彭耜称"中宫",指的是中丹田,这就缩小其具体范围;白氏词"径路"所向是"泥丸",古人以脑中有泥丸之地,为神之所舍,故名;彭耜径路所向是"天关"。在古代,"天关"的含义很多,或指天门,或指二十八星宿中的角星,或指北辰星等等。道教文献也常使用"天关"这个概念,例如《钟吕传道集·论内观》有云:"天关不开,烟焰复下,周围四匝,人物器釜,王者大臣,尽在红焰之中,互相指呼,争要进火。"①这是描述内观存想时烈焰上下奔腾的情境,其"天关"当指头顶的百会穴。再如萧廷芝编的《金丹大成集·金液还丹论》谓:"天之居于北极,为造化之枢机者,此心也。故斗杓一运,四时应节,五行顺序,寒暑中度,阴阳得宜矣。在人亦然。首有五宫,上应九隅,其中一宫曰天心。一曰

---

① 《修真十书·钟吕传道集》卷十六,《道藏》第 4 册第 678 页。

紫府、天渊、天轮、天关、天京山、都关、昆仑顶,其名颇众。总而言之,曰玄关一窍。"①从这一段解说来看,"天关"乃在头部,也就是百会穴与印堂穴垂直的交汇点。如此比较一下,可知彭耜《沁园春》词以更加确定的形式来表征内气运行的状态。再看字序调整方面:白氏词有"自古乾坤,这些离坎"之句,彭耜改"离坎"为"坎离",似乎差别不大;但在修炼指向上却有不同。在卦象上,"离"为阳,"坎"为阴。离在先,乃由阳而入阴;坎在先则由阴而返阳。故彭耜词中有"运阴火,阳符不等闲"之语。稍加探讨,可知两者已异其趣。

在《金华冲碧丹经秘旨》卷上尚有《满庭芳》词一首。既然,我们已考定其中的《沁园春》系彭耜的拟作,那么同卷的《满庭芳》词亦出于彭耜之手也就顺理成章。兹引如次:

> 玉液金膏,
>
> 返还胎质,
>
> 全凭离坎施为。
>
> 天魂地魄,
>
> 金室互相依。
>
> 运用中黄神水,
>
> 回环转,
>
> 万象同归。
>
> 华池畔,
>
> 通天彻地,
>
> 五气合中基。
>
> 玄关双闲固,
>
> 两般孔窍,
>
> 金木交驰。
>
> 炼成戊己,
>
> 产出紫金芝。

---

① 《修真十书·金丹大成集》卷九,《道藏》第 4 册第 636 页。

九转飞凝,

清浊汞铅,

随二水天机。

还丹就,

轻飞火药,

丹质宝光辉。①

这首《满庭芳》的理念与其《沁园春》词构成了彼此照应。大旨所在亦不出内丹修炼。其紧要处是强调"中黄神水"的统摄作用,也就是要以神御气,调理离坎,炼戊己大药,以结紫金芝。比较一下其他同类作品,依然可以看出那些带有符号意义的语汇再度再现,这证明丹功符号续存作为一种文化艺术现象的不可阻挡。另一方面,彭耜由于将功夫用在结构的调整上,我们仍然体悟到某种新的"张力"。因为结构的变化,实际上造成了"符号波"长短的变迁。这样,当我们进行品味的时候,就会张搭起一种相应的体验时空。这种词,如果从一般的市井立场看,那就会感到枯燥无味;但若能细细琢磨其符号运载的资讯,则又会有另一番感受。

**(二)王庆升的三极至命诗**

彭耜从白玉蟾处学到丹功等种种修行之道,大张其教,门弟接踵而至,而门弟子又有门弟子。一时,堪称教门兴旺。不过,或许是时久散失,或许是环境的原因,有关彭耜嫡传弟子的诗词今已不容易搜寻。倒是他的几位再传弟子留下了一些作品,值得一提的是王庆升与周无所住二人。

王庆升,南宋人,字果齐,号吟鹤,又号爱清子,系彭耜之再传弟子,生卒年月不详,其诗词作品保存于《爱清子至命篇》及《三极至命荃蹄》中。他的《爱清子至命篇序》中篇有"鲎洲爱清子果斋王庆升吟鹤自序,时淳祐己酉孟秋",由此知其主要活动于宋理宗时期。他的这两部集子都表明"至命",可见其主旨就在于"命"字上。

但是,他所谓"命"并没有离开"性"。在《爱清子至命篇序》中,他说:"人心、道心云者,尽性之谓也;尽苟尽矣,命斯可至焉。可道、常道云者,至命之谓

---

① 《金华冲碧丹经秘旨》卷上,《道藏》第19册第161页。

也;性犹未尽,乌可至于命也?舍性命以求道而得之者,未之有也。性命,一也。"①王庆升的目标自然是为了修命,但他又认为必须"尽性"才可以"至命"。他所强调的是性命之理不可分。这种思想来源于《周易·说卦》:"昔者,圣人之作易也,幽赞于神明而生蓍,参天两地而倚数,观变于阴阳而立卦,发挥于刚柔而生爻,和顺于道德而理于义,穷理尽性以至于命。"沿着《周易》尽性至命的思想路线,他探讨性命之学的"三极"之道。"三极"就是天极、地极、人极。他的许多诗歌基本上是为了表达这种"三极"思想而作的,姑且名之为玄言哲理诗。他根据天人合一的事理,因循《周易》卦象,把宇宙与人类社会的发生演化用诸图表示出来,分为奇偶极象、无极之象、太极之象、两仪之象、四象之图、八卦之象、皇极之象、混元三宝之象、九宫用中之象、十干纳甲之象、生死三徒之象、乾坤直夏之象、艮兑手口之象、震兑足戍之象、坎离耳目之象、腹背根蒂之象。在每一幅图像之下都配上一首诗。作者杂采古代五行学、天文学等领域的概念,且参合道教神话典故,以诠释图像的意蕴。如《太极之象》云:

> 子半阳生午半阴,从兹寒暑互相侵。
>
> 半斤八两相清浊,中有虚皇是汝心。
>
> 真形赤子虚皇老,青中赤外颜色好。
>
> 意土归迎金水乡,无星间隔何烦恼。②

其用语明白如话,加上直观的图像,读者比照参看,还是容易理解的。除了配合图像所作的十余首玄语哲理诗外,王庆升还作有许多日用劝诫诗。如《修真六用》《五空顽》《修丹十戒》《修仙善恶劝戒》。在这方面,他似乎有意与前辈的体式进行类比。像《修真六用》按晓、暮、行、住、坐、卧顺序各作一首,这与白玉蟾《武夷杂咏》中的六首题目相同,不过内容却相异。这一部分作品意蕴较深,尚有耐人寻味之处,譬如《晓》《暮》两首:

晓

> 夜半寒泉动地雷,损奇益偶著灵胎。

---

① 王庆升:《爱清子至命篇》,《道藏》第24册第195页。
② (宋)王庆升:《三极至命筌蹄》,《道藏》第4册第935页。

　　　　一壶风髓朝朝饮,海底红莲火底栽。

　　　　　　幕

　　　　日中姤象振天风,武减文加一饷工。

　　　　熟煮龟肝餐八两,山泉空泥暮为蒙。①

这两首词暗藏着"屯""蒙""复""姤"四卦的转换关系。在《周易》中,屯卦之象,下震上坎,震为雷,坎为水;晓的时辰始于子,故称"夜半";坎之水源于泉,故称"寒泉";震卦居于坎卦之下,故谓"寒泉动地雷";屯卦四阴而二阳,因一雷感动,坎中之奇化而为偶(即阳爻变为阴爻),于是屯卦变为复卦,复五阴在上,一阳在下,五阴为海水,一阳为红莲;海底火发,阴阳反复,则复卦变为姤卦。姤卦之象,下巽上乾,乾为天,巽为风,风在天下吹,故谓"天风";依卦炼功,一文一武,武为阳,文为阴。"武减"则阳退,"文加"则阴进,姤卦变为蒙卦。作者将诸卦象隐于字里行间,又选"风髓""龟肝"之类词汇点缀其间,这就使幽晦的诗境透出朦胧而又扑朔迷离的色调。由此,我们看到南宗惯用的依象比类的符号组合在王庆升又闪出"飞动"之光。

### (三)周无所住的十六颂

　　大约与王庆升同时的周无所住也是彭耜再传弟子中较杰出者。周无所住系南宋永嘉(今属浙江省)人,师事彭耜徒裔方碧虚及赤城林自然。他作有性命颂诗十六首,这些作品收入于《金丹直指》之中。关于这十六颂诗的思想理念,他在该书序言中说:"余著金丹十六颂,直言性命之奥,故以《直指》言之。且明心见性,宗门事也;归根复命,玄门事也。宗玄异事,若不可比而同之;然玄谓之炼丹,宗谓之牧牛。抑以大朴既散,非炼之则无以返漓还淳;六窗既开,非牧之则无以澡黑露白。曰炼曰牧,殊途同归;曰玄曰宗,一而二,二而一者也。"②周无所住把性命修行之道分为"宗门"与"玄门"。宗门意在炼性,玄门意在修命。他认为说法不同,而要达到的终点却一致。所以,不能从性外求命,命外求性;应该穷理尽性,归根复命回返本初混然之体。他的十六颂大抵以此为宗旨。从其题目上看,这十六颂是以炼丹程式为对象的,但在内容上却

---

① (宋)王庆升:《三极至命荃蹄》,《道藏》第4册第944页。
② (宋)周无所住:《金丹直指》,《道藏》第24册第90页。

又反对刻意追求具体穴窍的做法。如《抽添颂》：

> 若问抽添法，纵擒怕觉迟。
>
> 调停无损益，方始证无为。
>
>
> 识得真心无不遍，自己不明被物转。
>
> 可怜无限守株人，退铅进汞错方便。①

他认为金丹修炼中的"抽添"之法应遵循"无为"原则，批评那些只懂得机械的铅汞进退者是"守株待兔"的人，以为他们的做法必要出偏差。可以看出，周无所住有关性命修行的十六颂在观念与形式上已越过金丹修炼的具体操作阶段，他所强调的是从有心的局限中解脱出来。关于此，从其《或问》篇的一些言辞可得到进一步的佐证。有人曾经问："鼎炉药物已知其详，火候、法度、斤两、抽添，不知何义？"周无所住回答说："火候法度等说皆为偏，于动静不得其中，故有比喻。若能动静相忘，不静中静，不动中动，所谓阴阳处中，真土会合，神仙之道毕矣。紫阳张真人云：火之燥，水之滥，不可不调和，故有斤两法度。先辈云不增不减是也。"②这种思想与彭耜、王庆升诸人均不同。出于无为的思想宗旨，他的颂诗尽管也采用了一系列丹功术语，却在组合的变化方阵里显露了一种"超越"。

黑格尔说："一切规定性的基础都是否定。"③又说："同一无疑地是一个否定的东西，不过不是抽象的空无，而是对存在及其规定的否定。而这样的同一便同时是自身联系，甚至可以说是否定的自身联系或自己与自己的区别。"④规定性是事物存在的根据，一事物之所以显示自己的存在就在于它有区别于他物的内在规定性。就事物本身来说，同一与判别的矛盾运动乃是发展的根本动力。告别了昨天的"自己"而有今天的"自己"的存在。这就是黑格尔所说的"自己与自己的区别"。这种在同一中包含着差别的运动是事物发展的普遍规律，它不仅存在于自然界，而且也适用意识形态。如果我们把金

---

① （宋）周无所住：《金丹直指》，《道藏》第 24 册第 91 页。
② （宋）周无所住：《金丹直指》，《道藏》第 24 册第 92—93 页。
③ ［德］黑格尔：《小逻辑》，北京：商务印书馆 1980 年版，第 203 页。
④ ［德］黑格尔：《小逻辑》，北京：商务印书馆 1980 年版，第 250—251 页。

丹派南宗的诗词假定为一个整体,或者说一种事物,那么它的发展也遵循"在同一中否定"的"旅程"。因此,金丹派南宗传人们在以诗词形式表达性命修行之道时使用了一系列外观相同的意象,但随着历史的流迁和性命修行体验的增进,意象所运载的资讯却产生了自我否定。彭耜写的《沁园春》尽管也从白玉蟾那里因袭了"姹女""金公""华池"之类术语性意象,可是内在的"意念流"不仅有"量"上的不同,而且有部分"质"的差别。这种情况在王庆升的作品里依然表现出来。进而到了周无所住,他的十六颂以"玄关""真土""阳晶""玄牝""龙虎""铅汞""炉鼎""药物""斤两""抽添""火候"等作为歌咏对象,这在基本框架上与该宗派的前辈作家并没有外在的差别;但在思想旨趣上却显示了自己的个性,他与彭耜、王庆升等人不同就在于明白陈述了反对那种丹鼎穴窍的定位性寻求,主张忘念而达"随心所欲"之境地。他的《温养颂》集中地体现了这种思想艺术旨趣:"恬淡无思虑,虚无任自然。胎圆神自化,我命不由天。"①这既是他的性命修行法度,也是他的艺术追求境界。故而,他用语浅显明白,不作雕琢,有自己的特色。

（本文原载《老子学刊》第六辑,巴蜀书社 2015 年版,收入本书时略作修改）

---

① 周无所住:《金丹直指》,《道藏》第 24 册第 91 页。

# 所南砺志寄醉乡

## ——论郑思肖诗歌的道教意蕴与艺术境界

郑思肖(1241—1318 年),字忆翁,号所南,原籍福建连江。宋亡后,隐居平江(今江苏苏州)。坐卧必向南,誓不与北人交往,因号所南。其父郑起,终生从事教学,为人正直,不愿做官,但颇有爱国之气节。思肖 22 岁丧父,母楼氏对他耳提面命,希望他"唯能学父为法",所以他自小就深受父亲爱国思想的感染。由于目睹元军的种种暴行与南宋朝廷丧权辱国的丑状,郑思肖悲愤满腔。读他的诗,我们不能不被他那种深深爱国情怀所感动。他一生忠于宋室,但由于报国无门,又时常感到自己有愧国家,称自己为"不忠不孝",其耿耿之心溢于言表。但终因大势已去,他只好隐迹山林。他曾经说自己"幼岁,世其儒;近中年,闯于仙;入晚境,游于禅"。所谓"闯于仙"可以看作在思想上皈依道教。关于这一点是有案可稽的。考《正统道藏》中有《太极祭炼内法》一书,题郑所南编集。徐善政于至正年间所作序称:"吴郡所南郑先生,念长夜之死魂,体上虞之恻隐,发明祭炼内法,实灵宝之秘旨也。"西蜀道士清虚子说:"郑所南述其所传,刻诸梓,以教人道家之书,以秘密为谨"。这说明郑思肖不仅获得道门科仪内炼法的秘传,而且钻研颇深。

郑思肖精于诗文,传世之作有《所南先生文集》1 卷,附录 1 卷,补遗 1 卷,《所南翁一百二十图诗集》1 卷,《锦钱余笑》1 卷。此三书均收入《知不足斋丛书》之中。此外,尚有《心史》2 卷,收入《明辨斋丛书》。考《国粹丛书》《四部丛刊续编》《宋诗钞补》《郑氏六名家集》等丛书亦可见郑氏诗文集的不同版本。1992 年,上海古籍出版社出版了新的点校本《郑思肖集》。这是目前所见比较完备的郑思肖诗文汇编本。本文所引述的郑氏诗文即出于上海古籍本。

由于道教理论方面的精深造诣和曲折的社会经历,郑思肖的诗词一方面通过"醉乡"情景,以寄托忧国愁绪;另一方面则通过神仙画的歌咏,来表达超凡脱俗的心志。

## 一、入醉乡归混沌

在郑思肖文集中,我们可以查阅到许多诸如《仙兴》一类的吟咏道事、抒发道情之作,而其最著名者当推"醉乡"系列创作。这当中包括《醉乡》12 首、《醉乡行》1 首、《醉乡箴》1 首。他说自己"素不能以酒醉于醉乡,乃以诗醉于醉语,是亦真醉于醉乡矣"①。可见,他的"醉乡"创作,其基本特色就表现为一个"醉"字,这是以诗而醉,故为真醉。郑思肖在"饮诗"过程中是怎样进入醉态的呢? 我们还是看看其具体内容吧:

> 破得愁城了,仍还太古风。
>
> 浑然无事国,不与世相通。
>
> 地迈华胥外,天归混沌中。②

这是《醉乡》第一首中的六句。从其行文可以看出,作者之所以"醉"是因为"愁"。面对国土沦丧,他悲愤交加,愁绪绵绵。经过长时间的积累,愁绪积压成城。然而,物极必反。正像喝酒入醉返璞而吐露真言一样,作者因愁极而进入"醉诗"状态时便回归于"太古"时代。在这种境界里,一切皆与世俗不相同。正如当年黄帝梦游华胥氏之国那样,诗人的精神漫游于极为遥远的地带,而他心目中的"天"也已是混沌之"天"。诗人在此既交代了"入醉"的缘由,也初步展示了入醉境界的大体轮廓。从第一首中,我们已经感到,他的所谓"醉乡"诗实际上与魏晋时代郭璞等经历坎坷的文人之游仙诗几乎具有同样的意境。

沿着其精神旅途进发,我们会越来越感到那游仙的意味:

> 狂药蜕凡骨,疑来别一州。
>
> 形骸闲若弃,风壤旷无忧。(其二,省略末两句)

---

① (元)郑所南:《郑思肖集》,上海古籍出版社 1992 年版,第 51 页。
② (元)郑所南:《郑思肖集》,上海古籍出版社 1992 年版,第 52 页。

盎然非世境,乐意渺无垠。

暖骨通仙处,寒冬能幻春。

眼空天亦小,心净月逾新。

昔者李太白,于兹竟瘗身。(其三)

太和国土里,风味极清柔。

意外竟忘世,胸中不梦秋。

日蒸春气涌,地漾水光流。

此即神仙窟,何须更十洲?(其四)

独到至乐处,于于自在行。

身心全去碍,骨肉若通明。

劫外冥天地,空中一死生。

却观凡世界,眇尔幻沤轻。(其五)

万里和风眼底回,陶陶乐土隔飞埃。

暖浮花思春初透,红涨霞纹潮正来。

长驻童颜驱老去,不教玄鬓受愁催。

举头间阖手能摸,更欲承风过九垓。(其七)①

我们知道,"游仙"的境界是与奇特空间密切相关的。换一个角度来说,凡是"游仙"之作,必定要创造一种与肉体所处真实空间相异的精神空间。因为自我之魂魄飞升遨游,完全可以超越现实之境地,故而从空间总体上看便显示出陌生感来。琢磨一下郑思肖的作品,我们发现他所创造的空间正是这样。他笔下的"风壤""太和国"显然是构想出来的"世外桃源"式的精神生存空间。你看他自己也称这种生存空间"非世境";既然如此,那又是什么去处呢?原来是"通仙处"。所谓"通"即是"同",故"通仙"可理解为"同仙",而"通仙处"也就是如同仙人居处的境界了。实际上,诗人在《醉乡》的第四首已经很明确地指出这是"神仙窟"。可见他所构想的精神空间实在是超凡脱俗的。在精神漫游的旅程中,诗人所见的种种景观是那么美好,红日高照,地映流光,潮面布满霞纹,真是一派妖媚春色,令人心驰神往。诗人这种醉态式的精神漫

---

① (元)郑所南:《郑思肖集》,上海古籍出版社1992年版,第52—53页。

游是他愁至极处之后的返璞归真,故而背后所蕴含着的乃是希望国土无缺、环宇廓清的一种理想。

郑思肖在"醉诗"时的精神空间既有宏观之表现,又有微观之描摹。如果说他遨游九垓,出入三岛,其笔触主要指向于宏观之境地,那么他的"壶中游"却又带有微观的特质。他在《醉乡行》中写道:

空欲拍弄百斛船,莫美酿来曝背眠。

何如我入壶中游,喝云开破天外天。

翠锦帷幕车渠土,八面雪白净无烟。

水王双阙琼膏填,使得五行颠倒颠。

坎离媾春中央宫,俯现麾醮王王仙。

手执乾坤万化柄,斟酌混沌壳中髓。

咽得半掬碧色云,凤根无明百杂碎。

万缘俱空恬无为,四肢馥郁红玻璃。

自然氤氲太和身,融融泄泄先天春。①

倘若仅从"百斛船"一类字眼看,这依旧没有离开宏观的空间,但接着作者立即将笔锋一转,写壶中内功的微观世界。这从"五行颠倒"以及"坎离媾春"的象征意蕴可得到证实。因为不论是"五行颠倒"还是"坎离媾春"都出于道教内丹学。《钟吕传道集·论五行》谓:"五行逆行,气传子母。自子至午,乃曰阳时生阳。五行颠倒,液行夫妇。自午至子,乃曰阴中炼阳。"②施肩吾《西山群仙会真记》卷一《识物》称:"太白真人曰:'五行颠倒术,龙从火里出。五行不顺行,虎向水中生。'龙本东方甲乙之物,而出于火中者,心液之上,正阳之炁也,则曰阳龙出自离宫。虎乃西方庚辛之物,而生于水中者,肾炁之中,真一之水也,则曰阴虎生于坎位。然而龙是阳物,升举自在,而在水中,乃阴中之阳,故比心液之上正阳之炁也。虎是阴物,奔驰自在而居陆地,乃阳中之阴,故比肾炁之中真一之水也。"③如果按照顺行的程序,五行相生应该是木生火,火生土,土生金,金生水,水生木;但炼丹乃是要返老还童,故五行逆序而走,则金

---

① (元)郑所南:《郑思肖集》,上海古籍出版社1992年版,第55页。

② 《道藏》第4册第665页。

③ 《道藏》第4册第426页。

出于水,木出于火,母居子位。丹家此番论说是以传统之符号来表征修炼之际逆反归魂的指向。郑思肖《醉乡行》中的"五行颠倒"之用意亦在于此。至于"坎离媾春"则是描写内气交感的情状。这在内丹学中也是颇常见的术语。可见他的《醉乡行》所展示的空间具备微观的特质。在这里,"壶中"实有自身内景的意蕴。

当然,我们说郑思肖《醉乡行》所展示的自身"壶中"空间具备了微观的特质,这并不意味着他的种种描述是完全脱离宏观空间而存在。实际上,作为修行的一种意念表现,《醉乡行》的艺术空间又是"小大融通"的。如果把描写自身体内的微观世界当作"小",那么五官所能直接感知的外部世界则可以称作"大"。"小大融通"说的是"艺术代码"的多用性或兼容性。你看,虽然诗人所着眼的是内部空间,但是他却拓展了一个极为广阔的场景。他入"壶中游",喝退云彩,打开天外之天,什么"翠锦帷幕",什么"水王双阙",五光十色,富丽堂皇,令人心醉。这显示了诗人以小通大的艺术构架。

假如我们联系一下作者的《十方道院云堂记》这篇文章就可以更加清楚地看出作者这种"小大融通"的运思技巧。《十方道院云堂记》又名《神仙金丹大旨》。单从名目上我们即可发现艺术代码通用性问题在郑思肖文集中并非是偶然的"闪光",而是有其自觉精神的。因为既然叫作《十方道院云堂记》,那就意味着是在为某一道门建筑物作文字描述,而这种描述又带有金丹内功表征的底蕴,所以才又称作《神仙金丹大旨》。在此,我们可以看到贯穿其中的"天人合一"的思想旨趣。"道院"是一种外在于人体的建筑物,属于"天";而"金丹"在此指的是内丹,它是道教中人依靠人体而进行的一种特殊修炼形式,也是一种奇妙的物质与精神的表现形态,故属于"人"。作者这种天人合一、小大融通的架构艺术有明显的体现。我们来看他对"道院"的一段描述:

> 曰"道院"者何？道院与宫观异,道院乃延待天之所。其来如风,其去如空,似非世间人,为流通大道而来耳。①

在郑思肖的心目中,"道院"与一般的宫观是不同的。道院是接纳"云水道人"的场所,它的特点是流通性,因为道人是"来如风""去如空"。由于道人是在

---

① （元)郑所南:《郑思肖集》,上海古籍出版社 1992 年版,第 218 页。

世间传授道法的,道人来来去去,这就使大道得以流通。初看起来,这是在描述一种建筑物的功用,但在深层次中,这种流通性恰好又是内丹修炼所具备的。因此,我们可以把郑思肖关于"道院"的记述看作内丹修炼空间的一种象征。

沿着郑思肖所描述的"壶天"式道院空间隧道行进,我们愈发可以感受到作者那种融通丹功大道的理念。他在对道院之功能作了说明之后,紧接着专门谈了一通修炼之妙理:

> 是故神仙之道无他,一自然之妙而已矣。必先绝其思虑,若浑忘于昼夜,静极于极静,极静于静极,自然其清净,清净其自然。自然冥身心于空,空而不昧;自然藏乾坤于玄,玄而不漏。自然返本还源,自然月满精盛。自然当大造化一阳将动未动之初,我身中深极之根,自然出现甚玄、甚妙、甚微、甚真之先天阳精,以为丹母。自然通于任、督、涌泉,同时互相淫淫焰焰,沸发真热,捧拥丹母,升上降下,交贯周流,以大造化大妙一身。自然媾孕于其中,自然凝而为长生不死纯阳之实。动其自然之动,而不动其自然之不动,则动者以无动而动,悠久绵密,秋毫不差,自然成就于无终始之始终。①

在郑思肖看来,神仙之道是因自然而得。能够以"自然"为大法,则气起丹元,任、督之脉接通而运转。作者在这段文字中说了很多自然的表征,其大妙所在乃是因静而动,"交贯周流"。这里既是写内丹修炼法门功效,又暗合"道院"之大用与特质。由此,我们回头再观照一下《醉乡行》所写"五行颠倒"境界就更加可以看出作者是具有很深的内丹学造诣的。郑思肖之入于"醉乡"并非是一种"遁世"糊涂哲学的反映。实际上,他在"醉诗"的状态中比任何时刻都来得清醒。他进入"醉态"是磨砺心志的必然。在《中兴集》的序言中,他指出:"今所作无题者,俱以'砺'之一字次第目之。'砺'者,言淬砺乃志,决其所行也。"②这就说明他是非常注重心志之磨砺的。正如钢铁铸炼一样,心志的磨炼也需要来一番"淬火"功夫,这才能使之坚定。从某种意义上说,"醉乡"

---

① (宋)郑所南:《郑思肖集》,上海古籍出版社1992年版,第282页。
② (宋)郑所南:《郑思肖集》,上海古籍出版社1992年版,第68页。

的意境创造就是一种淬火功夫。因为从战火纷飞的世境返归到内在精神世界,这就好像由极热而回落于极冷。一热一冷,淬火功夫由之而成。郑思肖在《醉乡箴》中说:"维人之生,所主者德。瞿瞿良士,蔼然温克。其天其游,养和于默。勿为气夺,迁其常则。尔敬尔身,天命难必。罔越乃行,终其永吉。"①他告诫自己不要变迁"常则",这个"常则"就是忠于大宋王朝的意志。由此可见,他的醉乡之境初看起来是一种神仙式的漫游世界,但其背后则深深寄托着坚定心志、廓清环宇的远大理想。

## 二、图写春秋抒道情

南宋灭亡之后,郑思肖还生活了三十多年。为了表达自己对故宋的怀念,他将精神寄托于宗教上。虽然郑思肖在朝代更替的时刻一度中断了诗文创作,但随着元朝政权的逐步巩固和生产力的恢复,他又重新拿起笔来。在晚年,郑思肖写下《一百二十图诗》《锦钱余笑》《三教记》《无弦处士说》等作品。在这些作品中,具有浓厚道教神仙意蕴的当推《一百二十图诗》。这一百二十首诗歌有许多是根据道教的神仙故事创作的。如其中的《黄帝洞庭张乐图》《巢父洗耳图》《许由弃瓢图》《吕望垂钓图》《夷齐西山图》《老子度关图》《庄子梦蝶图》《列子窃铁图》《秦女吹箫图》《湘灵鼓瑟图》《毛女图》《徐福采药图》《张子房遇黄石公图》《四皓图》《严君平垂帘卖卜图》《皇初平牧羊图》《西王母蟠桃宴图》《张天师飞升图》《许真君飞升图》《孙登长啸图》《王烈餐石髓图》《桃源图》《烂柯图》《陶弘景三层楼听松风图》《唐明皇游月宫图》《张果老倒骑驴图》《蓝采和踏歌图》《钟吕传道图》《吕洞宾卖墨图》《沈东老遇吕洞宾图》《南柯蚁梦图》《陈抟睡图》等。这些题图诗不仅蕴含着生动有趣的神仙故事,而且表现了作者高超的艺术驾驭能力。

郑思肖有关神仙故事的题图诗实际上是他"醉乡"梦景的继续。郑思肖在南宋王朝濒临灭亡之际进入游仙式的"醉乡"境界,除了上面说到的"磨砺"心志的意义之外,还应该看到的是,他力图创造一种清醇的精神乐园。在他的

---

① (宋)郑所南:《郑思肖集》,上海古籍出版社1992年版,第57页。

心目中,元军破宋,社会已变得龌龊肮脏,精神游子无所皈依,故只得从仙人世界中寻求寄托。所以,在这些作品中,一方面是世外桃源式的景色描摹,另一方面则是对故国的深深怀念。例如《毕卓瓮间图》:

　　醉玉颓来欲化仙,一洼和气蔼芳妍。

　　终宵自向华胥去,吏部何曾瓮下眠?[①]

一个"醉"字使人立刻就联想起诗人所构造的"醉乡"之境。奇妙的在于作者所谓"醉"从字面上看并不是指人喝酒之后的"醉",而是自然界一种高贵物品的"醉",即"玉醉"。显然,这是拟人化的。作者虽然没有写人之醉,但在艺术上却大大加强了"人醉"的效果,因为连"玉"都"醉"了,人何能不醉呢? 在醉态中,其理想世界还是道门津津乐道的华胥氏之国。这就把意境一下子推到世外悠远之处,那种高渺和朦胧蕴含着返璞归真的艺术情思。另一方面,"华胥"这个意象又贯注了作者对故宋的眷念之情,因为"华胥"是黄帝梦游的理想之处,是人文初祖悟出"治国妙理"的胜境所在。大家知道,黄帝是华夏民族的祖先,故而他梦游的理想境界也就成为太平盛世的象征,也是故宋道统的标志。在终宵醉诗的情景中飞向华胥氏之国,其怀念故宋的幽情可想而知。

　　在郑思肖的题图诗中,"醉"并不是偶然的涉及,而是反复咏叹的一个意象。《阮籍醉眠酒家图》:"无情不作如花想,梦见醉乡生月明。"《刘伶荷锸图》:"酒国韶光无际涯,大人境界绝朋侪。生来自有一方地,何待醉终才始埋。"《轮扁谏读书图》:"古人糟粕终枯淡,谁醉天然滋味来?"《杜子美骑驴图》:"饭颗山前花正妍,饮愁为醉弄吟颠。突然骑过草堂去,梦拜杜鹃天外天。"《李太白砚靴图》:"斗酒未干诗百篇,篇篇奇气走云烟。自从捧砚脱靴后,笑看唐家万里天。"《孟浩然归隐图》:"狂吟搔首笑归去,满路秋光上醉颜。"在作者的笔下,既有"醉乡",又有"酒国",在这样的境地不醉更待何时? 作者以酒香、酒色点染了醉乡世界的百态千姿。尽管所用典故各不一样,但其用意却只有一个,那就是排遣世间绵绵愁绪,以塑造澄清的玉宇,供高洁的自我灵魂栖息。

　　作为一个南宋遗民,郑思肖的题图诗所创造的神仙意境也带有强烈的遗

---

① （元）郑所南:《郑思肖集》,上海古籍出版社1992年版,第218页。

民意识。试看他题的《四皓图》：

> 晔晔紫芝岩石隈，避秦有地似蓬莱。
>
> 可怜白发坐不定，又被汉朝呼出来。①

此处之"四皓"即商山四皓。据《史记·留侯世家》及《汉书·张良传》所载，汉代之初有四隐士，名东园公、绮里季、夏黄公、甪里先生，四人同隐商山，须眉皆白，故称四皓。汉高祖征召，不应。后高祖欲废太子，吕后用留侯之计，迎四皓，使辅太子。这四位隐士，由于其高尚节操，被道门中人奉为神仙。在道教中，甚至还传有四皓丹，可见其影响颇大。四皓隐居于商山，本是为了避秦之乱。他们恰如遁世蓬莱仙岛，自由自在，其乐融融。这种遗民的生活在郑思肖看来是保持崇高气节的最好途径。但是，四皓最终却被张良用计召唤出来。他们重新入世，依郑思肖之见，这实在是一件憾事。如此，一颂一叹，表现了作者对遗民守贞的明朗态度。

实际上，我们稍微稽考一下郑思肖所涉及的人物，可以发现许多神仙隐士基本都带有遗民的身份，像溪边洗耳的巢父、弃瓢箕山的许由、遁迹首阳的伯夷叔齐、泛流江河的范蠡、飘飘弄玉的秦女、寄身密柳的毛女等皆属于这一类人物。作者对历代遗民如此歌颂，这正是他自我心迹的写照，因为他自己就是一位南宋遗民。那种不屈之个性必然促使他对道门神仙队伍中的遗民尤为关注。

郑思肖题图诗由于注重神仙故事题材，把情思指向悠远的理想世界，这就造成了一种独到的艺术神韵。罗丹说过："在艺术家看来，一切都是美的，因为在任何人与任何事物上，他锐利的眼光能够发现性格，换句话说，能够发现外形下透露出的内在真理，而这个真理就是美的本身。"②真理或者说"美"的发现之基本前提是追求。有追求就有理想，有理想就有境界。人世间，由于出身不同、教育不同、禀赋不同，追求的理想目标也各异。但只要有追求，必然会有精神上的建构和行动上的敏锐观察。对于一个诗人来说，理想之追求尤其重要。因为有了追求，也就会促使心灵之观照，从而形成独有之神韵。这种神

---

① （元）郑所南:《郑思肖集》，上海古籍出版社1992年版，第212页。

② ［法］罗丹:《罗丹艺术论》，台北:雄狮图书股份有限公司1981年版，第10页。

韵实为艺术品格的关键所在。歌德认为,艺术"要通过一种完整体向世界说话",他所谓的"完整体"不是纯粹采自自然界的种种客观物象,而是作者用"一种丰产的神圣的精神灌注生气的结果"。① 歌德所说的"生气",实际上就是中国传统美学所谓的"神"。当一个艺术家将自我之神倾注于他所向往的客体之中的时候,由此而创造出来的艺术品便洋溢着个性之神韵。唐岱在《绘事发微·气韵》中说:"有气则有韵。"气即是"神"。可见,韵由神生,神因韵显。我们读郑思肖的题图诗,不能不被其中所流贯的神韵所激荡。由于他的执着和对故宋的忠心耿耿,其心灵观照便是专心守一的。面对异族之"入侵"和故国之亡,他已经不能"兼济天下"。因此,从道教神仙世界中寻找精神乐园,这便成为他的情思理想所在。这种追求虽然与社会之更替不能合拍,却造就了一种很特殊的意境。试看他的《桃源图》诗:"长城徭役苦咨嗟,澧水偷春隐岁华。有耳不闻秦汉事,眼前日日赏桃花。"②这是根据陶渊明"桃花源"的故事创造的。从内容上看,郑思肖用此典故,显然对元代之统治具有讽喻之意。可以说,这是一种借古喻今。"长城徭役"即是对元初统治者压迫汉人的暗示,而"有耳不闻"则表示了避世的态度。他所向往的是"日日赏桃花"的无忧无扰的神仙式清平世界。在这里,作品既贯注着诗人的忧怨愁绪,又流溢出他摆脱世俗烦恼的愿望和理想。由于有了这样两种情感的交替出现,作品旋律也就具备了阴阳对比。于是,那种"朗朗"神韵便因之而成。

我们再读他的《庄子梦蝶图》诗:"素来梦觉两俱空,开眼还如阖眼同。蝶是庄周周是蝶,百花无口骂春风。"作者按照庄周"齐物论"的思想来解读庄周梦蝶的寓言。到底是庄周化为蝴蝶,还是蝴蝶化为庄周,这实际上已经不重要了,他所要追求的是一种空灵的境界。无论是开眼还是闭眼,一切都已成"空",之所以如此,是因为他冥冥之中已悟出了庄周"万物齐一"的理趣。当然,诗人在构造他的诗境的时候没有忘记国耻家恨,故而诗作的末句出现了一个"骂"字。虽然,"百花无口骂春风"是一种否定式的语调,但正是这种否定加强了肯定的意义。因为作品的"骂"字已造成了一种悬念,所以"百花"尽管

---

① [德]歌德:《歌德谈话录》,北京:人民文学出版社1978年版,第137页。
② (元)郑所南:《郑思肖集》,上海古籍出版社1992年版,第222页。

"无口"却也在骂。倘若有口,不就骂得更厉害吗? 这里,诗人仍然将他的丰富情感贯注于其中。这是他为了至于"空灵"而产生的自然宣泄。在这种宣泄之后,诗人便飞向了"无何有之乡",他看见"百姓相忘尧帝春,耕田凿井淡无情"[①];他想到"八十翁翁心尚孩,渭滨痴坐弄徘徊"[②];他企盼"一契高山流水心,形神空静两忘情"[③]。这种幽思显示了诗人境界的升华和理念的超越。清代诗论家叶燮说:"诗之至处,妙在含蓄无垠,思致微渺……泯端倪而离形象,绝议论而穷思维,引人于冥漠恍惚之境。"[④]叶氏所谓的"含蓄"与"思致"具有着辩证的统一关系。"思致"可以说是"含蓄"的基础,而"含蓄"则是"思致"的艺术境界。"思致"的极点是"穷思维",这个"穷"字所要求的虽然是绝念虑,致于无形无象,但其前提则是"穿透",先有"穿透"才能达到穷尽的妙境。我们看郑思肖的诗歌正有这样的特色,面对一幅幅图画,他张开了想象的翅膀,犹如鲲鹏展翅,扶摇直上九万里。所以他的题图诗充满了丰富的神仙景色,可谓意象万千,但最终却又归于宁静与悠远。这是自我心灵观照之后造成的空灵境界,由此精神得到净化,自然之美的神韵唱出了扣人心弦的亲和力。

[本文合作作者释道林;本文原载《湖南大学学报》(社会科学版)2006年第4期,收入本书时调整了格式]

---

① (元)郑所南:《郑思肖集》,上海古籍出版社1992年版,第204页。
② (元)郑所南:《郑思肖集》,上海古籍出版社1992年版,第205页。
③ (元)郑所南:《郑思肖集》,上海古籍出版社1992年版,第206页。
④ 参见(清)叶燮:《内篇·原诗》,北京:人民文学出版社1979年版。

# 赤城别有思仙梦

## ——张雨诗歌的道教文化内涵及其艺术旨趣

在元代的道士之中,张雨是一个颇有才华的人物。故而,他受到关注是自然的。以往许多学者已经在一些著作中对张雨思想等问题作了探讨,并且对他在道教史上的地位进行一定的评估。不过,就其诗歌的艺术成就方面依然研究较少。本文拟就这个方面略作稽考和探究。

## 一、张雨生平与诗名

张雨(1277—1348 年),又名天雨,字伯雨,法名嗣真,别号贞居,自号句曲外史,吴郡(今江苏省苏州市)人。刘伯温撰《句曲外史张伯雨墓志铭》称:伯雨"六世祖九成以状元擢第于宋,传四世至逢源,仕宋为奉议郎,通判漳州,逢源生有孙,有孙生雨"。① 由此可知,张雨本出身书香世家。刘伯温又说:"雨性狷介,常眇视流俗,悒悒思古道。知弗能与人俯仰,遂挺身戴黄冠为道士。"张雨先是礼茅山四十三代宗师许道杞之弟子周大静为师,后来又到杭州开元宫师事玄教道士王寿衍。这就说明张雨实际上也属于玄教支派。皇庆二年(1313 年),张雨随王寿衍入京,居崇真万寿宫。姚绶《句曲外史小传》谓张雨素有诗名。他与京中士大夫及文人学士交往甚多,如当时的杨载、袁桷、虞集、赵雍均与之交游深厚。他多才多艺,工诗善画。撰有《外史山世集》3 卷、《碧岩玄会灵》2 卷、《寻山志》15 卷诸书,不存。今尚存的张雨著述有:《句曲张外史诗集》6 卷,入《宋元四十三家集》中;《贞居先生诗集》7 卷、《补遗》2 卷、《附

① (元)张雨:《句曲外史集》,文渊阁《四库全书》第 1216 册,第 389 页。

录》2卷,见于《武林往哲遗书》;《句曲外史贞居先生诗集》5卷,入《四部丛刊·集部》;《玄品录》5卷,入《正统道藏》。《句曲外史集》3卷、《补遗》3卷、《张伯雨集外诗》1卷,《附录》1卷,并见于《元人十种诗》及《四库全书》两丛书内。又考顾嗣立编《元诗选》第二十册收有张雨《句曲外史集》1卷,当为节选本。

　　张雨不仅在道教中颇得口碑,而且也受到士大夫的赞赏。郑元佑《题张伯雨留别卷》云:"句曲外史儒仙师,开口论事剑差差。诗律精严夺天巧,字画峭重含春姿。一朝飘然上京邑,赤墀不拜惟长揖。名称籍籍诸公间,落纸云烟粲星日。"这首题诗反映了张雨儒道兼修的思想,同时也表现了张雨在诗歌以及绘画方面的杰出成就。张雨为何能在诗歌等文学艺术领域取得比较大的成就?陈应符曾经从地域环境的熏陶方面作了探讨。他说:"外史先生蕴句吴清淑之气,妖天台括苍吐纳之腴,税驾兹山,充养益粹。故其诗辞自得情逸,调谐挥洒,所至神闲势应。"又曰:"今观其适意之作,则犹太虚冲融,风日流洒,幽兰在谷,一笑自媚。及其感时慨世,抚怀亢论,则虽秋月高寒,白露惨下,深林如昼,孤鹤常唳,未能尽喻也。"①陈应符这些评价表明张雨在诗坛中的影响是相当大的。关于张雨的诗歌风格及影响问题,徐达左也有一段很有见地的评介:"贞居以儒者抽簪入道,自钱塘来句曲,负逸才英气,以诗著名,格调清丽,句语新奇,可谓诗家之杰出者也。"又称:"贞居以豪迈之气,超然自得,独唱于丘壑之间,而清声雅调,闻诸馆阁之上。"这些话从不同的侧面说明张雨的诗歌造诣。

## 二、化用传说:张雨诗歌对高士的咏叹

　　张雨号"外史"可谓名副其实。读他的诗歌,我们不时被回荡在字里行间那种史家"独唱"的惠风逸韵扣动心弦。翻开《句曲外史集》卷上,映入眼帘的是一组《东汉高士咏》五言绝句,凡14首。在这组诗作中,可以说每一首里都蕴含着一个或几个历史故事、传说故事。如咏"刘翊":

---

① (元)张雨:《句曲外史集》,文渊阁《四库全书》第1216册第392页。

子相足周旋(一作也),破此家产丰。

阴功谁为书？得来华阳中。①

子相又作"子翔"。《茅山志》卷十三云："右理中监,准职如司马,有刘翊,字子翔者居之。《汉书》作字子相。翊本颍川人,少好道德,常能周施,而并以为惠。恤死救穷,非一人矣。举上计掾,拜郎中,迁陈留太守。遇马皇先生,告翊曰:子仁感天地,阴德神鬼,太上将嘉子之用情矣,使我来携汝以长生之道。翊叩头自搏,乞愿伺给。因将入桐柏山中,授以隐地八术、服五星之华法,得度名东华,受职洞中也。"②按《茅山志》所谓《汉书》系《后汉书》。该书卷一一一《刘翊传》曰:"刘翊,字子相,颍川颍阴人也。家世丰产,常能周施而不有其惠。曾行于汝南界中,有陈国张季礼远赴师丧,遇寒冰车毁,顿滞道路,翊见而谓曰:君慎终赴义,行宜速达,即下车与之,不告姓名,自策马而去。季礼意其子相也。后故到颍阴,还所假承。翊闭门辞行,不与相见。常守志,卧疾不屈,聘命河南种拂,临郡辟为功曹。翊以拂名公之子(拂,皓之子也)乃为起焉。拂以其择时而仕,甚敬任之。阳翟黄纲恃程夫人权力,求占山泽,以自营植。拂召翊问曰:'程氏贵盛,在帝左右,不听则恐见怨;与之则夺民利,为之奈何?'翊曰:'名山大泽不以封。盖为民也。(《礼记》曰:名山大泽不以封。)明府听之则被佞幸之名矣。若以此获祸,贵子申甫则自以不孤也。'拂从翊言,遂不与之。乃举翊为孝廉,不就。后黄巾贼起,郡县饥荒,翊救给乏绝,资其食者数百人,乡族贫者死亡则为具殡葬。"③此处,《后汉书》作者把"黄巾军"骂为"贼",这是站在官方史学家的立场上说话,显然是一种偏见,但文中所言刘翊的事迹却颇值得注意。他救人于危急之际,济贫于困乏之时。从道教的立场上看,这就是积"阴功"的举动。正因为刘翊有"阴功",所以上清派封他"右理中监"的神职。对于这种广积阴功的品德,张雨是很赞赏的,他写诗咏刘翊,意在向社会宣传行善积德的重要意义。

张雨赞咏后汉之"高士"各有其侧重点。如果我们读一下关于"苏子训"的一首将会有另一番感受:

① (元)张雨:《句曲外史集》,文渊阁《四库全书》第 1216 册第 353 页。
② 《道藏》第 5 册第 611 页。
③ 《二十五史》第 2 册,上海古籍出版社、上海书店 1989 年版,第 277 页。

欲追苏先生,白云迷其方。驴鞭不可执(一作"振"),寿与铜狄长。①

苏子训又名苏耽,是道教中很有影响的一位神仙人物。许多传记类书都有他的事迹之记载。《历世真仙体道通鉴》卷十一称:"苏耽,桂阳人也。耽之母李氏因江中浣帛,触沉木而感孕焉。耽生有双鹤飞于庭,白光贯户牖。及生数岁,寡言语,不为儿戏。(按,文中有小字夹注,省略)少以至孝著称。年已十四,母方食荤。曰:'吾偶思资兴泷鲊,患远不可得也。'耽曰:'今往市之。'乃去。母以为戏言见悦尔。食未竟,耽来,鲊于前曰:'此资兴泷鲊也。'母曰:'汝最为谨厚,资兴泷去此二百余里,汝不一时往还何诈也?'耽曰:'市鲊时见舅儿(按,"儿"字疑衍。)来,言致意母:不数日,亦来谒母矣。'……不数日,舅至,具言市中见耽。母亦大神其事。"②此段记载颇有神秘之意味,但亦有所本。考《后汉书·苏子训传》,其略云:"苏子训者,不知所由来也。建安中,客在济阴宛句。有神异之道。尝抱邻家儿,故失手堕地而死。其父母惊号怨痛不可忍闻,而子训唯谢以过误,终无它说。遂埋葬之。后月余,子训乃抱儿归焉。父母大恐曰:'死生异路。虽思我儿,乞不用复见也。'儿识父母,轩渠笑悦,欲往就之,母不觉揽取,乃实儿也。虽大喜庆,心犹有疑,乃窃发视死儿,但见衣被,乃信焉。于是,子训流名京师。"③此等记载或许出于传闻,但说明早在汉代的时候,苏子训已经是一个颇有名气的神异人物。从各种记载以及传闻来看,苏子训颇恪守孝道。张雨咏苏子训的诗当有借之以扬孝道的意图。不过,应该说他的这种意图并不是直接显露的,而是隐之于神异之中。从意象上看,这种"神异"主要体现于"驴鞭"的引入。按《后汉书》的记载,由于苏子训的名气,士大夫都争着与之交往。据说有一次,苏子训与诸生一起到许下,路过荥阳,在主人家休息,大家看见子训所骑坐的驴子突然死亡,并且很快僵硬生虫。主人非常吃惊,子训却满不在乎,等到吃完饭,子训用手杖轻轻叩击,驴子应声奋起,步行如初。当他们继续行进的时候,引来上千人观看追逐。张雨诗中所谓"驴鞭"即隐含着这些异事。这些异事之所以产生,从修道者的立

① (元)张雨:《句曲外史集》,文渊阁《四库全书》第 1216 册第 354 页。
② 《道藏》第 5 册第 168—169 页。
③ 《二十五史》第 2 册,上海古籍出版社、上海书店 1989 年版,第 281—282 页。

场来看,就是因为他潜心修行孝道,因孝而致灵。由此不难看出,张雨这位道门"外史"以《后汉书》等古史资料来歌咏苏子训侧重在借助灵异以行孝道。

## 三、留心古迹:张雨诗歌的史家逸韵

张雨诗歌的史家逸韵不仅蕴含于人物的咏唱之中,而且回荡于文物古迹的幽吟内。张雨对于道门的文物古迹相当留心,尤其是上清派聚居地茅山,那些楼台亭榭更是他所关注的对象。他爱惜这些文物古迹,并且将这种爱心化成警辟的诗歌语言。他在《玄洲倡和》小序中说:"茅山玄洲精舍,左右真仙古迹曰菌山、罗姑洞、霞架海鹤台、桐华源、玄洲精舍、紫轩、火浣坛、隐居松、玉像龛。至治二年壬戌岁,道吴兴溪上,与松雪学士倡和十绝,以记其处,仍书刻石山中。"他之所以选择这些古迹作为唱和的对象,是因为它们都以自己的存在述说着道门的历史。如《罗姑洞》:

> 九疑得道女,受事易迁家。
>
> 诗赠金条脱,人逢萼绿华。①

考《茅山志》卷六谓"罗姑洞在金菌山西",又称罗姑者即"九疑山女仙人罗郁也"。据此,则罗姑洞当是因罗姑于此修炼而得名;罗姑指的就是罗郁,本属九疑山女仙。按史志所载,九疑山在湖南省宁远县,可知罗郁当初修仙于宁远。根据《历世真仙体道通鉴后集》卷四的记载,罗女就是萼绿华,又叫愕绿华。是书称:愕绿华仙自云云南山人,"是一女子,年可二十,著青衣,晋穆帝升平三年,降羊权家,一月中辄六过来,赠权诗一篇,末句云:'所期岂朝华,岁暮于吾子',并致火浣布手巾、金玉条脱各一,云'君慎勿轻泻言'。访问此人,云是九疑山得道女罗郁也。与权尸解药,今在湘东山,此女已九百岁也。"张雨所谓"诗赠金条脱"之典即出于此。至于"受事易迁家"乃指萼绿华被上清派尊为易迁宫仙人之事。《茅山志》卷十四《仙曹署篇》称,"易迁宫舍真台,皆宫名也。易迁中都有八十三人,又有协辰夫人者九宫之真女也。太上往遣来教此辈法,皆以保命授书。"《茅山志》没有具体说明萼绿华在易迁宫中如何

---

① (元)张雨:《句曲外史集》,文渊阁《四库全书》第1216册第355页。

"受事",但可以想见她在上清派系中已颇受景仰,故为道门史家所津津乐道。张雨因见罗姑洞而想起萼绿华仙人之传说,赠诗、送金玉条脱的细节既传达着凡人与女仙往来的情爱,又体现了诗人谙熟史迹的素养。

张雨很长一段时间隐居于茅山。元统元年(1333 年)冬天,他在菌山构筑一隐居之所,落成之际,即赋诗以纪念,自谓以十首小诗供"华阳隐居(指茅山派创始人陶弘景)资一捧腹"。在这 10 首七言绝句中,我们也可以听到其"外史"独有的史家逸响。如第一首:

> 崇元馆主在齐梁,乃有元之吴郡张。
>
> 相往八百四十载,我居(一作皈)鹤台如故乡。①

崇元馆为齐梁间茅山一大道观。考《茅山志》卷十五《采真游篇》有"崇元馆主吴郡张玄宗"的记载。同篇尚称:"崇元馆主:嘉兴张元之建武中敕为馆主,又于菌山涧上筑台以居。时有白鹤来止,遂名鹤台。"历史上以"建武"为年号的有七个,分别是汉光武帝、晋惠帝、晋元帝、后赵石虎、西燕慕容忠、南朝齐明帝、元颢帝。根据诗中所言"在齐梁"一语判断,张元之任馆主当在齐明帝在位的建武(494—497 年)中。复考《茅山志》,见卷二十录有张绎立的《九锡真人三茅君碑文》(简称"九锡碑")。标题下有一段小字说明,略云:"梁普通三年(522 年)岁在壬寅五月壬辰朔十五日丙午三洞弟子领道士正吴郡张绎立。"这里的"张绎"当是张元之。联系前文来看,建武任职在齐,普通立碑在梁,故张雨谓"崇元馆主在齐梁"。从建武元年到元统元年头尾加起来刚好是 840 年,这就是张雨诗第三句"相往八百四十载"的根据。张雨隐居之所也在菌山,旧有鹤台,他住在此处,备感亲切,故云"如故乡"。

张雨这首吟咏"崇元馆"的诗作既然以张绎的"九锡碑"为典,这在深层次上也就蕴含着他对"三茅真君"的崇尚之情,因"九锡碑"即是为纪念三茅真君而立的。三茅真君即指茅盈、茅固、茅衷三兄弟。相传茅氏三兄弟乃陕西咸阳人。三兄弟茅盈为长,称大茅君,字叔申;茅固为仲,称中茅君,字季伟;茅衷为季,称小茅君,字思和。汉景帝中元五年太岁丙申(前 145 年)大茅君诞生,年十八弃家学道。先入恒山 6 年,后又师事西城王君 17 年,又三年与王君同至

---

① (元)张雨:《句曲外史集》,文渊阁《四库全书》第 1216 册第 356 页。

龟山受王母经法。汉元帝初元五年(前44年),大茅君来江苏省句曲山(即茅山)修道,凡四十三年,直到汉哀帝元寿二年(前1年)乃受锡上升;两个弟弟均因茅盈而得道。茅山道史文献谓太上老君敕封茅盈为"司命真君",茅固为"定录真君",茅衷为"保生真君"。兄弟三人成为茅山派的祖师。对于司命真君,张绎在"九锡碑"中颇多赞颂。他于碑末的铭文写道:"厥诞茅裔,孤贞独秀。邈尔霞际,如彼玉京。迢迢天外,如彼河清。千年一世,惟君圣德。"①张绎这段铭文表达了一个茅山派道士对祖师的一派真情,而事隔840年之后,当张雨身居鹤台、面对九锡碑时,他情不自禁地发出"如故乡"的感叹,这不仅体现了这位"外史"对司命真君的仙话故事的熟悉,而且寄托了他一心向道的意志。

## 四、画梦交错:张雨诗歌的艺术旨趣

作为一个道士画家,张雨由于绘画实践,培养了一种独到的观察能力。而诗人的灵感和史家的知识积累相交织,使他的诗作在浪漫的想像中具有一种古老文化传统的厚实感。他写过不少题图诗,如《奚官洗马图》《明皇按乐图》《烂柯图》《林泉高士图》《隐居图》《修竹仕女图》《良常草堂图》等。读这些题图诗,那种栩栩如生的画面即刻扑面而来。像《寄题陈生华山图》二首:

> 西祀曾寻箭筈天,云台石室故依然。
>
> 雪驴嗅地鞭不起,一笑太平三百年。
>
> 华岳秋高不受寒,虎头粉墨意萧闲。
>
> 赤城别有思仙梦,长在明星玉女间。②

尽管我们并没有看到"华山图"的真本,但张雨的题诗却把我们带到了那高耸入云的西岳。通过诗人那凝聚着丰富想象力的神笔,我们不仅领略到华山的挺拔,而且也能感受到华山特有的道门古迹之遗存。当然,作为一个熟谙绘画技巧的道士艺术家,张雨并非就画面的各个局部作细致的描述,而是着重抓住

---

① 《茅山志》卷二十,《道藏》第5册第632页。
② (元)张雨:《句曲外史集》,文渊阁《四库全书》第1216册第357页。

事物的特征。

雅克·马利坦在论及中国艺术时说:"中国好沉思的画家与事物融为一体,他非但没有被事物汹涌的激流所冲走,反倒抓住了事物自身内在的精神。他引入事物,指出它们精神上的含义,而对那许许多多感觉厌烦的血肉般的形式和色彩、丰富的细节或装饰不予考虑;他力求使事物本身在他的布帛或画纸上留下比它们自身更深刻的印象,同时还要揭示出它们与人的心灵的密切联系;他领略到它们内在的美,引导观看者去认识它。这样,⋯⋯中国艺术家忙于捕捉事物。"①雅克这番论述虽然是就绘画而言的,但实际上也符合中国古代许多诗人的创作状况。张雨既然兼有诗人与画家的两种专长,他的作品具备雅克所说的特点便不言而喻。应该说,张雨是善于"捕捉"事物的;不过,这种"捕捉"并非眉毛胡子一把抓,而是有所选择的。同时,他又善于运用贴切的比喻来为华山"画像"。题"华山图"的两首诗,一开始就以"箭锋"来形容华山的挺拔险峻。这是符合华山形貌的。攀登过华山的人都知道,它的险峻是举世闻名的。华山的主体由东、南、西、北、中五峰组成。在地形上呈柱状体高耸云天。远眺华山,五峰对峙,四面如削,浑然一体,奇峰突出,直插云霄,犹如一把利剑刺破青天,又如待发的箭。张雨首先抓住了华山的总体形貌,略加"点化",遂使华山跃然纸上。接着,诗人由远而近,写到华山脚下的云台观。据《西岳华山志》等书所载,云台观建于北周时期,相传北周武帝慕云台峰上的道士焦旷"辟谷"神术,特于山麓辟地五百亩,营建道观,赐名"云台"。观中有修炼的石室。这就是张雨"云台石室故依然"一句的由来。据载,宋初,著名道教学者陈抟来居云台观。他出入常骑着一匹白驴。陈抟升化之后,人们为了纪念他,遂在山脚塑造陈抟骑驴像。因驴头朝地,驴身稳健岿然,故张雨有"雪驴嗅地鞭不起"之叹。又据《太化希夷志》所载,陈抟隐居华山,暗里却也关注世事。有一回,陈抟在长安遇到宋太祖与赵普,大笑着从驴上滚下来。他这一笑,意味着从此天下太平。所以张雨说"一笑太平三百年"。稽考一下有关志书,我们不难发现,张雨题"华山图"几乎是字字有来历,句句有典故。

① [法]雅克·马利坦:《艺术与诗中的创造性直觉》,北京:生活·读书·新知三联书店1991年版,第26页。

这就是张雨诗歌在思想艺术上所具有的"文化传统厚实感"的表现。

然而,我们说张雨诗歌艺术具有文化传统的厚实感,这并不意味着他的作品是一种文化历史的"写实"。实际上,他在从图画中获得某种灵感之后便受到这种"灵感"的驱动,从而其主体的情绪便随着他的巧笔流露出来。他从画中的华山而想到现实中的华山,从现实中华山的隐居景观而进入充满幻想的仙人世界。一句"赤城别有思仙梦"把读者忽然引向如梦如幻的洞天乐园。而"常在明星玉女间"则又使人不能不想起历史上汗牛充栋的仙女与凡人幽会的传闻故事。在这里,题图诗的字里行间浸透着诗人雅好仙居的隐士情感。作者的"诗心"催动了"思仙梦"。在梦魂的牵引下,这种"诗心"终于结下果实。雅克·马利坦说:"诗人不能凭自己的本质来认识自己。因为人仅从他对事物世界的认识的反映中感觉到自己。如果他不以这个世界来充实自己,那他就会变得空虚。诗人只是在这种情况下认识自己的:事物在他心中产生反响,并在他唯一醒悟的时刻和他一道从沉睡中涌现出来。换言之,诗的第一要求是诗人对他自己主观性的隐约认识。这一要求与另一要求——对于外在世界和内在世界客观事实的把握——不可分割。诗人这种对客观实在的把握,不是通过概念和概念化的认识,而是通过一种隐约的认识。而这种隐约的认识,就是我称之为通过情感契合而达到的认识。"[1]诗人是怎样认识自己的,这个问题当然还需要实验心理学的论证,也需要社会实践活动证据的支持;但就创作与主体情感的关系而言,雅克这番论述无疑是深刻的。人在认识客观世界的过程中从客观世界中的种种事物找到自身个性的映象。从这种意义上看,张雨题图诗也可以当作他自己心灵的映照。题图诗中的种种意象成为他心灵情感的符码。

(本文原载《中华文化论坛》2004 年第 1 期,收入本书时略作修改)

---

[1] [法]雅克·马利坦:《艺术与诗中的创造性直觉》,北京:生活·读书·新知三联书店 1991 年版,第 93—94 页。

# 张三丰诗词的道教本色

由于太极拳流行的关系,张三丰的作品向来也受到关注,先后有人从道教义理、三教关系、武术养生、丹道修炼角度进行研究,但从文学角度予以论述者甚少。

作为道教史上的一位传奇性人物,张三丰的籍贯以及生活年代一直以来都颇具争议。有人说他是宝鸡人,有人说他是天目人,有人说他是猗氏人,近年来更有谓之为邵武勘下人[①]等。至于其生活时代问题,也是众说纷纭。谓之在宋、在元、在明者皆有之,莫衷一是。不过,有比较多的史料表明,张三丰在明代早期是很活跃的。

《明史·张三丰传》称:张三丰,辽东懿州人,名全一,一名君宝,三丰其号也。以其不饰边幅,又号张邋遢。颀而伟,龟形鹤背,大耳圆目,须髯如戟。寒暑惟一衲一蓑,所啖,升斗辄尽,或数日一食,或数月不食。尽经目不忘,游处无恒,或云能一日千里。善嬉谐,旁若无人。尝游武当诸岩壑,语人曰:'此山异日必大兴。'时五龙、南岩、紫霄俱毁于兵,三丰与其徒去荆榛,辟瓦砾,创草庐居之,已而舍去。太祖故闻其名,洪武二十四年遣使觅之,不得。后居宝鸡之金台观。一日自言当死,留颂而逝,县人共棺殓之。及葬,闻棺内有声,启视则复活。乃游四川,见蜀献王。复入武当,历襄、汉,踪迹益奇幻。永乐中,成祖遣给事中胡濙偕内侍朱祥赍玺书香币往访,遍历荒徼,积数年不遇。乃命工部侍郎郭琎、隆平侯张信等,督丁夫三十余万人,大营武当宫观,费以百万计。

---

① 近年来,福建邵武市发现了一部清朝光绪八年重修民国十八年再修的张氏家谱,该家谱记录前五世时言及,第一世名"八二",第二世名"绍定",第三世名"子冲",其号"三丰"。而光绪《邵武府志》则称,明张子冲,号三丰,俗名邋遢,邵武勘下人。《邵武府志》所谓"勘下"即今和平镇坎下村。考和平镇炕池留仙峰的翠微庵之顶梁留有张三丰住庵记载,山道边有明刻的《张子冲念经碑》。此类迹象引起有关研究者的注意。

既成,赐名太和太岳山,设官铸印以守,竟符三丰言。《明史》在其后尚有张三丰为金、元人的记载,但作者将之入传则表明基于明代时限考虑问题的立场。不论传说如何歧义,张三丰主要活动于明代早期却是有迹可循的。作者仔细地描绘了张三丰的外貌特征,让人有历历在目之感。

张三丰的著述颇多。考《明史·艺文志》等文献记载,道光甲辰(1844年),西蜀道人李西月从汪锡龄六世孙处得《三丰祖师全集》残本,复采撷它书补辑,成《张三丰先生全集》8卷。今人方春阳以李西月所编《张三丰先生全集》为底本,采用光绪十三年(1887年)"古越集阳楼主人"的精抄本为主校本,整理成《张三丰全集》,由浙江古籍出版社于1990年出版,这是目前为止搜罗比较齐全的张三丰著作汇编本。其中,属于诗词作品的见于卷三的《玄要篇》上下,卷七的《云水前集》《云水后集》《云水三集》;此外,该书卷八收有《前三教上圣灵妙真经》等属于"经"的文献数种,这些文献中的"赞"或"经文""偈"也大多采用诗词形式,具有一定的文学价值。

# 一、玄道咏叹调

张三丰对"玄"可谓情有独钟,故而诗词首出"玄要"。就其内容看,张三丰的"玄要"有三:一是道玄;二是丹玄;三是法玄。道是天地根,丹是真龙虎,法是运气术。这三者构成了张三丰丹道生命学的完整体系,他的《玄要》篇诗词即是该等理论的艺术表征。由于道、丹、法三者本来就是联通的,张三丰的诗词常常也是将之作混融式的叙说;不过,在不同场合,有关道、丹、法在内涵上还是有所侧重的。

侧重于吟咏"道"的性状、功用的作品主要有:《仿古》二章、《后了道歌》《养道归真》《离尘归隐》《扫境修心》《了道度人》等。①

侧重于描述大丹景象、妙用的有:《先天一炁歌》《大道歌》《真橐籥歌》《玄关一窍歌》《金丹歌》《三月生魂金丹三还一返歌》《四月生魄金丹四还二返歌》《七月开心七窍金丹七还五返歌》《十月形神坚固金丹十还歌》《固漏歌》《一求

---

① 按,《玄要篇》中尚有"道情"系列,将另作探讨,这里从略。

玄关》《再求玄关》《总论玄关》《熔铸神剑》《总咏内事》《总咏外事》《金丹诗二十四首》《咏先天鼎》《琼花诗》《七绝五首》《登高台》《天仙引》《洞天清唱六叠》《丽春院词二首》《西江月》《鹧鸪天》《玄关交媾曲》《阴阳交会曲》等。

　　侧重于丹法修炼、行气养性的有：《上天梯》《亲口诀》《答永乐皇帝》《炼铅歌》《先天一炁歌》《铅火歌》《打坐歌》《道要秘诀歌》《大道歌》《炼铅诀》《金丹歌》《金液还丹破迷歌》《龙虎还丹指迷歌二首》《力敌睡魔》《后天筑基》《后天炼己》《炼己得药》《炼己下手》《先天鼎器》《先天真铅》《先天大药》《擒捉先天》《凝聚先天》《认药采取》《直指真铅》《直指真汞》《铅汞相投》《颠倒妙用》《和合丹头》《三家相见》《九转大还》《火候细微》《脱胎神化》《面壁九年》《换鼎分胎》《转制通灵》《九转灵变》《修炼天元》《潇洒悠游》《大丹诗八首书武当道室示诸弟子》《一枝花四首》《美金华二首》《一诀天机》《咏蛰龙法二首》《玄机问答》等。

　　从以上题目可以看出，侧重于叙说大道的诗词作品较少，而侧重于炼丹景象以及修炼方法的作品颇多。由于传统的影响，张三丰在这方面的诗词沿袭了前人的大量术语，例如"玄关""铅汞""龙虎""先天""后天"等等，故而不了解丹道理论和实践者，读此类诗词或许会有味同嚼蜡的感觉，但如果已经对传统丹道理论有一定的了解，就能体会其深刻含意。有些作品融进了个人的经历，显得老到深沉，例如《上天梯》：

　　　　大元飘蓬客，拂拂髯如戟。一曲上天梯，可当飞空锡。回思访道初，不转心如石。弃官游海岳，辛苦寻丹秘。辞我亡亲墓，乡山留不得。别我中年妇，出门天始白。舍我丱角儿，掉头离火宅。人所难毕者，行人已做毕。人所难割者，行人皆能割。欲证长生果，冲举乘仙鹤。后天培养坚，两足迈于役。悠悠摧我心，流年驹过隙。翘首终南山，对天三叹息。天降火龙师，玄音参一一。知我内丹成，不讲筑基业。赐我外丹功，可怜谆告切。炼己忘世情，采药按时节。先天无斤两，火候无爻策。只将老嫩分，但把文武别。纯以真意求，刀圭难缕晰。十月抱元胎，九年加面壁。换鼎复生孙，骑龙起霹雷。天地坏有时，仙翁寿无极！①

---

① 　方春阳点校：《张三丰全集》卷三，杭州：浙江古籍出版社1990年版，第26页。

这首五言诗以"飘蓬客"自况,以叙说自己离开仕途、出家学道的经历开其端。诗人决意要出家了,他对亡故的父母双亲依依不舍,特地到坟前辞行,看看生养自己的故土,感恩之情油然升起,但最终还是下定决心,不再留恋故土。他与自己厮守大半辈子的糟糠之妻告别,再看看留着"丱角儿"的儿辈,抚摸他们的头,最后毅然地离开了。他不再对人世间的名利地位恋恋不舍,也不再像凡夫俗子那样儿女情长,他拂袖而去了,其目的是要证长生之果,要乘坐仙鹤冲举飞上云天。于是,他迈开双脚,求仙访道,到了终南山拜师。时光流逝,如白驹过隙,修道长进不快,这让张三丰滋生遗憾,所以对着天叹息再三。庆幸老天的安排,他终于遇上了"火龙真君",参学问丹。当张三丰学会了内丹术之后,火龙真君便不再讲筑基炼己的基础知识,而是启迪张三丰注重外功修性之道。根据火龙真君的谆谆教导,张三丰炼己采药,用功不已,忽然霹雳一声,如雷贯耳,丹功告成。这就是《上天梯》的内容梗概。根据《国语·楚语》等文献记载,早在上古时期,先民即有"天梯"的想象,以为"人之初,天下通,人上通,旦上天,夕上天,天与人,旦有语,夕有语"。在先民的想象世界中,人与天上神明即是凭借天梯而上下沟通的。后来,道教发展了上古的神话,以为洞天福地也有天梯,可以登之而升天,如武当山就有所谓"天梯阶"即是修仙登霞的象征,张三丰《上天梯》估计是有原型物作基础。就其立意来看,"天梯"更重要的是作为金丹修炼通道的表征,它代表着一种延续生命的路径,更意味着一种修行的方法,张三丰此诗显然有暗示丹道法式的用意,例如按时节以采药,分别爻位的老嫩、火候的文武,等等,但作者并没有急于把此等意涵彰显出来,而是以求道经历作为铺垫,这就使得丹道法门的叙说有了深厚的生活基础。

## 二、行云流水吟

《张三丰全集》收入的诗词作品,还有相当一部分是作者云游各地的记录与感兴之作。因为其形迹如行云流水,所以取名为《云水集》,此等用意,杨廷峻《读〈云水集〉》诗有云:"天风吹,海水立,走云万里连空碧。飞龙老子爱飞吟,遗响于今透金石。方冠破衲行天涯,异水奇山是我家。古洞幽深眠白鹿,鸿钧陶铸出丹砂。万户侯封何足数,满山松石谁为伍？丈夫雅志慕清高,岂甘名利老尘土!"①这是模拟张三丰口吻写成的,从中可以看出,张三丰此类诗词被冠以"云水"的原因所在。

从时间上看,题名张三丰的云游之作,是陆续被编辑成集的,最初有一部分称为《云水集》,汪锡龄在编辑张三丰作品时将此集更名为《云水前集》,系从《永乐大典》中辑出重编的,包括《登华表山》《题止善堂呈主人》《三十二岁北游》《丹岩山》《王屋山》《嵩岳》《宝鸡晚行》《赤壁怀古二首》《蜀市题》《书怀》《丹成作歌》《天目闲居歌》《答永乐皇帝并书》等一百余首。从这些作品可以看出,张三丰四处云游,足迹遍布大江南北。在游历过程中,张三丰既描绘自己所目睹的景色风光,也记录所见所闻的体悟、感慨等。

汪锡龄之所以将《云水集》更名为《云水前集》,是因为他手头尚掌握了张三丰其他很多云游的诗词作品,需要另外编一个集子,于是续之者即为《云水后集》。自称为"圆通弟子"所作《序》说:"《云水后集》者,锡龄与先生相遇后所作者也。先生神游天海,兴好朗吟。或来剑南道署,必有新诗垂示。集而抄之,哀然成卷。异日与前集并刊,以志先生鸿印,庶几见我先生之神妙也夫。"②这篇《序》本来是《跋》语,清代道士李西月在重编《张三丰全集》的时候将之移于前,遂题名之为《序》。由此可知,《云水后集》的作品乃是由汪锡龄的收藏才得以保存,并且通过他的编订和刊刻才得以流传。其作品包括《大峨遇梦九观察口占赠之》《访梦九石堂溪上清晖精舍》《题梦九丹房》《赴西池仙会》《天外来》《快快吟》《闹中苦》《静中乐》《山行》《能仁院留题》《蹑云歌赐梦九》《题梦九院中》《示梦九》《与梦九》《马蹄月》《题陈道人像二首》等凡64首。诗作名称中含"梦九"者凡七,说明这与作者关系密切。按,《张三丰全集》之附录一《道派》中《后列仙传》有"梦九先生"一则谓:"梦九先生,姓汪名锡龄。徽州歙县人。曾官剑南观察,而宦情益淡,隐心愈深。遇三丰先生于峨眉,得其道妙。继授滇南永北道,即请终养,未准。旋授河南全省河道副使,乃便道归省,丹成尸解。号圆通道人。校正《玄要篇》,及著'三丰本传'

①　方春阳点校:《张三丰全集》附录一,杭州:浙江古籍出版社1990年版,第378页。
②　方春阳点校:《张三丰全集》卷七,杭州:浙江古籍出版社1990年版,第221页。

'显迹'等章传世。康熙甲辰年(1664年),十月十八日申时诞生。至今嘉州凌云丹霞峰之清晖阁,即先生公余之暇潜神炼丹处也。中有灵堂,扁载剑南父老数百人姓名,为先生寿,咸称圆通祖师仁慈清净、修己治人云。"①这篇小传明确记载,汪锡龄系康熙年间人,而张三丰早在明代之初即已显世,两者相差两三百年,于常理不合。笔者推断,出自汪锡龄之手的作品恐为扶乩降笔之作,汪锡龄由官宦而入道,对张三丰颇为推崇,其时当有以张三丰为神明而降乩者,锡龄恐系于降乩时得诗,久则合为一集。

另有《云水三集》,其由来似乎更晚。集前有李西月之《序》称:"《云水三集》,三丰先生再游剑南之作也。雍正(1723—1735年)间,先生来此提撕梦九观察,尝往还于高缥凌云,观察去而先生隐矣。迩来圆阳老人、卓庵居士及遁园、蟠山诸野客,志在山林,性耽泉石,隐士生而先生又至矣。青城、大峨之间,或遇老樵子水石逍遥,或遇老渔夫溪山吟啸,缁衣黄冠,种种变化,久之而乃知其中有先生在此,亦我曹之幸也。先生法相不轻示人,即示人人亦不识。清词妙语,惟事笔谈。不言吉凶祸福,不言黄白丹砂,其所常谈者,忠孝仁慈,谦和清净而已。间或放为诗歌,响遏云水。飞吟既久,默记日多,爰梓而存之,使人知神仙之乐,只如是已,又何异焉!"②这篇序言使用"法相"一语,说明编者所得张三丰诗词亦出于扶乩。《云水三集》中第一首为《重游剑南歌并引》,其前之小叙谓:"剑南自汪观察去后,余不到嘉州又一百年矣。近观少微星朗照乎凌云乌尤、青衣长乙之间,爰作重游剑南诗,以志访焉。"③汪锡龄死后一百多年,张三丰复出,这当然仅能以"法相"看待。考《云水三集》中尚附有"吕祖和作""涵虚同作""蟠山同作""藏崖同作"八首,更可以证明此类诗词作品乃扶乩状态下所为。

鉴于上述情况,笔者以为,有关"张三丰"诗词作品的分析应该分为两种情况:一是"正身"张三丰的作品;二是"法相"张三丰的作品。"正身"张三丰实有其人,作品与其生活时代是对应的;"法相"张三丰是作为扶乩神仙人物,从某种角度看,即是一个符号。就实学的立场看,与"法相"张三丰相连的作

① 方春阳点校:《张三丰全集》附录一,杭州:浙江古籍出版社1990年版,第306页。
② 方春阳点校:《张三丰全集》卷七,杭州:浙江古籍出版社1990年版,第235页。
③ 方春阳点校:《张三丰全集》卷七,杭州:浙江古籍出版社1990年版,第235页。

品自然不能作为"正身"张三丰分析的依据;但如果把"张三丰"作为一种现象,从脉络发展的角度予以追溯,不同时代产生的题名张三丰的作品也就具有资料意义。鉴于这两种情况,笔者探讨张三丰云游诗词的思想内容与艺术价值时主要以《云水前集》为据。①

与《玄要篇》多讲丹道的情形颇有区别,《云水前集》的作品系以叙事感兴为主。其中,有较多作品的标题出现"游"字,说明诗人自从离开妻儿之后一路游览,有感而发,如《关中旅寺有怀》:

> 抛别家山处处游,塞云关月几经秋。
>
> 丁公有志归华表,子晋何时返故邱。
>
> 今日渭南如旅雁,去年河北似浮鸥。
>
> 溪泉放艇寻诗句,两岸风篁几万头。②

诗人离开家乡之后是"处处游",说明他走过的地方很多,符合一个游方道人的实际情况。既然走过很多地方,这就需要时间,因此首联第二句用"几经秋"泛指经过的时间之长。不过,仅仅泛指,似乎不能凸显"游"的形象,于是诗人在颈联中把时间稍微具体化,以"今日"和"去年"相对应,去年还在河北,今日已经在渭南了。来去匆匆的诗人表面看起来似乎已经摆脱了"情"的缠绕;但仔细琢磨又可发现所谓"摆脱"其实是转换成另一种形式的"情",具体而言,就是以神仙回归故里表征诗人的思乡之情,这在额联中得到暗示。该联中的"丁公""子晋"即是与故里相关的神仙人物。"丁公"当是指丁令威。有传说称:汉代的辽阳刺史丁令威,因同情民众遭受洪水灾害之苦,私自动用了国库粮草赈济灾民,被朝庭问罪。临刑时,飞来一只仙鹤,将丁令威救走,驮着他飞到了太平府灵虚山去学道。陶渊明《搜神后记》谓:丁令威"学道于灵虚山。后化鹤归辽,集城门华表柱。时有少年,举弓欲射之。鹤乃飞,徘徊空中而言曰:有鸟有鸟丁令威,去家千年今始归。城郭如故人民非,何不学仙冢垒垒。遂高上冲天。今辽东诸丁云其先世有升仙者,但不知名字耳"。丁令威化成一只白鹤飞到了家乡辽东,这一方面表示学道有成,变化无穷,另一方面

---

① 《云水后集》《云水三集》所收入的作品由于问世于清代,依然可以作为"张三丰现象"予以考察。

② 方春阳点校:《张三丰全集》卷七,杭州:浙江古籍出版社1990年版,第199页。

则传达了一种特别深沉的思乡情绪。诗人离开家乡,四处云游,他尽管一再表示要摆脱世情,但从"丁公"故事的浓缩使用来看,其骨子里依然有一种眷恋家乡的情感在涌动。至于"子晋"的典故,同样也表现出强烈的思乡情绪。"子晋"即王子晋,或称王子乔,《列仙传》卷上称:"王子乔者,周灵王太子晋也。好吹笙,作凤凰鸣。游伊洛之间,道士浮丘公接以上嵩高山三十余年。后求之于山上,见柏良曰:'告我家,七月七日待我于缑氏山巅。'至时,果乘白鹤驻山头,望之不得到。举手谢时人,数日而去。亦立祠于缑氏山下,及嵩高首焉。"王子晋虽然不像丁令威那样化鹤返乡,却是乘着白鹤回到缑氏山的。这位曾经是周灵王太子的神仙最后到哪里去了呢?《列仙传》留下一个悬念,张三丰由此追问"何时返故邱"? 这就把"丁公"归华表的那种思乡情绪进一步强化,从而实现了世情向仙情的升华。

像以上的作品,在《云水前集》中占有一定的分量,诗人通过叙说游历过程,一方面寄托某种怀旧思绪,另一方面则表达慕仙的情怀。限于篇幅,这里就不一一分析了。

## 三、洞天清唱抒快意

在人们的心目中,历史上的张三丰是一个"散仙",他的行踪如云似水,飘拂不定,有一种神秘感。然而,就艺术角度看,张三丰的诗词以及后来的扶乩之作却又有一脉相承的风格,这就是:事喻道法,一以贯之;词传快意,自然不拘。

张三丰善于在继承传统的基础上进行艺术创新。作为一个兼容全真道南北宗的著名道士,张三丰的诗词必然涉及丹道修炼。在这方面,他遵循传统丹道的思路,大量使用隐喻,以暗示修炼法诀。无论是《炼铅歌》《铅火歌》,还是《了道歌》《大道歌》,都因袭了黄婆、姹女、先天、后天、斗柄、鹊桥之类语词,故而外行人看起来就显得艰涩难懂。不过,有些作品却又显得相当口语化,例如《后了道歌》:

混世虫,混世界,终日混,无宁奈。真孔窍,人不解,寻得着,真自在。
莫人喜,莫人爱,无人嫌,无人怪。不参禅,不礼拜,不打坐,懒受戒。走天涯,看世界,遇酒吃几杯,遇肉啖几块,化碗饭,塞皮袋,寻块布,遮四大,房屋破,自家盖,主人公,要安泰。不登名利场,不管成和败,不欠国家粮,不少儿女债。他来寻我,我无挂碍。朝游五湖边,暮宿青山内,顽石当枕头,青天作被盖。虎豹不能侵,妖魔不敢害,不觉睡到日头红,无恐无惊无怖骇。从今打破是非门,翻身跳出红尘外。拍手打掌笑呵呵,自在自在真自在。①

从题目上看,这首诗属于述道修行之作。诗中"真孔窍"一语不无暗示内丹修炼的用意,因为这本来就是丹道的专有术语。查金丹派南宗二祖石泰《还源篇》有云:"神气归根处,身心复命时,这些真孔窍,料得少人知。"所谓"真孔窍"当指玄关气穴。由于起手路径不同,玄关气穴在道教中并非仅为一处,至少有两处:一是肚脐下一寸三分的地方,张三丰《道言浅近说》称:"修炼不知玄关,无论其他,只此便如暗室一般,从何下手? 玄关者,气穴也。气穴者,神入气中,如在深穴之中也。神气相恋,则玄关之体已立。"②此气穴即下丹田的肇始"玄关"。二是"会阴穴"。张三丰《金丹诗三十六首》之五《一求玄关》谓:"一孔玄关要路头,非心非肾最深幽。膀胱谷道空劳索,脾胃泥丸莫漫搜。"③诗中的"一孔"即脊椎孔。沿着脊椎上下行气者为督脉,起点为会阴穴,炼丹至二候有成,则元精由此逆上而达泥丸。对照一下前人的论说以及张三丰在不同场合的描述,可知"真孔窍"实为丹道秘语,既然是秘语,当然不好懂,所以张三丰说"人不解"。尽管如此,张三丰还是设法让修行者了悟,指出"寻得着,真自在",意即寻找到"真孔窍"最后是可以获得"自在"快乐的。怎样达到"自在"呢? 张三丰并没有让修行者马上就探寻"真孔窍"在什么地方,因为"真孔窍"其实是需要通过内外功夫最后才能感受得到的。针对一般的社会大众,张三丰指出,真修行并非一开始就打坐、参禅、礼拜、烧香,而是先学会吃饭、睡觉之类生活技巧。他特别告诫,不要欠债,尤其不要拖欠国家公粮,也不要被名利、成败所困扰,而应该豁达大度,一切顺应自然,该吃饭就吃饭,该喝酒就喝酒,而最为关键的就是培养无恐无惊的稳定心态,这样就能拍手笑

---

① 方春阳点校:《张三丰全集》卷三,杭州:浙江古籍出版社 1990 年版,第 38—39 页。
② 方春阳点校:《张三丰全集》卷四,杭州:浙江古籍出版社 1990 年版,第 97 页。
③ 方春阳点校:《张三丰全集》卷三,杭州:浙江古籍出版社 1990 年版,第 40 页。

哈哈,自由又自在。这是张三丰所追求的真丹道、大修行,即在社会生活中修行。他以非常浅显的大众口语叙说丹道修炼和日常起居的涵养,一种快乐的情绪洋溢于字里行间。

为了表达修道的快意,张三丰还善于借助各种词曲牌体式,通过反复吟唱,形成一种节奏感。例如其《天仙引》共有 5 首,每一首并不采用同样的调式,而是灵活变换,从而造就了吟咏音响的丰富多样,强化了艺术感染力。再如《一枝花》凡 4 首,《美金华》2 首,《丽春院》2 首,大多在同一词牌下又采用不同调式,显得活泼新鲜。不仅如此,他甚至自创曲牌,例如《玄要篇下》所见之《登高台》即是张三丰所独创。考东汉末魏伯阳的《周易参同契》有"瞑目登高台"之句,张三丰采之以入韵,作为新的词牌,发明丹道秘旨。所以李西月在该篇之末加上按语云:"按祖师词曲,前无所谱,只在发明丹旨耳。然谱皆古人所创,何妨自我作古耶。'登高台'本《参同契》之句,以为调名,恰与玄音雅称。或谓立题固妙,分段太多,不知词谱中如《哨遍》《莺啼序》之类,亦有三四段者,此分四段有何不可? 不得以令、慢、单、双相拘也。"①李西月这番评价是很中肯的。的确如其所言,张三丰发明"登高台"曲牌,并不拘泥于往昔"令、慢、单、双"格式的限制,而是从丹道内容方面着手,以元代流行的曲子为参照,在语言上自然流畅,易于让人接受。试看最后一段:

> 青龙白虎相争战,玉兔金乌一处抟。防只防身中无慧剑,怕只怕急水滩头挽不住船,等只等黄婆勾引,候只候少女开莲。此事难言,五千日内君须算,三十时辰暗里盘。子前午后分明看,铅阳未动,癸现于前,真铅真阳随后边。药到临炉,此时休怠慢,急速下手擒入关,随后用六百抽添。
> 十月胎圆,婴儿出现,面壁九年,独露真诠,才做个阆苑蓬莱物外仙。②

张三丰此首自创曲以"青龙"同"白虎"相对,以"玉兔"与"金乌"面观,将内丹修炼过程中药物发生与阴阳的交互作用凸显出来了。它所采用的手法还是《参同契》开创的隐喻。张三丰接过了这种传统,然后加以巧妙的锻铸,他用一个"抟"字来传神,颇有画龙点睛之效。紧接着,作者更以排比句、对偶句,

---

① 方春阳点校:《张三丰全集》卷三,杭州:浙江古籍出版社 1990 年版,第 56 页。
② 方春阳点校:《张三丰全集》卷三,杭州:浙江古籍出版社 1990 年版,第 56 页。

表达火候操持之难准。最后以"物外仙"表征逍遥的自在境界，熟练的语言技巧使得道教的快乐精神得到了充分的传达。

像《登高台》这样的独创曲，在其《玄要篇》中还有许多，例如《美金华》《一诀天机》《玄关交媾曲》《阴阳交会曲》《洞天清唱》等。此类曲子将元明时期社会上的流行口语与道教内丹的专门术语相结合，营造了一种特殊的咏叹氛围。

有趣的是，入清以来，在社会扶乩之风盛行的情况下，已经"留颂而逝"的张三丰似乎依然在"云游四海"，他忽而奔赴西池仙会，忽而从天外返回人间，忽而山行，忽而采莲，忽而蹑云，忽而闲眺，忽而游戏，忽而赏月，活灵活现，超然物外。或许是扶乩者的愿望所致，此类以张三丰为主神的扶乩之作往往也表现出快乐的情怀，你看《自述与汪子》："山顶时闻元鹤啸，石头小坐白云陪。者般景象谁能得？说与同门笑眼开。"[1]既然是要让同门的修道者开笑眼，自己当是具有快乐的胸襟了。当然，扶乩之作的快乐精神更重要的在于秉承张三丰那种悠闲自在的生活逸趣，无论是《游南峰》《再过台城》《游戏吟》，还是《游蜀》《农人引》《天门引》《轩然台》，都力图通过"乾坤大笑"舒展自我，而一首《重游剑南歌》则以"化鸾化鹤化云烟，又化渔樵与老仙"的迷离恍惚，带给听者一种"快乎哉"[2]的忘我怡情的美妙感受！在这里，张三丰已经由一位云游的道人转换为无所不在、无所不能的快乐神仙，因为他的快乐，扶乩者也享受着诗情画意造就的快乐。

[本文合作者：曲丰；原载《武汉大学学报》(人文科学版)2011 年第 6 期，收入本书时略作修改]

---

① 方春阳点校：《张三丰全集》卷七，杭州：浙江古籍出版社 1990 年版，第 224 页。
② 方春阳点校：《张三丰全集》卷七，杭州：浙江古籍出版社 1990 年版，第 236 页。

# 刘一明诗歌的道教内涵及其审美旨趣

　　清代乾隆、嘉庆时期的刘一明是张三丰道法的重要继承者,他曾经撰写了《三丰张真人源流》叙说张三丰生平,又注释张三丰的《无根树》。于《无根树解序》中谓:"余自童子时,尝闻道者诵三丰真人《无根树》词,虽不知取义,而心窃爱之。"①这表明刘一明从少年时代开始即受到张三丰的影响。

　　刘一明(1734—1821年),原名万周,字一之,号秀峰,入道后改名一明,号悟元子,别号素朴散人,山西平阳曲沃县(今山西闻喜县东北)人,全真道龙门派第十一代入室弟子。刘一明幼年与大多孩子一样,在父辈的安排下,学习儒家文化,但他的生活道路却坎坷多灾,不到12岁的时候,即已经大病3次,几乎丧命。他在《会心内集》回忆自己的生活经历,言及17岁时,又得重病,百药无效,到了第二年,他赴甘省南安养病,却没有好转。在危急关头,幸喜真人赐以偏方,得以化解危急。这样的机缘,促使他相信道教对人生特有的救济作用,于是在19岁时外游访道,22岁遇冤谷老人于榆中。冤谷老人循循善诱,指点迷津,口授心传,这使刘一明消除了从前的许多狐疑。此后,为了研修参证,他先后在京师、河南、甘肃等地居处问道达10年之久,还有几年往来不定。10余年间,他潜心研读三教文献,尤其是道教的经书更是仔细玩味。不过,他自己感觉还是有许多疑难不能解决。乾隆三十七年,他于汉上遇仙留丈人,经其指点,"十三年疑团到此一棒打为粉碎矣"。自此以后,刘一明更加注重云游访道,其足迹遍布陕、晋、甘、宁诸省。经过一个时期的寻索之后,刘一明选择甘肃的榆中县栖云山、兴隆山作为隐居修道的场所,他在这里设坛传教,探

---

① (清)刘一明:《道书十二种》,祁威、于志坚点校,北京:书目文献出版社1996年版,第417页。

索道法,颇有心得。

刘一明勤奋著述,为后世留下为数可观的精神遗产,最具代表性的是《道书十二种》。该书收录刘一明编纂的十余种主要道书①,其内容分为注释类、撰著类两种。这些多为丹道诠释和发挥的著述,以义理散文为主,但各书也包含作者一些诗词杂著。其中,又以《会心集》和《西游原旨》所见诗词最具文学价值。

## 一、云游有感,了悟归真

人们常说:诗是心灵的窗扉,这在刘一明的作品中即可得到印证。他一生耗费大量精力注疏道教经典,但最有创见的却是诗词曲赋之类作品。

正如张三丰一样,刘一明出家前后也曾云游四方,他的《会心集》留下了这方面的印记。该书分《内集》与《外集》。其《内集》依照作品体裁编辑,分为诗、词、曲、歌等;就内容而言,属于云游或关涉云游的作品有:《汉上遇师》、《望吾乡》5曲、《不是路》4曲、《下苦歌》等。其《外集》在格式上与《内集》相同,也是依照作品体裁编辑。与《内集》相比,《外集》属于云游或关涉云游的诗、词、曲、歌的作品要多。其中如:《游栖云后山》《步五图峰》《栖云山二十四景》(诗)、《景福山留题》4首、《龙门洞题留》5首、《灰落字现处》《叹娄景先生定日月处》《川口王母宫留题》《过十字路》《赞寺口苏真人仙壳》《栖云山二十四景》(词)、《题陈希夷睡像》《睡仙塔院留题》《马拙庵赞》《睡仙张真人赞》《静庵阮真人赞》《碧云孙真人像赞》《山中清闲高强歌》《逍遥游》《栖云歌》等。

刘一明从最初的云游开始即渴望遇上名师,于是他翻山越岭,四处寻找。果然,苍天不负有心人,机缘终于给了这位上下求索的青年行者,他先是得到全真龙门派第十代传人龛谷老人的指点;后来又在陕西襄城(今勉县)仙留镇遇上齐丈人,在齐丈人的点拨下,大有收获。他的七言绝句《汉上遇师》反映

---

① 按,《道书十二种》的"十二"是就大体而言的,如果包括附篇,其实不止十二种。后来在流传过程中,刊刻者有所增补,但名称依然沿用,因此目前所见的版本,最少也收刘一明的著述十四种。

的正是这段经历：

> 一十三年未解愁，仙留镇上问根由。
>
> 而今识得生身处，非色非空养白牛。①

题中的"汉上"为地名；而"遇师"指的就是遇上齐丈人。查先秦古籍，已有丈人之称，如《论语》等书即多见之。在先秦时期，丈人指的是年老之人。汉代以来，神仙家以"丈人"称有道者，如《道德经河上公章句》作者称"河上丈人"，青城山有"青城丈人"。仙留镇的齐丈人即为此类人物。据刘一明《栖云笔记》所载，齐丈人系全真道龙门派第九代传人梁仙人的徒弟，梁仙人羽化之后，齐丈人四处云游，巧遇余丈人于兰州阿干镇，初得性命蒙学。其后齐丈人随余丈人云游西宁、凉州、甘州、肃州。两年之后，余丈人将内丹秘诀传授给齐丈人。从此，余丈人隐匿而不知所终。齐丈人则穿上俗装，云游宁夏、定边、平凉、西安等地，最终隐居于仙留镇，故而又有"仙留丈人"之称。刘一明在仙留镇，就13年来未能探明的内丹大道问题向齐丈人请教，终于化解了多年的疑问和忧愁，他明白了生身的根由，原来是"非色非空"。冥冥之中有一"白牛"在，这个"白牛"当是西南坤卦之位的隐喻，"白"在五色中代表西方，"牛"则是坤卦的象征，易学中有"坤为牛"的说法，道教内丹学以西南坤位为产药之乡，故而刘一明以"白牛"表征身家性命的根源处。

刘一明云游访道，却没有即刻出家。因为他牢记龛谷老人的教诲："先尽人事，再办己事。"所以，他的心中总是记挂着家中的事，立志尽其孝道。真正使他下定决心出家的，是他的父亲去世。在办理了父亲丧事之后，他感觉时光流逝，生命难再，于是毅然遁入玄门，继续四处云游。正如以往许多道人一样，他一路上体验了千辛万苦。不过，他并没有因此而退却，而是以苦为乐。其所作《下苦歌》充分表现了他的心态：

> 学人若要实修真，先须下苦莫逡巡。
>
> 从来神仙不易得，死里逃生甚艰辛。
>
> 如来雪山受冷淡，达摩长芦打劳尘。
>
> 长春磻溪磨过性，丹阳铁查受孤贫。

---

① （清）刘一明：《会心内集》卷上，《藏外道书》第8册，成都：巴蜀书社1994年版，第630页。

古圣先贤尚下苦,后代学人怎不遵?①

刘一明的《下苦歌》写得相当长,这里引用的只是开头一小段。从这一段中,我们不难感受到作者在修行过程对"苦"的体验。在他看来,修真之人,首先必须能够吃苦耐劳。他没有忘记仙留镇齐丈人帮人划船过黄河、上山砍柴、给人干活的事,更没有忘记三丰祖师的"勤劳行功"。因为修道成仙从来都是不容易的,像阴长生、魏伯阳等都是死里逃生者。再看佛教,如来成佛也是经历了一番又一番的磨难,菩提达摩面壁九年,那又是具有何等的毅力与耐力!刘一明由上古进一步联想到早期全真道跟随王重阳修行的丘处机与马丹阳两位先辈,他们都是在劳苦中锻炼心性,最终才成就道果。刘一明以反问的口气表示,修道是必须下苦功的。这既是自我激励,也是对同道的期待。

刘一明在云游过程中,参访了许多古道观,对于历史上那些著名道士他总是情不自禁地写诗作词予以赞美,例如《题陈希夷睡像》就是这方面的典型之作:

睡睡睡中快,这个方法不轻卖。旁门足三千,非妖即是怪。金液大还丹,得之超三界。噫!这等自在仙,真个长不坏。

睡睡睡中乐,这个方法谁摸着?始则必有为,终焉要无作。性命归一家,人我俱忘却。噫!这等自在仙,真个人难学。

睡睡睡中好,这个方法怎寻讨?捉住天地根,取来混元宝。安在太虚空,无烦也无恼。噫!这等自在仙,真个世间少。

睡睡睡中妙,这个方法人不要。弹的无弦琴,唱的无字调。鸿濛打一眈,醒来呵呵笑。噫!这等自在仙,真个丹书召。②

本曲调为"四边静",凡四曲。作者刻意地将"快、乐、好、妙"四字嵌入其行文中,这既是对歌咏对象那种高超功法的赞颂,也是作者拜谒希夷真人陈抟时的心绪写照。每首"曲"在连呼"睡睡睡"之后,即称"这个方法",说明刘一明是把"睡"当作修炼方法的。这种"睡"并非是凡俗人那样的睡,而是在睡中修炼内功,因为历史上的陈抟老祖的确是睡功的高手,他可以一睡几个月。在睡的

---

① (清)刘一明:《会心内集》卷下,《藏外道书》第8册,成都:巴蜀书社1994年版,第650页。
② (清)刘一明:《会心外集》卷上,《藏外道书》第8册,成都:巴蜀书社1994年版,第686页。

过程中,闭气内息,好生了得。在刘一明看来,陈抟老祖的睡功其实就是"金液大还丹"的功夫,这是正道,修行者应该走这样的正道。除此之外,号称"三千"的各种旁门都不足学。但是,睡功大还丹并不是轻而易举就能够学会的,"谁摸着"?"怎寻讨"? 刘一明在曲子中连续发问,说明他是一边参访拜谒,一边思考的。通过思考,他悟出了其中的奥妙,这就是在开始时"有为",而在入门之后就应该"无为",忘记所有的存在,包括人我物象。对于这种以睡功而成仙的方式,刘一明坚信不移,以为可以"捉住天地根"也就是合于"大道"。在他心目中,陈抟老祖这个"自在仙",真是好榜样,应该学习他,"鸿濛打一盹,醒来呵呵笑"。如此措辞用字,简洁明白,充分体现了刘一明对"求真了道"的坚定信念。

## 二、生活起居,修心养性

刘一明的《会心内集》与《会心外集》除了记载云游经历,抒写旅途所见所闻的感受之外,还有许多作品描绘他隐居时的情景,表达修行的理念。例如《会心内集》中的《书怀》5 首,《醒眼诗》16 首,《破迷正道》24 首,《炼志》等七言律诗七首,《演道》二十四首,《锦堂春》《洞天春》等词类 25 首,《驻云飞》《鹊踏枝》《药蕉叶》等曲数十首,《铸剑歌》《炼睡魔歌》等歌类十余首;再如《会心外集》中的《睹物有感》《见人图利有感》《独睡洞中》等五言诗多首,《自在窝吟》16 首,《自在窝四宝》4 首,《五书合集》等七言绝句四首,《答温秀才》《叹某官有忧事》《叹因恩爱受害者》等七绝诗多首,此类作品从另一个侧面表现了刘一明的修道生活情趣。

可以看出,刘一明对于隐居时的自在生活是颇为满意的,他的《自在窝吟》写道:

> 我居自在窝,相伴一铜锅。饿处烹朱凤,渴时炼白醝。
>
> 我居自在窝,不怕外来魔。死户为生户,先天一气拖。
>
> 我居自在窝,乐事于中多。睡去闭三宝,起来唱一歌。
>
> 我居自在窝,再不受磋磨。护守元初物,消除历劫疴。
>
> 我居自在窝,别是一婆娑。春采黄芽药,冬观白云坡。

> 我居自在窝,随心口咏哦。无字亦无调,音声出大罗。
>
> 我居自在窝,天地在包罗。日月壶中转,风雷手里搓。
>
> 我居自在窝,敢把太虚拖。鬼怪不能近,龙蛇莫奈何。
>
> 我居自在窝,尽道我头皤。年老心犹少,修真怕怎么。①

这首五言诗以首句重复的手法,描述一个修道者简单、朴素、富有情趣的居处场所。"自在"是刘一明非常喜欢的字眼,他在《题陈希夷睡像》反复说"自在",那是赞美神仙的"自在",而在《自在窝吟》中咏叹的则是自我的"自在",他的确很自在,因为没有荣华富贵的苦恼,也没有名利地位的渴望,更不必受夫妻恩爱的缠绕,他彻底放松了。虽然生活简单,但行动十分自由,不必看别人的眼色行事,他想睡就睡,想起就起,想唱歌就唱歌,多么逍遥,多么飘逸!别小看这自在窝,整个天地都被包罗在其中了!这自在窝力量可大得很,连那无边无际的"太虚"都可以拖住,那是何等的力量,何等的气魄!②

刘一明的"自在窝"有四样"宝贝",它们是:一部《易》、一盏灯、一个锅、一张床。刘一明对这四样宝贝可谓珍爱有加,分别写了四首五言诗予以赞美。

关于一部《易》,刘一明歌云:

> 圣贤心法理,易学最为真。穷到精微处,自然见宝珍。
>
> 河洛五行露,羲文八卦分。若知虚白处,造化在心君。
>
> 羲皇传太易,西伯系为经。先后二天理,万年列圣庭。
>
> 无为并有为,逆顺两行持。只此些儿秘,卦图尽泄之。③

在刘一明的生活中,《易》的确太重要了。翻开他的义理性论著,几乎到处可以见到易学的思想轨迹。他一生耗费了相当多的精力探索易学思想,并且将其基本框架与义理、象数之学应用于经典诠释中。他曾经撰写了《易理阐真》《参同直指》《象言破疑》等专门性的解《易》著作。从某种意义上说,易学即是刘一明理论建构的"指南针"。在《易理阐真》一书序言中,刘一明阐发了

---

① (清)刘一明:《会心外集》卷上,《藏外道书》第 8 册,成都:巴蜀书社 1994 年版,第 674—675 页。

② 《自在窝》全诗很长,这里赏析的只是其中一小段。

③ (清)刘一明:《会心外集》卷上,《藏外道书》第 8 册,成都:巴蜀书社 1994 年版,第 675 页。

道教丹学与易学的密切关系,他指出:"丹经之由,始于后汉魏伯阳真人。真人成道以后,怜世之学人惑于旁门邪说,不知圣贤大道,每多空空一世,到老无成,遂准易道而作《参同契》,以明性命源流、阴阳真假、修持法则、功夫次序。托物取象,譬语多端,以性命、阴阳、刚柔谓之药物;以修持功夫次序谓之火候;以修持功夫不缺谓之锻炼;以勇猛精进谓之武火;以从容渐入谓之文火;以阴阳、刚柔、中正谓之结丹;以阴阳混成、刚柔悉化谓之丹熟;以无声无臭、神化不测谓之脱丹。其寓意亦如《周易》,拟诸其形容,象其物宜,始有金丹之名、丹法之说、修特性命之理。"①按照刘一明的看法,魏伯阳的《参同契》的主旨虽然是丹道,但其根基却是《易》学。因此,要弄通丹道,就必须钻研易学的象数与义理。这四首歌咏大《易》的五言绝句,可以说是刘一明易学思想的浓缩。诗篇一方面回顾历史,指出河图、洛书与阴阳五行的关系,陈述卦象的发端,卦爻辞的产生以及易学结构体系的逐步完善;另一方面,则赞美易学的功德,阐发先天八卦与后天八卦的关联与区别,诗篇以"真""精微""宝珍"等言辞来称道易学,表现了诗人对大《易》的热爱与雅好。

关于一盏灯,刘一明歌云:

> 有个虚灵物,看来一点精。得人常照顾,夜夜放光明。
>
> 其体本来空,杳冥似莫功。神光才透露,便有满堂红。
>
> 孤明一盏灯,刻刻拨油绳。只在家中照,不从洞外矜。
>
> 光辉空里出,花蕊火中生。这个真消息,几人辨得清。②

如果我们将"一部《易》"与"一盏灯"的言辞稍加比较,即会发现,前者几乎是在论说,而后者则充满了象征意味。从表面上看,诗人呈现给读者的是一盏灯的状态、功能,你看那灯放出光明,驱散了黑暗。为了保持这盏"灯"的光辉,诗人每每拨弄着油绳。然而,诗人写灯是别有一番用意的。这盏灯不仅陪伴着诗人度过黑夜,而且亮在他的心坎上。实际上,这盏灯即是他修炼内功的隐喻。因为这盏灯的光辉来得不一般,它是从"空里出"的。"空"既是对"灯"的状态的一种陈述,也是丹道之光发生的暗示。按照许多丹道文献的描

---

① (清)刘一明:《易理阐真》序,《藏外道书》第 8 册,成都:巴蜀书社 1994 年版,第 3 页。
② (清)刘一明:《会心外集》卷上,《藏外道书》第 8 册,成都:巴蜀书社 1994 年版,第 675 页。

述,内丹修炼有成,是会发光的。例如《性命圭旨》的《蟾光说》称:"太虚寥廓,皓月粲然,雪浪翻腾,金蟆吐耀。人见月之所以明而曰:金精盛则月明焉。孰知金之所以生者,自月而产也。人见金之产于月,而不知月之明本出于日也。月者,喻元性也。水,喻坎宫也。金蟆者,喻一点真阳之窍也。元性,喻月性之用也。性之初见,圆陀陀,光灿灿,状似流星。盖气质之性稍息,而元神真性就见,如云开则月现,雾散则阳晖。才见此物,分明便是元气产矣,速急采取。譬之,见贼便捉,毋令再逸。收归于鼎器之中,则一点元气蟾光终,不可得而出矣。"①照此,则内丹修炼是可以有如月光闪烁的感觉的。刘一明描写心爱之灯发光,分明具有暗示的理趣。诗中多次言"空",这是暗示内丹修炼不可执著于"有",而应该排除杂念,直到物我两忘,方才可以"夜夜放光明"。诗人由实物的描绘入手,进而以灯光喻丹光,含蓄而耐人寻味。

关于一个锅,刘一明歌云:

> 不大些儿锅,收藏自在窝。饥时熬黍米,渴了炼松萝。
>
> 口圆腹内空,两耳最灵通。提在红炉上,成全造化功。
>
> 收来真一水,默运丙灵精。灶底和风起,琼酥片饷成。
>
> 采来救命宝,腹实不为贫。水火勤烹炼,炼成养法身。②

陪伴刘一明的这口锅是干什么的? 他在四首绝句的第一首中写得很明白:用于"熬黍米"和"炼松萝",因为修道初期也会饥饿,会口渴,所以他要让这口锅为充饥止渴发挥作用。诗人善于抓住事物特征进行刻画,他不仅写锅的形态,而且将之与做饭、烧水时的其他用品联系起来,让人可以想象其操作的情形。一开始,诗人用了双关语:"不大些儿锅,收藏自在窝。"这口锅本来是放在刘一明"自在窝"中的,也就是说它是被"收藏"的,但由于主谓次序的巧妙组合,便产生了一种特别的效果:这口锅虽然"不大些儿",却把整个"自在窝"收藏了,让人联想到"一粒粟中藏世界"的境地。再进一步推敲,其实它收藏"自在窝",也就是收藏了主人刘一明的"自在",正如主人一样也显得十分自在了。作为一位隐修者,刘一明处处都往内功方面思索,于是这口锅与他心爱的

---

① 尹真人弟子撰:《性命圭旨》元集,上海古籍出版社 1989 年影印版,第 77 页。
② (清)刘一明:《会心外集》卷上,《藏外道书》第 8 册,成都:巴蜀书社 1994 年版,第 675 页。

"灯"一样,也成为内丹修炼的法象。它两耳灵通,所以放在红炉上,就能"成全造化功"。什么是"造化功"? 从大处讲,就是混沌之道化生宇宙万物;从小处讲,就是内丹修炼时一气感通,化出药物,经过烹炼而结大丹。所以,诗人紧接着写烹炼的准备和烹炼的操作过程。"收来真一水",这是采药的动作写照。"真一"之说,本于先秦老庄道家的真人守一构想,出土于战国墓的《太一生水》则以"一"代表北方水位。《鬼谷子》发展了这种观念,引申为一种意念修持的原则,该书《本经·阴符》称:"信心术,守真一。"《鬼谷子》文中的"真一"当有"道"化太一的意涵。后来,道教内丹学将"真一"作为产药之本源。《道枢》卷三十收有《真一篇》,谓:"真一者,乃吾之气液而不能知之何也? 夫元气生于二肾之间,出入于杳冥之际,无声可闻,无色可视,其名曰元海焉,曰灵根焉。气中生液,液中生气,气液相生,合而不离,所谓天一生水,太一含真气者也。"照此看来,"真一"即是存在于两肾之间的"气液",刘一明要"收来真一水"也就是让气机发动,药产而运行丹功。在丹家修炼过程中,铸鼎炼药,讲究的是心肾相交、水火既济。从符号象征的层面看,"水"在北方,而"火"在南方,运水于南方,传火于北方,这叫作"坎离颠倒",逆行而仙。关于这一段,刘一明以"默运丙灵精"来表示。"丙"是什么? 原来,内丹修炼八卦方位图,以十天干布于四方与中央,再配合五行,东方甲乙木,南方丙丁火,中央戊己土,西方庚辛金,北方壬癸水。刘一明的"丙灵"即是丙丁火的离卦方位,以丙涵容丁,略丁而显丙,故称"丙灵"。而"默运"就是悄悄地不动声色地进行水火既济的操练。于是"灶底和风起,琼酥片饷成",内丹药物终于出现,"琼酥"就是"药物"。由于药产了,接着就可以采药,所以接着说"采来救命宝"。之所以称作"救命宝",是因为"真一水"作为身中"大药"是用以烧炼大还丹的。有了原料,再加烹炼,就能够滋养"法身",最终成为真仙。刘一明从自在窝中的一口锅出发,通过状物、写景,以象征的笔调,寄托其丹功修炼的遐思。

关于一张床,刘一明歌云:

> 我有一张床,量来五尺长。当心平且稳,四面有栏墙。
>
> 外面分三格,暗中只一层。这般安歇物,作造要良能。
>
> 元牝两头门,法财里面存。自知真富贵,睡眼小乾坤。

宽长恰等身,坐卧两相亲。吩咐灵童子,休教染土尘。①

对于常年使用的这张床,刘一明也写得既形象、又富有道教哲理。说形象,是因为诗人是从具体着手的,他先写床的长度、构造等外观性的东西,让人对这张床的样态有一种实在的感受;不过,刘一明并非停留于写实;当他初步勾勒了"床"以及放置这张床的环境之后,便把笔锋一转,通过引申,以运载其哲理逸趣。他由床的构造,进一步想到两头的"门"。这时候,诗人通过意象的重叠、交错,唤起一种哲理思考。这其中,"元牝"一词最值得揣摩。"元牝"即是"玄牝"。历史上,由于避讳的缘故,常常改"玄"为"元",于是"玄牝"就换成"元牝",至今《诸子集成》本的王弼《老子注》尚保留这种因避讳而形成的语汇。就源头而论,"玄牝"首出老子《道德经》第六章:"谷神不死,是谓玄牝。玄牝之门,是谓天地根。绵绵若存,用字不勤。"②在上古时期,"玄牝"原指母马生殖器,老子《道德经》将之注入新的内容,用以形容化生天地万物的"道"。后来,道教又将此概念发展,应用于内丹学中。南宋道教内丹家俞琰作《玄牝之门赋》,一开始就颂云:"一窍玄牝,大丹本根。是乃虚元之谷,互为出入之门。设鼎器之尊卑,截然对立;浑机关之阖辟,妙以难言。原夫神仙立修炼之根基,元气常周流于上下,铅炉汞鼎,自此而建。玉阙金关,识之者寡。大哉玄牝,不可得而名焉,通乎阴阳,是以谓之门也。是曰炉鼎中藏汞铅,东接扶桑之谷,西通华岳之巅。据二土之要,妙合二土;界两弦之间,平分两弦。大以无外,小以无内,下焉曰牝,上焉曰玄。朱砂鼎、偃月炉,一机密运复命关。归根窍,众妙兼,全是门也。"③对照一下俞琰的《玄牝之门赋》,就不难看出刘一明《一张床》的秘义。他歌咏这张床,不仅是因为它是供自己睡觉用的,而且在于诗人又是运用它来炼睡功的,"睡眼小乾坤"体现的正是诗人修炼内丹睡功的境界,因为内丹睡功遵循"天人合一"的原理,炼丹人把人体当作小乾坤,并且与大乾坤对应起来,导引内气上下周流,犹如日月星辰在太空中有规律地运行。可见,"床"在刘一明的心目中也是内丹修炼的法象,既然如此重要,也就

---

① (清)刘一明:《会心外集》卷上,《藏外道书》第 8 册,成都:巴蜀书社 1994 年版,第 675 页。
② (魏)王弼注:《老子道德经注》第六章,《诸子集成》第 3 册,北京:中华书局 1954 年版,第 4 页。
③ (宋)俞琰:《玄牝之门赋》,《道藏》第 20 册第 320 页。

应该好好保护,不使沾染尘土。

对自在窝"四宝"的歌咏,一方面体现了刘一明追求简朴生活的情趣,另一方面则寄托其大还丹的修炼精神。由于对道教内丹学的深入探究,刘一明形成了观察事物的特殊视角。在他心目中,周遭的各种事物都可以成为内丹法象,他吟咏行、住、坐、卧,描绘竹、兰、松、菊等景色风物,每每都有寄托,表现了一个修道者坚定的信念和特有的艺术鉴赏方式。

## 三、探索西游,揭示原旨

在刘一明的诗词作品中有一部分是为了发明《西游记》思想宗旨和叙说《西游记》学习心得的,例如《西游原旨歌》《西游原旨诗结》即是。就其初衷而言,作者或许并非有意从艺术上考虑这方面的诗歌创作,而只是利用诗歌形式来表达自己对《西游记》思想主旨的理解。不过,从客观上看,这方面的作品不仅具有独特的思想创获,而且也具有审美艺术价值。

刘一明关于"西游原旨"的诗歌创作起因于他对《西游记》的浓厚兴趣。根据《百回详注》第一回之注释等资料记载,刘一明在青少年时代就认真读过《西游记》。他说:"予自得龛谷、仙留之旨,捧读之下,多有受益,始知此书为天神所密,举世道人,无能达此,数百年来,知音者惟悟一子陈公一人而已。予因追仙翁释厄之心,仿陈公《真诠》之意,不揣愚鲁,每回加一注脚,共诸同人,早自释厄,是所本愿。"这段文字言及从前的几个重要人物,"龛谷""仙留"是刘一明最初遇上的两位道门师父。他们传授给刘一明的最重要内容之一,正是"西游学"。刘一明行文中所言"捧读"即读《西游记》及其注疏之作。按照刘一明的看法,《西游记》(或称《西游释厄传》)是全真道传人丘处机的杰作,而剖露《西游记》秘义的则是"悟一子陈公",这个"陈公"就是作《西游真诠》的陈士斌。刘一明对陈士斌是非常推崇的,他认为只有陈士斌是丘处机《西游释厄传》的知音,自从悟一子陈公的《西游真诠》一出,"诸伪显然,数百年埋没之《西游》至此方得释然矣!"这种赞颂的热情说明刘一明受陈士斌影响是很深的。于是,刘一明发奋攻读,探索不止。

刘一明研究《西游记》,不但完成了百万言的《西游原旨》巨著,而且为世人留下了《西游原旨诗结》与《西游原旨歌》的宝贵遗产。有资料显示,这些诗歌作品是刘一明在注解《西游记》过程中创作的,虽然具有相对独立性,但也是《西游原旨》的组成部分。刘一明《读法诗结序》说:"《西游原旨》,脱稿多年,今欲付梓,共诸知音。因通部文本注语,不下百万之字,孤茕一身,杖头百文,未得如愿。固镇瑞英谢君,义士也。与予厚交,素有刻刊之意,未行辞世。乃郎思孝思悌,欲了父愿,来山请事。予因所费极多,独立难成,仅摘刻读法四十五条,注解结尾,七言绝句诗一百首,分为上下两卷。虽语句不多,而通部大意皆包括在内,聊以为读西游者,助一烛之光,此予之愿,亦瑞英父子之愿也。"①这篇序明说到"摘刻",可见其七言绝句本来就包含在《西游原旨》一书中,每一回有一首绝句,这很可能是刘一明为了概括其注解的思想大旨而写就的。至于《西游原旨歌》显露根由,追溯缘起,论述大要,用语老成,体现了刘一明对《西游记》内容情节的整体把握和深刻理解,当是注解《西游记》工作完成之后撰写的。

《西游原旨歌》以丹道的立场发明《西游记》的思想宗旨,叙说其读书心得:

> 二十年前读西游,翻来覆去无根由。
>
> 自从恩师传口诀,才知其中有丹头。
>
> 古今多少学仙客,谁把妙义细追求。
>
> 愿结知音登天汉,泄露天机再阐幽。
>
> 先天气,是灵根,大道不离元牝门。
>
> 悟彻妙理归原本,执两用中命长存。
>
> 还丹到手温养足,阳极阴生早防惕。
>
> 趁他一姤夺造化,与天争权鬼神奔。
>
> 观天道,知消长,阴阳变化凭象罔。
>
> 收得大药入鼎炉,七返火足出罗网。
>
> 五行浑化见真如,形神俱妙自在享。

---

① (清)刘一明:《西游原旨·读法诗结序》,《道书十二种》,北京:书目文献出版社 1996 年版,第 497 页。

性命双修始成真,打破虚空方畅爽。

这个理,教外传,药物火候不一般。

知的父母生身处,返本还元作佛仙。①

从有关资料可知,刘一明是乾隆四十年(1775 年)完成《西游原旨》一书的,这一年他 42 岁,可谓年富力强;而他刊刻《读法诗结》是在嘉庆三年(1798 年),这一年刘一明 65 岁。假定他在完成了《西游原旨》之后不久即撰写《西游原旨歌》,那么他读《西游记》的时间当在 20 岁左右。那时候,阅历尚浅,所以"翻来覆去"并没有真正理解《西游记》的深意,"无根由"三字表示的就是这种情况。后来,他遇上冤谷、留仙两位名师,传授口诀,才知道该书蕴藏着大丹的奥秘。在此前,虽然也有许多学仙的人读过《西游记》,可是有谁真正仔细探索其中的妙义呢?刘一明对此是有疑问的。不过,既然都是学仙的人,也就可以看作是同道知音。因此刘一明表示愿意泄露其中的"天机",与同道们分享。这个"天机"是什么呢?在刘一明看来,就是内丹大道。因此,他用了比较长的篇幅概括《西游记》的内丹大道,除了许多丹书经常言及的阴阳变化、炉鼎大药、火候操持之类外,刘一明特别使用了"执两用中"的术语,以为这就是《西游记》故事情节蕴藏着的长生妙理。

就根源而论,"执两用中"发端于老子《道德经》的"守中"思想,该书第五章有"多言数穷,不如守中"之说,意即不能过左过右,过刚过柔,而应适中。老子这种思想被儒家所吸收并且发展为"中庸之道",以为凡事皆有度,行事若能适度,就叫作"执中";如果偏离了"度"便是"失中"。可见,"中"含有合宜、中正、公正的意思。儒家认为,尧、舜、禹都把"允执厥中"作为世代相传的治国方法,孔子在全面继承中道的基础上,将上古治国方略概括总结为"执其两端,用其中于民",他把"执两"与"用中"贯通起来,成为处事的思想原则。道教诞生之后,以老子"守中"思想为本,并且融合了儒家的行事原则,通过修行实践,建构了以易学卦象为框架、以中虚为大用的丹道理论。从内丹操作来看,所谓"执两"并不是执着于刚柔、表里,而是在

---

① (清)刘一明:《西游原旨歌》,《道书十二种》,北京:书目文献出版社 1996 年版,第 517 页。本诗较长,这里引述的是开头一段。

面对阴阳大化的纷繁现象时,能够以虚中为用,遣有遣无,性命双修,以达于形神俱妙。在刘一明看来,《西游记》洋洋洒洒一百回,千言万语,暗示的正是贯通了儒释道三教至理的内丹大道,其核心就是一个"中"字,"中"是大本,"用中"就是如象罔那样自然而然,这样就能够打开"玄牝之门",还本还元,明了父母生身之处,作佛成仙。在揭示了《西游记》的丹道奥秘之后,刘一明诚恳地指出不修性命而争名夺利的结果就是"入黄泉"。因此,他苦口婆心地劝告世人,内丹大道是真正的修身养性、延年益寿之道。修此大道者,应该多行善事,累积阴功;否则,"假装高明剥民脂,伤天害理总沉沦"①。此等劝善既是《西游记》本身应有的内涵,同时也是道教内丹修炼的基本要求。

刘一明的《西游原旨歌》与《西游原旨诗结》在思想上与艺术上可谓一脉相承,故而可以相互印证。由于力主丹道的立场,刘一明在诠释《西游记》的具体内容时往往能够透过纷繁复杂的外象,寻找到内丹的关键。这从第一回的解说就已经表现出来了。第一回的回目是:"灵根育孕源流出心性修持大道生"。刘一明将其思想要点概括为:"灵根育孕本先天,藏在后天是水铅。悟得真心明本性,不空不色自方圆。"②稍微对照一下可知,刘一明对第一回思想要点的提示基本上是其回目的展开,《西游记》原著说"灵根",道"心性",言"大道",这些本来就是道教内丹心性学的基本用语,对于长期研究道教内丹学的刘一明来说,那是再熟悉不过了,所以他能够洞悉其奥秘,剖露其玄机。由于刘一明抓住了内丹的要领,他的解读可谓势如破竹,为世人开辟了《西游记》研究的新路径。基于内容上的整体把握,刘一明的《西游原旨诗结》与《西游原旨歌》一样具有一贯到底的脉络,其用字措辞,自成风格,看起来像是随手拈来,但仔细琢磨,又会有推敲锻铸的神韵。

刘一明把小说研究与诗歌创作结合起来,通过情节的解剖和意象的更迭,力图揭示《西游记》的丹道奥秘,他不仅在道教文学史上闯出一条新路,而且

① (清)刘一明:《西游原旨歌》,《道书十二种》,北京:书目文献出版社1996年版,第518页。
② (清)刘一明:《西游原旨诗结》,《道书十二种》,北京:书目文献出版社1996年版,第506页。

在整个中国文学中也是独树一帜的。尽管他的《西游原旨》对于《西游记》的解释也有穿凿附会的地方,但从内丹学的角度展开分析,也不失为一种可以借鉴的路径与方法。

(本文原载《商丘师范学院学报》2012 年第 4 期,收入本书时略作修改)

# 道教小说略论

　　面对几千年流淌而过扑朔迷离的文学景观,作任何题材或是形式上的界定都是相当困难的。尽管如此,给研究的对象以概念和范畴的规定性,仍是重要和必需的。而对文学史,无论是宏观上综览,还是微观上探讨,都可找到一些"一以贯之"的线索。这些线索可以表现为对同一主题的普遍关注;对某一精神信念的执着追求;或对同一故事情节的反复再现……

　　我们找到了宗教。这个同文学一样根植于人类生存原野上的意识形态,长期以来在相当程度上支撑着人类的精神世界。"巫之歌乃诗之源"。诗,这种与歌舞三位一体的最早文学形式,一开始是依附于原始宗教出现的。虽然,在以后漫长的发展道路中,文学衍化出众多形式:赋、散文、词、小说、戏曲等,但原始宗教也进一步定型、完善;尽管文学摆脱了对宗教的依附而独立存在,但宗教对文学的影响从未减弱,它渗透于文学的各个领域。正如两条汹涌的大河,文学与宗教时而平行向前,时而汇合交接,并于交汇之处迸生出新的文学形态——宗教文学。这是宗教与文学联姻的结果。这种联姻带来的影响又是深远且巨大的。对宗教而言,它使宗教摆脱了枯燥单调的教理说教,使其传播宣扬更形象更富感染力;对文学而言,则使文学从宗教处得到诸多的启发。

　　如果说,基督教精神曾经左右影响了西方几千年的文学潮流,那么,我们想从同样辉煌的中国文学中找到一种本土宗教精神,则非道教莫属。道教,究其来源,可谓是纷繁芜杂。任继愈主编的《中国道教史》把其来源概括为五个方面:古代宗教和民间巫术、战国至秦汉的神仙传说与方士方术、先秦老庄哲学和秦汉道家学说、儒学与阴阳五行思想、古代医学与体育卫生知识。① 从这

---

① 　参见任继愈主编:《中国道教史》,上海人民出版社 1990 年版,第 9—16 页。

些概括,即可看出道教包罗万象的特点。在道教教义当中,天人合一学说、天命观念、鬼神崇拜以及宗法伦理思想等均有着深刻的体现。

基于道教对中国文学的深刻影响,我们完全有理由从林林总总的创作中,提炼出那些宗教意味浓厚的文学作品,并把它们独立出来加以研讨。由此,"道教小说"这一命题的确立也应是在理的;而从隋唐以下目录学的分类中,我们也可以找到道教小说的存在根据。《新唐书·艺文志》子部有道家类、小说类。宋代罗烨的《醉翁谈录》将小说分为八目,其中便有"神仙"一目。这无疑包含一个事实:在历代的小说创作中都有一批以道教神仙为题材或以道教思想为宗旨的作品。众所周知,规范一种文学现象,必须把握它所属的范畴,对道教小说的认识也是如此。顾名思义,道教小说乃兼具道教与小说的双重特质,我们可以把它看作是一门宗教艺术。"宗教艺术是宗教与艺术的结合,更准确地说,是宗教观念与艺术形式的结合,是宗教情感的艺术表达,是赋有艺术美的外形的宗教精神。它或者表现为以宗教为内容或题材的艺术,或者虽然以世俗生活为题材和内容,但却表达了某种宗教的观念或情感"①,所以,我们研究道教小说,不仅要研究那些出于道教中人之手用以阐释教理、宣扬法术、记叙神仙事迹的作品,而且也需广泛涉及那些表面看来并无道教活动的描写,但又在纵深层次上表达道教观念情感的作品。

在中国,"小说"概念是历史发展的。"小说"一词最早见于《庄子·外物》篇:"饰小说以干县令,其于大达亦远矣。"②这里的"小说"是与大道之类的高言宏论相对的一个概念,即《荀子·正名》篇所说的"小家珍说"③,它尚不具文体意义。东汉时小说又纳入短书杂著之流。桓谭《新论》言:"若其小说家,合丛残小语,近取譬论,以作短书,治身理家,有可观之辞。"④因此,当时所谓的"小说"并非是后世所确认的一种文学概念。在史学占正统地位的中国古代社会,小说这一"丛残小语""尺寸短书"在相当长的时间里被排除在文

---

① 吕大吉主编:《宗教学通论》,北京:中国社会科学出版社 1989 年版,第 719 页。
② (清)郭庆藩撰,王孝鱼点校:《庄子集释》第 4 册,北京:中华书局 1961 年版,第 925 页。
③ (清)王先谦撰,沈啸寰、王星贤点校:《荀子集解》(下册),北京:中华书局 1988 年版,第429 页。
④ (汉)桓谭:《新论》,上海人民出版社 1977 年版,第 69 页。

学之外,难登文学的大雅之堂。唐以前的文学家、目录学家不是对小说避而不谈,就是把它归入子部。直至唐代,刘知几才在《史通·杂述》篇里提出"偏记小说"作为史书的一个分支,能"自成一家"。① 至于认为"小说为文学之最上乘"②乃是近代之事了,且也是因小说对社会政治之改良作用而提出的。

尽管如此,我们研究道教小说及其影响,仍需从那些初具小说某些因素的雏形期的魏晋志怪小说入手,然后推至具备小说规模的唐宋传奇,乃至成熟发达的明清小说。正如考察一条河流一样,我们对于道教小说的历史研讨不能截取其中一段,而应追根溯本,从其涓涓之源到浩瀚大波。

研讨道教小说,除了考察其形成的时代氛围,创作者的动机目的外,更重要地应分析作品丰富的内质,从而确定它们在文学史上的地位。必须提及的是,许多文学史都不约而同地把这类小说当作落后封建的东西加以否定;但为什么一部上下几千年的文学史,竟会充斥这么多的神仙鬼怪故事? 为什么一个曾经高举文明之炬遥遥走在文明前列的民族几千年来竟会对此津津乐道? 这实在是值得我们探讨的。假如我们并不单纯从科学的理性与道德的定势去看,而从更为深厚的民族文化心理出发,那么,从这些人神恋爱、神仙度化、神助英雄、神仙劫难、逢鬼遇仙故事中,是否也可以获得某种启迪呢?

依照道教及小说的演进过程,道教小说于汉魏两晋草创,在隋唐五代至宋代发展成熟,到明清时期达到高峰并流变,有着漫长的历史进程。下面,我们拟对其形成与演变过程先作一番考察,然后从生存意识及美学价值取向方面进行剖析。由于道教小说与其他类型的小说在发展过程中往往互相交叉,所以本文在论述过程中还将兼及历史题材、言情题材中道教蕴涵之探讨。换而言之,也就是要同时对那些受道教影响的言情小说或历史小说等作品进行研究。

## 一、道教小说的形成与流变

道教小说的演变发展史,既受制于道教的沿革变迁,又与小说这一文学形

---

① (唐)刘知几:《史通》第十卷,文渊阁《四库全书》第 685 册第 75 页。
② 梁启超:《论小说与群治之关系》,《新小说》1902 年第 1 期(创刊号)。

式的发展息息相关。虽然,在东汉之前,制度道教尚未产生,但一种宗教的形成并非一朝一夕,在它产生之初,便有深厚的成长土壤,宗教艺术亦然。故我们可以这样认为,秦汉之初一大批竞相出笼的宗教色彩颇浓的作品,堪称是道教小说之祖。

早期的道教小说可以看作是志怪小说的一个分支,而志怪小说之渊源可追溯至更早时候。李剑国在《唐前志怪小说史》中提出"神话系统、迷信故事、地理博物传说,乃是志怪小说的三大源头"①;原始巫教,阴阳五行学说对志怪小说的形成起着思想诱发的作用。这种种原因与后世道教存在着千丝万缕的联系。因此,道教小说的最初萌芽在先秦时期的《山海经》《庄子》《吕氏春秋》《汲冢琐语》等作品中当已开始孕育。这不仅是指它们当中那些神仙不死的题材内容与后世的道教故事有关,而且还意味着这些作品已初具小说的零星要素。

汉鼎革后,谶纬迷信,巫觋之风日盛,当时社会又自上而下弥漫着一股求仙"云烟"。因此,求仙成为此间小说的主题。《括地图》《神异经》《洞冥记》《十洲记》有远国异民和奇川异木的丰富内容,这为道教小说建构仙乡系统中提供了参照,道教小说中的洞天福地等奇异景观大抵以此为蓝本。《列仙传》《神仙传》《汉武故事》《汉武内传》多描述神仙、传说人物的故事,则构成色彩斑斓的神仙画廊。

魏晋文学总是与神鬼灵异之谈牵在一起,当时的时代氛围显然是这种现象存在的最根本原因,包容了老庄哲学、玄学的道教精神成了魏晋数代文人的精神支柱。他们不厌其烦地在作品中表露追求神仙境界的人生理想,张华的《博物志》、郭璞的《玄中记》、曹丕的《列异传》、葛洪的《神仙传》、干宝的《搜神记》、陶渊明的《搜神后记》、刘义庆的《幽明录》等众多小说集中的许多篇章构成颇为壮观的"张皇鬼神,称道灵异"的魏晋道教小说风貌。出于对神仙的追慕,那些与神仙有关的鬼怪灵异、远国异民、法术占卜故事往往成为作品的主要内容。

鲁迅在《中国小说史略》中从时代背景、创作主体、创作动机及作品特点

---

① 李剑国:《唐前志怪小说史》,天津:南开大学出版社1984年版,第17页。

考察此间的小说,认为"中国本信巫,秦汉以来,神仙之说盛行,汉末又大畅巫风,而鬼道愈炽,会小乘佛教亦入中土,渐见流传。凡此,皆张皇鬼神,称道灵异,故自晋讫隋,特多鬼神志怪之书。其书有出于文人者,有出于教徒者。文人之作,虽非如释道二家,意在自神其教,然亦非有意为小说,盖当时认为幽明虽殊途,而人鬼乃皆实有,故其叙述异事,与记载人间常事,自视固无诚妄之别矣"①。这一论断是十分精辟的。无论从小说的数量,还是从其重要性来看,方士(后来成为道士)是此时最主要的作家之一。以《汉书·艺文志》所记载的小说为例,方士之书便占了三分之二以上。② 当时许多作家往往兼具文人和奉道人士的双重身份,他们的创作目的主要是自炫其术,自神其教。郭宪称《洞冥记》之作是为"洞心于道教,使冥迹之奥,昭然显著"③;干宝称《搜神记》旨在"发明神道之不诬"④;葛洪在《神仙传》自序中表明自己宣扬道教神仙之说,"以传知真识远之士"⑤的创作动机;萧绮在《拾遗记》序言中指出王嘉的《拾遗记》"多涉祯祥之书,博采神仙之事"⑥。

于是,雏形期的道教小说便在魏晋时期的文人、方士和道士手中诞生了。诚然,无论是道教,还是小说这一文学形式,都处于刚刚起步阶段,但它对后世的影响却十分明显,唐传奇、宋话本、明清章回小说都留下此间小说的众多痕迹。

唐代被视作道教小说的成熟期,主要基于两个方面的原因。其一,小说在唐代进入一个新阶段,开始作为一个独立的文学概念出现,小说充满生机地活跃于唐代文坛。"至唐人乃作意好奇,假小说以寄笔端"⑦,作为创作主体的唐代文人,已注意到小说的虚构性,并有意识运用想象、描写等艺术手法加以创作⑧。其二,经过长时间的充实发展和"三教辩论"之后,道教进一步完善了自

---

① 鲁迅:《中国小说史略》,《鲁迅全集》第九卷,北京:人民文学出版社1981年版,第43页。

② 《汉书·艺文志》录小说15种,1380篇,其中记鬼神巫祝与求仙长生事的方士书近千篇。

③ (汉)郭宪:《汉武帝别国洞冥记》,北京:中华书局1991年版,第1页。

④ (晋)干宝撰,汪绍楹校注:《搜神记》,北京:中华书局1979年版,第2页。

⑤ (晋)葛洪撰:《神仙传》,文渊阁《四库全书》第1059册第257页。

⑥ (晋)王嘉撰,(梁)萧绮录:《拾遗记》,北京:中华书局1981年版,"萧绮序",第1页。

⑦ (明)胡应嘉撰:《少室山房笔丛》卷二十,文渊阁《四库全书》第886册第387页。

⑧ 唐以前的魏晋小说,虽也有虚构成分,但并不为当时文人所自觉把握。

己的理论体系,并在唐王朝政治舞台上占有相当重要的地位。

虽然,在社会生活中,佛教常"战胜"道教;然而道教仍在文人阶层中受尽青睐。究其原因,正如葛兆光所言,"在于它的宗旨——它所提倡的人生哲学与它所拥有的生存'技巧'——与文人士大夫心理的契合"①。或许在理智上,唐代文人并不一定对长生不死、羽化成仙深信不疑;但在情感上,他们却无法抗拒道教对现世的美妙构想所带来的吸引,这种情理的矛盾纠葛便带给唐代道教小说浓厚的世俗特色。小说家在采撷神仙故事时也把人间的烟火味引入其中,以表达一种既植根于现实又试图超越现实的宗教式的情感和理想。

在小说领域,道教的影响绝不逊色于佛教,甚至有时还远远超过。如宋初编纂的《太平广记》开头就是神仙55卷,女仙15卷,而有关佛教的仅有神仙家的一半。自唐高宗尊奉老子李耳为太上玄元皇帝以后,道教势力上升,道教小说广泛流传,而且较之佛教文学,道教小说更富人情味。② 在唐代道教小说中,我们依然可以找到一些直接秉承道教宗旨而创作的道士小说,如杜光庭的《神仙感遇传》《仙传拾遗》《墉城集仙录》。这些作品或宣扬道教仙法,或铺叙仙家事迹,大都为了自神其教,艺术性并不高。真正有较高艺术价值的是那些与世俗生活密切相关的反映道教思想感情的小说。

恋爱婚姻是一个反复出现于唐代小说的题材。此类故事往往一方是人,另一方则为神仙或鬼怪,比较突出如陈劭《通幽录》中的"唐晅""赵旭",裴铏的《传奇》中的"裴航""文箫""封陟"等篇什。作品中的神鬼都已失去非人的神秘莫测,他们被赋予实在的人性和可感的音容。在其他一些具有浓厚的世态人情色彩的作品中,有关道教的人物、故事也往往羼入其中,成为故事的组成部分和情节发展的关键,在一定程度上反映出道教某些观念。我们略举几例,如陈鸿在《长恨歌传》中便通过道士求魂,写唐玄宗与杨贵妃能超越生死之界传递相思之情;再如杜光庭的《虬髯客传》则神化了人物虬髯客的所言所行,宣扬道教的符命图谶思想。上述现象给唐小说蒙上一层浓郁的神仙烟雾,从而也显示了唐代道教小说的部分特质。这里不再一一赘举了。

---

① 葛兆光:《想象力的世界——道教与唐代文学》,北京:现代出版社1990年版,第35页。
② 参见程毅中:《唐代小说史话》,北京:文化艺术出版社1990年版,第331—332页。

宋初出现一部录前代文言小说之大成的集子,即由李昉等人募修的《太平广记》,从收入作品的分类和数量看,道教小说占相当大的分量,这无疑反映了宋初文人崇道的思想倾向。受继唐代遗风,宋代又掀起崇道的热潮。大中祥符六年(1013 年),宋真宗下诏"加上真元皇帝号曰'太上老君混元上德皇帝'"①。政和三年(1113 年),宋徽宗"诏天下访求道教仙经"②;宣和元年(1119 年),又下令"佛改号大觉金仙,余为仙人、大士之号。僧为德士……寺为宫,院为观……"③。

号称"郁郁乎文哉"的宋代,乃是中国文化嬗变的一个重要时期。各种学说争鸣齐放,深刻影响着宋代文学的走向。在这种百舸争流的局势下,道教脱颖而出,赢得宋王朝及文人阶层的重视。同时,陈抟、张伯端、陈景元等著名道士把当时流行的思潮学说,融入道教思想体系中。因此,北宋道教教派又有新发展,到了南宋更是呈现出众派纷呈的局面。

"宋代虽云崇儒,并容释道,而信仰本根,夙在巫鬼"④。应当说,上述的这种时代氛围给宋代道教小说提供不容忽视的创作条件,像张君房的《秉异记》、聂田之的《祖异志》、秦再思的《洛中纪异》、洪迈的《夷坚志》都是一些颇具怪异之谈的小说集,其中不乏道教小说之篇什,但也多滑入谶纬瑞应之迷宫,缺乏创新意义。因而,宋人谈鬼说怪,慕仙求神之热衷虽不亚于以往,但驾驭作品的艺术功力显然大不如前代。

相对于文言写成的传奇体道教小说而言,那些用白话写成的话本体的道教小说当更具有艺术价值。话本小说的出现,是中国小说的一大飞跃。这其间的道教小说多取材于现实或历史故事,如《西山一窟鬼》《西湖三塔记》《定州三怪》《史弘肇龙虎君臣会》《郑节使立功神臂弓》都多少宣扬道教的神鬼观念,虽然其中不乏对道教的嘲讽,但也让我们从中看到道教向世俗渗透之一斑。

明中叶以后,道教式微。新意识的萌芽,外族文化的介入,都使这一时期

---

① (宋)李焘撰:《续资治通鉴长编》卷八十一,北京:中华书局 1985 年版,第 1844 页。
② 《宋史》卷二十一,北京:中华书局 1977 年版,第 2 册第 392 页。
③ 《宋史》卷二十二,北京:中华书局 1977 年版,第 2 册第 403 页。
④ 鲁迅:《中国小说史略》,《鲁迅全集》第九卷,北京:人民文学出版社 1981 年版,第 101 页。

的统治者从各自的文化背景出发,对道教保持警戒状态。道教昔日的繁荣景象很少在此一阶段中的上层社会重演。

虽然明中叶以后,社会上层对道教较以往淡漠,但道教却活跃于民间。民间信仰的宗教往往带有繁杂的特点,中国的下层民众并不在各种宗教的分辨或教理考究上花太大的功夫,他们关心的是他们所信仰的宗教能否为自己禳灾祈福,他们总是儒、释、道三教并取,在这种民间信仰的旋涡中,道教进一步与儒释融合,而这种融合,又加剧道教向世俗的流变。所以,三教融合从某种意义上说可以看作是道教在明清之际世俗化的一个重要表现,它对文学产生相当大的影响,明清的许多小说中都徘徊着三教合一的影子。如《封神演义》中的"红花白藕青荷叶,三教元来总一家"①;《女仙外史》的"三教兼备"②;《西游记》的"三教归一"。鲁迅曾把受此思想影响的小说统称为"神魔小说",若细加分析,道教的介入显然是必不可少的因素。

在明清时期,中国小说迎来了它的黄金时代。如果说,唐代是中国小说的转变期,那么,明清则是小说创作的高峰,小说观念的改变,使"所谓小说的文学价值与社会价值,第一次为中国文人所认识、所赞叹"③,从而产生了大量旷世之作,道教小说亦不例外。此时较有代表性的道教小说有《平妖传》《四游记》《封神演义》《三宝太监西洋记》《女仙外史》《绿野仙踪》等作品,这些作品中既有以道教故事为核心敷衍而成;也有把历史故事神幻化,借以张扬道教的法术、谶纬之说。如《四游记》之中的《八仙出处东游记志传》写的是道教八仙得道成仙之事;《华光天王传》(南游记)和《玄帝出身志传》(北游记)也都是写神仙人物得道前后之事;而《韩湘子全传》则述韩湘子超度韩愈等人之事迹。如此等等,不一而足。这些作品真正有价值的东西并不在于那些玄乎其玄的宗教内容,而在于它们"用宗教的外壳装上非宗教的内容","变宗教之奇幻为艺术之奇幻"④。

① 《封神演义》第四十七回《公明辅佐闻太师》,赵公明与燃灯道人对话时便说了此句。
② 江西廉访使刘廷玑评《女仙外史》时说:"此书三教兼备,皆彻去屏蔽直指本原,可以悟禅玄,可以达圣贤。"参见黄霖、韩同文编:《中国历代小说论著选》,南昌:江西人民出版社1982年版,第390页。
③ 刘大杰:《中国文学发展史》下册,上海古籍出版社1982年版,第1019页。
④ 齐裕焜主编:《中国古代小说演变史》,兰州:敦煌文艺出版社1990年版,第274页。

除此以外,还有一些是借助历史故事表现道教思想宗旨的小说,它们在不同程度上反映了道教的图谶符命观念。符命瑞应之说早在志怪中就有所表现,像《汉武故事》中王皇后梦日入怀生武帝便是。这种思想对后世影响颇大。后代许多写帝王创业英雄征战之类的小说,都有这种观念的表露。如唐代的《虬髯客传》即是。对此,有学者指出:"此一现象实与道教史的发展有密切的关系",因为在道教发展中,它"既充分吸收运用汉朝的图纬之学,又杂揉外来的印度佛教的新说,综合条贯为一种道教化的政治性预言"。① 尤其自元以后,许多长篇小说是对过去历代王朝兴衰的艺术描写和回顾。金戈铁马、杆棒朴刀成了这些作品的基调。那些道教色彩浓厚的符命瑞应之说在所谓"真命天子""星宿转世"的小说人物解释中得以重现。如明代说唐小说《大唐秦王词话》中的李密、程咬金,清代《飞龙全传》中的赵匡胤都闪烁着"天授神权"的灵圣光圈。至于《女仙外史》中把唐赛儿说成是月殿的太阳君转世,燕王是斗牛宫的天狼星被罚,同样包含了符命之说。

不仅如此,这类小说还利用一些占梦、授书的离奇情节进一步强化道教符命观念。《封神演义》中便有"文王夜梦飞熊兆"一回,把梦解释成"兴周之大兆"。应劫而现的天书则与道教的经典有关,并非是小说家们空穴来风的奇想,《隋书·经籍志》云:"道经者……自然而有,非所造为……天地不坏,则蕴而莫传,劫运若开,其文自见,凡八字,尽道体之奥,谓之天书……"②。表面上,它与小说中的天书似乎有些异样,但意蕴明显是一脉相承的。《禅真逸史》中澹然得三册天书,《女仙外史》的南海大王命曼师赐天书三卷等等,都出现于应劫之时,成了扭转乾坤的关键。

所有这些,都旨在赋予帝王将相以神格,把他们的发迹泰运说成是谶纬符命之造化。

明清的一批白话小说集,如明代冯梦龙的《三言》、凌濛初的《二拍》、周清源的《西湖二集》,清代的《二刻醒世恒言》《珍珠舶》《警世奇观》等均有道教小说散见其中,内容不外乎仙人除妖、遇神撞鬼、羽化登仙之谈,也有一些糟

---

① 李丰楙:《六朝隋唐仙道类小说研究》,台北:学生书局1986年版,第281页。

② 《隋书》卷三十五,北京:中华书局1973年版,第1091—1092页。

粗性的成分,但毕竟让我们从中窥见中国下层民众的审美情趣和文化心态。

以上我们结合道教对小说的影响问题描述了道教小说的形成演变轨迹。尽管这种描述只是一种粗线条的勾勒,但毕竟使我们从文学的厚厚风尘中对道教小说的总体风貌作一次"定影";而我们想说明的是,对这一充满宗教神秘色彩甚至带有很多诡秘成分的宗教文学,我们显然很难用那种"一言以蔽之"的概括性语言把它的丰富内涵笼统带过,在它貌似神秘的背后,蕴含有丰富的精神容量,而这其中又是搏动中国民众特有的文化情趣,渗透着他们生生不息的人生追求和生存热望。所有的这些,又构成一道坚固的文化壁障,几千年来,它根深蒂固地潜隐在中国民众的心灵深处。那些在今日看来已是不可思议的东西,诸如得道成仙之类,曾经是我们先民一直至诚坚信的观念。那么,作为一种特殊的文学现象,道教小说的存在便不容忽视。

## 二、从生存意识看道教小说

对生命存在的热切思考是宗教树起的一面旗帜,也是它存在的基石。不同的宗教都从各自产生的背景,发展的要求对生命存在提出种种不同的看法、见解。所以,"出现在生死之间,成了沟通生死的中介"的宗教,"是死者所留下的死亡意识,也是生者所泛现的生存意识和情感需要意识"。① 因而,作为宗教与文学联姻孕育出的一种结果,道教小说对生命的关注和解释自然成为它的一个重要内涵。

那么,在生命面前,道教对它的阐释理解又是怎样的呢? 在道教经典《太平经》中便有"夫寿命,天之重宝也"②之类论述。南朝著名道士陶弘景在《养性延命录》中亦说:"夫禀气含灵,唯人为贵。人所贵者,盖贵为生。"③毫无疑问,这些思想体现了道教的生存观,而这种对生命的尊重一开始便成了道教思想之根本。

其实,我们只要从道教产生的背景加以考察,便可加深对这种生命观念的

① 卢红等:《宗教:精神还乡的信仰系统》,天津:南开大学出版社1990年版,第7—8页。
② 王明:《太平经合校》,北京:中华书局1960年版,第22页。
③ (梁)陶弘景:《养性延命录》,《道藏》第18册第474页。

理解。现在学术界普遍认为道教产生于东汉中末叶。在这个"白骨露于野，千里无鸡鸣"①的时代，自上而下弥漫着一股伤感的情调，"人生寄一世，奄忽若飘尘"②，"人生忽如寄，寿无金石固"③的人生悲绪成了封建文人的共同感受。而此间儒家学说的登峰造极却造成了人们对它的怀疑和不满。这种怀疑和不满无疑使文人丧失了曾牢牢占据他们精神领域的生命支柱，于是"人们对生命永恒生存的渴望在感情上极度强化，导致了超理性、超现实的意志流，一旦机遇出现，就有了道教"④。因此，自张陵创立五斗米道始，道教便以一副救世度人的面孔温情脉脉地出现在中国社会。

作为一时代文化思想的艺术体现，魏晋道教小说贯穿着一股激荡的生命之流。我们在文章的前一部分已提及，人神人鬼恋爱是魏晋道教小说的一个重要主题，如《搜神记》中的"董永"条，写的是董永与天仙织女的爱情；《搜神后记》的"袁相根硕"和《幽明录》中的"刘晨阮肇"所写均是凡人偶入仙洞娶仙女事。从表面看，这些似乎仅是简单的一个个人仙恋爱故事，但实质上是人们追求向往世俗享乐的象征，其中所体现的道教对世俗享受的态度亦是十分明显的。葛兆光在《想象力的世界》一书中指出，"道教滥觞于楚文化，则更着意追求个性自由的伸张与生命永恒的存在"⑤。道教对楚文化的承继，更多的是从精神意义上对生命力肯定的认同，一旦这种认同反映到文学作品中，便使作品充满了蓬勃张扬的生命之气。男女情爱，无疑是世俗欢乐中最为明白和最为热烈的一环，而它又能够在一种宗教文学中生根发芽，这本身就足够引起我们的思考了。

按理说，宗教的独特之处在于对人之来世的美妙构想设计，如基督教的"来世天国"，佛教的"极乐世界"，都是在贬弃人世价值的基础上，把生命的超脱寄托于来生再世。在众多的宗教中，对今世的关怀，没有比道教更为突出的，它一方面憧憬超越于人间之上的仙家神境，一方面又流露出强烈的对现世

---

① 《曹操集》上册，北京：中华书局1974年版，第6页。
② 隋树森：《古诗十九首集释》，北京：中华书局1955年版，第6页。
③ 隋树森：《古诗十九首集释》，北京：中华书局1955年版，第20页。
④ 严耀中：《中国宗教与生存哲学》，上海：学林出版社1991年版，第111页。
⑤ 葛兆光：《想象力的世界——道教与唐代文学》，北京：现代出版社1990年版，第23页。

生存的热望和迫切追求。在上述的道教小说中，无论是作为凡尘世人的一方，还是作为神仙的一方，都获得最大生存满足。出身孤寒的董永照样能得到仙女的帮助，甚至连"饥馁殆死"的刘晨、阮肇也可享有一段与仙女幽会的浪漫时光。这些凡人的际遇最能切合中国民众的生存观；而那些飞飘于人间之上的天上神仙亦能随意来到人间，享受一次世俗欢乐的洗礼，像《穷怪录》的"刘导"条①，便是神化的西施因耐不住"久旷深幽"的仙宫生活，下凡幽会，她大胆表白："愿从容与陈幽抱"。就席之时，刘导对她说"尘浊酒不可以进"，她竟从容笑曰："既来叙会，敢不同觞。"这是何等的胆大之语。

就这样，道教小说既表现了现实世界的种种局限，抒写对神仙乐园的企求，又迫不及待地让那些仙女下凡，回归到对现实世界的肯定，而我们以上所作的不厌其烦的列举，也意在说明，出现于道教小说中的这种逆向行程，正隐含着中国民众独特的生命超越态度。

从另一角度看，正由于道教生存观的世俗性最大程度地符合了中国民众的心理需求，所以众多的道教小说能得久远流传，深受欢迎，而不在历史的浪涛中湮没。

因此，离开中国民众对生存的理解，我们就无法真正领会仙风神气以外的道教小说的精神意蕴。《孟子集注》卷十一《告子章句上》通过告子之口指出食色是人的天性。朱熹称："告子以人之知觉运动者为性，故言人之甘食悦色者即其性。"②食与色，应当看作是中国民众对生存最直觉的理解，这完全不同于西方人。对东西方两种截然不同的生存观，有人作这样的说明："西方是从生命意识的自我否定出发，通过建构死亡意识的曲折周章来接近形而上世界；而东方是从生生不息的'一体之仁'之自我肯定出发，就在生命与生活的当下，直接地进入本体境界。"③在"自我肯定"这点上，道教的生存观，恐怕更有典型意义。在那些人神恋爱的道教小说中，食色均能得到完美的满足。譬如刘、阮一进入仙界后，食胡麻饭、山羊脯、牛肉，感觉甚甘美；而那些仙家女子

---

① （宋）李昉等编：《太平广记》第三二六卷，北京：中华书局1961年版，第2587—2588页。
② （宋）朱熹：《四书章句集注》，北京：中华书局1983年版，第332页。
③ 车雪：《"死而上学"的沉思》，《读书》1991年第12期，第48页。

"姿容妍媚,衣裳鲜丽,或抚琴瑟,或执博棋",皆"言声清婉,令人忘忧"。[①] 这真是一派的妩媚妖艳;而更奇妙的是仙女对这些凡人都是一见钟情,遂为家室,共同度过一段温馨浪漫的时光。当然,这种对生存的世俗追求,我们很难说就是道教小说的专利,因为在它的背后是更深厚的民族心理传统在起作用,但它毕竟为道教小说所把握,在表达这种心理传统的同时,也为它的稳固添砖加瓦。

对此类道教小说的分析,若仅停留在世俗欢乐的享受理解上,未免失之简单。因为在获得这种世俗欢娱的同时,小说中的主人公还可从日常生活直接超越生命,得道成仙。长生不死,一步登上成圣成仙的超越之路,这便把生命之完美推向极致。如果说在魏晋期间的道教小说中与仙女婚配的主人公往往动了还俗的念头,那么到了唐代的道教小说,这些艳遇的凡夫俗子却"乐不思蜀"了。如《传奇·裴航》中的裴航,《逸史·崔生》中的崔生,《会昌解颐录·张卓》中的张卓,他们最后都是名列仙班。在他们遇仙的过程中,偶然性的作用往往被夸大。根硕是在狩猎时入仙穴娶仙女;刘导则不请而得仙女并结合;崔生入青城因驴走失误入仙洞娶仙女;张卓也因驴奔而入仙宅娶仙女……若按道教平常说法,仙凡殊途,神仙并非易见,像庄伯微,每天"握固闭目,想见昆仑",直至"积二十一年……遂见仙人"[②]。可一进入文学殿堂,道教订下的清规戒律往往就被打破了,仙凡二界随时都是畅通无阻。恰如基督教强调"上帝面前,人人平等"一样,道教也高举出"天下悠悠,皆可长生"[③]的大旗,并且在生存于两个不同时空中的人神超越时空隔阂偶然相见时实现。余英时先生曾指出:"在西方的对照之下,中国的超越世界与现实世界却不是如此泾渭分明的。一般而言,中国人似乎自始便知道人的智力无法真正把价值之源的超越世界清楚而具体地展示出来。(这也许部分地与中国人缺乏知识论的兴趣有关。)但是更重要地则是中国人基本上不在这两个世界之间划下一道

---

① （宋）李昉等编:《太平御览》卷四十一,北京:中华书局1960年版,第1册第194—195页。
② （梁）陶弘景:《真诰·甄命授》,《道藏》第20册第517页。
③ （晋）葛洪:《抱朴子内篇》,《道藏》第28册第233页。

不可逾越的鸿沟。"①只要那些凡夫俗子不起还俗的念头,仙界的门坎既然这么容易跨入,又何愁没有神仙可做呢?

与佛教小说常常出现的阴森恐怖的地狱世界的描写不同,在道教小说中常常出现令人流连忘返的神仙乐园。如果说,在生死河前,基督教、佛教是从正面建构起飞架河流之间的桥梁,以达到形上本体。那么,道教显然是从负面施展如何填平生死河的神通,它要摘掉的是悬在人类头上的达摩克利斯剑,从而不用肉体牺牲就能把生命从一形态推向另一个更完美的形态。

## 三、道教小说艺术阐释

有关道教小说的艺术问题包含许多内容。这里只选取其中的两项略加研究。

### (一)梦幻模式探讨

迷离惝恍的梦境描写,不仅大量出现在道教小说中,而且在其他小说里也不少见。这种描写成为中国古代小说的一种突出结构模式——梦幻模式。从南朝刘义庆《幽明录》中的"杨林",到唐代沈既济的《枕中记》、李公佐的《南柯太守传》,以至清代蒲松龄《聊斋志异》中的《续黄粱》,都属于这种模式。

所谓"模式",指的是故事框架,包括其内容,也包括其情节结构特征。有人认为,梦幻模式"实际上也就是中国人儒道互补的思想意识、感情心理在叙事文学中的形象化表现而已"②。这种见解是有道理的,但更确切地说,道教独特的宗教思维方式、传教手段的渗入与这种小说的叙事思维模式的定型,其间存在着深刻的思想契机。

在道教发展中,梦受到高度重视。道士为了使自己的法术取信于人,常自称在梦中得到神仙传授,而且他们还通过对梦的解释,来宣扬道教的思想。所以,梦的寓意性在道教的阐释下,便成为一种先验性的人生预言,在宗教境地

① 余英时:《从价值系统看中国文化的现代意义》,刘志琴编:《文化危机与展望——台湾学者论中国文化》,北京:中国青年出版社1989年版,第347—348页。
② 胡邦伟、(日)冈崎由美著:《古老心灵的回音——中国古典小说的文化—心理学阐释》,成都:四川文艺出版社,1991年版,第259页。

与现实世界之间构起一层寓意关系。像《枕中记》中的卢生,《樱桃青衣》中的卢子,《南柯太守传》中的淳于棼,在经历一场幻梦以后,都产生了现实世界中的人生荣华不过是过眼烟云、虚幻不足求的顿悟性认识,从而走向心灵的宗教境界。

我们说过,道教独特的思维启迪了这种寓意深刻的小说模式的审美思维,那么这又表现在哪里呢? 较之传统的思维方式,道教有它的独特之处,"道教不仅看到事物变化有顺逆之分,而且重视逆行,这是道教思维的一个特点"①。如道教的《无极图》,讲的是"逆则成仙"的修炼途径,还有那些所谓的"九还七返""颠倒五行",都体现了道教逆向的思维范式,这潜移默化地诱发着中国文人思维的蜕变。在中国小说美学领域,则带来了中国小说传统思维模式的改观。受此影响的小说并不注重从正面灌输封建思想,赤裸裸地进行封建道德的说教,而从反面入手,像梦幻模式的作品一样,通过梦境与现实的强烈反差来警诫人生。

梦幻模式的小说,目的并非要吸引人们沉溺于虚幻的梦境之中,而是要如主人公一样,从梦境之中参悟人生,所以小说的末了便是最终的旨归所在。卢生听完吕翁的"人生之道,亦如是矣"的话后,悟出"夫宠辱之道,穷达之运,得丧之理,死生之情,尽知之矣……"②;卢子在梦醒后"寻仙访道,绝踪人世"③;淳于棼也是"遂栖心道门,绝弃酒色"④。这当中所蕴含的道教意蕴显而易见且深刻透辟。

梦本身所固有的特征,极易演绎出时间的往复性和虚幻性,这就为梦幻结构模式作品提供了坚实的参照构架。梦的时间往复性很大程度上吻合了道教天道循环论的特点,所以梦幻模式表现出封闭性的艺术特征,首尾呼应,终点又回到起点,构成"太极圈"式的结构框架。

而虚幻性更多的是诱导着小说家对艺术虚构产生自觉的认识。唐代小说家们的叙事思维意识已达到了一个"作意好舒,假小说以寄笔端"的诗化美学

---

① 刘仲宇:《道教思维方式探微》,《哲学研究》1988 年第 1 期,第 63 页。
② (宋)李昉等编:《文苑英华》卷八百三十三,北京:中华书局 1966 年版,第 4396—4397 页。
③ (宋)李昉等编:《太平广记》卷二百八十一,北京:中华书局 1961 年版,第 2244 页。
④ (宋)李昉等编:《太平广记》卷四百七十五,北京:中华书局 1961 年版,第 3915 页。

层次,他们自觉地运用虚构手法创作小说。"梦"题材的引进、宗教性梦境的自由情感的驰骋和意绪的奔纵,这一切都使文人对生活现象的艺术假定意识大大加强,从而使小说获得更高的美学价值。

梦幻模式的定型,促使小说不再仅停留于对生活事件原生状态即故事的复述,而转向对事件因果联系及其转化必然性的叙述。参照福斯特的说法,这是从"小说的基本面"进到"小说的逻辑面"①。以《枕中记》为例,我们略加分析便可看出这一点。在这篇作品中,吕翁、卢生的对话与卢生入梦,两者构成一个因果关系,而卢生入梦后经历一生的遭遇与最后的省悟,又是一个因果关系,并且从中完成了从热衷功名富贵向淡泊人生的价值转向。在这里,小说叙述的思维重心显然是侧重对情节因果性及其因果转化的艺术形象创造和生动的细节描述上。情节的叙述是为了揭示"人生如梦"这一观念。这种结局"不会使人产生'待续'的感觉,只感到它是一个艺术的整体"②。

正如吴士余在分析中国文化及小说思维关系时所指出的:"中国文化的演进以及人类文化思维机制的同化效应,使小说叙事图式获得了流变的内驱力。"③所以,我们认为在纷纭繁复的中国古代小说艺术形式的衍化中,流变出"梦幻模式"这一小说模式,道教的渗入及由此引发出的逆式思维方式正是起了"内驱力"的作用,这应充分引起我们的体认,无视这种作用或是夸大这种作用都无助于我们对中国小说艺术价值的评判。歌德在谈到《浮士德》时说:"除非借助于基督教一些轮廓鲜明的图像和意象,来使我的诗意获得适当的、结实的具体形式,我就不免容易陷到一片迷茫里去了。"④可见,一种宗教文化对锻铸一种艺术的形式有时是至关重要的,正是在这意义上,我们肯定了梦幻模式背后所含茹的宗教内涵,以及对作家创作的思维启迪。尽管在今日,我们可以指出梦幻模式对小说的种种局限,但在漫长的中国小说进程中,它却为作家的小说创作提供了一个把握全局的理论意识和整体框架,这一事实则是无法否认的。

---

① [英]爱·摩·福斯特:《小说面面观》,苏炳文译,广州:花城出版社1984年版,第26—28页。
② [英]爱·摩·福斯特:《小说面面观》,苏炳文译,广州:花城出版社1984年版,第77页。
③ 吴士余:《中国小说思维的文化机制》,上海:华东师范大学出版社1990年版,第12页。
④ [德]爱克曼辑录:《歌德谈话录》,朱光潜译,北京:人民文学出版社1978年版,第244页。

### （二）道士形象分析

白居易作有《同微之赠别郭虚舟炼师五十音韵》，诗中这样描写郭炼师："师年三十余，白皙好容仪。专心在铅汞，余力工琴棋。静弹弦数声，闲饮酒一卮。"①俨然一副缥缈难觅、不食人间烟火的世外高士形象。

纵观道教小说，我们不禁发现，在众多作品中道士成了一个频繁出现，浪迹四方的人物。甚至在那些从总体上看不属于道教小说的作品往往也出现道士形象。这里，我们将以道教小说作品为主，同时旁及其他作品，对道士形象作一扼要的分析。

若探讨道士扮演的角色，主要可分为以下四类：

1. 凡夫俗子的度脱者。如唐沈既济的《枕中记》中，那个"得神仙术"的道士吕翁，与卢生邂逅后，听到卢生"大丈夫生世不谐，困如是也"的感叹后，便施梦于他，让他在梦中经历了升官发财、封妻荫子的繁华人生，也经历了受诽遭贬、病魔缠身的落魄岁月，从而向卢生开导道："人生之适，亦如是矣。"②还有像明代《韩湘子全传》，亦是如此。

2. 有情之人的沟通者。最典型的可谓是唐代陈鸿的《长恨歌传》。当唐玄宗因求杨贵妃梦魂杳不能得时，"适有道士自蜀来，知上心念杨妃如是，自言有李少君之术"③，后来道士出天入地，跑遍天涯海角为唐玄宗寻求到杨妃魂魄，带回信息，了结唐杨二人之间的思念之情。到了宋代乐史《杨太真外传》，便指出这个"热心肠"的道士名叫杨通幽了。至于那些写人神结合的小说，道士更是起着牵引人的中介作用。

3. 英雄危机的救助者。这种现象多见于以历史故事为题材的作品，如清代吕熊的《女仙外史》第十八回"王羽士感梦迎圣驾"，讲的便是明惠帝朱允炆被困金陵时，神乐观道士王升因感梦，棹舟于鬼门接迎圣驾，将惠帝接入神乐观。其他像《封神演义》中的姜子牙，《杨家府演义》中的钟离权，均扮演这一角色。

4. 未来前景的预言者。这可以唐代杜光庭的《虬髯客传》为代表，书中写

---

① （唐）白居易著，朱金城笺校：《白居易集笺校》（三），上海古籍出版社 1988 年版，第 1408 页。
② （宋）李昉等编：《文苑英华》卷八百三十三，北京：中华书局 1966 年版，第 4395—4396 页。
③ （宋）李昉等编：《太平广记》卷四百八十六，北京：中华书局 1961 年版，第 3999 页。

到道士对弈之时,忽见李世民,惨然敛棋,说出:"此局全输矣! 于此失却局哉! 救无路矣! 复奚言"①的双关语。再如《女仙外史》第二回《蒲台县嫦娥降肚》中,那个自号"半仙"的岳怪,一见赛儿便说了一通阴阳五行理论,称赛儿将行金运,掌大兵权,甚至比皇后还显贵,诸如这种借道士之口预言人物事业将来运命的事例,在中国古代小说中,屡见不鲜。

当然,道士不一定充当光彩的角色,有时作为反面形象出现,像《封神演义》中部分道士即充当了为虎作伥的反面角色。这里必须说明的是,这么多的道教小说中竟不约而同地出现如此意味相同的描写,是否有特别的意义?由于这些小说所引用的例证多半相同,描写手法又相近,因此,使人免不了认为这是小说编撰者们缺乏创意,因袭模仿所致;但这一解释并非令人满意。钱钟书在论文人多用黄石公、白猿这一典故时这样说明:"此等熟典,已成公器,同用互犯者愈多,益见其为无心契合而非厚颜蹈袭。"②(着重号为笔者所加)所谓"无心契合而非厚颜蹈袭"指的便是这类现象的相同或相似,并非是由单纯的抄袭所致,更重要的是小说家们对这种情节所涉及的传统意义有着共同的认定,所以,我们有必要认真探讨"道士"这一形象。

"道士"一词在西汉时已有。③ 东晋葛洪《抱朴子内篇》中用道士一词指专职的道教徒。若追根溯源,则可推至古代的神巫,因为道教与古代的巫教有很大的相承关系,"道教之所谓道,其涵义固其玄奥,但此字实从古代之神道而来"④,故而,道教曾称为神道、鬼道。对宗教的研究,许多学者都看到巫教对它的影响,国外有学者认为"巫术与宗教都严格地根据传统,都存在奇迹的氛围中,都存在奇迹能力可以随时表现的过程中"⑤。古代神道的主其事者为巫士,故作为道教的主其事者——道士,自然也带有巫士身上的许多"遗传基因"。关于巫,许慎的《说文解字》是这样说的:"巫,祝也,女能事无形,以舞降

---

① (唐)杜光庭:《虬髯客传》,北京:中华书局1991年版,第8页。
② 钱钟书:《管锥编》第4册,北京:中华书局1986年版,第1530页。
③ 相关资料可参见任继愈主编:《中国道教史》,上海人民出版社1990年版,第8页。
④ 傅勤家:《中国道教史》,上海书城出版社1990年版,第43页。
⑤ [英]马林诺夫斯基:《巫术科学家教与神话》,李安宅编译,上海文艺出版社1987年版,第109页。

神者也。像人两衺舞形。"①在原始时代,对于蒙昧的初民来说,可以沟通神鬼人事的,只有巫师,社会生活的一切事务的权威裁决,也都一一落到巫师身上,她(他)们成了神的代言人。

当文明的曙光逐渐普照大地时,巫师这一角色便由其他角色替代,继承行使作用类似的职责。从巫师到道士,是有清晰轨迹可辨的。在这一进程中,秦汉的方士、术士充当其间的中介角色,只要查一些事例,我们便可窥见秦汉方士的真实面目,秦始皇二十八年(前219年),方士徐市(也叫徐福)率"童男女数千人",为始皇"入海求仙人"②。三十二年(前215年),"燕人卢生使如海还,以鬼神事,因奏录图书,曰'亡秦者胡也'。"③汉武帝时,方士李少君向武帝进"祠灶、谷道、却老方"④,五利将军栾大"夜祠其家,予以下神"⑤……如同巫师一样,秦汉神仙方士也会沟通神鬼人事,而后世道士具有招神驱鬼、禳灾祈福、画符念咒之类的本领,在本质意义上看,是与这些巫师方士术士同出一脉。

从以上回溯,我们可以看到,正因为在道士的身上带有许多神格,这既有道士自我显现的,也有民众赋予的。所以回到我们前面提出的问题,就不能对道士形象频繁出现于作品这一现象作出过于简单的解释,而应从纵深层面发掘。王弼在《周易集解略例》中,对"象"的五个层次间的关系作出十九点规定。其中之一:"夫象者,出意者也。"⑥克罗齐也曾说过,所有的形象都可以看作是象征。在此,中外的哲学家都注意到形象之外的象征意义。既然如此,道士这一形象又象征着什么? 当道士反映入文学中,道士便不仅是个"能指"——即道教的教徒,而且更重要的在于其"所指"——即神秘力量的化身,这就是在许多道教小说作品的关键之处"挺身而出"的乃为道士而非其他别的形象的奥妙所在! 以道士是"神秘力量的化身"为中心,古人在文学中便产

---

① (汉)许慎撰,(清)段玉裁注:《说文解字注》,上海古籍出版社1981年版,第201页。
② 《史记》第1册,北京:中华书局1959年版,第247页。
③ 《史记》第1册,北京:中华书局1959年版,第252页。
④ 《史记》第2册,北京:中华书局1959年版,第453页。
⑤ 《史记》第2册,北京:中华书局1959年版,第463页。
⑥ (魏)王弼著,邢炜注:《周易集解略例》,北京:中华书局1991年版,第15页。

生了众多联想:道士可以在世人混沌迷茫时度脱众生,可以在英雄面临危机时施以援手,可以预言世局人生的未来,可以沟通殊异的仙凡二界⋯⋯

当代美国文学批评家雷·韦勒克和奥·沃伦在《文学理论》一书中指出:"一个'意象'可以被转换成一个隐喻一次,但如果它作为呈现与再现不断重复,那就变成了一个象征,甚至是一个象征(或者是神话)系统的一部分。"①当道士及其本领组成一个巨大的形象体系不断地被人们运用于文学作品时,便成了一个极富感召力的原型。在他身上,凝聚着"道士故乡"的人们的巨大心理容量和世代相袭强烈无比的感情色彩。弗莱给原型下了一个明确的定义:原型就是"典型的即反复出现的意象"②。按荣格的话来说,原型"都总是在历史进程中反复出现的一个形象",它"赋予我们祖先的无数典型经验以形式"③。此二人都强调形象的反复性是原型的一个重要特征。

故而,当我们从文学作品中提炼出道士形象——原型之一时,我们便认定道士以其特殊的意涵存在于中国民众的集体潜意识中,形成了一层最为深厚的民族心理的积淀物。中国文人在创作时,碰到一些关键之处,一个身披羽衣、风骨脱逸、神通广大、人神一体的形象总会自然而然地在脑海中浮现,他们总情不自禁地因为一种世世代代共同认定的"经验"一次次地为道士留下一席之地,而作为接受主体的读者亦从中产生共同的情感和心理认同,从而达到心灵深处的彼此沟通。从这点出发,看待并分析道教小说中的道士形象,应有一番更中肯的认识。

最后,还应指出的是,作为一种文化与生命意识内在于中国人灵魂与经验深处,道士形象对其他形象的渗透同化是十分明显的。在历代一些历史演义小说中的军师、谋士都留有道士的影子,像《三国演义》中的诸葛亮,无论是就其肖像来看,还是就筑坛借东风一类神奇本事来看,与其说他是一个出谋献策

---

① [美]韦勒克、沃伦:《文学理论》,刘象愚等译,北京:生活·读书·新知三联书店1984年版,第204页。

② 转引自张隆溪:《二十世纪西方文论述评》,北京:生活·读书·新知三联书店1986年版,第62页。

③ 转引自张隆溪:《二十世纪西方文论述评》,北京:生活·读书·新知三联书店1986年版,第60页。

的文士,不如说他是一个本领超凡的"道士",难怪鲁迅说他"多智而近妖"①,而有些道士不是曾有"妖道"的不雅之称吗? 当然,这是就文学作品的范围而论的,至于道士在现实生活中的评价则是另外一回事了。

## 四、结　语

研究宗教对文学的影响,在批评界已不是什么新鲜的事了,但从其中提出"宗教文学"的命题加以专门研讨,却尚属起步。因此把道教同中国小说作平行交叉研究并从中提炼出"道教小说"的概念加以认识,不妨看作是这方面的一点尝试。

作为道教与文学之间相互激荡的产物,道教小说的重新评估,无论对道教史,抑或是对中国小说史的研究都不无裨益。从具体艺术形态入手,我们可以深入浅出地理会道教抽象的宗教内容;同时,这又使我们从一个崭新视点来看待中国小说,获取更大的理解空间。

道教小说在中国文学史上的地位,亦应辩证看待。它对中国文学的发展,既有顺向的积极影响,也有逆向的消极影响。这种双向作用不仅体现在文学的形式方面,也体现在文学的内容方面。比如梦幻模式,一方面启迪着古代作家驾驭小说的艺术灵感;另一方面,它一旦固定下来成为一种不变的模式,便使小说出现许多不必要的因循或模仿。如小说发展至巅峰时产生的《红楼梦》依然脱不了用梦幻模式来组织这部鸿篇巨著的总体结构,我们便很难说这是一种超越与独创了。从内容的影响来看,道教小说既有小说内部主题内容的互相因袭,也有对其他文学形式作品的渗透,如唐传奇《长恨歌传》与宋传奇《杨太真外传》以及清戏曲《长生殿》的影响关系。

另外,还必须看到,艺术创作是一种再创造的过程,它往往超越了宗教设置的樊篱,更多地向审美回归。"当文学的审美形式注入了以弘扬宗教为主旨的宗教文学之流时,审美成为教化的途径,这实际上就开始了对宗教的部分

---

① 鲁迅:《中国小说史略》,《鲁迅全集》第九卷,北京:人民文学出版社 1981 年版,第 129 页。

取代,其程度则随着宗教文学的逐步世俗化和艺术化而加深。"①不管怎样,蓦然回首,我们不禁发现,一种宗教文学——道教小说是如此顽强地薪火传接在中国文学的历史长河中,每一次拍击都卷起不绝如缕的艺术感兴之波澜。

（本文合作者:汪波;原载陈鼓应主编:《道家文化研究》第四辑,上海古籍出版社 1994 年版,本文收入时略作调整）

---

① 赵建新:《论宗教文学在中国文化史上的作用和地位》,《兰州大学学报》1990 年第 2 期。

# 南宋金元笔记小说的道教内涵与审美情趣

随着神仙传记的盛行,南宋金元时期的笔记小说也发展起来。作为古代小说的一种体裁,笔记小说的形式相当灵活。古人把这种不拘形式、随手记录下来的文字连缀成篇,谓之"笔记"。从内容上看,笔记比较驳杂,涉及范围相当之广。今人刘叶秋在其《历史笔记概述》一书中将笔记分为小说故事、历史琐闻、考据辨证三类。其中第一类就是具有较高文学价值的笔记小说。此类小说广记琐闻逸事、侠客术士和官僚士大夫的言行活动,尤其以神仙鬼怪故事见长。至于第二类,其实也颇多传说素材,故而《四库全书》的编纂者将之列入"杂家"类。从文学的立场看,记叙历史琐闻的"杂家"也包含许多有趣的神仙道人故事,具有小说的基本特质,故而,本文除了重点研究第一类之外,对于第二类的某些作品也将予以一定的关注。基于道教文学范围的认定,本文并非企图对一、二类小说全部加以探索,而只是选择那些表象神仙情趣、记载道人活动等方面的作品。为了论述的方便,笔者拟将此等作品统称为"仙道类"笔记小说。

## 一、南宋金元仙道类笔记小说的文献考察

从历史上看,笔记小说并非起于南宋金元,但此三朝无疑是该类小说发展的鼎盛阶段。正如以往的志怪小说与传奇小说一样,此时的笔记小说也具有浓厚的仙道色彩。有些作品甚至就是以宣传仙道思想为其旨归的。就其构成来看,南宋金元笔记小说关于仙道的内容在不同的作品中具有不同的比重。有的只是个别篇章属于仙道作品,有的则在这方面占据比较大的分量。就仙道内容所占的比重角度来考虑,我们可以将此等作品细分为"偶然型"与"丰

富型"。

所谓"偶然型"仙道笔记小说指的是在一部作品集中仅有个别篇章的内容属于仙道方面。比较有代表性的如下列：

《投辖录》,1 卷,王明清（1127—？年）撰。明清,字仲言,汝阴人。淳熙乙巳(1185 年)以朝请大夫主管台州崇道院。其后转任宁国军节度判官、泰州通判等职。王氏此书前有自序一篇,后有绍兴己卯年十月题记,《四库全书》列此书于小说家杂事之属,所记多奇闻逸事。是书开篇为"蓬莱三山"故事,记载大中祥符年间,封禅事竣,宋真宗引群臣及内侍数人,入一小殿。见殿后有假山甚高,山面有洞。宋真宗带头先入洞,且招群臣内侍从行,初觉甚暗,数十步则天宇豁然,千峰百嶂,杂花流水,尽天下之伟观。不久之后,君臣内侍到了一个处所,只见重楼复阁,金碧照耀,有二道士,貌亦奇古。君臣与道士相见之后,道士高谈阔论,所论"皆玄妙之旨,而殽醴之属又非人间所见也"①。据说有"鸾鹤舞于庭,笙箫振林木,至夕而罢。道士送宋真宗出门而别曰："万几之暇无惜。"②复与群臣内侍一一作别,群臣内侍"复繇旧路以归"③。在该则故事篇末,宋真宗对群臣内侍说,各位所见就是道家的蓬莱三山。这篇故事中所谓的"蓬莱三山"尽管是通过人为奇术导致的景观,却反映了宋真宗对道教的推崇。此外,《投辖录》尚记有《猪嘴道人》故事,称宣和初西京有道人,"行吟跌宕,或负担卖楂梨桃杏之属,不常厥居,往往能道人未来事,而无所希求。以其喙长,号曰猪嘴道人。居雒甚久,有贾邈、李瓛者,以家资豪侈。少年凭借,好客喜事,屡招与饮,至斗酒不乱。一日闲步郊外,因谓曰："诸君得毋馁乎？'怀中探纸裹小麦,舍于地,如种艺状。顷之,即擢秀骈实,因挽取以手摩面,纷然而落。汲水和饼,复内怀中,少顷取出,已焦熟矣。掷之地中,出火气,然后可食。同行下逮仆隶,悉皆累日不饥。二子自此颇敬之。"④该篇故事尚记载猪嘴道人令小池尽开桃花,以异术帮助陈朝议与日思夜想的美女相见等。

① 王明清：《投辖录》,文渊阁《四库全书》第 1038 册第 682 页。
② 王明清：《投辖录》,文渊阁《四库全书》第 1038 册第 682 页。
③ 王明清：《投辖录》,文渊阁《四库全书》第 1038 册第 682 页。
④ 程毅中编：《古体小说钞·宋元卷》,北京:中华书局 1995 年版,第 455 页。按文中"少顷取出"原作"倾取出",据文渊阁《四库全书》本校改。

该故事注重环境渲染,情节绘声绘色,颇有吸引力。

《墨庄漫录》,六卷,张邦基撰。张氏,字子贤,高邮人,其仕履未详,自称宣和癸卯在吴中见朱勔所采太湖鼋山石。又称绍兴十八年见赵不弃,除侍郎。① 大抵生活于南北宋之间,而其书当成于南宋初。该书有明代钞本及《稗海》本,《四库全书》列为杂家类。书前有小序,谓之性喜藏书,随所寓榜曰"墨庄",故以为名。其书多记杂事,亦颇及考证。虽然作者之意并非在于宣道,却也涉及许多道门之事,如卷一载鄱阳胡咏之,生平好道,得道人所赠诗。卷二载东坡先生知扬州,一夕梦虎来噬,公方惊怖,有一紫袍黄冠,以袖障公;又载东坡公与道人对诗等事。该书有关"道士"凡十三见,"道人"九见,"神仙"二见;"仙"二十一见,反映了道教活动、道教精神在当时社会具有相当程度的影响。其中,有些故事也写得颇有情趣,例如卷四写安惇处厚,初谪潭州,过仪真,见客河亭,"有一丐者遽前,自言有戏术,愿陈一笑。安心异之,欣然延礼。丐者求一砚及素笔、幅纸、香炉,乃取土以唾和,呵之成墨矣。又取土呵之,悉成薰陆,焚之芬馥,乃研墨,谓安曰:吾不能书,命小吏持笔题诗曰:佳人如玉酒如油,醉卧鸳鸯帐里头。咫尺洞庭君不到,长生不死最风流。处厚读之不晓,自以无嗜欲久矣,岂有佳人如玉醉卧鸳鸯之事乎? 且谓洞庭君不到。是谓我不可仙矣。遂谢丐者,与酒一壶,一饮而尽,长揖而去。安行将过洞庭之日,被命镌消官资,放归田里。乃悟前诗之异,丐者必异人也。诗中似隐神仙秘诀,人不识耳。"②行文不长,丐者形象跃然纸上。这个"丐者"尽管没有标榜自身是道人,但行为却体现了道教的长生升仙道精神。

《癸辛杂识》,前集1卷,后集1卷,续集2卷,别集2卷,宋周密撰。密,字公谨,号草窗,先世济南人,其曾祖随高宗南渡,故而家于湖州。淳祐中,周密任义乌令,宋亡不仕而终于家。该书作于杭州之癸辛街,因以为名。所谓"杂识"在此可视为札记。作者并没有专一的意图,而只是根据耳闻目睹,记载各种趣事,以供谈资。文中亦偶涉道门中事。如道人胎息等事凡八见,道士种茯苓等事亦八见,神仙之事凡三十二见。从总体上看,大多作品出现的"神仙"

---

① 详见《墨庄漫录·提要》,文渊阁《四库全书》第864册第1页。
② (宋)张邦基:《墨庄漫录》卷四,文渊阁《四库全书》第864册第36页。

或者道人之名称往往与各种社会活动相交杂,体现了作者关注人间俗事的心理,但有些作品则是专门描述道人生活情趣或者逸闻趣事的。例如"假尸还魂"故事记载建康陈道人,闻刘太尉鞭死小童,"仵舆致之。道人作汤浴其尸,加自己之衣巾,作趺坐于一榻上,道人亦结趺其前。至明,道人尸化,而童尸生矣。"①从今天的科学立场看,此类"化己之尸"而寄魂于他体的行为乃是难以理喻;但从历史的角度看,却反映了道门法术之社会具有相当深刻影响,故而为文人们关注。

《归潜志》,14 卷,元代刘祁撰。祁,字京叔,浑源人,御史从益之子,系太学生,举进士不第。元兵入汴,遁还乡里,戊戌复出,就试夺魁南京,选充山西东路考试官。该书之名"归潜"二字系套用刘祁居室之名。据称,刘祁于壬辰(1292 年)北还,以此二字榜其室,因以题其所著书。卷首有刘祁乙未自序,谓昔所闻见,暇日记忆,随得随书。② 其内容大多记叙平生见闻,以人物事迹为主;有关道人之事凡五见,神仙之事凡十九见。此类神仙道人之称大抵用以形容当时社会经历不凡的文人或者具有超绝本领的异人,其身份与道门中人不同,但既然以神仙之名来称呼、或者自命为道人,则显示了此等人物乃具有一定的道教神仙情怀。

《北轩笔记》1 卷,元陈世隆撰。世隆,字彦高,钱唐人,宋末书贾陈思之从孙。顺帝至正(1341—1368 年)中,馆嘉兴。据《文渊阁四库全书提要》所载,陶氏没于兵,所著诗文皆不存,惟《宋诗补遗》八卷与此书存于陶氏家。然《宋诗补遗》在清朝时已经没有传本了,唯有《北轩笔记》一卷尚存,《文渊阁四库全书》收此书入于杂家类。书中所论史事为多,间有神仙道人传说。其中有苏仙传说,称:"苏仙公軏,升云而去后,有白鹤至都城北楼,以爪攫楼板书云:城郭是,人民非,三百甲子一来归。我是苏公,弹我何为? 又丁令威仙去后,亦化鹤来归,集辽东华表柱上,语亦相同。又唐玄宗时,蜀道士徐佐卿,化鹤被箭,帝幸蜀,见壁间箭,问其弟子。曰:此吾师所留,俟箭主至,还之。"此篇故事的部分内容尚见于魏晋以来的志怪小说或者神仙传记之中,例如丁令威情

① （宋）周密:《癸辛杂识·别集》卷下,文渊阁《四库全书》第 1040 册第 143 页。
② 参见《归潜志提要》,文渊阁《四库全书》第 1040 册第 223 页。

节早见于干宝《搜神记》。此篇杂采相关故事,突出化鹤升仙的道教思想,言辞不多,但由于同类故事的迭加,遂使神仙意象获得一定加强。

以上《投辖录》等五部是南宋金元时期"偶然型"仙道类笔记小说的代表;除了这五部之外,尚有其他诸多笔记小说涉及仙道内容;由于篇幅的关系,本章仅略举大概而已。

与"偶然型"相对应的是"丰富型"。这里的"丰富型"是指一部笔记小说中有比较多的内容属于仙道之类。考南宋金元时期的笔记体小说,我们可以发现,此时有大量作品反映道教活动,表现道家与道教思想。比较有代表性的有如下诸书:

"夷坚"系列志书。该系列志书主要由《夷坚志》与《续夷坚志》构成。前者系洪迈撰。后者系元好问撰。

洪迈(1123—1202 年),南宋文学家,字景卢,号野外、容斋。饶州鄱阳(今江西鄱阳)人。绍兴十五年(1145 年)进士,官至端明殿学士,一生博闻强记,早负盛名,著有《容斋随笔》《野处类稿》等书,《夷坚志》是他在笔记小说方面的代表作。按"夷坚"之名出于先秦道家著作《列子》,是书谓大禹行而见之,伯益知而名之,夷坚闻而志之。《四库全书·夷坚志提要》称"唐义原尉张慎素已有《夷坚录》之名,则迈之名亦有所本也"。陈振孙《书录解题》载,《夷坚志》本有 420 卷;胡应麟《笔丛》谓所藏之本有百卷;周亮工《书影》谓"应麟所藏乃支甲至三甲,此殆即胡氏之本,而又佚其半耿"?[①]《四库全书》所收录之本仅 50 卷;前人或疑是书于流传过程中被删减;或以为不同人重新编订所致。考《笔记小说大观》收有《夷坚甲志》20 卷、《夷坚乙志》20 卷、《夷坚丙志》20 卷、《夷坚丁志》20 卷、《夷坚志补》25 卷、《夷坚志再补》1 卷,均题宋洪迈撰。此版本与《四库全书》本差异甚大,这不仅体现在篇幅上,也反映于内容中。1981 年,中华书局出版了何卓点校的《夷坚志》,此点校本乃是以涵芬楼本为底本,并参校他书,辑补而成。全书 207 卷,点校精细,故而本节所引述资料拟以之为据。

从题目上看,《夷坚志》的道教内容是丰富的,这首先体现在以道士或神

---

① 《夷坚志·提要》,文渊阁《四库全书》第 1047 册第 165—266 页。

仙人物为篇名的作品占有相当分量。如甲志卷二有:玉津三道士、张彦泽遁甲;甲志卷三有:窦道人、祝大伯;甲志卷七有:查市道人;甲志卷十五有:马仙姑、罗浮仙人;甲志卷十六有:车四道人;甲志卷十八有:东庭道士;甲志卷十九有:杨道人;乙志卷三有:贺州道人;乙志卷五有:司命真君;乙志卷六有:蒙城观道士;乙志卷十二有:武夷道人;乙志卷十三有:九华天仙、盱眙道人;乙志卷十五有:上犹道人;乙志卷十七有:林酒仙;乙志卷十八有:张淡道人;丙志卷二有:蜀州红梅仙、朱真人;丙志卷四有:饼店道人;丙志卷十二有:河北道士、青城丈人;丙志卷十三有:铁冠道士;丙志卷十四有:宜都宋仙、郑道士;丙志卷十五有:鱼肉道人、种茴香道人;丙志卷十六有:太清宫道人;丙志卷十七有:灵显真人;丙志卷十八有:阆州道人、张拱遇仙;丙志卷十九有:无町畦道人;丁志卷一有:王浪仙、长生道人;丁志卷二有:海盐道人、孙道士;丁志卷六有:茅山道人;丁志卷八有:胡道士、乱汉道人;丁志卷十一有:田道人;丁志卷十四有:武真人;丁志卷十六有:玉真道人;丁志卷二十有:兴国道人;支志甲卷五有:雷州雷神;支志甲卷八有:简寂观土地;支志甲卷九有:宋道人;支志乙卷三有:妙净道姑;支志乙卷五有:谭真人;支志乙卷六有:茅君山隐士;支志乙卷七有:岳阳吕翁;支志乙卷八有:徐南陵请大仙;支志景卷六有:富陵朱真人;支志景卷八有:茅山道士;支志戊卷一有:石溪李仙、刘黄二道人、郑道人;支志庚卷二有:蓬瀛真人;支志庚卷六有:徐问真道人、金神七煞;支志庚卷八有:炼银道人、茅山道人、江渭逢二仙、景灵宫道人、黎道人;支志庚卷九有:新安道人、舒道人;支志癸卷一有:天庆观道人;支志癸卷二有:徐希孟道士;支志癸卷三有:杨真人;支志癸卷九有:东流道人;支志癸卷十有:硬脚道人、雷州病道士、相太学道人;三志己卷六有:半山两道人;三志辛卷一有:诸暨山道人;三志辛卷四有:观音寺道人;三志辛卷七有:万道士;三志辛卷八有:湘潭雷祖;三志壬卷一有:周子瑶池仙、蓬莱紫霞真人、南城毛道人;三志壬卷二有:楚州陈道人、懒愚道人;三志壬卷五有:续仙台道人、道人相施遄;三志壬卷六有:罗山道人;三志壬卷七有:当涂朱道士;三志壬卷八有:华亭邬道士;志补卷三有:菊花仙;志补卷十二有:回道人、真仙堂小儿、傅道人、华亭道人、杜家园道人、保和真人、新乡酒务道人;志补卷十三有:蔡司空遇道人、复州王道人、燕道人;志补卷十五有:奉化三堂神、南安穷神;志补卷十九有:蔡州小道人、猪嘴道人。此外,尚有许多篇章记叙道教斋醮科仪、法术活动,有些篇章虽然在名称上看不出与道教存在什么关系,其内容却也多涉及道事。由此可见,《夷坚志》确是一部道教色彩相当浓厚的笔记体小说;就其专写神仙道士篇章的作品来看,谓之仙道笔记小说也是可以成立的。

由于洪迈《夷坚志》具有广泛的社会影响,后来便有人产生撰写续书的想法并且付诸行动。元好问的《续夷坚志》正是此等想法的产物。好问,字裕之,秀容人,中兴定五年(1221年)进士,天兴(1232—1235年)中除左司都事转行尚书省左司员外郎,金亡不仕,事迹具《金史·文艺传》。博学有诗名,平日间雅好搜寻各种逸闻趣事,《续夷坚志》是他"好问"强记的一项成果。该书内容广泛,其中有许多故事将道教的"承负"观念与传统的冤报思想相结合,以作劝善之佐证,具有道德教化的意义。

除了"夷坚"系列之外,尚有许多杂家类或者史传类笔记小说也大量涉及道门之趣事,例如《能改斋漫录》《老学庵笔记》《唐才子传》等即是这方面的代表作。

《能改斋漫录》18卷,宋吴曾撰。曾,字虎臣,崇仁人。曾任工部郎中等职。由于朝官与地方官的丰富阅历,吴曾见多识广,故有此书行世。是书之末有其子复跋称,所记凡两千余条,厘为18卷。《四库全书》于《提要》中指出,自元初以来,是书刊本久绝,今本乃明人从秘阁抄出。原缺首尾两卷,焦竑家传本遂以第二卷第十七卷各分作两卷,以足其数,实非完帙。翻检起行文,亦可见神仙道人故事颇丰。其中,关于神仙之事凡一百二十四见;道人十七见;道士凡三十二见。从题目上看,是书有不少篇章属于道门故事,例如《湘君湘夫人》《集灵存仙望仙之名》《炼师练师》《饶德操自号倚松道人》《甘露》《园子得道》《陆仙师迎漕使安公》《石曼卿丁度为芙蓉馆生》《华阳洞门开》《王迪照镜见前身弃官学道》《周贯尸解》《仙家亦有灵芝殿》《许旌阳作铁柱镇蛟》《黄庭博鹅》《精舍》《黄鹤楼下仙人洞》。

《老学庵笔记》,10卷;《续笔记》2卷。宋陆游撰。案《宋史·艺文志》"杂史类"中载陆游《老学庵笔记》一卷;陈振孙《书录解题》作10卷,与此本合。《四库全书·老学庵笔记提要》称,"《宋史》盖传刻之误。《续笔记》2卷,陈氏不著于录,疑当时偶未见也。振孙称其生识前辈,年及耄期所,记见闻殊,有可观。《文献通考》列之小说家中。今检所记,如杨戬为虾蟆精;钱逊叔落水,神救之类近怪者"。此说言之有据;不过,该《提要》之描述乃带有批评口吻。实际上,既然是"笔记",未必需要如经书解说那样事事根据史实,倒是如此叙说比较符合故事之原貌。此书不仅采撷了历史上诸多神仙故事,而且对当时社会上所见道教活动情况亦有所记载。其行文之中,神仙之事凡二十见;道人之事十六见;道士之事凡十四见。此书有关神仙道士之故事虽然大多短篇小语,却多见灵异。例如"老叶道人"一则:

> 老叶道人,龙舒人,不食五味,年八十八,平生未尝有疾。居会稽舜山,天将寒,必增屋瓦,补墙壁,使极完固,下帷设帘,多储薪炭,杜门终日,及春乃出,对客庄敬,不肯多语。弟子曰:小道人极愿愿。尝归淮南省亲,至七月望日,邻有住庵僧,召老叶饭,饭已亟辞归。问其故,则曰小道人约今日归矣。僧笑曰:相去二三千里,岂能必如约哉?叶曰:不然。此子平日未尝妄也。僧乃送之归。及门,小道人者已弛担矣。予识之已久。每访之,殊无他语。一日,默作意欲叩其所得,才入门即引入卧内,烧香具道其遇师本末,若先知者,亦异矣夫!①

此则故事以简括的笔调介绍老叶道人的籍贯、年龄、习性等。接着着重记载他归淮南省亲时的一段趣事。故事中引出了僧人与小道士来,尤其写小道士在老道士辞别僧人时就从两三千里之外"弛担"而至,使故事充满了一种奇异的气氛。此等故事在《老学庵笔记》中占有一定的分量,表明了作者对道门特异人物的关注。另外,此书也记载了当时道教与政治关系的趣事,如写会稽天宁观老何道士,喜栽花酿酒以延请宾客,居于观之东廊。他曾经遇上一个口才极好、能说会道的道士,老何把这位道士留下来,没想到这个道士谋乱,老何受到牵连,也进了监狱;由于他不知原委,方才释放。此后,老何畏客如虎,杜门绝往还。忽然有一个道人,美风表,多技术。观之西廊,道士曰:"张若水介之来谒。"老何大怒说:"我坐接无赖道人,几死于囹圄,岂敢复见汝耶?"因大骂,阖扉拒之。原来这个道人乃是永嘉人林灵噩,不久林灵噩得幸,贵震一时,赐名灵素。据说林灵素平日一饭之恩必厚报之。老何由于骂了林灵素,朝夕

---

① (宋)陆游:《老学庵笔记》卷三,文渊阁《四库全书》第865册第21页。

忧惧,林灵素以书慰解之,老何才安定下来。老何这件事成为观中人的笑柄。① 这个故事写得活灵活现,让人了解到历史上道教的一些真实情况。

《唐才子传》,凡8卷,元辛文房撰。文房字良史,西域人。《四库全书提要》谓之"其始末不见于史传,惟陆友仁《研北杂志》称其能诗,与王执谦齐名"云云。该书原有10卷,记载了397人的事迹故事。其人物的身份不一,从书生到妓女、女道士等都在涉猎范围,入选的标准主要是从诗文水平方面考虑的。材料来源,或出于史传,或出于其他杂书。其中有两种类型属于道教人物,即"仙"和"女道士"。关于前者,收入的有:吴筠、顾况(含其子非熊)、刘商、韩湘、施肩吾、陈陶、吕岩、陈抟,共九人;关于后者,收入的有:李季兰、鱼玄机。此外,在其他传记中也包含着一些道教神仙人物,此类人物往往具有双重身份,他们既是诗人、或隐士,也是道士。此类人物主要有:贺知章、吉中孚、戴叔伦、曹唐。还有一些诗人虽然没有道士身份,却颇具慕仙情怀,其作品也饱含神仙热情,例如李颀、王之涣、许浑、王绩、王勃、陆羽、方干,等等。

## 二、南宋金元仙道类笔记小说的艺术手法

南宋金元时期,文人的各种关于"仙道"的笔记,丰富了道教志怪与传奇小说的内容,其作品之多,大大超过了以往任何一个时代。就艺术手法与审美的立场看,此类作品有如下主要特点:

第一,汲取民间艺术,通过搜奇猎异,以传播道教影响。

搜奇猎异,这是魏晋志怪小说成型的基本特点。就社会需求来说,人们获取信息是有选择性的,奇特的东西往往更加能够为人所关注。魏晋时期的志怪小说家们是非常知道这种社会需求的。因此,他们所记录的尽管多为丛杂小语,但因为有奇特的内涵,便在社会上逐步流传。魏晋文人形成的这种导向不仅为当时社会所接受,而且深深影响于后世,隋唐北宋那些反映神仙道人活动的作品也都充满了这样的氛围。南宋金元阶段,随着说书艺术的勃兴,搜奇猎异的风气更加兴盛,文人们一方面把以往具有特异之点的道教逸闻趣事向

① 参见(宋)陆游:《老学庵笔记》卷三,文渊阁《四库全书》第865册第21页。

民间市井广泛传播,另一方面则汲取民间艺人讲述的关于道教的各种故事,造就了新的搜奇猎异的波澜。例如南宋王明清《投辖录》写熙宁中的大理寺丞申天规因其家父好道而有应验的奇迹。作品首先交代了申天规十几岁的时候,其父亲就离开家不知道往哪里去,直到天规科考及第,朝廷唱名而出东华门时奇迹就出现了,他忽然看到自己的父亲混在稠密的人群中庆贺登科,但当跪拜之礼过后,却看不到父亲了。经过许多年,申天规任江南某县县令期满,他准备到朝廷禀报,又在路上遇到自己的父亲。这时候,这位奇人"隔水呼天规亟渡河,见之拜起,欲语又失所在"。这事让申天规感到很纳闷,他为了弄清真相,甚至辞官,四处寻找,却没有如愿。其最终结果如何呢?作者提供了另外一条线索,他说:"元丰末,先祖任武陵令,暇日游桃源观中,有道人潇洒不凡,言语有理趣,因询其姓,即天规之父也。翌日,遣人邀之,则已告去。时天规已老,自计父寿逾百岁矣,后见马子约,云申父名交,其姻家也。"故事到这里方才显山露水,说明申天规的父亲原来是在武陵的桃源观中,寿已超过百岁。然后,又通过朋友马子约之口表明申天规之父亲是马氏的姻家。故事的篇幅虽然很短,但情节波澜起伏,颇有看点。作者娓娓道来,奇奇相扣,最终又通过参证,造成一种奇异中的实在,暗示了道教修持是可以超凡升仙的。

在志怪传奇中,作品不仅多叙神仙道人的灵异,而且也表现其偏方秘术的光怪陆离,如元好问《续夷坚志》卷一《镇库宝》谓:赵王镕炼大丹成功,来不及服食,就把丹藏在镇州的一个宝库中,经历了三百多年。直到贞祐之初,真定元帅三喜弃城而走,临行带上了金丹。到了平阳,被胥莘公所拦截。这批金丹就随之藏于汴京下丰衍库。由于这是稀罕之物,这批金丹被当作镇库之宝。元好问描述说:"京城变后,予同户部主事刘彦卿往观之,丹以漆柜盛,旁画广成子问道像,中复有漆合,高五寸,阔三寸,合盖上作九环,外八中一,以金涂之,各有流道相贯,环中作小孔,予意其为九转也。合中复有银合盛丹,合盖上镂佛一,左龙右凤,在佛座下,亦皆金涂。开视,丹体殊轻,周匝合中,色如枣皮,漆而裂罅,纵横绝不与今世丹砂相似。予意颇轻之,问主库者:此有何异?曰:无他,但阴晦中,恒出光怪如火起然耳。"这段文字以实录笔调叙说所见金丹收藏的情形,作者先写装金丹的盒子,从图案到大小,从结构到色泽,描述颇为仔细。在其篇末,元好问特别点出其特异之处是在阴晦天气中此丹会出光,好像起火的样子,这可以说是点睛之笔,为了证明其真实性,作者还在末尾特别注明"壬辰年亲见",这就把离奇的"谈资"落实了,增加了异闻的实效。像这样的作品在南宋金元的笔记志怪传奇中几乎到处可见,反映了当时社会的一种兴趣点。

第二,通过文字加工和情节重组,强化神仙道人的才艺品质。

南宋金元时期,关于神仙道人的笔记志怪传奇作品有一部分是取材于此前的文献,但作者在编纂时进行了加工,从而凸显了"传主"的文学艺术之禀赋,表现其超群的才华。像辛文房撰的《唐才子传》即是。该书无论是写女道士,还是神仙都在"才"这一点上做文章。以鱼玄机为例,作者是这样叙述的:"玄机,长安人,女道士也。性聪慧,好读书,尤工韵调,情致繁缛。成通中及笄,为李亿补阙侍宠。夫人妒不能容,亿遣隶咸宜观披戴。有怨李诗云:'易求无价宝,难得有心郎。'与李郢端公同巷,居止接近,诗简往返。复与温庭筠交游,有相寄篇什。尝登崇真观南楼,睹新进士题名,赋诗曰:'云峰满目放春晴,历历银钩指下生。自恨罗衣掩诗句,举头空羡榜中名。'观其志意激切,使为一男子,必有用之才,作者颇赏怜之。时京师诸宫宇女郎,皆清俊济楚,簪星曳月,惟以吟咏自遣,玄机杰出,多见酬酢云。有诗集一卷,今传。"①文字虽然简略,却将其才情传达得相当出色。对于鱼玄机的身份,作者仅一句话简单带过,接着引述了《怨李诗》中的两句以及登崇真观时之所赋,以见其才。前者侧重表现她的哀怨,后者则着重其志气,然后通过对比,凸显她在众女中的超群之处。考南宋之前,有关鱼玄机的生平早有记载,如晚唐皇甫枚《三水小牍》卷下谓:"西京咸宜观女道士鱼玄机,字幼微,长安倡家女也,色既倾国,思乃入神,喜读书属文,尤致意于一吟一咏,破瓜之岁,志慕清虚。咸通初,遂从冠帔于咸宜,而风月赏玩之佳句,往往播于士林。然蕙兰弱质,不能自持。复为豪侠所调,乃从游处焉。于是风流之士争修饰以求狎,或载酒诣之者,必鸣琴赋诗,间以谑浪。惜学辈自视缺然。其诗有:绮陌春望远,瑶徽秋兴多。又:殷勤不得语,红泪一双流。又:焚香登玉坛,端简礼金阙。又云:多情自郁争因梦,仙貌长芳又胜花。此数联为绝矣。"以下还有很长文字陈述鱼玄机如何杀

---

① (元)辛文房:《唐才子传》卷八,清代指海本。

死贴身侍婢绿翘的事情。此外,孙光宪的《北梦琐言》卷九亦载有鱼玄机的故事,其行文与辛文房《唐才子传》比较接近,尤其是其中的诗句,《唐才子传》当是摘自《北梦琐言》。比较一下可知,无论是皇甫枚的《三水小牍》,还是孙光宪的《北梦琐言》,都津津乐道于鱼玄机作为"娼妇"的放荡无拘,而辛文房《唐才子传》则着眼于其才气,对其放荡娼妇的行为只字不提,说明辛文房在选材方面是经过认真考虑的。从《唐才子传》这部作品,我们可以窥见南宋金元有关神仙道人传奇作品在选材与文字处理上的一些特点。

第三,通过典型塑造,表现道教的修炼逸趣。

作为小说,塑造人物形象,这是很关键的,因为人物形象不仅传达作者的思想,而且体现了艺术造诣。南宋金元时期的志怪传奇作者虽然不一定在人物塑造方面有自觉的意识,但由于他们着重于向民间学习,在广泛搜罗第一手材料的基础上进行加工,作品往往展示了神仙道士高超的方术造诣。例如《夷坚志》所写的宋道人便是这方面的一个典型。该书卷三称:

> 豫章杨秀才,家丰赡。少有丹灶黄白之癖。凡以此役至,必行接纳,久而无所成,则听自去。由是方士辐辏。一日,小童报有客,称曰烧金宋道人,欲入谒。杨喜,束带迎。其人清瘦长黑,微有髭,两目仆前如冒,着黄练单袍,容仪洒落。即延憩书室,朝夕供处。稍稍试小方辄验,然未尝暂出嬉游。杨乘间扣以要法。历旬始肯传。当用药三十余品,悉条疏所阙,买之于市。杨请与偕行,不可,曰:"吾习静恶嚣,岂应却投闹处。君宜独往。"杨且行。又曰:"君出后,小儿曹必来恼人,幸为扄户,使得憩息。"杨如其言,访数药室,买诸物。最后到一肆,望其中有默坐者,衣制颜状,全与宋生等。颇惊,正拟问讯,生摇首止之。杨遽归室,户扄锁不动。启而视,则宋瞑目燕坐,凝然如初。杨几欲下拜,以为虽苏子训、左元放分身隐现,神游变幻,不能过也。自是益加礼遇,随所需即应之。未几,不告而去。取所买药,以治铅汞,不能就分铢计供亿馈谢及药值不啻千缗。自谓亲逢神仙,不少悔。

此篇作品主要塑造了两个人物,一个是豫章的杨秀才,另一个就是宋道人。作者在进行了简单的人物背景交代之后,着重描述杨秀才外出买药在一个店里所见的默坐者,此人无论是穿衣还是容貌脸色都与宋道人完全一样,这让杨秀才感到十分惊讶。正想询问的时候,宋道人摇头制止。杨秀才回到家中,发现宋道人居处的屋子门户紧锁,他悄悄开启,看见宋道人两眼微闭,正燕坐炼功。此等情形让杨秀才更加仰慕宋道人,这种仰慕几乎到了要下跪的地步,他认为宋道人实在太高妙了,即便以往的苏子训与左元放分身有术,也不能超过宋道人。作品以杨秀才的亲身交往、所见所闻,见证宋道人身怀绝技。为了表现宋道人,作者对其外貌特征也花了一些笔墨,而在篇末又通过杨秀才"欲下拜"的举动,衬托出宋道人的灵异特征。

道教修炼的方技多种多样,而其神效也多彩多姿。在这方面,南宋金元时期的志怪传奇小说也提供许许多多典型。例如《能改斋漫录》写洪州老兵当园丁能够"搬"来非季节性的新鲜蔬菜水果;王子真游茅山,封闭千年的华阳古洞自开;周贯道人"尸解"升仙,临行腹部汩汩有怪声;傅林道者剧谈治疟疾;老虎伏罪媪之子死而复苏;武陵太守蒋深幼女因梦得仙;道民种茴香豆一夜成林;柴文元书符治病有奇效;娄道人隆冬卧雪,盛夏拥罂附火;袁天罡能预知母牛生育雌雄,等等。此类故事,往往短小精悍,但作者能够抓住其典型细节予以刻画,所以道者的形象即因之而得到强化。

(本文于 2002 年写成初稿,2019 年略作整理而成篇,未刊稿)

# 简论道教对传统戏剧的影响

戏剧是一门传统的综合艺术。在中国古代,它与"戏曲"概念几乎可以互相转换。若追根溯源,便可发现,戏剧在中国之发端是相当早的。按汉代古文字学家许慎《说文解字》的解释,"戏"乃从戈,表示"三军之偏"。所谓"偏"是古代车战的一种组织形式;而"戈"在先民那里既是渔猎的劳动工具,又是一种武器。这说明中国原始的"戏"乃出于先民对生活、生产的动作模拟。随着社会的发展,戏剧在中国古代也逐渐成熟起来。到了元明时期,中国出现了戏剧的繁荣局面。由于地域的广大和其他种种原因,中国戏剧品类非常之多,其内容丰富多彩。长期以来,学者们对中国传统戏剧做了多方面的研究,取得了可喜的成果。但是,有关传统戏剧与道教的关系则少有人问津;笔者以为,这个问题的探讨,不仅关系到对戏剧本身的内容与形式的全面把握与认识,而且关系到道教思想深入地发掘,关系到中国传统文化与道教之间诸多方面相互渗透问题的准确理解。

道教与传统戏剧的关系是一个复杂的问题,本文所要侧重探讨的是道教思想内容及思维方式对中国传统戏剧之渗透及影响。现分而论之。

## 一、道教神仙故事成为传统戏剧创作的丰富素材

众所周知,作为信仰体系,道教所包含的内容是十分庞杂的,而神仙故事则是其中极为重要的组成部分。因为道教的根本目的就是为了羽化登仙。出于信仰的作用,道教信奉者们不仅把先秦各种仙话传说搜罗起来,而且让那些富有神奇色彩的修道者升格为神仙人物,将他们的各种故事加以整理,作为后来信奉者们的理想典型。这样,道教神仙故事便随着时间的推移而不断增加。

就道门的视点来看，神仙故事的收集整理，只是由于传教修道的需要。在信奉者的心目中，此类故事乃是"信史"，具有"神圣性"。但是，从艺术的立场来看，此类故事又具有情节的生动性、内容的特异性和功能上的娱乐性。于是，神仙故事便受到了文人们的雅好，引入文学艺术的创作之中。戏剧作为文学艺术百花园中的一个重要品类，自然便与道教神仙故事结下了不解之缘。

首先，从剧目方面来看。中国古代的戏剧作品名目有"简目"与"正名"之分。所谓"简目"乃是作品名目的简称，而"正名"，则是其全称。从现有一些目录学文献看，对戏剧的著录，往往以简目出现，但即便如此，我们仍然可以看到其中的神仙故事之意蕴。例如，《独步大罗天》《通玄记》《闹门神》《邯郸记》《赤松记》《狗咬吕洞宾》《茯苓仙》《饮中仙》《紫姑神》等。这些作品有的是直接以神仙之名号来命名的，有的虽然是以地点等方式命名，但其背后也隐含着栩栩如生的神仙故事或趣闻。像《邯郸记》便是如此。该部作品写神仙吕洞宾以磁枕使卢生入梦，卢生在梦中行贿中试，出将入相，荣华富贵，虽因官场倾轧而遭贬，但后来又官复原职，且荣封"国公"。待梦醒之后，方知身卧邯郸旅店之中。卢生遂悟世事如梦幻虚假，乃遁入玄门。《邯郸记》取材于沈既济《枕中记》，然其本事则出于"回道人"吕洞宾之故事传说，显示了以地点命名的戏剧作品同神仙故事之间的密切联系。

当然，有些作品从简目上一时尚难于断定其内容是否属于神仙故事类，但如果结合其正名来看，便能清楚地品味出神仙故事的思想蕴涵。例如《蓝桥驿》，经查考，知其正名为"云翘酬句兰州客，云英相见蓝桥驿"。"月老周旋杆臼缘，裴航入赘神仙宅"。这其中的"裴航"即是神仙人物。其本事盖源之裴铏《传奇》，后来收入《太平广记》卷五十《神仙》部第五十。其故事梗概是这样的：唐朝长庆中，秀才裴航因乡试落第，游于鄂渚，拜访故友崔相国，崔氏赠钱20万，裴航遂归京。途中，裴航曾与美妇人樊夫人同舟。原来，这樊夫人即是神仙。经樊夫人牵线，裴航与樊氏孙女云英结为伉俪。作者将裴航故事与"玉兔捣药"的古老仙话传说结合起来，遂造成了波澜起伏的神仙剧故事情节。《蓝桥驿》作品之正名中的"云翘"系神仙樊夫人，而"云英"即其孙女，由此可见该作品的神仙故事韵味。此等作品在现存剧目中占有不少分量。

与上述相类似的作品在中国各地的许多剧种中都曾上演。不论是京剧、评剧、昆曲、川剧、秦腔，还是梨园戏、歌仔戏、闽剧、莆仙戏等传统剧目中都可以找到出自道教神仙故事或与之相关的作品。就拿秦腔来说，根据杨志烈等人编写的《秦腔剧目初考》，可知以神仙故事为题材的作品有：《哪吒闹海》《姜子牙卖面》《夜梦飞熊》《姜子牙夜上昆仑山》《朱仙阵》《万仙阵》《函谷关》《天台山》《困仙阵》《庄子三探妻》《圯桥授书》《苏轼遇仙》《长生禄》《祭东风》《天仙峪》《收玉兔》《游月宫》《蓝关雪》《韩祖成仙》《何仙姑成圣》《二仙盘道歌》《钟馗送妹》《秦地八仙庆寿》《洞宾戏牡丹》《迎仙桥》等近40种。其他如《曲海目》等目录学专书以及元明以来各种戏剧丛书或选刊之著录也相当之多。此类神仙故事题材在流传过程中不断被改编以至创新，它们具有悠久的渊源。因之，从目前尚保存的剧目或作品中，我们大体上可见中国传统戏剧与道教神仙故事关系之一斑。

其次，从作品内容上进一步稽考，可以看出，文人们对道教神仙故事的引入，这并不是一种简单的移植，而是经过了一番再创造。在思想内容和情节上必然要发生一定的变形。不过，站在信仰立场来敷衍神仙故事、宣传道教思想主旨则仍是中国戏剧史上一种不可忽略的创作趋向。早在明代，著名戏剧学家朱权便已看到这一点。他在《太和正音谱》一书中将元戏分为十二科。其第一科叫作"神仙道化"，第二科叫作"隐居乐道"。这两科在具体内容上略有区别，但都是用于表现神仙生活情趣的。故而，后来学者们干脆把它们统称为"神仙道化剧"。作为杂剧的一种，神仙道化剧曾经在元代达到相当盛行的境地。此类作品尽管在后来散失不少，但从明代戏剧学家臧懋循所编《元曲选》及今人隋树森《元曲选外编》的收录看，至少尚有近20种。元代以后，搬演神仙故事的杂剧有增无减。现存明代杂剧有两百余种，属于神仙道化内容的约有五十种之多。明代以来，更有传奇戏曲之兴，今见于各丛书中的传奇戏曲演出本、节本、残本尚有600余种，而属于"神仙道化"内容的则约有60余种，约占十分之一。

推衍、演绎神仙故事的戏剧作品在题材上主要包括四个方面。第一，传道度人。这写的是神仙人物通过种种方式，引导世人超凡入圣的故事。像马致远所作《邯郸道省悟黄粱梦》即属此类，此外，其他如《马丹阳三度任风子》《王祖师三度马丹阳》《汉钟离度脱蓝采和》也同属这一类题材。戏剧作品以神仙故事来表现传道度人之精神,这是颇合道教之本旨的。因为任何一种宗教要能够在社会上站稳脚跟并广泛传播,除了具备符合社会的精神寄托需求外,还应主动地开展宣传,发展教徒。关于此事,道教曾经有过足够的重视。一些所谓"祖师""真人"往往根据具体的时代条件,传道授业,培养教徒。因之,戏剧之中"传道度人"一类作品正是道教神仙人物度化活动的表现。第二,点化精怪。所谓"点化"本是炼丹学中的术语,即在炼丹过程中加入某种物质,使之发生变化,从而形成金丹。后来引而申之,泛指运用法术使物变化。道教把传道授业也看成一个炼丹过程。故而,对徒弟的启发也叫"点化"。因此,点化精怪就是通过一定的方式使精怪发生某种转变,教育它们改邪归正。与这方面有关的题材,最为典型者要算马致远的《吕洞宾三醉岳阳楼》。该作品讲述的是吕洞宾于岳阳楼中点化柳精、梅精的故事,其素材亦出于道门的吕仙传说,并杂采民间逸闻而成,表达的却是道门关于"扬善祛恶"的理念。该作品宣称,只要从善,精怪之类不仅可以脱变为人,而且通过一定的修炼,还可以变化为神仙,其间寄托着道教"宏大叙事"中的修仙思想。第三,断案明戒。这主要是写神仙人物运用法术,巧破疑案的故事。例如《张天师断风花雪月》,写书生陈世英因患相思病而卧于床榻,其父请张天师为之做法。张天师遂召来风花雪月诸仙女,并一一审问,方知是桂花仙子思凡,"迷惑秀士",致使陈世英得病。故判处桂花仙子"违反天条"罪。此等作品一方面宣扬了天师之类道人法术的高超,体现了道门的戒规观念;另一方面,也渗透着一些封建思想之糟粕,应予以清理。第四,隐居修真。这类作品写的是道门高士超越凡尘、修炼心性的故事。例如《西华山陈抟高卧》,以唐末五代华山道士陈抟的生平事迹为基本素材,着重表现道人安贫乐道、清静无为的修真情趣。剧作者把富贵喻之为"浮云",与"松窗竹几"为伴,体现了矢志求道的理想情操。以上四个方面是元代以来推衍、演绎神仙故事类戏剧的主要题材,代表了该类作品的主流。

当然,有关神仙道化的戏剧尚有其他内容,如明代初年一些作品借助神仙典型以粉饰太平,亦曾经成为时尚;还有一些作品借助神仙典故以讽刺封建官场,这里就不一一列举了。

另外,还必须看到的是,剧作家们不但敷衍神仙故事,创作神仙道化剧,而且将道门之神仙故事引入其他题材之中,这就使作品体现出一种复杂的思想趋向。早在元杂剧中,神仙故事便已渗透于军事题材、历史题材、言情题材之中。像《马陵道》写孙膑与庞涓斗兵法,本属于军事题材,但作者却在剧作中铺叙神仙鬼谷子的奇异故事,显示了鬼谷子未卜先知、睿智的预见性。而《隔江斗智》中的诸葛亮熟读黄石公“三略法”和吕望“六韬书”,亦体现了道教神仙思想的精神性格。明清之际盛行的传奇戏曲中,有关世情、公案题材之作品比比皆是,其中亦可见神仙人物纷纷登场。如史槃《梦磊记》写书生文景昭梦见神仙示以“磊”字,神仙在梦中告诉他,一生富贵及百岁婚姻都在此字。后来,他果然因一“石”字和刘亭亭婚配,又因二“石”字中了状元。单本《蕉帕记》写书生龙骧得西施转世之狐精相助,与胡弱妹结婚,后来中了状元。平外患,终为神仙。黄粹吾《续西厢升仙记》,以《西厢记》崔莺莺和张生的恋爱故事为基础,铺叙崔、张二人婚情,最后以众主角均升仙为结局。汪光被《广寒香》写临海米遥于海安酒家题诗,抒写自己向往月宫女仙之情怀。在米遥中了状元之后,道士马士元于酒家壁上画月,且施以道术,使米遥与宋徽宗共游月宫。无名氏《鲤鱼精鱼蓝记》写鲤鱼精假冒金牡丹,与书生张真成亲,金牡月一家人不能辨明真假,最后不得已,向包大人控诉。包大人遇上了这宗神鬼精怪案,颇感棘手,请城隍神处理,城隍神又奏告玉皇大帝,差天兵捉拿鲤鱼精。此类作品既有言情题材,又有公案题材,神仙人物于其中均充当重要角色。这就充分显示,中国古代剧作家们不仅依道教神仙故事进行专门化的“神仙道化剧”的创作,而且把神仙作为一种意象,广泛地融合于其他各种题材之中,足见道教神仙思想的巨大影响力。

## 二、道教修行观念成为传统戏剧创作的重要思想

在长期的历史过程中,道教为了达到其长生不老、羽化登仙的目的,设计了种种成仙的路径和法门,这可称为“修行”思想体系。道教的修行,包括广泛的内容,但概括起来,主要有两大方面,一是通过气功养生一类技术性的方法和服食草药、金丹,内炼精气神,做“形命功夫”;二是通过伦理道德涵养,累积阴功,做“性地功夫”。道教认为这两方面是相辅为用的。这种修行思想也

在中国传统戏剧作品中得到反映和发挥。

**（一）道教气功养生思想在传统戏剧中的表现**

从现存资料看,道教的气功养生思想在元代的神仙道化剧中已经常涉及。戏剧中的神仙道人往往都有高超的气功养生术。他们或者隐居修炼,或者在市井中通过气功养生术以点拨世人。例如,频繁地在戏剧舞台上露面的"八仙"就是如此。还有像许逊、马自然、陈抟更被描写成精通气功养生术的超人。他们由于炼功而诱发出种种"特异功能",有的甚至还能"煮海搬山"。像《张生煮海》中的张生把大海煮得滚烫,据说靠的就是从神仙那里学到的气功内力。诸如此类,在元代的神仙道化剧中已不胜枚举。明清两代,从杂剧到传奇戏曲都显示出精通气功养生术的神仙道人超凡的特技。像度化韩愈的韩湘子的"降雨术",指引裴航升仙的樊夫人所行之"化雪术",都被当作道教气功修行所达至高级阶段的表征。尽管剧作家对神仙道人的气功功效作了过于夸张性的描述,但从中仍然可以看到道教气功养生术在戏剧情节推进、人物塑造方面的所产生的奇特作用,因为有了这些内容,不但可以使情节生动、富有吸引力,而且也能让戏剧神仙人物更有个性特征。

在中国古代戏剧的唱腔中往往包含着道教气功的功理、功法内容。例如《蓝桥玉杵记》的一段《前腔》:

　　　　鱼水相忘,艮背行庭见主张。须知阴为阳母,水火地天,下济而光。

蛟穿万丈穴中盘,还随霹雳青霄上。化鹤翔翔,承风来往,蓬莱方丈。[①]

此段虽仅短短数句,却道出了道教内修功法的一种完整程序及效果。其要点约有四端:一者,"鱼水相忘"。这说的是气功修炼开始时的排除杂念法。关键所在是一个"忘"字。我们知道,先秦道家大师庄子在他的书中便提出了"坐忘"的方法。《庄子·大宗师》说:"堕肢体,黜聪明,离形去知,同于大通,此谓坐忘。"这就是通过静坐而使内心忘记外界一切东西。在《庄子·齐物论》里所描写的"隐机而坐"的南郭子綦正是坐忘的典型形象之一。庄子的"坐忘"思想及修炼方法被后来的道教所继承。唐朝的著名道士司马承祯所著《坐忘论》正是庄子思想的沿袭和发展。上引《蓝桥玉杵记》所谓"鱼水相

---

① 《蓝桥玉杵记》卷下,《古本戏曲丛刊初集》影印明代万历刊本,第48—49页。

忘"即是道教用于排除杂念的"坐忘"思想的表现。如果说"鱼水"象征着修行主体和客体的话,那么这种"忘"就不光是忘记客体的存在,同时也包括忘记修行主体的自我存在。二者,在"忘"的基础上"艮背行庭"。此语源出于《易经》。该书之《艮卦》辞云:"艮其背,不获其身;行其庭,不见其人。"按前人的解释,所谓"艮"是"止"的意思。故"艮其背"即让注意力专注于人体之背部,而不扩展于全身,这就叫"不获其身";而"行其庭"则是一种比喻,谓于庭院中行走,两两向背,互相不见对方被抑止的邪恶。这种思想后来也被道教所吸收并予以发展。道教经书中有《黄庭内景经》正是在《易经》之"艮背行庭"的基础上发展起来的。经过一番引申和发挥,道教以"黄庭"象征人体之脾脏。由此可见,"艮背行庭"就是要在意念专注于背部的情况下导引内气行走于脾脏中庭。因脾属土,土色黄而居四方之中,故称"黄庭"。这就说明《蓝桥玉杵记》之唱词"艮背行庭"乃是道教"黄庭气功论"的一种简要概括。三者,明"水火既济"之理。道教以肾为水,心为火,水气须上升而心火须下降方能相交于丹元。《蓝桥玉杵记》所谓"水火地天,下济而光"即表达了道教炼丹修炼的既济原理。四者,在暗示了道教内丹气功修炼的要领之后,《蓝桥玉杵记》进一步描绘了内丹修炼的功效,那就是化成仙鹤,冲举飞升,到世外的蓬莱、方丈仙岛去过逍遥自在的生活。

有关道教气功原理及功效在戏剧中的反映,这里不妨再举《河嵩神灵芝庆寿》为例以资佐证。该杂剧内有仙童念云:

> 吾采非凡药,生于太古前。家家都(相)见,个个不曾偏,无内亦无外,只是在中悬。经云如黍珠,此是合成全。初当要采时,必须天下弦。一斤十六两,总是比喻焉。其色不可名,非青亦非玄。用于已生后,成于未生前。不可名以状,不可授以言。都来三十日,便得药归元。温养有火候,行持有后先,黄婆不允须(许),莫去强自专。得来十个月,婴儿即现前。①

仙童这段道白以五言诗的形式出现,其内容主要是叙说内丹修炼的法门。道教自《周易参同契》开始把内丹、外丹修炼的原理融于一炉。后来的丹家更借

---

① 《河嵩神灵芝庆寿》,《脉望馆钞校本古今杂剧》本,第3页。

外丹术语以喻内丹功法,如张伯端的《悟真篇》就是如此。而《河嵩神灵芝庆寿》乃秉承《悟真篇》一类道教内丹功之学说。通过仙童之口,暗示修炼旨要。作者将内丹的由来说得神乎其神,这是由其艺术表现需要决定的,但从中却体现了道教丹功之法的深刻影响。像《河嵩神灵芝庆寿》以及《蓝桥玉杵记》的气功内容在其他以神仙故事为题材的戏剧作品中亦时有出现。尽管这类作品带有艺术的修饰成分,但也应该将之当作气功研究的一个方面的资料。

**(二)功德修行在戏剧中的反映**

除了气功养生的内容之外,有关功德修行的思想在古代戏剧中也得到贯彻。例如这一段《啄木儿》唱词便包含了道教的功德修行观念:

> 修功行,满大千。晨夕香焚昇,篆烟长稽首上界高真。兼坎离煮汞烹铅,先天真气从吞咽。绵绵胎息元神敛,因此上普化春雷调圣前。①

这里的"功行"即是功德修行。它包括两个方面的意义。一是指一般的伦理道德涵养;二是指修行者要广行善事于天下。所谓的"善事"范围极广,大到国家治理,小到修路救蚁。道教认为,功德修行的两个方面内容是相辅相成的。如果仅有个人的道德完善,而无天下的全体完善,那就不会有"太平"的修道环境。因此,作为一名修道者既要注意个人的品德修养,又要施功德于社会。

道教的功德修行主张是以先秦道家的人生哲学为基础的。早在老子的《道德经》中便有关于以身观身、以家观家、以天下观天下的功德思想。老子所谓"观"可以理解为一种观察、考查。这里面已包含了由自身而及天下的功德思想萌芽。道教创立之际,由于社会的实际需要,也吸收了儒家关于忠孝仁义之伦理道德思想。尤其到了魏晋时期,道教理论家葛洪提出了系统的功德修行主张。他说:"欲求仙者,要当以忠孝、和顺、仁信为本,若德行不修,而但务方术,皆不得长生也。"他还说:"欲求长生者,必欲积善立功,慈心于物,恕己及人,仁逮昆虫,乐人之吉,愍人之苦,赒人之急,救人之穷,手不伤生,口不劝祸,见人之得如己之得,见人之失如己之失,不自贵,不自誉,不妒嫉胜己,不

---

① (晋)葛洪:《抱朴子内篇》卷三《对俗》。

佞谄阴贼,如此乃为有德,受福于天,所作必成,求仙可冀也。"①葛洪这里主要是就个人的品德修养而言的。至于对社会,葛洪又提出了"佐时治国"的主张。他的这些思想主张在后来的道教劝善书中得到了充实和发展。如《太上感应篇》《文昌帝君阴骘文》《功过格》都从不同角度完善了道教的功德修行思想。经过了长期的积累,道教形成了一套完整的功德修行思想体系,对于不同等级的神仙分别提出了不同的要求,如谓:地仙当行三百件善事;天仙当行一千二百件善事等等。② 同时,为了保证修行者能有法可依,道教还规定了种种戒律。道教的功德修行思想在中国古代文人中也有很大影响。许多著名学者对于道教的劝善书不仅潜心注释,而且身体力行。因此,道教的积善行德观念渗透于中国古代戏剧中也就是自然的事了。像元代神仙道化剧中有关八仙人物度脱精怪的作品,还有明清传奇戏曲中大量的神仙喜庆剧等都体现了道教的功德修行思想影响。前面所引《蓝桥玉杵记》中的《啄木儿》唱词"修功行,满大千"便集中概括了道教的功德修行主张。由此可知,道教的功德修行并非一朝一夕的事,因为要"满大千"就必须做大量的功德之事。

道教的功德修行与气功养生术在思想宗旨上是一致的,其目的都是为了延年益寿,羽化登仙。由于历史的原因,道教的功德修行自然存在着不合时宜的因素,但就总体来看,劝人做好事不做坏事,这在今日还是有借鉴意义的。道教的功德修行是从人类生存的宏观视角提出来的。虽然,其中也吸收了儒家的道德信条,但经过了一番"整修",已改变了原本的运行"指向",正像旧螺丝装在新机器一样,会产生新的功能。由于道教的修行总方向是"逆式"的,即朝着婴儿的纯朴状态复归,因此,其功德修行主张如果能被赋予新时代的意义,仍然具有导人向善的作用。就个人的身心健康而言,行善积德也是有裨益的。因为一个人如果尽干坏事,就会造成紧张心理,在不自觉状态下出现内生性生理机制的故障。从这个角度看,与道教功德修行密切相关的戏剧作品就应受到足够的重视。

总而言之,中国古代传统戏剧中包含有许多道教的修行理念。这一方面

① (晋)葛洪:《抱朴子内篇》卷六《微旨》。
② 参见(晋)葛洪:《抱朴子内篇》卷三《对俗》。

体现了道教思想体系在历史上的巨大渗透作用,另一方面又反映了文人学士对道教修行理论的自觉发挥。由于文人学士们把道教修行思想引入了戏剧创作之中,这不仅扩大了道教的社会影响,而且也使戏剧本身更具有了传统文化的根基,其中的复杂思想关联是值得我们进一步认真研讨的。

## 三、道教象征思维成为传统戏剧创作的基本借鉴

文化史证明,任何一种思想体系或信仰体系在形成和不断完善过程中,必定会伴随着叙述模式的创造。一般地说,这种模式往往从粗糙形态走向精致形态,并且逐步形成自己的特点或个性。具有近两千年历史的道教自然也有自己的叙述模式。尽管这种模式还谈不上"精致",但已经形成了自身特点,这则是毋庸置疑的。

道教叙述模式的特点或个性是什么呢? 关于这个问题,虽然不能用"一言以蔽之"的话来笼统概括,但至少应该承认有其主要的特征。这就是"蕴含道法观念的符号象征"。换一句话来讲,道教对于思想的表述往往通过一系列特有符号来进行,具有象征意味,必须进行一番琢磨,方能体会其本意。

众所周知,在人类精神领域,符号是交流思想的一种工具。然而,由于地域和文化背景的区别,人们对符号的理解也是有差异的。在英文中,"符号"一词对应于 Symbol 和 Sign。这两个英文词同时又都有记号的含义。在中国,一般把 Sign 译成"记号",而把 Symbol 译成"符号"。这种区别是因为在中国的文化习惯中前者更具原始性;而后者则更带有人类智慧性的特质。在西方,许多学者常常把"记号"与"符号"融混于一起使用,并且形成了研究记号或符号系统的学说,称之曰"符号学"。现代著名符号学家艾柯曾简单明了地说明记号的含义,他指出"一个记号是 X,它代表一个不在的 Y"。按照这种说法,记号的根本特征或最大功用是代表性,其意义并不在于其符号本身的存在特征,而是它所代表的某物。艾柯所说的"记号"也就是"符号"。

从产生的角度看,符号是人类意识投射的一种标记。物质世界,客观事物千千万万,在它们还没有被打上人类文化印记时只是存在着的客体,如山石树木这种物理实体以及野兽的种种叫声,作为客观存在,本来并没有代表性,因

此,也就不具备符号意义。但是,当客观存在物与人接触,成为人思考的对象之后,符号产生的条件也就具备了。如果某一客观存在物在人的观念中成为另一客观存在物出现的先兆,那么这种先兆已被赋予了代表性意义,故而转变为符号。由于这种符号是直接来自自然界,它们带有自然质朴性,可称之为自然符号。为了交流和说明的需要,人类对自然界各种事物的存在与运动状态进行模拟,遂有了最初的人工符号。以后经过较长时间的演变,人类生活劳动,又创造了高级的人工符号——语言文字。它们有着更为丰富多样的表意功能,故其"符值"也就更高。

不同的社会生活和不同的思想表达之需要,造成了符号类型及其运用的差异。道教由于其独具特质的信仰,及其与深厚的中国传统文化背景之关系,从而使其所运用的一系列的思想符号打上了鲜明而独特的印记。从观念的存在形态来看,我们甚至可以径直把道教当作一个相对完整的符号系统。由于符号是象征性的,道教同时也就是一个庞大的符号象征体系。

不言而喻,当道教的叙述模式被戏剧作家们引入创作之中时,其符号象征体系也就跨入了戏剧艺术的殿堂。这不是从纯粹的逻辑推论而得出的结论,而是一种不言自明的历史事实。关于这一点,我们可以从语言、人物诸方面来进行考察。

**(一)道教的语言符号象征由传统戏剧所借鉴,造成了朦胧的隐喻效果**

在道门中人看来,修炼成仙是一件十分神圣的事。而修炼的方法,往往又被当作神仙的启迪。一方面,道门中人希望把神仙修炼法门通过一定的途径阐述出来;另一方面,道门中人又认为神仙修炼法门是一种"天机"。在道门内部,"道不传恶人",这是被认真执行的信条。于是,在叙述方式上,就不能不采取相当隐晦的形式。"言在此而意在彼"。这是道教文献的一个重要语言特色,尤其是那些叙说丹功秘法的著述更是如此。早在东汉问世的《周易参同契》已有明显的符号象征意识。该书依汉"易学"的"纳甲法",以月亮的晦朔弦望规律暗示金丹修炼的程序。为了使金丹变化的复杂过程得到一定层次的表述,该书又引入了青龙、白虎、朱雀、玄武等星宿神兽名以及婴儿、黄婆、夫妻等诸概念。前人早已指出,这些概念名称在该书中的本来意义已经变换,它们组成了比喻的链条,在符号象征的思想旨趣下统一起来。与《周易参同契》差不多同时代的《太平经》中的许多篇章也采用了这种象征思维法式,如是书中的"八卦还精念文"将卦象、星象、脏象相结合,来描述人体内气的运行,具有多重隐喻效果。汉代道教经书中的这种符号象征思维在后来的道教中得到了沿袭和发展。从《黄庭经》到《灵宝无量度人上品妙经》,从张伯端的《悟真篇》到俞琰的《玄牝之门赋》,从王重阳的"分梨十化"到张三丰的"无根树",无一不具备符号象征的理趣。不仅如此,道教还把这种符号象征广泛地延展开来,无论是《周易》的卦象还是古老神话传说的意象,都为其所取资,构成了丰富多彩的语言符号象征系统。

有趣的是,道教的语言符号象征不仅被移植到传统戏剧的广袤天地中,而且在这个天地中像禾苗得到了雨露的滋润和培育一样成长起来。不论是充满"忧患意识"的元杂剧,还是"含情脉脉"的明清传奇戏曲,我们都可以从中看到道教语言符号象征的闪光。譬如《张生煮海》第一折东华仙的一首上场诗:

> 海东一片晕红霞,三岛齐开烂漫花。
>
> 秀出紫芝延寿算,逍遥自在乐仙家。①

这首仙家"上场诗"具有双关意味。在表层上,它写的是仙家居处之胜境。你看,一轮红日喷薄而出,朝霞染红了辽阔大海的东边;蓬莱、方丈、浪洲三大仙岛,鲜花烂漫,延年益寿的紫芝灵草秀丽可人,居处其中的神仙是多么逍遥自在!乍看起来,这是对自然景观的描写;然而,若深入一层细细品味,即可发现,原来这些自然外景又是主人公自我内景的写照。因为这位一心向道的"东华仙"自"无始"以来,便一直在"修炼三田,种出黄芽至宝,七返九还"②,故能成为"大罗神仙"③。所以,这首"上场诗"中的关键性词汇又都另有一番更具代表性的深层次的隐义。实际上,这首上场诗暗示的乃是内丹功的奇妙效果。所谓"海东一片"暗指行丹功时意守的"穴窍",炼功人收住"心猿意马",慧光照于"灵窍",朦胧之中,若红霞晕晕;而"三岛"即指"三丹田",因"专气致柔",血脉畅通,运转于丹田上下,浑身舒适无比,故有"烂漫花"之喻。金丹内结,有如"紫芝"之秀,服之"益年",故有"延寿算"之叹。因此看来,东

---

① 《元曲选》第 4 册,北京:中华书局 1977 年版,第 1703 页。
② 《元曲选》第 4 册,北京:中华书局 1977 年版,第 1703 页。
③ 《元曲选》第 4 册,北京:中华书局 1977 年版,第 1703 页。

华仙这首"上场诗"的旨趣与其"道白"所谓"七返九还"的丹功修炼法门是一致的。诗中"红霞""三岛""紫芝"诸意象在深层次上已经成为丹功概念的代码,它们的有序化组合,便成了符号化的象征系统。像这种例子在传统戏剧中几乎是随手可得,表现了传统戏剧与道教的语言符号象征的不可分割之联系。

**(二)道教的神仙人物登上了戏剧舞台,作为冥冥"玄道"思想载体,在接受者心灵中引起形象感应,这在客观上也具有符号象征之功能**

如前所述,在道教的信仰体系中有一支庞大的神仙队伍。出于信仰的需要,道门中人不仅对神仙人物的"灵迹"加以整理,而且以"虔诚"的信仰精神,通过种种途径来宣扬神仙的灵验。走进道教宫观,你会看到庄严肃穆的各类神仙塑像和画像,听到祭祷神仙的斋醮科仪音乐。在道门中,各种神仙都与相应的道法精神相联系。从这个角度看,神仙实际上已成为信仰理念的代号和道法力量的象征。例如"钟馗",人们一看到他的形象便会引起"捉鬼"的联想,钟馗代表了驱邪招善的信仰精神;再如关公、岳飞则是大义精忠的榜样。他们在信仰者的心目中都会引起相应的情感效应。可见,就信仰内容与表现形态之关系观之,神仙乃是大道信仰的符号象征。神仙的代码性,在传统戏剧之中也可以找到充分的佐证。这里不妨以明代无名氏传奇戏曲《钵中莲》为例略加分析。这部作品第十出《园诉》,场上设有石碑一块,上画虎头,下书"泰山石敢当"五个字。当小旦扮九江人氏王合瑞之妻殷氏僵尸上场后,有丑扮"土地"、老旦扮户尉等角色先后上场。殷氏僵尸因属"野鬼",又无分文,四处逃窜,被土地神追赶,却不料土地神撞上了"石敢当"。这个石敢当对土地爷也不客气:"俺石敢当在此,个眼也生的擅敢撞我!"土地爷只好自认吃了眼前亏。这个石敢当本是泰山的一名樵夫,相传好打抱不平,除暴安良,驱邪降妖,故被神化,并且进入道教的仙谱。通常,他的象征是一块石碑,刻上虎头,以示驱邪除恶。石敢当的信仰流传甚广,民间多有崇拜者。《钵中莲》所涉石敢当先以石碑出现,当土地爷撞上的时候,它立即转换成神仙人物出场。在这里,"石碑"是石敢当神仙的代码,而石敢当神仙又是驱邪降妖的代码,足见符号代码可以有多重转换。

以神仙人物作为某种理念或信仰教义的符号象征,这在《洞天玄记》里也有突出的表现。该部作品以"形山道人"等神仙人物的一系列活动暗示了道

经学与儒道思想研究

教的心性修炼之理。关于这一点,前人早有察觉。杨悌在论述其人物关系时指出:

> 形山者身也;昆仑者头也;六城者,心、意、眼、耳、口、鼻也。降龙伏虎者,降伏身心也。人能如此,则仙道可翼也。①

文中之"形山"即"形山道人";"六贼"即:"袁忠、马志、闻聪、睹亮、孔道、常滋"六人。按道教的修行义理,凡人要能成为神仙,必须经过一番修炼的长过程。首先,关键的一个条件,就是要能够战胜自我。故《洞天玄记》以形山道人作为身体的象征,而以其他六人为"六贼",暗示了降伏心猿意马的"筑基"要理。由此看来,该剧的神仙人物与其他人物都是象征性的,而种种人物关系则构成了符号象征链。因此,我们可以说,这部作品在整体上乃是象征性的。其中所暗示的道理即合于道教的修行大义。在这里,道教神仙人物的符号象征艺术不仅被灵活运用,而且创造性地予以发展。

英国戏剧学家 J.L.史泰恩(Styan)在《戏剧中的符号》里谈到:"戏剧本身的存在,表示应有符号表现的持续需要。因此,在戏院中,符号主义或者可以与现实主义并驾齐驱,或者全部地排除现实主义的幻想。"②史泰恩这段话表明了他对戏剧符号的高度重视甚至偏爱。由此反顾我国传统戏剧与道教符号象征的关系,不能不感到其韵味之深远。

(本文原载《世界宗教研究》1997 年第 4 期,收入时略作修改)

---

① 杨悌:《洞天玄记·前序》,《中国古代戏曲序跋集》,北京:中国戏剧出版社 1990 年版第,45 页。

② J.L.Styan:《现代戏剧理论与实践》第 2 卷,伦敦:剑桥大学出版社 1981 年版,第 7 页。

1026

# 元代道教戏剧的象征性

元代文学艺术大观园中增添了一个引人注目的新品种，这就是道教戏剧。顾名思义，道教戏剧就是以道教活动为题材、以道教的基本宗旨——修炼成仙或隐居乐道为主导思想的戏剧。

过去，学术界尚未有人使用"道教戏剧"这个概念，但类似的概念却早已有之。明人朱权在《太和正音谱》中将元戏分为十二科，其第一科叫作"神仙道化"，第二科叫作"隐居乐道"。从内容上看，朱权分类中的一、二两科基本上属于道教的，故而我们以"道教戏剧"概称之。

道教戏剧的发端当在元代以前，但其鼎盛时期毫无疑问是在元代。据钟嗣成《录鬼簿》所载，就其题目、正名来看，属于道教戏剧一类的元杂剧至少有40种，约占元杂剧总数的十分之一。由于种种原因，元代道教戏剧本子散失颇多，今所存者有《陈抟高卧》《岳阳楼》《任风子》《黄粱梦》《张天师》《铁拐李》《竹叶舟》《庄周梦》《七里滩》《升仙梦》《蓝采和》等18种。

有关元杂剧概貌等问题，学术界已有一些人作了专门论述，但对于道教戏剧问题的探讨则比较薄弱。这个专题的研究不论对于文学、历史学、文献学而言，还是对于民俗学而言都有重要意义。元代道教戏剧研究，需要涉及许多方面，本文拟就其象征性略抒管见。

大家知道，所谓象征乃是不直说本意，而以含蓄的感性存在物来暗示所要表达的意义。无论是诗歌、散文、小说，还是绘画、雕塑，我们都可以发现象征的艺术魅力。作为文学艺术世界中的一朵奇葩，道教戏剧自然也有象征性。别的不说，就《黄粱梦》这一作品名称，即可看出其象征意味。在这里，"黄粱"与"梦"的意象经作者的建构，便造成了隐喻效果。表面看来，"黄粱"是一种维持生命代谢的食品，然而，当它同"梦"联结起来时，其实在性便隐退了，或者说"虚化"了。因为梦本来就是虚无飘渺的。再进一步发掘，"黄粱"又可使人联想到日常生活起居,联想到人类之生存:简言之,"黄粱"具有人生的象征意识,被暗示的本体——"人生"也就被赋予了虚幻的意义。由此可见,道教戏剧具有象征性是毋庸置疑的。

一

元代道教戏剧的象征性并非偶然,而是有多种原因的。其一,这与中国戏剧表现性的总特点密切相关。中国戏剧文学虽然是一种叙事文学,却具有明显的表现性。中国戏剧作家们往往在获得种种材料之后进行概括,以主观变形和简化处理的人生图像作为生命的形式,来表达审美情感,从而引起观众对人生的联想。中国戏剧这种表现性是戏剧作家们艺术抽象的结晶。这种艺术抽象不是对生活本身原封不动的"摹写",而是提炼与超越。这样,自然就造成了与现实生活的距离感。剧作家们构筑了超现实的奇幻想象世界,作为人生图像。尽管这种方式不尽符合现实生活的客观逻辑,但是,通过艺术抽象而创造出来的表现性戏剧本身就是具有象征性的。这一点不仅适合于许多非道教题材的作品,而且也适合于大量的道教题材的戏剧作品。因为从总体上看,道教戏剧创作虽然取材于道教活动中流行的种种传说、故事,但也经过了戏剧作家的主观变形和简化处理。这种艺术抽象自然也是表现性的,故而具有象征意味。当然,我们必须看到,并非所有的中国戏剧都是表现性戏剧,也有一些作品是属于"再现性"之类,这就是通常所说的"写实"戏剧。剧作家们在创作过程中,通过各种戏剧技巧的运用,把戏剧意象化成一种客观显现的人生图像,让观众体会到了情节的真实性。比较而言,再现性的戏剧与现实生活的关系较为密切或者说相当密切。不过,即使如此,再现性戏剧之创作也经历了戏剧意象由主体投射而外化为审美客体的过程,无论它怎样地与现实生活"相似",它也是审美主体重新营构的产物,仍然凝聚着剧作家的情感。所以,尽管其出发点是"写实",但就作品本身而论,则不可能与客观现实完全"重合",它们之间仍然存在着或长或短的距离。从这个意义上说,再现性戏剧也有"表现性",因此也就具有象征意味。如果说,元代道教戏剧也和其他题材的中国戏剧一样,存在着一些再现性的作品的话,那么,我们从这些作品的戏剧意象中依旧可以看到审美主体的情感投射,看到背后所隐藏着的第二层乃至第三层意义,这就是象征的奥妙所在。

其二,元代道教戏剧象征性还与叙事诗的结合一事密不可分。作为中国戏剧中的一类,元代道教戏剧是故事与诗词相结合的艺术,每一部元代的道教戏剧不仅有特殊的情节,而且有颇具表现力的诗词。大家知道,中国古典诗词是一个意象宝库。就拿《诗经》中的《关雎》来说,其中的"雎鸠""河洲"等等都具有象征的蕴涵,由《诗经》所开创的比兴手法在中国文学史上不断地得到充实和发展,从而形成了丰富多彩的意象群落。古诗中的"意象连缀",将那些表面看来互不相干或者互相对立的意象进行排列组合,形成了斑斓多姿的画面和神妙的境界。从这种境界中,我们不难体会到其象征的意味。中国戏剧是在诗词的文化氛围中诞生的,尤其是作为戏剧诗的元曲,乃是在唐诗、宋词的直接影响下形成的。元曲作家都是诗人,他们创作的作品本身就包含着大量的诗词。元代道教戏剧作品也是如此。所以,这类作品也就从唐诗、宋词那里获得了象征的"遗传密码",甚至有所发展。

其三,元代道教戏剧象征性的原因探讨,从根本上说,应该追溯到古老神话。中国古代神话并不是纯粹的用以娱人耳目的故事,而是先民们认识世界、改造世界的理想寄托,诸如女娲补天、精卫填海、夸父追日等神话故事都蕴含着独特的民族精神。从广义上来说,中国神话包括初民创造的原始神话以及经过历代文人加工的体系神话传说,还有以长生不老为宗旨的仙话故事。无论是哪一类型的神话都表现了幻想的精神,都有若明若暗的象征意味。一个原始神话就是一种象征系统。在长期的流传过程中,中国古代神话不仅成为中国传统哲学的"乳汁",滋育了中国传统哲学的综合整体思维方式,而且成为道教思想体系的重要源头。尤其是那些仙话传说更积淀成一种意象为道门所广泛传颂;同时,仙话传说又像是活的植物体一样,具有"分蘖"功能。随着时代的变更,一个母体仙话传说又衍变成各种仙话传说。到了元朝,各种仙话传说成为道教戏剧的原始素材,经过戏剧作家的改编,其幻想精神便更加明显地体现出来,其"写意性"更加具有发人深思的"神力"。由此可见,无论是从中国戏剧的总特点上看,还是从戏剧的故事与诗词之结合上、从神话精神的继承上看,我们都可以找到元代道教戏剧象征性的根据。

# 二

不过,如果只泛泛地谈论"象征",那还是没有认识到元代道教戏剧的特殊艺术旨趣。应该指出,元代道教戏剧不仅具备了一般意义上的象征,而且还具有特殊的宗教蕴涵。这就是与修道情感相联系。换言之,我们从元代道教戏剧的各种象征体中不仅可以看出中国传统中的含蓄精神,而且还可以感受到"道德周行"的情感力量。

元代道教戏剧的象征怎样与修道情感相联系呢?这是一个颇为复杂的问题。它涉及到戏剧形象、戏曲语言诸方面。

作为戏剧作家所创造的审美客体的感性外观,戏剧形象是人们通过感官能够感受到的情感生活的直观形式。其涵盖面也是相当广的,但最根本的则是戏剧人物形象。抓住了人物形象也就抓住了戏剧形象的核心。对元代道教戏剧形象的分析也是如此。

元代道教戏剧塑造了众多的人物,最具代表性的乃是神仙道人。如果对现存元代道教戏剧的人物作一番比较的话,那就会发现,每一部具体的作品所塑造的神仙道人形象乃是各具性格的,即使是同一位神仙、同一位道士在不同的作品中他们的言谈举止也有许多差别。但是,当我们稍作一番概括时,不能不感到:神仙道人在作品中的出现又是形式化的。每一种形式都体现了修道情感的一定运动指向,因而又都是象征的。元代道教戏剧中的神仙道人,主要有四种角色:一是凡夫俗子的度脱者,如《黄粱梦》中的钟离权;二是妖魅邪恶的驱逐者,如《张天师断风花雪月》中的张天师;三是隐居生活的追求者,如《西华山陈抟高卧》中的陈抟;四是脱俗皈道的感悟者,如《汉钟离度脱蓝采和》中的蓝采和。这四种角色从不同侧面表现了修道情感的不同层次,第一种与第二种角色,道行已高,具有坚定的道教信仰和深厚的情感,故能活动于民间,广行道法;第三种角色,虽然并不像第一、二种角色那样主动"出击",却能超凡脱俗,有高迈出世之风骨;第四种角色,有过很长的一段凡人生活,经上仙指点迷津后而彻悟,终于遁入玄门。当然,在不同作品之中,神仙道人所担任的角色是不尽一致的,如吕洞宾在马致远《黄粱梦》中是一个被度脱而悟道者,但在《岳阳楼》当中,他却成为一个度脱他人的上仙。有趣的是,当我们将《黄粱梦》中的钟离权同《岳阳楼》中的吕洞宾作一对照时,即可看出二者具有惊人的相似之处,前者钟离权一上场即自称遇东华真人,授以正道,奉帝君法旨,下凡度脱吕岩;后者吕洞宾(吕岩)一上场则称遇钟离师父,授以长生之术,得道成仙,奉师父之命,下凡度脱柳树精。尽管名称、行文改变了,但"程序"则基本相似。就这一点而言,《岳阳楼》中的吕洞宾乃是《黄粱梦》中的钟离权的"变体"。从某种意义上说,这种"变体"正是"形式化"的表现。从外观上看,彼此有一定差异,但在原型上却又是一致的。

事实上,如果我们再琢磨一下其他的元代道教戏剧作品,还可以发现,形式化不仅体现于度脱者身上,而且也见之于被度脱者身上。比如《黄粱梦》中的吕洞宾是一个被度脱者,而《汉钟离度脱蓝采和》中的蓝采和也是一个被度脱者,两者尽管遭遇不同,但思想历程却又有吻合之处。他们都曾经是凡人,对世俗生活有过执着的追求。经过"上仙"指点之后,他们又都最终悟道,成长为"神仙"。

在元代道教戏剧中,有关神仙道人形象的塑造问题,还有一点很值得注意,这就是在戏剧的结尾让众仙聚合,如《黄粱梦》第四折末了东华帝君率领群仙上场进一步启迪吕洞宾,称"一梦中尽见荣枯,觉来时忽然省悟,则今日证果朝元,拜三清同归紫府"。再如《铁拐李》末有众仙队子上奏乐,接着通过"正末"之口点明众仙的身份:"汉钟离有正一心,吕洞宾有贯世才,张四郎、曹国舅神通大,蓝采和拍板云端里响,韩湘子仙花腊月里开,张国老驴儿快,我访七真游海岛,随八仙赴蓬莱。"众仙在剧末的出现,这就具有了表征众仙修道之合力的意味,而不同剧本中相同或同类型的神仙人物的出现,这不能不说是意味深长的。在这些作品中,神仙道人不仅是个"能指"——即道教的受崇拜者和信仰者,而且更重要的是其"所指"——即道法力量的化身。这就是在道教戏剧中为什么让神仙道人在全剧终了时重复出现的奥妙所在。当代著名的美国文学批评家雷·韦勒克和奥·沃伦在《文学原理》一书中指出:"一个'意象'可以被转换成一个隐喻一次,但如果它作为呈现与再现不断重复,那就变成了一个象征,甚至是一个象征(或者神话)系统的一部分。"①当神仙道人组

---

① [美]韦勒克、[美]沃伦:《文学理论》,生活·读书·新知三联书店1984年版,第204页。

成一个巨大的形象体系一而再、再而三,源源不断地被剧作家运用于其作品时,便成了一个极富感召力的原型,在其身上,凝聚着人们巨大心理容量和世代相袭的崇道情感。

三

作为戏剧的主要手段、工具或媒介的戏剧语言是戏剧文学的第一要素,它是阐明主题、描绘冲突、刻画人物的基本材料。因此,我们要探讨元代道教戏剧的象征问题就不能离开其语言研究。反之,只有把语言研究深入进行下去,才能真正地阐明其象征意蕴,从而也才能把握住其特有的修道审美情感。

元代道教戏剧语言和其他中国传统戏剧语言一样是富于文学性的,其中有一部分或相当大的一部分具有显象性。这就是说,包括名词、形容词、动词在内的元代道教戏剧语言具有显示感性物象的功能,而从其感性物象的显示中,我们不但可以捕捉到象征,而且可以发掘出象征背后所隐藏的修道审美意趣,并能明了其情感运动的指向性。这里,我们可以分别从诗、唱词与念白三个方面来加以说明。

与小说或散文的语言不同,戏剧语言具有诗化的特点,中国传统戏剧在这方面尤为突出。考察一下元代道教戏剧,可以看到这样一种现象,即神仙人物上场时一般都要念上几句诗。如《庄周梦》中的太白金星(天仙)一上场即念道:

> 阆苑仙家白锦袍,海山银阙宴蟠桃。
>
> 三更月底鸾声远,万里风头鹤背高。

表面看来,这似乎是一首写景的诗,作者好像是在描绘月色之下海岛中道人幽雅的生活环境。你看那岛上的宫殿仿佛是用银子筑成的,那闪动的银光与白锦袍交相辉映,海风徐吹,莺唱鹤飞,令人神往。然而,只要我们再深入一步分析,就又会感到在这种幽雅的生活环境描绘之背后,还有一种更为深沉的生命景观。因为戏剧的诗文作者所选择的意象并不是他自己生造出来的。大家知道,诗中的"阆苑"是从流布已久的昆仑传说中撷取而来,"海山"则是先秦时期为神仙家们所津津乐道的方丈、瀛洲一类仙岛之变格而来。至于"蟠桃"之前加上一个富有动感的"宴"字,便使意象栩栩如生了。还有鸾鹤诸意象的出现,则使仙居氛围更为浓厚。因此,在这首戏剧诗中,每一个意象几乎都有象征意味,而所有的意象连缀起来便形成了一个整体性象征。在这个象征链中搏动着仙家古老的生命意识之流和深沉的修道审美情感。

诗是如此,唱词、念白也不例外。元代道教戏剧一方面注意运用唱词、念白刻画人物性格,另一方面又通过唱词、念白之意象对比,以显示修道情感的运动指向。关于这一点,我们可以史九敬先(仙)所撰之《庄周梦》为例来加以说明。

《庄周梦》是对《庄子》书中关于庄周梦蝶的寓言故事的演绎,梦成为全剧的框架,同时也是全剧的主导意象。因而,作品唱词、念白里常常出现梦境的描绘。这在太白金星一上场所唱的《仙吕点绛唇》里已经开始了:

> 飞下天宫,书帝宣钦奉。因他宿缘重。但得相逢,是一枕蝴蝶梦。

在这里,作者通过太白金星之口首先推出了"蝴蝶梦"的主导意象,从而使全剧具有整体象征意蕴。接着剧情拓展,庄周醉酒入梦,蝴蝶仙子上场翩翩起舞。庄周醒来,念道:"适梦中见蝴蝶变化,好一个大蝴蝶也。"太白金星说道:"十分蝴蝶大,我有个大蝴蝶词。"在这些念白里,梦境逐渐地具体化了,蝴蝶的反复出现把人们带进了一个亦真亦幻的神秘世界。

当然,《庄周梦》作者并不是单纯地辅叙梦故事,而是运用梦的形式来表达一种皈依大道的情怀。所以,在梦这个总体象征意象之下,作者纳入了两个对比颇为强烈的意象群,一个是仙界的象征,一个是人世的象征:

> 恰春到,百花红。早夏至,绿阴浓。秋来不落园林空。呀!早霜寒,十月过,春夏与秋冬。今日是一个青春年少子,明日做了白发老仙翁。岂不闻百年随手过,万字转头红。想人生百岁翁,似花飞一阵风。人无有千日好,花无有百日红。

这两段太白金星的唱词,以天上神仙的视角俯视人间,作者以花开花谢的自然现象来象征人世变化。"花"在唱词中已不单纯是一种比喻,因为它并非一闪即逝;相反,它被神仙人物反复地歌唱。在这里,随着春夏秋冬季节变换,花开花落已成为一种符号。它所表现的是人生易逝的感叹,由此不难看出,在太白金星这位"天上神仙"的眼中,人生百年不过转眼一瞬间。剧作家在这里通过神仙人物之口道出了"人世无常"的思绪。

与人世不同,仙界的一切又是那么地富有生机:

> 俺那里灵芝常种,蟠桃初红,云鹤翔空,白云迎送,玉女金童,紫箫洞弄,香霭澄澄,紫雾溶溶,瑞气腾腾,罩着这五云楼观日华东。俺那里有神仙洞。

在这首唱词中,作者首先渲染了神仙洞府的大环境,通过"灵芝""蟠桃""云鹤"诸意象的应用,开阔了神仙洞府的视野;接着作者采取了声象并举的手法,描绘出了一幅云雾缭绕、仙人奏乐的美丽图画。由于作者将各种名词与动词恰当地搭配起来,其画面富有动感;同时,作者还善于对时间进行暗示,例如"初红"两字的使用,即散发出了春天般的气息。将这段唱词与前引一段唱词相比较,可以看出,作者对于幻想中的仙境是抱着热切的歌颂态度的。尽管此一段唱词也是由太白金星唱出,但因太白金星是一位天仙,他的"动作"代表了戏剧情感运动的基本指向,故而,在客观上也使作为象征体的各种意象反射出浓厚的修道情感。

## 四

值得注意的是,在元代道教戏剧中,无论是诗、唱词,还是念白,我们都可以看到许多浓缩着道教精神的词汇在不同作品中,或者在同一作品中反复地出现、吟诵着。例如前引《庄周梦》中,太白金星"上场诗"中的"蟠桃"意象的使用频率就相当高。除了已出现的数例之外,在《蓝采和》第一折的一段唱词中也有"待古里瑶池王母蟠桃宴"之句。与"蟠桃"相关的"瑶池"这个意象也同样引人注目,如《蓝采和》第四折中正末之念白中有云:"师父说我功成行满,今日同赴瑶池阆苑。"紧接着的《双调新水令》中又有"待和我同赴瑶池"的唱词。此外,其他如"桃源"一词也可以在不同的作品中发现。《刘晨阮肇误入桃源》是一本演述"桃源"故事的杂剧,这是戏剧学界众所周知的。还有《张生煮海》第一折正旦的唱词有"再休提误入桃源洞"之句,第二折中张生上场诗里有"幽情何处桃源洞"之句,这些现象表明在元代道教戏剧的诗、唱词以及念白中也有值得研究、凝聚着道教精神的原型。

诗化的语言比一般的语言更能唤起人们的审美情感与思想。从道教戏剧语言来看也是如此。像"蓬莱仙岛""蟠桃""桃源"之类意象由于其背后都有一个栩栩如生的仙话故事,凝聚着先民们热爱生命的精神,所以当它们被剧作家反复使用并进行巧妙的动态组合时,其象征的意义也就更加突出,从而唤起的修道审美情感也更加强烈。

(本文原载《中国典籍与文化》1994 年第 1 期,收入时略作修改)

# 论元代道教戏剧的两个艺术特征

中国文学史上,"唐诗、宋词、元曲"的概念已为学术界所熟知并经常使用,这表明在唐、宋、元三代中,文学品类各有其特殊之点。如果说唐朝以诗最为勃兴,宋朝以词最具典型意义,那么有元一代则以"曲"最为见称。"元曲"主要是指"元杂剧",但从广义上看,它应当包括北曲杂剧、南曲戏文以及当时流行的小令与散套。

就杂剧而论,其内容也是相当广泛的。长期以来,学者们对元杂剧的繁荣原因、历史分期以及具体的作家、作品进行了多方面研究,取得了相当可观的成果。关于此,宁宗一、陆林、田桂民曾编有《元杂剧研究概述》一书,作了比较系统的概括。从其《索引篇》中可以看出,元杂剧的确得到学者们的密切关注,这是十分可喜的现象。不过,对元杂剧中的"神仙道化"及"隐居乐道"则较少有人问津。有鉴于此,笔者近来着重翻阅了这方面的文献,深感此类作品亦不算少,且具独特风格,值得深入考究。

《中国典籍与文化》1994年第1期曾发表笔者拙作《元代道教戏剧的象征性》,这算是笔者探讨元杂剧的初步成果。笔者所使用的"道教戏剧"这个概念是在明人朱权《太和正音谱》元戏分科的基础上提出来的。朱权将元戏分为十二科,其第一科就叫"神仙道化",第二科叫作"隐居乐道"。从内容上看,这两科基本上是以道教的思想宗旨立意的。考今存元杂剧(例如臧懋循编《元曲选》),可以发现,反映道教活动、表现道教思想情趣的作品尚有《陈抟高卧》《张天师》《城南柳》等十七八种。内容所涉,包括传道度人、点化精怪、断案明戒、隐居修真等等。"道教戏剧"这个概念乃是对此类作品的概括。

众所周知,任何一种戏剧、一部戏剧作品之所以能够为观众所接受,并且在历史上获得流传,就在于它们具有感人的力量。这种力量既来自内容,也来自形式。因此,我们不但要研究戏剧的内容,而且要研究戏剧的形式。这两个方面的研究,涉及一个关键问题,亦即艺术表现手法问题。艺术表现手法的不同,也形成了作品的重要特色。从基本点来看,艺术手法属于形式的范畴,但与内容又是不可分割的。所以,我们探究艺术问题,也应结合作品的内容来作阐释。

元代道教戏剧在表现手法上有什么特征呢? 从不同角度予以审视,将会有不同的认知,得出许多表述,本文拟从两个角度来考察。

## 一、运载超凡入圣理想追求的动作性

"动作性"是戏剧的基本要素之一。可以说,戏剧一经产生就离不开动作。考察一下戏剧的缘起与发展历史即不难发现,动作乃是戏剧赖以存在的一大根据。最原始的戏剧几乎是纯动作的展示。例如阿留申岛上的土人演出打猎。两位土人分别扮演猎人与鸟。猎人看到那只漂亮的鸟,脸上露出了高兴的神情,捉鸟的手势惟妙惟肖地展示在观众面前;而"鸟"设法逃跑的那些动作则象征着害怕。由此可见,最初的戏剧乃是原始人对生活、生产经历、场面的模拟。在中国,原始戏剧的动作性也是显而易见的。

随着社会的进化,人们语言能力的提高,戏剧的形式也发生演进。这从汉代曾经流行的"百戏"中可略见一斑。张衡《西京赋》记载:

> 华岳峨峨,冈峦参差。神木灵草,朱实离离。总会仙倡,戏豹舞黑;白虎鼓瑟,苍龙吹篪;女娥坐而长歌,声清畅而蜲蛇,洪崖立而指麾,被毛羽之襳襹。度曲未终,云起雪飞,初若飘飘,后遂霏霏。复陆重阁,转石成雷,霹雳激而增响,磅礚象乎天威。

从这一段描述当中不难看出,所谓"百戏",已经相当丰富多彩。不仅有绚烂的背景处理,奇丽的服装,而且有吹有唱,更有以虎豹熊黑之类动物为模拟原型的舞蹈。汉代以后,中国的戏剧艺术逐步地发展起来。从 12 世纪开始,北方的杂剧与南方的南戏在瓦舍勾栏中或戏台上出现,这时的戏剧艺术便有了更为复杂的功能。语言在戏剧情节的推进过程中起着越来越大的作用。不过,如果我们不是仅仅停留在表层的感觉,而是从深层次上进行整体的艺术把握,就会看到,尽管戏剧的艺术形式越来越复杂,功能越来越多样,但"动作性"作为一种基本的特征贯穿于戏剧发展史的过程中。对此,东西方的许多戏剧学家已经有了不少的论述。例如美国哈佛大学戏剧教授贝克在《戏剧技巧》一书中便强调:动作和感情是一切好戏的基础。我国著名的戏剧理论家顾仲彝先生认为:动作是激动观众感情最快的手段。对于大多数观众来说,他们所重视的性格刻画和对话,也必须由动作来为他们准备道路。① 贝克和顾仲彝先生尽管各自的出发点不同,视角不同,但他们却都看到了动作在戏剧中的重要地位。

动作性,这一戏剧的基本特征在以道教活动为题材、以神仙思想为宗旨的作品中也十分深刻而明显地体现着。之所以如此,是因为动作性是戏剧的一种共性。它存在于任何一个剧种、任何一部作品中。因此,我们在探讨元代神仙道化剧时也就不能回避这一问题。然而,仅仅看到元代神仙道化剧的动作性,这仍然是不够的。我们必须找出元代神仙道化剧有别于"他者"的动作性。这个区别所在集中反映在"超凡入圣"的支点上。可以说,任何一部元代的神仙道化剧都是超凡入圣的动作体系。

所谓超凡入圣就是超越平常,进入圣域。作为一种理想境界,"超凡入圣"这一用语在我国儒释道三教中都有使用。如《朱子语类》卷八《学》二称:"而今紧要,且看圣人是如何,常人是如何,自家因甚便不似圣人? 就此理会得透,自可超凡入圣。"再如《景德传灯录》卷十八《神晏国师》:"定祛邪行归真见,必得超凡入圣乡。"在这两个例子当中,前者代表了儒家的人品修行主张,后者代表了佛教的思想追求。与佛儒二教一样,道教也主张超凡入圣,对"圣"的境界倍加注意。故而,在道教中流传着许多与圣有关的术语名称。诸如圣胎、圣海等等。当然,由于宗旨的不同,道教对超凡入圣意义的理解也就与儒佛有一定的区别。如果说儒家的所谓圣人是尧、舜、文王、武王、周公一类道德理想典型,佛教的所谓圣人是达到涅槃境界的释伽牟尼式的佛性典型,那么道教所尊崇的"圣"则是指"仙圣",即具有全能智慧的理想人格。虽然,道教把"凡"与"圣"作了界定,但是,道教并不认为凡圣之间的鸿沟是绝对不可

---

① 参见顾仲彝:《编剧理论与技巧》,北京:中国戏剧出版社1981年版,第75—76页。

逾越的;相反,道教力图架构一座由凡而圣的桥梁。受到这种理想追求的规定,神仙道化剧的动作体系也就具有明确的指向性,这就是朝着仙圣的太极胜境不断位移。另外,动作的指向性与动作的阶段性又是不可分割的。因为"指向"是以时间为标志的。有了时间,就有了先后的区别,这就形成了动作的连续与中断的对立统一。

神仙道化剧的动作性是怎样体现出与超凡入圣理想追求相联系的呢? 为了说明这个问题,我们有必要对动作的类型稍作划分。关于此,顾仲彝先生曾经作了概括。他认为,动作可以分为五种类型:一是纯粹外部动作;二是性格化动作;三是帮助剧情发展和说明剧情的动作;四是内心动作;五是静止动作或停顿动作。① 这种划分表现了顾先生对戏剧实践有着比较具体的把握。笔者以为,就广义的角度看,每一本戏剧都是一个相对独立的动作体系。这个动作体系可以分为两个子系统。一是内心动作系统;二是外部动作系统。前者是潜在的或者说是隐式的动作;后者是实在的或者说是诉诸视觉的动作。内心动作与外部动作是既相区别又相联系的。在戏剧中,作者常常通过说白、唱词来揭示人物的心理活动;同时又往往通过人物在特定环境下的具体表现来使人物"活动"起来。这就是戏剧动作的"一点两面架构"。当然,这种"两面架构"并非是风马牛不相及;而是相互推进的。任何一种内心的动作都必然导致外部动作;而任何一种外部动作又都是以内心动作为前导的。由此便构成了相对完整的人物动作。可以说,任何一种成熟的戏剧的剧情推进人物都有内心动作和外部动作。不同人物的动作对立或协调都是由戏剧宗旨决定的。为推进剧情,剧作家必须考虑动作的层次性,不同人物的动作冲突或交替,使之形成一个统一的网络。但是,这一切都必须服从基本宗旨。主要人物的动作是戏剧宗旨的指向性动作,它是我们进行戏剧动作分析的重心。而站在主要人物周围的那些人物动作往往具有衬托作用,从而形成了以主要人物为中心的动作圈。主要人物在成熟的戏剧作品中往往不止一个。因此,戏剧的动作圈也就具有多环性。有大圈,有小圈。它们或者协调运动,或者互相撞击。尽管在剧情推进过程中,动作圈的交叉、撞击或协同运行呈现出纷繁复杂

---

① 参见顾仲彝:《编剧理论与技巧》,北京:中国戏剧出版社 1981 年版,第 76 页。

的局面;但是,它们的连锁反应最终将在观众面前描摹出一个"戏剧力学"的运动方向。这个方向是各种动作体系力量交互作用的结果。在交互作用过程中,有一种动作体系的力量占据了主导地位,其他力量便被这种力量所化解或合成。这个戏剧动作的"力学原理"在元代神仙道化剧中便可以找到有力的证据。从表面上看,元代的神仙道化剧往往也描写平凡人物的活动,甚至出现许多场面的铺排,以娱乐观众的感官;但是,如果我们深入到其动作网络系统,就会明白元代神仙道化剧各种人物的行动,它们的相互作用最终都把其运动推向了神仙的圣境。神仙人物的主要动作决定了这类戏剧的力学运动方向。他们在元代戏剧中往往以教化世人的面目出现。作者通过他们的种种神变超人的本领来使世人警悟。这样,凡人也就被"超度"。当然,凡人与仙圣的心思是不同的。凡人孜孜以求的是现世的快乐,眼前的利益,而仙圣则有"很高"的思想境界。仙圣要把那些有"道缘"的人点化。两种动作交互作用,凡人动作的力量被解化,最终进入了"圣乡"。在这种情况下,以"全能智慧"面目出现的神仙之动作便具有强烈的意志性。例如在《马丹阳度脱刘行首》杂剧中的王重阳就是如此。该剧一开始就是王重阳上场。他交代了自己的学道经过之后唱道:"五祖传因,二师垂训。向甘河镇,悟德全真。想大道从心运。"①(按,唱词中的道白略。)又唱道:"神仙有分,披毡化我出凡尘,脱离了火院,大走入玄门。七朵金莲浮水面,一双银海照乾坤。奉吾师法旨,我可便普天下都寻尽。寻俺那丘刘谈(谭)马,大古里六个真人。"②这位全真祖师在杂剧作者笔下,是个脱离了凡尘火院的神仙,他有道教真人的境界,一心想的是如何执行师尊法旨,去寻找他理想中的六位高徒。虽然这是一种内心的表白,但字里行间却显示着一种动感。你看,他为了寻找丘刘谭马,走遍普天下,这就是一种动作,但他的这种动作并非像一般人吃饭、走路那样的平常目的动作,而是为达到预定目标的自觉行动。这就带有意志性。在这里,王重阳的内心动作"积淀"着他以往的外部动作,同时又为他而后的有意志的行动拉开了"序幕"。与王重阳相类似,马丹阳(钰)在"度脱"刘行首的过程中也出现了

---

① 《刘行首》,载臧懋循编:《元曲选》第4册,北京:中华书局1958年版,第1321页。
② 《刘行首》,载臧懋循编:《元曲选》第4册,北京:中华书局1958年版,第1321页。

一系列的意志性动作。作为一位阴鬼投胎的女子,刘行首有闭月羞花之貌。她本是唐明皇时管玉斝夫人,五世为童女身,不曾破色欲之戒,因厌恶世间生死,所以栖魂于西安府城外的北邙山为"鬼仙"。按照道教的设想,鬼仙是可以转化为有肉身的地仙的,但这需要重新投胎。在经过真人王重阳"指点"之后,刘行首终于投胎汴梁刘家为女子。20年后,刘行首亭亭玉立,"吹弹歌舞,吟诗对句,拆白道字,顶真续麻,件件通晓"①;但是,她却忘记了20年前真人王重阳的指点。正是在这种情况下,马丹阳奉师父王重阳法旨来到汴梁执行度脱刘行首的任务。由于带有明确的目的性,马丹阳采取的行动也就表现了特有的"神仙意志"。他不仅运用各种富有启迪性的语言,力图说服刘行首出家学道,而且连拉带扯,定要刘行首脱离凡尘。当官府乐探来请刘行首到府台中唱歌时,冲突加剧。乐探怕耽误了府台关于重阳节安排的酒宴歌会,一心要打发马丹阳离开刘家。但马丹阳却照样进行着他的"开导"凡人的工作。于是乐探心急如焚,怒打马丹阳。作为一位神仙人物,马丹阳对于挨打之事自然不屑一顾,他继续执行着"度脱"任务。经过了一系列苦口婆心的说服工作,经过了种种矛盾冲突斗争,马丹阳终于排除了各种阻力,使刘行首认识到了人世快乐的"虚幻"。表示"不恋高堂大厦"②,"但愿清闲穿布服"并且"改云鬟为丫髻,发宁心养性功,罢妙舞轻歌艺"。此外,《刘行首》杂剧还通过"六贼"捉拿刘行首情人——林员外等幻想气氛极浓的情节来表示"圣力"战胜"凡力"。从今日的立场来看,年轻女子抛弃了富足的生活环境、割断了情缘,"风月所掀腾翡翠帏,烟花阵搅散了鸳鸯会"③。这一切都是违反人情事理的;但在道教看来,却是超凡入圣的必要步骤。在《刘行首》这部杂剧作品中,尽管作者也刻画了许多凡世人的形象,描写了一系列凡人的动作,他们的动作有时甚至也表现出一定的意志力,但是,凡人们的动作终究被马丹阳这样的神仙人物之动作所化解。可见,此类神仙道化剧所要着重表现的乃是神仙的意志力,象征着神仙意志的动作代表了此类戏剧的"力学运动"趋势。其次,我们还必须看到,元代神仙道化剧中的神仙人物也是有层次的。剧作家们在着重刻画

---

① 《刘行首》,臧懋循编:《元曲选》第4册,北京:中华书局1958年版,第1323—1324页。
② 《刘行首》,载臧懋循编:《元曲选》第4册,北京:中华书局1958年版,第1331页。
③ 《刘行首》,载臧懋循编:《元曲选》第4册,北京:中华书局1958年版,第1332页。

"全能智慧型"神仙人物的同时也注意描写或表现"成长型"的神仙人物之风貌。所谓"成长型"是与"全能智慧型"相对而言的。其动作目标是全能智慧，但尚未达到这一目标，还处在成长阶段。在道教设想中，除了天仙之外，其他的神仙都经历了一个脱胎换骨的修炼过程。在脱胎换骨之前，这类"未来"的神仙人物保存着许多凡俗人的嗜好与缺点。表现这类人物的脱胎换骨，这也是元代神仙道化剧相当注意的。由于成长型的神仙人物修炼过程包含着一个由凡到圣的很长的"中间地带"，他们的动作也就带有曲折性。这或者表现为他们对世俗生活的留恋，或者表现为行动的犹豫。比如，我们在前一章已经论及的《黄粱梦》这部作品中的吕洞宾尽管在后来"成长"为一个"全能智慧型"的神仙人物，但在入道之初却也带有种种凡人的习性，他嗜酒如命，贪财好色，经过了种种磨难才悟出了非凡大道。再比如《误入桃源》这部作品中的刘晨与阮肇，他们的动作指向同样具有明显的曲折性。作为雅好道家之学的隐士，刘晨与阮肇误入桃源，与桃源洞中的女仙结为伉俪，男女双修，获得人世所没有的快乐；但是，一年之后，刘、阮二人又思凡了；于是告别了女仙返回家乡。谁知仙山中虽只一载但世上已过了百年，乡村众人都不认识他们二位，甚至把他们当作"撞席的馋嘴"，百般刁难。经过这一番波折，刘阮二人方才悟出仙凡有异，于是重入山中，寻访桃源。与那些被当作"全能智慧型"的神仙人物相比，刘阮这两位"成长型"神仙的动作就没有那样强烈的意志性，却也有明确的运动方向。这就是说，经过了种种体验、对比，他们最终也朝着"仙圣"的境界进发。因此，"成长型"的神仙人物之动作最终还是与超凡入圣的理想追求相联系的。当然，我们也要看到，元代神仙道化剧的神仙人物动作也具有一定的趣味性。不论是"全能智慧型"的神仙人物还是"成长型"的神仙人物，他们要"超凡"就注定与"凡世"结下了不解之缘。或许是为了娱人耳目，元代神仙道化剧的作家们往往让神仙人物做出一些疯疯癫癫惊世骇俗的事情来。吕洞宾三醉岳阳楼，他用一锭墨就想换两百文钱的酒，喝了酒之后手舞足蹈，口中念念有词，面东拂道袍袖儿，请道伴从空中降下来一同饮酒。更加令人感到不可思议的是他吃进嘴里的东西又吐出来要让郭马儿等人吃，还说这是成仙的"路径"。这类动作显然具有一定的娱乐功能，同时对于推进情节的发展也有特殊的作用。不过，必须指出，作者也并非单纯是为娱乐观众才安排趣味性动作的。"醉翁之意不在酒",神仙人物的种种疯癫惊世的动作往往又是神变的暗示。从总体上看,这类动作最终也是为达到超凡入圣的目标服务的。因此,它们仍然服从于超凡入圣动作体系的总方向。

## 二、悲喜剧手法兼用的复杂性

元代神仙道化剧的艺术手法是多方面的。既有悲剧手法,也有喜剧手法,两者相兼,从而创造了悲剧美与喜剧美的艺术形象。

作为一个美学概念,"悲剧"向来为艺术家们所重视。早在公元前 4 世纪,亚理斯多德就说过:

> 悲剧是对于一个严肃、完整、有一定长度的行动的摹仿;它的媒介是语言,具有各种悦耳之音,分别在剧的各部分使用;摹仿方式是借人物的动作来表达,而不是采用叙述法;借引起怜悯与恐惧来使这种情感得到陶冶。①

这是目前我们所能见到的古代思想家关于悲剧的最早定义。按照这一说法,所谓悲剧乃是能够引起人们的怜悯感与恐惧感的摹仿性艺术形式。自亚理斯多德之后,有关悲剧问题的研究更加热烈地开展起来,并且越来越深入和具体。由于研究的角度不同,时代不同,立场不同,各个思想家关于悲剧的看法也是千差万别的。作为一种文化史交叉课题研究,本文在这里不打算也不必要将中外的悲剧定义都罗列一番。不过,为了进一步剖析元代神仙道化剧关于悲喜剧手法兼用的特点,我们还是应该对悲剧的内涵有个基本的认识和说明。不言而喻,悲剧要义关键就在一个"悲"字。俄国文学批评家别林斯基说:

> 与悲剧的观念结合着的是阴森可怕的事件和不幸结局的观念。德国人把悲剧叫作悲惨的场面(Trauerspiel),而悲剧确实就是悲惨的场面!如果说血泊和尸体,利剑和毒药不是它的无时或缺的特征,然而它的结局则永远是人心中最珍贵希望的破灭、毕生幸福的丧失。由此就产生了它

---

① [古希腊]亚理斯多德:《诗学》,北京:人民文学出版社 1988 年版,第 19 页。

的阴森庄严,它的巨大宏伟;悲剧中笼罩着劫运,劫运是悲剧的基础和实质……冲突是什么呢?是命运对献给它的牺牲品的无条件的要求。只要主人公为了道德法则的利益而战胜自己心中的自然欲望,那么,别了,幸福!别了,生活的欢乐和魅力!他就是活人中的死尸;他心爱之物就是灵魂深处的忧伤,他的食粮就是痛苦,他唯一的出路不是病态的克制自己,就是迅速的死亡!只要悲剧的主人公顺从自己心中的自然欲望,那他就在自己眼睛里也是一个罪人,他是自己良心的牺牲品,因为他的心就是那块土壤——道德法则在它上面深深地扎下了根,不把心本身撕碎,不使它血流如注,就不能把这些根子拔掉。①

由此看来,悲剧所展示的乃是人类生活中一种不可抗拒的劫运。悲剧性的冲突是一种生与死的冲突。在这种冲突背后潜藏着根深蒂固的人类整体生存意识。悲剧所表现的是人类顽强的抗争精神。在几万年的历史当中,人类为了生存,进行了种种的抗争。一方面是人类与自然界中恶的因素的抗争;另一方面是人类个体之间以及集团之间的抗争。在这种抗争中,人类美好的愿望受到了毁灭性的打击,这就是悲剧。关于这一点,学者们已经有了许多论述。值得注意的是,悲剧的抗争精神还表现在主人公为了某种理想或人类的利益而同自己的本能欲望进行斗争。事实上,这是最为痛苦的。别林斯基所说的"战胜自己心中的欲望"就是这种内心的自我抗争。这样也就造成了具有深层意蕴的笼罩着恐惧的悲伤场面。从这种认识出发,就必须承认宗教中那些苦难体验的悲剧性。因为这种体验乃是与战胜个体局限性的超越精神相联系的。这种在苦难体验中的超越精神不仅在西方的宗教中存在着,而且在东方的道教中也是存在的。因此,我们可以说,除了英雄悲剧、社会悲剧、家庭悲剧之外,还有宗教悲剧。像马致远所撰《黄粱梦》基本上就可以定为道教悲剧之类。这种悲剧与人们讨论已多的其他悲剧形式既有共同点又有不同点。共同之处是道教悲剧同样带给人们苦难和恐惧的感受。不同之处在于道教悲剧的主人公往往是"成长型"的"神仙"。他们在成为"神仙"之前,往往具有强烈的欲望追求。出于某种启示,他们开始意识到自然欲望过分满足的危害性,于

---

① 伍蠡甫主编:《西方文论选》下卷,上海文艺出版社 1979 年版,第 382 页。

是转而寻求一种超越的精神。这样,内心便交织着矛盾。人世本应有的幸福生活被毁坏了。尽管道教悲剧具有比较明显的道德说教倾向,并且有些逃避现实责任的消极因素,但他们关于战胜个体过分欲望以及个体弱点的主张,对于人类的生存来说却具有重要启迪意义。因为人生的许多悲剧往往是由自身的过分欲望追求造成的。从这个角度看,则道教悲剧具有醒世的价值。

与道教悲剧形成鲜明对比的是道教喜剧。作为戏剧艺术中的一种独特样式,道教喜剧与其他类型的喜剧自然有相通之处。

正如我们在阐释道教悲剧概念时先要弄清悲剧的一般性质特征一样,对道教喜剧概念的阐释也需要以喜剧的一般性质特征之认识为基础。

如果说,悲剧给人们的总体感受就在于具有悲壮、恐惧的气氛,那么喜剧的关键所在乃是一个"喜"字。人们常说喜剧是一种笑的艺术,这一点也不假。一部成功的喜剧上演,必然引起阵阵欢笑声。这或许就是人们把这种艺术形式称为"喜剧"的直观意义。

但是,如果仅仅从笑的现象来认识喜剧,那还仅仅停留于感性的水平上。为什么喜剧会引人发笑? 在笑的背后蕴藏着的是一种什么样的艺术力量呢? 这是我们深入研究喜剧所必须解决的问题,也是建立道教喜剧概念必须解决的先行问题。

英国戏剧理论家阿·尼科尔(Allardyce Nicoll)在对笑的现象进行了综合研究之后指出:"贬低、不一致、机械作用和解脱之后,都是笑的源泉,而这些源泉决不是详尽无疑了。不过,在这些源泉当中,最巨大的源泉无疑是不一致。"①尼科尔还举例说,德莱顿的剧作《安菲特里恩》之所以让人感到滑稽可笑就在于其中罗马主神的身份与这一主神的形象安菲特里恩之间的不一致,同时还在于罗马守护神的身份与这一守护神的形象——佣人之间的不一致;而莫里哀的喜剧《冒失鬼》为什么也引起人们阵阵大笑,是因为该剧中所涉及的观念与客体之间的不一致。由此,尼科尔进一步引申,他说,正是两个观念之间的不一致才给我们显示出风趣与幽默这两个特性。尽管尼科尔的这种观点是建立在康德、赫兹利特、叔本华、柏格森等人关于"笑"的理论基础上,但

① [英]阿·尼科尔:《西欧戏剧理论》,徐士瑚译,北京:中国戏剧出版社1985年版,第252页。

也基本符合中外喜剧的实际情况。用我们的语言来表述,所谓的"不一致"就是差别和矛盾。形象与本体之间的差别、矛盾,造成了观众情感的倾斜,于是就产生笑的生理振动。小的差别引起的是一种轻微的振动,从而笑的频幅也就小些;大的差别就是一种矛盾,它引起的是一种大幅度的振动,因而也就笑得更加开心,更加长久。

喜剧的幽默感、风趣感可以有各种不同的表现手段。最一般的常见方式是"畸形"的强化。比如说,让剧中人口鼻歪斜,或让某个花花公子的衣着配上一些不相衬的花纹之类。另外,也可以通过某种对比,使"畸形"放大或得到加重,或者让剧中人出现某种机械性动作等等。这一切都是通过畸形的突出特征来引人发笑。不过,这种方式显然是比较低级和庸俗的。真正成功的喜剧的幽默、风趣等等"笑"的源泉是在人物性格上,描写剧中人智力上的愚蠢或伪装,这是剧作家们制造喜剧气氛的成功秘诀之一。当然,从本质上看,喜剧之所以幽默、滑稽、可笑,其内在的规定性是由于这种艺术形式是同特定的矛盾相联系的。黑格尔说:"喜剧只限于使本来不值什么的、虚伪的、自相矛盾的现象归于毁灭,例如……把一条像是可靠而实在不可靠的原则,或是一句貌似精确而实质空洞的格言显现为空洞无聊,那才是喜剧。"①虽然黑格尔的喜剧定义比较狭窄,但他关于本质与现象的矛盾、内在性格与外在表现的矛盾、形式与内容的矛盾的论述却颇为深刻。从根本点上来说,喜剧乃交织着美与丑的矛盾。与悲剧不同,喜剧不是将美的东西毁灭,而是揭露丑的真实面目和实质。正如鲁迅先生所说的,喜剧乃是"将那无价值的撕破给人看"②。无价值的东西之所以要揭露,就在于它有迷人的伪装。所以,喜剧可以说是一种撕去丑的伪装的艺术。在深层的意识上,喜剧表现的是一种人类的乐观生存精神。如果说悲剧是人类生存的忧患意识的结晶,那么喜剧则是人类乐生的美好愿望的寄托。这一点恰好与道教的理想追求合拍。因此,道教的许多神仙故事不仅被改编成悲剧,而且被改编成喜剧。与那种通过毁灭人生幸福而激发人们的忧患情感的悲剧意识不同,道教喜剧则是通过美与丑、人世与仙世

---

① [德]黑格尔:《美学》第 1 卷,北京:商务印书馆 1979 年版,第 84 页。
② 鲁迅:《鲁迅全集》第 1 卷,北京:人民文学出版社 1981 年版,第 193 页。

的对照而呈示给人一种"永生"的愿望。不论是《蟠桃会》还是《八仙庆寿》，不论是《长生会》还是《群仙祝寿》，都寄托着一种乐生的愿望，都具有浓厚的"幸运"色彩。从这一角度看，道教喜剧的概念不仅是可以建立的，而且在客观上已作为一种独特的形式存在着。

然而，逻辑的划分往往具有相对性。道教喜剧与道教悲剧的划分也是如此。况且事物的存在往往还具有一种中间状态。所以，我们在对神仙道化剧进行多层次考察时就不能将"悲"与"喜"绝对地对立起来。相反，我们不仅要看到神仙道化剧中艺术情感的"悲喜交加"，而且也要注意到这一类戏剧在表现手法上的"悲喜交加"。从这种立场出发来考察元代以道教活动为题材或以神仙思想为宗旨的戏剧作品就会看到它们的另一些特征和艺术创作方面的价值。

首先，我们不妨从情节的分析入手。一般地说，"情节"是属于内容的范畴，但从辩证的观点来看，内容与形式的区分也具有相对性，在一定条件下一定范围内某物是作为内容而存在的，而在另一种条件另一种范围，它可能转化为形式。例如供人们填词用的"词牌"，最初是以具体的内容之面目出现的，而后人们进行抽象，于是词牌便以形式的面目出现，成为人们撰写新词的凭借。因此，作为内容要素的"情节"从某种角度看也可以具有艺术形式的性质。明确了这一点，我们就能够比较顺利地理解元代神仙道化剧中情节上的悲喜交加之艺术特征、审美情趣。

为了更好地表现主题、塑造人物形象，并且产生娱乐效果和教化功能，元代神仙道化剧作家们注意选择能够产生悲喜交加效果的材料，从而使剧情的发展自然地由喜转悲或由悲转喜。在这方面，《铁拐李》可以说是很好的例证。

《铁拐李》全称《吕洞宾度铁拐李岳》，岳伯川撰。从总体上看，《铁拐李》是一部喜剧作品，但作者在创作过程中并没有将自己的手脚捆绑起来，而是充分地发挥艺术自由。在情节构想问题上，作者是颇费了一番苦心的。剧中的主人公李岳身居"六案都孔目"要职，在作者的设想下，他本有"神仙之分"，却迷了"正道"，所以吕洞宾奉师法旨来度化他。正如在其他元代神仙道化剧作品中出现的"全能智慧型"神仙人物一样，吕洞宾一出场就造成了一种喜剧的气氛,他先是哭三声,接着又是笑三声。他骂李岳的儿子是无爷的小业种,骂李岳的妻子是寡妇,骂李岳本人是没头鬼,挑起了一系列的事端。吕洞宾这种"度人"的"逆法"本身就具有喜剧性。而李岳这个人物同样也具有喜剧性。二喜相汇成双。所以戏剧中也就出现了一连串的喜剧情节。为了让李岳从官场中醒悟过来,吕洞宾揭露了李岳"扭曲作直"的行径,这种言辞激怒了身为六案都孔目的李岳。于是李岳就吩咐下属把吕洞宾吊起来。谁知吕洞宾却施行了神仙解脱术,逃之夭夭,然后又化作一个老汉前来。李岳看到老汉,以为老汉放了吕洞宾,于是又把吕洞宾关起来。原来,这老汉正是朝廷钦差韩魏公,他身上带着金牌,有"先斩后奏"的权利。这就造成了一场误会。照说,韩魏公这个朝廷的钦差大臣前来"刷卷",检察工作,李岳本该身着官服,匍匐跪迎才是,但由于韩魏公穿的是乡下佬的衣服,李岳有眼不识泰山,冲撞了朝廷钦差。当李岳得知自己冲撞的人正是钦差韩魏公时,不仅吓得浑身发抖,而且头昏染疾。戏剧通过巧妙的情节,设置机窍,把观众引入可笑的情境之中。不难看出,作者在这里应用的正是"不一致"事件或观念相衬的喜剧手法。李岳内心上希望迎接的是钦差大臣韩魏公,但出现在李岳面前的却是乡间老汉,这是现象与剧中人观念的"不一致",李岳所认定的盘问对象是自己管辖的村夫,但客观上却又是管辖他的上级,这又是一个主观与客观的"不一致",正是这种"不一致"造成了喜剧的冲突和令人发笑的喜剧气氛,从而也为李岳最后出家入道作了埋伏。

然而,李岳冲撞韩魏公的情节不仅具有喜剧性,而且也包孕着悲剧的内质。尽管李岳得知自己冲撞了朝廷命官之后吓病一事乃出于作者的虚构,却反映了封建时代官场的险恶。在等级森严的封建社会中,小官必须绝对地服从大官。在大官面前,小官吏从来是战战兢兢、如履薄冰的。这种等级的压迫实在也是人类的一大可悲之处。因此,当我们笑过之后,心中却不由得一震。看这种情节的心情正如鲁迅先生所描绘的那样:"一读自然往往会笑,不过笑过后总还剩下些什么——这是问题。"是的,在赞赏《铁拐李》的过程中,我们既对李岳的行径感到可笑,又对他被钦差吓出病来一事感到同情。由此可见,李岳冲撞韩魏公的情节乃具有由喜转悲的功效。看了这部戏剧作品之后,不禁联想起俄国作家契诃夫《小公务员之死》来。这部作品描写一个谨小慎微的小公务员因看戏偶尔打喷嚏将唾沫星子溅到了将军的秃顶上从而被吓死的故事。对照一下,不难发现《铁拐李》中关于李岳冲撞韩魏公而致病的情节与契诃夫笔下"小公务员之死"的情节在性质上的相似之处。作者在令人发笑的情节中透出了生活中"悲哀的真实,真实的悲哀",它所唤起的虽然是笑声,但绝不是轻松愉快的笑,而是一种催人泪下的笑。这就是"悲喜交加"情节的艺术魅力所在。

其次,从结构安排方面来看。如何安排好作品结构,这是艺术家们能否取得成功的关键性问题之一。同理,如何安排好神仙道化剧结构,这也是该类戏剧作家能否取得戏剧创作之成功的关键性问题之一。所以在具体创作过程中,元代神仙道化剧作家们注意通过结构的巧妙安排、调整,从而使作品产生悲喜交加的氛围。在这一点上,主要表现为两大层次:一是在悲剧中穿插某些喜剧性场面,通过插科打诨和丑角的畸形动作,缓和悲剧气氛;一是在喜剧中安排某些悲剧性场面或者出现较为伤感的场次,从而使观众在悲喜交融的戏剧境界中既得到艺术欣赏,又得到道德教化。前一层次可称为悲中有喜;后一层次可称为喜中有悲。

元代神仙道化剧作家们怎样在结构上做到"悲中有喜,喜中有悲"呢?为了弄清这个问题,我们不妨读一读无名氏作家所撰《萨真人夜断碧桃花》这部作品。从总体上看,这是一部神仙道化剧毫无疑问,因为作品主要是表现道教真人怎样超度亡魂,转换生死。作品中的中坚人物萨守坚真人幼年学医,因用药误杀人,于是弃医学道,云游方外,参访名山洞天,在西蜀峡口巧遇虚靖天师,得传道术,精通五雷秘法,后又到天师道大本营龙虎山拜师受箓,正式获得道籍,他立誓"剿除天下妖邪鬼怪,救度一切众生"[①]。当他在洛阳城外丹霞山中紫府道院"修行办道"时,东京人氏潮阳县丞张圭请他为儿子张道南治病。经过一番考察,萨真人断定张道南之病是由于阴鬼缠扰造成的。于是设立道场,焚起道香,擂响法鼓,传训阴鬼。这种构想显然出于道教立场。其中有许多法术性场面的描写,充满道教的神秘气氛。从这种表面现象看,《碧桃花》似乎只是在张扬道教法术,歌颂道教真人的超凡本领,但问题并非如此简单。

① (明)臧懋循编:《元曲选》第2册,北京:中华书局1958年版,第1694页。

事实上,如果我们深入研究一下作品第一主人公碧桃花的命运,那就不能不感到这部杂剧不仅是神仙道化剧作品,而且也具有悲剧性质。作为广东潮阳县丞的千金小姐,碧桃花在父母安排下与张圭之子张道南定了婚,她本该有美满幸福的生活,但由于封建礼教"男女授受不亲"条规的禁锢,碧桃花的幸福被毁灭了。住在碧桃花隔壁的张道南因走失笼中鹦鹉,越墙到了碧桃花家中的花园寻找,彼此讲了话,恰巧被碧桃花的父亲撞见,这个封建礼教的维护者潮阳县丞当然不会放过,他十分愤怒地训斥碧桃花,致使碧桃花气逆而身亡,但碧桃花阴魂不散,她的墓顶上竟然长出一颗依附魂魄的碧桃花树。在她成为阴鬼的时候,仍然为自己的生存权利而抗争。她相信自己尚有 20 年的"阳寿",显形与张道南幽会。这是多么顽强的生存意识。她被埋进孤坟 3 年尸体腐烂仍不懈地追求自己应有的幸福,这显然笼罩着悲剧的阴影。

然而,就全剧而言,作者并没有让《碧桃花》时时处于悲伤的气氛当中。为了不至于让观众那种悲伤情感之弦绷得过紧,作者注意使用喜剧的手段来冲淡悲剧的空气。比如第二折中张道南犯相思病请太医诊治的戏就颇有喜剧色彩。太医一上场便自我吹嘘,说自己行医手段高,《难经》《脉诀》都曾学过,无不通晓,包管手到病除,他还说自己的声名传于四海,没有人比得上他的医术高明。他假惺惺地按脉,把张道南的相思病当作风寒病来治,开了"建中汤加减"的药方。这种治法连张道南都觉得荒唐。所以,张脱口而出,骂太医胡说,道出自己的病在"风月"二字。这就把太医的假面目彻底揭穿,给观众一种痛快淋漓之感。另外,还值得论及的是,第四折"借尸还魂"的事也具有喜剧效果。当萨真人作法、与神明沟通、了解了碧桃花枉死的案情之后,念天地"大生"之德,决定再给碧桃花续上 20 年的阳寿,但她的尸体已经腐烂,只好让其魂魄寄居于阳寿已尽的妹妹玉兰的躯体中。这种移花接木手法自然造成了本体与现象的背离,因而引起了观众审美心理动向的倾斜性,笑便由此而产生。到了戏的最后,作者又让借尸还魂的碧桃花与张道南续成姻眷,重享天伦之乐。这个结局当然也是喜剧性的。

至此为止,人们也许要问:既然《碧桃花》以大团圆终结,这不就是一出喜剧吗?笔者以为判断一部戏剧作品是喜剧还是悲剧不能机械地以结尾是否出现大团圆这一点作根据。不错,历史上许许多多优秀悲剧作品都是以主人公毁灭或理想被绞杀而告终,尤其是西方悲剧作品更是如此。不过,也应该看到,由于民族传统习惯、欣赏习惯不同,悲剧结局也不是千篇一律。在我国古代,悲剧常常不以主人公被毁灭为终结。如果主人公的理想或愿望尚未实现,他们在死后往往还在继续"追求"。为了适合中国人的心理定势,剧作家们常常进行大胆想象,在悲剧结尾加上幻想成分,让主人公以魂魄的形式继续活动着,甚至获得美好结果,像汤显祖的《牡丹亭》以及人们十分熟悉的《梁山伯与祝英台》《雷峰塔》《赵氏孤儿》都是如此。从我国戏剧发展史来看,《碧桃花》在总体上的悲剧性就毋庸置疑。因此,剧中有关喜剧场面乃是作者为了观众欣赏需要而安排的。就道教视觉来看,也不会否定其总体上的悲剧性。道教虽然追求长生不老,但并非与世隔绝。道教的修行有"在世间"法与"出世间"法。一方面,道教看到了人在世间生活的痛苦;另一方面,又力图寻找到幸福。反映到文学艺术领域中来,就造成了审美情感上的悲喜交加。不过,在具体作品中,情况又有所分别,有的以表现人世的悲为主,有的以表现仙界的喜为主。《碧桃花》这部作品重在表现人世。虽然作品中贯穿着"生死命定"的道教气运观,但在结构手法上却为人们留下了"悲中有喜"的范例。

与"悲中有喜"的手法形成对照,"喜中有悲"则是以喜剧的因素占优势,同时夹杂一定分量的悲剧因素,从而加强喜剧的严肃性,达到以悲衬喜的审美效果。关于这一方面,我们仍然以《铁拐李》为例加以说明。如前所述,《铁拐李》从主体上看是一部喜剧作品。它的基调是喜剧性的,场次安排也大部分是喜剧性的。尤其是三、四折写铁拐李借尸还魂更使人感到充满幽默、风趣气氛。它的一个重要特点是利用情境变迁来制造逗人欢笑的气氛。阿·尼科尔指出:"既然情境是构成任何喜剧的基础,它就有可能为剧作家提供最充分的机会写进滑稽可笑的东西。喜剧中的人物和性格几乎都不是孤立存在的,而是在另外一些人物当中,在可笑的情境中加以体现的。"①尼科尔认为,能逗人发笑的情境是多种多样的。其中,最常见的情境是环境不一致。他举例说,像康格里夫创作的《如此世道》之所以令人发笑,其重要手法就是利用环境的不一致而表现人物性格与事件的冲突。这种情况在《铁拐李》的第三、四折中同

---

① [英]阿·尼科尔:《西欧戏剧理论》,徐士瑚译,北京:中国戏剧出版社1985年版,第262页。

样有典型的表现。当六案都孔目李岳因冲突钦差吓病致死之后,阎王派牛头马面鬼判官准备将李岳之魂钩入十八重地狱之中。危急时刻,神仙吕洞宾亲自到阎王面前说情,免去油煎之刑,拟让李岳还魂。但因李岳魂魄离形时间过长,他的妻子已将其尸体焚烧,李岳魂魄无处寄存。阎王只好将郑州奉宁县东关里青眼老李屠的儿子小李屠的尸体(已死三日但热气未断)作为李岳魂魄寄居之所。这又是一个借尸还魂的离奇故事。由于小李屠与李岳两者的籍贯家世不同,借尸还魂之后,一系列的冲突便随之而生。李岳还魂之后说的话自然是出于以往的性格,他不认老李屠为父,也不认小李屠之妻。这种神与形的机械凑合,造成了如柏格森所说的"相互干涉的作用"之出现。小李屠之妻把还魂者当作自己的丈夫,而其他的许多人物也因李岳的形神不一出现了纠纷。因为李岳之还魂是神仙吕洞宾所救,所以吕洞宾要李岳出家,李岳自然百依百顺。最后八仙(这时的八仙尚不定型)上场,带着李岳奔赴蓬莱仙岛去了。这种思路显然是由其喜剧基调所决定的。不过,纵观全剧,我们可以发现,《铁拐李》这部作品不仅在情节上喜中有悲(前面已有分析),而且在全剧结构安排上也体现了喜中有悲。前者是就"点"而言,后者是就"面"而言。全剧四折,中夹一个楔子。如果说第一折与第三、四折给人们带来的是喜剧性的感受,那么第二折与楔子则具有悲伤的色彩。第二折主要是写李岳因吓致病交代后事,这时候的李岳觑天远,入地近,眼前所见,全无活人,他意识到了自己将要死,并且幻想着死了以后的情形,进行着"死"的内心体验,他首先想到的是自己死后妻与子生活无着落的事,因此把自己的儿子叫来跪在结拜兄弟孙福面前,要求孙福能将不吃的剩菜剩饭弄一点给儿子福童吃。同时,李岳又告诉自己的儿子福童长大后不要去当吏做官,应以务农为本,省得遭殃受罪。这种模拟性的死前后事交代表现了当时社会的黑暗,人生的痛苦、压抑。通过这种悲伤场次的穿插,借尸还魂之后铁拐李的成仙喜剧色彩获得了鲜明的对比。像这种手法,在元代神仙道化剧中屡见不鲜。

悲剧与喜剧手法兼用的问题,这是戏剧作家与戏剧理论家们颇为注意的。苏珊·朗格说:

> 悲剧、喜剧两种形式可以用各种方式完善地结合在一起,一种形式中的诸种因素可以融汇在另一形式中。一般地说,戏剧的基质,不是悲剧

的，就是喜剧的，但在它的结构内部，这两种形式往往互相影响。①
苏珊·朗格这一说法是历史上戏剧创作经验的一种理论概括。不论是西方还
是东方，都可以找到这一论点的佐证。众所周知，虽然从亚理士多德以来，人
们认为悲剧与喜剧是一切戏剧中最主要的形式，并且以这两种形式作为考察
其他戏剧形式的试金石；但是，早在希腊时代，便存在着"萨堤洛斯剧"（Satyic
Drama），它在悲剧三部曲之后附上第四部曲，其用语有嬉笑怒骂、冷嘲热讽的
特点。可见，在西方古典戏剧中便存在着悲剧成分与喜剧成分以某种方式交
混的类型。随着时间的推移，人们更加注意探讨怎样使悲剧手法与喜剧手法
结合起来的途径。不过，在不同国度不同民族中，这种结合也有一定的区别。
对于不同题材的结构处理当然更会形成不同方式。当我们对元代神仙道化剧
进行艺术考察并把它们同西方戏剧进行一番比较之后，不能不感到它们在兼
用悲剧与喜剧手法上也表现了自己的个性。其最突出之点就在于作者常常把
人世、仙界、鬼界的时空巧妙地"衔接"起来，根据民族习惯和思维特点让三界
时空自然流转或交叉重现，这就使痛苦与快乐、明与暗、美与丑获得了明显的
对照。不难看出，作者是用一种让世俗人能够理解的方式来宣传道教理想追
求的。作品中关于美与丑、悲与喜的价值判断是以道教思想为基准的。出于
一种教化的需要，元代神仙道化剧也广泛地涉及人世的生活，这就更能贴紧观
众感情，引起他们的悲喜交加的情感反响。

（本文原载陈鼓应主编：《道家文化研究》第七辑，上海古籍出版社 1995
年版，收入本书时略作修改）

---

① [美]苏珊·朗格：《情感与形式》，北京：中国社会科学出版社 1989 年版，第 387 页。

# 明代神仙道化剧考论

元朝以来，随着道教思想在民间影响的深入，神仙道化剧逐步增多。据《中国丛书综录》所载，明杂剧有 220 多种，其中反映道教活动，以道教的思想宗旨立意或借助道教神仙故事以讽喻人情世事的作品约有 50 种之多。

从内容方面来看，明代的神仙道化剧大体上可分为如下数种类型：

第一，度脱剧，这是指神仙度化凡人脱离"尘世苦海"的戏剧作品。计有《许真人拨宅飞升》《孙真人南极登仙会》《吕翁三化邯郸店》《吕纯阳点化度黄龙》等 14 种。第二，度寿剧，这是指以神仙为主要人物庆祝寿辰、歌颂太平的戏剧作品。计有《福禄寿仙官庆会》《群仙庆寿蟠桃会》《瑶池会八仙庆寿》《河嵩神灵芝庆寿》《宝光殿天真祝万寿》等 17 种。庆寿剧都为明教坊编演，排场热闹，乃为内廷庆赏之作。第三，降魔剧，这是指神仙降服妖魔、澄清环宇、救度世人的戏剧作品。计有《张天师明断辰钩月》《太乙仙认断桃符记》《时真人四圣锁白猿》《二郎神锁齐天大圣》等 6 种。第四，神仙生活故事剧，这是指以神仙人物的生平事迹以及神仙传说为本事敷衍而成的戏剧作品。计有《洛阳花月牡丹仙》《四时花月赛娇容》《争玉板八仙过海》《庆丰年五鬼闹钟馗》《雷泽遇仙记》等 8 种。

另外，明代神仙道化剧还出现了一种较为特殊的类型：这就是神仙讽刺寓言剧，例如茅维的《闹门神》便具有深刻的讽喻劝世意味。下面分别进行探索。

## 一、由愤世到崇道的思想历程

任何一种文学艺术品类都不是无缘无故产生的。后代承袭前代，并在某些方面加以创新、发展,这也是不言而喻的。所以,要探讨明代神仙道化剧,就不能不再追溯元代的神仙道化剧。

元代神仙道化剧的最大特点可以说是以神仙的方式表现自己被压抑的苦闷与"特定环境中的变态心理,是时代扭曲了的一面镜子"①。这在马致远的作品中便可找到印证。素有"马神仙"之称的元著名杂剧家马致远,有人这样评论:"他的剧作不是遁世者的歌声,而是抗世者的歌声,在歌声中怀着对现实的愤懑与决绝,怀着对理想生活、理想人格的憧憬和追求。生活的火焰在他的心中并没有熄灭。"②的确如此。从马致远的《黄粱梦》③里,我们可以看出渗透于其中的强烈抗争精神。吕洞宾的入道是因为人生理想在现实中的幻灭而导致的心理倾向的转换,作者是"借这盅苦酒来平息胸中的愤火"④。作品给我们的感受是人生坎坷的苦叹与悲吟。也就是说元代神仙道化剧并没有离开现实的根基,表现的是作者"外倾"的心理情感,属于"移情型"的文学范畴,充溢作品的是人生苦酒的悲剧之感,这反映了元代知识分子普遍的心态。

**(一)贾仲名在神仙道化剧传承与嬗变中的媒介作用**

神仙道化剧入明以后,其性质发生了一些变化。这里有一个过程,由元入明的作家虽未能完全继承元代剧作的强烈批判精神,然而作品中时时流露出的人生悲剧之感却是对元代神仙道化剧的一脉承袭,这尤以贾仲名为中心表现得最为突出。

明代神仙道化剧到了无名氏的作品中,又更增添了浓厚的宗教生活气息,其烟霞之味,"秘府之论"构成了作品的基调。

贾仲名(1343—1430 年)⑤,他的青年时代是在动荡的元代末期度过的,见过人的生命如草芥的残景。由于生于元末,原先的神仙道化剧中的影响在他的作品中是极其深刻的,因而在他的作品中一方面继承了元代神仙道化剧中的人生悲剧的精神实质及对社会的逆反精神,另一方面又因人世的无常而

---

① 刘荫柏:《元代杂剧史》,广州:花山文艺出版社 1990 年版,第 115 页。
② 刘荫柏:《元代杂剧史》,广州:花山文艺出版社 1990 年版,第 114 页。
③ 《黄粱梦》,载臧懋循:《元曲选》第 2 册,北京:中华书局 1979 年版,第 793 页。
④ 刘荫柏:《元代杂剧史》,广州:花山文艺出版社 1990 年版,第 114 页。
⑤ 李延沛、吴海林编:《中国历史人物生卒年表》,哈尔滨:黑龙江人民出版社 1981 年版,第 254 页。

显露出对神仙长存世界的追求与向往。他一方面把眼光投注于现实的世界，另一方面又在哀叹人事的无常。他的作品显露出向人世靠拢与对神仙世界的宁静与永恒的向往与追求的矛盾。贾仲名的内心矛盾决定了他在元代神仙道化剧及明代神仙道化剧之间的中介作用。

《吕洞宾桃柳升仙梦》①(简称《升仙梦》)是贾仲名一部非常重要的作品。要谈明代神仙道化剧对元代神仙道化剧的承继与嬗变，离开它也就无从论及。关于它的上承元代下起盛明的关键性地位，先人已有论及。在《孤本元明杂剧·提要》中就认为"其笔墨与元人近"，"后之诚斋及内庭供奉诸神仙剧，大多都脱胎于此"，可见其地位了。"笔墨与元人近"除了该剧的本色自然，及它所用的梦的形式外，笔者认为更重要的是贾仲名承袭了元代知识分子的一种世事无常的人生悲剧心态，并于作品中表现出来，这才是至关重要的。至于后代神仙道化剧，如诚斋乐府中之作，如内庭供奉之神仙剧及无名氏之剧作皆是缺少了这种悲剧心态，而流于纯宗教的宣传品。作品中流露出的是一种沉重的宗教意识，这是后话，暂且不提。

《升仙梦》是一部精怪度脱剧，其升仙的程式是：精怪——为人——入道——神仙。从精怪到神仙之间有一个转折——人，于是这里就留下了很大的空间，让作者去施展。从这个转折中，我们也可以看出作者对人世这一段的重视。在这两个过渡中，都各有一梦。我们先来看第一个梦，柳春受旨到江西南昌府任通判，然而等待他的只是尸横荒野。柳春首先是一个追求功名利禄的仕子形象，然而在当时盗贼蜂起的时代，他们虽承圣恩，但也只能是死路一条。前有盗贼，死；退一步，"你不去敢有刑法"②，亦死。作者不但批判了名利之心，而且表明了当时知识分子的仕途道路的否闭不通。更进一步说，吕洞宾让陶柳二人在梦中体验乱世人生的悲剧，这正体现了贾仲名对元知识分子悲剧心态的延续。陶柳二人正是在体验了人世的悲剧之后，方才入道的。第二梦的显现，则使陶柳二人完成了第二次的飞越，由道而成仙。他们元神扮成强

---

① 贾仲名：《吕洞宾桃柳升仙梦》，载隋树森《元曲选外编》第 2 册，北京：中华书局 1980 年版，第 695 页。

② 贾仲名：《吕洞宾桃柳升仙梦》，载隋树森《元曲选外编》第 2 册，北京：中华书局 1980 年版，第 702 页。

盗来"磨障"他们,也正是在引导陶柳二人认识,人世的不可留以及生命的宝贵与世事的无常。只有体验死才能怜惜生,这是一条真理。

总的来说,贾仲名在一定程度上承袭了前代知识分子的悲剧心态,加上他本身从元末的乱世中走出来,使他的作品具一定的"外倾性",是外界客观世界的反射。陶柳二人赴任途中被盗贼所杀正是元末动荡社会的"反射"。从形式上,贾仲名也承继了元代以梦的形式曲折地表现他心中对人生的恐惧及人生如梦的悲剧之感。他向往神仙世界的静谧与和谐,但又愤世嫉俗,所以说贾仲名戏剧现象是元代知识分子"变态心理"的一个延续。这种心态在明代度脱剧中自贾仲名后再继乏人。相反的,明传奇却继承了这种心理,并加以发展,如汤显祖的《玉茗堂四梦》等即是如此。

当然,就作者的本意来说,《升仙梦》还是在播扬道教的出世思想。吕洞宾策划二梦是为了消除陶柳二人的功名及财气之心。我们从作者的设计也可以推出这一点,桃柳首先是具有仙缘的精怪,他们入世的目的是为升仙出世。作者似乎于不知觉中把自己对客观世界的认识"反射"到作品中,从而才使《升仙梦》具有了多重意义。诚齐乐府及内庭神仙剧皆承袭了他作品中出世思想这一侧面,借神仙以表现大道,而非借神道以表现人道,抛弃了贾仲名于作品中流露出的深层的悲剧心态。在诚齐乐府及内庭诸神仙道化剧中体现出更多的体验"道"的愉悦,而非体验人生的悲剧之感了。

**(二)从无名氏到朱有燉:神仙道化剧的再度嬗变**

神仙道化剧,由元入明在贾氏身上为之一变,然到了明代一些无名氏作品及朱有燉的作品中又有了一变。这时候的作品由于明初社会的安宁,人们生活的稳定,居于人们深层意识中的悲剧感逐渐消亡,而沿着贾氏的逆面继续发展,更加脱离社会,脱离人生,成为纯粹的宗教宣传品。我们且从马致远的《黄粱梦》与无名氏的《吕翁三化邯郸店》①来看明代度脱剧的这一巨大转化。

神仙道化剧脱胎于唐代沈既济的传奇《枕中记》,这是毋庸置疑的。它们在基本内容上相通,但它们却显示出两个不同时代的精神境界。《黄粱梦》作为元人度脱剧,正如前文所述,以神道反映人道,具有"外倾性",作品中渗透

---

① 《吕翁三化邯郸店》,见《孤本元明杂剧》第4集,北京:中国戏剧出版社1958年影印本。

了元代知识分子的普遍的悲剧心态,是对当时的官场的揭露与批判,关于这一点,向为人们所论述,此不赘言。《三化邯郸店》虽也有一部分涉及官场的阴暗面,如卢生作为一个热衷功名、孜孜以求显达的仕子形象也得到加强,然而作品的倾向却是极为明显的。吕洞宾临凡是因卢生"有仙份道缘",是"凤世真仙"下凡。[①] 卢生对功名的热衷是因他尘缘未断,吕洞宾三次点化都是怕卢生迷却正道,可见全剧的"动作"都是指向神仙世界的,以神仙世界作为最终的归宿。卢生向神仙的皈依是命运的必然,是前世注定的,而非《黄粱梦》中吕洞宾那样是社会因素使然。显然,《三化邯郸店》更注重的是宣扬"道"的精神,读者从中体验到的是得道成仙的愉悦。我们从吕洞宾以神仙之道为现实世界的无奈归宿来看,《黄粱梦》是人生仕途的悲剧,它更多的是引起我们的怜悯与恐惧的悲剧审美感受。

《黄粱梦》在解剖世道,《三化邯郸》在宣扬神道,由愤世向崇扬神道的变化,是神仙道化剧由元入明的重大变化。明代度脱剧完全是在宣传"道"的精神,其中的人物都是一些慕道的人物,如边洞玄、李云卿、海棠仙等[②],而其中边洞玄、李云卿本来即为修道之人。剧作又以神仙用"金丹大道"点化被度脱者为基本内容。这样,作品的人情气息便被"道"的氛围几乎笼罩了。

明代度脱剧是元代度脱剧的某一方面的延伸,但它更注重的是崇道精神,于是作品中的宗教意识也就更加浓厚,由元代有神观与人生悲剧组合而成的"普通的宗教意识",进而发展成宗教说教的"理论化的宗教意识"[③]。在作品中就是神仙人物关于修炼方术的理论化语言增加了。

度脱剧演的是度化凡人或精怪升仙的故事。在这个过程中神仙具有非常重要的作用,他们指引修道之人升仙。修道之人只有获得道的意蕴才能升仙,这是一个因袭相沿的程序。首先是每一个神仙人物出场都得大念一通道诀,如《许真人拨宅飞升》中,东华仙一上场即是:"返本朝元已到乾,能开能降号

① 参见《吕翁三化邯郸店》,载《孤本元明杂剧》第 4 集,北京:中国戏剧出版社 1958 年影印本,第 11 页。

② 《边洞玄慕道升仙》《李云卿得悟升真》,载《孤本元明杂剧》第 4 集,北京:中国戏剧出版社 1958 年影印本。

③ 陈麟书:《宗教学原理》,成都:四川大学出版社 1986 年版。

飞仙。一阳生时与功日,九转周回得道年。炼药须寻金里水,安炉先立地中铅。此中便是还丹理,不遇奇人莫妄传。"①到了点化被度者时,亦是大谈一通道诀,起点石成金之效。其内容大体如前。如此可见一斑。

《李云卿得悟升真》中的头折,舞台完全成了神仙们讲经说法的道场,东华仙、混元真人、张紫阳、张果老等人用对话的方式把修道的程序与方法阐释得明白无二,这里且引东华仙对内丹之道的一段阐释:

> 若无先天者,乃元始之炁气也,但凡神仙修炼,止是采取先天一炁以为丹母。后天者,一呼一吸,一往一来,内运之炁也。呼则接天根,吸则接地根;呼则龙吟而云起,吸则虎啸而风生,绵绵若存,归于祖炁。内外混合,结成还丹。自然丹田火暖,盈于四肢,如痴如醉,美在其中,此乃内丹之道也。②

这段论述有修炼之法,又有修炼人的感受,但究其根底是在阐述道教修炼内丹的原理。此非理论化之度脱剧而何?

度脱剧中的被度脱者只有接受了神仙的这一套"龙虎"之论,掌握了火候,才能真正得以飞升仙界。

我们再回过头来看《李云卿得悟升真》中张紫阳的一段宾白:

> 李云卿,凡为仙者,要服食大丹方能冲举。夫大丹者有三品,分为九品,其数甚多。惟有上品金液大还丹者,先要混沌九鼎,辨明真假,药饵斤两,时候老嫩,须要明师口口相传,方可修炼。③

可见神仙之重要作用了。整部剧作即以张紫阳指引李云卿修炼金液大还丹而成仙为主体故事,于其作品中体现出浓烈的"理论化的宗教意识"。

### (三)入明以来,度脱剧神仙形象的二重性

由元入明以后,道教呈现出通俗化的趋向,而明代度脱剧明显地受这一趋向的影响。

---

① 《许真人拔宅飞升》,载《孤本元明杂剧》第 4 集,北京:中国戏剧出版社 1958 年影印本,第 1 页。

② 《李云卿得悟升真》,《孤本元明杂剧》第 4 集,北京:中国戏剧出版社 1958 年影印本,第 3 页。

③ 《李云卿得悟升真》,《孤本元明杂剧》第 4 集,北京:中国戏剧出版社 1958 年影印本,第 12 页。

这一影响主要体现在被度脱的人物身上。元代度脱剧中被度脱者大多是一些成长型的神仙人物，如吕洞宾、金童玉女，及一些精怪，如城南柳等，至于世俗中的人物如淳于化，则是作者有所寄托而为，且人物只是入道而非神仙，可以说这是自古以来中国知识分子"达则兼济天下，穷则独善其身"的思想的曲折体现。至于有明一代，被度脱者的性质发生了变化，他们来自社会的各阶层，且大多是下层人物，有道士李云卿、边洞玄，有高僧黄龙禅师，有仕子卢生，甚至有妓女王珍奴[①]。当然明代度脱剧依然承袭了对神仙精怪的度脱，如《南极星度脱海棠仙》度脱海棠仙，《吕洞宾桃柳升仙梦》度脱桃精柳怪。从前面的人物来看，明度脱剧中被度者往往是社会地位是比较低下的，但被度者必须是潜心向道的。只有这样才能感动上帝，派神仙下凡引导。总的来说，像王珍奴这样有道心的妓女被度脱是道教世俗化的强烈体现。

被度脱者是卑下的，但神仙又是崇高神圣而不可亵渎的。明代朱有燉就曾为维护神仙的神圣尊严，而修改元人吴昌龄的《张天师明断辰钩月》杂剧，把吴剧中的桂花仙子迷惑陈世英改为桃精花神迷惑陈世英，且作了《张天师明断辰钩月》引，说明其意图："古人常以鬼神为戏言，……予每病其媟渎之甚也。夫后土地祇、上元夫人、河洛之英、太阴之神，若此者不一，是皆天地之间至精之灵真正之气，安可诬以荒淫？"又道："予以为幽明会合之道，言之木石之妖，或有此剧。若以阴阳至精之正气与天地而同化育者，安可诬之若此耶？遂滞笔抽思，亦制《辰钩月》传奇一本。"[②]可见明人对神仙之尊严的维护矣。

明代度脱剧既要使人物通俗化，又要维护神仙的神圣尊严，这对矛盾如何处理呢？

作品吸收了佛教的转世观念，把世俗中的人物升格为上界神仙因某种原因而被贬下界，再行修炼，这样就把人的平凡性与神圣性综合为一体。《吕洞宾花月神仙会》中的王珍奴即瑶池蟠桃仙子下凡。一方面，她作为一个妓女是卑下的；另一方面，她是蟠桃仙子下界重修金丹，她又是神圣的，而不让人对

① 参见朱有燉：《吕洞宾花月神仙会》，载《孤本元明杂剧》第 2 集，北京：中国戏剧出版社 1958 年影印本。
② 朱有燉：《张天师明断辰钩月》引，载《中国古代戏曲序跋集》，北京：中国戏剧出版社 1990 年版，第 31 页。

她的出生产生厌恶,维护了神仙的神圣尊严。这样崇高与卑贱即达到了完美的融合。从读者的接受角度来看,则这些飞升仙界的人物既保持了他的神圣性,又显得平易近人,从而达到了作品的宣传效果。

神仙道化剧由元入明,其基本思想由愤世转向崇道,剧本向道教基本教义靠拢,成为宗教的附属物,为宣扬道教的教义服务。同时,度脱剧也顺应了道教的发展,显示出世俗化的倾向。

根究度脱剧这种变化的原因,一方面是由于明社会经济的恢复与发展,知识分子又恢复了宋以前的社会地位,故而作品中难以具有元代神仙道化剧中深层的悲剧意识;另一方面更是由于明代统治者对神仙思想的提倡及对戏曲政治性的限制。《大明律》规定:"凡乐人搬做杂剧戏文,不许妆扮历代帝王后妃、忠臣烈士、先圣先贤神像,违者杖一百;官民之家,容令妆扮者与同罪。其神仙道扮,及义夫节妇,孝子顺孙,劝人为善者,不在禁限。"①条文虽是对乐人的限制,但其实也是对杂剧创作的一个极大限制,这就使杂剧中具有浓厚道教色彩的神仙道化剧大为兴盛起来。

## 二、娱人、济世与讽谕之作的崛起

明代以来,神仙道化剧具有比较明显的娱乐性,而娱乐性的作品往往又寄托着某种济世的观念,包含着讽喻的思想理趣。

### (一)娱人与伦理道德教化的统一

上述度脱剧是在理论化、体系化的道德思想影响下产生的,甚至可以说此类戏剧乃是道教思想的一种体现。另外,由于道教思想意识的影响,在长期历史进程中积累了丰富的神仙故事传说,这也为中国古代知识分子创作娱人或讽时喻世之作提供了大量素材。这样,在神仙道化剧中就增添了神仙庆寿剧、降魔剧、神仙生活故事剧等。支配这些剧作的宗教意识与主导度脱剧的宗教意识有一定差别。在降魔、庆寿一类题材之作品中起主要影响的是根深蒂固的神仙思想,"神仙"是剧中所要表现的主要对象,而在度脱剧中,虽也有"神

---

① 见《大明律附例》卷二十六《搬做杂剧》,《玄览堂丛书》第3集,1955年南京图书馆影印本。

仙"的观念,但主要表现的是"道"的精神,"道"对世人的感化。当然降魔剧、庆寿剧中亦体现出"道"的力量,但其倾向是以"道"济世,与度脱剧中以"道"度人存在某些不同。庆寿、降魔之类神仙道化剧往往以道教神仙为幌子,以娱世人,并借神仙之口以教世。作品中流露出的宗教意识,具有某种形象依托,故有一定可感性。

我们先来看神仙庆寿剧。明代神仙庆寿剧完全是为歌咏升平、美化当时皇帝后妃而作。这些剧作大抵都"排场热闹,堆砌辞藻",不讲究情节的生动变化,而以神仙中主要人物如东华仙、西王母召集众仙开始,至各仙大唱一番颂词后各归天界结束,没有太高的艺术价值,大抵不过为"内廷供奉之作",应制的色彩十分浓厚。这些神仙庆寿剧都是明教坊编演,因而篇篇歌咏升平是可以理解的。

在这里应当指出的一点是,这些剧作虽演的是神仙为人间帝王庆寿的故事,但篇中帝王后妃均不出现,只是一群神仙于台上大赞颂辞,纯为娱乐之剧。产生这一奇怪现象的根本原因就在于明律的禁限,前文已引,此不复述。

神仙生活故事剧演的是发生于"神仙"日常生活中的故事,这些故事或杜撰,或据历史文献、民间传说敷衍而成。从情节上看,这些故事剧都极富戏剧性。

在神仙生活故事剧中最值一提的是人仙恋爱剧,如《雷泽遇仙记》《刘晨阮肇误入天台》。与当时盛行的才子佳人传奇相比较,人仙恋爱剧带给人的是独具品味、光怪陆离、令人耳目一新的审美效果,这同传奇的"非奇不传"的审美追求有相通之处;然而"奇幻"之处却又是传奇难以比拟的。

恋爱故事向为文学创作的一大主题,甚至有人称之为"永恒的主题"。这一主题于神仙故事剧中则体现为另一种形态——亦真亦幻。人仙恋爱以宗教的幻想架构延续且深化了人类恋爱的主题,花前月下,恩爱缠绵,颇富情感性。像《雷泽遇仙记》演雷泽与许飞琼的故事①,虽一夕之遇而绵延于雷泽一生,缠绵之情较人间恋情有过之而无不及。至于许飞琼闻琴而至、云头相见,相期瑶池,悠然而来,倏忽而往,令欣赏者沉浸于其恋情缠绵的同时,又惊叹于他们爱

---

① 《雷泽遇仙记》,载《孤本元明杂剧》第 4 集,北京:中国戏剧出版社 1958 年影印本。

情的光怪陆离。作者正是让观赏者在虚幻的境界中品味人仙相悦的理想爱情,进而达到娱人的目的。人仙恋爱之所以动人也正是由于它的这种审美追求。在中国古代社会中,婚姻形式必须依靠父母之命,媒妁之言,两情相悦而结成白头之约的婚姻只是一种理想,一种追求。因此,人仙相恋也可以说是中华民族文化中爱情与婚姻理想长期积累的反映,具有很浓厚的文人色彩。

降魔剧基本内容表现的是神仙降服妖魔鬼怪的故事。

如果说度脱剧表现的是修道的主题,其"道"在度人,那么降魔剧则更多地体现出济世的主题,其直接的表现是神仙道人在为世间排忧解困。

度脱剧展现了神仙之间的和谐关系,神仙作为智慧的掌握者、持有者,引导凡人进入神仙世界,而神仙世界则作为一种理想境界而成为慕道者永恒的追求。作品指向神仙世界,体现了出世的精神,因而着意展现给我们一种宁静、和谐的境界,这是与道教教义对清静阴柔的追求相适应的。在这个世界里,人世的短暂和神仙胜境的永恒成了鲜明对照。凡人升仙也就意味着人世的超越,这就使作品洋溢着空灵的气氛。

降魔剧打破了神人之间的宁静与和谐,改变了他们的指向。这些作品再现了叛神的形象,出现了"善"与"恶"的对立。其基本矛盾由死亡与永恒的抗衡转向"善"与"恶"的对立。度脱剧是出世的,人们只能从中玩赏"烟霞之味"。而降魔剧由于有了"善"与"恶"的对立,也就引入了世俗的伦理观念,神仙对魔怪的降伏即是"善"对"恶"的战胜,其目的只是"惩恶劝善"。有人把中国的文化称为"伦理的文化",虽未免有欠绝对化,但作品中经常渗入人们的伦理观念却是不错的,降魔剧的"惩恶劝善"教化作用也说明了这一点。

降魔剧在艺术上成就虽不大,但它一反度脱剧及神仙生活剧对矛盾的淡化,而加强了一个激烈的矛盾对立面,使戏剧冲突尖锐化,这也就使作品更加有戏。同时,作品中所塑造的叛神形象也增加了神仙道化剧的形象系列。在度脱剧中也有精怪的形象,但它们的动作指向是朝着神仙世界的。降魔剧则打破了这种格局,如《二郎神锁齐天大圣》中的盗金丹、窃仙酒,直接与神仙对抗,严重危及神界的宁静与和谐的秩序。不仅如此,这些精怪还危及世人。他们为非作歹,或者占人家产,霸人妻小;或者兴风作浪,残害四方百姓。于是,在人们观念中的"智慧的掌握者"——神仙,即凭其特异的力量,一转而成为

"正义"的象征与代表,大施法术,降白猿,伏健蛟,斩杀"邪恶",维护了神的秩序,也维护了世间的和平。"神仙"战胜"魔怪"最直接地体现了中国人传统的道德评价,"善恶有报"、"正必胜邪"的观念在其中起了决定性作用。从这一点看,降魔剧是济世的,有其教化的作用,其目的在于"劝善惩恶"。

明降魔剧除了塑造一系列恶魔形象之外,也塑造了一系列的女怪形象,这些女怪已脱离了动物性的特征,具有了美丽的外表,温柔的性格。这一形象系列的崛起应当说是人仙之恋的一个逆向延续。人仙之恋充满了光怪陆离的特色,是人们理想婚恋模式的幻象。而女妖对人的追求,则又暗示了世俗观念对自由婚恋的鄙视与打击。这些剧作虽也归入降魔剧中,但作为负面的女性女妖现象却是令人同情的,她们只能引起人们的"怜悯"。当然,这种审美感受只能相对于现代人及少数古代人而言,至于当时的道学家及广大的读者却是致以最大压制的。因而我们就作品而论作品,女妖女怪仍然是作为危害人或神的正常秩序的异端来打击的,他们的被打击是在教化世人。我们且来看《太乙仙夜断桃符记》中二桃符所唱"尾声":

> 哭哭啼啼罚入丰都去,苦淹淹直上阴司路;
>
> 则为俺败坏风俗,若到那万丈阴山跳不出。[1]

唱词道出了二桃符的自责,但这是表面的,其深层意义则代表了作者的道德评价。因而只能说,像这样的作品仍然是劝世的,其中仍深深渗透了中国传统的伦理观念,其最终的审美目的只在"惩恶劝善",而非其他别的目的。

总的来说,明代神仙道化剧中的娱人、济世之作,渗透了更多伦理观念,这也是元代神仙道化剧的进一步发展。

**(二)讽世之作的崛起**

自明中叶以后,政治逐渐走向腐化,原本潜伏着的诸多矛盾逐渐显露出来,并尖锐化。尤其是阉党专政,弄权朝野,许多知识分子遭到排挤与迫害,往昔神仙道化剧中歌咏升平的旋律逐步隐退,代之而起的是强烈的批判与抨击。此时的神仙道化剧,虽然仍搬演神仙故事,但其基本精神已改变,直承元代知

---

① 《太乙仙夜断桃符记》,载《脉望馆钞校本古今杂剧》,北京:中国戏剧出版社 1957 年影印本,第 21 页。

识分子的叛逆性格,透露出批判的锋芒。这最重要的体现就是茅维的充满讽刺意味的小喜剧《闹门神》①。

《闹门神》是仅有一折的短剧。演的是农历除夕,新门神上任,旧门神不肯让位,虽经钟馗、紫姑、灶君、和合诸神的多方劝告仍不听,后由九天临察使者下界查办,将旧门神及其仆从顺风耳谪遣沙门岛。剧本主要讽刺当时官场丑态,若探究其曲文,我们会发现它是直接指向当时的上层官吏的:

> [末笑介]难道你便狰狞了一万年,少不得势倒哩!

> [天净沙]你只道多年当道豺狼,张的爪牙无对。恃神通布摆,兴妖作怪。不见那雪狮子头歪。②

这显然是对当时当政者的诅咒,道出了当时知识分子心中的愤懑与不平。以下[圣乐王]曲文更加明显地表现了这种思想倾向:

> (末)你道雀罗门,尘满面,家居冷淡守清齐。自没才,惯妒才,久妨贤路若徘徊。譬如泰山下高竦着傲岨崍。③

可谓骂尽天下妒才的小人矣;到了"尾声",作品的指向就更加鲜明了——

> 鄙夫患失宁无殆。凭恃着曾赐肩舆与木拐。你们屏上怕见书担崖。今番呵! 怎免得鬼门关一下海。④

"凭恃着"一句表明了作品把矛头直接指向了当时上层官僚。试想,谁能"曾赐肩舆与木拐"呢?

从前面的曲文来看,《闹门神》锋芒所向乃是当时的官场,对那些身居"三台"却又"惯妒才"的"旧门神"等作了尖锐深刻的揭露与讽刺,把他们比作"雪狮子",泰山前的"傲岨崍",这是一出辛辣的讽刺小喜剧。其内容系当时知识分子被压抑而对阴暗官场强烈的愤恨与诅咒的心态的曲折反映。

明前期神仙道化剧在度人,在娱世,在劝世,那么茅维的《闹门神》则是重在讽世了,虽然它同时也在教化人们莫迷恋于玩弄权术,以为弄权术之结果只

---

① 《闹门神》,载周贻白注:《明人杂剧选》,北京:人民文学出版社 1958 年版,第 539 页。
② 周贻白注:《明人杂剧选》,北京:人民文学出版社 1958 年版,第 541 页。
③ 周贻白注:《明人杂剧选》,北京:人民文学出版社 1958 年版,第 541 页。
④ 周贻白注:《明人杂剧选》,北京:人民文学出版社 1958 年版,第 548—549 页。

有"到头巧拙一般瞒不过哩"①,但其中的愤世思想则是更为浓烈的。明前期神仙道化剧中的宗教意识在这里已相当隐潜,溢于言表的是一腔热血,为世间不平而鸣。在这里,神仙成为作者"寄情""托兴"的载体,也就是说神仙已成为一个象征体,旧门神已无前期道化剧中神仙的"神性"。神仙的出场乃是"使我胸中垒块唾出殆尽而已"。②

总的说来,讥时讽世之作思想性更深刻,而艺术性也增加了。这是明代神仙道化剧发展中的又一新现象。

## 三、神仙典型的社会意义与戏曲的象征审美

神仙频繁地出现在元明两代道化剧及其他杂剧作品中,已成为一种符号,构成自己的系统。作为一种理想品格、理想境界的象征,神仙成为慕道者永恒追求的目标,是慕道者一切活动的指向。

### (一)神仙典型的世俗伦理特性

作为观念形态的神仙,往往是可道及而不可触摸的,具有集"美善"与"智慧"于一身的抽象属性。在崇道者的设想中,神仙被赋予各种尊贵的特征,同人世存在某种距离感,由此产生出来的神秘性为世人造成了寻求的期待心理。但是,必须指出,经过思维的抽象而集美善于一身的神仙往往又会使人感到彼此距离过于遥远,缺乏亲切感。为了使神仙对世人更有感召力,中国古代的剧作家往往又从华夏民族审美心理的实际情况出发,寓抽象之美善于具体形象之中。所以,我们看见在度脱剧里,神仙又多是以具体面目出现的,他们都具有各自形象的个体,如吕洞宾、张紫阳、东华仙、西王母等等。这类神仙具有原型的性质,他们是"智慧老人"这一原型在神仙剧中的体现。

度脱剧中的神仙作为一个不可或缺的环节起着重要的作用,他们掌握着使凡人飞升成仙的要诀——"金丹大道"。只有那些倾心向道的人才能真正

---

① 周贻白注:《明人杂剧选》,北京:人民文学出版社1958年版,第548页。
② (清)李渔:《香草亭传奇》序,载《中国古代戏曲跋集》,北京:中国戏剧出版社1990年版,第369页。

得到神仙的指引。同时,度脱剧也特别突出了明师的重要作用。如李云卿、边洞玄,乃至十长生、海棠仙者,都须依赖于神仙的指引,才能成仙,因而神仙是"智慧"的掌握者,是人转化为神的中介。神仙的一再出现,也就是"智慧"的一再显现,是"金丹大道"的一种力量之表示。世人只有倾心向道才能感动上帝,从临凡的神仙中取得"长生秘诀",从而使自己也成为"智慧"的真正获得者。在明代度脱剧作者笔下,神仙仿佛立足于半空之中,他们俯视人间,哀叹人生的短暂而非人生历程的坎坷,他们要引导世人逃避"死"的悲剧,而非逃避人世的艰辛,因而这些神仙指引世人的只是如何修道,表现出漠视世俗生活的倾向。他们是宗教的代言人,是"救世者"而非元代道化剧中的"愤世者"了,明代度脱剧中的神仙在"救世"过程扮演了一个"智慧"向导的角色。他们不再愤恨不平地指责社会的黑暗、统治者的罪恶。这与元杂剧中的神仙人物的实质已有一些不同。

这里还应稍作解释的是:所谓"救世"着重在于引导世人走向"神"的世界,逃脱死亡。这是明代神仙道化剧所表现的一个基本点。此外,也必须看到,在明代神仙道化剧中,还有另一种"救世"之神,他们体现出强烈的济世观念,这类神仙多在降魔剧中出现。如《太乙仙夜断桃符记》中的太乙仙,《时真人四圣锁白猿》的时真人,《张天师明断辰钩月》之张天师等皆有此性质。若太乙仙之行道法为病人驱魔救病,则明显地带有上古巫医的影子,济世之目的是极为明显的。

作为济世之理想典型,神仙自然是"善"的力量象征,是人们观念中"正义力量"的表象化,因而这一系统中的神仙带有更多的世俗伦理性,如前所举的太乙仙、时真人、张天师等都是"善"和"正义"的代言人。这种特点在《徐伯株贫富兴衰记》里体现得更为明显。在此杂剧中出现了火帝真君的形象,我们且来看他的一段道白:

> 今有蒲州城南徐员外家,因他不忠不孝,不公不正,奸婪贪财,小圣奉上帝敕遣,往他家降灾一遭。[1]

---

[1] 《徐伯株贫富兴衰记》,载《孤本元明杂剧》第4集,北京:中国戏剧出版社1958年影印本,第5页。

很显然,徐员外之所以遭天火之灾即由于他为人"不公不正""不忠不孝"。而"公正"的审判者是上帝,执行者是火帝真君。上帝、火帝真君对徐员外这类人的惩罚则体现了人们对不义财主的诅咒,上帝是人们心目中的正义宣判者,是人们理想的寄托,说到底乃是当时人们的一种心理补偿与调节,是"诗人,先知和领袖听凭自己受他们时代未得到表达的欲望的指引,通过言论或行动给每一个盲目渴求和期待的人,指出一条获得满足的道路"①。因为当时社会正是存在着徐员外这种不仁不义之人,而精神世界不可能对他们作出惩罚,因而人们从幻想中找到了"神仙",从神的惩罚中获得满足,而得到心理上的补偿与调节。

从上面的分析中,我们可以见到,神仙系统中的济世神系列都关心现实的人的疾苦,把目光注于现实,为民解难,都具有"善"的性质,是"正义"的象征,因而这类神更容易为人所接受,具有浓厚的世俗伦理性。

**(二)剧作语言与人物象征的审美透视**

古代中国的戏曲是富有诗意的。剧中诗化语言的运用,使中国古代戏曲普遍存在象征的艺术魅力。在明代神仙道化剧中,象征作为一种艺术表现手法也是经常被运用的,这首先是以诗的形式呈示出来的修道法式之象征。如《李云卿得悟升真》中混元真人所云:"诗曰:鼎中火暖长黄芽,透彻三关气转加。七返九还须识主,工夫毫发不容差。"②此诗中"鼎"即象征丹田,"火"即代表阳气之离卦,亦即肾中真精;"三关"之意即"口、手、足"。此诗通过意象的叠加,而完成修道程式的复述,具有某种隐晦性。

明代神仙道化剧中像这样蕴含着深刻道教精神的意象颇多,如"铅""汞""龙""虎"等都是有特定"意指性"的象征。这些意象都是应修道需要而创造的,是修道程式的形象表达。这样的意象尤其在度脱剧中随处可见。这里且看《吕洞宾花月神仙会》中[络丝娘·前腔]曲文:

> 玄关一窍,先天与交。金木两相邀,阴汞能飞走,阳铅会伏调。收拾

---

① [瑞士]荣格:《心理学与文学》,北京:生活·读书·新知三联书店1987年版,第138页。
② 《李云卿得悟升真》,载《孤本元明杂剧》第4集,北京:中国戏剧出版社1958年影印本,第3页。

住顽猿劣马,不放半分毫。①

词中所谓"玄关""金木""阴汞阳铅""猿""马"等是身体穴位、元素的象征,这些意象的跳动组合也就构成了以意引气的修道路线内景图。由于这些意象是与修道活动直接联系在一起的,意象与内蕴之间存在确定的关系,一个意象大多只具备一种意蕴。例如"鼎"这个意象在不同的度脱剧中基本上是"丹田"的象征。很显然,明代神仙道化剧中的象征与其他文学作品中的象征有着一定的区别。

这样,神仙道化剧中的象征就形成了具有自己特色的意象系统,这些意象往往与修道情感联系在一起,且成为一种固定的符号。

当然,有的象征是与人们仰慕仙界之情感相一致的。这种象征的内蕴主要是通过美善胜境的描述而生成的。如"白云"这一意象的不时显现:"我去那白云堆里,长生不老,尽都是累劫修来。"②"我和你指白云去来"③。"白云"的反复出现即体现出一种虚空朦胧格调,它既象征着长生快乐的神仙世界又是玄妙道法的一种艺术显示。因为神仙的来去是腾云驾雾的,所以渲染了"白云",就烘托了仙境幽雅之月。这一意象的艺术旨趣可以说是长期文化积累的结果。早在魏晋时期,"云"便已成为隐逸闲适的象征,晋陶潜的诗句"云无心而出岫,鸟倦飞而知返"即是明证。另外明代神仙道化剧中常出现的"蓬瀛""三山""天台"等意象亦皆由于历史积累而成为神仙世界的代名词,具有象征的作用。

明代神仙道化剧的象征体系一方面继承了元代的意象系统,另一方面,又有自己的发展与创新。最重要的是明代神仙道化剧充分利用一些炼丹诗的素材,把它敷衍成可以演出的戏曲,从而形成了一个新的象征系统。这一象征系

① 《吕洞宾花月神仙会》,载《孤本元明杂剧》第 2 集,北京:中国戏剧出版社 1958 年影印本,第 8 页。
② 《李云卿得悟升真》,载《孤本元明杂剧》第 4 集,北京:中国戏剧出版社 1958 年影印本,第 13 页。
③ 《李云卿得悟升真》,载《孤本元明杂剧》第 4 集,北京:中国戏剧出版社 1958 年影印本,第 11 页。

统于杨慎《洞天玄记》及陈自得《太平仙记》中表现得最为突出。①

首先,我们应当承认,这两部作品乃是对修道过程的铺叙。正如杨慎所言,"此传于玉液金丹之机,全形延命之术,无不具载"②。《洞天玄记》如此,《太平仙记》亦不例外。这正是它们的耐人寻味之处。在剧作中,作者树立起一套人物系统,这些人物成为修道过程的代号;换言之,他们以戏剧之动作演出了一个本为内秘的修道过程。可以说,修道过程的意象化,即是这两处象征剧的最大成就。

作品在使用带有象征意味的大量语言材料基础上,更在人物形象上着墨。正如王国维先生评价古代戏曲时所说的"歌舞以演故事"一样,《洞天玄记》与《太平仙记》注意通过人物的歌舞动作,表现各自的爱好、追求,从而显示各自的独特性格;而他们在戏剧空间中的活动又构成了错综复杂的关系。从艺术思维的角度看,"关系"也是一种象征。对此,前人早有论述:

> 形山者,身也;昆仑者,头也;六贼者,心、意、眼、耳、口、鼻也;降龙伏虎者,降伏身心也。人能如此,则仙道可冀矣。③

"形山"即形山道人,"六贼"即"袁忠、马志、闻聪、睹亮、孔道、常滋"六人。可见,象征剧使人物成为道教教义的象征体。人物成为象征的意象,成为象征意义的载体,从而开创了一个新的象征体系,即以人物作为意象的体系,这就是明代神仙道化剧对中国象征手法的巨大贡献。

以人物为象征体,在元末神仙道化剧中即已出现,如王子一的《误入天台》中已有斩杀心猿意马的戏剧表演,在明代的一些度脱剧中也有类似的现象,但只有在《洞天玄记》《太平仙记》二象征剧中才真正形成了人物象征系统。事实上,若综观始末又可发现《洞天玄记》《太平仙记》各自又以其全体为象征,一个剧本就是一个象征体系。由于这种体系的建构,修道过程获得了独到的描述。

---

① 参见《洞天玄记》《太平仙记》,载《孤本元明杂剧》第2集,北京:中国戏剧出版社1958年影印本。

② 《洞天玄记·跋》,载《孤本元明杂剧》第2集,北京:中国戏剧出版社,1958年影印本。

③ 杨悌:《洞天玄记》前序,载《中国古代戏曲序跋集》,北京:中国戏剧出版社1990年版,第45页。

　　除了上述情况之外,这里尚须指出的是,在明代神仙道化剧中还有一种基于社会伦理价值判断的象征。这种象征也以神仙作为意象,其意象包蕴着作者对社会的真知灼见。例如《闹门神》中新旧二门神即是这样的意象。神仙成为象征符号,这是神仙道化剧中的一种奇特现象,它与蜚声文坛的现当代神话模式有相通之处,都是以"神道"象征"人道",具有独特意义。

　　统而言之,明代神仙道化剧是元代神仙道化剧的延续和变迁,它在明杂剧中占有重要地位。其出现及发展有其特定的文化氛围,也是中华民族文化积累层中生发出来的一部分,它的存在有着历史的必然性,因而对它的研究与探索可以说是对中国古典文化价值的挖掘。


　　(本文原载《道教学探索》第九号,1995 年 12 月,收入本书时略作修改)

# 道情考论

作为中国传统曲艺品种的一个类别,"道情"在历史上是深受中国民间社会所喜爱的。查各地文献记载,我们可以发现,"道情"有许多不同的地方品类,诸如:太康道情、洪洞道情、阳城道情、沔阳道情、周至道情、江西道情、温州道情、河湟道情、金华道情、关中道情、长武道情、神池道情、岔路道情等等。"道情"不仅流行地域广,而且在各地形成了不同特色。

在"中国知网",按照篇名检索"道情",可以查到的最早研究道情的是《陕西戏剧》1960 年第 4 期发表的《陕北道情》《安康道情》《陕南道情》与《关西道情》等一组文章。此后,学术界对"道情"的研究中断了 20 年。直到 1980 年,才又恢复了"道情"的探讨。2015 年,有关"道情"的研究文章达到了顶峰,共计发表了 40 篇。另外,特别值得注意的是,2011 年人民出版社出版了张泽洪教授的《道教唱道情与中国民间文化研究》,这是目前最具系统论述"道情"的学术专著。然而,道情是怎样形成的? 有哪些典型的作品? 这依然有待深入考察。

## 一、道情的由来与体式

作为曲艺的一个类别,道情当起源于魏晋时期的仙歌道曲。到了唐朝更见勃兴。唐朝时期,由于皇帝的大力支持,道教宫观大大增多,从而道教活动也频繁地开展起来,适应了道教法事的需要,仙歌道曲广泛地制作着,尤其是唐玄宗在位年间,每因玄元皇帝庙①兴建而诏作道曲。天宝元年(742 年)正

---

① 玄元皇帝庙即老子庙。

月,西京大宁坊及东都积善里都修建了玄元皇帝庙,唐玄宗心血来潮,希望道士多多地作些道曲来演奏,以增加神仙气氛。如《新唐书·礼乐志》载:"帝(玄宗)方寝喜神仙之事,诏道士司马承祯制《玄真道曲》,茅山道士李会元制《大罗天曲》。"当时参与道曲创作的人除了道士之外,还有朝中掌管音乐的大臣。如工部侍郎贺知章即作有《紫清上圣道曲》,太常卿韦縚作有《景云》《九真》《紫极》《小长寿》《承天》《顺天乐》六首道曲。在仙风劲吹的氛围里,唐玄宗皇帝更加热情高涨,甚至亲自创作道曲。谢宇灏《混元圣纪》卷八载:开元二十九年(741年),玄宗帝制作《霓裳羽衣曲》《紫微八卦舞》,"以荐献于太清宫,贵异于九庙也"。《混元圣纪》卷九又载:天宝四年(745年),"帝制《降真召仙之曲》《紫微送仙之曲》,于太清宫奏之"。考《唐会要》卷三十三,可知天宝十三年太乐署供奉的曲名中已收入太常卿韦縚所作诸道曲,且增《长寿乐》《紫极》等,是时连佛教也采用了《九仙道曲》《三元道曲》等,足见道曲在唐朝尤其是盛唐时期已颇流行。本来,道曲的制作乃用于道教法事活动之中。道教斋醮法事的中心是礼神颂仙。因而,道曲在内容上必然要引入各种道门所承认的神仙故事传说并加以诗性化的浓缩,这就埋下了叙事的某些因子;另外,礼神颂仙自然必须以虔诚的情感投入,神仙成为当事者抒情的对象。再者,在法事活动中,当事者为了更好地叙事抒情也需辅以各种动作,经过长期的操演实施,其动作逐步程序化。在这种活动过程中,为了调动气氛,当事者更采纳了各种法器、乐器,通过撞击、敲打,以各种音响的组合,烘托礼神颂仙的气氛。《要修科仪戒律钞》卷八引《太真科》云:"斋台之前,经台之上,皆悬金钟玉磬。钟声依时鸣。行道上讲,悉先叩击。非唯警戒人众,亦乃感动群灵。神人相关,同时集会,弘道济物,盛德交归。"《洞玄灵宝钟磬威仪》对钟磬的使用以及实施的场面有更具体的描述。这说明早先道曲的内容及其演奏本来就蕴藏着可以使之分化出"道情"这种独特曲艺形式的各方面因素。

但是,道情毕竟不能等同于一般的道曲。如果说道曲的制作是服从礼神颂仙宗旨并且是为斋醮法事活动服务,成为整个法事活动过程的组成部分,那么道情则具有相对独立性。这就是说,道情可以离开道教的斋醮法事仪式,独立演唱。这样,道士或奉道之文人便可以根据可能的条件对所唱曲词加以变通。或者为演述神仙故事而朝叙事方向倾斜,或者为阐说大道秘法而藉助各种人们熟悉的物象来暗示哲理义蕴。但不管内容是朝哪个方向发展,都必须以崇高的修道情感动人。《张三丰全集》卷三《道情歌》云:"道情非是等闲情,既识天机不可轻。"由此可见,道情首先必须是含有丰富情感成分的,但这又不是一般的世俗之情,而是超越于世情之上体现了"道"的精蕴的升华之情。当然,这种升华并不意味着它是彻底离开了人类的一切情感活动。超越不是割绝,而是一种转换。因此,为了以"道"之崇高情感感化世人,就必须通过形象性来强化艺术效果。这种形象性,除了体现在内容上之外也体现在技巧上,它可以通过一定的动作表演,使内容更加具体可感。同时,它还可以穿插念白,使其内容更易于为人所理解。念白的穿插和内容的动作化导致了"道情"的曲艺属性向戏剧属性的游移。因此,我们看到中国古代的许多戏剧作品里便是通过道情来发展情节。

道情的原始面貌如何,现已难于详考,但从八仙人物之一——蓝采和的"拍板歌"里似乎也可以追寻到某些踪迹。宋代,道情不仅流传于民间,而且受到宫廷的欢迎。周密《武林旧事》卷七载:"后苑小厮儿三十人,打息气唱道情。太上(宋高宗)云:'此是张抢抢所撰鼓子词'。"这说明当时的道情在形式上与鼓子词相同。南宋时,道情演唱以渔鼓和简板伴奏,所以又称之为"渔鼓"。

在元杂剧中,道情成为神仙传道度人的一种唱词。如《竹叶舟》第四折一开始便是道教真人列御寇引张子房(张良)、葛仙翁执"渔鼓"与"简板"上场。这两样乐器即是唱道情用的。在一段说白之后,列御寇唱了《村里迓鼓》《元和令》《上马娇》《胜胡芦》,接着又说:"这道情曲儿还未曾唱完,纯阳子蚤来了也。"[1]显而易见,列御寇所唱的正是道情。继而,有正末唱《正宫端正好》:"俺不去北溟游。俺不去东山卧。得磨跎且自磨跎,打数声愚鼓向尘寰中坐。这便是俺闲功课。"[2]这段唱词里再次出现了伴奏的乐器——渔鼓,由此可以推断这首唱词也属于道情之类。像这种例子在其他杂剧中尚有出现,说明道情在古代戏曲中成为神仙宣教的一种艺术形式。

---

① 《竹叶舟》,《元曲选》第3册,北京:中华书局1958年版,第1056页。
② 《竹叶舟》,《元曲选》第3册,北京:中华书局1958年版,第1056页。

## 二、虚无境内养根核:三丰道情的丹功体验

由于道情短小精悍,可以独立演唱,历史上一些道士或奉道文人便乐于运用它来"演道抒情"。张三丰是于今可考的著名道情作者之一。

作为一位充满传奇色彩的道士,张三丰在道教史上颇有声望,但关于他的生平事迹却多见异说,连名字、籍贯也有许多不同的说法。笔者经过稽考,以为三丰之先世本江西龙虎山人,系张天师之后裔,其父于南宋末迁徙辽阳懿州,元定宗丁未(1247年)生,本名通,字君宝,后因发现自己的名字与古人雷同,遂更改,如此变易多次,以致一人多名。他一生不慕荣利,虽曾任过中山博陵县令,但大多时间却是遁世清修,与其徒创草庐于武当山修道,为全真派道士,是武当道教内家拳创始人,其活动时期约由元初至明永乐十五年(1417年)。其著述,按《明史·文翰类》著录,有《金丹直指》《金丹秘诀》各一卷。清雍正元年(1723年),汪锡龄以所见张三丰丹经2卷、诗文若干篇并张三丰"显迹"三十余条等,辑成《三丰祖师全集》,清道光年间,李西月据汪氏残本补辑,增入《灵宝毕法》等,成《张三丰全集》凡8卷,今有浙江古籍出版社于1990年出版的方春阳点校本行世。

《张三丰全集》中收有:《道情歌》1篇,《五更道情》六体凡37首,《九更道情》9首,《叹出家道情》7首,《天边月道情》9首,《一扫光道情》12首,《无根树道情》24首,《四时道情》4首,《青羊宫留题道情》4首,这些作品是研究道教史的珍贵资料,同时也是探讨道情发展脉络中的重要文献。

张三丰道情的思想内容主要有两个方面:

1. 述说修真炼性之理。按照全真家的看法,人在婴儿阶段是最为纯朴的,没有私念,没有欲望,没有名利观念;但是,随着年龄的增长,各种社会关系的介入,人的头脑渐渐地复杂起来,名利、情爱、得失在人的心灵世界里旋绕,激起人的过分的世俗情感活动,这不但损伤五脏之气,而且催人早衰早老。道士修性,则逆而行之,向婴儿的方向复归。要得道升仙,首先就必须澄清思虑,使自己进入空灵的境界。这种主张在张三丰道情里有进一步的发挥。他在《五更道情》其四中说:"虚白堂前拴意马,无影树下锁心猿。"张三丰笔下的

"心猿"与"意马"系比喻躁动不安的心思。由于世俗欲望太重,便不能摆脱所谓"生死轮回"。因此,他提倡:应看破世路云泥,立冲天大志,做一个慷慨男子,打破生死机关,无烦、无恼、无忧虑。这种思想在其道情作品中反复强调,说明张三丰对此是很重视的。

2. 暗示内丹功法与境界。为了升仙而修炼内丹,这是唐以来道教十分注重的。钟离权、吕洞宾修道传教本来就以内丹为要径。尔后,北方以王重阳为首的全真道及南方以白玉蟾为首的紫阳派都继承了内丹学说。元初,全真道与紫阳派合流,尊钟离权与吕洞宾为共同的祖师,所以内丹学说更得到弘扬。张三丰处在这样的背景下创作"道情",自然也就以丹功修炼为要旨。试看他的《五更道情》其二:

> 二更里,上蒲团,
> 思念父母未生前,
> 本来面目常发现。
> 采取先天补后天,
> 三关运转至泥丸。
> 华池神水频吞咽,
> 水火相交暖下田。
> 偃月炉中至宝煎,
> 三回九转把丹炼。①

在这首词里,作者从上蒲团的描述入手,进而指出了修持的目标是要通过静坐,培养先天命门真气,以补后天逐渐衰弱的身体。同时,词中还描写了静功中真气运转,冲尾闾、过大椎、上玉枕,达于泥丸宫(脑中)的景象。张三丰在《道情》词的末尾明确地说明:他所描述的乃是炼九转神丹的要领与景象。而在词的第五首里,他又进一步地描绘了内丹炼成的神妙境界:

> 至宝收在丹田里,
> 养就灵根与天齐。
> 阳神妙体同太虚,

---

① 《张三丰全集》,杭州:浙江古籍出版社 1990 年版,第 76 页。

黍珠一粒包天地。①

当精气被汇聚丹田炼成内丹之际,仿佛置身于太虚妙境,小小的一粒如黍米大的内丹在自我感觉中却是广袤无边,足以包裹天地,在这种境界里,世俗的时间被超越了,"复归"了,而空间也被无限地延伸了。这种境界在其他道情词里被通过种种变格表现出来,反映了张三丰在内丹学上的深厚造诣。

在艺术手法上,张三丰的道情也有可观处。他的作品体式既有一定的稳定性,也富于变化。如《道情歌》基本上用的是七言诗体,类似于歌行;而《无根树道情》则采用"三三七"的交错句式;春夏秋冬《四时道情》用的是"六七五八九七七、六四四"之体制。

可以看出,张三丰的道情与唐宋词是有密切关系的,有的甚至就是根据宋词的有关词律来创作。像《五更道情》的第五体:"静中观面观象,搜寻道窍根源。太乙炉中运周天,三昧真火煅炼"。② 这用的是《西江月》格律。再如《四时道情》末作者自注:"道情四首,乃吾隐终南山作以自唱者,其体带(竹枝),节节硬逗,看似不接,其妙正在不接之接也。"③"竹枝"本是巴渝一带民歌,唐刘禹锡依屈原作《九歌》先例,为之改写新词,后渐为流行,且成为词牌之一种,分单变调。单调一体 14 字,两句,各 7 字,叶两平韵或两仄韵;另一体为 28 字,四句,各 7 字,叶三平韵。双调 57 字,其体见于《云谣体杂曲子》,六平韵,无和声。按理,《竹枝》词是比较规整的,但张三丰的《四时道情》句式则多有变化,说明他并不是严格按照《竹枝》的格律来创作的,而仅是"带《竹枝》"而已,张三丰"句句硬逗",在本来没有停顿的地方停顿,如:"俺则道闲来时,焚一炷香,画一树梅。④ 原有 7 字两句变成三句。这就是所谓的"硬逗",经过一"逗",不仅句子变了,平仄也变了。足见张三丰作"道情",并不格守旧法,而是富于创新精神的。

张三丰道情的修辞手法也是丰富多彩的,或排比,或对偶,或设问,或譬喻,应有尽有,尤其是譬喻用得颇为频繁。像《无根树道情》24 首从标题到内

---

① 《张三丰全集》,杭州:浙江古籍出版社 1990 年版,第 76—77 页。
② 《张三丰全集》,杭州:浙江古籍出版社 1990 年版,第 78 页。
③ 《张三丰全集》,杭州:浙江古籍出版社 1990 年版,第 72 页。
④ 《张三丰全集》,杭州:浙江古籍出版社 1990 年版,第 72 页。

容,都用譬喻,而且喻中有喻,重重相扣,造成了意味深长的暗示效果。按长飞山李涵虚的解释,"无根树"指的是人身铅气。人身百脉都由气而生,气乃发于虚无之境,所以称作"无根"。"丹家于虚无境内养出根核,先天后天皆自无中生有,是无根乃有根之原也。炼后天者,须要入无求有,然后以有投无;炼先天者,又要以有入无,然后自无返有;修炼根因,如是而已。但人身之气有少、壮、老之不同,修炼之气有前、中、后之各异。二十四章合一年气候,皆劝人无根树下随时看花,此道情之尽善尽美者也。"①李涵虚这段话可谓道出了《无根树》的深刻隐意。的确如其所言,《无根树》是教人"随时看花"的,所以"花"成了道情中的中心意象,但"花"又是随时随境而变的,有幽、微、青、孤、遍、新、繁、飞、开、圆、亨、佳、多、香、鲜、浓、黄、红等诸情状,作者根据不同情状,赋予不同的隐喻,这就更使人回味无穷。

## 三、以真造境:板桥道情的艺术旨趣

"道情"这种形式不仅是道士们述说修道功法、抒写崇道情怀的好体裁,而且广泛流行于民间,明清以来各地道情不下数十种,并且形成了地区特色。各地的道情基本上都同当地民歌小调相结合,或者吸收戏曲的唱调,从而具有各种不同风格。

道情在民间的流传,这与历史上文人们的采纳、推广是分不开的。纵观明清两代,文人创作的道情作品虽然不能算多,但以此而见称于世者亦有之。如明末徐大椿《洄溪道情》在学界便有较好的影响,再如袁学澜的《柘湖道情》反响也较佳。当然,在诸多文人的道情创作中当以郑燮的作品为上乘。

郑燮,字克柔,号板桥,江苏兴化人。因以号知名于世,故学者多称之板桥先生。他出身寒儒之家,直到44岁才中进士,50岁当了范县令,61岁后,归杨州,卖书终老。他虽曾入仕为官,相信儒家济世哲学,但同时又吸收了老庄道家学派清静无为思想,主张"慈惠简易,与民休息"。郑方坤于《郑燮小传》里说他"以一书生,欲清静无为,坐臻上理"。他广交僧道人物,在思想上与道教

---

① 《张三丰全集》,杭州:浙江古籍出版社1990年版,第383页。

有相合的一面。因而,在文学上创作一些表现道家、道教思想的作品便是自然的事。他的十首《道情》正是归隐山林的道教思想的表现。

郑板桥的《道情》流传甚广,在清代几乎脍炙人口。在近现代学术界也有很大影响。鲁迅先生于《三闲集·怎么写》一文中曾说到《板桥家书》与《道情》。他表示:"《板桥家书》我也不喜欢看,不如读他的《道情》。"鲁迅先生之所以不爱看《板桥家书》,是因为"家书"本来是写给家人看的,公开出来,便有虚假的感觉。照此推理,鲁迅先生对板桥《道情》能读得下去,这就说明《道情》乃有以真情动人处。

的确,板桥道情是建构在"真"字上的。前人在论及板桥诗词时曾谓之以真见长。例如马宗霍《书林藻鉴》便有"真气""真意""真趣"之评。这用在板桥《道情》十首的评价上也是合适的。

板桥的十首《道情》,从草拟到定稿付梓经历了 12 年时间①,足见其惨淡经营。其篇目包括《老渔翁》《老樵夫》《老头陀》《水田衣》《老书生》《尽风流》《掩柴扉》《邈唐虞》《吊龙逄》《拨瑟琶》。他在开头的道白中说:

> 枫叶芦花并客舟,
>
> 烟波江上使人愁;
>
> 劝君更尽一盅酒,
>
> 昨日少年今白头。
>
> 自家板桥道人是也。我先世元和公公,流落人间,教歌度曲。我如今也谱得道情十首,无非唤醒痴聋,销除烦恼。每到山青水绿之处,聊以自遣自歌。若遇争名夺利之场,正好觉人觉世。这也是风流世业,措大生涯。②

作者在道白里交待了自己写《道情》的缘由、目的。他希望:一是唤醒"痴聋",消除烦恼;二是"自遣自歌";三是对争名夺利者起到觉悟作用。作者奉劝世人看破名利,移情山水,以此摆脱险恶人事。他通过巧妙化用白居易《琵琶行》、张若虚《春江花月夜》、王维《送元二使安西》等诗的句意,创造了一个萧

---

① 板桥道情末之附记云:"是曲作于雍正七年,屡扶屡更。至乾隆八年,乃付诸梓。刻者司徒文膏也。"

② 见《板桥道情》,《黄氏随笔》附,以下凡引该书不再注出处。

瑟、凄婉的意境,为组曲的铺开定了调子。接下,板桥老人以他画家独到而敏锐的目光,撷取现实生活中的种种素材,加以提炼,塑造了渔人、樵夫、僧人、道人等一系列与世无争的隐者形象,以之寄托他"归隐无为、因循自然"的思想情趣。试读其第四首《水田衣》:

> 水田衣,老道人,
>
> 背葫芦,载袱巾;
>
> 棕鞋布袜相厮称。
>
> 修琴卖药般般会,
>
> 捉鬼拿妖件件能,
>
> 白云红叶归山径。
>
> 闻说道悬崖结屋,
>
> 却教人何处相寻?

这首道情曲从三个方面来刻画老道人形象。首先,作者着眼于老道人的外貌,对老道人进行肖像描写,抓住老道人最有特色的衣着《水田衣》进行勾勒,显示出老道人方块形纹色的衣裳;同时还从老道人头上所戴、脚上所穿、身上所背诸装束再行"点染",作者用了颇为经济的笔墨画出了老道人的外表特征。其次,作者描述了老道人的"道艺"。不论是"修琴卖药",还是"捉鬼拿妖",老道人都很精通。从"艺"的角度对老道人的这种刻画,显然使其形象更有内在性格蕴涵。复次,作者对老道人的生活环境进行渲染。道人居处的屋子飞悬于岩石之上,于险境而见清幽,而他出入的山径更有"白云红叶"相迎,这番点缀恰到好处地彰显出了老道人雅好山居的情趣,同时也唱出了作者追求"真趣"的艺术宗旨。作者表现道人的飘逸与超脱,正是由于他自己对道家道教"复归自然"的义理有一番深沉感受,所以当他面对道人生活环境时便能受到"感应",发动自身"真气",以抒"隐居"的至纯至洁的"真意"。这种思想观念和艺术追求贯穿于整个《道情》组曲之中。他笔下的老渔翁"高歌"于秋日水湾;老樵夫"砍柴"于青山原野;老头陀"闲斋"于破落古庙;老书生"教授"于蓬门僻巷;小乞儿"打鼓"于街市桥边。他们安贫乐道,无思无虑。作者通过这一系列的人物形象唱出了自己崇尚道家"自然无为"的心曲,达到了"以真造境"的艺术效果。

## 四、奇采焕发:道情在长篇弹词中的穿插应用

道情这种表演艺术形式由于广泛流传,弹唱艺人也颇喜欢它。所以,我们看到一些弹词或鼓词往往也将道情穿插其中演唱。例如,张慧侬口述的《珍珠塔》便有演唱道情的丰富内容。

《珍珠塔》,或名《九松亭》,是流行于扬州一带的长篇弹词,地方上又称之为"弦词"。其"弦词化"的确切年代,目前已难考证;不过,至迟在清代道光年间,《珍珠塔》已经流传扬州却可以肯定,因为生活于该时期的"张家弦词"第一代张敬轩已弹唱过它。经过百余年的修改加工,《珍珠塔》一方面愈趋完善,另一方面自然是留下修改者的思想印记。关于这方面,前人已作了不少研究,此不赘述。尚值得进一步探讨的是其中与道情有关的部分。

从情节主体上看,《珍珠塔》并不属于描述道教活动表现神仙思想的题材,它讲述的是官宦之子方卿与表姐陈翠娥的爱情故事,属于"言情"题材曲艺作品,但情节发展过程中却又融摄了道教的有关神仙故事和出自道门的艺术形式。方卿这位官宦之子因家道中落,向姑母借贷受奚落,表姐陈翠娥赠以《珍珠塔》,姑父又以翠娥许配。后来,方卿中了状元,遂乔装道士唱道情以羞姑母,奉旨完婚。词中的《道曲羞姑》主要写的就是方卿如何唱道情以委婉暗示姑母不可欺穷的故事。方卿中了状元,并没有衣锦还乡,他只是一身道士打扮,作品五开始就借其姑母丫环红云之口描述了方卿的装束及"落泊"行踪:

> 方少爷把个秀才都穷掉了,做了个游方的小道士! 不是有观有寺的肥道士啊,是个无观无寺卖唱度日的穷道士——有渔鼓、简板摆在茶几上哩! 每家唱一曲,要一文,比叫化子高不了半指!

红云作为一名年轻丫环,心直口快,只看到外表,并不知内幕;但由于她不是一般的丫环,而是方卿姑母的贴身丫环,一切行动都听从陈府"上房太太"——方卿姑母的指挥。红云的话可以说代表了方卿姑母一向对方卿的轻蔑态度,这就为矛盾冲突的展开作了铺垫;同时从其一席话里也可以看出扬州一带所流行的道情也是用"渔鼓"之类伴唱,"渔鼓"简直成了"道情"出现的一种兆象或对应性符号。

当陈太太看见侄儿方卿真的一身道士打扮,心里十分不高兴。经过一番讥讽之后,陈太太以昔日府中曾请襄阳城老道士唱道情的旧事为话头,想让方卿也唱道情好耍。这位陈太太出口总是带着讥笑口吻:

> 你家姑爹说,襄阳城里有位道士的道情唱得好哩,就派人去请。不巧,乡间有个大财主办喜庆事,把老道士请去酬客了,我们请了个徒弟来。好哇,名师出高徒,就请徒弟唱沙!哪晓得他唱得考究了,唱的是"五色道情"——黄腔走板、青筋直冒、满脸通红、一嘴白字、腹中漆黑!黄、青、红、白、黑,五色全啦!从那以后直到如今,我都没有再听过道情。今儿个晓得你会唱道情,好极了!没有唱就喊好了么?①

陈太太以唱"走板"道情的小道士比喻方卿,暗示方卿也是一个没有才干的愚笨之人,所以出家当道士。她想通过这种辛辣讽刺逼方卿退婚。而方卿却不慌不忙,真唱起了道情。一开始先来一段引子:

> 十年修炼在深山,
>
> 方晓如今得道难。
>
> 若非一番勤苦意,
>
> 瑶池怎得入仙班。

表面看来,这好像是在述说道士修炼的辛苦,但其实是言在此而意在彼,他以道士修炼来象征自己步入仕途之不易。头一句"十年修炼在深山"说的是十载寒窗苦读;第二句"方晓如今得道难"暗示事业成功的艰辛曲折;第三句"若非一番勤苦意"是说如果没有经过一番苦攻读;第四句"瑶池怎得入仙班"意即怎能够步立金阶伴驾?方卿这种用意,他姑母没有听出来,而曾经当过御史大人的陈廉却知其弦外之音,料定方卿是科考高中,已成国家栋梁之材,方卿"改扮成道士至此间",只是"拿道曲前来把姑探"。果然如此。弹词通过道情演唱的穿插,逐步推进情节,深化人物性格,我们由此而看出了御史陈廉、方卿姑母及方卿本人各自不同的素养、人生态度等等。

《珍珠塔》中方卿所唱的道情,出于故事发展需要,其内容主要是陈述"孝悌"之类人伦之理,有浓重儒家思想色彩,这与张三丰等道门中人及崇道文人

---

① 《珍珠塔》,石家庄:花山文艺出版社 1988 年版,第 239—240 页。

们所写的道情在思想旨趣上颇不相同,但却表现了道情形式的生命力,由于它的穿插运用,故事情节就更显波澜起伏,生动有趣。此外,方卿所唱道情由于使用了特殊隐喻,本体与喻体之间形成了耐人咀嚼的转换关系,从而造就了一种内涵深刻的意境。像这一首:

> 渔鼓儿,慢慢敲,
>
> 音又宽,声又高,
>
> 句句唱的悠扬调。
>
> 能叫腊月荷花放,
>
> 六月炎天大雪飘。
>
> 凡夫怎晓我们仙家妙!
>
> 有一日功行圆满,
>
> 一任俺快乐逍遥!

正如前所引的道情引子一样,这首曲子也是有所兴托的,如其中之"功行圆满"显然是在暗示方卿自己十年寒窗苦读之后,腾起跃入龙门,获得"乌纱帽"的仕途美景;但从"接受美学"的立场来看,又可以有不同理解,获得新的意义生成。作者运用了夸张的修辞手法,造成接受者的心理期待:本来,腊月是不可能有荷花开放的,而炎夏六月也是不可能下雪的,但作者出于艺术需要,"无中生有",偏偏让荷花在腊月开放,让大雪在六月飞飘,这种一反常态的景物构置在道教中人的诗词作品中是不乏见的,如《修真十书》卷七《杂著指玄篇》所录《丹髓歌》所谓"龙无翼,虎无牙,龙虎本来同一体,东邻即便是西家"也属于这种类型。此类作品描述的是"逆而成仙"的内心感受,与常人"顺行"的心理活动迥异。《珍珠塔》中方卿道情曲词的"特异境界"与《丹髓歌》有异曲同工之用,故曲中极言"仙家妙"。如果把十年寒窗苦读也当作一种"修炼",韧性意志的磨炼,由此而获得的事业成功,自然也是妙不可言的。这样,本属于道教用语的"仙"便有了更丰富的内涵,功成名就那种"逍遥"至乐的喜悦心情同时也披上一层扑朔迷离色彩,造成了审美上的朦胧距离感。这种含蓄性便是它的艺术魅力所在。

(本文原载《宗教学研究》1996 年第 4 期,收入本书时略作修改)

# 后 记

2018年下半年,我的师弟——本所所长盖建民教授特别打电话给我,说国家双一流建设平台"四川大学中国语言文学与中华文化全球传播学科群"拟支持一批有分量的学术著作出版,希望我能够推出一本论文自选集。听到这个消息,我既高兴又有点为难。高兴的是,国家双一流建设平台启动,就有实质性工作,这对于我们数十年专注于学术研究的学者来讲,真是天大的好事。不过,听后又觉得事情不是那么简单好办。因为自己从1983年以来陆续发表的学术论文数百篇,刊出于不同报刊杂志,一时要找出来有相当难度,尤其是早期的文稿,都是手写,没有电子版,即便找出来还得重新录入或者转换,相当麻烦。加上这段时间,一直在筹划、修订、完善国家"十三五规划"文化重大工程《中华续道藏》的实施方案,已经没有太多时间再做它事,所以不敢贸然答应。后来,盖所长又说,平台负责人曹顺庆教授非常希望我能够拨冗安排这项工作。如此恳切,我实在没有理由推辞了。

俗话说,"恭敬不如从命"。于是,我就应允了这个计划。首先,我找出了历年的成果目录。反复考虑,终于找到了一个比较集中的主题——经学与儒道思想。围绕这个主题来选择以往发表的论文。最后选择了80篇,分为六辑,上下卷各三辑。或许是受到《易经》象数学潜移默化的影响,我对数字有一种特别的兴趣。于是,我将80篇论文做了编排。上卷第一辑16篇,第二辑与第三辑各12篇。下卷第四辑16篇,第五、六辑各12篇。我心中有一个念头:旧式度量衡一斤16两,而内丹学也用这个数字作为修炼有成的象征。再说,一年有12个月。一、四辑,以16为数,二、三、五、六辑以12为数,就有阴阳对称。其实,这并没有什么深意,更不是故弄玄虚,而只是个人对数字平衡的一种喜好罢了。

　　列好了提纲,算是完成了初步的计划。于是有了一点小小的兴奋,即到望江楼公园散步放松去了。不过,紧接着苦恼又来了。如何找出 80 篇论文呢?真是自己给自己出了个难题。走了一圈,往日我带的硕士生、博士生、博士后,陆续在脑中闪过,感觉只有发动大家帮忙了。回到寒舍,我先给早期指导的两位门生黄永锋、姜守诚打电话,说明编纂论文自选集的想法和难处。两位门生即刻表示由他们牵头,组织队伍开展工作。姜守诚负责上卷,黄永锋负责下卷。每卷分别由若干位门生负责校对。我先在电脑里搜寻,将有电子版的部分找出来;而后列出没有电子版的,请大家分头找出论文发表的刊物,依照原始出处,转换为可编辑的文档,再进行引文原始出处的核对。参加这项工作的除了姜守诚、黄永锋之外,尚有:谢清果、于国庆、李冀、杨燕、付腾月、褚国锋、张韶宇、胡瀚霆、周天庆、张欣、屈燕飞、宋野草、何欣、郑长青、张永宏、周克浩、颜文强、李铁华、刘晓艳、张培高、雷宝、李育富、冯静武、江峰、曾勇、曲丰、沈文华、蒋朝君。

　　迄今为止,在我指导的 80 多名门生中,有的已经过了"花甲"之年,例如徐朝旭教授,他也多次表示要承担校对工作,因其他年轻的门生主动提出要多尽力,所以就没有让年长门生劳顿。

　　这次编纂论文自选集,四川大学双一流建设平台——中国语言文学与中华文化全球传播学科群以及教育部人文社会科学重点研究基地四川大学道教与宗教文化研究所的大力支持,门生的诚恳和尽力襄助,让我深受感动,也深受鼓舞。在此,谨向支持者、帮助者表示谢忱!

　　作为自选集,收入其中的论文,有许多发表的时间较早。限于个人能力与水平,虽然在选编时做了适当修订,但难免还存在问题甚至错误。殷切期盼广大读者批评指正。

詹石窗
谨识于四川大学
2019 年 3 月 18 日早上

责任编辑:方国根　李之美　夏　青

封面设计:王欢欢

**图书在版编目(CIP)数据**

经学与儒道思想研究/詹石窗 著. —北京:人民出版社,2020.8

ISBN 978－7－01－022423－7

Ⅰ.①经… Ⅱ.①詹… Ⅲ.①经学-研究②儒家-哲学思想-研究③道家-哲学思想-研究 Ⅳ.①Z126②B222.05③B223.05

中国版本图书馆 CIP 数据核字(2020)第 160447 号

## 经学与儒道思想研究

JINGXUE YU RUDAO SIXIANG YANJIU

詹石窗　著

人民出版社 出版发行

(100706　北京市东城区隆福寺街 99 号)

中煤(北京)印务有限公司印刷　新华书店经销

2020 年 8 月第 1 版　2020 年 8 月北京第 1 次印刷

开本:710 毫米×1000 毫米 1/16　印张:69

字数:960 千字

ISBN 978－7－01－022423－7　定价:190.00 元(上、下卷)

邮购地址 100706　北京市东城区隆福寺街 99 号

人民东方图书销售中心　电话 (010)65250042　65289539